DER ERSTE UND DER LETZTE

Eine Untersuchung von Jes 40-48

SUPPLEMENTS

TO

VETUS TESTAMENTUM

EDITED BY

THE BOARD OF THE QUARTERLY

J.A. EMERTON - W.L. HOLLADAY - A. LEMAIRE
R.E. MURPHY - E. NIELSEN - R. SMEND - J.A. SOGGIN

VOLUME XXXI

LEIDEN
E. J. BRILL
1981

DER ERSTE UND DER LETZTE

Eine Untersuchung von Jes 40-48

VON

ROSARIO PIUS MERENDINO

LEIDEN
E. J. BRILL
1981

ISBN 90 04 06199 1

A mia sorella
Carmela
e alla sua piccola
Sofia
affettuosamente

INHALTSVERZEICHNIS

VORWORT

Vorliegende Arbeit geht auf eine Anregung vom Herrn Prof. Dr. Rudolf Kilian (Augsburg) zurück. Sie wurde in Rom, und zwar am Päpstlichen Bibelinstitut durchgeführt in der Zeit meiner dortigen Lehrtätigkeit, und war im Frühjahr 1976 druckfertig.

Die nach 1976 erschienene Literatur wurde im Literaturverzeichnis nachgetragen, konnte aber nicht mehr verarbeitet werden.

Herrn Prof. Dr. Kilian bin ich für die mir erwiesene Bereitschaft, für manche wertvolle Hinweise und für die sprachliche Verbesserung des deutschen Textes zum besonderen Dank verpflichtet. Herrn Prof. Dr. John Emerton (Cambridge) danke ich für die Aufnahme der Arbeit in die Supplements to *Vetus Testamentum*.

Die Arbeit konnte zum Abschluß kommen mit Hilfe eines zweijährigen Stipendiums von der Deutschen Forschungsgemeinschaft, der ich hier meinen besten Dank ausspreche.

Rom, im Oktober 1979   Rosario Pius Merendino

ABKÜRZUNGSVERZEICHNIS

AB	Analecta Biblica, Roma
AcOr	Acta Orientalia, Kopenhagen
ANES	Journal of the Ancient Near Eastern Society of Columbia University, New York
ANET	Ancient Near Eastern Texts, edited by B. Pritchard, Princeton (New Jersey) 1969[3]
AO	Analecta Orientalia, Roma
ArOr	Archiv Orientální, Praha
ArTh	Arbeiten zur Theologie, Stuttgart
AT	Altes Testament
ATANT	Abhandlungen zur Theologie des Alten und Neuen Testaments, Zürich
ATD	Das Alte Testament Deutsch, Göttingen
AUSS	Andrews University-Seminary Studies, Berrien Springs, Michigan
BHK	Biblia Hebraica, hrsg von R. Kittel, Stuttgart 1966[14]
BHS	Biblia Hebraica Stuttgartensia, hrsg von K. Elliger und W. Rudolph, Bd 1-4.7-11, Stuttgart 1969ff
Bib	Biblica, Roma
BibOr	Bibbia e Oriente, Fossano (Cuneo)
BibOrPont	Biblica et Orientalia. S. Scriptura antiquitatibus orientalibus illustrata. Series edita a Pontificio Instituto Biblico, Roma
Bijdr	Bijdragen. Tijdschrift voor Filosofie en Theologie, Nijmegen/ Brugge
BiKi	Bibel und Kirche, Stuttgart
BiRes	Biblical Research, Chicago
BKAT	Biblischer Kommentar Altes Testament, Neukirchen Vluyn
BWANT	Beiträge zur Wissenschaft vom Alten und Neuen Testament, Stuttgart
BWAT	Beiträge zur Wissenschaft vom Alten Testament, Leipzig
BZAW	Beihefte zur Zeitschrift für die alttestamentliche Wissenschaft, (Giessen) Berlin
BZ NF	Biblische Zeitschrift, Neue Folge, Paderborn
CBQ	The Catholic Biblical Quarterly, Washington
DunwR	Dunwoodie Review, New York
EB	Echter Bibel, Würzburg
EHAT	Exegetisches Handbuch zum Alten Testament, Münster
EnsMikra'ith	אנציקלופדיה מקראית, Jerusalem
EstBib	Estudios Bíblicos, Madrid
EstEcl	Estudios Eclesiásticos, Madrid
EtBib	Études Bibliques, Paris
EThL	Ephemerides Theologicae Lovanienses, Leuven/Louvain
EtTh	Études Théologiques, Quebec
EvQ	Evangelical Quarterly, London
EvT	Evangelische Theologie, München
ExpTim	Expository Times, Edinburgh
FRLANT	Forschungen zur Religion und Literatur des Alten und Neuen Testaments, Göttingen

GerefTTs	Gereformeerd Theologisch Tijdschrift, Kampen
HarvThR	The Harvard Theological Review, Cambridge (Massachusetts)
HAT	Handbuch zum Alten Testament, Tübingen
HSAT	Die Heilige Schrift des Alten Testaments übersetzt und heraus-gegeben von E. Kautzsch, Tübingen
HUCA	The Hebrew Union College Annual, Cincinnati (Ohio)
Interpr	Interpretation, Richmond (Virginia)
JBL	Journal of Biblical Literature, Philadelphia (Pennsylvania)
JNES	Journal of Near Eastern Studies, Chicago
JSS	Journal of Semitic Studies, Manchester
JTS	The Journal of Theological Studies, Oxford/London
Jud	Judaica, Zürich
KAT	Kommentar zum Alten Testament, Gütersloh
KerDo	Kerygma und Dogma, Göttingen
KHCAT	Kurzer Hand-Commentar zum Alten Testament, Tübingen
LD	Lectio Divina, Paris
LVÅ	Lund Universitet Årskrift, Lund
MThS	Münchener Theologische Studien, München
NKZ	Neue Kirchliche Zeitschrift, Erlangen-Leipzig
OrLovP	Orientalia Lovaniensia Periodica, Leuven/Louvain
OTS	Oudtestamentische Studiën, Leiden
OTWSA	Die Ou Testamentiese Werkgemeenskap in Suid-Afrika
ÖAW	Österreichische Akademie der Wissenschaften
POS	Pretoria Oriental Series, Leiden
PTS	Pretoria Theological Studies, Leiden
PVi	Parole di Vita, Roma
Q^a	1QIs^a. The Dead Sea Scrolls of St. Mark's Monastery I, New Haven (Connecticut) 1950.
RB	Revue Biblique, Paris
RBibIt	Rivista Biblica Italiana, Brescia
RechBib	Recherches Bibliques, Louvain
RExp	Review and Expositor, Louisville (Kentucky)
RSR	Recherches de Science Religieuse, Paris
SBS	Stuttgarter Bibelstudien, Kath. Bibelwerk, Stuttgart
SchwTZ	Schweizer Theologische Zeitschrift, Zürich
ScotJT	Scottish Journal of Theology, Cambridge University Press, London/New York
Sem	Semitica, Paris
SOTSMS	Society for Old Testament Study, Monograph Series, Cambridge
ST	Studia Theologica, Oslo
SWJT	Southwestern Journal of Theology, Forth Worth (Texas)
TAik	Teologinen Aikakauskirja, Helsinki
Tarb	Tarbiz, Jerusalem
TB	Theologische Bücherei, München
TGegw	Theologie der Gegenwart in Auswahl, Bergen-Enkneim (Frankfurt)
ThLZ	Theologische Literaturzeitung, Leipzig-Berlin
ThWAT	Theologisches Wörterbuch zum Alten Testament, Stuttgart
ThWNT	Theologisches Wörterbuch zum Neuen Testament, Stuttgart
ThQuart	Theologische Quartalschrift, München/Freiburg
TrierTZ	Trierer Theologische Zeitschrift, Trier
TRu NF	Theologische Rundschau, Neue Folge, Tübingen
TyndB	Tyndale [House] Bulletin, Cambridge

TZBas	Theologische Zeitschrift, Basel
UF	Ugarit-Forschungen, Kevelaer/Neukirchen-Vluyn
VD	Verbum Domini, Roma
VieSpir	Vie Spirituelle, Paris
VT	Vetus Testamentum, Leiden
VTSuppl	Supplements to Vetus Testamentum, Leiden
WMANT	Wissenschaftliche Monographien zum Alten und Neuen Testament, Neukirchen Kreis Moers
WO	Die Welt des Orients, Stuttgart
WoDie	Wort und Dienst, Bethel (Bielefeld)
WThJ	Westminster Theological Journal, Philadelphia (Pennsylvania)
ZAW	Zeitschrift für die alttestamentliche Wissenschaft, (Giessen) Berlin
ZKT	Zeitschrift für Katholische Theologie, Innsbruck
ZTK	Zeitschrift für Theologie und Kirche, Tübingen

EINLEITUNG

In der alttestamentlichen Forschung herrscht Einigkeit darüber, daß das Buch des Propheten Jesaja nicht nur echte jesajanische Worte enthält, sondern auch eine große Zahl nichtjesajanischer Worte aus der Zeit des Exils oder unmittelbar danach. Zu diesen Worten gehören unter anderem auch die Kapitel 40-66.

Es wird neuerdings die Meinung vertreten[1], daß alle nicht jesajanischen Worte aus ein- und derselben redaktionellen Arbeit stammen. Freilich bleibt dabei die Frage offen, ob die Redaktion selbst die nichtjesajanischen Texte mehr oder weniger durchgehend geschaffen, oder ob sie sich vorgegebenen, auf verschiedene, ungefähr gleichzeitige Verfasser zurückgehenden Materials bedient hat. Nimmt man letzteres an, so würde sich einerseits die einheitliche theologische Konzeption des Buches, andererseits die Vielfalt von Sprache und Stil erklären.

Innerhalb von Jes 40-66 heben sich wegen ihrer inhaltlichen und sprachlichen Geschlossenheit die Kapitel 40-53[2] ab. Diesen Sachverhalt kann man nur durch die Annahme erklären, daß hier mehr als redaktionelle Arbeit, vielmehr im großen und ganzen das Werk eines einzigen Verfassers vorliegt, dessen Gesicht die verschiedenen redaktionellen Bearbeitungen nicht zu verwischen vermögen. Im Rah-

---

[1] Vgl. Becker, Isaias — der Prophet und sein Buch. Dazu siehe u. a. die Kritik Pauritschs: „Seine Darlegungen sind meist so stark vereinfachend, und die Behandlung trjes Stellen ist so bruchstückhaft und sie berücksichtigt so wenig die Eigenarten des ‚Trjes‘, daß dieses Bändchen für unsere Fragestellung als kein wesentlich neuer Diskussionsbeitrag anzusehen ist" (Die neue Gemeinde, S. 5).

[2] Daß Jes 54-55 nicht zu Deuterojesaja gehört, sondern Werk eines Schülers von ihm ist, des sogenannten Tritojesaja, hat Elliger in seiner Untersuchung „Deuterojesaja in seinem Verhältnis zu Tritojesaja" dargelegt (vgl. S. 135-167.266-270). Nicht alle Gelehrten sind Elliger gefolgt, so etwa Fohrer, der bezüglich Jes 54-55 noch vom Zweiten Jesaja spricht (vgl. Jesaja, Bd. 3, S. 167-183), und Westermann. Dieser schreibt: „Ich bin der Meinung, daß Kap. 40-55 im wesentlichen ganz auf Deuterojesaja zurückgehen und seine Verkündigung enthalten" (Das Buch Jesaja, S. 26; vgl. S. 218-235). Von Deuterojesaja sprechen ferner North (The Second Isaiah, S. 246-262), Knight (Deutero-Isaiah, S. 244-270), Steinmann (Le Livre de la Consolation d'Israël, S. 177-183) und Smart (History and Theology in Second Isaiah, S. 214-228). Für Deuterojesaja spricht sich neuerdings auch Schoors aus (I am God your Saviour, S. 81-84, 138-140, 293). In seiner, im Jahre 1975 am Päpstlichen Bibelinstitut Roms überreichten Dissertation „Analyse littéraire et théologique d'Is 54-55. Une alliance éternelle avec la nouvelle Jérusalem" kommt Golebiewski zum Schluß, daß Jes 54-55 nicht von Deuterojesaja, aber auch nicht vom sogenannten Tritojesaja, sondern im wesentlichen von einem selbständigen Autor stammt.

men der Redaktion des Buches Jesaja sind seine Schriften gesammelt und bearbeitet worden — ja berücksichtigt man alle Differenziertheiten im Inhalt, im Aufbau und in der Sprache des Ganzen, so ist eine vorhergehende redaktionelle Sammlung dieser Schriften wohl anzunehmen.

Bereits bei einem ersten Durchlesen von Jes 40-53 merkt man, daß innerhalb dieses Komplexes die Kapitel 40-48 ihre eigene, in Form und Aussage sehr ausgeprägte Gestalt haben. Denn nur innerhalb von Jes 40-48 begegnen jene literarischen Gattungen, die Deuterojesajas Schrift auszeichnen: die Heilsorakel (41, 8-16; 43, 1-7; 44, 1-5) und die Gerichtsreden gegen die Götter und ihre Anhänger (41, 21-24. 28-29; 43, 8-13; 44, 6-8; 45, 20a.21; 48, 14)[3]. Nur hier begegnen jene Texte, die jeweils in Form von Bestreitungsworten, Orakeln und Offenbarungsworten auf das Kyros-Geschehen hinweisen (41, 1-4; 41, 25-27; 43, 14-21; 44, 28a; 45, 1-7; 45, 11-13; 46, 8-11; 48, 14-15). Ihre Zahl ist sehr groß. Zum stilistischen Gut dieser Kapitel gehören ferner die namentliche Anrede meistens in der doppelten Wendung und in der Reihenfolge „Jakob-Israel" (40, 27; 41, 8.14; 42, 24; 43, 1.22.28; 44, 1f. 21.23; 45, 4; 46, 3; 48, 1.12), die partizipialen Appositionen zum Namen Jahwes in der Boten- und Selbstvorstellungsformel oder sonst (40, 28a. 29a; 41, 13; 42, 5; 43, 1.15.16f; 44, 2.24-28a; 45, 3b.7.11a.18a.19b; 46, 10-11a; 48, 13b.17b), die Selbstprädikation Jahwes „ich der Erste und ich der Letzte" (44, 6; 48, 12; vgl. 41, 4), die Bezeichnung Jakobs bzw. Israels als „mein Knecht" (41, 8; 44, 1.21; 45, 4) bzw. als „sein Knecht" (48, 20), die Erwähnung des Früheren (41, 22; 42, 9; 43, 9.18; 46, 9; 48, 3) und des Neuen (42, 9; 43, 19; 48, 6) bzw. des Kommenden (41, 22; 46, 10; 47, 7, ferner 41, 23; 44, 7; 45, 11). Hinzu kommen die Glaubenssätze wie „ein ewiger Gott ist Jahwe" (40, 28), „Jahwe hat (seinen Knecht) Jakob erlöst" (44, 23; 48, 20) und die Selbstprädikationen „ich bin Jahwe, keiner sonst!" (45, 5f.14.18.21f; vgl. 43, 11; 44, 6)[4].

---

[3] Heilsorakel und Gerichtsreden sieht Begrich außerhalb von Jes 40-48 jeweils in 49, 7.8-12.14-21.22-23.24-26; 51, 6-8.12-16; 54, 4-6.7-10.11-12.13b.14a.13a-17; 55, 8-13 und in 50, 1-2a (Studien, S. 6. 19). Aber Westermann beschränkt sie jeweils auf 41, 8-13.14-16; 43, 1-4.5-7; 44, 1-5; (54, 4-6) und auf 41, 1-5; 41, 21-29; 43, 8-15; 44, 6-8; 45, 20-25 (Sprache und Struktur, S. 118. 135). Er unterscheidet mit Recht die Gerichtsreden Jahwes gegen die Völker und ihre Götter von den Gerichtsreden Jahwes gegen Israel (ebd., S. 141). In seiner Arbeit "I am God your Saviour" rechnet Schoors zu den Heilsorakeln und den Gerichtsreden die gleichen Texte wie Westermann.

[4] Über die stilistische und inhaltliche Eigenart von Jes 40-48 vgl. Morgenstern, The Message of Deutero-Isaiah in its Sequential Unfolding, HUCA 29 1958, S. 29-58, und Haran, The Literary Structure and Chronological Framework of the Prophecies in Is. XL-XLVIII, S. 131-136.

Aber vor allem spricht die Struktur von Jes 40-48 für das selbständige Wachsen dieser Kapitel[5]. Das sieht man an der Disposition des Materials, die in großen Zügen doch ein durchdachtes Ordnungsprinzip erkennen läßt. Die Texte sind so zusammengesetzt, daß sie Gruppen bilden; diese werden jeweils durch eine hymnische Partie verschiedenen Umfangs und verschiedener Form voneinander abgehoben (41, 1-42, 10-13.14-17; 42, 18-44, 23; 44, 24-45, 8; 45, 9-17; 45, 18-48, 21.22). Die Gruppen selber scheinen ferner nicht zufällig, sondern nach einem bestimmten Gesichtspunkt geordnet worden zu sein. Denn am Anfang, in der Mitte und am Schluß stehen Texte, die auf das Kyros-Geschehen Bezug nehmen, und Texte, die Jahwes Zuwendung zu Israel und Abwendung von Babel kundmachen. Es ergibt sich folgendes Schema:

41, 1-4 : „Wer... gibt ihm[6] Völker preis...?
„Ich, Jahwe, bin der Erste; und bei den
Letzten : ich bin, derselbe!"

41, 8-16 : „Ich bin mit
dir!"

43, 14-21 : "Um euretwillen sende ich nach Babel
... Und die Chaldäer? In Klagen (geht)
ihr Jubel!"

---

[5] Eine Gliederung des Komplexes Jes 40-55 in zwei Textgruppen, und zwar in Kap. 40-48 und Kap. 49-55 wird von einigen Gelehrten aufgrund inhaltlicher Erwägungen vor allem im Hinblick auf die Datierung der Wirkungsperiode Deuterojesajas unternommen. Diesbezüglich führt Eißfeldt aus: „... ein Recht, zwischen c. 48 und c. 49 einen Schnitt zu machen und c. 49-55 aus wesentlich anderen Verhältnissen herzuleiten als c. 40-48, besteht kaum. Überall... klingen immer wieder dieselben Töne an... Tritt bald mehr der eine, bald mehr der andere dieser Gedanken hervor, so ist doch ein merklicher Einschnitt nirgendwo zu erkennen, auch nicht zwischen c. 48 und c. 49... So wird auch die Tatsache, daß nach c. 48 Kyros, Babel und die Chaldäer nicht mehr erwähnt werden... nicht als Beweis dafür gelten dürfen, daß c. 49-55 aus anderer Zeit und anderer Umgebung stammten als c. 40-48" (Einleitung, S. 454f). In Bezug auf die thematische Disposition des Materials äußert sich Sellin-Fohrer folgendermassen : „Abgesehen von 41, 1-6 finden sich die Worte über Kyros und den angekündigten Fall Babylons in 44, 24-48, 22 sowie die programmatischen Worte über den Wiederaufbau in Palästina vornehmlich in 49-55" (Einleitung, S. 418; vgl. S. 411f). Als Antwort auf die Frage, ob es sich bei Jes 40-66 um eine literarische Einheit oder um Sammlungen von Einzeltexten handelt, führt Soggin neuerdings unter anderem auch die Lösung an : Kap. 40-66 gliedern sich in drei Teilen (40-48, 49-55, 56-66), der erste davon behandelt das Auftreten des Kyros gegen Babel, der zweite redet von der neuen Gemeinde, die nach der Befreiung entstanden ist (Introduzione, S. 411f). Auf die formale und strukturelle Geschlossenheit von Jes 40-48 weisen die Gelehrten nicht hin.

[6] Hier und an den folgenden Stellen 45, 1-7; 45, 11-13; 48, 12.16a beziehen sich die Personalpronomina auf Kyros.

45, 1-7 :   „Ich ziehe vor dir her... um meines
                 Knechtes Jakob und Israels, meines Er-
                 wählten, willen!"

45, 11-13 :   „Er wird... meine Gefangenen loslas-
                 sen..."

                                                    47, 15 :   „... wo ist für
                                                                    dich ein Be-
                                                                    freier?"

48, 12-16a :   „Ich bin derselbe : ich der Erste, ich ja
                 gewiß der Letzte"
                 „Sein Geliebte [7] vollendet sein Begehren
                 an Babel..."

Diese Beobachtungen rechtfertigen das Vorhaben, Jes 40-48 für sich
zu behandeln. Das bedeutet keine Stellungnahme gegenüber Jes 49, 1-
52, 12, als ob diese Kapitel anderer Herkunft wären und nicht auf den
Autor von Jes 40-48 zurückgingen [8]; nur : es hat den Anschein, daß
Jes 49, 1-52, 12 eine eigene Überlieferungsgeschichte hat, welche sich
nicht ganz mit der Überlieferungsgeschichte von Jes 40-48 deckt.
   Angesichts der formalen und inhaltlichen Geschlossenheit von Jes
40-48, wie sie uns bereits beim ersten Durchlesen der Texte entgegentritt, vermag die aus seiner Untersuchung gezogene Schlußfolgerung
Mowinckels nicht zu befriedigen, welche sagt : „Von einer in unserem
Sinne des Wortes planmäßigen Komposition des Buches mit einem
logisch und gedanklich geordneten Aufbau kann keine Rede sein" [9].
Auch wenn man die Behauptung Mowinckels, daß die einzelnen Gedichte nach Stichwörtern aneinandergereiht worden sind [10]), nicht von
vornherein abweisen kann, denn solche Stichwörter finden sich tatsächlich in der Schrift, so ist es fraglich, ob aus ihnen das Prinzip der
Komposition herausgelesen werden darf. Mowinckel selbst führt näm-

---

[7] Es ist wiederum Kyros gemeint.

[8] Anderer Meinung ist Morgenstern. Er behauptet : „The whole of Deutero-Isaiah
is to be found in Isa. 40-48" (The Message of Deutero-Isaiah in its Sequential Unfolding,
ebd., S. 3); ferner : „Isa 40-48 and 49-55 deal with altogether different historic situations,
the former with the exile to Babylonia following the Babylonian conquest of Judaea
in 586 B.C., and the latter with the sale of a vast number of Jewish captives into
slavery in the Mediterranean world as one of the effects of the catastrophe of 485 B.C.
...Therefore under no condition can they be the utterances of Deutero-Isaiah" (ebd.,
S. 9).

[9] Vgl. Mowinckel, Die Komposition des deuterojesajanischen Buches, ZAW 49 1931,
S. 243.

[10] Vgl. ebd., S. 242.

lich kurz danach an : "Gedichte, die einen verwandten Inhalt hatten oder sich in irgendeinem inhaltlichen Punkte stärker berührten oder von einem gemeinsamen Gegenstand, etwa Kyros, handelten, sind aneinandergereiht worden"[11].

Der Inhalt, und zwar die Gedankenfolge, spielte also doch eine große Rolle in der Anreihung der Texte! Wir merken, was dieser Gelehrte eigentlich im Sinne hat : er möchte die Frage erklären, wie sich die Differenziertheit der einzelnen Worte in Form und Struktur und ihre Zusammensetzung zur Bildung einer einzigen Schrift zueinander verhalten. Das von ihm herausgearbeitete Prinzip der Anreihung durch Stichwörter wird aber der oben aufgezeigten strukturierten Gestalt der Schrift nicht gerecht[12]. Es stellt sich eben heraus, daß die Kyros-Texte nicht wegen ihres gemeinsamen Gegenstandes aneinandergereiht worden sind — eine solche Anreihung ist übrigens nur innerhalb von 44, 24-45, 13 zu finden, es sind aber nicht alle Kyros-Texte darin enthalten —, ihre Disposition im Ganzen der Schrift führt vielmehr zum Schluß, daß sie das Gerüst dieser Schrift bilden und alle anderen Texte einfangen und zusammenhalten. Das ordnende Prinzip scheint also nicht bloß äußerlicher Art nach Stichworten und verwandtem Inhalt zu sein.

In der Tat, wo Strukturen sind, da haben wir sehr wahrscheinlich immer mit einer besonderen Deutung der Texte, mit einem belehrenden Anliegen und dem Bemühen zu tun, diese Texte in einer besonderen Weise zur Geltung zu bringen und nach einer besonderen Sicht weiter zu tradieren. Die Frage nach dem Anreihungsprinzip erweist sich damit als komplex; man kann sie allein durch die Annahme von Assoziationen der Ähnlichkeit nicht lösen. Zu ihrer Lösung bedarf es einiger Voraussetzungen. Auf eine hat Elliger bereits hingewiesen, wenn er fragt : ,,Hat der Sammler wirklich über eine Summe von lauter Einzelgedichten völlig frei verfügen können, oder lagen ihm diese nicht wenigstens z.T. schon in festen Verbindungen vor?"[13]. Die Überlieferungsgeschichte kann man aber nicht rekonstruieren, ohne vorher herauszu-

---

[11] Vgl. ebd., S. 242.
[12] Vgl. die Kritik Elligers in : Verhältnis, S. 222ff.
[13] Vgl. ebd., S. 225. Mit der Infragestellung des Mowinckelschen Prinzips werden auch folgende Behauptung des Gelehrten hinfällig : ,,Die inhaltlichen und stimmungs-mäßigen Unterschiede zwischen diesen beiden Teilen (40-48 und 49-55) sind nichts als das ungewollte Resultat des befolgten Ordnungsverfahrens" (Die Komposition des deuterojesajanischen Buches, S. 243); ,,der Sammler kann schwerlich mit dem Verfasser, mit Deuterojesaja selber, identisch sein" (ebd., S. 244).

stellen, was zum Urtext gehört und was nicht, und wie alle Schichten
sich zueinander verhalten, also ohne gründliche Literarkritik. Wenn
wir anderseits danach fragen, was die Struktur der Sammlung theologisch bedeutet, können wir an der Form- und Gattungskritik der
einzelnen Texte nicht vorbeigehen. Da zeigt sich, daß das verbindende
Element etwa zwischen Heilsorakel und Gerichtsrede, um nur dieses
Beispiel vorausgreifend zu erwähnen, nicht besondere Stichwörter sind,
sondern das ihnen beiden gemeinsame Anliegen : die Selbstprädikation
und der Selbsterweis Jahwes. Bei aller Differenziertheit der Form sind
beide Texte auf das gleiche ausgerichtet. So bleibt letztlich nur die
Frage nach der Vielfalt von Sprache und Gattung bei Deuterojesaja zu
beantworten.

In seiner Arbeit „Deuterojesaja in seinem Verhältnis zu Tritojesaja"
vertritt Elliger die Meinung : „Das Material der Sammlung (Jes 40-53)
bestand nicht durchweg aus Einzelstücken, so daß der Sammler völlig
frei über ihre Verbindung verfügen konnte, sondern es lag z.T. schon
verbunden vor"[14]. Die Stücke seien nach sachlich-inhaltlichen Gesichtspunkten miteinander verknüpft; der Fortgang der Sammlung sei
abschnittsweise, gewissermaßen in Teilsammlungen geschehen. Freilich
sei aber die Teilung 40-48 und 49-55 nicht anzuerkennen. Über die
Entwicklung des Buches Jes 40ff führt Elliger aus : „Den Grundstock
bildet eine Summe von Reden, Sprüchen und Liedern, die der Prophet
Dtjes. bei seinem Tode hinterließ. Sie waren meistens ungeordnet und
scheinbar einzeln auf Flugblättern verbreitet. Nur einen kleinen Teil
hatte der Prophet selbst zu größeren Einheiten zusammengestellt ...
Sein Schüler Tritjes. faßte den Entschluß, das Werk des Meisters dadurch fortzusetzen, daß er die zerstreuten Worte sammelte"[15]. Der
Fortschritt der Sammlung beruhe z.T. auf tritjes. Stücken und Zusätzen[16]. Ausschließlich auf Tritjes. gehe aber, abgesehen von späteren Zusätzen, Jes 56-66 zurück. Die Verbindung von Jes 40-55 mit
Jes 56-66 sei das Werk eines anderen späteren Redaktors; im Laufe
der Zeit sei Jes 40-66 schließlich mit weiteren Zusätzen und Glossen
bedacht worden[17].

Die neuere Forschung hat freilich sichergestellt, daß Jes 56-66 nicht
das einheitliche Werk eines einzelnen Verfassers ist. In seiner Arbeit
über Jes 56-66 schreibt Pauritsch, daß ein Redaktor mündlich und

[14] Vgl. Elliger ebd., S. 268.
[15] Ebd., S. 268f.
[16] Ebd., S. 267.
[17] Ebd., S. 269-272.

schriftlich überkommenes Wortgut zusammengestellt und mit eigenen Zusätzen und Textauffüllungen bereichert hat[18]. Angesichts dieser Tatsache kann man jetzt schwerlich von einer einheitlichen Bearbeitung von Jes 40-53 sprechen. Das bedeutet, daß die Frage nach der Überlieferungsgeschichte von Jes 40-53 auch von dieser Seite her neu gestellt werden muß. Damit stehen wir aber wieder bei der Frage nach den Teilsammlungen innerhalb von Jes 40-53, und zwar nach dem überlieferungsgeschichtlichen Ort der Sammlung Jes 40-48 und nach dem Sinn ihrer in sich geschlossenen Struktur.

Über die kreisförmige Disposition des Materials von Jes 40-48 verliert Lack in seiner Arbeit über die Symbolik des Jesajabuches kein Wort. Das mag davon abhängen, daß dieser Autor eine eigene Methode anwendet, die sich mit unserer nicht deckt[19]. Er zeichnet die Struktur des Textes ab, indem er das Auftreten gewichtiger Begriffe verfolgt und in ein semantisches Ganzes nach Art eines Wortfeldes einordnet. Er bekennt sich aber, sei es auch mit Vorbehalt, zur redaktionsgeschichtlichen Methode. Er stellt diese nicht in Frage, aber „nous pensons qu'une perspective génétique, pour être complète, se doit — aussi — de montrer que le texte, à tous les stades de sa production et de sa transformation, est tributaire des structures du langage et de l'„imaginaire"[20]. So aber wäre eine Behandlung der großen Struktur von Jes 40-48 in seiner Arbeit am Platz gewesen. Und es überrascht auch, gerade vom methodischen Ansatz Lacks aus gesehen, daß er eine sinnbeladene Erscheinung des deuterojesajanischen langage anscheinend übersehen hat: das Auftreten und mehrfaches Vorkommen der Wendung „ich bin Jahwe (bzw. Gott) und keiner sonst" in der Mitte von Jes 40-48, und zwar in 45, 5a.6b.14b.18b.21b.22b; 46, 9b[21], ferner das Auftreten der Selbstprädikation „ich der Erste und

---

[18] Vgl. Die neue Gemeinde, S. 241-246.

[19] Vgl. La Symbolique du Livre d'Isaie, S. 81: "On constate ainsi en 40, 11-49, 13 un ordre d'entrée des mots-clefs dans un champ sémantique progressivement enrichi. Chaque grande unité enroule une nouvelle couche verbale (série verbale) qui 'fait boule de neige' avec le vocabulaire des unités précédentes... Notre méthode consiste donc... à dresser le tableau des mots fréquents du II Is qui apparaissent dès 40, 12-31". Vgl. ebd., die Anmerkung 13: „Le mouvement que nous postulons consiste dans la mobilisation progressive des virtualités de sens inscrites dans le langage et dans les images" (S. 82).

[20] Ebd., S. 13. Vgl. auch S. 83: „Les meilleures solutions sont celles qui mettent au jour des liens et des rapports à l'intérieur du poème lui-même et des consonances avec d'autres passages appartenant au même univers (et corpus) poétique".

[21] Vgl. das Pendant dazu 47, 10b.

ich der Letzte" zu Anfang, in der Mitte und am Schluß der Schrift
(41, 4; 44, 6; 48, 12).

Ab und zu erlaubt sich Lack, literarkritische bzw. überlieferungsgeschichtliche Bemerkungen zu machen, die bei seiner Arbeitsweise
und Methode an sich keinen Sinn haben[22]. Selbstverständlich ist die
Einheit des Textes Voraussetzung zu der von ihm angewandten Methode; handelt es sich aber um die Einheit eines einzigen Verfassers
oder um die Einheit, die sich aus der Abschlußredaktion ergibt? Es ist
ohne Zweifel wahr, daß „l'événement historique... est apréhendé et
exprimé selon des schèmes qui... relèvent de l'anthropologie"; es
stimmt, daß „la structuration symbolique du texte... exige un traite-
ment non seùlement anthropologique mais encore littéraire"[23]. Aber,
warum nicht anfangen mit dem Urtext eines einzigen Verfassers, um
zu den weiteren Ergänzungen überzugehen bis zur Endredaktion? Die
Frage scheint auf jeden Fall legitim zu sein — zumal für uns das
geschichtliche Werden des Schrifttextes von großer theologischer Bedeutung ist.

Vorliegende Arbeit versucht diesen Weg zu gehen und den Werdegang von Jes 40-48 vom Urtext zur Endredaktion zu rekonstruieren.
Sie wird ihren Zweck erreichen, wenn sie zeigen kann, daß die Deuterojesajanische Schrift, und zwar in unserem Fall Jes 40-48, nicht
bloß die Summe von Einzeleinheiten ist, sondern aufgrund einer geschlossenen, literarischen Struktur, der Bezogenheit all ihrer Teile
aufeinander eine formale und inhaltliche sinnvolle Einheit bildet.

Nachdem in den letzten Jahrzehnten das Interesse der Forscher
hauptsächlich auf die Gattungen der deuterojesajanischen Schrift ge-

---

[22] Vgl. S. 98f betreffs 44, 9-20 und seiner Paralleltexte, dann S. 103 betreffs Kap. 47
(„Is 47 est un poème d'une seule coulée"), ferner S. 109 betreffs der Abgrenzung des
ersten Teils („Is 49, 13 appose une conclusion hymnique à la première partie des
chapitres 40-55, c'est-à-dire à 40-49, 12... L'inclusion de 49, 13 avec le prologue se fait
par le verbe nḥm"). Von einem Mißverständnis gegenüber Literarkritik und Redaktionsgeschichte zeugt die Behauptung: „Toute hypothèse rédactionelle qui ne veut voir
dans les chapitres 40-55 qu'un assemblage de petites unités indépendantes, agencées
au petit bonheur, méconnaît un phénomène littéraire présent en Is 40-55: un text
actif, c'est-à-dire un texte sans cesse renvoyé à lui-même et qui crée entre ses éléments
des complexes de rapports dans un ordre irréversible. Pour le dire tout net, le II Is fait
du travail d'écrivain" (ebd., S. 120). Denn die Tatsache, daß die deuterojesajanische
Schrift aus einzelnen, der Form und Gattung nach selbständigen Einheiten besteht,
beeinträchtigt an sich nicht ihre literarische und gedankliche Einheit; aber letztlich
auch die vielfältige redaktionelle Verarbeitung und Ergänzung des Textes bedeutet an
sich keinen Angriff gegen die Einheit; denn sie bezieht sich immer auf den vorgegebenen Text und stellt den Versuch dar, ihn zu deuten und zu aktualisieren.

[23] Ebd., S. 14.

richtet war[24], die literarkritische und überlieferungsgeschichtliche Untersuchung aber etwas zu kurz gekommen ist[25], scheint ein solcher Ansatz mehr als notwendig zu sein. Die neueste gattungskritische Arbeit über Jes 40-53[26] ist in dieser Hinsicht bezeichnend; denn sie gibt textkritischen und literarkritischen Erwägungen einen breiten Platz.

Freilich untersucht der Autor die einzelnen Einheiten, nachdem er sie nach ihrer gemeinsamen Gattung in einzelne Kapitel gruppiert hat, ohne sich die Frage nach dem Zusammenhang und der Aneinanderreihung der Texte zu stellen. Ob die uns erhaltene Disposition des Materials, also die Struktur des Ganzen, für das Verständnis der einzelnen Gattungen von Bedeutung ist, bleibt bei diesem Autor außer Betracht. Aber gerade das könnte auf den Sitz im Leben und den Sinn der einzelnen Gattungen neues Licht werfen.

Ausgangspunkt der vorliegenden Arbeit war zunächst die gattungskritische Analyse der Heilsorakel (41, 8-16; 43, 1-7; 44, 1-5) gewesen. Sehr bald stellte sich aber heraus, daß der Text nicht isoliert von seinem unmittelbaren Zusammenhang betrachtet werden konnte, ja daß seine Stellung im Ganzen der Schrift für sich schon eine Aussage bedeutete. Damit wurde die Frage nach der Struktur der deuterojesajanischen Schrift akut. Es galt von nun an, bei der Analyse der einzelnen Texte den Blick fürs Ganze immer klarer zu gewinnen bis zur Einsicht in die überlieferungsgeschichtlichen Zusammenhänge, um von daher wieder auf die Einzeleinheiten zurückzugehen und sie in umfassender Weise zu erfassen.

Es wurde bereits oben darauf hingewiesen, daß Jes 40-48 als Ganzes sprachlich und formal einheitlich ist und im Vergleich zu den

---

[24] Einen Überblick über die Geschichte der Forschung in form- und gattungskritischer Hinsicht bieten neuerdings Westermann (Sprache und Struktur, S. 92-117) und Schoors (I am God your Saviour, S. 1-31). Zu vergleichen ist auch die Ausführung von Smith „Recent Criticism of Isaiah cc. XL-LV" in seiner Arbeit „Isaiah Chapters XL-LV. Literary Criticism and History", London 1944, S. 1-23.

[25] Nach Duhms Kommentar vom 1892, der das Werk Deuterojesajas auf Jes 40-55 beschränkte und dem Propheten die sogenannten Gottesknechtslieder (42, 1-4; 49, 1-6; 50, 4-9; 52, 13-53, 12) absprach, ist der einzige bedeutende Beitrag in literarkritischer und redaktionsgeschichtlicher Hinsicht der von Elliger mit seiner bereits erwähnten Untersuchung „Deuterojesaja in seinem Verhältnis zu Tritojesaja", Stuttgart 1933. Zu Elligers Arbeit sind die Äußerungen Begrichs (Studien, S. 60f), Westermanns (Sprache und Struktur, S. 102-105) und Schoors's (I am God your Saviour, S. 15-17) zu vergleichen.

[26] Vgl. Schoors, I am God your Saviour. A form-critical study of the main genres in Is XL-LV: VTSuppl 24 1973.

übrigen alttestamentlichen prophetischen Schriften etwas Eigenes und
Einmaliges darstellt. Das hat seine Bedeutung für die Analyse. Denn
diese Kapitel stellen nicht nur das sprachliche Material dar, das untersucht werden soll, sondern bilden notwendigerweise auch das begrenzte
sprachliche Feld, in dessen Rahmen die Analyse durchzuführen ist.
Die Vergleichsmöglichkeiten sind allein auf Jes 40-48 beschränkt. Zur
Bestimmung der Ursprünglichkeit der einzelnen Texte muß herausgestellt werden, inwieweit der einzelne Text im Vokabular, im Gebrauch
des Vokabulars, in der Verwendung der Formeln, im Satzbau und
in der Syntax den Paralleltexten innerhalb des Sprachfeldes Jes 40-48
gleicht bzw. sich von ihnen unterscheidet, und wie die Unterschiede
bzw. die Einmaligkeit im Wortschatz und Formulierung zu erklären
sind. Die Texte werden also in all ihren Teilen miteinander verglichen;
je nach der Proportion von Gleichheit und Unterscheidung, die sich
aus dem Vergleich ergibt, aber unter Berücksichtigung der Eigenart
des jeweiligen Textes und dessen Entsprechung zur Eigenart der anderen Texte innerhalb des gleichen Sprachfeldes entscheidet sich die
Frage nach der literarischen Ursprünglichkeit. Der Eigenart von
Jes 40-48 entsprechend wird bei der literarkritischen, wie auch bei der
form- und gattungskritischen und bei der überlieferungsgeschichtlichen
Untersuchung dem inhaltlichen Befund besondere Aufmerksamkeit
geschenkt.

Freilich steht Jes 40-48 nicht isoliert, sondern wurde uns als Teil
eines größeren Komplexes, und zwar als Teil von Jes 40-66, dazu noch
als Teil des Jesajabuches überliefert. Das bedeutet: findet ein Einzel-
text innerhalb von Jes 40-48 keine Parallele, so stellt sich die Frage,
wie er sich zur Sprache und Form von Jes 54-55, 56-66 verhält, ob sich
da Verbindungslinien aufzeigen und wie sich diese verwerten lassen.
Zur Feststellung des genauen Sinnes eines Begriffs, eines Verbs oder
einer Formel werden aber gegebenenfalls auch Paralleltexte aus dem
ganzen AT herangezogen. Der Einfachheit halber beschränkt sich
dabei die Auswahl auf jene Texte, die zum Verständnis des deuterojesajanischen Textes beitragen können[27].

---

[27] Den verschiedenen Methoden der literarischen Analyse und deren Anwendung
auf das AT widmete die Forschung in den letzten Jahren bedeutende Arbeiten. Es
seien hier erwähnt: Alonso-Schökel, Estudios de Poetica Hebrea, Barcelona 1963;
Freedman, On Method in Biblical Studies. The Old Testament, Interpr 17 1963,
S. 308-318; Koch, Was ist Formgeschichte? Neue Wege der Bibelexegese, Neukirchen-
Vluyn 1967²; Rendtorff, Literarkritik und Traditionsgeschichte, EvT 27 1967, S. 138-
153; Richter, Exegese als Literaturwissenschaft. Entwurf einer alttestamentlichen Lite-

Der Gattungskritik geht immer die Analyse der Form der jeweiligen Einheit voran. Es wird gefragt, wie die Einheit gegliedert ist, wieviele Strophen sie umfaßt und wieviele Stiche[28] jede Strophe aufweist. Es wird nach der Verteilung der Akzente in jedem Stichus gefragt[29]. Das Vorhandensein von Inklusionen, Chiasmen, Wiederholungen und Parallelismen wird untersucht. Besondere Aufmerksamkeit schenkt die Analyse dem Platz, den einzelne Begriffe und Formeln innerhalb der gesamten Einheit einnehmen zur Herausstellung der Struktur. Denn diese stellt den Ausgangspunkt zur Erfassung der eigentlichen Aussage der betreffenden Einheit dar. In Anknüpfung an die Struktur und an die Stellung, die darin Begriffe und Formeln einnehmen, spielen inhaltliche Erwägungen bei der gattungskritischen Bestimmung der Einheiten eine große Rolle.

Der Form- und Gattungskritik folgt jeweils eine exegetische Darlegung. In ihr wird nicht nur eine Zusammenfassung dessen geboten, was sich aus Literarkritik und Gattungskritik ergeben hat, sondern auch eine Darstellung dessen versucht, was die betreffende Einheit bzw. Gruppe von Einheiten als Ganzes in ihrer Jetztgestalt aussagt. Es schien angebracht, eine solche theologische Synthese zu formulieren, und zwar zunächst, weil die Botschaft des Propheten von großer Bedeutung ist und einen Wendepunkt in der Entwicklung des

---

raturtheorie und Methodologie, Göttingen 1971; Ringgren, Literarkritik, Formgeschichte und Überlieferungsgeschichte, ThLZ 91 1966, S. 641-650; Schreiner, Einführung in die Methoden der biblischen Exegese, Würzburg 1972.

[28] Vorliegende Arbeit bezeichnet als Stichus die Zeile, wie diese im poetischen Stil vorkommt und in BHS wiedergegeben wird, und als Halbstichus die halbe Zeile, wie diese in BHS jeweils durch das Zeichen Atnaḥ (֑) bzw. Zaqef (֔) oder Rebia' (֗) angegeben wird (vgl. Beer-Meyer, Hebräische Grammatik, S. 44f). In Zweifelsfällen wird der betreffende Stichus bzw. Halbstichus vollständig zitiert. Eine Strophe umfaßt also zwei und mehr Stiche. Unter „Vers" versteht vorliegende Arbeit die kleine numerierte Texteinheit, so wie BHS sie angibt. Ein solcher Vers kann einen Stichus wie auch mehrere Stiche umfassen.

[29] In der vorliegenden Arbeit wird auf die komplexe, bis heute ungelöste Frage der hebräischen Metrik nicht eingegangen. Die hier vorgenommene metrische Einteilung richtet sich nach dem Prinzip, daß jedes Wort einen Akzent trägt. Zwei bis drei Wörter können durch das verbindende Maqqef (־) zu einem einzigen Wort mit nur einem Akzent gemacht werden. Die metrische Einteilung des Textes hat in dieser Arbeit ordnende Funktion; sie wird nicht als literarkritisches Kriterium verwendet. Von der umfangreichen Literatur siehe Dahood, A New Metrical Pattern in Biblical Poetry, CBQ 29 1967, S. 574-579; Elliger, Ein neuer Zugang?, Das ferne und nahe Wort, Festschrift L. Rost, BZAW 105, Berlin 1967, S. 59-64; Kosmala, Form and Structure in Ancient Hebrew Poetry, VT 14 1964, S. 423-445, VT 16 1966, S. 152-180; Segert, Vorarbeiten zur hebräischen Metrik, ArOr 21 1953, S. 481-542; ArOr 25 1957, S. 190-200; Problems of Hebrew Prosody, VTSuppl 7 1960, S. 283-291.

theologischen und soteriologischen Denkens im AT darstellt, dann
auch weil bei Deuterojesaja im höchsten Maße Form und Aussage zu
einer Einheit miteinander verbunden sind. Es fehlt bekanntlich nicht
an guten Kommentaren zu Deuterojesaja. In der vorliegenden Exegese
werden nach Möglichkeit jene Inhalte zum Ausdruck gebracht, auf
die andere Arbeiten sonst nicht oder nur kurz hinweisen, umgekehrt
werden jene Inhalte nur angedeutet, welche sonst behandelt sind.

An passender Stelle, nach einem größeren Abschnitt, schließt sich
die Erörterung der Überlieferungsgeschichte an. Diese soll Einblick
in den Werdeprozeß des einzelnen Textes und der einzelnen Text-
sammlung gewähren, gleichzeitig aber den Weg zur Darstellung der
Überlieferungs- und Redaktionsgeschichte des gesamten Komplexes
Jes 40-48 bereiten.

Eine schwierige Frage war die der Übersetzung. Bei der vorliegenden
Arbeit wird immer wieder der Versuch gemacht, eine Übersetzung zu
schaffen, die, soweit es geht, die Möglichkeiten des hebräischen Textes
entfaltet, gleichzeitig aber die Aussagekraft der deuterojesajanischen
Sprache wiedergibt. In dieser Hinsicht wird zum Beispiel auf den
ursprünglichen deiktischen Charakter mancher Konjunktionen und
Präpositionen wie auch auf den ursprunglich rhetorischen Sinn mancher Adverbien zurückgegriffen. Es ist freilich wahrscheinlich, daß
man zur Zeit des Propheten von diesen Möglichkeiten der Sprache
kaum mehr Gebrauch machte.

Im Vokabular und Formulierung ist unsere Übersetzung zum guten
Teil der Übersetzung von Buber[30] verpflichtet. Der vorliegenden Arbeit wurde der hebräische Text von BHS zugrundegelegt.

---

[30] Vgl. M. Buber, Bücher der Kündung, Köln 1958. Der Text Deuterojesajas ist in
den Seiten 125-155 enthalten.

KAPITEL I
JES 40, 1-11

A. *Jes 40, 1-8 : Einleitung zu 40, 9-66, 23 (24)*

1)   40, 1-2

V. 1   „Tröstet, tröstet mein Volk" — spricht euer Gott —

V. 2   „redet zum Herzen Jerusalems und rufet ihm zu".
Siehe : vollendet ist sein Frondienst; siehe : abgezahlt ist seine Schuld!
Ja, es hat empfangen von der Hand Jahwes Angemessenes für all seine
Sünden.

a) *Zur Einteilung und zur Übersetzung*

Unter formalem Gesichtspunkt bildet vorliegender Text eine in sich
geschlossene Einheit. Eine Reihe von drei Imperativen der zweiten
Person Plural, von denen der erste wiederholt wird, kennzeichnet die
ersten zwei Stiche (VV. 1.2aα). In den nächsten zwei Stichen
(VV. 2aβγ.2b) folgen drei Sätze, die je durch ein begründendes כי
eingeführt werden.

V. 1

Die Übersetzung bietet einige Schwierigkeiten. Mancher Gelehrte
versteht עמי wie die Vulgata nicht als Akkusativ, sondern als Vokativ,
und meint, das Volk werde hier beauftragt, nach Jerusalem zurückzukehren und die zertrümmerte Stadt Jerusalem zu trösten[1]. Das ist
unwahrscheinlich; denn in diesem Fall würde dem Verb sein Objekt
fehlen und es absolut dastehen. Innerhalb von Jes 40-66 aber kommt
die Pielform von נחם immer als regens eines Objektes vor[2]; das gleiche
ist im übrigen AT festzustellen. Wenn Jerusalem das gemeinte Objekt
wäre, dann müßte es im Text unmittelbar nach dem zweiten נחמו stehen
und erst dann der vermeintliche Vokativ folgen. Das ist aber nicht
der Fall. Dazu kommt die Tatsache, daß in Jes 49, 13; 52, 9 das Volk
Objekt des Tröstens ist.

Was den Sinn des Wortes עם angeht, so vertritt van Dijk neuerdings
die Meinung, es bedeute nicht „Volk", sondern „Stadt", „Burg" und
stamme aus der Wurzel עמם gleich wie das Adjektiv עמם = hoch

---

[1] So neuerdings Snaith, Isaiah 40-66, S. 177f.
[2] Vgl. 49, 13; 51, 3.12.19; 52, 9; 61, 2; 66, 13, dann auch Jes 12, 1; 22, 4.

sein, stark sein[3]. Zum Ganzen wäre Dahood, Psalms I, S. 112f zu
vergleichen. Der Zusammenhang spräche für die Bedeutung „Stadt"
an Stellen wie Jes 52, 9; 51, 4; Mi 1, 9; Ez 26, 2. עם sei ursprünglich
ein kanaanäisches Wort, wie dem ugaritischen Text ʿbdk blwsnd bsr
ʿm mlk (= dein Knecht hat die Burg des Königs Lawasanda gefestigt;
vgl. Gordon, Ugaritic Textbook, 2063; 9-12, S. 19*) zu entnehmen
ist. Demgegenüber ist hervorzuheben, daß innerhalb von Jes 40-53
das Wort עם nicht immer als „Stadt" übersetzt werden kann (vgl.
43, 8.20f; 51, 7; 52, 4-6); an den übrigen Stellen (51, 16.22) könnte
man es so übersetzen, braucht man es aber nicht. Dem Sinn nach
würde sich auf jeden Fall nichts ändern; so bleiben wir am besten bei
der Übersetzung mit „Volk".

V. 2

Wie aus Jes 48, 13; Jer 33, 3; 42, 8; Ps 3, 5; 28, 1; 50, 4 hervorgeht,
wird die Konstruktion קרא אל absolut gebraucht, ohne daß eine
direkte Rede folgt (vgl. Jon 3, 2). Sie absolut zu übersetzen, scheint
dem ganzen Text angemessen zu sein. Die mit כי angeführten Sätze
beziehen sich dann auf alle drei vorhergehenden Imperative und begründen sie von Gott her. Sie sind also keine Botschaft, die dem Volk
und Jerusalem überbracht werden soll, sondern der von Gott angegebene und nun vom Redenden kundgemachte Grund[4], warum das
Volk und Jerusalem getröstet werden sollen. Wären sie eine Botschaft gewesen und das Objekt des Zurufens, so würden sie außerdem
das Possessivpronomen der zweiten Person Singular und nicht der
dritten aufweisen: „rufet ihm zu: dein Frondienst ist vollendet...".

---

[3] Vgl. Consolamini, consolamini popule meus?... (Is 40, 1-2): VD 45 1967, S. 342-346.
[4] So auch Budde, Das Buch Jesaja, Kap. 40-66, S. 657. Dagegen sieht Elliger in v. 2αβγ einen syntaktisch vom letzten Imperativ des v.2αα abhängigen Satz, also die zuzurufende Botschaft. Nach ihm ist v.2b nicht mehr Teil der Botschaft, sondern gehört zur Begründung (Jesaja II, S. 6f): das zitierte Gotteswort umfaßt nur v.1a. Rechnet man aber v.2αβγ, wie vorliegende Analyse es nahelegt, mit zur Begründung, so entfällt auch der Grund, v.2αα als Wort des Sprechers und nicht als Fortsetzung des Zitats v.1a, also als Wort Gottes, anzunehmen. Die meisten Ausleger sehen in v.2αβγb die zu übermittelnde Botschaft, so Auvray-Steinmann (Isaïe, S. 151), Bonnard (Le Second Isaïe, S. 83), Feldmann (Das Buch Isaias, S. 29), Fischer (Das Buch Isaias, II Teil, S. 30), Fohrer (Das Buch Jesaja, Bd. 3, S. 15f), Knight (Deutero-Isaiah, S. 19), Krinetzki (Zur Stilistik von 40, 1-8, BZ NF 16 1972, S. 54), McKenzie (Second Isaiah, S. 15), Muilenburg (The Book of Isaiah, Chapters 40-66, S. 424), North (The Second Isaiah, S. 32, 71f), Rignell (A Study of Isaiah Ch. 40-66, S. 10: "The explanatory conjunction כי in v.2b introduces the contents of the prophetic message") und Ziegler (Isaias, S. 115).

Die Partikel כי bezeichnet im semitischen Sprachraum durch den Grundkonsonant *k* lautgenetisch ‛das Hier, den Ort des Beobachtenden[5] und kann daher wörtlich mit „siehe da!" übersetzt werden. Sie leitet hier, wie der Zusammenhang nahelegt, keine direkte noch indirekte Rede ein, sondern zeigt das Vorhandene, was von Gott her bereits geschehen ist; sie ist als begründende Partikel zu verstehen. Die drei כי-Sätze sind in logischer Hinsicht nicht als gleichbedeutend aufzufassen, sie stehen nicht selbständig nebeneinander, sondern bedingen sich gegenseitig: der Frondienst ist vollendet, weil die Schuld beglichen ist, sie ist nun beglichen, weil Jerusalem von Jahwe das Angemessene für ihre Sünden empfangen hat. Zu dieser Deutung der Reihe führt die Partikel כי, wenn man ihre Grundbedeutung berücksichtigt: sie bezieht sich auf das unmittelbar Vorhandene, sei es rückwärts oder vorwärts. Es entsteht daraus eine Steigerung im Ausdruck und in der Intensität. Das wurde in der Übersetzung beim dritten כי wiedergegeben, das im Deutschen „ja" lautet[6]. Die Übersetzung des כי durch „daß" hätte nur eine verblaßte Wiedergabe des gemeinten Inhalts vermittelt. So zeigt sich auch deutlicher, daß diese drei Sätze als Begründung und nicht als Botschaft aufzufassen sind. Während der dritte Satz für sich genommen nicht viel besagt, gewinnt er an Sinn und Kraft, wenn er im Zusammenhang mit den zwei vorhergehenden Sätzen gelesen wird und deren Aussage unterstreicht: der Frondienst und die Abzahlung der Schuld wurden Jerusalem von Gott auferlegt als angemessene Strafe für seine Sünden.

Es ist eben die Frage, wie כפלים zu verstehen ist. Das Vérb כפל heißt „verdoppeln" und ist synonym mit dem Verb שנה „wiederholen". Wegen der Spärlichkeit der Zeugnisse (Hi 11, 6; 41, 5; Si 26, 1) kann man nicht die ganze Skala der Bedeutungen von כפל herausstellen. In Hi 41, 5 heißt es „das Doppelte" („in das Doppelte seines Gebisses..."); in Si 26, 1 heißt διπλάσιος auch „das Doppelte". Ob das Wort in Jes 40, 2 „das Doppelte" bedeuten soll, ist fraglich. Der Gedanke, daß die Strafe das Maß der Schuld weit übersteigt[7], ist im AT doch seltsam, kommt innerhalb von Jes 40-55 auch nicht vor, widerspricht sogar der Verkündigung Deuterojesajas, die von Jahwes Vergebung redet (vgl. 44, 22), der des Interpolators von Jes 43, 25 und auch der des Verfassers von Jes 54, die von einem Augenblick des

---

[5] Vgl. Christian, Untersuchungen, S. 33, 181.

[6] Genauso übersetzt Elliger, Jesaja II, S. 1f.

[7] Fohrer formuliert: „Es war das Zweifache, d. h. ein Übermaß an Gericht, das sich entladen hatte" (Das Buch Jesaja, Bd. 3, S. 17).

Zornes bei Gott spricht (vgl. 54, 8). Neuerdings sind neue Erklärungen
für das Wort vorgeschlagen worden. W. Tom meint, die Wurzel כפל
bedeute „doppelfalten", von daher sei also כפל im Sinne von „Ver-
hüllung", „Bedeckung" zu verstehen; Jerusalem habe nun die Bedeckung seiner Sünden von Gott empfangen, so wie Ps 32, 1b ausdrückt[8]. G. von Rad knüpft unter Hinweis auf Tsevat[9] an das Wort
משנה an, das in Dt 15, 18 belegt ist. Er glaubt, von daher manches
Licht über den genauen Sinn von כפלים gewinnen zu können. Die alt-
orientalistische Forschung habe herausgestellt, daß das hebräische
משנה dem mištannu der Alalakh-Texte entspricht, das „Äquivalent"
bedeutet. Dann wäre Dt 15, 18 so zu übersetzen: Der Schuldsklave
hat seine Schuld dadurch bezahlt, daß er in der Arbeit das Äquivalent
des Lohnes eines Tagelöhners geleistet hat. So wäre auch Jer 16, 18
zu übersetzen: ich werde voll machen das Äquivalent ihrer Schuld"
(sie müssen also alles bezahlen). Vermutlich liegt hier ein Begriff des
Schuldrechtes vor. Hält man משנה für ein Synonym von כפל, so legt
es sich nahe, letzteres als „Äquivalent" zu verstehen[10]. In diesem
Sinn wäre auch Jes 61, 7 zu übersetzen. Unser Text würde also wie
Jer 16, 18 meinen, daß die eingetretene Strafe als das Äquivalent, das
Angemessene für die Sünden Jerusalems anzusehen ist[11]. Freilich
bleibt die Frage unbeantwortet, warum hier ein Duale und nicht das
Singulare vorliegt, so wie für משנה in Dt 15, 18; Jes 61, 7 der Fall ist.
Hessler versteht es nicht als Duale, sondern als Adverbialausdruck[12].

Das Wort enthält vielleicht doch den Gedanken eines Doppelten,
aber es ist nicht einzusehen in welchem Sinn. Wie zu einem Auge noch
ein Auge gehört, so gehörte der Sünde des Volkes die Strafe: Jerusalem empfing das zu seiner Sünde Gehörige; es wurde ihm zugefügt,
was unbedingt zu ihm paßte. Diese Deutung scheint nicht ganz abwegig zu sein, wenn man bedenkt, daß für das semitische Denken eine
böse Tat notwendigerweise einen Fluch hervorruft.

---

[8] Vgl. Welke is de zin van het „dubbel ontwangen" uit Jesaja 40:2, GerefTTs 59
1959, S. 122-123.

[9] Vgl. Alalakhiana, HUCA 29 1958, S. 125f.

[10] Vgl. כִּפְלַיִם in Jes 40,2 = Äquivalent?, ZAW 79 1967, S. 80-82.

[11] Auch Elliger versteht das „Doppelte" als einen Rechtsbegriff. Er verweist auf
das Bundesbuch (Ex 22, 3.6.8), auf Sa 9, 12; Hi 40, 12; Jes 61, 7; Dt 15, 18 und
sieht in dem Begriff den Sinn von „Schuldbegleichung", „Schadenersatz" und kommentiert: „Was er (Deuterojesaja) sagen will, ist..., daß Jahwe Israel seine Schulden
hat nach Gesetz und Recht voll decken lassen..." (Jesaja II, S. 16).

[12] Vgl. Gott der Schöpfer, S. 389 Anm. 226.

b) *Literarkritik*

V. 1

Das Verb נחם kommt an Stellen vor, die in Sprache und Inhalt an sich für Deuterojesaja charakteristisch zu sein scheinen, siehe 49, 13; 51, 3.19; 52, 9[13]; es ist aber auch an anderen Stellen belegt wie 52, 12; 61, 2; 66, 13, die nicht Deuterojesaja zugeschrieben werden können, wenn man Stil und Inhalt des ganzen Zusammenhangs betrachtet, in dem sie stehen[14]. Auffällig ist der doppelte Imperativ, eine Stileigenschaft, die sowohl für die Texte unseres Propheten in Betracht kommt (vgl. 51, 17; 52, 11), als auch für die übrigen (vgl. 57, 14; 62, 10). Während Deuterojesaja aber den doppelten Imperativ auch in der zweiten Person Singular gebraucht (vgl. 51, 17), formuliert der jeweilige Autor der übrigen Stellen nur im Plural. Grammatisch gesehen hätte der Imperativ auch durch den infinitivus constructus und das verbum finitum (Imperfekt) oder durch den infinitivus absolutus allein gebildet werden können[15], etwa נחם תנחמו oder נָחֹם (nicht bezeugt). Die Wiederholung des Imperativs entstammt wahrscheinlich nicht nur bewußt rhetorischem Stil als Ausdruck besonderer Eindringlichkeit, sondern auch der konkreten Vorstellung des Zurufens, das an sich nach Wiederholung drängt. Das wird in 52, 8-11; 62, 6-12 deutlich, wo von den Wächtern die Rede ist, die ihre Stimme zum Ruf erheben und nie schweigen sollen.

Objekt des Tröstens ist „mein Volk". Hätte Deuterojesaja so formuliert? Er spricht wohl davon, daß Jahwe „sein Volk" tröstet (vgl. 49, 13; 52, 9), er gebraucht aber sonst das Wort עם sehr selten, und zwar nur in 43, 8; 51, 7.22; mit dem Personalpronomen der ersten Person Singular ist das Wort nur in 43, 20b belegt[16]; als spätere Hinzufügen werden 51, 4.16; 52, 4-6 angesehen[17]. Dagegen überwiegt die Form „mein Volk" in Jes 56-66 (vgl. 57, 14; 58, 1; 63, 8; 65, 10. 19.22); von „deinem Volk" ist in 63, 14 die Rede, siehe sonst noch 62, 10.12; 65, 2. Deuterojesaja redet seinerseits ganz persönlich Jakob

---

[13] Vgl. Elliger, Verhältnis, S. 262ff. Elliger rechnet 51, 12 zu Tritojesaja, vgl. ebd., S. 211.

[14] Nach Elliger wird das Verb נחם sowohl von Deuterojesaja als von Tritojesaja gebraucht, vgl. Verhältnis, S. 49.

[15] Vgl. Brockelmann, Hebräische Syntax, S. 1.

[16] Nach der vorliegenden Analyse ist 43, 21a als sekundär zu betrachten. Siehe zur Stelle, S. 335.

[17] Vgl. Elliger, Verhältnis, S. 203f, 210f, 217ff.

und Israel an[18]. Diese Paarung kommt in Jes 54-55.55-66 nicht vor, in 58, 1; 59, 20 wird nur Jakob erwähnt, in 65, 9 Jakob und Juda. In Jes 56-66 tritt die persönliche Anrede überhaupt stark zurück. Zu beachten ist, daß in Jes 40-53 stärker als in Jes 54-66 Jahwe näher charakterisiert wird als „Gott Israels" (41, 14.17; 45, 3; 48, 1; 52, 12), als „König Jakobs" (41, 21), als „König Israels" (44, 6) als der „Heilige Israels" (43, 3.14; 45, 11; 48, 17; 49, 7[19]), als „Schöpfer Israels" (43, 15), als „Erlöser Israels" (49, 7); als „Stärker Jakobs" wird er aber nicht von ihm bezeichnet[20].

Die Wendung „spricht euer Gott" mit ihrem Bezug auf die zweite Person Plural ist im ganzen Buch Jesaja einmalig[21]. Als Subjekt von אמר kommt אלוהים innerhalb von Jes 40-66 nur in 54, 6; 57, 21[22]; 66, 9b vor, und zwar in der Perfektform, sonst ist das Subjekt יהוה oder האל יהוה (42, 5) oder אדני יהוה (49, 22; 52, 4; 65, 13), einmal קדוש (40, 25) und einmal מלך יעקב (41, 21). Die Bildung „euer Gott" ist ferner in Jes 40, 9, dann in Jes 35, 4[23] und 59, 2 belegt.

Es geht aus dem Text nicht klar hervor, ob die Formel „spricht euer Gott" mit zur Rede Gottes gehört oder nicht. Für die direkte Rede Gottes sprechen zunächst die Eindringlichkeit und Innigkeit des Textes in formaler Hinsicht — siehe die Reihe der Imperative „tröstet", „redet zu Herzen", „rufet ihm zu"—wie auch in inhaltlicher Hinsicht; denn was verkündet wird, ist so entscheidend, daß dazu eigentlich nur die direkte Rede Gottes am besten paßt. Man könnte den Text auch so verstehen, als ob die mit den Imperativen Angeredeten das an sie ergangene Wort nun dem Volk weiter berichten, so daß „euer Gott" sich auf das Volk bezieht. Man gewinnt aber ein anderes Verständnis des Textes, wenn man zu seiner Deutung Jes 62, 1-12

---

[18] Das betont auch Elliger, Verhältnis, S. 40, 173. Die betreffenden Stellen sind 40, 27; 41, 8.14; 42, 24; 43, 1.22.28; 44, 1f.5.21.23; 45, 19; 46, 3; 48, 1.12.20; 49, 5f. Nach Elliger ist 46, 13 dem Tritojesaja zuzuschreiben, vgl. Verhältnis, S. 184f.

[19] Dieser Titel wird außerhalb von Jes 40-53 noch in 54, 5; 55, 5; 60, 14 gebraucht. Elliger schreibt 47, 4 und 48, 17 dem Tritojesaja zu, vgl. Verhältnis, S. 108, 118.

[20] Vgl. Elliger, Verhältnis, S. 127f.

[21] Die Wendung יאמר יהוה begegnet innerhalb von Jes 40-66 nur in 41, 21a; 66, 9a. In 40, 25 begegnet die Wendung יאמר קדוש.

[22] Jes 57, 20f gilt als späterer Zusatz, vgl. Elliger, Verhältnis, S. 295; Pauritsch, Die neue Gemeinde, S. 70.

[23] Jes 34-35 ist von Jes 40-55 abhängig, vgl. Sellin-Fohrer, Einleitung, S. 405; Elliger, Verhältnis, S. 272-278. Eißfeldt bemerkt: „...die Verwandschaft (zwischen Jes 34-35 und Jes 40-66) wird sich...daraus erklären, daß sich der Dichter von c.34-35 an c.40-66 gebildet hat" (Einleitung, S. 441). Im Anschluß an Torrey (The Second Isaiah, S. 103f, 279-304) präzisiert Morgenstern, daß sich Kap. 34-35 nur auf Jes 49-66 beziehen, vgl. The Message of Deutero-Isaiah in its Sequential Unfolding, S. 2f.

heranzieht. Hier spricht der Autor selber, sagen wir der Prophet, er habe über die Mauern der Stadt Wächter bestellt, die Jahwe drängen sollen, Jerusalem aufzurichten (VV. 6-7); er fordert sie dann auf, durch die Tore zu ziehen, dem heimkehrenden Volk den Weg zu bereiten (V. 10), denn Jahwe kommt [24]. Der Autor scheint damit an 52, 8-12 anknüpfen zu wollen: die Wächter — „deine Wächter" läßt zu Beginn an eine direkte Rede des Propheten denken — sehen Jahwe nach Sion heimkehren, wenden sich zu den Trümmern Jerusalems und fordern sie zum Jubeln auf, denn Jahwe tröstet sein Volk (VV. 8-9). Dieser Befund läßt unseren Text so deuten, daß auch hier der Prophet — genauer: der Schreibende — spricht und den Wächtern in VV. 1a.2aα das für sie bestimmte Wort Gottes zitiert, das sie auffordert, das Volk und Jerusalem zu trösten. In V. 2aβγb führt er die von Gott ausgesprochene Begründung zu diesem Trösten an [25].

---

[24] Jes 62, 1-12 ist nicht aus einem Guß. Vv. 1-9 stellen den primären Text dar; v.10 ist vom Propheten selbst, der das Ganze verfaßte, als Überleitung zum heutigen Kap. 60 eingefügt worden (die ursprüngliche Reihenfolge der Kapitel war 61, 1-9.11; 62, 1-9; 60, 1-22); vv.11-12 gehen auf den Redaktor des Tritojesaja-Buches zurück (vgl. Pauritsch, Die neue Gemeinde, S. 105f, 114-119). Pauritsch gibt den Inhalt des Textes mit folgenden Worten wieder: „In v.1 und 6 spricht der Prophet in der 1. Pers. von Beweggrund seiner Verkündigung: er will nicht bloß an den Glauben seiner Hörer appellieren und sie zum Durchhalten ermuntern, sondern damit Jahwe selbst an seine Verheißungen ‚erinnern'. Mit den ‚Wächtern' auf den Mauern weiß er sich selbst identisch...Die Wächter werden v.6c ‚Erinnernde' genannt...Sie handeln in der Intention des Propheten, indem sie seine prophetische Aufgabe auf breiter Basis fortsetzen und unterstützen: Jahwe durch den Hinweis auf sein früheres Heilshandeln...zu rascherem Eingreifen zu bewegen. Für das prophetische Selbstbewußtsein würde dies bedeuten, daß er erstmals seine Sendung als Wächteraufgabe und Fürbitte versteht" (vgl. ebd., S. 116f). "In v.10...wird den Menschen in Jerusalem zugerufen, die Ankunft der ersten Festpilger vorzubereiten" (ebd., S. 118). Es legt sich aber nahe, diese Menschen mit den ‚Wächtern' gleichzustellen.

[25] Die Rede als Ganzes ist also, wie auch Elliger betont (Jesaja II, S. 6), eigene Formulierung des Sprechers. Wie oben bereits hervorgehoben wurde, spricht die Formulierung des Textes nicht dafür, daß in v.2aα der Sprecher redet und Gotteswort nicht weiter zitiert wird. V.1b kann an sich doch als ein Zwischensatz, als eine Weiterleitungsformel verstanden werden, ohne daß er damit auf einen Prophetenspruch hinweist. Das Präsens deutet auch in diesem Fall auf einen „Vorgang in der Gegenwart des Sprechers" und nicht auf ein „Ereignis der Vergangenheit", das hier berichtet würde (vgl. Elliger, ebd., S. 7), hin. Mit v.2aβγ fängt dann die Begründung an, die auch v.2b umfaßt. Es genügt m. E. nicht zu sagen, daß die Imperative in v.1 und v.2 nur sachlich parallel stehen (so Elliger, ebd., S. 6). Es stimmt auch nicht, daß der Aufbau von vv.1-2 und vv.3-5 der gleiche ist. Denn dem Befehl im Imperativ v.2aα folgen in v.2aβγb keine „Ausführungen", wie in vv. 4-5bα nach Elliger der Fall ist, sondern die Feststellung von Tatsachen, die bereits feststehen, welche nun als Begründung des Befehls zu gelten hat (vgl. Elliger, ebd., S. 6).
Es ist übrigens nicht zu beweisen, daß in 40, 1f „ein Himmlischer zu Himmlischen" redet, daß der Sprecher als „ein Wesen höheren Ranges", „der beamtete Sprecher

Diese Deutung hat den Vorteil, daß durch sie die Possessivprono-
mina von V. 2 besser erklärt werden können : der Prophet berichtet
hier, was Gott selber über Jerusalem gesagt hat. Es stört nicht, daß
er dabei „spricht euer Gott" und nicht „spricht unser Gott" formuliert hat. Denn eine solche Redensart mit ihrem besonderen Nachdruck
auf den Angeredeten ist sonst, wie etwa 43, 14 zeigt, nicht ungewöhnlich. Auch die zwei anderen Stellen 54, 6; 66, 9, wo die Weiterleitungsformel „spricht dein Gott" lautet, lassen sich ohne weiteres als berichtend verstehen. Unklar ist, wer in 57, 14 spricht. Es steht aber
nichts dagegen, diesen ungenannten Sprecher mit dem Propheten selbst
gleichzusetzen[26]; die Angeredeten können in diesem Zusammenhang
nicht andere sein als die Wächter und Hirten von 56, 10f[27].

Es gibt sonst innerhalb von Jes 40-66 viele Stellen, die eine Anrede
in der zweiten Person Plural ohne nähere Bezeichnung der Angeredeten enthalten. Bei den meisten aber ist der Bezug auf das Volk
Israel aus dem Zusammenhang leicht zu ersehen[28]. Ein solcher Bezug
ist in Jes 40 selbst in VV. 18.21.25.26 anzunehmen so wie auch in
43, 18f (vgl. 43, 14 : euer Erlöser!) und 45, 11[29]. Das Volk ist aber
in 40, 1 Objekt des Tröstens und kann daher nicht der Angeredete
sein. Wenn es innerhalb von Jes 40-66 eine bestimmte Gruppe gibt,
die ins Auge gefaßt wird, so ist die einzige die der Wächter (vgl. 52, 8;
56, 10f; 62, 6). Um so mehr kann man vermuten, daß sie hier angesprochen wird, wenn man bedenkt, daß die Wächter in der Vorstellung der Autoren eine bestimmte Funktion zu erfüllen haben, und
zwar den Anbruch des Heils Gottes wahrzunehmen, das Volk zu
trösten und es zum Jubel aufzumuntern und dem heimkehrenden Gott
und dem Volk den Weg zu bahnen[30].

Jahwes in der himmlischen Versammlung" ist (vgl. Elliger, ebd., S. 6). Deuterojesaja
und die übrigen Autoren, die in Jes 40-66 am Werk gewesen sind, stehen all zu sehr
auf den Boden der Geschichte und reden all zu sehr eine geschichtsbezogene Sprache,
als man ihnen eine solche Vorstellung zuschreiben kann.

[26] Feldmann führt aus : „Eine Anspielung auf 40, 3 liegt freilich vor, aber es ist
doch begreiflich, daß der Prophet, wenn das Heil sich verzögerte, erneute Aufrufe
ergehen ließ" (Das Buch Isaias, S. 211). Pauritsch redet von einem "Sprecher", ohne
ihn näher zu bestimmen (vgl. Die neue Gemeinde, S. 72).

[27] Der Schelt- und Gerichtsrede 56, 9-57, 13 wird redaktionell durch 57, 14ff ein
Heilswort hinzugefügt. Beide Einheiten sind also aufeinander bezogen (vgl. Pauritsch,
Die neue Gemeinde, S. 242f). In 57, 14 werden daher nach der Meinung der Redak-
toren vermutlich doch die Wächter angesprochen, die in 56, 10 erwähnt sind.

[28] Vgl. 41, 21; 42, 18; 44, 8; 45, 20-22; 48, 14.16.20; 50, 1-2.10; 52, 3.11; 55, 1-6.12;
56, 1-2; 65, 11-15; 66, 5-14.

[29] Vgl. Westermann, Das Buch Jesaja, S. 135f; Bonnard, Le Second Isaïe, S. 174f.

Das sprachliche und stilistische Material von 40, 1 spricht im ganzen nicht für Deuterojesaja, es weist vielmehr auf einen Autor hin, der Jes 54-55.56-66 bzw. einen Grundstock davon bereits kannte.

V. 2

Die Wendung דבר על־לב ist im ganzen Buch Jesaja nur hier belegt. Objekt ist jetzt Jerusalem. Die Stadt wird in Jes 40-66 mehrmals erwähnt[31]; an einigen Stellen (vgl. 52, 9; 65, 19) wird sie sogar genauso wie hier mit dem Volk gleichgestellt. Die andere Wendung קרא אל kommt in unserem Komplex sonst nur in 48, 13 vor, wo sie den besonderen Sinn „ins Dasein rufen" aufweist. Das Wort צבא kehrt in 40, 26; 45, 12 wieder, aber mit einem ganz anderen Sinn, denn es ist das Heer des Himmels gemeint, also die Sterne.

Die Niphalform von רצה kommt im AT nur hier vor. Einmalig ist auch die Wendung „die Schuld ist abgezahlt". Der Begriff עון begegnet bei Deuterojesaja nicht, wenn man die sekundären 43, 24; 50, 1 ausnimmt[32]; sonst findet man ihn in 53, 5.11; 57, 17; 59, 2f.12; 64, 5f.8; 65, 7. Die Vorstellung, daß die Rettung erst dann eintritt, wenn das Volk in angemessener Weise Sühne geleistet hat, also nicht aus der freien Entscheidung und Vergebung Gottes kommt, entspricht nicht der Auffassung des Verfassers von Jes 40-53 (54-55)[33]. Dieser Befund

---

[30] Die neueren Ausleger bieten ein buntes Bild von verschiedenen Meinugen. Bonnard bemerkt: „„...le texte hébreu...insiste beaucoup moins sur l'identité des consolateurs que sur l'intensité de la consolation et sur son origine divine. A lire entre les lignes, nous comprenons que les envoyés du Très-Haut sont d'abord le prophète lui-même et ensuite les hérauts qu'il met en scène..." (Le Second Isaïe, S. 85). Elliger führt aus: „Im Augenblick hat Jahwe beschlossen, der babylonischen Strafzeit ein Ende zu machen, und läßt durch den Sprecher seinen Beschluß bekanntgeben zunächst den himmlischen Geistern, die ihn in die Tat umsetzen sollen auch dadurch, daß sie Israel trösten" (Jesaja II, S. 13). Fohrer denkt an die Propheten, die in der himmlischen Ratsversammlung anwesend sein durften (Das Buch Jesaja, Bd. 3, S. 16). Knight spricht von den „angelic agencies" und von den „angelic forces" (Deutero-Isaiah, S. 20). Nach Morgenstern (The Message of Deutero-Isaiah in its Sequential Unfolding, HUCA 29 1958, S. 13 Anm. 22) und Rignell (A Study of Isaiah Ch. 40-55, S. 9) sind die Adressaten die Propheten.

[31] Vgl. 40, 9; 41, 27; 44, 26.28; 51, 17; 52, 1f.9; 62, 1.6f; 64, 9; 65, 18f; 66, 10.13.20. Vgl. ferner Jes 28, 14; 30, 19.

[32] Nach der vorliegenden Analyse gehört 43, 24 nicht zu Deuterojesaja, siehe zur Stelle, S. 350f. Zu 50, 1 vgl. Elliger, Verhältnis, S. 129-134.

[33] Vgl. die Ausführungen Elligers: „Hat Jahwe vergeben?...Der Gedanke mag im Hintergrund stehen, deuterojesajanisch ist er sicher; aber ausgesprochen wird er hier nicht. Nur das Faktum wird festgestellt, soweit es Israel angeht: Israel hat gebüßt..., Jahwe hat es büßen lassen" (Jesaja II, S. 17). Elliger erklärt und rechtfertigt den Hinweis auf die Sünde, die Israel voll gedeckt hat, durch die Aussage, daß damit

läßt Zweifel über die Echtheit unseres Textes aufkommen; man denkt eher an einen in Jes 56-66 wirkenden Autor. Im Jesajabuch ist sonst davon die Rede, daß die Schuld gewichen ist (סר : 6, 7), daß sie vergeben wird (יכפר : 22, 14; 27, 9), daß sie abgetragen wird (נשא : 33, 24) und daß sie heimgesucht wird (פקד : 13, 11; 26, 21). Deuterojesaja spricht davon, daß die Missetaten und die Sünden weggefegt worden sind (44, 22; vgl. das sekundäre 43, 25). Jeremia gebraucht die Wendung „die Schuld verzeihen" (סלח : 31, 34; 33, 8; 36, 3). Hervorzuheben ist noch, daß in Jes 40-66 der Gedanke des ‚Äquivalenten" oder „Angemessenen", was man normalerweise mit „Doppelten" übersetzt, mit zwei verschiedenen Wörtern wiedergegeben ist, mit dem כפלים unseres Textes und dem משנה von 61, 7; beide Begriffe sind im Buche Jesaja nicht mehr zu finden.

Die Wendung לקח מיד findet sich außer in Jes 37, 14 noch in Jes 51, 22. Letztere Stelle entspricht gewissermaßen dem in 40, 2b Gesagten : hat Jerusalem von der Hand Jahwes die Strafe erhalten, so nimmt jetzt Jahwe die auferlegte Strafe zurück. An beiden Stellen ist aber der Sinn der Wendung nicht ganz gleich : in 40, 2b heißt sie „erhalten", „empfangen", in 51, 22 aber „wegnehmen" [34]. Diese Sinnverschiebung könnte ein Hinweis auf verschiedene Verfasserschaft sein.

Die Einmaligkeit mancher Begriffe und mancher Wendung, die besondere Bedeutung mancher Wörter sprechen im ganzen nicht für die Herkunft des Textes von Deuterojesaja. Auch der Stil hat eine eigene Prägung, die nicht weiter bei ihm festzustellen ist. Die drei Imperative und die drei lapidaren כי-Sätze weisen etwas Feierliches und Gehobenes auf, was in dieser Form einmalig ist. Das erklärt sich aber nicht allein dadurch, daß 40, 1f den Auftakt eines ganzen Komplexes ist.

c) *Form- und Gattungskritik*

Der Text besteht aus vier Stichen. Diese kann man in zwei Strophen gruppieren mit je zwei Stichen. Die Akzente der ersten zwei Stiche

---

„nicht die geringsten...Nachforderungen vom Gläubiger zu erheben, vom Schuldner zu befürchten sind... Das ist... die göttliche Zusage, daß das Vergangene wirklich vergangen ist, absolut und endgültig, und Nachwirkungen nicht mehr zu befürchten sind" (ebd., S. 16f).

[34] Vgl. Bonnards Übersetzung von 51, 22 im Vergleich zu 40, 2 (Le Second Isaïe, S. 240 : j'ai arraché; S. 83 : elle a reçu); vgl. ferner Knight Deutero-Isaiah, S. 220 : I have taken the cup out of thy hand; S. 19 : she has received), Westermann (Das Buch Jesaja, S. 193 : ich nehme weg; S. 29 : sie hat empfangen).

sind auf 3 + 2, die der letzten zwei auf 2 + 2 verteilt, wenn man
מידי liest[35] bzw. מיד־־יהוה, dann die drei כי jeweils mit ihrem Verben
durch maqqef verbindet. Die ersten zwei Stiche enthalten lauter Imperative in der zweiten Person Plural, die letzten Stiche weisen drei
begründende כי-Sätze im Perfekt auf. Der Name Jahwes begegnet als
rectum des Substantivs יד im letzten Vers. Zu beachten ist, daß
עמי, ירושלים und יהוה sich jeweils in der Mitte des Stiches befinden[36].
   Es scheint nicht, daß 40, 1-2 gattungsmäßig wirklich ein Botenspruch
ist, so wie Köhler meint[37]. Die Unterschiede dieses Textes zu den
eigentlichen Botensprüchen hat Köhler selbst gesehen. Es wird hier
kein Bote, sondern eine Gruppe angesprochen, die nicht näher charakterisiert wird. Das ist auffällig, wenn man bedenkt, daß vom
Boten sonst nur in der Einzahl die Rede ist (vgl. 40, 9; 42, 19a; 52, 7).
Und es handelt sich auch nicht um eine Botschaft, die zu übermitteln
ist, sondern um den Auftrag zu trösten, und zwar aufgrund der Tatsache, daß das Maß der Strafe erreicht ist. Der Akzent liegt im
nächsten Zusammenhang auch auf dem Trösten und Aufmuntern (vgl.
40, 27-31; 41, 8ff). Als richtiger Botenspruch hätte 40, 1-2 lauten
müssen: „So spricht Jahwe euer Gott: ‚saget meinem Volk: dein
Frondienst ist vollendet...‘‘. Aber auch hier hätten wir eine schwer
zu erklärende Anrede an eine Gruppe von Personen, und wir würden
außer der eigentlichen Botenformel im Perfekt[38] auch den personalen
Bezug auf den handelnden Gott vermissen, siehe Ex 4, 21ff: „Jahwe
sagte zu Mose: „Sage zum Pharao: ‚So sagt Jahwe: Israel ist *mein*
eingeborener Sohn. *Ich* sagte zu dir...‘‘; Jer 2, 1-2: „Das Wort Jahwes
erging an mich: ‚Geh und rufe...: So sagt Jahwe: *Ich* gedenke...‘‘;
Am 1, 6-8: „So spricht Jahwe: ‚Wegen der drei Freveltaten... nehme
ich es nicht zurück...‘‘.
   Es handelt sich auch nicht um ein Heilsorakel. Beim Heilsorakel —
falls es wirklich ein Heilsorakel an den Einzelnen gegeben hat[39] — wen-

---

[35] Vgl. Köhler, Deuterojesaja stilkritisch untersucht, S. 4. Vgl. aber die Kritik
Elligers, Jesaja II, S. 2.
[36] In seinem Aufsatz „Zur Stilistik von 40, 1-8‘‘ beschreibt Krinetzki hauptsächlich
das „Neben- und Ineinander von Zwei- und Drei- Gliederung‘‘ im Text (ebd., S. 59f).
[37] Vgl. Deuterojesaja stilkritisch untersucht, S. 102ff; vgl. ferner Muilenburg, The
Book of Isaiah. Chapters 40-66, S. 423. Rignell meint: „Vv.1-2 consist of an oracle,
which the prophet has received and now brings to the people‘‘ (A Study of Isaiah Ch.
40-55, S. 9). Gegen einen „Prophetenspruch‘‘ äußert sich neuerdings auch Elliger
(Jesaja II, S. 4-6).
[38] Auch Elliger macht nachdrücklich darauf aufmerksam, daß die Formel von v.1b
imperfektisch formuliert ist und den Namen Jahwe nicht aufweist. Er sieht darin einen
Beweis dafür, daß in 40, 1-2 kein Botenspruch vorliegt (vgl. Jesaja II, S. 4f).
[39] Vgl. Kilian, Ps 22 und das priesterliche Heilsorakel, BZ NF 12 1968, S. 172-185.

det sich Gott direkt an den Klagenden und Fragenden[40]. Die Person des
Priesters, der das Orakel übermitteln soll, verschwindet ganz (vgl. etwa
41, 8-13.14-16; 43, 1-4.5-7). Das ist aber in 40, 1-2 nicht der Fall.
Durch den Propheten beauftragt hier Gott eine Gruppe, sein Volk zu
trösten, bzw. der Prophet unterrichtet diese Gruppe über den an sie
jetzt ergehenden Auftrag. Der Inhalt allein — die perfektische Formulierung zur Angabe des Heilsgeschehens in v. 2 — genügt an sich
nicht, den ganzen Text als ein Heilsorakel aufzufassen. Die formalen
Elemente wie etwa die direkte Anrede zu dem Klagenden müßten auch
bezeugt werden. Als Heilsorakel hätte 40, 1-2 lauten müssen: „Sei
getröstet (= fürchte dich nicht): dein Frondienst ist beendet, deine
Schuld bezahlt, du hast empfangen das Angemessene...". Sieht man
sich den Text näher an, so entsteht doch die Frage, ob hier tatsächlich
ein Heilsorakel vorliegt. In den von Westermann angegebenen Heilsorakeln 41, 8-16; 43, 1-7; 44, 1-5 tritt Gott als der aktiv Handelnde
auf: *ich* bin bei dir (41, 10a), ich halte deine Rechte, ich helfe dir
(41, 13), ich mache dich zum Dreschschlitten (41, 15), ich erlöse dich
(43, 1b), ich lasse deinen Samen heimkommen (43, 5b), ich gieße
meinen Geist über deine Kinder (44, 3). In 40, 2 ist Gott nicht der
aktiv Handelnde; die Formulierung klingt wie eine Feststellung. Als
Heilsorakel hätte der Text lauten müssen: "Sei getröstet, siehe ich
habe dir verziehen, so daß dein Frondienst beendet ist..." oder: „Sei
getröstet, ich machte deinem Frondienst ein Ende". Die formalen
Eigenarten des Textes lassen ihn weder als einen Botenspruch noch
als ein Heilsorakel erkennen.

Die formale Struktur gleicht der Struktur der sogenannten eschatologischen Loblieder[41]. Diese Lieder weisen zwei Teile auf; der erste
besteht aus lauter Imperativen in der zweiten Person Plural, der zweite
gibt eine Begründung an, die meistens mit כי eingeleitet und im Perfekt
formuliert ist. Dazu gehören (40, 9-11); 42, 10-13; 44, 23; 45, 8; 48, 20f;
49, 13; 51, 1-3aα; 52, 9-10.11.12b; (54, 1-2), die Form ist aber am
besten in 44, 23; 48, 20; 49, 13abα; 51, 1-3aα erhalten geblieben. Betrachtet man den Inhalt dieser Texte näher, so stellt sich heraus, daß

---

[40] Vgl. Westermann, Sprache und Struktur, S. 118f. Nach Westermann gehören zur
Struktur des Heilsorakels folgende Teile: Anrede (durchweg an Jakob-Israel), Heilszuspruch (fürchte dich nicht!), Begründung (ich bin mit dir) und Folge (imperfektisch
formulierte Heilsankündigung). Es scheint, daß Westermann 40, 1-2 als ein Heilsorakel
oder besser als eine Heilszusage versteht (vgl. ebd., S. 166).

[41] Vgl. Westermann, Sprache und Struktur, S. 157ff, und Das Loben Gottes in den
Psalmen, S. 104-106.

es sich nicht durchgehend um eine imperativische Aufforderung zum Lobpreis handelt, sondern auch um „die Aufforderung zu künden, hören zu lassen, daß Jahwe seinen Knecht Jakob erlöst hat"[42]; 51, 1-3 ist z.B. nur ein tröstender Zuruf, und doch er hat die gleiche formale Struktur wie die eigentlichen Loblieder[43].

Im Anschluß an 40, 3-5 und 40, 6-8 bezeichnet Elliger 40, 1-2 als eine Befehlsausgabe[44]. In der Tat wird in 40, 1-2 ein göttlicher Befehl übermittelt und begründet. Damit allein kommt aber die Eigenart des Textes nicht ganz zur Geltung. Der Text ist eine Aufforderung zum Trösten und Zureden aufgrund der Zusage, daß dem Unheil ein Ende gesetzt worden ist und das Heil anbricht. Das hier berichtete, übermittelte Heilsgeschehen stellt die Voraussetzung zur Aufforderung zum Trösten und Zureden dar. Die hymnische Form weist darauf hin, daß der Text nicht nur eine Befehlsausgabe sein will, sondern gleichzeitig Ansage, Ankündigung, Bericht des vollendeten Heilsgeschehens. Daß dieser Text nach dem Muster der eschatologischen Loblieder aufgebaut ist, hat also doch seine Bedeutung zur näheren Bestimmung der Gattung: es handelt sich letztlich im Ganzen doch um ein eschatologisches Loblied, das Jahwes Heilstat ansagt und durch den Aufruf zum Trösten und Zureden Jahwes Volk zum Lob bewegen will.

Aber die Stellung des Textes an der Spitze des deuterojesajanischen Buches hat auch ihre Bedeutung zur näheren Bestimmung der Gattung. Der Text will sehr wahrscheinlich als Überschrift und Titel für die ganze folgende Schrift verstanden werden; diese wird damit charakterisiert als ein Trostwort im Auftrag Gottes aufgrund der göttlichen Ansage, daß Jerusalem für seine Schuld bereits genügend gebüßt hat. Sollten 44, 23; 48, 20 und 52, 9f tatsächlich nach Ansicht der Redaktoren abschließende Funktion haben und jeweils einen Teil des Buches beenden[45], so ist es vom Standpunkt der Redaktion verständlich, daß die Sammlung mit einem gattungsmäßig gleichen oder ähnlichen Text ihren Auftakt hat.

---

[42] Vgl. Westermann, Sprache und Struktur, S. 158.

[43] Westermann spricht im Zusammenhang mit 51, 3, das er als ein Fragment versteht, von "Loblied". Er bemerkt: "Vor dem perfektischen Begründungssatz sind wahrscheinlich zu Jubel und Lob auffordernde Imperative ausgefallen" (Das Buch Jesaja, S. 102).

[44] Vgl. Jesaja II, S. 6f. Elliger meint: "Es gehört zum Wesen der Gattung, daß die Indikativsätze den eigentlichen Befehl, der in Imperativen formuliert wird, nicht fortsetzen — natürlich, soweit sie nicht ausdrücklich von einem Imperativ abhängig gemacht werden wie 2aβγ —, sondern ergänzende Ausführungen darstellen" (ebd., S. 10).

[45] Vgl. Westermann, Sprache und Struktur, S. 162.

d) *Exegese*

V. 1

Das Verb נחם kommt in verschiedenen Zusammenhängen vor. Es bezeichnet zunächst die Tätigkeit des menschlichen Tröstens bei Trauer und Unglück[46]. Es bezeichnet dann das Trösten Gottes; das bezeugen hauptsächlich manche Klagelieder des Einzelnen[47], das Vertrauenslied des Einzelnen Ps 23, 4, das Danklied Jes 21, 1, wahrscheinlich auch die Klagelieder 1, 9.16f.21. Von Jahwe, der sein Volk tröstet, spricht Jes 49, 13; 51, 3.12; 52, 9 (vgl. Sa 1, 17). In Jes 66, 13; Jer 31, 13 spricht Jahwe selbst davon, daß er sein Volk tröstet. Betrachtet man den Zusammenhang der Texte, wo von Trösten die Rede ist, so gewinnt man ein Bild von der gemeinten Situation: Im Klagelied 1 sagt der Klagende, daß niemand da ist, der tröstet, weder Gott noch sonst jemand, auch die Nachbarn wurden zu Feinden, und die Feinde selbst freuen sich über das Unglück des Klagenden (VV. 17.21). Es ist die Situation völliger Einsamkeit und Verlassenheit. Im Klagelied 2, 13 liegt vermutlich der Ansatz zu einem Heilsspruch, der vom Sänger selbst vorgetragen wird, vor: dieser sucht nach einer Möglichkeit, Sion zu trösten, aber vergeblich. In Ps 69, 21 klagt der Betende darüber, daß er keine Tröster findet, seine Hoffnung sei sogar enttäuscht worden, da er nur Gift und Essig — kein Trostmahl, siehe 2Sam 3, 35; 12, 17 — zu essen bekam. In Ps 86, 17 bittet der Beter um die Zuwendung Gottes, damit seine Feinde voll Beschämung sehen, daß Gott ihm geholfen und ihn getröstet hat. In Ps 71, 21 folgt die Bitte um Trost dem Hinweis auf das Heilshandeln Jahwes an Israel; der Beter von Ps 119, 76.82 erinnert Gott bei der Bitte um Trost an die Verheißung. Nach Ps 23, 4 besteht der Trost für den Beter darin, daß er sich unter Gottes Führung und Schutz weiß, nach Jes 12, 1 entsteht Trost dann, wenn Gottes Zorn sich abwendet.

Verwertet man diesen Befund zur Deutung unseres Textes, so läßt sich sagen: das wiederholte „tröstet" wird in eine Situation völliger Einsamkeit, Verlassenheit, Verworfenheit und Trauer hingesprochen, da das Volk seinem ganzen Elend anheimgestellt ist und keinen Fürsorger hat, der seine Not mildert. Dieses „tröstet" setzt aber nun eine Heilstat Gottes voraus, seine Zuwendung zu seinem Volk, die Er-

---

[46] Vgl. Gen 37, 35; 2Sam 10, 2; 12, 24; 1Chr 7, 22; Hi 2, 11; 29, 25; 42, 11; Pred 4, 1; Ps 69, 21; Jes 22, 4.

[47] Vgl. Ps 71, 21; 86, 17; 119, 76.82.

füllung seiner Verheißung, die Abwendung seines Zornes, die Versicherung seiner Führung und seines Schutzes und die Beschämung der Feinde. Es sind lauter Motive, die Jes 40-66 kennzeichnen. Daß Gott selber durch seine rettende Tat sein Volk tröstet, wird ausdrücklich in 49, 11-13; 51 2-5.11f; 66, 13ff gesagt. Nach der Darstellung unseres Textes setzt die Heilstat Gottes damit ein, daß die „Wächter", von denen vermutet wurde, sie seien hier die Angeredeten, das an sie durch den Propheten ergehende, zum Trost auffordernde Wort Gottes der Volksgemeinde mitteilen, und daß dadurch diese Gemeinde zur Kenntnis des Heilsanbruchs gebracht wird.

Die besondere Zuwendung Gottes zu seinem Volk kommt in dem Wort „mein Volk" zum Ausdruck. Man findet es in 51, 4; 51, 16; 52, 6 wieder. Dahinter steht das Versprechen Jahwes Ex 6, 7 und der Gedanke der Bundesschließung am Sinai, siehe etwa Ex 19, 5 (vgl. Je: 11, 4; 31, 33). Der hier redende und jetzt handelnde Gott ist der Gott der Erwählung und des Bundes, er rettet sein Volk als das erwählte und ihm gehörige Volk. Das ist kein isolierter Gedanke, denn vor allem im ersten Teil unserer Schrift wird immer wieder an die Erwählung angeknüpft[48]. Indem Jahwe nun dazu auffordert, sein Volk zu trösten, erweist er sich als der treue Gott, der zum Erwählten hält; das Volk kann sich wieder als das erwählte Volk erkennen. In 49, 7 bezeichnet sich Gott selbst als den Getreuen (vgl. 42, 21; 65, 16).

Gottes innige Zuwendung zu seinem Volk zeigt sich ferner an der Wendung „redet zu Herzen Jerusalems", die hier vorkommt. Im AT wird sie sonst gebraucht, um die Zuwendung des Mannes zu seiner Frau (vgl. Gen 34, 3; Ri 19, 3; Ruth 2, 13 vgl. auch Ho 2, 16), des Bruders zu den Geschwistern (Gen 50, 21) und des Königs zu seinen Knechten und Soldaten (2Sam 19, 8; 2Chr 32, 6) zu beschreiben. Dieses Reden zu Herzen geschieht oft in einer Situation, da der angeredete Mensch unter Angst (Gen 50, 21), Einsamkeit und Verlassenheit (Ri 19, 3; Ruth 2, 13) und Mutlosigkeit (2Sam 19, 8; 2 Chr 32, 6) leidet. In Gen 50, 21 und Ruth 2, 13 kommen das Verb „trösten" und die Wendung „zu Herzen reden" wie hier zusammen vor. In unserem Text verstärken sie die Intensität des Ausdrucks. Dazu kommt der dritte Imperativ „rufet ihr zu". Das Verb קרא mit אל kommt im AT oft vor. In besonderen Fällen drückt es Eindringlichkeit in der Anrede aus und dient zur Aufmunterung (vgl. Ex 34, 31; Jer 42, 8).

---

[48] Vgl. 41, 8f; 43, 20; 44, 1f; 45, 4; 49, 7; 65, 9.22f.

V. 2

Der Begriff מלא wird in verschiedenen Zusammenhängen gebraucht. Er bezeichnet u.a. auch den Ablauf eines durch Vertrag festgelegten Termins, wie Gen 29, 21 zeigt, oder den Ablauf der Zeit, die für eine bestimmte Handlung vorgesehen war (vgl. Lev 8, 33; 12, 4; 25, 30). In manchem Gerichtsspruch bezeichnet er die Zeitspanne, die die Strafe zur Sühnung der Schuld festgelegt hat (Jer 25, 12) oder auch den Zeitpunkt, da eine Strafe wie etwa die Hinrichtung vollzogen werden muß (Jer 25, 34). Er gehört also zu den geläufigsten Begriffen der Rechtssprache.

Zu den Rechtsbegriffen dürfte auch צבא gehören. Das Wort kommt in Hi 7, 1 zusammen mit dem Wort שכיר, Tagelöhner, Söldner vor. Der Tagelöhner wird in Ex 12, 45; Lev 22, 10; 25, 6.40; Hi 7, 2 neben dem Beisassen, Fremden und Sklaven erwähnt, neben Leuten also, die nicht zur Volksgemeinschaft gehörten und deren Rechte sehr gering bzw. gar nichts waren (vgl. Lev 19, 13; Dt 24, 14; Mal 3, 5). שכיר meint auch den Söldner, den man für eine bestimmte Zeit in Dienst nimmt (vgl. Jes 16, 14; 21, 16; Jer 46, 21; Hi 7, 1). Söldner und Tagelöhner haben keinen eigenen Besitz und sind auf den Dienst bei anderen angewiesen. Im Sinne von „harter Dienst" kommt צבא in Hi 14, 14; Da 10, 1 vor[49]. Das war eben die Situation des Volkes und Jerusalems. Das Volk befand sich in der Lage eines Besitz- und Rechtslosen, der, um leben zu können, sich dem Dienst eines Sklaven bzw. Tagelöhners anheimgeben mußte. Das Volk mußte bis jetzt das Los derer teilen, die „fremd" geworden waren, nicht mehr dem Volk Gottes zugehörig.

Der Rechtsterminologie scheint auch das Verb רצה zuzugehören im Sinne von „begleichen", „bezahlen", „ersetzt bekommen". Wie Lev 26, 34.43 (Qal und Hiphil) zeigen, handelt es sich um die Wiederherstellung eines verletzten Rechtsverhältnisses: die ausgefallenen Sabbatjahre sollen nachgeholt werden. In Lev 26, 41.43b wird das Verb (Qal) auf die ethische Ebene übertragen: die Israeliten sollen ihre Schuld „bezahlen". Sie haben Gott nicht gegeben, was sie ihm geben mußten, die Treue und den Gehorsam; so gilt es jetzt, dieses Unrecht zu begleichen durch Demütigung des Herzens und durch die von Gott auferlegte Strafe[50]. Die Niphalform von רצה kommt nur in

---

[49] Darauf weist North hin (The Second Isaiah, S. 73).

[50] Vgl. Noth, Das dritte Buch Mose, Leviticus, S. 175, ferner Elliger, Leviticus, S. 378. Lev 26, 34-45 stammt vom Redaktor des Heiligkeitsgesetzes Ph², der während des Exils gearbeitet hat, vgl. Elliger ebd., S. 369f.

Jes 40, 2 vor, der Sinn des Verbs bleibt aber unverändert. Es ist sicher kein Zufall, daß hier dieser rechtliche Begriff gebraucht wird. Der Autor hält sich bewußt an die Rechtssprache[51]. Er denkt an das, was der Schuldner leisten muß, um den verletzten Rechtsanspruch gerecht zu werden. Andere Stellen des Buches Jesaja heben viel stärker Gottes Eingreifen hervor: er läßt die Schuld weichen (6, 7), er vergibt sie (22, 14; 27, 9; 33, 24). Auch innerhalb von Jes 40-55 finden sich Stellen, in denen Gottes Initiative betont wird (vgl. 43, 25; 44, 22): Gott ist es, der die Missetaten tilgt und sie wegfegt wie eine Wolke. Ein Hinweis auf Gottes freiwilligen Heilsentschluß liegt auch in 57, 18 vor.

Die Schuld, die hier gemeint ist, gründet in der Untreue Gott gegenüber (vgl. 43, 22-28); sie ist die Ursache gewesen, warum die Israeliten verkauft und ihre Mutter verstoßen wurde (50, 1). Diese Schuld verursachte den Zorn Gottes und seine Schläge (57, 17), ließ die Israeliten von Gott scheiden (59, 2). Die Schuld ließ sie wie der Wind davon tragen, Gott ließ sie durch ihre Schuld vergehen (64, 6-8), ja Gott wird ihre Schuld ganz heimzahlen (65, 6f). Letztere Stelle weist die gleiche Vorstellung wie 40, 2aγ auf: Gott will den Israeliten ihre Schuld heimzahlen, indem er ihnen den Lohn auf den Kopf zumißt; sie werden also soviel sühnen müssen, wie sie es verdient haben. Der Gedanke der freiwilligen, unverdienten Vergebung Gottes geht hier völlig ab.

Die Schuld gründet aber auch in der Ungerechtigkeit im Bereich der zwischenmenschlichen Beziehungen. Dieses Motiv taucht in Jes 56-66 besonders stark auf. Es ist von der Schuld der Habgier die Rede (vgl. 57, 17), es ist von blutbesudelten Händen die Rede (vgl. 59, 3 und den ganzen Zusammenhang von Kap. 56-59). Auch für diese Schuld hat Jerusalem und das Volk bezahlen müssen.

Das Volk hat von der Hand Jahwes die angemessene Strafe empfangen. Jahwe hat also das Gericht an seinem Volk wegen seiner Sünden[52] vollzogen. Das geht aus 51, 17-23 hervor, wo vom Kelch des Grimmes die Rede ist, den Jerusalem trinken mußte, und den nun Jahwe aus seiner Hand nimmt und seinen Peinigern in die Hand

---

[51] Die Ausleger heben den rechtlichen Charakter von רצה nicht hervor. Bonnard begnügt sich, darauf aufmerksam zu machen, daß beide Texte (Jes 40, 2aγ und Lev 26, 41-43), welche beide עון und רצה aufweisen, nicht fremd zueinander sein müssen (Le Second Isaïe, S. 86 Anm. 7).

[52] Die Begriffe עון und חטאה kommen oft zusammen vor, siehe Jes 27, 9; 43, 24; Jer 16, 10.18; 31, 34; 36, 3; Ez 21, 29.

gibt. Der Gedanke des Gerichtes, das Jahwe an seinem Volk vollzieht, kommt innerhalb von Jes 40-66 immer wieder vor, überwiegt aber vor allem in Jes 54.56-66[53]. Daß Gott dieses Gericht nun aber an den Bedrückern und an den Völkern vollzieht, bezeugen Stellen wie 41, 11f; 49, 26; 51, 22f; 63, 1-6. In diesem Zusammenhang ist Jer 25, 15f zu berücksichtigen: Gott überreicht dem Propheten den Gerichtsbecher, er soll ihn aus seiner Hand nehmen und alle Völker trinken lassen.

Sollte aber כפלים doch als „Doppeltes" übersetzt werden, so fragt man sich, was damit gemeint sein könnte. Eine mögliche Deutung bietet 51, 19: „Dies beides hat dich getroffen, wer klagt um dich? Verheerung und Zusammenbruch, Hunger und Schwert". Das Doppelte wäre also einerseits die Zerstörung der Stadt und anderseits der Tod des Volkes durch Hunger und Schwert. Bei näherem Zusehen erweist sich aber diese Deutung als unwahrscheinlich. Der Text 51, 19 erwähnt die Verbannung und Verknechtung des Exils mit keinem Wort. Wenn man aber bedenkt, daß 40, 2 vom Frondienst redet, und daß dieser nun vollendet ist, so muß man doch daraus schließen, daß nicht nur die Zerstörung Jerusalems und die Ermordung bzw. Aushungerung des Volkes, sondern auch die lange Zeit der Bedrückung, die darauf folgte, zur Strafe gehörten. Diese Deutung reicht also nicht zur Erklärung des Doppelten aus.

2) 40, 3-5

V. 3   Stimme eines Rufenden:
         „In der Wüste bahnt den Weg Jahwes,
          ebnet in der Steppe eine Straße für unseren Gott!

V. 4   Jedes Tal soll sich heben und jeder Berg und Hügel sich niedern,
          da werde das Höckerige zur Ebene und die Höhen zum Talgrund!

V. 5   Siehe: da offenbart sich die Herrlichkeit Jahwes, alles Fleisch wird
          es sehen zusammen.
         Ja, der Mund Jahwes hat geredet".

a) Zur Einteilung und zur Übersetzung

Vorliegender Text ist durch das charakteristische קול קורא im Ansatz und durch den abschließenden כי-Satz (v.5bβ) klar vom Zusammenhang abgegrenzt. Kennzeichnend für ihn sind die Imperative der zweiten Person Plural (V. 3), die dann in Jussive der dritten

---

[53] Vgl. 42, 24f; 43, 27f; 54, 7f; 57, 17; 59, 18; 63, 10; 64, 6; 65, 6f.11f.

Person Singular und Plural übergehen (V. 4)[54]. Die Pointe liegt in V. 5 mit seinem Hinweis auf Jahwes Herrlichkeit vor. Zu beachten ist das dreimalige Vorkommen des Namens Jahwes, der durchgehend als rectum eines Substantivs erscheint (VV. 3a.5a.bβ).

VV. 4-5

Das Perfekt והיה in V. 4b setzt den jussiven modalen Sinn des Imperfekts von V. 4a fort[55]. Entsprechend der Urbedeutung des vokalischen Lautes *u* im semitischen Sprachraum, die auf die Ferne hinweist, wurde das Waw von V. 5a mit „da" wiedergegeben; es ist daher als „dort", „dann", „da" zu verstehen[56]. Das nächste Waw in V. 5b hätte auch mit „da" übersetzt werden können; der Inhalt des Satzes ist als Folge des vorhergehenden Satzes zu verstehen (perfectum consecutivum), was an sich durch das einfache Komma genauso gut wiedergegeben werden kann. Über·die Möglichkeit, V. 4aα und V. 4aβ umzustellen, ist die Gattungskritik zu beachten.

b) *Literarkritik*

V. 3a

Als regens eines Partizips kommt קול im Buche Jesaja noch in 6, 4; 40, 6; 66, 6b, sonst in Jer 50, 28 vor. In Jes 6, 4 ist wie hier von der

---

[54] „V.4 ist jussive Weiterführung der Imperative in v.3". So Westermann in seinem Kommentar (vgl. Das Buch Jesaja, S. 35); in gleicher Weise übersetzen v.4 Auvray-Steinmann (Isaïe, S. 152), Bonnard (Le Second Isaïe, S. 83), Fohrer (Das Buch Jesaja, Bd. 3, S. 18), Knight (Deutero-Isaiah, S. 24), North (The Second Isaiah, S. 32) und andere. Anderer Meinung ist Elliger: „Der erste Unterteil 3 bringt im Imperativ den eigentlichen Befehl... Der zweite Unterteil fügt im Indikativ Erläuterungen hinzu...Die Versionen haben völlig recht, wenn sie (mit Ausnahme von σ') indikativisch übersetzen und nicht jussivisch als Fortsetzung des Imperativs in 3" (Jesaja II, S. 7). Diese Auffassung hängt mit der Annahme zusammen, daß 40, 3-5 eine Befehlsausgabe ist. Denn nach Elliger gehören zu dieser Gattung ein Befehl im Imperativ und ergänzende Ausführungen im Indikativ. Um das Vorhandensein einer Befehlsausgabe zu beweisen, braucht Elliger hier Indikativ- und nicht Jussivsätze. Aber seine Deutung, daß nach v.4 "sich die schwierigsten Hindernisse bei diesem Straßenbau von selbst erledigen werden" (ebd., S. 7), paßt zum Text nicht ganz. Der Jussiv schließt sich inhaltlich und logisch an die Imperative besser als der Indikativ an. Syntaktisch gesehen erhält der sicher erwartete Zustand nach einem Jussiv oder Imperativ den Sinn eines Wunsches bzw. Befehls. Vgl. Brockelmann, Grundriss der vergleichenden Grammatik der Semitischen Sprachen, Band II S. 21: "Im Hebr. tritt ein 2. Befehl, der an einen ersten als seine Folge mit u^e angeknüpft wird, stets im Perf. auf, daher kann nun auch ein einfacher Befehl gelegentlich schon im Perf. erscheinen"; vgl. S. 150: "Wie das Imperfekt in der festen Verbindung mit u^a seine alte Bedeutung bewahrt hat, so auch das Perf. mit u^e nach einem Imp., Kohortativ und einem·Impf. in befehlendem Sinne".

[55] Vgl. Brockelmann, Hebräische Syntax, S. 6 §8a, Christian, Untersuchungen, S. 58c).

[56] Vgl. Christian, Untersuchungen, S. 32, 192.

„Stimme des Rufenden" die Rede, wobei der Lobpreis der Seraphim gemeint ist[57], die Gott bei seinem Erscheinen umgeben. Allgemein regiert קול Substantiva und wird an den passenden Stellen interjektionell als „horch" übersetzt[58]. Zu beachten ist der entsprechende Zusammenhang. Interjektionell wird קול gebraucht als Einleitung einer Gerichtsrede, d.h. einer Rede, die das heranbrechende Gericht mit stark eschatologischem Ausblick beschreibt, es folgt normalerweise ein Imperativ in der zweiten Person Plural. Als Beispiele sind zu vergleichen Jes 13, 4-6: „Schall des Getümmels auf den Bergen. Schall des Tosens ... Sie kommen aus fernem Land ... Jahwe und die Werkzeuge seines Zornes, die ganze Erde zu verderben. Heulet! Siehe, nahe ist der Tag Jahwes, wie Gewalt vom Gewaltigen kommt er!"; ferner Jes 66, 6.10.15f: „Schall eines Lärms aus der Stadt, Schall aus der Tempelhalle, Stimmenschall von Jahwe, der Vergeltung übt an seinen Feinden ... Freuet euch mit Jerusalem, jubelt um sie, all ihr, die ihr sie liebt! ... Siehe da, Jahwe kommt im Feuer ... siehe, durch Feuer rechtet er..."; Jer 4, 15-17: „Eine Stimme meldend von Dan und hören lassend Arges vom Gebirge Efraim! — gebet es den Völkern zu gedenken, laßt es hören um Jerusalem! Belagerer kommen aus fernem Land, sie erheben ihre Stimme um die Städte Judas... — weil sie mir widerspenstig waren!"; Jer 48, 3.6.8: „Schall von Geschrei in Horonaim: Sturz und große Zerstörung! ... Fliehet, rettet euer Leben... Der Verwüster kommt über jede Stadt...". Dazu kann man noch Jer 50, 28f und Ze 1, 14b; 2, 1-3 hinzuzählen. In Jer 9, 18; 31, 15 wird קול interjektionell übersetzt[59], obwohl hier eigentlich ein Verbalsatz vorliegt. Wichtig ist festzustellen, daß dieser Verbalsatz mit קול als Subjekt eine Klage jeweils des Volkes und des Einzelnen einleitet. In Jes 40, 3-5 handelt es sich eindeutig um ein Wort über das Gericht.

Im Unterschied zu allen angegebenen Paralleltexten gehören aber die Imperative von 40, 3 zum Wort des Rufenden selbst und nicht etwa zum Wort dessen, der die Stimme des Rufenden gehört hat und

---

[57] Vgl. unter anderen Fohrer, Das Buch Jesaja, Bd. 1, S. 97, und Wildberger, Jesaja, 1. Teilband, S. 250f.

[58] Vgl. zu Jes 13, 4-6; 66, 6 jeweils Budde, Das Buch Jesaja, S. 718, Feldmann, Das Buch Isaias, S. 289, Fohrer, Das Buch Jesaja, Bd. 1, S. 179, Bd. 3, S. 277, Marti, Das Buch Jesaja, S. 118, Procksch, Jesaja I, S. 182, Volz, Jesaja II, S. 290, Ziegler, Isaias, S. 49, 187. Vgl. zu Jer 4, 15; 48, 3 jeweils Rudolph, Jeremia, S. 28, 238, 260, Volz, Der Prophet Jeremia, S. 50, 401, 423 Anm. 2, Weiser, Das Buch Jeremia Kap. 1-25, 14, S. 42, Das Buch Jeremia Kap. 25, 15-52, 34, S. 392, 420.

[59] Vgl. Rudolph, ebd., S. 58, 166, Volz, ebd., S. 116, 277, Weiser, ebd., jeweils S. 84, 263.

nun zur Tat auffordert[60]; einzige Ausnahme ist Jer 9, 19, wo die
Worte der Klage angeführt werden[61]. Siehe aber dazu unten die Gattungskritik.

Der Begriff מדבר kommt innerhalb von Jes 40-66 mehrmals vor. In
41, 18; 43, 20b und 51, 3 wird gesagt, daß Gott jeweils die Wüste bewässert bzw. zum Wasserteich und zum Paradies macht (vgl. Jes 32, 15);
nach 41, 19 setzt Gott Zedern und andere Bäume in der Wüste; nach
42, 11 sollen die Wüste und ihre Siedlungen jubeln, weil Jahwe wie
ein Held zum Kampf auszieht. Am nächsten zu 40, 3 steht der Formulierung nach die sekundäre Stelle 43, 19b[62]: Gott sagt, daß er
durch die Wüste einen Weg legt (שים במדבר דרך). In Jes 49, 11 tritt
ein anderes Bild hervor, die Aussage ist aber die gleiche: Gott ist es,
der alle Berge zum Wege macht (שים). Nach all diesen Texten ist es
Gott, der in der Wüste etwas tut und einen Weg legt; darin unterscheidet
sich unsere Stelle, wo aufgefordert wird, den Weg Gottes zu bahnen.
Das Verb פנה findet sich einerseits wieder als Imperativ Piel in 57, 14
und 62, 10. Im Unterschied zu 40, 3 gilt aber an diesen Stellen das
Räumen des Weges dem Durchziehen des Volkes. Die Vorstellung,
daß man dem kommenden Gott den Weg räumen soll, ist außer in
Jes 40, 3 auch in Mal 3, 1 bezeugt. Unsere Stelle als Ganzes hebt sich
also inhaltlich von den übrigen Paralleltexten innerhalb von Jes 40-53
und Jes 56-66 ab. Doch ist ihre Aussage nicht einseitig nur in eine
Richtung zu deuten. In 52, 8.12 ist z.B. davon die Rede, daß Jahwe
nach Sion heimkehrt, und zwar mit all den zurückkehrenden Exilierten. Die Aufforderung von 40, 3, den Weg Jahwes zu räumen,
würde also der Sache nach 57, 14 und 62, 10 nicht widersprechen, ja
in 60, 11 wird gleich wie in 40, 10 davon gesprochen, daß Gott mit
seinen Erworbenen kommt. Festzuhalten ist auf jeden Fall, daß bei
Deuterojesaja eine Aufforderung, Jahwe den Weg zu bahnen, fehlt:
bei ihm ist Jahwe selbst, der den Weg zur Heimkehr schafft.

Der Begriff דרך kommt wiederholt vor, und zwar im Zusammenhang mit dem Thema des Auszugs aus Ägypten (vgl. 43, 16; 51, 10)
und auch im Zusammenhang mit der Aussage über die jetzt von Gott
unternommene und durchgeführte Heilstat[63]. Nach 43, 16 bahnt (נתן)

---

[60] Vgl. Bonnard, Le Second Isaïe, S. 87, Elliger, Jesaja II, S. 7, 17, Knight,
Deutero-Isaiah, S. 24, Westermann, Das Buch Jesaja, S. 33, und andere.

[61] Vgl. Rudolph, Jeremia, S. 59, Volz, Der Prophet Jeremia, S. 118, Weiser, Das
Buch Jeremia Kap. 1-25, 14, S. 89.

[62] Zum sekundären Charakter von 43, 19b vgl. die vorliegende Arbeit, S. 334.

[63] Vgl. 42, 16; 43, 19; 45, 13; 49, 11; 57, 14; 62, 10.

Jahwe einen Weg im Meer; nach 51, 10b macht (שׂים) Jahwe die Tiefen
des Meeres zum Wege[64]. Nach 43, 19b legt Jahwe (שׂים) einen Weg
durch die Wüste. Er ebnet nach 45, 13 dem Kyros all seine Wege.
Nach 49, 11 (שׂים) macht er alle Berge zum Wege. In 42, 16 wird nur
gesagt, daß Jahwe Blinden Führer sein will auf dem Wege; daß er den
Weg auch bereitet, wird indirekt im Kontext VV. 15b.16b hervorgehoben.

Mit Ausnahme von 57, 14 und 62, 10 ist an diesen Stellen, die alle,
außer 43, 19b; 51, 10f, Deuterojesaja zugeschrieben werden[65], davon
die Rede, daß es Gott ist, der den Weg bereitet. Unsere Stelle unterscheidet sich also in doppelter Weise von den übrigen. Von 42, 15f;
43, 16 (19b); 45, 13; 49, 11 unterscheidet sie sich darin, daß das Subjekt
des Räumens nicht Gott, sondern die Angeredeten sind; aus diesem
Grund steht sie 57, 14 und 62, 10 nahe. Von diesen letzteren Stellen
unterscheidet sie sich darin, daß das Räumen des Weges Gott und
nicht dem Volk gilt. Die Eigenständigkeit unserer Stelle zeigt sich
letztlich auch darin, daß die Wendung „der Weg Jahwes" im ganzen
Buch Jesaja nur hier vorkommt. Sie klingt formelhaft fast als eine
Zusammenfassung aller Aussagen von Jes 40-66 über das Kommen
Jahwes. An anderen Stellen wie etwa in 2Kön 21, 22; Ho 14, 10 (vgl.
Ez 18, 25.29; 33, 17.20); Jer 5, 4f; Ps 18, 22 hat die Wendung einen
anderen Sinn als hier, und zwar einen moralischen. Auf dem Wege
Jahwes zu gehen, heißt, Jahwe durch treues Halten seiner Weisungen
anhangen.

V. 3b

Die Pielform des Verbs ישׁר findet sich nochmals in 45, 2.13: Gott
will vor Kyros ziehen und Berge ebnen, er will ihm all seine Wege
ebnen. Zu vergleichen ist Spr 3, 6: dem an ihn Denkenden ebnet Gott
die Pfade. Von diesen Stellen unterscheidet sich unsere wiederum
darin, daß das Subjekt des Ebnens nicht Gott ist, sondern die Angeredeten.

Die Steppe war der Inbegriff von Wilde und Verwüstung, da, wo
kein Leben mehr ist. In diesem Sinn wird das Wort ערבה in Jes 33, 9
gebraucht. Das gleiche Bild schwebt in 41, 19 und 51, 3 vor: Gott
bepflanzt die Steppe, er macht sie zum Garten. Nicht nur ist hier im
Unterschied zu 40, 3 das Subjekt Gott, sondern auch das Bild ist

---

[64] Elliger schreibt 51, 10 dem Tritojesaja zu, vgl. Verhältnis, S. 205f, 211.
[65] Vgl. Elliger, Verhältnis, S. 175f, 182, 49, 236.

anders: in 40, 3 geht es um den Bau einer Straße in der Steppe, in 41, 19 und 51, 3 um die Bepflanzung und Bebauung der Steppe. מסלה kehrt wieder in 49, 11: „hoch laufen meine Straßen", und 62, 10: „baut, baut die Straße". An beiden Stellen gelten die Straßen dem Kommen des Volkes und nicht Gottes wie in 40, 3; wer die Straße aufrichtet, ist ferner nach 49, 11 Gott selber. Im Buche Jesaja findet sich das Wort מסלה sonst nur an den nicht jesajanischen Stellen 11, 16 und 19, 23[66].

„Für unseren Gott": der Sprecher schließt sich mit den Angeredeten zusammen. Vielleicht läßt sich der Sprecher dadurch identifizieren und damit auch die Angeredeten. Es ist sehr unwahrscheinlich, daß hier die höheren Wesen gemeint sind, die Gott umgeben, deren rufende Stimme der Schreibende nun hören würde[67]. Der Ausdruck „unser Gott" läßt eher an einen zum Volk Gottes Gehörenden denken[68]. Dieser Ausdruck ist an sich vom Bewußtsein des Bundes zwischen Gott und Volk her verständlich. Den Sprecher muß man also am besten nicht unter den himmlischen Wesen, sondern mitten im Volk suchen. Zieht man die Stellen heran, in denen der Ausdruck „unser Gott" wieder vorkommt, so zeigt sich, daß er in 52, 10 im Munde der Wächter zu hören ist, wie der Zusammenhang nahelegt[69], in 61, 2.6 aber im Munde des schreibenden Propheten. Nicht in Betracht für unseren Zusammenhang kommen 55, 7, eine ermahnende Rede zur Umkehr, und 59, 13, ein Wort innerhalb eines Sündenbekenntnisses. Es sei dabei nur auf den im Kontext auftauchenden Gedanken des Bundes (55, 3; 59, 21) aufmerksam gemacht[70].

Es bleibt nur anzunehmen, daß in 40, 3-5 entweder die Wächter oder der schreibende Prophet redet. Die Wächter scheiden aus, da ganz deutlich von der Stimme eines einzigen Rufers und nicht von der Stimme mehrerer Rufer die Rede ist. Der Rufer ist also wohl der Prophet selbst. Er wendet sich weiterhin an die Wächter, denen er in

---

[66] Vgl. Eißfeldt, Einleitung, S. 426, Sellin-Fohrer, Einleitung, S. 403-406; vgl. ferner Wildberger, Jesaja, 1. Teilband, S. 466f.

[67] Vgl. unter anderen Elliger, Jesaja II, S. 6, 18, Fohrer, Das Buch Jesaja, Bd. 3, S. 18, und North, The Second Isaiah, S. 74.

[68] Auch Elliger betont, daß „das ‚unser (Gott)' noch wieder einen etwas anderen Klang hat, indem es Menschen wie den Propheten miteinschließt" (Jesaja II, S. 6).

[69] Vgl. Elliger, Verhältnis, S. 264.

[70] Zu Jes 55, 1-5 vgl. Eißfeldt, Die Gnadenverheißungen an David in Jes 55, 1-5, Kleine Schriften IV, S. 44-52, und Caquot, Les „graces de David". A propos d'Isaïe 55, 3b, Sem 15 1965, S. 45-59. Zu 59, 21 vgl. Fohrer, Das Buch Jesaja, Bd. 3, S. 223 Anm. 32, und Pauritsch, Die neue Gemeinde, S. 100.

VV. 1-2 das an sie gerichtete Wort Gottes übermittelt hat, und durch sie an Jerusalem (das קרא greift vermutlich das קראו von v.1 wieder auf) : er stellt sich ganz nüchtern als Stimme eines Rufenden vor, er überbringt auch jetzt keine Botschaft, sondern fordert zur Aufrichtung des Weges Gottes auf. Ob er bei seiner Aufforderung an den „Tag der Rache unseres Gottes" denkt — vgl. 61, 2 —, ist nicht direkt zu schließen, würde aber zu dem durch das קול קורא eingeleitete Wort über das Gericht gut passen. Hervorzuheben ist, daß die Wendung „eine Straße ebnen", wie Jes 11, 16; 19, 23; 49, 11; 62, 10 zeigen, einen eschatologischen Charakter hatte. Zu den Zeichen, die das Sich-Ereignen des Heils begleiteten, gehörte das Ebnen der Straße; und dieses Heil vollzog sich in einem neuen Auszug, siehe etwa auch 40, 10.

V. 4

Man hat vermutet, bei der Fassung von v.4 habe der Schreibende an Jes 2, 12ff gedacht, wo von der Erniedrigung alles Hohen und Stolzen durch Gott an seinem Gerichtstag die Rede ist; er habe dabei von sich aus den Satz „jedes Tal soll sich heben" hinzugefügt und an die Huldigung gedacht, die dem Volk zuteil wird im Gegensatz zur Erniedrigung der Heidenwelt, was ja dem Denken Deuterojesajas entspricht (vgl. 41, 14f; 49, 23). Der ganze Text würde die Aufrichtung der Herrschaft Jahwes durch Zerschlagung der Fremdherrschaft und Einsetzung der eigenen Herrschaft im Volk und durch das Volk meinen; durch die Erlösung Israels würde sich Gott verherrlichen wollen, wie 44, 23 und 48, 10f sagen[71].

So beachtenswert diese Vermutung ist, so braucht man doch nicht an einen inneren Vollzug der Umkehr als das hier zunächst Gemeinte zu denken, um den Text zu erklären. Der Autor denkt ganz schlicht nur an den Rückzug der Exilierten im Gefolge Gottes. Das Thema des Auszugs aus Babel und des Einzugs ins eigene Land beherrscht doch den gesamten Komplex 40-66: es genügt also zur Erläuterung des hier Gemeinten[72]. Der Autor unserer Verse hat dieses so zentrale Thema aufgenommen und an den Anfang gesetzt. Doch unterscheidet sich seine Bildsprache von der der anderen entsprechenden Stellen

---

[71] Vgl. Hessler, Gott der Schöpfers, S. 246-249.
[72] Es sei auf 48, 20; 49, 11-13; 51, 11; 52, 7-12; 57, 14-19; 60, 4; 62, 10-12 hingewiesen. Zu vergleichen sind noch 42, 15f und 43, 16-19.20b. Die meisten dieser Stellen, und zwar 48, 20; 49, 11-13; 52, 7-12, dann auch 42, 15f und 43, 16.18-19a.20b gehören zu Deuterojesaja; nach Elliger ist 51, 11 ein späterer Zusatz (vgl. Verhältnis, S. 206f).

erheblich. Nicht nur das Wort, sondern auch das Bild, daß sich jedes Tal heben soll, ist innerhalb von Jes 40-66 einmalig. Ein solches Bild ist überhaupt im ganzen AT nicht mehr zu finden. Einmalig ist innerhalb von Jes 40-66 auch das Bild von V. 4aβ, daß jeder Berg und Hügel sich senken soll. Vielleicht hat der Autor das in 49, 11 Gesagte (,,all meine Berge mache ich zum Wege, hoch laufen meine Straßen'') veranschaulichen wollen. Sollte er tatsächlich an diese Stelle gedacht haben, so unterscheidet sich sein Text von diesem darin, daß in ihm nicht Gott der Redende und Handelnde ist. Beide Wörter הר und גבעה begegnen innerhalb von Jes 40-55 wiederholt zusammen[73]. Es handelt sich aber um andere Vorstellungen und andere Bilder. Zu vergleichen sind etwa 42, 15 (Gott trocknet Berge und Hügel aus), 49, 11 (Gott macht Berge zum Wege), 55, 12 (Berge und Hügel werden beim Auszug des Volkes jubeln).

Das Verb שפל, niedrig sein, erniedrigt werden, wird in Jes 2, 9.11f.17; 5,15 auf den Menschen, in Jes 29, 4; 32, 19; 33, 19 auf die Stadt bezogen. Auf Berge und Hügel bezogen, wird שפל nur in 40, 4 gebraucht. Im Sinne von ,,höckrig'' kommt עקב nur hier im ganzen AT vor, sonst hat es in Jer 17, 9 die Bedeutung von ,,trügerisch'' und in Ho 6, 8 die von ,,bespurt''. מישור findet sich wieder in 42, 16 : Gott macht Holpriges zur Ebene, einem Bild, das mit einem kleinen Unterschied auch unserer Stelle eigen ist. Zu vergleichen ist Sa 4, 7 : ,,Wer bist du, großer Berg! Vor Serubbabel wirst du zur Ebene!'' Es handelt sich hier aber um bildhafte Rede : mit dem großen Berg sind all die Schwierigkeiten gemeint, die dem Wiederaufbau des Tempels im Wege standen[74]. In רכס begegnet noch ein Wort, das sonst im AT nicht mehr vorkommt. בקעה, Talebene, ist in unserem Komplex sonst noch in 41, 18 und 63, 14 belegt. Der gedankliche Zusammenhang ist hier aber anders.

Es ist mit Recht hervorgehoben worden, daß das Motiv ,,Erniedrigung des Hohen'' (Berge, Hügel, Kuppen, Höcker) drei Viertel des Textes einnimmt, das Kontrastmotiv ,,Erhöhung des Niedrigen'' nur ein Viertel[75]. Man muß aber doch bedenken, daß die drei Bilder, die zum Motiv ,,Erniedrigung des Hohen'' gehören, sich auf drei verschiedene Vorstellungen beziehen. Einmal sind es Berge und Hügel, die sich senken sollen, um einen gangbaren Weg zu schaffen — es geht

---

[73] Vgl. 40, 12; 41, 15; 42, 15; 54, 10; 55, 12.

[74] Vgl. Elliger, Die Propheten Nahum, Habakuk, Zephania, Haggai, Sacharia, Maleachi, S. 126.

[75] Vgl. Hessler, Gott der Schöpfer, S. 246.

also überhaupt um die Aufrichtung eines Weges. Dann ist es das
Höckerige, das zum flachen Boden werden soll, wobei man an einen
schon bestehenden Weg denkt, der aber etwa für Blinde (vgl. 42, 16)
schwer gangbar wäre. Schließlich ist vom ungleichen Boden die Rede,
denn der Weg führt auch zu Höhen; diese Höhen sollen beseitigt
werden, damit ein gerader Weg entsteht. Bei solchen Arbeiten kommt
es erfahrungsmäßig auch dazu, Täler zu erhöhen und zu füllen. Man
kann aber auch aus dem Grund V.4aα nicht für einen Zusatz halten,
weil damit der ganze rhythmische Aufbau von V. 4 — zwei Stiche mit
je zwei gekoppelten Sätzen — zerstört würde. Es steht nichts dagegen
anzunehmen. daß dem Autor von VV. 3-4 bei der Schilderung des
Einzugs Jahwes nach Jerusalem die Vorstellung der großen Prozes-
sionstraße für den babylonischen Gott Marduk am Neujahrsfest vorgeschwebt hat[76].

Aus dieser Analyse ergibt sich, daß die Eigenart von Begriffen und
Bildern und die theologische Ausrichtung des Textes nicht zulassen,
VV. 3-4 Deuterojesaja zuzuschreiben; sie gehen eher auf einen Autor
zurück, der Jes 56-66 in besonderer Weise kannte.

V. 5

Die Niphalform des Verbs גלה ist außer in Jes 22, 14, einem echten
jesajanischen Wort, auch im unechten Jes 47, 3, ferner in 49, 9; 53, 1;
56, 1 belegt. Die Pielform im Sinne von „aufdecken” ist in 47, 2; 57, 8
zu finden. Von diesen Stellen gehört nur 49, 9 dem Deuterojesaja,
alles andere, auch 47, 2f[77], wird dem sogenannten Tritojesaja zugeschrieben. Das Verb wird an manchen Stellen des AT genauso wie in
Jes 40, 5 theologisch gebraucht (vgl. Gen 35, 7; 1Sam 2, 27; 3, 21).
Auch das Wort Jahwes offenbart sich (vgl. 1Sam 3, 7). In Jes 40, 5
offenbart sich die כבוד Jahwes. Dieser Begriff ist im Buche Jesaja
mehrmals belegt: im unechten 4, 5[78], wo die Herrlichkeit Jahwes in
Beziehung zur Wolke bei Tag und zur Feuerflamme bei Nacht steht;

---

[76] Vgl. Fohrer, Das Buch Jesaja, Bd. 3, S. 18f, und Westermann, Das Buch Jesaja,
S. 34f. North verweist aber auch auf den vorexilischen Brauch, die Arche des Königs
der Herrlichkeit in Prozession zum Tempel zu tragen (The Second Isaiah, S. 75). Zur
ganzen Vorstellung ist die Kritik Elligers zu vergleichen. Er meint, daß es in 40, 3f
bloß „um die Ausbesserung und Instandsetzung des vorhandenen Weges” handelt
(Jesaja II, S. 17).

[77] Vgl. Elliger, Verhältnis, S. 106-116, und die vorliegende Analyse von Jes 47,
S. 482ff.

[78] Vgl. Eißfeldt, Einleitung, S. 426, Sellin-Fohrer, Einleitung, S. 405, und Wildberger, Jesaja 1-12, S. 153f.

in 6, 3 („die ganze Erde ist voll seiner Herrlichkeit"); in 24, 23 innerhalb der sogenannten Jesaja-Apokalypse und schließlich innerhalb von Jes 56-66 in 58, 8; 60, 1f; 66, 18f. Die in 40, 5a vorhandenen Begriffe verweisen mit Deutlichkeit auf Jes 56-66. Weniger klar ist, ob in 40, 5 eine gedankliche Anlehnung auch an 60, 1f vorhanden ist. In 60, 1 ist sicher von einem Zurückkommen der Söhne und Töchter Sions die Rede; es ist auch davon die Rede, daß das Licht kommt und die Herrlichkeit Jahwes aufgeht. Das kann man wohl so deuten, daß sich Gottes Herrlichkeit offenbart, indem sie eben herkommt[79].

Das Verb זרח kommt im Zusammenhang mit dem Verb בוא in Dt 33, 2 vor: „Jahwe kam von Sinai und glänzte ihnen auf von Seir...". Das Aufgehen bzw. Aufglänzen Gottes schließt sein konkretes Kommen und Sich-Offenbaren ein. Man kann also auch vom Bild und vom Gedanken her eine Verbindung zwischen 40, 5 und 60, 1-4 feststellen. Der Autor knüpft wahrscheinlich nicht an die von Ezechiel vertretene, vom Kult her bestimmte Auffassung an, die Herrlichkeit Jahwes habe beim Anbruch des Exils Jerusalem verlassen, um dann beim Anbruch der Heilszeit heimzukehren[80].

Und nun wird gesagt, daß alles Fleisch zusammen die heimkommende, sich offenbarende Herrlichkeit Jahwes sehen wird. Innerhalb von Jes 40-66 wird בשר im übertragenen Sinn in 49, 26; 66, 16.23f gebraucht. Es sind lauter Stellen, die auf einen in Jes 56-66 tätigen Autor zurückgehen[81]. Es fällt in besonderer Weise auf, daß in Jes 66, 18ff auch von der Herrlichkeit Jahwes die Rede ist, die die Völker nun sehen werden (vgl. VV. 18f). Hier wird deutlich auf 40, 5 Bezug genommen. Beide Texte klammern den gesamten Komplex ein. Es ist auch von der Herrlichkeit Jerusalems die Rede, die alle Könige sehen werden (vgl. 62, 2 und 60, 3). Die einzige Stelle, die den angeführten Texten inhaltlich, aber nicht begrifflich entspricht, ist 52, 10: „und es sehen alle Enden der Erde das Heil unseres Gottes". Bedenkt man, daß der Abschnitt 52, 7-12 den ersten großen Teil von Jes 40-66 abschließt, und daß 66, 18ff den zweiten Teil davon abschließt (dreizehn

---

[79] Elliger hebt ausdrücklich hervor: „Wenn eine Tradition im Hintergrunde steht, dann nicht eine kultische, sondern eine historische". „Auch in 5a wird die Herr-lichkeit des göttlichen Königs offenbar, der in seinem Gefolge sein Volk mit heimnimmt nach Jerusalem. Das ist es, was nach 5b ,alles Fleisch' sehen wird: keine Erscheinung nur in den Lüften, sondern ein konkretes historisches Ereignis auf dieser Erde..." (Jesaja II, S. 20).

[80] Vgl. Ez 10, 18; 11, 22f; 43, 2. Auf Ezechiel weisen unter anderen auch Fohrer, Das Buch Jesaja, Bd. 3, S. 19, und North, The Second Isaiah, S. 74, hin.

[81] Elliger schreibt 49, 26 Tritojesaja zu (Verhältnis, S. 128f).

Kapitel in jedem Teil) — genau in der Mitte steht das Gottesknechtslied 52, 13-53, 12 —, so kann man sich nicht des Eindrucks erwehren,
daß die drei Abschnitte 40, 3-5; 52, 7-12 und 66, 18ff von der Redaktion des Ganzen bewußt als Struktursignale gedacht worden sind.
Das heißt aber nicht, daß alle drei Stücke der gleichen Hand entstammen; das gilt sicher nicht für 52, 7-12, das Deuterojesaja selbst
zuzuschreiben ist; eher ist zu vermuten, daß 40, 3-5 und 66, 18ff auf
den gleichen Kreis zurückgehen, bzw. daß der Autor von Jes 40, 3-5
den Text Jes 66, 18ff kannte oder auch umgekehrt.

Der spätere Autor und vielleicht Redaktor des Ganzen, der Gottes
Selbstoffenbarung allen Völkern zuteil werden läßt, hat aber einen
Gedanken entfaltet, den ihm bereits Deuterojesaja bot. Dieser hatte
verkündet, daß Jahwes Heilswerk die Völker zur Erkenntnis des einen
Gottes führen würde (45, 6a). Bei den späteren Propheten kommt die
Wendung „alles Fleisch" im Zusammenhang mit der Schilderung der
eschatologischen Ereignisse vor (vgl. Jl 3, 1; Sa 2, 17).

V. 5bβ läßt sich rhythmisch in den übrigen Text nicht einbauen.
Man könnte an einen Zusatz denken, wenn zu Anfang des Textes in
v.3aα nicht ein Ausdruck vorliegen würde, der in gleicher Weise nicht
einzubauen ist. V. 5bβ scheint also doch zur Struktur des Textes zu
gehören. Die Formel ist im Buche Jesaja ziemlich ungewöhnlich, denn
sie kommt im ganzen nur dreimal vor: sie schließt innerhalb der Gerichtsrede Jes 1, 1-20 das Diskussionswort vv.18-20 ab[82], sie schließt
ferner die Gerichtsrede 58, 1-14 ab. An beiden Stellen gehört sie
wahrscheinlich zur Rede Gottes selbst, obwohl es nicht ganz klar ist,
ob es sich hier um eine abschließende Bemerkung des Schreibers
handelt. In unserem Text gehört sie aber entsprechend dem Inhalt
von VV.3-5bα zur Rede des Propheten. Durch diese Formel will er
sich als Rufenden legitimieren: was er jetzt befohlen und verkündet
hat, gründet in der Weisung Gottes selbst[83].

In dieser Hinsicht entspricht die Formel von V. 5bβ der Formel von
v.1b „spricht euer Gott". Gehöret aber die Formel zum Rahmen der

---

[82] Vgl. Fohrer, Jesaja I als Zusammenfassung der Verkündigung Jesajas, ZAW 74
1962, S. 263.
[83] Elliger führt aus: „Die Bestätigungsformel 5bβ betont, daß die Verkündigung
der Stimme genau Jahwes Willen entspricht, an dessen Ausführung kein Zweifel aufkommen kann" (Jesaja II, S. 21). Er bemerkt ferner: „Wichtig ist, daß die Formel für
den gesamten Inhalt der Rede gilt, nicht nur für einen Teil. Im vorliegenden Fall wird
also nicht für die Ankündigung der Offenbarung Jahwes die göttliche Autorität in
Anspruch genommen, sondern ebenso für die Ankündigung der Einebnung von Berg
und Tal samt der Aufforderung zum Straßenbau..." (ebd., S. 7).

Gerichtsrede als ein formales Element davon, wie Jes 1 und 58 zeigen, so gebraucht sie der Autor hier mit einem bestimmten Zweck. Er will betonen, daß die Angeredeten durch die an sie ergangene Aufforderung vor die Entscheidung gestellt werden : dem Kommen Jahwes, das ein Kommen zum Heil und zum Weltgericht ist, sollen sie durch eigenen Einsatz antworten. Steht hinter dem Wort des Rufenden die Weisung Jahwes, so bedeutet die Forderung zugleich eine Aufforderung, sich dem anbrechenden Heilsgeschehen ganz zuzuwenden, um es mitzuvollziehen. So geht es letztlich nicht nur eventuell um die Aufrichtung einer Prozessionsstraße oder um die Instandsetzung des Weges für den heimkehrenden Gott, sondern auch um die persönliche Umkehr[84].

c) *Form- und Gattungskritik*

Vorliegendes Wort über Gottes Gericht ist wie das Trostwort von VV. 1-2 in dichterischer Form formuliert. Es umfaßt eine Einleitung (V. 3aα) und drei Strophen mit je zwei Stichen (V. 3aβ-3b; 4a-4b; 5abα-5bβ). Der Rhythmus ist aber weniger eindeutig als beim 40, 1-2. Köhler zählt fünf Stiche auf, deren Metrum auf $2 + 2$ (v.3aβ), $2 + 2$ (v.3b), $2 + 3$ bzw. $3 + 3$ (v.4a), $3 + 3$ (v.4b), $3 + 3$ (v.5abα) verteilt ist[85]. V. 4β weist aber in Wirklichkeit nur zwei Akzente auf, denn es besteht kein Grund, bei dem Wort והרכסים einen Akzent auf den Artikel zu setzen. Die Ungleichheit des Rhythmus, die daraus entsteht (V. 4a : $2 + 3$; V. 4b : $3 + 2$), ließe sich beheben, wenn man mit Duhm, Marti und Fohrer[86] V.4aα und V.4aβ umstellen würde, was auch dem Sinn nach logischer wäre — Täler kann man erhöhen, wenn man Berge und Hügel erniedrigt hat. Dann würde das Metrum, wenn man vom einleitenden V. 3a und vom abschließenden v.5bβ absieht, im ganzen so verteilt sein : $2 + 2$; $2 + 2$; $3 + 2$; $3 + 2$; $3 + 3$. Durch die graduelle Vermehrung der Akzente von V.3 bis V.5 gewinnt der gesamte Text auf jeden Fall an Bewegung und Intensität. Diese erreicht ihren Höhepunkt in V. 5, und zwar sicher mit Absicht, denn V. 5 enthält die entscheidende Aussage des Textes.

Unter rhythmischem und logischem Gesichtspunkt erweist sich das

---

[84] So auch Fohrer, Das Buch Jesaja, Bd. 3, S. 19, wenn er schreibt : „In der Wüste und Steppe ihres Inneren sollen sie (die Deportierten) alle Hindernisse beseitigen...''. North redet von „moral hindrances'' (The Second Isaiah, S. 74).

[85] Vgl. Deuterojesaja stilkritisch untersucht, S. 5.

[86] Vgl. Duhm, Das Buch Jesaja, S. 263, Marti, Das Buch Jesaja, S. 271, und Fohrer, Das Buch Jesaja, Bd. 3, S. 18. Elliger bezeichnet diese Umstellung als „ein zweifelhaftes Unternehmen'' (Jesaja II, S. 2).

Stück als eine genau durchdachte Dichtung. Sie scheint sogar eine
rhythmische Einheit mit dem vorhergehenden Trostwort zu bilden in
Form eines metrischen Chiasmus. Denn der Rhythmus von 40, 1-5
weist folgende konzentrische Struktur auf: einerseits zweimal 3 + 2
(zwei Stiche VV. 1-2aα) und 2 + 2 (zwei Stiche VV. 2aβγ-2b); andererseits zweimal 2 + 2 (zwei Stiche VV. 3aβ-3b) und 3 + 2 (zwei Stiche
VV. 4a-4b), dazu der betonte Abschluß 3 + 3 von V. 5abα, dem man
den Stichus V. 5bβ mit seinen drei Akzenten (פי־יהוה) hinzufügen
kann.

Die literarkritische Analyse deckte den inhaltlichen Zusammenhang
auf, aus dem heraus קול interjektionell verstanden und übersetzt werden kann, und bezeichnete ihn als Beschreibung des Gerichts. Das hat
nichts zu tun mit der Gattung „Gerichtsrede", in der es sich um die
Klärung eines Rechtsfalles mit entsprechender gerichtlicher Entscheidung handelt[87]. In unserem Fall geht es um ein Wort über das
Gericht, das Gott an seinem „Tage" halten wird. Die Untersuchung
der betreffenden Paralleltexte — Jes 13, 4-6; 66, 6.10.15f; Jer 4, 15-17;
48, 3.6.8; Ze 1, 14b; 2, 1-3 — erwies die gleiche Struktur: 1. das
Zeichen des anbrechenden Gerichtes wird angegeben („Schall des
Getümmels auf den Bergen..."); 2. es wird in der zweiten Person
Plural zum entsprechenden Verhalten aufgefordert („heulet", „freuet
euch", „fliehet"); 3. das Kommen Jahwes zum Richten bzw. das
Kommen derer, die nach Jahwes Entschluß sein Gericht vollziehen,
wird beschrieben („wie Gewalt vom Gewaltigen kommt er"; „der
Verwüster kommt über jede Stadt"). Der einheitliche Aufbau all dieser
Texte, den auch Jes 40, 3-5 teilt, legt es nahe, eine bestimmte Gattung
anzunehmen, die hier als Gerichtsbeschreibung bezeichnet werden soll.
Sie dürfte zur allgemeinen Gattung der eschatologischen Reden gehören. Manche Propheten der späten exilisch und nachexilischen
Zeit[88] bedienten sich ihrer, um ihre gerichtsbezogene Mahnungen und
Drohungen auszusprechen. Solche Gerichtsbeschreibungen waren an
die Völker (Jes 13; Jer 48; 50) wie auch Juda (Jer 4; Ze 1-2) gerichtet.
Sie begegnen in einfacher Form, wie etwa Jes 13, 4-6; Jer 4, 15-17, und
in erweiterter Form, wie Jes 66, 6-16; Jer 48, 3-10 und Ze 1, 14;
2, 1-4.

---

[87] Vgl. Hessler, Gott der Schöpfer, S. 16, und Westermann, Sprache und Struktur,
S. 135-144. Nach Westermann besteht die Gerichtsrede gegen die Völker aus folgenden
Gliedern: Vorladung, Verhandlung und Urteilsspruch oder Entscheidung (ebd., S. 135).
[88] Mit Ausnahme von Jer 4, 15-17 sind alle andere Texte aus spät- bzw. nachexilischer Zeit. Dazu gehört auch Jer 48, vgl. Sellin-Fohrer, Einleitung, S. 431, 435.

Aus dem Vergleich von Jes 40, 3-5 mit den Paralleltexten gewinnt man ein klareres Bild von der ihm eigenen Struktur. Die Imperative von V. 3 gehören, wie bereits festgestellt wurde, zur Rede des Rufenden, sie bilden also das erste Glied im Aufbauschema der Gerichtsbeschreibung und nicht das zweite, wie man beim ersten Blick annehmen könnte. Das zweite Glied setzt eigentlich mit V. 4a an. Im Unterschied zu den Paralleltexten ist es aber nicht imperativisch in der zweiten Person Plural, sondern jussiv in der dritten Person formuliert. Diese Abweichung von der üblichen Form soll aber anscheinend bewußt den logischen Unterschied zwischen dem Inhalt von V. 3 und dem von V. 4 hervorheben. Denn in V. 3 handelt es sich um das Zeichen des anbrechenden Gerichtes, das in der Aufforderung, den Weg Jahwes aufzurichten, zum Ausdruck kommt, in V. 4 aber um den eigentlichen Befehl, das zu tun, was der Situation des anbrechenden Gerichtes entspricht. Hätte der Autor hier genauso wie in V. 3 imperativisch formuliert, so hätte man in dieser seiner Aufforderung die Fortsetzung der Rede des Rufenden gehört. In V. 4 sagt aber der Autor, was die Hörenden und die das Zeichen von V. 3 Wahrnehmenden tun sollen; er hat anders formuliert, um den neuen Sachverhalt literarisch zur Geltung zu bringen. Sachlich handelt es sich aber um einen Befehl, der sich an eine Ihr-Gruppe richtet, die gleiche, die in V. 3 angeredet wird.

V. 5 bildet dann das dritte Glied. Durch den Hinweis auf die Selbstoffenbarung Jahwes begründet der Autor den in V. 4 gegebenen Befehl. Man könnte die Worte von VV. 4-5 einem anderen Sprechenden als dem von V. 3 zuschreiben. In Wirklichkeit sind sie alle Worte des gleichen Redenden. Der Zusammenhang legt das nahe: nachdem der Prophet den Wächtern das für sie gedachte Wort Gottes überbracht hat, stellt er sich vor als das rufende Zeichen des anbrechenden Gerichtes, er fordert dann zum entsprechenden Verhalten und Tun auf und gibt im Erscheinen und Sich-Nahen der göttlichen Herrlichkeit die Begründung seiner Aufforderung an. Dem Ruf, den Weg Jahwes aufzurichten, soll die Gemeinde durch Bauarbeit an Berg und Tal zur Aufrichtung des Weges antworten; denn Gottes Herrlichkeit kommt, und zwar für alles Fleisch.

Erkennt man Jes 40, 3-5 als eine Gerichtsbeschreibung im oben erwähnten Sinn, so erübrigt sich, was Westermann über die Gattung des Stückes sagt[89]. Er bezeichnet 40, 3-5 als eine Gerichtsrede im

---

[89] Vgl. Sprache und Struktur, S. 166.

Anschluß an die von ihm durchgeführte Untersuchung der Gerichtsreden bei Deuterojesaja, bemerkt aber zugleich, daß die Gattung „Gerichtsrede'' hier „nicht so direkt und nicht ohne weiteres erkennbar,
jedenfalls nicht in ihrer Form'' ist. In der Tat ist von Vorladung, Verhandlung und Urteilsspruch als formalen Teilen der von ihm herausgestellten Gerichtsrede in 40, 3-5 keine Spur. Der Text erklärt sich
aber eingehend, wenn man ihn als ein prophetisches Wort versteht,
das in die Situation des anbrechenden Gerichts Gottes hineingesprochen
wird. Es geht auch hier „um das Eingreifen Jahwes in die Geschichte''
genauso wie bei den anderen Gerichtsreden.

Das Schlußwort v.5bβ hat in den anderen Gerichtsworten der Formulierung nach keine Entsprechung. Hier begegnet nur die einfache
Formel „Spruch Jahwes'' (vgl. etwa Jer 4, 17; 50, 30) und „so spricht
Jahwe'' (vgl. Jer 48, 8). Es scheint der Gerichtsbeschreibung als ein
fremdes Element hinzugefügt worden zu sein. Es wurde aber festgestellt, daß diese Formel zu einem besonderen Typ der Gerichtsrede
gehört, in dem es sich hauptsächlich um eine ethische Entscheidung
der Umkehr für Jahwe handelt. Der Autor hat sie aufgenommen, um
der Aufforderung von V. 4 auch einen religiösen, ethischen Zug zu
verleihen, und zugleich, um das prophetische Wort des ganzen Textes
in der Weisung Jahwes zu begründen.

Die Analyse von 40, 3-5 bot keinen Ansatz dafür, den Text dem
„Stoffkreis der Theophanie'' zuzuschreiben [90]. Es handelt sich nicht
um die Audition eines Gesprächs himmlischer Wesen untereinander [91],
sondern um ein prophetisches Wort über Gottes Gericht aufgrund
einer persönlichen Weisung Gottes an den Propheten. Es wird nicht
gesagt, wie Gott seine Weisung mitgeteilt hat, ob durch Vision,
Audition oder Eingebung. Im Mittelpunkt der Betrachtung steht das
Heilsgeschehen selbst, nicht die Art seiner Mitteilung. Es ist wohl vom
Sich-Offenbaren der Herrlichkeit Jahwes die Rede, dieses Motiv allein
genügt aber nicht, um auf eine bestimmte literarische Gattung „Theophanie'' zu schließen. Die oben herausgestellten formalen Elemente
des Stückes ließen dieses Motiv als ein Teil der Gattung „Gerichtsbeschreibung'' erkennen. Wie für 40, 1-2 so redet Elliger auch für
40, 3-5 von einer Befehlsausgabe und führt aus: „Der erste Unterteil 3
bringt im Imperativ den eigentlichen Befehl: die Straße soll gebaut

---

[90] Vgl. Köhler, Deuterojesaja stilkritisch untersucht, S. 124f.
[91] Neuerdings behauptet auch Elliger, daß hier „wieder ein Himmlischer das Wort
hat, der sich an andere überirdische Wesen wendet'' (Jesaja II, S. 7). So bereits Duhm,
Das Buch Jesaja, S. 262.

werden. Der zweite Unterteil fügt im Indikativ Erläuterungen hinzu''.
Aber durch die Bezeichnung „Befehlsausgabe'' wird Elliger der Eigen-
tümlichkeit der Form von VV. 3-5 nicht ganz gerecht. Zu dieser Form
gehört in der Tat das einleitende קול קורא. Darüber begnügt sich
Elliger nur zu sagen: „Anders als bei 1f wird also die Situation der
folgenden Rede wenigstens knapp angedeutet''[92]. Er achtet nicht
darauf, daß das zur Bestimmung der Gattung seine Bedeutung hat.
Dadurch ferner, daß Elliger nicht nur V. 4, sondern auch V. 5aba als
Erläuterung zum Befehl V. 3 versteht, insofern V. 5aba den Sinn des
Unternehmens bekannt gibt, stellt er die Aussage V. 5aba auf die
gleiche Ebene wie die Sätze V. 4. In Wirklichkeit gibt V. 5aba nicht
als eine Art Erläuterung den Sinn des Unternehmens an, sondern gibt
das eigentliche Geschehen bekannt, das die Mitte des Ganzen ist. Im
Hinblick auf dieses Geschehen wird der Befehl V. 3 gegeben und
werden Berge und Täler herangezogen. Zur Erklärung von 3aa.5aba
reicht die Gattung „Befehlsausgabe'' nicht.

d) *Exegese*

V. 3-4

Der Prophet setzt seine Rede an die Wächter fort[93]. Er überbringt
ihnen jetzt nicht mehr das an sie gerichtete Wort Gottes, sondern er
redet zu ihnen mit eigenen Worten, indem er sich auf das an ihn selber
ergangene Wort Gottes beruft, welches das Sich-Offenbaren der göttlichen Herrlichkeit ankündigt. Er versteht diesen seinen Ruf als das
nun zu vermittelnde Zeichen, daß Gottes Gericht anbricht. Da es auf
dieses Zeichen ankommt und über es hinaus auf das angedeutete Geschehen, läßt der Prophet die eigene Person und Sendung völlig zurücktreten; er stellt sich bloß als die Stimme eines Rufenden vor. Ist
sein Rufen ein Zeichen des Gerichtes, so stellt er damit die Angeredeten vor die Entscheidung zum Heil oder zum Verderben: es gilt,
sich zu dieser Heilsstunde einzusetzen und mitzuwirken, damit der Weg
Jahwes durch Erniedrigung der Höhen und Erhöhung des Niedrigen
angebahnt wird. Da es sich wirklich um eine Entscheidung für den

---

[92] Vgl. Jesaja II, S. 7.
[93] Elliger denkt immer an einen Himmlischen, der zu anderen überirdischen Wesen
redet. Es klingt aber zu künstlich, was er noch von diesem Himmlischen sagt: „Und
wenn er von ‚unserem' statt von ‚eurem' Gott redet, so liegt der Schluß nahe, daß er
ein anderer ist als der Sprecher von 1f, und wohl auch, daß er nicht dessen besondere
Stellung im himmlischen Hofstaat einnimmt'' (Jesaja II, S. 7).

kommenden, rettenden und richtenden Gott handelt, lautet sein Ruf:
„bahnt den Weg" und „ebnet eine Straße", womit er den persönlichen Einsatz betont. Er weicht dabei von der innerhalb von Jes 40-53
vertretenen Vorstellung ab, daß es Gott ist, der den Weg bahnt und
die Wüste bepflanzt.

Der Weg muß gebahnt werden, weil es sich tatsächlich um ein
konkretes Kommen auf irdischem Boden handelt[94]. Das Erscheinen
der göttlichen Herrlichkeit ist kein himmlisches, apokalyptisches, sondern ein innerweltliches Geschehen. Gottes Herrlichkeit verkörpert
sich in der Schar der Heimkehrenden. Die Befreiung und die Rückkehr des Volkes sind also keine unbedeutende Episode wie viele andere
Episoden in der Geschichte: in ihnen ereignet sich die Selbstoffenbarung des rettenden und richtenden Gottes.

Im Sich Ereignen der Rückkehr bricht Gottes Gericht und Offenbarung im geschichtlichen Raum an. Die Begriffe, die der Autor in
diesem Zusammenhang verwendet — מדבר und דרך — sind nicht
zufällig. In der alttestamentlichen Tradition waren sie sinnbeladene
Wörter: sie erinnerten sofort an den Auszug aus Ägypten. Das zeigt
sich daran, daß der Verfasser von 43, 16.18-19a.20b.21b sie im Zusammenhang mit dem Motiv des Auszugs gebraucht. Zu vergleichen
ist auch 51, 10. Unser Autor will sagen: der jetzige Auszug aus Babel
ist Werk Gottes; die Tatsache, daß Jahwe schon einmal für sein Volk
einen Auszug bewirkt hat, läßt hoffen, daß er das gleiche erneut bewirken wird[95]. Jahwe ist ja unermüdlich im Eingreifen zur Errettung
seines Volkes. Er überholt ständig, was er in der Vergangenheit getan
hat, um sich immer wieder für sein Volk einzusetzen.

V. 5

Es ist keine bloße Wiederholung des früher Bewirkten: was jetzt
geschieht, der neue Auszug, übersteigt als Ereignis den früheren Auszug[96]. Denn der jetzige Auszug enthüllt Jahwes Herrlichkeit vor allem

---

[94] Es dürfte sich nicht nur um einen inneren Vorgang handeln, wie Fohrer meint:
"...da sie (die Deportierten) nicht in der Lage sind, eine wirkliche Straße zu bauen,
meint er (der Prophet) wohl ihre innere Vorbereitung" (Das Buch Jesaja, Bd. 3, S. 19).
[95] Vgl. Bonnard: „...comme autrefois au sortir d'Égypte..." (Le Second Isaïe, S. 87).
Elliger schreibt: „Wie in den Exodus-Traditionen Jahwe seinem Volk durch die Wüste
voranzog, so wird es wieder geschehen" (Jesaja II, S. 20). Vgl. noch Fischer, Das Buch
Isaias, II Teil, S. 31, Knight, Deutero-Isaiah, S. 25, North, The Second Isaiah, S. 76,
Smart, History and Theology in Second Isaiah, S. 46, Ziegler, Isaias, S. 115.
[96] Vgl. Müller, Ursprünge und Strukturen alttestamentlicher Eschatologie, S. 112:
„Die Überlegenheit des Kommenden besteht einfach in seiner Neuheit als solcher,
darin nämlich, daß nach dem Wirkungsloswerden des bisherigen Heilsgeschehens in

Fleisch und mit ihm bricht zugleich das Gericht an. Er ist ein großes, kosmisches Ereignis. Der Autor hat also in seinem Text zwei an sich traditionsmäßig verschiedene Gedanken vereint. Den ersten Gedanken, den des Auszugs unter der Führung Jahwes, hat er im Werk Deuterojesajas vorgefunden[97], den zweiten hat er selber vermutlich innerhalb von Jes 56-66 entfaltet (vgl. 60, 1f; 66, 18f) bzw. daraus entlehnt. Er hat also zu Anfang der gesamten Schrift zwei Themen aufgenommen, die zu den grundlegendsten Aussagen des gesamten Komplexes gehören. Die Tatsache ferner, daß er die zwei Ereignisse als ein und dasselbe Geschehen darstellt, zeigt ein bestimmtes Verständnis von der Geschichte Israels, das man als eschatologisches Verständnis bezeichnen könnte: was sich geschichtlich von Gott her am Volk ereignet, führt zur Endvollendung Israels und zur kosmischen, endgültigen Selbstoffenbarung Gottes.

Wie sehr beide Ereignisse miteinander verbunden gesehen werden, zeigt nicht zuletzt der Begriff גלה, sich offenbaren, den der Autor hier gebraucht. Der Begriff wird zwar sehr häufig zur Bezeichnung der Theophanie angewendet, vielleicht deswegen, weil er einen stärkeren sinnlichen Charakter hat[98]. Das ist aber, was unser Text sagen will. Jahwes Herrlichkeit offenbart sich in der Schar der Heimkehrenden. Das vorher an die Wächter ergangene Wort Gottes, das Volk zu trösten und Jerusalem zu Herzen zu reden, gründete also nicht nur in der Tatsache, daß Gott die Zeit der Buße für beendet erklärt hat, sondern auch in der Tatsache, daß nun Neues geschieht: die Rückkehr der Exilierten, welche zugleich Gottes rettendes und richtendes Eingreifen in der Geschichte und Gottes eschatologisch-kosmische Selbstenthüllung darstellt.

3) 40, 6-8

V. 6   Stimme eines Sprechenden: „Verkündige!" Doch, es spricht zurück: „Was soll ich verkündigen!
Alles Fleisch da, es ist Gras; all seine Kraft: wie Blume des Feldes!

V. 7   Verdorrt ist das Gras, verwelkt ist die Blume: der Hauch Jahwes hat sie ja angeweht!"
— „Gewiß, Gras ist das Volk, da.

---

der gegenwärtigen ‚Nullpunktsituation' überhaupt ein neues Eingreifen Gottes bevorsteht, daß das Eingreifen Gottes also erwartet werden darf".

[97] Vgl. 43, 16-21*; 45, 11-13*; 48, 20f; 49, 12; 52, 11f.

[98] Vgl. Jes 22, 14: „Gott hat sich mir in die Ohren geoffenbart"; Jes 53, 1: „Der Arm Jahwes, wem hat er sich da geoffenbart?"; 2Sam 6, 20: „…da er sich vor den Augen der Mägde entblößt hat".

V. 8   Verdorrt ist das Gras, verwelkt ist die Blume. Doch, das Wort unseres
          Gottes besteht auf immer!"

a) *Zur Einteilung und zur Übersetzung*

Trotz des ähnlichen Ausdrucks zu Anfang des Textes unterscheidet
sich dieser Abschnitt vom vorhergehenden durch die Anrede in der
zweiten Person Singular und durch das Fehlen durchgehender imperativischer und jussivischer Formulierung. Statt dessen überwiegen
Nominal- und Verbalsätze sentenzenhaften Stils in der dritten Person
Singular. Nur einmal begegnet der Name Jahwes, und zwar als rectum
eines Substantivs (V. 7aβ); sonst ist das Auftauchen des Personalsuffixes der ersten Person Plural in der Bildung „das Wort unseres
Gottes" zu beachten (V. 8b). Mit der namentlichen Anrede von
V. 9 beginnt ein neuer Abschnitt.

V. 6

Im Unterschied zu den meisten Übersetzungen wurde קרא mit
„verkündige" wiedergegeben[99]. Während der Sinn von קורא in V. 3
aus dem Kontext klar zu erschließen ist — der Rufende teilt ja keine
Botschaft, sondern einen Befehl mit, deswegen wäre dort die Übersetzung durch das Verb „verkündigen" unangemessen —, läßt sich
der Sinn von קרא in V. 6 auch mit Hilfe des Kontextes direkt nicht
feststellen. Erst die aufmerksame Lektüre des Abschnittes führt zum
Verständnis des im Imperativ קרא Gemeinten. Der Angeredete antwortet durch einen Hinweis auf alles Fleisch, das Gras ist, mit dem
also nichts anzufangen ist; der Auffordernde greift darauf zurück, das
Volk sei ja Gras, aber das Wort Jahwes bleibe für immer wirkend.
Offensichtlich handelt es sich hier um die Aufforderung, dem Volk
etwas mitzuteilen, wogegen sich der Angeredete sträubt[100]. Die Über-

---

[99] Elliger übersetzt „verkünde es" (Jesaja II, S. 1). Duhm, Das Buch Jesaja, S. 265,
Marti, Das Buch Jesaja, S. 272, und Ziegler, Isaias, S. 115, übersetzen mit „predige".
So hatte auch Luther übersetzt, vgl. Die Bibel, S. 752.

[100] Es handelt sich um ein Gespräch. Wie sind zu verteilen Ruf, Gegenruf und Antwort
darauf zu verteilen? Westermann rechnet zum Gegenruf und dessen Begründung
vv.6aβ-7 und zur Antwort darauf v.8 (Das Buch Jesaja, S. 37). Elliger reduziert das
Gespräch auf das Geringste. Er geht wieder von der Annahme aus, daß in 40, 6-8
eine Befehlsausgabe vorliegt. Er sieht den eigentlichen Befehl im Imperativ in v.6aα,
die Ausführungen dazu im Indikativ in vv.6b-8. Daraus folgert er: „…wenn man…den
typischen Aufbau einer ‚Befehlsausgabe' beachtet, ist auch klar, daß 6b-8 eigene Formulierungen des Sprechers sind, mit denen er seinen Befehl begleitet und begründet"
(Jesaja II, S. 8). Daher: „Der Anteil des anderen beschränkt sich…auf die Frage:
‚Was soll ich verkünden?' 6aβ" (ebd.). Sind aber vv.6b-7 wirklich Ausführungen zum

setzung „verkündige" gibt diesen Tatbestand genau wieder[101]. Der Imperativ קרא wird in diesem Sinn von Jer 11, 6 und Sa 1, 14.17 verwendet.

Das Waw von V. 6aβ hätte besser als „da" übersetzt werden können[102], es wurde sinngemäß mit „doch" wiedergegeben, um zu vermeiden, daß zweimal ein „da" vorkommt; denn der Artikel in V. 6aα lautet in der Übersetzung „da" entsprechend seinem ursprunglichen Sinn als hinweisendes Element[103]. Gegen Fohrer und Westermann[104] wurde das ואמר in V. 6a nicht in der ersten, sondern in der dritten Person Singular übersetzt. Dazu leitete die Bemerkung, die die weitere Analyse freilich prüfen soll, daß von der Berufung des Propheten eigentlich später, und zwar in 48, 16b.17 und 49, 1-6 die Rede ist. Da die Übersetzung in der ersten Person das Verständnis des Textes wesentlich erleichtert, entsteht der Verdacht, daß es sich um eine sekundäre Deutung des Textes handelt[105].

Zur eigentlichen Bedeutung von חסד wäre der überzeugende Beitrag von Kuyper zu vergleichen[106].

V. 8

Schwer ist es, den dynamischen Charakter des Verbs קום wiederzugeben. Man könnte paraphrasieren : das Wort Jahwes steht fest, indem

---

Befehl oder nicht vielmehr ein Einwurf zum Befehl? Denn nur im letzten Fall erklärt sich das Zurückgreifen von v.7b auf v.6bα, ferner die Wiederholung von v.7aα in v.8a. In der Tat greift damit der Sprecher von v.6aα auf den Einwurf von vv.6aβ-7a zurück und setzt dem harten Wort von v.7aβ das hoffnungsvolle Wort von v.8b entgegen.

[101] Elliger formuliert : "Der Engel (der Sprechende) denkt...an den Inhalt der soeben erlebten Szene, den der Prophet seinen Landsleuten bekanntmachen soll" (Jesaja II, S. 22).

[102] Vgl. Christian, Untersuchungen, S. 192.

[103] Vgl. Christian, ebd., S. 48.

[104] Vgl. Fohrer, Das Buch Jesaja, Bd. 3, S. 20, und Westermann, Das Buch Jesaja, S. 29. Westermann beruft sich auf LXX und Qumran. Vgl. ferner Auvray-Steinmann, Isaïe, S. 152, Budde, Das Buch Jesaja, S. 658, Duhm, Das Buch Jesaja, S. 265, Elliger, Jesaja II, S. 1, 3, Feldmann, Das Buch Isaias, S. 32, Fischer, Das Buch Isaias, II Teil, S. 32, Knight, Deutero-Isaiah, S. 27, Kissane, The Book of Isaiah, Vol. II, S. 5, Smart, History and Theology of Second Isaiah, S. 50, Marti, Das Buch Jesaja, S. 272, Ziegler, Isaias, S. 115.

[105] Mit der dritten Person Singular übersetzen Bonnard, Le Second Isaïe, S. 89f, Buber, Bücher der Kündung, S. 125, North, The Second Isaiah, S. 32, 70, Rignell, A Study of Isaiah Ch. 40-55, S. 12, und Volz, Jesaja II, S. 1.

[106] Vgl. The Meaning of חסדו Isa. XL 6, VT 13 1963, S. 489-492. Zu dieser Stelle vgl. noch Holmes, Study on the Translation of Is 40, 6-8, ExpTim 75 1963, S. 317f, Snaith, Exegesis of Is 40, 5-6, ExpTim 52 1940/41, S. 394-396, und Stoebe, Zu Is 40, 6 : Wort und Dienst 2 1950, S. 122-128. Dazu noch vgl. Elliger, Jesaja II, S. 23f.

es wirkt, und bringt zustande, was es sagt[107]. Das würde dem in 55, 10f Gesagten entsprechen.

b) *Literarkritik*

V. 6

V. 6a zitiert einen Dialog, in dem sowohl die Anrede als auch die Antwort vom gleichen Verb אמר eingeleitet werden, in dem ferner das jeweils Gesagte um den gleichen Sachverhalt קרא, verkündigen, kreist. Auf den Sinnunterschied des Verbs קרא im Vergleich zum קרא von V. 3 wurde bereits hingewiesen. Wie soll man aber die mit מה ansetzende Antwort verstehen, als Frage nach dem Inhalt dessen, was verkündet werden muß oder als eine aus der Resignation stammende Klage? Versteht man V. 7 als einen Zusatz, wie Fohrer es tut[108], so ist es klar, daß in V. 6b und V. 8 der Sprecher von V. 6aα auf die Gegenfrage von V. 6aβ Antwort gibt, indem er das mitteilt, was zu verkünden ist. Es läge hier also eines der großen Themen des Deuterojesaja vor[109]. Erweist sich aber in der folgenden Analyse V. 7 als ursprünglich und hält man dementsprechend VV. 6b.7a für die Fortsetzung der Frage „was soll ich verkündigen", so erhält diese Frage den Charakter einer Klage. Sollte der literarische Befund von VV. 6b.7a inhaltlich und begrifflich auf ein Klagewort verweisen, dann verstärkt sich die Annahme, daß die Frage von V. 6aβ selber den Charakter einer Klage besitzt. In seinem Kommentar redet Westermann von einer „Vergänglichkeitsklage (S. 36f). Elliger dagegen kommentiert, daß die Frage 6aβ, als Erkundigung nach dem Inhalt des Auftrags zu verstehen ist (S. 22).

Im Unterschied zu V. 5bα kommt בשר hier mit dem Artikel vor. Dieser hat hier vermutlich hinweisenden Charakter; alles Fleisch da!

---

[107] Elliger hebt hervor: „Das fientische Imperfektum will im Unterschied zu den vorher regelmäßig gebrauchten Perfekta sagen, daß ‚das Wort unseres Gottes' nicht nur nach und nach in einem geschichtlichen Prozeß zustandekommt, sondern dann auch steht und nicht wieder umfällt, es erfüllt sich mit sicherer Stetigkeit und endgültig" (Jesaja II, S. 26).

[108] Vgl. Das Buch Jesaja, Bd. 3, S. 20 Anm. 4.

[109] Fohrer schreibt: „Inhaltlich enthält der Auftrag das dritte Kennzeichen der Botschaft des Zweiten Jesaja: die Vergänglichkeit des Irdischen und der ewige Bestand des göttlichen Willens" (vgl. ebd., S. 20). Dagegen Westermann: „In vielen Auslegungen wird schon v.6b als Antwort auf die Frage 6a verstanden. Das ist deswegen unwahrscheinlich, weil dann die Sätze von der Vergänglichkeit als Hauptinhalt der Verkündigung des Propheten bezeichnet wären; das stimmt aber zur Verkündigung Deuterojesajas überhaupt nicht!" (Das Buch Jesaja, S. 37).

Außer in 40, 5b ist der Ausdruck „alles Fleisch" im Buche Jesaja noch in 49, 26; 66, 16.23f belegt[110]. Außerhalb des Buches Jesaja wird er in verschiedenen Zusammenhängen gebraucht, und zwar wenn es vom Gerichtshandeln Gottes die Rede ist[111], ferner, wenn es von der Ausgießung des Geistes in der eschatologischen Zeit die Rede ist (vgl. Joel 3, 1) oder allgemein von der erhaltenden Lebenskraft Gottes[112]. Ohne spezifischen Zusammenhang kommt der Ausdruck in den nachexilischen Psalmen 65, 3; 136, 25; 145, 21 vor. Es sind im ganzen späte Texte — siehe dazu die priesterschriftlichen Stellen Gen 6, 13.19; 7, 15f; 8, 17; 9, 16f. Unser Text wäre in den Zusammenhang der Gerichtshandlung Gottes einzureihen, besonders wenn man V. 7aβ berücksichtigt. Das Wort ist innerhalb von Jes 40-66 sonst nur in 51, 12 belegt, einer Stelle, die nicht von Deuterojesaja stammt[113]. Es ist da von den Menschen die Rede, die dahingehen wie Gras. Der gleiche Gedanke kommt in einigen nachexilischen Psalmen vor, und zwar in Ps 37, 2 (Weisheitsgedicht); 90, 5 (Volksklagelied); 103, 15 Hymnus, vielleicht vorexilisch); 102, 12 (persönliches Lied); 129, 6 (Vertrauenslied des Volkes). An all diesen Stellen kommt der Ausdruck „alles Fleisch" nicht vor, auch nicht in Ps 90 und 103, obwohl hier der Begriff אנוש durch כל־בשׂר hätte gut ersetzt werden können. Anscheinend wurde der Ausdruck mit Vorzug im Rahmen des eschatologischen Gedankens und im Zusammenhang mit dem göttlichen Gericht verwendet.

חסד meint innerhalb von Jes 40-66 immer Gottes Zuwendung zum Erwählten[114], nur in 40, 6 wird es auf ein anderes Subjekt bezogen. Der Ausdruck „die Blume des Feldes" ist außer hier noch in Ps 103, 15 belegt. Zu vergleichen ist Hi 14, 1-3: „Der Mensch... wie eine Blume geht er auf und welkt... Und über einem solchen hältst du dein Auge offen, und ihn ziehst du vor dein Gericht?". Es werden hier die Vergänglichkeit des Menschen und der Anspruch Gottes an ihn betont.

---

[110] Elliger schreibt 49, 26 Tritojesaja zu, vgl. Verhältnis, S. 129.

[111] Vgl. Jer 12, 12; 25, 31; 45, 5; Ez 21, 4.9f. Jer 12, 7-13 gehört zu den späteren Zusätzen des Jeremiabuches; Kap. 45 gehört zur Baruchschrift. Nur 25, 31 ist echt. Vgl. Eißfeldt, Einleitung, S. 472, 474, 490f, Sellin-Fohrer, Einleitung, S. 435-438. Anderer Meinung ist Rudolph, vgl. Jeremia, S. 141f.

[112] Vgl. Nu 16,.22; 27, 16; Hi 34, 14f.

[113] Vgl. Elliger, Verhältnis, S. 211f, Fohrer, Das Buch Jesaja, Bd. 3, S. 148, und North, The Second Isaiah, S. 214.

[114] Vgl. 54, 8.10; 55, 3; 57, 1; 63, 7.

V. 7

Das Verb יבש, verdorren, begegnet vor allem bei der Klage[115]. Diese Klage entsteht aus der Erfahrung des göttlichen Gerichtes. Das wird deutlich in Ps 90, 6f ausgesprochen. Das Motiv des Welkens kommt auch vor, freilich mit einem anderen Begriff, in Hi 14, 2. Das Verb ist schließlich auch in Jes 40, 24 belegt; es wird auf die Fürsten und Richter bezogen und meint die Folge des richterlichen Handelns Gottes gegen sie. Das Bild des Anblasens ist auch hier bezeugt. Im Zusammenhang mit dem richterlichen Handeln Gottes findet sich auch das Verb נבל, welken[116]. In Ps 37, 2 wird es auf die Missetäter bezogen.

Wie sich an Ps 103, 15f zeigt, war mit dem Bild der Blume des Feldes das Bild des Windes verbunden, der über sie wehte und sie verdorrte. Das Bild wurde in unseren Text übernommen und seiner Aussage angepaßt: der Geist Jahwes ist es, der über alles Fleisch weht und es zugrunde richtet. In Jes 11, 2; 61, 1 ist vom Geist Jahwes die Rede, der auf dem Erwählten ruht; in Jes 63, 14 spricht man von der Führung des Volkes durch den Geist Jahwes. In Jes 59, 19 steht aber der Geist Jahwes im Zusammenhang mit dem Gedanken des Gerichtes, das Jahwe vollzieht. Das gleiche ist in Ho 13, 15 und in Mi 3, 8 festzustellen. Nur hier kommt im AT die Qalform von נשׁב vor.

Mehrfach belegt ist innerhalb von Jes 40-53 das Adverb אכן. In 45, 15 leitet es das Wort eines neuen Sprechers ein, in 49, 4; 53, 4 kennzeichnet es eine Wende im Inhalt, es wird dort etwas gesagt, was das Vorhergehende berichtigt und ergänzt. Im letzteren Sinn wird es in Jer 3, 20; Ze 3, 7; Ps 31, 23; 66, 19; 82, 7; Hi 32, 8, in beidem Sinn in Jer 8, 8 gebraucht. In unserem Text leitet אכן die Erwiderung des Anredenden auf die Antwort des Angeredeten ein; der Anredende berichtet zugleich, was der Angeredete ausgesprochen hat. V. 7b ist zusammen mit 62, 10 und 65, 3 die einzige Stelle, in der עם mit Artikel versehen ist. Dieses Wort kommt sonst oft mit Personalsuffixen versehen vor. In der Erwiderung wird das allgemeine „alles Fleisch" präzisiert: es ist das Volk Gottes gemeint, über das Gottes Gericht gefallen ist[117]. Das Volk wird hier vielleicht nicht zuletzt deswegen erwähnt, um die Macht des Wortes „unseres Gottes" von V. 8 hervorzu-

---

[115] Vgl. Jes 15, 6; Jer 12, 4; Ez 19, 12; Ps 90, 6; 102, 5.12.

[116] Vgl. Jes 1, 30; 24, 4; 28, 1.4; 34, 4; 64, 5; Jer 8, 13.

[117] So auch Elliger: „Mit hoher Wahrscheinlichkeit ist also auch 7b ‚das Volk' Israel gemeint" (Jesaja II, S. 26). Bonnard denkt dagegen an „la foule humaine" (Le Second Isaïe, S. 90).

heben. Denn gerade am Volk Gottes, an seiner Geschichte und seinem Schicksal, erwies sich die Macht des göttlichen Wortes. Das ist ein Grund, warum man V. 7b und mit ihm auch V. 7a für ursprünglich halten muß : aus ihm heraus versteht man die Aussagekraft von V. 8b. Der Eindruck, daß V. 7 echt ist, verstärkt sich durch folgende Beobachtung. Vermutet man nämlich, daß V. 7 wirklich sekundär ist und das VV. 6b.8 die Antwort des Anredenden auf die Gegenfrage des Angeredeten anführen und damit den gemeinten Inhalt der Verküdigung angeben, so findet man doch keine Erklärung für die Gegenüberstellung von „alles Fleisch" und „das Wort unseres Gottes". Der personale, geschichtsgeladene Bezug dieses Ausdrucks hätte im blassen, wie ein Weisheitsspruch klingenden Wort, daß alles Fleisch Gras ist, keine richtige Entsprechung. In dem Fall hätte man in V. 8 den allgemeineren Ausdruck „das Wort Jahwes" erwarten können[118]. Die Wendung דבר אלהים ist sonst im ganzen Jesajabuch einmalig.

V. 8

Abgesehen von Dt 19, 15, wo קום דבר terminus technicus der gerichtlichen Sprache ist, kommt dieser Ausdruck in der Qalform in Jer 44, 28f, in der Hiphilform in Jes 44, 26, dann in 1Sam 1, 23; 15, 11.13; 2Sam 7, 25; 1Kön 2, 4; 6, 12 vor. In Jer 44, 28f hat er die Bedeutung von „sich erfüllen" oder auch „sich bewähren"; es handelt sich um das Wort Jahwes, das das Strafgericht gegen das abgefallene Volk ausgesprochen hatte. Im Unterschied dazu meint unser Text nicht ein richtendes, sondern ein heilendes Wort. Was der Satz von V. 8b sagt, ist etwas Grundsätzliches. Das „Wort unseres Gottes" bezieht sich nicht nur spezifisch auf das in VV. 1-2 übermittelte Wort Gottes noch auf die Offenbarung, die hinter V. 5 steht. Es weist zunächst auf Gottes Zuwendung zu seinem Volk hin, so wie sie in der Geschichte sichtbar geworden ist, und sagt, daß diese Zuwendung weiter besteht und sich nun weiter in der jetzigen verkündigten Rettungstat konkretisiert[119]. Daß es so ist, bestätigt 46, 10 : „mein Ratschluß erfüllt sich und all mein Vorhaben führe ich aus".

---

[118] Vgl. Jes 1, 10; 2, 3; 28, 13f; 38, 4; 39, 5.8; 66, 5.
[119] Bonnard führt aus : „...ce salut qu'il avait promis par tous les prophètes, qu'il vient justement d'annoncer, il va maintenant le réaliser" (Le Second Isaïe, S. 91). Auf das gleiche Verständnis des Textes kommt Elliger, obwohl er den Abschnitt vv.1-8 als Niederschlag eines in sich zusammenhängenden Erlebnisses, eben des der Berufung, ansieht und ‚das Wort unseres Gottes' auf vv. 1-2.3-5 bezieht. Er stellt die Frage : „Sollte dieses Geschehen und das Wort, das das Geschehen zum Inhalt hat..., nicht etwas ganz Bestimmtes, Konkretes sein wie die Heimführung aus dem Exil?" (Jesaja II, S. 28).

Der literarische Befund von 40, 6-8 läßt nicht zu, diese Einheit Deuterojesaja zuzuschreiben. Der Prophet gebraucht den Ausdruck „alles Fleisch" nie; das gleiche gilt auch für den Begriff חסד (54, 10; 63, 7)[120], wobei noch zu bemerken ist, daß dieser Begriff an den genannten Stellen immer theologisch verwendet wird. Die Stelle 51, 12, wo das Wort חציר auf die Menschen bezogen wird, stammt, wie oben gesagt wurde, auch nicht von ihm. Das Verb יבש kommt nur in 40, 24 wieder vor, das andere Verb נבל aber nicht mehr. Wenn Deuterojesaja das Volk erwähnt, so immer mit Personalpronomina, die den personalen Bezug stark hervorheben. Betont er' die Dauerhaftigkeit der göttlichen Zuwendung, so formuliert er in 51, 8b (vgl. das sekundäre 51, 6b) mit dem Verb היה; andererseits meint קום in 46, 10b nicht das Bestehen, sondern das Sicherfüllen des göttlichen Planes (vgl. das sekundäre 44, 26a). Was das Verb קרא angeht, so kommt es innerhalb von Jes 40-53 (54-55) nie im Sinne von „verkundigen" vor, sondern im Sinne von „nennen", „anrufen", „berufen" und „ins Dasein rufen"[121].

Schließlich besteht auch inhaltlich keine regelrechte Übereinstimmung. Denn der pessimistische Zug dieser Verse ist Deuterojesaja bei allem Wissen um die Nichtigkeit und Hinfälligkeit von Welt und Mensch doch fremd. Was er etwa in 40, 21-24 sagt, hat nichts Resigniertes und Trauerndes, sondern ergibt sich aus der nüchternen Beobachtung der Dinge und aus dem Wissen um Gottes Erhabenheit.

Stammt 40, 6-8 vielleicht vom Autor, der 40, 1-2.3-5 verfaßt hat? Die Frage ist wohl zu bejahen. Zwar fehlt es nicht an Unterschieden zwischen beiden Textgruppen. Der Sinn von קרא in V. 6a deckt sich nicht ganz mit dem von קרא in V. 2aα und V. 3aα. בשר trägt in V. 6b im Unterschied zu V. 5b den Artikel. Vor allem fällt die Verschiedenheit der Vorstellung auf: in VV. 3-5 steht Gottes Heilshandeln im geschichtlichen Raum im Mittelpunkt, in VV. 6-8 tritt dagegen dieses Moment weit zurück, obwohl es auch nicht ganz verschwunden ist, denn der Akzent liegt in spruchhafter Weise stärker auf der Hinfälligkeit alles Menschlichen. Nicht schwerwiegend als Kriterium zur Feststellung der Verfasserschaft dürfte der Wechsel der Anrede vom

---

[120] Nach Elliger geht Jes 54-55 auf Tritojesaja zurück, vgl. Verhältnis, S. 135-167.
[121] Vgl. 40, 26; 41, 4.9.25; 42, 6; 43, 1.22; 44, 5.7; 45, 3f; 46, 11; 47, 1.5; 48, 13.15; 49, 1; 50, 2; 51, 2; 54, 6; 55, 5f. Für „verkünden" gebraucht Deuterojesaja die Hiphilform von נגד (vgl. 41, 22f.26; 42, 9; 43, 9.12; 44, 7a.8a; 45, 19.21; 46, 10; 48, 3.6.14.20) und die Hiphilform von שמר (vgl. 41, 22.26; 42, 9; 43, 9.12; 44, 8; 45, 21; 48, 3.20; 52, 7).

Ihr zum Du sein; denn ein solcher Wechsel kennzeichnet durchgehend
alle Teile des ganzen Komplexes. Betrachtet man unseren Text näher,
so genügen die herausgestellten Unterschiede zu 40, 1-5 nicht, einen
anderen Autor anzunehmen. Der Artikel bei בשׂר hat demonstrativen
Charakter, er ist kein Zeichen eines neuen Stils. Der Sinnunterschied
von קרא hängt in V. 2aα mit der Präposition אל zusammen, die in
V. 6a nicht vorhanden ist. Die verschiedene Nuance des קרא von V. 3
ist letztlich doch nicht sehr entscheidend für eine Textscheidung.

Die verschiedene inhaltliche Akzentsetzung verweist auch nicht unbedingt auf eine grundsätzlich andere Anschauung. Sie ist hier einfach von der Form der Klage bestimmt. Sie setzt mit der Anführung
des Grundes an: vor Gottes Gericht besteht kein Mensch, und das
hat das Volk erfahren. All das wird bildhaft durch das Gras, die
Feldblume und den anwehenden Geist Jahwes dargestellt. Verwies uns
die literarkritische Analyse von 40, 1-5 auf einen Autor, der hauptsächlich in Jes 56-66 am Werk gewesen ist bzw. diesen Komplex
kannte, so hat das auch in 40, 6-8 eine Bestätigung, denn das Motiv
des Welkens wird in 64, 5 im Rahmen eines Volksklageliedes aufgenommen und auf das Volk bezogen[122]. Dieses Welken wird hier als
Folge des Strafgerichtes Jahwes dargestellt. Das Motiv, daß die
Menschen dahingehen wie Gras, stammt in 51, 12 wahrscheinlich
auch von diesem Autor; das gleiche gilt für den Ausdruck „alles
Fleisch" in 49, 26 und 66, 16[123]. קרא im Sinne von „verkündigen"
kommt im ganzen Komplex noch einmal vor, und zwar in 61, 1[124].
Der absolute Gebrauch von „Volk", העם, ist sonst nur in 62, 10
belegt. Vom „Geist Jahwes" im Zusammenhang mit dem Gedanken
des göttlichen Gerichtshandelns ist wieder nur in 59, 19 die Rede, und
zwar in einem Klagetext[125]. Diese Beobachtungen genügen, um den
Autor von 40, 6-8 mit dem Autor, der in 56-66 am Werk ist bzw.
es kannte, in Verbindung zu setzen und dem Autor von 40, 1-5 gleichzustellen.

Es fragt sich schließlich, wer in unserem Text der Anredende und

---

[122] Vgl. Fohrer, Das Buch Jesaja, Bd. 3, S. 246-256, und Pauritsch, Die neue
Gemeinde, S. 160-171.

[123] Zum redaktionellen Charakter von 66, 23f vgl. Pauritsch, Die neue Gemeinde,
S. 198, 209f.

[124] Für „verkünden" gebraucht dieser Autor in 60, 6 und 61, 1 das Verb בשׂר in
der Pielform. קרא kommt aber auch im Sinne von „rufen", „berufen", „nennen" vor
(vgl. 58, 1.5.9.13; 59, 4; 60, 14.18; 61, 1f; 62, 12; 64, 6; 65, 12.15.24; 66, 4).

[125] Vgl. Pauritsch, Die neue Gemeinde, S. 100-103.

wer der Angeredete ist. Daß sich hier Engel unterreden[126], ist auszuschließen: das אלהינו in V. 8 erinnert zu sehr an das Verhältnis des
Volkes zu Gott im Rahmen des Bundes; anderseits sind Visionen mit
Audition oder Engelgespräche im ganzen Komplex nicht belegt, sie
gehören einfach nicht in die hier vertretenen Vorstellungen. Und es
ist nicht zu beweisen, daß in V. 6aα der Herr selber spricht, wie neuerdings auch Bonnard meint, wenn er in seinem Kommentar (S. 89)
schreibt: „Le Seigneur… continue à parler et deux de ses porte-parole
dialoguent". Es ist auch unwahrscheinlich, daß es sich um die Darstellung der Berufung des Propheten handelt[127]. Zum Vorgang der
Berufung eines Propheten gehört wesentlich, wie sich an allen Berufungsgeschichten zeigt (vgl. Jes 6; Jer 1 und Ez 1), das ausdrückliche
Wort Jahwes. Von Jahwe, der den Propheten anredet, ist hier keine
Spur. Wie hätte der Autor das weglassen können, wenn er tatsächlich
an die Berufungsszene des Propheten dachte? Dazu kommt die Tatsache, daß von der Berufung des Propheten eigentlich in 48, 16b-17
und 49, 1-6 die Rede ist. Es gibt eine einfachere Erklärung: der Anredende in V. 6aα ist der in VV. 1-5 sprechende Prophet. Die Stimme
des Rufenden V. 3a und die Stimme des Sprechenden V. 6a sind von
der gleichen Person. Sie redet weiterhin von „unserem Gott". Sie
beendet ihre Ausführungen jeweils immer mit dem Hinweis auf das
Wort Gottes, siehe VV. 5bβ.8b.

Wer ist aber der Angeredete? Wer wird innerhalb unseres Komplexes mit Du angeredet? Es ist zunächst das Volk selbst (Jakob,
Israel), dann Kyros (45, 1-6), Babel (Kap. 47), der Knecht (Kap. 49, 3-
6.8), Sion bzw. Jerusalem[128] und der Arm Jahwes (51, 9f). Der unmittelbare Zusammenhang (40, 2a.9) legt nahe, Jerusalem bzw. Sion
als die Angeredete anzunehmen[129]. Die direkte Anrede an Jerusalem

---

[126] So Köhler, Deuterojesaja stilkritisch untersucht, S. 125. Das gleiche meint
vielleicht auch North, wenn er ganz unbestimmt schreibt: „Two voices are heard, the
one saying ‚Proclaim!' to which the other answers, ‚What shall I proclaim?'" (The
Second Isaiah, S. 77).

[127] So neuerdings auch Elliger, der bezüglich 40, 1-8 von einem Berufungserlebnis
und einem Berufungsbericht spricht (Jesaja II, S. 10f). Westermann schreibt: „Die
Verse 40, 6-8 erinnern an die Berufungsberichte, die wir bei anderen Propheten finden
(Jes 6; Jer 1; Hes 1-3)" (Das Buch Jesaja, S. 38; vgl. Sprache und Struktur, S. 166).
Vgl. ferner Hessler, Gott der Schöpfer, S. 249f. Bonnard aber bemerkt: „…même si
l'on préfère retenir ce ‚je', on conviendra que l'indice est trop ténu pour constituer un
véritable récit de vocation" (Le Second Isaïe, S. 89f).

[128] Vgl. 49, 14-26; 51, 17-23; 52, 1f.7f; 54; 60; 62, 2-6.

[129] Es macht keine Schwierigkeit, daß die entsprechenden Verben in v.6a die
maskuline und nicht die feminine Form aufweisen. Daran nimmt Lack Anstoß; des-

durch den Propheten ist nicht nur innerhalb von Jes 40-53 bezeugt
(vgl. 51, 17-23; 52, 1f), sondern auch innerhalb von Jes 54-66 (vgl.
54; 60 und 62, 2-6). Nachdem der Prophet zu den Wächtern gesprochen hat, wendet er sich an Jerusalem[130] mit dem Auftrag an
sie zu verkündigen, und zwar was sich eben ereignet. Daß Jerusalem
mit einer Klage antwortet, entspricht der damaligen Vorstellung. Es
liegen nämlich manche Klagelieder vor, in denen Sion die Klage ausspricht, siehe etwa das Klagelied 1, 12-16.18-22. Daß Jerusalem etwas
zu verkündigen hat, findet freilich im ganzen Komplex keine Parallele.
Es gibt aber keine andere Alternative der Erklärung. Nimmt man eben
an, daß hier wirklich eine Berufungsszene vorliegt, und das der hier
Angeredete der Prophet selber ist, so sind sein Einwand und seine
Klage aus dem Rahmen und dem Inhalt des ganzen Komplexes nicht
zu erklären. Denn die resignierte Haltung eines Weisen, so wie sie
hier zum Ausdruck kommt, der um die Vergänglichkeit alles Lebenden
und zugleich um die vernichtende Kraft des göttlichen Gerichtes weiß,
begegnet sonst an keiner Stelle mehr, auch nicht in 65, 5-11. Eine
solche Haltung paßt aber besser zu Jerusalem, spricht man doch von
den Trümmern, von der Wüste und der Steppe Jerusalems (51, 3;
vgl. 51, 19; 52, 9), spricht man weiter von Jerusalem als der Gefangenen (52, 2), der Unfruchtbaren, der Vereinsamten, der Gebeugten,
der Ungetrösteten (54, 1.11; vgl. 49, 14.20f) und der Verlassenen (62, 4).
Es sind lauter Motive, die in den Klageliedern des Einzelnen vorkommen (vgl. Klgl 1, 14b.16aβ.17a.18bβ.20b; 5, 16-20). 40, 6-8 ist nicht
das einzige Beispiel einer Klage Jerusalems innerhalb des Komplexes

---

wegen lehnt er diese bereits in Merendino, Corso esegetico-teologico zu Isaia 40, 1-11,
Roma 1970, S. 83-86 vertretene Deutung ab. Aber wenn hier Jerusalem bzw. Sion
ausdrücklich nicht erwähnt werden, wenn dazu noch der Kontext absichtlich Sprechende und Angesprochene unbenannt und unbestimmt läßt, kann an dieser Stelle keine
andere Form als die maskuline verwendet werden; denn diese paßt grammatisch zur
Bezeichnung einer unbestimmten Person. Es ist also in keiner Weise auszuschließen,
daß der Autor an Jerusalem denkt (vgl. Lack, La Symbolique du Livre d'Isaïe, S. 83).

[130] In 62, 2-6 ist es umgekehrt: der Prophet redet zunächst Jerusalem, dann die
Wächter an (vgl. Pauritsch, Die neue Gemeinde, S. 130-132). Die Ausleger sehen im
Angeredeten von v.6aα den Propheten, so Budde, Das Buch Jesaja, S. 658, Duhm,
Das Buch Jesaja, S. 265, Elliger, Jesaja II, S. 8, 21, Feldmann, Das Buch Isaias, S. 32.
Fischer, Das Buch Isaias, II Teil, S. 33, Kissane, The Book of Isaiah, Vol. II, S. 8,
Knight, Deutero-Isaiah, S. 31, Marti, Das Buch Jesaja, S. 272, Fohrer, Das Buch
Jesaja, Bd. 3, S. 18, McKenzie, Second Isaiah, S. 18, Muilenburg, The Book of
Isaiah Chapters 40-66, S. 429, Rignell, A Study of Isaiah Ch. 40-55, S. 12, Smart,
History and Theology of Second Isaiah, S. 50, Steinmann, Le Livre de la consolation
d'Israël, S. 89, Penna, Isaia, S. 407, Westermann, Das Buch Jesaja, S. 36, Ziegler,
Isaias, S. 115, Volz, Jesaja II, S. 5.

40-66. In 49, 14-21 liegt eine andere Klage Sions mit entsprechender Antwort vor. Ob dieses Stück von Deuterojesaja stammt, ist freilich unsicher[131].

c) *Form- und Gattungskritik*

Es ist schwierig, den genauen rhythmischen Aufbau des Stückes festzustellen. Die Lösung Köhlers vermag nicht zu befriedigen (vier Stiche, deren Metrum auf 3, 3 + 3, 4 + 4, 4 + 4 verteilt ist)[132]. Verbindet man in V. 6a אמר־קרא und מה־אקרא durch maqqef, dann חציר, נשבה, רוח, נבל, יבש, כציץ in VV. 6b-8a jeweils mit dem folgenden Wort, so bleibt ein Text übrig, der aus fünf Stichen besteht. Das Metrum der ersten zwei Stiche ist auf je 2 + 2, das der übrigen drei Stiche auf 2 + 3; 2; 2 + 3 verteilt. Nicht leicht ist die Einteilung des Textes nach Strophen. Am besten geht man vom Inhalt aus: bilden VV. 6b-7a den Kern des Gegenrufes und VV. 7b-8 die Antwort darauf, so gruppiert man diese Verse zu je zwei Strophen und hält man V. 6a als Einleitung zum Ganzen. Der ganze Text würde so aussehen:

V. 6   Stimme eines Sprechenden: „Verkündige". Doch, es spricht zurück:
          „Was soll ich verkündigen?

          Alles Fleisch da, es ist Gras! All seine Kraft: wie Blume des Feldes!

V. 7   Verdorrt ist das Gras, verwelkt ist die Blume: der Hauch Jahwes hat
          hat sie ja angeweht!"

          — „Gewiß, Gras ist das Volk!

V. 8   Verdorrt ist das Gras, verwelkt ist die Blume.
          Doch, das Wort unseres Gottes besteht auf immer".

Der Rhythmus dieser Einheit weicht von dem der vorhergehenden Einheit 40, 1-5 ab. In dieser Hinsicht bildet sie gleichsam eine Zäsur oder eine Überleitung zum folgenden Stück.

Was die Gattung angeht, so hält Westermann 40, 6-8 für ein Disputationswort bzw. für eine Bestreitung[133]. Das dürfte grundsätzlich stimmen. In VV. 6aβ-7a liegt der Einwand vor, in VV. 7b-8 die Entgegnung[134]. Doch die Tatsache, daß in V. 6aα ein formales Element der Gerichtsbeschreibung wieder aufgegriffen wird, legt nahe, das

---

[131] Vgl. Elliger, Verhältnis, S. 260.
[132] Vgl. Deuterojesaja stilkritisch untersucht, S. 5.
[133] Vgl. Sprache und Struktur, S. 166.
[134] Vgl. die Ausführungen Westermanns, Sprache und Struktur, S. 124-134.

ganze Stück 40, 6-8 als Fortsetzung der Gerichtsbeschreibung 40, 3-5 anzusehen. Daß es so ist, zeigen das Wiederauftauchen des Ausdrucks „alles Fleisch" und der abschließende Hinweis auf das Wort Gottes, der eine bewußte Anknüpfung an V. 5bβ zu sein scheint.

40, 6-8 stellt im ganzen eine inhaltliche und formale Steigerung in der Aussage dar. Der Prophet wendet sich nun nicht mehr einer Gruppe, sondern einem einzelnen zu, der personifizierten Stadt Jerusalem, und gibt ihr einen Auftrag. Er läßt Jerusalem antworten in der Form der Klage. Er erwidert darauf, indem er auf das Wort Gottes hinweist, das seine Macht bewahrt, das heißt, das Verdorbene zu überwinden vermag. Dem Einwand und der Klage folgt die Bestreitung: das Ganze wird durch das Bruchstück der Gerichtsbeschreibung V. 6aα an das Vorhergehende angeschlossen. Man kann also nicht von einer einzigen bestimmten literarischen Gattung sprechen, vielmehr von einzelnen Elementen einzelner Gattungen, die zu einer geschlossenen Komposition zusammengesetzt wurden. Hervorzuheben ist der weisheitliche, spruchhafte Charakter der Klage. Das zeigt sich nicht nur an der vom Inhalt bezeugten Einstellung des Textes, sondern auch im Gebrauch des Nominalsatzes, der die meisten Aussagesätze der Sprüche kennzeichnet[135]. Hält man sich an die Definition, die Michel vom Verbal- und Nominalsatz gibt[136], so sind auch die Sätze von 40, 7aα.8a als Nominalsätze anzusehen.

Im Anschluß an 40, 1-2.3-5 hält Elliger 40, 6-8 für eine Befehlsausgabe[137]. Daß diese Bezeichnung der Form des Textes nicht ganz gerecht wird, ist bereits klargemacht worden.

Das ganze 40, 1-8 als Wiedergabe eines Berufungserlebnisses aufzufassen, scheint auch fraglich zu sein. Elliger selbst gibt zu: „... die Form allerdings, in der das Berufungserlebnis weiter gegeben wird, weicht von der bei den Propheten üblichen ab"[138]. Wie bereits betont, gehört zum Berufungsgeschehen das an den Berufenen unmittelbar gerichtete Wort Jahwes — und das ist, was hier eben fehlt. Elliger selbst macht darauf aufmerksam, daß „im Unterschied zu parallelen

---

[135] Vgl. Hermisson, Studien zur israelitischen Spruchweisheit, S. 141ff.

[136] Vgl. Tempora und Satzstellung in den Psalmen, S. 178: „Das Wesen der Verbalsätze ist…nicht, daß sie ein Subjekt prädizieren, sondern einen Handlungsverlauf angeben". In den Nominalsätzen dagegen macht „das Prädikat eine Aussage über das Subjekt: Es berichtet eine Handlung, ein Erleiden oder eine Eigenschaft des Subjektes" (ebd., S. 177f). Vgl. Hermisson, Studien zur israelitischen Spruchweisheit, S. 143f.

[137] Vgl. Jesaja II, S. 8.

[138] Vgl. ebd., S. 11.

Situationen anderer Propheten es nicht Jahwe selbst ist, den Deuterojesaja vernimmt weder hier (V. 1) noch in 3 oder 6"[139]. Es steht
natürlich nichts dagegen anzunehmen, daß „der Abschnitt 1-8 eine
Erlebniseinheit ist". Das gilt sicher für 40, 1-2.3-5 und im Verständnis
des Redaktors, der auch 40, 6-8 hinzufügte, noch für 40, 1-8, aber
nicht im Sinne eines „Berufungsberichtes"[140]. 40, 1-8 ist ein Text
eschatologischen Charakters und als solcher ist er in den Formen
des eschatologischen Lobliedes (1-2) und der Gerichtsbeschreibung
(3-5.6-8). Nicht die Berufung des Propheten steht hier im Vordergrund,
sondern das neue und endgültige Heilsgeschehen von Jahwes Offenbarung im geschichtlichen Ereignis von Israels Rückkehr in seine
Freiheit.

d) *Exegese*

V. 6-7

Nachdem der Prophet zu den Wächtern gesprochen hat, wendet er
sich an Jerusalem selbst. Er folgt damit als erster der Aufforderung
Gottes von VV. 1-2aα, Jerusalem zuzureden. Er spricht aber zunächst
kein direktes Wort des Trostes aus, wie zu erwarten wäre, sondern
fordert auf, zu verkündigen. Die Antwort Jerusalems zeigt den Tief-
stand, in dem die Stadt und ihr Volk gesunken waren. Sie verrät
hoffnungslose Resignation im Wissen, daß Gottes Gericht mit all dem
Guten, das einst gewesen war, ein Ende gemacht hat, ja auch im
Wissen, daß alles Lebende überhaupt keinen Bestand hat und der
Kraft des göttlichen richtenden Geistes nicht zu widerstehen vermag.
    In seiner Entgegnung bestätigt der Prophet diese Aussage, erinnert
aber gleich an die in Wort und Tat von Gott erwiesene Treue zu seinem
Volk, die noch besteht und weiter bestehen wird, und zeigt in ihr den
Grund, aus dem das Volk und die Stadt Sein und Bestand erhalten.
Der Prophet tröstet die trauernde gebeugte Stadt dadurch, daß er sie
auf die treue Zuwendung Jahwes aufmerksam macht: durch das Gericht hindurch und über es hinaus währt sie und nun vermag sie das
verdemütigte Volk zu erheben. Der Prophet spricht also in seiner
Erwiderung ein Heilswort aus. Damit verdeutlicht er, was aus V. 5
nicht direkt zu erfassen war, daß nämlich das Sich-Offenbaren der
göttlichen Herrlichkeit vor allem Fleisch kein vernichtendes Gericht

---

[139] Vgl. ebd., S. 12.
[140] Vgl. ebd., S. 11.

mit sich bringt, sondern ein heilsvolles Geschehen bedeutet. Das Kommen Gottes ruft zur Entscheidung : es ist aber so, daß die menschliche Heilsentscheidung im voraus von dem Heilswillen und der Heilsmacht Jahwes überholt wird.

V. 8

Vom V. 8 aus versteht man auch besser, wie V. 2 gemeint ist. Die große Wende, die sich jetzt ereignet, hat ihren Grund nicht darin, daß das Volk die ihm als Strafe auferlegte Leistung erfüllt hat, sondern darin, daß Gott kraft seines freien Entschlusses die Leidenszeit für beendet erklärt und nun seine nie entzogene Zuwendung zu seinem Volk durch die jetzige Heilstat neu erfahren läßt. Diesen Sachverhalt hat der Prophet literarisch dadurch hervorgehoben, daß er das entscheidende Wort des ganzen Abschnittes in der Form einer Bestreitung vermittelt hat. Betont der Einwand die resignierte Verzweiflung des Menschen, der sich vom göttlichen Zorn unheilbar getroffen weiß und sich nicht imstande fühlt, sich zu helfen und zu retten, so verweist die Entgegnung ganz feierlich und entschieden darauf, daß alles vom göttlichen Wort abhängt, daß dieses Wort aber als Heilswort weiterbesteht und in heilvoller Weise bewirkt, was es gesagt und verheißen hat.

Daß die Schicksalswende vom göttlichen Heilsentschluß und von der göttlichen Heilsmacht allein abhängen, zeigt sich am Geschehen selber. Das Volk ist nicht aus eigenem Bemühen zur Befreiung und Rückkehr gelangt. Das ist ihm infolge unerwarteter politischer Umwählzungen unverdienterweise geschenkt worden. Das alles war Gottes Fügung. Jahwe ist in diesem Geschehen das unsichtbare, aber doch gegenwärtige Subjekt. Er ist der eigentlich Handelnde. Er ist es, der nach Jerusalem zurückkehrt und mit ihm das Volk; seine Herrlichkeit ist es, die sich offenbart, und zwar dem Volk und allem Fleisch. Darin liegt nun die große Hoffnung Israels : das Geschehen der Befreiung und der Rückkehr ist kein menschliches, sondern ein göttliches Werk. Das Volk wird hineingenommen in das, was Jahwe vollbringt, in das eschatologische Geschehen von Offenbarung und Gericht in gnadenvoller Zuwendung. Deswegen erfährt es Befreiung, Heimkehr und Rettung.

Das ist, was Jerusalem nun zu verkündigen hat. Es soll mitteilen, daß Jahwe kommt und sich allem Fleisch offenbart, es soll kundtun, daß durch Gottes Kommen und Sich-Offenbaren dem ganzen Volk Heil zuteil wird. Das קרא bezieht sich auf 40, 1-2.3-5 und gleichzeitig auf 40, 9-11. Deswegen steht 40, 6-8 in der Mitte des Abschnittes. Aber diese Verkündigung ist zugleich ein Zeugnis dafür, daß Jahwe sich als der rettende und bergende Gott eingesetzt hat. Das Zeugnis mündet dann sachgemäß in den Hymnus 40, 10-11.

B. *Jes 40, 9-11 : Einleitung zu 40, 12-52, 12*

1)   40, 9-11

V. 9   Auf einen ragenden Berg steig als Freudenbotin, Sion;
        erhebe mit Kraft deine Stimme als Freudenbotin, Jerusalem,
        erhebe sie, fürchte dich nicht!
        Sprich zu den Städten Judas : „Da, euer Gott!"

V. 10   „Da, mein Herr, Jahwe, als der Starke kommt er, sein Arm hat ja
        für ihn gewaltet.
        Da, bei ihm ist sein Sold und sein Werklohn vor ihm her.

V. 11   Wie ein Hirte weidet er seine Herde, sammelt sie mit seinem Arm,
        Lämmer trägt er an seinem Busen, Mutterschafe leitet er sacht!"

a) *Zur Einteilung und zur Übersetzung*

Vorliegender Text unterscheidet sich von den vorhergehenden Texten dadurch, daß er die Angeredete erwähnt und als Freudenbotin bezeichnet. Die Anrede erfolgt in imperativischer Formulierung. Es sind vier Imperative, von denen der zweite wiederholt wird; dazu kommt die Ermahnung zur Furchtlosigkeit. Die zu verkündigende Botschaft wird dreimal durch הנה eingeführt. Nur einmal kommt der Name Jahwes vor, und zwar in der Bildung „mein Herr, Jahwe". Zu beachten ist zu Beginn der Botschaft das betonte אלהיכם.

V. 9

Einige Ausleger verstehen ציון und ירושלים als Genitive und übersetzen dementsprechend mit „Sions" bzw. „Jerusalems"[141] oder mit „für Sion" bzw. „für Jerusalem"[142]. Für diese Übersetzung würden inhaltlich Stellen wie 41, 27 („als erster habe ich es Sion verkündet und Jerusalem einen Freudenboten gegeben") und 52, 7 („wie lieblich sind... die Füße des Freudenbotens, der... zu Sion spricht...") spre-

---

[141] So Duhm, Das Buch Jesaja, S. 264, Feldmann, Das Buch Isaias, S. 29, 32, Marti, Das Buch Jesaja, S. 271, Snaith, Isaiah 40-66, S. 178.
[142] Vgl. Auvray-Steinmann, Isaïe, S. 152, Fohrer, Das Buch Jesaja, Bd. 3, S. 21, Steinmann, Le livre de la consolation d'Israël, S. 85. Penna übersetzt : „o messaggera in Sion" und kommentiert, daß Sion der erste Ort ist, in dem Gottes Rückkehr angekündigt wird (Isaia, S. 406f).

chen. Es ist aber die Frage, ob 40, 9-11 auf den gleichen Verfasser von 41, 27; 52, 7 zurückgeht, und ob hier das gleiche gemeint ist wie dort. Bei dieser Übersetzung ist ferner das Femininum מבשרת nicht zu erklären, zumal das Wort in 41, 27; 52, 7 als Maskulinum vorkommt. Die einzige Erklärung ist, daß durch das Femininum an dieser Stelle der amtliche Aspekt der Aufgabe hervorgehoben werden soll. Die Wurzel בשר meint in den meisten Fällen das Verkünden eines Sieges über die Feinde, wie sich in 1Sam 31, 9; 2S 4, 10; 18, 19.26; Ps 68, 12 zeigt. Daß der Prophet hier das Femininum gebraucht, bestätigt das. Wie einst die Frauen den Sieg Jahwes über die Feinde beim Auszug (Ex 15, 20) oder den Sieg Davids über Goliath (1Sam 18, 6f; vgl. auch 1Sam 1, 20) besangen und verkündeten, so proklamiert nun Jerusalem den großen Sieg Jahwes über die Mächte, die Israel unterjocht und unterdrückt hatten. מבשרת als Kollektiv aufzufassen[143] empfiehlt sich nicht, da der Gebrauch solcher Kollektiva im ganzen Jes 40-66 nicht mehr belegt ist. Es scheint also die einfachste Lösung zu sein, ציון und ירושלים als Vokative zu מבשרת zu verstehen[144]. Das entspricht besser der Bezeichnung „mein Herr, Jahwe", die im Munde Sions ihren vollen Sinn hat; im Munde einer nicht näher umrissenen Freudenbotin für Sion würde sie solchen Sinn nicht haben. Das Bild, das sich daraus ergibt, ist in keiner Weise grotesk[145]. Sion liegt ja bereits auf einem hohen Berg; trotzdem, abgesehen davon, daß der hohe Berg hier den Sionsfelsen meint, auf den die personifizierte Sion aufsteigt[146], war die Vorstellung, daß Sion auf den hohen Berg aufsteigt, wenn nicht geläufig, so doch auch nicht abwegig; denn sie ist in Bar 5, 5 nochmals bezeugt. Auch wenn man mit Recht vermutet, daß Baruch hier von unserer Stelle abhängt[147], so ist doch

---

[143] Das meint Duhm, Das Buch Jesaja, S. 264, Bonnard, Le Second Isaïe, S. 91, Feldmann, Das Buch Isaias, S. 32, Marti, Das Buch Jesaja, S. 271. Snaith formuliert: „Zion-Jerusalem is the recipient of the message and ‚my people' is the messenger" (Isaiah 40-66, S. 178).

[144] So Bonnard, Le Second Isaïe, S. 84, 91, Budde, Das Buch Jesaja, S. 658, Elliger, Jesaja II, S. 31, Fischer, Das Buch Isaias, II Teil, S. 33f, Hessler, Gott der Schöpfer, S. 252, Kissane, The Book of Isaiah, Vol. II, 5, 8, McKenzie, Second Isaiah, S. 15f, Morgenstern, The Message of Deutero-Isaiah in its Sequential Unfolding, S. 13, Muilenburg, The Book of Isaiah Chapters 40-66, S. 431f, North, The Second Isaiah, S. 32f, Rignell, A Study of Isaiah Ch. 40-55, S. 13f, Smart, History and Theology of Second Isaiah, S. 53, Volz, Jesaja II, S. 1, 6, Westermann, Das Buch Jesaja, S. 38f, Ziegler, Isaias, S. 116.

[145] So meinen Duhm, Das Buch Jesaja, S. 264, und Westermann, Das Buch Jesaja, S. 40.

[146] Vgl. Hessler, Gott der Schöpfer, S. 252.

[147] Vgl. Eißfeldt, Einleitung, S. 803, Soggin, Introduzione, S. 597.

anzunehmen, daß er das Bild nicht übernommen hätte, wäre es als grotesk empfunden worden.

V. 10

הנה ist eine die Aufmerksamkeit heischende Partikel, die mit „siehe!" bzw. „da" übersetzt werden kann[148]. בחזק hätte der am Apparat angegebenen Lesart entsprechend (בְּחֹזֶק) auch mit „in Kraft" übersetzt werden können, was sinngemäß das gleiche aussagt wie „als Starker"[149]. Die adjektivische Übersetzung scheint aber dem Text angebrachter zu sein, denn damit ist das stilistisch und inhaltlich betonte Subjekt יהוה אדני noch mehr hervorgehoben. Die Präposition את entspricht dem akkadischen itti, das seinerseits auf ittu „Seite" zurückgeht[150]. Wörtlich heißt es: „da, sein Sold (ist) seine Seite".

V. 11

In V. 11 hätte man schließlich übersetzen können: „mit seinem Arm sammelt er Lämmer und in seinem Busen trägt er sie"[151]. Die angegebene Übersetzung berücksichtigt aber den rhythmischen Aufbau der Stiche in Vers 11 (3 + 2, 3 + 2). Sie entspricht auch besser dem sachlichen Tatbestand: nicht Lämmer, sondern die Herde sammelt man[152]. Es wäre zu erwägen, ob man das Waw von ובחיקו nach seinem ursprünglichen Sinn als deiktisches Element übersetzen könnte, etwa: „Mämmer, dort in seinem Busen trägt er (sie)"[153].

---

[148] Vgl. Christian, Untersuchungen, S. 193. Mit Recht macht Elliger darauf aufmerksam, daß 40, 9.10 zusammen mit 52, 6 die einzigen Fälle sind, wo הנה nicht einen Satz einleitet, sondern von einem Nomen gefolgt wird. Er schließt daraus: „...um so stärker ist die optische Wirkung des Ausdrucks: Zion erhält formuliert, was es selbst bereits sieht" (vgl. Jesaja II, S. 36).

[149] Elliger bezeichnet die Übersetzung durch ein ב essentiae mit Adjektiv als „nicht unmöglich" (vgl. Jesaja II, S. 32).

[150] Vgl. Christian, Untersuchungen, S. 189.

[151] So Auvray-Steinmann, Isaïe, S. 153, Elliger, Jesaja II, S. 31f, Kissane, The Book of Isaiah, Vol. II, S. 9, Knight, Deutero-Isaiah, S. 30, McKenzie, Second Isaiah, S. 16, Muilenburg, The Book of Isaiah Chapters 40-66, S. 433, North, The Second Isaiah, S. 33, Steinmann, Le Livre de la consolation d'Israël, S. 86, Volz, Jesaja II, S. 1f, Westermann, Das Buch Jesaja, S. 29.

[152] So auch Bonnard, Le Second Isaïe, S. 84, Budde, Das Buch Jesaja, S. 658, Duhm, Das Buch Jesaja, S. 264, Feldmann, Das Buch Isaias, S. 33, Fischer, Das Buch Isaias, II Teil, S. 34, Marti, Das Buch Jesaja, S. 272, Penna, Isaia, S. 408, Ziegler, Isaias, S. 116.

[153] Vgl. Christian, Untersuchungen, S. 192.

b) *Literarkritik*

V. 9

Der Ausdruck „hoher Berg" kommt im Buch Jesaja noch in 30, 15 im Rahmen eines Heilswortes und in 57, 7 im Rahmen einer Gerichtsrede vor. Jes 52, 7 formuliert einfach „auf den Bergen". Sehr selten wird im AT das Verb עלה mit ל im reflexiven Sinn gebraucht. Die einzige Stelle außer Jes 40, 9 ist Jos 17, 15. Das Femininum von מבשר, Partizip Piel von בשר, ist im AT noch einmal in Ps 68, 12 belegt. In Jes 40, 9 ist es vermutlich von seinem appositionellen Bezug auf das Femininum ציון und ירושלים bedingt[154]. Es gibt vielleicht noch einen Grund, warum der Autor an dieser Stelle Sion als Freudenbotin darstellt. Die festliche Verkündigung eines Sieges, und zwar auch eines Sieges, den Jahwe selber bewirkt hatte, geschah damals anscheinend nach allgemeinem Brauch durch Reigen tanzende und singende Frauen, siehe Ex 15, 20 beim Auszug aus Ägypten, Ps 68, 12 beim Siege Jahwes und des Volkes gegen Sisera (vgl. Ri 4-5; 11, 34) und 1 Sam 18, 6f beim Sieg Davids gegen Goliath. Da der Autor unseres Abschnittes den Rückzug Jahwes und des Volkes als einen sieghaften darstellt, wie die Erwähnung des Armes nahelegt (vgl. 52, 10; 63, 12)[155], ist wohl anzunehmen, daß er diese Vorstellung übernommen und auf die personifizierte Stadt Sion übertragen hat[156]. Die Hiphilform von רום wird fast nur innerhalb von Jes 56-66 gebraucht[157]. Verbunden mit קול kommt sie aber nur in 58, 1 vor, wo genauso wie hier das Erheben der Stimme zum Verkünden gemeint ist. Reichlich belegt ist im ganzen Komplex das Wort כח. Es wird meistens auf Gott bezogen[158]. Die Reihenfolge Sion-Jerusalem ist bei Deuterojesaja die übliche (vgl. 41, 27; 52, 1.7f.9). Nur in 52, 2 haben wir die umgekehrte Reihenfolge. Sonst kommen beide auch allein vor[159]. In 62, 1; 64, 9 haben wir die gleiche Reihenfolge wie hier. Zum Appositionsverhältnis des Aus-

---

[154] Elliger schreibt: „...das Femininum hier erklärt sich vollauf aus dem Geschlecht der angeredeten Stadt" (vgl. Jesaja II, S. 35).

[155] Vgl. noch 48, 14; 51, 5.9; 59, 16; 63, 5.

[156] So auch Penna, Isaia, S. 407f und Ziegler, Isaias, S. 116. Westermann zieht 1Sam 31, 9; 2Sam 18, 19; Jer 20, 15 heran und sagt: „An diesen Stellen ist das Ereignis, von dem die Freudenbotschaft kündet, schon eingetroffen...Sion als Freudebotin soll das schon eingetretene Ereignis...jubelnd künden" (Das Buch Jesaja, S. 39).

[157] Vgl. 49, 22; 57, 14; 58, 1; 62, 10.

[158] Vgl. 40, 26.29.31; 50, 2; 63, 1; die übrigen Stellen sind 41, 1; 44, 12; 49, 4.

[159] Vgl. 46, 13; 49, 14; 51, 3.11.16; 40, 2; 44, 26; 51, 17; vgl. noch 59, 20; 60, 14; 66, 8; 61, 6f; 65, 18f; 66, 10.13.20.

drucks מבשרת ציון sind ähnliche Konstruktionen wie in 40, 10 אדני
יהוה, in 41, 14 תולעת יעקב, in 52, 2 שביה ירושלם zu vergleichen. Man
könnte auch an ein genitivus appositionis bzw. epexegeticus denken,
womit sich die Konstruktusform gut erklären ließe [160]. Die Voranstellung des Attributs ist möglich, wenn der Nachdruck des Satzes
auf ihm liegt, obwohl das der üblichen Stellung nicht entspricht.
Anderseits werden Eigennamen ihren näheren Bestimmungen öfter
nachgstellt [161].

Die Ermahnung zur Furchtlosigkeit „fürchte dich nicht" ist innerhalb von Jes 40-48 reichlich belegt. Auf die Stadt Jerusalem wird sie
aber an Stellen bezogen, die wie 54, 4-14; 57, 11 außerhalb von Jes
40-52, 12 liegen und einen anderen Sinnbezug haben. Sie bezieht sich
hier auf die Tätigkeit des Zurufens mit starker Stimme [162]. Im Unterschied zu den Texten der sogenannten Heilsorakel steht diese Ermahnung nicht am Anfang, sondern am Ende des Satzes.

„Zu den Städten Judas" kehrt wieder in 44, 26b, das innerhalb des
sekundären 44, 24-28 ein nachträglicher Zusatz ist [163]. Von den heiligen
Städten, die verwüstet liegen, ist in 64, 9 die Rede, von den verödeten
Städten sonst noch in 54, 3 und 61, 4, also an Stellen, die außerhalb
von Jes 40-52, 12 liegen und einen eigenen Sinnbezug haben. Nach
dem קרא von V. 6a hätte man auch hier ein קראי erwartet statt des
אמרי. Der Autor gebraucht hier aber das Verb אמר deswegen, weil es
das charakteristische Verb für Botensprüche war (vgl. Gen 32, 5;
Ex 4, 22; Jer 2, 2). Mit הנה אלהיכם fängt das Wort an, das Jerusalem
nach Auftrag des Sprechenden den Städten Judas zu sagen hat. Das
הנה begegnet innerhalb von Jes 40-52, 12 mehrmals [164]. Es ist nicht
klar, ob VV. 10-11 auch zu diesem Wort gehören, das zu berichten
ist, oder ob sie vielmehr eigene Worte des Propheten sind [165]. Fürs
erstere spricht das wiederholte הנה, das offensichtlich an das הנה von
V. 9b anknüpft, und dann das Personalpronomen der ersten Person
bei אדני, das sich auf Jerusalem bezieht, falls dieses Wort keine er-

---

[160] Vgl. Grether, Hebräische Grammatik, S. 195 §72g. Darauf weist auch Elliger
hin (vgl. Jesaja II, S. 31).
[161] Vgl. Brockelmann, Hebräische Syntax, S. 57 §58, S. 62 §64a.
[162] Elliger führt aus, daß „אל־תיראי" sich wenn nicht direkt auf die Lautstärke, so
doch auf den Akt der Verkündigung als solchen bezieht..." (vgl. Jesaja II, S. 35).
[163] Vgl. vorliegende Arbeit zur Stelle, S. 406.
[164] Vgl. 41, 15; 42, 9; 43, 19a; 47, 14 (sek.); 48, 7b.10 (sek.); 49, 12; 49, 22 (sek.?);
51, 22; 52, 6 (sek.).13 (sek.), ferner 54, 11; 59, 9; 60, 2; 62, 11; 65, 6.13; 66, 15.
[165] So vielleicht auch Elliger (Jesaja II, S. 36). Vgl. auch Duhm, Das Buch Jesaja,
S. 264, Fohrer, Das Buch Jesaja, Bd. 3, S. 22, Marti, Das Buch Jesaja, S. 272.

starrte Formel darstellt. Nimmt man ferner an, daß VV. 10-11 eigene
Worte des Propheten sind, so wäre doch die Botschaft im Vergleich
zu den einleitenden und dann abschließenden, kommentierenden Worten zu kurz. Vergleicht man damit aber 52, 7-8, so ist wohl anzunehmen, daß VV. 10-11 Worte des Propheten sind[166]. In 52, 7 nämlich ist die Botschaft sehr kurz und im Nominalsatz מלך אלהיך enthalten, V. 8 gehört aber zu den Worten des Redenden, wie das ansetzende קול und der berichtende Inhalt nahelegen.

V. 10

Der Ausdruck אדני יהוה kommt bei Deuterojesaja selten vor. Die
einzigen Stellen bei ihm, wo אדני belegt ist, sind 48, 16b; 49, 14 und
51, 22. Es ist aber unsicher, ob 49, 14-21.22-26; 51, 17-23 von ihm
stammen. Das Gottesknechtslied 50, 4-9 ist vermutlich auch anderer
Herkunft. Sekundär ist schließlich 52, 4, ja vielleicht das אדני von
48, 16b selbst. Die übrigen Stellen (56, 8; 61, 1.11; 65, 13.15) gehören
zum Komplex Jes 56-66. Nur hier kommt das Wort חזק innerhalb von
Jes 40-66 vor, sonst noch in Jes 27, 1 im Rahmen eines eschatologischen
Wortes und in 28, 2 im Rahmen eines Gerichtswortes[167]. Kommt
Jahwe als „der Starke", so heißt das, daß sich in diesem Kommen ein
Gericht vollzieht, und zwar, wenn man Jes 27, 1; 28, 2 berücksichtigt,
durch Bestrafung und Vernichtung feindlicher Mächte und durch
Wiederherstellung des „Restes"[168]. Der Arm Jahwes als Vollstrecker
des göttlichen Gerichtes wird in 51, 5(sek.).9; 59, 16; 63, 5 erwähnt,
lauter Stellen, die mit Ausnahme von 51, 9 nicht deuterojesajanisch
sind[169]. Der Arm Jahwes wird auch im Zusammenhang mit dem
Motiv des Auszugs und der Heimkehr erwähnt (vgl. 52, 10; 63, 12).
Nur noch einmal findet sich das Verb משל in unserem Komplex, und
zwar in 63, 19. Im AT wird das Verb sonst selten auf Gott bezogen[170].
Zusammen mit זרע ist es aber im ganzen AT nur hier belegt. „Stark

---

[166] Anders Bonnard (Le Second Isaïe, S. 84) und Penna (Isaia, S. 407f), die die
Anführungsstriche von v.9bγ bis zum ganzen v.11 setzen.
[167] Jes 27, 1 gehört zur sogenannten Jesaja-Apokalypse (Jes 24-27); Jes 28, 2 dürfte
aber als Teil von Jes 28, 1-4 ein echt jesajanisches Wort sein, vgl. Eißfeldt, Einleitung,
S. 423, Sellin-Fohrer, Einleitung, S. 400, 402-404.
[168] Zu beachten ist der Hinweis Elligers auf den Ausdruck ביך חזקה, der „die
unwiderstehliche Art bezeichnet, mit der Jahwe sein Volk aus Ägypten herausführt"
(vgl. Jesaja II, S. 37). Nach Elliger wandelt aber Deuterojesaja die Sprache ab: Jahwe
zeigt jetzt seine Kraft „als Hilfe für sein Volk aus der Not".
[169] Vgl. Elliger, Verhältnis, S. 199-204. 51, 9-10a stammt aber von Deuterojesaja,
vgl. ebd., S. 211.
[170] Vgl. etwa Ri 8, 23; Ps 59, 14; 66, 7; 89, 10; 1Chr 29, 12.

sein" und „herrschen" wird in Da 11, 5 auf Könige und Fürsten bezogen.

Während שכר noch einmal in 62, 11b in deutlichem Bezug zu 40, 10 vorkommt, ist פעלה außer in 62, 11b noch in 49, 4; 61, 8; 65, 7 belegt. Der Zusammenhang ist bei jeder Stelle anders. Beide Wörter finden sich zusammen in Jer 31, 16: „es west ein Lohn deinem Werk"[171]. Es ist aus unserem Text nicht ersichtlich, was unter den beiden Wörtern zu verstehen ist. Aus der Parallelstelle 62, 10-12, wie auch aus 52, 7-12, geht hervor, daß damit das befreite, von Jahwe geführte Volk gemeint ist. Von Beute zu sprechen, die den Unterdrückern abgenommen worden wäre, gibt der Text und der Zusammenhang keinen Anlaß[172]. Schilderte V. 10a Jahwe als Feldherrn, König und eschatologischen Richter, so stellt ihn V. 10b als den Arbeiter, der nach einem schweren Tagewerk seinen verdienten Sold nach Hause bringt[173]. Ob der Autor an Gen 30, 28.32f; 31, 8 gedacht hat, wo der Erwerb Jakobs an Schafen als שכר bezeichnet wird, kann man nicht mit Sicherheit sagen[174]. In dem Fall hätten wir das Bild der Herde angedeutet.

V. 11

Das Bild Jahwes als Hirte, der seine Herde weidet, ist innerhalb von Jes 40-66 einmalig. Es ist unsicher, ob dieses Bild dem Autor von 49, 9b-10 vorgeschwebt hat. Das Verb רעה kommt noch viermal vor, aber immer in verschiedenen Zusammenhängen. Abgesehen vom sekundären 44, 20[175], wird רעה in 49, 9 und 65, 25 intransitiv, in 61, 5 transitiv gebraucht, in keinem Fall wird es aber auf Jahwe bezogen. Das Substantiv רעה ist im sekundären 44, 28 und in 56, 11; 63, 11 belegt. Aber auch hier bezieht es sich nicht auf Jahwe. Das Bild Jahwes, der sein Volk weidet, begegnet in vorexilischer Zeit nur in

---

[171] So übersetzt Buber (Bücher der Kündung, S. 341). Rudolph (Jeremia, S. 178) und Weiser (Das Buch Jeremia, Kap. 25, 15-52, 34, S. 263) übersetzen: „Es gibt einen Lohn deiner Mühe". Jer 31, 16 dürfte echt jeremianisch sein, vgl. Eißfeldt, Einleitung, S. 487, Sellin-Fohrer, Einleitung, S. 434.

[172] So Duhm, Das Buch Jesaja, S. 264, Penna, Isaia, S. 408, und Ziegler, Isaias, S. 116. Dagegen sprach sich bereits Volz aus (vgl. Jesaja II, S. 6).

[173] So neuerdings Fohrer, Das Buch Jesaja, Bd. 3, S. 22f. Vgl. auch Elliger, Jesaja II, S. 37.

[174] Beachtenswert ist der Hinweis Elligers auf Jakobs Erwerb an Schafen und Ziegen (שכר): „Wahrscheinlich schwebt dem Propheten schon hier das Bild des Hirten, genauer: des Herdenbesitzers, vor und hängt seine Sprache wieder von alter Tradition ab" (vgl. Jesaja II, S. 37). Vgl. Bonnard, Le Second Isaïe, S. 92.

[175] Vgl. Elliger, Verhältnis, S. 239, 241.

Ho 4, 16; Ps 28, 9 und Ps 80, 2, in nachexilischer Zeit bei Mi 7, 14 und Ps 23, 1ff[176]. In exilischer Zeit ist Ez 34, 13-16 zu erwähnen. Einmalig innerhalb von Jes 40-66 ist auch der Gebrauch des Wortes עדר. Von Israel als einer Herde spricht Mi 2, 12, dann auch Jer 23, 3; 31, 10; Ez 34, 12; Sa 10, 3. Jer 13, 17 spricht ausdrücklich von der Herde Jahwes[177]. Die Pielform von קבץ wird von Deuterojesaja nur einmal in 43, 5 gebraucht, häufiger verwendet er die Niphalform im Sinne von „sich versammeln"[178]. Die Pielform wird aber innerhalb von Jes 54-55.56-66 wiederholt gebraucht[179]. Sonst begegnet das Motiv des Sammelns im Buche Jesaja noch im späteren Stück 11, 12 im Rahmen eines eschatologischen Heilswortes, im exilischen Text 13, 14 im Rahmen eines Gerichtswortes und im nachexilischen Text 34, 16. Das Motiv begegnet ferner in Mi 2, 12; 4, 6 (exilisch-nachexilisch); Jer 23, 3 (unecht); 29, 14; 31, 8.10; Ez 11, 17; 20, 34.41; 34, 13; 36, 24 und in den nachexilischen Psalmen 106, 47 und 107, 3. Einmalig im ganzen AT ist der Ausdruck „mit dem Arm sammeln".

Das Wort טלה kommt nochmals in 65, 25 in einem anderen Zusammenhang vor: „Wolf und Lamm werden einträchtig weiden". Auch das Wort חיק ist nur noch einmal in 65, 7 belegt. Im übertragenen Sinn kommt der Ausdruck „im Busen tragen" im vorexilischen Königspsalm 89, 51 vor. In Nu 11, 12 spricht Mose davon, daß er das Volk an seinem Busen trägt wie die Wärterin den Säugling trägt. Nur hier im Buche Jesaja ist ferner noch עלות, das Partizip Feminin Plural von עול, belegt. Das Verb נהל dagegen ist noch zweimal, in 49, 10; 51, 18, belegt; erstere Stelle geht mit Sicherheit auf Deuterojesaja zurück. Im gleichen Zusammenhang kommt das Verb in Ps 23, 2 vor. Ex 15, 13 spricht von Jahwe, der sein erlöstes Volk gnädig geleitet hat[180].

Es ist nicht leicht, den Verfasser von 40, 9-11 zu identifizieren. Richtet man sich nach dem sprachlichen Befund, so überwiegen Wörter und Ausdrücke, die sonst ausschließlich oder fast ausschließlich innerhalb von Jes 54-66 vorkommen. Es gibt aber auch Wörter, die sonst auch bei Deuterojesaja belegt sind. Der sprachliche Befund reicht

---

[176] Nach Sellin-Fohrer (Einleitung, S. 489, 491) ist Mi 7, 14 (vgl. auch Mi 5, 3) nachexilisch, vgl. auch Soggin, Introduzione, S. 365. Anderer Meinung ist Eißfeldt, Einleitung, S. 555f. Auch Jer 23, 3-8 ist nicht ursprünglich, vgl. Sellin-Fohrer, ebd., S. 438, vgl. aber auch Eißfeldt, ebd., S. 480.

[177] Jer 13, 17 und 31, 10 sind nach Sellin-Fohrer nicht ursprünglich, vgl. ebd., S. 438; vgl. aber Eißfeldt, ebd., S. 484, 487.

[178] Vgl. 43, 9; 45, 20a; 48, 14; 49, 18.

[179] Vgl. 54, 7; 56, 8; 66, 18; vgl. auch 62, 9 und die Niphalform in 56, 8; 60, 4.7.

[180] Vgl. dazu auch Ps 31, 4.

aber nicht aus, um 40, 9-11 ohne weiteres einem mit Jes 54-66 vertrauten Autor zuzuschreiben. Denn die Bilder, die hier gebraucht
werden, sind vielleicht auch Deuterojesaja eigen, siehe 49, 9f (Hirte),
49, 14 (Herr), 41, 21; 43, 15; 52, 7 (König) und eventuell auch 42, 13
(Kriegsmann). Dazu kommt die Tatsache, daß die Personifizierung
Sions in beiden Teilen vollzogen wird[181]. Anderseits begegnet bei
Deuterojesaja das Bild Sion als Freudenbotin nicht mehr. Für die
Herkunft von 40, 9-11 vom Autor des Abschnittes 40, 1-8 würde an
sich der enge gedankliche Zusammenhang mit 40, 3-5.6-8 sprechen.
Dem Weg Jahwes (V. 3) und dem Erscheinen der göttlichen Herrlich-
keit (V. 5) entspricht in V. 10 der sieghafte Rückzug Jahwes nach
Jerusalem. Der Aufforderung zum Verkündigen (V. 6) entspricht in
V. 9 die Angabe dessen, was verkündet werden soll: „siehe da euer
Gott!". Der Aufforderung, den Weg vorzubereiten (VV. 3-4) folgt in
VV. 10-11 die Schilderung des Rückzugs Jahwes. Auch der Chiasmus,
der durch die Disposition mancher Stichworte entsteht — „spricht
euer Gott" V. 1, „*Stimme* eines Rufenden" V. 3, „*Stimme* eines
Sprechenden" V. 6, „siehe da *euer* Gott" V. 9 — oder auch „euer
Gott" V. 1; „unser Gott" V. 3b; „unser Gott" V. 8b; „euer Gott"
V. 9b —, ist wahrscheinlich kein Zufall, sondern bewußte Komposi-
tion.

Obwohl das nicht unbedingt auf gleiche literarische Herkunft schließen läßt, denn es könnte wohl das Resultat zusammengesetzter vor-
gegebener Texte sein, ist in unserem Fall aufgrund der vielfältigen
terminologischen und inhaltlichen Beziehungen von 40, 9-11 zu Jes
49, 1-52, 12 die literarische Verfasserschaft des Stückes vom Redaktor,
der 49, 1-52, 12 zusammengesetzt und an 40, 12-48, 22 angehängt hat,
anzunehmen. Dazu kommt die einklammernde Funktion, die das
Stück mit 52, 7-12 teilt. Sie erklärt sich durch die Redaktionsarbeit
einer Hand, die den ganzen Komplex 40, 12-52, 12 vor sich hatte[182].

c) *Form- und Gattungskritik*

Der Text ist rhythmisch aufgebaut. Er besteht aus drei Strophen.
Verbindet man mit maqqef עֽל־הַר in V. 9aα, לְעָרֵי־יְהוּדָה in V. 9bβ,

---

[181] Vgl. 41, 27; 49, 14-21; 51, 17-23; 52, 1; 54, 1-14; 57, 7-13; 60; 62, 1-5.
[182] Morgenstern hält 40, 1-5.9-11 für nicht deuterojesajanisch. Er meint, daß dieser
Text ursprünglich eine Einheit mit Jes 52, 1-12 bildete und von einem späteren
Redaktor an die jetzige Stelle versetzt wurde, damit er als Einleitung zu 40-66 dient
(vgl. The Message of Deutero Isaiah in its Sequential Unfolding, S. 3 Anm. 6 und
S. 10 Anm. 22 (HUCA 29 1958).

אֲדֹנָי־יְהוִה und מְשְׁלָה־לוֹ in V. 10a, versteht man V. 9bα und V. 10aβ jeweils als dritten Stichus der ersten und der zweiten Strophe, so ergibt sich folgende Akzentverteilung:

V. 9aα	2+2
V. 9aβγ	3+2
V. 9bα	2
V. 9bβγ	2+2
V. 10aα	2+2
V. 10aβ	2
V. 10b	3+2
V. 11aαβ	3+2
V. 11aγb	3+2

Die erste Strophe enthält die Aufforderung zu verkündigen, die zweite erwähnt in der nachklingenden Aufforderung die Adressaten und enthält die mitzuteilende Botschaft. In ihr fängt mit V. 10 bereits die hymnische Partie an, die die dritte Strophe kennzeichnet. Bemerkenswert ist aber auch die rhythmische Einteilung, die Fohrer vorschlägt[183]. Er hält VV. 9bα.10aβ für sekundär und verteilt das Metrum auf sieben Verse, die je einen Rhythmus von 3+2 aufweisen. An sich könnte man literarkritisch die beiden genannten Verse für nicht ursprünglich erklären. Die Aufforderung „fürchte dich nicht" bezieht sich sehr wahrscheinlich auf die niedergedrückte Haltung und Gesinnung, die Jerusalem vorher in VV. 6b.7a an den Tag gelegt hat. Sie will diese Gesinnung noch einmal zu beseitigen versuchen, als ob der Hinweis auf die Macht des göttlichen Wortes nicht genügt hätte. Der Text gewinnt durch diese Hinzufügung an rhetorischer Eindringlichkeit, verliert aber dabei seinen rhythmischen, an sich schon gefüllten Fluß. Der Zusatz V. 10aβ will das unmittelbar Vorhergehende „als der Starke kommt er" näher deuten als ein Kommen zum Gericht nach einem sieghaften Kampf. Beide Zusätze, wenn man sie wirklich als solche betrachtet, dürften auf die Hand eines Späteren zurückgehen, der nichts zu tun hat mit den übrigen Redaktoren unseres Komplexes.

Überwiegt auf jeden Fall der Rhythmus 3+2, so schließt sich unser Stück an die Einheit 40, 1-5 an, die überwiegend den Rhythmus 3+2 aufweist, auch wenn nicht durchgehend. 40, 9-11 bewahrt aber unter formalem Gesichtspunkt eine eigene Prägung. So enden die ersten zwei Stiche der ersten Strophe mit der namentlichen Anrede, wobei

---

[183] Vgl. Das Buch Jesaja, Bd. 3, S. 21f.

die Bezeichnung מבשרת wiederholt wird. In der mittleren Strophe
begegnen die Bezeichnungen „euer Gott" und „mein Herr, Jahwe",
die je durch ihr eigenes Personalsuffix aufeinander bezogen zu sein
scheinen. In der letzten Strophe fällt schließlich das mehrfache Vorkommen des Personalsuffixes der dritten Person Singular auf, womit
der Bezug auf Jahwe hervorgehoben wird.

Wir stellen nun die Frage nach der Gattung dieses Textes. Einige
Beobachtungen helfen uns dabei. Der Sprechende von V. 6a setzt seine
Anrede in der zweiten Person Singular fort und teilt Sion mit, was sie
zu verkünden hat. In V. 9 haben wir mit einer Heroldsinstruktion zu
tun[184]: der Prophet fordert Sion auf, den Städten Judas zu sagen,
daß Gott da ist. Der Prophet ist der Absender, die Städte Judas sind
der Empfänger, Sion die Botin. Das Verb der Aufforderung ist das
charakteristische אמר in der Anrede. Der eigentliche Botenspruch liegt
in V. 9bβγ vor, V. 9abα gehört zur Ausgestaltung als einleitende Aufforderung. Subjekt des zu verkündigenden Satzes ist nicht wie etwa
in Jes 48, 20b יהוה, sondern אלהיכם. Es handelt sich um einen Nominalsatz; die Sätze des folgenden beschreibenden Teils sind alle im
Imperfekt formuliert. Das spricht dafür, daß VV. 10-11 nicht zur
eigentlichen Botschaft im Rahmen der Heroldsinstruktion gehören,
sondern zu ihrer hymnischen Ausgestaltung. Es ist die gleiche formale
Struktur wie in 48, 20-21, in dem V. 21 ebenfalls zur hymnischen Ausgestaltung der Heroldsinstruktion V. 20 gehört.

VV. 10-11 dürften gattungsmäßig zu den Hymnen gerechnet werden.
Die Jahwehymnen des Psalters weisen neben der einleitenden Aufforderung zum Lobpreis einen Teil auf, in dem Jahwes Eigenschaften
oder Heilstaten in der Schöpfung bzw. in der Geschichte nach Art
einer Schilderung aufgezählt werden[185]. Dieses Element des Hymnus
liegt in VV. 10-11 vor. Der Prophet bringt Sion die Botschaft, daß
Gott da ist, und schildert ihr ausführlich, wie Gott bei seinem Kommen aussieht als der Starke, der König und Kriegsheld, als der Erwerber
reichen Lohns, als der besorgte gütige Hirte. Eine direkte Aufforderung zum Lobpreis, wie sie in den übrigen Lobliedern unseres Komplexes 42, 10-13; 44, 23; 45, 8; 48, 20; 49, 13; 52, 9-10 vorhanden ist,
fehlt. Darin unterscheidet sich 40, 9-11 von den sogenannten eschatologischen Lobliedern[186], da es eben diese Aufforderung zum Lob-

---

[184] Vgl. Crüsemann, Studien zur Formgeschichte von Hymnus und Danklied in
Israel, S. 53f. Im Anschluß an Begrich hält Elliger 40, 9-11 für die „Instruktion eines
Siegesboten" (vgl. Elliger, Jesaja II, S. 33).

[185] Vgl. Kraus, Die Psalmen I, S. XLI-XLIII.

[186] Vgl. Westermann, Sprache und Struktur, S. 157-163.

preis entbehrt. Sion wird nur zum Verkündigen aufgefordert. Es gibt
auch keinen berichtenden Teil, der perfektisch formuliert wäre, also
keinen Lobpreis aufgrund bereits geschehener Heilstat. Die Botschaft
betrifft vielmehr etwas, das jetzt anbricht und noch nicht vollendet ist.
Es ist also nicht angebracht, unseren Text für ein eschatologisches
Loblied zu halten[187]. Der Text hat wohl eschatologischen Charakter,
denn es handelt sich um das Kommen Gottes zur Wiederherstellung
des Heilszustandes; er ist aber nicht als ein Loblied zu bezeichnen.

d) *Exegese*

Die Einheit 40, 9-11 spricht ganz deutlich aus, was in den vorhergehenden Einheiten mehr oder weniger verhüllt gesagt worden war.
Die Selbstoffenbarung Jahwes ereignet sich im konkreten Rückzug der
Exilierten unter der liebevollen göttlichen Führung. In diesem Ereignis
zeigt sich und bewährt sich gleichzeitig die Macht von Jahwes Wort;
da offenbart sich, was Jahwes Zuwendung zu seinem Volk, die nie
nachläßt, tatkräftig vermag. Daß Israel das durch das Wort des
Propheten und durch das Geschehen selber erfährt, ist der große Trost,
den Jahwe Jerusalem und dem Volk schenkt.

Theologisch bedeutend ist im Prolog die Auffassung, daß die Selbstoffenbarung der göttlichen Herrlichkeit keine visionäre und überirdische, sondern eine geschichtliche, im konkreten menschlichen Geschehen inkarnierte ist, daß ferner die schöpferische Macht des von
Gott einmal gegebenen und nicht zurückgenommenen Wortes der
Treue an Israel in der Bestimmung und Führung geschichtlicher Ereignisse sich zeigt und bewährt.

Die an Jerusalem gerichtete Aufforderung, den bereits kommenden
Jahwe den Städten Judas anzukündigen, bedeutet nach Ansicht der
Redaktoren von 40, 1-8, daß die Wächter, die in VV. 3-5 angesprochen
worden sind, sofort der Aufforderung den Weg Jahwes zu bahnen,
Folge geleistet haben. Nachdem der Weg bereitet ist, kann Jerusalem
die Ankunft Jahwes mit den Exilierten öffentlich proklamieren. Jerusalem wird dabei als Freudenbotin angeredet. Sie verkündigt Jahwe nicht
nur als den richtenden und besiegenden Gott, sondern zugleich als
den Gott seines Volkes, der nun in aller Güte und Fürsorge sein Volk
und jeden einzelnen in ihm leitet, zusammenhält, ernährt und trägt.
Israel darf nun Jahwe als den liebenden und rettenden erfahren und
preisen.

---

[187] Vgl. Westermann, ebd., S. 166.

KAPITEL II

JES 40, 12-31

Einleitung zu Jes 41, 1-48, 22

1) 40, 12-17

V. 12   Wer kann mit seiner hohlen Hand die Wasser messen
und die Himmel mit der Handspanne abgreifen
und mit dem Dreimaß den Staub der Erde fassen
und mit dem Schwebebalken die Berge wiegen
und die Hügel mit den Waagschalen?

V. 13   Wer kann den Geist Jahwes umgreifen,
ja (wer ist) der Mann, dem er seinen Ratschluß kundgäbe?

V. 14   Mit wem berät er sich, daß der ihn belehrt,
daß der ihn über den Pfad des Rechten unterweist,
daß der ihn Einsicht lernen läßt
und den Weg der Erkenntnis ihm kundgibt?

V. 15   Völker da : wie ein Tropfen vom Schöpffaß!
Ja wie ein Staubkorn auf Waagschalen gelten sie!
Inseln da : wie Flocken wiegt er sie!

V. 16   Und der Libanon : wo (ist) Reichendes zum Anzünden?
Und sein Wild : wo Reichendes zum Opfer?

V. 17   Alle Völker : wo (können sie bestehen) vor Ihm?
Als vom Unding und Irrsal gelten sie Ihm.

a) *Zur Einteilung und zur Übersetzung*

Vorliegender Text hebt sich formal vom Kontext durch das ansetzende und wiederholte Fragepronomen מי (VV. 12.13.14) ab. Die wiederholte rhetorische Partikel הן kennzeichnet im Text einen neuen Ansatz (VV. 15a.15b); der Begriff (ה)גוים schließt diesen Teil (VV. 15-17) ein. Gegenüber dem Vorhergehenden stellt man in V. 12 einen Wechsel des Subjektes fest : nicht mehr Jahwe, sondern ein nicht näher umrissenes מי; in V. 18 anderseits beginnt mit der Anrede in der zweiten Person Plural ein neuer Absatz (vgl. auch V. 21). In VV. 19-20 sind die Subjekte nicht allgemein, sondern werden genau spezifiziert. Unter inhaltlichem Gesichtspunkt besteht schließlich mit dem Kontext ein Bruch : es ist von der Ankunft und der Führung Jahwes nicht mehr die Rede (VV. 9-11), man spricht auch nicht davon, wie man Götzen macht (VV. 18-20), sondern des Menschen Unvermögen und Jahwes Allmacht stehen hier gegenüber.

V. 12

Während der Sinn von מדד eindeutig ist — messen —, lassen sich die zwei anderen Verben von V. 12a sinngemäß nicht klar umreißen. Da aber die Septuaginta nur das Verb מדד übersetzt — ἐμέτρησεν — und die zwei anderen wegläßt, ist zu vermuten, daß diese — תכן und כול — wohl den gleichen Sinn von „messen" haben, sich aber auf verschiedene Maßarten beziehen, und zwar תכן auf die Länge (Septuaginta : σπιθαμή) und כול auf das Volumen (Septuaginta : δράξ) [1]. שקל in V. 12b bezieht sich eindeutig auf das Gewicht und bedeutet „wiegen".

Es ist die Frage, wer in V. 12 gemeint ist. Da der Kontext VV. 13-14 vom Menschen und V. 15 so wie auch V. 17 von den Völkern sprechen — sie werden alle in ihrer Nichtigkeit der unendlichen Weisheit und Allmacht Jahwes gegenübergestellt —, legt sich die Vermutung nahe, die Frage von V. 12 mit einem „kein Mensch" zu beantworten [2]. Das erlaubt, die Perfekta dieses Verses, sich auf eine grundsätzliche, unüberholbare Situation des Menschen beziehend, zu verstehen und sentenzenhaft mit dem modalen „Können" [3] wiederzugeben bzw. mit dem Präsens.

Dem Inhalt des Textes entsprechend, der von der Handlung des Messens redet, wofür ein Werkzeug nötig ist, wurde die Präposition ב instrumental aufgefaßt. Was die Bedeutung von שעל und von שלש angeht, so hat Couroyer anhand eines ägyptischen Textes aus el-Amarna gezeigt, daß ersteres dem ägyptischen dꝫt = Handvoll-Spenden, letzteres dem ägyptischen ipt = Hausmaß (das Drittel eines bestimmten Hohlmaßes) entspricht, das eine sich auf das Gewicht, das andere auf das Volumen bezieht [4]. Undeutlich ist der Sinn von פלס. Es handelt sich vermutlich um eine andere Art von Waage (oder um den Zeiger der Waage?) als die in V. 12bβ erwähnte.

---

[1] Vgl. Couroyer, Isaïe XL, 12, RB 73 1966, S. 194. Nach Elliger hat das Verb כול die Bedeutung „ein Quantum durch Messen erfassen" oder „ein Ganzes einschließen" (Jesaja II, S. 48).

[2] So neuerdings auch Elliger, Jesaja II, S. 47; vgl. sonst Bonnard, Le Second Isaïe, S. 98, McKenzie, Second Isaiah, S. 23, und Westermann, Das Buch Jesaja, S. 44; vgl. von den früheren Auslegern Budde, Das Buch Jesaja, S. 658, Fischer, Das Buch Isaias, II Teil, S. 35, und Volz, Jesaja II, S. 9.

[3] So auch Marti, Das Buch Jesaja, S. 273.

[4] Vgl. Isaïe XL, 12, S. 190-192.

V. 13

Das Verb תכן wird in V. 13a auf den Geist Jahwes bezogen: es vermittelt damit ein Bild dieses Geistes als einer Größe, die sich in Länge, Tiefe und Breite ausdehnt[5]. Das Verb יודיענו in V. 13b regiert als Objekt das Personalsuffix נו; da solche pronominale Suffixe sich auf das unmittelbare Subjekt am Satzkopf beziehen[6], in diesem Fall also auf איש, so ist dieses איש logisch als Objekt des Verbs zu verstehen, das Subjekt wäre dann Jahwe, der in V. 13a erwähnt wird. Uneins sind die Gelehrten bei der Übersetzung von V. 13b[7]. Zu beachten ist aber, daß im Text nicht allgemein איש עצה, sondern genauer איש עצתו steht. Das ändert viel. Da müßten wir übersetzen: welcher Mann seines Rates, d.h. welcher von seinen Ratgebern ..., wobei gesagt würde, daß Jahwe bereits Ratgeber hat. Aber gerade das verneint der folgende V. 14, während der gesamte Text die Souveränität Jahwes betont. Hinzu kommt, daß mit unserer Übersetzung ein Subjektwechsel zwischen V. 13a und V. 13b entsteht, hier Jahwe, dort der andere. Das entspricht dem Stil des folgenden V. 14: dem ansetzenden Subjekt Jahwe (נועץ) folgt gleich viermal das andere Subjekt.

V. 14

Das Waw vor dem Imperfekt in VV. 14a.14bα wurde in konsekutivem Sinn übersetzt; es ist aber dabei zu beachten, daß der Laut u (ו) die Ferne bezeichnet[8], er weist hier auf „jenen" hin, mit dem sich Jahwe beraten hätte; das Personalsuffix von יבינהו bezieht sich also auf Jahwe, auf das Subjekt von נועץ. In VV. 16.17a wurde die Partikel אין bzw. כאין ihrer ursprünglichen Bedeutung nach als Fragepartikel

---

[5] Elliger betont: „תכן ist auch hier ‚bestimmen' ...im Sinne von ‚ermessen', aber, da es sich um Jahwes ‚Geist' handelt, hier natürlich im übertragenen Sinne" (Jesaja II, S. 50). Vgl. auch Driver, Hebrew Notes, VT 1 1951, S. 242f; Ḳaddari, The root TKN in the Qumran texts, RQ 5 1965, S. 219-224 (TKN = fixing with measure).

[6] Vgl. Grether, Hebräische Grammatik, S. 234 §96f, vgl. auch S. 198 §73p.

[7] Jahwe als Subjekt von יודיענו verstehen Buber (Bücher der Kündung, S. 126), Elliger (Jesaja II, S. 40f, 52) und Knight (Deutero-Isaiah, S. 34). Anders Auvray Steinmann (Isaïe, S. 153), Budde (Das Buch Jesaja, S. 658), Feldmann (Das Buch Isaias, S. 33), Fischer (Das Buch Isaias, II Teil, S. 35), Fohrer (Das Buch Jesaja, Bd. 3, S. 23), Duhm (Das Buch Jesaja, S. 267), Kissane (The Book of Isaiah, Vol. II, S. 11), Marti (Das Buch Jesaja, S. 273f), McKenzie (Second Isaiah, S. 20), Muilenburg (The Book of Isaiah Chapters 40-66, S. 436), Penna (Isaia, S. 408), Steinmann (Le Livre de la consolation d'Israël) S. 93), Volz (Jesaja II, S. 7), Westermann (Das Buch Jesaja, S. 41), Whybray (The Heavenly Counsellor, S. 18, 27f) und Ziegler (Isaias, S. 117).

[8] Vgl. Christian, Untersuchungen, S. 184.

wiedergegeben, die als rhetorische Frage eine negative Antwort erwartet. So fügen sich diese letzten Sätze stilistisch den vorhergehenden
gut ein und erhalten dadurch auch stärkere Aussagekraft.

b) *Literarkritik*

V. 12

Das Verb מדד wurde nicht nur in bezug auf Länge und Breite gebraucht[9], sondern auch in bezug auf Quantität und Volumen[10]. Im
letzteren Sinn wird es vermutlich auch in Jes 65, 7 verwendet. An
unserer Stelle bezieht es sich auf das Messen des Meeres. Das Vorkommen des Begriffs שעל bestätigt das; denn er bezeichnete die geringste Quantitätsmasse, wie sich in 1Kön 20, 10 und Ez 13, 19 zeigt.
Die rhetorische Frage besagt im ganzen: das Meer ist unendlich groß,
niemand kann es mit seiner Hand schnell schöpfen und messen.
Niemand kann sich also mit Jahwe messen. Der Begriff זרת diente
seinerseits zur Messung der Länge, Breite und Höhe[11]. Es scheint
also angebracht, unter תכן das Messen von Länge, Breite und Höhe[12]
und nicht das Festnageln oder Festkleben von Dingen zu verstehen[13].
In Hi 28, 25b liegen beide Wurzeln vor: „der die Wasser maß (תכן)
mit dem Meßstock (מדה aus מדד). Es sind die Länge, die Breite und
die Tiefe des Meeres gemeint.
Das Verb כול in der Qalform ist im AT nur in Jes 40, 12 belegt.
In der Hiphilform ist es mehrmals belegt und hat den Sinn von
„fassen", „quantitätsmäßig aufnehmen"[14]. Das Wort שלש kommt
im AT nur in Ps 80, 6 wieder vor[15]. Der Staub der Erde soll in
unserem Text an eine unzählige Menge erinnern, so wie etwa in Gen
13, 16; 28, 14; 2Chr 1, 9. An den Stellen unseres Komplexes, wo der
„Staub" erwähnt wird[16], kommt der Ausdruck in diesem Sinn nicht
mehr vor. Die Aussage wäre: der Staub der Erde ist unzählig viel,

---

[9] Vgl. Nu 35, 5; Dt 21, 2; Ez 40-47; Sa 2, 6; vgl. noch מדה in Jes 45, 14.

[10] Vgl. Ex 16, 18; Ruth 3, 15.

[11] Vgl. Ex 28, 16; 39, 9; 1Sam 17, 4; Ez 43, 13.

[12] Vgl. 2Kön 12, 12; Spr 16, 2; 21, 2; 24, 12; 1Sam 2, 3; Ez 18, 25.29; 33, 17-20;
Ps 75, 4.

[13] So Driver, Hebrew Notes, VT 1 1951, S. 243. Vgl. Elliger, Jesaja II, S. 48 Anm. 1.

[14] Zu vergleichen sind besonders 1Kön 7, 26.38; 8, 64; Ez 23, 32 und auch Am
7, 10; Jl 2, 11, wo das Verb im übertragenen Sinn gebraucht wird.

[15] Vgl. die Ausführungen Elligers (Jesaja II, S. 48f) und seine Kritik an der Deutung
Rignells (vgl. A Study of Isaiah Ch. 40-55, S. 15).

[16] Vgl. 41, 2; 47, 1; 49, 23; 52, 2; 65, 25.

niemand kann ihn mit dem Dreiling[17] fassen und messen. Niemand kann sich mit Jahwe messen. Noch einmal ist das Verb שקל im unechten 46, 6 innerhalb von Jes 40-48 belegt, sonst nur in 55, 2. In Jes 55, 2; Jer 32, 9f und Sa 11, 12 wird es auf das Geld bezogen, das man abgeben soll, um etwas zu kaufen; in Hi 6, 2; 31, 6 wird es im übertragenen Sinn auf den Unmut oder die Unschuld bezogen.

Die Begriffe פלס (Zeiger der Waage?) und מאזנים (die beiden Schalen einer Waage) kommen nur in Spr 16, 11 wieder zusammen vor; פלס im ganzen AT sonst nur in Spr 16, 11.

V. 13

Innerhalb von Jes 40-48 begegnet רוח in theologischem Bezug sonst in 42, 1b und 44, 3b (vgl. Jes 61, 1)[18]. עצה ist ein Wort, das innerhalb von Jes 40-48 sonst in 44, 26 (sek.); 46, 10f vorkommt[19]. In Jes 5, 19 begegnet der Ausdruck „der Ratschluß des Heiligen Israels"[20]. Die Hiphilform von ידע ist noch in 40, 14; 47, 13; 64, 1 belegt, ist also nicht charakteristisch für den Komplex Jes 40-66, noch weniger für Jes 40-48, wo anderseits die Qalform des Verbs oft gebraucht wird.

V. 14

Die Niphalform von יעץ ist noch einmal in 45, 21 zu finden; das

---

[17] So übersetzen das Wort שליש Buber (Bücher der Kündung, S. 126), Duhm (Das Buch Jesaja, S. 267), Elliger (Jesaja II, S. 40) und Volz (Jesaja II, S. 6).

[18] Bei der Besprechung des Vergleichsmaterials kommt Whybray nicht auf diese Stellen zu sprechen (vgl. The Heavenly Counsellor in Isaiah XL 13-14, S. 10-13). Er meint über den Sinn dieses Begriffs: „רוח here refers to the ,mind' of Yahweh, including both his purpose and his practical intelligence and ability" (ebd., S. 10). Elliger führt aber aus: „Der ,Geist' ist vielmehr..., was die Person Jahwes zur Person macht...; gemeint ist, was eben die Persönlichkeit ausmacht nach ihrem Planen und Handeln" (Jesaja II, S. 50).

[19] In 47, 13 kommt עצה auch vor. Kap. 47 ist nach den Ergebnissen der vorliegenden Arbeit nicht deuterojesajanisch; es wird von Elliger Tritojesaja zugeschrieben (vgl. Verhältnis, S. 116).

[20] Vgl. noch Jes 14, 26 und das unechte Jes 19, 17. Was den Gebrauch von עצה angeht, so betont Elliger mit Recht: „Subjekt der עצה im eigentlichen Sinne ist immer nur Jahwe...Auch עצה allein ist bei Dtjes immer Jahwes Beschluß, sowohl 46, 10... als auch 44, 26..." (Jesaja II, S. 52). Elliger verweist auf Köhler, der übersetzt: "Und wer ist der, der seinen Plan erfährt?" (vgl. Deuterojesaja stilkritisch untersucht, S. 7). Zu beachten ist aber die Bemerkung Elligers ebd., S. 52 Anm. 1. Zu עצה meint Whybray: „עצה is... the technical term for the professional advice given to the king" (The Heavenly Counsellor in Isaiah xl 13-14, S. 27). Er versteht איש עצתו als eine Einheit und nach der Besprechung des Vergleichsmaterials kommt er zum Schluß: „Thus in spite of the infrequency of the expression it is probable that in Isa. xl 14 it denotes a professional royal counsellor, and is similar or identical in meaning to the more frequent יועץ" (ebd., S. 28).

Verb wird sonst in der Qalform in 41, 28a gebraucht. Im Sinne von „belehren" kommt die Hiphilform von בין innerhalb von Jes 40-66 nur hier vor, im Sinne von „verstehen", „unterscheiden" aber in 40, 21; 56, 11 und 57, 1. Die Qalform ist in 43, 10b; 44, 18 (beide unecht) belegt. Die Pielform von למד findet sich noch einmal in 48, 17. Noch einmal kehrt das Wort ארח in 41, 3 wieder, wo es im physischen Sinn gebraucht wird. Zusammen mit משפט, aber als Plural, findet es sich in Jes 26, 8, wo es moralischen Sinn hat (vgl. Spr 2, 8; 17, 23). In übertragenem, moralischem Sinn ist in Jes 2, 3; 3, 12; Mi 4, 2 vom Weg die Rede, auf dem man wandeln soll. Jahwe belehren im Wege des Rechten würde heißen, ihm beibringen, wie er sich verhalten soll, damit er gut wandelt. Elliger sagt: „der Pfad ist die Art und Weise, in der sich der göttliche Wille in der von ihm regierten Welt durchsetzt und zu seinem Ziele kommt"[21].

Das Wort דעת findet sich wieder in den nichtdeuterojesajanischen Texten 44, 19; 44, 25; 47, 10; 53, 11; 58, 2. An letzterer Stelle ist von der „Erkenntnis der Wege" Gottes die Rede, was die Erkenntnis der Gerechtigkeit meint, siehe 58, 2b (משפט-צדק). Das wäre der Sinn unserer Stelle. Die rhetorische Frage will indirekt sagen: niemand kann Jahwe die Satzungen der Gerechtigkeit beibringen, da er selber die Quelle der Gerechtigkeit ist. Inhaltlich gesehen sagt V. 14bα dasselbe wie V. 14bβ.

Einmalig im ganzen AT ist der Ausdruck דרך תבונות. Das Wort תבונה, das hier als ein Amplifikativplural oder Abstraktplural auftritt[22], kommt nochmals in 40, 28 und im unechten 44, 19 vor. Jer 10, 12 sagt, daß Jahwe die Himmel durch seine Erkenntnis ausgespannt habe. Wenn dieser Gedanke, der auch Jes 40, 28 eigen ist, berücksichtigt werden soll, würde das bedeuten, daß niemand Jahwe bei seinem Schöpfungswerk Hinweise gegeben und Richtungslinien gezeigt hat. Die Erkenntnis sei eben in ihrer Überlegenheit unausforschlich (vgl. 40, 28). תבונה begegnet als typischer Ausdruck der Weisheitsdichtung in Ps 49, 7; 78, 22; Hi 32, 11; Spr 11, 12; 28, 16.

V. 15

Nur in Jes 40, 15 im ganzen AT kommt das Wort מר vor. דלי findet sich noch einmal in Nu 24, 7. Im Sinne von „Staubkorn" ist שחק im

---

[21] Vgl. Jesaja II, S. 54; vgl. noch Duhm, Das Buch Jesaja, S. 268, Marti, Das Buch Jesaja, S. 274, und Rignell, A Study of Isaiah Ch. 40-55, S. 16. Nach Heranziehung des Vergleichsmaterials kommt Whybray zur gleichen Deutung (vgl. ebd., S. 16-18).

[22] Vgl. Duhm, Das Buch Jesaja, S. 268, und Elliger, Jesaja II, S. 54.

AT nur hier belegt. Die Niphalform von חשׁב findet sich wieder in
40, 17, im Buche Jesaja ist sie sonst in 2, 22; 5, 28; 29, 16f; 32, 15
belegt, in der Qalform in 13, 17; 33, 8; 53, 3f. Innerhalb von Jes 40-48
begegnet die Partikel הן nicht oft[23].

Das Wort אי kommt innerhalb von Jes 40-48 recht häufig vor, und
zwar immer im Plural[24]. Die Inseln werden meistens personifiziert[25].
In 41, 1; 49, 1 treten sie neben den Völkern auf. Ps 97, 1; Jer 31, 10;
Ze 2, 11 personifizieren die Inseln auch, nicht aber Proto-Jesaja[26]. Das
Wort דק findet sich im Buche Jesaja sonst nur in 29, 5; im Sinne von
„wiegen" kommt נטל im AT nur hier vor.

V. 16

Die Pielform von בער ist noch an den unechten Stellen 44, 15;
50, 11 belegt. חיה ist nochmals in 43, 20a (unecht)[27] und 46, 1 zu
finden, außerdem in 56, 9. Die Präposition נגד begenet sonst im unechten 47, 14 und in 49, 16. Nur noch einmal kommt עלה vor, und
zwar in 43, 23 (unecht)[28]. Hier beklagt sich Jahwe, Israel habe ihm die
Schafe seiner Brandopfer nicht dargebracht. Daß der Libanon nicht
genügend Tiere zum Opfer hat, bedeutet: Jahwes Erhabenheit ist zu
groß, als daß man sie in gebührender Weise durch Opfer verehren
kann. Viele Ausleger betrachten V. 16 als sekundär. Aber warum soll
man ihn als sekundär ansehen, da er doch einen neuen Gedanken
hineinfügt, während V. 17 an sich inhaltlich zu V. 15 nichts Neues sagt,
sondern das Gleiche mit schärferen, aber doch abstrakten Wörtern
ausspricht? Es ist also eher anzunehmen, daß V. 17 wegen seiner
abstrakten, nicht mehr bildhaften Sprache aus einer nachträglichen
Reflexion über VV. 12-16 stammt[29].
In 60, 13 trägt לבנון den Artikel.

---

[23] Vgl. 41, 11.24.29; 42, 1; 44, 11; 49, 16.21; 50, 1f.9.11; sonst 54, 15f; 55, 4f.

[24] Vgl. 41, 1.5; 42, 4.10.12.15; 49, 1; 51, 5; 59, 18; 60, 9; 66, 19.

[25] Vgl. 41, 1.5; 42, 4; 49, 1; 51, 5; 66, 19.

[26] Vgl. 11, 11; 20, 6; 23, 2.6; 24, 15.

[27] Siehe die vorliegende Arbeit zur Stelle, S. 334f.

[28] Siehe die vorliegende Arbeit zur Stelle, S. 350.

[29] Zu v.16 meint Westermann: „Es ist möglich, daß v.16 ein nachträglicher Zusatz
ist, weil er zwischen V. 15 und 17 nicht genau hineinpaßt, nötig ist das nicht, die über-
schwengliche Metapher paßt gut zum Stil Deuterojesajas" (Das Buch Jesaja, S. 45).
Für die Unechtheit von v. 16 sprechen sich aus sonst auch Fohrer (Das Buch Jesaja,
Bd. 3, S. 25 Anm. 12), Muilenburg (The Book of Isaiah Chapters 40-66, S. 438),
North (The Second Isaiah, S. 84), Schoors (I am God your Saviour, S. 252) und Volz
(Jesaja II, S. 10). Auch Elliger hält v.16 für einen späteren Zusatz (vgl. Jesaja II,
S. 43f). Es sind formale, inhaltliche Gründe, die Elliger zu dieser Annahme führen,

V. 17

Der Ausdruck „alle Völker" findet sich wieder außer in 40, 17 in 43, 9; 52, 10, dazu noch in 61, 11; 66, 18.20.

Ein innerhalb von Jes 40-48 oft vorkommendes Wort ist אפס. Es wird in der Singularform und, mit Ausnahme von 41, 12, immer theologisch gebraucht und auf die Götter bezogen oder als Nichts Jahwe gegenübergestellt [30]. Auch das Wort תהו ist mehrfach belegt. In 41, 29 und 44, 9 (unecht) wird es auf die Götzenbilder bezogen. Im Unterschied zu V. 15aα formuliert hier der Autor ganz betont „all die Völker". Der ganze Satz will die vorhergehenden Gedanken zusammenfassen und zum Abschluß bringen.

Der Text will im ganzen Folgendes aussagen: niemand besitzt die Dinge, so daß er über sie verfügen kann; niemand kann über den Geist Jahwes verfügen und sein Vertrauter sein; niemand kann das Verhalten Jahwes bestimmen, indem er ihm das Recht beibringt und ihm bei seinem Schöpfungswerk Hinweise und Kenntnisse mitteilt. Die Völker mit ihren Göttern und Götzen zählen nichts bei ihm und haben kein Gewicht; ja das Allergrößte reicht nicht aus, um ihm die gebührende Ehre zu erweisen; da Völker und Götzen vom Nichts herkommen, können sie vor ihm nicht bestehen. Das Ganze läßt sich auch in einem einzigen Satz sagen: der Mensch kann die absolute Freiheit und Erhabenheit Gottes weder umgreifen noch an ihren Werken abmessen noch durch andere Mächte ersetzen. Die Entscheidung darüber, ob der Text vom Verfasser des Grundstockes von Jes 40-48, also von Deuterojesaja, stammt oder nicht, hängt davon ab, ob die herausgestellte Aussage des Textes als ein für diesen Propheten charakteristischer Gedanke nachgewiesen werden kann. Denn der sprachliche Befund reicht an sich nicht, um seine Verfasserschaft sicher festzustellen. Viele Wörter kommen nur hier vor, wenige andere finden sich innerhalb von Jes 49-66 [31], wieder andere sind im AT überhaupt nicht weiter belegt. Am häufigsten kommen die Wörter „Inseln", „Unding" und „Israel" wieder vor.

---

insofern v.16 in das von ihm erarbeitete Strophenschema nicht hineinpaßt. Über die Aussage von v.16 äußert er: „Die Beischrift...will ganz allgemein die Größe Gottes feiern..." (ebd., S. 57). Über v.16 bemerkt aber Bonnard: „...à première vue, s'intègre assez mal à son contexte, mais... se comprend bien si l'on remarque que le prophète-poète, après avoir nommé mer, ciel et terre, passe à la flore et à la faune" (Le Second Isaïe, S. 99 Anm. 1).

[30] Vgl. 41, 29; 45, 6.14; 46, 9.

[31] „Messen" in 65, 7; „wissen lassen" in 47, 13; 64, 1; „gelten" in 53, 3f.

Es ist kein Zweifel, daß die hier vorkommenden Gedanken den Komplex 40, 12-52, 12 kennzeichnen. Deuterojesaja kommt immer wieder auf Gottes Erhabenheit und Macht zu sprechen, die unendlich überlegen sind und sich mit nichts vergleichen lassen[32]. Das bedeutet aber nicht unbedingt, daß 40, 12-17 von ihm stammt. Will man die Einmaligkeit der Sprache und der Form unseres Textes, seinen kunstvollen, aber doch zu schematischen, statischen Aufbau, ferner seinen weisheitlichen Ton erklären, so kann man zunächst annehmen, daß der Prophet in 40, 12-16 einen ihm vorgegebenen Text übernommen hat, der inhaltlich seinem Anliegen entsprach. Er hat diesen Text an den Anfang seiner eigenen Ausführungen gesetzt, weil er seine Aussage als entscheidend für die eigene Botschaft ansah. Freilich ist eines zu bedenken. Da Deuterojesaja sonst keinen weisheitlichen Stil aufweist noch weisheitliche Texte aufnimmt, ist eher anzunehmen, daß 40, 12-16 seine Aufnahme ins deuterojesajanische Werk einem späteren Redaktor und Ordner der deuterojesajanischen Texte verdankt. Aus der Hand des Propheten selbst bzw. dieses Redaktors dürfte aber V. 17 stammen. Abgesehen davon, daß dieser Vers Worte enthält, die Deuterojesaja sonst gern gebraucht und denen er einige Bedeutung zumißt, weist die verallgemeinernde und zusammenfassende Formulierung des Satzes diesen Vers nicht nur als redaktionellen Abschluß zu 40, 12-16, sondern auch als ein redaktionelles Bindeglied zum folgenden deuterojesajanischen Text 40, 21ff aus[33].

c) *Form- und Gattungskritik*

Betrachten wir V. 17 als redaktionell von Deuterojesaja bzw. einem Redaktor als Abschluß des vorhergehenden Textes geschrieben, so bleiben als geschlossene Einheit VV. 12-16 übrig. Der Aufbau des

---

[32] Vgl. 40, 28; 41, 28f; 43, 10; 44, 6.8; 45, 5-6a.21; 46. 5.9; 48, 12f.

[33] Diese Lösung von v.17 als Zwischenglied zu vv. 12-16 und vv.21-26 unterscheidet sich also in gewissem Sinn sowohl von jenen Auslegern, die v.17 an vv.12-15 (16) anschließen, wie Begrich (Studien, S. 5, 42), Elliger (Verhältnis, S. 225; Jesaja II, S. 43f), Fischer (Das Buch Isaias, II Teil, S. 35f), Fohrer (Das Buch Jesaja, Bd. 3, S. 23f), Melugin (Deutero-Isaiah and Form Criticism, VT 21 1971, S. 329, 333), Muilenburg (The Book of Isaiah Chapters 40-66, S. 438), Schoors (I am God your Saviour, S. 247-252), Volz (Jesaja II, S. 7) und Westermann (Das Buch Jesaja, S. 42-47), als auch von denen, die v.17 mit dem folgenden Text verbinden, wie Duhm (Das Buch Jesaja, S. 269), Feldmann (Das Buch Isaias, S. 35), Köhler (Deuterojesaja stilkritisch untersucht, S. 7f) Marti (Das Buch Jesaja, S. 274) und Rignell (A Study of Isaiah Ch. 40-55, S. 17). Kissane bietet eine eigene Lösung, indem er v.17 nach v.24 setzt (The Book of Isaiah, Vol. II, S. 12, 15).

Textes ist klar: es sind drei, auf die Verse 12, 13-14, 15-16 verteilten Strophen. Sie setzen an jeweils in VV. 12 und 13 mit dem Fragepronomen מי und in V. 15 mit der exklamativ-deiktischen Partikel הן. Das Pronomen מי und die Partikel הן werden in der zweiten und in der dritten Strophe jeweils im zweiten Stichus wiederholt (V. 14aα; V. V. 15b). Jede Strophe besteht aus drei Stichen. Nicht leicht zu bestimmen ist der Rhythmus[34]. Im vorliegenden Text sind die Akzente so verteilt: 1. Strophe 3+3, 3+3 (nach Verbindung durch maqqef von עפר־הארץ), 2; 2. Strophe 3+3, 3+3, 2+3; 3. Strophe 3+3 (verbinde mit maqqef כמר־מדלי), 3+3 (verbinde mit maqqef הר־איים und אין־די), 3 (nach Verbindung durch maqqef von אין־די). Die fehlende rhythmische Einheitlichkeit der zweiten Strophe gegenüber den anderen läßt an sekundäre Zusätze denken. Der Zusatz könnte in V. 14bα vorliegen, der übrigens in der Septuaginta fehlt. Er ließe sich weniger an der Wiederholung von ילמדהו erkennen als vielmehr an der daraus resultierenden Tautologie: er sagt im voraus, was V. 14bβ ausspricht. So würde auch die zweite Strophe den Rhythmus 3+3, 3+3, 3 aufweisen. Im ganzen also:

V. 12aαβ	3+3
V. 12aγbα	3+3
V. 12bβ	2
V. 13ab	3+3
V. 14aαβ	3+3
V. 14bβ	3
V. 15aαβ	3+3
V. 15b.16a	3+3
V. 16b	3

Es entsteht nun aber die Frage nach der Gattung. Es handelt sich sicher nicht um einen Streitgespräch, denn es liegt hier keine Auseinandersetzung vor, weder eine zwischen Jahwe und den Göttern noch eine zwischen Jahwe und seinem Volk[35]. Für sich genommen ist der Text auch nicht ein Disputationswort oder eine Bestreitung,

---

[34] Anders teilt Elliger ein: „Die drei Strophen bestehen jede aus 5 Halbzeilen, von denen immer die ersten zwei und die letzten zwei enger zusammengebunden sind, während die mittlere bald stärker zu diesen, bald stärker zu jenen tendiert. Jede Halbzeile hat drei Hebungen; nur die Schlußzeile 17 ist eher ein Doppelvierer" (Jesaja II, S. 42). Elliger macht auf den chiastischen Satzaufbau der ersten zwei Strophen und des ersten Teils der dritten Strophe aufmerksam. Zu v. 17 bemerkt er aber: „Läßt man 16 beiseite, so bildet 17 den zweiten Teil der dritten Strophe: das Subjekt ist ausgeklammert, der Rest ... steht im Parallelismus, diesmal — wie auch 16 — ohne Chiasmus" (ebd., S. 43).

[35] Vgl. Köhler, Deuterojesaja stilkritisch untersucht, S. 117ff.

wie Westermann selbst hervorhebt[36], denn es wird hier eigentlich kein Einwand bestritten. Es handelt sich aber auch nicht um ein Stück beschreibenden Lobliedes, wie Westermann meint[37]. Der imperativische Ruf zum Loben ist nicht vorhanden; jeder Hinweis auf das Handeln Gottes in der Geschichte und auf seine gnadenvolle Zuwendung fehlt; der Text läuft nicht auf den Lobpreis Gottes, ja er hat überhaupt nicht den Charakter eines Liedes, wo die persönliche Erfahrung und Gesinnung des Redenden zu Wort kommt. Der Begriff des beschreibenden Lobliedes reicht nicht zur Kennzeichnung des Textes aus. Eher könnte man diesen ein Weisheitsgedicht nennen[38]. Dafür spräche der Inhalt und die sich darin ausdrückende geistige Haltung: der Mensch vermag nicht die Dinge und den Geist Gottes zu umgreifen; die Völker mit ihrer Macht sind eine winzige Sache, der Libanon mit seiner Pracht und seinem Reichtum an Holz und Wild reicht nicht aus, das Gebührende für Gottes Ehre zu geben. Der Redende weiß um die eigene Ohnmacht gegenüber der gesamten Wirklichkeit, weiß um die unüberbrückbare Kluft zwischen dem Geschöpf und Gott. Dieser Gedanke gehört zu den charakteristischen Motiven weisheitlichen Denkens, wie es im Buche Hiob, beim Prediger und in manchen Psalmen begegnet[39].

Formal gesehen findet sich die Form unseres Gedichtes, und zwar die Verbindung von rhetorischen Fragen und dem nüchternen Fest-

---

[36] Vgl. Sprache und Struktur, S. 128: „Eine wirkliche Bestreitung enthält nur das IV. Stück (vv.27-31), weil allein die IV. Frage die Position erkennen läßt, die hier bestritten wird". Vgl. ferner Elliger, Jesaja II, S. 44. Zu Begrichs und Westermanns Auffassung vgl. aber die kritischen Ausführungen von Melugin (Deutero-Isaiah and Form Criticism, ebd., S. 330-334). Schoors akzeptiert aber Melugins Ausführungen nicht ganz. Zu vv.12-17 sagt er: „According to R.F. Melugin, Is. xl 12-17 is cast in the form of a Wisdom disputation rather than the form of a hymn...These [vv.12-17] may be a disputation...but they are cast in a „hymnic style" (I am God your Saviour, S. 250f). „Taken on their own vss. 12-17 do not necessarily constitute a disputation ...in 12-17 and 21-24, one can distinguish a *Disputationsbasis* and a conclusion" (ebd., S. 257f).

[37] Schoors selber äußert Zurückhaltung bezüglich einer Beziehung von 40, 12-17 zu den beschreibenden Lobpsalmen: „...the structure is not very clear. Besides, an invitation or any other typical formula introducing a hymn is lacking. Vss. 12-17 contain a hymnic motif, but certainly do not constitute a complete hymn" (ebd., S. 250). Vgl. Westermann, Sprache und Struktur, S. 130, ferner Das Loben Gottes in den Psalmen, S. 88-93.

[38] Auch Fohrer hat den weisheitlichen Charakter des Textes erkannt (vgl. Das Buch Jesaja, Bd. 3, S. 24). Melugin führt aus: „Isaiah xl 12-17 reflects not only the form of this Wisdom genre, but also the content, as the vocabulary shows" (Deutero-Isaiah and Form Criticism, ebd., S. 333).

[39] Dazu vgl. die Ausführungen Melugins (ebd., S. 332f).

stellen der Nichtigkeit der Dinge, in anderen Texten aus der Weisheits-
literatur, etwa in Spr 30, 1-4 und in Pred 7, 1-15.16-17. In beiden
Texten rufen die rhetorischen Fragen eine negative Antwort hervor,
die das menschliche Unvermögen betonen. Im Zusammenhang damit
werden nüchterne Betrachtungen über die eigenen Grenzen gemacht,
denen Gottes Erhabenheit und Weisheit gegenübergestellt wird. Ob
aber das Element der rhetorischen Frage verbunden mit einer sentenzenhaften Aussage eine feste literarische Gattung bildete, dürfte
fraglich sein. Man kann eher von einer bestimmten Ausdrucksweise
weisheitlichen Spruches neben vielen anderen reden.

Durch V. 17 hat Deuterojesaja bzw. der Redaktor dem Text einen
ausgeprägteren religiösen Bezug verliehen: verglichen mit Jahwe
können die Völker nicht bestehen, sie kommen vom Nichts und
gelten nichts.

d) *Exegese*

V. 12

Der Text setzt mit dem Gedanken der menschlichen Hilflosigkeit
gegenüber der Welt an. Meer, Himmel, Erde, Berge und Hügel sind
je für sich wie auch insgesamt zu groß, als daß der Mensch nach seinen
körperlichen Möglichkeiten sie fassen kann. Es fehlen ihm die angemessenen Mittel zur Erfassung und Umgreifung der Welt; die Werkzeuge, die er für seine alltägliche Arbeit gebraucht, reichen nicht, das
Gesamte der Wirklichkeit zu durchmessen und zu wiegen. Daran zeigt
sich, daß der Mensch die Welt in ihrer Ganzheit nicht zu eigen machen
kann, er kann nicht über sie verfügen. Der Gebrauch von שקל ist für
das Verständnis des Textes nicht ohne Bedeutung; denn dieses Verb
steht im Zusammenhang mit dem Gedanken des Geldes, das abge-
wogen und abgegeben wird, um etwas zu kaufen. Damit ist die Verfügungsgewalt über die Dinge gemeint. Der Text würde also sagen:
wer kann über all das, was ist, verfügen, als ob das sein Eigentum
wäre? Wer kann die Dinge als Austauschwert verwenden? Niemand ist
Herr über die Schöpfung, daß sie ihm ganz wie austauschbare Ware zur
Verfügung steht[40].

---

[40] Der Ausdruck „hohle Hand" bestätigt diese Deutung. In Ez 13, 19 heißt es, daß
die Prophetinnen Gottes Namen entweiht haben durch falsche Prophetie und Zauber-
kunst um einiger Hände Gerste. Als Gegenpreis für die Gerste, die man ihnen mit der
Hand gemessen hatte, sprachen sie ihre Orakel aus. Damit trieben sie einen regelrechten
Handel.

V. 13-14

Der Mensch kann auch nicht Fülle und Ausmaß des göttlichen Handelns erfassen. Ja der Mensch hat mit Gott keine Gemeinschaft und keine Möglichkeit des Austausches in dem Sinne, daß er von Gott seine Ratschlüsse erfahren und selbst ihm Ratschläge geben könnte. Gott allein, nicht der Mensch ist Ursprung und Vermittler des Rechten. Die Gründung der Gerechtigkeit, die schöpferische Lenkung und Erhaltung der Welt sind ausschließliche Sache Gottes, zu der der Mensch nichts beizutragen vermag. Es ist also so, daß der Mensch im Bemühen, durch eigene Kraft und durch den Kontakt mit Gott zur Ergründung und zur Bewältigung der Schöpfungswirklichkeit und der Rechtsordnung zu gelangen, nie zum Ziel kommt und nie über die eigenen Daseinsgrenzen hinausgreifen kann.

VV. 15-16.17

Was mag nun in Anbetracht dieser Tatsache die Entfaltung menschlicher Macht bedeuten? Die Völker mit ihren Heeren, die Inseln mit ihren endlosen Ländereien und der Libanon mit seinen prächtigen Wäldern und dem zahlreichen Wild zählen nichts und reichen zum Nichts. Das alles heißt : die Völker und die Staaten können so mächtig sein wie nur möglich, ihre Macht vermag aber nicht Gottes Handeln in der Geschichte zu hindern oder zu hemmen. Über ihre Macht hinaus oder gegen sie vermag Gott in souveräner Freiheit den Plan durchzuführen, den er beschlossen hat. Die Inseln mögen noch so zahlreich und groß sein, sie können doch gegen Gottes Eingreifen keinen wirklichen Widerstand leisten.

Nicht nur also im Bereich der Schöpfungswirklichkeit und der Geisteswirklichkeit, sondern auch im Bereich des geschichtlichen Handelns ist der Mensch ein hilfloses, winziges Ding, sind menschliche und politische Größen nicht entscheidend. Wird nun dieses Wort aus der Weisheit in die Situation der Exilierten hineingesprochen, so erweckt es alles andere als Resignation oder Gedanken der Traurigkeit wegen der Hinfälligkeit und Nichtigkeit alles Menschlichen, es erweckt vielmehr Hoffnung auf das sieghafte Eingreifen Jahwes gegen die unterdrückende Macht der Völker und auf die Befreiung. Jahwe, der einzig Mächtige, vermag nun für den glaubenden und vertrauenden Israeliten das Alte zu brechen und sein Volk, das selbst vor den nichtigen Völkern nichts war, zu retten und in sein Land zurückzuführen. Das ist es, was der Prophet durch die Übernahme von 40, 12-16 verkünden will: es gibt Grund zur Hoffnung und diese Hoffnung wird sich aus der Kraft Gottes erfüllen[41].

2) 40, 18-20

V. 18   Nun, wem wollt ihr Gott vergleichen? Ja welches Gleichnis wollt ihr ihm zupassen?

V. 19   Den Götzen gießt ein Künstler und ein Schmelzer — mit Gold überzieht er ihn und (mit) Ketten aus Silber, ein Schmelzer! —

V. 20   Wer eine Weihgabe herstellen will: ein Holz — nicht fault es — wählt er.
Einen Künstler, einen tüchtigen, sucht er sich zum Aufstellen einen Götzen — nicht wackelt er!

a) *Zur Einteilung und zur Übersetzung*

Inhaltlich knüpft V. 18 an sich gut an VV. 12-17 an: die Fragen nach der Unvergleichbarkeit Gottes scheinen die unmittelbare Folge all dessen zu sein, was vorher gesagt wurde. Aber formal gesehen hebt sich der Text VV. 18-20 vom Kontext ab nicht nur wegen des Stilwechsels in der Anrede und wegen des Namenswechsels von יהוה zum allgemeinen אל, sondern auch wegen der kreisförmigen Struktur von VV. 19-20. Denn die ansetzenden Begriffe פסל und חרש (V. 19aα) begegnen wieder in V. 20b; innerhalb von V. 19 bildet dann das Wort צרף eine Inklusion (VV. 19aβ.19b). Zu beachten sind ferner die zwei asyndetischen negativen Sätze in VV. 20aβ.20bβ. Anderseits spricht die Reihe von vier Verben mit ihrem rhetorischen Ton in V. 21 für einen neuen Ansatz; die wiederholten Verben des Hörens und Verstehens weisen an sich schon darauf hin, daß im Folgenden Bedeutendes für die Angeredeten ausgesprochen wird. Es vollzieht sich ein Übergang von allgemeinen zu bestimmten Aussagen, was uns Grund dafür gibt anzunehmen, daß mit V. 21 ein selbständiger Abschnitt beginnt.

VV. 18-19

Aus der älteren Form *u* stammend, bezeichnet das Waw als hinweisendes Element die Ferne: dort, dann. Im Satz führt es dement-

---

[41] So auch Elliger: „Worum geht es? Nicht um die theoretisch-dogmatische Erörterung eines Glaubenssatzes über Jahwe, sondern um einen eminent praktisch-pädagogischen Appell zum Vertrauen auf den Gott, der die Verfügungsgewalt über die gesamte Schöpfung einschließlich der Völkerwelt hat" (Jesaja II, S. 47). Vgl. Fohrer, Das Buch Jesaja, Bd. 3, S. 25.

sprechend eine Folgerung vom Vorhergesagten und leitet den Nachsatz ein, wobei es die Bedeutung „so", „also", „nun" enthält[42]. Hier
wurde es mit „nun" übersetzt.

Der nach syntaktischer Wortstellung und Sprache chiastische Aufbau von VV. 19aβ-19b ist ferner zu beachten : Subjekt (צרף), Objekt,
Prädikat, Objekt, Subjekt (צרף). Die logische Entsprechung der einzelnen Teile zueinander legt die Vermutung nahe, daß das Objekt des
zweiten Gliedes entsprechend dem Objekt des ersten Gliedes auch
instrumental zu verstehen ist — mit Ketten aus Silber —, obwohl die
Präposition ב fehlt.

V. 20

Gar nicht klar ist der Sinn der Wurzel סכן, die das Wort מסכן bildet.
Reider[43] vokalisiert es הַמְסֻכָּן und übersetzt : the keeper of sacred
contributions (תרומה). Er bemerkt, daß sakânu in den Tafeln von Tell
Amarna „to keep", „to guard", „to care for" heißt. In der Tafel
256, 1.9 kommt das Partizip zukini (hebr. = סוכן, steward, represen-
tative) vor als kanaanäische Glosse zum akkadischen rabizi. Der
gleiche Sinn von סכן ist im Ugaritischen belegt (siehe שסכנמע, Schaph'el-
Form von סכן, das „take care", „please" meint). Im Hebräischen meint
סיכן und סיכנת auch „guardian", „keeper", „caretaker". Der Unterschied ist, daß Jes 40, 20 ein Piel und nicht ein Qal aufweist; das kann
aber die Intensität und die Wiederholung der Handlung ausdrücken.
Also : der Hüter der Weihgaben. Gray[44] meint, daß das ugaritische skn
die Bedeutung von „aufstellen", „herstellen" (ein Denkmal) hat. Der
Text wäre zu übersetzen : wer ein geweihtes Bildnis aufstellen läßt.
Trudinger[45] versteht das Wort als ein Partizip Piel und vokalisiert es
הַמְסַכֵּן. Nach ihm bedeutet die Wurzel skn „to dwell with", „to be
familiar with", „to be connoisseur of". Die Übersetzung wäre : der
Kundige an Götzenbildern, oder, wer sich auf Götzenbilder versteht.
Damit ist gemeint : der kundige Fachmann macht ein Götzenbild, das
fest aufgestellt steht, ohne zu wackeln oder umzufallen. Diese Festigkeit würde die Eigenschaft der Gottheit, ihre Unabänderlichkeit, gut
darstellen.

Millard und Snook[46] verstehen ihrerseits hamsukkan als den Eigen-

[42] Vgl. Christian, Untersuchungen, S. 192.
[43] Vgl. Etymological Studies in Biblical Hebrew, VT 2 1952, S. 117f.
[44] Vgl. The Legacy of Canaan, VTSuppl 5 1957, S. 102.
[45] Vgl. „To whom then will you liken God?" (Is XL 18-20), VT 17 1967, S. 224.
[46] Vgl. Isaiah 40:20. Toward a Solution, Tyndale Hous Bulletin 14 1964, S. 12.

namen eines harten Baumholzes und beziehen es als Objekt auf בחר.
Bereits Hieronymus hätte in seinem Kommentar in Isaiam prophetam
(PL 24, S. 408) von amsuchan als einer sehr harten Holzart gesprochen,
mit der man Bilder machte. Assyrische Inschriften scheinen diese Meinung zu bestätigen, wenn sie das Holz musukkannu erwähnen und es
als Material für Bauarbeiten und Innenausstattung bezeichnen. Dieses
musukkannu galt als dauerhaftes Holz. Neuerdings hat man durch
die Entdeckung eines sissoo genannten Baumes in Westpersien eine
weitere Bestätigung dieses Sachverhaltes gefunden. Im Anschluß an
H. Zimmern, der terûmâ als ein eine Statue tragendes Podest versteht, und an G. R. Driver, der das Wort nach dem akkadischen
tarimtu terîmâ punktiert und ihm den Sinn von „ein der Gottheit
durch Heben geweihtes Objekt" gibt, fassen sie terûmâ als ein hohes
Podium für eine heilige Statue auf und übersetzen: einer wählt sissoo,
ein unverfaulendes Holz, für das Podest und sucht sich einen Künstler
zum Aufstellen ein Bildnis, das nicht umfällt. Eine letzte Sicherheit
geben freilich diese Deutungsversuche nicht[47]. Die Deutungen von
Reider, Trudinger, Millard und Snook scheinen doch zu gesucht zu
sein. Anderseits die Bemerkung des Textes, daß dieses Holz nicht
fault, läßt an ein gutes, besonderes Holz denken, wobei es unwahrscheinlich ist, daß ein Armer es kaufen konnte. So hält man sich an
die Übersetzung „wer eine Weihgabe herstellen will" als die einfachste
und dem Kontext entsprechendste[48].

---

[47] Das hat neuerdings auch Elliger ausgesprochen, der die verschiedenen Deutungsversuche der Gelehrten bespricht. Er hält es für ratsam, v.20aα wegzulassen in der
Meinung, daß „in der ganzen Textpartie 19b 20aα nur die notdürftig zurechtgestützten
Trümmer eines ehedem umfangreicheren Textes vorliegen" (Jesaja II, S. 62).
[48] Schoors übersetzt: He who sets up an idol, chooses..., wobei er offensichtlich
an Drivers Anregung anknüpft, nach welcher תרומה dem akkadischen tarimtu entspricht. Das würde bedeuten: „some kind of dedicatory offering of great value, possibly
an effigy of some divine or semi-divine being" (I am God your Saviour, S. 254; vgl.
Driver, Linguistic and Textual Problems: Isaiah XL-LXVI, JTS 36 1935, S. 397;
tarimtu meint „some valuable object dedicated to a god"). Budde (Das Buch Jesaja,
S. 659) und Westermann (Das Buch Jesaja, S. 56) übersetzen mit „Stiftung". McKenzie
hat „tree of consecration" (Second Isaiah, S. 21) und Muilenburg „offering" (The
Book of Isaiah Chapters 40-66, S. 439). Aber Elliger präzisiert: „Vielmehr ist תרומה
die von der Gottheit selbst angeordnete, für die verschiedensten Zwecke des Kultus
in wechselnder Form ,erhobene' Abgabe" (vgl. Jesaja II, S. 77; vgl. noch die Ausführungen von S. 77f).

b) *Literarkritik*

V. 18-20

In diesem Abschnitt kommen Wörter vor, die innerhalb von Jes 40-66 nicht mehr zu finden sind, mindestens nicht in dem gleichen Sinn, siehe דמות ,ערך (vgl. 44, 7a), רקע ,רתקות ,סכן ,תרומה ,רקב ,כון. Andere kommen nur vor in Texten, die als spätere Zusätze gelten, siehe die Pielform von דמה (46, 5[49]), נסך (44, 10[50]), צרף (48, 10[51]), die Hi-philform von מוט (41, 7) und schließlich den Ausdruck פסל נסך (44, 10), der übrigens im AT nirgendwo mehr belegt ist. Andere Wörter werden von Deuterojesaja wohl verwendet, gehören aber nicht zu seinem charakteristischen Wortschatz, siehe die Pielform von דמה (40, 25), עץ (41, 19, spezifiziert als „Holz des Öls" = Ölbaum 44, 23), בחר, das mit Ausnahme von 41, 24 von Deuterojesaja sonst im theologischen Sinn gebraucht wird[52]. Wie בחר in 40, 20b verwendet wird, erinnert vielmehr an 56, 4; 65, 12; 66, 3f.

Dieser literarische Befund macht die Verfasserschaft Deuterojesajas unsicher, auch wenn man eingestehen muß, daß die Einmaligkeit man-cher Begriffe nicht unbedingt ein Zeichen der Unechtheit des Textes ist. Schwerwiegender ist die Tatsache, daß 40, 18-20 inhaltlich einen anderen Gedanken aufweist als der unmittelbare Zusammenhang. Hier ist wohl von der unumgreifbaren Größe Jahwes die Rede, aber nur um Vertrauen auf sein heilbringendes Eingreifen und auf seinen Sieg über die unterdrückenden Völker zu wecken[53], nicht um gegen die Götzenbilder zu polemisieren und auf ihre Nichtigkeit und Unwirk-samkeit aufmerksam zu machen, indem jede Abbildung des Göttlichen für unpassend und unmöglich erklärt wird. Daß der Kontext zur Hoffnung auf das Eingreifen Gottes und auf seine Heilsmacht anregen will, zeigt sich einmal in V. 17 und dann ganz deutlich in den ab-schließenden Versen 27-31. Das ist überhaupt der Standpunkt Deu-terojesajas, wenn er auf die Götzenbilder zu sprechen kommt[54]. Er stellt sie Jahwe gegenüber und weist auf ihre Unfähigkeit hin, das Heil vorauszusagen und zu bewirken. Damit versucht er, die Israeliten

---

[49] Vgl. Elliger, Verhältnis, S. 247f.
[50] Nach Elliger stammt 44, 9-20 von derselben Hand wie 40, 18-20; 41, 6f; 46, 5-8 (vgl. ebd., S. 239-241, vgl. auch Jesaja II, S. 66).
[51] Nach Elliger ist 48, 8bα-10 tritojesajanisch (vgl. Verhältnis, S. 194).
[52] Sekundär sind 42, 17 (פסל), 45, 20b (עץ־פסל), 45, 16 (חרש) und 46, 6 (זהב). Zu 45, 20b vgl. Elliger, Verhältnis, S. 192.
[53] Vgl. Elliger, Jesaja II, S. 47.
[54] Vgl. 41, 21-24a.28-29a; 46, 1-4.

zu Jahwe zurückzuführen. Nicht die Transzendenz Gottes an sich ist Gegenstand seiner Betrachtungen, sondern nur insofern sie als der göttliche Urgrund wirksamen Heilshandelns die Verzweifelten und Ungläubigen wieder zur Hoffung und zum Glauben bewegen kann.

Das Anliegen von 40, 18-20 ist aber ein anderes. Aus der Betrachtung der göttlichen Erhabenheit heraus schließt der Text auf die Lächerlichkeit jeden Versuchs, die Gottheit abzubilden, und spricht damit dem vom Menschen gemachten Bildnis der Gottheit jeden Sinn ab. Der verschiedene Ausgangspunkt der Betrachtung und das verschiedene Anliegen legen nahe, hier eine andere Hand anzunehmen als die Deuterojesajas[55]. Die gemeinsame Thematik und Sprache von 40, 18-20; 41, 6f; 44, 9-20; 45, 20b; 46, 6f; 48, 5b-6aα.7b lassen diese Texte einem und demselben Autor zuschreiben, siehe חרש 41, 7; 44, 11-13; צרף 41, 7; 46, 6; לא ימוט 41, 7; פסל 44, 9.15b.17; 45, 20b; 48, 5b

---

[55] Elliger hält nur vv.19-20 für einen Zusatz und schreibt v.18 Deuterojesaja zu. Er sieht in v.18 die Einleitung zu vv.21-26 (vgl. Jesaja II, S. 65-67). So auch Auvray (Isaïe, S. 154), Budde (Das Buch Jesaja, S. 659) und Westermann (Das Buch Jesaja, S. 41, 47). Steinmann läßt vv.19-20 einfach weg und verbindet v.18 mit vv.21-24 (Le Livre de la Consolation d'Israël, S. 94). Vgl. auch McKenzie, Second Isaiah, S. 20. Es stimmt zwar, daß v.18b kein konkretes Bildnis meint, sondern den Sinn von ,,einen Vergleich anstellen für ihn'' hat; es stimmt ferner, daß die הלא-Fragen bei Deuterojesaja niemals am Anfang einer Einheit begegnen (vgl. Elliger, ebd., S. 65-67). Es ist aber zu beachten, daß v.18 sich von v.25a und 46, 5 unterscheidet, und zwar zunächst darin, daß er keine Rede Jahwes ist — wie übrigens vv.12-17 und vv.19-20. Auch wenn das deuterojesajanische Stück vv.21-26 keine Rede Jahwes ist, doch zitiert es ein Wort Jahwes (v.25) und das Ganze ist so gebaut, daß es eben um dieses Wort Jahwes kreist — ja die Partizipien können als vorbereitende Subjekte zum אשוה von v.25a verstanden werden. Dann aber unterscheidet sich v.18 von v.25a und 46, 5 auch darin, daß an diesen zwei Stellen das Verb דמה zusammen mit dem Verb שוה steht. Das dürfte von Bedeutung sein: es ist doch ein Unterschied, wenn Jahwe selber sagt: ,,wem soll ich gleich sein'', als wenn ein anderer sagt: ,,welchen Vergleich wollt ihr für ihn anstellen''. Ersteres entspricht der Sprache Deuterojesajas: das ist das souveräne Wort Jahwes im Rahmen des Selbsterweises (40, 25 steht im Zusammenhang mit 40, 21-24, so wie 46, 5 im Zusammenhang mit 46, 8a.9-11, d.h. im Zusammenhang mit Aussagen über das geschichtliche Tun Jahwes). Eine Formulierung wie die von 40, 18 paßt aber nicht der Form und der Gattung nach in den Rahmen eines Selbsterweises. 40, 18 entstammt vielmehr einer intellektualisierenden Reflexion, welche dem Stil Deuterojesajas abgeht, abgesehen davon, daß auch sprachlich v.18b den Eindruck eines nach Umschreibung und Überfüllung neigenden Stils erweckt. Aus dieser Reflexion dürfte ferner der Gebrauch von אל statt יהוה stammen. Deuterojesaja verwendet אל immer als Appellativum, und zwar im Zusammenhang mit der Selbstvorstellungsformel, siehe 43, 10b-11.12b; 46, 9b und 45, 21b. Die übrigen Stellen 42, 5*; 45, 14f.22, ferner 44, 10.15.17; 45, 20b; 46, 6 sind nicht deuterojesajanisch. Trotz Elligers breite Ausführungen legt sich also nahe, v.18 als Nachahmung von 40, 25a; 46, 5 dem Interpolator von vv.19-20 zuzuschreiben. Gleicher Meinung ist unter den Modernen Fohrer, vgl. Das Buch Jesaja, Bd. 3, S. 26f.

פסל נסך 44, 10; עץ 44, 13f.19. Der Interpolator dieser Texte hat durch
den nachdrücklichen Hinweis auf die Nichtigkeit der Götzenbilder die
Aussagen Deuterojesajas über die Heilsmacht Jahwes verschärfen und
hervorheben wollen. Er hat seinen Text jeweils nicht irgendwo in die
Vorlage eingeschoben, sondern ganz bedacht nur dort, wo von Jahwe
als dem Ersten und dem Letzten, als dem Gleichbleibenden die Rede
ist, der sein Heilswerk im voraus verkündet und es dann durchführt[56].
Mit seinen Ausführungen knüpft er an Deuterojesaja selbst an, der
in 41, 21-29; 45, 20a.21 gegen die Götzenbilder polemisiert, auf die
die Israeliten ihr Vertrauen gesetzt hatten. Er unterscheidet sich aber
von ihm darin, daß er die Herstellung der Götzenbilder durch menschliches Handwerk betont und sie in sehr anschaulicher Weise schildert.
Dadurch weist er auf die Sinnlosigkeit hin, die in der Verehrung dieser
Bilder steckt. Ihm gegenüber hatte Deuterojesaja eine viel feinere Iro-
nie an den Tag gelegt, indem er die Götzen herausfordernd nach ihrem
Wissen und Vermögen fragte[57]. Doch redet er im ganzen nur im
Vorbeigehen von den Götzen, seine Aufmerksamkeit gilt ständig der
Zuwendung Gottes zu seinem Volk, der sich Israel öffnen soll.

Noch weniger als er interessieren sich die Autoren und Redaktoren
von Jes 56-66 für die Götzenbilder. Nur zweimal werden sie erwähnt,
in 57, 12f und 66, 3, und zwar mehr zufällig als beabsichtigt. Dieser
Umstand und auch die Tatsache, daß in unseren Texten sprachlich
nichts an Jes 56-66 erinnert[58], lassen unsere Texte in keine Beziehung
zu Jes 56-66 setzen. Wenn man bedenkt, daß der Interpolator seine
Texte nur innerhalb von Jes 40-48 eingeschoben hat, und zwar in einen
bestimmten gut abgrenzbaren Zusammenhang, und daß ferner in Jes
56-66 wohl heidnische Praktiken, aber nicht die Götzenbilder als solche
Gegenstand der Betrachtung sind, dann legt sich nahe, den Einschub
unserer Texte bereits vor der sogenannten tritojesajanischen Gesamt-
redaktion anzusetzen.

c) *Form- und Gattungskritik*

Man kann den vorliegenden Text als ein Spottwort bezeichnen[59].
Es setzt mit einer kritischen Frage an, die die falsche Position der

---

[56] Vgl. 40, 21; 41, 4; 44, 6-8*; 46, 4.8a.9-11.
[57] Vgl. 41, 23.28f; 45, 20a.21.
[58] Vgl. Elliger, Verhältnis, S. 241.
[59] Vgl. Elliger, Jesaja II, S. 66, 74, und Westermann, Das Buch Jesaja, S. 27
(vgl. auch 119f). Anderer Meinung ist Schoors: „In 18-20 + XLI 6-7, there is a
disputation in which the prophet rejects the idea that Yahwe is equal of idols" (I am
God your Saviour, S. 257).

Angeredeten aufdecken soll. Sie ist deswegen nicht als bloß rhetorische Frage zu verstehen. Wie unrichtig, ja lächerlich diese Position ist, wird dann in beschreibender Weise an der Sache selbst gezeigt, an die die Angeredeten festhalten : die Bildnisse, die Gott darstellen sollten oder die für so mächtig wie Gott gehalten werden, sind doch Menschenwerk, aus irdischem Stoff wie Gold, Silber und Holz gemacht; man muß sogar dafür sorgen, daß sie nicht faulen und nicht wackeln! Der feine Spott und die Ironie kommt nicht nur in der Art der Beschreibung, sondern auch in der Stellung gewisser Wörter und Verben zum Ausdruck, siehe die Stellung des Subjektes צרף in VV. 19aβ-19b, das am Anfang und dann wieder am Schluß steht. Diese Wiederholung an betonter Stelle soll anscheinend hervorheben, daß es doch ein Handwerker, ein Schmelzer, ein Mensch ist, der das Bildnis macht. Es sei also in ihm nichts Göttliches zu finden. Siehe ferner die parataktische Anführung der zwei negativen Verbalsätze in V. 20, die den Fluß des Satzes bricht und damit einen logischen Akzent auf die jeweilige Aussage setzt. Man beachte schließlich die Stellung der vier Subjekte untereinander. Sie sind jeweils zu zweit gruppiert : in V. 19a steht חרש neben צרף, in V. 19b steht צורף neben dem המסכן von V. 20a. Das scheint kein Zufall zu sein, sondern entspricht der Absicht des ganzen Textes hervorzuheben, daß es menschliche Handwerker sind, die die Bildnisse machen.

Die formale Abgeschlossenheit des Textes zeigt sich noch an der chiastischen Disposition der wichtigsten Begriffe. Der Text beginnt und endet mit dem Wort „Bildnis" (פסל), dem Wort „Künstler" (חרש) von V. 19aα entspricht dann der „Künstler" von V. 20bα, in der Mitte kommt zweimal das Wort „Schmelzer" (צרף) vor; im ganzen : Bildnis, Künstler, Schmelzer, Schmelzer, Künstler, Bildnis. Vielleicht wären noch ganz in der Mitte „Gold" und „Silber" zu zählen. Es wird an diesem Aufbau deutlich, daß es sich hier um eine durchdachte Arbeit handelt, und daß der Interpolator seiner Aussage eine besondere Bedeutung beigemessen hat. Es scheint aber nicht, daß er seinen Text rhythmisch gegliedert hat. Die Rekonstruktion von Köhler[60] geht auf Kosten mancher Wörter, für deren Streichung keine zwingende Gründe vorliegen.

Ob die Form als solche — kritische Frage mit anschließender anschaulicher Schilderung des gemeinten Tatbestandes — eine feste Gattung bildete, etwa ein formal festgelegtes Spottwort, dürfte fraglich sein. Es liegen auf jeden Fall keine anderen Vergleichstexte vor.

---

[60] Vgl. Deuterojesaja stilkritisch untersucht, S. 7f.

d) *Exegese*

V. 18

Der Kontext VV. 12-17.21-26 spricht von der unumgreifbaren Größe Jahwes und von seiner souveränen Erhabenheit über Dinge und Völker, um die Hoffnung des unterdrückten und verzagten Volkes auf die Heilsmacht Jahwes zu lenken. Der Hinweis auf die Transzendenz Gottes entstammt dem Anliegen, zur Glaubensentscheidung zu führen. Der Interpolator knüpft an den Gedanken der Transzendenz an und entfaltet ihn weiter, indem er die Unvergleichbarkeit Gottes hervorhebt und jede Abbildung des Göttlichen für unsinnig erklärt.

Dieser Verweis auf die Bildnisse und Götzenbilder hat aber einen tieferen Grund als nur die verschärfte Betonung der göttlichen Transzendenz. Die von menschlicher Hand gemachten Götzenbilder können in keiner Weise in die Geschichte eingreifen und sie lenken. Von ihnen kann man keine Befreiung erhoffen; denn sie selber brauchen Hilfe, um sicher und fest stehen zu können. Damit zeigt der Interpolator, daß er Deuterojesaja und seine Situation treffend verstanden hat. Denn dieser hatte sich tatsächlich an diejenigen gewandt, die ihr Vertrauen nicht auf Jahwe, sondern auf Götter und Götzen gesetzt hatten [61]. Er hatte versucht, seine Brüder vom Unglauben abzubringen, indem er auf das Handeln Jahwes in der Geschichte immer wieder hinwies. Daß Jahwe eben „Jahwe" und „Gott" ist, zeigt sich daran, daß er das Heil vorhergesagt und verwirklicht hat. Deswegen sind die Israeliten Zeugen aus ihrer eigenen Erfahrung, daß Jahwe Gott ist (vgl. 43, 10a; 44, 8). In 43, 11f ist die Selbstvorstellungsformel Jahwes mit dem Hinweis auf sein geschichtliches Tun verbunden und mündet dann folgerichtig in den Selbsterweis Jahwes als Gott. In 45, 21b nennt sich Jahwe ferner einen wahrhaftigen Gott. Die gleiche Argumentation liegt in 46, 9-11 vor: Jahwe ist der einzige Gott, weil er lange vorher verkündet, was geschehen wird, und läßt kommen, was er entschieden hat [62].

---

[61] Vgl. 41, 21-29; 46, 1-4; 48, 6.

[62] Der Interpolator hat seine Texte dort gesetzt, wo von Jahwe als dem einzigen, in der Geschichte wirkenden und Heil bewirkenden Gott die Rede ist. Das ist hauptsächlich der Grund, warum 41, 6f nicht aus seinem Platz in der Nähe von 41, 4 herausgerissen und mit 40, 18-20 verbunden werden darf, wie seit Duhm meistens geschieht. Dieser setzt 41, 6f zwischen 40, 19 und 40, 20 (Das Buch Jesaja, S. 269-271). Ihm folgen Driver (Linguistic and Textual Problems: Isaiah XL-LXVI, S. 398), Feldmann (Das Buch Isaias, S. 35), Fischer (Das Buch Isaias, II Teil, S. 36f), Kissane (The Book of Isaiah, Vol. II, S. 15f), Marti (Das Buch Jesaja, S. 274), Penna (Isaia, S. 411f)

VV. 19-20

Mit seinem Hinweis auf die Anfertigung der Götzenbilder wird der Interpolator noch konkreter im Vorwurf gegen die Abfallenden. Die Götzenbilder, denen man nun in der Verzweiflung Vertrauen schenkt, sind nicht in der Lage, das zu tun, was die Gottheit allein tun kann. Sie können nicht auf die gleiche Ebene mit der Gottheit gesetzt werden. Denn, was Gott aufgrund seines Gottseins in der Geschichte ungehindert hervorbringen kann, vermögen Götzenbilder, die ja Menschenwerk sind, in keiner Weise zu bewirken. Nicht die Transzendenz Gottes als solche steht hier in Frage, sondern sein Walten in der Geschichte. An Deuterojesaja anknüpfend nimmt der Interpolator Stellung dafür, indem er das Unvermögen der Götzenbilder an der Schilderung ihres handwirklichen Entstehens aufdeckt und die Unmöglichkeit betont, sie mit Gott zu vergleichen, als ob sie im geschichtlichen Raum genauso mächtig wären wie er. In diesem Sinn sind die Ausführungen des Interpolators als eine einleitende Kommentierung des Gedankens zu verstehen, den Deuterojesaja in 40, 23-25 ausspricht. Dort weist der Prophet den Versuch ab, Gott mit Fürsten und Richtern, mit den Repräsentanten höchster politischer, militärischer und gesetzlicher Macht zu vergleichen, als ob seine Macht sich mit ihrer Macht zu messen hätte. Wie Gott souverän über Fürsten und Richter steht, so steht er souverän auch über den Götzenbildern, die als Nichts kein Heil bewirken.

3) 40, 21-26

V. 21   Wollt ihr nicht erkennen? Wollt ihr nicht hören?
Ward es von Anfang an nicht euch gemeldet?
Habt ihr nicht unterschieden (, was) der Erde Grundfeste (ist)?

---

und Ziegler (Isaias, S. 117). Fohrer (Das Buch Jesaja, Bd. 3, S. 26), Schoors (I am God your Saviour, S. 245f) und Westermann (Das Buch Jesaja, S. 56) setzen 41, 6f bzw. 41, 7 (Fohrer) nach 40, (18) 19-20. Köhler hat die Reihenfolge 40, 17-19a; 41, 6f; 40, 19b und läßt v.20aα weg (Deuterojesaja stilkritisch untersucht, S. 7f). Gegen die Einschiebung von 41, 6f in 40, 18-20 äußern sich Muilenburg (The Book of Isaiah Chapters 40-66, S. 439), North (The Second Isaiah, S. 86) und Volz (Jesaja II, S. 14). Elliger hat in seinem Kommentar die Texte an ihrem Platz gelassen. Er rechtfertigt aber die Trennung von 40, 19f und 41, 6f nur mit technischen Gründen : ,,Gehören also die Stücke irgendwie zusammen..., dann ist ihre jetzige Trennung kaum besser zu erklären als durch die Annahme, daß der ganze Text zunächst zwischen zwei Kolumnen der Handschrift geschrieben war und von da teils in die eine, teils in die andere seinen Weg fand'' (Jesaja II, S. 66). Vgl. die Ausführungen Elligers ebd. S. 79f. Er meint, daß es methodisch der gewiesene Weg ist, vv.19-20 für sich zu nehmen, und kommt zum Schluß : ,,Es ist also trotz Duhm u.a., zuletzt Penna, Fohrer, Westermann, in 19f nur von der Herstellung eines einzigen Gottesbildes die Rede'' (ebg., S. 80).

V. 22   Der Sitzende auf dem Erdenrund — seine Bewohner wie Heu-
         schrecken! —
         Der Ausspannende wie Flor die Himmel — wie ein Wohnzelt breitet
         er sie aus! —

V. 23   Der Hingebende Erlauchte dem Nichts — die Herren der Erde wie
         das Irrsal macht er!

V. 24   Sind sie etwa nicht gepflanzt? Sind sie etwa nicht gesät? Wurzelt
         nicht etwa in der Erde ihr Reis?
         Da bläst er sie auch schon an, daß sie verdorren, und der Sturm wie
         Stroh trägt sie davon! —

V. 25   Da, wem wollt ihr mich vergleichen, dem ich ja ähnlich wäre? —
         spricht der Heilige.

V. 26   Erhebt in die Höhe eure Augen und seht : Wer hat diese geschaffen?
         Der Hinausführende, abgezählt ihr Heer, ruft sie alle beim Namen.
         Aus der Menge der Mächtigen, da ein Starker an Kraft, einer bleibt
         nicht aus.

a) *Zur Einteilung und zur Übersetzung*

Mit seinen wiederholten Fragen und der betonten rhetorischen Prägung erweist sich V. 21 als neuer Ansatz[63]. Der Text VV. 21-26 ist
durch das Überwiegen von Partizipien gekennzeichnet (VV. 22aα.22bα.
23b.26aβ), die als Subjekt fungieren sollten — die Rede wechselt aber
in V. 25 in eine direkte Anrede. Zu beachten ist, daß jedem Partizip
eine als Nominalsatz oder mit verbum finitum formulierte nähere
Bestimmung folgt. Daß mit V. 27 ein neuer Abschnitt beginnt, zeigen
der Übergang in die Du-Anrede und die namentliche Nennung der
Angeredeten.

V. 22-23

V. 22aβ will durch den Kontrast der Bilder den Inhalt von V. 22aα
hervorheben. Es schien angemessen, diese seine ergänzende, beschreibende Funktion durch Anfügung eines Gedankenstriches auszudrücken. Mit Gedankenstrich wurden auch VV. 22bβ und 23b ver-

---

[63] Es ist nicht ausgeschlossen, daß bei der redaktionellen Voranstellung von 40,
12-17.18-20 ein Teil von 40, 21-24 (-26), und zwar der einleitende Teil weggelassen
wurde. Dazu hat sich Begrich geäußert : ,,Hier (in 40, 21-24) liegt sehr wahrscheinlich
ein Fragment eines Disputationswortes vor, das irrig in den Text von 40, 18-26 eingeschoben wurde'' (Studien, S. 47). Begrich hält 40, 21-24 für eine selbständige Einheit,
meint aber : ,,Die voraufgehende Frage, welche den Streitpunkt herausstellt,... fehlt
heute'' (ebd.). Elliger sieht die Einleitung zu 40, 21-26 in 40, 18, den er für echt hält
(Jesaja II, S. 67).

sehen, die in ähnlicher Weise wie V. 22bβ die Aussage der ihnen
jeweils vorhergehenden Sätze bekräftigen wollen.

V. 24-25

Entsprechend der ursprünglichen Bedeutung der Fragepartikel אף
wurden die Sätze von V. 24a als Fragesätze verstanden. Das ansetzende
Waw in V. 25 verweist seiner deiktischen, die Ferne bezeichnenden
Funktion gemäß auf das logische Subjekt, das in Partizipform in
VV. 22-23 vorkommt. Es wurde mit „da" wiedergegeben. Wie ist dann
der logische, syntaktische Aufbau des Abschnittes zu verstehen? Es
ist nämlich nicht deutlich, welches Verb das Prädikat der drei partizipialen Subjekte ist, wenn überhaupt eines vorhanden ist. Die Übersetzungen zeugen von dieser Unsicherheit. Duhm hält das Verb נשף
für das Prädikat[64]; Buber versteht das dritte Partizip als Nominalsatz und umschreibt es mit „der gibt, daß..."[65]; Fohrer setzt nach
V. 23 einen Gedankenstrich so wie auch nach V. 24, er versteht
letzteren als eine beschreibende Parenthese, die das Zunichtemachen
der Erlauchten und Herren durch Gott anschaulich schildert, und
sieht anscheinend die Fortsetzung von V. 23, also das eigentliche
Prädikat, in V. 25a[66]. Es handelt sich aber nicht um ein echt syntaktisches Prädikat, sondern um einen neuen Satz in Form einer Frage
in der ersten Person Singular formuliert[67]. Es ist eine rhetorische
Redeart, wodurch die gezielte Aussage mit viel größerer Intensität
zum Ausdruck kommt. Es ergibt sich etwas ganz anderes als der
blasse Satz: „Der Sitzende... der Ausspannende... der Hingebende...
kann mit nichts verglichen werden bzw. ist unvergleichlich".

V. 26

Nicht eindeutig ist der Sinn von V. 26bβγ. Die Übersetzung verstand die Ausdrücke von V. 26bβ als sich auf „jene" (אלה) von V. 26a,
auf das „ihr Heer" von V. 26aβ und das „sie alle" von V. 26bα
beziehend, zumal auch der Plural von V. 26bβ אונים diese Deutung
nahelegt. Das genannte Wort wird auch sonst im AT auf Personen

---

[64] Vgl. Das Buch Jesaja, S. 272.
[65] Vgl. Bücher der Kündung, S. 127.
[66] Vgl. Das Buch Jesaja, Bd. 3, S. 28. Elliger läßt die Partizipien einfach so stehen
(Jesaja II, S. 59). Bonnard (Le Second Isaïe, S. 94) und Steinmann (Le Livre de la
consolation d'Israël, S. 94) übersetzen sie als verba finita.
[67] Elliger formuliert: „Das ungenannte Subjekt, wenn auch nicht immer das grammatische, ist Jahwe. In 25 wird dieses Subjekt mit einer Frage zitiert..." (Jesaja II,
S. 64).

und nicht auf Gott bezogen (vgl. Spr 11, 7; Ps 78, 51). Es sind die zahllosen Sterne als mächtige himmlische Wesen gedacht. Das Adjektiv אמיץ wurde wörtlich als Singular wiedergegeben, wobei das Waw wiederum deiktisch, auf die vorhergehende „Menge" hinweisend, als „da" übersetzt wurde. Es ist jetzt individuell einer (oder jeder?) der Sterne gemeint: unter ihnen vermag auch ein Starker an Kraft nicht sich dem Walten Gottes zu entziehen. Vielleicht ist אמיץ sogar als ein superlativum zu verstehen: „der Stärkste da...".

b) *Literarkritik*

V. 21

ידע ist ein von Deuterojesaja viel gebrauchtes Verb, und zwar fast immer in einem theologischen Zusammenhang. Er verwendet es auch in Verbindung mit anderen bedeutenden Verben, etwa mit „hören"[68], dann mit „verkünden" (41, 23.26); mit „glauben" und mit „verstehen" kommt es zusammen im unechten 43, 10bα[69] vor. Es betrifft die Erkenntnis, daß es Jahwe ist, der zum Heil wirkt[70]. Innerhalb von Jes 56-66 findet sich ein solcher theologischer Bezug nur in 60, 16.

Genauso charakteristisch für Deuterojesaja ist das Verb שמע. Es wird auch theologisch verwendet[71]. Einen theologischen Bezug hat dieses Verb auch in Jes 54-55.56-66[72]. Bezeichnend für Deuterojesaja ist ferner das Verb נגד, das nur hier in der Hophalform vorkommt, sonst immer in der Hiphilform. Subjekt des Verbs ist meistens Gott[73], sonst einmal die Götzen (41, 22f) und dreimal die Israeliten (42, 12; 48, 6.20). In Jes 56-66 bezieht sich das Verb zweimal auf Gott (57, 12; 66, 19), einmal auf den Propheten (58, 1). Was das Verb בין angeht, so findet es sich in der Hiphilform nur hier; in der Qalform kommt es im unechten 43, 10bα und in der Hithpaelform in 43, 18 vor. In 43, 10bα regiert es einen durch כי eingeführten Nominalsatz; daß es aber ein Objekt regieren kann, zeigt sich nicht nur an 43, 18, sondern auch an anderen alttestamentlichen Stellen wie etwa Hi 28, 23; Mi 4, 12; Spr 14, 8. Das Wort מוסד findet sich sonst nur in Jes 58, 12.

---

[68] Vgl. 40, 21.28; 41, 22. Mit Ausnahme des unechten 48, 8 geht das Verb ידע dem Verb שמע immer voran.

[69] Vgl. die vorliegende Arbeit zur Stelle, S. 320f.

[70] Vgl. 44, 8b; 45, 3b.6a; 49, 23.26.

[71] Etwa in 40, 28; 42, 18 (sek.).20.24b (sek.); 44,1; 46,3.12(sek.); 48,1.6.12.14.16; 49, 1; 50, 10 (sek.); 51,1.7.21.

[72] Vgl. 55, 2f; 64, 3; 65, 12; 66, 4f.19.

[73] Vgl. 41, 26; 42, 9; 43, 9.12; 44, 7f; 45, 19-21; 46, 10; 48, 3.5.14.

Es stellt sich aber die Frage nach der Funktion von V. 21b im ganzen Text. Abgesehen von V. 22a, wo die Erde erwähnt wird, richtet sich sonst die Aufmerksamkeit des Verfassers auf den Bereich „Himmel", siehe V. 22b und vor allem V. 26. In V. 24 handelt es sich nicht um die Schilderung echter Naturerscheinungen, sondern um bloße Bilder. Man begreift also nicht recht, was die Frage nach dem Verstehen der Grundfesten der Erde bedeuten soll. Die Übersetzung, die im Text ein מִיסָדַת postuliert[74], weicht doch der Schwierigkeit aus. Es bleibt letztlich anzunehmen, daß der Satz wohl von Deuterojesaja stammt, daß er aber nur eine rhetorische Funktion erfüllt, indem durch das wiederholte Fragen eine steigernde Intensität des Ausdrucks erreicht wird. Es fragt sich trotzdem, ob sich hinter diesen Worten doch ein theologischer Gedanke birgt und welcher eventuell sein literarischer Zusammenhang sein könnte. Der Gedankengang und dementsprechend der Aufbau des Abschnittes wären wie folgt: V. 21a bezieht sich vermutlich auf das Ereignis des sieghaften Kriegszugs des Kyros, das für Israel die Befreiung bedeutet; VV. 21b-26 wollen durch den Hinweis auf die Schöpfermacht Jahwes über Welt und Mensch und auf seine souveräne Erhabenheit beweisen, daß das Ereignis des Kyros Werk Jahwes ist. Was nun geschieht und verkündet wird, muß gehört und erkannt werden als das Werk Jahwes für sein Volk. Er vermag das zu tun, weil er der Schöpfer und Beweggrund aller Dinge ist; daß er es ist, öffnet sich dem die Dinge betrachtenden und befragenden Menschen. Der aufgedeckte gedankliche Zusammenhang legt nahe, V. 21b nicht nur eine rhetorische Funktion zuzuschreiben: seine theologische Aussage bildet die logische Brücke zum Folgenden. Eine Bestätigung davon liegt in der Tatsache, daß das Motiv, Jahwe habe die Erde geschaffen und gegründet, Deuterojesaja eigen ist (vgl. 45, 12; 48, 13). In 48, 13 verwendet er sogar die gleiche Wurzel יסד, die in 40, 21b das Wort מוסד bildet.

VV. 22-24

Beim ersten Ansehen führt der literarische Befund von VV. 22-24 zu keinem eindeutigen Schluß hinsichtlich der Herkunft. Einerseits kommen darin Wörter und Verbalformen vor, die innerhalb von Jes 40-66 nicht mehr wiederkehren, etwa חוג, חגב, רזן, גזע, נשף; andere wie

---

[74] So neuerdings auch Elliger: „Aber der Parallelismus zu מראש macht die übliche Korrektur מיסודת... sehr wahrscheinlich; so zuletzt wieder North, Fohrer, Westermann, BHS, McKenzie" (Jesaja II, S. 62).

דק, מתח, נטע, דרע, שרש sind im ganzen AT nur hier belegt. Anderseits begegnet das Bild Gottes, der anbläst und verdorren läßt, bereits im sekundären 40, 7. In beiden Texten handelt es sich um Menschen: in 40, 22-24 sind Erlauchte und Herren, in 40, 7 ist das Volk. Deuterojesaja gebraucht wohl das Verb „verdorren", aber nicht bildhaft auf Menschen bezogen, sondern konkret, siehe 42, 15 (Gras). Ferner entsprechen die Bilder von V. 22 denen von V. 12: beide Bildergruppen betonen Gottes souveräne Erhabenheit beim Schaffen und Walten, demgegenüber sind die Menschen winzige Dinge. Die Aussage, daß Gott die Himmel ausgespannt hat, ist bei Deuterojesaja in 45, 12 (vgl. 48, 13) belegt. Daß Gott über die Großen der Erde Macht ausübt, ist Deuterojesaja ein bekanntes Motiv[75]. Er gebraucht Wörter wie אין[76] und תהו[77]. Die Konjunktion אף kehrt bei ihm immer wieder[78]. Die Negation בל verwendet er noch nur in 44, 8, wenn man vom sekundären 43, 17 absieht. Die Konjunktion גם gebraucht er in 43, 13 und 49, 15.25 (sek.?), 45, 16; 47, 3; 48, 8 sind ja sekundär[79]. Das Verb נשא kommt im Zusammenhang mit סערה nochmals in 41, 16 vor. Es ist also im ganzen wohl anzunehmen, wie der inhaltliche und sprachliche Befund nahelegt, daß VV. 22-24 auf Deuterojesaja zurückgehen.

V. 25

V. 25 setzt mit einer Frage an. Das Fragepronomen מי bzw. מה wird sehr oft von Deuterojesaja gebraucht[80]. Diese Fragesätze sind wohl eine Eigenart seines Stils.

Das Verb דמה wird hier wie in V. 18 im Unterschied zu 46, 5 mit der Präposition אל gebraucht; das Verb שוה liegt in der Qalform und nicht in der Hiphilform wie in 46, 5 vor; es ist bei Deuterojesaja einmalig. Der absolute Gebrauch der Gottesbezeichnung „der Heilige" ist bei unserem Propheten nur hier belegt; diese Bezeichnung kommt sonst mit dem Suffixpronomen der zweiten Person Plural in 43, 15 und mit dem Suffix der dritten Person Singular in 49, 7aα vor. Die übliche Form ist „der Heilige Israels" (vgl. 41, 14.16.20; 43, 3.14;

---

[75] Vgl. 40, 17; 41, 2-4.25; 45, 1; 48,14; 51, 23.
[76] Vgl. 40, 16f; 41, 11f.24; 45, 21.
[77] Vgl. 40, 17; 41, 29; 45, 18f; 49, 4.
[78] Vgl. 41,23.26; 42, 13; 43, 7; 45, 21; 46, 11; 48, 12f.15.
[79] Zu 43, 17; 45, 16; 47, 3; 48, 8 siehe vorliegende Arbeit zur Stelle.
[80] Vgl. außer 40, 12-14.26 noch 41, 2.4.26; 42, 19.23f; 43, 9.13; 44, 7; 45, 21; 48, 14; 49, 21; 50, 1.8f; 51, 19.

45, 11a; 48, 17; 49, 7b); sie ist auch in Jes 54, 5; 55, 5; 60, 9.14 belegt. Formal gesehen kommt sie viermal innerhalb der Botenformel (vgl. 43, 14a; 45, 11a; 48, 17; 49, 7; ferner Jes 30, 12.15; 57, 15) vor, zweimal ist sie Bestandteil einer Selbstprädikation Jahwes (vgl. 43, 3a.15a). Beachtenswert ist, daß diese Bezeichnung in Verbindung mit anderen Gottesbezeichnungen steht wie „König" (43, 15), „Schöpfer" und „Bildner" (43, 15; 45, 11), „Retter" (43, 3a) und vor allem „Erlöser" (41, 14; 43, 14; 48, 17; 49, 7; vgl. auch 54, 5). An anderen Stellen ist im Kontext vom Heilstun Jahwes die Rede, siehe 41, 16.20, vgl. dazu Ps 22, 4-6. Jes 57, 15 sagt, daß der Name Jahwes „der Heilige" ist (vgl. noch 47, 4; 54, 5).

Unser Vers ist mit unter die Stellen zu zählen, die die Botenformel aufweisen, obwohl hier nicht die übliche Form „so spricht Jahwe..." vorliegt. Sachlich ist es aber das gleiche. Schwierig ist es, genau festzustellen, was die Bezeichnung „der Heilige" meint und wo sie beheimatet ist. Sie dürfte nicht von Deuterojesaja geprägt worden sein. In der Priesterschrift begegnet sie in Lev 11, 44f; 19, 2; 20, 26; 21, 8, wo sie als Begründung ethischer und ritueller Vorschriften angeführt wird, dann im vorexilischen Psalm 1Sam 2, 2, im Rahmen der alten Ladeerzählung des ersten Buches Samuel 1Sam 6, 20, im spätexilischen, von Jes 14, 4ff und Deuterojesaja abhängigen Prophetenspruch 2Kön 19, 20-34 (vgl. 19, 22)[81], ferner in einigen meistens nachexilischen Psalmen (Ps 22, 4; 71, 22; 78, 41; 99, 9), in Ho 11, 9, in Jer 50, 29; 51, 5, in Ez 39, 7 und vor allem in Jes 1, 4; 5, 19.24; 6, 3; 30, 11f.15; 31, 1[82].

Eine Prüfung des Materials aus dem Jesajabuch ergibt für unsere Formel einen doppelten Zusammenhang. Erstens gehört sie zur Weissagung und Sprucherteilung im Anschluß an eine Befragung[83]; auf den gleichen Zusammenhang dürften die Formulierungen „der Ratschluß des Heiligen Israels" (Jes 5, 19) und „der Spruch des Heiligen Israels" (Jes 5, 24) hinweisen. Zweitens gehörte sie sehr wahrscheinlich zu den liturgischen Akklamationen, die im Tempel üblich waren (vgl. Jes 6, 3). Es dürfte also der Schluß erlaubt sein, die Bezeichnung Jahwes als des Heiligen Israels im Orakelspruch beheimatet zu sehen,

---

[81] Vgl. Sellin-Fohrer, Einleitung, S. 254f.

[82] Nach Sellin-Fohrer, Einleitung, S. 406, sind Jes 10, 20; 12, 6; 17, 7; 29, 19.23; 37, 23 unecht. Zu Jes 12, 6 und 29, 19.23 vgl. Eißfeldt, Einleitung, S. 426f. Nach Eißfeldt sind aber Jes 10, 20; 17, 7 und 37, 23 echt, vgl. ebd., S. 419-421, 442.

[83] Vgl. Jes 30, 9-12.15; 31, 1.

den Kultpriester bzw. Kultpropheten im Tempel nach Befragung der Interessenten zu erteilen pflegten. Wurden sie nach einem göttlichen Spruch gefragt, so antworteten sie : „So spricht Jahwe, der Heilige (Israels)...". Ihr Ursprung vom Kult und später vom Tempelkult erklärt vielleicht ihre Verwendung in den Psalmen und im Leviticus, sie dürfte aber erst durch Jesaja, bedingt wahrscheinlich von seiner eigenen Berufungsgeschichte, und später durch Deuterojesaja zu ihrer vollen Geltung gekommen sein. Damit erklärt sich ihre Verwendung hauptsächlich in der exilisch-nachexilischen Zeit. In Deuterojesaja hat sie aber noch ganz deutlich ihren ursprünglichen Ort in der Botenformel bewahrt.

Versucht man herauszustellen, was der Begriff „heilig" meint, so weist 1 Sam 2, 2 auf die Einzigkeit Gottes („außer dir ist keiner"), 1 Sam 6, 20 auf die Unvergleichbarkeit und die richtende Macht Gottes, Ho 11, 9 auf seine schützende, erbarmungsvolle Zuwendung, Jes 6, 3 auf seine Erhabenheit und Heiligkeit gegenüber allem Weltlichen und Menschlichen hin. Deuterojesaja kennt all diese Motive, zeigt aber eine Vorliebe für die Verbindung des Motivs von Gottes Transzendenz mit dem Gedanken seines heilbringenden geschichtlichen Tuns, wie die Zusammensetzung der Bezeichnungen מושיע und גאל zeigt.

In den meisten Texten wurde die Bezeichnung Jahwes als des Heiligen durch den Genitiv „Israels" näher präzisiert. Aus welchem Gedanken heraus das geschah, ist nicht einfach einzusehen. Wie die andere Bezeichnung „Gott Israels" so bezieht sich auch diese auf das gesamte Volk. Was sie aussagen will, ist vermutlich dies, daß sich Jahwes Heiligkeit dem Volk Israel geoffenbart hat und weiter offenbaren wird. Das ist tatsächlich auch der Sinn unseres Textes. Die kritische Frage, die Gott hier stellt, will die Angeredeten darauf aufmerksam machen, daß der Heilige, der da spricht und mit dem sie nun zu tun haben, mit nichts vergleichbar ist. Alles, was die Erde füllt und sich dem menschlichen Blick öffnet, alles, was sich in der Geschichte abspielt und was der Mensch erfährt (VV. 23-24), führt zur Erkenntnis Gottes als des einen und einzigen unüberholbaren und unumgreifbaren Urgrunds der Dinge. Der absolute Gebrauch der Bezeichnung „Heilig" ist ein Hinweis darauf, daß sie an dieser Stelle in diesem absoluten Sinn verstanden werden soll. Sie meint die Andersartigkeit, Einzigkeit und Unvergleichbarkeit Gottes, wie sie sich im weltlichen und geschichtlichen Raum offenbaren, wenn man die Dinge nach ihrem Sein oder Nichtsein fragt[84]. In dieser Hinsicht scheint unser Text dem Text von Jes 6, 1-3 nahe zu stehen. Die Doxologie, die Gott dreimal als heilig bezeichnet, endet mit dem Bekenntnis: was die ganze Erde beinhaltet, (offenbart) seine Herrlichkeit. In Anbetracht dessen ist vielleicht doch kein Zufall, daß Jes 40, 21b vom Verstehen der Grundfeste der Erde spricht. Deuterojesaja könnte dabei bewußt an Jes 6, 3 gedacht haben.

V. 26

Der Ausdruck „erhebe(t) die Augen und sieh (seht) bzw. schaue(t)" von V. 26 begegnet innerhalb von Jes 40-53 noch ih 49, 18 und 51, 6 (sek.). Daß Jahwe den Himmel geschaffen hat, wird nochmals an den sekundären Stellen 42, 5; 45, 18a, dann auch in 65, 17 gesagt. Das Wort מספר kehrt dagegen nicht mehr wieder, während צבא im gleichen Sinn noch einmal in 45, 12 vorkommt. Wie 41, 25; 45, 3f zeigen, ist der Ausdruck „beim Namen rufen" Deuterojesaja wohl vertraut. In 45, 4 verwendet er in diesem Zusammenhang wie in 40, 26bα die Präposition ל. Belegt ist ferner der Ausdruck in 64, 6; 65, 1.

Übersetzt man רב in V. 26bβ im Sinne von „Menge", „Fülle"[85], so hat man sonst in 47, 9.12f; 57, 10; 63, 1 das gleiche Wort mit demselben Sinn. Das Wort אונים begegnet bei Deuterojesaja in 40, 29 wieder. Viel gebraucht wird von ihm das Substantiv כח[86], sonst ist es in 63, 1 belegt. Freilich verwendet es Deuterojesaja nicht mehr als rectum eines Adjektivs, wie hier der Fall ist. Die Niphalform von עדר ist schließlich noch einmal in 59, 15 belegt; unser Prophet gebraucht das Verb also nur an unserer Stelle.

V. 26 betont die souveräne Macht Gottes über die Dinge. Der Gedanke ist echt deuterojesajanisch; die originelle Sprache des Verses hängt vom Bild ab, das hier verwendet wird.

c) *Form- und Gattungskritik*

Aus der literarkritischen Analyse ergab sich, daß der Abschnitt von

---

[84] So auch Elliger: „Und es ist kein Zufall, daß hier ein einziges Mal gegenüber 13 anderen Fällen in 40-55 auf den Zusatz ישראל verzichtet wird, um auch nur den Anschein einer Einschränkung des Absolutheitsanspruches zu vermeiden... Jahwe ist der Heilige, kann also mit niemandem gleich sein" (Jesaja II, S. 87).
[85] Neuerdings liest auch Elliger מרב, versteht also רב adjektivisch (vgl. Jesaja II, S. 63). Er bezieht es auf Jahwe zusammen mit dem Adjektiv אמיץ: „Wenn also Jahwe das Heer der Sterne aufruft, dann haben sie sich zur Stelle zu melden und seiner Befehle zu harren" (vgl. ebd., S. 89).
[86] Vgl. 40, 29.31; 41, 1; 49, 4.

Deuterojesaja stammt. Nach Setzung des maqqef zwischen der Negationspartikel לוא und dem folgenden Verb in VV. 21 und 26bγ, zwischen der Konjunktionspartikel אף und dem folgenden mit בל versehenen Verb in V. 24a, zwischen שפטי und ארץ in V. 23b, zwischen ואמיץ und כח in V. 26bβ ergibt sich folgender rhythmischer und strophischer Aufbau:

V. 21a	2+3
V. 21b	3
V. 22a	3+2
V. 22b	3+3
V. 23	3+3
V. 24a	2+3
V. 24b	3+3
V. 25	3+2
V. 26aα	2+3
V. 26aβbα	3+3
V. 26bβγ	3+2

Das Ganze besteht aus einer Einleitung (V. 21) und drei Strophen mit je drei Versen; von diesen Strophen entspricht die zweite rhythmisch der dritten. Die erste Strophe weicht von den anderen zwei rhythmisch nicht sehr viel ab, wenn man bedenkt, daß ihr erster Vers die gleiche Anzahl von rhythmischen Worten hat, nur in umgekehrtem Verhältnis (nicht 2+3, sondern 3+2), der zweite Vers gleich ist, der dritte Vers nur ein rhythmisches Wort mehr hat. Unter formalem Gesichtspunkt sind die einzelnen Teile des Textes nicht nur durch den einheitlichen Rhythmus miteinander verbunden, sondern auch durch die Anrede im Ihr-Stil und den Fragesatz. So knüpft der letzte Vers der zweiten Strophe (V. 25) mit seinem Rückgriff auf die Ihr-Anrede und auf den Fragestil an die Einleitung V. 21 an[87]. In der dritten Strophe bleibt die Ihr-Anrede noch bestehen, sie ist aber nicht in Fragesätze, sondern in Imperativformulierungen umkleidet. Diese Strophe knüpft ihrerseits an die erste dadurch an, daß sie im zweiten Vers dem Satzbau der ersten Strophe entsprechend das partizipiale Subjekt mit folgendem Verbalsatz übernimmt. Syntaktisch ist die zweite Strophe mit der ersten dadurch verbunden, daß die partizipialen Subjekte ihr eigentliches Prädikat erst in V. 25 erhalten, auch wenn dieses wegen der rhetorischen Wende der Rede von der dritten zur

---

[87] Aufgrund der gleichen Formulierung und des gleichen Inhalts betont Elliger dagegen, daß v.25 an v.18 anknüpft (vgl. Jesaja II, S. 68). Vgl. auch Bonnard, Le Second Isaïe, S. 97, 101.

ersten Person Singular nur im logischen Sinn als ihr Prädikat gelten
kann. Wie an V. 22aβ ersichtlich ist, zu dem die näheren Bestimmungen VV. 22bβ.23b dem Satzbau nach parallel stehen, sind diese
Nominal- und Verbalsätze nicht als Prädikate jener partizipialen Subjekte anzusehen. V. 25 bildet als logisches Prädikat des Vorhergehenden
die eigentliche Aussage des Ganzen.

Seine Bedeutung wird nicht nur durch die Formulierung als Fragesatz, sondern auch durch den Wechsel von der dritten zur ersten
Person Singular hervorgehoben. Inhaltlich gesehen ist zu bemerken,
daß die zweite Strophe an den letzten Teil der ersten (V. 23) anknüpft.
Sie entfaltet in anschaulicher Weise das Motiv der Vernichtung der
Erlauchten und Herren der Erde durch Gott, um sofort auf die Pointe
des Ganzen zu kommen: mit wem wollt ihr mich vergleichen? Die
erste und dritte Strophe stimmen ihrerseits im Inhalt auch überein.
Beschreibt die erste Gottes Größe gegenüber der Welt und der Geschichte, seine Verfügungs- und Gestaltungsgewalt über die Dinge und
die Mächte der Welt, so redet die vierte von Gott als dem Schöpfer,
dem die Himmelsmächte — der Inbegriff der Macht überhaupt —
völlig untertan sind. Der Text erweist sich damit im ganzen als eine
im Rhythmus und im inhaltlichen Aufbau genau durchdachte Dichtung.

Gattungsmäßig kann man unser Gedicht als ein aus dem Geist der
Weisheit ermahnendes und belehrendes Wort auffassen. Es handelt
sich nicht um ein echtes Bestreitungswort[88] als vielmehr, wie VV. 25-26

---

[88] Von Waldow behauptet: „Das Stück Jes. 40, 18-26 ist also eine Sammlung von
drei unvollständigen Disputationsworten, von denen jeweils der erste Teil erhalten ist"
(vgl. Anlass und Hintergrund der Verkündigung des Deuterojesaja, S. 32). Er vermißt
dabei die sogenannten Schlußfolgerung (vgl. ebd., S. 31). Westermann sieht die drei
Einheiten 40, 12-17.18-24.25-26 in Funktion zu 40, 27-31, der einzigen wirklichen Bestreitung des ganzen Abschnittes. Er meint, daß „die drei ersten Stücke für sich genommen nicht als Disputationsworte bzw. Bestreitungen bestimmt werden können"
(Sprache und Struktur, S. 128, vgl. S. 129). Nach ihm steht hinter der Komposition
als ganzer die Struktur des beschreibenden Lobpsalmes; denn es wird dort an den
Gott erinnert, den die Israeliten in ihren eigenen Liedern besungen haben (vgl. ebd.,
S. 130). Elliger hält 40, 18-26 für ein selbständiges Disputationswort, welches die
Einleitung v.21, die Diskussionsbasis vv.22-24 in hymnischem Partizipialstil und die
Schlußfolgerung vv.25-26 umfaßt (vgl. Jesaja II, 63f, 67-69). Gleicher Meinung ist
Schoors: „These verses reproach Israel for its unbelief in Yahwe's omnipotence and
in his eternal fidelity. Here the disputation genre is unquestionable, but the style is,
again, partly hymnic" (vgl. I am God your Saviour, S. 257f). Im Anschluß an von
Waldow führt er aus: „...in 12-17 and 21-24 one can distinguish a *Disputationsbasis*
and a conclusion. In 18-20+xli 6-7 and in 25-26, the conclusion is expressed in the
initial question..." (ebd., S. 258). Vgl. schließlich Bonnard: „L'ensemble 40, 12-31
apparaît comme un débat, une contestation entre le Seigneur et les Israélites dé-
couragés... (vgl. Le Second Isaïe, S. 96).

zeigen, um ein Wort des Selbsterweises, das in Frageform formuliert ein Aufruf zur Besinnung[89] und zur Hoffnung sein will. Die Tatsache, daß spätere Redaktoren dem vorliegenden Text ein weisheitliches Wort (12-17) vorangestellt haben, dürfte dafür sprechen, daß in 40, 21-26 nicht so sehr ein Bestreitungswort vorliegt als vielmehr ein vom weisheitlichen Denken her geprägter Aufruf zur Besinnung. Der Redende geht vielleicht doch von der Beobachtung dessen aus, was sich auf politischer Ebene ereignet, indem er eine Heilsbotschaft Jahwes an sein Volk sieht (ward es euch nicht verkündet?)[90]; aufgrund weisheitlicher Erwägung deutet er das Geschehende als Werk Jahwes[91]. Er versucht dann, seine Brüder von der Größe und Allmacht Jahwes zu überzeugen und sie von ihrer Resignation, von der Zuflucht zu den Göttern und zu den Mächten der Welt abzubringen, indem er sich an ihren Verstand und an ihr gutwilliges Fassungsvermögen fragend wendet. Es ist eine Ermahnung und eine Belehrung, die keinem direkten Einwand Antwort gibt, sondern nur die konkrete Situation der Angeredeten berücksichtigt.

d) *Exegese*

V. 21

Das Hoffnungswort, das im weisheitlichen Text 40, 12-16 seinen Ansatz hat, wird nun über V. 17 in VV. 21-26 weiter ausgesprochen und entfaltet. Es wird persönlicher und konkreter. Die Angeredeten werden direkt angesprochen, auf ihr Erkennen, Hören und Verstehen hin, auf ihre Bereitschaft dazu hin gefragt. Damit macht sie der Prophet auf den konkreten Lauf der Dinge aufmerksam. Es geht um das Hören und Erkennen dessen, was verkündet wird. Durch das Wort des Propheten, der die Wende der politischen Lage auf Jahwe zurückführt und sie als Heilstat Jahwes zur Befreiung seines Volkes deutet und verkündet, werden die Exilierten zur Erkenntnis der Heilsstunde

---

[89] Nach Elliger liegen in v.21 allgemeinere Fragen vor, die „die Hörer zur Besinnung auf gewisse von ihnen ohne weiteres zuzugebende Tatbestände bringen wollen" (Jesaja II, S. 67).

[90] Das Verb נגד in der Hiphilform wird von Deuterojesaja auf geschichtliches Geschehen oder im Rahmen des göttlichen Selbsterweises bezogen (vgl. 41, 22f.26; 42, 9.12; 43, 9.12; 44, 7f; 45, 21; 46, 10; 48, 3.5f.14.20). Aus diesem Grund ist vielleicht doch nicht auszuschließen, daß vv.23-24 sich auch auf die jüngsten Ereignisse, auf Kyros und seine Erfolge beziehen (vgl. Elliger, Jesaja II, S. 86). Kissane meint: „The reference is to the beginnings of Israel's past history, particularly the events of the Exodus and the conquest of Canaan" (The Book of Isaiah, Vol. II, S. 17).

[91] Vgl. Hi 22, 13-14; 26, 7; 34, 13.19f; Ps 33, 10.16; 104, 2.

aufgefordert, die für sie bestimmt ist. Es gibt Grund zur Hoffnung, weil Jahwe am Wirken ist und das Geschick seines Volkes wendet. Zu beachten ist die Reihenfolge der Verben : erkennen, hören, verkünden. Die Erkenntnis kommt vom Hören des Verkündigten[92]. Zur Erkenntnis des göttlichen Handelns gelangt Israel durch das prophetische Zeugnis im weisenden Wort.

Es wird „von Anfang an" verkündet. Man kann diese Worte so verstehen, daß der Prophet bereits zu Beginn der geschichtlichen Umwälzung, die zum Untergang Babylons führen sollte, ihren Heilscharakter für Israel aufgedeckt hatte. Doch liegt in diesen Worten etwas Grundsätzliches. Sie beziehen sich ohne Zweifel nicht nur auf die damalige Situation, sondern auch auf die ganze Geschichte Israels und überhaupt auf die ontischen Grundlagen der Welt. Die eigene Geschichte ist von Anfang an für Israel das ununterbrochene Zeugnis der göttlichen Allmacht aus der Liebeszuwendung Jahwes zu seinem Volk heraus. Israel hat absolut gar keinen Grund an der immer wieder erfahrenen Allmacht Jahwes, die nur Ausdruck seiner Liebe ist, zu zweifeln, ohne gleichzeitig sich selbst in Frage zu stellen. Die Worte bergen in sich eine heilsgeschichtliche und eine kosmische Dimension. Daß es so ist, zeigen nicht nur der wiederholte Hinweis des Propheten darauf, daß Jahwe Israel geschaffen und gebildet hat[93], sondern auch seine Anspielungen auf die frühere Geschichte Israels[94].

Israel mußte aber auch verstehen, daß die Zerstörung Jerusalems und das Ende der Nation in keiner Weise eine Niederlage Jahwes selbst gewesen war, als ob Jahwe der Macht der Götter fremder Völker erlegen wäre, als ob er sein Volk einem unaufhaltbaren Schicksal überlassen und keine Kraft gehabt hätte, für es zu sorgen. Ein solcher Gedanke steckte anscheinend doch im Herzen der Exilierten (vgl. 42, 24a). Aus dem vorliegenden Text geht klar hervor, daß bei den Exilierten letztlich gerade die Allmacht Jahwes in Frage stand. Wie jeder andere Gott der fremden Völker, so mußte auch Jahwe mit der Macht anderer Götter und Völker rechnen. Jahwe wurde mit den anderen Göttern der Völker verglichen, als ob er wie einer von ihnen gewesen wäre. Die Exilierten hatten vergessen, daß Jahwe der war, auf dem alles Seiende und Wirkende seinen Bestand hatte, daß er also außer der Reihe der Götter stand und souverän über alles waltete.

---

[92] Vgl. die Ausführungen Elligers (Jesaja II, S. 82f).
[93] Vgl. 43, 1.21; 44, 2.21; 46, 3f.
[94] Vgl. 43, 16; 48, 21; 51, 2.9.

Die kosmische Dimension der Worte „von Anfang an" geht zunächst aus der Frage : „habt ihr nicht unterschieden der Erde Grundfeste?" Nicht nur die eigene Geschichte, sondern auch die Erde, auf der Israel wie alle Menschen lebt, verkündet Gottes Allmacht und liebevolle Zuwendung. Diese Welt ist so angelegt, daß sie die Größe Gottes durchblicken läßt; sie ist so gegründet, daß durch sie hindurch Gottes Erhabenheit und Macht zu Gesicht kommt. Das Dasein auf dieser Erde ist wesentlich mit dem Wissen verbunden, daß Gott alles trägt, lenkt und rettet, und daß keine Macht ihn in der Ausführung seines Heilsentschlusses zu hindern vermag. Der Hinweis auf die Schöpfung ist ein geläufiges Motiv der deuterojesajanischen Botschaft[95]. Der Prophet bemüht sich, die Schöpfermacht Jahwes ins Bewußtsein seiner Zuhörer zu bringen, um sie davon zu überzeugen, daß Jahwe sie von der Macht der Völker befreien kann, daß das nun Geschehende keine Täuschung, sondern wirklich Werk Jahwes ist, daß sie also Grund zum Vertrauen und zur Hoffnung haben. In seiner Argumentation dient die Schöpfungstheologie dazu, zum Glauben an das geschichtliche Heilshandeln Jahwes zu führen.

Wie sehr der Gedanke der Schöpfermacht Jahwes und der Gedanke seiner aktuellen Heilsmacht in der Anschauung des Propheten eine Einheit bilden, zeigt auch 41, 1-4. Der sieghafte Zug des Kyros ist das Werk dessen, der die Geschlechter von Anbeginn ruft. Die Dimension des jetzigen Ereignisses reicht bis in die Zeit der Schöpfung. Von daher erhält dies Ereignis den Charakter eines Heilsgeschehens und als solches wird es zum Glaubensangebot an die Hoffungslosen und Ermatteten. Zu vergleichen ist in dieser Hinsicht noch 45, 12f. Durch den wiederholten Hinweis auf Jahwe als Schöpfer hat der Prophet den Glauben an die gegenwärtige Heilstat Jahwes den Weg bereitet und ihn sozusagen ontologisch unterbaut.

Aber die Einheit der Perspektive, die im jetzigen Heilsgeschehen den erneuten Erweis der göttlichen Schöpfermacht sieht, hat bei Deuterojesaja vielleicht noch eine tiefere theologische Bedeutung. Sie entspringt nicht nur dem Anliegen, die gegenwärtigen Machttaten auf politischer Ebene Jahwe zuzuschreiben und sie ontologisch zu begründen, sondern vielmehr dem Glauben, daß diese Machttaten als Machttaten Jahwes nichts anderes sein können als Heilstaten Jahwes *für* sein Volk, das er sich geschaffen hat. Was jetzt geschieht, schließt sich an die lange Reihe göttlicher Hulderweisungen für Israel an, die

---

[95] Vgl. 40, 28; 41, 4.18-20; 45, 12.19; 48, 13.

bis zu seiner Erschaffung durch die Erwählung zurückreicht und darüber hinaus bis zur Erschaffung der Welt. Jahwes Zuwendung zu Israel hat sich zuerst darin geäußert, daß er Israel in der von ihm geschaffenen Welt ins Dasein rief. Das Wissen darum, daß Israel aus der Schöpfermacht des liebenden Gottes hervorgegangen ist, soll nun die Zweifelnden überzeugen, daß ihr Gott fähig und willig ist, sie vom Absinken ins Nichts, vom völligen Verschwinden aus der Welt zu retten, wie er einst durch die Erschaffung der Welt und durch die Erwählung der Väter dem Volk Dasein, Leben und Bund schenkte.

VV. 22-26

Zu Anfang unseres Textes steht die kritische Frage: wollt ihr nicht erkennen? Was die Zuhörer erkennen sollen, ist, daß „der Heilige" mit niemandem verglichen werden kann. Das zeigt sich daran, daß Gott der Schöpfer und Gestalter der Welt ist und über alle menschlichen Mächte herrscht und verfügt. Zu dieser Wahrnehmung führt aber die weisende Kunde all dessen, was ist und geschieht. Die gesamte Wirklichkeit öffnet den Weg zum Sehen und Erkennen: sie ist das verkündende Wort, das zu hören ist, will man zur Erkenntnis gelangen. So ist letztlich die durch das Hören erworbene Erkenntnis ein Geschenk, ein Angebot. Ein Beweis dafür liegt in jenen Texten vor, die auf das Thema der Erkenntnis zurückkehren. Jahwe will die Armen erhören und für sie die Wüste bewässern und bepflanzen, „damit sie sehen und erkennen, daß die Hand Jahwes das getan und der Heilige Israels das geschaffen hat" (vgl. 41, 20). Wenn Jahwe also in die Geschichte eingreift, so tut er das nicht nur deswegen, weil er sich der Leidenden erbarmt, sondern hauptsächlich deswegen, weil er sie zur Erkenntnis führen will, daß die Wende ihres Schicksals Werk Jahwes war, und daß sich an diesem Werk Jahwes Schöpfer- und Heilsmacht kundgegeben hat. Demgegenüber stehen die Götter, die wegen ihrer Untauglichkeit zu keiner Erkenntnis ihrer Gottheit führen können (vgl. 41, 23). Der Aufstieg des Kyros war von Anfang an verkündet worden, „damit wir erkennen würden... und sagen: wahrhaftig!" (vgl. 41, 26), womit Jahwes Eingreifen bestätigt wurde... Auch jetzt konnte keiner von den Göttern seine Macht unter Beweis stellen und mit Jahwe konkurrieren. Das Volk selber ist Zeuge davon, daß Jahwe Heil verkündet und geschaffen hat. Das können die Völker von ihren Göttern nicht sagen. Das führt das Volk zur Erkenntnis, daß es Jahwe ist, der alles getan, und daß kein anderer Gott mit am Werke war (vgl. 43, 10-12). Durch das vorhergesagte und dann vollendete Heilsgeschehen will Jahwe sich selbst als den einzigen Gott ausweisen. Jahwes Eingreifen in die Geschichte hat eine belehrende Funktion: es will Jahwes Einzigkeit als Gott offenbaren im Hinblick auf die Glaubensannahme. Wie persönlich all das gemeint ist, zeigt sich an den Worten Jahwes zu Kyros: der Erfolg seines Kriegszuges soll ihn zur Erkenntnis führen, daß es Jahwe gewesen ist, der ihn gerufen hat (vgl. 45, 1-4). Er sei aber auch dazu gerufen und von Jahwe geehrt worden, damit man erkennt, daß Jahwe der Einzige ist (vgl. 45, 6a). Die Geschichte Israels gibt ununterbrochen davon Kunde, daß Jahwe der Einzige ist: „Gedenket des Früheren, wie es von Urzeit an war: ‚Ich bin Gott und keiner sonst, bin Gottheit, es gibt nicht meinesgleichen…‘‘ (46, 9).

Eine Anzahl von Texten weisen die Formel auf: „erkennen, daß ich Jahwe bzw. Gott bin‘‘. Die ursprüngliche Selbstvorstellungsformel, die bei Deuterojesaja auch als unabhängige Aussage begegnet [96] und sonst in ergänzter Form vorliegt [97], ist in die Erkenntnisaussage ausgebaut worden, wie sie auch bei Ezechiel begegnet. Von dieser Erkenntnisaussage her ist der Text 40, 21-26 zu erfassen. Er stellt eine freie, dichterische Entfaltung jener Aussage dar, von deren knappen Form hier nichts mehr übrig geblieben ist. Der Inhalt ist aber der gleiche. Denn wie die Erkenntnisaussage aus der Betrachtung des göttlichen Waltens in Schöpfung und Geschichte erwuchs, so demonstriert 40, 21-26 die Einzigkeit Jahwes an seinem souveränen Tun in Welt und Mensch [98].

4)   40, 27-31

V. 27   Warum sprichts du, Jakob, redest du, Israel:
           „Verborgen ist mein Weg vor Jahwe, an meinem Gott geht mein
           Recht vorbei‘‘.

V. 28   Erkanntest du es nicht? Ob du gar nicht hörtest?
           Gott der Urzeit ist Jahwe! — schaffend die Ränder der Erde:
           nicht ermattet er, nicht ermüdet er; ist da ein Forschen in seine
           Einsicht (möglich)?

V. 29   — gebend dem Ermatteten Kraft; sind irgendwo überhaupt Mäch-
           tige?… ihnen mehrt er die Stärke!

---

[96] Vgl. 42, 8a; 45, 5a.18b; 49, 9b.

[97] Vgl. 41, 4a.13a; 43, 3a.15a; 45, 19b; 48, 17b.

[98] Vgl. zum Ganzen Zimmerli, Ich bin Jahwe, S. 29-34, dann Erkenntnis Gottes nach dem Buche Ezechiel, S. 69-71, 78-107. Vgl. auch Elliger, Ich bin der Herr—euer Gott, S. 25-32.

V. 30   Ja, Junglinge ermatten und ermüden, ja Rüstige straucheln und strau-
         cheln.
V. 31   Die Harrenden auf Jahwe aber tauschen Kraft ein, treiben Schwingen
         wie die Adler.
         Sie rennen und ermüden nicht, sie gehen und ermatten nicht.

a) *Zur Einteilung und zur Übersetzung*

Vorliegender Text hebt sich vom vorhergehenden durch die namentliche Du-Anrede ab. In 41, 1 begegnet anderseits der Ihr-Stil wieder;
die Angeredeten sind auch andere. Obwohl in V. 28aα der gleiche
Fragesatz wie V. 21aα vorliegt, obwohl in V. 29b der Begriff אונים
nochmals vorkommt (vgl. V. 26bβ), unterscheidet sich der Text in
seiner Aussage vom vorhergehenden. Der Redende hat Israels Schicksal und Verzweiflung vor Augen und durch den Hinweis auf Jahwes
unerschöpfliche Macht will er Vertrauen wecken. Im Vergleich zu den
noch zu allgemeinen Aussagen von VV. 21-26 ist die Rede in VV. 27-31
konkreter geworden.

VV. 28-29

Die Partikel אם in V. 28aα wurde entsprechend ihrem ursprünglichen
deiktischen Sinn mit „siehe"[99] als eine die Negation und zugleich die
Frage verstärkende Partikel wiedergegeben: „ob ... gar nicht". Nicht
leicht zu übersetzen ist in V. 29b der deiktische, rhetorische Sinn der
Partikel אין, zumal sie mit der Dativpräposition ל verbunden vorliegt.
Mit Hilfe des Personalpronomens „ihnen" wurde in der Übersetzung
auf den Dativ hingewiesen; um den negativen Sinn der Fragepartikel
אין rhetorisch hervorzuheben, wurde sie mit „irgendwo überhaupt"
wiedergegeben[100]. Das Sätzchen bildet gleichsam eine deutende Klammer zwischen dem Pronomen und dem verbum finitum.
    Es stellt sich die Frage, worauf der Ausdruck „schaffend die Ränder
der Erde" zu beziehen ist, ob er als Apposition zum vorhergehenden
Jahwe oder vielmehr als Apposition zum gemeinten, aber nicht ausdrücklich erwähnten Subjekt der folgenden verba finita zu gelten hat.
Die Ausleger entscheiden sich für die erste Lösung: „Gott der Urzeit

---

[99] Vgl. Christian, Untersuchungen, S. 183, 193.
[100] In den Bemerkungen zum Text übersetzt Elliger wörtlich: „Dem ohne Vermögen macht er viel die Stärke" (Jesaja II, S. 93). Schoors übersetzt: „He gives...
strength in plenty to him who has not might" (I am God your Saviour, S. 247), und
Bonnard: „Il amplifie l'endurance de qui est sans forces" (Le Second Isaïe, S. 95).

ist Jahwe, Schöpfer der Enden der Erde"[101]. Aufgrund des Rhythmus scheint aber die zweite Lösung naheliegender. Da müßte man den Text übersetzen: „Gott der Urzeit ist Jahwe! Als Schöpfer der Ränder der Erde ermattet er nicht...". Da wären das Partizip בורא und auch das folgende נתן als Prädikative aufzufassen bzw. als Verbalsubstantive[102]. Das ist syntaktisch ohne weiteres möglich. Die partizipialen Prädikative würden dabei nicht eine punktuelle Handlung des Subjektes, sondern seine Qualität bezeichnen. Da hätten wir eine sinnvolle Aussage: in seiner Eigenschaft als Schöpfer, da er also der Schöpfer aller Dinge ist, ermattet und ermüdet Jahwe nie, wenn er handelt; in seiner Eigenschaft als Stärkender mehrt er den Ohnmächtigen die Kraft, wenn er zu Hilfe kommt. Man braucht dann nicht auf die Lesart ראה ל — schauend bis... — zu greifen[103], um durch einen Zustandsverb die Spannung zu vermeiden, die zwischen dem punktuell verstandenen בורא und den einen Dauerzustand bezeichnenden verba finita entsteht. Und man braucht auch nicht zwei selbständige Sätze anzunehmen, von denen der eine sich appositionell an יהוה anschließt, der andere als ein neuer Satz dasteht.

b) *Literarkritik*

V. 27

Das Vorkommen der Namen Jakob und Israel als Bezeichnung der einen Gemeinde in ihrer Gesamtheit ist für Deuterojesaja kennzeichnend. In der vorexilischen Literatur kommen Jakob und Israel zusammen als Bezeichnung für das ganze Volk sehr selten vor, und zwar in Dt 33, 10, das vielleicht auf den Elohist zurückgeht, dann in Ps 78, 5.21.71; Ho 12, 13 (es ist aber hier der Patriarch Jakob-Israel ge-

---

[101] Vgl. Auvray-Steinmann, Isaïe, S. 156, Bonnard, Le Second Isaïe, S. 94, Buber, Bücher der Kündung, S. 128, Duhm, Das Buch Jesaja, S. 274, Feldmann, Das Buch Isaias, S. 39, Elliger, Jesaja II, S. 93, Kissane, The Book of Isaiah, Vol. II, S. 12, Knight, Deutero-Isaiah, S. 43, Köhler, Deuterojesaja stilkritisch untersucht, S. 10, Fohrer, Das Buch Jesaja, Bd. 3, S. 30, McKenzie, Second Isaiah, S. 21, Muilenburg, The Book of Isaiah Chapters 40-66, S. 445, North, The Second Isaiah, S. 34, Schoors, I am God your Saviour, S. 246, Smart, History and Theology in Second Isaiah, S. 62, Steinmann, Le Livre de la consolation d'Israël, S. 98, Volz, Jesaja II, S. 12, Westermann, Das Buch Jesaja, S. 42, Ziegler, Isaias, S. 119. Budde macht zwei Sätze: „Ein ewiger Gott ist Jahwe, (Er scheint bis zu) den Enden der Erde", Das Buch Jesaja, S. 659.

[102] Vgl. Brockelmann, Hebräische Syntaxe, S. 94.

[103] So Budde, Das Buch Jesaja, S. 659.

meint); Mi 3, 8[104]. An letzter Stelle werden beide Namen erwähnt innerhalb eines Scheltwortes, ein Zusammenhang, der noch bei Deuterojesaja in 43, 22.28 (vgl. 42, 24) nachklingt[105]. Doch überwiegt bei ihm ein anderer Zusammenhang: die Gemeinde wird mit Jakob und Israel im Rahmen der Heilszusage oder der Heilsankündigung angeredet[106]. Das verleiht dieser Anrede den Charakter einer liebevollen Zuwendung.

Es stellt sich freilich die Frage, ob Deuterojesaja diese doppelte Anrede selbst gebildet hat als Ausdruck der göttlichen Zuwendung zum Volk und inwieweit hinter jedem der zwei Namen eine eigene selbständige Formel anzunehmen ist. Man stellt fest, daß sich die Apposition „mein Knecht" auf den Namen Jakob bezieht[107] und nur einmal mit dem Namen Israel verwendet wird (41, 8). Ähnliches läßt sich in bezug auf den Namen Israel sagen: der Gedanke der Erwählung scheint ihm zu eigen zu sein[108]; in 41, 8 kommt er aber auch im Zusammenhang mit dem Namen Jakob vor; in 43, 20b steht er in Beziehung zu עם.

Das Verb גאל wird ohne Unterschied auf Jakob und auf Israel bezogen[109]. Anderseits wird die Wurzel ישע, die die Rettertätigkeit Jahwes bezeichnet, in den sekundären 45, 17; 46, 13 nur mit dem Namen Israel gebraucht. Nur einmal wird gesagt, daß sich Jahwe an Israel verherrlicht (44, 23). An diesem Befund zeigt sich, daß Deuterojesaja sich nicht streng an formelhafte Wendungen gehalten, sondern frei gesprochen und stets die ganze Gemeinde im Blick gehabt hat. Das ist um so mehr anzunehmen, als die Bezeichnung „Knecht" (Jahwes)" im AT nicht allein Jakob (vgl. etwa Ps 135, 4) vorbehalten, sondern auch für Mose (Dt 34, 5; Jos 1, 13.15...; 2Kön 18, 12), für David (etwa Ps 78, 70) und andere gebraucht wurde. Anderseits werden als Erwählte im AT Jakob (etwa Ps 105, 6; 1Chr 16, 13), Saul (1Sam 21, 6), Mose (Ps 106, 23) und David (etwa Ps 78, 70) bezeichnet. Es bestanden in dieser Hinsicht anscheinend keine festgelegten Traditionen.

---

[104] Nach Sellin-Fohrer ist Mi 2, 12 ein exilischer oder nachexilischer Zusatz und sind Jer 3, 10 und 46, 27 nicht ursprünglich, vgl. Einleitung, S. 434f, 438, 488; vgl. auch Eißfeldt, Einleitung, S. 489, 552. Dieser hält aber Jer 3, 6-13 für echt (vgl. ebd., S. 473).

[105] Vgl. auch Ps 78, 21.

[106] Vgl. 41, 8-13.14-16; 43, 1-4; 44, 1-5; 48, 12-15.

[107] Vgl. 44, 1.2; 45, 4; 48, 20.

[108] Vgl. 44, 1.2; 45, 4; 48, 12.

[109] Vgl. 44, 23; 48, 20; 49, 7.

Die Niphalform von סתר kommt bei Deuterojesaja nur hier vor,
sonst in Jes 65, 16; er gebraucht aber zweimal die Hiphilform davon
(49, 2; 50, 6); diese ist auch in 54, 8; 57, 17; 59, 2; 64, 6 belegt.
Öfters wird das Verb עבר verwendet[110]. Das Wort דרך findet sich im
vorliegenden Sinn bei Deuterojesaja nicht mehr. Die einzige Stelle,
die unserer entspricht, ist 57, 18; „seine Wege habe ich gesehen und
ich will ihn heilen", obwohl die Pluralform gegenüber der Singularform (mein Weg = mein Schicksal) eine kleine Sinnverschiebung bedeutet. Die übrigen Stellen, in denen vom „eigenen Weg" die Rede
ist, finden sich hauptsächlich innerhalb von Jes 54-55.56-66[111]. Was
den Begriff משפט angeht, so wird er mit Ausnahme von 49, 4; 50, 8
auf Gott bezogen[112]; in Jes 56-66 ist dieser theologische Bezug deutlich in 58, 2 festzustellen, in 59, 9.11.14 ist er unsicher. In 53, 8; 54, 17
bedeutet er „Gericht", in 56, 1; 59, 8.15; 61, 8 meint er die Übung
der Gerechtigkeit.

V. 28

In V. 28 kehrt wieder das Motiv des Erkennens und Hörens. Objekt
beider Verben ist auch jetzt Jahwe, und zwar unter dem neuen Aspekt
der Unerschöpflichkeit und Unveränderlichkeit[113]. Bei der Wendung
אלהי עולם geht es für Deuterojesaja wahrscheinlich nicht darum, eine
alte Formel einfach zu übernehmen, sondern eine theologische Aussage im Hinblick auf die Glaubenskrise seines Volkes auszusprechen[114].
Es geht ihm darum, zu zeigen, daß Jahwe, der selber nie müde wird,
den Müden Kraft zu geben vermag. Was die Verben יעף und יגע
angeht, so kehren sie außerhalb unseres Kontextes bei Deuterojesaja
nicht mehr wieder. Zwar ist יגע nochmals in 43, 22; 49, 4 zu lesen,
dort hat es aber den Sinn von „sich mühen"; die Hiphilform davon
ist im sekundären 43, 23f[115] belegt.

V. 28b steht sprachlich und rhythmisch ganz isoliert da. חקר kommt
nur hier vor; תבונה ist sonst nur in 40, 14 innerhalb einer Weisheits-

---

[110] Vgl. 41, 3; 43, 2; 51, 23 und die sekundären 45, 14; 51, 10.
[111] Vgl. 53, 6; 55, 8f; 56, 11; 57, 17; 65, 2; 66, 3.
[112] Vgl. 42, 1.3f; 51, 4; in 41, 1 meint er die Gerichtsverhandlung.
[113] Zur Bezeichnung „Gott der Urzeit" vgl. Jenni, Das Wort ῾olam im Alten
Testament, III Hauptteil, ZAW 65 1953, S. 1-20.
[114] Vgl. Jenni, ebd., S. 16. Nach Dahood könnte ῾olam sogar ein Name Gottes
sein, vgl. Psalms I, S. 75, 152. Elliger führt aus: „עולם ist die mit Geschichte gefüllte
Zeit, ist die Welt als Geschichte, in der Jahwe wirkt und über die er der absolute Herr
ist" (Jesaja II, S. 98).
[115] Vgl. vorliegende Arbeit zur Stelle, S. 350f.

dichtung belegt, die der Prophet oder ein Redaktor wahrscheinlich
übernommen hat; 44, 19 gehört zu einem nachträglich hinzugefügten
Abschnitt und kann hier deshalb nicht berücksichtigt werden. Doch
das reicht nicht aus, um V. 28b Deuterojesaja abzusprechen. Denn er
schließt sich inhaltlich gut dem Zusammenhang an, obwohl das beim
ersten Blick nicht eindeutig erscheint. Aus dem Vergleich mit Hi 5, 9;
9, 10; Spr 3, 19; Ps 136, 5; 145, 3; Jer 10, 12; 51, 15 ergibt sich, daß
der Begriff תבונה in Verbindung mit dem Motiv der Schöpfertätigkeit
Jahwes steht und mit dem Motiv der Unerforschlichkeit seines Tuns
in Schöpfung und Geschichte[116]. Durch diesen Gedanken weisheitlichen Charakters unterstreicht der Prophet die eigentliche Aussage
des Textes, daß Jahwe als der unumgreifbare Urgrund alles Seienden
in seiner Heilsmacht und Güte unausschöpflich ist.

V. 29

Hier kommt der Begriff עצמה vor, der abgesehen vom nichtdeuterojesajanischen 47, 9 sonst nicht mehr belegt ist. Die Hiphilform von
רבה begegnet in 51, 2, dann auch in 55, 7; 57, 9. Die zwei Termini
כח und אונים kennen wir aus 40, 26.

V. 30

Hier greift der Prophet auf die bereits in V. 28 gebrauchten Verben
zurück und erzeugt damit ein wirksames Kontrastbild; durch die Verwendung des infinitivus absolutus wird die Intensität des Satzes noch
größer. Von den hier vorkommenden Wörtern, „Jünglinge", „Rüstige"
und „straucheln", ist bei Deuterojesaja keiner mehr belegt[117].

V. 31

Mit der gleichen Bedeutung begegnet das Verb קוה nochmals in
49, 23; die Aussage kennzeichnet auch einige exilische (Klgl 3, 25) und
nachexilische Dichtungen (Ps 25, 3; 37, 9; 69, 7). Die Hiphilform von
חלף ist noch einmal in 41, 1 belegt; die Hiphil-, aber auch die Qalform
von עלה ist dagegen bei Deuterojesaja nicht mehr zu finden, da 40, 9;
53, 2 nicht ihm zuzuschreiben sind. Genauso ist keine Rede von
„Schwingen" und von „Adler". Das einzige Wort, das noch mehrmals
vorkommt, ist das Verb הלך. Da es aber einen geläufigen Sachverhalt
bezeichnet, kann man es nicht als typisch für unseren Propheten be-

---

[116] Vgl. besonders Hi 5, 9-16; 9, 5-10.
[117] Vgl. dazu in Jes 56-66 die Stellen 59, 10.14; 62, 5; 63, 13; 65, 20.

trachten. Zu beachten ist schließlich das Wiederkehren der Verben „ermatten" und „ermüden", das wie ein Refrain wirkt.

Die Einmaligkeit der meisten Begriffe hängt mit dem spezifischen Inhalt des Textes und seiner Bilder zusammen und ist in keiner Weise Zeichen der Unechtheit. Das Ganze kreist ja um das Motiv des „Erkennens" und des „Hörens", das wie ein roter Faden die deuterojesajanische Schrift durchzieht.

c) *Form- und Gattungskritik*

Der Abschnitt VV. 27-31 besteht aus drei Strophen mit je drei Stichen. Der Rhythmus ist verhältnismäßig einheitlich; verbindet man mit maqqef die Negativpartikel לא(ה) mit den jeweiligen Verben (VV. 28aαγ.31b), die Fragepartikel אין mit den jeweiligen Substantiven (VV. 28b.29b), dann וקוי־יהוה (V. 31aα), so ergibt sich folgende Akzentverteilung [118]:

V. 27a	3+2
V. 27b	3+3
V. 28aα	2
V. 28aβ	3+3
V. 28aγb	2+2
V. 29	3+3
V. 30	3+3
V. 31a	3+3
V. 31b	2+2

Zwischen der ersten und der dritten Strophe besteht inhaltliche Entsprechung: zunächst führt der Redende Israels Klagen an, das eigene Elend gehe auf die Ohnmacht Jahwes zurück, wogegen er auf die Eigenschaft Jahwes als des ewigen Gottes aufmerksam macht; dann, in der dritten Strophe, spricht er zuerst von der Hinfälligkeit der Starken, um sofort darauf hinzuweisen, daß Jahwe den auf ihn Harrenden Kraft verleiht. Die zweite Strophe schließt die erste ab und leitet die dritte ein: es ist zunächst von der unabänderlichen Schöpfermacht Jahwes, dann von seiner kraftverleihenden Zuwendung die Rede. Es handelt sich also auch hier um eine durchdachte Komposition. Ein Verbindungselement unter den drei Strophen ist der Name Jahwes, der in jeder Strophe vorkommt [119].

---

[118] Mit Ausnahme von v.28aα (2+2) weist Köhler die gleiche Akzentverteilung auf (Deuterojesaja stilkritisch untersucht, S. 9f).

[119] Vgl. vv.27bα.28aβ.31aα.

Bei der Bestimmung der Gattung behauptet Westermann, daß Deuterojesaja in V. 27 einen Satz aus der Volksklage zitiert. Die Worte „verborgen" und „recht" wären für die Klage bezeichnend[120]. Bei genauerem Zusehen stimmt das freilich nicht, denn in den Klagepsalmen, die in Frage kämen und die Westermann erwähnt, ist nur davon die Rede, daß Gott sein Antlitz verborgen hat. In unserem Text ist aber der Weg des Volkes Gott verborgen — also eine ganz andere Aussage[121]. Die einzige Stelle aus einem Klagelied des Einzelnen, die einigermaßen der unseres Textes entspricht, ist Ps 38, 10. Aber auch hier besteht ein Unterschied. Die Aussage des Psalms „mein Seufzen ist dir nicht verborgen" ist ausgerechnet keine Anklage gegen Gott, sondern ein Vertrauenswort zu ihm. Eine ähnliche Stelle in Hi 3, 23 findet sich innerhalb einer Klage, die Aussage aber hat an sich weisheitlichen Charakter, denn sie lautet: „dem Menschen ist der Weg Gottes verborgen".

Was ferner das Wort „Recht" angeht, so kommt es wohl in der Klage des Einzelnen vor, siehe Ps 26, 1; 35, 23; 140, 13, die Aussage ist aber wiederum anders: Gott schafft dem Klagenden Recht. Dazu kommt die Tatsache, daß dieses Wort sich nicht innerhalb der Klage findet, sondern zur Bitte gehört bzw. zu einer Vertrauensaussage. Wenn also Deuterojesaja tatsächlich die Volksklage zitierten wollte, dann hätte er formulieren müssen: „warum hat Jahwe sein Antlitz vor mir verborgen? Mein Gott schafft mit kein Recht". Es ist noch zu bemerken, daß fast alle Psalmen, die Westermann anführt, nachexilisch sind. Es ist eben die Frage, ob sie mit Sicherheit auf die Gattung der Klage als Bestandteil des exilischen und vorexilischen Gottesdienstes schließen lassen. Selbst die fünf Klagelieder sind nicht als kultische Texte anzusehen[122]. Es entsteht der Eindruck, daß wir bei Deuterojesaja weniger mit der Übernahme vorhandener Schemata zu tun haben als vielmehr mit der selbständigen Prägung eines Heilswortes aus der besonderen konkreten Situation, da der Glaube des Volkes gefährdet war. Das zeigt sich deutlich am Inhalt des in V. 27b vorgetragenen Einwandes. Die Anklage Gottes, so wie sie in den angeführten Texten bezeugt ist, entspricht dem tiefen Glauben Israels an Jahwe und ist Ausdruck dieses Glaubens. Nicht zufällig ist sie in der

---

[120] Vgl. Westermann, Das Buch Jesaja, S. 51.

[121] Auch Elliger bemerkt: „...nicht Gott verbirgt von sich aus sein Angesicht..., sondern es ist, als sähe Gott überhaupt nicht, was da vor sich geht, als spiele sich alles ohne ihn ab" (Jesaja II, S. 96).

[122] Vgl. Sellin-Fohrer, Einleitung, S. 323, Eißfeldt, Einleitung, S. 683f.

Du-Anrede formuliert. Sie ist Gebet. Das ist aber nicht der Fall in
Jes 40, 27b. Die Formulierung in der dritten Person — es besteht kein
Grund, sie als Anpassung eines ursprünglich in der zweiten Person
formulierten Satzes aus der Volksklage anzusehen — und die Aussage selbst verraten eine Haltung des Mißtrauens und des Unglaubens.
Hier beklagt sich Israel nicht über den nicht nachlassenden Zorn oder
das Schweigen oder die Zurückhaltung Jahwes[123]. Es stellt das Gottsein Jahwes selbst in Frage : Jahwe weiß nichts, er nimmt nichts wahr,
alles geht an ihm wirkungslos vorüber. Und das wird einfach so hin-
gesagt, nicht Gott selbst im Gebet vorgetragen. Das ist keine Klage
mehr, sondern hoffnungslose Resignation und Enttäuschung. Daß die
Dinge so standen, wird deutlich an der heftigen Polemik des Propheten
gegen Götter und Götzen, die eine anlockende Alternative für die
schwachen Israeliten darstellen konnten. So legt sich nahe anzunehmen, daß in V. 27b keine Elemente aus der Volksklage vorliegen.

Wohl kann man das Ganze mit Westermann als ein Bestreitungswort
bezeichnen[124]. Dem Unglauben Israels hält der Prophet die Wirklichkeit Jahwes entgegen als des Gottes, in dessen Händen Schöpfung
und Geschichte liegen, der immer der gleich bleibende unausschöpfliche
Quell alles Lebens und aller Kraft ist. Das ist aber keine lehrmäßige
Aussage. Unser Text ist aus den vorhergehenden VV. 21-26 her zu
verstehen[125]. Indem der Prophet so spricht, knüpft er an das an, was
Israel aus der eigenen Geschichte selbst weiß. Auch hier sind weniger
einzelne kultische Formen, wie etwa die des beschreibenden Lobpsalmes, bestimmend gewesen als vielmehr das erfahrungsmäßige Wissen
um die unbesiegbare, unvergleichbare und unveränderliche Macht
Jahwes und seine ungebrochene Zuwendung, ein Wissen, das der Gat-

---

[123] Vgl. Westermann, Struktur und Geschichte der Klage im Alten Testament,
S. 276 Anm. 31-32.

[124] Nach Westermann wird in der Bestreitung „ein Einwand, Zweifel o. ä., der
gegen den hier Sprechenden erhoben worden ist, der aber in dem Wort selbst nur
vorausgesetzt, angedeutet oder stark abkürzend zitiert wird, bestritten" (Sprache und
Struktur, S. 125, Das Buch Jesaja, S. 53). Vgl. Schoors, I am God your Saviour,
S. 294f, und Elliger, Jesaja II, S. 94f.

[125] Das bedeutet gar nicht, daß 40, 27-31 kein selbständiges Stück ist. Es bildet
eine Einheit für sich, so wie auch 40, 21-26 eine Einheit für sich ist. In Auseinandersetzung mit Westermann, der in 40, 18-26 keine selbständige Einheit sieht, sondern
zusammen mit 40, 12-17 die Vorbereitung von 40, 27-31 (vgl. Sprache und Struktur,
S. 128f) bemerkt Elliger : „Der vermeintliche Zwang zur Annahme einer solchen
‚Komposition' geht nicht von 27-31 aus, sondern von dem angeblich fragmentarischen
Charakter, jedenfalls von der angeblichen Unabgeschlossenheit der Teile, in die man
12-31 zerlegt" (vgl. Jesaja II, S. 95, vgl. auch S. 45-47, 65).

tung des beschreibenden Lobpsalmes selbst zugrunde liegt. Anderseits sind gewisse Entsprechungen zwischen unserem Text und dem Lobpsalm nicht zu leugnen. Bei Deuterojesaja fehlt zwar der imperativische Ruf zum Loben, die Entfaltung der Begründung aber („ein ewiger Gott ist Jahwe") ist vorhanden in VV. 28aα.28b-31 und betrifft das Handeln Jahwes in Schöpfung und Geschichte. Doch das reicht nicht aus, um annehmen zu können, daß hinter der Komposition als einem Ganzen die Struktur des beschreibenden Lobpsalmes steht[126]. Man muß auch hier gedenken, daß mit Ausnahme von Ps 89, 6-19 und Nah 1, 2-11 alle anderen von Westermann für beschreibende Lobpsalmen gehaltenen Texte[127] nachexilisch sind. Man muß sich also doch nur damit begnügen zu sagen, daß hinter der Komposition Jes 40, 12-31 und den Lobpsalmen eine vom Glauben getragene ausführliche Betrachtung des geschichtlichen Waltens Jahwes mit seinem erwählten Volk steht.

Letztlich weiß Westermann selber, wie schwer es ist, das Verhältnis unserer prophetischen Texte zu kultischen Traditionen genau festzustellen. „Ob und in welchem Maß in diesen gottesdienstlichen Zusammenkünften (nach dem Jahr 587) die alte Tradition des Gotteslobes, wie wir sie aus den Lobpsalmen kennen, weiterging, wissen wir nicht. Vielleicht war es ganz zum Schweigen gekommen, vielleicht war es nur noch Tradition, die nicht mehr wirklich lebte, die nicht mehr wirklich in die Gegenwart sprach. Hier ist es der Auftrag Dtjes.', das alte Gotteslob wieder zu erwecken..."[128]. Kann man aber wirklich behaupten, daß Deuterojesaja bei seiner Verkündigung bewußt an das alte Gotteslob anknüpfen will? Wie Westermann selber ausführt, wissen wir nichts über die Tradition des Gotteslobes in der Exilzeit. Man könnte hinzufügen: wir wissen auch wenig über eine Gattung des Gotteslobes und ihre Überlieferung in vorexilischer Zeit. Es liegt also näher zu vermuten, daß der Prophet in einer Situation allgemeinen Unglaubens und der Resignation einfach auf die Glaubensgrundlagen Israels zurückgreift und an Jahwe erinnert als den Gott, aus dem allein Israel sich selbst und das Ganze der Wirklichkeit zu verstehen gelernt hatte. Die ganze Tradition des Glaubens, nicht nur eine Schicht davon, stand dabei dem Propheten zur Verfügung. Eben darauf und nicht auf bestimmte kultische Traditionen bezieht sich der Vorwurf,

---

[126] Vgl. Westermann, Sprache und Struktur, S. 130, Das Buch Jesaja, S. 51f.
[127] Vgl. Westermann, Das Loben Gottes in den Psalmen, S. 88, 94.
[128] Vgl. Westermann, Sprache und Struktur, S. 131.

ob Israel wirklich nicht erkannt und nicht gehört hat. Es ist letztlich
die Frage nach dem Sinn der Existenz Israels.

d) *Exegese*

V. 27

Der Abschnitt VV. 27-31 fällt wegen seiner Du-Formulierung auf.
Im Unterschied zu den Abschnitten VV. 12-17 und 21-26, die jeweils
in der dritten Person Singular und in der zweiten Person Plural
formuliert sind, wird jetzt die Anrede inniger und persönlicher. Nach
ausgedehnter Vorbereitung gelangt nun der Prophet zum Ziel seiner
Rede. Indem er den Einwand der Israeliten anführt und ihn bestreitet,
zeigt er ganz deutlich, was ihn eigentlich bewegt bei seinem ausführlichen theologischen Reden. Seine Rede über Gott will Glauben erwecken im Hinblick auf das göttliche Heilswerk, das sich nun ereignet,
sie hängt mit der Verkündigung des nun heranbrechenden Heils zusammen, das angenommen werden soll im Glauben. Die Aussagen
über Jahwe als den unermeßlichen, unvergleichbaren, ewigen, d.h. un-
ermüdlichen und unveränderlichen Gott entspringen dem Anliegen,
diesen nun in der Geschichte wirkenden und heilbringenden Jahwe
als einen solchen wirkenden und rettenden erkennen und annehmen
zu lassen.

V. 28

Deuterojesaja greift auf die Seinseigenschaften Jahwes, um beweisen
zu können, daß Jahwe der Gott der Treue ist, daß er durch die
Bestrafung hindurch und gegen alle politische Gewalt die Seinen zu
befreien vermag und wirklich befreien will. Es geht letztlich tatsächlich
um den Glauben an die Treue Jahwes. Der Appellativ „Gott der
Urzeit", der in sich die anderen Appellative der Unermeßlichkeit und
Unvergleichbarkeit einschließt, will im Grunde genommen die Eigenschaft Jahwes als des treuen Gottes in besonderer Weise hervorheben:
als der ewige Gott untersteht Jahwe nicht dem Wechselgang der
Kräfte, sondern bleibt sich selber immer gleich; er bleibt bei seinem
ein für allemal gefaßten Entschluß[129] und vermag ihn durchzuführen.
Er ermüdet und ermattet nicht; das besagt: er steht weiterhin zu

---

[129] Vgl. die Deutung Elligers: „Vielmehr ist משפט Gottes der von ihm selbst jemandem
zugesprochener Willensentscheid, wie es weitergehen soll... so ist Jakob-Israels משפט das,
was sein Gott ihm verheißen hat" (Jesaja II, S. 97).

denen, die er erwählt hat, er kennt sie und setzt sich für sie ein[130]. Auch in Zeiten äußerer Verlassenheit und Bedrückung kennt Jahwes Treue kein Nachlassen. Jahwe ist auch jetzt der, den Israel seit Urzeit kennt, den sein Volk bergenden und rettenden, züchtigenden und fordernden Gott. Der Prophet appelliert an die Erfahrung, die Israel selber auf seinem langen Weg gemacht hat: „hast du nicht erkannt, hörtest du gar nicht?". Jahwe zu verkennen in dieser Heilsstunde würde bedeuten, sich selbst und die ganze eigene Geschichte für sinnlos zu erklären. Es sind nicht nur eigene Gedanken des Propheten, die hier zum Ausdruck kommen, sondern Israel selbst als das Volk Jahwes bringt sich zur Sprache.

VV. 29-31

Aber hier zeigt sich in aller Klarheit, wie sehr für Deuterojesaja Schöpfungsglaube und heilsgeschichtliches Denken zusammengehört. Aus der Betrachtung der eigenen Geschichte als der Geschichte eines von Jahwe aus dem Nichts herausgeholten und von ihm ständig gegen das Zurückkehren ins Nichts geschützten Volkes konnte Israel das Verständnis Jahwes als des Schöpfers gewinnen, in dessen Händen Sein und Nichtsein, Macht und Ohnmacht aller Wesen liegt, in dem alles Leben und der Tod ihren Grund haben. Zwar geht Deuterojesaja bei seiner Argumentation den umgekehrten Weg von der Schöpfung zur Geschichte. Das hat aber seinen Grund in der Situation, in der er sich befand. Da die Israeliten an das wirkliche Eingreifen Jahwes in der Geschichte nicht glaubten oder mindestens daran zweifelten, mußte der Prophet zunächst an die schöpferische unbegrenzbare und unermüdliche Macht Jahwes über die Dinge erinnern, um daraus sein Wirken in der Geschichte folgern zu können. Er will diesen Zusammenhang ins Bewußtsein seiner Zuhörer bringen, um sie zur Hoffnung auf Jahwe zu bewegen als den stärkenden und rettenden Gott seines Volkes.

Zusammenfassung der Analyse von Jes 40

Die Untersuchung ergab folgende Entstehungsphasen:

1. Auf Deuterojesaja gehen VV. 21-31 zurück. Nicht sicher ist es, ob VV. 12-16 von Deuterojesaja stammen oder vielmehr von ihm vor-

---

[130] Elliger führt aus: „... der Herr der Geschichte ist auch der Herr ihres (der Israeliten) Geschicks" (Jesaja II, S. 102).

gefunden und aufgenommen wurden. Sie könnten aber auch von einem späteren Redaktor und Ordner der deuterojesajanischen Texte stammen bzw. übernommen worden sein. Auf diesen bzw. im ersten Fall auf Deuterojesaja selbst geht aber V. 17 zurück.

2. Auf den Interpolator bzw. Redaktor, der 41, 6f; 44, 9-20; 46, 6f eingefügt hat, gehen VV. 18-20 zurück. Die Aufnahme von VV. 12-16 könnte eventuell auch ihm zugeschrieben werden; auch in diesem Fall dient V. 17 als redaktionelles Bindeglied zwischen VV. 12-16 und 18-20.21-26.

3. Auf den Redaktor, der Jes 49, 1-52, 12 an Jes 40, 12-48, 22 angehängt hat, dürfte Jes 40, 9-11 zurückgehen; 40, 1-8 ist aber dem Redaktor zuzuschreiben, der Jes 56-66 hinzugefügt hat.

Gattungsmäßig wurden die einzelnen Einheiten folgendermaßen bestimmt :

40, 1-2	Trostwort mit gleichem Aufbau wie die Loblieder (imperativischer Ruf mit einer durch כי eingeleiteten Begründung) in Form einer Befehlsausgabe.
40, 3-5	Rede über das kommende Gericht bzw. Gerichtsbeschreibung (1. Zeichen des anbrechenden Gerichtes; 2. Imperativischer Ruf zum entsprechenden Verhalten; 3. Beschreibung des Kommens des Richtenden).
40, 6-8	Fortsetzung der Rede über das Gericht mit Elementen anderer Gattungen wie Klage und Bestreitung.
40, 9-11	Hymnus mit eingefügter Heroldinstruktion und entsprechendem Botenspruch.
40, 12-16(17)	Weisheitsgedicht.
40, 18-20	Spottwort.
40, 21-26	Weisheitliches Belehrungswort mit angedeutetem Selbsterweiswort; es leitet das folgende Bestreitungswort ein.
40, 27-31	Bestreitungswort. Es fehlen Elemente aus der Volksklage und auch sichere Hinweise auf den Einfluß der Gattung des beschreibenden Lobpsalmes.

1) 41, 1-4

V. 1   Verstummt mir zu, Meeresküsten! Ja, die Nationen mögen Kraft ein-
        tauschen!
        Heran sollen sie, dann erst reden: laßt uns miteinander zum Gericht
        nahen!

V. 2   Wer hat vom Aufgang her erweckt, den das Heil in seine Fußspur
        beruft?
        Es gibt Völker ihm preis und läßt (ihn) Könige niedertreten.
        Zum Staub macht (sie) sein Schwert, zum verwehten Stroh sein Bogen.

V. 3   Er verfolgt sie, zieht vergeltend den Pfad durch: mit seinen Füßen hält
        er nicht.

V. 4   Wer hat es gewirkt und getan? Der Rufende die Geschlechter von
        Anfang:
        Ich, Jahwe, der Erste; und bei den Letzten: ich, derselbe!

a) *Zur Einteilung und zur Übersetzung*

41, 1-4 umfaßt eine Rede Jahwes. Der Redende nimmt Bezug auf
sich am Anfang (אלי) und am Schluß (אני) der Rede. Dieser Ich-Bezug
schließt den Text ein und umreißt ihn. V. 5 steht außerhalb dieses
Bezugs, durch seinen berichtenden Charakter hebt er sich auch formal
vom Vorhergehenden ab. Die formale Geschlossenheit von 41, 1-4
zeigt sich ferner an den die eigentliche Rede umklammernden zwei
מי-Fragesätzen (VV. 2a.4a).

V. 1

Deuterojesaja gebraucht das Wort משפט in verschiedenen Zusam-
menhängen und mit verschiedenem Sinn. In 40, 27; 49, 4 spricht der
Redende von „mein Recht", wobei die eigene Situation, die eigene
Sendung, die eigene Existenz aufgrund der Verheißung des religiösen
Verhältnisses mit Gott gemeint ist. In 40, 14 ist vom „Weg des
Rechten" die Rede; in 50, 8 liegt der Ausdruck „Recht schaffen" vor.
Im sekundären 42, 1.3f meint das Wort den göttlichen Heilsentscheid
für Israel und die Völker, in gleichem Sinn ist es vielleicht auch in
51, 4 (sek.) zu verstehen; 53, 8 meint wahrscheinlich den Gerichts-
spruch. Der Inhalt unseres Abschnittes verweist aber mehr auf die

Gattung der Gerichtsrede in einer Gerichtsversammlung. Es legt sich also nahe, מִשְׁפָּט als Gericht oder Gerichtsverhandlung zu übersetzen[1]. Die einzige Stelle, die der vorliegenden innerhalb von Jes 40-66 entspricht, ist 54, 17 : „Jede Zunge, die wider dich klagt im Gericht".

V. 2

In V. 2bα besteht keine Notwendigkeit, für ירד eine andere Punktation anzunehmen[2]. Es ist die apokopierte Form des Hiphils יִרְדֶּה aus רדה, treten, niedertreten. In 2bα dürfte das grammatische Subjekt nicht mehr מי, sondern צדק sein[3], in V. 2bβγ ist weder Jahwe noch Kyros das grammatische Subjekt[4], sondern jeweils „sein Bogen" und „sein Schwert"[5]. Das Verb נתן mit der Partikel כ hat hier den Sinn von „zu etwas machen".

V. 3

Zur Bedeutung von שלום ist die Aussage Gerlemans zu beachten : „In Jes 41, 2f ist von Cyrus und seinen Eroberungszügen die Rede... Daß שלום hier nicht „Heil" oder „Friede" meinen kann... scheint ziemlich offenkundig. Die Gerichtsrede Deutero-Jesajas spricht von der Vergeltung, die Jahwe durch Cyrus über ‚Inseln und Nationen' kommen läßt"[6]. Nicht klar ist der Sinn von V. 3b. Wenn man ארח in Beziehung zu יעבר setzt, dann erhält der Satz den Sinn : er geht vergeltend einen Pfad durch, den er mit seinen Füßen nie betreten hat. Das würde aus dem Zusammenhang her meinen : was er besetzt hat,

---

[1] So neuerdings auch Elliger (Jesaja II, S. 108-112, 119), Schoors (I am God your Saviour, S. 208) und Westermann (Sprache und Struktur, S. 135). Dagegen gibt Rignell diesem mišpaṭ den gleichen Sinn wie in 40, 14.27 (vgl. A Study of Isaiah Ch. 40-55, S. 21).

[2] So Duhm, Das Buch Jesaja, S. 275, und Westermann, Das Buch Jesaja, S. 53 Anm. 2. Elliger nimmt hier die Hiphilform von ירד an (vgl. Jesaja II, S. 105f); so auch Schoors (vgl. I am God your Saviour, S. 211). Bonnard spricht sich für das Verb רדד aus (vgl. Le Second Isaïe, S. 106).

[3] So neuerdings auch Elliger (vgl. Jesaja II, S. 120).

[4] So Bonnard, Le Second Isaïe, S. 104 und 109 Anm. 1, Buber, Bücher der Kündung, S. 129, Kissane, The Book of Isaiah, Vol. II, S. 23, McKenzie, Second Isaiah, S. 26, und Muilenburg, The Book of Isaiah Chapters 40-66, S. 449.

[5] Vgl. Auvray-Steinmann, Isaïe, S. 157, Duhm, Das Buch Jesaja, S. 275, Elliger, Jesaja II, S. 104, Feldmann, Das Buch Isaias, S. 41, Fischer, Das Buch Isaias, II Teil, S. 42, Fohrer, Das Buch Jesaja, Bd. 3, S. 33, Knight, Deutero-Isaiah, S. 47, Marti, Das Buch Jesaja, S. 279, North, The Second Isaiah, S. 35 (nur v.2bγ), Penna, Isaia, S. 416, Rignell, A Study of Isaiah Ch. 40-55, S. 22, Schoors, I am God your Saviour, S. 207, Volz, Jesaja II, S. 14f, Westermann, Das Buch Jesaja, S. 53, Ziegler, Isaias, S. 119.

blieb unter seiner Kontrolle; er brauchte nicht, es nach einem eventuellen Rückzug zurückzugewinnen. Freilich ließe sich dabei das Präsens לא יבוא nicht erklären. Versteht man dagegen V. 3b als einen
selbständigen Satz[7], so würde er bedeuten: er berührt den Pfad nicht
(so rasch ist sein Zug). Letztere Lösung hat den Vorteil, daß sie die
formale Struktur des Verses bewahrt: zwei Teile, die im Parallelismus
zueinander stehen. Den Bewegungsverben „verfolgen und durchziehen"
von V. 3a entspricht der rasende Zug von V. 3b.

Es gibt noch eine dritte Möglichkeit, die in gleicher Weise der
formalen Struktur des Verses und dem grammatischen Befund gerecht
wird. Man kann übersetzen: „Er verfolgt sie, er zieht vergeltend seinen
Weg durch: mit seinen Füßen hält er nicht!". Der Parallelismus wäre
in diesem Fall durch die Hervorhebung des Bewegungsverbs בוא im
Sinne von „nicht zur Ruhe kommen" verstärkt. Bei dieser Übersetzung
ist ארח zu V. 3a hinzuzuziehen als Objekt von יעבור. Die Fortsetzung
braucht nicht als Relativsatz aufgefaßt zu werden[8]. Daß das Verb
עבר auch transitiven Sinn hat und ein Objekt regieren kann, zeigt
sich etwa an Jes 47, 2; 51, 23. Metrisch würden dann die Akzente der
zwei Stiche auf 4+2 verteilt sein, oder auch auf 3+2, wenn man
יעבור־שלום mit maqqef verbindet.

b) *Literarkritik*

V. 1

Deuterojesaja gebraucht die Hiphilform von חרש noch einmal in
42, 14. Einmalig ist aber im ganzen AT seine Zusammensetzung mit
der Präposition אל. Das Wort לאם kommt innerhalb der Gerichtsrede
43, 8-13 in V. 9 wieder vor: die Nationen sollen sich versammeln, um
Jahwes Rechtsspruch zu hören und seine Überlegenheit anzuerkennen.
Zusammen mit den Inseln werden die Nationen noch in 49, 1 und

---

[6] Vgl. Gerleman, Die Wurzel šlm, ZAW 85 1973, S. 10.

[7] So Bonnard, Le Second Isaïe, S. 104, Duhm, Das Buch Jesaja, S. 275, Elliger,
Jesaja II, S. 104, Fohrer, Das Buch Jesaja, Bd. 3, S. 33, Kissane, The Book of Isaiah,
Vol. II, S. 24, McKenzie, Second Isaiah, S. 26, Rignell, A Study of Isaiah Ch. 40-55,
S. 22, Schoors, I am God your Saviour, S. 207, Volz, Jesaja II, S. 14, Westermann,
Das Buch Jesaja, S. 53, Ziegler, Isaias, S. 119. Anders Buber, Bücher der Kündung,
S. 129, und Muilenburg, The Book of Isaiah Chapters 40-66, S. 450.

[8] Elliger äußert aber Bedenken: „ארח ist schwerlich zum vorangehenden Satz zu
ziehen und die Fortsetzung als Relativsatz aufzufassen" (Jesaja II, S. 121). Der Sinn
bleibt trotzdem der gleiche: es ist „die verblüffende Schnelligkeit des Kriegszuges"
gemeint, vgl. Elliger, ebd., S. 122.

im sekundären 51, 4f erwähnt, allein in 43, 4; 55, 4; 60, 2. In einigen
Psalmen stehen die Nationen unter der göttlichen Gerichtsstrafe[9].

Der Ausdruck von V. 1aβ greift auf 40, 31aα zurück und bildet ein
Kontrastbild: die Nationen können Kraft eintauschen[10], sie werden
aber ihre Sache nicht gewinnen. Nur die auf Jahwe Harrenden erreichen ihr Ziel. Was die Bedeutung von נגש angeht, so handelt es sich,
wie auch 50, 8 nahelegt, um einen terminus technicus der Gerichtssprache im Sinne von „vors Gericht treten"[11]. Das gleiche gilt wahrscheinlich auch von קרב: es bezeichnete das Herantreten der Gerichts-
parteien, um den Rechtsspruch zu hören[12]. Aus Mal 3, 5 geht hervor,
daß dieses Verb auch das Heran- bzw. Auftreten der Zeugen zum
Gericht bezeichnete.

V. 2

Das Verb עור gebraucht Deuterojesaja sonst in 41, 25 und 45, 13,
wo es auf Kyros bezogen wird. In 50, 4 wird es auf den Jünger, in 51, 9
auf den Arm Jahwes, in 51, 17 (Hithpaelform) und 52, 1 auf Jerusalem
bzw. Sion bezogen. „Aufgang" ist noch einmal im Zusammenhang mit
Kyros in 41, 25 bezeugt, sonst zusammen mit „Niedergang" in 43, 5;
45, 6a und 59, 19. Auch צדק wird von Deuterojesaja oft gebraucht,
aber mit verschiedenem Sinn. In der Bedeutung von „Heil" kommt
es hier, dann in 41, 10; 42, 21; 45, 19; 51, 1.5 vor[13]; das Wort meint
sicher auch die Treue Jahwes[14] oder die Wahrheit (45, 19) oder das
Recht (51, 7). Innerhalb von Jes 56-66 weist das Wort einen mehr
moralischen Sinn auf: es ist von den Satzungen des Rechten die Rede
(58, 2), von der eigenen Gerechtigkeit (58, 8; 62, 1f), von „im Recht

---

[9] Vgl. Ps 7, 8; 44, 3; 47, 4; 149, 7.

[10] Nach Elliger trifft die Korrektur יחלו לתוכחתי mit ziemlicher Sicherheit den
ursprünglichen Text (vgl. Jesaja II, S. 105). Diese Korrektur erleichtert ohne Zweifel
das Verständnis des Textes. Die Aufforderung an die Nationen, sie mögen Kraft eintauschen, dürfte aber nicht außer Platz sein. Damit werden die Nationen aufgerufen,
sich auszurüsten, wie eine Rechtsgemeinde als Zeugen von Jahwes entscheidendem
Wort an Israel aufzutreten.

[11] So neuerdings auch Elliger (Jesaja II, S. 118) und Schoors (I am God your
Saviour, S. 209).

[12] Vgl. 41, 21; 48, 16a; 57, 3.

[13] Vgl. die Ausführungen Elligers: „Vor allem bedeutet es... nicht so sehr das
Recht oder den Sieg, den man erkämpft, als vielmehr das Recht, das man bekommt,
das einem zugesprochen wird, und dann allgemein das Glück, das man hat, das Heil...
So ist auch hier in 2aβ צדק nicht einfach der Sieg, den Kyros errungen hat, sondern
darüber hinaus das Geschenk, das Jahwe dem von ihm Erweckten bereitet" (Jesaja II,
S. 120).

[14] Vgl. 41, 10b; 42, 6.21; 45, 13, vielleicht auch 45, 8.

sein" (59, 4) und von „das Recht üben" (64, 4). Einmalig ist in 41, 2, wenn man 45, 8 nicht in diese Richtung deuten will, die Personifizierung von צדק. Es ist ja von seiner Fußspur die Rede; es ist davon die Rede, daß צדק ihm Völker gibt und ihn Könige niedertreten läßt. Außer in 45, 1, also im Zusammenhang mit der Rede über Kyros, kehrt der Gedanke einer kriegerischen Unterwerfung der Völker nicht mehr wieder.

Nur hier kommt das Verb רדה vor. Einmalig ist auch das Verb נדף. Die übrigen Termini des Verses sind innerhalb von Jes 40-66 auch anderswo belegt, sie charakterisieren aber die betreffenden Texte nicht besonders.

V. 3

Das Verb רדף kommt innerhalb von 40-55 sonst nur in 51, 1, aber in einem anderen Sinn (dem Mut nachjagen) vor; das Verb עבר wird absolut ohne Präposition sonst nur in 51, 10.23 verwendet. שלום wird von Deuterojesaja sonst nur in 52, 7 gebraucht, da 45, 7 und 48, 8 als sekundär zu betrachten sind[15].

V. 4

Das Verb פעל von V. 4 kehrt in 43, 13 wieder, und zwar mit Jahwe als Subjekt, sonst im sekundären Text 44, 12.15. עשה wird sehr häufig mit Jahwe als Subjekt gebraucht. An manchen Stellen kommt es mit anderen Verben des Tuns zusammen vor, wobei es bald an erster Stelle[16], bald an zweiter Stelle[17] steht. Allein steht es in 40, 23b; 43, 19a; 44, 23f; 45, 7b; 48, 3.11. Häufig belegt ist innerhalb von Jes 40-66 das Verb קרא, und zwar in verschiedenen Zusammenhängen. Es wird in 40, 26 und 48, 13 auf die Schöpfertätigkeit Jahwes bezogen[18]. מראש wird von Deuterojesaja gern im Zusammenhang mit Selbstaussagen Jahwes verwendet[19]. Von Jahwe als dem Ersten und Letzten ist in 44, 6; 48, 12 die Rede. Der Unterschied in der Formulierung von 41, 4b hängt vom inhaltlichen Bezug auf die „Geschlechter" von V. 4aβ ab. Es dürfte sich aber sinngemäß um die gleiche Aussage

---

[15] Vgl. vorliegende Arbeit zur Stelle, S. 414f, 505.

[16] Vgl. 41, 20; 45, 7aβ.12; 44, 2a.

[17] Vgl. 41, 4; 43, 7; 45, 18a; 46, 11b.

[18] Elliger würde v.4aβ gerne übersetzen: „der die Geschicke zum voraus verkündet" (Jesaja II, S. 124), er verzichtet aber darauf aus Gründen der inhaltlichen Einheitlichkeit (vgl. ebd., S. 126).

[19] Vgl. 40, 21; 41, 26; 48, 16a.

handeln[20]. Die Bildung אני־הוא ist nochmals in 43, 10b (sek.) und 43, 12 belegt[21].

c) *Form- und Gattungskritik*

Vorliegende Einheit besteht aus vier Strophen mit je zwei Stichen. Der Rhythmus ist verhältnismäßig einheitlich. Verbindet man mit maqqef קדש־נדף in V. 2bγ, לא־יבא in V. 3b und אני־יהוה in V. 4bα, dann ergibt sich folgende Verteilung der Akzente[22]:

V. 1	3+3
	3+3
V. 2	3+3
	3+2
	3+2
V. 3	3+3
V. 4	2+3
	2+2

Den vier Strophen entspricht eine inhaltliche Gliederung: 1. Aufforderung zur Rechtsverhandlung; 2. Selbstaussage Jahwes mit Hinweis auf sein geschichtliches Handeln; 3. Aussage über den siegreichen Helden Jahwes; 4. Selbstaussage Jahwes mit Hinweis auf sein Schöpfertun und seine Unabänderlichkeit gegenüber dem Lauf der Dinge. Die erste Strophe dient als Einleitung, es folgt dann in den drei anderen Strophen die eigentliche Aussage des Textes. Formal gesehen ist zu beachten, daß zu Anfang und am Ende der Einheit ein mit Fragepronomen eingeleiteter Satz steht (VV. 2a.4a); eine Einschließung bildet auch der Ich-Bezug in VV. 1aα.4b; zu beachten ist ferner das wiederholte יתן in der Mitte (VV. 2bα.2bβ).

Gattungsmäßig liegt hier eine Bestreitung vor. Der Struktur nach könnte man zunächst an eine Gerichtsrede denken[23]. Die erste Strophe

---

[20] Vgl. die Deutung Elligers: „4b ist also keine Aussage über das Sein an sich, die Ewigkeit Jahwes, sondern über sein Immer-dabei-sein noch bei den letzten Menschen... mit ihrem Tun und Leiden, anders ausgedrückt: über sein Wirken in der Geschichte von Anfang bis in alle Zukunft" (Jesaja II, S. 125).

[21] Vgl. die Ausführungen Elligers (Jesaja II, S. 125f). Über den Sinn von אני־הוא vgl. Walkers Aufsatz „Concerning hū' and 'ani hū": ZAW 74 1962, S. 205f. Walker sieht in dieser Formel ein Echo vom göttlichen Namen אהיה אשר אהיה (Ex 3, 14) und übersetzt: „I am Who Am", wobei הוא Partizip von הָוָא, einer aramäischen und syrischen Form von "sein", wäre (vgl. ebd., S. 206).

[22] Köhler verteilt die Akzente im ganzen Stück auf 3+3 (vgl. Deuterojesaja stilkritisch untersucht, S. 10).

[23] So Begrich, Studien, S. 19, 28f, Bonnard, Le Second Isaïe, S. 107, Elliger, Jesaja II, S. 108-112, Schoors, I am God your Saviour, S. 208, von Waldow, Anlass und

würde die Vorladung, die zweite und die dritte würden die Verhandlung enthalten, bei der Jahwe den Beweis seiner göttlichen Macht an seinem geschichtlichen Handeln zeigt. In der vierten Strophe würde in der Form der Selbstprädikation der Urteilsspruch ausgesprochen. Im Vergleich zu 41, 21-29 und 43, 8-13 wäre die vorliegende Gerichtsrede sehr knapp : sie würde nur das Wesentliche beinhalten. Beim näheren Zusehen stellt sich heraus, daß in 41, 1-4 gerade das fehlt, was das Wesen einer Gerichtsrede ausmacht. Denn bei der Verhandlung steht nicht direkt die Frage nach dem Gottsein Jahwes im Mittelpunkt, wie in 41, 21-24.28-29; 43, 8-13; 44, 6-8 der Fall ist. Gegenstand der Verhandlung ist zunächst die Frage, auf wen das Kyros-Geschehen zurückgeht, d.h. welcher Gott dahintersteht. Handelt es sich ferner überhaupt um eine Verhandlung? Abgesehen davon, daß die Gegenpartei zu keinem Gegenbeweis aufgefordert wird[24], beschränkt sich die Argumentation von 41, 1-4 auf das Handeln Jahwes, es fehlt ein Hinweis auf die Voraussage dessen, was geschehen wird, durch Gott. Das Handeln Jahwes wird ausführlich beschrieben : in V. 2a ist von der Initiative Jahwes die Rede, der den Helden erweckt und ihm Völker preisgegeben hat; in VV. 2bβγ.3 wird der sieghafte Zug des Helden geschildert, wie er rasend und ohne Hindernisse seine Kampagne durchführt. Man merkt : es ist das Anliegen des Textes, den Einwand zu bestreiten, das Kyros-Geschehen sei nicht Werk Jahwes.

d) *Exegese*

Die Rede 41, 1-4 bezieht sich auf ein bestimmtes Ereignis, das Jahwe auf sich selbst zurückführt und in dem er sich ausweist. Im Unterschied zu 40, 12-31, wo die Rede Jahwes sich nur auf die zwei Verse 26-27 beschränkte, das übrige aber des Propheten Worte waren, spricht in 41, 1-4 Jahwe selbst, und zwar über das, was sich jetzt ereignet. Was der Prophet in 40, 12-31 gesagt hat, scheint wohl als Einleitung zu dem in 41, 1-4 Gesagten gedacht zu sein. Durch jene allgemeinen

---

Hintergrund der Verkündigung des Deuterojesaja, S. 40, Westermann, Sprache und Struktur, S. 134-141, Das Buch Jesaja, S. 54f. Mit Ausnahme von Elliger nehmen all diese Ausleger v.5 hinzu. Vgl. Elligers Kritik an Fohrer, der vv. 1-5 als Appellationsrede in einem Feststellungsverfahren bezeichnet (ebd., S. 109f). Mit Recht betont Elliger, daß in v.1b, so wie auch in v. 1aβ, keine Vorladung vorliegt. Die Angeredeten werden dort als Rechtsgemeinde und nicht als Gegenpartei angesprochen (vgl. ebd., S. 110-112).

[24] Vgl. 41, 23; 43, 9; 44, 7a. Vgl. von Waldow, Anlass und Hintergrund der Verkündigung des Deuterojesaja, S. 42.

Erwägungen wollte der Prophet seine Zuhörer zur Einsicht bringen, daß alles Geschehen in der Welt und in der Geschichte notwendigerweise auf Jahwe zurückgeht. Sie entstammen dem konkreten Anliegen, die Götter der Völker, zu denen Israel in seiner Verzweiflung neigte, auszuschalten, und das Vertrauen des Volkes zu Jahwe wieder zu erwecken.

Auf diesem Hintergrund versteht man den Anfang von 41, 1-4. Das Gerede der Meeresküsten kreist um die umwälzenden Ereignisse, in deren Mitte Kyros steht. Sie werden als Werk der Götter gedeutet. Jahwe unterbricht aber das Gerede, fordert die Meeresküsten auf, auf das bevorstehende Gespräch aufzupassen, das zwischen ihm und seinem Volk Israel stattfindet, und die Nationen, sich auszurüsten, an seiner Bestreitung gegen Israel als Rechtsgemeinde sich zu beteiligen[25]. Auf die Israeliten bezieht sich V. 1b[26]. Jahwe hat nämlich vor, seinen Anspruch an Israel vor der ganzen Welt zur Geltung zu bringen: erst dann, wenn es klar wird, wer eigentlich der Handelnde bei der ganzen Sache ist, sollen die Zweifelnden reden, die Macht Jahwes als den wahren treibenden Ursprung des nun Geschehenden erkennen und ihm die Ehre geben.

V. 4

Als Beweis dafür, daß er selbst am Werk war als der eigentlich Handelnde, führt Jahwe in seiner Rede nicht das Argument an, er habe all das im voraus verkündet, wie an anderen Stellen der Fall ist. Er stellt sich vielmehr als den vor, der die Geschlechter von Anfang an hervorrief und nun weiter hervorruft. Als der Ursprung alles Geschehenden in Zeit und Raum durch Menschen und Völker hat Jahwe in der Hand das Geschick aller Völker und bestimmt absolut ihre Geschichte. Das Argument ist letztlich nicht irgendeine wunderbare Tat Jahwes, sondern allein sein Gottsein, das in absoluter Freiheit die schöpferische Quelle alles Seienden und Geschehenden ist. Das Wissen um Jahwe als den einzigen Ursprung der weltlichen Wirklichkeit läßt keine andere Erklärung zu für all das, was jetzt geschieht. Der Mensch hat immer und überall mit Jahwe als dem Ersten und Letzten zu rechnen. Alles, was sich in der Völkerwelt ereignet, hat stets Jahwe als Gegenüber und läßt sich von ihm her erfassen.

---

[25] In dieser Hinsicht würde die Textkorrektur יחלו לתוכחתי das Verständnis des Textes erleichtern, vgl. Elliger, Jesaja II, S. 104f, 111.

[26] Elliger denkt an die Götter als Gegenpartei, was seiner Auffassung von 40, 1-4 als Gerichtsrede entspricht (vgl. Jesaja II, S. 112). Er bemerkt aber: „Daß die eigentliche Adresse der Rede sein eigenes Volk ist, versteht sich von selbst..." (ebd., S. 117, 131).

2) 41, 5.6-7

V. 5   Es sehens die Meeresküsten und schaudern, die Ränder der Erde er-
        beben. Es nahen welche, sie treten herzu.

V. 6   Jeder hilft seinem Genossen; da, zu seinem Bruder sagt er: fest zu!

V. 7   Da heißt der Künstler den Schmelzer fest sein, der Hammerglätter den
        Amboßschläger
        sagend: ‚die Lötung da, gut ist die!' Da macht er sie mit Nägeln fest:
        nicht wackelt es!

a) *Zur Einteilung und zur Übersetzung*

Zu beachten ist die Reihenfolge Perfekt-Imperfekt in VV. 5aα.5b.
In VV. 6-7 bemerkt man das zweimalige Vorkommen von אמר
(VV. 6b.7bα) und das dreimalige Vorkommen von חזק (VV. 6b.7aα.
7bα), was dem Text eine gewisse Geschlossenheit verleiht. V. 5 und
VV. 6-7 haben aber untereinander nichts Gemeinsames: die Subjekte
und die Handlungen sind verschieden. Hat V. 5 ferner einen berichtenden Charakter, so haben VV. 6-7 aber einen beschreibenden Charakter.

V. 5

Die Perfekta ראו und קרבו kennzeichnen hier eine Situation, die
den Ausgangspunkt für die folgende durch das Waw-Imperfekt aus-
gedrückte Erzählung bildet[27], und einen Zustand. Sie können also
ohne weiteres mit dem Präsens wiedergegeben werden.

V. 6

Die reziproke Bedeutung von איש, ... רעהו, „der eine ... dem anderen”,
wurde durch das Indefinitum „jeder” verstärkt[28].

V. 7b

Die Präposition ל wurde entsprechend dem ursprünglichen deiktischen Charakter des Lautes L, das die weite Ferne bezeichnet[29],
mit „da” übersetzt als Verkürzung des Ausdrucks „das ist die Lötung”
bzw. „das von der Lötung”, womit sich auch der Genitivgebrauch der
Partikel erklärt.

---

[27] Vgl. Christian, Untersuchungen, S. 57, 63f.
[28] Vgl. Beer-Meyer, Hebräische Grammatik I, S. 92d.
[29] Vgl. Christian, Untersuchungen, S. 187f.

b) *Literarkritik*

V. 5

Innerhalb von Jes 40-66 kommt das Verb ראה öfters vor. In 49, 7 und 52, 10 wird es auf die Könige und Fürsten der Völker und auf die Enden der Erde bezogen, die sehen, was Jahwe bzw. sein Arm für seinen Erwählten und sein Volk tut. Die Verbindung aber von ראה mit ירא ist in Jes 40-66 einmalig. Sie findet sich in Hi 6, 21; Sa 9, 5; Ps 40, 4; 52, 8. Von den „Rändern der Erde" ist sonst im unmittelbaren Kontext, und zwar in 40, 28; 41, 9 die Rede. Auch das Verb קרב scheint wohl auf 41, 1bβ zurückzugreifen (vgl. noch 48, 16aα und Jes 34, 1). Das Verb חרד, das in Jes 10, 29; 19, 16; 32, 11 belegt ist, kehrt aber innerhalb von Jes 40-66 nicht mehr wieder. In Verbindung mit ירא kommt es innerhalb von Jes 40-66 auch nicht mehr vor. Auf das Künftige, auf den weiteren Verlauf der Dinge bezieht sich אתה in 41, 23; 44, 7 und 45, 11; nur einmal, in 41, 25, bezieht es sich auf das geschichtliche Auftreten des Kyros, also auf eine Person, in 56, 9.12 dagegen wird es auf die Tiere bezogen. Vergleicht man die übrigen Stellen des AT, so scheint es nicht, daß dieses Verb als terminus technicus einen bestimmten Sachverhalt bezeichnete.

V. 5 ist in Bezug auf 41, 1-4 als sekundär anzusehen. Denn die Bestreitungsworte wie auch die Gerichtsreden innerhalb von Jes 40-48 enthalten keinen Hinweis auf das Verhalten der Zuhörer bzw. der Gegenpartei beim Hören der göttlichen Argumente bzw. des göttlichen Urteilswortes, sondern enden einfach mit der Selbstprädikation Jahwes oder einer entsprechenden Aussage. In V. 5 handelt es sich um eine Feststellung berichtenden Charakters[30], die weder zur Rede Jahwes noch zur Rede des Propheten gehört. Das fällt um so mehr auf, als wir im ganzen Kontext eine Rede des Propheten (40, 12-24. 27-31) und mehrere Reden Jahwes haben (40, 25f; 41, 1-4.8-16.17-20. 21-29). Unser Vers (und die folgenden) würden in unerklärlicher Weise den Fluß der direkten Rede unterbrechen, wenn sie ursprünglich wären.

Man könnte vielleicht V. 5 für ursprünglich halten und ihn als

---

[30] Vgl. Elliger: „In Wirklichkeit erweist eine unbefangene Analyse 1-4 als eine völlig in sich geschlossene...Rede, der gegenüber 5 sich höchstens wie die Aktennotiz eines Gerichtsschreibens ausnimmt... Der Vers berichtet im Erzählstil über die Wirkung der Rede Jahwes". „In keinem Falle stimmt 5 zu 1-4 und gibt sich deutlich als Zusatz zu erkennen" (Jesaja II, S. 113f). Elliger zeigt auch, wie der Zusetzer von v.5 die Rede vv.1-4 völlig mißverstanden hat (vgl. ebd., S. 127f).

Bindeglied zwischen 41, 1-4 und 41, 8-13 ansehen. Das ist aber unwahrscheinlich. Die Inseln schaudern wegen der Gerichtsverhandlung,
zu der Jahwe sie auffordert. 41, 8-13 bezieht sich aber in keiner Weise
auf diese Gerichtsverhandlung, als ob auch Israel zu ihr aufgefordert
worden wäre. Das „fürchte dich nicht" von 41, 10a.13b betrifft eine
ganz andere Sache, und zwar die Kriegssituation, die Babylon und
seine unterdrückten Völker von seiten des Kyros bedrohte, und will
Israel zum Vertrauen auf Jahwe aufmuntern. Wir vermuten also, daß
V. 5 redaktionell ist; er dürfte von dem Redaktor stammen, der 41, 8-16
zwischen 41, 1-4 und 41, (17-20) 21-29 eingebaut hat. Sein Platz hier
würde sich aus dem Anliegen erklären, ein Bindeglied zwischen 41, 1-4
und 41, 8-16 zu schaffen : durch den Hinweis auf das Schaudern der
Inseln soll die Ermahnung zur Furchtlosigkeit in 41, 10a.13b.14a und
die Heilszusage an Israel um so stärker wirken[31]. Dieser Interpolator
verstand mißverständlicherweise 41, 1-4 als eine Gerichtsrede gegen die
Völker.

V. 6

Einmalig ist die Sprache von V. 6. Nur hier kommt רע vor, aber
auch אח ist in diesem Sinn nicht mehr zu finden, denn es begegnet
nur in 66, 5.20 und dort meint es in der Pluralform die israelitischen
Volksgenossen. Das Verb עזר wird von Deuterojesaja oft gebraucht[32],
aber es bezieht sich nicht auf die materielle Hilfe, die sich Arbeiter
gegenseitig leisten, sondern auf die erneuernde Hilfe, die Jahwe schenkt.
Die Qalform des Verbs חזק ist ihrerseits auch nicht mehr belegt.
Deuterojesaja verwendet durchgehend die Hiphilform[33]. Die Pielform
begegnet außer in 41, 7 auch in 54, 2.

Im Gegensatz zu V. 5a handelt es sich in VV. 6-7 um eine Beschreibung; sie ist wie V. 5 keine direkte Rede.

V. 7

In V. 7 findet sich eine Anzahl Begriffe, die in unserem Komplex
nicht mehr wiederkehren[34]. Belegt ist nur פעם in 66, 8, dann טוב in
52, 7; 55, 2; 56, 5; 65, 2. Die Niphalform von מוט begegnete bereits in

---

[31] Anders Elliger im Anschluß an Duhm, Marti und andere. Er versteht v.5 „als
nachträglich gebaute Brücke zwischen 1-4 und 6f" (vgl. Jesaja II, S. 114f).
[32] Vgl. 41, 10.13f; 44, 2; 49, 8; 50, 7.9.
[33] Vgl. 41, 9.13; 42, 6; 45, 1; 51, 18; ferner 56, 2.4.6; 64, 6.
[34] Siehe חלק, פטיש, פעם (in diesem Sinn, vgl. 66, 8), הלם, דבק, מסמר.

40, 20, das vom gleichen Interpolator stammen dürfte. Die Qalform findet sich sonst nur in 54, 10.

Inhaltlich und zum Teil sprachlich — siehe חרש, צרף, מוט — schließen sich VV. 6-7 an 40, 18-20 an: es geht um die Herstellung eines Götzenbildes. Sie haben sprachlich und inhaltlich mit V. 5 nichts zu tun. Es lag aber auch jetzt dem Interpolator daran, die Szene von der Herstellung eines Götzenbildes der unmittelbar vorhergehenden Selbstprädikation Jahwes gegenüberzustellen und am daraus resultierenden Kontrast die Nichtigkeit und Lächerlichkeit des Götzenkultes einerseits, die Notwendigkeit des Glaubens an Jahwe anderseits hervorzuheben. Er interpretiert damit auch V. 5 in dem Sinne, daß die Inseln und Ränder der Erde versuchen, sich durch die Herstellung eines Götzenbildes, vor dem zum Gericht rufenden Jahwe zu schützen. Es ist aber ein lächerlicher Versuch.

c) *Form- und Gattungskritik*

V. 5 weist die rhythmische Struktur von $3+3+2$ Akzenten auf. Die Tempora von V. 5b entsprechen denen von V. 5aα.

Der Abschnitt VV. 6-7 ist im ganzen dem Rhythmus nach einheitlich. Die Akzente sind auf $3+3$; $3+3$; $3+3$ verteilt, wenn man פעם mit dem vorhergehenden את־דמלם durch maqqef verbindet (V. 7aβ), so wie הוא an טוב und ימוט an לא (VV. 7bα.7bβ). Der Interpolator hat sich reichlich solcher Begriffe bedient, die ihm der Zusammenhang seiner Vorlage bot: קצות הארץ, die Verben עור und חזק. Er spielt aber gern mit der Wurzel חזק, die er in VV. 6b.7a.7b verwendet. Das gibt seinem Text eine gewisse Geschlossenheit. Aber gerade darin liegt auch der Spott. Diese Menschen müssen sich gegenseitig befestigen. Mit Jahwe ist es nicht so: er ist es, der Israel fest faßt (41, 9a.13a); er ist es, der Israel hilft (41, 10b). Ihm muß man nicht helfen, ihn nicht ermutigen. Im Gegensatz zu den Menschen, die das hergestellte Bild befestigen müssen, damit es nicht wackelt und umfällt, wackelt es nicht bei Jahwe! Diese feine Ironie macht den Text zu einem meisterhaften Spottwort[35].

---

[35] So auch Elliger (Jesaja II, S. 115) und Westermann (Das Buch Jesaja, S. 27, 57). Auf die Frage, ob 41, 6f zur gleichen Einheit 40, 19f gehört, antwortet Elliger bejahend. Er meint: „Die beiden Stücke dürften zwei aufeinanderfolgende Strophen des gleichen Gedichtes sein, das zunächst eine Beischrift zu 40, 18ff war" (ebd., S. 115). Bei der Wiedergabe des Textes läßt er aber 41, 6f an seinem Platz (vgl. S. 59, 104).

d) *Exegese*

V. 5

Wie es aus dem Kontext von Jes 10, 29; 19, 16; 32, 11; 26, 18
ersichtlich wird, hängt das „Erbeben" mit dem Vollzug des göttlichen
Gerichts zusammen. V. 5 knüpft inhaltlich an 41, 1-4 an: durch Kyros
vollzieht Jahwe sein Gericht über die Weltmächte. Diese versuchen
dann nach Meinung des Interpolators von VV. 6-7, sich gegen Jahwe
dadurch zu helfen, daß sie auf ihre Götzenbilder greifen im Vertrauen
auf ihre angebliche Macht. Es ist aber ein vergebliches Unternehmen;
denn Götzenbilder können nicht vor Jahwe, dem ungeschaffenen, vor
und über allem stehenden Schöpfer der Völker bestehen. Israel hat
also allen Grund zur Hoffnung.

VV. 6-7

Dieser Abschnitt wurde zwischen der Bestreitungsrede 41, 1-4 und
der Heilszusage 41, 8-16 eingeschoben. Im Unterschied zu 40, 18-20
findet er sich also in einem Kontext, der keine allgemeine Erwägungen
über die Erhabenheit und Unvergleichbarkeit Jahwes enthält, sondern
ganz klar auf eine konkrete geschichtliche Situation hinweist. Auf der
einen Seite steht der sieghafte Zug des von Jahwe erweckten Helden,
auf der anderen das zaghafte Israel, dem Jahwe seinen Beistand und
das Untergehen der Bedrücker verkündet. Jahwe wirkt in der Geschichte zum Heil seines Volkes. Offenbar will nun der Interpolator
am Bild des von schwachen Menschen hergestellten Götzen zeigen,
daß Jahwe allein wirklich zu helfen und zu heilen vermag, denn er hat
nur in sich selbst den Grund seines Daseins und hängt von niemandem
ab. So verdient nur Jahwe das Vertrauen, und sein Heilswerk, das
sich jetzt in Zeit und Raum abspielt, ist bedingungslos zuverlässig.
Durch seinen Eingriff ist es dem Interpolator gelungen, die Aussage
der Vorlage zu verstärken und eindringlich zu machen. Hinter dem
Spottwort verbirgt sich eine regelrechte Paränese: der Hörer oder
Leser muß nach Ansicht des Interpolators zu einem totalen Vertrauen
zu Jahwe geführt werden. Damit soll er darauf vorbereitet werden,
das sich jetzt auf Weltebene Ereignende auf Jahwe zurückzuführen
als Ausdruck seiner Zuwendung zu seinem unglücklichen Volk.

3) 41, 8-16

V. 8   Aber Du, Israel, mein Knecht, Jakob — das habe ich: dich erwählt —,
        Same Abrahams, mein Geliebter,

V. 9   — das habe ich: dich erfaßt[36] von den Rändern der Erde, dich von
        ihren Winkeln gerufen!
        Da sage ich dir: mein Knecht du! erwählt habe ich dich und nicht
        verworfen —

V. 10   Fürchte dich nicht — bei dir, da bin ich —, starre nicht umher —
        dein Gott, das bin ich!
        Ich werde dich stärken, — und dann? — dir helfen, — und dann? —
        dich halten mit der Rechten meiner Treue.

V. 11   Siehe, enttäuscht und beschämt werden alle, die gegen dich entflammten.
        Sie sind... wo sind sie denn? Da, sie verschwinden, die Männer deiner
        Bestreitung;

V. 12   du suchst sie, findest sie aber nicht, die Männer deiner Befehdung.
        Sie sind... wo sind sie denn? Da, das sind Unding die Männer deiner
        Bekriegung!

V. 13   So ist es: ich Jahwe, dein Gott, ich erfasse deine Rechte.
        Der da zu dir sagte: ‚fürchte dich nicht', ich, ich helfe dir!

V. 14   Fürchte dich nicht, Würmlein Jakob, (starre nicht umher) Israelsschar:
        Ich helfe dir, Spruch Jahwes; dein Erlöser da, der Heilige Israels ist's!

V. 15   Nun siehe, ich mache dich zu einem Schlitten, einem scharfen, neuen,
        vielschneidigen:
        dreschen sollst du Berge, zermalmen, und Hügel wie Spreu machen,

V. 16   würfeln sollst du sie und der Wind sie verwehen, der Sturm soll sie
        versprengen.
        Du aber sollst jubeln über Jahwe, dich des Heiligen Israels rühmen.

a) *Zur Einteilung und zur Übersetzung*

Es fragt sich, ob man hier zwei miteinander verbundene Heilsorakel
(VV. 8-13; VV. 14-16) oder nur eines annehmen muß. Für erstere
Lösung scheint sich neuerdings Boadt entschieden zu haben, obwohl
er nicht direkt auf diese Frage eingeht[37]. Für die Geschlossenheit von
VV. 8-16 spricht zweierlei: 1. die Struktur: ואתה leitet ein und schließt
ab den gesamten Text; dann die Verzankung von VV. 13-14, denn auf
beiden Seiten stehen die Ermahnung „fürchte dich nicht" und die
Versicherung „ich helfe dir"; die Selbstvorstellungsformel V. 13a ent-

---

[36] Eine andere mögliche Übersetzung: „— das tue ich: dich erfassen... dich
rufen!—".

[37] Vgl. Boadt, Isaiah 41:8-13: Notes on poetic Structure and Style, CBQ 35 1973,
S. 20-34. Vgl. ferner Elliger (Jesaja II, S. 132, 146), Fohrer (Das Buch Jesaja, Bd. 3,
S. 36f, 39), Schoors (I am God your Saviour, S. 47, 58f), Westermann (Das Buch Jesaja,
S. 57, 62f). Bonnard teilt den Text in vv.8-9, 10-16 ohne eine Erklärung dafür zu geben
(Le Second Isaïe, S. 107).

spricht ferner der Selbstprädikation V. 14bβ; 2. die Tatsache, daß das Heilsorakel 43, 1-7 seinerseits auch aus zwei Teilen besteht (VV. 1-3a. 5-7). In beiden Heilsorakeln entsprechen beide Teile jeweils einander; in unserem Fall: Zuspruch (VV. 8.10/14) und Hinweis auf die Vernichtung der Feinde (VV. 11-12/15b); in 43, 1-7 Zuspruch (VV. 1/5) und Heilswort (VV. 2-3a/5b-6a.7). Diese Gründe legen nahe, in 41, 8-16 eine literarische Einheit anzunehmen. Von seinem Kontext hebt sich 41, 8-16ab nicht nur wegen der bereits erwähnten formalen Elemente, sondern auch wegen der hier wieder einsetzenden namentlichen Du-Anrede. Mit V. 17 geht die Rede Jahwes vom Du- zum Sie-Stil über, womit sich ein neuer Abschnitt abzeichnet.

VV. 8-9

Bei der Wiedergabe von אשר wurde auf den ursprünglichen demonstrativen Sinn des Wortes zurückgegriffen[38]; die wörtliche Übersetzung „das ist: ich habe dich erwählt..." wurde in den Satz „das habe ich... dich erwählt" vereinfacht. Das partizipiale Substantiv „mein Geliebter" ist als Apposition zum ganzen Ausdruck „Same Abrahams" und nicht, wie es die Septuaginta tut, allein zum Namen „Abraham" zu verstehen. Das legt sich aus dem Vergleich mit V. 8aα nahe: wie Israel „mein Knecht" ist, so ist der „Same Abrahams", eine andere Bezeichnung für Israel, „mein Geliebter".

V. 10

In V. 10a wurden die mit כי eingeleiteten Nominalsätze dem Sinn nach als Selbsterweise Jahwes verstanden: bei dir ist *nur* einer und kann nur einer sein: ich! du brauchst nicht herumzuschauen[39], um nach Helfern unter den Göttern zu suchen: ich bin und werde mich als dein Gott erweisen. Dementsprechend wurde in der Übersetzung der deiktische Charakter der Konjunktion כי hervorgehoben. Die Konjunktion אף bezeichnet ursprünglich wegen des Grundlauts *P* die weite Ferne, also in unserem Fall eine Handlung, die nicht als gegen-

---

[38] Vgl. Christian, Untersuchungen, S. 49.

[39] Elliger versteht תשתע nicht als Hithpaelform von שעה, sondern als Qalform von שתע, einer im Phönikischen und im Ugaritischen belegten Wurzel, die „fürchten" bedeutet (vgl. Jesaja II, S. 132f). Vgl. auch Albright, The Early Alphabetic Inscriptions from Sinai and their Decipherment, BASOR 110 1948, S. 15[41]; Alt, Die phönizischen Inschriften von Karatepe, WO 4 1949, S. 281; Dahood, Some Ambiguous Texts in Isaiah (30, 15; 52, 2; 33, 2; 40, 5; 45, 1), CBQ 20 1958, S. 48f; Dahood, Hebrew-Ugaritic Lexicography XI, Bib 54 1973, S. 366; Greenfield, Lexicographical Notes, HUCA 29 1958, S. 226-228; Watson, Fixed pairs in Ugaritic and Isaiah, VT 22 1972, S. 462, 467.

wärtig empfunden wird, sondern noch ausbleibt, aber sicher eintreffen wird. Der Grundvokal *a* ist aber seinerseits als aus der Fragepartikel 'a stammend anzusehen, so daß er auch fragend verwendet werden kann[40]. Die Übersetzung „und dann?" versucht beide Momente wiederzugeben. Die unterstreichende und steigernde Funktion der Partikel kommt damit stärker hervor.

VV. 11-12

Berücsichtigt man in VV. 11b.12b das auf das unmittelbar Gegebene hinweisende *K* der Vergleichspartikel כ und den ursprünglich fragenden Sinn von אין, so ergibt sich die Übersetzung „was sind sie für ein Da?", die oben ein bißchen anders wiedergegeben wurde, um eine stärkere Intensität im Ausdruck zu erreichen.

b) *Literarkritik*

V. 8

Im Gegensatz zum sonstigen Stil des Deuterojesaja, der durchgehend die Reihenfolge Jakob-Israel aufweist[41], liegt hier die Reihenfolge umgekehrt vor: Israel-Jakob. Im Unterschied zu 44, 1, wo es Jakob ist, der als Knecht angeredet wird, und wo es Israel ist, der erwählt wurde, formuliert unsere Stelle umgekehrt: Israel ist Knecht und Jakob der Erwählte. In 48, 20 wird Jakob wiederum als Knecht bezeichnet, aber auch Israel wird in 44, 21 nochmals als Knecht angesprochen. Wie kann man die stilistische und die inhaltliche Unstimmigkeit erklären? Vielleicht ist doch die Erwähnung des Jakob, also V. 8aβ, sekundär. Zu dieser Annahme führen weitere stilistische Beobachtungen. Deuterojesaja liebt nicht Satzkonstruktionen mit אשר: entweder konstruiert er parataktisch mit dem verbum finitum[42] oder mit Verbaladjektiven[43]; er umschreibt auch gern mit Partizipialkonstruktionen[44]. Ausnahmen sind 45, 1a und 49, 3b. Es scheint ferner, daß er das Verb בחר mit der Präposition ב konstruiert[45]. Eine Ausnahme ist 43, 10aβ. Sollten diese Beobachtungen richtig sein, dann würde als Urtext übrigbleiben: „Aber Du, Israel, mein Knecht, Same Abrahams, mein Geliebter". Die geläufige Doppelbezeichnung Jakob-

---

[40] Vgl. Christian, Untersuchungen, S. 193.
[41] Vgl. 40, 27; 41, 14; 42, 24; 43, 1.22.28; 44, 1.21.23; 45, 4; 48, 12; 49, 5.
[42] Vgl. etwa 41, 24b; 44, 1b.2bβ.
[43] Vgl. 43, 15a; 43, 20bβ; 45, 4aβ.
[44] Vgl. 43, 1a; 44, 2a; 45, 19b.
[45] Vgl. 41, 24b; 44, 1b.2bβ.

Israel würde zwar ausfallen, obwohl sie hier in umgekehrter Reihenfolge vorgelegen hätte, dafür würde sich eine neue Doppelbezeichnung
herausstellen : Israel-Same Abrahams. Sie kommt freilich nur an dieser
Stelle innerhalb der deuterojesajanischen Schrift vor[46]; wenn man
aber denkt, daß Deuterojesaja einmal etwa auch Jakob und Jeschurun
(44, 2b), dann Israel und Juda (48, 1a) nebeneinander erwähnt, sieht
man, daß er sich nicht auf eine Doppelbezeichnung allein festgelegt
hat, sondern auch andere verwendete, sei es auch selten[47].

Der Name Israel kommt bei ihm für sich allein nur formelhaft vor,
und zwar immer bei Bezeichnungen Gottes : der Heilige Israels[48], der
König Israels (44, 6), der Gott Israels (48, 1f; 52, 12), der Erlöser
Israels (49, 7)[49]. Die einzige Stelle, wo „Israel" allein gebraucht wird,
ist das sekundäre 45, 17. Die Bezeichnungen „Same Jakobs" in 45, 19
und „Same Israels" im sekundären 45, 25[50] gleichen in der Formulierung der hier vorliegenden „Same Abrahams".

Was V. 8b angeht, so wurde bereits gesagt, daß אהבי als Apposition
zur ganzen Bezeichnung „Same Abrahams" zu verstehen ist. Das legt
der Parallelismus mit V. 8aα nahe. Dazu kommen einige syntaktische
Bemerkungen. Hätte der Verfasser die Apposition allein auf Abraham
beziehen wollen, dann hätte er vermutlich klarer formuliert, und zwar
in der Reihenfolge : Same meines geliebten Abraham. Der Eigenname
wäre möglicherweise, wie oft im Hebräischen der Fall ist[51], seiner
näheren Bestimmung nachgestellt worden[52]. Daß es nicht so ist,
spricht für unsere Deutung. Bevor man literarkritische Schlüsse zieht,
müßte man sich auf jeden Fall prüfend fragen, worauf sich אהבי
eigentlich bezieht. Geht man davon aus, daß sich אהבי auf Abraham
allein bezieht, und stellt man fest, daß man erst spät in der Überlieferung an Abraham als den „Freund" Gottes gedacht hat, und
hält man deswegen V. 8b für sekundär, so wird man dem Sachverhalt
nicht gerecht[53]. Der logische Akzent unserer Wendung liegt nämlich

---

[46] In Jes 63, 16 sind Abraham und Israel Eigennamen und nicht Bezeichnungen
für das Volk.

[47] Im tritojesajanischen 65, 9 begegnet die Doppelbezeichnung Jakob-Juda.

[48] Vgl. 41, 14.16.20; 43, 3.14; 45, 11a; 48, 17; ferner 54, 5; 55, 5; 60, 9.14.

[49] Vgl. aber 46, 3; 63, 7 : Haus Israel, wobei „Israel" Attribut zu „Haus" ist. Vgl.
auch 66, 20 : Söhne Israels.

[50] Vgl. vorliegende Arbeit zur Stelle, S. 450.

[51] Vgl. Brockelmann, Hebräische Syntax, S. 62 §64a.

[52] Vgl. etwa 41, 14a; 44, 2bα; 45, 4aα.

[53] In seinem Aufsatz „Zum Text von Jes XLI 8-13", VT 5 1955, S. 241f, geht
Fohrer diesen Weg.

zunächst doch auf der Bezeichnung „Same Abrahams"; in dieser
Hinsicht gleicht diese Stelle der von 51, 2, wo von Abraham als "eurem
Vater", als dem Einzelnen, den Gott gemehrt hat, gesprochen wird.
Der Verfasser denkt dabei an das Volk Israel, das Gott aus dem
Einen, aus Abraham, hervorgeholt hat: dieses Volk ist „Same Abra-
hams" aus Gottes Kraft. Der Akzent liegt dann mit gleichem Gewicht
auf der Apposition „mein Geliebter"; daß das Verhältnis zwischen
Gott und Israel von der Liebe geprägt war, zeigt sich im sekundären
43, 4a[54]. Deuterojesaja spricht in dieser Hinsicht nicht mehr von
„Liebe".

Wie ist aber אהבי genau zu übersetzen: der mich Liebende; oder:
der Liebende, der mir gehört, der in einem Verhältnis der Liebe zu mir
steht, den ich also liebe? Erstere Übersetzung würde hervorheben,
daß Israel bzw. der Same Abrahams Gott lieben — ein Gedanke, den
Deuterojesaja an keiner anderen Stelle sonst ausdrückt. Bei der letzten
Übersetzung hätte אהבי dagegen rein substantivischen Charakter, wie
etwa in 1Kön 5, 15 der Fall ist („er war liebend zu David"), und
könnte mit dem Wort „Freund" wiedergegeben werden (vgl. Ps 47, 5)[55].
Das entspricht dem parallelen Ausdruck „mein Knecht" von V. 8aα.
Das mit „Israel" und mit „Same Abrahams" angeredete Volk ist
Knecht und Freund Gottes. Wie in V. 8aα bringt das Personalsuffix
von V. 8b eine Beziehung der Zugehörigkeit zum Ausdruck. Wie tief
das Verhältnis zwischen Jahwe und dem Volk ist, zeigen Aussagen
wie 43, 1 ("dich geschaffen", "dich gebildet"). 4a ("teuer, wertgeachtet,
geliebt"); 44, 2a; 46, 3b („geschaffen, gebildet, getragen vom Mutterschoß an"); 49, 15b („wird ein Weib ihres Kindleins vergessen ... so
will ich doch dein nicht vergessen"). Es sind lauter Aussagen, die an
eine innige Weise der Liebe denken lassen. Auch von daher ist der
Bezug von אהבי auf den Ausdruck „Same Abrahams" und nicht auf
den Eigennamen „Abraham" zwingender und verständlicher.

Im ganzen wäre nun aber einiges zu bedenken. "Israel" ist der
einzige angeredete Eigenname des Satzes. Alles andere ist letztlich nur
nähere Bestimmung dieses Eigennamens, es könnte aber auch eine
dreifache neue Anrede sein. Syntaktisch gesehen können die drei Bezeichnungen „mein Knecht", „Same Abrahams" und „mein Geliebter"
als Apposition zu „Israel" angesehen werden.

---

[54] Vgl. vorliegende Arbeit zur Stelle, S. 296.
[55] So auch Bonnard, Le Second Isaïe, S. 105, Elliger, Jesaja II, S. 132, Penna,
Isaia, S. 418, Schoors, I am God your Saviour, S. 47. Elliger bezieht אהבי mit Recht
auf Jahwe: er ist es, der liebt (vgl. Jesaja II, S. 138).

Was V. 8aβ angeht, so ist es nicht leicht, sollte er tatsächlich sekundär sein, den Interpolator anzugeben. Er könnte der Autor von Jes 56-66 sein, der das Volk als „das Haus Jakobs" und einfach als „Jakob" bezeichnet, siehe 58, 1; 59, 20. Er könnte aber auch irgendein Interpolator bzw. Redaktor sein, der die fehlende Bezeichnung „Jakob" ergänzen wollte, um dem sonstigen Stil Deuterojesajas gerecht zu werden. Es ist anderseits zu bemerken, daß letzterer den Namen Jakob auch allein gebraucht, und zwar im göttlichen Titel „König Jakobs" (41, 21b) und dann im Ausdruck „Jahwe hat seinen Knecht Jakob erlöst" (48, 20b).

V. 9

Im Unterschied zu den übrigen deuterojesajanischen Stellen wird die Hiphilform von חזק in V. 9a nicht im Zusammenhang des Ausdrucks „deine Rechte erfassen" (41, 13a), „an der Hand (dich, sie) fassen" (42, 6; 51, 18), „an seiner Rechten fassen" (45, 1a) gebraucht[56]. Der Begriff אציל kommt im AT nur hier vor. Die Verbindung beider Verben חזק und קרא ist nochmals in 42, 6a belegt.

Der Relativsatz mit אשר schließt sich an V. 8b an. Es wurde aber bereits hervorgehoben, daß der Gebrauch von אשר als Relativpronomen bei Deuterojesaja eine Seltenheit ist. Es ist im ganzen nur viermal belegt[57]. Der Vers läßt sich im übrigen metrisch nicht einbauen. Er ist offensichtlich als Parallele zum Relativsatz von V. 8aβ gedacht und geht wahrscheinlich auf denselben Redaktor zurück. Durch diese seine Ergänzung wollte er vermutlich den Begriff der Erwählung, den er in V. 8aβ aufgegriffen hatte, näher beschreiben. Gott habe das Volk erwählt und es geholt, gerufen aus den entferntesten Gegenden der Welt — die Erwählung sei also eine Tat gewesen, an der sich Gottes mächtiges Walten und Gottes liebevolle Zuwendung gezeigt hat. Dieser Auffassung bot die deuterojesajanische Sprache ohne Zweifel manche Anregung, wie es aus 43, 5b-6 („Vom Aufgang will ich deine Kinder heimführen und vom Niedergang her dich sammeln"), aus 45, 6a („damit sie erkennen vom Aufgang der Sonne bis zum Niedergang, daß keiner ist außer mir"), aus 46, 11a („... der ich vom Aufgang den Stoßvogel rief, aus fernem Lande den Mann meines Planes"), aus 48, 20a („tragt es hinaus bis ans Ende der Erde"), aus 49, 6b

---

[56] Nach Elliger fehlt hier „die Hand" nur aus metrischen Gründen und ist gedanklich zu ergänzen (vgl. Jesaja II, S. 138).
[57] Vgl. 43, 10a; 45, 1a; 49, 3b; 51, 23a.

(„... daß mein Heil reiche bis an das Ende der Erde") und aus 52, 10b
(„es schauen alle Enden der Erde das Heil unseres Gottes") hervorgeht. Hat der Redaktor diese Stellen tatsächlich vor Augen gehabt,
so ist es anzunehmen, daß er bei seiner Ergänzung an die Erwählung
nicht nur in bezug auf den allerersten Ursprung des Volkes zur Zeit
der Patriarchen gedacht hat, sondern auch in bezug auf die erfolgte
Befreiung des Volkes aus der babylonischen Gefangenschaft. Wenn
es so ist, dann könnte man die Perfekta von V. 9a als punktuell
gedachte Handlungen in der Gegenwart verstehen: ich erfasse dich...
ich rufe dich.

Das Vorkommen der Ausdrücke „mein Knecht du" und „ich habe
dich erwählt" in V. 9b — sie entsprechen den gleichen Ausdrücken
von V. 8a — lassen diesen Vers als Teil einer Inklusion erkennen, die
in V. 8a ihren Anfang hat. Das Verb מאס ist innerhalb von Jes 40-53
nicht mehr zu finden; die Niphalform ist nur in 54, 6 belegt und wird
auf die verstoßene Frau der Jugend bezogen. Das Waw des Imperfekts
kennzeichnet die Handlung als Begleithandlung zu den vorhergehenden
Perfekta[58] und kann im Deutschen mit „indem ich..." wiedergegeben
werden. V. 9b ist als die Fortsetzung von V. 9a anzusehen und demselben Interpolator zuzuschreiben. Der Kontext scheint diese Annahme
zu bestätigen. Wäre V. 9b ursprünglich, so müßte man das Waw des
Imperfekts als eine deiktische Konjunktion verstehen[59]: „da sage ich
dir"; die darauffolgende Aussage würde dann die Aufforderung von
V. 10aα „fürchte dich nicht" begründen und einleiten, so daß die mit
כי eingeleitete Begründung von V. 10a als eine unnütze Wiederholung
aufzufassen wäre. V. 9bα wäre aber auch in bezug auf V. 8aα eine
Wiederholung, denn noch einmal würde Israel als Knecht bezeichnet.
Es scheint also angebrachter zu sein, zwei verschiedene Hände anzunehmen.

V. 10

In V. 10a dürfte der ursprüngliche Text fortsetzen. Die Aufforderung
„fürchte dich nicht" wird von Deuterojesaja oft gebraucht, wie 41, 13b.
14a; 43, 1b.5a; 44, 2b; 51, 7 zeigen[60]. Im übrigen Text des Komplexes

---

[58] Vgl. Christian, Untersuchungen, S. 62f, 66f.
[59] Vgl. Christian, ebd., S. 62.
[60] Zur Formal 'al - tîrā' vgl. Beckers Exkurs „Die Formel 'al - tîrā'", „Gottesfurcht im Alten Testament", S. 50-55. Becker bemerkt: „Wir sind mit Gressmann der
Ansicht, daß 'al - tîrā' durch den Gebrauch im Heilsorakel der Charakter einer
Offenbarungsformel eigen ist... Gewöhnlich geht dann 'al - tîrā' zusammen mit der für
das Heilsorakel charakteristischen Ich-Prädikation der Gottheit" (ebd., S. 52).

findet sie sich nur in 54, 4. Dieser Aufforderung folgt in 43, 1b.5a; 51, 8 (vgl. 54, 4a) genauso wie in 41, 10a eine mit כי eingeleitete Begründung; in 41, 13b.14b folgt die Begründung unmittelbar; in 44, 2b liegt eigentlich keine kurzgefaßte Begründung vor, die folgenden Sätze VV. 3-4 aber, wo Jahwe auf sein künftiges Heilstun in Israel verweist, sind wohl als eine ausgedehnte Begründung zu verstehen. In allen Fällen besteht die Begründung aus einem Selbsterweis Jahwes, der entweder als Nominalsatz, siehe 43, 5a, oder als Verbalsatz im Perfekt formuliert ist[61].

Die Hithpaelform des Verbs שעה kommt noch einmal in 41, 23b vor, und zwar im gleichen inhaltlichen Kontext: es geht um das Herumschauen nach einem tatkräftigen, helfenden Gott. Israel aber braucht nicht herumzuschauen, denn Jahwe ist ja sein helfender Gott. Die Qalform dieses Verbs begegnet in der echten Stelle Jes 31, 1bβ: auf den Heiligen Israels schauen und Jahwe befragen. Beachtenswert ist hier die Verbindung „schauen und befragen". Herumschauen oder Herumstarren meinte anscheinend nicht zunächst und allein etwa ein ängstliches Herumschauen, sondern ein Herumschauen im Sinne von Suchen nach einem zu befragenden hilfreichen Gott.

Das Verb אמץ in V. 10b ist bei Deuterojesaja nicht mehr zu finden; es kommt wieder in der unechten Stelle 44, 14a vor. Mehrmals belegt dagegen ist das Verb עזר[62]. Das Verb תמך kommt noch einmal im sekundären 42, 1a vor, regiert aber nicht wie hier das Objekt im Akkusativ, sondern wird mit der Präposition ב konstruiert. Das Bild, daß Jahwe einen mit seiner Rechten unterstützt, kehrt bei Deuterojesaja nicht mehr wieder. Er spricht vielmehr davon, daß Jahwe die Rechte erfaßt (41, 13a), daß er einen an seiner Rechten erfaßt (45, 1a). Von der Rechten Jahwes spricht der Prophet nur einmal in 48, 13a

---

[61] Zur Formel „ich will mit dir sein" vgl. den Aufsatz von Preuß „... ich will mit dir sein", ZAW 80 1968, S. 139-173. Zur Formulierung bemerkt Preuß: „Die verwendeten Präpositionen עם und את sind weder inhaltlich noch zeitlich in ihrem Gebrauch oder Sinn unterscheidbar" (ebd., S. 144). Er führt weiter aus: „Die Formel erscheint als Verheißung auch nicht nur als Beistandsformel in Berufungsgeschichten, sondern es fällt auf, daß die ältesten Texte sie vorwiegend als Zusage vor oder bei einer Wanderung verwenden. Dies tun dann selbst Micha und Dtjes, letzterer in seiner Anwendung auf den neuen Exodus (43, 2). Auch wird die Verheißung des Mitseins Jahwes mehrmals konkret als Zusage von Kriegshandlungen oder von Beistand in Kämpfen gebraucht, jedoch erscheint sie dort nicht ausschließlich, so daß ihr ursprünglicher Sitz im Leben kaum der Jahwekrieg sein dürfte" (ebd., S. 144f). Preuß richtet sich hier gegen von Waldow, vgl. „...denn ich erlöse dich". Eine Auslegung von Jes 43, S. 38f. Schoors teilt die Meinung von Preuß (vgl. I am God your Saviour, S. 52).
[62] Vgl. außer dem sekundären 41, 6a sonst 41, 13b.14b; 44, 2a; 49, 8aβ; 50, 7a.9a.

im Zusammenhang mit dem Motiv der Schöpfung („meine Rechte hat die Himmel ausgespannt"), dagegen redet Jes 56-66 von der Rechten Jahwes in bezug auf seine Tätigkeit in der Geschichte (vgl. 62, 8a; 63, 12a). צדק wird durch Personalpronomina außer hier noch in 42, 21a; 51, 5a (beides sekundär) auf Jahwe bezogen. Einmalig im ganzen AT ist die Verbindung ימין צדק[63]. Viel gebraucht wird schließlich innerhalb von Jes 40-48 die Konjunktion אף[64].

Es ist schwer, die Herkunft von V. 10b herauszustellen. Der sprachliche Befund spricht nich ganz für Deuterojesaja als Verfasser, aber auch nicht ganz gegen ihn zugunsten eines deutlich zu erkennenden Interpolators bzw. Redaktors. Bedenkt man aber, daß der Vers überladen zu sein scheint, daß er sogar eine gewisse Rhetorik im Stil aufweist, daß ferner letztlich Dinge gesagt werden, die in VV. 13-14 in viel prägnanter und, stilistisch gesehen, umrissener Weise zum Ausdruck kommen, so dürfte man annehmen, daß hier eine interpolierte Ergänzung vorliegt. Sie hat den Zweck, die Aussagekraft des Textes zu steigern. Man kann sich sehr gut erklären, daß ein so bedeutender Text, die erste Heilszusage bei Deuterojesaja, die Aufmerksamkeit auf sich gezogen hat, und daß man die Neigung empfand, seine tröstende, die Liebe Gottes aufzeigende Botschaft durch weitere kommentierende Aussagen hervorzuheben.

V. 11

V. 11a enthält Begriffe, die nur zum Teil Deuterojesaja kennt und verwendet. בוש ist außer in 50, 7 an den sekundären Stellen 42, 17; 45, 16f.24; 49, 23[65] belegt, כלם außer in 50, 7 im sekundären 45, 16f, die Niphalform von חרה im sekundären 45, 24. In 45, 16f; 50, 7 kommen בוש und כלם sogar zusammen vor. בוש kommt dann zusammen mit חרה in 45, 24 vor. Mit Ausnahme des Verbs אבד sind die übrigen Worte von V. 11b bei Deuterojesaja nochmals zu finden: das Adverb אין etwa in 40, 17a; 41, 17a.24a.29a; אנשים in 41, 12 (vgl. 45, 14), ריב in 41, 21a. Nichts spricht gegen die Echtheit dieses Verses. Nachdem Jahwe in V. 10a Israel seinen Beistand zugesagt hat, bringt er in V. 11 als gutes Pendant dazu ein Fluchwort gegen Israels Feinde.

---

[63] Über diesen Ausdruck vgl. Schoors's Ausführungen (I am God your Saviour, S. 53-55). Nach Schoors steht sedeq in 41, 10 nicht im Zusammenhang mit dem Thema von Krieg und Sieg.

[64] Vgl. 41, 23b.26b; 43, 7b.19b; 45, 21a; 46, 11b; 48, 12b.13a.15a. Der Text 46, 6b.7b gehört zum unechten Text 46, 6-7.8b, vgl. Elliger, Verhältnis, S. 247f.

[65] Zu 42, 17; 45, 16f.24 vgl. vorliegende Arbeit zur Stelle, S. 265ff, 435f, 449f.

V. 12

In V. 12 sind unserem Propheten nur מצא (vgl. 57, 10b; 58, 3b.13b)
und מצות unbekannt. Letzteres ist im AT sogar nicht mehr belegt.
Dagegen kommt das Verb בקש dreimal vor[66]. In 45, 19a; 51, 1a wird
es theologisch gebraucht. Die Formel „suchen/finden" ist im AT geläufig; sie wird theologisch gebraucht in Dt 4, 29; Jer 29, 13; Ho 5, 6;
Am 8, 12. מלחמה kehrt in 42, 13a und im sekundären 42, 25a wieder;
אפס ist reichlich belegt[67]. Angesichts der Tatsache, daß VV. 11-12
mit ihren Wiederholungen überladen sind, schien es manchem Forscher als angebracht, auch hier eine ergänzende Hand anzunehmen[68].
Man kann aber keine gewichtigen Gründe anführen, um hier eine
fremde Hand mit am Werk zu vermuten. Höchstens könnte man
V. 12a dieser Hand zuschreiben; denn abgesehen davon, daß מצא
und מצות[69] nicht zum Wortschatz Deuterojesajas gehören, wird hier
die Wendung „suchen und finden" seltsamerweise auf die Feinde bezogen; Deuterojesaja aber bezieht das Verb בקש bei drei Belegen
zweimal auf Jahwe (vgl. 45, 19a; 51, 1a). Sieht man aber V. 12a als
sekundär an, so verliert der Text von VV. 11-12 seinen im abwechselnden Parallelismus gegliederten Aufbau (תבקשם, יהיו כאין/הן יבשו,
יהיו כאין). Es ist zu vermuten, daß in V. 12 nichts nachträglich hinzugefügt wurde. Der Text als Ganzes behält seinen guten Sinn und die
Wiederholungen haben deutlich eine steigernde Funktion[70].

V. 13

Während das כי von V. 10a die Ermahnung „fürchte dich nicht" begründet, begründet das כי von V. 13a zusammen mit der damit verbundenen Ermahnung „fürchte dich nicht" die Verse 11-12, die vom Untergehen der Feinde reden. Es handelt sich in diesem Fall aber um eine lose

---

[66] Vgl. 41, 17a; 45, 19a; 51, 1a.

[67] Vgl. 40, 17b; 41, 29a; 45, 6a; 46, 9a.

[68] Marti hält vv.11-16 für unecht (Das Buch Jesaja, S. 281). Vgl. ferner Fohrer,
Zum Text von Jes XLI 8-13, VT 5 1955, S. 243f, und die Kritik Schoors's dazu (I am
God your Saviour, S. 56).

[69] Zu beachten sind die Bemerkungen Elligers über den Sinn von מצות: „Die Wurzel
führt eher auf ‚Streit', und zwar mit tätlicher Auseinandersetzung: נצה ni. Ex 2, 13;
21, 22; Lv 24, 10; Dt 25, 11; 2Sa 14, 6, מצה 58, 4 parallel ‚schlagen mit der Faust'.
In der Überschrift zu Ps 60 kann נצה hi. dann sogar ‚Krieg führen' bedeuten, was hier
in 12b als eine weitere Form der Feindschaft erscheint" (Jesaja II, S. 142).

[70] Zum Inhalt bemerkt Elliger: „Die Bezeichnungen für die Feinde wechseln aus
dem privaten Bereich 11a in den gerichtlichen 11b und abermals aus dem privaten 12a
in den militärischen 12b" (ebd., S. 142).

Begründung, denn die Aussage von V. 13 steht in keinem unmittelbaren Bezug zu den Aussagen von VV. 11-12, sie besteht vielmehr
aus der Zusage Jahwes, der Israel seine Hilfe zuspricht ohne jeden
Hinweis auf irgendein Eingreifen gegen die Feinde seines Volkes. Es
legt sich nahe zu vermuten, daß VV. 11-12 nach der Absicht des
Verfassers dazu dienen, die Zusagen Jahwes mit dem damit verbundenen Selbsterweis als die eigentliche Mitte des Textes zu bekräftigen :
am Untergang der Feinde zeigt sich, daß Jahwe da ist und daß er Gott
ist. Das כי hätte dann deiktische, nicht begründende Funktion. Zum
Text ist sonst zu bemerken, daß das Verb חזק hier im Unterschied zu
42, 6a; 45, 1a; 51, 18b; 56, 2a.4b.6b; 64, 6a nicht mit der Präposition
ב konstruiert wird, sondern das Objekt unmittelbar regiert. Im Unterschied zum parallelen Partizip מחזיק, das keinen Artikel trägt, ist
האמר wahrscheinlich aus metrischen Gründen (ein dreisilbiges Wort)
mit Artikel versehen.

Es bleibt schließlich noch die Frage, was in V. 13a Prädikat des
Nominalsatzes und was Subjekt ist. Man kann in der Tat verschieden
übersetzen : ,,denn ich, Jahwe dein Gott, bin fassend deine Rechte",
wobei ,,ich" das Subjekt, ,,Jahwe dein Gott" das Attribut und das
Partizip das eigentliche Prädikat wären; oder : ,,denn ich bin Jahwe
dein Gott, fassend deine Rechte", wobei ,,ich" das Subjekt, alles
andere Prädikat wäre; oder noch : ,,ich Jahwe bin dein Gott, fassend
deine Rechte", wobei ,,ich Jahwe" das Subjekt, ,,dein Gott" und das
Partizip Prädikat bzw. das Partizip Attribut zum Prädikat wären.
Versteht man אני יהוה als Selbstvorstellungsformel, so wäre אני als
Subjekt und יהוה als Prädikat anzusehen. Eine solche Formel liegt bei
Deuterojesaja in 42, 8a; 44, 24b (sek.); 45, 3b.5a.18b.19b; 49, 23b
(sek.?) vor. Aber Deuterojesaja gebraucht אני יהוה auch als ein in sich
geschlossenes Subjekt, dem ein Prädikat folgt [71]. Partizipiale Attribute
bzw. Prädikate beziehen sich direkt auf יהוה an den Stellen 42, 5 (sek.);
43, 1a; 44, 2a; 45, 19b; 48, 17a; 49, 7a [72]. Berücksichtigt man in V. 13a
den Zusammenhang, wo vom Untergehen und Zuschandegehen der
Feinde die Rede ist, so sieht man, daß der logische Akzent des Satzes
auf dem Ausdruck מחזיק ימינך liegt : die Feinde gehen zugrunde und
werden beschämt, weil Jahwe Israels Rechte stützt. ,,Jahwe dein Gott"
ist dann als Attribut zum אני zu verstehen und מחזיק als Prädikat [73].

---

[71] Vgl. 41, 4b.17b; 42, 6a; 43, 3a.15a; 45, 21b; 48, 17b.
[72] Vgl. noch die sekundären Stellen 44, 24-28; 45, 6b-7.18a; 51, 13a.
[73] So auch Auvray-Steinmann, Isaïe, S. 159, Duhm, Das Buch Jesaja, S. 278, König,
Das Buch Jesaja, S. 364, Knight, Deutero-Isaiah, S. 56, Muilenburg, The Book of

V. 13b ist syntaktisch in Analogie zu V. 13a zu verstehen: das Partizip ist Subjekt — der Artikel hätte dabei auch die Funktion, das Subjekt hervorzuheben —, das אני ist das wiederholte, näher präzisierte Subjekt und עזרתיך ist das Prädikat. Besser müßte man sagen: das Partizip ist eine dem Subjekt אני vorangestellte, an betonter Stelle gesetzte Apposition. Zu beachten ist schließlich, daß die Wendung „fürchte dich nicht" in VV. 10aα.13bα eine den ganzen Abschnitt umschließende Inklusion bildet.

V. 14
Innerhalb von Jes 40-66 begegnet das Wort תולעה wiederum in 66, 24. מת ist aber nicht mehr belegt. Nimmt man ein רמה anstatt von מת an[74], so finden sich beide Begriffe zusammen in Jes 14, 11. Vermutet man im Urtext ein jetzt aufgefallenes אל־תשתע, wie die Biblia Hebraica vorschlägt[75], so läge hier ein Vers vor, der metrisch den folgenden Versen gleichen würde, indem er auch aus zwei Stichen mit je sechs Akzenten bestehen würde. Im Unterschied zu V. 14a weist V. 14b Formeln und Begriffe auf, die Deuterojesaja vertraut sind. Abgesehen vom Verb עזר, das uns bereits begegnete, kehren die Bekräftigungsformel נאם־יהוה in 43, 10a.12; 49, 18[76], die Bezeichnung קדוש ישראל in 41, 16.20; 43, 3a.14f; 45, 11a; 48, 17; 49, 7b[77] und die Bezeichnung גאלך in 43, 14; 44, 6; 48, 17; 49, 7a.26 wieder[78]. In 43, 14; 48, 17; 49, 7 kommen גאלך und קדוש ישראל zusammen vor (vgl. auch 47, 4; 54, 5).

V. 15
Das Verb שים von V. 15a wird sonst häufig gebraucht[79], während das Wort מורג nicht mehr vorkommt bei Deuterojesaja so wie auch das Adjektiv חרוץ. Letzteres ist wohl als eine Hinzufügung zu betrachten, die die Qualität des Schlittens hervorheben will[80]. Eine unnütze Tautologie, denn es wird gesagt, daß der Schlitten חדש ist, ein

---

Isaiah Chapters 40-66, S. 456, North, The Second Isaiah, S. 36, und Volz, Jesaja II, S. 17.

[74] Vgl. dazu die textkritischen Bemerkungen Schoors's (I am God your Saviour, S. 59-61).

[75] Dagegen spricht sich Elliger aus (vgl. Jesaja II, S. 146).

[76] Vgl. noch 52, 5; 54, 17; 55, 8; 56, 8; 59, 20; 66, 2.17.22.

[77] Vgl. noch 47, 4; 54, 5; 55, 5; 60, 9.14.

[78] Vgl. noch 44, 24; 47, 4; 54, 5.8; 59, 20; 60, 16; 63, 16.

[79] Vgl. 41, 18-20.22; 42, 4.12.15f.25; 43, 19; 44, 7; 49, 2.11; 50, 2f.7; 51, 3.10.16.23; 53, 10.

[80] Vgl. dazu textkritischen Bemerkungen Elligers (Jesaja II, S. 147).

Adjektiv, das Deuterojesaja sonst gern verwendet, aber in einem ganz anderen Zusammenhang[81].

Einmalig ist der Ausdruck בעל פיפיות (vgl. Ps 149, 6). Auch die Verben von V. 15bα sind in unserem Komplex nicht mehr belegt. Da es sich um eine bildhafte Rede handelt, ist es verständlich, daß die Begriffe nicht mehr wiederkehren. Das Bild der Spreu gehört zum Kontext des göttlichen Gerichtes über die Bösen[82].

V. 16

Das bildhafte Reden wird in V. 16a fortgesetzt. Von den hier gebrauchten Begriffen sind bei Deuterojesaja nur das Verb שׂים, dann die Wörter רוח und סערה noch zu finden. V. 16b weist aber wieder seine Sprache auf. Die Verben גיל und הלל sind jeweils in 49, 13 und in 45, 25 (sek.) belegt[83]. Die in VV. 14b.16b vorkommende Bezeichnung „der Heilige Israels" bildet für den Abschnitt VV. 14-16 eine Inklusion. Nach all dem würde der Urtext lauten:

V. 8   *Aber Du*, Israel, mein Knecht, Same Abrahams, mein Geliebter:
V. 10a   *fürchte dich nicht*—bei dir, da bin ich —, starre nicht umher — dein Gott, das bin ich!
V. 11   Siehe, enttäuscht und beschämt werden alle, die gegen dich entflammten:
         Sie sind... wo sind sie denn? Da, sie verschwinden, die Männer deiner Bestreitung;
V. 12   du suchst sie, findest sie aber nicht, die Männer deiner Befehdung. Sie sind... wo sind sie denn? Da, das sind Unding die Männer deiner Bekriegung!
V. 13   So ist es: ich Jahwe, dein Gott, erfasse deine Rechte.
         Der da zur dir sagte: ‚*fürchte dich nicht*' — ich — *ich helfe dir!*
V. 14   *Fürchte dich nicht*, Würmlein Jakob, (starre nicht umher,) Israelschar: *ich helfe dir*, Spruch Jahwes; dein Erlöser da, der Heilige Israels ist's.
V. 15   Nun siehe, ich mache dich zu einem Schlitten, einem neuen, vielschneidigen:
         dreschen sollst du Berge, zermalmen, und Hügel wie Spreu machen.
V. 16   Würfeln sollst du sie und der Wind sie verwehen, der Sturm soll sie versprengen.
         Aber Du sollst jubeln über Jahwe, dich des Heiligen Israels rühmen.

c) *Form- und Gattungskritik*

Vorliegender Abschnitt besteht aus zwei Teilen (VV. 8-13/14-16), die inhaltlich gesehen gleichmäßig aufgebaut sind: Heilszusage (VV. 8.

---

[81] Vgl. 42, 9; 43, 19a; 48, 6b.
[82] Vgl. Jes 17, 13; Ho 13, 3; Ps 1, 4; 35, 5; Hi 21, 18.
[83] Vgl. noch 61, 10; 65, 18f; 66, 10.

10a/14), Gerichtswort (VV. 11-12/15-16a), Heilzusage (VV. 13/16b).
Der erste Teil umfaßt vier Strophen, die je aus zwei Stichen bestehen.
Der zweite Teil umfaßt drei Strophen, die wiederum je aus zwei
Stichen bestehen.

Die Zeilen der ersten, fünften und siebten Strophe bestehen aus
zwei Stichen mit je sechs Akzenten; die Zeilen der zweiten, dritten
und vierten Strophe dagegen bestehen aus Stichen, deren Akzente auf
3/2 verteilt sind. Um eine gleichmäßige Verteilung der Akzente zu
erreichen, ist es nötig, in V. 11aß das כל mit maqqef an das folgende
Wort zu binden und in V. 14aβ אל־תשתע hinzuzufügen. Es ergibt
sich folgende Akzentverteilung[84]:

V. 8	3+3
V. 10a	3+3
V. 11a	3+2
V. 11b	3+2
V. 12a	3+2
V. 12b	3+2
V. 13a	3+2
V. 13b	3+2
V. 14a	3+3
V. 14b	3+3
V. 15a	3+3
V. 15b	3+3
V. 16a	3+3
V. 16b	3+3

Beide Teile sind miteinander dadurch verbunden, daß ואתה jeweils
am Anfang und am Schluß steht (VV. 8aα.16bα), ferner dadurch,
daß VV. 13-14 je die gleichen Wendungen aufweisen[85]. Es fragt sich
nun aber zu welcher literarischen Gattung unser Text gehört.

Im Anschluß an Begrich[86] erkennt Westermann[87] im Text 41, 8-13

---

[84] Köhler verteilt die Akzente in vv.8-10 auf 3+3 (v.8b aber nur 3), in vv.11-13
auf 3+2 und in vv.14-16 auf 3+3 (vgl. Deuterojesaja stilkritisch untersucht, S. 11f).

[85] Elliger bezieht ואתה von v.16b auf das אני von v.14b (vgl. Jesaja II, S. 156). Er
hält 41, 14-16 für eine selbständige, in sich völlig geschlossene Einheit und behauptet:
„Der Zusammenhang mit dem vorhergehenden Heilsorakel, das genauso in sich abgeschlossen ist, ist rein redaktioneller Art" (ebd., S. 149). Vgl. noch Schoors, I am
God your Saviour, S. 59.

[86] Vgl. Begrich, Das priesterliche Heilsorakel, ZAW 52 1934, S. 81-92.

[87] Vgl. Westermann, Sprache und Struktur, S. 118. Vgl. ferner Elliger, Jesaja II,
S. 133-136, 147-149, Harner, The Salvation Oracle in Second Isaiah, JBL 88 1969,
S. 424-427, Schoors, I am God your Saviour, S. 47f, 59, und von Waldow, Anlaß und

und 41, 14-16 die Struktur des sogenannten Heilsorakels wieder. Sie bestehe aus einer persönlichen Anrede an ein Du, einem Heilszuspruch — dem Kern des eigentlichen Heilsorakels —, einer Begründung (nominal und verbal, und zwar hauptsächlich perfektisch formuliert) und einer Folge bzw. einer Heilsankündigung (imperfektisch formuliert). Hinter dieser Struktur stände ein gottesdienstlicher Vorgang : die durch einen Priester oder einen Propheten[88] (nach von Waldow) vermittelte Gottesantwort auf die Klage eines Einzelnen. Zusammenfassend bezeichnet Westermann die Form des Heilsorakels folgendermaßen : „Sie beruht auf einem Dtjes. vorgegebenen gottesdienstlichen Heilsorakel, das auf die Klage des Einzelnen hin erteilt wurde. Dtjes. hat es umgestaltet zu einer Heilszusage an Israel in seiner jetzigen Lage. Der Heilszuspruch ergeht in die Gegenwart der Angeredeten und ist in perfektischen Verben begründet : die entscheidende Wendung ist bei Gott schon geschehen, entsprechend den ersten Sätzen des Prologs 40, 1f"[89]. Daß unser Text eine solche Struktur tatsächlich aufweist, stimmt ohne weiteres. Auch nach der Herausschälung der Zusätze[90] bleibt die Struktur erhalten : Anrede (V. 8), Heilszuspruch mit Begründung (V. 10a), Heilsankündigung (VV. 11-12). V. 13 wiederholt den Heilszuspruch und die Begründung. Im zweiten Teil stellt man eine kleine Veränderung in der Reihenfolge der einzelnen Strukturelemente fest : V. 14 Heilszuspruch, Anrede, Begründung, VV. 15-16 Heilsankündigung[91].

Es ist trotzdem zu fragen, ob es sich in 41, 8-13.14-16 um die Übernahme und Umgestaltung der Heilsorakeltradition handelt. Die Abhängigkeit des Textes aus der Gattung des Heilsorakels könnte u.U. nachgewiesen werden, wenn unser Text sich als Antwort Jahwes auf eine Bitte und Klage des personifizierten Israel verstehen ließe. Das ist aber freilich nicht der Fall[92]. Weder der Text noch der Kontext

---

Hintergrund der Verkündigung des Deuterojesaja, S. 11-19. Elliger teilt 41, 8-13 folgendermassen : vv.8-10a Einführung, v.10b Erhörungszusage, v.11f Folge, v.13 Wiederholung der Heilszusage (vgl. ebd., S. 134).

[88] Das ist von Waldows Meinung (vgl. ebd., S. 82-85).

[89] Vgl. Westermann, Sprache und Struktur, S. 120.

[90] Vgl. Begrich, Das priesterliche Heilsorakel, S. 87-89. Für diese Sätze findet Begrich in der von ihm postulierten Gattung keine Entsprechungen.

[91] Elliger teilt etwas anders : v.14a Einführung, vv. 14b-15a Heilszusage, vv.15b-16a Folge, v.16b Ziel. V.15a ist nach Elliger wegen seiner perfektischen Formulierung der Heilszusage zuzuweisen (vgl. Jesaja II, S. 148; vgl. auch von Waldow, Anlass und Hintergrund der Verkündigung des Deuterojesaja, S. 18).

[92] Durch seinen Aufsatz „Ps 22 und das priesterliche Heilsorakel" (BZ NF 12 1968, S. 172-185) hat Kilian das Vorhandensein des Heilsorakels für den Einzelnen als feste Institution in Frage gestellt.

lassen auf eine Bitte Israels im Rahmen einer Klage schließen. In seiner Analyse der deuterojesajanischen Texte kommt Begrich nie auf den entsprechenden Zusammenhang zu sprechen, so daß ihm dieser Sachverhalt entgangen ist[93]. Meines Wissens fragt sich auch Westermann nicht, ob im Zusammenhang der angeblichen Heilsorakel eine Klage Israels zu Gott belegt ist[94]. Davon auszugehen wäre auf jeden Fall nützlich gewesen zur Bestimmung der Gattung. Wie es sich aber bei der Analyse von 40, 27b zeigte, wo ein Wort Israels, das einzige im Kontext, angeführt wird, ist dieses Wort keine Bitte und es entsteht nicht aus einer Klage zu Gott. Es verrät nur die tiefe Resignation eines Volkes, das sich so enttäuscht fühlt, daß es kaum mehr etwas von Jahwe erhoffte und erwartete, daß es von ihm sogar distanziert in

---

[93] Vgl. Begrich, Das priesterliche Heilsorakel, S. 81-85. Begrich hebt in seinem Aufsatz hervor, daß dem Klagelied des Einzelnen und dem priesterlichen Heilsorakel der gleiche Stoff bis in die Einzelheiten hinein gemeinsam ist (vgl. ebd., S. 87). Er führt Motive und Wendungen an, deren Entsprechung er in den Heilsorakeln bei Deuterojesaja zu finden glaubt. Prüft man die angegebenen Berührungspunkte näher, so stellt sich heraus, daß sie eigentlich sehr wenig und allgemeiner Art sind oder sich nicht in den Heilsorakeln finden, sondern in Texten anderer Gattung. Westermann weist nämlich Jes 49, 7-12 den Heilsankündigungen zu, und zwar freilich mit Fragezeichen (vgl. Sprache und Struktur, S. 120); von Jes 54-55 sagt er ferner, daß sich in ihnen die Struktur der Heilsankündigung erkennen läßt, auch wenn sie sehr frei verarbeitet ist (vgl. ebd., S. 122); von den Heilsankündigungen meint er, sie setzen die Klage des Volkes voraus (vgl. ebd., S. 120); 51, 7-8 erwähnt er unter den Heilsorakeln und Heilsankündigungen überhaupt nicht.
Eigentliche Berührungspunkte sind die Selbstbezeichnungen des Beters als Knecht (=41, 8), als Wurm und Made (=41, 14); als Berührungspunkte sind ferner die Äußerungen der Angst und Furcht zu betrachten, denen das „fürchte dich nicht" entsprechen würde, die Bitten nach Hilfe, Stützung, Erlösung, Erbarmung (=41, 10.13f; 43, 1.3; 54, 8), schließlich Fluchwünsche (=41,11f) und Liebesäußerungen wie „dein bin ich" (=44, 1), „mein Gott bist du" (=41,10.13; 43,3). Reichen aber all diese Berührungspunkte dazu aus, eine Institution des Heilsorakels wahrscheinlich zu machen? Das einzige, was sie beweisen, ist die Vertrautheit des Propheten mit den Psalmen, und zwar vor allem mit jenen Psalmen, die wie die individuellen Klagelieder inhaltlich seiner eigenen Notsituation entsprachen. Aber letztlich ist selbst das nicht ganz sicher, wenn man bedenkt, daß die meisten von Begrich herangezogenen Klagelieder aus dem Psalter entweder nachexilisch sind (siehe Ps 6, 10, 12, 19, 22, 23, 25, 38, 41, 42, 43, 46, 51, 55, 69, 71, 83, 86, 88, 102, 119, 140, 143) oder spätvorexilisch (siehe Ps 31, 54, 63). Vorexilisch sind nur die Psalmen 30, 56, 61, 89. Alle übrigen sind unsicheren Datums, und zwar die Psalmen 3, 13, 7, 27, 35, 39, 40, 57, 59, 109, 139, 142 (vgl. Sellin-Fohrer, Einleitung S. 308-318). Angesichts dieses Befundes läßt sich weniger an eine Abhängigkeit des Propheten von der Tradition dieser Psalmen denken als vielmehr an zwei selbständige Verdichtungen der gleichen allgemeinen geistigen Erfahrung. Diese Deutung dürfte auf jeden Fall für möglich gehalten werden.
[94] Vgl. Westermann, Sprache und Struktur, S. 117-124. Westermann begnügt sich, ohne nähere Prüfung zu sagen, daß „die Klage im Heilsorakel nur anklingt", daß „im Heilsorakel die Klage des Einzelnen vorausgesetzt ist" (vgl. ebd., S. 120).

der dritten Person spricht. Und es ist auch nicht das Volk selbst, das zu Wort kommt, sondern der Prophet berichtete davon. Israel war so tief mißtrauisch und ungläubig geworden, daß der Prophet sich gezwungen sieht, seiner Anrede in 40, 27 und der Anrede Jahwes in 41, 8ff eine lange Ausführung über die Macht Jahwes gegenüber Welt und Mensch voranzuschicken, um dann Israel richtig ansprechen zu können. Er hielt es für nötig, sich so gegenüber einem Volk zu verhalten, das nicht mehr imstande war, sich direkt bei Jahwe zu beklagen und ihn zu bitten. Unser Text ist also in dieser Beziehung nicht die Antwort Jahwes auf Klage und Bitte, sondern die allererste Anrede Jahwes, der sich nun von sich aus Israel zuwendet und es anspricht. Das verzweifelte Israel hatte dieses Wort von Jahwe nicht erbeten. Von einer Abhängigkeit des Textes von der Tradition des Heilsorakels zu sprechen, scheint in dieser Hinsicht nicht ganz angebracht. Bedenkt man, daß Begrich, um das Heilsorakel nachzuweisen als bestehende Institution, aus Deuterojesaja selbst argumentiert, dann spitzt sich die Frage dahin zu, ob es einen solchen gottesdienstlichen Vorgang bei der Klage des Einzelnen überhaupt gegeben hat.

Begrich geht unter anderem auch von Klgl 3, 57 aus, um seine These zu unterstützen. Er meint, daß in Klgl 3, 57 mit den Worten „fürchte dich nicht" ein wesentliches Moment des Heilsorakels gegeben ist und daß diese Worte die Erzählung der Erhörung des Gebetes einleiten[95]. Freilich hat Begrich nicht gemerkt, daß im folgenden von keiner Erhörung des Gebetes die Rede ist. In V. 59b bittet der Klagende Jahwe darum, er möge ihm zu seinem Recht helfen; in VV. 62-63 verweisen die Nominalsätze auf die Not, die in der Gegenwart noch andauert, was von den Worten „jeden Tag" und vom Imperativ „schaue her" unterstrichen wird; in VV. 64-66 bittet der Klagende Gott darum, er möge seinen Feinden nach dem Tun ihrer Hände vergelten, er möge ihre Herzen verblenden, sie verfluchen, verfolgen und vertilgen. Das also, worauf es dem Beter ankommt, steht noch aus! Es zeigt sich an diesem Befund deutlich, daß die dem V. 57 unmittelbar folgenden Perfekta anders auszulegen sind, als Begrich es tut. Aus dem ganzen Zusammenhang her lassen sich die Perfekta von V. 58 als Vertrauensäußerungen verstehen und sind zu übersetzen: „Du, mein Herr, wirst sicher meine Sache führen, wirst sicher meine Seele retten!" Dann zeigt es sich, daß der Klagende in V. 57 nicht an den gottesdienstlichen Vorgang eines priesterlichen Heilsorakels gedacht hat, der ihm die

---

[95] Vgl. Begrich, Das priesterliche Heilsorakel, S. 82.

Gewißheit der Erhörung gegeben hat. Hier ist das Imperfekt אקראך neben dem Perfekt קרבת zu beachten: „du wirst dich nahen am Tage, da ich dich anrufen werde." In den darauffolgenden Worten verweist er doch noch auf seine elende Lage und bittet er ja auch Jahwe, er möge eingreifen. Die Worte von V. 57 sind also nicht im Sinne eines Orakels zu verstehen.

Worum handelt es sich dann? Die Formel war nicht nur als eine allgemein übliche Aufforderung zum Vertrauen in einer Notlage, und zwar auch durch Freunde (vgl. 1Sam 23, 17), bekannt, sondern auch als einleitende Formel des Gottesbescheids, wie dieser etwa in der Tradition des Jahwekriegs erfolgte. Unser Text hat sicher mit dieser Tradition nichts (mehr) zu tun, er gibt aber Zeugnis davon, daß man sich im allgemeinen doch an die Formeln der traditionellen göttlichen Zusprüche erinnerte. Es handelt sich nicht um direkten, bewußten Anschluß an irgendwelche Institutionen oder Traditionen, sondern um den schlichten Gebrauch altbewährter Sprache, die für den Beter ihre Kraft und ihren Sinn noch beibehält, auch wenn ihr ursprünglicher Rahmen nicht mehr besteht. Wie allgemein der Sinn der Wendung geworden ist, dürfte das nachexilische Klagelied des Einzelnen Ps 69, 19 bestätigen, das eine unserem Text ähnliche Bitte enthält. Der Beter bittet Jahwe, er möge sich seiner Seele nahen (קרב), sie retten (גאל) und ihn selbst wegen seiner Feinde befreien. Die Sprache ist hier ganz persönlich geworden und entbehrt jeden deutlichen Bezug auf kultische Ordnungen und sonstige Traditionen. Jahwe naht sich der personalen Sphäre des Einzelnen. Er begegnet ihm im inneren Bereich seiner Seele: ihr gilt zunächst die Errettung. Solche Züge sind auch in unserem Klagelied 3 vorhanden: in V. 17 sagt der Klagende, Jahwe habe seine Seele aus dem Frieden verstoßen, und in V. 25 bekennt er, Jahwe sei gütig gegen die Seele, die ihn sucht. Dieser Zug zum Persönlichen ist für sich genommen ohne Zweifel kein Beweis, daß der Verfasser in Klgl 3, 57 nicht an das vermeintliche Heilsorakel gedacht hat; wenn man ihn aber mitberücksichtigt, so findet unsere Vermutung auch darin eine Unterstützung.

Noch auf eines ist hinzuweisen. In Ps 69, 19 ist der enge Zusammenhang der einzelnen Aussagen zueinander festzustellen. Jahwe möge sich der Seele nahen, sie retten und den Beter befreien. Die Errettung und die Befreiung erfolgen dadurch, daß sich Jahwe naht. Vergleichen wir nun Klgl 3, 57-58, so ist anzunehmen, daß V. 57 in engem Zusammenhang mit V. 58 verstanden werden will. Die Ermahnung zur Furchtlosigkeit hat logischerweise in der Errettungstat Jahwes ihre

Begründung. Das würde heißen, daß auch V. 57 futurisch im Sinne
eines perfectum confidentiae zu übersetzen ist: „du wirst dich nahen
am Tage meines Rufens, du wirst sprechen: „fürchte dich nicht!"
Diese Übersetzung ist angebracht, insofern durch sie die steigernde
Kraft der Aussagen in stärkerem Maße zum Ausdruck kommt[96]. Die
Reihenfolge der Gedanken wäre diese: ich habe deinen Namen gerufen (V. 55), du hast meine Stimme gehört (V. 56a), verschließe dein
Ohr nicht (V. 56b), du wirst ja dich nahen, sprechen, führen und
retten (VV. 57-58). Der Gedankengang fährt fort in VV. 59-66—die
Perfekta der Verse 59-61 sind präsentisch zu übersetzen, da sie für
den Beter feststehende Tatsachen zum Ausdruck bringen: du siehst
meine Unbill (V. 59), du siehst ihre Rachgier (V. 60), du hörst ihr
Schmähen (V. 61), das Gerede und das Singen sind wider mich (V. 62),
ich bin ihr Spottlied (V. 63), du wirst vergelten, verblenden, verfluchen
und vertilgen (V. 64-66). Für den Beter steht also fest, daß Jahwe ihn
gehört hat (Perfekt) und sich nahen wird (Perfekt), es steht fest, daß
Jahwe seine Not sieht (Perfekt), und bittet ihn, einzugreifen und seinen
Feinden nach ihrem Tun zu vergelten (Imperfekt). Die Verschiedenheit der Tempora bezieht sich hier nicht scharf auf Vergangenheit und
Zukunft, sondern auf die verschiedene Sicht, mit der der Beter die
von ihm ausgesprochenen Sachverhalte betrachtet: was für ihn bereits
unbezweifelte Wirklichkeit ist, spricht er im Perfekt, was für ihn noch
nicht Wirklichkeit geworden ist, auf dessen Erfüllung er noch wartet,
spricht er im Imperfekt aus[97].

Der herausgestellte Befund von Klgl 3, 56-66 läßt keinen sicheren
Schluß zur Annahme eines Heilsorakels im Sinne Begrichs ziehen. Für
Ps 38; 35, 3; 60, 8-10 hat Kilian überzeugend gezeigt, daß auch in
diesen Psalmen von einem eigentlichen Heilsorakel nicht die Rede
sein kann[98].

Wenden wir uns aber nun wieder unserem deuterojesajanischen Text
zu. Aus dem Kontext geht es hier hervor, daß sich Israel in einer
Situation des Unglaubens und der Resignation befindet. Das zeigt,
daß es das Eingreifen des helfenden und tröstenden Jahwes noch nicht

---

[96] Bei seiner Übersetzung bleibt Kraus freilich beim Perfekt (vgl. Klagelieder, S. 47,
62f). So auch Weiser (vgl. Klagelieder, S. 328). Nach Weiser ist Klgl 3, 52-62 ein
individuelles Danklied (vgl. ebd., S. 334).

[97] Anders Kraus: „Sprach der klagende Sänger bisher von Erfahrungen der Vergangenheit, so greift er jetzt in sein gegenwärtiges Erleben hinein" (vgl. Klagelieder,
S. 63).

[98] Vgl. Kilian, Ps 22 und das priesterliche Heilsorakel, BZ NF 12 1968, S. 175-181.

erfahren hat. Der allererste Anfang der sich nun abspielenden Heilsgeschichte, das erste Eingreifen Jahwes ist das Wort von V. 10a
„fürchte dich nicht". Die Nominalsätze von V. 10a verweisen nach
diesem Wort ganz deutlich auf Gegenwart : Jahwe ermahnt sein Volk,
sich jetzt nicht zu fürchten, da er bei ihm ist, da er sich jetzt ihm als
seinen Gott ausgibt. Das bedeutet für unsere Frage : man hat vom
Zusammenhang her keinen Grund, die Perfekta von VV. 13bβ.14bα
und dementsprechend auch die von V. 10b als sich auf eine vom Beter
als abgeschlossen gemeinte Handlung Jahwes beziehend zu verstehen.
Sie verweisen vielmehr auf die präsentische und künftige Hilfeleistung
Jahwes, die als feststehende und sichere Entscheidung Jahwes angesagt wird[99].

Diese Zusage der Hilfeleistung ist die eigentliche Begründung des
Zuspruchs „fürchte dich nicht". Einige Beobachtungen bestätigen das.
Das Untergehen der Feinde und das Suchen Israels, wovon VV. 11-12
sprechen, wird als ein sich in der Gegenwart und naher Zukunft ab-
spielendes Geschehen geschildert; nicht zufällig sind die Verben lauter
Imperfekta. An VV. 11-12 schließt sich der begründende Satz von
V. 13a an. Er enthält die Formel der göttlichen Selbstvorstellung „ich
Jahwe" als grammatisches Subjekt, dem als grammatisches Prädikat
die Bezeichnung „dein Gott" und ein Partizip folgen. Zu diesem Partizip ist folgendes anzumerken. Zunächst kann man es allein aus dem
Zusammenhang nach VV. 11-12 nicht anders als präsentisch und
futurisch verstehen, parallel dazu ist auch das Perfekt von V. 13bβ
als präsentisches und futurisches Perfekt anzusehen — beide Sätze
(V. 13a und V. 13b) weisen ja den gleichen Aufbau im Parallelismus
auf. Das gleiche läßt sich vom Perfekt des Verses 14bα sagen : abgesehen von seiner deutlichen Beziehung zu der jetzt an Israel ergehenden
Ermahnung „fürchte dich nicht" von V. 14a, steht es parallel zum
Partizip גאלך, das aus dem Zusammenhang (VV. 11-12) nicht anders
als präsentisch zu verstehen ist. Das bestätigt seinerseits auch der
folgende Abschnitt VV. 15-16. Hier ist davon die Rede, daß Israel für
seine Feinde zum Gerichtswerkzeug gemacht wird. Die Verben haben
dabei präsentisch-futurische Bedeutung. Zum Partizip מחזיק ist aber
noch etwas zu berücksichtigen. Es wird hier als zweites Prädikat der
Selbstvorstellungsformel „ich Jahwe" gebraucht. Als Prädikat dieser
Formel begegnen solche Partizipien bei Deuterojesaja wieder in 43, 15;

---

[99] Vgl. Brockelmann, Hebräische Syntax, S. 41 §41f, Christian, Untersuchungen,
S. 63f, Grether, Hebräische Grammatik, S. 209 §791.

45, 19b; 46, 9b-11b (אנכי אל); 48, 17b, sie begegnen auch in der hymnischen Partie 44, 24-28 (sek.)[100]. Meistens beziehen sie sich auf das
Schöpfer-, zum Teil auf das Erlösertun Jahwes und haben eine ausgeprägte sentenzenhafte, weisheitliche Färbung. Davon unterscheidet
sich das vorliegende Partizip, das, wie auch der Zusammenhang nahelegt, auf ein konkretes geschichtliches Eingreifen Jahwes hinweist. In
diesem Sinn hat dieses partizipiale Prädikat hier eine spezifische Funktion. Wie Zimmerli nachgewiesen hat[101], erwartet die Selbstvorstellungsformel ihrer ursprünglichen Intention nach den Beweis ihrer
Wahrhaftigkeit vom geschichtlichen Handeln Jahwes[102].

Ein Beispiel dafür ist in 1Kön 20, 13 zu lesen, wo sich die Selbstvorstellungsformel innerhalb der Erkenntnisformel findet: „So spricht
Jahwe: ,Hast du diese ganze gewaltige Menge gesehen? Siehe, gebend
(bin ich) sie heute in deine Hand, damit du erkennst, daß ich Jahwe
(bin)". Trotz des verschiedenen syntaktischen Aufbaus des Textes, kann
man hier den gegenseitigen Bezug der Formel und des geschichtlichen
Tuns Jahwes deutlich sehen. Das Partizip ist aber nicht die einzige
Möglichkeit, um den engen Bezug, von dem die Rede ist, zum Ausdruck zu bringen. In 1Kön 20, 28 wird es von einem Perfekt abgelöst:
„So spricht Jahwe: ,Da die Syrer gesagt haben..., so werde ich
(Perfekt) diese ganze gewaltige Menge in deine Hand geben, damit
ihr erkennt, daß ich Jahwe (bin)". Es handelt sich hier um ein regel-
rechtes Perfekt, das in sich schon und nicht wegen des vorangestellten
Waw futurische Bedeutung hat[103]: es beschreibt einen in der Zukunft
sicher vorliegenden Sachverhalt. In Anbetracht dieses Befundes kann

---

[100] In 45, 3b.7 sind die jeweiligen Partizipien sekundär (vgl. vorliegende Arbeit zur
Stelle, S. 413, 414f).

[101] Vgl. Zimmerli, Das Wort des göttlichen Selbsterweises (Erweiswort), eine prophetische Gattung, S. 154-164.

[102] Zimmerli führt aus: „Die Wahrheit des dort in der Gemeinde verkündigten
'ny Yhwh, so will das prophetische Wort sagen, erweist sich unter dem verheissenden
Prophetenwort (Weissagung) mitten im geschichtlichen Ereignis draußen" (vgl. ebd.,
S. 159). „Der ganze Erweis der Herrlichkeit der Selbstvorstellung im Namen wird in
Israel vom geschichtlichen Handeln erwartet" (vgl. ebd., S. 161). „Die eigentliche
Exodustat, auf die DtJs weist, liegt erst in der Zukunft. Vor diesem zukünftigen Exodus
tritt der Hinweis auf den einstigen Exodus aus Ägypten zurück (43, 16ff). So ist denn
die ganze Prädikation Jahwes in seinen Selbstaussagen entschlossen auf das in der
Gegenwart anhebende, in der Zukunft sich vollendende Tun des Schöpfers ausgerichtet — selbst die Schöpfungsaussage muß es sich gefallen lassen, gelegentlich futurisch
ausgerichtet zu werden (41, 20; 45, 8). All diese das im Exil harrende Israel tröstenden
Gehalte klingen darum in den erweiterten Ichaussagen Jahwes an. Er stärkt, hilft...,
erhört, tilgt Sünden..., erfüllt sein Wort" (vgl. Ich bin Jahwe, S. 201).

[103] Vgl. Christian, Untersuchungen, S. 58.

man als sicher annehmen, daß Partizipien und Perfekta, welche im Zusammenhang mit der Selbstvorstellungsformel stehen, die Funktion haben, den Wahrheitserweis dieser Formel zu bringen; sie haben daher ausgeprägten, auch wenn nicht ausschließlichen, Gegenwarts- und Zukunftscharakter. Als präsentisch-futurische Perfekta sind auch die Verben des sekundären V. 10b zu verstehen. Sie hätten lauter Partizipien sein können als Appositionen zum אני bzw. אלהיך von V. 10aβ. Wird die Ermahnung, sich nicht zu fürchten, durch das Erweiswort „ich (Jahwe) bin bei dir" begründet, so begründen diese Perfekta ihrerseits das Erweiswort: daß Jahwe mit Israel ist, daß er sein Gott ist, das zeigt sich daran, daß er nun sein Volk stärkt, ihm hilft, ihn faßt und rettet. Nur aus der Gegenwartbezogenheit der Verben werden Erweiswort bzw. Selbstvorstellungsformel und Ermahnung verständlich und sinnvoll. Es wäre in der Tat auch unnötig, zu ermahnen, sich nicht zu fürchten, wenn Israel Jahwes Hilfeleistung bereits erlebt hätte. Daß die Aufforderung zur Furchtlosigkeit nicht nur eine Mahnung ist, daß mit ihr vielmehr die Furcht beseitigt wird[104], leuchtet nicht ein, bezeugt doch die deuterojesajanische Schrift fast durchgehend das hartnäckige Verharren Israels in Zweifel und Unglauben.

Ist 41, 8-16 nicht aus der Gattung des Heilsorakels im Sinne Begrichs und Westermanns zu verstehen, so stellt sich die Frage nach seiner eigentlichen Gattung bzw. nach seiner gattungsmäßigen Herkunft. Dabei kann es nützlich sein, diesen Text mit anderen gleichen Texten wie 43, 1-4; 43, 5-7 und 44, 2b-5 zu konfrontieren. Mit Recht hebt Westermann hervor, daß all diesen Texten dieselbe literarische Struktur zugrunde liegt[105]. Im einzelnen sei bemerkt, daß die Perfekta von 43, 1b präsentische Bedeutung haben sollen, will man sachgemäß den aktuellen Sinn des Zuspruchs „fürchte dich nicht" beibehalten. Es folgt in V. 2 ein Hinweis auf die tatkräftige Hilfe Jahwes im Fall der Not, welcher in V. 3a begründet wird. Kern der Begründung ist die Selbstvorstellungsformel. In V. 3b schließt sich ein perfektisch formulierter Satz an, der dem Zusammenhang gemäß futurisch (perfectum confidentiae) zu übersetzen ist. Das wird vom imperfektisch formulierten Satz des V. 4b bestätigt, wo vom anbrechenden Unternehmen Jahwes zugunsten Israels die Rede ist. 43, 5-7 besteht seinerseits auch aus einem Zuspruch und einer Begründung, welche ein Fragment der Selbstvorstellungsformel aufweist (V. 5a). Es folgt in V. 5b ein imper-

---

[104] Das ist Westermanns Deutung (vgl. Sprache und Struktur, S. 118).
[105] Vgl. Westermann, ebd., S. 118.

fektisch formulierter Satz, der auf das hinweist, was sich Jahwe nun zu tun anschickt. 44, 2b-5 enthält den Zuspruch (V. 2b), eine imperfektisch formulierte Begründung (V. 3), der eine Digression folgt (VV. 4-5). In der nachfolgenden Einheit 44, 6-8 liegt dann die eigentliche Mitte des Ganzen vor, die Selbstvorstellungsformel, und zwar in stark erweiterter Form[106]. Auffallenderweise haben Begrich und Westermann bei ihrer Untersuchung die Tatsache nicht bewertet, daß die göttliche Selbstvorstellungsformel, sei es auch als Fragment oder in zersetzter Form, den eigentlichen Kern all dieser Texte bildet, die sie als Heilsorakel bezeichnen[107]. In einer Stunde äußerster Not ergeht das göttliche Selbsterweiswort ganz unerwartet wieder an Israel. Dies Wort ist wie ein Zeichen : es verkündet durch sein bloßes Vorkommen das‧ Eingreifen Jahwes in die Geschichte für Israel. Der nun Israel Ansprechende und es zum Vertrauen Auffordernde ist Jahwe; er erweist sich als Jahwe und als Gott Israels dadurch, daß er nun zum Wirken auf der geschichtlichen Ebene einschreitet. Zweck dieser Texte ist also nicht, Israel als dem klagenden Beter ein Heilsorakel mitzuteilen, sondern ihm die ungeteilte Zuwendung Jahwes als des heilsmächtigen Gottes seines Volkes zu offenbaren. Es handelt sich um eine Heilszusage — diese Bezeichnung Westermanns trifft gut die Sache — aufgrund des göttlichen Erweiswortes.

---

[106] Vgl. Zimmerli, Ich bin Jahwe, S. 199f.

[107] Vgl. Begrich, Studien, S. 26. Im Anschluß an Zimmerli (Ich bin Jahwe, S. 193, 195, 197, 200) erkennt Westermann, daß die Formel „fürchte dich nicht" u.a. auch mit der Selbstvorstellungsformel im Zusammenhang steht, daß letztere Formel ferner auch in den Gerichtsreden vorkommt, verwertet aber diesen Befund zur Bestimmung der Gattung der angeblichen Heilsorakel nicht (vgl. Das Heilswort bei Deuterojesaja, S. 361; vgl. ferner Das Buch Jesaja, S. 24f). Meines Erachtens übernimmt Zimmerli in dem genannten Aufsatz bei der Analyse der deuterojesajanischen Stellen, in denen die Selbstvorstellungsformel belegt ist, ohne nähere kritische Prüfung die von Begrich vertretenen Thesen. Eine gründlichere Untersuchung der Texte, die man als Gerichtsreden und Erhörungsorakel bezeichnet, und ihres Bezugs zur Selbstvorstellungsformel, so wie sie Zimmerli auch im Aufsatz „Erkenntnis Gottes nach dem Buche Ezechiel" (S. 30f) unternimmt, hätte vielleicht doch zum Verständnis der von Deuterojesaja benutzten Tradition weiter verholfen. Neuerdings bewerten auch Elliger (Jesaja II, S. 133-136, 147-149) und Schoors (I am God your Saviour, S. 52f, 61f) das Vorhandensein der Selbstvorstellungsformel innerhalb der Heilsorakel nicht zur näheren Bestimmung der Gattung. Über die Beziehung der Selbstvorstellungsformel zu den göttlichen Hymnen des Alten Orients ist Dions Aufsatz „Le genre littéraire sumérien de l',,Hymne à soi-même" et quelques passages du Deutéro-Isaïe", RB 74 1967, S. 215-234, zu beachten. Der Autor vermutet, daß Deuterojesaja bewußt an dieses altorientalische Material angeknüpft hat (vgl. ebd., S. 230-233).

Es ist eine Eigenheit Deuterojesajas, daß diese Texte alle ohne Ausnahme in Gerichtsreden Jahwes überliefert sind : 41, 8-16 ist von 41, 1-4 und von 41, 21-29 umfangen. Dem Text 43, 1-4.5-7 geht 42, 18-25 voran und folgt 43, 8-15. Der Text 44, 1-5, dem 43, 22-28 vorangeht, mündet so selbstverständlich in 44, 6-8, daß beides fast als eine Einheit zu betrachten wäre. Die Gattungsanalyse dieser Gerichtsreden[108] ergibt, daß ihre eigentliche Mitte in der Selbstprädikation Jahwes vorliegt. Damit kreist man wiederum um die Formel der göttlichen Selbstvorstellung[109], um das Erweiswort. Der gattungsmäßige Zweck der Gerichtsreden ist es, Jahwe als den einzigen, transzendenten Ursprung der damaligen geschichtlichen Ereignisse hinzustellen in Abgrenzung zu den Göttern und Götzen, auf die Israel vertraute. Sie wollen Jahwe als den Gott schlechthin offenbaren im Hinblick auf die Glaubensannahme durch Israel. Es geht um die Identitätsfrage bezüglich Jahwes als die notwendige Voraussetzung, um Israel zum rechten Verständnis der Ereignisse als Heilsereignisse zu bringen. Die eigentliche Aussage dieser Reden besteht darin, daß sie die geschichtlichen Ereignisse als vorausverkündetes und nun sich erfüllendes Gerichtswerk Jahwes deuten[110], woran man seine Gottheit erkennen kann. Daß Jahwe Gott ist, zeigt sich an diesem Gerichtswerk.

Das war für Deuterojesaja aber nur der erste Schritt. Hat er mit Hilfe der Gattung der Gerichtsrede die Einzigkeit Jahwes als Gott wieder ins Bewußtsein gebracht, so galt es nun das geschichtliche Gerichtshandeln Jahwes auf Israel zu beziehen als ein Heilshandeln Jahwes für Israel. Da half wiederum das Erweiswort, das eingebettet wurde in die Gattung der Heilszusage. Israel soll sich nicht fürchten vor dem Gericht, das Völker und Könige stürzt. Denn was Jahwe an Israel vollziehen will, ist kein vernichtendes Gericht, sondern Heil,

---

[108] Vgl. Westermann, Sprache und Struktur, S. 134-144.

[109] Vgl. Zimmerli, Ich bin Jahwe, S. 197-200. Im Rahmen der Analyse von 41, 8-16 ist es nicht möglich zu untersuchen, ob die Zusammensetzung von Heilszusage und Gerichtsrede auf Deuterojesaja selbst oder auf einen Redaktor seiner Schriften zurückgeht. Ersteres dürfte anzunehmen sein. Es scheint auf jeden Fall, daß die beiden Gattungen gemeinsame Selbstvorstellungsformel ein Grund, wenn nicht sogar der Grund gewesen ist für die Aneinanderreihung der entsprechenden Texte. Diese Formel bzw. das Erweiswort bildet in der Botschaft des Propheten die theologische Mitte, aus der heraus die damaligen geschichtlichen Vorgänge, die zur Befreiung führen sollten, als Heils- und zugleich als Gerichtswerk Jahwes verkündet und verstanden werden konnten. Beide Gattungen gehören also sachlich zusammen, auch wenn sie ursprünglich nicht in unmittelbarer Nähe zueinander gestanden haben sollten.

[110] Vgl. 41, 2-4.25; 43, 10-12.14f.

ja, das Gericht an den Feinden Israels gehört bereits zum Heilshandeln Jahwes für sein Volk. Daran erweist sich Jahwe als der Gott Israels[111]. Daß er Gott ist und als solcher seinem Volk hilft, zeigt sich am Untergehen der Feinde und an der Errettung Israels. Es geht auch jetzt um die Identität Jahwes, und zwar als Gott Israels. Die Heilszusage als Gattung dient Deuterojesaja dazu, die Identität Jahwes wieder ins Bewußtsein zu bringen. Israel erfährt Jahwe als seinen Gott, indem es sein Heilswort hört, das sich im Heilsgeschehen bewährt.

Wie die Gerichtsrede so enthält auch die Heilszusage den Gedanken des Gerichtes : einmal sind Jahwes Zuwendung zu Israel und die Verheißung seiner tatkräftigen Hilfe ein Gnadenakt, der der Gerichtsstrafe wie ein positiver, erlösender (גאל!) Urteilsspruch ein Ende setzt (vgl. 44, 22), dann bedeutet Jahwes Zuwendung zu Israel Abwendung von den Feinden und ihre Vernichtung. In der Gerichtsrede wie auch in der Heilszusage gibt sich Jahwe als Gott zu erkennen; sein Gottsein zeigt er aber daran, daß er als mächtiger Richter auftritt. Das ist ein Grund, warum man etwa die Perfekta und die daran angeschlossenen Imperfekta, also die sogenannte Begründung und Folge innerhalb des angeblichen Heilsorakels, als eine logische Einheit und nicht als zwei Handlungen verstehen muß, die je getrennt voneinander gemeint wären. Dadurch also, daß Jahwe durch sein Sich-Zuwenden und -Abwenden Gericht vollzieht, läßt er sich als Gott erkennen; als solcher verwirft er die Götter und ihre Anhänger, als solcher wendet er sich Israel zu.

Fragt man danach, an welchem Ort die Selbstvorstellungsformel und der Gedanke des Gerichts ursprünglich miteinander verknüpft wurden, so stößt man auf die Gesetzestexte. Diese Formel wurde in einem fortgeschrittenen Überlieferungsstadium dort ausgesprochen, wo Recht proklamiert wurde. Sie findet sich an der Spitze des Dekalogs (Ex 20, 2; Dt 5, 5) und im Rahmen anderer Gesetzestexte wie etwa Lev 18; 19; 22, siehe auch Ez 20[112]. Es stellt sich aber heraus, daß die

---

[111] In Jer 46, 27f bezieht sich die Aufforderung „fürchte dich nicht" auf das anbrechende Gericht der Völker : Israel soll sich davor nicht fürchten, denn es wird ihm Heil zuteil.

[112] In seinem Aufsatz „Ich bin der Herr — euer Gott" geht Elliger auf Gebrauch und Sinn der kurzen (Ich bin Jahwe) und der erweiterten (Ich bin Jahwe, euer Gott) Selbstvorstellungsformel in Lev 18, 21, 22, 19 und Ez 20 ein (vgl. ebd., S. 10-28). Ausgehend von Lev 18 kennzeichnet Elliger beide Formeln folgendermassen : „Will die erweiterte Formel „Ich bin Jahwe, euer Gott" auf den schuldigen Dank für die empfangenen Wohltaten als Motiv für das Halten der Gebote durch das Volk hinweisen, so will die reine Namensformel Gehorsam wecken als die... Konsequenz aus dem Wissen um die

Verkündigung des Rechtes mit der Ankündigung des Gerichtes im Fall des Ungehorsams verbunden wurde, ein Zusammenhang, der etwa in Dt 27, 11-26; 28-30 ein großes Ausmaß angenommen hat[113]. Im Dekalog ist der Gedanke des Gerichts in Ex 20, 5f.7.12; Dt 5, 9f.11.16 belegt; zu berücksichtigen sind Lev 18, 26-29 und die Ausrottungstexte von Lev 20. Die Verknüpfung der Selbstvorstellungsformel mit dem Gedanken des Gerichtes erklärt sich also von der Tradition der Rechtsproklamation her[114]. Ihre Anwendung in den Gattungen der Gerichtsrede und der Heilszusage dürfte der Versuch oder besser der Ausdruck der Anpassung jener Tradition auf die Situation der Exilierten sein mit dem Anliegen, Jahwes Anspruch auf ausschließliche Anerkennung in Israel wieder hörbar zu machen.

In der Gerichtsrede wie in der Heilszusage handelt es sich letztlich um die Proklamation des göttlichen Rechtes und damit verbunden um die Ankündigung des göttlichen Gerichtes. Deuterojesaja deutet die damalige geschichtliche Stunde als die Zeit, da Jahwe wieder zu seinem Recht kommt und seinen göttlichen Anspruch gegenüber allen Weltmächten, ihren Göttern, aber auch gegenüber Israel durch geschichtliches Eingreifen wieder erhebt. Hat der Prophet die Überlieferung der göttlichen Rechtsproklamation vor Augen gehabt, so lag

---

Heiligkeit Gottes. Auf den theologischen Kern gesehen, ist die Selbstaussage „Ich bin Jahwe" also kurz als Heiligkeits- oder Hoheitsformel, ihr Gegenstück „Ich bin Jahwe, euer Gott" als Heilsgeschichts- oder Huldformel zu bezeichnen" (vgl. ebd., S. 15). Elliger schließt seine Untersuchung der Leviticustexte mit der Bemerkung ab: „... so wird man sich fragen müssen, ob das (das Schwanken im Gebrauch der beiden Formeln in den verschiedenen Schichten des Buches) nicht mit einer ursprünglichen Verwandtschaft, mit einem Wachsen aus derselben Wurzel zusammenhängt und die beiden Formeln sich erst unter bestimmten geschichtlichen Einflüssen auseinanderentwickelt haben" (vgl. ebd., S. 24). Elliger kommt nicht dazu, auf Deuterojesaja zu sprechen, verweist aber nicht nur auf den Dekalog, sondern auch auf Ho 12, 10; 13, 4 und auf die vorexilischen Ps 50, 7; 81, 11 (vgl. ebd., S. 32).

[113] Über das Verhältnis von Fluch und Ungehorsam zueinander vgl. Noths Aufsatz „Die mit des Gesetztes Werken umgehen, die sind unter dem Fluch", nachgedruckt in „Gesammelte Studien zum Alten Testament", TB 6 1960, S. 167-171.

[114] Über den Zusammenhang zwischen der Selbstvorstellungsformel und der Tradition der Rechtsproklamation vgl. die Ausführungen von Zimmerli in „Ich bin Jahwe" (S. 190f, 202, 206) und in „Erkenntnis Gottes nach dem Buche Ezechiel" (S. 58, 60). In seinem Aufsatz „Divine Self-Predication in Deutero-Isaiah" (BiRes 16 1971, S. 32-51) hebt Phillips hervor, daß die Formel der göttlichen Selbstprädikation ihren Platz in der Bundesschließung hat (vgl. ebd., S. 37f). Er meint daher: „Thus the formula becomes a part of the covenant renewal ceremony in which the present generation is included in the covenantal relationship, accepting the name and all that it implies as if for the first time" (vgl. ebd., S. 45). „... the prophet Deutero-Isaiah invokes the formula and its associations to restore his people's faith in their covenant God and his willingness to redeem them" (ebd., S. 51).

es ihm auf der Hand, zur sprachlichen Übersetzung seiner Botschaft auf die Überlieferung der Selbstvorstellungsformel bzw. der Erkenntnisformel weiter zurückzugreifen bis hin zur alten Überlieferung des sogenannten heiligen Krieges. Die Erkenntnisformel kennzeichnet tatsächlich manchen Text dieser Überlieferung wie Ex 14, 4.18; 1 Kön 20, 13.28[115]. Sie findet sich innerhalb des Gottesbescheids, durch den Jahwe anläßlich des heiligen Krieges seinem Volk den Sieg zusagte. In der erweiterten Form der Erkenntnisformel lautet die Selbstvorstellungsformel in 1 Kön 20, 13 : „So spricht Jahwe : Hast du diese ganze gewaltige Menge gesehen? Wohlan, ich gebe sie heute in deine Hand, damit du erkennst, daß ich Jahwe bin." Und in 1 Kön 20, 28 : „So spricht Jahwe : ... ich will diese ganze gewaltige Menge in deine Hand geben, damit ihr erkennt, daß ich Jahwe bin." Diese Texte weisen die für die Sprache des Jahwekrieges charakteristische Formel „ich gebe in deine Hand" auf[116]. Nun fällt es auf, daß diese Formel in früheren Stadien der Überlieferung mit der Aufforderung „fürchte dich nicht" verbunden stand. In dieser Hinsicht sind Stellen wie Jos 8, 1 („Und Jahwe sprach zu Josua : Fürchte dich nicht vor ihnen; siehe, ich gebe den König von Ai samt seinem Volk ... in deine Hand"), Jos 10, 8 ("Und Jahwe sprach zu Josua : Fürchte dich nicht vor ihnen, denn ich gebe sie in deine Hand") und Jos 11, 6 („Und Jahwe sprach zu Josua : Fürchte dich nicht vor ihnen, denn morgen um diese Zeit gebe ich sie alle erschlagen vor Israel hin") zu beachten[117]. Dazu siehe noch Dt 3, 2 und Dt 3, 22 („Fürchte dich nicht vor ihnen, denn Jahwe euer Gott, er ist es, der für euch streitet").

Nimmt man an, daß die Formel „fürchte dich nicht" unter an-

---

[115] Über diese Texte vgl. die Ausführungen von Stolz (Jahwes und Israels Kriege, S. 94-97, 144-147). In Ex 14 sieht Stolz eine Überarbeitung aus der dtr Tradition und aus der Jerusalemer Tradition (vgl. ebd., S. 96). Zu 1Kön 20, 13.28 führt Stolz aus : „Die ‚Erkenntnisformel' ... wird tatsächlich in jener Zeit noch ihren realen Sitz im Leben gehabt haben im Zusammenhang mit der Äußerung einer prophetischen Aussage : Die Erkenntnis, daß das Vorausgesagte eintrifft, bestätigt und legitimiert den Spruch des Propheten" (vgl. ebd., S. 146). Vgl. auch die Ausführungen von Lind (Paradigm of Holy War in the Old Testament, BiRes 16 1971, S. 29-31). Er meint : „Both the ancient narratives of the sea and of the conquest agree with the theology of holy war of the ancient poetry. The narratives of the Exodus like the Song of the Sea set forth the sea event as an absolute miracle upon which Israel was to wait. The narratives of the conquest... set forth the conquest with the experience at the sea as the archetype" (vgl. ebd., S. 29f).

[116] Vgl. von Rad, Der heilige Krieg im alten Israel, S. 84ff.

[117] Zu Jos 8 und Jos 11 vgl. die Ausführungen von Stolz (Jahwes und Israels Kriege, S. 82-88).

derem[118] auch im göttlichen Zuspruch zum Jahwekrieg ihren Sitz im
Leben hatte[119], so wie später auch die in der Erkenntnisformel erweiterte Selbstvorstellungsformel darin einen Sitz im Leben erhielt[120],
so kann man mit großer Wahrscheinlichkeit folgendes annehmen: bei
der Verkündigung seiner Botschaft von der heilbringenden und ge-
richthaltenden Proklamation des göttlichen Rechtes im geschichtlichen
Raum hat Deuterojesaja nicht an den institutionellen Vorgang des
priesterlichen Heilsorakels gedacht — falls es ihn gegeben hat —,
sondern er hat über die Tradition der Rechtsproklamation auf die
ältere Tradition des Jahwekrieges zurückgegriffen. In den deuterojesajanischen Texten hätte der Gedanke des nun hörbar werdenden
göttlichen Rechts seine formale Konkretisierung in den zwei Gattungen der Gerichtsrede und der Heilszusage. Für letztere hätte der
Prophet an die Tradition des Gottesbescheids im Jahwekrieg angeknüpft. Die Heilszusage stellt bei ihm ein späteres Stadium dieser
Tradition dar, da beide Formeln, die Ermahnung zur Furchtlosigkeit
und die Selbstvorstellungs- bzw. Erkenntnisformel, zusammentrafen.
Ob sie bereits vorher miteinander im Zuspruch zum Jahwekrieg verbunden waren, läßt sich wegen Mangels an literarischen Zeugnissen
nicht genau sagen. Immerhin besitzen wir in Ex 14 einen Text aus
den alten Pentateuchquellen, in dem beide Elemente — die Ermahnung
zur Furchtlosigkeit und die Erkenntnisformel — belegt sind. Freilich
können wir diesen Text nicht zu den eigentlichen Jahwekrieg-Texten
hinzuzählen, da der für solche Texte charakteristische geschichtliche
Rahmen fehlt[121]. Es dürfte aber nicht abwegig sein zu vermuten, daß
die Jahwekriegstradition darin ihre literarischen Spuren hinterlassen
hat. Denn es ist davon die Rede, daß Jahwe für sein Volk streiten
wird[122], daß sich das Volk nicht fürchten soll, daß es die von Jahwe
geschenkte Befreiung sehen wird (V. 13; vgl. 1 Sam 14, 23). Neben
diesen formalen Elementen aus der Tradition des Jahwekrieges steht

---

[118] Vgl. Becker, Gottesfurcht im Alten Testament, S. 52-54.

[119] Vgl. von Rad, Der heilige Krieg im alten Israel, S. 9f. Nach Becker ist das
Vorkommen der Aufforderung zur Furchtlosigkeit im Zusammenhang mit dem Heiligen Krieg auf den Einfluß der Form des Heilsorakels zurückzuführen (vgl. ebd., S. 52,
54f).

[120] Vgl. die Ausführungen von Zimmerli über das Erweiswort im Zusammenhang
mit 1Sam 14, 8-10; 17, 46 und 2Kön 19 (Erkenntnis Gottes nach dem Buche Ezechiel,
S. 41, 50, 54).

[121] Vgl. Smend, Jahwekrieg und Stämmebund, Erwägungen zur ältesten Geschichte
Israels, S. 10-32.

[122] Siehe das Verb לחם in vv.14a.25b; vgl. Dt 1, 30; 3, 22; Jos 10, 14.42; 23, 10.

die Erkenntnisformel. Sie gibt den Grund an, warum Jahwe eingreift;
damit die Ägypter erkennen, daß er Jahwe ist (VV. 4.18a). Vielleicht
gehören diese Verse, die die Erkenntnisformel aufweisen, sogar der
Endredaktion an. Das ändert aber letztlich nichts an der Bedeutsam-
keit des Textes. Denn bereits die älteste, in Ex 15, 21b vorliegende
Tradition deutet das Ereignis als Selbsterweis Jahwes durch geschichtliches Tun. Unter syntaktischem Gesichtspunkt ist in Ex 14 der futurische Sinn des durch das Waw eigeführten begründenden Perfekts zu
beachten : „fürchtet euch nicht, dann werdet ihr die Befreiung Jahwes
sehen (וראו)".

Was aber die Bestimmung der Gattung angeht, so weist der herausgestellte literarische Befund in eine andere Richtung. Bei den sogenannten deuterojesajanischen Zusprüchen, die auf die Tradition des
Heilsorakels zurückgehen sollen, würde es sich in Wirklichkeit um eine
von Jahwe ohne vorhergehende Befragung frei erteilte Heils- bzw.
Siegeszusage im Stil des göttlichen, in der Tradition des Jahwekrieges
beheimateten Zuspruchs handeln. Daß ein solcher Zuspruch aber auch
nach Befragung erteilt wurde, zeigen Texte wie Ri 20, 28; 1 Sam 23, 4;
24, 5; 1 Kön 20, 28 und andere.

Die Vermutung, daß die deuterojesajanischen Texte der Sprache
nach von der Tradition des Jahwekrieges abhängig sind, hat etwas für
sich. Denn auch wenn Israel nicht unmittelbar bedroht war, sondern
nun im Exil unter babylonischer Gewalt lebte, es war letztlich doch
ein harter Krieg, der die damalige Welt erschütterte und das babylonische Reich in die Enge trieb. Kyros hatte begonnen, seinen Zug
gegen Babylon durchzuführen. Das bedeutete für die in Babylon
deportierten Völkergruppen ein Hineingeworfen sein in die Lage
äußerster Not und Gefahr, vielleicht auch das Ausgeliefertsein in ein
hoffnungsloses, grausames Ende. Diese Situation spiegelt sich in unseren Texten wider, da, wo von den Feinden und ihrem Untergehen
die Rede ist, wie in 41, 11f; 43, 4.14. In dieser Situation ergeht durch
den Propheten der göttliche Zuspruch an Israel, der ihm den Beistand
Jahwes und die Befreiung ankündigt. Es ist in diesem Zusammenhang
sicher kein Zufall, sondern bewußte Anknüpfung an die Tatsache,
daß Deuterojesaja Jahwe als Krieger, der zum Kampf zieht, darstellt
(42, 13; vgl. 52, 10). Das erinnert an die für die Jahwekriegstradition
charakteristischen Texte Ex 14, 14; Dt 3, 22; Jos 10, 14.42. Einige
formale Feststellungen bestätigen diese Vermutung. Die uns erhaltenen
Zusprüche im Rahmen des Jahwekrieges formulieren die Erklärung
Jahwes fast durchweg perfektisch, so etwa Dt 3, 2aβ; Jos 8, 1b; 10,

8aβ; vgl. 1 Kön 20, 28b. Wenn eine Änderung vorhanden ist, dann tritt anstatt des Perfekts das Partizip, so etwa Jos 11, 6aβ; vgl. 1 Kön 20, 13b; Dt 3, 22. Nun sind diese Perfekta sachgemäß nur präsentisch oder futurisch zu übersetzen. Das zeigt sich in aller Klarheit in Jos 8, 1b-2aα : dem נתתי folgt im ועשית die Weisung, wie sich Josua verhalten soll — ich gebe in deine Hand und du machst... — Beharrt man auf dem Perfekt im perfektischen Sinn, so müßte man angesichts des futurisch gemeinten Perfekts ועשית übersetzen : Ich habe beschlossen, in deine Hand zu geben... dann sollst du machen... Eine solche Übersetzung würde aber schwerlich der Sachlage entsprechen; denn, was Josua tun soll, hängt nicht von dem ab, was Jahwe beschlossen, aber noch nicht durchgeführt hat, sondern von dem, was er sicher tun wird : Josua kann Ai zerstören, wenn er sie in die Hand bekommt. Beide Perfekta verweisen also auf das sich Ereignende, wobei das zweite Perfekt in logischer Hinsicht vom ersten bedingt ist[123]. Die futurische Bedeutung solcher Perfekta zeigt sich deutlich in der Formulierung von Jos 11, 6, wo das Perfekt in ein Partizip mit klarer futurischer Bedeutung (siehe das ,,morgen um diese Zeit'') aufgelöst wird (vgl. 1 Sam 23, 4; 24, 5).

Interessant ist ferner ein Vergleich mit Jos 10, 8. Diese Stelle weist die ähnliche formale Struktur wie unsere deuterojesajanischen Texte auf : Aufforderung im Imperativ (fürchte dich nicht), Begründung im Perfekt (ich gebe sie in deine Hand) und Folge im Imperfekt (niemand unter ihnen wird vor dir standhalten können). Sie ist freilich die einzige Stelle, die der Struktur nach den Texten Jes 41, 8-13.14-16; 43, 1-4.5-7; 44, 1-4 gleicht. Das ist nicht verwunderlich, wenn man bedenkt, daß die Zusprüche zum Jahwekrieg auf dem komplexen Weg der Geschichtserzählung, also nicht aus erster Hand, sondern eingebettet in die verschiedensten Erzählungsstränge der alttestamentlichen Geschichtsschreibung, tradiert wurden[124]. Auf einem solchen Weg konnte sich ihre ursprüngliche Form — falls sie überhaupt eine streng festgelegte Form von Anfang an gehabt haben— schwerlich rein er-

---

[123] Vgl. die Übersetzung von Hertzberg (Die Bücher Josua, Richter, Ruth, S. 47) und seinen Kommentar dazu : ,,Das Wichtigste ist die Feststellung, daß nunmehr (Perfektum!) der König von Ai... Josua übereignet wird. Dadurch wird die Sache als eine durch Jahwes Wort bereits festgesetzte und endgültige hingestellt. Damit ist... alles nun Kommende unter diese Überschrift gestellt'' (ebd., S. 55). Vgl. die Übersetzung von Noth (Das Buch Josua, S. 24).

[124] Zur Überlieferungsgeschichte von Jos 10 vgl. die Bemerkungen Noths (Das Buch Josua, S. 35f).

halten. Man muß sich also mit Jos 10, 8 allein begnügen, um einen Vergleich herzustellen. Nun bestätigt die Feststellung, daß die Struktur der sogenannten Heilsorakel der Struktur des altertümlichen Zuspruchs zum Jahwekrieg entspricht, die Annahme der formalen und inhaltlichen Abhängigkeit der deuterojesajanischen Texte von der Gattung und der Tradition jenes göttlichen Zuspruchs[125].

---

[125] Zur weiteren Bestätigung unserer Vermutung seien nun einige Texte aus der akkadischen Literatur angeführt. Es seien zunächst die in ANET S. 449f enthaltenen Orakel an Esarhaddon wiedergegeben :

> Esarhaddon, king of the countries, fear not!... Your enemies, like a wild boar in the month of Sivan, from before your feet will flee away. I am the great divine lady, I am the goddess Ishtar of Arbela, who will destroy your enemies from before your feet. What are the words of mine, which I spoke to you, that you did not rely upon? I am Ishtar of Arbela. I shall lie in wait for your enemies, I shall give them to you, I, Ishtar of Arbela, will go before you and behind you : fear not! King of Assyria, fear not! The enemy of the king of Assyria I deliver to slaughter! Fear not, Esarhaddon! I, the God Bel, speak to you... Sixty great gods are standing together with me and protect you. The god Sin is at your right, the god Shamash at your left; sixty great gods stand round about you, ranged for battle. Do not trust men! Turn your eyes to me, look at me! I am Ishtar of Arbela; I have turned Ashur's favor unto you. When you were small, I sustained you. Fear not, praise me!... I am Ishtar of Arbela; O Esarhaddon king of Assyria... "Fear not, O King", I said to you, "I have not abandoned you". I have given you confidence, I shall not let you be disgraced. With assurence I have made you cross the river... Esarhaddon, legitimate son, offspring of the goddess Ninlil, for you, with my own hands, your foes shall I crush... I love you greatly.

Diese Texte gehören in die Zeit des Reiches von Esarhaddon, also zwischen 680 und 669 vor Christus. Die folgenden, in ANET S. 451 enthaltenen Orakel an Ashurbanipal sind wahrscheinlich vom Jahre 667, gehören also in die erste Regierungszeit dieses Königs.

> This is the word of Ninlil herself for the king: „Fear not, O Ashurbanipal! Now, as I have spoken, it will come to pass : I shall grant it to you. Over the people of the four languages and over the armament of the princes you will exercise sovereignty... The kings of the countries confer together saying : „Come, let us rise against Ashurbanipal...". Ninlil answered saying : „The kings of the lands I shall overthrow, place under the yoke, bind their feet in strong fetters. For the second time I proclaim to you that as with the land of Elam and the Cimmerians I shall proceed. I shall arise, break the thorns, open up widely my way through the briers...

Aus den semitischen Gebieten des Nahen Ostens sei nun die in ANET S. 501f wiedergegebene Inschrift von Zakir aus Hamat angeführt, die aus dem achten Jahrhundert vor Christus stammt :

> Barhadad, the son of Hazael, king of Aram, united a group of ten kings against me... All these kings laid siege to Hatarikka... I lifted up my hand to Be'elshamayn, and Be'elshamayn heard me. Be'elshamayn spoke to me through seers and through diviners. Be'elshamayn said to me : „Do not fear, for I made you king, and I shall stand by you and deliver you from all these kings who set up a siege against you... I shall destroy all these kings... charioteer and horseman...

Die all diesen Texten gemeinsame Situation ist die des Krieges, durch den die Feinde den jeweiligen König vernichten wollen. Von sich aus oder auch nach Befragung antwortet die Gottheit, fordert zur Furchtlosigkeit auf, stellt sich vor und erinnert an

Aber nicht an diesen mehr formalen Eigenschaften der Texte hängt letztlich die Frage nach der genauen Gattung. Bekanntlich hat es in Israel und im alten Orient verschiedene Arten von Orakeln gegeben. Entscheidend für die Bestimmung der Gattung ist die Feststellung, an welchem Ort — Tempel, Kriegslager, Hof ... — in welcher Art — durch Los, Opferbescheid, Traum, Vision ... — und zu welchem konkreten Anlaß das Orakel jeweils erteilt wird. Aus dem angeführten Vergleichsmaterial ergibt sich, daß die uns formal und inhaltlich interessierenden Orakel, abgesehen von ihrer gemeinsamen Struktur, alle in der Situation der Bedrohung durch einen Feind ausgesprochen wurden und daß sie das kriegerische Eingreifen des angeflehten Gottes beinhalten. Das ist ein wesentlicher Zug, den man nicht übersehen darf. Die Ähnlichkeit dieser Texte aus dem Alten Orient mit den alttestamentlichen Texten über den Jahwekrieg bis hin zu Erzählung von Ex 14 fällt auf[126]. Die Situation, auf die diese Texte zurückver-

---

die eigene Macht, verspricht schließlich ihren Beistand und die Vernichtung der Feinde. Es ist eine mit der Situation der Kriege Jahwes vergleichbare Situation. Wir finden hier auch alle Elemente, die die entsprechenden alttestamentlichen Texte kennzeichnen: Aufforderung zur Furchtlosigkeit im Imperativ, Begründung mit dem Hinweis auf das anbrechende Eingreifen der Gottheit unter Heranziehung der Selbstvorstellungsformel und dann die Angabe der Folgen des göttlichen Eingreifens. Beachtenswert für unsere Frage ist der präsentisch-futurische Sinn der Verben, durch die die Göttin ihre Aufforderung begründet und ihr Eingreifen verspricht. Hinweise auf das frühere Verhalten der Göttin kommen immer wieder vor: kein Wort hat Ishtar ausgesprochen, auf das sich der König nicht hatte verlassen können, sie hat für den König das Wohlgefallen des Ashur gewonnen, sie hat den König früher schon unterstützt und nicht verlassen. Der logische Akzent der Texte liegt aber ganz auf Gegenwart und Zukunft, auf das, was sich die Göttin für seinen Liebling zu tun anschickt. Ihre Zusage zum sofortigen Eingreifen beruht selbstverständlich auf dem festen Entschluß zur Hilfeleistung — was sich ereignen wird, ist in ihr bereits vollendete Tatsache. Das bedeutet aber nicht, daß das, was geschichtlich erwartet wird und geschehen soll, schon geschehen ist. Erwecken die Hinweise auf den früheren Beistand beim König Vertrauen, so steht doch das entscheidende Geschehen, worauf es ankommt, noch bevor.

In seinem Aufsatz „The Salvation Oracle in Second Isaiah", JBL 88 1969, S. 418-434, hält Harner noch an der Bestimmung der besprochenen Texte als Heilsorakel fest, hebt aber ihre enge Beziehung zu den vorhergehenden Gerichtsworten hervor. Er hat auch das Vorhandensein der Selbstvorstellungsformel innerhalb der Heilsorakel anhand altorientalischen Vergleichsmaterials betont, hat aber das für die nähere Bestimmung der Gattung nicht verwertet. Immerhin bemerkt er: „In their records the kings usually indicate that such oracles were the basis on which they undertook some successful military operation..." (ebd., S. 422). „The message of salvation is parallel to the corresponding parts of the extrabiblical oracles in three respects: it is stated rather generally, it is oriented toward the future, and it promises that the recipient's enemies will not be victorious" (ebd., S. 425).

[126] Es sei hier auf den Aufsatz von Weippert „‚Heiliger Krieg' in Israel und Assyrien. Kritische Anmerkungen zu Gerhard von Rads Konzept des ‚Heiligen Krieges

weisen, war aber auch Deuterojesajas eigene Situation[127]. Sie bildet den Hintergrund seiner Botschaft, aus dem die Heilszusagen hervor-ragen. Sie ist der Anlaß zu einer solchen Antwort. Angesichts dieser Tatsache ist der Umstand, daß dem Zuspruch vermutlich eine Klage des Einzelnen voranging, recht unbedeutend. Die Heilszusage erhält ihren vollen Sinn, wenn sie von ihrem ganzen geschichtlichen Zu-sammenhang und der ihr eigenen Situationsbedingtheit aus gesehen wird. Sie richtet sich wohl an den einzelnen, versichert aber den Bei-stand Jahwes in der Weise, daß Jahwe selbst einschreitet und durch unverhoffte Vernichtung der Feinde unerwartete Befreiung schenkt.

Es fragt sich aber, was den Propheten eigentlich dazu veranlaßt haben mag, auf die Jahwekriegstradition zurückgreifen. Seine Zeit war ohne Zweifel von Kriegen und politischen Katastrophen gekenn-zeichnet, auch für das Israel seiner Zeit ging es um Leben und Tod. Die Lage war aber bei näherem Zusehen in keiner Weise mit der der alten israelitischen Stämme und ihrer Kriege gegen die Feinde zu vergleichen. Israel war jetzt ein besiegtes, unterdrücktes Volk, das über kein Heer verfügte, keine Führer hatte und überhaupt jede Möglich-keit entbehrte, sich von seinem Zustand zu erheben und sich militärisch und politisch mit den anderen Mächten zu messen. Nicht Israel, sondern Babylon war vom Kriege direkt getroffen; seine Last war nur die schwere Unterdrückung. Die allgemeine Kriegssituation als solche kann also für Deuterojesaja kaum Grund gewesen sein zur Anknüpfung an die Jahwekriegstradition. Berücksichtigt man das Ganze der deuterojesajanischen Botschaft mit ihrer grundsätzlichen

---

im alten Israel'", ZAW 84 1972, S. 460-493, hingewiesen. Das von ihm angeführte und besprochene Material aus dem alten Orient bestätigt unsere Annahme einer engen Beziehung der Gattung des Heilsorakels zur Tradition der Jahwekriege.

[127] Lack nimmt daran Anstoß, daß die Wendung „ich gebe ihn bzw. sie (die Feinde) in deine Hand", welche die Tradition der Jahwekriege kennzeichnet, bei Deuterojesaja nicht vorhanden ist, man könne also die Heilsorakel in keiner Beziehung zur Jahwekriegstradition setzen (vgl. La Symbolique du Livre d'Isaïe, S. 26 Anm. 65). Er übersieht dabei aber, daß der Hinweis auf diese Wendung (vgl. Merendino, Literarkritisches, Gattungskritisches und Exegetisches zu Jes 41, 8-16, Bib 53 1972, S. 26-29) nur dazu dient, auf einen der Zusammenhänge aufmerksam zu machen, in dem die Ermahnung zur Furchtlosigkeit steht. Daß sie bei Deuterojesaja nicht vor-kommt, beeinträchtigt nicht unsere Annahme einer Beziehung zwischen den Heilsorakeln und der Jahwekriegstradition. Denn abgesehen davon, daß Deuterojesaja vorgegebene Formeln und Wendungen nicht materiell übernimmt, sondern sie sprachlich und in-haltlich verarbeitet und bereichert, konnte er gerade diese Formel nicht wörtlich über-nehmen und anführen, da, wie Lack selber bemerkt, die Situation anders war: nicht Israel, sondern Kyros kämpfte gegen Babylon, nicht Israel, sondern ihm würde Babylon übergeben werden.

theologischen Ausrichtung, so wird man nicht fehlgehen zu meinen, daß der Prophet an der Jahwekriegstradition als solcher kein besonderes Interesse hat, so wie er auch an der Exodustradition als solcher nicht interessiert ist. Was ihn bewegt, ist dagegen der innere Zusammenhang: er erkennt jetzt die Stunde Jahwes. Er erkennt, daß Jahwe jetzt wieder für sein Volk eingreift, wie er einst in der Stunde besonderer Not, da der Feind Israel zu vernichten drohte, eingegriffen und selbst den Kampf geführt hatte. In der Umwälzung der politischen Verhältnisse sieht er das Werk Jahwes für sein Volk, den Erweis seiner göttlichen Macht und seiner liebevollen Zuwendung zum Volk. In dem, was geschieht, erschließt sich ihm Jahwe als der souveräne Befreier des Volkes. Das ist, was ihn allein interessiert, und was er verkünden will. Was konnte ihm dabei besser helfen als ein Rückgriff auf die Sprache jener alten Tradition der Jahwekriege, denen Israel sein Dasein als Nation verdankte? Es war also nicht die Absicht des Propheten, jene alte Tradition zu aktualisieren, sondern umgekehrt: das Verständnis der jetzigen Stunde als der Stunde des erneuten Eingreifens Jahwes für sein Volk und der Befreiung vom Untergang veranlaßte ihn, seine Botschaft in die Sprache der alten Tradition der Kriege Jahwes, durch die Israel errettet und zum großen Volk gemacht wurde, zu kleiden.

Es stellt sich aber die Frage, an welche Ausformung jener Tradition der Prophet eigentlich gedacht hat. Bei der Beantwortung dieser Frage ist von der konkreten damaligen Situation auszugehen. Israel befand sich außerhalb seines Landes unter fremder Herrschaft im Exil. Es war restlos der Macht seiner Unterdrücker ausgeliefert; von sich aus konnte es nichts unternehmen, um seine Lage zu ändern. In seiner Verzweiflung und aus Unglauben klagte es Jahwe an, er kenne nicht das Schicksal seines Volkes (Jes 40, 27), er habe es verlassen und vergessen (49, 14). Es wandte sich schließlich den Götzen zu (48, 5). Trotz allem erklärt sich Jahwe bereit, seinem Volk zu helfen. Die Erfahrung der unverhofften und unverdienten Zuwendung Jahwes und seines kraftvollen Eingreifens in einer verzweifelten Notsituation erinnerte den Propheten in besonderer Weise an die Situation der Israeliten bei ihrem Auszug aus Ägypten, so wie sie etwa in Ex 14 geschildert wird. Das geknechtete Volk war damals nahe daran, wieder in die Hände seiner alten Unterdrücker und Verfolger zu fallen, ohne sich dagegen wehren zu können. In seinem Unglauben klagte es verzweifelt Mose und in der Person des Mose Jahwe selbst an, der Mose gesandt hatte; und doch griff Jahwe ein und rettete unverdienterweise sein Volk vor der Vernichtung. Es war die glorreiche Tat Jahwes, da er sich als Jahwe vor den Ägyptern erwies. Israel selbst erkannte die Erhabenheit Jahwes daran, daß er „Roß und Reiter ins Meer geworfen hatte" (Ex 15, 21). Im Geschehen am Schilfmeer hatte sich Jahwe als machtvoller Krieger und Befreier seines Volkes von den Feinden, er hatte sich ja als „Jahwe" öffentlich vor den Ägyptern erwiesen [128] : das war das Eigentliche, was die Aufmerksamkeit Deuterojesajas auf jene Heilstat Jahwes, die die Reihe der Jahwekriege der Tradition nach öffnet, gelenkt hatte; denn es entsprach aufs Tiefste seiner eigenen Erfahrung. Es ist wirklich so, daß der Selbsterweis Jahwes durch öffentliches, geschichtliches Eingreifen zur Befreiung und Errettung des untreuen, aber nicht verworfenen Israel den Kern der deuterojesajanischen Botschaft ausmacht.

Die Annahme der Abhängigkeit der Heilszusagen von der im Stil der Jahwekriegstradition überlieferten Erzählung vom Geschehen am Schilfmeer findet darin eine Bestätigung, daß Deuterojesaja sich auch sonst zur Verkündigung seiner Botschaft der Exodustradition bedient [129]. In dieser Hinsicht hätte Deuterojesaja nicht an verschiedene Traditionen angeknüpft, um seiner Botschaft eine Sprache zu geben, sondern auf einen einzigen Traditionskomplex. Zu ihm wäre Deuterojesaja über die Tradition der Selbstvorstellungsformel im Rahmen der Rechtsproklamation gelangt. Hat der Prophet aus einem einzigen Traditionskomplex geschöpft, so wäre die theologische Mitte bei ihm einheitlich gewesen.

Es sei aber nochmals darauf hingewiesen, daß es dem Propheten bei der Übernahme der Jahwekriegstradition, so wie sie in Ex 14 ihren Niederschlag gefunden hatte, hauptsächlich auf den inneren Bezug, auf den theologischen Sinn ankam. Die Aussagen, die ihn interessieren, sind die Befreiung Israels als Liebes- und Vergebungstat Jahwes, die Vernichtung der Feinde als Gerichtstat Jahwes und der Selbsterweis

---

[128] Vgl. Smend, Jahwekrieg und Stämmebund. Erwägungen zur ältesten Geschichte Israels, S. 79f: „Es handelt sich bei ihm (Ex 15, 21b)... um das einzige Dokument im Pentateuch, dem ein den Ereignissen einigermassen zeitgenössischer Charakter wohl nirgends abgestritten wird, das also so etwas wie unmittelbaren Quellenwert besitzt. Nicht als wäre es der Bericht eines Miterlebenden...; aber doch so, daß wir eine ganz frühe Deutung dessen besitzen, was uns historisch rätselhaft bleibt. Und diese Deutung erklärt das Ereignis am Schilfmeer als einen Krieg Jahwes... Das wird durch das jüngere „Schilfmeerlied" (Ex 15, 1-18) bestätigt, das den Jahwe des Mjriamliedes den „Kriegsmann" nennt (v.3) und sein hiesiges Handeln (vv.4-10) in den späteren Kriegen Jahwes bruchlos fortgesetzt sieht (vv.14-17)".

[129] Vgl. 43, 16f; 48, 21; 51, 9-10a; 52, 11f.

Jahwes. Formal gesehen übernahm er von der Tradition von Ex 14
nur die Formel „fürchte(t) dich (euch) nicht" und die Formel des
Selbsterweises Jahwes, vielleicht auch die Wurzel ישע, die er mehrfach
verwendet und in 52, 10 fast wörtlich nach Ex 14, 13aα wiedergibt.
Er gestaltet sonst in ganz persönlicher Weise die Texte seiner Heilszusagen, für deren Aufbau er sich dann strenger an der Struktur
späterer Texte aus der Jahwekriegstradition hält wie Jos 10, 8.

Noch ein Letztes muß erörtert werden. Unsere Texte stehen nicht
nur im Zusammenhang mit den Gerichtsreden gegen die Völker und
ihre Götter, sondern auch im Zusammenhang mit einem Gerichtswort
Jahwes gegen Israel. 43, 1-4.5-7 geht 42, 18-25 und 44, 1-8 geht 43,
22-28 voran. Der Charakter dieses Gerichtswortes ist aber nicht einheitlich. Haben wir es in 43, 22-28 mit einer Appellationsrede des
Angeklagten zu tun[130], so ist die Gattungsbestimmung bei 42, 18-25
weniger klar. Ob wirklich eine Anklage gegen Jahwe dahintersteht,
die bestritten wird[131], ist fraglich. Es handelt sich vielmehr um ein
selbständiges Scheltwort: Jahwe hält Israel vor, es habe nicht erkannt,
daß sein Geschick Folge der eigenen Sünde war, die er bestraft hat[132].
Israel befinde sich in einem Zustand des Elends und des Unverständ-
nisses; das heißt praktisch, daß es auch den Sinn des Kommenden
nicht begreift (V. 23), sich damit weiterhin dem Gerichtszorn Jahwes
aussetzt. Was aber nun beiden Gerichtsworten folgt, ist keine Unheilsankündigung, sondern eine Heilszusage. Freilich fehlt im Zusammenhang von 41, 8-16 ein Gerichtswort gegen Israel, dem die
Heilszusage als Pendant gegenüberstünde. Die Heilszusage versichert
Israel die Zuwendung Jahwes in einer Stunde kriegerischer Gefahr,
sie drückt Jahwes unbedingten Heilsentschluß für Israel aus. Sie antwortet aber nicht einer anklagenden Klage des Volkes, worauf in
42, 18-25 und 43, 22-28 nichts schließen läßt, sondern erfolgt aus
Jahwes eigener freier Entscheidung. Das hervorzuheben, ist der eigentliche Zweck der vorangehenden Gerichtsworte: entgegen Israels Un-
verständnis und Unglauben wendet sich ihm Jahwe vergebend und
rettend zu. Jene Heilszusage ist von' Gott her als ein Heilszuspruch
in einer Situation äußerster Not gemeint, da es um die weitere Existenz
Israels geht. Wir kreisen wiederum um den Gottesbescheid im Rahmen
des Jahwekrieges.

---

[130] Vgl. Elliger, Jesaja II, S. 366.
[131] Das ist die Meinung Westermanns (vgl. Sprache und Struktur, S. 143.
[132] Elliger bezeichnet 42, 18-25 als Streitrede (vgl. Jesaja II, S. 278-281).

Das leuchtet ein, wenn man sich den Text von 42, 18-25 näher ansieht. Die Aussage des Textes verdichtet sich in den Versen 23-25.
Israel wird auf die gegenwärtige Situation aufmerksam gemacht: es
soll wissen, daß es Jahwe war, der Israel einst in den Krieg hineingeworfen und den Feinden übergeben hat — wird ihm diese Erfahrung
nützlich sein? Aber Jahwe handelt jetzt anders: er wird Israel nicht
den Feinden übergeben, sondern retten; Israel soll sich also nicht
fürchten. Im Abschnitt 43, 22-28 begegnet das eigentliche Gerichtswort
in V. 28. Da ist vom Bann die Rede, einem Begriff, der seinen Ort im
Rahmen des Jahwekriegs hatte[133]. Dieser Bann, dem Israel einst aus-
gesetzt wurde, bedroht es heute noch — auch wenn man die Verben
als Vergangenheitstempora versteht, ändert sich an der Gegenwarts-
bezogenheit des Textes nichts. Aber Jahwe will nun diesen Bann nicht
durchführen; wie 44, 1-5 deutlich macht, steht heute Jahwe ganz zu
Israel. Die enge Beziehung zwischen Gerichtswort bzw. Unheilsankündigung und Heilszusage ist auch im späteren Text Jer 46, 25-28[134]
festzustellen. Die Annahme, daß im sogenannten Heilsorakel bei Deuterojesaja es sich in Wirklichkeit um einen Zuspruch aus der Tradition
des Jahwekrieges handelt, kann in diesem Text eine Bestätigung finden.
Während Ägypten die Vernichtung durch Babylon angekündigt wird,
spricht Jahwe Israel seinen Beistand und die Befreiung zu. Mitten in
einer Kriegssituation hört Israel die Aufforderung, sich nicht zu
fürchten, denn es wird im Gegensatz zu Ägypten gerettet und heim-
geführt.

Abschließend soll auf die Stellung der Selbstvorstellungsformel in
den Psalmen hingewiesen werden. Sie begegnet im Zusammenhang
mit dem Gedanken der Errettung des Beters aus Feindesnot durch
Gott bzw. der Vernichtung der Feinde zugunsten des Beters. Obwohl
hier sicher von unmittelbarer, bewußter Abhängigkeit der Texte von
der Tradition des Jahwekrieges keine Rede sein kann, darf doch der
Bezug der Formel zum Motiv des machtvollen Eingreifens Jahwes
gegen die Feinde des Beters nicht als bloßer Zufall angesehen werden.
Hier kommt die Erfahrung Israels zum Ausdruck, Jahwe habe sich
als mächtiger Gott durch sein siegreiches Eingreifen gegen die Feinde
seines Volkes erwiesen. An den für das Volk geführten und gewonnenen Kriegen hat Israel Jahwe als Gott erkannt. Die Psalmentexte
verweisen also letzlich doch auf die gleiche Mitte, zu der die Selbstvor-

---

[133] Vgl. von Rad, Der heilige Krieg im alten Israel, S. 13f.
[134] Vgl. Eißfeldt, Einleitung, S. 489, Sellin-Fohrer, Einleitung, S. 438.

stellungsformel und der Zuspruch „fürchte dich nicht" gehören. Der Formel folgt im Ps 18 (kultisches Königslied, vorexilisch) die Schilderung Jahwes als der, durch dessen Hilfe die Feinde besiegt werden, siehe VV. 32-49. In Ps 46 (Sionslied, nachex.) wird das in die Erkenntnisformel eingebettete Erweiswort in Beziehung zu den Werken Jahwes als siegreicher Krieger gebracht, siehe VV. 9-12. In Ps 50 (Kultlied, nachex.) fehlt der direkte Bezug auf Krieg und Feind, Jahwe wird aber als Richter dargestellt, der in der liturgischen Volksversammlung auftritt, sich selbst vorstellt, seine Hilfe am Tage der Not verspricht und zum dankbaren Lobpreis ermahnt, siehe VV. 5f.14f. In Ps 59 (Klagelied des Einzelnen, vorex.) bittet der Sprecher Gott um sein Eingreifen gegen seine Feinde: daran sollen sie erkennen, daß Gott Herrscher ist in Jakob, siehe VV. 11-14. Ps 71 (Klagelied des Einzelnen, nachex.) enthält nur einen Hinweis auf die Unvergleichlichkeit Jahwes, V. 19. In Zusammenhang damit steht die Bitte des Beters um Hilfe in einer Notlage, da die Feinde ihn, den altgewordenen, umdrängen, siehe VV. 9-14.17-19. Die Selbstvorstellungsformel ist in Ps 81 (nachex. kultische Dichtung) mit der Heraufführungsformel verbunden, siehe V. 11. Das Motiv der Vernichtung der Feinde im Fall des Gehorsams Israels wird in VV. 14-16 entfaltet. In Ps 86 (Klgl des Einzelnen, nachex.) findet sich das Erweiswort in VV. 8-10. Im Zusammenhang damit wird in VV. 14-17 der Grund der Bedrängnis angegeben. Es ist die Verfolgung gewalttätiger Menschen: sie sollen aber voll Beschämung sehen, daß Jahwe dem Beter geholfen hat. Das Motiv des Sieges über die Feinde kommt schließlich auch in Ps 89 vor, und zwar im Zusammenhang mit dem Hinweis auf die Unvergleichlichkeit und Größe Jahwes, siehe VV. 7-11, vgl. noch VV. 23-24. Kein Bezug ist zwischen der Erkenntnisformel und dem Motiv des Krieges in Ps 100 zu sehen. Der Beter dieses nachexilischen Dankliedes verweist aber im Zusammenhang mit der Erkenntnisformel auf das, was Jahwe gemacht hat: daß er die Angeredeten geschaffen und sie sich als Volk angeeignet hat. Er schaut somit auch hier auf die Geschichte Israels zurück.

Das berücksichtigte Material dürfte den aus der Tradition des Jahwekrieges vorgegebenen engen Zusammenhang zwischen dem göttlichen Erweiswort und dem Motiv der Vernichtung der Feinde, wie beides innerhalb oder im Kontext der deuterojesajanischen Heilszusprüche bzw. -zusagen verstanden ist, bestätigen. Noch eines sei erwähnt. In V. ‘16b enthält unser Text einen Hinweis auf das Lobpreisen Jahwes. Wie die Psalmentexte 9, 14f; 13, 4-6; 14, 7; 21, 2;

31, 8f; 35, 7-9; 53, 7; 89, 17, die alle das Verb גיל aufweisen, und 63, 10-12; 64, 2-11, die mit der Hithpaelform von הלל konstruiert sind, zeigen, war das Motiv des Lobes aufgrund des erfahrenen oder erhofften hilfreichen Eingreifens Jahwes in der Kulttradition Israels gut verankert. Das Motiv ist, wie bereits betont, meistens mit dem Motiv der von Jahwe verliehenen oder noch zu verleihenden Hilfe in einer Notsituation verbunden. Es findet sich aber auch in jenen oben angeführten Psalmen, in denen das Selbsterweiswort Jahwes im Zusammenhang mit dem Gedanken der Befreiung von den Feinden und ihrer Vernichtung stand [135]. Ob die Verbindung beider Motive bis auf die Tradition des Jahwekrieges zurückreicht, läßt sich freilich literarisch nicht beweisen, dürfte aber nicht ausgeschlossen sein. Auf jeden Fall scheint es sachgemäß zu sein, daß das Motiv des Lobes in einem Text wie Jes 41, 8-16 vorkommt, dessen Beziehungen zur Tradition der Jahwekriege unverkennbar sind.

d) *Exegese*

V. 8

Dem betonten „Du" am Anfang und am Ende des Abschnittes steht das betonte, wiederholte „Ich" von VV. 10a.13ab.14b gegenüber. Die Rede bewegt sich im Rahmen einer sehr persönlichen Beziehung. Daß sie unmittelbar mit diesem „Du" ansetzt, hat seine besondere Bedeutung. Jahwe wendet sich an Israel als den, den er als sein Du erkennt; er erkennt Israel an als sein Gegenüber, zu dem er in innigem Verhältnis steht. Diese Anrede, die eine lange Geschichte wechselseitiger Beziehungen in Erinnerung bringt, ist bereits an sich ein hoffnungsvoller Anfang. Der Angeredete ist nicht irgendjemand, sondern das Du, in dem sich der Anredende erkennt. Wie Jahwe dieses sein Du versteht und woher er es als sein eigenes Du erkennt, erschließt sich aus der dreifachen Apposition bzw. Anrede, die den Eigennamen Israel näher bestimmt. Weist jeder der drei Ausdrücke an sich einen eigenen Aussagegehalt auf, so bilden sie alle zusammen wegen ihrer syntaktischen Stellung als Appositionen des gleichen Eigennamens oder als Anrede, aber auch wegen ihrer gegenseitigen inneren Beziehung zueinander eine geschlossene Einheit, aus der heraus jeder einzelne Ausdruck seinen vollen Sinn erhält.

---

[135] Vgl. Ps 18, 50f; 50, 14f; 59, 17f; 71, 22-24; 81, 2-4; 86, 9f; 89, 2.53.

Die Ausdrücke „mein Knecht" und „mein Geliebter" sind jeder für sich zu sehr in verschiedener Richtung deutbar, als daß man klar herausstellen könnte, wie sie eigentlich gemeint sind. Betrachtet man sie aber im Zusammenhang mit dem eindeutigen Ausdruck „Same Abrahams", so gelangt man besser dazu, ihren speziellen Sinn zu entdecken. Der Ausdruck „Same Abrahams" bildet gerade wegen seines genau umrissenen Sinnes und seines eindeutigen Inhalts die Mitte der Aussage und bietet den Schlüssel zum rechten Verständnis des Ganzen. Er ist hier keine unnütze Reminiszenz, sondern bewußte Anknüpfung an eine der grundlegenden Glaubenswahrheiten Israels, die Verheißung. Redet Jahwe Israel als Samen Abrahams an, so bezeichnet er es als das Volk, das aus der Verheißung hervorgegangen ist, dessen Dasein die Verheißung als erfüllt bezeugt, dessen hartes Schicksal aber in keiner Weise die Aufhebung der Verheißung besagt. Indem Jahwe durch seine Anrede Israel seine Herkunft aus der Verheißung an Abraham in Erinnerung bringt, läßt er ihn verstehen, daß er Hoffnung auf Rettung haben darf. Das jetzt an Israel ergehende Gotteswort verkündet Heil: Israel wird aufgrund der Verheißung an Abraham gerettet, die Jahwe weiterhin einhalten will. In der Bezeichnung „Knecht" bestätigt Jahwe die Gültigkeit und Aktualität der Verheißung für das nun unterdrückte Israel. Er betrachtet dieses Volk als das von Abraham kraft der Verheißung abstammende Volk, als seinen eigenen Knecht, wie es Abraham war[136]. „Knecht" verweist auf die Eigenschaft Israels, aus Abraham her Träger und Nutznießer der Verheißung zu sein. Als solcher ist er das erwählte Volk (vgl. Jes 43, 20; 45, 4). Aber Israel ist auch deswegen Knecht Jahwes, weil es wie Abraham das Werkzeug zur Verwirklichung der göttlichen Verheißungen ist — ein Motiv, das etwa in 45, 14.22-25 im Hinblick auf das Heil aller Völker entfaltet wird. Die Bezeichnung „Geliebter" fügt einen neuen Gedanken hinzu. Es liegt nahe, diese Bezeichnung passivisch zu verstehen: wie es Jahwe ist, der Israel zu seinem Knecht erwählt und es aus Abraham kraft der Verheißung hervorgehen ließ und nun am Leben erhält, so ist es auch Jahwe, der von sich aus Israel liebt. Der Gedanke der Liebe Jahwes zu Israel ist nicht nur bei Deuterojesaja (43, 4), sondern auch in Dt 4, 37 und 7, 8 bezeugt. Die Herausführung aus Ägypten und die Hineinführung in das verheißene Land werden in diesen deuteronomischen Texten auf die Liebe Jahwes zurückgeführt, und zwar, wie Dt 4, 37 betont, auch auf die Liebe

---

[136] Vgl. Gen 26, 24; Dt 9, 27; Ps 105, 6.42.

Jahwes zu den Vätern. Das besagt in unserem Zusammenhang: Jahwe rettet nun Israel aufgrund der Treue zur gegebenen Verheißung, was ihn aber dazu bewegt, ist Liebe. Die Liebe zu den Vätern, zu Abraham, vergegenwärtigt sich nun in der Liebe zum unterdrückten und zu befreienden Israel. „Geliebter" verweist auf die Eigenschaft Israels, aus Abraham her Träger und Nutznießer der Liebe Jahwes zu sein. Wer ihn jetzt anspricht, ist der treue und liebende Gott. Indem Jahwe Israel als Knecht und Geliebten anredet, bekennt er sich zu ihm als der treue und liebende Gott.

Im Erweiswort von VV. 10a.13ab.14b kommt dieser Bezug ohne Zweifel in prägnanter Weise zum Ausdruck. Jahwe gibt zu erkennen, daß er da ist, daß er sich für Israel als Gott erweisen will; das geschieht aber in der Weise, daß Jahwes Treue und Liebe dabei offenkundig werden. Der sich mit „Ich" vorstellende Gott, ist der treue und liebende Jahwe, der Israel als seinen Knecht und Geliebten angeredet hat. Und wie Israel jetzt, in der Gegenwart, als Knecht und Geliebter für Jahwe gilt, so gilt ihm Jahwe jetzt, in der Gegenwart, als der treue und liebende Gott. Das bedeutet: daß Israel der Erwählte und der Geliebte ist, und daß Jahwe der Treue und Liebende ist, das zeigt sich jetzt an dem, was geschieht, an der Errettung Israels von seinen Feinden.

VV. 10-13

Diese Errettung erfolgt auf doppeltem Weg: durch den Gottesbescheid „fürchte dich nicht!" und durch das Eingreifen Jahwes gegen Israels Feinde. Es war eine Kampfsituation, da man Israel bestritt und bekriegte. In dieser Situation ergeht das Wort Jahwes an Israel, sich nicht zu fürchten. Es ist freilich nicht mehr davon die Rede wie in den früheren Zusprüchen Gottes zum heiligen Krieg, daß Jahwe Israel seine Feinde in die Hand gibt. Vielleicht ist ja Israel kaum imstande zu kämpfen. Auf jeden Fall sollte sich Israel anschicken, gegen die Feinde zu kämpfen, wie V. 12 andeutet, so sind sie schon nicht mehr da: Jahwe hat sie bereits vernichtet, er ist dabei, sie zu vernichten. Wie ein Krieger (42, 13) greift Jahwe selbst wiederum ein und streitet für Israel. Er hilft ihm. Jahwe weiß um den Zustand seines Volkes.

V. 14

Die Attribute von V. 14a sind ganz anderer Art als die von V. 8. Indem Jahwe sein Volk als Würmlein und als kleine Schar anredet, zeigt er, daß ihm die gegenwärtige Situation Israels völlig bekannt ist. Der geliebte Knecht, der Erbe der Verheißung, ist zu einem verachteten (Ps 22, 7), hilflosen, niedrigen und unreinen (Hi 25, 6) Ding geworden. Er ist zu einer kleinen Schar unbeschützter Leute zusammengeschrumpft, die jeden Augenblick hoffnungslos von ihren Feinden angegriffen und vertilgt werden können (Gen 34, 30). Zu einem kleinen Rest Entronnener ist Israel aus Strafe wegen seiner Untreue Jahwe gegenüber geworden (Dt 4, 27; 28, 62). Wie aber die Anrede von V. 8 offen zeigte, daß Jahwe aus Liebe der Verheißung gedachte, wie sie deswegen ein hoffnungsvolles Wort war, so kündet auch jetzt die Anrede durch die Bezeichnungen „Würmlein" und „kleine Schar" kein Unheil, sondern das Wissen und das Erbarmen Jahwes; denn sie wird durch das „fürchte dich nicht" eingeleitet und durch die Versicherung „ich helfe dir" abgeschlossen.

VV. 15-16

Führt Jahwe selbst den Krieg für sein Volk, so bedient er sich doch Israels, um sein Gericht zu vollziehen; er macht es zum Werkzeug der Vernichtung. Daß es sich um den Vollzug des Gerichtes gegen die Feinde handelt, zeigt sich nicht nur daran, daß Israel zum Werkzeug der Vernichtung gemacht wird, sondern zunächst an der Selbstbezeichnung Jahwes als des „Heiligen Israels", die den Abschnitt VV. 14-16 wie eine Inklusion umrahmt. Es ist der Heilige Israels, der den Gerichtsspruch gegen die Abtrünnigen ausspricht (Jes 30, 12-16; 31, 1f) und das Unheil über die Feinde bringt (Jes 43, 3.14; 47, 3f). Das Erlösungswerk vollzieht sich durch das vernichtende Eingreifen des Heiligen Israels gegen die Feinde (43, 14). Das Würmlein, der kleine Rest Israels wird dabei zum Werkzeug Jahwes. Wie aus Jes 14, 12-16; Jer 51, 25.53 hervorgeht, werden die feindlichen Mächte Israels als Berge bzw. als auf Bergen Wohnende dargestellt. Berge und Hügel meinen als Bilder sehr wahrscheinlich die heidnischen Völker Babylons[137]. Bei seinem neuen Exodus wird Israel nun aufgerufen, wie einst zur Zeit der Landnahme die heidnischen Völker mit ihren Heilig-

---

[137] Vgl. Hamlin, The meaning of „Mountains and Hills" in Is 41:14-16, JNES 13 3 1954, S. 187. Vgl. aber Elliger: „Es empfiehlt sich... die ,Berge und Hügel' als Metapher für Schwierigkeiten überhaupt und für Widerstände aller Art... zu nehmen. Wahrscheinlich ist sogar auch... an die wirklichen Berge und Hügel gedacht, die der Heimkehr der Israeliten im Wege stehen" (Jesaja II, S. 155). So zuletzt auch Bonnard (Le Second Isaïe, S. 114) und Penna (Isaia, S. 423).

tümern und Städten zu zerstören und zu Staub zu machen[138]. Durch
den Vollzug des Gerichts an den Feinden gelangt nun Israel zur neuen
Landnahme, das heißt zur erneuten Erfüllung der Verheißung. Da hat
Israel wieder Grund zum Jubeln, die Gnaden und Ruhmestaten Jahwes zu preisen und zu besingen (Ps 89, 2; Jes 63, 7). Durch das Wort
des göttlichen Zuspruchs und die tatkräftige Hilfe Jahwes zieht Israel
siegreich in sein Land zurück.

4) 41, 17-20

V. 17 Die Gebeugten und die Bedürftigen suchen Wasser :
      wo ist es? ihre Zunge verdorrt vor Durst!
      Ich, Jahwe, antworte ihnen,
      (ich) Israels Gott, verlasse sie nicht!

V. 18 Ich eröffne auf Kahlhöhen Ströme
      und inmitten der Täler Brunnen,
      ich mache die Wüste zum Wasserteich
      und dürres Land zu Wasserquellen.

V. 19 Ich setze in die Wüste Zeder,
      Akazie, Myrthe und Ölbaum;
      ich lege in der Steppe Wacholder an,
      Lerche und Zypresse vereint,

V. 20 zum Zweck, daß sie sehen und erkennen,
      bemerken und begreifen in einem :
      ja, Jahwes Hand hat dies getan,
      der Heilige Israels hat es geschaffen!

a) *Zur Einteilung und zur Übersetzung*

Vorliegender Text unterscheidet sich von 41, 8-16 und von 41, 21-24
dadurch, daß in ihm die direkte Anrede fehlt; Jahwe spricht von den
Elenden in der dritten Person. Die Geschlossenheit des Textes zeigt
sich darin, daß der Name Jahwes jeweils zusammen mit einer Selbstprädikation (der Gott Israels V. 17a, der Heilige Israels V. 20b) das
Ganze einklammert. Der mittlere Teil ist seinerseits durch vier je an
die Spitze des Satzes gestellte Imperfekta gekennzeichnet (VV. 18a.18b.
19a.19b); von diesen kommt eines zweimal vor, und zwar an zweiter
und dritter Stelle. Charakteristisch für diesen Text ist schließlich die
ihn abschließende Erkenntnisformel, die durch drei weitere Verben
ergänzt vorliegt (V. 20).

---

[138] Vgl. Hamlin, ebd., S. 187.

V. 17

Entsprechend ihrer Urbedeutung als rhetorische Fragepartikel wurde אין mit „wo?" wiedergegeben[139]. Das Subjekt אני regiert in gleicher Weise das Attribut „Jahwe" und das Attribut „Israels Gott" und wurde deswegen in der Übersetzung wiederholt. Dieses אני ist als Subjekt der vier Verben weiterhin in VV. 18ab.19ab mitzuhören und wurde dementsprechend jedesmal wiedergegeben.

V. 20

Um die Bedeutung der Aussage von V. 20 hervorzuheben, wurde die Finalkonjunktion למען ihrem ursprünglichen Sinn nach[140] substantivisch „zum Zweck" übersetzt.

b) *Literarkritik*

V. 17

Die zwei Begriffe עני und אביון kommen innerhalb von Jes 40-66 zusammen nicht mehr vor. Im übrigen Buch Jesaja sind sie in 14, 30-32; 29, 19 und 32, 7 belegt. Daß die beiden aber eine festgeprägte Formel bildeten, zeigen manche Texte, hauptsächlich aus der exilisch-nachexilischen Zeit[141]. Mit Ausnahme vom Weisheitsgedicht Ps 37, 14 sind alle anderen Psalmen Klagelieder des Einzelnen. Unter ihnen, und zwar in Ps 40, 18; 70, 6; 86, 1; 109, 22, gibt es Aussagen, die der Sprecher auf sich selbst bezieht: ich bin elend und arm; damit begründet er die Bitte um Hilfe; in Ps 35, 10; 37, 14; 74, 21; 109, 16 finden sich dagegen Aussagen, die der Sprecher über andere ausspricht: Jahwe errettet (מציל) den Elenden und Armen, 35, 10; die Gottlosen fällen (הפיל) den Elenden und Armen, 37, 14; der Elende und der Arme werden den Namen Jahwes preisen, 74, 21; der Feind verfolgt den elenden und armen Mann (רדף), 109, 16. Diesen Formeln sind die von Jer 22, 16 — Elenden und Armen Recht schaffen (דין דין־עני) —, von Spr 31, 9 — den Elenden und Armen Recht schaffen (דין) —, von Hi 24, 14 — den Elenden und Armen töten—

---

[139] Vgl. Christian, Untersuchungen, S. 184.

[140] Das Wort מען stammt aus dem Verb ענה, das „meinen", „als Ziel setzen", „sich beschäftigen mit" meint. Mit der Präposition ל bedeutet es „zur Meinung", „zur Absicht (,von' oder ,daß')" (vgl. Müller, Hebräische Schulgrammatik, S. 174). למעו kommt bei Deuterojesaja als Konjunktion in 43, 10b (sek.?).26; 45, 3.6, als Präposition in 43, 14; 45, 4 (sek.?); 48, 11 vor.

[141] Vgl. Jer 22, 16; Ez 18,12; 22, 29; Ps 35, 10; 37, 14; 40, 18; 70, 6; 74, 21; 86, 1; 109, 16.22; Hi 24, 14; Spr 31, 9.

und von Ez 18, 12; 22, 29 — den Elenden und Armen bedrücken
(הונה) — hinzuzufügen. Sie entstammen vermutlich der Sprache des
Rechtes im weiteren Sinn, die Aussage von Ps 74, 21 ausgenommen.
Die Tatsache, daß beide Begriffe durchgehend in der Reihenfolge
עני ואביון vorkommen[142], bezeugt den formelhaften Charakter der
angeführten Aussagen. Das hat sich bis in die späte Zeit durchgehalten,
als die Texte Jes 14, 28-32; 29, 15-24; 32, 1-8 verfaßt und in das Buch
Jesaja eingebaut wurden[143]. Unser Text hält sich an die vorgegebene
Reihenfolge. Deuterojesaja gebraucht aber sonst den Begriff עני für
sich allein zweimal, und zwar in 49, 13bβ, wo עניי im Parallelismus zu
עמו von V. 13bα steht und sich also auf das Volk Jahwes bezieht, und
in 51, 21a, wo עניה sich auf Jerusalem bezieht. Die übrigen Texte
54, 11a; 58, 7a; 66, 2b, wo עני vorkommt, stammen wohl nicht von
Deuterojesaja. Es ist zu vermuten, daß והאביונים erst nachträglich hinzugefügt wurde aus Gründen der Anpassung an die vorgegebene volle
Formel, daß Deuterojesaja also nur העניים geschrieben hat[144]. Das
paßt auch rhythmisch besser zum Ganzen[145]. Im übrigen Buch Jesaja
ist von den „Gebeugten" die Rede innerhalb der echten Drohworte
3, 12-15 (V. 14f) und 10, 1-3 (V. 2). Der Text 26, 6 gehört zur späten,
sogenannten Jesaja-Apokalypse.

Deuterojesaja kennt das Verb בקש, siehe 41, 12; 45, 19; 51, 1. An
letzteren zwei Stellen konstruiert er es mit Jahwe als Objekt. Nur hier
in 41, 17 ist vom Wassersuchen die Rede. Zu den von Deuterojesaja
verwendeten Motiven gehört aber das des Auszuges durch die Wüste,
da Jahwe sein Volk mit Trinkwasser beschenkt[146]. Unser Text als
Ganzes kündigt vielleicht dieses Eingreifen Jahwes an. Daß man den
Bedürftigen zu trinken geben soll, empfiehlt außerdem der Weisheitsspruch Spr 31, 6f und indirekt auch der weisheitliche Text Jes 32, 6.

---

[142] In Jes 14, 30-32 kommt zunächst אביון dann עני vor. Man kann hier aber nicht
von einer festgeprägten Formel sprechen, da beide Begriffe zwar im Zusammenhang
zusammen belegt sind, aber doch durch v.31 weit voneinander getrennt sind.

[143] Vgl. Duhm, Das Buch Jesaja, S. 100f, 187f, 208-210, Sellin-Fohrer, Einleitung,
S. 402, 406. Eißfeldt hält Jes 14, 28-32 für echt, Jes 29, 16-24 und 32, 7 für unecht
(vgl. Einleitung, S. 414, 420, 426).

[144] So zuletzt Elliger, Jesaja II, S. 157, 161, Fohrer, Das Buch Jesaja, Bd. 3, S. 42,
Penna, Isaia, S. 422, Westermann, Das Buch Jesaja, S. 66.

[145] Die Fragepartikel ואין wird von Fohrer (Das Buch Jesaja, Bd. 3, S. 42) und
Elliger (Jesaja II, S. 157) als überflüßiger Zuwachs gestrichen.

[146] Vgl. 43, 19f; 44, 3a; 48, 21; 49, 10. Elliger führt aus: „Gedacht ist an eine
Situation, wie sie auf dem Rückmarsch in die Heimat möglich ist zumindest in der
Vorstellung der Exulanten... Alles ist in 17a ganz wörtlich gemeint" (Jesaja II, S. 162).

Nur hier gebraucht Deuterojesaja das Verb נשת; er verwendet sonst
die Qal- und Hiphilform der Verben חרב und יבש[147]. Der Grund,
warum er in 41, 17a נשת verwendet, mag darin liegen, daß dieses Verb
für Menschen und Körperteile besser paßte (vgl. aber Jes 19, 5) als
die anderen zwei, welche fast durchgehend sich auf Dinge beziehen
(vgl. aber 1 Kön 13, 4). Das Wort לשון ist bei unserem Propheten nicht
mehr belegt. Im sekundären 45, 23 wird es in der Wendung „jede
Zunge wird mir schwören" gebraucht, in 50, 4 ist von „des Jüngers
Zunge" die Rede, die das Wort der Tröstung auszusprechen vermag.
Der Begriff צמא kommt seinerseits wieder in 50, 2 (sek.) vor, und zwar
wie hier im kausalen Sinn mit der Präposition ב.

Laut Elliger[148] rühren die Stellen 46, 5-8 und 50, 2 nicht von Deuterojesaja her. Wenn das stimmt, dann hätten wir in 41, 17b; 49, 8a
die einzigen Stellen bei ihm, wo das Verb ענה vorkommt, und zwar
als regens eines Objektes. In Jes 58, 9; 65, 12.24; 66, 4 bildet ענה mit
dem Verb קרא eine festgeprägte Wendung. Das Vorkommen von ענה
könnte hier dem Sinn nach einschließen, daß die Suchenden zu Jahwe
gerufen haben[149]. Der Name יהוה wird hier appositionell zu אני gebraucht, was sonst in 41, 1; 42, 6; 43, 15; 45, 8 vorkommt. Die Bezeichnung „Gott Israels" findet sich in unserem Komplex in 45, 3.15;
48, 1f; 52, 12 wieder. Dieser Vers steht 45, 3b besonders nahe, insofern
auch hier die Bezeichnung „Gott Israel" die Formel אני יהוה expliziert.
In 48, 1b und 52, 12b fehlt zwar die Formel אני יהוה, es zeigt sich aber
auch hier klar genug, daß die Bezeichnung „Gott Israels" sehr eng
mit dem Namen „Jahwe" verbunden ist. Dieser Befund läßt darauf
schließen, daß man in all diesen Texten mit der langen Selbstvorstellungsformel zu tun hat. Sie ist freilich in zersetzter Form angewendet worden. In 41, 17b zeigt sich das nicht nur darin, daß יהיה
zum bloßen Attribut von אני geworden ist, anstatt Prädikat im Nominalsatz zu sein, sondern auch im Aufbau von zwei verschiedenen
Sätzen mit je einem Verbum finitum[150]. Was das Verb עזב angeht,
so gebraucht es Deuterojesaja noch in 42, 16b, aber im Sinn von

---

[147] Vgl. 42, 15; 51, 10a; vgl. noch 49, 17. Nach der vorliegenden Analyse ist 44, 27
sekundär (vgl. zur Stelle, S. 406ff); nach Elliger ist 50, 1-3 (vgl. v.2) und 50, 10 dem
Tritojesaja zuzuschreiben (vgl. Verhältnis, S. 129ff).

[148] Vgl. Verhältnis, S. 129-134, 247f.

[149] Zu beachten ist aber die Deutung Elligers: „In der Grundbedeutung heißt es
„jem. seine Aufmerksamkeit zuwenden..." (Jesaja II, S. 163).

[150] Vgl. Zimmerli, Ich bin Jahwe, S. 181.

„zurücklassen", „aufgeben" und in 49, 14, wo Jahwe als Subjekt wieder auftritt (vgl. 54, 6f)[151].

V. 18

Mit Ausnahme von בקעה und מעין, die beide im deuterojesajanischen Schrifttum nicht mehr vorkommen[152], sind die übrigen Worte von V. 18a bei Deuterojesaja belegt[153]. Mit dem Bild der Ströme entwickelt der Prophet zwei verschiedene Gedanken je nach dem Zusammenhang: einmal trocknet Jahwe Ströme aus (vgl. 42, 15; 44, 27; 50, 2), einmal legt er sie durch die Einöde (vgl. 43, 19). Zum letzteren Bild gehört die Aussage von 41, 18a. In V. 18b begegnet das Verb שׂים, das Deuterojesaja oft verwendet, um die Allmacht und Verfügungsgewalt Jahwes über die Schöpfung und den Menschen zu beschreiben[154]. Während vom „Land der Trockenheit" innerhalb von Jes 40-66 nur hier und in 53, 2 die Rede ist und vom „Wasserquell" wieder nur in 58, 11, kommt מדבר häufig vor[155]. Die Wortbindung „Wasserteich" ist im Buche Jesaja nur einmal in 14, 23 belegt; das Wort „Teich", אגם, kehrt sonst innerhalb von Jes 40-66 nur in 42, 15 wieder. V. 18b findet sich, in der dritten Person Singular formuliert, ganz genau im späteren Psalm 107, 35 wieder.

V. 19

Nachdem in V. 18 von der Bewässerung der Wüste die Rede war, spricht V. 19 von der Bepflanzung der Wüste. Terminologisch ist hier nichts Besonderes zu bemerken. Mancher Begriff kommt zwar in 55, 13 nochmals vor, auch der gedankliche Zusammenhang ist der gleiche — Jahwe verheißt, in der Wüste Pflanzen wachsen zu lassen —, doch verweist die Form in diesem Text auf Tritojesaja[156]. Auch in 60, 13 finden sich manche Begriffe wieder, der gedankliche Zusammenhang ist aber ganz verschieden: Wacholder, Lerche und Zypresse werden das Heiligtum Jahwes zieren.

---

[151] Das ist nicht mehr der Fall in 55, 7; 58, 2; 60, 15; 62, 4; 65, 11.

[152] 40, 4 stammt nach vorliegender Analyse als Teil von 40, 3-5 nicht von Deuterojesaja.

[153] פתח : 41, 1.8; 50, 5; (53, 7); שפי : 49, 9; נהר : 42, 15; 43, 2.19; 44, 27; 48, 18; 50, 2; (vgl. 59, 19; 66, 12); תוך : 52, 11 (vgl. 58, 9; 61, 9; 66, 17). Zur Bedeutung von שפי vgl. Elliger, Jesaja II, S. 164, wo der Autor auf seinen Aufsatz „Der Sinn des hebräischen Wortes שפי", ZAW 83 1971, S. 317-329, verweist.

[154] Vgl. 41, 15.19.20; 42, 15f; 43, 19f; 49, 2.11; 50, 2f.7; 51, 3.23.

[155] Vgl. 40, 3; 41, 19; 42, 11; 43, 19f; 50, 2; 51, 3; 63, 13; 64, 9.

[156] Vgl. Elliger, Verhältnis, S. 167.

V. 20

Mit Ausnahme des Verbs שׂכל, das in den nicht deuterojesajanischen Texten 44, 18; 52, 13 wiederkehrt, sind die übrigen drei Verben von V. 20aα bei Deuterojesaja reichlich belegt. Sie kommen aber nicht mehr zusammen vor, auch nicht paarweise, wenn man vielleicht von 42, 25 (שׂים/ידע) absieht. Nur innerhalb des interpolierten Textes 44, 9-20[157] liegen einmal die Verbindung ידע/ראה (V. 9) und einmal die Verbindung שׂכל/ראה (V. 18) vor. Zu שׂים sind die Stellen 41, 22; 42, 25; 47, 7; 57, 1.11 zu vergleichen, in denen das Verb mit dem Substantiv לב vorkommt (siehe auch Dt 32, 46). In V. 20aβ ist das Subjekt die „Hand Jahwes". Der Ausdruck findet sich in dieser vollen Form noch einmal in 51, 17, wo er auf das Strafgericht Jahwes bezogen wird; in 45, 11f und 48, 13 ist das Substantiv mit dem Personalsuffix der ersten Person versehen, es bezieht sich wie in 41, 20 auf die Schöpfertätigkeit Jahwes. Zu vergleichen sind 43, 13; 50, 11, die sich auf die Richtertätigkeit Jahwes beziehen, und 49, 2, wo der Knecht bekennt: „er barg mich im Schatten seiner Hand". Die Verben עשׂה und ברא werden von Deuterojesaja oft gebraucht[158]. Zu beachten ist schließlich die für Deuterojesaja typische Kopplung „Jahwe-der Heilige Israels"[159]. Mit Ausnahme von 41, 14.16.20 kommt sie in der Einführungsformel des Botenspruches vor.

c) *Form- und Gattungskritik*

Die vorliegende Einheit besteht aus vier Strophen, die je zwei Stiche umfassen. Verbindet man die Wörter מבקשׁי־מים in V. 17aα, לא־אעזבם in V. 17bβ, זארץ־ציה in V. 18bβ, ועץ־שׁמן in V. 19aβ, כי־יד־יהוה in V. 20aβ durch einen maqqef zusammen, so daß sie je einen einzigen rhythmischen Akzent erhalten, dann erweist der rhythmische Aufbau folgende Struktur[160]:

V. 17a	3+3
V. 17b	3+3
V. 18a	3+3
V. 18b	3+3

---

[157] Vgl. Elliger, ebd., S. 239-241.

[158] Sie kommen wieder zusammen vor: עשׂה steht vor ברא in 45, 7a.12, es steht nach in 43, 7; 45, 18.

[159] Vgl. 41, 14.16; 43, 3.14; 45, 11; 48, 17; vgl. 49, 7.

[160] Die gleiche Akzentverteilung haben Köhler (Deuterojesaja stilkritisch untersucht, S. 12) und Elliger (Jesaja II, S. 160). Dieser nimmt ebenfalls vier Strophen an.

V. 19a	3+3
V. 19b	3+3
V. 20aα	3+3
V. 20aβb	3+3

Über die formale Geschlossenheit dieser Einheit wurde in a) bereits das Notwendige gesagt. Zusammen mit 42, 14-17; 43, 16-21; 45, 14-17 und 49, 7-12(?) bestimmt Westermann diese Einheit als eine Heilsankündigung, in der Beschreibung dieser Gattung ist er aber nicht genügend klar[161]. Denn das Fehlen der direkten Anrede ist keine durchgehende Charakteristik dieser Texte, siehe 43, 16-21; 45, 14-17; 49, 7-12, dazu noch 49, 14-26 und 51, 9-52, 6. Das Vorhandensein einer Klage des Volkes, sei es nur andeutend, ist ferner nicht leicht zu beweisen. 41, 17a stellt die Not des Volkes fest, sagt aber nichts darüber, ob diese Not in einer Klage und Bitte ausgesprochen wurde. Das Vorkommen des Verbs ענה läßt nicht unbedingt auf ein vorhergehendes Bitten schließen, zumal in der gesamten Einheit der Akzent auf der Initiative Jahwes liegt. Es ist wahr, daß ענה sehr oft, und zwar auch in den Klageliedern des Einzelnen[162], mit קרא verbunden wird, daß es also Klage und Bitte voraussetzt. Es scheint aber nicht die Absicht Deuterojesajas gewesen zu sein, die Klage hervorzuheben[163]; in dem Fall hätte er seinen Text deutlicher formuliert. Höchstens kann man sagen, daß die Klage hier nur anklingt, wie es bei dem sogenannten Heilsorakel der Fall ist. Der Begriff עני kommt seinerseits auch in den Klageliedern vor[164], sein Vorkommen in unserem Text reicht aber allein nicht, um von einer „andeutend zitierten" Klage sprechen zu können.

---

[161] Vgl. Westermann, Sprache und Struktur, S. 120: „Gegenüber dem Heilsorakel fehlt die direkte Anrede, es fehlt der Ruf ‚Fürchte dich nicht'. Während die Klage im Heilsorakel nur anklingt, ist sie hier am Anfang andeutend zitiert, und zwar ist es hier die Klage des Volkes... Auch hier gehört zum Hauptteil Gottes Zuwendung und Gottes Eingreifen, aber beides ist Ankündigung". Vgl. dazu die Ausführungen Elligers (Jesaja II, S. 159f). Auch Schoors hält 41, 17-20 für eine Heilsankündigung (vgl. I am God your Saviour, S. 86, 90); von Waldow spricht aber von Heilsorakel (Anlass und Hintergrund der Verkündigung des Deuterojesaja, S. 27). In seinem Aufsatz „Stellung und Funktion der sogenannten Heilsankündigungen bei Deuterojesaja", TZBas 27 1971, S. 161-181, stellt Schüpphaus das Vorhandensein einer Gattung „Heilsankündigung" in Frage.

[162] Vgl. Ps 4, 2; 17, 6; 22, 3.22; 86, 7; 102, 3; 120, 1.

[163] Elliger bemerkt: „Das ענה setzt also ein Klagelied des Volkes, auf das es die ‚Antwort' wäre..., nicht unbedingt voraus, so gewiß es derartiges auch nicht ausschließt" (Jesaja II, S. 163).

[164] Vgl. Ps 25, 16; 35, 10; 40, 18; 69, 30; 74, 19.21; 86, 1; 109, 22; 140, 13.

Die gleichen Beobachtungen macht man bezüglich 42, 14-17. Die
Worte Jahwes von V. 14a können wohl eine Klage des Volkes beantworten, sie zitierten aber auf keinen Fall diese Klage. Das Verb
חשה kommt nur in einem einzigen Klagelied vor, und zwar in der
Qalform : in Ps 28, 1. Das Verb חרש findet sich in den Klageliedern
wieder in der Qalform[165], wo es immer auf Gott bezogen wird. Das
Verb אפק schließlich ist in keinem Psalm wieder belegt. Daß die ersten
zwei Verben in Klagetexten vorkommen, heißt aber nicht, daß sie in
42, 14 bewußt auf das Geschehen der Klage Bezug nehmen. Auch hier
steht Jahwes Heilsinitiative im Vordergrund. In 43, 16-21 könnte V. 18
als Antwort auf eine Klage aufgefaßt werden, zumal der Text hier in
direkter Anrede formuliert ist. Das Verb זכר erinnert an Ps 137, 1.6.
Dieser Psalm gehört zu den Klageliedern des Volkes. Die Hithpaelform
des Verbes בין ist aber in keinem Psalm belegt. In den übrigen als
Heilsankündigungen bezeichneten Einheiten 45, 14-17 und 49, 7-12 ist
von einer Klage keine Spur. Das besagt, daß die angedeutete Klage
diese Gattung nicht durchgehend kennzeichnet. Ist sie vorhanden, wie
vielleicht etwa in 43, 18 und ferner in 49, 14.21.24, so hat sie die
Funktion, Jahwes Zuwendung und Eingreifen zu unterstreichen.

Was die Angabe des Zieles angeht, das Jahwe bei seinem Eingreifen verfolgt, so fehlt es auch hier an einheitlicher Formulierung.
Die Präposition למען von 41, 20a kehrt nicht mehr wieder. Der Zweck
oder die Folge des göttlichen Eingreifens werden sonst durch die Formulierung direkter Sätze wiedergegeben, so in 42, 17 : ,,es weichen
zurück... die auf Götzen vertrauen'', in 43, 21 : ,,meinen Ruhm werden
sie verkünden'', in 45, 14bβ : ,,nur bei dir ist Gott und nirgends sonst,
keine Gottheit außerdem''. In 49, 7-12 fehlt jede Angabe des Zieles.
In 49, 14-26 ist sie vorhanden in dem Satz von V. 23b : ,,da wirst du
erkennen, daß ich Jahwe bin'', und in dem Satz von V. 26b : ,,da wird
alles Fleisch erkennen, daß ich Jahwe bin, dein Retter und dein Befreier der Starke Jakobs''. Beide Verse werden aber als spätere Hinzufügung betrachtet[166]. Im Abschnitt 51, 9-52, 6 kommt zweimal die
Identitätsformel vor, und zwar an den als unecht angesehenen Stellen
51, 12a (in abweichender Form) und in 51, 15aα[167] ; zum Schluß wird
das Ziel deutlich angegeben : ,,darum (לכן) soll mein Volk meinen
Namen erkennen... daß ich es bin, der Sagende : ,da bin ich!''. Trotz

---

[165] Vgl. Ps 28, 1; 35, 22; 39, 13; 83, 2; 109, 1.
[166] Vgl. Elliger, Verhältnis, S. 123-129.
[167] Vgl. Elliger, ebd., S. 207-211.

der mangelnden Einheitlichkeit in der Formulierung scheint doch das gemeinsame Anliegen all dieser Texte zu sein, die Einzigkeit und Macht Jahwes als Gott hervorheben zu wollen, wobei sie sich direkt oder indirekt der Erkenntnisformel bedienen. Das ist ein Hinweis darauf, in welcher Richtung man zur Bestimmung der eigentlichen Gattung suchen muß.

Es sei aber vorher noch auf ein formales Moment aufmerksam gemacht, das Westermann nicht erwähnt. Während 41, 17-20 und 42, 14-17 eine direkte Rede Jahwes ohne Einleitung anführen, setzen die übrigen Texte mit der für den Botenspruch charakteristischen Einleitung „so spricht Jahwe" an[168]. Im größeren Abschnitt 49, 14-26, und zwar in den letzten zwei Teilen, nach der Anführung der Klage beginnt Jahwe seine Rede mit der Formel „so spricht Jahwe" (VV. 22a.25a). Das gleiche ist in 51, 22a; 52, 3 zu beobachten. Auch in diesem Punkt haben wir also keine einheitliche Form. Angesichts dieser formalen Unterschiede unter den als Heilsankündigungen bezeichneten Texten scheint es notwendig, nach der eigentlichen Gattung jeder Einheit präziser zu fragen.

Wenden wir uns damit wieder 41, 17-20 zu. Wie bereits vorbemerkt, fehlt hier die direkte Anrede. Kein Adressat wird genannnt. Das zeigt an sich schon, daß der Text nicht als eine Ankündigung aufgefaßt werden will. Die Personen, die Objekt der göttlichen Zuwendung sind, werden in der dritten Person Plural erwähnt. Das fällt um so mehr auf, als der unmittelbar vorhergehende Abschnitt 41, 8-16 die Anredeform in der zweiten Person Singular aufweist, der unmittelbar folgende 41, 21-24 seinerseits in Anredeform mit der zweiten Person Plural formuliert ist. Vorliegender Abschnitt scheint also allein von seiner Formulierung her ein Wort zu sein, das Jahwe bei sich selbst ausspricht. Zur Bestimmung der Gattung darf man wohl von V. 20 ausgehen, wo die sogenannten Erkenntnisformel vorliegt. Sie liegt freilich in zersetzter Form vor[169]. Diese Formel erscheint hier bei Deuterojesaja zum ersten Mal. Die dritte Person Plural als Subjekt der Formel ist auch in 45, 6a belegt, hier aber weist der Zusammenhang die direkte Anrede auf; 40, 10bα erweist sich als sekundär. Die Erkenntnisformel ist die eigentliche Mitte von 40, 17-20. Sie zeigt, was für einen Sinn Jahwes Eingreifen hat. Sie hat aber auch eine apologetische Funktion in bezug auf die folgenden Texte 41, 21-24.25-

---

[168] Vgl. 43, 16; 45, 14; 49, 7.
[169] Vgl. Zimmerli, Erkenntnis Gottes nach dem Buche Ezechiel, S. 31.

29. Erst die Erkenntnis dessen, was Jahwe tut, läßt die Nichtigkeit und Unfähigkeit der Götter und Götzen wahrnehmen, etwas zum Heil ihrer Geschützten vorauszukünden und zu unternehmen. 41, 17-20 leitet deswegen in gewisser Hinsicht 41, 21-24.25-29 ein. Das Wiederkehren der Begriffe ידע in 41, 22bα.23aα.26aα, שׂים in 41, 22bα und ראה in 41, 23bβ dürfte das bestätigen. Die Aussage von 41, 20 will bewußt den Sinn der Aussagen 41, 24.29 hervorheben, indem sie auf den Kontrast zwischen der Macht Jahwes und der Ohnmacht der Götter aufmerksam macht. Anderseits verbindet die Bezeichnung ,,der Heilige Israels'' unseren Abschnitt mit dem vorhergehenden Abschnitt 41, 8-16, wo die gleiche Bezeichnung in VV. 14.16 auftaucht. In besonderer Weise entsprechen einander 41, 15-16 und 41, 17-20, und zwar durch die Verse 16b und 20. Letzterer weist die Erkenntnisformel auf, ersterer redet vom ,,Jubeln in Jahwe'' und ,,Sich-Rühmen des Heiligen Israels''. Trotz der verschiedenen Formulierung geht es um den gleichen Sachverhalt: Israel könnte sich Jahwes nicht rühmen, wenn es die erlebten Ereignisse nicht als Werk Jahwes *erkannt* hätte.

Daß beide Verben in dieser Hinsicht in Beziehung standen, zeigt sich am unechten Text Jer 9, 22f : ,,wer sich rühmen will, rühme sich dessen, innezuwerden und zu erkennen mich, daß ich Jahwe bin, tuend Gnade, Recht und Gerechtigkeit auf Erden''. Die Hiphilform von שׂכל, die hier neben ידע vorkommt, ist auch in Jes 41, 20 belegt. Die Wurzel הלל ist in Deuterojesaja nicht nur in 41, 16 belegt, sondern auch in 43, 21, einem Text, den Westermann zusammen mit 41, 17-20 zu den Heilsankündigungen zählt, und in 45, 25. Vergleicht man die Texte Deuterojesajas, wo die Erkenntnisformel vorkommt, so stoßen wir auf 45, 1-6a; 49, 22-26[170]. Gattungsmäßig gehören beide Texte zu den ,,priesterlichen Erhörungsorakeln''[171]. Die Texte sind in direkter Anrede formuliert. In 41, 17-20 wie auch in 42, 14-17 haben wir es mit einem anderen Gattungstyp zu tun : die Erkenntnisformel findet hier Anwendung in einem Text, dem die direkte Anrede abgeht. Das Fehlen der Einleitungsformel des Botenspruchs ,,so spricht Jahwe'' läßt unseren Text auch nicht als ein an den Propheten gerichtetes Wort verstehen[172], so wie es in ähnlichen Texten der Fall ist, etwa in Jer 24, 4-7; 31, 31-34; Ez 28, 25-26, die alle in der dritten Person

---

[170] Elliger schreibt 49, 22-26 dem Tritojesaja zu (vgl. Verhältnis, S. 123-129).

[171] Vgl. Zimmerli, Erkenntnis Gottes nach dem Buche Ezechiel, S. 30.

[172] Vorsichtig formuliert Elliger : ,,Angeredet wird in geheimer Erfahrung der Prophet; daher ist vom Volke in der 3. Pers. die Rede, aber der Prophet gibt das Gehörte an das Volk weiter'' (Jesaja II, S. 159).

Plural formuliert sind und die alle die Erkenntnisformel aufweisen. Da die inhaltliche und syntaktische Struktur — Situationsangabe im Perfekt bzw. Partizip, Jahwesverheißungswort im Imperfekt, Zweckangabe (bzw. Folge) mit Finalpartikel und Imperfekt — in dieser strengen Form mit Ausnahme zum Teil von 42, 14-17 in keinem anderen Paralleltext zu finden sind, fällt die Entscheidung über die eigentliche Gattung und die genaue Bestimmung des Textes nicht leicht.

Da es aus der formalen Struktur des Textes nicht zu entnehmen ist, daß es sich um die öffentliche Ankündigung des eigenen Heilsplanes durch Jahwe handelt, so hält man sich am besten an den Inhalt. Zwei Momente müssen dabei berücksichtigt werden. Sie haben auch im Text ihre formale Entsprechung. Das eine ist der Heilsentschluß Jahwes in V. 17b: er hat in der an betonter Stelle stehenden Formel אני יהוה seinen formalen Niederschlag gefunden. Das andere ist die Begründung des Heilsentschlusses in V. 20: sie hat in der Formel ידע כי יד־יהוה עשׂתה זאת, einer erweiterten Fassung der Erkenntnisformel ידע כי אני יהוה, ihre formale Entsprechung. Dem אני יהוה von V. 17b entspricht das יד־יהוה von V. 20b. Jahwe redet von sich selber zu sich selber: er ist entschlossen einzugreifen, um sich vor seinem Volk als der mächtig rettende Jahwe auszuweisen. Der fehlende Bezug der Rede auf irgendeinen Adressaten ist sehr wahrscheinlich gewollt: damit soll hervorgehoben werden, daß nichts von außen her Jahwes Entschluß verursacht hat, daß dieser vielmehr allein in Jahwes freiem Willen gründet. Jahwe greift ein nicht infolge einer an ihn gerichteten Bitte, sondern aus eigener Entscheidung, und zwar zu dem Zweck zu zeigen, daß er mächtig ist, die Bedürftigen zu retten aufgrund seiner Zuwendung. Wem soll das gezeigt werden? Wenn die Annahme wahr ist, daß 41, 17-20 als Einleitung zu 41, 21-29 gedacht wurde, so scheint es angebracht zu sein, daß die Rede VV. 17-20 in Beziehung zu den Göttern und Götzen steht, die in VV. 21-24 direkt angesprochen werden. Das besagt: am wunderbaren, unerwarteten und unverdienten Heilsgeschehen von Jahwe her sollen die Israeliten[173] erkennen, daß die Götter keine Alternative zu ihrem Gott darstellen können. Das ist aber das Eigentliche: diese Erkenntnis ergibt sich aus der vorausgegangenen Entscheidung Jahwes. Sie ist etwas im voraus Gemeintes und Erzieltes, nicht das mehr oder weniger zufällige Ergebnis

[173] So neuerdings Bonnard, Le Second Isaïe, S. 115, Elliger, Jesaja II, S. 169, Fohrer, Das Buch Jesaja, Bd. 3, S. 43f, und Westermann, Das Buch Jesaja, S. 68.

menschlicher Deutung. Es ist eben das Ziel der Rede, das auszusprechen. Aber gerade deswegen, weil es eine Entscheidung Jahwes hinsichtlich seines Heilstuns ist, die allem Heilswirken in Zeit und Raum
vorausgeht und dessen Sinn sie im voraus bestimmt, läßt die Rede
jede Form der Adresse fallen und gestaltet sich als ein souveränes
Ich-Wort Jahwes. Sie ist insofern keine Heilsankündigung, als das Ziel
der Rede nicht unmittelbar die Ankündigung des kommenden Heils-
wirkens Jahwes ist; sie ist insofern kein Erweiswort als das Eingreifen
Jahwes hier noch bevorsteht und keine Tat geworden ist. Wir können
gattungsmäßig diese Rede am besten als selbstoffenbarendes Gotteswort bezeichnen, insofern in ihr Jahwe von sich als dem redet, der
zum Eingreifen und zum Retten entschlossen ist und der als der einzige
Ursprung des Heils in Absetzung von den Göttern erkannt werden
will. Als selbstoffenbarendes Wort ist die Rede gleichzeitig ein sinn-
gebendes Wort: es charakterisiert die Heilsgeschichte als eine von
Jahwe gesteuerte Hinführung in die Erkenntnis des einzig und wahr-
haft Liebenden und Rettenden.

Ein Vergleich mit dem ähnlichen Text 42, 14-17 bestätigt den Bezug
der Gattung zum Thema des Absolutheitsanspruches Jahwes gegenüber Götzen und Göttern. Denn der Schluß V. 17 weist dort auf die
Beschämung derer hin, die auf die Götzen vertrauen. Will man auch
45, 14-17 heranziehen, so ist im Bekenntnis zu Jahwe V. 14bβ die
Ablehnung der Götter deutlich mitzuhören. Daß im unechten Text
44, 18 die Verben ,,erkennen'' und ,,sehen'', ,,sehen'' und ,,innewerden''
in Bezug auf die Götzen gebraucht werden, dürfte ein indirekter Beweis
für die hier vorgeschlagene Deutung sein.

Es stellt sich die Frage, ob das Motiv vom Wassersuchen in unserem
Text eine besondere Bedeutung hat, ob es mehr als ein bloßes Bild ist.
Sehr wahrscheinlich wird hier auf das in Ex 15, 22-25a; 17, 1-8; Nu
20, 1-13 Erzählte zurückgegriffen. Damit wird die jetzige Lage des
Volkes mit der des damaligen Auszugs aus Ägypten und der Wanderung durch die Wüste verglichen. Innerhalb des deuterojesajanischen
Schrifttums wäre es die erste Anspielung an die damaligen Ereignisse
und gleichzeitig die erste Charakterisierung der anbrechenden Befreiung und Rückkehr als eines neuen Auszugs und einer neuen Rückkehr ins Heimatland[174]. Das Motiv des Wüstenzugs im Zusammen-

---

[174] Es handelt sich um ein konkretes, geschichtliches, und nicht um ein eschatologisches Faktum. Elliger betont: ,,Verheißen wird nicht die allgemeine Umwandlung
der physischen Existenzbasis für alle Welt oder auch nur für Israel in seinem Lande...

hang mit dem Motiv vom Wasserspenden durch Jahwe kehrt in
43, 16-21; 48, 20-21 und 49, 10 wieder.

Dagegen ist es nicht klar, ob die Aufzählung der Bäume einen
symbolischen Charakter hat oder einfach zur bloßen bildhaften Beschreibung des göttlichen Werks gehört. Die Erwähnung der Zeder
könnte auf die Aufrichtung der Lagerzelte in der Wüste zur Zeit
der Wanderung ins Kulturland anspielen, siehe Nu 24, 6. Die Zeder
diente aber auch zur Herstellung von kostbaren Möbeln und Hausgeräten, siehe etwa 1 Kön 5, 22.24; 9, 11; die Akazie hatte für die
Herstellung heiliger Geräte für das Heiligtum gedient, siehe Ex 25,
10.23...; auch die Zypresse diente zur Herstellung von Hausgeräten,
siehe 1 Kön 5, 22.24; 9, 11, sie war vielleicht auch ein Bild der Un-
versehrtheit und Fruchtbarkeit, siehe Ho 14, 9. Auch der Ölbaum galt
als kostbarer Stoff zur Einrichtung von Wohnräumen, siehe 1 Kön
6, 23.31-33. Wenn diese Vermutung stimmt, dann würde sich durch
die Erwähnung dieser Bäume dem Motiv der Rückkehr das Motiv
des glücklichen Wiederaufbaus hinzufügen.

Die Aussage dieses Abschnitts ist also: Jahwe entscheidet sich einzugreifen und zu veranlassen, daß sein Volk glücklich ins Heimatland
zurückkehrt und es wieder aufbaut. Daran soll das Volk Jahwes
Macht erkennen und von den Göttern ablassen.

d) *Exegese*

VV. 17-19

Was sich nun ereignen wird — daß die Gebeugten ihrer Not entrissen werden, daß sie daran Jahwes Macht und Zuwendung erkennen
und von den Göttern ablassen —, all das erfolgt aus göttlicher Entscheidung, entspricht dem Heilswillen dessen, der sich der Gott Israels
und der Heilige Israels nennt. Die Not wird hier als etwas Gegenwärtiges und Andauerndes geschildert, als ob sich die Gebeugten bereits
unterwegs in der Wüste befinden und des Wassers, des allernotwen-
digsten Lebensmittels, ermangeln. Wenn das wirklich gemeint ist und
nicht einfach als Ausdruck dichterischer Vorstellung zu gelten hat,

---

Viemehr wird für das bestimmte, einmalige Ereignis der Rückwanderung...wirksame
Hilfe... zugesichert..." (Jesaja II, S. 169). So zuletzt auch Bonnard, ebd., S. 115,
Fohrer, ebd., S. 43f, Schoors, I am God your Saviour, S. 88, und Westermann, ebd.,
S. 68. Anderer Meinung sind Knight, Deutero-Isaiah, S. 63f, Smart, History and
Theology of Second Isaiah, S. 75, und von Waldow, Anlass und Hintergrund der
Verkündigung des Deuterojesaja, S. 91f, 217 Anm. 1.

dann knüpft der Text bewußt an den vorhergehenden Abschnitt
VV. 15-16 an, wo die Wanderung durch die Wüste sehr wahrscheinlich
mitgemeint ist. Das wäre auch ein Grund gewesen, warum 41, 17-20
an 41, 8-16 angeschlossen wurde. Wie Jahwe sein befreites Volk fähig
machte, jedes ihm unterwegs entgegenstehende Hindernis zu durch-
brechen, so gewährt er jetzt ihm, dem Hilf- und Rechtlosen, das Aller-
notwendigste zum Überleben und dazu noch Ruheplätze, ja wielleicht
noch das Material, das es zum Wiederaufbau seiner Heimat nötig
haben wird.

V. 20

Die Erkenntnis, zu der Jahwe durch sein Wirken führen will, wird
mit den Begriffen ראה und ידע beschrieben. ראה meint bei Deuterojesaja die Beobachtung und Wahrnehmung konkreter Dinge und Ereignisse[175]; auch ידע meint ein Erkennen aus der Erfahrung dessen,
was geschieht[176]. Die Entscheidung Jahwes ist derart, daß sie Geschichte schafft: sie bewirkt, daß etwas geschieht, und daß das Geschehene als das Werk Jahwes verstanden wird; sie bewirkt, daß die
Betroffenen im Geschehen den Sinn entdecken, den es von seinem
Ursprung her hat — Ausdruck der Zuwendung Jahwes und Aufruf
zur Anerkennung seiner Einzigkeit. Nicht nur die Heilstat, sondern
auch das Verständnis dieser Heilstat als Tat Jahwes sind das Werk
des Gottes Israels.

Nicht zufällig dürfte das Vorkommen des göttlichen Titels „der
Heilige Israels" im Rahmen der Erkenntnisformel sein. Aus Jes 31, 1
geht hervor, daß der Titel seinen Sitz im Leben u.a. auch im göttlichen
Orakelsspruch hatte, siehe dazu noch Jes 5, 19.24. Dem Sinn nach
verwies er sehr wahrscheinlich auf Jahwes Einzigkeit, Unvergleichbarkeit, Erhabenheit und unendliche Güte[177]. Das ist eben das, was
die Gebeugten durch Jahwes Fügung verstehen und annehmen sollen
im Hinblick auf die Abkehr von den Göttern und die Umkehr zu
ihrem einzigen Gott und Retter.

5) 41, 21-29

V. 21 Bringt vor eure Streitsache — spricht Jahwe.
       Führt vor eure Beweise — spricht Jakobs König.
V. 22 Sie sollen vorbringen und uns ankündigen, was sich ereignet.

---

[175] Vgl. 40, 26; 41, 23; 42, 20; 49, 18.
[176] Vgl. Elliger, Jesaja II, S. 82, 168, und Westermann, Das Buch Jesaja, S. 68.
[177] Vgl. 1Sam 2, 2; 6, 20; Jes 6, 3; Ho 11, 9.

Das Frühere, was war es? Verkündet es, daß wir darauf richten unseren
       Sinn!
daß wir seinen Ausgang erkennen! oder, das Kommende laßt uns hören!
V. 23 Verkündet das Eintreffende für die Zukunft, daß wir erkennen : ja doch,
       Götter seid ihr!

Was noch : tut Gutes oder tut Böses, daß wir um uns starren und uns
       fürchten in einem!
V. 24 Siehe, ihr, ihr seid vom Nichts, euer Werk ist ja vom Unding.
       Einen Greuel erwählt man an euch.

V. 25 Einen weckte ich vom Norden her und er trat auf, vom Aufgang der
       Sonne rief ich seinen Namen.
       Er zertritt Fürsten wie Lehm, wie ein Töpfer Schlamm stampft.

V. 26 Wer hat es angekündigt von früh her, daß wir erkennten, von vornherein,
       daß wir sprächen : Recht!
       Wo ist denn einer, der es verkündete? Wo ist denn einer, der es hören
       ließ? Wo ist einer, der Sprüche von euch hörte?

V. 27 Als Frühester gab ich Sion Bescheid : sieh, da sind sie! Gab ich Jerusalem
       einen Frohboten.

V. 28 Da sehe ich mich um : ja, wo ist einer? Nun, von diesen da, wo ein
       Berater,
       daß ich sie fragen könnte und sie das Wort erwiderten?

V. 29 Siehe, arg sind sie alle,
       Unding ist ihr Gemächt, Wind und Leere ihre Gußbilder.

a) Zur Einteilung und zur Übersetzung

Der Text ist durch die Partikel הן mit anschließendem Personalpronomen (VV. 24a.29a) zusammengehalten. In beiden Fällen leitet
sie eine Erklärung bzw. einen Entscheidspruch ein und markiert dadurch eine Zweiteilung des Textes. Daß in V. 25 ein neuer Ansatz
beginnt, zeigt sich am Wechsel des Stils; denn es fehlt hier die direkte
Anrede, statt dessen folgt ein Bericht in Ich- und Er-Formulierung,
der sich über den Fragesatz V. 26a und die rhetorischen Fragesätze
V. 26b bis zur Aussage V. 27 erstreckt. Gerade in V. 27 hätte die
Ihr-Anrede wieder erscheinen können (als Frühester gab ich euch
Bescheid…). Gegenüber VV. 21-24 weist der Text VV. 25-27 also eine
eigene Struktur auf nach dem Schema Bericht-Frage-Bericht. VV. 28-
29 nehmen wieder Bezug auf die in VV. 22b-24 Angeredeten, aber
nicht mehr direkt, sondern in Form einer Aussage über sie. Dadurch
und ferner durch die Übernahme des rhetorischen Stils in V. 28a
knüpfen VV. 28-29 stilistisch an VV. 22-24 an. Trotz dieser Unterschiede bilden beide Textteile in der vorliegenden Fassung nicht nur
wegen der Partikel הן eine Einheit. Aus dem doppelten Satz „spricht

Jahwe", „spricht Jakobs König" zu Anfang geht hervor, daß der
gesamte folgende Text als eine Rede Jahwes aufgefaßt ist — in
VV. 25-27 fehlt eine entsprechende Formel. Ein verbindendes Element
ist schließlich die Formulierung in der ersten Person Plural, die in
VV. 22-23 und in V. 26a vorkommt. Es bleibt aber eine offene Frage,
ob an beiden Stellen dieses „wir" die gleichen Subjekte meint.

V. 22

Im Gegensatz zu הגישו von V. 21b, das transitivisch gebraucht wird
und ein Objekt regiert, ist in V. 22aα יגישו ohne Objekt, dieses muß
gedanklich ersetzt werden (ihre Beweise). Gegen die Meinung Elligers,
der תקרינה in V. 22aβ als imperfectum iterativum versteht und es als
Vergangenheitstempus auffaßt[178], wird hier dieses Verb im Präsens
wiedergegeben. Das entspricht nicht nur der Form des Imperfekts
besser, sondern auch der Funktion, die der ganze Satz von V. 22a
im Zusammenhang zu erfüllen zu haben scheint. Der Satz ist in der
dritten Person Plural und nicht in Anredeform formuliert. Erst im
Folgenden wendet sich der Redende direkt an seine Adressaten, er
spricht sie auf das Frühere und das Kommende an. Der Satz von
V. 22a fungiert wahrscheinlich als Einleitung zur folgenden Anrede;
das Verb תקרינה umfaßt in sich Vergangenes und Zukünftiges, sein
überzeitlicher Charakter kann am besten mit dem Präsens wiedergegeben werden. Im letzten Teil von V. 22b wurde der Satz ונדעה אחריתן
nicht umgestellt und ans Ende versetzt[179]. Damit würde ja der chiastische Aufbau des Verses zerstört: dem הראשנות am Anfang von
V. 22b entspricht das הבאות am Ende desselben, dem ונשימה לבנו entspricht dann das ונדעה; beide stehen nebeneinander in der Mitte des
Verses. Chiastisch ist auch V. 23a in bezug auf V. 22b aufgebaut:
man beachte die zwei ונדעה, das eine am Anfang des letzten Versteils
von V. 22b und das andere am Schluß von V. 23a, und ferner das
הבאות השמיענו, dem gleich das הגידו האתיות folgt.

VV. 23-24

In V. 23b wurde anstatt des Verbs ראה mit vielen modernen Kom-
mentatoren das Verb ירא vermutet[180], was sinngemäß angebrachter

---

[178] Vgl. Elliger, Jesaja II, S. 183.

[179] So zuletzt Elliger, ebd., S. 172, Fohrer, Das Buch Jesaja, Bd. 3, S. 44, und
Schoors, I am God your Saviour, S. 213f, 217. Dagegen spricht sich Kissane aus
(vgl. The Book of Isaiah, Vol. II, S. 33).

[180] Vgl. Buber, Bücher der Kündung, S. 131, Elliger, Jesaja II, S. 172, Fohrer, ebd.,
S. 44, Knight, Deutero-Isaiah, S. 64, McKenzie, Second Isaiah, S. 33, Muilenburg,

erscheint. Gleichfalls wurde in V. 24a an Stelle von אפע mit fast allen
Neueren אפס gelesen[181].

V. 25

In V. 25aβ wurde das Verb קרא parallel zum Perfekt von V. 25aα
in ein Perfekt der ersten Person Singular mit Subjekt Jahwe geändert
und dementsprechend in בשם das Suffix der dritten Person Singular
gesetzt[182]. Das יבא von V. 25bα wurde durch das Imperfekt von בוס
ersetzt, womit der Satz einen klaren Sinn bekommt[183].

VV. 26-28

Als rhetorische Fragepartikel mit negativer Antwort wurde אין in
V. 26b und V. 28a wiedergegeben[184]. Das hinweisende Element, das
der Konjunktion ו innewohnt, wurde im zweiten und dritten Waw
von V. 28a nicht mit „dort"[185], sondern mit „ja" wiedergegeben, was
der Rede stärkere Ausdruckskraft verleiht. In der Übersetzung von
V. 27 wurde das הנה הנם als Objekt von אתן verstanden, wobei der
Ausdruck als eine Art Nominalsatz, der den Inhalt der Verkündigung
wiedergibt, aufgefaßt ist[186].

b) *Literarkritik*

V. 21

In V. 21a liegt innerhalb von Jes 40-53 der einzige Fall vor, in dem
die Formel יאמר יהוה belegt ist. Ihr gleichen die Formeln יאמר מלך יעקב
von V. 21b, יאמר אלהיכם von 40, 1b und יאמר קדוש von 40, 25. Sonst
weisen die Texte die Botenformel כה אמר יהוה auf[187] oder die Formel

---

The Book of Isaiah Chapters 40-66, S. 461, North, The Second Isaiah, S. 103, Penna,
Isaia, S. 424, Schoors, I am God your Saviour, S. 213f, 217.

[181] So zuletzt Bonnard, Le Second Isaïe, S. 119, Elliger, Jesaja II, S. 173, Penna,
Isaia, S. 426, Schoors, I am God your Saviour, S. 218, Westermann, Das Buch Jesaja,
S. 69.

[182] Vgl. Elliger, ebd., S. 173, Bonnard, ebd., S. 119, Fohrer, Das Buch Jesaja,
Bd. 3, S. 44, Schoors, ebd., S. 218f.

[183] Vgl. Elliger, ebd., S. 173f, Köhler, Deuterojesaja stilkritisch untersucht, S. 14,
McKenzie, Second Isaiah, S. 33, Penna, Isaia, S. 426, Schoors, ebd., S. 214.

[184] Vgl. Christian, Untersuchungen, S. 184.

[185] Vgl. Christian, ebd., S. 192.

[186] Vgl. McEleney, The Translation of Isaiah 41, 27, CBQ 19 1957, S. 441-443,
und Withley, A Note on Isa. XLI 27, JSS 2 1957, S. 327f. Über die schwierigen textkritischen Probleme und die vorgeschlagenen Lösungen vgl. Elliger, Jesaja II, S. 174f,
und Schoors, I am God your Saviour, S. 220f.

[187] Vgl. 42, 5; 43, 1.14.16; 44, 2.6.24; 45, 1.11.14.18; 48, 17; 49, 7.8.22.25; 50, 1;
51, 22; 52, 3f.

אמר יהוה (48, 22; 49, 5a). Ihres feierlichen Charakters wegen paßt die Botenformel gut zu besonders bedeutenden und feierlichen Reden. Die Reden aber, in denen die vorliegende Formel vorkommt, haben etwas Dringliches in sich, sie richten sich an einen gegenwärtigen Zuhörer und sagen ihm Dringendes. Es liegt hier auch kein Prophetenspruch vor, es wird keine Rede und Botschaft Jahwes ausgerichtet, wie bei den Texten mit den Botenformeln der Fall ist, vielmehr wird diese Rede in der Gegenwart gehalten und sofort übermittelt.

Die Bezeichnung „König Jakobs", die hier parallel zu יהוה steht, ist als göttliches Prädikat innerhalb von Jes 40-53 einmalig; in 49, 26 (sek. ?) finden wir das Prädikat „der Starke Jakobs"[188]. Jahwe selbst bezeichnet sich in 43, 15 als „euer König". Als erweiternde Apposition zum Subjekt kommt die Bezeichnung „der König Israels" innerhalb der Botenformel in 44, 6 vor. Zu beachten ist die Tatsache, daß das König-Prädikat zweimal im Rahmen einer Gerichtsrede vorkommt, wie es sich an 41, 21-24 und 44, 6-8 zeigt.

Einmalig im ganzen AT ist das Wort עצמות in V. 21. Die Pielform von קרב kehrt nur im sekundären 46, 13 wieder, die Hiphilform von נגש nur in 45, 21. Ein Vergleich mit 45, 21 kann dazu helfen herauszustellen, wer in 41, 21 angesprochen wird. In 45, 21 sind es die Entronnenen unter den Völker, die aufgefordert werden, heranzutreten und ihren Anspruch vorzubringen (הגישו); der Aufforderung folgt die Selbstprädikation Jahwes: wo ist sonst ein Gott außer mir? Soll man am besten nicht annehmen, daß in 41, 21 eigentlich nicht die Götter[189], sondern die, welche auf die Götter und deren Götzen vertrauten, also die ungläubigen Israeliten[190] angesprochen werden? Daß die Israeliten auf Jahwe nicht mehr hofften, zeigen nicht nur Worte wie 40, 27; 49, 14, sondern der ganze Tenor der prophetischen Botschaft, deren markantester Inhalt Jahwes alleiniges Gottsein, Unvergleichbarkeit und Tatkraft ist[191]. Es wäre nicht nötig gewesen, darauf mit einer

---

[188] Zu Jahwe als König vgl. die Ausführungen Wildbergers, Jahwes Eigentumsvolk, S. 80-95.

[189] So Elliger, Jesaja II, S. 178, 183.

[190] Bezüglich der Einführungsformel „spricht der König Jakobs" hebt Elliger hervor, daß doch „die eigentliche Adresse der Rede sein eigenes (des Propheten) Volk ist" (Jesaja II, S. 181). Er faßt alles zusammen in der Aussage: „Waren dort (v.24) noch die Götter die formale Adresse, so wird hier (v.29) nun vollends deutlich, daß mit den imaginären Teilnehmern an der Gerichtsverhandlung die realen Zuhörer des Propheten, die schwankenden Israeliten ... zur Urteilsbildung sich aufgerufen fühlen sollen" (ebd., S. 194).

[191] Vgl. 40, 25; 41, 4; 43, 10-13; 44, 6-8; 45, 5f.21.

solchen Eindringlichkeit hinzuweisen, wenn sich Israel nicht in der
Gefahr eines unheilbaren Abfalls von Jahwe gefunden hätte. Reden
wie die von 42, 19a.20; 43, 22.26-28 und Aufrufe wie etwa 44, 22b
sind erst aus dem Ernst einer solchen Lage her verständlich. Sind
ferner Sätze wie etwa 46, 8 und 48, 4f.8 vermutlich nicht ursprünglich[192] und Abschnitte wie 40, 18-20; 45, 20b; 46, 6f; 44, 9-20 sicher
nicht echt, so verraten sie doch als deutende Hinzufügungen den
wahren Tatbestand, mit dem sich Deuterojesaja auseinandersetzt. In
41, 21 stehen also sehr wahrscheinlich Jahwe und die Israeliten einander gegenüber: am Versagen der angepriesenen Götzen soll Jahwe vor
seinem Volk wieder in Ehre kommen und seinen göttlichen Anspruch
bestätigen. Wie wäre dann die im ganzen AT einmalige Wendung קרבו
ריבכם zu verstehen? Das Wort ריב, das noch einmal in 41, 11 belegt
ist, heißt hier wie sonst noch „Streit" bzw. „Streitsache". Es könnte
die Haltung der Israeliten meinen, die Jahwes Treue und Macht in
Frage stellen. Hinter diesem Streit, der eine Abwendung von Jahwe
bedeutet, stehen Gedanken und Gründe, wie sie etwa in 40, 27; 49, 14
zum Ausdruck kommen. Durch die Aufforderung „bringt euere Streitsache vor" lädt Jahwe die Israeliten ein, darzulegen, warum sie ihn
nicht mehr anerkennen und welchen mächtigeren Beschützer sie gefunden hätten. Um nachzuweisen, daß ihre Hoffnung in Wirklichkeit
eine Täuschung ist, wendet er sich dann in V. 22 an die Götter und
Götzen, die die Israeliten zur Bekräftigung ihrer Stellungnahme mit-
genommen und herangezogen haben, und verlangt von ihnen einen
Erweis ihres Könnens. Sie versagen aber, und so entfällt die Kraft
der vorgeführten Beweise.

V. 22

Obwohl die meisten in V. 22a die Qalform von נגש annehmen[193],
wäre die Hiphilform, die der Text bezeugt, auch annehmbar, zumal
wir in 45, 21a die gleiche Verbindung והגיש haben wie hier. Vielleicht liegt hier eine Formel der forensischen Sprache vor mit dem
Sinn „beweisen Sie, indem Sie mitteilen...". Sollte aber der ursprüngliche Text die Qalform aufgewiesen haben, so finden sich weitere
Belege dieser Form in 41, 1; 49, 20; 50, 8. Der forensisch-technische

---

[192] Vgl. Elliger, Verhältnis, S. 247f und S. 191f, 193-195. Elliger hält aber 48, 5a.8a
für echt.

[193] Vgl. Bonnard, Le Second Isaïe, S. 118, Elliger, Jesaja II, S. 172, Fohrer, Das
Buch Jesaja, Bd. 3, S. 44, North, The Second Isaiah, S. 103, Penna, Isaia, S. 424,
Schoors, I am God your Saviour, S. 214f.

Charakter des Verbs klingt in 41, 1; 49, 20; 50, 8 noch nach. Das
Verb קרה kehrt innerhalb von Jes 40-53 nicht mehr wieder, während
die Hiphilform von נגד sehr häufig auftritt[194]. Typisch für unsere
Schrift ist auch der Begriff ראשנות, der in 42, 9; 48, 3 mit Artikel, in
43, 9.18; 46, 9 ohne Artikel vorkommt. In 48, 3 wird er wie hier vom
Verb נגד (Hiphil) regiert. Einmalig ist ferner die Wendung שים לב; in
42, 25 (sek.) und 47, 7 (sek.) ist dagegen die Wendung שים על-לב
belegt; mit gleicher Bedeutung, aber absolut gebraucht ohne den
Akkusativ לב ist das Verb שים in 41, 20 belegt. אחרית findet sich in
46, 10 und in 47, 7 wieder und bezeichnet durchgehend die letzte Entfaltung dessen, was unternommen worden war. Das Partizip von בוא
im Sinne von „das Kommende" wird aber nicht mehr gebraucht,
dafür begegnet in 44, 7 aber eine Konstruktion mit Relativsatz[195].
Sehr häufig belegt ist die Hiphilform des Verbs שמע[196].

V. 23

Das Partizip von אתה zur Bezeichnung des Kommenden kommt
nochmals in 44, 7 und im sekundären 45, 11b vor; das Verb ist sonst
noch in 41, 5.25 belegt. Der Begriff אחור weist einen doppelten Sinn
auf; einmal wird er in zeitlichem Sinn (42, 23), andermal in räumlichem Sinn (42, 17; 44, 25; 50, 5) verwendet. Ein Fragment der Erkenntnisformel liegt in V. 23a vor; weitere Belege für die Wendung
ידע כי sind 45, 3.6; 49, 23b.26b; 52, 6b; die Sätze 48, 4a; 50, 7b gehören aber nicht zur Erkenntnisformel. Im Unterschied zu der für
die Erkenntnisformel charakteristischen Reihenfolge Personalprono-
men-Subjekt weist V. 23a die Reihenfolge Subjekt-Personalpronomen:
אלהים אתם auf. Nicht mehr verwendet werden innerhalb von Jes 40-55
die Verben יטב und רעע. Die gleiche Wendung in der gleichen Reihenfolge ist in Ze 1, 12 belegt, wo sie auf Jahwe bezogen wird. Inhaltlich
gesehen ist 45, 7 zu vergleichen. Die Hithpaelform von שעה begegnete
bereits in 41, 10a; das Verb findet sich hier mit dem Verb ירא verbunden. Die im Ansatz stehende Konjunktion אף begegnet bei Deuterojesaja oft[197].

---

[194] Vgl. 41, 23.26; 42, 9.12; 43, 9.12; 44, 7f; 45, 19.21; 46, 10; 48, 3.5f.14.20.

[195] Zu הראשנות und הבאות bemerkt Elliger: „Beide Ausdrücke sind in ganz allgemeinem Sinne gebraucht, von einem speziellen Inhalt ist nichts zu bemerken" (Jesaja
II, S. 185). Schoors führt aus: „Here (v.22b) the expression ri'šōnôt seems to designate
the former events in general: What did the gods reveal about the foregoing things?"
(I am God your Saviour, S. 215).

[196] Vgl. 41, 22.26; 42, 2.9; 43, 9.12; 44, 8; 45, 21; 48, 3.5f.20; 52, 7.

[197] Vgl. 40, 24 (3mal); 41, 10 (2mal).23.26 (3mal); 42, 13; 43, 7.19; 45, 21; 46, 11

V. 24

In V. 24a begegnet der innerhalb von Jes 40-53 oft gebrauchte Begriff אפס. Er kennzeichnet in V. 29a den Schluß des vorliegenden Abschnittes. Zu beachten ist auch die Parallelität zwischen dem Satz V. 24aα und dem Satz V. 29aα wie auch die zwischen dem Satz V. 24aβ und dem Satz V. 29aβ. Da V. 24a genau in der Mitte des ganzen Abschnittes steht, kann man dieser Aussage, die sich mit fast gleichen Worten in V. 29a wiederholt, einteilende Funktion zuschreiben : der erste Teil des Abschnittes endet mit V. 24, der zweite Teil mit V. 29. Zu פעל ist das sekundäre 45, 9.11b zu vergleichen. In V. 24b kommt das Wort תועבה vor, das nur an der sekundären Stelle 44, 19 wiederkehrt. Das Verb בחר mit der Präposition ב begegnet noch einmal in 44, 1f, mit dem Akkusativ aber in 43, 10a und noch an den sekundären Stellen 40, 20; 41, 8aβ.9.

V. 25

Mit V. 25 fängt der zweite Teil des Abschnittes an. Dieser Teil unterscheidet sich aber formal vom ersten : in ihm überwiegt die Formulierung in der ersten Person Singular; die Formulierung in der ersten Person Plural, die im ersten Teil fünfmal vorkommt, tritt bis auf zweimal zurück; die Ihr-Anrede fällt ganz aus; die rhetorischen מי- und אין-Fragen überwiegen. Inhaltlich gesehen beobachtet man hier den Gebrauch bildhafter Sprache (V. 25b) zur Schilderung eines bestimmten Geschehens, ferner das Fehlen der Aufforderung an die Angesprochene, ihr Können zu beweisen. Freilich vermißt man auch nicht Anschlußpunkte an den ersten Teil : das Auftauchen des Personalsuffixes der zweiten Person Plural in V. 26bβ und des Demonstrativpronomens „diese" in V. 28aβ, das auf die im ersten Teil Angeredeten hinweist. Man kann aber nicht übersehen, daß es beiden Teilen jeweils um zwei verschiedene Sachverhalte geht : in VV. 21-24 stellt der Redende die Angesprochenen direkt zur Rede und prüft sie auf ihr Recht hin, so daß man an eine Gerichtsverhandlung denkt; in VV. 25-29 stellt der Redende dagegen das Gegebene fest, er macht auf den Tatbestand aufmerksam, wobei er auf die eigene Leistung verweist. Hier spricht nicht der Richter, der über Recht oder Unrecht der zur Rede Gestellten entscheiden muß, sondern der Bestrittene und in seinem Recht Verkannte selbst. In seiner Rede verweist er auf das, was er

---

(3mal); 48, 12f.15. Nach Elliger leitet אף bei Deuterojesaja in der Regel keinen völlig neuen Gedanken ein, sondern führt den bisherigen fort (vgl. Jesaja II, S. 186).

von sich aus vollzogen hat, ohne sich direkt mit den Göttern aus-
einanderzusetzen. Indem er das Geschehene unmittelbar auf sein Eingreifen zurückzuführen kann, erweist er sich im Recht und erhebt den
Anspruch auf Anerkennung. Der eigentliche Beweis dafür, daß das
Geschehene sein Werk ist, liegt darin, daß er es im voraus durch seinen
Boten verkündet hat. Man kann vermuten, daß es sich ursprünglich
um zwei voneinander unabhängige Texte handelt, die erst nachträglich
miteinander verflochten wurden. V. 26bβ und VV. 28-29 würden ursprünglich zu VV. 21-24 gehören als deren Fortsetzung.

Mit Ausnahme der Verben בוס und רמס und der Wörter סגן, יוצר
und טיט begegnen die übrigen Verben und Wörter von V. 25 auch an
anderen Stellen innerhalb von Jes 40-53; die Hiphilform von עור in
41, 2; 42, 13; 45, 13; 50, 4 (in 41, 2 und 45, 13 bezieht sie sich indirekt
auf Kyros), קרא בשם in 40, 26; 43, 1; 44, 5; 43, 3f (an letzter Stelle
bezieht sich diese Wendung direkt auf Kyros), צפון in 43, 6; 49, 12,
מזרח in 41, 2 (wieder im Zusammenhang mit Kyros), ferner in 43, 5;
45, 6; 46, 11, חמר in 45, 9. Das Verb אתה ist uns sonst aus dem unmittelbaren Kontext (V. 23) bekannt. Auffällig ist in V. 25b die poetische Form כמו, welche hier sicher auch eine rhythmische Funktion
hat.

V. 26

Die Frage von V. 26aα gleicht terminologisch und inhaltlich der
Frage von 40, 21a. Hier wie auch in 41, 4; 48, 16a begegnet der
Ausdruck מראש in zeitlichem, in 42, 11 aber in räumlichem Sinn.
Einmalig ist in unserer Schrift der adverbielle Ausdruck מלפנים; mit
gleicher Bedeutung findet sich in 48, 7a der Ausdruck לפני־יום. Einmalig ist nicht nur innerhalb von Jes 40-53, sondern im ganzen AT
der Gebrauch von צדיק, wie er hier begegnet[198]. Er entspricht der
Formulierung nach dem אמת von 43, 9bβ. Einmalig ist ferner das
Wort אמר von V. 26bβ. Aus Nu 24, 4.16; Jos 24, 27 geht hervor, daß
es der Begriff für göttliche Orakelsprüche war. Verbunden mit dem
Verb שמע kommt es in Dt 32, 1; Jos 24, 27; Ps 138, 4; 141, 6; Spr
4, 10 vor. Es fällt in V. 26b auf, daß das logische Subjekt in der
zweiten Vershälfte ein anderes ist: dem aktiven Subjekt von V. 26bα,
das verkündet und hören läßt, folgt das dem Sinn nach passive Subjekt
von V. 26bβ, das das Verkündete hört. Inhaltlich gesehen fügt V. 26bβ

---

[198] צדיק bezieht sich hier nicht auf eine Person, sondern auf eine Sache (vgl.
Elliger, ebd., S. 190).

nichts hinzu. Diese Beobachtungen bestätigen die oben ausgesprochene Annahme, daß V. 26bβ vielleicht doch zu einem anderen Zusammenhang gehört, und zwar zu VV. 21-24a.

V. 27

Wie bereits bei der Analyse von 41, 4 bemerkt wurde, zählt ראשון zu den Selbstprädikaten Jahwes (vgl. 44, 6; 48, 12). Als Selbstprädikat Jahwes kommt ראשון außerhalb unserer Schrift im AT nicht mehr vor. In V. 27a wird Sion erwähnt. Personalisiert wird es noch in 40, 9; 49, 14; 51, 16; 52, 1f.7. Als Ortsname in lokalem Sinn erscheint es in 46, 13; 51, 3.11; 52, 8. Auch Jerusalem wird personalisiert, siehe 44, 26.28; 51, 17; 52, 1f; nur in 52, 9 ist es lokal gemeint. Das Wort מבשר begegnet in 40, 9 und 52, 7; nur hier aber wird es als rectum mit dem Verb נתן konstruiert. Unklar ist in V. 27a der Sinn und der Bezug des Ausrufs הנה הנם. Worauf bezieht sich das Suffix der dritten Person Plural? Vergleicht man die Stellen, die ein הנה aufweisen, so zeigt sich unter anderem auch, daß diese Partikel in den Reden Jahwes ein Verheißungswort einleitet: Jahwe gibt kund, was er für sein Volk unternimmt. Er bestraft die Feinde Israels (41, 15; 51, 22) und befreit sein Volk, indem er es ins Heimatland zurückkehren läßt (43, 19a; 49, 12.22). Durch das הנם könnten diese Heilstaten Jahwes gemeint sein, die im Kyrosgeschehen ihren Anfang hatten[199]. All das hat Jahwe Sion vorhergesagt.

VV. 28-29

Inhaltlich schließen sich die letzten zwei Verse 28-29 über V. 26bβ an VV. 21-24 an. Nur hier kommen innerhalb von Jes 40-53 die Wörter יועץ[200], און und מעשה vor. Im Sinn von „erwidern", „Antwort geben" ist die sonst mehrmals im AT belegte Wendung השיב דבר[201] auch einmalig; in 45, 23 hat ja der Satz יצא...דבר ולא־ישוב eine andere

---

[199] Elliger führt aus: „so viel ist sicher, daß in 27 Jahwe gegenüber den Göttern betont, daß er... es an Sprüchen nicht hat fehlen lassen, die den Siegeslauf des Kyros voraussagten und auch in ihrer Deutung des laufenden Geschehens weitere glückhafte Entwicklung voraussagen" (Jesaja II, S. 191). Vgl. auch Westermann, S. 71f.

[200] Über den Sinn dieses Wortes vgl. Elliger: „יועץ ist terminus technicus für den ‚Anwalt', d.h. für denjenigen, der, ohne mit der Partei identisch zu sein, sie in ihrer Sache berät (יעץ!) und u.U. im Prozeß auch für sie das Wort ergreift bzw. von vornherein führt" (Jesaja II, S. 194).

[201] Vgl. Gen 37, 14; Nu 13, 26; Dt 1, 22.25; Jos 14, 7; 22, 32; 1Sam 17, 30; 2Sam 24, 13; 1Kön 2, 30; 12, 9.16; 20, 9; 2Kön 22, 9.20; Ez 9, 11; Spr 18, 13; 24, 26; 27, 11; Ne 2, 20.

Bedeutung. Hält man mit Elliger 48, 5b für sekundär[202], so wäre auch das Wort נסך bei Deuterojesaja einmalig. In 44, 9 werden als תהו die Bildner der Götzen bezeichnet. Das Wort רוח meint in 41, 16 den Wind; das ist sonst die einzige Stelle, wo Deuterojesaja das Wort verwendet, da 40, 7 zu einer anderen Überlieferungsschicht gehört und ורוחו in 48, 16b sekundär ist[203]. Es ist zu vermuten, daß V. 29b auf die Hand des Interpolators von 40, 18-20; 44, 9-20; 46, 6f zurückgeht. Da aber V. 29b der Stellung nach am Ende des Abschnittes VV. 25-29 steht und damit sich als parallel zu V. 24b erweist, der seinerseits auch am Ende des Abschnittes VV. 21-24 steht, ist anzunehmen, daß auch V. 24b dem gleichen Interpolator entstammt. Das Wort תועבה kommt ja sonst nur in 44, 19 vor.

Die Analyse führt dazu, zwei literarische voneinander unabhängige Einheiten anzunehmen, die sich in Form und Inhalt unterscheiden[204]. Sie sind aber beide Werk des gleichen Autors, des Deuterojesaja. Wie oft bei ihm der Fall ist, bewahren beide Einheiten bei aller formalen Gemeinsamkeit mit anderen Texten je ihre eigene sprachliche und stilistische Prägung. Der Text der einen lautet:

V. 21   Bringt vor eure Streitsache — spricht Jahwe.
         Führt vor eure Beweise — spricht Jakobs König.

V. 22   Sie sollen vorbringen und uns ankündigen, was sich ereignet.
         Das Frühere, was war es? Verkündet es, daß wir darauf richten unseren Sinn!
         daß wir seinen Ausgang erkennen! oder, das Kommende laßt uns hören!

V. 23   Verkündet das Eintreffende für die Zukunft, daß wir erkennen: ja doch, Götter seid ihr!
         Was noch: tut Gutes oder Böses, daß wir um uns starren und uns fürchten in einem!
         Siehe, ihr, ihr seid vom Nichts, euer Werk ist ja vom Unding.

VV. 26bβ.28 Wo ist einer, der Sprüche von euch hörte? Da sehe ich mich um; ja, wo ist einer?
             Nun, von diesen da, wo ist ein Berater, daß ich sie fragen könnte und sie das Wort erwiderten?

V. 29a   Siehe, arg sind alle, Unding ist ihr Gemächt.

---

[202] Vgl. Elliger, Verhältnis, S. 192.
[203] Vgl. vorliegende Arbeit zur Stelle, S. 524.
[204] Die Einheit von 41, 21-29 wird neuerdings von Schoors verteidigt (vgl. I am God your Saviour, S. 214).

Der Text der anderen lautet :

V. 25   Einen weckte ich vom Norden her und er trat auf, vom Aufgang
               der Sonne rief ich seinen Namen.
               Er zertritt Fürsten wie Lehm, wie ein Töpfer Schlamm stampft.

V. 26a   Wer hat es angekündigt von früh her, daß wir erkennten, von
               vornherein, daß wir sprächen : Recht!

V. 26bα   Wo ist denn einer, der es verkündete? Wo ist denn einer, der es
               hören ließ?

V. 27   Als Frühester gab ich Sion Bescheid : sieh, da sind sie! Gab ich
               Jerusalem einen Frohboten.

Wenn sich aber die Einheiten VV. 21-24.26bβ.28-29 einerseits und
VV. 25-26bα.27 anderseits in Form und Inhalt unterscheiden, dann
stellt sich die Frage, in welchem Zusammenhang jeder von beiden
Texten jeweils steht; denn für sich genommen sind sie je kein Ganzes,
sondern ein Fragment, was besonders für die Rede VV. 25-26ba.27
gilt. Letztere Einheit knüpft thematisch an 41, 1-4 an, indem sie wieder
das Kyros-Geschehen erwähnt. Sie fügt zu 41, 1-4 aber Neues hinzu,
indem sie diesmal nicht davon redet, daß Jahwe es bewirkt hat (41, 4),
sondern davon, daß er es im voraus verkündet hat (41, 26abα.27). In
dieser Hinsicht ist 41, 25-26bα.27 als Fortsetzung von 41, 1-4 zu verstehen. Die formalen Gemeinsamkeiten beider Texte bestätigen das :
das Vorkommen des Verbs עור, das zeitlich verstandene מראש, die
rhetorischen Fragen, die bildhafte Sprache (vgl. 41, 2bβ), das Selbstprädikat Jahwes ראשון und nicht zuletzt der fast einheitliche Rhythmus
(3+3). Den Adressaten werden hier wie auch dort keine Forderungen
gestellt, sondern Jahwe begnügt sich damit, auf das von ihm Voll-
zogene und nun Feststehende zu verweisen. Obwohl die Schlußaussage
V. 27, die parallel zu der Aussage V. 4 steht, einen guten Abschluß
bildet, ist zu vermuten, daß die Einheit noch weiter geht und an ihrem
Ende wieder Bezug auf die in V. 1b in der dritten Person Plural
Angeredeten nimmt. Das ist wahrscheinlich in 42, 8bα der Fall, im
Schlußwort der Rede 42, 5-8bα. Diese Rede knüpft ihrerseits gut an
41, 27 an und könnte das Wort des Boten an Jerusalem anführen. Es
sei aber hier auf die Analyse von 42, 5-8 verwiesen.
   Erstere Einheit macht dagegen einen abgerundeten Eindruck. Ihr
Abschluß dürfte aber in 42, 9 vorliegen : nachdem sich die Götzen
als nichtig erwiesen haben, da sie keinen Beweis ihres Könnens hervorbringen konnten, verweist Jahwe in 42, 9 auf seine Macht, Vorhergesagtes zu verwirklichen und Neues anzukündigen, und damit
gewinnt er den Prozeß, den er als Richter und gleichzeitig als die eine

Partei gegenüber der anderen geleitet und mitgemacht hat. Die terminologischen Gemeinsamkeiten beider Texte (הַשְׁמִיעַ, הַגִּיד, הָרִאשֹׁנוֹת,
בּוֹא), die Wiederaufnahme der Ihr-Anrede und der Rhythmus (2+2)
bestätigen die Annahme der Zusammengehörigkeit beider Texte. Dazu
ist die Analyse von 42, 5-9 zu vergleichen.

c) *Form- und Gattungskritik*

Es sei zunächst der rhythmische Aufbau jeder Einheit herausgestellt. Erstere besteht aus einer Einleitung, welche zwei Stiche umfaßt;
es folgen drei Strophen mit je drei Stichen. Das Ganze weist folgende
Akzentverteilung auf[205]:

V. 21a	2+2
V. 21b	2+2
VV. 22aα.22aβ	3+2
V. 22bα	3+2
V. 22bβ	2+2
V. 23a	3+3
V. 23b	2+2
V. 24a	2+2
VV. 26bβ.28aα	2+2
VV. 28aβ.28b	2+3
VV. 29aα.29aβ	2+2

Dabei wurden mit maqqef verbunden אֶת־אֲשֶׁר ,יֹאמַר־מֶלֶךְ in V. 21b,
in V. 22aβ, מַה־הֵנָּה in V. 22bα, אוֹ־הַבָּאוֹת in V. 22bβ, כִּי־אֱלֹהִים in
V. 23aβ, וְנִרָא־יַחְדָּו in V. 23bβ, אַף־אַיִן in V. 26bβ, וְאֵין־אִישׁ in V. 28aα,
וְאֵין־יוֹעֵץ in V. 28aβ, הֵן־כֻּלָּם in V. 29aα.
In der zweiten Einheit sind die Akzente folgendermaßen verteilt:

VV. 25aα.25aβ	3+3
VV. 25bα.25bβ	3+3
VV. 26aα.26aβ	3+3
V. 26bα	2+2
VV. 27a.27b	3+3

Dabei wurden mit maqqef verbunden אֵין־מַשְׁמִיעַ in V. 26bα und
הִנֵּה־הִנָּם in V. 27a. Die Einheit läßt sich in zwei Strophen einteilen,
von denen die erste zwei, die zweite drei Stiche umfaßt. In der ersten
Strophe wird der Tatbestand festgestellt und dargelegt (V. 25), in der

---

[205] Köhler weist eine andere Einteilung und Akzentverteilung auf (vgl. Deuterojesaja
stilkritisch untersucht, S. 13f).

zweiten Strophe werden Fragen gestellt und beantwortet, wobei die Aussage V. 27 wieder feststellenden Charakter hat. Eine andere Einteilung wäre aber auch möglich, und zwar so, daß die Einheit aus zwei Strophen besteht (jeweils aus V. 25 und V. 26) und einem einversigen Abschluß (V. 27), der inhaltlich den Höhepunkt darstellt und deswegen vielleicht auch herausgehoben werden soll. Diese Einteilung hat den Vorteil, daß sie der strophischen Einteilung von 41, 1-4 entspricht, das vier Strophen mit je zwei Stichen umfaßt. Sie würde auch den Urtext von 42, 5-8bα entsprechen, das vier Strophen mit je zwei Stichen umfaßt. Die zweite Einteilung dürfte wahrscheinlicher sein.

Es soll aber auf die Frage der Gattung beider Einheiten eingegangen werden. Zunächst werde die erste Einheit besprochen. Man stellt in ihr einen dreifachen Wechsel der Anrede fest. In VV. 21-22a wendet sich der Redende an die, die ihre Sache verfechten und nun die Götzen als ihre Beweise dafür heranziehen, damit sie im Recht gefunden werden. In VV. 22b-24a.26bβ spricht er die Götzen selber an. In VV. 28-29a wendet er sich wieder an die bereits Angeredeten. Der jeweiligen Anrede entspricht ein bestimmter Inhalt: zunächst lädt der Redende seine Gegner zur Beweisführung ihres Standpunktes ein (VV. 21-22a), dann prüft er die in den Götzen personifizierten Beweise auf ihre Wahrheit und Rechtskraft hin (VV. 22-24a.26bββ), um sogleich ihre Nichtigkeit und Ungültigkeit feierlich zu erklären, nachdem sich erwiesen hat, daß sie jeder Rechtskraft entbehren (VV. 28-29a). Diese formale und inhaltliche Struktur verweist auf eine gerichtliche Verhandlung. Der Redende fungiert hier zunächst als Schiedsrichter; er lädt die Interessierten vor, prüft ihre Beweise nach, spricht das negative Ergebnis seiner Untersuchung aus und damit erklärt er indirekt die Interessierten im Unrecht. Er fungiert aber auch als die eine Partei, die in ihrer eigenen Sache auftritt und ihr Recht verteidigen will. Das geht daraus hervor, daß er als Jahwe, der König Jakobs, bezeichnet wird und in dieser seiner Eigenschaft den Götzen, die sich als Götter ausgaben, und ihren Anhängern entgegentritt[206]. Er ist der eigentliche Ankläger, der in dieser Verhandlung den Götzen ihren Anspruch auf Göttlichkeit streitig macht und sich dadurch gegen ihre Anhänger durchsetzt. Daß es dem Redenden an diesen Anhängern der Götzen liegt, daß er sie für sich und sein Recht zurückgewinnen will, zeigen das Personalpronomen der zweiten Person Plural sowie die Formulierung der Verben in der zweiten Person Plural: der Beweis gilt

---

[206] Vgl. dazu Elliger, Jesaja II, S. 182f, und Schoors, I am God your Saviour, S. 215.

hauptsächlich ihnen[207]. Nimmt man 42, 9 hinzu, das vermutlich den Abschluß unserer Einheit bildet, so ist die direkte Anrede, die an die direkte Anrede von 41, 21 anknüpft, ein Zeichen davon, daß es beim Redenden auf die Angeredeten ankommt: sie sollen überzeugt werden, daß er der einzige Gott ist.

Das hat seine Bedeutung zur Bestimmung der Gattung. Es handelt sich wohl um eine Gerichtsrede[208]. Ihre Eigenart besteht darin, daß der Ankläger sich mit der Gegenpartei auseinandersetzt und von ihr auf die Stelle Beweise für ihr vermeintliches Recht erfordert[209]. Es geht aber bei dieser Gerichtsrede nicht bloß um die Herausstellung und Wiederherstellung des Rechtes, das verkannt und verletzt worden war, sondern um die Zurückgewinnung der Angeklagten: der Redende will sie zur Einsicht und Umkehr bewegen; Jahwe will sein Volk, das zu den Göttern übergetreten war, zu sich zurückführen. Von der Gerichtsrede hat unsere Einheit an sich nur die formalen Elemente übernommen: Vorladung, Aufforderung an die Gegenpartei zur Beweisführung ihres Rechtes, Schlußerklärung. Die eigentliche Mitte des Textes ist die Beweisführung. Die Form der Gerichtsrede und im besonderen das Element der Beweisführung gibt dem Autor die Möglichkeit, die Götzen auf die Probe zu stellen und ihre Unwahrheit nachzuweisen. Das ist die Voraussetzung dafür, daß Jahwe auf die Anhänger der Götzen appellieren und sie der Unwahrheit überführen kann. Damit ist für sie der Weg zur Umkehr bereitet. Unter der Hülle einer Gerichtsrede gegen die Götzen birgt sich ein Appell des Königs Jahwe an sein Volk Israel, von den Götzen abzukommen, zu ihm als dem einzigen Gott zurückzukehren und auf ihn als seinen Gott das Vertrauen zu setzen. Durch die Aufforderung an die Israeliten zum Verhandeln und durch die Nichtigkeitserklärung über die Götzen soll das göttliche, königliche Recht Jahwes bei seinem Volk zur Geltung kommen. Es handelt sich also um eine Gerichtsrede in Sache des göttlich-königlichen Rechts Jahwes, durch die der Anspruch Jahwes

---

[207] Zum gleichen Schluß kommt auch Elliger, wenn er schreibt: „Waren dort (v.24) noch die Götter die formale Adresse, so wird hier (v.29) nun vollends deutlich, daß mit den imaginären Teilnehmern an der Gerichtsverhandlung...die schwankenden Israeliten ... zur Urteilsbildung sich aufgerufen fühlen sollen" (Jesaja II, S. 194).

[208] So Begrich, Studien, S. 19, 37-40, Elliger, Jesaja II, S. 177-180, Schoors, I am God your Saviour, S. 214, 222, von Waldow, Anlass und Hintergrund der Verkündigung des Deuterojesaja, S. 40-47, und Westermann, Sprache und Struktur, S. 135-141, Das Buch Jesaja, S. 69f. Fohrer redet präziser von einer Appellationsrede im Feststellungsverfahren (Das Buch Jesaja, Bd. 3, S. 45).

[209] Vgl. 43, 9 innerhalb der Gerichtsrede 43, 8-13 und 44, 7b innerhalb von 44, 6-8.

als des einzigen Gottes und als des Königs Israels geltend gemacht
wird. Die Rede richtet sich nur indirekt gegen die Götzen, ihr eigentlicher Adressat ist das Volk Israel; ihr Ziel ist, Israel zur Umkehr zu
bewegen[210]. An der Tatsache, daß keiner Sprüche von den Götzen
jemals gehört hat, soll sich Israel überzeugen, daß es keinen Grund
hat, an andere als an Jahwe zu glauben, daß es allen Grund hat,
auf Jahwe allein zu hoffen.

    In dieser Hinsicht hat die Gerichtsrede 41, 21-24a.26bβ.28-29a; 42, 9
ihren konkreten Sitz im Leben in der damaligen Situation des religiösen Abfalls, in der sich Israel befand. Sie ist ein Wort in diese Situation
hinein. Der Form nach ist sie eine Gerichtsrede, wie sie in einer
Gerichtsverhandlung gehalten werden konnte, dem Ziel und dem Sinn
nach ist sie freilich nur eine fingierte Gerichtsrede: durch sie soll in
der Tat niemand verurteilt werden — auch die Götzen nicht, denn es
gibt sie nicht —, im Gegenteil sollen durch sie die Adressaten ihres
Rechts bewußt gemacht werden, im Geschehenen das Eingreifen Jahwes zu ihrer Errettung zu erblicken und sich von Jahwe, ihrem Bundesgott, als sein Volk erneut angenommen zu wissen.

    Wir kommen damit zur zweiten Einheit 41, 25-26bα.27. Sie setzt
mit der Feststellung des Tatbestandes ein (V. 25); es folgen die rhetorischen Fragen (V. 26abα), die Schlußerklärung bildet den Abschluß
(V. 27). Es fehlt die Vorladung. Dieses Aufbauschema unterscheidet
sich von dem der Einheit 41, 1-4, insofern hier der Vorladung zuerst
die rhetorische Frage V. 2aα, die mit der Feststellung des Tatbestandes
verbunden ist, dann die rhetorische Frage V. 4aα folgen; an letzter
Stelle kommt die Schlußerklärung vor. Ein weiterer Unterschied besteht in der Formulierung: in 41, 25 redet Jahwe sofort in der ersten
Person, in der Einheit 41, 1-4 dagegen formuliert er erst am Ende
in V. 4b durch das gewichtige אני in der ersten Person. Das entspricht
der Reihenfolge der Gedanken und ist wahrscheinlich Absicht: V. 25
knüpft an V. 4 an und ergänzt die hier gegebene Antwort, indem
er auf VV. 2-3 zurückgreifend angibt, was Jahwe getan hat; das העירותי
von V. 25a ist an das אני יהוה ראשון anzuschließen. Wir hätten dann im
ganzen folgenden Aufbau: Anrede mit Vorladung (41, 1), rhetorische
Frage mit Angabe des Tatbestandes (41, 2-3), wiederholte rhetorische

---

[210] Elliger meint wohl das gleiche, wenn er schreibt: „...Dabei kommt es dem
Propheten gar nicht so sehr auf diesen theoretischen Satz an (Jahwe allein ist wirklich
Gott) als vielmehr darauf, ... daß das Volk des ‚Königs Jakobs' aus dem Hören dieser
Geschichtsdeutung die Kraft für die Bewältigung seiner Gegenwart und Zukunft ge-
winnt" (Jesaja II, S. 195).

Frage (41, 4aα), Antwort mit Angabe des Tatbestandes (41, 4aβb.25),
rhetorische Frage (41, 26abα), Antwort (41, 27). Da beide Einheiten
miteinander verbunden zu sein scheinen und im Aufbau die gleiche
Abfolge von Frage und Antwort aufweisen, legt sich die Annahme
nahe, daß sie auch gattungsmäßig zusammengehören. Ihre literarische
Zusammengehörigkeit zeigt sich in der Entsprechung der Begriffe העיר
(VV. 2a.25a), ראשון (VV. 4b.27a), מראש (VV. 4a.26a) und im Vorkommen von מזרח (VV. 2a.25a). Erwies sich 41, 1-4 als eine Bestreitungsrede, so haben wir in 41, 25-26abα.27 vermutlich mit der gleichen
Gattung zu tun. Der Gegenstand der Bestreitung, die Beteiligung
Jahwes am Kyros-Geschehen, wird nicht offen ausgesprochen, aber
es ergibt sich aus den rhetorischen Fragen und den Antworten. Die
Bestreitenden werden auch nicht offen mit Namen genannt. Sondern
nur aufgefordert, sich zum Rechtsstreit ins Gericht zu begeben (V. 1b).
Man kann aber an keinen anderen denken als an das Volk Israel: es
wird direkt angesprochen in 40, 27ff und 41, 8-16; es gibt seinem
Zweifeln und Verzweifeln in 40, 27 im unmittelbaren Zusammenhang
offenen Ausdruck. Und welch einen anderen kann man neben Jahwe
im „wir" von V. 26a wie bereits im „wir" von V. 1bβ (und von
VV. 22-23) erkennen als Israel[211]? Dem steht nicht entgegen, daß in
V. 27 anstatt etwa eines „euch" Sion und Jerusalem erwähnt werden.
In unserer Schrift kommt oft vor, daß die Anrede an das „Du" bzw.
„Euch" oder „Ihr" in die Erwähnung Sions bzw. Jerusalems in der
dritten Person übergeht und umgekehrt[212].

Es handelt sich um eine Rede Jahwes, durch die er die Bestreitenden
der Nichtigkeit ihrer Argumente und vor allem ihrer Haltung über-
führt. Nachdem er in 41, 2-4.25 gezeigt hat, das Kyros-Geschehen sei
sein Werk, bestätigt er seine Aussage mit dem Hinweis darauf, er
habe dieses Geschehen nicht nur bewirkt, sondern vorher auch durch
seinen Boten vorausgesagt. Eine direkte Auseinandersetzung mit
der Aufforderung an die Angeredeten, beweisende Argumente vorzubringen, fällt hier im Gegensatz zu den Gerichtsreden aus. Die ganze
Argumentation Jahwes besteht im Selbsterweis, im Verweis auf das
von ihm Vorausgesagte und Bewirkte. Zu diesem Zweck dürfte auch
42, 5-8abα ausgerichtet gewesen sein, das Jahwes Ruf an den Boten
anführt. Es folgte ursprünglich vielleicht direkt 41, 25-26abα.27.

---

[211] So neuerdings auch Kissane, The Book of Isaiah, Vol. II, S. 33, und Penna,
Isaia, S. 425. Etwas anders meint Elliger: „Die ‚wir' sind die versammelte Rechts-
gemeinde" ... „als Auditorium ist wieder wie in 41, 1-4 die Völkerwelt mit Einschluß
Israels gedacht" (Jesaja II, S. 178).

[212] Vgl. 46, 12f; 49, 14ff; 51, 1-3; 52, 1-3.

Was den Sitz im Leben unserer Einheit angeht, so gilt das für
41, 21-24a Gesagte. In einer Situation der Mutlosigkeit, Resignation
und Verzweiflung stellt Jahwe vor die Augen derer, die seine Heilsmacht und Treue in Frage stellten, die Tatsache seines Eingreifens,
wie es sich im Kyros-Geschehen und im Wort des vorhersagenden
Boten erweist.

Der vorliegende Text zeigt aber, daß die Bestreitung 41, 25-26abα.27
in die Gerichtsrede 41, 21-24a.26bβ.28-29a eingebaut worden ist. Das
bedeutet, daß sie nach Urteil der jeweiligen Redaktoren der Gerichtsrede dienen und ihr Aussagekraft verleihen soll. Nach der Herausforderung an die Götzen durch Jahwe (VV. 22-23) und der Feststellung
ihres Versagens (V. 24a), erhalten die Sätze VV. 25.27 einen besonderen Akzent : Jahwe konfrontiert sich offen mit den Götzen und
durch den Hinweis auf das, was er vorhergesagt und getan hat, bestätigt er ihre Nichtigkeit, schafft er sie aus dem Wege. Das heißt
letztlich : es bleibt Israel nichts anderes übrig als im Kyros-Geschehen
das Werk Jahwes und den Erweis seines Heilswillens und seiner Heilsmacht zu sehen und damit zu seinem Gott, dem einzigen Gott, zurückzukehren.

d) *Exegese*

Der Redende bezeichnet sich als der König Jakobs. Er bezeichnet
sich also der damaligen Kultursprache entsprechend als der alleinige
Herr Jakobs, so wie etwa der Großkönig Babylons als der alleinige
Herr der ihm unterstehenden Völker galt. Indem Jahwe aber in seiner
Eigenschaft als König Jakobs spricht, läßt er erkennen, daß er allein
das Recht über Jakob hat, daß sich Jakob ihm als seinem Rechtsherrn
verpflichtet wissen muß. Meint der Begriff „König" tatsächlich Jahwe
als Rechtsherrn über Israel, so übersetzt und aktualisiert er den Gedanken Jahwes als des Bundesgottes. Wir hätten hier eine Anknüpfung
an das Thema des Bundes. Dann würde die Wendung „Jahwe, der
König Jakobs" etwa für die alte Formel „Jahwe, euer Gott" bzw.
„Jahwe, der Gott Jakobs" stehen. In dieser Hinsicht ist es vielleicht
nicht zufällig, daß als rectum des Begriffs „König" der Name „Jakob"
oder wie in 44, 6 der Name „Israel" erscheint. Jakob-Israel ist doch
der Vater der zwölf Stämme, die nach der biblischen Darstellung am
Sinai in den Bund mit Jahwe eingetreten sind (Ex 24, 4; Dt 5, 23).
Deuterojesaja erwähnt die Stämme Jakobs in 49, 6a; er spricht
vom „Haus Jakob" in 46, 3a. Das könnte nicht ohne Bezug auf

Ex 19, 3 sein, wo sich Jahwe an das Haus Jakobs wendet und ihm den Bund vorschlägt. Zu diesem Gedankenkreis dürfte auch 44, 5 gehören: „da wird der eine sprechen: ‚Ich bin Jahwes', ein anderer wird sich mit dem Namen Jakobs nennen…". Aus der Parallelität der zwei hier vorliegenden Satzteile ist zu schließen, daß der, der den Namen Jakobs trägt, zu Jahwe gehört, das heißt, im Bunde mit Jahwe steht. Dieser Befund legt nahe, im Gebrauch des Begriffs „König" eine bewußte aktualisierende Anknüpfung an den Bundes-gedanken zu sehen.

Unsere Vermutung wird vom Inhalt des Textes als Ganzem bestätigt. Wie bereits hervorgehoben wurde, verleiht die redaktionelle Ver-knüpfung der zwei Einheiten miteinander dem sich daraus ergebenden Text den Charakter einer großen Gerichtsrede, bei der die Ausein-andersetzung mit den Götzen und den Göttern, die in ihnen dargestellt sind, die entscheidende Rolle spielt. Dieser Streit führt zu der Fest-stellung, daß die Götter nichts sind und deswegen in keiner Weise in die Geschichte hinein eingreifen und ihren Lauf bestimmen können.

Im Gegensatz zu ihnen erweist sich Jahwe als der Geschichte schaf-fende Gott. Worauf die Rede hinzielt, ist klar. Es soll bewiesen und erneut ins Bewußtsein gebracht werden, daß Jahwe der alleinige Gott und Retter ist, den man als solchen anzuerkennen hat. Die Gedanken kreisen um das erste Gebot des Dekalogs. Wie sich Jahwe im Zu-sammenhang mit der Verkündigung des ersten Gebotes als der tat-kräftige Erretter vorgestellt hatte (Ex 20, 2f; Dt 5, 6f), so verweist er auch hier auf das von ihm Bewirkte (41, 4.25.27), bevor er die Götter auf die Probe stellt und sie schmäht. In der Form einer Gerichtsrede wird die Forderung des ersten Gebotes in die damalige Situation der Anfechtung hineingesprochen und nun verlangt sie nach einer Antwort des Glaubens. Man hätte formulieren können: Ich bin Jahwe, der Kyros erweckt und ihm Sieg verliehen hat, der seine Berufung und siegreiche Ankunft vorhergesagt hat: ihr sollt keine andere Götter neben mir haben!

Aber das erste Gebot ist wesentlicher Inhalt der Bundesschließung. Mit der Forderung dieses Gebotes erklingt daher auch das Angebot, den Bund mit Jahwe erneut zu schließen[213]. Davon hängt das Weiter-gehen der Heilsgeschichte ab.

---

[213] Vgl. die Ausführungen von Phillips, Divine Self-Predication in Deutero-Isaiah, BiRes 16 1971, S. 38-42.

6)   42, 1-4

V. 1   Mein Knecht hier! — ich halte an ihm fest,
             mein Erwählter (hier!) — (ihm) hat Gunst gewährt meine Seele:
             ich gab meinen Geist auf ihn. (Meinen) Entscheid trägt er unter
             die Völker hinaus.

V. 2   Nicht schreien wird er noch erheben noch hören lassen auf der
             Gasse seine Stimme.

V. 3a   Geknicktes Rohr bricht er nicht, noch glimmenden Docht löscht
             er aus.

VV. 3b.4aα   Zum Erweis meiner Treue trägt er hinaus meinen Entscheid: nicht
             wird er verglimmen noch zerbrechen,

V. 4aβ   bis er geltend macht im Lande meinen Entscheid
V. 4b   und die Inseln auf seine Weisung (ihre) Hoffnung setzen.

a) *Zur Einteilung und zur Übersetzung*

Im vorliegenden Text fällt das dreimalige Vorkommen des Begriffs
משפט auf. Er eröffnet und beschließt den Teil, in dem der Knecht als
syntaktisches Subjekt auftritt. Wegen seiner Stellung erweist sich dieser
Begriff als strukturbildend. Innerhalb des erwähnten Teils begegnet
er immer nur in einem positiv formulierten Satz, dem jeweils zwei
bis drei negativ formulierte Sätze folgen bzw. vorangehen. Die Abwechslung von Position und Negation ist überhaupt für den ganzen
Text kennzeichnend. Diese ihm eigene Struktur hebt den Text formal
vom vorhergehenden und vom folgenden Text ab. Aber bereits der
Ansatz הן עבדי spricht gegenüber VV. 21-29 für einen neuen Abschnitt:
denn im Unterschied zu VV. 21-29 folgt der Partikel הן kein Personalpronomen bzw. Personalsuffix, sondern ein Substantiv. Im Gegensatz
zum vorhergehenden wie zum folgenden Text fehlt hier jede Spur von
Botenformel oder Ähnlichem. Diese Beobachtungen sprechen für die
formale Selbständigkeit von 42, 1-4.

V. 1 setzt mit einem Nominalsatz an, dem vier Verbalsätze folgen.
Von diesen weisen der erste und letzte die Imperfektform, die zwei
mittleren aber die Perfektform auf. Die vorliegende, nach dem Schema
des Chiasmus aufgestellte Reihenfolge der Tempora ist zu berücksichtigen, will man den genauen Sinn der ganzen Aussage erfassen. Es
besteht sicher eine inhaltlich-logische Beziehung der zwei Imperfekta
zueinander und ihrerseits auch der zwei Perfekta zueinander. Die feststehende Haltung des Wohlwollens des Redenden zum Erwählten
gründet darin oder ist auch der Grund dafür, daß der Redende auf
ihn seinen Geist legte; daraus folgt für den Erwählten die zu erfüllende

Aufgabe, den Entscheid den Völkern zu bringen. Dabei erfreut sich
der Erwählte des Beistands des Redenden, der zu ihm hält. Diesem
literarischen Befund entsprechend wurde nach dem ersten Perfekt ein
Doppelpunkt gesetzt als Zeichen dafür, daß sich die Handlung des
zweiten Perfekts aus der des ersten ergibt. Beide Perfekta bezeichnen
eine in der Vergangenheit ansetzende Handlung, deren Wirkung bis
in die Gegenwart hineinreicht. Die zwei Imperfekta erhielten dann
präsentische Bedeutung, wobei aber das Moment des Futurischen auch
mitgehört werden soll. In Analogie zu dem mit der Präposition ב
konstruierten Verb תמך von V. 1aα ist im parallelen Vers 1aβ nach
dem Verb רצה ein בו mitzulesen.

Stilistisch ist in V. 1 noch der Gebrauch von משפט ohne nähere
Bestimmung zu beachten. Weder Artikel noch Pronominalsuffix sind
vorhanden. Das fällt um so mehr auf, als in V. 1 sonst das Pronominalsuffix überwiegt. Wird hier משפט absolut gebraucht ohne pronomi-
nellen Bezug, so verweist die Stellung des Wortes als grammatisches
Objekt, das zu רוחי parallel steht, auf ein nicht aufgeschriebenes Pronominalsuffix der ersten Person Singular, womit משפט auf den Redenden bezogen wird[214]. Die Auslassung des Pronominalsuffixes ist
wahrscheinlich von stilistischen und inhaltlichen Gründen bedingt :
der absolute Gebrauch des Begriffes deutet auf die absolute Bedeutung
dieses משפט zu dieser Stunde hin. In V. 3b könnte die Präposition
ל in לאמת als ein aus dem demonstrativen ל stammendes Relativpronomen verstanden werden, das zur Einführung des Akkusativ-
objektes dient[215]. Wörtlich : „das, was endgültig ist, den Entscheid,
trägt er hinaus". Das könnte vereinfachend mit der Vergleichspartikel
„als" wiedergegeben werden : als Endgültiges trägt er den Entscheid
hinaus. Man könnte aber לאמת als einen selbständigen Nominalsatz
verstehen und ihn so übersetzen : „das (steht) fest : er trägt ...". Was
אמת angeht, so könnte man auf seinen ursprünglichen Sinn „Zuver-
lässiges, Beständiges, Festes" zurückgreifen. Die Übersetzung „Endgültiges" würde dem Ganzen der deuterojesajanischen Botschaft gerecht werden, die eben Jahwes restlose Liebe für Israel verkündet (vgl.
43, 25; 44, 22). Eine andere Möglichkeit der Übersetzung würde sich
ergeben, wenn man die Präposition ל als Genitivpartikel versteht im
Sinne von „das des ...". Gibt man dem Wort אמת die Bedeutung von
„Treue" und versieht man es in Analogie zu משפטי, dessen Artikel-

---

[214] So auch Steinmann, Le Livre de la Consolation d'Israël, S. 110.
[215] Vgl. Christian, Untersuchungen, S. 187f.

losigkeit auf ein nicht aufgeschriebenes Pronominalsuffix der 1. Person
Singular schließen ließe, seinerseits auch mit einem Pronominalsuffix
der 1. Person Singular, dann hätte man die Übersetzung: meinen
Entscheid, den meiner Treue, trägt er hinaus. Das würde heißen:
meinen Entscheid hinausträgt: das ist ein Akt meiner Treue. Man
könnte schließlich ל als Dativpartikel ansehen zur Angabe des Zieles
und ihr den Sinn von „zu etwas hin, im Hinblick auf, etwas zuliebe,
für" verleihen. Dann würde es heißen: zum Erweis meiner Treue trägt
er meinen Entscheid hinaus. Obwohl es sachlich auf das gleiche
hinausläuft, ist letztere Möglichkeit vielleicht doch vorzuziehen. Der
Selbsterweis Jahwes ist tatsächlich ein Grundmotiv der deuterojesajanischen Schrift, und es ist anzunehmen, daß das den Tradenten
seiner Botschaft bewußt gewesen ist und auch in ihrer Verarbeitung
der Urtexte zum Ausdruck kam.

Der Satz von V. 4b hängt von der Konjunktion עד ab, so daß
beide Sätze V. 4aβ und V. 4b inhaltlich als eine Einheit aufzufassen
sind.

b) *Literarkritik*

V. 1a

In V. 1aα haben wir innerhalb des deuterojesajanischen Werkes den
einzigen Fall, in dem die Partikel הן nicht absolut, für sich stehend
gebraucht wird, indem sie mit einem besonderen rhetorischen Akzent
einen Nominalsatz[216] bzw. einen Verbalsatz[217] einleitet. Sie hat hier
deiktischen, demonstrativen Charakter und bildet mit עבדי einen abgeschlossenen Satz. Reden, die ein הן aufweisen und sich an keinen
Adressaten wenden, sondern in der dritten Person Singular vom
Redenden aus gesehen formuliert sind, kommen äußerst selten bei
Deuterojesaja vor[218]. Im unmittelbaren Zusammenhang kommt הן in
41, 24a.29b vor, wo es jeweils einem Personalpronomen bzw. Personalsuffix vorangeht.

---

[216] Vgl. 40, 15aα; 41, 24a.29a; vgl. sonst 56, 3bβ. Freilich könnte man 40, 15a auch
so übersetzen: „Siehe da die Völker: wie ein Tropfen vom Eimer... gelten sie". In
dem Fall hätte man auch hier den gleichen Gebrauch der Partikel הן wie in 42, 1aα.
Das gleiche gilt für 40, 15b.

[217] Vgl. 40, 15b; 41, 11a; 49, 16a.21bβ; 50, 1b.2bα.9ab.11abα; vgl. sonst 44, 11a;
54, 15a.16a; 55, 4a.5a; 58, 3b.4a; 59, 1; 64, 4b.8b.

[218] Vgl. 40, 15 innerhalb von 40, 12-16, einem Text weisheitlich Charakters, den der
Prophet übernommen haben könnte, und dann 50, 9a innerhalb von 50, 4-9a, das zur
Gruppe der Gottesknechtslieder gehört.

Die Bezeichnung „mein Knecht" kommt hier innerhalb einer Rede
vor, die keinen Adressaten aufweist. Das gleiche ist nur in 52, 13;
53, 11 innerhalb der Rede 52, 13-15; 53, 1-12 festzustellen. Das ist
auch eine Eigenart von 42, 1-4; denn normalerweise befindet sich die
Bezeichnung „mein Knecht" im Rahmen einer meistens von Jahwe
(Ausnahmen: 49, 3.5; 50, 10) an einen einzelnen oder auch an eine
Gruppe adressierten Rede: 41, 8-9; 44, 1-2.21; 45, 4 gehören zu Reden,
die an ein Du gerichtet werden; 42, 19; 43, 10 gehören zu Reden, die
ein Ihr als Adressat haben; 49, 3 zitiert ein Wort Jahwes an ein Du
innerhalb einer Rede in erster Person Singular. Die Bezeichnung „mein
Knecht" kommt mit Ausnahme des unechten 44, 26 und des nichtdeuterojesajanischen 54, 17[219] immer im Singular vor. Es überwiegt
die Form mit dem Suffix der ersten Person Singular; mit dem Suffix
der dritten Person Singular begegnet sie in 48, 20b und im unechten
50, 10a. Einmal, in 42, 19b (unecht) findet sich die Bezeichnung
„Knecht Jahwes"; der Bezug auf Jahwe kommt in 44, 21b; 49, 3a.5a.
6a in den Wendungen עבד לי, עבד לו zum Ausdruck. Nur an der
unechten Stelle 49, 7aβ ist die Bezugsperson eine andere als Jahwe.
    Eigenartig ist in V. 1a auch der Gebrauch der Bezeichnungen
„mein Knecht" und „mein Erwählter" ohne Erwähnung des Namens
dessen, der damit gemeint ist. Beide Bezeichnungen kommen nämlich
wieder zusammen in 45, 4 vor, wo sich die eine auf Jakob, die andere
auf Israel bezieht. Wenn sie getrennt vorkommen, so bezieht sich
„mein Erwählter" an der einzigen Stelle, wo es sonst belegt ist (43, 20)
auf עמי; der Autor des Textes scheint sonst den verbalen Ausdruck
mit בחר vorzuziehen[220]. „Mein Knecht" bezieht sich seinerseits zweimal auf Israel: 41, 8α; 44, 21a (hier ist auch Jakob erwähnt), und
zweimal auf Jakob: 44, 1α.2bα (vgl. 48, 20b). In 42, 19 ist der Bezug
nicht deutlich: es könnte das Volk bzw. Jakob-Israel gemeint sein
(siehe 42, 22.24), es könnte aber auch ein einzelner sein (siehe 42,
20)[221]. Nur in 49, 3 bezieht sich „mein Knecht" auf ein Du, das sich
vom Jakob-Israel des Verses 5a unterscheidet — falls aber das ישראל
von V. 3b unecht ist. Auch in 43, 10a unterscheidet sich „mein

---

[219] Vgl. noch 56, 6; 63, 17; 65, 8f.13-15; 66, 14.
[220] Siehe nach Ausschaltung des vermutlich sekundären 41, 8aβ.9 die Stellen 43, 10a;
44, 1b.2bβ. Im Anschluß an viele andere nimmt neuerdings auch Elliger in 43, 10a einen
Plural an (vgl. Jesaja II, S. 307, 320f). Schoors hält aber am Singular fest (vgl. I am
God your Saviour, S. 226).
[221] 42, 19-23 wird Deuterojesaja abgesprochen, vgl. Duhm, Das Buch Jesaja, S.
S. 291ff, und Elliger, Verhältnis, S. 170-174.

Knecht" von „meine Zeugen", falls die Lesart im Singular echt ist [222].
Die Hinzufügung von ישראל in 49, 3 und die Änderung in den Plural
in 43, 10 könnten sich aber sehr wahrscheinlich vom Bemühen einiger
Redaktoren her erklären, den Knecht dieser Texte kollektiv und nicht
individuell verstehen zu lassen.

Zu beachten ist ferner die Tatsache, daß unserem Text die beiden
Bezeichnungen „mein Knecht" und „mein Erwählter" je durch einen
unmittelbar angeschlossenen Verbalsatz näher expliziert werden. Ein
solcher Verbalsatz als Explication von עבדי ist noch im vermutlich
sekundären 41, 9b, dann in 43, 10aβ und 49, 3 (nach eventueller
Streichung von ישראל) festzustellen. An den übrigen zehn Stellen
aber [223], denen man auch 48, 20 und 50, 10 (עבדו) hinzufügen kann,
weist עבדי bzw. בחירי keinen explizierenden Verbalsatz auf. Ein weiterer Unterschied zwischen 42, 1a einerseits und 43, 10aβ; 49, 3 andererseits besteht in der asyndetischen Anknüpfung des Verbalsatzes
an den Hauptsatz; das geht 43, 10aβ und 49, 3 ab. Obwohl Letzteres
dem Stil des Deuterojesaja nicht fremd ist, wie sich in 44, 1b.2bβ zeigt,
sind doch die Verbalsätze von 42, 1a nicht einfachhin den asyndetischen Sätzen von 44, 1b.2bβ gleichzustellen. Sind diese deutlich als
Relativsätze anzusehen, so gilt das nicht ohne weiteres von den Sätzen
in 42, 1a. Das geht daraus hervor, daß die Aussage von 44, 1b.2bβ
ohne Sinnänderung statt durch einen Verbalzatz nun durch ein Attribut, in diesem Fall durch בחירי (vgl. 45, 4), hätte formuliert werden
können. Das ist in 42, 1a eben nicht möglich. Die hier gemachten
Aussagen sind nicht nebensächlich : sie sind nicht nur inhaltlich, sondern auch in Bezug auf den gesamten Satzbau von V. 1 strukturmäßig
unentbehrlich, wie bei der Übersetzung des Textes bereits bemerkt
wurde. Das gleiche läßt sich vom Relativsatz 49, 3 sagen, der Wesentliches über die Sendung des Knechtes ausspricht und deswegen nicht
vermißt werden kann. Das ist in 44, 1b.2bβ nicht der Fall, mindestens
nicht in dem Maße. Hier gehört die Aussage über das Erwähltsein
des Angesprochenen eher zur Umschreibung als zur eigentlichen Mitte
des Ganzen.

Zum Gebrauch von עבדי bei Deuterojesaja ist schließlich noch zu
bemerken : es wird in 41, 8aα; 44, 1aα als Attribut zum Namen in
direkter Anrede, in 44, 2bα unmittelbar in der Adresse und mit folgendem Namen verbunden, dann noch in 41, 9bα (vermutlich sekundär);

---

[222] Vgl. BHS, S. 67.
[223] Vgl. 41, 8aα; 42, 19a; 43, 20bβ; 44, 1a.2bα.21ab; 45, 4; 52, 13a; 53, 11a.

43, 10a; 44, 21aβ.21bα; 49, 3a als Prädikat zum Subjekt, und zwar wiederum in direkter Anrede, verwendet. Abgesehen vom Stil in der dritten Person Singular, den unser Text mit 52, 13 und 53, 11 teilt, fügt sich der Text von 42, 1aα zu keinem der drei angeführten Fälle: עבדי ist hier weder Attribut noch unmittelbare Adresse und auch nicht Prädikat. Die Formulierung hat etwas Lapidares an sich, das nicht mehr vorkommt.

Was das Verb תמך angeht, so wird es hier mit der Präposition ב im Unterschied zu 41, 10bβ, wo es das akkusativische Pronominal-suffix regiert, gebraucht. 41, 10b wurde aber als sekundäre Hinzufü-gung erkannt. Dem Sinn nach bedeutet תמך mit ב die Handlung des physischen Festhaltens [224], von daher also das Unterstützen und Auf-rechterhalten, schließlich das Schützen [225] und das Ergreifen und Für-sich-Nehmen (Jes 33, 15). Die Konstruktion mit dem Akkusativ be-zeichnet zunächst die physische Handlung des Fassens (Gen 48, 17) und des Tragens (Am 1, 5.8), dann die des Bewältigens und Lenkens (Ps 16, 5), des Bewahrens (Spr 4, 4) und des Für-sich-Erhaltens, des Gewinnens (Spr 11, 16; 29, 23).

Einmalig ist das Verb רצה in Deuterojesaja [226]. Es wird normaler-weise mit dem Akkusativ konstruiert, sonst nur in Ps 149, 4; Mi 6, 7 (unecht); Hg 1, 8 mit der Präposition ב wie im vorliegenden Text. Im übrigen ist Jes 42, 1a auch die einzige Stelle im Alten Testament, wo das Verb vom Subjekt נפש regiert wird. Das Wort נפש wird seinerseits bei Deuterojesaja nicht mehr auf Gott bezogen. Vor ihm wird נפש theologisch gebraucht in 1 Sam 2, 35; Ps 11, 5 und in den echten Stellen Jer 9, 8 (= 5, 9); 14, 19; 15, 1. Es wird zum Ausdruck seelischer Regungen des Hasses und der Zuneigung in anthropolo-gischem Verständnis verwendet.

V. 1b

Die Formel נתן רוח על ist außerhalb von 42, 1b bei Deuterojesaja nicht mehr zu finden. Im Alten Testament ist sie sonst nur in Nu 11, 29b (vgl. Nu 11, 25a) belegt, wo sie in Beziehung zu dem Begriff

---

[224] Vgl. Ex 17, 12; Spr 28, 17; Am 1, 5.8.

[225] Kaiser versteht den Ausdruck rein bildlich als Bezeichnung des Schutzes, den die Gottheit dem König gewährt (vgl. Der königliche Knecht, S. 20).

[226] In 40, 2 hat die Niphalform des Verbs einen anderen Sinn. Außerdem ist 40, 1-11 nach dem Ergebnis der vorliegenden Analyse redaktionell. Zu beachten ist die Über-setzung Elligers: „für den ich mich nach meinem Wohlgefallen entschieden habe" (vgl. Jesaja II, S. 202).

נביא steht[227]. Der Bezug der Formel zur prophetischen Tätigkeit ist auch in Nu 24, 1; 1 Kön 22, 23 (= 2 Chr 18, 22); 2 Kön 2, 15; 1 Sam 10, 5f.10; 19, 20-24; Ri 3, 30; 2 Chr 20, 14; Ez 11, 5 sichtbar. Beachtenswert ist die Stelle Ri 3, 10. Zwar formuliert hier der Text berichtend anders: „Der Geist Jahwes kam (תהי) über ihn", sachlich gesehen aber kommt es auf das gleiche heraus. Wichtig ist nun hier der Bezug der Formel zur Wurzel שפט; der Text setzt fort: „so daß er (Othniel) Israel richten konnte (וישפט)". Das zeigt, daß die Fähigkeit zu richten, Rechtsurteile auszusprechen und hohe Entscheidungen zu fällen bzw. bekanntzumachen, eine Folge des von Jahwe geschenkten Geistes ist. Es besteht also wahrscheinlich zwischen der Aussage, daß dem Knecht der Geist gegeben wird, und der Aussage, daß er den Entscheid hinausträgt, eine sachliche Beziehung. Eine der Formel von 42, 1b ähnliche Formel liegt in 44, 3bα vor: יצק רוח על. Im Unterschied zur vorliegenden Formel aber, die auf den Ursprung der prophetischen Tätigkeit hinweist, bezieht sich die Formel von 44, 3bα auf das zahlenmäßige und geistige Wachsen des Volkes Israel, gehört also in einen anderen Zusammenhang. Ein Fragment unserer Formel findet sich sonst in Jes 59, 21aβ als Nominalsatz: רוחי אשר עלך. Einmal, und zwar in 42, 5b, ist die Formel נתן רוח ל belegt. Hier meint רוח aber nicht den Geist Jahwes, sondern den Lebensodem, den Jahwe dem Menschengeschlecht gibt. In 40, 13a haben wir den Ausdruck רוח יהוה: im Buche Jesaja kommt er in 11, 2; 59, 19; 63, 14 wieder vor.

Was V. 1bβ angeht, so findet sich die Formel הוציא משפט im Buche Jesaja nicht mehr wieder. Im übrigen Alten Testament ist sie nur im nachexilischen Psalm 37, 6 belegt: הוציא משפטך כצהרים. Im Unterschied zu unserer Stelle ist hier der Handelnde Jahwe und die משפט hat anthropologischen Bezug. Der Psalmentext ist also keine Parallele zu Jes 42, 1bβ im sachlichen Sinn. Der theologische Bezug des Begriffes findet sich innerhalb der deuterojesajanischen Schrift wieder in 51, 4 (hier ist משפט Subjekt und das Verb יצא in Qalform), einem Text, der allgemein für sekundär gehalten wird, und ferner in 40, 14. In 40, 27; 49, 4; 50, 8 ist der Bezug zunächst anthropologisch: der Mensch spricht von „meinem Recht"; er sieht aber sein „Recht" in Beziehung zu Gott. Die Hiphilform von יצא ist bei Deuterojesaja

---

[227] Vgl. sonst Ez 11, 9; 36, 26f; 37, 6.14, wo die Formel נתן רוח vorkommt.

geläufig[228]. Aber nur in 42, 1bβ wird es mit dem Dativ konstruiert im Sinne von „jemandem etwas hinaustragen".

Aus der Analyse von 42, 1a stellt sich heraus, daß der Halbvers im Vergleich zu den übrigen deuterojesajanischen Texten sein eigenes stilistisches Profil hat, eine gewisse formale Einmaligkeit. Es läßt sich auch für V. 1b nach der Stilanalyse feststellen, daß der Halbvers stilistisch seine eigene einmalige Prägung hat, obwohl einzelne Begriffe Deuterojesaja ohne weiteres bekannt sind.

V. 2

Das Verb צעק in V. 2a kommt innerhalb von Jes 40-53 nicht mehr vor, wenn man vom sekundären 46, 7[229] absieht. Im Alten Testament wird es sonst an den meisten Stellen verwendet, um das Schreien und Bitten aus einer drängenden Not heraus auszudrücken. In 1 Kön 20, 39 dient es aber zusammen mit אמר zur Anführung eines prophetischen Spruches. Beachtenswert ist der Sinn, den die Niphalform des Verbs aufweist. Es meint das Aufbieten zum Kampf im Rahmen des Jahwe-krieges[230]. Es meint auch das Zusammenrufen zu einer Volksver-sammlung in Sachen von entscheidender Bedeutung durch den Richter bzw. Propheten, siehe 1 Sam 10, 17[231]. Von daher könnte man in unserem Text צעק im Sinne von „aufrufen zur Versammlung" ver-stehen, wobei noch zu bestimmen wäre, was für eine Versammlung das sein sollte. In V. 2a folgt der Ausdruck נשא (קול). Damit wird im Alten Testament eine Situation des Leidens und auch eine Situation der Freude geschildert[232]. Der Ausdruck ist aber im vorliegenden Text in einem mit dem anderen השמיע קול zu lesen. Bezieht sich dieser Ausdruck in Ri 18, 25 und Jes 58, 4 auf die Tat des Sich-Beschwerens und des Klagens, in Ne 8, 15 auf die Ausrufung einer Anordnung, die das Volk befolgen soll, so bezeichnet er in Jos 6, 10.16 das Kampf-geschrei als Zeichen dafür, daß man gegen den Feind voranschreiten soll, und in Jes 30, 30 (-32) das gerichtliche Einschreiten Jahwes gegen

---

[228] Vgl. außer 43, 2b noch 42, 7bα; 43, 8a.17a; 48, 20aγ und sonst 54, 16; 61, 11; 65, 9.

[229] Vgl. Elliger, Verhältnis, S. 247f.

[230] Vgl. Ri 7, 23f; 10, 17; 12, 1 (3); 1Sam 13, 4; vgl. 2Kön 3, 21, wo das Verb jeweils auf die Ammoniter und Moabiter und Israel bezogen wird.

[231] So auch Bonnard (Le Second Isaïe, S. 124 Anm. 3) und Elliger (Jesaja II, S. 210) in Auseinandersetzung mit Marcus (vgl. The ‚Plain Meaning' of Isaiah 42, 1-4, HThR 30 1937, S. 249-259).

[232] Vgl. Nu 14, 1; Ri 2, 4; 21, 2; 1Sam 11, 4; 30, 4; 2Sam 3, 32; 13, 36; Ruth 1, 9; vgl. ferner Jes 24, 14; 52, 8. Vgl. die Ausführungen Elligers, Jesaja II, S. 209.

Assur. Es gehörte also wahrscheinlich unter anderem auch zur Kriegssprache und bezeichnete als terminus technicus den Schrei, mit dem
das Zeichen zum Aufbruch gegen den Feind gegeben wurde. Durch
Voranstellung des Verbs נשא gewinnt der Ausdruck in unserem Text
an Kraft. Nun heißt es in Jes 42, 2, daß der Knecht seine Stimme
nicht erhebt und hören läßt auf der Gasse. Das würde bedeuten, daß
sein Wort kein Zeichen von Unheil war, daß er also nicht das Auf-
brechen Jahwes zum vernichtenden Gericht ankündigte. Dann wäre
auch צעק dem Sinn nach auf diesen Sachverhalt zu beziehen : es würde
das Aufschreien bezeichnen, mit dem der betreffende Prophet das
kommende Unheil anmeldete bzw. das Aufrufen zur Versammlung,
um die Kunde des Unheils anhören zu lassen. Aber auch das tut der
Knecht Jahwes nicht[233]. Dem Inhalt nach würde also V. 2 an V. 1bβ
anknüpfen : ist hier von „hinaustragen", also von „verkündigen" die
Rede, so schildert V. 2 die Eigenart dieses Verkündigens, woraus sich
wiederum der eigentliche Inhalt der Botschaft erschließt.

An wen richtet sich die Aussage von V. 2? An die Völker von
V. 1bβ? Wenn das stimmt, müßte man annehmen, daß der Knecht
den Völkern Heil und nicht Unheil ankündigt. Leider entspricht das
nicht dem ursprünglichsten Kern der deuterojesajanischen Botschaft,
die laut 41, 2f.11f.15f; 45, 1f (vgl. 52, 15) an die Vollstreckung des
Gerichtes gegen die Völker denken läßt. Die Schwierigkeit wird auf-
gehoben, wenn man unter den Völkern von V. 1bβ einfach die Öffentlichkeit versteht, die Zeuge dessen wird, was Jahwe an Israel vollbringt — was seinerseits zur Aussage von V. 3a gut passen würde.
Wie sich zeigen wird, meinen die hier verwendeten Bilder doch das
Volk Israel.

Obwohl Deuterojesaja die Hiphilform von שמע sehr oft verwendet[234], unterscheidet sich 42, 2 in der Aussage von den übrigen Texten.
Hier ist davon die Rede, daß Jahwe sein Heilswerk im voraus hören
und wissen läßt, was die Götter nicht können — der Ausdruck hat also
theologischen Sinn; in 42, 2 wird aber nur das Verhalten des Knechtes
beschrieben. Im übrigen findet sich der Ausdruck „die Stimme hören
lassen" bei Deuterojesaja nicht mehr. Zum Wort חוץ ist zu bemerken,
daß der Begriff sonst konkret und präzis die „Gasse" meint (vgl.
51, 20.23). In 42, 2 könnte er aber auch adverbiell im Sinne von

---

[233] Vgl. die Ausführungen Elligers, ebd., S. 210.
[234] Vgl. 41, 22.26; 42, 9; 43, 9.12; 44, 8; 45, 21; 48, 3.5f.20; 52, 7.

„draußen" verstanden werden[235]. In diesem Sinn kommt er in Jes 33, 7 zusammen mit dem Verb צעק vor. Auch bezüglich des V. 2 kann man von sprachlicher Selbständigkeit sprechen.

V. 3

Der Satz V. 3a beginnt wie in V. 1bβ mit dem Objekt. In diesem Vers begegnet der Ausdruck „geknicktes Rohr". Er ist in Deuterojesaja einmalig. Er kommt in Jes 36, 6 (= 2 Kön 18, 21) vor, wo er auf Ägypten bezogen wird : nicht zur vermag Ägypten nicht zu stützen, sondern es verletzt den, der sich darauf stützt. Auch Ez 29, 6-7 ist heranzuziehen : Ägypten ist eine Stütze von Schilfrohr (משענת קנה), sie knickt (רצץ Ni), wenn man sie anfaßt, sie zerbricht (שבר Ni), wenn man sich darauf stützt. Dieser Ausdruck scheint den Inbegriff von Schwachheit und Unzuverlässigkeit zu bezeichnen. Er hat aber vielleicht einen besonderen Sinn : er könnte das Zepter eines besiegten und erniedrigten Königs bzw. Königreiches bezeichnen. In Ez 30, 18 wird das Verb שבר tatsächlich auf das Zepter (מוטה) bzw. die Zepter Ägyptens bezogen : das geknickte Rohr, von dem Jes 36, 6 spricht, wäre dann vermutlich als ein ironisierendes Verachtungswort zu verstehen. Eine kleine Feststellung kann die Vermutung bestätigen. In Jes 36, 6 geht dem Ausdruck הקנת הרצוץ das Wort משענה voran. Der Stab als Zeichen des Autoritätsträgers tritt in Nu 21, 18 und Ps 23, 4 neben dem Zepter auf. Wenn in Jes 36, 6 also Ägypten als Stab und dann als geknicktes Rohr bezeichnet wird, so spielt man dort auf das zerbrochene Zepter Ägyptens als Symbol seiner untergegangenen politischen Macht an. In Jes 42, 3 würde sich dann das „geknickte Rohr" auf die besiegte und erniedrigte Macht eines Reiches bzw. eines Machtträgers beziehen. Da aber der Besiegte und Erniedrigte sein Recht verlor und als entrechtet galt, sind die Bilder von V. 3a auf den Zustand des Rechtlosen zu beziehen[236].

Das Wort קנה findet sich wieder in 43, 24a, wo es etwas bezeichnet, das zum Opfer bestimmt war, und auch im sekundären 46, 6, wo es ein Werkzeug zum Wägen bezeichnet; beide Male also in einem ganz

---

[235] Vgl. Duhm, Das Buch Jesaja, S. 285, und Rignell, A Study of Isaiah Ch. 40-55, S. 33.

[236] Elliger formuliert : „... die negative Ausdrucksweise... knüpft an die vorhandene Situation der mit dem Rohr und dem Docht Gemeinten an und an deren sehr reale Befürchtung : Uns ist nicht mehr zu helfen, wir gehen vollends zugrunde. Es ist klar, daß das die Befürchtungen des im Exil vergehenden Volkes Israel sind" (Jesaja II, S. 214).

anderen Sinn und Zusammenhang. Als substantiviertes Partizip kommt
רצוץ im Jesajabuch nur 58, 6 vor. Die Qalform von שבר ist bei
Deuterojesaja nur hier belegt; in der Pielform findet sich שבר auch
nur einmal in 45, 2. Fast durchgehend bezieht sich die Qalform dieses
Verbs im Alten Testament auf die vernichtende Gerichtshandlung
Jahwes[237]. Einmalig ist der Ausdruck „glimmender Docht" bei unserem Propheten; das Wort „Docht" פשתה kommt noch einmal in 43, 17b
vor, wo es sich auf das ägyptische Heer bezieht. Nicht mehr zu finden
bei Deuterojesaja ist das Adjektiv כהה. Die Pielform von כבה ist
ihrerseits auch nicht weiter belegt, wohl aber die Qalform, und zwar
in 43, 17b. Ez 32, 7 bezieht sich das Verb auf das Untergehen Ägyptens
durch Gottes Gericht, genauso wie Jes 43, 17. Berücksichtigt man
diese Texte, so scheint das Bild vom „glimmenden Docht" das Verschwinden des Lebens, das Zugrundegehen bezeichnen zu wollen. In
dieser Hinsicht fügt dieses Bild zum vorhergehenden Bild des geknickten Rohres einen neuen Gedanken hinzu[238]. Der durchgehende
Bezug auf Ägypten, den die in V. 3a verwendeten Bilder laut Parallelstellen aufweisen, ist ja auffallend, aber nicht zu erklären. An der vorliegenden Stelle dürfte er aber weder bewußt noch beabsichtigt worden
sein.

Einmalig ist schließlich bei Deuterojesaja, ja sogar im ganzen Alten
Testament die Wendung לאמת. Die übliche Form ist sonst באמת, diese
hat aber meistens adverbielle Bedeutung, was bei לאמת, wie in a) bereits gesagt, nicht zutreffen sollte[239]. Die Wendungen und der Stil
von V. 3 verweisen an sich nicht auf Deuterojesaja als Verfasser trotz
manchen Wortes, das ihm bekannt ist. Mindestens zwingt nichts zur
Annahme seiner Verfasserschaft.

---

[237] Vgl. etwa Jes 14, 5.25; 30, 8.14; Jer 28, 2.4.11; 17, 18; 19, 11; 48, 38; 49, 35;
Ez 30, 18.21.24; 34, 27; Ho 1, 5; 2, 18; Am 1, 5; Lev 26, 13.19.26; Ps 10, 15; 29, 5;
105, 16.

[238] Vgl. Hi 18, 5f; 21, 17; Spr 24, 20; 2Kön 8, 19.

[239] Adverbiell versteht es neuerdings auch Elliger, der es mit „wirklich" übersetzt
und kommentiert: „Gemeint ist, daß das Hinausbringen des Rechts durch den Knecht
לאמת „zur Wirklichkeit" wird... daß es nicht Auftrag bleibt, sondern ausgeführt wird..."
(Jesaja II, S. 215). Es fragt sich aber, ob der Autor tatsächlich zu sagen brauchte, daß
der Auftrag „wirklich" ausgeführt sein würde. Der lapidare, auf das Wesentliche ausgerichtete Stil des ganzen Textes, die Schlichtheit seiner Aussage lassen doch keinen
Platz für überfüllende Ausdrücke, wie das adverbiell verstandene לאמת es sein würde.
Das wäre in der Tat auch der einzige adverbielle Ausdrück im Text. Es scheint angebracht, לאמת substantivisch aufzufassen und darin eine eigene Aussage zu sehen, und
zwar die Angabe des Zweckes, zu dem Gott den Knecht aussendet.

V. 4a

In V. 4aα werden die Wurzeln von V. 3a רצץ und כהה wieder
aufgenommen, ein Zeichen dafür, daß V. 4aα inhaltlich an V. 3a
anknüpfen will : im Gegensatz zum geknickten Rohr und zum glimmenden Docht erlischt und knickt der Knecht nicht — er verliert nicht
sein Recht als der Knecht Jahwes[240]. Zu beachten ist die chiastische
Stellung der Wurzeln : dem כהה von V. 3aβ entspricht das יכהה von
V. 4aα, dem רצוץ von V. 3aα das ירוץ von V. 4aα. In V. 4aα wird die
Reihe negativer Sätze, die mit V. 2a begann und vom Satz V. 3b
unterbrochen worden war, wieder aufgenommen. Das Verb כהה,
schwach werden, das im Alten Testament fast durchgehend auf עין
bezogen wird (in Ez 21, 12 auf רוח), kennzeichnet hier das Befinden
eines ganzen Menschen : es ist bei Deuterojesaja sonst nicht mehr zu
finden. Das gleiche gilt für das Verb רצץ, das hier intransitive
Bedeutung hat. Als substantiviertes Partizip liegt es in 58, 6 vor. In
Ez 29, 7, wo es die Niphalform aufweist, bezieht es sich auf Ägypten.
Die Präposition עד kommt bei Deuterojesaja sonst in 45, 17; 47, 7
(beides ist unecht); 48, 20; 49, 6 vor; nur in 42, 4 ist sie aber mit einem
Verb verbunden. In 62, 7 haben wir die gleiche Formel : עד ישים בארץ.
Das Verb שים mit ב, konstruiert im statisch-lokalen Sinn, ist bei
Deuterojesaja nicht geläufig : es kommt in 41, 19 und 43, 19 vor.
Das Subjekt ist sehr oft Jahwe (16mal); dreimal ist das Subjekt der
Knecht Jahwes. Das Verb wird meistens im Sinn von „zu etwas
machen" bzw. „wie etwas machen" gebraucht[241] oder auch in der
Wendung „zu Herzen nehmen" (vgl. 41, 22; 42, 25). Im Unterschied
zu 41, 19 und 43, 19, wo das Verb im Rahmen des hier gegebenen
Bildes auf eine materielle Handlung hinweist, bezieht es sich in 42, 4
auf eine moralische Handlung. Eine ähnliche Formulierung, wie sie
hier vorliegt, die ebenfalls auf eine moralische Handlung hinweist,
liegt in 62, 7b vor; שים hat hier aber wohl den Sinn von „zu etwas
machen" : „bis er macht Jerusalem zum Lobpreis auf Erden". Die
Wendung בארץ ist bei Deuterojesaja sehr selten; sie kommt nur in
40, 24 vor, und zwar im materiellen Sinn, in 42, 4 wird sie vielleicht
im übertragenen Sinn gebraucht und meint eigentlich die Menschenwelt[242]. Es könnte aber auch das konkrete Land meinen, wo sich

---

[240] Wieder anders Elliger, der kommentiert : „Die Arbeitskraft des Knechtes wird
nicht nachlassen; die Ursache läge... bei dem, der seinem Geist und Körper immer
rechtzeitig neue Nahrung zuführen muß" (Jesaja II, S. 216).

[241] Vgl. 41, 15.18; 42, 15f; 49, 2a.2b.11; 50, 2f.7; 51, 3.10.23b.

[242] Vgl. Elliger : „Ein Bedeutungswandel (von den „Völkern" von v.1b zur „Erde"
von v.4a) ist damit nicht verbunden" (vgl. ebd., S. 217).

die Israeliten befanden, also das babylonische Land und seine unmittelbare Umgebung, zu der sicher auch das israelitische Land gehörte. Dann müßte die Übersetzung lauten: „im Lande". V. 4a weist
genauso wie VV. 1.3 sprachliche Eigenständigkeit gegenüber den sonstigen deuterojesajanischen Texten auf.

V. 4b

Mit Ausnahme von איים finden sich die übrigen zwei Wörter bei
Deuterojesaja jeweils in 42, 21.24b; 51, 4-5 wieder — diese Texte gelten
aber auch als eine Hinzufügung von Tritojesaja[243] —, und 41, 1, falls
hier יחל und nicht חלף zu lesen ist[244]. Stilistisch gesehen hat man
in diesem Vers mit einem neuen Subjekt zu tun. Auffallend ist auch,
daß das Objekt mit einem Pronominalsuffix der dritten Person Singular
versehen ist. Auch wenn man das Wort משפט unbestimmt läßt und es
nicht mit dem Pronominalsuffix der ersten Person Singular ergänzt,
bleibt der plötzliche Bezug auf "ihn" bei לתורתו stilistisch gesehen
unerklärlich. Der Stilbruch und der damit verbundene neue inhaltliche
Bezug sprechen für die sekundäre Herkunft von V. 4b. Der Interpolator hat den Text in einem bestimmten Sinn gedeutet. Daß die
Inseln auf seine Weisung ihre Hoffnung setzen, zeigt, daß der Beauf-
tragte den Entscheid als Ausdruck der göttlichen Treue erwiesen und
ihn also zur Geltung gebracht hat. V. 4b expliziert V. 4aβ. Von יחל
aus im Sinne von „Hoffnung setzen" läßt sich nachträglich der Sinn
der Formel שים משפט, der sonst nicht leicht herauszustellen ist, näher
umreißen. Die Formel könnte auch die Bedeutung „den Entscheid
vorlegen", d.h. bekanntmachen, haben, wie es etwa in Ex 15, 25;
21, 1; Dt 4, 44; Jos 24, 25 der Fall ist, wobei der Dativ לגוים (V. 1b)
mitzudenken wäre (vgl. Jos 24, 25). Das verpflichtende Moment, das
den angeführten Texten eigen ist, würde aber in 42, 4aβ zurücktreten:
hier würde שים einfach „verkünden" heißen. Was die Begriffe משפט
und תורה angeht, so kommen sie wieder zusammen, aber in umgekehrter Reihenfolge in 51, 4b vor, einem Stück, das Deuterojesaja
abgesprochen wird. Das ist auch die einzige Stelle, wo der Begriff
משפט zusammen mit dem Verb יצא innerhalb von Jes 40-53 sonst
vorkommt. Es ist deswegen sehr schwer festzustellen, was der Ausdruck bedeutet. Das Ganze der deuterojesajanischen Botschaft dürfte

---

[243] Vgl. Elliger, Verhältnis, S. 169-174, 202-204. Jes 51, 7 dürfte aber ursprünglich
sein (vgl. ebd., S. 200-202).
[244] Vgl. BHS zur Stelle.

dazu führen, dieses Wort משפט als das, was Jahwe Israel in dieser Stunde verkünden läßt, zu verstehen: die Entscheidung, ihm Heil zu bringen durch sein Eingreifen in die Geschichte[245].

Der ganze Abschnitt VV. 1-4 besteht aus einer Einleitung (V. 1abα), in der die erste Person Singular als Subjekt überwiegt; sie stellt den Knecht vor. Es folgt in VV. 1bβ-4a eine Reihe von Sätzen, in denen die dritte Person Singular als Subjekt auftritt. Sie sind dadurch gekennzeichnet, daß in ihnen Position und Negation sich abwechseln, aber in ungleichmäßiger Weise: dem einen positiven Satz V. 1bβ folgen fünf negative Sätze, während dem positiven Satz V. 3b nur zwei negative Sätze folgen. Außerhalb der Reihe scheint V. 4b zu stehen: er ist ein positiver Satz mit eigenem Subjekt neben dem positiven Satz V. 4aβ. Dieser Teil ist vom Begriff משפט umschlossen; der gleiche Begriff kommt aber auch mitten im Abschnitt vor. Es fällt auf, daß er nur in den positiven Sätzen belegt ist. Inhaltlich gesehen schildern VV. 1bβ-4a die Aufgabe des Knechtes. Es fragt sich, wie die ungleiche Verteilung von Position und Negation zu erklären ist. Das führt uns zu V. 2 und 4b zurück. Nimmt man an, daß eine sekundäre Verarbeitung des Textes vorliegt, so käme als nachträgliche Hinzufügung tatsächlich zunächst V. 2 in Frage. Elliger, der V. 2 für ursprünglich hält, meint mit Recht, daß die hier vorliegenden Ausdrücke nicht absolut bezeichnend sind für eine Notsituation; nach ihm verweisen sie nur auf jene äußere Form der prophetischen Verkündigung, die mit der Ansage vom Unheil verbunden war[246]. Da der Prophet nun Heil und nicht Unheil zu verkünden habe, braucht er nicht zu „schreien" noch „die Stimme zu erheben". Freilich läßt sich diese ohne Zweifel wertvolle Deutung, zu der auch vorliegende Analyse gelangte, doch letztlich nicht fest beweisen. Es fehlt an genügenden Belegen, die auf diesen Sinnzusammenhang bei den vorliegenden Wendungen mit Sicherheit schließen lassen.

Es fragt sich auch: brauchte man ausdrücklich zu sagen, daß der Knecht keine Unheilsrede halten würde? Der Ausdruck von V. 1bα "ich gab meinen Geist auf ihn" verweist an sich schon auf eine Sendung der Errettung und des Heils[247].

Eine solche Mitteilung war bereits eine inhaltliche Angabe über den Zweck der Sendung. Hinzu kommt die Tatsache, daß das Gericht laut

[245] Vgl. Elliger, Jesaja II, S. 206f, und Westermann, Das Buch Jesaja, S. 79f.
[246] Vgl. Elliger, ebd., S. 208-210.
[247] Vgl. Ri 3, 10; Jes 11, 2; 61, 1ff; vgl. ferner Jes 59, 20f; 63, 14; Ez 11, 5-20.

V. 3 bereits vollzogen worden war : das Rohr ist geknickt und der
Docht glimmt. In diesem Zusammenhang wird ausdrücklich gesagt :
dem Knecht ist nicht aufgegeben worden, das Gericht bis zur endgültigen Vernichtung auszuführen, vielmehr den Heilsentscheid hinaus-
zutragen. Diesen in V. 3a bereits enthaltenen Gedanken will V. 2 anscheinend in besonderer Weise hervorheben. Aber letztlich wirken die
Sätze von V. 2 als ein unnützes Mehr. Bedenkt man ferner, daß das
Überwiegen negativ formulierter Sätze stilistische Ungleichheit hervorbringt, und daß diese durch Streichung von V. 2 behoben wird, so
hält man versuchsweise V. 2 am besten für eine sekundäre Erweiterung
des Urtextes im Rahmen sammelnder und vereinigender Redaktionsarbeit.

Was ergibt sich aber, wenn V. 2 anderes als das nicht auszuführende
Gericht meint und etwa auf Not und Leiden des Knechtes hinweist?
Diese Erklärung darf man freilich im Hinblick auf V. 4aα nicht aus
dem Weg schaffen. Aber auch in diesem Fall müßte man an einen
Zusatz denken. Dieser Vers würde tatsächlich noch mehr die Reihenfolge der Gedanken von V. 1bβ zu VV. 3-4a stören : ist davon die
Rede, daß der Knecht unter die Völker den mišpaṭ bringt, daß er den
Schwachen und Schmachtenden nicht verurteilt und daß er von seiner
Aufgabe kraft des ihm von Jahwe verliehenen Rechtes nicht ausschei-
den wird, bis er sie erfüllt, so würden die Aussagen von V. 2 darauf
hindeuten, daß der Knecht zu leiden hat, das Leiden aber ohne Klage
und Anklage erträgt. Dieser Hinweis auf das Verhalten des Knechtes
wirkt seltsam in einem Zusammenhang, in dem die Aufgabe des
Knechtes anvisiert wird und in dem der öffentliche, universale Charakter dieser Aufgabe betont wird. Das Leiden dürfte in diesem
Kontext nicht Gegenstand der Betrachtung gewesen sein. Dieses Motiv wurde vielleicht nachträglich aus 50, 4-9 (vgl. V. 6) und 52, 13-
53, 12 (vgl. 53, 7) im Rahmen der redaktionellen Bearbeitung der gesamten deuterojesajanischen Schrift und des Einbaues der sogenannten
Gottesknechtlieder hinzugefügt.

Im Fall von V. 4b sind es wiederum stilistische Erwägungen, die
die sekundäre Herkunft des Verses nahelegen. Der Satz weist plötzlich
ein neues Subjekt und eine neue pronominale Relation auf, ist inkonse-
quenterweise positiv formuliert und steht schließlich außerhalb der
vom Begriff משפט gebildeten Inklusion. Stichhaltig sind diese Erwägungen freilich nicht. Deuterojesaja gebraucht vermutlich die Wörter
תורה und יחל sonst nicht, doch verwendet er den Begriff אי am bedeutenden Stellen wie in personifiziertem Sinn, genauso wie es in

42, 4b der Fall ist. Aber auch im sekundären Text 51, 5 und in 59, 18;
66, 19 (60, 9 ist textlich unsicher) ist die Personifizierung der אי festzustellen. Als Ergänzer käme dann der gleiche Verfasser von 51, 4-5
in Frage[248]. Der ursprüngliche nichtdeuterojesajanische[249] Text würde
dann lauten :

V. 1aα   Mein Knecht hier! — ich halte an ihm fest.
V. 1aβ   Mein Erwählter (hier)! — (ihm) hat Gunst gewährt meine Seele :
V. 1bα   Ich gab meinen Geist auf ihn.

V. 1bβ   Meinen *Entscheid* trägt er unter die Völker hinaus.
V. 3a   Geknicktes Rohr bricht er nicht
V. 3a   noch glimmenden Docht löscht er ab.

V. 3b   Zum Erweis (meiner) Treue trägt er hinaus meinen *Entscheid*.
V. 4a   Nicht wird er verglimmen noch zerbrechen,
V. 4a   bis er geltend macht im Lande meinen *Entscheid*.

c) *Form- und Gattungskritik*

Der herausgestellte Urtext besteht aus drei Strophen mit je drei
Halbstichen. Verbindet man in VV. 3a.4aα die Negationspartikel לא
mit den jeweiligen Verben durch einen maqqef — in V. 4aα nur bei
ולא־ירוץ[250], so erhält man einen einheitlichen Rhythmus, bei dem
jeder Halbstichus drei Akzente aufweist[251].
Inhaltlich teilt sich der Abschnitt in zwei ungleichmäßige Teile. Der
erste davon umfaßt nur eine Strophe, die erste. Es handelt sich um
ein Wort, durch das der Redende seinen Knecht als den von ihm
erwählten Knecht vorstellt, auf dem sein Geist ruht. Die zwei folgenden Strophen dienen der Charakterisierung der Sendung, die dem
Knecht anvertraut wurde : Gegenstand, Adressaten und Ziel der Sendung werden genannt. Ist der erste Teil durchgehend positiv formuliert,
so wechseln sich im zweiten Teil Position und Negation ab, und

---

[248] Nach Elliger also Tritojesaja, vgl. Verhältnis, S. 202f.

[249] Die deuterojesajanische Verfasserschaft des Textes betonen neuerdings ausdrücklich Dion (vgl. Les Chants du Serviteur de Jahweh et. quelques passages apparentés
d'Is 40-55. Un essai sur leurs limites précises et sur leurs origines respectives, Bib 51
1970, S. 34 : „... le vocabulaire, la phraséologie, et même le style des ‚Chants' sont bien
ceux du Deutéro-Isaïe...") und Elliger (vgl. Jesaja II, S. 200 : „An der dtjes Herkunft
selbst braucht man nicht zu zweifeln").

[250] Bei יכהה fehlt unter der Negationspartikel לא das Zeichen Munaḥ (ﬤ), das die
rhythmische Zugehörigkeit des betreffenden Wortes zum unmittelbar folgenden Wort
bezeichnet. Freilich ist das Zeichen Mahpach (˂) auch ein Verbindungsakzent.

[251] Gleiche Akzentverteilung weisen Köhler (Deuterojesaja stilkritisch untersucht,
S. 14f) und Elliger auf (Jesaja II, S. 200).

zwar in der Weise, daß dem ersten positiv formulierten Satz jeder
Strophe jeweils zwei negativ formulierte Sätze folgen : dem Vers 1bβ
folgen in der zweiten Strophe VV. 3aα und 3aβ, dem Vers 3b dann
zwei Sätze von V. 4aα. Den Abschluß bildet ein positiv formulierter
Satz. Die positiv formulierten Sätze kennzeichnen den Beginn der
zweiten und dritten Strophe und auch den Schluß des Ganzen. Wie
bereits gesagt, der Begriff משפט prägt diese positiven Sätze so wie
auch Beginn und Schluß des zweiten Teils. Es handelt sich also um
eine bis ins kleinste durchdachte Komposition. Was ist die eigentliche
Gattung des Textes?

Nimmt man den Text für sich und betrachtet man ihn getrennt von
seinem Kontext, so läßt er seine eigentliche Bestimmung nicht leicht
erkennen. Würde es sich wirklich um ein Präsentationswort handeln[252], so müßten die Adressaten dieses Wortes mindestens andeutungsweise erwähnt werden. Das ist etwa in 1 Sam 9, 17; 10, 24 und
in Sach 3, 8; 6, 12[253] der Fall. Und es läßt nichts bei Deuterojesaja
auf einen himmlischen Hof als das Gremium, dem der Knecht vorgestellt wird, schließen[254]. Zieht man die anderen Jahwereden heran,
die keinen Adressaten aufweisen, und zwar 41, 17-20; 42, 14-16 und
52, 13-15; 53, 7-9.11-12, so gewinnt man wegen des verschiedenen
Zweckes dieser Texte keinen Anhaltspunkt zur Erläuterung von 42, 1-4.
Es bleibt nur der eine Weg, vom unmittelbaren Kontext auszugehen.
Mit der vorhergehenden Rede ist 42, 1-4 durch das הן verbunden, das
vermutlich absichtlich an 41, 29 und darüber hinaus an 41, 24 anzuknüpfen scheint. 41, 21-29 ist als Ganzes eine Gerichtsrede[255]. Vor
Jahwe stehen, gebracht von ihren Anhängern, die stummen Götzen.
Diesen hält Jahwe ihre Nichtigkeit vor, denn sie können das Heil
weder im voraus verkünden noch hervorbringen. Ihnen stellt Jahwe
in 42, 1-4 seinen Knecht gegenüber, der im Gegensatz zu ihnen nicht

---

[252] Vgl. Zimmerli, ThWNT V, S. 667, von Waldow, Anlass und Hintergrund der
Verkündigung des Deuterojesaja, S. 52, und Elliger, ebd., S. 200.

[253] Vgl. auch den in ANET, S. 448 angeführten Beleg aus dem Alten Orient : „He
is your king. It is he who will revive you. It is he who will build every temple of Upper
and Lower Egypt. It is he who will present their divine offerings. His father was my
son, the Son of Re, the triumphant... He is your Lord". von Waldow zitiert auch
diesen Text (vgl. ebd., S. 206 Anm. 8).

[254] Daran denken neuerdings auch Elliger (vgl. Jesaja II, S. 200), Fohrer (Das Buch
Jesaja, Bd. 3, S. 48), Kaiser (Der königliche Knecht, S. 18) und North (Isaiah 40-55.
The Suffering Servant of God, S. 60, The Second Isaiah, S. 106).

[255] Vgl. Elliger, ebd., S. 177, Schoors, I am God your Saviour, S. 214, von Waldow,
Anlass und Hintergrund der Verkündigung des Deuterojesaja, S. 40, und Westermann,
Sprache und Struktur, S. 135-141.

stumm ist, sondern eine Botschaft — den mišpaṭ — hinausträgt und zur Erfüllung bringt. Der Knecht von 42, 1-4 wäre dann mit dem Freudenboten von 41, 27b gleichzustellen. Er verkündet die Ankunft des Helden, von dem 41, 1-4 und 41, 26 sprechen. Er bezeichnet das siegreiche Auftreten dieses Helden als eine von Jahwe durchgeführte Heilstat zur Errettung des Volkes (vgl. 45 4.13). Der Knecht kann also nicht Kyros sein[256], sondern der Prophet[257], der die Heilsbedeutung des Kyros-Geschehens verkündet. Und die Adressaten wären dann in Wirklichkeit die Anhänger der Götter und ihre Götzen, an die die Gerichtsrede gerichtet ist. Wenn das stimmt, dann hätten wir in 42, 1-4, redaktionell gesehen, den Höhepunkt der Gerichtsrede 41, 21-29 und ihren Abschluß. Die Redaktoren haben anscheinend 42, 1-4 in Verbindung mit 41, 1-5.21-29 gesehen und verstanden. Nachdem Jahwe durch eine Nichtigkeitserklärung seinen Urteilsspruch über die Götzen gefällt hat[258], bestätigt er in 42, 1-4 seinen Rechtsanspruch durch den Hinweis auf den Knecht als seinen Wortführer und Vermittler. Es handelt sich also auch nicht um ein Berufungswort, vielmehr um ein Ausweiswort Jahwes im Rahmen seiner Gerichtsrede. Jahwe präsentiert hier seinen Knecht nicht und beruft ihn auch nicht, sondern offenbart öffentlich in einer Gerichtsverhandlung, daß er einen Knecht hat, der die ihm zugewiesene Aufgabe erfüllt, verkündigend und vermittelnd. Daran, daß ein Knecht Jahwes da ist, der Jahwes Entscheidung bekanntmacht und ausführt, soll Jahwes Gottheit in Abhebung zu der Nichtigkeit der Götzen bewiesen und sein Eingreifen zur Errettung seines Volkes erkannt werden. Im Knecht weist sich Jahwe aus und dadurch beweist er, daß er Gott ist; denn er vermag durch seinen Knecht das zu vollbringen, was die Götter nicht vollbringen konnten. Unser Text rückt damit in die Nähe des Erweisworts und kreist gedanklich um die Selbstprädikation Jahwes.

Die redaktionelle Verbindung von 42, 1-4 mit 41, 21-29 darf aber über die literarische Selbständigkeit des Textes nicht hinwegtäuschen. Einmal sprechen Formulierung, Aufbau und Rhythmus für seine selbständige Herkunft, dann liegt der Ausweis Jahwes an sich schon in der Gerichtsrede selbst vor, und zwar in V. 27. Bei dem jetzigen

---

[256] Das meinen neuerdings Bonnard (Le Second Isaïe, S. 123) und Steinmann (Le Livre de la consolation d'Israël, S. 109f).

[257] North bemerkt: „On the whole, the Servant looks more like a prophet than a king..." (Isaiah 40-55. The Suffering Servant of God, S. 62). Vgl. ferner Begrich, Studien, S. 132-136, und Elliger, Jesaja II, S. 201.

[258] Vgl. Westermann, Sprache und Struktur, S. 140.

redaktionellen Zusammenhang ist in 42, 1-4 eine feierliche Erklärung
in gehobener Sprache zu erblicken. In ihr wird das in 41, 27 Angedeutete wieder aufgenommen und dadurch entfaltet, daß Genaueres
über das Verhältnis Jahwes zu seinem Boten und Knecht, über Inhalt,
Ziel und Dauer der dem Knecht zugewiesenen Aufgabe mitgeteilt wird.
Man gewinnt damit ein vollständiges Bild von dem, was Jahwe unternimmt. Auf der einen Seite erweckt er den Helden Kyros und führt
ihn von Sieg zu Sieg, auf der anderen Seite wählt er sich einen Knecht,
rüstet und sendet ihn, um seinem Volk und den Völkern die Heilsbedeutung des sich ereignenden Weltgeschehens anzukündigen. Der
Sinn des Kyros-Geschehens wird durch des Knechtes Wort aufgedeckt.
Jahwe vollbringt sein Errettungswerk in zweifacher Weise: durch die
Tat des Helden und durch das Wort des Propheten. Dann sind aber
41, 1-4.25f und 42, 1-4 vom Standpunkt der Redaktion in Beziehung
zueinander zu bringen. Im ersteren wird zum ersten Mal vom Helden
geredet, wird sein Auftreten auf Jahwes Eingreifen zurückgeführt; im
letzteren wird zum ersten Mal feierlich vom Knecht geredet, wird
seine Sendung auf Jahwes Initiative zurückgeführt. Zwischen den beiden liegen das Heilswort an Israel 41, 8-16.17-20 und das Urteilswort
gegen die Götter und Götzen 41, 21-29. Betrachtet man aber 42, 1-4
als eine eigenständige Komposition, so stellt sich die Frage nach seiner
eigentlichen Gattung, nach seinem ursprünglichen Zweck.

Wie bereits gesagt, liegen in der deuterojesajanischen Schrift einige
Reden Jahwes vor, die keine Einführungsformel aufweisen, keinen
Adressaten nennen und von einem Dritten — einem Geschehen oder
einem Menschen — in der dritten Person sprechen. Im Unterschied
aber zu 41, 17-20 und 42, 14-16 offenbart Jahwe in 42, 1-4 nicht, was
er vorhat und sich zu tun anschickt, spricht keine Heilszusage aus,
sondern erklärt, daß er zu seinem Knecht steht, denn er hat ihm
seinen Geist gegeben; er erklärt, daß er seine Sendung bejaht (לאמת),
und versichert, daß der Knecht nicht zurücktreten wird, bis er seine
Aufgabe erfüllt hat. Gegenstand dieser Rede ist das Verhalten Jahwes
zu seinem Knecht und der ihm anvertrauten Sendung. Unter den
oben erwähnten Reden Jahwes finden wir den gleichen inhaltlichen
und stilistischen Zug in 52, 13-15; 53, 7-9.11-12. Auch hier ist Gegenstand der Rede Jahwes Stellung zum harten Schicksal seines Knechtes.
Er versichert, daß der Knecht erhöht und von den Völkern anerkannt
sein wird, daß er durch sein Leiden vielen Gerechtigkeit schaffen wird.
Er erklärt, daß er den Knecht wegen seines Selbstopfers würdigen und
belohnen wird. Beide Texte klingen wie ein Bekenntnis, eine feierliche

Erklärung, daß das, was sich mit dem Knecht abspielt, im Auftrag Jahwes seinen Ursprung hat, dem göttlichen Heilsplan entspricht und ihm in keiner Weise trotz des äußeren Scheiterns widerspricht. Als ergänzendes Gegenstück zu beiden Reden Jahwes steht ihnen zur Seite die Rede des Knechtes 50, 4-9a. Sie weist die nämlichen stilistischen Merkmale auf: keine Einführungsformel, keine Adressaten[259], Formulierung in der dritten Person, und zwar in Form eines Berichtes, wenn es sich um das Tun und die Haltung Jahwes handelt. Der Redende versichert und erklärt, daß Jahwe ihm beisteht, daß er ihm nahe ist (VV. 7aα.8aα), er wird daher nichts zu fürchten haben.

Man darf dann vielleicht doch beide Reden Jahwes als ein Bekenntnis der Loyalität, eine Art Solidaritätserklärung bezeichnen, durch die Jahwe öffentlich vor den Völkern und Königen, die am Knecht und an seiner Sendung zweifelten und ihn befeindeten, Echtheit und Richtigkeit der Sendung des Knechtes bestätigt. Diese Erklärung der Loyalität gilt nicht dem Knecht, der des Beistandes Jahwes gewiß ist (50, 4f.7f), sondern der breiten Öffentlichkeit, in deren Mitte der Knecht wirkt bzw. gewirkt hat[260]. An anderes kann man nicht denken. Liegt in 42, 1-4 tatsächlich eine Loyalitätserklärung vor, und ist ihr Zweck, Werk und Schicksal des Knechtes als echt und sinnvoll hinzustellen und es damit annehmbar zu machen, dann handelt es sich bei diesem Text wie bei 52, 13-15; 53, 7-9.11-12 offenkundig um eine den Fakten nachträgliche Reflektion, um den Versuch, Werk und Schicksal des Knechtes als ein von Jahwe gewolltes und von ihm als sinnvoll anerkanntes Geschehen zur Geltung zu bringen. Kein besseres Mittel stand dem jeweiligen Tradenten zur Hand, als seine Überzeugung in die Hülle einer souveränen Rede Jahwes zu kleiden. Das Weglassen der Einführungsformel und jeder direkten Erwähnung von Adressaten wie auch die würdige Überlegenheit, mit der Jahwe von seinem Knecht spricht, verleihen der Rede den Charakter eines absoluten Urwortes, das als Ausdruck totaler Freiheit und Überlegenheit sinngebend oder bestimmend wirkt und deswegen in keiner Weise zurückgewiesen oder zur Rechenschaft gezogen werden darf und kann.

---

[259] Die erste Person Plural in v.8 bezieht sich schwerlich auf ein wirkliches „Wir"; sie ist rhetorischer Art entsprechend dem Stil von vv.8-9 und verweist nicht auf reelle Adressaten.

[260] Deswegen ist nicht an einen offiziellen Akt der Vorstellung bzw. der Einsetzung zu denken (gegen Elliger, vgl. Jesaja II, S. 203). Der Verbalsatz von v.1aα ist nicht „ich halte ihn" als vielmehr „ich halte an ihm fest" zu übersetzen.

Auch die Bezeichnung des Ausgesandten als Knecht Jahwes dient
dem Tradenten wahrscheinlich bereits dazu, diesen Ausgesandten als
den von Gott zu einer bestimmten Aufgabe Erwählten und Beauftragten hinzustellen, so wie es einst Abraham (Gen 26, 24), Mose[261],
Josua (Jos 24, 29; Ri 2, 8) und David[262] gewesen sind. Er deutet
damit das, was sich ereignet hat, als ein Heilsgeschichte schaffendes
Geschehen. Der jetzige Ausführer des göttlichen Auftrags gehört seiner
Meinung nach zu den großen Gestalten der Heilsgeschichte.

42, 1-4 scheint eine eigene Bildung des Tradenten zu sein, dem die
Sache des Propheten seiner Zeit am Herzen lag. Sein Sitz im Leben
ist in dem Anliegen zu sehen, Zeugnis für diesen Propheten abzulegen,
ihn als den Erwählten und Knecht Jahwes zu jener Stunde hinzustellen
und damit seine Botschaft glaubhaft und geltend zu machen. Der
Tradent schreibt für all die in Israel, welche den Mißerfolg des Propheten als Zeichen der Unwahrhaftigkeit seiner Botschaft und seiner
Sendung an Israel und an die Völker ansahen. Seine Texte haben den
Zweck, die schriftliche Botschaft des Propheten ins richtige Licht zu
setzen; sie haben also ihre bestimmte literarische Funktion im Rahmen
der jeweiligen Vorlesung bzw. Herausgabe der prophetischen Schrift.
Zur Gestaltung der Texte hat der Autor jene Form der Gottesrede
vorgezogen, die keine Einführungsformel aufweist. Das entsprach dem
Stil mancher Gottesreden aus der herauszugebenden prophetischen
Schrift[263].

d) *Exegese*

Im Unterschied zu manchen Gottesreden aus der deuterojesajanischen Schrift, welche sich nicht als Fortsetzung vorhergehender
Reden erkennen lassen[264] fügt sich 42, 1-4 fast glatt zu 41, 21-29 und
läßt sich ohne Schwierigkeit als dessen Fortsetzung verstehen. Nur die
gehobene Sprache, der spezifische Inhalt und der geschlossene Rhythmus heben dieses Stück vom vorhergehenden ab. Vom redaktionellen
Standpunkt aus gesehen spricht dann in 42, 1-4 der in 41, 21 als König
Jakobs Bezeichnete weiter.

---

[261] Vgl. Ex 14, 31; Nu 12, 7; Dt 34, 5; 2Kön 21, 8; Jos 1, 1f.7... Ma 3, 22.
[262] Vgl. 2Sam 3, 18; 7, 5.8; 1Kön 11, 13...; 14, 8; 2Kön 19, 34; 20, 6; Ps 89, 4.21;
Jes 37, 35; Jer 33, 21f.26; Ez 34, 23f; 37, 24f.
[263] Vgl. etwa 41, 8-16.17-20; 42, 14-16; 43, 8-13; 48, 1-11.12-16a.
[264] Vgl. 41, 1-4.8-16.17-20; 42, 14-16.

Der Knecht, von dem hier die Rede ist, muß als der Knecht Jahwes, des Königs Jakobs, verstanden werden. Das heißt : man darf עבד nicht als Königstitel verstehen und an eine königliche Herrschaft des Knechtes über die Völker denken[265]. Eher wäre mit Begrich[266] an den terminus technicus עבד המלך zu denken und unter dem Knecht eine Art „Herold" zu verstehen. Ist die eigentliche Funktion dieses עבד המלך nicht näher umreißbar[267], so dürfte es sich auf jeden Fall um den Ausführer königlicher Anordnungen, sei es durch Tat, sei es durch Wort, handeln. Sollte der Text aber tatsächlich dazu dienen, einerseits Sendung und Schicksal des betreffenden Propheten von Jahwe her zu bestätigen, andererseits Jahwe selbst als den wort- und tatkräftigen einzigen Gott auszuweisen, so liegt es näher anzunehmen, daß der Autor an die lange Reihe derer denkt, denen aufgetragen worden war, Gottes Heilswillen kundzutun bzw. durchzuführen, an die früheren Knechte Jahwes von Abraham bis Mose und David[268]. Damit deutet er das Auftreten des Propheten als ein heilsgeschichtliches Geschehen — und er tut das absichtlich aufgrund des Inhalts der prophetischen Botschaft selbst, die er vorzulesen bzw. herauszugeben hat, denn sie ist seiner Meinung nach ein Wort Jahwes an sein Volk, ein für das weitere Leben Israels entscheidendes Wort.

Das erste, was Jahwe von seinem Knecht sagt, ist, daß er ihn hält bzw. an ihm festhält. Das Verb תמך mit der Präposition ב meint das physische Halten zur Unterstützung (Ex 17, 12), das physische Ergreifen zur Besitznahme (Jes 33, 15) und das Schützen und Tragen im Sinne von „Zu-jemandem-Stehen" (Ps 41, 13; 63, 9). Es liegt nahe anzunehmen, daß in 42, 1 die Wendung תמך ב nicht das physische Halten, sondern das Schützen, das Sich-zu-jemandem-Bekennen meint. Nichts führt zur Annahme, daß der Autor hier an eine rituelle Geste denkt, wie sie etwa beim Vorgang der Einsetzung des Königs in sein Amt oder seiner Präsentation üblich war[269]. Die Wendung תמך ב wird in den freilich wenigen Belegen aus dem Alten Testament nie im Zusammenhang mit der Einsetzung des Königs in sein Amt, aber

---

[265] Das ist die Meinung von Jeremias, Mišpaṭ im ersten Gottesknechtslied, VT 22 1972, S. 33-35, 39. Vgl. auch Kaiser, Der königliche Knecht, S. 18-26.

[266] Vgl. Begrich, Studien, S. 135.

[267] Vgl. Elliger, Jesaja II, S. 203.

[268] Vgl. Kaiser, Der königliche Knecht, S. 18-20, und North, Isaiah 40-55, The Suffering Servant of God, S. 60, The Suffering Servant in Deutero-Isaiah, S. 139.

[269] So zuletzt auch Elliger, Jesaja II, S. 202-204, und Jeremias, Mišpaṭ im ersten Gottesknechtslied, S. 34.

auch nicht in bezug auf den König als Schützling Jahwes verwendet.
Ps 89, 22 und Jes 45, 1, auf die Jeremias in seinem Aufsatz hinweist,
haben nicht die Wendung ב תמך, sondern jeweils die Verben כון und
חזק. Was das mesopotamische Königsritual angeht, so entsprechen
seine Angaben doch nicht der Formulierung von Jes 42, 1. Ist ferner
das Fehlen jeder Anspielung auf Adressaten darauf hinzudeuten, daß
der Text nicht als eigentliches Präsentationswort gedacht war, ist die
Wendung ב תמך daher nicht unbedingt oder gar nicht im physischen
Sinn zu erklären, so bleibt als die angemessenere Lösung die Annahme
übrig: hier spricht Jahwe moralische Unterstützung aus, bekennt sich
zu seinem Knecht, bestimmt und bejaht seine Sendung, steht ganz zu
ihm. Das heißt: er schützt ihn vor seinen Widersachern. Tatsächlich
steht die Aussage vom Festhalten Jahwes in Ps 41, 13; 63, 9 im
Zusammenhang mit einer Aussage über den Feind, der den Beter
bedroht (vgl. Ps 41, 12; 63, 10f und noch Ps 89, 22-24). Die Wendung
ב תמך scheint Gottes Beistand in einer Notsituation, im Streit und
Kampf gegen den Feind oder in der Bedrohung durch ihn ausdrücken
zu wollen.

Sieht man in diesem Jahwewort — ich halte an ihm fest — ein
Bekenntnis und eine Beistandserklärung, dann versteht man auch den
Sinn von V. 4a besser: es ist eine Zusage an den Knecht und eine
mahnende Absage an seine Widersacher. Jahwe erklärt, daß sein
Knecht bestehen bleibt, bis er seine Aufgabe erfüllt hat — daß also
die Zweifelnden, Ablehnenden und Verfolgenden es nicht fertig bringen
können, Werk und Person des Knechtes in Frage zu stellen und zu
vernichten. Und das kommt daher, daß Jahwe zu seinem Knecht hält.
V. 1aα und V. 4a scheinen einander zu erklären.

Dann sind aber auch die übrigen Aussagen des Textes, und zwar
V. 1bβ und V. 3 im Zusammenhang mit VV. 1aα.4a zu verstehen,
zumal dort genauso wie in V. 4a von dem משפט die Rede ist. V. 1bβ
würde deklarativen Charakter haben; er würde ansagen, was der
Knecht tut: er bringt (meine) Entscheidung unter die Völker. Er würde
also eine Feststellung und eine Bestätigung aussprechen, aber auch
den festen Willen Gottes, zur anvertrauten Aufgabe weiterhin zu
stehen, und seine Sicherheit, daß der Knecht den Auftrag, den mišpaṭ
kundzutun, erfüllen wird. Der mišpaṭ meint hier Gottes Plan und
Entscheid zu dieser heilsgeschichtlichen Stunde. Am nächsten zu unserer
Stelle scheint 40, 14 zu stehen, wo mišpaṭ den die Lenkung der Welt
bestimmenden Grundgedanken Gottes meint. In gleicher Weise ist
40, 27 zu verstehen, wo mišpaṭ Gottes Vorhaben mit Israel, also

Gottes Verheißung an Israel und Gottes Bund mit ihm bezeichnen
dürfte. Er bildet die Grundlage dessen, was Israel als Bundesvolk ist.
In 49, 4 dürfte mišpaṭ das Vorhaben Jahwes mit seinem Knecht
meinen, das dessen Sendung und Schicksal bestimmt; von ihm sagt
der Knecht, er sei bei Jahwe, er bleibe also fest in Jahwe bestehen,
was Grund zum Vertrauen gibt. 50, 8 könnte man paraphrasieren:
wer will mir absprechen, daß Jahwe mit mir etwas vorhat? Gottes
Gedanke und Entscheid in bezug auf den Weg und das Schicksal
eines Menschen oder eines Volkes sind in diesem mišpaṭ eingeschlossen.

Der Knecht von 42, 1 macht diesen Gedanken und Entscheid Jahwes
bekannt, und zwar den Völkern. Es ist nicht klar, ob die Völker die
Adressaten sind, an die der mišpaṭ gerichtet ist, oder ob der Ausdruck
לגוים הציא in diesem Zusammenhang eigentlich nur im Sinne von
„in die Öffentlichkeit hinaustragen", also „öffentlich verkünden", „in
der breiten Öffentlichkeit bekanntmachen" zu übersetzen sei. Es fehlen
aber Belege, die auf das Letztere schließen lassen. Anderseits paßt
erstere Möglichkeit, daß die Völker nämlich die Adressaten sind, gut
zur gesamten deuterojesajanischen Botschaft: einmal spielt sich das
Kyros-Geschehen auf der Weltebene ab und trifft viele Völker direkt,
zum anderen ruft Jahwe auch die Völker mit zur Rechenschaft[270].
Der Entscheid Gottes geht also die Völker an, insofern das, was der
Knecht nun verkündet, für Israel Heil bedeutet, für die Völker aber
Gericht und Schmach. Zu beachten ist ferner, daß laut 45, 6a die
Völker vom Osten bis Westen am Kyros-Geschehen Jahwe als einzigen
Gott erkennen werden.

Was mag aber V. 3a in diesem Zusammenhang bedeuten? Wegen
Mangels an passenden Vergleichsstellen ist man genötigt, den Sinn
und den Bezug der hier vorliegenden Bilder allein aus dem unmittelbaren Kontext herauszustellen. Nun kreist der Abschnitt 42, 1-4a inhaltlich um das Motiv des mišpaṭ: der Knecht macht Gottes Entscheid bekannt (V. 1bβ), er macht Gottes Entscheid als Erweis der
göttlichen Treue bekannt und ermattet nicht, bis er dem Entscheid
Gottes Geltung verschafft hat (VV. 3b.4a). Man kann doch nicht
umhin, auch V. 3a als eine Aussage über diesen mišpaṭ anzusehen.
Das Rohr und der Docht versinnbildlichen vielleicht doch den mišpaṭ,
so wie dieser von den damaligen Israeliten empfunden und erlebt

---

[270] Vgl. jeweils 41, 2; 45, 1; 52, 10 und 41, 1; 43, 9.

wurde: Jahwe hatte mit Israel nichts mehr vor, hatte keinen Plan über es, er gedachte seiner nicht mehr. Die Israeliten meinten, sie können nicht mehr in dem mišpaṭ Jahwes das Dasein ihres Volkes begründen. An die Vorlage 40, 27 anknüpfend, sah der Autor von 42, 1-4 im geknickten Rohr und im verglimmenden Docht das Bild jener alten Hoffnung Israels, die in der Verheißung und im Bund Jahwes gründete und nun zerbrochen war, zu erlöschen drohte; er sah darin das verdemütigte, gebeugte, seines Rechtes als Bundesvolk Jahwes beraubte Israel, das daran war zu glauben, aus der Geschichte, das heißt, aus der Sicht Jahwes zu verschwinden. Man kann V. 3a so verstehen, daß er V. 1bβ verdeutlicht. In bildhafter Sprache erwähnt er die Umstände, die das öffentliche Ankündigen des mišpaṭ begleiten, aber damit weist er indirekt auf den eigentlichen Inhalt dieses mišpaṭ hin. Zum Geschehen dieser Ankündigung gehört der Umstand, daß dem verzweifelnden und ungläubigen Israel, dem Israel, das vom harten Schicksal getroffen nicht mehr in Jahwes Erwählung und Bund die Grundlage seines Rechtes und Daseins zu sehen vermag, dieses sein Recht und damit auch die Hoffnung doch nicht genommen wird. Der Knecht, den man als konkrete Person und nicht als bildliche Personifizierung Israels verstehen muß, übermittelt von Jahwe her seinem Volk diese Kunde und macht Jahwes Entscheid durch sein Wort gleich rechtskräftig.

Auch V. 3b wäre dann in Beziehung zu V. 3a zu bringen und als Bestätigung des dort Gesagten zu deuten, zumal V. 3b zusammen mit V. 1bβ V. 3a umschließt. Daraus könnte sich eine Deutung von לאמת nicht in adverbiellem Sinn, sondern in substantivischem Sinn ergeben, wofür auch die Einmaligkeit des Ausdrucks sprechen würde. „Auf Treue hin", „im Hinblick auf Treue", „zum Erweis der Treue" müßte man dementsprechend übersetzen. Sinngemäß wären die Verse folgendermaßen wiederzugeben: „Meinen Entscheid macht er unter den Völkern bekannt — dem an seinem Unglauben schmachtenden Israel spricht er das Daseinsrecht als Bundesvolk nicht ab —; zum Erweis dafür, daß ich treu zu meinem Volk stehe, um meine Treue offenkundig zu machen, kündigt er meinen Entscheid an, der Israel in seinem Recht bestätigt". Wenn diese Deutung des Textes richtig ist, dann wird noch eines klar: die Ankündigung des mišpaṭ führt nicht nur das rechtlose Israel in sein Recht zurück, schafft nicht nur die Daseinsgrundlage, sie begründet gleichzeitig auch Jahwes geschichtliches Handeln an und für Israel. Der gefallene Entscheid bindet Jahwe an Israel und macht ihn zum Bundesgott des erwählten und nun zu rettenden Volkes. Die Ankündigung des mišpaṭ führt dazu, daß das göttliche Recht „im Lande" wiederhergestellt wird. Durch des Knechtes Auftreten kommt Jahwe selbst als der Gott Israels wieder zu seinem Recht.

Ohne Zweifel hat Begrich etwas Richtiges gesehen, wenn er bezüglich der in V. 3a erwähnten Handlungen sagt, daß es sich „um Akte von rechtssymbolischem Charakter" handelt[271]. Ist ein solcher Brauch als geübte Institution nicht zu beweisen[272], so stimmt die Deutung Begrichs insofern, als sie der Ankündigung des mišpaṭ und den bildhaften Handlungen, durch die sein Inhalt bildlich geschildert wird und ins Bewußtsein gebracht werden soll, Rechtscharakter verleiht und ihnen den Sinn eines Begnadigungsaktes zumißt[273]. Diese Deutung bestätigt das Wesentliche der Begrichschen Deutung, denn in der Ankündigung des mišpaṭ erblickt sie die Proklamierung und Wiederherstellung des Rechtes Israels als Volk Jahwes. Sie geht aber über die Begrichsche Deutung insofern hinaus, als sie in dem mišpaṭ auch den Selbsterweis Jahwes sieht, der sein Recht, der Gott und Retter Israels zu sein, den Völkern und im Lande zur Kenntnis und zur Geltung bringt.

Der Ausdruck „ich halte an ihm fest", von dem wir ausgegangen sind, gewinnt an Sinnfülle, wenn wir ihn nicht für sich nehmen, sondern aus dem von ihm eingeleiteten Text her betrachten. Mit diesem Wort will Jahwe nicht nur sich zu seinem Knecht bekennen und ihn vor seinen Widersachern bestätigen, indem er die Sendung des Knechtes, das Ziel und die Vollendung seiner Botschaft ansagt. Aufgrund dieses Bekenntniswortes kann sich Jahwe von nun an im Wort und in der Sendung des Knechtes als Israels Gott und Retter erweisen und sein Recht als das Recht des Bundesgottes zur Geltung bringen.

Was ist aber der Grund dafür, daß Jahwe an diesem Menschen festhält? V. 1aβα gibt eine Antwort auf die Frage und damit verdeutlicht er die vorhergehende Aussage. Jahwe hält an seinem Knecht fest, weil er ihn erwählt hat, sich für ihn entschieden hat. Daß sich Jahwe zu seinem Knecht bekennt, hat seinen Grund in Jahwe selbst, in seiner Entscheidung und Erwählung. Der Knecht hat aufgrund göttlichen Entschlusses als der Erwählte Jahwes zu gelten, so wie

---

[271] Vgl. Begrich, Studien, S. 164.
[272] Darauf weist Elliger hin (vgl. Jesaja II, S. 211).
[273] Vgl. Begrich, Studien, S. 165.

einst Jakob (Ps 105, 6), Mose (Ps 106, 23) und David (Ps 89, 4) Erwählte Jahwes waren. Es dürfte nicht zufällig sein, daß Jahwe seinen Knecht als Erwählten bezeichnet. Diese Bezeichnung dürfte kein rhetorisches Mehr im Vergleich zur Bezeichnung „Knecht" sein. Denn durch den Gedanken der Erwählung wird die Sendung des Knechtes nicht nur auf die Initiative Jahwes zurückgeführt, sondern sie wird als ein dauernder Auftrag heilsgeschichtlicher Art gekennzeichnet. Ist doch die Erwählung nach alttestamentlichem Verständnis nicht mehr rückgängig zu machen, sondern prägt Leben und Werk des Erwählten für immer[274]. So würde der Ausdruck בחירי das deutlich aussprechen, was der Ausdruck עבדי nicht genügend oder unmittelbar aussprach. Das wäre noch mehr zu vermuten, wenn עבדי terminologisch wirklich auf den עבד המלך zurückginge und die Aufgabe des Knechtes Jahwes der Aufgabe des Knechtes des Königs entsprechen würde. Der Knecht Jahwes ist im Gegensatz zum Knecht des Königs nicht bloß Ausführer bestimmter Befehle, ein vorläufiges, gesichtsloses Werkzeug; er steht in einem persönlichen, intimen Verhältnis zu seinem Herrn. Er ist ja dazu gerufen worden, Jahwe als den Gott Israels zu erweisen, das Recht Jahwes als Bundesgott und das Recht Israels als Bundesvolk zur Geltung zu bringen. Seine Person und seine Sendung sind wesentlich mit der Person und dem Heilswerk Jahwes verbunden. Auch das kommt in dem Begriff der Erwählung zum Ausdruck. Wie die früheren Erwählten Jakob, Mose und David die intime Vertrautheit Jahwes genossen hatten, so erweist Jahwe nun diesem seinem Erwählten besondere Liebe. Seine Seele hat Wohlgefallen an ihm, erfreut sich an ihm. Deswegen hat ihn Jahwe erwählt, weil er ihn geliebt hat. Das Tragende an der Sendung des Knechtes ist Jahwes Liebe zu ihm. Wie das konkret und intensiv erlebt wird, zeigt der Begriff „Seele", wobei das Bewegende und Erregende an der Zuneigung Jahwes zu seinem Knecht zur Sprache kommt. Die Liebe und das Wohlgefallen Jahwes zu seinem Knecht erweisen sich aber in der besonderen Gabe des Geistes Jahwes an den Knecht. Gab Jahwe seinen Geist auf ihn, so wirkt nun in der Person des Knechtes dieser göttliche Geist, so kommt er im Wort des Knechtes zu Wort.

Aber die Aussage über Jahwes Zuneigung zum Knecht und über Jahwes Gabe an ihn steht anscheinend nicht im Vordergrund. Die Verwendung des Vergangenheitstempus verweist auf längst Geschehenes und Bestehendes. Der Akzent liegt auf den zwei einschließenden

---

[274] Vgl. Jer 33, 21; Ps 89, 34-38.

Aussagen, die mit ihrem Gegenwartstempus auf das sich jetzt Ereignende hinweisen: „ich halte fest an ihm", „meinen Entscheid trägt
er hinaus". Das andere will nur diese schwerwiegenden Worte begründen. Wenn Jahwe sich durch diese Worte ausweist, indem er
sich zu seinem Knecht bekennt und seine Aufgabe bejaht, weisen jene
Worte von der Zuneigung und der Gabe Jahwes ihrerseits den Knecht
aus, sie bestätigen ihn und legitimieren seine prophetische Tätigkeit.
Im Folgenden gehen aber beide Gedanken ineinander über. In seiner
Rede qualifiziert Jahwe inhaltlich das Werk seines Knechtes. Durch
seine frohe Botschaft muntert er den schwankenden Glauben und die
sinkende Hoffnung Israels wieder auf und bringt das göttliche Recht
zur Geltung. Durch des Knechtes Auftreten qualifiziert aber Jahwe
gleichzeitig sich selbst, denn die Botschaft, die er dem Knecht aufgetragen hat, ist die Botschaft von seinem Entscheid, Israel das Recht
zurückzugeben, das Volk Jahwes zu sein, und sich als der Gott und
Retter dieses Volkes zu erweisen.

7) 42, 5-9

V. 5   So hat er gesprochen — Gott, Jahwe!
        — der die Himmel schuf und sie spannte, der die Erde breitete und
            sein Gesproß,
        der Odem gab dem Volk auf ihr und Hauch den auf ihr Wandernden.

V. 6   „Ich Jahwe habe dich um des Heils willen gerufen:
        nun fasse ich dich an der Hand und rüste dich,
        ja, ich bestelle dich für den Bund mit dem Volk, für das Licht der
            Weltstämme.

V. 7   —zu öffnen blinde Augen,
        herauszuführen aus dem Kerker den Gefangenen,
        aus dem Hafthaus, die in Finsternis sitzen.

V. 8   Ich bin Jahwe: das ist mein Name!
        meine Ehre gebe ich ja einem anderen nicht
        noch meinen Ruhm den Götzen.

V. 9   Das Frühere, siehe da, es kam; Neues künde ich an:
        ehe es sproßt, lasse ich euch es hören."

a) *Zur Einteilung und zur Übersetzung*

Dieser Text setzt sich deutlich von seinem Zusammenhang ab.
Einerseits weist die Botenformel auf einen neuen Ansatz hin, ander-
seits zeichnet sich mit V. 10 durch den hymnischen Stil, die neue
Anrede in der zweiten Person Plural, die neuen Angeredeten und den

Bezug auf Jahwe in der dritten Person eine neue Einheit ab. Die formale Geschlossenheit des Textes geht daraus hervor, daß die Selbstvorstellungsformel ihn einschließt (VV. 6a.8a). In diesem Teil seiner Rede wendet sich Jahwe an ein Du, in V. 9 geht er aber zur Ihr-Anrede über. Es stellt sich dabei heraus, daß V. 9 außerhalb der Inklusion steht. Mag das für die Literarkritik seine Bedeutung haben, so gehört V. 9 der Form nach doch zur Rede Jahwes, bildet also unter diesem Gesichtspunkt eine Einheit mit 42, 5-8.

Zu beachten ist die Konstruktion des Abstraktum צדק mit der Präposition ב; das Abstraktum אמת wird in 42, 3b mit der Präposition ל konstruiert. Hervorzuheben ist schließlich die doppelte Konstruktion eines Finalsatzes durch ל und Infinitiv in V. 7.

V. 5

Um den Artikel von האל wiederzugeben, wurde das Subjekt des Satzes nicht sofort an das Verb angeschlossen, sondern nach Anführung des Personalpronomens der 3. Person Singular und Hinzufügung eines Gedankenstriches an betonter Stelle gesetzt.

VV. 6-7

Die Imperfekta von V. 6 wurden nicht so sehr als Begleithandlung des Perfekt als vielmehr als dessen Folge bzw. Zweck verstanden. Dementsprechend wurden sie nicht als Vergangenheitstempora, sondern als Gegenwartstempora übersetzt, zumal damit ein guter Übergang zu V. 7 entsteht. Denn das hier angegebene Ziel, wozu der Angesprochene gerufen wird, steht noch bevor, wie es sich aus dem ganzen Zusammenhang der deuterojesajanischen Schrift ergibt. In einem wird in VV. 6-7 von der zurückliegenden Berufung, der darauffolgenden gegenwärtigen Ausrüstung und dem vorgesehenen Ziel gesprochen. Angesichts der Tatsache, daß der von V. 6 syntaktisch abhängige V. 7 als Ziel der Berufung und Ausrüstung[275] des Angesprochenen eine Reihe von Handlungen angibt, durch die es zum eigentlichen Heilsgeschehen kommt, schien es angemessen, den Ausdruck נתן ל nicht mit „zu etwas machen" zu übersetzen, sondern mit „für etwas bestellen". Bei dieser Übersetzung tritt nicht so sehr die Person des Vermittlers als vielmehr die Aufgabe selbst in den Vordergrund. Das

---

[275] Manche Ausleger nehmen in v.6bα das Verb יצר statt נצר an, so Duhm (Das Buch Jesaja, S. 287), Elliger (Jesaja II, S. 223), McKenzie (Second Isaiah, S. 39), Penna (Isaia, S. 432), Steinmann (Le Livre de la consolation d'Israël, S. 110) und Westermann (Das Buch Jesaja, S. 81).

scheint dem Text besser zu entsprechen, denn damit wird die Einheitlichkeit der Gedankenfolge stärker bewahrt. In diesem Sinn, um
die inhaltliche Kontinuität von V. 6 zu V. 7 deutlich ausdrücken zu
können, hätte man die Präposition ל von V. 7 in Analogie zu der von
V. 6b mit „dafür, zum" bzw. „dafür, daß Du öffnest ..." wiedergeben mögen. Der Gedankenstrich in der vorliegenden Übersetzung
versucht, diesem Sachverhalt gerecht zu werden. Schließlich wurde
das rectum עם „mit dem Volk" übersetzt. Das hat nicht nur einen
sachlichen Grund, insofern im AT von dem Bund Jahwes mit seinem
Volk die Rede ist, sondern auch einen formalen. Zu den wenigen
Fällen, wo ברית im status constructus als regens auftritt, läßt sich das
rectum mit der Präposition „mit" übersetzen[276].

Auf die Frage, ob das Subjekt der infinitive von V. 7 doch nicht
Jahwe sei, gibt die Übersetzung von נתן ל mit „bestellen für" eine
klarere Antwort: da es sich um einen Auftrag handelt, steht dem
Angesprochenen nur die Aufgabe der Ausführung zu; das ganze Ge-
schehen aber, das auf Jahwes Initiative zurückgeht, wird allein von
Jahwe getragen.

b) *Literarkritik*

V. 5

In V. 5aα liegt der einzige Fall vor, wo im AT die Botenformel das
Subjekt האל יהוה aufweist. Diese Formulierung erinnert an die ähnliche
Formulierung von 1 Kön 22, 27; 2 Kön 1, 11; 9, 18f; Jes 36, 4:
כה אמר המלך. Sonst lautet die Botenformel innerhalb von Jes 40-53
כה אמר יהוה, wenn man aber 49, 22; 51, 22; 52, 4 ausnimmt, die eine
ähnliche Formulierung aufweisen: כה אמר אדני יהוה. Die betonte
Stellung von האל innerhalb der Botenformel zeigt, daß es dem Text
darauf ankommt, Jahwes Gottsein deutlich hervorzuheben. In der
folgenden Rede tritt das Thema erst in V. 8 hervor, wo sich Jahwe als
der Einzige vorstellt, der seine Ehre mit den anderen Göttern nicht
teilen will. Diese Selbstaussage Jahwes ist aber nicht darauf ausgerichtet, sein Gottsein zu bestätigen, als vielmehr die Sendung, von
der in VV. 6-7 die Rede ist, als Erweis der eigenen Macht, in der
Geschichte zu wirken, hinzustellen. Das Thema des Gottseins Jahwes
kennzeichnet an sich den übrigen Text der vorliegenden Einheit nicht,
denn es ist in ihr wie gesagt von einer Sendung die Rede. האל scheint

---

[276] Vgl. Gen 14, 13; Lev 26, 42; Dt 4, 31; Ne 13, 29; Am 1, 9; Ps 34, 40.

also sekundär zu sein. Wir können annehmen, daß er erst nachträglich in den Text eingebaut wurde, und zwar vom Redaktor, der 41, 1-4. 25-26bβ.27; 42, 5-8 mit 41, 21-24.26bα.28-29; 42, 9 verbunden hat. Diesem lag es daran, Jahwes Gottsein, das das Thema der Gerichtsrede war, nochmals hervorzuheben. Eine Bestätigung davon, daß 42, 5-8 an 41, 1-4,25-27* anknüpft und damit den Abschluß dieser Bestreitungsrede bildet, liegt im Vorkommen der Selbstvorstellungsformel und der Selbstprädikation in 42, 8a; denn beides findet sich mit dem damit verbundenen Thema der Einzigkeit Jahwes in der Bestreitungsrede, und zwar in 41, 4b und bruchhaft auch in 41, 27a, dessen ראשון auf das ראשון von 41, 4b zurückgreift. Da es in 41, 1-4 und 41, 25-27* vom Kyros-Geschehen die Rede ist, können wir vermuten, daß in 42, 5-8 wieder vom Kyros die Rede ist, daß er der Berufene und Gesandte ist[277].

Zur Botenformel ist anzumerken, daß nur hier innerhalb von Jes 40-53 der Begriff אל mit Artikel versehen ist. Wie bedeutend dieser Begriff für die Thematik der deuterojesajanischen Schrift ist, kann man an seinem formelhaften Gebrauch sehen. Er begegnet in der Bildung אני אל[278]. In 43, 10bβ-11a bezieht sich אל auf einen fremden Gott, aber nur um die Formel אנכי אנכי יהוה zu bekräftigen und das alleinige Gottsein Jahwes zu betonen. Ein Bruchstück der Wendung אני אל ואין עוד ist auch im sekundären 45, 14 zu erkennen.

Als Apposition zum Subjekt der Botenformel folgen einige partizipiale Wendungen, eine stilistische Eigenart, die noch in 43, 1a.14a.16; 44, 2a; 48, 17a; 49, 7aα festzustellen ist. Nur hier kommt ברא als regens von השמים vor, falls man mit Duhm[279] das בורא von 45, 18aα als sekundären Zusatz betrachtet. Sonst bezieht sich ברא auf Jakob (43, 1), auf Israel (43, 15), auf den Menschen (45, 12), aber auch auf die (nicht direkt erwähnten) Sterne (40, 26), auf die Enden der Erde (40, 28), auf die Erde selbst (45, 18a sek.), auf die Bewässerung und Einpflanzung der Wüste durch Gott (41, 20) und an den sekundären Stellen 45, 7; 45, 8 auf die Finsternis, das Böse und die Fruchtbarkeit

---

[277] So im Anschluß an Haller (Die Kyros-Lieder Deuterojesajas, Eucharisterion für H. Gunkel, Teil I, 1923, S. 262-265) Caspari (Lieder und Gottessprüche der Rückwanderer, Jesaja 40-55, BZAW 65 1934, S. 86f) und Mowinckel (Die Komposition des deuterojesajanischen Buches, ZAW 49 1931, S. 93f), Bonnard (Le Second Isaïe, S. 125-127), Elliger (Jesaja II, S. 228), Penna (Isaia, S. 431), Schoors (Les choses antérieures et les choses nouvelles dans les oracles deutéroisaïens, EThL 40 1964, S. 39-40) und Steinmann (Le Livre de la consolation d'Israël, S. 113f).

[278] Vgl. 43, 12b; 46, 9b; vgl. noch das sekundäre 45, 22b.

[279] Vgl. Duhm, Das Buch Jesaja, S. 319.

der Erde. Es bezieht sich also auf das geschichtliche Eingreifen Jahwes und auf seine Schöpfertätigkeit zugleich. Trotzdem fällt auf, daß hier nicht sofort das Verb נטה verwendet wird, das fast durchgehend auf שמים bezogen wird [280]; in 48, 13 steht dafür aber das Verb טפח. Die Verwendung des Verbs ברא entstammt vielleicht dem Anliegen, die schöpferische Macht Jahwes stärker hervorzuheben, dürfte aber auch im rhythmischen Ausgleich und im rhetorischen Ton des Textes ihren Grund haben. Das nächste Verb רקע kehrt im sekundären 44, 24 wieder, wo es sich auf die Erde bezieht wie hier; dort steht es neben נטה, das seinerseits שמים regiert. Das Wort צאצאים meint all das, was aus der Erde wächst; darin unterscheidet es sich von 44, 3; 48, 19; 61, 9; 65, 23, wo es die Sprößlinge Israels meint.

Einmalig innerhalb von Jes 40-53 ist auch das Vorkommen des Begriffs נשמה; er begegnet wieder in 57, 16. Das Wort עם wird hier zur Bezeichnung des Menschengeschlechtes gebraucht, was bei Deuterojesaja sonst kaum vorkommt [281], wenn man den unsicheren Text 44, 7 nicht berücksichtigt; 40, 7 gehört einem späteren Überlieferungsstadium an. In 43, 8.20b; 49, 13; 51, 7.22; 52, 9 und an den sekundären Stellen 42, 22; 43, 21a; 51, 4.16; 52, 4-6 bezieht sich עם auf das Volk Israel. Dem Wort רוח stehen am nächsten die Stellen 44, 3 und 57, 16. Es spielt sonst bei Deuterojesaja keine besondere Rolle. Im Sinne von „Wind" bzw. „Luft" begegnet es in 41, 16.29; in 48, 16b wird es theologisch gebraucht und bezieht sich auf die prophetische Sendung. Einmalig ist die Bezeichnung der Menscheit als „die Wandernden auf der Erde".

Betrachtet man V. 5 als Ganzes, so legen die festgestellten Unterschiede im Gebrauch von Formeln, Wörtern und Bildern zur sonstigen Sprache Deuterojesajas es nahe, ihm den partizipialen Teil des Verses abzusprechen. Entscheidend dafür ist aber die Tatsache, daß es bei Deuterojesaja ungebräuchlich ist, mehr als zwei partizipiale Appositionen zum Namen Jahwes zu verwenden [282]. Es ist nicht auszuschließen, daß diese partizipialen Sätze auf die Hand dessen zurückgehen, der האל hinzugefügt hat, also auf den Redaktor, der Gerichtsrede und Bestreitungsrede miteinander verbunden hat, oder auch auf einen anderen Redaktor, dessen Identität wir noch herauszustellen hätten. Denn wir begegnen der Wendung רקע הארץ im sekundären 44, 24 und der

---

[280] Vgl. 40, 22; 45, 12; dazu noch 44, 24; 51, 13.
[281] Vgl. dafür das Wort אדם in 45, 12.
[282] Vgl. 40, 23-29a; 43, 1; 44, 2.

Wendung ברא השמים im sekundären 45, 18aα*. Der jeweilige Redaktor hätte sich dabei einiger Begriffe und Inhalte bedient, die Deuterojesaja eigen sind, ohne ihn aber pedantisch nachzuahmen.

V. 6

Er beginnt mit der für die Selbstvorstellungsformel typischen Zusammensetzung אני יהוה. Sie erfüllt aber hier nicht die Funktion der Selbstvorstellung; denn sie bildet keinen in sich geschlossenen Nominalsatz, sondern fungiert als Subjekt eines Verbalsatzes, was innerhalb von Jes 40-53 unter achtzehn Fällen[283] nur noch zweimal vorkommt[284]. Das Verb קרא regiert ein „Dich", das weiterhin nicht mit Namen genannt wird. Dieses Verb bezieht sich sonst auf Israel[285], auf Abraham (51, 2), auf die Menschengeschlechter (41, 4) und auf Kyros[286]. Einige Beobachtungen lassen darauf schließen, daß in 42, 6 Kyros gemeint ist. Einmal wird קרא, wie bereits gesagt, auch für Kyros verwendet[287]; die hier belegte Wendung חזק ביד wird für ihn in 45, 1 wieder gebraucht; der Ausdruck בצדק begegnet noch einmal in 45, 13, einem Text, der sich deutlich auf Kyros bezieht. Zum anderen sind die Kyros-Texte von der Selbstvorstellungsformel im Zusammenhang mit dem Motiv von Jahwes Einzigkeit und Unvergleichbarkeit als Gott gekennzeichnet[288]; die dem Angesprochenen anvertraute Aufgabe entspricht schließlich der Aufgabe, die Kyros zu erfüllen hat. Denn von der Befreiung des Volkes ist in 43, 14; 45, 13 und 48, 14-16a, das in einem mit 48, 20f zu lesen ist, die Rede; ferner lassen die blinden Augen von 42, 7a an das blinde Volk von 43, 8, aber auch an die Blinden von 42, 18-23[289] denken. Wenn wir dann V. 6b so deuten, daß der Angeredete dafür bestellt ist mitzuwirken, damit Jahwes Bund mit dem Volk wiederhergestellt wird, so entspricht das der Selbstbezeichnung Jahwes in seiner Rede an Kyros als Gott Israels (vgl. 45, 3b).

Einmalig im ganzen AT ist der Ausdruck קרא בצדק. In 59, 4

---

[283] Vgl. 41, 13.17; 42, 6.8; 43, 3.11.15; 44, 24; 45, 3.5-7.8.18b.19b.21; 48, 17; 49, 26; 51, 15; vgl. auch 46, 9.

[284] Vgl. 41, 17 und das sekundäre 45, 8.

[285] Vgl. 41, 9; 43, 1.7; 48, 12; 54, 6.

[286] Vgl. 45, 3f; 46, 11; 48, 15.

[287] Vgl. auch 41, 25 mit der von Elliger vorgeschlagenen Textänderung קראתי בשמו (vgl. Jesaja II, S. 173).

[288] Vgl. 41, 1-4; 45, 1-6a.11-13; 46, 9-11; 48, 12-16a.

[289] Elliger hält 42, 19-23 mit Ausnahme von vv.18.24b für tritojesajanisch (vgl. Verhältnis, S. 173f).

(קרא בצדק) ist das Partizip קרא terminus technicus und bedeutet
„Kläger". Es fragt sich, was dieser Ausdruck an unserer Stelle bedeutet. Ist der Begriff צדק mit dem Verb קרא zu verbinden, schildert
es also die Art und Weise, wie die Berufung geschehen ist, oder
drückt er die Eigenschaft und das Anliegen des Subjektes aus und
bezieht sich auf יהוה? Berücksichtigt man den Sprachgebrauch Deuterojesajas, so fällt auf, daß die Wurzel צדק im Zusammenhang mit
der Wurzel ישע [290], mit den Begriffen ישועה und צדקה (vgl. 51, 7a.8b)
und mit dem Verb דבר (vgl. 45, 19b) steht. In 51, 1 wird צדק sogar
mit יהוה auf gleiche Ebene gestellt. צדק ist etwas, was zu Jahwe gehört
und von ihm kommt, wie es sich in 45, 19 (vgl. 45, 8.25) deutlich
zeigt. Das sekundäre 42, 21 spricht von צדקו in bezug auf Jahwe.
Wenn man bedenkt, daß der Text nicht so sehr die Person des Beauftragten als vielmehr die zu erfüllende Aufgabe in den Blick setzt,
daß eben von der Berufung und Ausrüstung zu einem bestimmten
Zweck die Rede ist, so darf man בצדק nicht individuell verstehen als
Bezeichnung dafür, wie Jahwe sich zum Angesprochenen verhält, wie
er an ihm handelt [291]. In בצדק kommt vielmehr Jahwes Beweggrund
und Anliegen hinsichtlich der zugewiesenen Sendung zum Ausdruck:
sie soll sein Heil verwirklichen, denn sie entstammt seinem Heilswillen.
Dieser Deutung entsprechend würde die Präposition ב die das Geschehen der Berufung, der Ausrüstung und der Aussendung tragende
und bestimmende Eigenschaft des Subjekts Jahwe ausdrücken [292].
Da anderseits das Wort צדק zur forensischen Sprache gehörte und
den Erfolg im Prozeß [293], d.h., das durch einen gerichtlichen Spruch
wieder geltend gemachte und zuerkannte Recht bezeichnete, dürfen
wir diesen Gedanken mit in unsere Deutung aufnehmen und sagen:
in dieser Sendung schenkt Jahwe das Heil und stellt das verlorene
Recht der Betreffenden wiederher. Der Text wäre zu übersetzen:
„ich Jahwe habe dich gerufen als der Heil und Recht Stiftende".
Vereinfacht gesagt: „ich Jahwe habe dich um des Heils willen gerufen" [294]. Bei einem solchen Verständnis von בצדק hätten wir in

---

[290] Vgl. 45, 21b und das sekundäre 45, 8; vgl. Ps 65, 6.

[291] So auch Elliger, wenn er schreibt: „Die beiden Sätze von 6a... sprechen den
gleichen Gedanken aus, die Ausrüstung des Berufenen mit der göttlichen Kraft, die
Beschenkung mit dem göttlichen Segen für sein Werk" (Jesaja II, S. 232).

[292] Vgl. Brockelmann, Hebräische Syntax, S. 98 §106g.

[293] Vgl. Elliger, Jesaja II, S. 120.

[294] In gleiche Richtung geht die Übersetzung Knights: „in (my) saving purpose"
(Deutero-Isaiah, S. 74f). Vgl. Rignell, A Study of Isaiah Ch. 40-55, S. 34.

diesem Wort keimhaft all das enthalten, was im Folgenden deutlich zur Sprache kommt.

In den meisten Fällen wird das Verb יצר, falls dieses Verb und nicht נצד vorliegt, innerhalb von Jes 40-53 auf Israel bzw. die Israeliten angewandt[295]. In 49, 5 bezieht es der Redende auf sich selber : er hat mich zu seinem Knecht gebildet. An den sekundären Stellen 45, 7 und 45, 18a bezieht es sich jeweils auf das Licht und auf die Erde. In 43, 1.7. steht יצר zusammen mit ברא, in 44, 2 und 44, 24 (sek.) zusammen mit עשה und bezieht sich auf Jakob-Israel. Es verweist also auf die Schöpfertätigkeit Jahwes an den sekundären Stellen, bei Deuterojesaja aber auf das geschichtliche Heilstun Jahwes als des Gründers Israels. Einen geschichtlichen Bezug hat יצר auch in 42, 6b, aber im speziellen Sinn : nach dem קראתיך und dem אחזק בידך kann es sich nur auf die Rüstung des Berufenen zu der zu erfüllenden Aufgabe beziehen. Zu beachten ist 43, 10bβ, wo die Niphalform dieses Verbs auf den Begriff אל bezogen wird. Sollte es sich um das Verb נצר handeln, so begegnet es wieder in 48, 6b; 49, 6a (8b?), beidemal als passives Partizip. Der nächste Verbalausdruck ist נתן ל, was normalerweise mit „zu etwas machen" übersetzt wird. Der Ausdruck kommt innerhalb von Jes 40-53 nur noch in 49, 6 vor. Auch an dieser Stelle ist die Übersetzung „für etwas bestellen" vorzuziehen. Zu bemerken ist, daß Deuterojesaja für den Ausdruck „zu etwas machen" sonst nicht נתן ל verwendet, sondern das Verb שים mit der Präposition ל oder mit der Vergleichspartikel כ oder mit direktem Objekt[296].

Einmalig ist die Bildung ברית עם nicht nur innerhalb von Jes 40-53, falls man 49, 8 für sekundär hält, sondern auch im ganzen AT. Am nächsten zu unserer Stelle steht Jos 24, 25 mit seiner Formulierung : „Und Josua schloß ברית לעם". Geben wir dem Begriff ברית den Sinn von „Bestimmung", „Verpflichtung", wie es Elliger im Anschluß an Kutsch tut[297], so müßten wir den Text folgendermaßen deuten : ich bestelle dich im Hinblick auf die Bestimmung für das Volk. Gemeint wäre der Sachverhalt : ich bestelle dich, damit durch deine Sendung meine Bestimmung, Israel zu meinem Volk zu machen, wieder zur Geltung kommt bzw. als weiterhin gültig bestätigt wird. Meint aber

---

[295] Vgl. 43, 1.7.21; 44, 2.21.24; 45, 11a.

[296] Vgl. 41, 15.18; 42, 15f; 49, 2a.2b.11; 50, 7; 51, 3.23b; vgl. die sekundären Stellen 50, 2f; 51, 10.

[297] Vgl. Elliger, Jesaja II, S. 234f.

der Begriff עם hier wirklich die Menschheit[298]? Die Tatsache, daß zwei Zeilen vorher עם das ganze Menschengeschlecht bezeichnet, ist allein kein stichhaltiger Grund, das gleiche auch für V. 6b anzunehmen, zumal עם in V. 5b näher umrissen ist durch die präpositionale Wendung עליה. In V. 6b fehlt jede nähere Bestimmung, die Formelhaftigkeit des Ausdrucks ברית עם spricht aber für eine Deutung des עם auf das Volk Israel hin, fußt doch jede Formel sinngemäß auf dem festen Boden herkömmlicher Traditionen. Und welche Tradition prägt durch und durch das alttestamentliche literarische Werk, wenn nicht die der ברית? Wäre in 42, 6b wirklich ein Bund mit den Völkern oder eine Bestimmung Jahwes für die Völker gemeint, so hätte diese bedeutende Botschaft, die für das alttestamentliche Denken trotz aller weit zurückliegenden Ansätze eine gewaltige und umwälzende Erweiterung der ברית darstellte, deutlicher ausgesprochen werden müssen. Eine positive Einstellung zu den Völkern kommt bei Deuterojesaja in 45, 6a und in 49, 6, falls diese letztere Stelle mit dem ganzen 49, 1-6 von ihm stammt. Zu beachten ist, daß der Prophet öfter über das die Völker treffende und schlagende Gericht spricht[299]. Die Völker werden von Jahwe zur Gerichtsverhandlung aufgerufen (vgl. 41, 1; 43, 9), sie sind sogar nichts und dem Nichts anheimgegeben (vgl. 40, 17.23). Da das Motiv des Gerichtes gegen die Völker einen breiten Platz in der Verkündigung des Propheten einnimmt, müßte das Motiv ihrer Berufung zum Bund als Pendant dazu, wäre es in seiner Verkündigung zentral gewesen, genauso deutlich und häufig auftauchen. Übrigens kommt das Wort עם im Sinne von „Menschheit", wie bereits gesagt, bei Deuterojesaja nicht vor: 42, 5aβγb erwies sich als sekundär, 44, 7 ist textkritisch unsicher und 40, 7 gehört zu einer späteren Überlieferungsschicht, meint aber sehr wahrscheinlich das Volk Israel[300]. Es bliebe schließlich unbegreiflich, warum עם nicht im Plural steht wie das parallele גוים.

Anderseits fragt man sich, was der Ausdruck „für das Licht der Weltstämme" bedeuten soll in einem Zusammenhang, wo die Gabe des Bundes und des Rechtes an das Volk Israel durch Jahwe den gedanklichen Mittelpunkt zu bilden scheint. Anderseits nimmt das

---

[298] So neuerdings Bonnard (Le Second Isaïe, S. 126f), Elliger (Jesaja II, S. 235), McKenzie (Second Isaiah, S. 39f), North (The Second Isaiah, S. 38, 112), Penna (Isaia, S. 432f), Steinmann (Le Livre de la consolation d'Israël, S. 114) und Westermann (Das Buch Jesaja, S. 83).
[299] Vgl. 41, 2; 43, 14; 45, 1; 46, 1; 48, 14f; 51, 22f; vgl. noch 49, 22f.26; 52, 10.
[300] Vgl. Elliger, Jesaja II, S. 25f.

Motiv des Heils der Völker keinen großen Platz bei Deuterojesaja
ein. Der Ausdruck kehrt nur in 49, 6 wieder, wo er am Platz zu sein
scheint; 51, 4 wird, wie mehrmals erwähnt, als sekundärer Zusatz
betrachtet. Bedenkt man, daß לאור גוים rhythmisch außerhalb der
Reihe steht, wie sich unten noch zeigen wird, so hält man das am
besten für einen Zusatz, der von 49, 6 hierher übernommen wurde[301].
Daß gerade dieser Ausdruck „sofort durch 7a und weiter durch 7b
erläutert wird, eine Entsprechung für לברית עם aber fehlt"[302], stimmt
freilich nicht. Deutet man עם auf Israel hin, so entsprechen die in
V. 7 enthaltenen Aussagen ähnlichen Aussagen, die sich auf Israel
beziehen, wie 42, 16.22αβγ; 43, 8; 45, 13; 49, 9-13. Das Motiv der
Finsternis bzw. der Blindheit und der Gefangenschaft als des Zu-
standes, in dem sich Israel befindet, kehrt an diesen Stellen wieder.
So paßt V. 7 zum עם von V. 6b gut. Man versteht den Singular אסיר
besser, wenn man עם als auf Israel bezogen auffaßt. Ohne לאור גוים
merkt man, daß der im Text waltende Gedanke einheitlich ist: durch
die Befreiung aus der Gefangenschaft erhalten die Israeliten ihr Recht
als Bundesvolk zurück. Es ist eben das, was Jahwe durch Kyros
erreichen will.

V. 7

Weist Wörter auf, die teils wiederkehren wie עור (42, 18f; 43, 8)
und חשך (45, 3.19; 49, 9), teils einmalig sind wie אסיר und מסגר, ישב.
Noch einmal belegt sind פקח und כלא (jeweils in 42, 20 und 42, 22).
Der Gebrauch des Infinitivs mit der Präposition ל gehört zu den
stilistischen Merkmalen Deuterojesajas, denn es kommt wieder in
43, 20b; 45, 1b vor; es fehlt auch innerhalb von Jes 49-53 nicht[303].
Nach all dem ist für 42, 6f die deuterojesajanische Herkunft anzunehmen.

V. 8

In V. 8 kehrt das אני יהוה von V. 6a wieder. Diese Formel wird
durch das unmittelbar folgende הוא שמי in starker Weise betont, was
innerhalb von Jes 40-53 nicht mehr begegnet. Die Wendung „Jahwe
der Heerscharen ist sein Name" ist sonst an den sekundären Stellen

---

[301] So Elliger, Verhältnis, S. 46f, 60, 64, und im Anschluß an ihn auch Sellin, Die
Lösung des deuterojesajanischen Gottesknechtsrätsels, ZAW 55 1937, S. 201. Vgl.
neuerdings auch North, The Suffering Servant of Deutero-Isaiah, S. 134.
[302] Das meint Elliger, vgl. Jesaja II, S. 235.
[303] Vgl. 49, 5aβ.6a.6b.8bβ; 50, 2aγ.4; 51, 10b.13aβ.16b.22b.

48, 2b; 51, 15b belegt[304]. Was der Nominalsatz שְׁמִי הוּא in V. 8a
neben der Selbstvorstellungsformel aussagen will, läßt sich wegen
Mangels an Vergleichsstellen nur aus dem Kontext eruieren. In der
Tat ist von V. 6 bis V. 7 eigentlich von Jahwe selbst die Rede. Er
beruft, unterstützt, sendet, stiftet Recht, stellt den Bund wiederher
und greift ein, um das gefangene Volk zu befreien. Daß er Jahwe ist,
erweist sich an diesem vielseitigen, allmächtigen Handeln. Daß sein
Name Jahwe ist, kann man an diesem seinen Tun ersehen. Nicht zufällig steht die Selbstvorstellungsformel im Zusammenhang mit der
Erwähnung bzw. Schilderung der göttlichen Machttaten im Raum
der Schöpfung und der Geschichte, wie es in besonderer Weise in
45, 1-6a.18b-19.21; 46, 9-11 ersichtlich ist. Der Name soll daran
erinnern, daß Jahwe der das Seiende schaffende und die Geschichte
lenkende Gott ist.

In V. 8bα spricht Jahwe von seiner „Ehre". Der Begriff כבוד dürfte
mit dem Begriff שֵׁם zusammenhängen: er bezeichnet die Großtaten in
der Schöpfung und in der Geschichte, insofern sie Gottes Allmacht
und Heilskraft ans Licht bringen. Jahwe ist darauf bedacht, daß Israel
das erfahrene Heil, das ihm durch Vermittlung des Kyros zukommen
wird, ihm selbst und keinem anderen Gott oder Götzen zuschreibt.
Der Zusammenhang beider Begriffe miteinander ergibt sich aus Stellen
wie 43, 7 und 48, 9-11. Die Israeliten, deren Rückkehr ins Heimatland
Jahwe nun in die Wege leitet, sind die, die seinen Namen tragen und
die er zu seiner Ehre geschaffen hat: Jahwes Allmacht und Heilskraft
wird im Dasein und Schicksal dieses Volkes bezeugt. Wenn anderseits
Jahwe Israel verschont und nicht ausrottet, so tut er das um seines
Namens willen, damit Israel der lebendige Erweis seines Gottseins
bleibt. Jahwe läutert und prüft sein Volk, damit es ihn als seinen
Retter erkennt und ihm die „Ehre" gibt. Die Wendung von V. 8bα
begegnet unverändert in 48, 11b.

V. 8bβ fällt zunächst deswegen auf, weil er sich rhythmisch nicht
einreihen läßt. Es bestehen aber auch Unterschiede im Gebrauch des
Begriffs תהלה. Aus 43, 21b, aber auch aus dem sekundären 42, 10.12
geht hervor, daß der Ruhm etwas ist, was der Mensch bzw. die
Schöpfung Jahwe gibt, nicht etwas, was Jahwe sich selber gibt oder
von sich aus einem anderen schenkt. Jahwe kann von seinem Volk
sagen: meinem Ruhm werden sie verkünden (43, 21b); sie sind es
aber, die seinen Ruhm proklamieren, nicht er. Im sekundären 48, 9

---

[304] Vgl. Elliger, Verhältnis, S. 189-191, 209-211.

kann die Aussage „um meines Ruhmes willen verschone ich dich"
meinen : damit du meinen Ruhm verkünden kannst, werde ich dich
verschonen, wobei das Rühmen und Lobpreisen wiederum als eine
Handlung gekennzeichnet wird, die dem Menschen allein bzw. der
Schöpfung zukommt. In 42, 8bβ sagt aber Jahwe merkwürdigerweise,
daß er seinen Ruhm den Götzen nicht geben will. Deuterojesaja hätte
nicht so gesprochen, wenn wir uns an 43, 21b halten. Dazu kommt,
daß es nicht sicher ist, ob er den Begriff פסל gebraucht hat; 42, 17
und 45, 20b sind nämlich sekundär und 48, 5b gilt als tritojesajanisch[305]. V. 8bβ könnte auf den Redaktor zurückgehen, der die
Bestreitungsrede 41, 1-4.25-26bα.27; 42, 5-8abα* mit der Gerichtsrede
41, 21-24a.26bβ.28-29a; 42, 9 verbunden hat.

V. 9

In V. 9 begegnen Wörter und Wendungen, die sonst innerhalb von
Jes 40-53 gut belegt sind. Der Plural von ראשנה kommt in 41, 22;
43, 9.18; 46, 9; 48, 3 vor, nur einmal, und zwar in 52, 4 (sek.) ist der
Singular belegt. In 48, 3.5a kommt es zusammen mit dem Verb בוא
vor genauso wie hier[306]. Der Plural von חדשה findet sich in 48, 6b
wieder, während in 43, 19 der Singular begegnet. Da aber an dieser
Stelle von einer bestimmten Tat die Rede ist, die Jahwe zu vollziehen
gedenkt, und zwar vom Wege, den Jahwe für den Durchzug seines
Volkes in der Wüste legt, so ist der Singular von daher gerechtfertigt.
Wie hier ist חדשה in 43, 19 mit dem Verb צמח verbunden, in 48, 6b
kommt es zusammen mit dem Verb שמע (Hiphil) vor. In 48, 5aβ
haben wir den gleichen Satzbau und mit Ausnahme des Verbs צמח,
an dessen Stelle das Verb בוא steht, die gleichen Begriffe wie in 42, 9bβ.

Die Hiphilform von נגד begegnet sehr oft in unseren Texten innerhalb von Jes 40-48. Es bezieht sich meistens auf das Zukünftige, auch
wenn im Augenblick der Rede das Vorherverkündigte bereits eingetroffen ist[307]. Es hat aber auch imperativische Bedeutung[308]. In
45, 19b bezieht es sich auf eine sich vollziehende Handlung. In 43, 9aβ
bezieht es sich wahrscheinlich dem Sinn nach auch auf Zukünftiges.
Zu beachten ist der Zusammenhang, in dem sich dieses Verb findet.

---

[305] Elliger hält 48, 1bγ.2.4.5b.8b-10.16b.17-19 für tritojesajanisch und 48, 7b.11aβ
für eine Interpolation (vgl. Verhältnis, S. 192, 194f).
[306] Zum Sinn von ראשנה vgl. Schoors, Les choses antérieures et les choses nouvelles
dans les oracles deutéro-isaïens, EThL 40 1964, S. 35-40, 41f.
[307] Vgl. 41, 22a.23a.26; 43, 12; 44, 7b.8aβ; 45, 21b; 46, 10a; 48, 3a.5a.14a.
[308] Vgl. 41, 22b; 42, 12b; 44, 7a; 45, 21a; 48, 6a.20a.

Mit Ausnahme von 42, 12 und 48, 20 geht es immer um den Selbsterweis Jahwes gegenüber anderen Göttern und Götzen : dadurch, daß
Jahwe im Gegensatz zu den anderen Göttern das Kommende vorherverkündet hat, wird seine Einzigkeit und Heilsmacht offenbar.

So klar uns Sprache und Stil von V. 9 auf Deuterojesaja als Verfasser verweist, desto unklarer ist die überlieferungsgeschichtliche Zu-
weise des Verses[309]. Einmal taucht ganz plötzlich die Anrede in der
zweiten Person Plural auf. Wir werden damit auf 41, 21-24a zurück-
geworfen, wo wir die gleiche Anrede feststellen. Ein andermal fragt
man sich, was die Aussage von V. 9 mit dem Wort von VV. 5-8a zu
tun hat. Es geht in beiden letztlich doch um den Selbsterweis Jahwes,
aber verschieden ist der jeweilige Sachverhalt. Denn in VV. 5-8a
handelt es sich um das, was Jahwe durch die Vermittlung des Kyros
zu vollziehen gedenkt : am Heilsgeschehen, das noch im Werden ist,
erweist sich Jahwe als Gott und Retter. In V. 9 wird dagegen festgestellt, daß das Allererste, was Jahwe vorhergesagt hatte, bereits eingetroffen ist : Jahwe hat sich damit als Gott erwiesen und hat gegen
die vermeintlichen Götter gesiegt, auf die man Vertrauen gesetzt
hatte. Es ist zu vermuten, daß beide Texte ursprünglich nicht zueinander gehörten, obwohl sie aus der gleichen Hand stammen. 42, 9
schließt sich gut über 41, 28-29 an 41, 21-24 an. Dafür spricht nicht
nur die gemeinsame Terminologie, insofern der Begriff הראשנות und
dann die Verben הגיד und השמיע auch in 41, 22 vorkommen, sondern
vor allem die einheitliche Gedankenfolge. Denn die Gerichtsrede
gegen die Götter und Götzen 41, 21-24.28-29 gelangt erst in 42, 9 zu
ihrem eigentlichen Abschluß. Der Vorladung 41, 21-22a folgt in 41,
22b-24 die Verhandlung, bei der sich der Rechtsanspruch der Götter
als nichtig erweist ; nachdem Jahwe in 41, 29 eine Nichtigkeitserklärung
gegen die Götter abgegeben hat, bestätigt er in 42, 9 durch feierliche
Selbstprädikation (אני) und mit dem Hinweis auf sein geschichtliches
Tun den eigenen Rechtsanspruch, der einzige Gott und Ursprung des
Heils zu sein. Wir kommen damit zum Ergebnis, daß 41, 21-24.26bβ.

---

[309] Bereits Duhm äußerte die Meinung, daß 42, 8-9 den Abschluß von 41, 21-29
bildet (Das Buch Jesaja, S. 288). Mowinckel knüpft 42, 5-9 an 41, 21-29 an (Die
Komposition des deuterojesajanischen Buches, S. 93-96). Das ist neuerdings auch die
Meinung von Penna (Isaia, S. 433). Volz bemerkte : „...v.9 paßt noch weniger als v.8
zum Ebedlied. Vermutlich war der Schluß des Lieds verloren gegangen, und so füllte
man die Lücke mit den geläufigsten dtjesajanischen Sätzen aus" (Jesaja II, S. 156).
Westermann hält v.9 für ein versprengtes Fragment (Das Buch Jesaja, S. 84). Elliger
(Verhältnis, S. 63f, Jesaja II, S. 225-229) und North (The Suffering Servant in Deutero-
Isaiah, S. 132) sprechen sich für die Zugehörigkeit von 42, 8-9 zu 42, 5-7 aus.

28-29; 42, 9 zu einer in sich geschlossenen Gerichtsrede gehört,
während 41, 1-4.25-26bα.27; 42, 5-8bα* als Bestreitungsrede eine eigene Einheit bildet. Beide Texte bestanden jeder für sich und erst nachträglich im Rahmen einer redaktionellen Bearbeitung der deuterojesajanischen Texte oder eines Teils davon wurden sie ineinander
verflochten. 42, 8bβ würde auf die Hand dieses Redaktors zurückgehen, der damit deutlicher an die Thematik von 41, 21-24.28-29
anknüpfen wollte, Vermutlich geht auf ihn zurück auch das האל von
42, 5aα, wobei Jahwes Gottsein im Hinblick auf die Thematik der
ganzen Gerichtsrede in besonderer Weise betont werden sollte. Das
bildet ja einen guten Kontrast zu den פסילים von 41, 23aβ und auch
zu den אלהים von 42, 8bβ. Weisen wir V. 9 der Gerichtsrede 41,
21-24.28-29 zu, so bleibt als ursprünglicher, zu Bestreitungsrede 41,
1-4.25-26bα.27 gehörender Text folgende Einheit :

V. 5aα	So hat Jahwe gesprochen :
V. 6aα	Ich, Jahwe, habe dich um des Heils willen gerufen :
VV. 6aβba	nun fasse ich dich an der Hand und rüste dich.
V. 6bβ	Ja, ich bestelle dich für den Bund mit dem Volk
V. 7a	— zu öffnen blinde Augen,
V. 7bα	herauszuführen aus dem Kerker den Gefangenen,
V. 7bβ	aus dem Hafthaus, die in Finsternis sitzen —.
V. 8a	Ich bin Jahwe : das ist mein Name!
V. 8bα	Meine Ehre gebe ich ja einem anderen nicht.

c) *Form- und Gattungskritik*

Vorliegende Einheit besteht aus einer Einführung (V. 5aα) und aus
vier Strophen, die je zwei Halbstiche aufweisen. Verbindet man in
VV. 6a.8a אני־יהוה, in V. 7bβ מבית־כלא mit maqqef[310], so erhält
man einen Text, dessen Halbstiche fast durchgehend drei Akzente
aufweisen. VV. 8bβ.9 dagegen bestehen aus Halbstichen mit je zwei
Akzenten, אני־מגיד kann man ja mit maqqef verbinden.

Es stellt sich die Frage nach der eigentlichen Gattung von 42, 5-8bα
einerseits und von 42, 9 anderseits. Sie kann unter Heranziehung jener
umfangreichen Texte beantwortet werden, als deren Teil 42, 5-8bα*
und 42, 9 jeweils verstanden wurden, und zwar 41, 1-4.25-26bα.27
einerseits und 41, 21-24a.26bβ.28-29a anderseits. 41, 1-4 und 41, 21-29
gelten allgemein als Gerichtsreden[311]. Eine genauere Betrachtung des

---

[310] Vgl. Beer-Meyer, Hebräische Grammatik, S. 45f.
[311] So zuletzt Elliger, Jesaja II, S. 108-112, 177-179, und Schoors, I am God your
Saviour, S. 207-222.

Textes führt aber zu einem anderen Ergebnis. Denn das eigentliche
Merkmal der Gerichtsrede geht diesem Text ab: die Vorladung ist
da, es fehlt aber die Verhandlung Diese besteht ja in einer regelrechten
Auseinandersetzung: die eine Partei, in unserem Fall der Redner,
spricht unmittelbar und persönlich die Gegenpartei an und fordert sie
auf, sogleich den Beweis zu erbringen, daß sie im Recht ist, welcher
Beweis auf Getanes bzw. auf sofort zu Tuendes fußt[312]. Die Verhandlung schließt dann mit der Entscheidung: sie fällt zugunsten des
Redners aufgrund der Tatsache, daß die Gegenpartei keinen Beweis
bringen konnte, der Redner aber seinen Rechtsanspruch durch Hinweis auf sein Wort und sein Tun bestätigt hat[313]. In der Bestreitung
dagegen wird die Gegenpartei nicht aufgefordert, Beweise vorzuführen,
und es fehlt eine sich unmittelbar an Ort und Stelle abspielende
Konfrontierung. Die Bestreitung vollzieht sich dadurch, daß der
Redner die Gegenpartei mit einer Frage zur Rede stellt bzw. ihr
Argument, das meistens vorausgesetzt wird, fraglich macht und dann
mit dem Hinweis darauf, daß er einiges bereits bewirkt hat oder
gerade in der Gegenwart bewirkt, sie praktisch, wenn auch nicht
formell, des Unrechtes beschuldigt. Kennzeichnend dafür sind die im
Zusammenhang mit dem Erweiswort verbundenen מי — bzw. הלוא —
oder למה-Fragen[314].

In 41, 1-4.25-26bα.27; 42, 5-8bα* wird der nicht offen ausgesprochene Einwand, Jahwe habe mit dem Siegeszug des Kyros nichts zu
tun, mit dem Hinweis auf dieses Geschehen als Werk Jahwes zurückgewiesen. Der Beweis dafür liegt darin, daß Jahwe all das vorhergesagt
und durch die Berufung und Ausrüstung des Kyros in die Wege geleitet hat. Die Gegenpartei wird nicht zum Gegenbeweis aufgefordert.
Jahwe kann sich auf seinen Namen und seine Ehre berufen — auf
seine im geschichtlichen Handeln sich erwiesene und noch erweisende
Identität. Damit erreicht die Bestreitungsrede ihren Zweck und ihren
Abschluß. Dieser Sachverhalt spricht dafür, daß in 41, 1-4.25-26bα.27;
42, 5-8bα* keine Gerichtsrede, sondern eine Bestreitungsrede vorliegt[315].

---

[312] Vgl. 41, 22f; 43, 9; 44, 7; 45, 21a.
[313] Vgl. 42, 9; 43, 12.14; 44, 8aβγ; 45, 21b.
[314] Vgl. 40, 12-14.18.25 verbunden mit 40, 22-24.28-31; dann 44, 24bγ verbunden
mit 44, 24baβ.25-28; ferner 45, 12-13; 45, 21b; dann 46, 5 im Zusammenhang mit
46, 9-11; dann 48, 14aβ verbunden mit 48, 15; schließlich 50, 1aβ verbunden mit
50, 2b-3.
[315] Auch Elliger bezeichnet 42, 5-9 als Disputationswort (vgl. Jesaja II, 228f).

Es fragt sich aber, welche spezifische Funktion 42, 5-8bα* innerhalb der ganzen Bestreitungsrede erfüllt. Der Text liefert das Berufungswort an Kyros. Wie bereits erwähnt wurde, ist das Geschehen der Berufung zusammen mit der Vorhersage der Beweis dafür, daß das, was sich mit Kyros ereignet, Jahwes Werk ist. 42, 5-8bα* gehört also zur Beweisführung. Aber gerade deswegen ist es inhaltlich mit 41, 27 eng verbunden. Es ist hier davon die Rede, daß Jahwe Sion seine Worte geschenkt und Jerusalem einen Boten gegeben hat. Nun führt 42, 5-8bα* das Wort Jahwes an, das der Bote mitgeteilt hat. Es ist das Wort der Berufung an Kyros[316]. Da hätten wir in 42, 5-8bα keine Fortsetzung der Rede Jahwes, sondern die Rede des Boten, die die Rede Jahwes ergänzt und bestätigt. Wir können uns die Szene so vorstellen, daß der Bote in der Rechtsgemeinde, in der der Redner Jahwe spricht, gegenwärtig war, etwa als Zeuge auftritt und das Berufungswort Jahwes an Kyros als Bestätigung der göttlichen Ausführungen anführt. Es ist aber letztlich vielleicht doch nicht nötig zu vermuten, daß 42, 5-8bα* im jetzigen Zusammenhang aus dem Mund des Boten kommt. Dieser Text kann genauso als unmittelbare Rede Jahwes aufgefaßt werden, die Jahwes Wort an Kyros zitiert. Die Botenformel von V. 5aα dürfte keine Schwierigkeit darstellen : innerhalb von Jes 40-53 kommt diese Formel manchmal mitten in einer Rede Jahwes vor und die einfachste Erklärung, die dabei gegeben werden kann, ist die, daß sie selber zur Rede Jahwes gehört (vgl. 44, 1f). Daß die appositionelle partizipiale Erweiterung der Botenformel auch im Munde Jahwes vorkommt, zeigt 44, 2a[317].

Indem 42, 5-8bα* Einblick in den Vorgang der Berufung und Ausrüstung des Helden gewährt, bringt es den Beweis dafür, daß Jahwe das Kyros-Geschehen nicht nur vorhergesagt, sondern auch durchgeführt hat und noch weiter führt. In seiner Rede beruft sich Jahwe auf sein geschichtliches Handeln. Das Vorkommen der Formel אני־ ־יהוה, die den ganzen Text einschließt, macht darauf aufmerksam, daß Jahwe und sein Tun, nicht die Person und die Aufgabe des Berufenen im Mittelpunkt stehen. In V. 6 fungiert die Formel als Subjekt der vier Verbalsätze; die hier vorhandenen Verben bezeichnen

---

[316] Vgl. Begrich, Studien, S. 141-143. Von Waldow redet von einem Orakel „wie es etwa eine Gottheit einem König zu übermitteln pflegt" (Anlass und Hintergrund der Verkündigung des Deuterojesaja, S. 52). Nach Elliger wird im Disputationswort das Berufungsorakel an Kyros zitiert (vgl. Jesaja II, S. 228).

[317] 49, 21-23.24-26; 52, 3-6 sind wahrscheinlich sekundär, vgl. Elliger, Verhältnis, S. 123-129, 215-219.

keinen Zustand, sondern Handlungen. Diese Formel wird ja auch sonst mit dem Handeln Jahwes in Beziehung gebracht[318]. Dieser Befund läßt darauf schließen, daß unsere Einheit gattungsmäßig zum Erweiswort gehört: an der Berufung und Ausrüstung des Helden zu der ihm zugewiesenen Aufgabe erweist sich Jahwe als der einzige Ursprung des jetzigen militärischen und politischen Weltgeschehens. Auch wenn die Erkenntnisformel hier nicht vorkommt, kann kein Zweifel sein, daß der Zweck der göttlichen Rede auf die Mitteilung solcher Erkenntnis ausgerichtet ist. Das beweist gerade V. 8abα mit seiner betonten Aussage: ich bin Jahwe, das ist mein Name. Nach alttestamentlichem Verständnis liegt der Erweis der göttlichen Namensoffenbarung in dem geschichtlichen Geschehen, das verkündet wird[319]. Versteht man aber 42, 5-8bα* als den abschließenden Teil von 41, 1-4.25-26bα.27, so spricht das ונדעה von 41, 26aα sicher dafür, daß die ganze Bestreitungsrede auch formal gesehen auf Erkenntnismitteilung ausgerichtet ist und deswegen also dem Erweiswort nahesteht bzw. Elemente des Erweiswortes enthält. Ein Blick auf den in mancher Hinsicht parallelen Text 45, 1-6a bestätigt unsere Annahme. Denn in VV. 5-6a liegt hier neben der Selbstprädikation Jahwes אני יהוה ואין עוד ein Wort an Kyros, dem die Erkenntnisformel folgt: „ich gürte dich... damit sie erkennen..., daß keiner ist außer mir". Im Rahmen der großen Bestreitungsrede ist also 42, 5-8bα für sich genommen aufgrund der hier verwendeten Formeln und der inhaltlichen Ausrichtung des Textes als ein Erweiswort anzusehen.

Zu V. 9 wurde bereits das Notwendige gesagt. Er bildet den Abschluß der Einheit 41, 21-24a.26bβ.28-29a, insofern er durch den Hinweis auf das von Jahwe „früher" Vollbrachte und jetzt „neu" Unternommene Jahwe als einzigen Gott gegenüber den nichtigen Göttern und Götzen erweist. Da das terminologische bzw. inhaltliche Gegensatzpaar „das Frühere/das Neue" alle Gerichtsreden gegen die Völker und ihre Götter kennzeichnet[320], ist in 42, 9 ein bedeutendes Element dieser Gattung zu erkennen. V. 9 gehört zum Entscheidungsspruch aufgrund des Selbsterweises, daß das Frühere eingetroffen ist und das Neue bereits sproßt[321].

---

[318] Vgl. 43, 3.11f.14f; 44, 24-28; 45, 6b-7.8.18b-19; 46, 9b-11.

[319] Vgl. Zimmerli, Das Wort des göttlichen Selbsterweises, S. 160f.

[320] Vgl. Westermann, Sprache und Struktur, S. 226).

[321] Vgl. von Waldow, Anlass und Hintergrund der Verkündigung des Deuterojesaja, S. 53 bei 3).

d) *Zur Redaktion*

Dem Redaktor lagen zwei voneinander unabhängige Einheiten vor,
und zwar die Bestreitungsrede 41, 1-4.25-26bα.27; 42, 5aα (nur die
Botenformel).6-8ba und die Gerichtsrede 41, 21-24a.26bβ.28-29a; 42, 9.
Bei beiden ging es um das gleiche, um den Selbsterweis Jahwes, mit
dem Unterschied aber, daß sich Jahwe in der Gerichtsrede mit den
Göttern und Götzen direkt konfrontiert und sie aufgrund der eigenen
in Wort und Tat bewiesenen Macht und ihres in jeder Hinsicht totalen
Unvermögens als Nichts stempelt, während er in der Bestreitungsrede
den Selbsterweis nicht durch Konfrontation, sondern durch selbstoffenbarende, sich auf bereits Vorhergesagtes und Vollbrachtes be-
ziehende Worte durchführt. Beide Texte wollte nun der Redaktor
zu einer einzigen Aussage über Jahwes Gottsein und Heilsmacht
gestalten, wie sie sich am Kyros-Geschehen erwiesen haben. Er
hat seine Arbeit so durchgeführt, daß er ein gewichtiges selbstoffenbarendes Wort aus der Bestreitungsrede durch Anführung eines
entgegengesetzten, die Götter und Götzen angehenden Wortes aus der
Gerichtsrede bestätigt. Die Frage von 41, 4aα erhält nicht nur in
41, 4aβb eine Antwort, die auf Jahwes Macht hinweist, sondern sie
erhält in 41, 24aβ und 41, 29aβ eine weitere bestätigende Antwort, die
der Götter Unvermögen betont. Dem מי פעל ועשה von 41, 4aα entspricht terminologisch das ופעלכם מאפע von 41, 24aβ und das אפס
מעשיהם von 41, 29aβ. Die Frage ferner von 41, 26a und die damit
verbundenen rhetorischen Fragen negativen Inhalts von 41, 26bα erhalten nicht nur in 41, 27 unter Hinweis auf Jahwes verkündendes
Wort eine Antwort, sondern werden durch die Einfügung entsprechender, auf die Stummheit der Götzen hinweisender Worte aus der Gerichtsrede (41, 26bβ.28-29a) bekräftigt. Der Redaktor hat, wie man
sieht, die Texte so ineinander verflochten, daß sein Anliegen, Jahwes
Wortmacht zu betonen, bestens erfüllt wurde : den ihn interessierenden
Text aus der Gerichtsrede V. 26bβ setzte er zwischen die rhetorischen
Fragen V. 26abα und das selbstoffenbarende Wort Jahwes V. 27 mit
seinem entscheidenden Hinweis auf Jahwes Eingreifen im Wort. Diesem Wort ließ dann der Redaktor die aus der Gerichtsrede stammende
Feststellung V. 28 folgen, daß es nämlich zwecklos ist, die Götzen
zu befragen und von ihnen die Rückgabe des Wortes zu erwarten.

Schließlich benutzt der Redaktor den letzten Teil seiner Vorlage
42, 5-8ba*, um die der Bestreitungsrede und der Gerichtsrede je
eigenen Motive zu einer abgerundeten gewichtigen Aussage zusammenzufassen. Mit der Hinzufügung von האל zeigt er ganz klar, woran

es ihm eigentlich lag bei seiner Arbeit : Jahwe als Gott schlechthin zu bezeugen. Die Vorlage selbst bewies durch die zitierten Berufungsworte an Kyros die bestimmende und lenkende Macht Jahwes im geschichtlichen Bereich und speziell in dem sich gerade abspielenden weltumwälzenden Kyros-Geschehen. Das unterstreicht er durch Hinzufügung von V. 8bβ. Bringt Jahwe im selbstoffenbarenden Wort V. 8abα die eigene unteilbare Erhabenheit zum Ausdruck und gibt sich damit aus als der einzige Urheber der Heilsgeschichte, so bekräftigt V. 8bβ dieses Wort dadurch, daß hier die Götzen jeden Anspruchs auf Ruhm beraubt werden; Jahwe legt sie in ihrer aussichtslosen Nichtigkeit bloß und macht damit jeden Versuch des Menschen, sich an sie zu wenden, sinnlos.

Mit der Erwähnung der Götzen war aber ein Anhaltspunkt geschaffen worden zur Anknüpfung an die Gerichtsrede und zur Anführung des abschließenden V. 9. Durch das „euch" werden die angesprochen, welche in 41, 21 aufgefordert wurden, ihre „Beweise" herbeizuschaffen[322]. Es dürfte aber nicht ausgeschlossen sein, daß der Redaktor in diesem „euch" auch die Inseln und Nationen angesprochen sieht, an die sich Jahwe in 41, 1a gewandt hatte. Dann wäre 42, 9 als Zusammenfassung der ganzen Rede von 41, 2-4; 41, 21-29; 42, 5-8* für den Beweis zu halten, auf die die Angeredeten warten sollen (41, 1a). Durch diese kunstvolle Disposition der Texte hat der Redaktor literarisch und inhaltlich eine einheitliche Rede aufgebaut. Angesichts dieses Befundes kann man nicht wie Westermann sagen : „V. 9 wirkt hier wie ein versprengtes Fragment, das „euch" im letzten Satz ist beziehungslos"[323]; man kann auch nicht behaupten : „In dem zugrundeliegenden deuterojesajanischen Wort könnte V. 5.8.9 eine Gerichtsrede an die Götter der Völker einleiten"[324]. Man braucht nicht an eine Einleitung zu denken und anzunehmen, daß sie fragmentarisch erhalten ist. V. 9 und mit ihm VV. 5-8* lassen sich ohne Schwierigkeit als der passende und abgerundete Abschluß einer längeren Rede verstehen[325].

---

[322] Also die Israeliten. Elliger bemerkt : „Auch das ‚euch' scheint sich wie der ganze Schlußsatz 9bβ als Anrede an menschliche Diskussionsgegner leichter zu erklären denn als Anrede an Götter vor Gericht" (Jesaja II, S. 226).

[323] Vgl. Westermann, Das Buch Jesaja, S. 84. Siehe dazu Elliger, Jesaja II, S. 226.

[324] Vgl. Westermann, ebd., S. 84.

[325] Zur Exegese von 42, 5-9 vgl. Merendino, Der Erste und der Letzte. Eine Untersuchung zu Jes 40-48. Manuskript S. 302-305.

8)   42, 10-17

V. 10   Singt Jahwe einen neuen Gesang, seinen Preis vom Erdrand her,
        ihr Fahrenden auf dem Meer und ihr es Erfüllenden, ihr Inseln und
        ihr sie Bewohnenden.

V. 11   Es sollen anheben die Wüste und ihre Städte, die Gehöfte, die Kedar
        bewohnt.
        Es sollen jubeln die Bewohner der Felsen, von der Höhe der Berge
        her jauchzen.

V. 12   Sie sollen erweisen Jahwe Ehre, ja, seinen Preis auf den Inseln ver-
        künden.

V. 13   Jahwe zieht aus als Held, als Kriegsmann weckt er die Kampflust,
        er schmettert, ja dröhnt, er zeigt sich heldisch gegen seine Feinde.

V. 14   „Von Zeiten her habe ich geschwiegen, ich blieb still, bezähmte mich;
        wie eine Gebärende werde ich aber stöhnen, schnaufen und schnauben, ja;

V. 15   veröden will ich Berge und Hügel, all ihr Kraut trocknen lassen,
        Stromland umsetzen zu Steppen und Sümpfe trockenlegen.

V. 16   Dann werde ich Blinde führen auf einem Weg, den sie nicht kennen,
        auf Steigen, die sie nicht kennen, sie leiten.
        Finsteres mache ich ihnen zum Licht und das Holprige zur Ebene.

        Diese sind die Worte, die ich nun ausführe; siehe, ich unterlasse sie
        nicht!"

V. 17   Zurückweichen werden, sich schämen in Scham, die sich mit dem
        Götzen sichern, die zum Gußbild sprechen: Ihr seid unsere Götter.

a) *Zur Einteilung und zür Übersetzung*

Vorliegender Text macht bereits beim ersten Lesen nicht den Eindruck der Einheitlichkeit. Eine Einheit für sich bilden VV. 10-12 wegen
ihres imperativischen Stils und der formalen Inklusion, die ליהוה und
תהלה schaffen. Betrachtet man aber diese Verse als Hymnus, so kann
man auch V. 13 hinzufügen: der berichtende, beschreibende Charakter
dieses Verses spricht für seine Funktion als Begründung zur Lob-
preisung.

In V. 14 ist ein Einschnitt festzustellen; denn mit ihm fängt eine
Rede Jahwes an, die sich bis V. 16 erstreckt. Diese Rede ist vom
Inhalt aus gesehen gegenüber V. 13 an sich selbständig. Ihre Geschlossenheit zeigt sich u.a. auch am letzten Teil von V. 16b, der die
vorher aufgezählten Heilstaten Jahwes durch die Wendung אלה הדברים
zusammenfaßt. Mit seinem berichtenden, beschreibenden Charakter
knüpft V. 17 an V. 13a an; mit diesem scheint er auch thematisch
verbunden zu sein, insofern er dem Auszug Jahwes zum Kampf den
Abzug der Götzenanhänger entgegensetzt. Durch die Wendung אתם

אלהינו knüpft V. 17 aber auch an 41, 23a an. Das dürfte ein Zeichen dafür sein, daß V. 17 mit der ihm vorangehenden hymnischen Partie und dem Heilswort sich auf die Gerichtsrede 41, 21-24 bezieht, und daß der ganze Text 42, 10-17 als Abschluß zu 41, 21-29; 42, 5-9 gedacht ist.

V. 10b

Das Abstraktum מלאו wurde entsprechend dem unmittelbaren Kontext personifiziert; es bezeichnet die Lebewesen, die im Meer sind, und verweist zusammen mit den „Fahrenden auf dem Meer" auf die Gesamtheit derer, die sich im Meeresraum bewegen.

V. 12b

Das Waw von ותהלתו wurde als Waw explicativum verstanden : sie sollen dadurch Ehre erweisen, daß sie Jahwes Preis verkünden.

V. 14b

Das Adverb יחד von V. 14b, das in unserem Text auch eine verstärkende Funktion hat, wurde mit dem einfachen „ja" am Ende des Satzes wiedergegeben.

V. 15b

Das Wort איים von V. 15b braucht nicht etwa mit dem vorgeschlagenen ציות [326] umgetauscht zu werden, wenn man es als „trockene Gebiete" im Unterschied zu „bewässerten Gebieten" versteht. Der Begriff „Steppe" dürfte hier im weiteren Sinn dem Begriff איים entsprechen.

VV. 16-17

Das Perfekt והלכתי von V. 16a bezeichnet hier sehr wahrscheinlich einen in der Zukunft sicher vorliegenden Sachverhalt, wobei das Waw die Folgerung der unmittelbar vorher erwähnten Handlung einführt [327]. Das Substantiv בשת in V. 17a, sollte es ursprünglich sein, verstärkt das Verb יבשו; es dürfte also adverbiellen Sinn haben : sich mit aller Scham, durch und durch schämen.

---

[326] So Fohrer, Das Buch Jesaja, Bd. 3, S. 54, McKenzie, Second Isaiah, S. 43, North, The Second Isaiah, S. 113, Penna, Isaia, S. 436, und Ziegler, Isaias, S. 125. Elliger äußert sich gegen diesen Vorschlag, vgl. Jesaja II, S. 254.
[327] Vgl. Christian, Untersuchungen, S. 58, 64, 192.

b) *Literarkritik*

V. 10

Die Aufforderung שירו ליהוה begegnet außer an unserer Stelle auch in Ex 15, 21; Jer 20, 13; Ps 33, 3; 96, 1f; 98, 1; 149, 1. Sie kennzeichnet den Auftakt des Hymnus zur Ehre Jahwes. Die Verwendung der Formel in der ersten Person Singular ist in der hymnenartigen Partie des Deboraliedes Ri 5, 3, ferner in Ps 13, 6; 27, 6; 104, 33; 1 Chr 16, 23 belegt. Ergänzt durch das Objekt שיר חדש wie hier kommt sie in Ps 33, 3; 96, 1; 98, 1; 144, 9; 149, 1 vor. Mit Ausnahme von Ex 15, 21; Jer 20, 13 und Ps 144 scheinen die übrigen Texte nachexilisch zu sein. Die Angeredeten sind jeweils verschieden: צדיקים und ישרים in Ps 33, 1ff; כל־הארץ in Ps 96, 1 und 98, 4; משפחות עמים in Ps 96, 7; Israel und die חסידים in Ps 149, 1. In Jer 20, 13 ist es nicht deutlich, an wen sich die Aufforderung richtet: die Formel wird hier stereotyp gebraucht und hat keinen direkten Bezug auf eine bestimmte Zuhörerschaft. In Jes 41, 10b-11 werden alle Gebiete erwähnt, welche die ganze Erde umfaßt: das Meer, die fernen Länder, die Wüste und die Felsenberge. Man redet hier also כל־הארץ an; der Aufruf zum Lobpreis richtet sich aber eigentlich an Menschen.

Das Verb שיר kommt auch ohne Objekt vor[328]. Mit dem Objekt תהלה ist es in Ps 106, 12 und 149, 1 belegt. In Jes 43, 21 wird dieses Wort vom Verb ספר (Pi) regiert, in 42, 12 vom Verb נגד (Hi). Einmalig im ganzen AT ist die Verbindung von שיר wie auch von שיר חדש und תהלה mit der Ortsangabe מקצה הארץ. Der Ausdruck מקצה הארץ kehrt innerhalb von Jes 40-66 nur in 43, 6 wieder, und zwar im lokalen Sinn; in 42, 10 hat er rhetorischen Charakter.

Einmalig ist bei Deuterojesaja wiederum der Ausdruck יורדי הים. Das Verb ירד im Sinne von „hinabziehen" kommt sonst nur im sekundären 52, 4 vor, wenn man das spätere 47, 1 ausschaltet[329]. Der Ausdruck findet sich aber in Ps 107, 23. So auch מלאו, der bei Deuterojesaja einmalig ist; er begegnet in den Psalmen, und zwar in Ps 96, 11; 98, 7. Daß er nach dem parallelen Halbvers Menschen bezeichnen muß[330], leuchtet nicht ein: in V. 11aα wird ja auch die Wüste angeredet. Es stimmt aber, daß es sonst nur Menschen sind,

---

[328] Vgl. etwa Ex 15, 21; Ri 5, 3; Jer 20, 13; Ps 13, 6; 27, 6; 104, 33; 105, 2; 1Chr 16, 23.

[329] Vgl. ferner 55, 10; 63, 14.19; 64, 2.

[330] So bereits Duhm, Das Buch Jesaja, S. 289, und neuerdings Fohrer, Das Buch Jesaja, Bd. 3, S. 55. Vgl. Elliger, Jesaja II, S. 246.

die hier erwähnt werden. Der Verfasser übernimmt hier anscheinend manche Wendungen aus der hymnischen Sprache und verbindet sie miteinander, ohne auf die Bedeutung einzelner Inhalte zu achten.

Nur hier begegnet die Verbindung איים וישביהם innerhalb von Jes 40-53 und überhaupt im AT. Das Substantiv ישב bezieht sich in 40, 22 und 51, 6 auf ארץ, in 49, 19 auf das Land Sions; in 42, 7 hat es den Sinn von „Sitzenden", womit es sich von 42, 10b unterscheidet. Der Plural איים wird seinerseits in der Anrede sonst ohne nähere Bestimmung allein gebraucht (vgl. 41, 1; 49, 1).

Der literarische Befund von V. 10 zeigt, daß Wortschatz, Formulierungen und Bilder nicht kennzeichnend für Deuterojesaja sind. Es fällt das Überwiegen einiger Ausdrücke auf, die sich sonst im AT, vor allem in den Psalmen finden. Man kann nicht ausschließen, aber auch nicht klar beweisen, daß der Verfasser von der Tradition der hymnisch-liturgischen Sprache abhängig ist. Da es sich um meistens nachexilische Psalmen handelt, scheint eine direkte Abhängigkeit des Verfassers mindestens von diesen Texten unwahrscheinlich. Ja, die hier vorliegenden Wendungen werden im AT in verschiedenen Zusammenhängen so allgemein gebraucht, daß man an der Echtheit von V. 10 zweifeln muß. Es entspricht auch nicht dem Stil des Propheten, vorgegebene Wendungen ohne Bearbeitung zu übernehmen.

V. 11

Das Verb נשא wird hier ohne Objekt gebraucht, es regiert aber ein nicht geschriebenes קול (vgl. 42, 2; 52, 8). Ohne Objekt, aber in einem ganz anderen Sinn, begegnet es in 46, 4b. Einen solchen Gebrauch dieses Verbs vermißt man in den Psalmen: wird es verwendet im Zusammenhang mit der Aufforderung zum kultischen Jubeln, so weist es wie in Ps 81, 3 ein Objekt auf, in diesem Fall זמרה. Angeredet werden die Wüste und ihre Städte, ein Ausdruck, der innerhalb von Jes 40-66 sonst nicht mehr zu finden ist. Wenn Deuterojesaja von Wüste spricht, tut er es im Zusammenhang mit dem Motiv von Gottes heilbringendem Eingreifen oder von Gottes vernichtender Macht[331]. Er gebraucht ferner den Begriff עיר in speziellem Sinn: er spricht von „meiner" Stadt (43, 13b). An vorliegender Stelle werden die Wüste und ihre Städte erwähnt, weil sie als Zeugen der Helden- und Heilstaten Jahwes gemeint sind. Der Gebrauch des Begriffs עיר innerhalb von Jes 54-66 ist nicht einheitlich. 54, 3 spricht von den

---

[331] Vgl. 41, 18f; 43, 20b; 51, 3.

verödeten Städten (der Nationen); 60, 14 bezieht sich wohl auf Sion
(Stadt Jahwes); 61, 4 spricht von den verwüsteten Städten (des Landes
Israel); 62, 12 bezieht sich wieder auf Sion; 64, 9 redet von den heiligen
Städten (Israels); 66, 6 ist eine allgemeine Ortsangabe. Das Wort חצר,
das bei Deuterojesaja nicht mehr belegt ist, findet sich wieder in
Jes 62, 9. Hier ist von „meinen heiligen Vorhöfen" die Rede. Kedar
wird hier erwähnt, da es als Bewohner der Steppe galt und als solcher
nun Zeuge von Jahwes Tun wird (vgl. Jes 21, 13-17). Das Verb ישב
regiert hier ein nicht belegtes Objekt, ein sich auf חצרים beziehendes
Relativpronomen; in 45, 18 und 49, 20 wird es aber absolut gebraucht.

Das Subjekt des Verbs רנן ist in 44, 23; 49, 13 im Unterschied zu
unserer Stelle שמים; in 52, 8f, wo das Verb die Pielform aufweist, sind
das Subjekt jeweils die „Wächter Sions" und die „Trümmer Jerusalems"; in 61, 7 ist das Subjekt „mein Volk" und in 65, 14 „meine
Knechte". Die Pielform wird sehr viel in den Psalmen verwendet.
Die Verbindung ישב בסלע begegnet sonst in Ri 15, 8 und 20, 47;
das Wort סלע allein kehrt innerhalb von Jes 40-66 sonst nur in 57, 5
wieder. Einmalig im ganzen AT ist in V. 11b das Verb צוח. In lokalem
Sinn, aber mit einer ganz anderen Bedeutung findet sich der Begriff
ראש innerhalb von Jes 40-53 sonst in 51, 11 (sek.).20. In 44, 23; 49, 13
werden die Berge direkt aufgefordert, in Jubel auszubrechen.

V. 12

Sehr selten ist die Verbindung שים כבוד; sie begegnet nur in Ps
66, 2 wieder (vgl. Ps 96, 3.7f). Daß man Jahwes Eigenschaften und
Taten verkünden soll, das ist ein in den Psalmen oft wiederkehrendes
Motiv: man verkündet Jahwes Gerechtigkeit (Ps 22, 32; 50, 6; 97, 6),
Treue (Ps 30, 10; 92, 3), Tun (Ps 64, 10; vgl. Ps 71, 17f) und, wie an
vorliegender Stelle, Jahwes Preis (Ps 51, 17). Der Ausdruck „auf den
Inseln verkünden" ist auch in Jer 31, 10 zu finden, wo er auf Jahwes
דבר bezogen wird.

Zusammenfassend: in VV. 11-12 beschränken sich die Wendungen,
die sonst in anderen alttestamentlichen Texten vorkommen, nur auf
die von V. 12a und V. 12b; erstere findet sich ihrerseits nur im
nachexilischen Ps 66, 2. Die Wendung von V. 12b unterscheidet sich
von der in Jer 31, 10 belegten nur wegen des Objektes, das in Jes 42, 12
תהלה ist. Obwohl einige einzelne Begriffe Deuterojesaja bekannt sind,
bewahren die Sätze von V. 12 ihr eigenes Gepräge, insofern sie an die
hymnische Sprache erinnern, die im Kult beheimatet war. Sie sind
schwerlich Deuterojesaja zuzuschreiben.

Was das Verhältnis dieses Textes zu den übrigen Hymnen unserer
Schrift 44, 23; 49, 13; 52, 9 angeht, so unterscheidet er sich von letzteren nicht nur wegen seiner Länge, sondern vielmehr wegen der
Angeredeten : er richtet sich fast durchgehend an Menschen, während
in den übrigen Hymnen Himmel, Erde, Berge und Wald, schließlich
auch die Trümmer Jerusalems, also lauter Dinge angesprochen werden.
Auch die Verben sind verschieden, wenn man רנן ausnimmt; es fehlt
auch der mit כי eingeleitete Nachsatz, der den Grund für das Lob
angibt, und die Formulierung im Perfekt. Dafür aber folgt in 42,
(13)14-16 unmittelbar die Beschreibung dessen, was Jahwe tut und
sagt. Ein weiterer Unterschied besteht in der Art der Anrede : in
44, 23; 49, 13; 52, 9 wendet sich der Redende an die Angeredeten in
der zweiten Person Plural, in 42, 10-12 wechselt aber die Anrede von
der zweiten zur dritten Person Plural. Inhaltlich gesehen, wird in 44, 23;
49, 13; 52, 9 als Grund für den Lobpreis die „schon geschehene
Auslösung" und nicht „ein zukünftiges Handeln Jahwes"[332] wie in
42, 13 angegeben. 45, 8 ist nicht unter die angeführten Hymnen einzureihen, insofern es als Wort Jahwes gestaltet ist; es ist also gattungsmäßig anders zu bestimmen.

V. 13

In V. 13 begegnet zuerst der Begriff גבור. Er kehrt in 49, 24f wieder,
wird aber hier nicht auf Jahwe bezogen wie in unserem Text. Das
Bild Jahwes als גבור und גבור מלחמה ist in Ps 24, 8, einem wahrscheinlich vorexilischen Kultlied[333], belegt. In Ze 3, 17 ist von Jahwe als
גבור יושע die Rede. Ex 15, 3 spricht von Jahwe als איש מלחמה bzw.
גבור מלחמה. Vermutlich handelt es sich um verhältnismäßig alte Bezeichnungen Jahwes. In 41, 12 bezeichnet der Plural אנשי מלחמתך die
Feinde Israels. Das Verb יצא mit Jahwe als Subjekt und im Zusammenhang mit dem Thema des Kampfes oder des vernichtenden Gerichtes
gegen die Feinde ist auch sonst belegt[334]. Das Thema von Jahwe
als Kämpfer begegnet in unserer Schrift mehrmals[335]. Das Verb עור
(Hi), das in 41, 2.25; 45, 13 auf den von Jahwe erweckten Helden
(Kyros) bezogen wird und in 50, 4 das Substantiv אזן regiert, hat hier

---

[332] So Crüsemann, Studien zur Formgeschichte von Hymnus und Danklied in
Israel, S. 47, 70.
[333] Vgl. Eißfeldt, Einleitung, S. 603, und Sellin-Fohrer, Einleitung, S. 310.
[334] Vgl. Ex 11, 4; Ri 4, 14; 5, 4; Ps 60, 12; Jes 26, 21; Sa 14, 3; Ha 3, 13. Vgl. dazu
Mi 1, 3.
[335] Vgl. 41, 2-4; 42, 25a; 43, 14; 45, 1f; 49, 24-26a; vgl. auch 48, 14b-15; 52, 10a.

als Objekt das innerhalb von Jes 40-53 nicht mehr belegte Wort קנאה.
Zum Gebrauch dieses Wortes an dieser Stelle ist zu bemerken, daß
hier doch nicht nur vom Eifer Jahwes die Rede ist wie in den meisten
Belegen aus dem AT. Es meint hier vermutlich auch die Kampfeslust
der Krieger, was zum Kyros-Thema gut paßt[336]. Es wird also in drei
verschiedenen Zusammenhängen und jeweils mit verschiedenem Sinn
gebraucht. Im Unterschied zu 44, 23, wo es auf die Tiefen der Erde
angewendet wird, wird hier das Verb רוע von Jahwe als Subjekt
regiert, und das geschieht im ganzen AT nur hier. 42, 13b ist auch der
einzige Beleg für die Hiphilform des Verbs צרח. Die einzige Qalform
davon begegnet in Ze 1, 14. Einmalig ist auch die Hithpaelform des
Verbs גבר, die sonst nur in Hi 15, 25; 36, 9 zu finden ist. Das Substantiv איב kehrt seinerseits auch innerhalb von Jes 40-53 nicht mehr
wieder.

V. 14

Beginnt mit einem Verb, das innerhalb von Jes 40-53 nicht weiter
vorkommt. Es begegnet im Munde Jahwes und wird auf ihn selbst
bezogen in Jes 57, 11 (Hi) und 62, 1 (Qal); in 64, 11 begegnet es im
Mund des Betenden, wird aber auf Jahwe bezogen. Die zeitliche
Angabe מעולם ist wieder in 46, 9; 63, 16.19; 64, 3 belegt. Das Verb
חרש (Hi) wird hier im Unterschied zu 41, 1 theologisch gebraucht;
die gleiche Verwendung liegt in Hi 41, 4; Ps 50, 21; Ha 1, 13; Ze 3, 17
vor. Einmalig ist aber innerhalb von Jes 40-53 das Verb אפק (Hithp.);
es kehrt in 63, 15; 64, 11 wieder und wird dort theologisch gebraucht[337]. In V. 14b sind Verben belegt, die mit Ausnahme von ילד
(49, 21; 51, 18) innerhalb von Jes 40-53 nicht mehr vorkommen, zwei
davon finden sich überhaupt nicht mehr im AT: פעה und נשם. Auch
das Bild Jahwes als einer Gebärenden begegnet im AT nicht mehr
wieder.

V. 15

Wie hier in V. 15 so auch in 50, 2; 51, 10a ist das Subjekt des
Verbs חרב (Hi) Jahwe, in 49, 17 sind die Unterdrücker Sions gemeint;
das Objekt ist verschieden: nicht die Berge und Hügel wie hier (vgl.
Nah 1, 4), sondern das Meer (vgl. Jer 51, 36); in Jes 49, 10 ist das

---

[336] Bonnard bezieht קנאה auf Jahwe (sa jalousie, vgl. Le Second Isaïe, S. 118);
so auch Knight (His zeal, vgl. Deutero-Isaiah, S. 78) und Steinmann (son ardeur, Le
Livre de la consolation d'Israël, S. 115). Vgl. Elliger, Jesaja II, S. 250.

[337] Jes 63f ist wohl von Deuterojesaja abhängig, vgl. Elliger, Jesaja II, S. 260.

Objekt das Personalpronomen „Dich" (Sion). In 44, 27 regiert die Qalform des Verbs als Objekt die Ströme. Das Verb hat negativen Sinn, es meint eine vernichtende Tat. Nur hier begegnet innerhalb von Jes 40-53 die Verbindung הרים וגבעות, wie auch das Substantiv עשׂב. In Ps 102, 12 begegnet der Ausdruck „wie Kraut austrocknen", wobei יבשׁ die Qalform aufweist. Die Konstruktion שׂים ל im Sinne von „machen zu etwas" ist unserer Schrift bekannt[338]. Mit Ausnahme des sekundären 48, 18 ist von נהר dort die Rede, wo Jahwes machtvolles Eingreifen im Raum der Schöpfung zugunsten seines Volkes geschildert wird[339]. Der Text 50, 2, den Elliger für sekundär hält[340], weist aber nur auf die Macht Jahwes im Schöpfungsraum hin, ohne sich direkt auf heilvolles Tun zu beziehen. Das Wort אגם kehrt in der Verbindung אגם־מים in 41, 18b wieder (vgl. Ps 107, 35; 114, 8).

V. 16

Die Hiphilform von הלך, mit der V. 16 beginnt, begegnet sonst nur in 48, 21 wieder. In beiden Texten bezieht sie sich auf das Motiv des Auszugs: Jahwe führt in der Wüste bzw. auf trockenem Wege. Im Unterschied zu 48, 20b-21, wo der Name dessen, den Jahwe führt, erwähnt wird — es ist Jakob —, formuliert 42, 16 allgemein: es sind Blinde, die geführt werden. Doch dürfte es kein Zweifel sein, daß damit das Volk Israel gemeint ist. Die Bezeichnung „blind" verweist auf den Zustand der Unterdrückung und Unfreiheit, in dem sich Israel befindet. Das kommt etwa in 42, 7; 49, 9 zum Ausdruck. Wenn aber das Volk in 42, 18f; 43, 8 als blind angeredet wird, so meint diese Bezeichnung hier das schuldige Verhalten Israels — das Wort „blind" wird also in einem anderen Sinn gebraucht.

V. 16aβ steht im Parallelismus zu V. 16aα, er wiederholt diesen aber nicht bloß, sondern erweitert seine Aussage. Versteht man V. 16aβ so, dann läßt man ihn am besten unberührt, ohne das לא־ידעו zu streichen. Dieser Verbalsatz hat anscheinend die Funktion, den Plural נתיבות[341] näher zu bestimmen und damit die Bedeutung der hier erwähnten Handlung Jahwes hervorzuheben: Jahwe läßt nicht nur Blinde gehen, er bringt sie nicht nur auf die Beine, sondern er führt sie auch zu einem ihnen unbekannten Ziel. Der negative

---

[338] Vgl. 41, 15; 41, 18; 42, 16; 49, 2b.11; 60, 15.
[339] Vgl. 41, 18; 43, 19f; 44, 27.
[340] Vgl. Elliger, Verhältnis, S. 129-134.
[341] Im Plural noch in 58, 12; 59, 8; im Singular in 43, 16.

Satz von V. 16aβ wird unnötigerweise in V. 16aα vorausgenommen, womit letzterem der gleiche Sinn von V. 16aβ aufgezwungen wird. Er ist in V. 16aα als sekundär zu betrachten[342]; nimmt man ihn weg, so erhält der ganze V. 16a den rhythmischen Ausgleich, der ihn in den Zusammenhang gut einfügen läßt. Dem Sinn nach steht das Wort דרך dem Sinn von דרך in 43, 16.19; 49, 9.11 nahe: obwohl der metaphorische Sinn nicht auszuschließen ist, meint das hier verwendete Bild den konkreten Weg. Das gleiche gilt für נתיבה (vgl. 43, 16). Nur in 48, 17 kehrt das Verb דרך in der deuterojesajanischen Schrift wieder. Im Zusammenhang mit dem Motiv der Rückkehr von der Zerstreuung wird die Hiphilform dieses Verbs in Ps 107, 7 verwendet. In V. 16aα finden sich Wörter, die bei Deuterojesaja sonst nicht vorkommen: מחשך, מעקשים (nur hier im ganzen AT) und מישור, wenn man 40, 5 nicht für deuterojesajanisch hält. Es ist möglich, daß an Stelle der Präposition לפני ursprünglich die Präposition ל stand[343], was dem metrischen Aufbau des Verses besser entspricht; denn die Verbindung להם־לאור kann einen rhythmischen Akzent bilden. Der Interpolator hat das Ganze durch das „vor ihnen her" anschaulicher machen wollen. In einem anderen Sinn als hier wird der Ausdruck „die Finsternis zum Lichte machen" in Jes 5, 20b verwendet.

V. 16bαβ weicht von seinem unmittelbaren Kontext wegen des verschiedenen Satzbau ab. Er besteht aus einem Satz mit dem Verb an der Spitze, während VV. 15-16a je aus zwei Sätzen bestehen, in denen die Verben jeweils an der Spitze und am Schluß stehen. Man könnte meinen, daß der ganze V. 16bαβ interpoliert worden ist, und zwar etwa vom gleichen Interpolator von V. 10. So wie dieser für V. 10 sich mancher Wendungen aus den Psalmen bedient hat, so hat er vielleicht für V. 16bαβ wiederum an manche Begriffe aus Bitten der Psalmen gedacht. Tatsächlich findet sich מחשך fast ausschließlich in den Psalmen[344]. Deuterojesaja zieht an sich den Begriff חשך vor, wie aus 42, 7; 45, 3.19; 49, 9 hervorgeht. So gehört auch מישור in

---

[342] So zuletzt Elliger, Jesaja II, S. 254, Fohrer, Das Buch Jesaja, Bd. 3, S. 54, McKenzie, Second Isaiah, S. 42, North, The Second Isaiah, S. 113, und Westermann, Das Buch Jesaja, S. 87. Mit Fohrer und McKenzie streicht Elliger aber auch den zweiten negativen Satz.

[343] Die Septuaginta hat αὐτοῖς. Nach Elliger geht לפניהם auf das Konto der Textpflege (vgl. Jesaja II, S. 254).

[344] Außer Jes 29, 15 vgl. Ps 74, 20; 88, 7.19; 143, 3: der Beter befindet sich in der Finsternis und bittet den Herrn, ihn zu befreien.

manche Bitten der Psalmen[345]: der Beter bittet Jahwe darum, er
möge ihn auf ebener Bahn führen. Bei näherem Zusehen muß man
aber V. 16bαβ doch für ursprünglich halten. Zwar weicht er im
Satzbau von den vorhergehenden Versen ab, insofern er nur einen
Verbalsatz enthält. Berücksichtigt man die Struktur von VV. 15-16,
so stellt man fest, daß nicht nur innerhalb jedes Verses, sondern auch
vom Vers zu Vers ein Parallelismus besteht. Es liegen jeweils zwei
Verspaare vor: der Austrocknung von Bergen und Hügeln (V. 15a)
entspricht die Trockenlegung von Strömen und Seen (V. 15b); der
Führung der Blinden (V. 16a) entspricht die Erhellung der Finsternis
und Ebnung des Bodens (V. 16bαβ). Würde man V. 16bαβ für sekundär halten, so wäre die Struktur des Textes selbst in Frage gestellt.

Bei Deuterojesaja hat דבר immer den Sinn von „Wort" (vgl. 41, 28;
50, 4; 51, 16). An vorliegender Stelle in V. 16bγ kann es den gleichen
Sinn haben: es bezieht sich damit an die unmittelbar vorangehenden
Worte VV. 14-16bαβ. Da Jahwe aber hier von dem spricht, was er
sich zu tun anschickt, so hat es auch den Sinn von „Ding", „Tat".
אלה הדברים אשר תעשו ist in Sa 8, 16 zu übersetzen: das sind die Dinge,
die ihr tun sollt. הדברים im Sinn von „Geschehnisse" kommt in
1 Kön 17, 17; 21, 1 vor. Obwohl der Ausdruck in unserer Schrift
einmalig ist, so besteht kein Grund, ihn Deuterojesaja abzusprechen.
Dazu kommt, daß das Verb עשה von Deuterojesaja sehr oft auf das
Handeln Jahwes bezogen wird[346]; mit עזב kommt es aber nur hier
vor. Im Unterschied zu 41, 17; 49, 14, wo das Objekt des Verbs עזב
Personen sind — in 49, 14 ist Sion personifiziert —, sind hier Objekt
dieses Verbs Worte bzw. Dinge. Dementsprechend bedeutet das Verb
nicht „verlassen", sondern „lassen", „unterlassen"[347].

V. 17

Die Verbindung נסג אחור, die zu Anfang von V. 17 begegnet, ist
nochmals in 50, 5 belegt. Sie bildete eine feste Wendung, wie aus
vielen Texten hervorgeht[348]. Zusammen mit dem Verb בוש kommt
die Niphalform von סוג in Ps 35, 4; 40, 15; 70, 3; 129, 5 vor. Zu

---

[345] Vgl. Ps (26, 12;) 27, 11; 143, 10.
[346] Vgl. 40, 23; 41, 4.20; 43, 19a; 44, 23; 46, 4.10f; 48, 3.11; vgl. noch 55, 11.
[347] Vgl. Bonnard (abandonner, Le Second Isaïe, S. 118), Elliger (lassen, Jesaja II,
S. 264f), Knight (leave off, Deutero-Isaiah, S. 80), Schoors (forsake, I am God your
Saviour, S. 90) und Steinmann (sans y manquer, Le Livre de la consolation d'Israël,
S. 115).
[348] Vgl. Jer 38, 22; 46, 5; Ps 35, 4; 40, 15; 44, 19; 70, 3; 129, 5.

beachten ist, daß diese Psalmverse und unsere Stelle die syntaktische Konstruktion des Satzes gemeinsam haben : das Subjekt der Verben ist hier wie dort partizipial formuliert (vgl. 41, 11a). Das hier belegte Verb בטח, das sonst nur an den unechten Stellen 47, 10; 50, 10 innerhalb der deuterojesajanischen Schrift vorkommt, begegnet sehr oft in den Psalmen, und zwar in theologischem Bezug. In Ps 115, 8; 135, 18 bezieht es sich auf die Götzen (עצבים), vgl. auch Jes 59, 4. In Verbindung mit פסל tritt בטח nur in 42, 17 auf. Einmalig ist innerhalb von Jes 40-53 das Wort מסכה so wie auch das Wort בשׁת. Das אתם אלהינו am Schluß scheint das אלהים אתם von 41, 23a aufzugreifen und mit ihm eine Inklusion zu bilden.

V. 17 ist keine Rede Jahwes mehr. Hier spricht sehr wahrscheinlich wieder der, der vorhin in V. 10 zum Singen zur Ehre Jahwes aufgefordert hat[349]. Dem Aufruf, Jahwe zur Ehre zu singen und seinen Ruhm (תהלה) singend zu verkünden, der an alle Menschengruppen, an die, welche auf festem Lande wohnen, und an die, welche sich unterwegs auf dem Meere befinden, gerichtet wird, entspricht sachgemäß die Abweisung derer, die ihr Vertrauen auf die Götzen setzen. Dazu kommt, daß der Ruhm Jahwes, die תהלה, bereits in 42, 8bβ erwähnt worden war, und zwar im Zusammenhang mit der Ablehnung der Götzen : Jahwe sagt, daß er seine תהלה den Götzen nicht geben wird. Sich der hymnischen Sprache bedienend, knüpft der Interpolator von VV. 10.17 an die Aussage von 42, 8 und darüber hinaus an die Thematik von 41, 21-24 an. Das bestätigt sich durch die Beobachtung, daß V. 17 inhaltlich gesehen mit dem unmittelbar vorangehenden Text wenig zu tun hat. Hier wird eine Heilsankündigung ausgesprochen, die nicht unbedingt mit dem vorliegenden Fluchwort, sondern etwa mit einer Erkenntnisformel im Stil von 41, 20 hätte abgeschlossen werden können. Dieser literarische Befund läßt den Schluß zu, man habe in 42, 10-17 mit einer im ganzen redaktionell zusammengesetzten Perikope zu tun, deren Ziel es ist, den gesamten Abschnitt 41, 1-4. 8-20.21-29; 42, 5-9 zusammenzufassen und abzuschließen. In seinen von der hymnischen Sprache geprägten Text hat der Redaktor eine deuterojesajanische Vorlage aufgenommen und sie entsprechend seinem Zweck erweitert. Sie besteht aus VV. 11.13-16. Es ist aber auch anzunehmen, daß V. 17 wegen seines spezifischen Inhalts nicht auf den Interpolator von VV. 10.12, sondern vielmehr auf den Redaktor zurückgeht, der 41, 1-4.25-27; 42, 5aα*.6-8bα und 41, 21-24; 42, 9 mit-

---

[349] Auch Elliger hält v.17 für einen Zusatz (vgl. Jesaja II, S. 256, 258f, 267).

einander verkoppelt hat, um daraus einen theologisch prägnanten
Text zu machen.

Daß VV. 13-16 auf Deuterojesaja zurückgehen, geht hauptsächlich
aus Erwägungen inhaltlicher Art hervor. Die Themen, die in diesem
Text vorhanden sind, gehören ohne Zweifel dem Gedankengut Deuterojesajas an. Wie in der Analyse bereits bemerkt wurde, sieht der
Prophet in Jahwe den Kämpfer, der Kyros zum Kriegszug erweckt
und seine Feinde kriegerisch vernichtet hat. Das andere Thema von
Jahwes machtvollem heilbringenden Eingreifen im Schöpfungsraum
sowie das Thema der Führung bzw. Herausführung und Befreiung
sind für Deuterojesaja kennzeichnend. Der Text fügt sich also inhaltlich in den großen Gedankenzusammenhang der deuterojesajanischen
Botschaft ein. Es ist anderseits zu beachten : der Text verwendet Bilder
und Formeln, die wegen ihres spezifischen Gegenstandes eigen sind.
Damit erklärt sich, daß die meisten Begriffe sonst nicht mehr vorkommen in der deuterojesajanischen Schrift. Von daher der Charakter
der sprachlichen Einmaligkeit, die den vorliegenden Text kennzeichnet.

Gehören nun V. 13 und VV. 14-16 von vornherein zusammen oder
fängt mit V. 14 ein neuer, vom vorhergehenden Text unabhängiger
Abschnitt an? Zwar wird behauptet, VV. 14-17 können unmöglich
der Kriegsruf aus V. 13 sein, da dort der Kampf von V. 13 mit keinem
Wort erwähnt wird[350]. Versteht man aber V. 15 richtig, so zeigt sich,
daß das nicht stimmt. Denn das Verb חרב in der Qalform kommt im
Zusammenhang mit dem Motiv des vernichtenden Gerichtes Jahwes
gegen sein Volk und andere Völker vor[351]. Das gleiche gilt für die
Hiphilform[352]. Auch wenn das Verb ein anderes Subjekt hat als
Jahwe, bewahrt es den Sinn der kriegerischen Verwüstung[353]. Das
Verb יבש in der Hiphilform steht seinerseits auch im selben Zusammen-
hang : es beschreibt das vernichtende Eigreifen Jahwes gegen die feindliche Macht[354]. V. 15 redet nach all dem also von der Beseitigung

---

[350] So zuletzt Crüsemann, Studien zur Formgeschichte von Hymnus und Danklied
in Israel, S. 69 Anm. 5.
[351] Vgl. Jes 19, 5f; 34, 10; 60, 12; Jer 26, 9; Ez 6, 6; 12, 20; 26, 19; 30, 7; Ho 13, 15;
Am 7, 9; Ps 106, 9.
[352] Vgl. Jer 51, 36; Nah 1, 4; Ze 3, 6.
[353] Vgl. Ri 16, 24; Jes 37, 25; 49, 17; Ez 19, 7. Es stimmt also nicht ganz, was
Elliger ausführt : „Im übrigen wäre 13 eine seltsame Einleitung zu einer Rede, mit der
sie inhaltlich nicht das mindeste gemein hat" (vgl. Jesaja II, S. 243f).
[354] Vgl. Jos 2, 10; 4, 23b; Jes 44, 27; Jer 51, 36; Ez 17, 24; Sa 10, 11; Ps 74, 15;
ferner Ez 19, 12; Jl 1, 12, wo aber der Bezug auf Jahwe nicht direkt ist.

der feindlichen Macht, die hier wie vorher in 41, 14 bildhaft als „Berge" und „Hügel", ferner als „Ströme" und „Sümpfe" bezeichnet wird[355]. Er knüpft damit ohne Reibung an V. 13 an. Freilich zwingen diese Erwägungen nicht zur Annahme der literarischen Zusammengehörigkeit von VV. 13.14-16. Man kann sich denken, daß ihre Zusammensetzung von einem Redaktor stammt, der vom thematischen Zusammenhang beider Texte wußte. Die formale Eigenständigkeit von VV. 14-16 gegenüber V. 13 dürfte aber dafür sprechen, daß sie ursprünglich keine literarische Einheit bildeten. Es besteht also Grund, VV. 14-16 von V. 13 zu trennen[356]. Nach all dem umfaßte der ursprüngliche Text einerseits VV. 11.13, anderseits VV. 14-16.

c) *Form- und Gattungskritik*

Der Herausgestellte Urtext umfaßt eine hymnische Partie, die aus einem imperativischen Ruf (VV. 11a.11b) und einer (ohne כי!) Begründung (VV. 13a.13b) besteht. Es sind zwei Strophen mit je zwei Stichen. Es folgen drei zweistichige Strophen (VV. 14-16bαβ) mit einem einstichigen Abschluß (V. 16bγ), die eine Rede Jahwes beinhalten. Die rhythmischen Akzente sind folgendermaßen verteilt[357]:

V. 11a	3+3
V. 11b	3+3
V. 13a	3+3
V. 13b	2+2
V. 14a	2+2
V. 14b	2+2
V. 15a	3+2
V. 15b	3+2
V. 16a	3+3
V. 16bαβ	3+2
V. 16bγ	2+2

---

[355] So auch Fohrer, Das Buch Jesaja, Bd. 3, S. 56.

[356] So Begrich, Studien, S. 47f, Crüsemann, Studien zur Formgeschichte von Hymnus und Danklied in Israel, S. 69, Elliger, Jesaja II, S. 242-245, Feldmann, Das Buch Isaias, S. 60-63, Knight, Deutero-Isaiah, S. 78-82, Köhler, Deuterojesaja stilkritisch untersucht, S. 16f, und Westermann, Das Buch Jesaja, S. 84f, 87. Elliger schließt seine Ausführung mit der Bemerkung ab, daß „ein späterer Sammler oder auch erst der Redaktor des jetzigen Buches den Hymnus als Eröffnungsstück einer Teilsammlung bzw. eines neuen Abschnittes nahm, wozu er sich seines Eingangs wegen gut eignete" (ebd., S. 245).

[357] Elliger hat für vv. 11.13 die gleiche Akzentverteilung, nimmt aber für vv.14.16 durchgehend den Fünfer (3 + 2 und 2 + 3) an (vgl. Jesaja II, S. 244, 255).

Dabei wurden mit maqqef verbunden: כאיש־מלחמות in V. 13aβ,
ואשאף־יחד in V. 14bβ, ולא־עזבתים in V. 16bγ. Die hymnische Partie
enthält eine Aufforderung an die Wüste und ihre Bewohner zum Lobpreis zur Ehre Jahwes. Es folgen in V. 13 einige Verbalsätze, die alle
im Imperfekt und in der dritten Person Singular mit Subjekt Jahwe
formuliert sind. Sie geben vermutlich den Grund zum Lobpreis an
und bilden das „Hauptstück"[358]. VV. 14-16 schließen sich als Rede
Jahwes an V. 13 an, sie bilden aber unter strukturellem Gesichtspunkt
keine Einheit mit diesem.

Gattungsmäßig wird unser Text unter die imperativischen Hymnen
gezählt[359]. Es fehlt aber hier das für die übrigen deuterojesajanischen
Hymnen charakteristische כי. Das kann man nicht allein als „eine
Abwandlung des Grundstils der hymnischen Durchführung" erklären[360], da Deuterojesaja das כי sonst konstant beibehält. Man wüßte
nicht, warum er hier von der sonst beibehaltenen Form hätte ab-
weichen sollen. Es fehlt auch die Formulierung im Perfekt, denn alle
Verbalformen sind in V. 13 Imperfekta. Zwar weisen auch 44, 23bβ
und 49, 13bβ das Imperfekt auf. Das erklärt sich nicht unbedingt
damit, daß „in den Perfekta der Durchführungen die schon geschehene
Auslösung ..., im Imperfekt aber die noch ausstehende Vollendung
dieses Geschehens im Neuen Exodus als Grund für den Jubel genannt
werden"[361]. Denn das Imperfekt, „asyndetisch dem Leitsatz ange-
fügt oder durch uᵉ mit ihm verbunden, gibt eine Begleithandlung
wieder, die beschreibenden oder konsekutiven Sinn hat"[362]. Schließlich wird in V. 13 an sich keine Tat Jahwes angegeben, sondern es
wird geschildert, wie er sieghaft auftritt. Eine eigentliche Heilstat wird
erst in der folgenden Ich-Rede Jahwe selbst in den Mund gelegt. Die
Zugehörigkeit unseres Textes zur Gattung der imperativischen Hymnen scheint daher aufgrund all dieser Verschiedenheiten zweifelhaft.
Hinzu kommt, daß im כי-Satz von 44, 23; 49, 13; 52, 9 eigentlich

[358] Vgl. Elliger, ebd., S. 243f.
[359] Vgl. Crüsemann, Studien zur Formgeschichte von Hymnus und Danklied in
Israel, S. 69f.
[360] So Crüsemann, ebd., S. 70. Vgl. Elliger: „Das im strengen Stil des Hymnus
den Ansatz markierende כי ,denn' fehlt wie auch im Psalter gelegentlich, z.B. Ps 104, 1;
105, 7" (Jesaja II, S. 243). Ungenügend ist aber seine Erklärung: „Das Hauptstück
würde um seine Wirkung gebracht, wenn das Thema langatmig ausgeführt würde; und
wahrscheinlich fehlt auch um dieser Wirkung willen schon die sonst übliche Überleitung כי" (ebd., S. 244).
[361] Vgl. Crüsemann, ebd., S. 47f.
[362] Vgl. Christian, Untersuchungen, S. 65.

nicht die Durchführung des Lobpreises als vielmehr eine Begründung dafür vorliegt[363]. So stellt sich die Frage, wie V. 13 einzuordnen ist und welches sein Verhältnis zu V. 11 ist.

In V. 13 handelt es sich, wie gesagt, um einen berichtenden, beschreibenden Satz. Nun kommen solche Sätze, die in bezug auf Jahwe berichtenden bzw. beschreibenden Charakter haben, in Deuterojesaja sehr selten vor : 48, 21 (Jahwe ist hier nicht direkt Subjekt) und 52, 10a.12b. Betrachtet man die Stellung dieser Sätze in ihrem Kontext, so zeigt sich, daß sie bei aller formalen Selbständigkeit doch in inhaltlicher Beziehung zum Vorhergehenden stehen. Der begründenden Aussage von 52, 9b im Rahmen eines imperativischen Hymnus und darüber hinaus den Aussagen von 52, 7f folgt in 52, 10.12b die Angabe dessen, was konkret geschieht : die abstrakten Formulierungen mit den Verben „trösten" und „erlösen", die an sich nichts über die Art und Weise sagen, wie Jahwe tröstet und erlöst, werden durch den Hinweis auf den Rückzug als Machterweis Jahwes vor den Völkern verdeutlicht. Auch in 48, 21, das der Heroldsinstruktion 48, 20 folgt, explizieren die Sätze, wie die Befreiung erfolgt, von der V. 20b spricht. Zu vergleichen ist auch 40, 9-11. Der Kunde „siehe euer Gott" von 40, 9b im Rahmen einer Heroldsinstruktion folgt in 40, 10f die Beschreibung von Jahwes Kommen. All diese Sätze geben in Form eines beschreibenden Berichtes die Begründung der vorhergehenden Aussage.

Aber auch die imperativischen Hymnen stehen inhaltlich nicht isoliert. In ihrem Kontext werden spezifische Heilstaten Jahwes erwähnt und ein gedanklicher Bezug des Hymnus auf sie ist nicht auszuschließen. 44, 23 folgt der Ermahnung 44, 21-22. Hier heißt es, daß Jahwe die Missetaten und Sünden seines Volkes weggefegt hat und es nun rettet. 49, 13 schließt eine Rede Jahwes ab, in der die Befreiung der Gefangenen und die Zusammenkunft aus der Zerstreuung angekündigt werden. 52, 9 knüpft wohl an 52, 7b.8b an : Jahwe ist König und kehrt nach Sion heim; das heißt : indem Israel von der Gewalt fremder Mächte gelöst wird, kommt Jahwe wieder zu seinem Recht über Israel, sein einziger Herr zu sein und als sein König darüber zu walten — die Königswürde Jahwes setzt die Befreiung Israels aus der Gefangenschaft voraus. Durch die Befreiung und die damit verbundene Wiederherstellung des Königsrechtes Jahwes wird Israel Trost und Erlösung gespendet.

---

[363] Vgl. Crüsemann, ebd., S. 48, 50.

Es fällt auf, daß die Sätze 40, 10f und 48, 21 sich in unmittelbarer Nähe zu den sogenannten Heroldsinstruktionen[364] befinden. Bei näherem Zusehen kann man das gleiche von 52, 10a.12b sagen. Über 52, 9 knüpft nämlich dieser Text gut an 52, 7f an, das von der Ankunft eines Siegesherolds berichtet. VV. 10a.12b schildern den Rückzug Jahwes, von dem in V. 8 die Rede ist. Es fragt sich, ob auch 42, 13 doch nicht zu jenen Schilderungen gehört, die im Zusammenhang mit einer Heroldsbotschaft dazu dienen, durch Hinweis auf das konkret Geschehende den Inhalt der Botschaft des Herolds anschaulich zu machen. Das würde heißen, daß wir in V. 11 den Torso einer Heroldsinstruktion sehen müßten. Es ist aber nicht der Fall: es fehlt die Anrede in der zweiten Person Plural und dann die Angabe dessen, was verkündet werden soll. Und es ist nicht anzunehmen, daß der Inhalt der Botschaft in V. 13 vorliegt, so daß etwa das Ganze als eine Heroldsinstruktion zu betrachten wäre. Die Einheit von VV. 13-16 vorausgesetzt, wäre auch nicht zu denken, daß eine Ich-Rede Jahwes, wie sie in VV. 14-16 vorliegt, den angeredeten Menschen von VV. 11-12 in den Mund gelegt wurde als eine zu vermittelnde Botschaft. Es bleibt vorläufig nur anzunehmen, daß in V. 11 in lockerer Anlehnung an Elemente des imperativischen Hymnus — siehe etwa das Verb רנן — und der Heroldsinstruktion eine Aufforderung zum Lob *und* zur feierlichen Ankündigung aufgrund von Jahwes Heilstaten vorliegt. V. 13 wäre dann die ergänzend und begründend beschreibende Aussage dazu.

Die Eigenart des Textes VV. 11.13, den wir infolge der gerade angeführten Erwägungen formal als eine in sich abgeschlossene Einheit betrachten, besteht darin, daß in ihm im Unterschied zu den imperativischen Hymnen Menschen und nicht Naturdinge wie sonst bei Deuterojesaja angeredet werden[365], daß die Anrede in der dritten Person Plural erfolgt und daß ferner der כי-Satz fehlt. Im Unterschied zu den Heroldsinstruktionen besteht sie darin, daß ebenfalls die Anrede in der dritten Person Plural formuliert ist und ferner die direkte Inhaltsangabe in Satzform fehlt.

Es fragt sich nun, welche die Funktion von VV. 11.13-16 im ganzen ist. Zu den einzelnen Teilen läßt sich folgendes sagen. VV. 14-16 dürfte man unter die Heilsworte zählen[366]: es ist eine Ich-Rede

---

[364] Vgl. Crüsemann, ebd., S. 50-55.

[365] Vgl. Crüsemann, ebd., S. 41, 43f, 47f, 50.

[366] Westermann redet von „Heilsankündigung" (vgl. Sprache und Struktur, S. 120,

Jahwes, in der durch Verben faktischen Sinns kund gemacht wird, was Jahwe zum Heil der „Blinden" unternimmt. Der Akzent liegt auf diesem göttlichen Tun, das feststeht (V. 16bγ). Man vergleiche dazu 41, 20aβb und 43, 19a. Das Heilswort wird in der jetzigen Zusammensetzung durch V. 13 eingeleitet: der Vers stellt fest, was vor sich geht, daß Jahwe nämlich Krieg führt. Von daher sind VV. 14-16 als eine Deutung dieses Geschehens zu verstehen: es ist ein Krieg zum vernichtenden Gericht der Bedrücker und zur Befreiung der „Blinden". Wenn es richtig ist, daß in VV. 13-16 die Ansage dessen erfolgt, was eben geschieht, dann gewinnt auch V. 11 an besonderem Sinn. Die hier vorliegende Aufforderung scheint sich an Augenzeugen zu richten, die direkt wahrnehmen, was geschieht. Zum Jubel werden die aufgerufen, welche in der Vorstellung des Verfassers den zum Kampf ziehenden, die Feinde vernichtenden und die Blinden befreienden Jahwe mit ihren Augen sehen. Betrachten wir aber den Text in seinem Zusammenhang, so gewinnen wir tieferen Einblick in den eigentlichen Sinn der gesamten Einheit. Kann man in VV. 14-16 nicht das erblicken, was Jahwe laut 42, 9 hören lassen will? Das Neue, was Jahwe kundtut und hören lassen will, wird im göttlichen Auftrag von dem Berufenem, über den 42, 6 (und 41, 27b) sprechen, angesagt und in VV. 14-16 verkündigt. Und das Neue ist, daß Jahwe selber kriegerisch eingreift und die Blinden, die Gefangenen in die Freiheit führt. Davon sind Zeugen die Wüste, ihre Städte, die Gehöfte Kedars und die Bewohner von Selach, denn in ihren Gebieten spielt sich der Siegeszug Jahwes ab und durch ihre Gebiete gehen die Erlösten ihren Weg zur Freiheit. Das würde heißen: VV. 11.13 gehören bereits in die Botschaft, die der Prophet verkündigt. Wir hätten in diesen Versen weniger eine Aufforderung als ein Zeugnis, daß das zu verkündende Neue bereits im Begriff ist, sich zu realisieren. In der Einheit 42, 11.13 würde also kein imperativischer Hymnus, überhaupt kein Hymnus, noch eine Heroldsinstruktion vorliegen, sondern nur ein aus verschiedenen Gattungselementen gebildetes Heilswort. Davon sind VV. 11.13 keine rhetorische Rede mit abstraktem Sitz im Leben, sondern ein echtes prophetisches Wort an die, welche etwa in 42, 9 mit „ihr"

Das Buch Jesaja, S. 87f). Ihm folgt Schoors (vgl. I am God your Saviour, S. 90). Aber von einem Bezug zum Volksklagelied kann hier schwerlich die Rede sein (vgl. Elliger, Jesaja II, S. 257f; vgl. ferner Schüpphaus, Stellung und Funktion der sogenannten Heilsankündigung bei Deuterojesaja, ThZBas 27 1971, S. 172f, 179-181). Begrich (Studien, S. 6, 19) und von Waldow (Anlass und Hintergrund der Verkündigung des Deuterojesaja, S. 16-18) sprechen von einem Heilsorakel.

angeredet werden. Durch dieses Wort werden sie auf die jubelnde Haltung jener Zeugen gegenüber Jahwes Eingreifen aufmerksam gemacht.

d) *Zur Redaktion*

Erst durch die Hinzufügung von VV. 10.12 und dann von V. 17 wurde das ursprüngliche Heilswort zu einem hymnusartigen Text umgewandelt. Der Redaktor — er dürfte mindestens für V. 17 der gleiche sein, der 41, 1-4.21-29; 42, 5-9 zusammengesetzt hat — hat aus dem Heilswort 42, 11.13.14-16 den feierlichen Abschluß des größeren Abschnittes 41, 1-4.21-29; 42, 5-9 machen wollen. Den Anlaß dazu gaben vielleicht VV. 11.13. Ersterer konnte seiner Formulierung nach bereits als Aufruf zum Lobpreis verstanden werden; letzterer eignete sich mit seinem berichtenden, beschreibenden Charakter ganz gut, Gegenstand eines hymnischen Lobes zu werden. Die Pointe des Ganzen liegt dann in V. 17 vor.

Sieht man sich die deuterojesajanische Vorlage näher an, so fällt auf, daß nach dem hymnischen Text 42, 11.13, der an sich einen guten Abschluß bildet, noch etwas folgt, und zwar ein Heilswort, dessen Inhalt sich treffend an 42, 9 anschließt. Es wäre zu erwägen, ob 42, 11.13 ursprünglich doch nicht nach 42, 14-16 standen; man kann aber noch besser vermuten, daß sie von Deuterojesaja selber als einleitende Worte zu 42, 14-16 gedacht worden sind, und daß der ganze Text 42, 11.13-16 das Neue angibt, das in 42, 9 angekündigt wird. Dann wäre 42, 9 nicht so sehr als Abschluß von 41, 21-24a.26bβ.28-29a anzusehen, denn vielmehr als der Ansatz zum Heilswort. Dieses würde als Ganzes 41, 21-29a; 42, 5-8bα abschließen, und zwar nachträglich unter redaktioneller Ergänzung von V. 17. In diesem Fall ist aber anzunehmen, daß 42, 9.11.13-16 bereits vor dieser redaktionellen Bearbeitung aus Gründen der Verwendung des Textes zu katechetischen und liturgischen Zwecken im Rahmen der versammelten Gemeinde durch VV. 10.12 ergänzt worden war. Der Aufruf dieser Verse mit ihrem universalen Ton (vom Erdrande her, Land- und Meergebiete) zielt darauf, Jahwes Macht in Welt und Geschichte hervorzuheben. Damit war der Weg zur Ablehnung der Götzen und zum Bekenntnis des Glaubens und der Treue Jahwe gegenüber gebahnt.

Zusammenfassung der Analyse von Jes 41, 1-42, 17

Auf Deuterojesaja gehen folgende Einheiten zurück :

1) 41, 1-4.25-26bα.27; 42, 5aα (ohne האל).6a.6b(ohne לאור גוים).7-8bα.

2) 41, 8aαb.10a.11.12.13-14.15(ohne חרוץ).16.
3) 41, 17(ohne והאביונים).18-20.
4) 41, 21-24a.26bβ.28-29a ; 42, 8bβ(-9).
5) 42, 11.13.14-16(ohne das erste לא ידעו und לפניהם).

Ein Redaktor verband 1) mit 4) und ergänzte die an 4) angeschlossene Einheit 5) durch VV. 10.12.17. Er setzte in 42, 5aα das Subjekt האל und in 42, 16 die kleinen Zusätze. In einer weiteren Phase der Redaktion wurde 2) eingebaut und durch VV. 8aβ.9.10b, ferner durch חרוץ in V. 15 ergänzt. Als Bindeglied zu 41, 1-4 wurde vom Redaktor 41, 5 hinzugefügt. Ob 3) zusammen mit 4) tradiert und bereits mit 1) verbunden worden war oder erst nachträglich eingebaut wurde, bleibt unsicher.

Im Rahmen weiterer Redaktionsarbeit wurden 41, 6-7, dann 41, 24b und 41, 29b hinzugefügt, ferner wurde 42, 5 durch die partizipialen Sätze ergänzt. Als letztes kam 42, 1-4a (4b) hinzu.

Gattungsmäßig ist 1) als Bestreitungsrede und 4) als Gerichtsrede zu bezeichnen. In 2) liegt ein Heilsorakel nach dem Muster des Beistandszuspruchs im Rahmen der Jahwe-Kriege-Tradition vor.

Die Einheit 3) ist eher als ein Selbstoffenbarungswort Jahwes denn als eine Heilsankündigung im üblichen Sinn anzusehen.

Die Einheit 5) besteht aus zwei formal selbständigen Texten. Ersterer (42, 11.13) weist Elemente des imperativischen Hymnus und der Heroldsinstruktion mit locker angefügter Begründung auf; letzterer (42, 14-16) ist unter die Heilsworte zu zählen. Durch die redaktionellen Zusätze wurde diese Einheit deutlicher in eine hymnische Partie umgewandelt. Sie bildet den Abschlußteil von Jes 41, 1-42, 17.

KAPITEL IV

JES 42, 18-44, 23

A. *Jes 42, 18-43, 21*

1)   42, 18-25

V. 18   Ihr Tauben, höret, und ihr Blinden, blickt auf zum Schauen!
V. 19   Wer ist blind? Da, mein Knecht! und Taub? Da, mein Bote! Soll ich
ihn senden?
Wer ist blind? Da, der Vergeltung erfahren hat! Ja, wer ist blind?
Da, der Knecht Jahwes!
V. 20   Du hast viele Dinge gesehen, doch nicht beachtet; auf waren die Ohren,
doch hörten sie nicht!
V. 21   Jahwe gefiel es um seines Heils willen, daß er die Weisung groß macht
und verherrlicht.
V. 22   Nun aber : ein beraubtes und ausgeplündertes Volk ist er!
Verstrickt wurden alle Jünglinge, ja in den Kerkern wurden sie versteckt;
sie sind zur Beute geworden — wo war aber ein Retter? — zur Plün-
derung — wo war aber ein Sprechender „Gib zurück"?.
V. 23   Wer unter euch nimmt es wahr, merkt und hört es — auf die Zukunft
hin?
V. 24   Wer gab Jakob dem Plünderer preis und Israel den Räubern? Nicht
Jahwe? An ihm haben wir gesündigt.
Doch sie wollten auf seinen Wegen nicht gehen und auf seine Weisung
nicht hören!
V. 25   Da goß er auf ihn die Wut seines Zornes und die Not des Krieges,
daß sie ihn rings umloderte — er wurde aber nicht weise —, daß sie
ihn versengte — doch er nahm es nicht zu Herzen.

a) *Zur Einteilung und zur Übersetzung*

Mit der Ihr-Anrede setzt in V. 18 ein neuer Abschnitt an. An der
Spitze des Verses steht nicht das Verb, sondern die Bezeichnung. Die
Ihr-Anrede hält nicht lange, sie wird in V. 20 von der Du-Anrede
abgelöst, um dann in V. 23 wieder aufzutauchen. In V. 24b erscheint
plötzlich ein „wir", das sofort verschwindet zugunsten der Sie-Rede.
Eine gewisse Einheitlichkeit der Struktur zeigt sich im mittleren Teil.
Zu Beginn jedes Verses kommen jeweils zwei מי-Sätze vor, dann ein
infinitivus absolutus, der Name יהוה, das Personalpronomen הוא zur
Bezeichnung des Volkes, dann wieder ein infinitivus absolutus und
zwei מי-Sätze (VV. 19a.19b.20a.21a.22aα.23aβ.24aα). Es ist eine kon-

zentrische Struktur. Anderseits scheint das Verb שמע von V. 24bγ über V. 20b auf das שמע von V. 18a zurückzugreifen. Kennzeichnend für den ganzen Text ist der scheltende Ton.

Die Konjunktionen אם, כ und das Adverb כי sind als hinweisende Elemente aufgefaßt worden und dementsprechend mit „da'' wieder-gegeben[1]. Gleiche Bedeutung wurde dem Waw von והוא in V. 22a zugeschrieben. Um den Kontrast zwischen diesem Vers und dem vorhergehenden hervorzuheben, erhielt dieses Waw in der Übersetzung eine adversative Nuance.

Nicht klar ist der Sinn der Präposition ל in V. 23b. Der Stellung nach scheint לאחור parallel zu זאת von V. 23a zu stehen. Dann wäre לאחור als Genitivverbindung aufzufassen: „das der Zukunft''. Das würde zum Akkusativ זאת parallel stehen. Bezieht sich aber זאת ver-mutlich auf die in der Vergangenheit zurückliegende und noch weiter bestehende Situation von V. 22, so ist לאחור schwerlich im Einklang mit diesem זאת zu bringen, da der inhaltliche Bezug beider Ausdrücke verschieden ist. So faßt man am besten לאחור als adverbielle Be-stimmung auf, die nicht von den vorangehenden Verben regiert ist, und gibt der Präposition ל ihrer deiktischen Grundbedeutung gemäß den Sinn von „für'', „auf...hin''.

b) *Literarkritik*

V. 18

Die Adjektive „blind'' und „taub'' werden in 43, 8, der einzigen Stelle, wo sie sonst innerhalb von Jes 40-53 vorkommen, auf עם be-zogen. Während עור in 43, 8 aber als Adjektiv zu עם verwendet wird, tritt חרש im Plural als selbständiges Attribut wie in 42, 18a auf. In der Anrede der zweiten Person Plural begegnen beide Termini inner-halb von Jes 40-53 nur hier. In formelhafter Weise finden wir beide zusammen in Jes 29, 18; 35, 5. Die Verbindung der Verben נבט und ראה kommt im AT recht oft vor, bei Deuterojesaja begegnet sie aber nur hier, sonst in Jes 63, 15. Nur in 42, 18b regiert נבט den Infinitiv von ראה. Die Verbindung aber von שמע mit הביט begegnet wieder in 51, 1a.1b.2.7, wenn man vom Zusatz 51, 4-6 absieht. Der Imperativ Plural שמעו begegnet sonst in 46, 3.12; 48, 1.14.16; 49,1; 51, 1.7.

Was den Satzbau angeht, so unterscheidet sich unser Vers von allen anderen Texten, die eine Anrede in der zweiten Person Plural auf-

---

[1] Vgl. Christian, Untersuchungen, S. 181, 183, 192.

weisen. In 45, 22; 46, 3.8.12; 48, 1.16a; 49, 1; 51, 1.4.7; 52, 11b steht
am Anfang des Satzes ohne Ausnahme das Verb. Das Subjekt ist in
46, 3.8; 48, 1; 51, 1.7; 52, 11b in partizipialer Form, nur in 46, 12 ist
es ein Adjektiv in attributiver Form. Das Subjekt ist nur in 46, 3.12;
48, 1 mit Artikel versehen.

V. 19

Der Begriff עבד bezieht sich eindeutig in 41, 8 auf Israel, in 44, 2;
45, 4; 48, 20 auf Jakob, in 44, 21 auf beide. In 49, 7 dürfte er sich auf
Israel beziehen. Ungenannt bleibt dagegen der Knecht von 42, 1-4;
49, 1-6 und 50, 10. Der Knecht wird an vorliegender Stelle als blind
bezeichnet, laut 43, 8 ist aber das Volk blind. Es ist ohne Zweifel das
Volk Israel gemeint, von dem Jahwe sagt, es sei sein erwähltes Volk
(vgl. 43, 20b). Soll sich auch מלאך auf das Volk Israel beziehen, so ist
42, 19a die einzige Stelle innerhalb von Jes 40-53, wo das vorkommt.
Dieser Begriff meint im sekundären 44, 26 die einzelnen Boten, die
ausgesandt werden, und nicht das gesamte Volk Israel. Der Vers wäre
zusammen mit 48, 16b auch die einzige Stelle, wo das Verb שלח vorkommt. Die asyndetische Form der Anknüpfung gehört zum Stil
Deuterojesajas, siehe etwa 44, 1b.

Die Pualform des Verbs שלח ist bei Deuterojesaja nicht mehr zu
finden[2]; die Hiphilform begegnet im sekundären 44, 26.28. Dem Sinn
nach dürfte sich dieses Verb auf die Vergeltung beziehen, die das
Volk Israel wegen seiner Untreue verdient hat. V. 19b wäre dann mit
VV. 21.22aα.24bβγ.25 in Beziehung zu bringen. Er unterscheidet sich
von V. 19a in der Formulierung: redet V. 19a von „mein Knecht"
und „mein Bote", so redet V. 19b vom „Knecht Jahwes". In V. 19b
spricht vermutlich ein anderer als Jahwe.

V. 20

In V. 20a wird die direkte Anrede wieder aufgenommen, obwohl
hier ein Du und nicht mehr das Ihr von V. 18 angesprochen wird.
Der Vers beginnt mit einem infinitivus absolutus so wie auch V. 20b
und V. 22aβ (vgl. 43, 8). Nur hier in Jes 40-53 begegnet der Plural
רבות als Bezeichnung des Neutrum. Einmalig ist auch das Vorkom-

---

[2] Elliger nimmt hier die Wurzel משל(1) an. Er übersetzt das Verb mit „Spruch-
macher" und bezieht es auf die Spottredner, d.h. auf die Gegner des Propheten
(vgl. Jesaja II, S. 271, 285). Schoors läßt das Wort unübersetzt, scheint aber die
Deutung Norths vorzuziehen, der aus der Wurzel šlm ausgeht (vgl. Schoors, I am God
your Saviour, S. 203f, und North, The Second Isaiah, S. 118).

men des Verbs שמר innerhalb von Jes 40-53. Das Verb פקח begegnet
zwar in 42, 7, wird aber auf die Augen und nicht auf die Ohren
bezogen wie hier. Das ist ja die einzige Stelle im AT, wo dieses Verb
auf die Ohren bezogen wird. An sich bezieht sich פקח im AT immer
auf die Augen. Das Substantiv אזן kommt sonst in 43, 8; 48, 8 (sek.);
49, 20 und 50, 4f vor. Sehr oft gebraucht ist dagegen die Qalform des
Verbs שמע. Während aber in VV. 18.23 שמע direkt auf die Angeredeten
bezogen wird, in V. 24bγ indirekt auf das Volk Israel, in beiden
Fällen also personal-anthropologisch verwendet wird, weist es in V.
20b das Subjekt אזנים auf. Berücksichtigt man die Formulierung der
Rede und ihren unmittelbaren Bezug auf den Angeredeten, so knüpft
V. 20 an V. 19a an. Das Du von V. 20a entspricht dem Ausdruck
„mein Knecht" ganz gut, auch wenn V. 19a an sich keine direkte
Anrede aufweist. Es besteht auch eine inhaltliche, formale Beziehung,
insofern dem עור und dem חרש von V. 19a das ראית ולא תשמר und
das פקות אזנים ולא־ישמע von V. 20 entsprechen.

V. 21

V. 21 setzt nicht mit dem Verb an wie fast alle übrigen Verse des
Abschnittes, sondern mit dem Subjekt wie V. 18. Das Verb חפץ
begegnet nur in 53, 10 wieder, wo es im Unterschied zu 42, 21a den
infinitivus constructus regiert. Einmalig ist dagegen innerhalb von
Jes 40-53 der Ausdruck למען צדקו. In 48, 9 (sek.) findet sich ein
anderer Ausdruck: למען שמי; in 48, 11 lesen wir למעני. In 42, 6 und
45, 13 begegnet der Ausdruck בצדק, der wie eine festgeprägte Wendung klingt. Eigenen Stil weist 41, 10b auf, wo צדק als Abstractum
ein Adjektiv ersetzt. Als Substantiv in vollem Sinn wird schließlich
צדק in 51, 1.7 gebraucht. Die Hiphilform von גדל ist in Jes 40-53 nur
hier belegt, sonst begegnet in 49, 21 und 51, 18 die Pielform und diese
bezieht sich auf die בנים. Im sekundären 44, 14 bezieht sich die Pielform auf einen Baum, die Esche. Die Hiphilform regiert in 42, 21
das Objekt תורה. Ähnliche Verbindungen, in denen das Verb ein
Abstractum regiert, sind in Gen 19, 19 (חסד); Jes 28, 29 (תושיה) und
Ps 138, 2 (שם) festzustellen. Der Begriff תורה begegnet innerhalb von
Jes 40-53 außer in 42, 24b (sek.) in den sekundären Texten 42, 4b;
51, 4b und im vermutlich echten 51, 7a. Dem Sinn nach scheint er
hier sich auf das Gesetz und nicht auf eine besondere einzelne Weisung
zu beziehen, wie es in 42, 4b; 51, 4b wahrscheinlich der Fall ist. Im
Unterschied zu 51, 7a denkt aber 42, 21, wie die Verben nahelegen,
an Jahwes geschichtliches Tun. Einmalig im ganzen AT ist das Verb
אדר in der Hiphilform.

V. 22

Das betonte והוא zu Anfang des Verses mit dem darauffolgenden Hinweis auf das beraubte und ausgeplünderte Volk läßt an ein Kontrastbild zu dem in V. 21 Gesagten denken. Das Verb שסה begegnet innerhalb von Jes 40-53 nur hier, das Verb בזז nur in 42, 24. V. 22aβγ setzt mit einem infinitivus absolutus wie V. 20 an. Einmalig im ganzen AT ist die Hiphilform von פחח. Die בחורים begegneten bereits in 40, 30. Vom Kerker war in 42, 7 schon die Rede, in V. 22 findet sich aber der gleiche Ausdruck im Plural. Die Hophalform von חבא kommt im AT nur hier vor, die Hiphilform begegnet aber in 49, 2. Nur hier finden sich die Substantiva בז und משסה, wenn man das משוסה von V. 24 als Partizip versteht. Gleichfalls findet sich an den echten Stellen von Jes 40-53 die Wendung היה ל im Sinne von „zu etwas werden" nicht mehr. Verhältnismäßig oft begegnen dagegen die rhetorischen Fragesätze mit אין [3]. Das Partizip der Hiphilform von נצל kehrt in 43, 13a wieder, der Infinitiv in 50, 2a. In 44, 17.20; 57, 13 wird es auf die Götzen, in 47, 14 auf die Ratgeber Babylons bezogen. In verschiedenen Zusammenhängen kommen ferner die Verben אמר und שוב vor. השב steht am nächsten השיב in 49, 6a.

V. 23

Hier begegnet wieder die Ihr-Anrede von V. 18. Das ist ein Anhaltspunkt, um beide Verse auf die gleiche Hand zurückzuführen. Das Fragepronomen hat der Vers mit VV. 19a.19b.24a gemeinsam, was aber nicht unbedingt auf die literarische Zugehörigkeit all dieser Verse zueinander schließen läßt. Das Verb אזן in der Hiphilform kommt nochmals im sekundären 51, 4 vor; קשׁב begegnet seinerseits in den sekundären Texten 48, 18 [4]; 51, 4, dann aber auch in 49, 1. Verschieden ist der Gebrauch von אחור im Vergleich zu 41, 23. Hier ist es ein rectum von האתיות und die Präposition ל dient zur Bezeichnung des Genitivs, in 42, 23 dagegen scheint לאחור ein selbständiger Ausdruck zu sein: „im Hinblick auf die Zukunft". Zwar wird שמע auch mit ל konstruiert, dabei erhält das Verb aber die Bedeutung von „gehorchen", „befolgen", was 42, 23 nicht paßt.

V. 24

Die Wendung נתן ל im Sinne von „preisgeben" ist bei Deuterojesaja in 40, 23; 43, 28 ebenfalls belegt. Charakteristisch für ihn ist ferner

---

[3] Vgl. 41, 26b.28a; 43, 11b.12a.13a; 44, 6b.8b; 45, 5a.6b.14b.18b.21b.22b...
[4] Zu 48, 18 vgl. Elliger, Verhältnis, S. 116-123.

die Reihenfolge der Namen Jakob-Israel[5]. In V. 24bα begegnet plötzlich die erste Person Plural und das wirkt wie ein Fremdkörper im
ganzen Abschnitt. Es handelt sich wohl um eine zusammenhanglose
spätere Interpolation. Die Form זו des Demonstrativpronomens ist in
der Tat innerhalb von Jes 40-55 fast ungebräuchlich. Sie ist wieder
nur in 43, 21a bezeugt, das vermutlich sekundär ist. Das Verb חטא
kommt zwar in 43, 27 nochmals vor, weist aber keine nähere Bestimmung auf und wird absolut gebraucht. Schließlich läßt sich
V. 24bα rhythmisch nicht einordnen. Welcher Herkunft die Interpolation ist, ob deuteronomistisch[6] oder eher jeremianisch[7] beeinflußt,
bleibt unsicher.

Das Verb אבה von V. 24bβ ist innerhalb von Jes 40-53 einmalig,
das gleiche gilt für den Plural von דרך im Sinn von „Wege Jahwes".
Die Wendung „auf den Wegen Jahwes wandeln" ist im AT breit belegt
und stammt aus der Paränese[8]. Zu den „Wegen Jahwes" ist Jes 55,
8f; 58, 2; 63, 17; 64, 4 zu vergleichen. Einmalig im ganzen AT ist
ferner die Wendung שמע בתורה. In Jes 30, 9b haben wir den Akkusativ: לא אבו שמוע תורה. Zu vergleichen sind Sa 7, 12; Spr 28, 9;
Ne 13, 3. Deuterojesaja verwendet seinerseits das Verb שמע mit dem
Akkusativ des Objektes[9].

V. 25

V. 25 hängt syntaktisch von V. 24bβγ ab. Knüpft V. 24bβγ durch
den Begriff תורה an V. 21 an, so verweist das Pronominalsuffix עליו
von V. 25a auf das עם von V. 22aα. Einmalig in Jes 40-53 sind die
Verben שפך, להט und, wenn man vom sekundären 47, 7 absieht, die
Wendung שים על לב, ferner das Wort עזוז. Dieses findet sich im AT
sonst nur in Ps 78, 4; 145, 6; in beiden Fällen bezieht es sich auf die
Macht Jahwes. Der Begriff מלחמה begegnet bei Deuterojesaja sonst
nur in der festgelegten Wendung אנשי bzw. איש מלחמה. Auf diese
„Stärke des Krieges" ist der folgende Ausdruck „daß sie es rings
umloderte" zu beziehen. Die nähere Bestimmung סביב kommt im
Zusammenhang mit dem Motiv der Feinde vor[10]. חמה ist in 51, 13
(sek.).17.20.22, אף in 48, 9 (sek.), das Verb בער in der Qalform wie

---

[5] Vgl. 40, 27; 41, 14; 43, 22.28; 44, 1.5.21.23; 46, 3; 48, 1.12; 49, 5f.
[6] Vgl. Dt 1, 41; Ri 10, 10; 1Sam 7, 6.
[7] Vgl. Jer 3, 25; 8, 14; 14, 7.20; 16, 10.
[8] Vgl. Dt 8, 6; 10, 12; 11, 22; 26, 17; 28, 9; 30, 16.
[9] Vgl. 48, 1.16a; 51, 21, dazu noch 41, 22; 43, 9; 45, 21; 48, 6b.20; 52, 7.
[10] Vgl. Dt 12, 10; 25, 19; Jos 21, 44; 23, 1; Ri 2, 14; 8, 34; 1Sam 12, 11...

hier in 43, 2, in der Pielform in 40, 16 und in den sekundären Texten
44, 15; 50, 11 belegt. An sich könnte man Teile von V. 25, etwa
V. 25aαbβ Deuterojesaja zuschreiben und ihn über V. 24a an VV. 20.
22aβγb anschließen, das Pronominalsuffix עליו würde sich in dem
Fall auf Jakob und Israel von V. 24a beziehen. Damit würde man
aber V. 24bβγ und darüber hinaus V. 22aα unberücksichtigt lassen.
Seinerseits würde die Frage von V. 24a ihre Antwort im folgenden
Heilsorakel 43, 1ff finden[11]. Aus inhaltlichen Erwägungen legt sich
also nahe, V. 25 auf die Hand zurückzuführen, die VV. 18.19b.21.22aα
23.24bβγ geschrieben hat. Es wäre vielleicht lediglich zu fragen, ob
das ולא ידע von V. 25bα doch eine noch spätere Hinzufügung in der
Art wie die von 42, 16aα sein könnte. Der Grund zu dieser Vermutung liegt im Rhythmus, denn V. 25b ist überladen. Ohne ולא ידע
hätte er die gleiche Anzahl von Akzenten (3+2) wie V. 25a (dann
müßten wir חמת־אפו lesen).

Aus dieser Analyse würden sich zwei Schichten ergeben; die erste:

V. 18   Ihr Tauben, höret, und ihr Blinden, blickt auf zum Schauen!

V. 19b   Wer ist blind? Da, der Vergeltung erfahren hat! Ja, wer ist blind?
            Da, der Knecht Jahwes!

V. 21   Jahwe gefiel es um seines Heils willen, daß er die Weisung groß
            macht und verherrlicht.

V. 22aα   Nun aber, ein beraubtes und ausgeplündertes Volk ist er!

V. 23   Wer unter euch nimmt das wahr, merkt und hört es — auf die
            Zukunft hin?

V. 24bβγ   Ja, sie wollten auf seinen Wegen nicht gehen und auf seine Weisung
            nicht hören!

V. 25   Da goß er auf ihn die Wut (seines Zornes und die Not des Krieges),
            daß sie (ihn rings umloderte und) ihn versengte—doch er nahm es
            nicht zu Herzen.

Die Anreihung dieser Verse zu einer Einheit erfolgte überwiegend aus
stilistischen, terminologischen Gründen. Der gemeinsame Ihr-Stil ließ
VV. 18.23 zusammenziehen; der gemeinsame Begriff תורה brachte
VV. 21; 24b zusammen, die inhaltliche Abhängigkeit des V. 25 von
V. 24b ließ aber auch V. 25 dazu zählen. V. 21 schließt sich seinerseits
wegen der gleichen Wortfolge Subjekt-Verb an V. 18 an. Der Inhalt
und die Form von V. 22aα mit seinem pointierten והוא im Ansatz
paßte als Kontrastbild gut zu V. 21. Der Er-Stil von V. 19b („der

---

[11] Elliger hält v.24f als redaktionelle Brücke von vv.18-23 zu 43, 1-7 (vgl. Jesaja II,
S. 281f).

Knecht Jahwes" statt „mein Knecht") entsprach ferner dem berichtenden Ton von VV. 21.24b.25. Es ergibt sich im ganzen eine in sich
geschlossene Einheit; der Form nach handelt es sich nicht um eine
Ich-Rede Jahwes, sondern um eine ermahnende Rede, wie sie Propheten oder Lehrer halten können.

Es waren stilistisch-inhaltliche Erwägungen, die zu einer Trennung
des V. 19a von V. 19b geführt haben. Die Begriffe „blind" und „taub"
von V. 19a entsprechen nämlich in ihrer Reihenfolge ganz genau der
Reihenfolge „sehen" und „geöffnet sein" von V. 20. In V. 19b ist es
nicht so. Hier beherrscht der Begriff עור mit seinem zweimaligen
Vorkommen das Feld. Das entspricht V. 18b mit seinen drei, sich auf
die Tätigkeit des Sehens beziehenden Begriffen, während das Motiv
des Hörens von V. 18a seine volle Entsprechung und Entfaltung in
V. 23 mit seinen drei, sich auf das Hören beziehenden Verben findet.
Außer der terminologischen Prägnanz kennzeichnet die chiastische
Entfaltung der Motive — taub, blind, blind, taub — den Text, eine
stilistische Eigenart, die VV. 19a.20 abgeht. Was die Herkunft dieser
ersten Einheit betrifft, so sprechen die Terminologie und der Stil nicht
für Deuterojesaja, siehe etwa den Satzbau von V. 18 im Vergleich zu
46, 3.8; 48, 1.16a; 49, 1; 51, 1.2.7; 52, 11b, den verschiedenen Gebrauch von שמע mit ב (V. 24b), den verschiedenen Sinn von תורה
im Vergleich zu 51, 7. Die Betonung der תורה und der allumfassende
Sinn dieser תורה lassen an einen späteren Autor denken.

Die zweite Einheit umfaßt folgende Verse:

V. 19a   Wer ist blind? Da, mein Knecht! Und taub? Da, mein Bote! Soll
           ich ihn senden?

V. 20   Du hast vieles gesehen, doch nicht beachtet; auf waren die Ohren,
           doch hörten sie nicht!

V. 22aβγb Verstrickt wurden alle Jünglinge; ja, in den Kerkern wurden sie
           versteckt;
           sie sind zur Beute geworden — wo war aber ein Retter? — zur
           Plünderung — wo war aber ein Sprechender „Gib zurück"?

V. 24a   Wer gab Jakob dem Plünderer preis und Israel den Räubern? nicht
           Jahwe?

Im Unterschied zur ersten Einheit scheint die vorliegende nicht
abgeschlossen zu sein. Man hat aber guten Grund zu vermuten, daß
sie den Auftakt zu 43, 22.26-28 bildet, was die weitere Analyse beweisen kann. Es sind wiederum meistens stilistische und formale
Gründe, die für die literarische Zusammengehörigkeit dieser Verse
sprechen. Der Gebrauch des infinitivus absolutus verbindet zum Bei-

spiel VV. 20.22αβγb. Abgesehen von den terminologischen, motivischen Entsprechungen, die VV. 19a.20 miteinander verbinden, paßt die Ich-Rede von V. 19a gut zur Du-Anrede von V. 20. V. 24a schließt sich seinerseits inhaltlich gut an V. 22αβγb und darüber hinaus an VV. 19a.20 an. Terminologie und Stil, wie sie vor allem in VV. 22αβγb. 24a bezeugt sind, sprechen für die Herkunft dieser Einheit von Deuterojesaja, siehe etwa die Begriffe בחורים, חבא, אין, נצל, השיב, die Wendung נתן ל und die Reihenfolge Jakob-Israel[12].

c) *Form- und Gattungskritik*

Die deuterojesajanische Einheit VV. 19a.20.22αβγb.24a umfaßt rhythmisch gesehen fünf Stiche mit je 3+3 Akzenten, wenn man in V. 19aα das כי, in V. 20 die zwei לא, in V. 22aα das ואין und in V. 24a das הלוא mit maqqef versieht. Es fragt sich, wie die Einheit strophenmäßig einzuteilen ist. Haben VV. 19a.20 den Charakter einer Anrede, so faßt man sie zu einer Strophe zusammen. VV. 22αβγ.22b haben feststellenden Charakter und gehören inhaltlich zusammen, sie können daher auch eine Strophe für sich, die zweite, bilden. Der Fragesatz V. 24a bildet seinerseits den Abschluß und gleichzeitig die Pointe des Ganzen; sie fordert zum Nachdenken auf und bereitet zugleich den Weg zum Heilswort 43, 1-7 vor.

Die Einheit als Ganzes weist eine konzentrische Struktur auf: Fragesatz V. 19a; Ansatz mit infinitivus absolutus V. 20; Ansatz mit infinitivus absolutus V. 22αβγ; Fragesatz V. 24a. Formal gesehen teilt sich vorliegende Einheit in vier Teile ein: 1) ein einleitender, in der dritten Person formulierter Satz (V. 19a); 2) Anrede mit Hinweis auf einen bestimmten, aber noch nicht erwähnten Tatbestand (V. 20); 3) Angabe des Tatbestandes (V. 22αβγb); 4) eigentliche Aussage in Form eines abschließenden Fragesatzes. Im einleitenden Satz wird der, der angesprochen werden soll, in irgendeiner Weise charakterisiert: er wird als Knecht des Sprechenden und als sein Bote bezeichnet, er steht im Begriff, ausgesandt zu werden, er wird aber als blind abgestempelt. In der Anrede wendet sich der Sprechende direkt an den Betreffenden, er stellt fest, wie es mit ihm bestellt ist. Durch die Angabe des Tatbestandes wird der Betreffende zur Besinnung und

---

[12] Elliger betrachtet als echt deuterojesajanische Texte vv.18-19a.20-21a.22-23 (vgl. ebd., S. 271f, 279, 281f, 286, 290). Nach Schoors scheiden aus als sekundär vv.19b und 24bβγ (vgl. I am God your Saviour, S. 203, 206f).

zur Stellungnahme aufgefordert. Mit dem abschließenden Fragesatz wird dann seine Aufmerksamkeit auf Jahwe gerichtet.

Vorliegende Einheit scheint nicht die einzige zu sein, die nach dem vorliegenden Schema aufgebaut ist. Gleiche Struktur ist in 43, 8-13 festzustellen. Auch hier setzt die Einheit mit einem einleitenden, in der dritten Person formulierten Satz an, bei dem das Volk als blind und taub bezeichnet wird (V. 8). Es folgt die direkte Anrede, bei der die Angeredeten als Zeugen und als Knecht Jahwes gewürdigt werden (V. 10a). Im Folgenden wird auf die Heilstat Jahwes hingewiesen als das Geschehen, das zu bezeugen ist und nun als Aufgabe den Angeredeten anvertraut wird (V. 12aα). In den abschließenden rhetorischen Fragen VV. 12aβ.13 wird die Aufmerksamkeit auf Jahwes Einzigkeit und souveräne Macht gerichtet. Die gleiche Struktur liegt vielleicht auch der Einheit 41, 21-29 zugrunde. In V. 22a liegt der einleitende Satz vor. Er ist in der dritten Person formuliert. Die hier Gemeinten wurden in V. 21 als „euere Beweise" charakterisiert. Diese werden in VV. 22b-23 unmittelbar angesprochen und nach ihrem Können gefragt. In V. 25 folgt die Angabe des Tatbestandes: es ist ein Selbstzeugnis Jahwes und der Beweis der totalen Ohnmacht der angesprochenen Götzen. Die sich daran anschließenden Fragesätze betonen Jahwes Einzigkeit und alleinige Macht (V. 26). Es handelt sich hier um eine größere Einheit, die gattungsmäßig nicht einheitlich ist, sondern aus verschiedenen Elementen zusammengestellt ist. Nimmt man als Grundlage für den Vergleich die Grundschicht 41, 21-24a.26bβ.28-29a, so findet man auch hier das gleiche Schema, wobei der Tatbestand in V. 24 zu finden wäre, die abschließenden Fragesätze in V. 24 zu finden wäre, die abschließenden Fragesätze in V. 28. Wie oben bereits herausgestellt wurde, gehört diese Einheit zur Gattung der Gerichtsreden; in der Form einer Gerichtsrede enthält sie aber einen Appell an Israel, zum Glauben an Jahwe zurückzukehren. Die Elemente der Gattung Gerichtsrede sind auch in 43, 8-13 vorhanden, siehe etwa die Vorladung an die Völker und an die Nationen in V. 9. Das Ziel der Gerichtsversammlung wird aber klar angeführt, die Angesprochenen, das blinde Volk, das als Zeuge auftreten muß, soll zur Erkenntnis und zum Glauben kommen, daß Jahwe der einzige Gott ist (V. 10).

In 42, 19a.20.22aβγb.24a fehlt ein Hinweis auf die Gerichtssituation, es fehlt auch eine direkte Anspielung auf die Umkehr zum Glauben. Wir haben mit einem eigenständigen Text zu tun. Um ihn gattungsmäßig einordnen zu können, ist es notwendig, die Frage nach seiner eigentlichen Aussage zu stellen. Es fragt sich also: was hätte der

Knecht sehen und hören müssen? Die Antwort gibt V. 22aβγb: das
Volk wird unterdrückt und verfolgt, da ist aber kein Retter und
Befreier. Es hat sich also erwiesen, daß keine göttliche und menschliche
Macht imstande war, dem leidenden Volk zu helfen. Die Antwort
fährt aber in V. 24a fort: es bleibt nur ein Weg, und zwar, sich an
den zu wenden, der dem Volk solche Prüfung auferlegt hat und der
allein es nun daraus befreien kann. Das hätte der Knecht sehen und
von den Ereignissen abhören müssen, daß nämlich die Errettung
von Jahwe allein zu erwarten ist, von dem auch das Leiden kam.
Wenn das stimmt, dann enthält der Text einen Aufruf an den Knecht,
daß er von der eigenen Blindheit zum hoffnungsvollen Glauben an
Jahwe umkehrt. In dieser Hinsicht kann man ihn zu den Mahnworten
zählen, zu denen bei Deuterojesaja sonst 44, 21f gehören dürfte.
Freilich weist der Text keine direkte Aufforderung auf, wie in 44, 21f
der Fall ist. Es fehlen Ausdrücke wie „vergiß meiner nicht" und
„kehre wieder zu mir". Auffällig ist im vorliegenden Text jedoch das
Vorkommen von Fragesätzen. Die מי-Sätze kommen bei Deuterojesaja
alle innerhalb von Ich-Reden Jahwes vor und stehen im Zusammenhang mit dem Motiv der Identität Jahwes im Gegenüber zu den
Göttern und Götzen[13]. Das würde heißen, daß das vorliegende
Mahnwort letztlich doch etwas aussagt über die Identität Jahwes: er
allein ist es, der sein Volk bestraft hat und es nun heilen kann; er
allein ist es, der Unheil schafft und Heil wirkt (45, 7). Im Gegensatz
zu 44, 21f, wo der Aufruf das Loyalitätsverhältnis Israels zu Jahwe
im Rahmen ihrer wechselseitigen Beziehungen betrifft, bezweckt das
Mahnwort 42, 19a.20.22aβγb.24a indirekt, aber grundsätzlich die Anerkennung Jahwes als des Retters seines Volkes. So reiht sich dieser
Text an jene Texte wie Gerichtsreden, Heilsorakel und Selbsterweisworte, die das souveräne Gottsein Jahwe zu ihrer eigentlichen Aussage machen. Es ist also kein Zufall, daß der Text dem Heilsorakel
43, 1-7 vorangeht, und man kann mit gutem Grund vermuten, daß
43, 1-7 die logische Fortsetzung des Mahnwortes darstellt, insofern
hier die Frage nach dem Retter und Befreier von V. 22b, den Israel
in seiner Not vermißt hat, beantwortet wird: Jahwe hat Israel wohl
dem Plünderer preisgegeben, jetzt aber (ועתה, 43, 1) rettet er Israel,

---

[13] Vgl. 41, 26; 43, 9; 44, 7; 45, 21; 48, 14. Elliger zweifelt an der Echtheit von
50, 1-3 (vgl. Verhältnis, S. 129-134). Ausgehend von den Wer-Fragen weist Elliger
42, 18-25 den Streitreden zu; nach ihm handelt es sich um ein Stück im Disputationsstil
(vgl. Jesaja II, S. 279, 281).

und zwar ohne Bedingungen[14]. Man kann auch annehmen, daß dieser
Text zusammen mit 43, 8-13 absichtlich 43, 1-7 umkreist, daß er daher
in einem mit 43, 8-13 gelesen und gedeutet werden will, was aber
nicht unbedingt auf literar- und gattungskritische Zusammengehörigkeit hinweist.

Wenn das stimmt, dann kann man besser verstehen, was eigentlich
מלאכי אשלח meint. Der blinde Knecht, von dem V. 19a spricht, ist
vielleicht doch der gleiche Knecht von 43, 10. Der Stellung nach steht
aber das עבדי von 43, 10 parallel zu עדי, es ist also kollektiv aufzufassen. Das blinde Volk (43, 8) wird zu einer bestimmten Sendung
gerufen. Es soll Zeuge von Jahwes Einzigkeit und Heilsmacht vor den
Völkern und Nationen sein, denn diese pochen auf ihre Götter und
Götzen und bestreiten das Gottsein Jahwes. Der Ausdruck מלאכי אשלח
würde sich auf die gleiche Sendung beziehen. Der Knecht Jahwes ist
auch sein Bote, insofern er ein öffentliches Zeugnis ablegen muß in
einer Gerichtsversammlung, in der als Gegenpartei die Völkerschaft
mit ihrem Anspruch auf Recht in Sache ihrer Götter sitzt. In diesem
Zusammenhang scheint angebracht zu sein, אשלח als Frage oder als
Wunschäußerung zu verstehen: „soll ich ihn senden?" oder „ich
möchte ihn senden". Denn die Sendung des Boten hängt tatsächlich
davon ab, ob er, wie das ganze Mahnwort andeutet, sich von seiner
Blindheit und Taubheit bekehrt und Jahwe als den Urheber seines
Leidens und seiner bevorstehenden Befreiung anerkennt.

Wie das Heilsorakel und die Gerichtsrede ist dieses Mahnwort als
Ich-Rede Jahwes formuliert. Sein Sitz im Leben, wenn man überhaupt
von einem solchen sprechen kann, ist in der geschichtlichen Lage der
Exilierten zu finden. Jahwe richtet sich durch den Propheten an die
Verzagten und Schwankenden und versichert ihnen durch Mahnworte,
Heilsorakel und Selbsterweisworte sein heilkräftiges Eingreifen und
seine Treue. Diese Worte sollen Israel zum Glauben an Jahwe als
seinen einzigen Retter und zur Hoffnung auf die Wiederherstellung
des Bundes mit Jahwe aufmuntern. Sie sollen dem Heilswerk Jahwes
den Weg bereiten.

Im Unterschied zur ursprünglichen deuterojesajanischen Einheit
weist die andere Einheit 42, 18.19b.21.22aα.23.24bβγ.25 keinen streng
einheitlichen Rhythmus auf. Unter den einzelnen Versen besteht aber
eine Proportion der Akzente nach konzentrischer Art. Die Akzente
sind für jeden Vers so verteilt: 2+2; 3+3 (bzw. 2+3); 4+3 (bzw.

---

[14] Vgl. dazu die Ausführungen Elligers, Jesaja II, S. 281f.

3+3); 3; 4+3 (bzw. 3+3); 3+3 (bzw. 3+2); 2+3. V. 18 entspricht danach dem V. 25b, V. 19b entspricht dem V. 24bβγ, V. 21 entspricht dem V. 23; V. 22aα bildet die Mitte. Draußen bleibt nur V. 25a, der keine Entsprechung zu haben scheint oder eventuell dem V. 19b entspricht. Es fragt sich, ob wir in V. 25a mit einer nachträglichen Ergänzung des Textes zu tun haben. Nimmt man an, daß die Interpolationen einerseits das אפו von V. 25aα, dann der sonderbare, im AT sonst nirgendwo belegte Ausdruck עזוז מלחמה und in V. 25bα der zum Motiv des Krieges von V. 25aβ passende Ausdruck ותלהטה מסביב mit dem folgenden negativen Verbalsatz sind, so schrumpft V. 25 auf die Sätze zusammen: „da goß er auf es die Wut (oder: seine Wut), daß sie es versengte, doch es nahm es nicht zu Herzen". Versieht man חמה עליו mit maqqef, dann hat man einen Vers mit 2+3 Akzenten. Strophenmäßig scheint die Einteilung in zwei Strophen mit je drei Stichen, denen eine einversige Einteilung vorangeht, dem Inhalt und der Struktur des Textes am besten zu passen. Nach dem einleitenden V. 18 hätten wir als erste Strophe VV. 19b.21.22aα und als zweite Strophe VV. 23.24bβγ.25*. Inhaltlich und zum Teil formal — siehe die zwei מי — entsprechen die Verse einander, siehe V. 19b und V. 23, dann V. 21 und V. 24bβγ, schließlich V. 22aα und V. 25*. Rhythmisch gesehen unterscheidet sich die erste Strophe von der zweiten nur wegen des dritten Stichus, der nur drei Akzente und nicht 2+3 aufweist. Die formale Geschlossenheit dieser Einheit, wie sie die inhaltliche und metrische Struktur bezeugt, führt zur Annahme, daß sie nicht direkt für den deuterojesajanischen Urtext als dessen Ergänzung geschrieben wurde, sondern für sich bereits bestand und erst redaktionell mit dem Urtext gekoppelt wurde. Hat sie auch gattungsmäßig eigenes Profil?

Zuerst ist zu bemerken, daß es sich nicht um eine Ich-Rede Jahwes handelt. Hier spricht einer, der aus der Betrachtung dessen heraus, was geschehen ist, es wagt, das Wort zu ergreifen und an seine Zuhörer eine Ermahnung zu richten. Das unterscheidet diese Einheit von allen anderen deuterojesajanischen Texten, die mit imperativischer Anrede beginnen[15], denn hier spricht Jahwe. Auch in den sekundären 45, 22; 51, 4 ist der Redende Jahwe. Mit Ausnahme von 48, 1-11 sind diese Texte allgemein zu den Heilsworten zu rechnen; unter ihnen sind 45, 22ff; 46, 3.8-11; 48, 16a mit dem Motiv von Jahwes Einzigkeit und Macht verknüpft. Nichts davon ist in der vorliegenden Ein-

---

[15] Vgl. 46, 3.8.12; 48, 1.16a; 51, 1f.7.

heit festzustellen. Vergleicht man sie mit 51, 1-3.7-8, so geht ihre Verbindung mit diesem Text über das formale Merkmal שמעו־הביטו
nicht hinaus. 51, 1-3.7f ist ein Mahnwort, das in ein Heilswort
(אל־תיראו) mündet. In der vorliegenden Einheit vermißt man beides,
Mahn- und Heilswort. Das Hauptgewicht steht auf dem, was Jahwe
getan, und auf dem, was das Volk nicht getan hat. Die Fragesätze
haben aber nicht nur feststellenden, sondern auch ermahnenden Charakter, worauf auch der Ausdruck לאחור hinweist. Was der Redende
mit seiner Rede beabsichtigt, ist das, daß die Erfahrung des göttlichen
Zornes und die gegenwärtige trostlose Situation den Zuhörern Anlaß
gibt, zu Jahwe zurückzukehren und seine „Weisung" ernst zu nehmen,
denn das allein ist Vorbedingung zum Wohlergehen. Der Redende
spricht hier also eine Warnung aus: er verweist die Zuhörer auf das
von ihnen Erlebte, um sie zu einem neuen, Jahwes Weisung entsprechenden Verhalten zu bewegen.

Wenn er aber in V. 25bβ sagt, daß das Volk Jahwes Strafe nicht zu
Herzen nahm, so rührt er an der eigentlichen Schuld des Volkes, an
seiner hartnäckigen Untreue. Die Warnung geht aus einem Scheltwort
hervor. Es ist ein warnendes Scheltwort. Es scheint nicht, daß der
Verfasser dieser Einheit von einem deuterojesajanischen Wort, sei es
auch das des vorliegenden Urtextes, angeregt worden ist bei der
Formulierung seines Scheltwortes. Mindestens spricht nichts deutlich
dafür. Mit Deuterojesaja teilt er nur die Auffassung, daß das Volk
Knecht Jahwes ist. Ob er diese Bezeichnung in Beziehung zu einer
bestimmten Sendung des Volkes setzt, ist nicht klar. Es ist aber auch
nicht auszuschließen, daß dieses Scheltwort im Rahmen einer öffentlichen Vorlesung und Kommentierung deuterojesajanischer Texte ausgesprochen und erst nachträglich in den Text eingebaut wurde. Ob
dieser der beste Platz für diese Ergänzung war, bleibt offen. Auf
jeden Fall konnte der Fragesatz V. 19a und die Begriffe עור und עבד
den Anlaß dazu gegeben haben. Inhaltlich stand ferner V. 22aβγb
den VV. 22aα.25 nahe. Im ganzen war aber der Urtext doch anders
ausgerichtet, indem er die Identität Jahwes als des Retters Israels und
die Identität Israels als des Zeugen Jahwes hervorheben wollte.

Der Einbau der Einheit erfolgte nach dem Kriterium der regel-
mäßigen Abwechslung: einem jeden Stichus des sekundären Textes (A)
folgte ein Stichus des Urtextes (B). In der Mitte findet eine Verdichtung statt: zwei Stichen von A (VV. 21.22aα) entsprechen zwei Stiche
von B (VV. 22aβγ.22b). Der letzte Stichus gehört wieder zum sekundären Text, der damit das Ganze einschließt. Das Schema: A B A B

(VV. 18.19a.19b.20); A A B B (VV. 21.22aα.22aβγ.22b); A B A A (VV. 23.24a.24bβγ.25aαbβ).

Es fragt sich, was gattungsmäßig gesehen aus dieser Verkopplung hervorgegangen ist. Der Form nach finden sich manche Entsprechungen chiastischer Art zwischen den einzelnen Stichen. Den zwei מי-Sätzen VV. 19a.19b entsprechen die zwei Sätze VV. 23.24a (B A/A B), dem infinitivus absolutus V. 20 entspricht der inf. abs. V. 22aβγ (B/B). Im ganzen liegt das Schema B A B/B A B vor. Den Fragesätzen folgen jeweils Sätze, die einen bestimmten Tatbestand feststellen: VV. 19a. 19b/20; VV. 23.24a/24bβγ. Die Mitte des Ganzen scheint aber formal gesehen in VV. 21.22aα vorzuliegen: diese Stiche stehen nämlich zwischen den zwei מי-Sätzen und dem inf. abs.-Satz (VV. 19a.19b.20) einerseits, dem inf. abs.-Satz und den zwei מי-Sätzen (VV. 22aβγ. 23.24a) anderseits. Sie sind durch eine doppelte Inklusion hervorgehoben.

Inhaltlich gesehen liegt hier ein Kontrastbild vor: die gegenwärtige aussichtslose Situation des Volkes widerspricht dem, was Jahwe einst für dieses Volk unternommen hat[16], und dem, was dies Volk, das einst die Kriege Jahwes führte und seine Feinde ausplünderte, für seinen Gott vollbracht hat[17]. Die Funktion der zwei darauffolgenden Fragesätze ist aber von der der zwei vorangehenden Fragesätze verschieden. Greift V. 23 auf das Motiv des Hörens von V. 18a zurück, wie anderseits V. 19 das Motiv des Sehens von V. 18b betont, so geht V. 23 einen Schritt weiter. Er setzt den Akzent, wie oben bereits hervorgehoben wurde, auf die Zukunft. Damit spricht er eine Mahnung aus: das Volk soll aus der Betrachtung des Gegenwärtigen und Gegebenen durch Umkehr den Weg zu einer neuen Zukunft bereiten. So gibt V. 23a an, wie das Kontrastbild von VV. 21.22aα verstanden werden soll: es ist ein Zeichen, das zu einer Bekehrung und Umwandlung führen soll.

Wir haben aber den Schlüssel zur Erfassung der literarischen Gattung des ganzen Stückes nur, wenn wir V. 24a hinzunehmen und ihn aus seinem unmittelbaren Kontext VV. 24bβγ.25aαbβ her beleuchten. In V. 24a liegt der Akzent auf Jahwe. Im Gegenüber zu V. 21 wird gesagt, daß Jahwes Zuwendung nicht etwas ein für allemal Gegebenes ist: er bestraft sein Volk, wenn dieses sich von ihm abwendet. Er

---

[16] הגדיל bezieht sich etwa in 1Sam 12, 24; 2Sam 22, 51; Ps 126, 2f auf Jahwes geschichtliches Tun.

[17] Vgl. Nu 31, 9.32.53; Dt 2, 35; 3, 7; 20, 14; Jos 8, 2.27; 11, 14; 1Sam 14, 36; 1Kön 7, 16.

fordert also auch Treue, sonst bricht das Verhältnis zusammen. V. 25bβ stellt freilich in dieser Hinsicht fest, daß das Volk es nicht zu Herzen nahm. Bezieht man dieses Scheltwort auf den Fragesatz V. 24a, in dem es auf die Identität Jahwes verwiesen wird, so merkt man : das warnende Scheltwort, wie es aus der Verkopplung beider Einheiten resultiert, ist in der Schuld des Volkes begründet, weil dieses die eigene Geschichte von Jahwe gelöst und sie nicht mehr von Jahwe her als sein Werk gesehen hat. Das Volk hat also die Identität Jahwes als des Gottes und Retters Israels nicht erkannt. Aus der Verknüpfung mit dem Motiv der Identität Jahwes heraus, dem Hauptmotiv der deuterojesajanischen Botschaft, erhielt vorliegendes Scheltwort einen tieferen Sinn und gewann an theologischer Prägnanz. Es hat sich damit aber keine neue Gattung ergeben.

Es bleibt unklar, was sich aus der Verkopplung der ursprünglichen Ich-Rede mit der nachträglichen Er-Rede ergeben hat. Soll man den daraus resultierenden Text als eine Ich-Rede Jahwes betrachten? Es gibt ja Texte, in denen wie etwa in 40, 21-25; 48, 12-16 die Grenze zwischen beiden Arten von Reden zu fallen scheint. Bei 42, 18-25 hält man sich am besten an den Wortlaut, indem man die jeder Einheit eigene Formulierung respektiert. Die Redenden wechseln sich einander ab : in V. 18 setzt der Prophet an, in V. 19a folgt Jahwe, dann wieder der Prophet in V. 19b, in V. 20 Jahwe, in VV. 21.22aα der Prophet, in V. 22aβγb Jahwe, in V. 23 der Prophet, in V. 24a Jahwe[18], in VV. 24bβγ.25aαbβ der Prophet. Freilich kann hier eine Erklärung dieses Vorgehens nicht gegeben werden. Man darf aber vermuten, daß die Redaktoren es so verstanden haben, daß der Prophet seine Rede mit unmittelbaren Zitaten aus einem Spruch Jahwes gestaltet hat. Das wäre etwa auch in 40, 21-25 mit V. 25 der Fall gewesen.

2)   43, 1-7

V. 1   Jetzt aber!
So spricht Jahwe, der dich schuf, Jakob, der dich bildete, Israel :
Fürchte dich nicht, denn ich erlöse dich; ich habe dich gerufen mit Namen — mein bist Du!
V. 2   Gehst du durchs Wasser — mit dir bin ich —, durch die Ströme — sie überfluten dich nicht.
Schreitest du durchs Feuer — du verbrennst nicht — und die Flamme versengt dich nicht.

---

[18] Dagegen spricht nicht das לוא יהוה von v.24a, da das göttliche אני nur für bestimmte Formeln vorgesehen war.

V. 3   Ich Jahwe bin ja dein Gott, der Heilige Israels ist dein Befreier!

Ich gebe Ägypten als Deckung für dich, Äthiopien und Seba statt deiner.

V. 4   Mehr als diese da bist du teuer in meinen Augen, du bist (mir) wichtig
und ich, ich liebe dich.

So gebe ich Menschen statt deiner und Nationen statt deiner Seele.

V. 5   Fürchte dich nicht, denn mit dir bin ich!

Vom Aufgang lasse ich deinen Samen heimkommen und vom Niedergang her sammle ich dich.

V. 6   Ich spreche zum Norden: gib her! und zum Süden: halte nicht zurück.

Laß kommen meine Söhne von der Ferne und meine Töchter vom
Erdenrand.

V. 7   Alles, was mit meinem Namen gerufen ward: zu meiner Ehre habe ich
es geschaffen, es gebildet, ja es gemacht.

a) *Zur Einteilung und zur Übersetzung*

Daß mit 43, 1 eine neue Einheit beginnt, zeigen das Adverb ועתה,
dessen Waw gegenüber 42, 18-25 adversativen Charakter haben dürfte,
die Botenformel und die namentliche Anrede. Die Struktur des Textes
ist sonst vom zweimaligen Vorkommen der Ermahnung אל־תירא mit
anschließendem כי-Satz gekennzeichnet. Damit gliedert sich die Einheit
deutlich in zwei Teile gleichen Umfangs[19]. In der Mitte steht die
Selbstprädikation Jahwes (V. 3a). Mit den Verben ברא und יצר knüpft
V. 7 an V. 1 an, wo beide Verben bereits theologisch verwendet sind.

V. 1

Gleich 44, 1 folgt ועתה hier einem Mahnwort (42, 18-25); es kennzeichnet wie in 44, 1; 49, 5; 52, 5 eine Wende im Gedankengang und
führt Neues an, es fungiert also als Bindeglied zwischen dem Vorhergehenden und dem Folgenden. Deswegen wurde das Waw mit „aber"
wiedergegeben. Die Partizipien בראך und ויצרך wurden nicht als Substantiva verstanden, da ersteres in 42, 5; 45, 7.18 eindeutig verbale
Bedeutung aufweist und letzteres in 44, 2.24; 45, 18; 49, 5 verbalen
Sinn hat. Die an die Botenformel angeschlossenen Partizipien haben
verbalen Sinn in 42, 5; 43, 16f (hier sind die Partizipien mit Artikel
versehen); 44, 2.24; 45, 18. Es empfiehlt sich also, die Partizipien von

---

[19] Es handelt sich formgeschichtlich wohl um eine Einheit und nicht um zwei
selbständige Heilsorakel (vgl. Elliger, Jesaja II, S. 276f). Nach einigem Schwanken
entscheidet sich auch Schoors für die Einheit von 43, 1-7 (vgl. I am God your Saviour,
S. 76). Anderer Meinung ist von Waldow, der in 43, 1-4 und 43, 5-7 zwei Heilsorakel
sieht (vgl. Anlass und Hintergrund der Verkündigung des Deuterojesaja, S. 180f Anm. 6,
vgl. noch „... denn ich erlöse dich". Eine Auslegung von Jesaja 43, S. 10-13). So auch
Knight, Deutero-Isaiah, S. 89, 93f.

43, 1a verbal zu übersetzen[20]; die substantivische Bedeutung wäre
aber an sich auch nicht auszuschließen. Das Perfekt von V. 1bβ wurde
mit einem Vergangenheitstempus übersetzt, da es als Begründung von
גאלתיך verstanden worden ist.

V. 3

Wie ist dieser Vers zu übersetzen? Es ist zu beachten, wie in der
deuterojesajanischen Schrift die Formel אני יהוה gebraucht wird. In
41, 4b.17b; 42, 6a; 45, 8b bildet sie eine in sich geschlossene untrenn-
bare Einheit; in 42, 8a; 43, 11; 45, 5a.6b.18b.21b; 49, 23b ist יהוה
Prädikat von אני. In diesen letzteren Stellen geht es aber inhaltlich
um die Identität Jahwes; אני יהוה fungiert hier als regelrechte Selbstvorstellungsformel. Es ist aber nicht der Zweck von 43, 1-7, die Identität Jahwes hervorzuheben, sondern seine Heilsmacht im geschichtlichen Raum zu betonen. So liegt der Akzent auf den Bezeichnungen
„dein Gott" und „dein Befreier". Es legt sich also nahe zu übersetzen:
ich Jahwe bin dein Gott, der Heilige Israels ist dein Befreier[21]. Das
gleiche gilt für das sekundäre 49, 26. Zur Bestätigung ist 41, 10aβ zu
vergleichen. Es stellt sich die Frage, ob man präziser übersetzen
könnte: „ich, Jahwe, bin dein Gott, (ich) der Heilige Israels, bin dein
Befreier", wobei die Bezeichnung „der Heilige Israels" parallel zu יהוה
stehen würde. Das ist nicht auszuschließen, da wir eine solche Parallelität sonst in 41, 16b und gewissermaßen noch in 41, 20b finden;
außerdem prägt das אני im Ansatz den ganzen Vers und ist auch vor
קדוש ישראל mitzuhören. Das gleiche kann für 49, 26 gelten.

V. 4

Mit Ausnahme des sekundären 47, 13 kommt מאשר sonst innerhalb
von Jes 40-53 nicht mehr vor. Dazu ist ferner zu sagen, daß die
kausale Bedeutung gar nicht sicher ist[22]. Die Bildung מאשר bewahrt

---

[20] So auch Bonnard, Le Second Isaïe, S. 134, Elliger, Jesaja II, S. 269, Knight,
Deutero-Isaiah, S. 89, und North, The Second Isaiah, S. 40.

[21] Vgl. Bonnard, ebd., S. 134, Buber, Bücher der Kündung, S. 136, Duhm, Das
Buch Jesaja, S. 294, Feldmann, Das Buch Isaias, S. 66, Fischer, Das Buch Isaias,
II Teil, S. 61, Fohrer, Das Buch Jesaja, Bd. 3, S. 59, Kissane, The Book of Isaiah,
Vol. II, S. 44, Knight, ebd., S. 89, König, Das Buch Jesaja, S. 377, McKenzie, Second
Isaiah, S. 49, Schoors, I am God your Saviour, S. 68, von Waldow, „...denn ich erlöse
dich". Eine Auslegung von Jesaja 43, S. 10, Westermann, Das Buch Jesaja, S. 94, Volz,
Jesaja II, S. 35, Ziegler, Isaias, S. 127.

[22] In seinem Aufsatz „Einige Erwägungen zu Jes XLIII 4" (VT 16 1966, S. 513f)
bemerkt Maalstad, daß מאשר sonst nirgends im AT mit der Bedeutung „weil" vorkommt und daß אשר nach מן immer relativen Sinn hat. Freilich überzeugt sein Vorschlag
„mehr als Assur" auch nicht.

in allen alttestamentlichen Belegen grundsätzlich ihre relative-demonstrative Bedeutung[23] und wird auch bei (komparativen) Vergleichen verwendet (vgl. etwa 2 Sam 18, 8). So empfiehlt es sich, sie auch in 43, 4a in diesem Sinn zu verstehen. Sie würde sich hier auf die soeben erwähnten Völker beziehen und zum Ausdruck bringen, daß „mehr als diese da" Israel in den Augen Jahwes teuer ist. Dem Sinn nach handelt es sich nicht um ein „Mehr", sondern um eine ausschließliche Entscheidung. In V. 4b wäre vielleicht doch in Erwägung zu ziehen, ob hier im Anschluß an V. 3b nicht konkrete Völker genannt werden. In dem Falle könnte sich doch um Edom[24] und um jenen Stamm Leummim, von dem in Gen 25, 3 die Rede ist, handeln. Wir hätten damit den Vorteil, daß die Aussage von V. 4b nicht so radikal klingen würde wie im anderen Fall. Zu beachten ist, daß die לאמים bei Deuterojesaja letztlich doch Zeugen dessen sind, was Jahwe tut oder sein Knecht sagt (vgl. 41, 1; 49, 1); in 43, 9 werden sie zur Gerichtsversammlung aufgerufen, aber nicht um vernichtet zu werden, sondern um von der Macht Jahwes und der Ohnmacht der Götter Zeugnis abzulegen.

V. 7

Das Waw von ולכבודי hat sehr wahrscheinlich deiktische Funktion (siehe da!) und dürfte dem sogenannten Waw der Bekräftigung entsprechen[25]; damit wird ולכבודי auf den zweiten Teil von V. 7 bezogen und in besonderer Weise betont[26].

b) *Literarkritik*

V. 1

Das ansetzende ועתה kann für ursprünglich gehalten werden, wenn man annimmt, daß 43, 1-7 von vornherein mit 42, 19a.20.22aβγ.22b.24a verbunden war; erfolgte die Verbindung beider Texte erst nachträglich oder sogar redaktionell, so könnte ועתה bei dieser Zusammensetzung

---

[23] Vgl. Gen 31, 1; Ex 5, 11; Nu 6, 11; Jos 10, 11; Ri 16, 30; 2Sam 18, 8; 2Kön 6, 16; Jer 40, 7; Pred 3, 22; Ruth 2, 9; 1Chr 17, 13.

[24] Das ist der Vorschlag von Maalstad, vgl. ebd., S. 513f.

[25] Vgl. Prijs, Ein „Waw der Bekräftigung"?, BZ NF 8 1964, S. 105f.

[26] Vgl. Elliger, Jesaja II, S. 302f. Manche Ausleger verstehen v.7aβ im Parallelismus zu v.7aα als asyndetischen Relativsatz, vgl. McKenzie, Second Isaiah, S. 49, North, The Second Isaiah, S. 41, Morgenstern, The Message of Deutero-Isaiah in its Sequential Unfolding, HUCA 30 1959, S. 56, Schoors, I am God your Saviour, S. 76, Steinmann, Le Livre de la Consolation d'Israël, S. 119, von Waldow, „... denn ich erlöse dich". Eine Auslegung von Jes 43, S. 12.

hinzugekommen sein und gegenüber dem Vorhergehenden adversativen Charakter haben[27]. Adversativen Charakter hat es in der jetzigen Textgestalt auch in 44, 1; 49, 5; 52, 5. Im sekundären 47, 8 hat es mehr die Funktion, das bereits seit 47, 1 Gesagte weiterzuführen und zu verstärken. In 48, 16b bezeichnet es einen neuen Ansatz, der mit dem Vorhergehenden inhaltlich nichts zu tun hat; hier redet ferner nicht mehr Jahwe, sondern der Prophet.

Die Botenformel weist eine doppelte appositionelle Erweiterung auf. In vielen Fällen[28] vermißt sie eine solche appositionelle Erweiterung; ist sie aber mit Appositionen versehen, so sind es meistens zwei[29]. Eine einzige Apposition zur Botenformel begegnet nie. Das ist bereits ein Grund, בראך für echt zu halten; zwar regiert ברא als Objekt in den meisten Fällen Naturdinge bzw. Naturvörgänge[30], aber in 43, 15 regiert es ישראל. Dieser letztere Text ist nicht als sekundär zu betrachten[31], da קדוש nicht nur als Bestandteil der Bezeichnung קדוש ישראל, sondern auch allein als selbständige Bezeichnung gebraucht wird (vgl. 40, 25; 49, 7). Freilich nirgendwo im AT regiert ברא als Objekt יעקב. Den Namen hat vermutlich der hinzufügen können, der 43, 1-7 mit 42, 19a.20.22aβγ.22b.24a verkoppelte, da beide Namen sich in 42, 24a finden, also Deuterojesaja selbst[32], oder auch ein späterer Redaktor, der 43, 1-7 dem größeren Zusammenhang (etwa 44, 21?) hat angleichen wollen.

Zu אל־תירא vergleiche man das zu 41, 10aα Gesagte. In der daran angeschlossenen Begründung kommt das Verb גאל vor, das sonst in 44, 22f; 48, 20; 51, 10b (sek.?); 52, 9 begegnet. Mit Ausnahme von 51, 10b sind alle hymnische Texte. Der Satz von V. 1bβ folgt asyndetisch dem Begründungssatz V. 1bα. Es fragt sich, ob V. 1bβ mit zur Begründung gehört oder vielmehr eine selbständige Aussage ist. Der Stellung nach würde man meinen, er gehöre zur Begründung, denn mit V. 2aα fängt syntaktisch etwas Neues, ein Konditionalsatz, an. Anderseits folgt normalerweise der Ermahnung אל־תירא nur ein כי־Satz[33]. Man hat in V. 1bβ mit einer stilistischen Abweichung zu tun.

---

[27] Vgl. Elliger, ebd., S. 282, 292.

[28] Vgl. 45, 1.14; 49, 8.22.25; 50, 1; 51, 22; 52, 3f.

[29] Vgl. 43, 14; 44, 2.6.24; 45, 11; 48, 17; 49, 7.

[30] Vgl. 40, 26.28; 41, 20; 42, 5; 45, 8.18.

[31] So Kantoro, Isaiah 43, 1-7, Manuskript S. 8f.

[32] Zum Sinn des Doppelnamens Jakob-Israel bei Deuterojesaja vgl. die Ausführung von Waldows, „... denn ich erlöse dich". Eine Auslegung von Jes 43, S. 19-24.

[33] Vgl. 41, 10aα; 43, 5; 44, 2b-3a; 51, 7b-8a. In 44, 2b-3a; 51, 7b-8a liegen jeweils zwei Sätze vor, sie sind aber auch durch Waw miteinander verbunden.

Hinzu kommt, daß der Ausdruck לי־אתה bei Deuterojesaja einmalig
ist : er verwendet sonst laut 41, 9 (sek.?); 44, 21; 49, 3 (vgl. 49, 6) den
Ausdruck עבדי־אתה. Trotzdem hat man in 44, 5aα in anderer Form
die gleiche Formulierung : ליהוה אני.

Die Wendung „beim Namen rufen" ist unserem Propheten wohl
bekannt, wie es aus 40, 26; 41, 25; 44, 5; 45, 3f hervorgeht. Sie wird
in 41, 25; 45, 3f auf Kyros, in 43, 7 auf Jahwe bezogen. Vorliegende
Stelle unterscheidet sich von 41, 25; 45, 3f darin, daß sie die Zugehörigkeit des Gerufenen zu Jahwe ausdrückt[34], während in 41, 25;
45, 3f das Rufen beim Namen sich auf die Auserwählung zu einer
bestimmten Aufgabe bezieht (vgl. etwa Ex 31, 2; 35, 30). Diese Erwägungen stilistischer und inhaltlicher Art lassen auf den sekundären
Charakter von V. 1bβ schließen. Er dürfte auf die Hand eines
Redaktors zurückgehen, der 43, 1-7 an den Zusammenhang enger anknüpfen wollte (vgl. 44, 21), eventuell auf den gleichen Redaktor, der
in V. 1a den (fehlenden?) Namen Jakob hinzugefügt hat.

V. 2

Einmalig innerhalb von Jes 40-53 sind das Verb עבר mit der Präposition ב, das Verb הלך mit der Präposition ב im Sinne von „durch
etwas schreiten", ferner das Verb שטף, das Verb כוה und das Substantiv להבה. עבר begegnet im Zusammenhang mit dem Thema des Auszugs in 51, 10b (sek.?), das Substantiv מי ist mit dem gleichen Thema
in 43, 16 verbunden. Die Aussage „mit dir bin ich" begegnet in 43, 5a
wieder; in 41, 10a hat man für die gleiche Aussage die Präposition עם.
Ist letztere wörtlich mit „in deiner Gesellschaft bin ich" zu übersetzen,
so bedeutet erstere an sich „an deiner Seite bin ich"[35]. Die Einmaligkeit der Sprache hängt hier mit dem besonderen Inhalt zusammen. Nichts spricht an sich gegen die deuterojesajanische Herkunft
des Verses.

V. 3

In V. 3 hat man den einzigen Beleg im AT, in dem „der Heilige
Israels" als מושיע bezeichnet wird. Sonst begegnet קדוש ישראל bei
Deuterojesaja zusammen mit גאל[36] und יצר (vgl. 45, 11). In Jes 29, 23
begegnet die Bezeichnung קדוש יעקב. Die Wendung נתן כפר ist uns
sonst aus Ex 30, 12; Ps 49, 8 bekannt.

---

[34] Vgl. Elliger, Jesaja II, S. 293f.
[35] Vgl. Christian, Untersuchungen, S. 189.
[36] Vgl. 41, 14; 43, 14; 48, 17; 49, 7; vgl. den sekundären Text 47, 4.

Nur in V. 3bα begegnet bei Deuterojesaja die Konstruktion des Verbs נתן mit zwei Akkusativen, von denen das erste prädikative Funktion zum zweiten hat und mit „als" bzw. „zu" wiederzugeben ist. Deuterojesaja bevorzugt die Konstruktion mit נתן, Akkusativ des Objektes und ל bzw. כ der Bestimmung (vgl. 40, 23; 41, 2; 49, 6). Eine Konstruktion wie die von V. 3bα findet sich in 62, 8. Das Wort כפר kommt ferner bei Deuterojesaja nur hier vor. Die Reihenfolge Ägypten, Äthiopien und Seba findet sich, wenn auch in anderer Form (סבאים) in 45, 14 (sek.) wieder. Die Wendung נתן תחת kommt außerhalb des vorliegenden Kontextes (vgl. V. 4b) nicht mehr vor, wohl aber in 61, 3a, sonst in 2 Sam 19, 1; 1 Kön 21, 6. Die Präposition תחת begegnet noch in Jes 55, 13a; 60, 15a.17a.

V. 4

Einmalig ist auch die Bildung מאשר. Da Deuterojesaja seine Sätze gewöhnlich parataktisch aneinander reiht und untergeordnete Sätze vermeidet, entsteht hier der Verdacht, daß V. 4a einer anderen Hand entstammt. Innerhalb von Jes 54-66 sind aber Bildungen mit אשר sehr häufig[37]. Nur in 43, 4 findet sich ferner das Verb יקר. Der Ausdruck יקר בעינים begegnet sonst in 1 Sam 26, 21; 2 Kön 1, 14; Ps 72, 14. Die Niphalform von כבד, zu der man בעיני hinzulesen muß, trifft man in 49, 5 wieder.

Das Verb אהב bezieht sich in 41, 8; 48, 14 jeweils auf Abraham und Kyros. Sollte es der Charakterisierung dessen dienen, der mit einer bestimmten Sendung versehen wurde, so weicht vorliegende Stelle davon ab, insofern es sich hier nicht um eine zu erfüllende Aufgabe handelt, sondern um die errettende Zuwendung Jahwes. Deuterojesaja spricht sonst in bezug auf das Verhältnis zwischen Jahwe und Israel von Erwählung, Vergebung, Erlösung und fürsorgendem Beistand, aber eigentlich nicht von „Lieben". Von der Liebe Jahwes zu seinem Volk ist jedoch in 63, 9 die Rede. Unter אדם, Menschen, sind in V. 4b sicher einzelne Stämme und Volker, aber als Gesamtheit gemeint, falls es sich nicht um „Edom" handelt. In 45, 12 meint aber אדם das ganze Menschengeschlecht. Das Wort wird also verschieden gebraucht. Sind die לאמים tatsächlich Zeugen der göttlichen Heilsmacht (vgl. 41, 1; 49, 1) und sind sie gerufen, Jahwes Göttlichkeit anzuerkennen (43, 9), so scheint ihre Ablehnung in 43, 4bβ dem Denken Deuterojesajas nicht ganz zu entsprechen. Auch der

---

[37] Vgl. 55, 10; 56, 4; 61, 7; 65, 8.12; 66, 4.20.22; vgl. noch 53, 12; 51, 13; 52, 14.

Gebrauch von נפש scheint verschieden zu sein: bei Deuterojesaja steht es für das Personalpronomen, siehe 46, 2b; 51, 23a; in 43, 4b scheint es mehr den Sinn von „Leben" zu haben. Um das Leben seines Volkes zu retten, ist Jahwe bereit, andere Völker preiszugeben. Dieser terminologische, syntaktische und zum Teil inhaltliche Befund führt zur Annahme der Unechtheit von VV. 3b-4. Nichts spricht für die Gleichsetzung dieses Bearbeiters mit dem Redaktor, der in V. 1 am Werk war. Eher ist an den Redaktor zu denken, der 45, 14 oder vielleicht 49, 20-22 jeweils hinzugefügt hat.

V. 5

Inhaltlich, formal und metrisch steht V. 5a parallel zu V. 1ba. Die Termini „Aufgang" und „Niedergang" kommen wieder in 45, 6 zusammen vor, vgl. auch 59, 19. Vom „Aufgang" allein ist sonst in 41, 2.25; 46, 11 im Zusammenhang mit dem Kyros-Thema die Rede. Das Wort begegnet immer in der Bildung ממזרח. Oft findet sich bei Deuterojesaja die Hiphilform von בוא. In 48, 15 steht sie im Zusammenhang mit dem Kyros-Thema. Inhaltlich steht V. 5bα der Aussage 49, 22 nahe, hier aber ist das handelnde Subjekt nicht Jahwe. Einen anderen Sinn hat הביא in 43, 23. זרע in bezug auf die Nachkommen Jakobs bzw. Israels wird in 44, 3; 45, 19.25 (vgl. das sekundäre 48, 19) verwendet; in 53, 10 bezieht es sich auf die Nachkommen des Knechtes. Die Pielform von קבץ kommt innerhalb von Jes 40-53 außer dem späteren 40, 11 nicht mehr vor, sie begegnet aber in Jes 54, 7; 56, 8; 66, 18; die Niphalform dagegen findet sich öfters[38]. In 40, 11; 54, 7; 56, 8; 66, 18 ist es immer Jahwe, der Israel, Jerusalem und die Völker sammelt.

V. 6

V. 6a setzt mit dem Imperfekt von אמר in der ersten Person Singular an. Die Einführung einer direkten Rede durch אמר innerhalb eines Orakels gehört zum Stil Deuterojesajas[39]. Während vom Norden nochmals in 41, 25; 49, 12 die Rede ist, wird der Süden nur hier erwähnt; im Unterschied zu 41, 25; 49, 12 ist hier der Norden personifiziert. Einmalig ist ferner das Vorkommen des Verbs כלא. Die Wurzel כלא, die in 42, 7.22 begegnet, läßt an das Gefangenhalten denken, so daß אל־תכלאי meint: halte nicht gefangen zurück.

---

[38] Vgl. 43, 9; 45, 20; 48, 14; 49, 18; 56, 8.
[39] Vgl. etwa 41, 13b; 44, 26b.27.28a; 46, 10b; 49, 9a. Die Stellen 41, 9b und 51, 16b sind sekundär.

Im Unterschied zu V. 5b wie auch zu 46, 11 und 48, 15 ist das grammatische Subjekt von הביא nicht Jahwe — an sich keine unbedeutende stilistische Abweichung, wenn man bedenkt, wie präzis die Sprache Deuterojesajas ist. Logisch gesehen aber bleibt der Handelnde Jahwe: er ist es, der die Rückführung veranlaßt. Von „Söhnen" in bezug auf Jahwe ist nochmals in 45, 11 und in 63, 8, von den „Töchtern" Jahwes aber nirgendwo mehr die Rede, wohl aber von den Töchtern Sions (vgl. 49, 22; 60, 4). Die Bildung מרחוק ist sonst in 49, 1.12 und in 60, 4.9 bezeugt. Thematisch und terminologisch steht 60, 4.9 zu 43, 6bα nahe. Es ist zu vermuten, daß auch V. 6b auf die gleiche Hand zurückgeht, die V. 4 hinzugefügt hat. Der Ausdruck „Rand der Erde" ist zwar deuterojesajanisch, aber freilich auch in 62, 11 belegt.

V. 7

In 41, 11; 45, 24 haben wir zwei Belege, in denen כל ein mit Artikel versehenes Partizip Niphal regiert. An beiden Stellen handelt es sich um ein Partizip Plural, so daß die Übersetzung von כל mit „alle" selbstverständlich ist. In 43, 7 steht das Partizip im Singular. כל distributiv zu verstehen und es mit „jeder" wiederzugeben, scheint dem unmittelbaren Kontext nicht zu entsprechen. Denn in V. 5b ist von „dein Same" und von „dich sammeln" die Rede: es ist ganz Israel gemeint. Die Aufforderung zur Befreiung von V. 6a gilt ferner auch ganz Israel. Es ist also von der Textaussage her angebracht, כל als allumfassend aufzufassen und mit „alles" zu übersetzen, wobei die Gesamtheit des Volkes Israel gemeint ist[40]. Die gleichen Erwägungen aus dem Kontext führen zur Annahme, daß der „mit meinem Namen Gerufene" kein anderer sein kann als das Volk Israel. Der Ausdruck ist freilich im ganzen AT einmalig. Der spätere Text Jes 63, 19 bestätigt aber die Selbstvorstellung Israels als des Volkes, über das Jahwes Name ausgerufen ist[41]. Die Niphalform von קרא begegnet in 48, 1 wieder: die mit dem Namen Israel Gerufenen.

Es fragt sich, ob ולכבודי auf הנקרא oder auf בראתיו zu beziehen ist. Das Verb קרא wird mit ל konstruiert, um den Zweck anzugeben, wozu man gerufen bzw. berufen wird. Von den drei vorhandenen Stellen wird nur eine (Jes 13, 3) mit ל und einem Substantiv konstruiert;

---

[40] So auch Bonnard, Le Second Isaïe, S. 140, Elliger, Jesaja II, S. 301f, und Westermann, Das Buch Jesaja, S. 98.
[41] So North, The Second Isaiah, S. 121.

bei den anderen zwei (Nu 24, 10; Ri 12, 1) regiert ל ein Infinitivum.
Diese Konstruktion scheint nicht geläufig zu sein. Anderseits ist נקרא
בשם eine in sich abgeschlossene Wendung, die an sich keiner Ergänzung bedarf. So bezieht man ולכבודי am besten auf das Folgende.
Freilich hätten wir hier den einzigen Fall im AT, wo ברא mit ל im
Sinne von „zum Zweck von etwas schaffen" gebraucht wird. Dagegen
ist die Konstruktion יצר ל mehrmals bezeugt[42]. Das ist aber kein
ausreichender Grund, um בראתיו für sekundär zu halten, zumal der
Gedanke, daß Jahwe der Schöpfer Israels ist, am Anfang der vorliegenden Einheit, in 43, 1a, und in 43, 15 vorkommt. Doch eine Stelle
wie 43, 21 — das ist das Volk, das ich mir gebildet habe (יצרתי):
meinem Ruhm (תהלתי) werden sie verkünden — kann von ihrer
Aussage her für die Zugehörigkeit der כבוד zum Verb יצר in 43, 7
sprechen: wenn das Volk, das sich Jahwe gebildet hat, seinen Ruhm
verkündet, dann gibt es ihm dadurch Ehre. Aus 44, 23 erfahren wir
ferner, daß sich Jahwe an Israel verherrlicht (יתפאר) dadurch, daß
er es erlöst (גאל). Gedanklich auch wenn nicht terminologisch steht
diese Stelle dem vorliegenden V. 7 nahe. So kann man vielleicht doch
annehmen, daß בראתיו vom Redaktor, der in V. 1 am Werk gewesen
ist, unter Berücksichtigung von V. 1a oder auch von 45, 12aβ hinzugefügt wurde[43], und daß ולכבודי auf יצרתיו zu beziehen ist. Das
Verb עשה wird in 44, 2 und im sekundären 51, 13 auf Jakob-Israel
bezogen. Nach all dem ergibt sich folgender Urtext:

V. 1a   Jetzt aber!
            So spricht Jahwe, der dich schuf (Jakob), dich bildete Israel:

V. 1bα   Fürchte dich nicht, denn ich erlöse dich!
V. 2   Gehst du durchs Wasser — mit dir bin ich — durch die Ströme — sie
            überfluten dich nicht.
            Schreitest du durchs Feuer — du verbrennst nicht — und die Flamme
            versengt dich nicht.

V. 3a   Ich Jahwe bin ja dein Gott, der Heilige Israels ist dein Befreier.

V. 5   Fürchte dich nicht, denn mit dir bin ich!
            Vom Aufgang lasse ich deinen Samen heimkommen und vom Nieder-
            gang her sammle ich dich.

---

[42] Vgl. 45, 18; 49, 5; Jer 33, 2; Ps 104, 6.

[43] Auch Marti (Das Buch Jesaja, S. 295) und Morgenstern (The Message of Deutero-
Isaiah in its Sequential Unfolding, HUCA 30 1959, S. 65) halten das erste Verb für
sekundär. Im Anschluß an Budde (Das Buch Jesaja, S. 666), Feldmann (Das Buch
Isaias, S. 67), Köhler (Deuterojesaja stilkritisch untersucht, S. 18f) und Westermann
(Das Buch Jesaja, S. 95) hält Elliger das zweite Verb für sekundär (vgl. Jesaja II, S. 275).

V. 6a   Ich spreche zum Norden : gib her! und zum Süden : halte nicht zurück.

V. 7   Alles, was mit meinem Namen gerufen ward : zu meiner Ehre habe ich es gebildet, ja es gemacht.

c) *Form- und Gattungskritik*

Die vorliegende Einheit besteht aus einer Einführung (V. 1a) und aus zwei dreistichigen Strophen (VV. 1bα.2/VV. 5.6a), die je mit einem eigenen Schlußsatz versehen sind (V. 3a/V. 7). Die Akzente sind folgendermaßen verteilt :

V. 1a	3+3
V. 1bα	2
V. 2a	3+2
V. 2b	3+2
V. 3a	3+3
V. 5a	2
V. 5b	3+2
V. 6a	3+2
V. 7	3+3

Dabei wurden בראך in V. 1a, das כי in V. 1bα, die drei לא in V. 2, das אני in V. 3a und das כי in V. 5a durch maqqef mit dem jeweils folgenden Wort verbunden. Die zwei Strophen weisen den gleichen formalen und metrischen Aufbau auf. Sie setzen mit der gleichen Formel „fürchte dich nicht" und der anschließenden כי-Begründung an; es folgt die im Imperfekt formulierte Verheißung jeweils in VV. 2 und 5b.6a, wobei freilich das zweite Mal ein Subjektwechsel stattfindet (Jahwe) von der zweiten und dritten zur ersten Person; es folgt dann ein Schlußsatz jeweils in V. 3a und V. 7, der begründenden Charakter hat, aber nur in V. 3a mit כי eingeleitet wird — es sei denn, daß das כל von V. 7 nicht die falsche Transkription eines ursprünglichen כי ist.

Diese zwei begründenden Sätze entsprechen inhaltlich einander, insofern der „Name" und die „Ehre" nach deuterojesajanischem Gebrauch mit der Selbstvorstellungsformel und dem Thema der Identität Jahwes verbunden sind[44]. Aber auch aus dem Zusammenhang von 42, 8 geht hervor, daß die „Ehre" Jahwes wesentlich mit dem Geschehen der Befreiung von der Gefangenschaft verbunden ist. In dieser

---

[44] Vgl. 42, 8; 48, 11b; ferner 51, 15.

Hinsicht bezieht sich V. 7 über VV. 5b.6a hinaus auf das גאלתיך von
V. 1bα aus der ersten Strophe. Bei näherem Zusehen ist aber eindeutig, daß die zweite Strophe die erste weiter entfaltet, insofern sie
offen von der Heimführung spricht und damit das im גאלתיך eigentlich
Gemeinte klar auslegt. Ein Beweis dafür liegt in der Wiederaufnahme
der Formel von V. 2aα in der Begründung von V. 5a : Jahwes Wort
„mit dir bin ich" betrifft nach VV. 5b-6a das Geschehen der Heimführung. Von daher kann man vermuten, daß die Bilder von V. 2
sich auf das gleiche Geschehen beziehen und die Befreiung von
jeglicher Gefahr durch Jahwe darstellen wollen. Das bedeutet : das
גאלתיך von V. 1bα bezieht sich von vornherein auf die Heimführung;
diese wird in V. 2 als die Befreiung von jeder Gefährdung durch
Wasser und Feuer geschildert[45]. Die inhaltlichen wie auch formalen
Entsprechungen beider Strophen aneinander sprechen also für die
literarische Einheit des ganzen Textes. Mit Ausnahme vielleicht von
V. 1a ist sonst der ganze Text als eine Ich-Rede Jahwes gestaltet.
Es stellt sich die Frage nach seiner Gattung.

Der Text fängt mit einer aus Botenformel und namentlicher Anrede
bestehenden Einführung an. Eine solche Einführung fehlt in 41, 8-13*
und auch in 41, 14-16, denn die Bekräftigungsformel יהוה־נאם kann
in 41, 14b nicht als eigentliche Einführung zu diesem Teil gelten. In
44, 1-5* dagegen ist die Einfuhrung vorhanden : sie besteht aus der
Botenformel und den daran angeschlossenen partizipialen Appositionen. Es ist ihre Eigenart, daß sie zur Ich-Rede Jahwes gehört.
Das führt zur Annahme, daß in der Einführung 43, 1a trotz der grammatischen dritten Person Singular bereits Jahwe spricht. Die Bestätigung dafür dürfte in der Tatsache liegen, daß diese Einführung die
namentliche Anrede enthält. Wie aus 41, 8aα.14; 44, 1 ersichtlich ist,
gehört die Anrede zu den wesentlichen Bestandteilen der Heilsorakel.
Zu diesen, und zwar zu 41, 8-16*; 44, 1-5*, ist 43, 1-7* wegen der
gleichen Struktur zu zählen.

Die Anrede liegt in V. 1a vor (vgl. 41, 8aαb; 44, 1). In V. 1bα folgt
der Heilszuspruch „fürchte dich nicht" mit der begründenden, verbal
formulierten (Perfekt) Heilszusage[46]. In V. 2 ist die sogenannte Folge
an der Reihe : sie weist gattungsmäßig das Imperfekt mit einem anderen Subjekt auf[47]. Wie in 41, 8-16* wiederholen sich in 43, 1-7*

---

[45] So auch Elliger, ebd., S. 295, und von Waldow, „...denn ich erlöse dich". Eine
Auslegung von Jes 43, S. 27.
[46] Vgl. 41, 10aα.14; 44, 2b-3a.
[47] Vgl. 41, 11f.15b-16a; 44, 4.

einige Strukturelemente : in V. 5a findet sich wieder ein Heilszuspruch mit begründender, diesmal nominal formulierter Heilszusage (vgl. 41, 14); die Folge, die ausnahmsweise zum Subjekt Jahwe zurückkehrt, liegt in VV. 5b-6a vor (vgl. 41, 14b-16a). Solche Wiederholungen sind auch in einigen Paralleltexten aus dem Alten Orient bezeugt[48]. Im Unterschied zu 41, 14 fehlt in 43, 5a die namentliche Anrede, ein Zeichen dafür, daß die Einführung V. 1a auch für den Teil VV. 5a-6a gilt. In der Mitte steht die Selbstvorstellungsformel als Bestandteil der Selbstprädikation Jahwes. Diese Stellung von V. 3a entspricht der Stellung der gleichen Formel in V. 13 des Heilsorakels 41, 8-16*. V. 7 stellt schließlich in der Struktur des Ganzen den zweckangebenden Bestandteil dar, der 41, 16b; 44, 5 entspricht[49].

Es wurde für 41, 8-16* gezeigt, daß es sich aller Wahrscheinlichkeit nach nicht um ein Heilsorakel im Anschluß an den postulierten, aber unbewiesenen gottesdienstlichen Vorgang der priesterlichen Antwort auf die Klage des Einzelnen handelt. Der Text scheint an Formeln anzuknüpfen, die in den älteren Traditionen der Rechtsproklamation und der Kriege Jahwes beheimatet sind. Nun fragt sich also, ob 43, 1-7* als Heilsorakel diese Hypothese bestätigt und wie seine Eigenart zu bestimmen ist. Damit stellt sich aber die Frage nach dem eigentlichen Sinn der hier verwendeten Begriffe und Bilder.

Der Heilszuspruch „fürchte dich nicht" wird mit der Zusage begründet: ich erlöse dich. Was גאל meint, muß zunächst aus dem Zusammenhang entnommen werden. Prüft man den Wortschatz von V. 2, so fällt das Verb שטף auf. Es begegnet in Ps 69 in einem Zusammenhang, in dem das bedrohende Drängen der Feinde dem überflutenden Wasser verglichen wird (VV. 3.16). In Ps 124, 4 finden wir es im gleichen Zusammenhang. Mögen diese Psalmen exilisch bzw. nachexilisch sein, so bezeugen sie auf jeden Fall das Vorhandensein eines Bildes in der damaligen Sprache, nach dem der Umstand der Verfolgung durch Feinde einer bedrohenden Wasserflut gleichgesetzt wurde. Wenn im Kriege die eine Streitmacht die andere bestürmt und angreift, so sagt man von ihr, daß sie ihren Gegner überflutet[50]. Aber auch vom Gericht Jahwes gegen die Völker ist mit שטף die Rede: der Hauch Jahwes ist wie ein überflutender Bach (vgl. Jes 30, 28); Jahwe will die Philister verheeren und läßt die Wasser

---

[48] Vgl. das erste und dritte Orakel an Esarhaddon in ANET, S. 449f.
[49] So auch Elliger, Jesaja II, S. 303.
[50] Vgl. Da 11, 10.22.26.40; Klgl 3, 52-54.

zu einem überflutenden Wildbach steigen (vgl. Jer 47, 2-4); Jahwe will mit Gog ins Gericht gehen und läßt auf ihn flutenden Regen und Feuer regnen (vgl. Ez 38, 22). Im Lichte dieser Texte könnte man 43, 2a so deuten, daß Jahwe seinem Volk Schutz verspricht, falls seine Feinde es angreifen und versuchen, es zu vernichten. Der Text scheint an eine Situation der Bedrohung durch kriegerischen Angriff der Feinde zu denken.

Das Bild des Feuers in V. 2b führt in gleiche Richtung: nach Ob 18ff wird das Haus Jakobs und das Haus Josephs zum Feuer werden, das das Haus Esaus verzehren und seines Besitzes berauben wird. Das Feuer ist ferner auch das Werkzeug, durch das Jahwe am Tage seines Gerichtes, da er mit seiner Kriegsschar gegen die Völker zieht, alles zerstört[51]. Das Verb עבר begegnet u.a. auch in diesem Gedankenkreis, wie Jes 10, 17; 30, 27 bezeugen. Mag in diesen letzten Texten das apokalyptische Denken zum Ausdruck kommen, verweist doch Ob 18 auf die Kriegssituation. Es ist zu vermuten, daß hinter dem Bild des vernichtenden Feuers der alte Brauch steckt, die eingenommenen Städte des Feindes zu verbrennen[52]. Das Bild des Feuers in 43, 2b kann sich also doch auf eine Situation der bedrohung durch Krieg und Verfolgung beziehen.

Wenn diese Deutung stimmt, dann ist das גאל von V. 1b aus dieser Situation heraus zu verstehen. Die familienrechtliche Bedeutung des Begriffs גאל würde in unserem Fall zurücktreten zugunsten seiner völkerrechtlichen Bedeutung im Rahmen einer Kriegssituation. Der גאל wäre zunächst nicht der, der als nächster Verwandte seinen Angehörigen aus Bindungen loslöst, die seine persönliche Freiheit beschränkten, sondern der, der seinen Schützling zur Wiederherstellung seines durch Krieg bzw. Verfolgung verletzten und verminderten Rechtes, also zu seiner früheren Freiheit und vollen Selbständigkeit verhilft. Er schafft völkerrechtlich den Ausgleich dadurch, daß er das unterdrückte Volk zu seinem Recht zurückführt oder das gefährdete und schwächere Volk vor Verknechtung und Vernichtung durch stärkere Völker schützt. Eine Bestätigung dafür kann man in der Formel גאל מיד אויב[53] erblicken: sie bezieht sich jeweils auf die Errettung am Schilfmeer und auf die Befreiung von der babylonischen Gefangenschaft. Obwohl sie sich in späteren Texten findet, dürfte sie aber der

---

[51] Vgl. Joel 2, 1-11; Jes 10, 17; 30, 27; Ez 38, 22.

[52] Vgl. etwa Jos 8, 8; 11, 11; Ri 1, 8; 18, 27...

[53] Vgl. Ps 106, 10, ferner Jer 31, 11; Mi 4, 10.

älteren Formel נתן ביד אויבים bzw. מכר ביד אויבים entsprechen, die in
Ri 2, 14; 3, 8; 4, 2; 6, 1; 10, 7; 13, 1 vorkommt. Wie einst Jahwe das
untreue Israel in die Hand des Feindes gab, es aber immer wieder
errettet hat (ישע)[54], so erlöst er weiterhin sein Volk von der Hand
seiner Feinde. Zu beachten ist der spätere Text Jer 50, 33-34; Jahwe
als גאל der Israeliten führt die Sache seines Volkes gegen die Bewohner
Babels, die dem Schwert überliefert werden. In diesen Texten überwiegt freilich gegenüber גאל und נצל das Verb ישע, so daß dieses als
der terminus technicus für die Errettung von der Hand des Feindes
angesehen werden muß. Wenn es aber für diesen Tatbestand das
Verb גאל gebraucht wird, dann deswegen, weil es eine bestimmte
Bedeutung hatte: es meinte die Wiederherstellung des verletzten
Rechtes durch Setzung einer bestimmten rechtlichen Tat, und zwar
jeweils durch Bezahlung von Lösegeld oder Ähnlichem, durch Heirat
und schließlich durch Vollstreckung der Blutrache.

In unseren Texten meint also גאל vermutlich die Erlösung des
Volkes durch Jahwe in dem Sinne, daß Jahwe Israels Recht, das Volk
Jahwes zu sein, wieder zur Geltung bringt[55]. Wenn Ex 6, 6 und
Ps 77, 16 vom Erlösen mit ausgerecktem, starkem Arm sprechen
und sich dabei auf den Auszug aus Ägypten beziehen, so denken
sie wahrscheinlich nicht nur an den machtvollen Kampf Jahwes gegen
Israels Bedrücker, sondern an die Erwählung bzw. Bestätigung Israels
als Bundesvolk. Nicht zufällig enthält Ex 6, 7 die Bundesformel und
verweist Ps 77, 9 auf die Güte (חסד) und Treue (vermutlich אמת)
Jahwes. Die rechtliche Tat, die Jahwe in diesem Zusammenhang setzt,
gleicht der Rache früherer Zeiten: es ist die Vernichtung derer, die
versucht haben, Israel zu vernichten. Der Gedanke der Rache kommt
übrigens in Jes 35, 4 vor, einem Text, wo gleichzeitig von Jahwe als
dem Rettenden (ישע) die Rede ist[56].

Kehren wir zu 43, 1bα.2 zurück. Anhand des angeführten literarischen Materials könnte man den Sinn dieser Verse folgenderweise
umreißen: in einer Situation der Unterdrückung und der Bedrohung

---

[54] Vgl. Ri 2, 18; 3, 9; 8, 22; 10, 12; 12, 2; 13, 5. Vgl. noch 8, 34; 9, 17, wo das
Verb נצל verwendet wird. Zu beachten ist Elligers Kritik an der These von Sawyer
(vgl. What was a *mošiaʿ*?, VT 15 1965, S. 475-486), nach der מושיע ursprünglich den
Verteidiger bzw. den Verteidigungszeugen vor Gericht bezeichnete (vgl. Jesaja II,
S. 296f.).

[55] Schoors führt aus: "Yahwe's intervention... is not to be disjoined from his
fundamental act in the exodus and refers to the election and the covenant, connected
with it" (I am God your Saviour, S. 63).

[56] Vgl. noch Lev 26, 25; Dt 32, 41.43; Ez 25, 12-14; Mi 5, 10-15.

verspricht Jahwe seinem Volk, daß er es von seinen Feinden lösen wird, indem er Rache an ihnen übt und sie vernichtet; denn er will bei seinem Volk bleiben, das heißt, er will an Israel als Bundesvolk halten und sich ihm gegenüber als Bundesgott erweisen. Da hätte die Formel אתך־אני den Sinn, daß Jahwe mit Israel mitgeht und gegen seine Feinde streitet[57], was aber die Wiederherstellung des Bundesverhältnisses voraussetzt. Der spätere Text Jer 30, 10f (vgl. auch 46, 27f) zeugt von diesem Verständnis der Formel, denn er läßt ihr die Ankündigung folgen, daß Jahwe die Völker ganz vernichten wird (30, 11bα; 46, 28bα). Daß die Formel אתך־אני anderseits im Sinne des Bundesverhältnisses verstanden wurde, beweist unser Text selber. In der nachträglichen Hinzufügung 43, 1bβ klingt in der Aussage לי־אתה die Bundesformel tatsächlich nach[58].

Im Text bieten noch die Begriffe מושיע und קדוש ישראל einen Anhaltspunkt zu dem herausgestellten Gedankenkreis. Das Verb ישע begegnet zum Beispiel in der Formel: (des Feindes) ישע מיד[59]. Es bezieht sich deutlich auf eine Situation der Bedrohung und Bekriegung durch die Feinde[60]. Auch der Begriff קדוש dürfte nicht ohne Beziehung zu diesem Tatbestand sein, wenn man bedenkt, wie dieser Jahwe-Titel in manchem Text verwendet wird. Jes 10, 17 sagt, daß der Heilige zur Flamme wird (להבה), die die Dornen und Disteln Assurs an einem Tag verzehrt. Der Titel קדוש steht hier in keiner unmittelbaren Beziehung zum Thema der Gerechtigkeit als Ausdruck der göttlichen Forderung im moralischen und rituellen Bereich. Jahwe wird heilig genannt, weil er Rache an seinem Feind übt (vgl. Jes 10, 24-27) und damit sein eigenes Volk von der Unterdrückung befreit. Das gleiche meint vielleicht auch 1 Sam 6, 20: die Leute sehen, daß Jahwe seine Verächter totgeschlagen hat, und rufen ihn einen heiligen Gott. Zu vergleichen ist in dieser Hinsicht auch Lev 10, 1-3. Man kann ferner Ez 28, 22 heranziehen: Jahwe erweist sich als heilig (נקדש), indem er das Gericht an Sidon vollstreckt. Eine weitere Stelle kann Ez 39, 7 sein: nachdem Jahwe durch das Feuer Gog vernichtet und seinen Namen in Israel wieder zu Ehre gebracht hat, werden die Völker erkennen, daß er der Heilige in Israel ist (vgl. 38, 16). Es ist schließlich

---

[57] Vgl. Ex 14, 14.25; Dt 1, 30; 3, 22; 20, 4; Jos, 10, 42; 23, 10.
[58] Vgl. Ex 6, 7a; 19, 5b.6a; Dt 26, 18a; Jer 31, 33b.
[59] Vgl. Ex 14, 30; Nu 10, 9; Ri 2, 16.18; 6, 14; 12, 2; 1Sam 4, 3; 7, 8; 9, 16; 2Sam 3, 18; Ps 106, 10.
[60] Vgl. Dt 20, 4; Jos 10, 6; Ri 3, 31; 6, 15.36f; 7, 7; 12, 3; 1Sam 14, 23; 17, 47; 2Kön 19, 34; Jes 35, 4; Jer 15, 20; 30, 10f.

zu beachten, daß die Bezeichnung „der Heilige Israels" innerhalb des
Heilsorakels 41, 8-16* gerade an jenen Stellen vorkommt, in denen
vom Eingreifen Jahwes gegen Israels Feinde die Rede ist (vgl. 43, 14f.
16). Sollte diese Deutung stimmen, dann hätten wir in 43, 1-3a einen
einheitlichen Gedankengang: Deuterojesaja denkt durchgehend an
Jahwe als Befreier aus einer Situation kriegerischer Bedrohung in der
gleichen Weise, wie sich einst Jahwe beim Auszug aus Ägypten, bei
der Landnahme und in der Richterzeit als Retter erwiesen hat.

Dieser Gedanke umfaßt aber auch den zweiten Teil 43, 5-6a.7. Das
Bindeglied zu ihm bildet der Begriff קדוש. Es stellt sich nämlich
heraus, daß die Wurzel קדש mit dem Thema der Heimführung des
zerstreuten Volkes in sein Heimatland verbunden ist, ein Thema, das
43, 5-6a kennzeichnet. Als Beispiel sei Ez 28, 25f angeführt: „So
spricht Jahwe: Wenn ich die vom Hause Israel aus den Völkern,
unter die sie zerstreut worden sind, wieder sammle (קבץ), dann will
ich mich an ihnen als der Heilige erweisen (נקדשתי) vor den Augen
der Heiden... während ich Gerichte vollstrecke an all ihren Nach-
baren..."[61]. War die Auffassung von der Heiligkeit Jahwes im damaligen Denken wirklich verbunden mit dem Gedanken des gerichtlichen Eingreifens Jahwes gegen seine und seines Volkes Feinde und
der Heimführung ins Heimatland — also mit dem Gedanken der
Wiederherstellung Israels in seinem Recht als Bundesvolk —, dann
kann man vermuten, daß Deuterojesaja bewußt im vorliegenden Zusammenhang Jahwe als den Heiligen Israels und seinen Retter bezeichnet.

Vielleicht sagt schließlich auch der Begriff כבוד von V. 7 etwas
über unser Thema. Jahwes Aussage über das Volk, das er mit seinem
Namen gerufen und sich zu seiner Ehre gebildet hat, läßt trotz dem
Mangel an literarischem Vergleichsmaterial in Wort und Formel an
das Auszugsgeschehen am Schilfmeer denken. Es dürfte kein Zweifel
daran sein, auch wenn man zu der Wendung „der mit meinem Namen
Gerufene" keine parallele Stelle findet, daß damit der Autor an Israel
als das Eigentumsvolk Jahwes denkt (vgl. Jes 4, 1b). Er hat sehr
wahrscheinlich das Bundesverhältnis im Auge. Eine Bestätigung dafür
ist vielleicht doch in der Wendung „ich habe es zu meiner Ehre gebildet" zu sehen, denn Jahwe hat sich dieses Volk in der Zeit der
Herausführung aus Ägypten und der Bundesschließung am Sinai ge-

---

[61] Vgl. dazu Ez 36, 23f; 39, 25-28.

bildet[62]. Das ist aber auch die Zeit gewesen, da sich Jahwe an seinen und seines Volkes Feinden verherrlicht hat (הכבד), siehe Ex 14, 4.17f. Man stößt damit wieder auf das Thema der Verfolgung durch die Feinde und des machtvollen, siegreichen Eingreifens Jahwes zur Errettung seines Volkes.

Die Wurzel כבד ist mit dem Motiv des gerichtlichen, vernichtenden Eingreifens Jahwes gegen die ihm feindlichen Mächte sonst noch in Ez 38, 22; 39, 13 verbunden: Jahwe verherrlicht sich an der Vollstreckung des Gerichtes an Sidon und an Gog. Im Zusammenhang ist auch von der Heimführung des zerstreuten Volkes in sein Land die Rede[63]. Jes 43, 7 enthält eine sehr präzise Aussage, sollte es tatsächlich von diesem Gedankenkreis geprägt sein. Es faßt den ganzen Text 43, 1-6 zusammen, indem es den Gedanken des gerichtlichen Eingreifens Jahwes in einer Situation der Verfolgung und Bedrohung für Israel im Hinblick auf seine Befreiung und auf die Aufrichtung des Bundesverhältnisses in prägnanter Weise zum Ausdruck bringt. Der ganze Text ist von einem einzigen Gedanken durchzogen.

Wir haben weit ausgeholt, aber diese Vergleichsarbeit war notwendig, um den eigentlichen Sinn von 43, 1-7* mindestens versuchsweise herauszustellen. Aus dem Vergleichsmaterial geht hervor, daß wie bereits 41, 8-16* so auch 43, 1-7* in einer aussichtslosen Situation der Bedrohung durch äußere feindliche Umstände ausgesprochen wurde: es enthält die Verheißung Jahwes an Israel, zum Gericht gegen seine Feinde und zu seiner Befreiung einzuschreiten, und kündigt damit die Wiederherstellung des Bundesverhältnisses, die Anerkennung des Rechtes Israels, das Bundesvolk Jahwes zu sein, an. Somit würde auch 43, 1-7* in die Nähe jener Texte älterer Tradition rücken, die den göttlichen Bescheid im Rahmen der Jahwekriege überliefern[64]. Die formalen Berührungspunkte wurden bei der Analyse von 41, 8-16* bereits besprochen. Was die Hypothese eines priesterlichen Heilsorakels im Sinne Begrichs für 43, 1-7* außer der eigentlichen Aussage des Textes noch streitig macht, ist die Tatsache, daß nichts weder im Text noch im Kontext auf eine Antwort Jahwes auf Israels Klage schließen läßt. Das zeigt der ursprünglich unmittelbar vorangehende

---

[62] Vgl. Ex 6, 6f; 19, 4-6; Ho 11, 1.
[63] Vgl. Ez 28, 25; 39, 25-27.
[64] Vgl. in der vorliegenden Arbeit die Ausführungen zu 41, 8-16, S. 149-174. Vgl. noch Merendino, Literarkritisches, Gattungskritisches und Exegetisches zu Jes 41, 8-16, Bibl 53 1972, S. 13-38.

Text 42, 19a.20.22aβγ.22b.24a. Die hier gestellte Frage, die die Pointe des ganzen Textes ausmacht, hat nur dann Sinn, wenn sie sich an Leute richtet, die gar nicht wahrgenommen haben, daß ihr Schicksal auf Jahwes strafende Hand zurückgeht, und daß keine menschliche noch göttliche Macht außer Jahwe dieses ihr Schicksal wenden kann. Der Text spricht zu Leuten, die an Jahwe überhaupt nicht denken und mit seiner Hilfe nicht rechnen, sich ihm also nicht anvertrauen. Sie hören nicht und sehen nicht, was vor sich gegangen ist und noch geht. Aber, gerade weil der Knecht nicht fähig ist zu sehen und zu hören, spricht Jahwe von sich aus zu ihm, und zwar nicht zurechtweisend und bestrafend, sondern verheißend und aufmunternd. Dieses sein Wort (43, 1-7*), das Israel nicht erbeten hat, schafft erst die große Wende. Die Annahme, daß die Israeliten sich an Jahwe bittend oder klagend gewandt haben, ist ausgeschlossen. Im übrigen kann keine Antwort auf eine Bitte oder Klage mit der adversativen Wendung „jetzt aber!" beginnen. Diese ist aber am richtigen Platz innerhalb einer Rede, in der der Redner eine Aussage einer anderen entgegensetzt, ein Heilswort einem Scheltwort folgen läßt.

Es stimmt, was Begrich sagt, daß nämlich manche Wendungen der Heilsorakel begrifflich in den Bitten mancher Klagepsalmen vorkommen[65]. Der Bitte „erlöse mich" (Ps 69, 19; 119, 154) entspricht im Orakel die Antwort „ich erlöse dich". Dem Ausruf „dein bin ich" (Ps 119, 94) scheint das „mein bist du" (in 43, 1bβ freilich als vermutlich sekundär angesehen) Antwort zu geben. Aber abgesehen davon, daß es sich um nachexilische Psalmen handelt, ist es wirklich fraglich, ob diese Berührungspunkte tatsächlich für eine überlieferungs- und gattungsmäßige Abhängigkeit unserer Heilsorakel und der Klagelieder voneinander sprechen. Einmal wird גאל etwa auch im vorexilischen Psalm 72 in einem ganz anderen Gedankenkreis gebraucht: es wird auf den König bezogen, der gerecht handelt und den Armen zu ihrem Recht hilft (V. 14). Ferner ist es so, daß der gedankliche Zusammenhang, in dem גאל in 43, 1bα eingebettet ist, sich von dem des Ps 69 wesentlich unterscheidet, obwohl es auch hier um die Befreiung vom Feinde geht. Denn die Erlösung, wie sie 43, 1-7* aufgefaßt, gehört zum Selbsterweis Jahwes und hat heilsgeschichtliche Bedeutung und Tragweite, was Ps 69, 19 völlig abgeht. Denn hier bittet ein zu den עניים Gehörender (vgl. VV. 30.33) um Beistand in seiner

---

[65] Vgl. Begrich, Das priesterliche Heilsorakel, ZAW 52 1934, S. 87.

persönlichen Not[66]. Das גאלתיך von 43, 1bα ist nicht getrennt von der Selbstprädikation V. 3a zu lesen, die formal die Mitte und inhaltlich die eigentliche Begründung des Ganzen bildet. Für diesen Selbsterweis Jahwes im heilsgeschichtlichen Raum ist der zur Gattung der individuellen Klagelieder gehörende Rahmen zu eng. Die Annahme einer gattungsmäßigen Beziehung der Heilsorakel zu diesen Liedern vermag das Eigentliche der Heilsorakel nicht zu erklären. Die Bitte um Erlösung in Ps 119, 154 steht ihrerseits auch in keiner Beziehung zum Selbsterweis Jahwes; dieser fehlt im Zusammenhang völlig. Aus der weisheitlichen Gesetzesfrömmigkeit her bittet hier der Psalmist aufgrund der eigenen Gesetzestreue um Erlösung, das heißt um Erhaltung seines Lebens, um Hilfe zu einem gesetzmäßigen Verhalten und um rechtliche Sicherheit. Die Aussage ferner, daß er Jahwe gehört (לד־אני), begründet der Beter mit dem Hinweis auf seine Bindung an die göttlichen Satzungen. Aber das Gesetz, von dem hier die Rede ist, hat seinen Bezug zur heilsgeschichtlichen Erwählungstat und Erlösungstat verloren und ist zu einer selbständigen, absoluten, geschichtslosen Größe geworden[67]. Das לי־אתה von 43, 1bβ gründet dagegen im Ruf Jahwes, in seiner Errettungstat, und hat heilsgeschichtlichen Sinn. Schließlich entspricht auch die Aussage von Ps 119, 73 dem in 43, 1a Gemeinten nicht. Denn, wenn Jahwe sagt, daß er Israel geschaffen und gebildet hat, bezieht er sich mindestens an dieser Stelle auf die heilsgeschichtliche Tat der Erwählung und Errettung beim Auszug aus Ägypten und der Bundesschließung, wie die heilsgeschichtlich ausgerichtete Thematik des ganzen Stückes 43, 1-7 nahelegt[68]. Ps 119, 73 denkt aber an die Schöpfung im eigentlichen Sinn[69].

Was die „prophetische Einführung"[70] betrifft, so ist zu vermuten, daß sie über die Gattung der prophetischen Rede hinaus auf die Sprache der göttlichen Orakel älterer Zeiten zurückgeht. Bezeichnend dafür ist 1 Kön 20, 13.28. Die hier vom Propheten vorgetragene Zusage Jahwes erinnert an die Sprache des göttlichen Bescheids im

---

[66] Vgl. Kraus, Psalmen I, S. 481.

[67] Vgl. Deißler, Psalm 119 (118) und seine Theologie. Ein Beitrag zur Erforschung der anthologischen Stilgattung im Alten Testament, MThS 11 1955, S. 248f. Vgl. noch Kraus, Psalmen II, S. 823, 828f.

[68] Vgl. Elliger, Jesaja II, S. 293 (vgl. auch S. 88 Anm. 4), Stuhlmueller, Creative Redemption in Deutero-Isaiah, S. 114f, von Waldow, „...denn ich erlöse dich". Eine Auslegung von Jes 43, S. 24f, Westermann, Das Buch Jesaja, S. 96.

[69] Vgl. Deißler, ebd., S. 173f.

[70] Vgl. Begrich, Das priesterliche Heilsorakel, ZAW 52 1934, S. 86.

Rahmen der Jahwekriege; sie fängt mit der Einführungsformel כה
אמר יהוה an. In den älteren Texten Dt 3, 2; Jos 8, 1; 10, 8 kommt
die Formel zwar nicht vor, der göttliche Bescheid wird aber immer
mit dem Verb אמר in der Formulierung ויאמר יהוה eingeführt. Das
kann ein weiterer Beweis dafür sein, daß die Einführungsformel an
sich zur Form des Heilsorakels gehört, auch wenn sie nicht immer
gebraucht wird.

Zwischen 41, 8-16* und 43, 1-7* bestehen einige Unterschiede. Sie
betreffen aber nicht die Struktur. Gegenüber 41, 8-16* und 44, 1-5*
läßt 43, 1-7* jede Bezeichnung für den Angeredeten vermissen, auch
nicht die übliche „mein Knecht". Das könnte ein Hinweis darauf sein,
daß 43, 1-7* als Fortsetzung von 42, 19a.20.22αβγ.22b.24a verstanden
werden will. Liest man beides zusammen als eine Rede Jahwes, so
gilt die Bezeichnung „mein Knecht" und „mein Bote" von 42, 19a
auch für das Israel von 43, 1a. Freilich stehen diese Bezeichnungen
nicht in einer direkten Anrede, sondern in einem Fragesatz in der
dritten Person Singular. Das ist auch in 42, 24a der Fall, wo die
Namen Jakob und Israel erwähnt werden. Ist diese Formulierung
bewußt beabsichtigt? Das kann ohne weiteres möglich sein, denn durch
den Kontrast wegen des Wechsels im Stil gewinnt das Heilswort 43,
1-7* mit seiner Du-Anrede, die fast unerwartet kommt, an Aussagekraft. Da leuchtet es auch ein, warum an dieser Stelle plötzlich die
Einführungsformel „so spricht Jahwe", die zum ersten Mal lange
vorher in 42, 5 aufgetaucht war, wieder verwendet wird: durch ihren
sinnbeladenen, feierlichen Ton verleiht sie dem Heilsorakel besonderes
Gewicht.

Aus der Annahme, daß beide Texte trotz ihrer verschiedenen Gattung von vornherein zusammengehören, ergibt sich vielleicht doch die
Notwendigkeit, im Anschluß an 42, 24a den Namen „Jakob" in 43, 1a
für ursprünglich zu halten. Denn damit bildet die Anrede von 43, 1a
das richtige Pendant zum harten Wort von 42, 24a: dem Jakob-Israel,
den einst Jahwe dem Plünderer übergeben hat, wird nun in Du-Anrede
das Heilswort ausgerichtet. Verbindet man das vorangehende Partizip
durch maqqef mit dem Namen, wozu auch das verbindende Mûnāh
einlädt, so bleibt der Rhythmus von 3+3 bestehen. Schließlich läßt
ein Letztes auf die Bezogenheit beider Texte aufeinander schließen:
die Aussage von 43, 5b-6a gibt Antwort auf 42, 22bβ — niemand war
da, der „gib zurück" sagte, jetzt aber spricht Jahwe in diesem Sinn.

Es fällt ferner auf, daß 43, 1-7* im Vergleich zu 41, 8-16* den ausgeprägten kämpferischen Ton vermißt. Jahwe spricht nicht davon,

daß er Israel zum Dreschschlitten macht, damit es Berge zermalmt. Aber 43, 1-7* ist von einem einzigen Gedanken geprägt. Auf der einen Seite liegt der logische Akzent auf Jahwes Initiative und Erlösungstat — das unterdrückte und beraubte Volk (42, 22aβγ) ist zu nichts fähig, es kann sich auch an seinen Feinden nicht rächen; die einzige Möglichkeit ist der Heilswille und die Heilsmacht Jahwes. Auf der anderen Seite hat der Knecht laut 42, 19a bereits eine Aufgabe zu erfüllen. Wenn die Vermutung richtig ist, daß 42, 19a.20.22aβγ.22b.24a und 43, 8-13* in Beziehung zueinander stehen, dann hat der Knecht vor den Völkern und gegen sie Zeugnis davon abzulegen, daß Jahwe der einzige Gott ist, von dem allein Heil zu erwarten ist. So beschränkt sich 43, 1-7* mit Recht nur auf Jahwes heilvolles Tun. Überlieferungsgeschichtlich würde das heißen, daß 43, 1-7* mit diesen beiden Texten eine Einheit bildet.

Was ist aber das Eigentliche von 43, 1-7*? Die vorhergehenden Ausführungen haben auf den heilsgeschichtlichen Inhalt des Textes hingewiesen. Es wurde hervorgehoben, daß seine Aussage um den Selbsterweis Jahwes kreist. In der Tat: viel deutlicher als bei den anderen zwei Heilsorakeln ist die kreisförmige Struktur des Textes, dessen Gerüst VV. 1bα.3a.5a und dessen Mitte die Selbstprädikation V. 3a bilden. Aus dieser Struktur wird bereits ersichtlich, wie bedeutend innerhalb des ganzen Textes die Selbstprädikation mit der Selbstvorstellungsformel ist. Zur Bestimmung der Gattung ist ohne Zweifel davon auszugehen. Was diese Selbstprädikation Jahwes meint, dürfte zunächst aus den sie umgreifenden Strukturelementen hervorgehen. Damit kommen die zwei, an die Ermahnung zur Furchtlosigkeit angeschlossenen Begründungen in Frage: ,,ich erlöse dich" und ,,mit dir bin ich". Beide Begründungen werden näher umrissen durch die jeweils folgenden Sätze VV. 2.5b-6a. Diese Sätze verweisen auf konkrete Taten: die Errettung von drohender Gefahr (von seiten der Feinde) und die Heimführung. Wegen ihrer zentralen Stellung im Ganzen und des ansetzenden, sie auch syntaktisch mit dem Zusammenhang verknüpfenden כי ist die Selbstprädikation wesentlich mit den sie umliegenden Aussagen verbunden. Von ihnen her bekommt sie ihren eigentlichen Sinn: daß Jahwe der Gott und Retter Israels ist, erweist sich im Geschehen der Befreiung vom Feinde und der Heimführung. Unser Orakel gründet also im Erweiswort Jahwes. Dieses Erweiswort enthält einen doppelten Hinweis — auf die Errettung aus einer bedrohenden Gefahr und auf die Hinführung in die frühere Volkeinheit.

Es fällt aber auf, daß es sich um den Kern des sogenannten geschichtlichen Credo handelt (Dt 6, 21-23; 26, 5-9). Hat Deuterojesaja
das Credo-Schema vor Augen gehabt? Er gebraucht auf jeden Fall
das Verb גאל, das in Ex 6, 6; Ps 77, 16 in Beziehung zum Auszugsmotiv
steht. Er gebraucht auch die Selbstvorstellungsformel, welche in Ex 6, 6
im Zusammenhang mit dem Thema der Herausführung steht und in
Ps 77, 14f im lobpreisenden Bekenntnis nachklingt. Wahrscheinlich
steht der Prophet unter Einfluß jener Schicht alttestamentlicher Tradition, die auch im Credo ihren Niederschlag gefunden hat. Es scheint
also angebracht anzunehmen, daß es sich bei 43, 1-7* nicht um ein
Erhörungswort handelt, das auf Bitte und Klage Antwort gibt, sondern
um das freie und souveräne selbstoffenbarende Wort Jahwes, der sich
zu seinem Volk bekennt und im geschichtlichen Eingreifen ausweist.
Daß die Selbstvorstellungsformel mit dem Selbsterweis Jahwes im
geschichtlichen Tun eng verbunden ist, zeigt sich etwa an jenen Stellen,
wo sie gekoppelt mit der Herausführungsformel vorkommt[71] oder
eingebettet in die Erkenntnisformel[72]. Diese Feststellung leitet uns zur
Annahme, daß Deuterojesaja bei der Gestaltung dieses Heilsorakels
an die Tradition der Selbstproklamation Jahwes angeknüpft hat, so
wie sie im Gottesdienst, im Rechtsvortrag und in der Katechese in
Erinnerung an das Heilsgeschehen des Auszugs, der Bundesschließung
und der Landübergabe vergegenwärtigt wurde.

Der Text dieses Orakels erklärt sich kaum aus einem als Muster
übernommenen bestimmten gottesdienstlichen Vorgang mit speziellem
Inhalt. Er wird aber verständlich, wenn man ihn als Zeugnis und
zugleich Produkt jener langen Reflexion über die Heilsereignisse auffaßt, die das israelitische Denken von je geprägt und sich in verschiedenen Setzungen rechtlich-gottesdienstlicher (etwa Dekalog) und
katechetischer (etwa das kleine Credo) Art verdichtet hat. Gegenüber
41, 8-16* tritt der Charakter von 43, 1-7* als Erweiswort im Stil jenes
hergebrachten Theologumenon, das in der Überlieferung im Schema
Herausführung-Heimführung Gestalt angenommen hatte[73], stärker in
den Vordergrund. Der inhaltliche und formale Befund legt aber auch
für 43, 1-7* nahe, daß der Prophet bei der Gestaltung des Orakels

---

[71] Vgl. außer Ex 6, 6-8 noch Ex 20, 2; 29, 46; Lev 19, 36; 22, 32f; 25, 38; Nu 15, 41;
Dt 5, 6; Ps 81, 11.
[72] Vgl. etwa 1Kön 20, 13.28, ferner auch Ex 14, 4.18.31, das bekanntlich von der
Sprache der Jahwekriegs-Tradition geprägt ist.
[73] Bezüglich der Herausführungsformel vgl. den Aufsatz von W. Richter „Beobachtungen zur theologischen Systembildung in der alttestamentlichen Literatur anhand
des ‚kleinen geschichtlichen Credo‘, S. 175-212.

sich des Modells des göttlichen Zuspruches im Rahmen der Jahwekriegs-Tradition bedient hat. Ein älterer Text aus dieser Tradition,
Dt 20, 1, bezeugt ja die Verknüpfung von Selbstvorstellungsformel
(nicht innerhalb der Selbstproklamation), Herausführungsformel, Ermahnung zur Furchtlosigkeit und Heilszusage („er ist mit dir") zu
einer einzigen Aussage.

Versteht man den Text so, dann merkt man gleich, wieviel sich die
Zusätze VV. 1bβ.3b.4.6b von ihm unterscheiden. Der Bearbeiter hat
גאל anders verstanden oder mindestens dahin ergänzt, daß er die
familienrechtliche Bedeutung dieses Begriffs zum Ausdruck gebracht
hat. Bezieht sich גאל u.a. auch auf die Löserpflicht des Nächstver-
wandten, so hat sich der Bearbeiter darum bemüht, Israels Zugehörigkeit zu Jahwe hervorzuheben. Daß er sie auf den Bundesschluß zurückführt, zeigt sich an der Formulierung לי־אתה, die ohne Zweifel
aus der Bundesformel stammt. Dann meint das Rufen mit Namen
notwendigerweise die Berufung Israels zum Eigentumsvolk Jahwes
aufgrund des Bundes. Der Bearbeiter denkt entweder an den Bundesschluß am Sinai oder, wenn קראתי präsentische Bedeutung hat, an die
Wiederaufnahme des Bundesverhältnisses in der Gegenwart. Das Rufen mit dem Namen setzt auf jeden Fall die Bindung eines Partner-
schaftsverhältnisses voraus (vgl. Jes 4, 1); es setzt voraus, daß Jahwe
den Namen Israels kennt, daß er selbst ihm diesen Namen, und zwar
vielleicht seinen eigenen Namen, gegeben hat[74]. Den Gedanken der
Zugehörigkeit hat der Bearbeiter unmittelbar nach גאלתיך am Anfang
des Orakels gesetzt, dann aber auch am Ende in V. 6b. Hier spricht
er klar von „meinen Söhnen" und „meinen Töchtern". Sehr wahrscheinlich expliziert er an dieser Stelle das vorangehende Wort זרעך
des Urtextes und meint also die Gesamtheit des Volkes. Er ergänzt
aber זרעך dahin, daß er von diesem Samen Jahwe sagen läßt, er gehöre ihm als seine Söhne und Töchter. Den Gedanken der Erlösung
hat er in der Mitte durch VV. 3b-4 gesetzt, aber so, daß dieser
Gedanke eine Aussage über Jahwes Liebe für Israel umkreist. Diese
steht gerade in der Mitte des ganzen Textes.

Gattungsmäßig weisen diese Zusätze nichts Spezifisches auf.

d) *Zur Exegese*

Das ansetzende „jetzt aber" bringt im Gegenüber zum Vorhergehenden eine Wende herbei. Der blinde und taube Knecht von

---

[74] Vgl. Elliger, Jesaja II, S. 301f.

42, 19a.20 wird seiner bis zur Stunde anhaltenden Blindheit und Taubheit entgegen wieder sehen und hören können. Es vollzieht sich eine
Wende im Schicksal Israels dadurch, daß Jahwe sich ihm in Wort
und Tat zuwendet. Das geschieht durch das Orakel, das mit „jetzt
aber" ansetzt. Die feierliche Einleitungsformel, die darauf folgt, soll
diese Wende aufgrund von Jahwes Zuwendung betonen. Denn die
gleiche Einleitungsformel kennzeichnet bei Deuterojesaja die Heil für
Israel verkündenden Worte[75].

Die Ermahnung zur Furchtlosigkeit zeigt, daß Jahwe sein Wort an
ein bedrohtes Volk richtet. Die begründende Zusage lautet: ich erlöse
dich. Damit spricht Jahwe Entscheidendes aus: er macht, daß sein
Volk zu seinem, ihm durch die Gefangenschaft entzogenen Recht
kommt. Das bedeutet: Jahwe macht sein Volk für sich frei, er stellt
es als seinen Bundespartner wiederher. Mag sich das Bild vom
überflutenden Wasser und vom Feuer auf die Bedrohung und Verfolgung durch die Feinde beziehen, so ist darin eine Anspielung auf
das Geschehen am Schilfmeer nicht zu überhören. Der Begriff גאל
und die Bilder lassen die grundsätzlich heilsgeschichtliche Orientierung
des Textes erkennen[76].

Wenn aber Jahwe sein Volk befreit und zu seinem Recht zurückführt, indem er die Feinde vernichtet oder besiegt, dann folgt daraus,
daß er nicht zu verhandeln und Lösegeld auszugeben braucht. Der
in VV. 3b-4 entfaltete Gedanke scheint der Aussage des Urtextes
fremd zu sein; er unterscheidet sich von ihr darin, daß er die Erlösung
aus dem Familienrecht her und nicht aus der Geschichte des Auszugs, also nicht heilsgeschichtlich versteht. Anderseits ist wohl anzunehmen, daß es sich bei der Verbindung von גאל mit dem Exodusthema
bereits um eine Anwendung des an sich zum Familien- und Sippenrecht
gehörenden Begriffs handelt. Diese Seite will im vorliegenden Text
also doch auch mitgehört werden.

Diesen Gedanken, der im Urtext schon vorhanden war — siehe die
Selbstbezeichnungen Jahwes im einleitenden Satz —, has der Bearbeiter in V. 4a ausgesprochen. Vielleicht in Anknüpfung an die deu-
teronomische Tradition redet er hier von der Liebe Jahwes zu Israel[77].
Ihm waren Ho 11, 1; 14, 5; Jer 31, 3 vorausgegangen[78]. Er hat die

---

[75] Vgl. 42, 5aα; 43, 14.16; 44, 2.6; 45, 1.11a.18aα; 48, 17; 49, 7f.
[76] Vgl. Ex 6, 6; Ps 77, 16; 106, 10; Jer 31, 11; Mi 4, 10.
[77] Vgl. Dt 4, 37; 7, 13; 23, 6.
[78] Vgl. noch Jes 63, 9; Ma 1, 2; Ps 47, 5.

Aussage von der Liebe Jahwes in die Mitte des bearbeiteten Textes eingebaut. So hat er aber die eigentliche Mitte des Ganzen, die im Urtext auch formal in der Mitte stand, die Selbstvorstellungsformel V. 3a, an die Seite gerückt. Denn hier ist wirklich alles enthalten, was das Verhältnis Jahwes zu Israel kennzeichnet. „All das, was Jahwe seinem Volk zu sagen und anzukündigen hat, erscheint als eine Entfaltung der grundlegenden Aussage: Ich bin Jahwe"[79]. Daß in 43, 3a das Prädikat der Formel אלהיך und nicht יהוה zu sein scheint, nimmt der Aussage nichts an Gewicht und Tragweite. Gegenüber dem kleinen Credo sieht die Gattung des Heilsorakels im geschichtlichen Eingreifen Jahwes durch den Einbau der Selbstvorstellungsformel in das Schema Befreiung — Heimführung in besonderer Weise die Selbstoffenbarung und den Selbsterweis Jahwes.

Im Vergleich zu 41, 8-16* fällt in 43, 1-7* das Überwiegen der Gottesbezeichnungen auf: fünf im ganzen gegenüber den zwei von 41, 8-16*[80]. Im Gegensatz zu 41, 8-16* fehlen in 43, 1-7* irgendwelche Bezeichnungen für Israel ganz. Was aber von Israel gesagt wird, überragt weitaus jede andere Bezeichnung: Israel trägt den Namen Jahwes und ist zur Ehre Jahwes gebildet worden. Das bedeutet: Jahwe weist sich in Israel aus, er offenbart sich selbst als Gott in der Geschichte dieses Volkes, das seinen Namen trägt.

3) 43, 8-13

V. 8   Man führe vor das blinde Volk — es hat doch Augen! — und die Tauben — Ohren haben sie doch!

V. 9   Alle Völker sind in eins versammelt; seht, die Nationen sind zusammengekommen.

Wer unter ihnen verkündet das? Haben sie uns ja Früheres hören lassen? Sie mögen Zeugen für sich hergeben, daß sie Recht haben; die mögen ja hören, dann sagen: stimmts!

V. 10 Ihr seid meine Zeugen — Spruch Jahwes — ihr, mein Knecht, den ich erwählte; ihr sollt ja erkennen und mir zustimmen und einsehen: seht, ich bin es!

Mir zuvor wurde ein Gott nicht gebildet, nach mir wird keiner dasein.

V. 11 Ich, da bin ich, Jahwe: wo ist denn außer mir ein Retter?

V. 12 Ich habe verkündet, ich habe Rettung gewährt, ich habe (es) hören lassen: ist unter euch ein Unwissender?

---

[79] So Zimmerli, Ich bin Jahwe, S. 188.
[80] In v.13 „dein Gott" und in v.14f „der Heilige Israels".

Ihr seid also für mich Zeugen — Spruch Jahwes —, daß ich Gott bin.
V. 13   Auch von heute an bin ich es!
        Wer kann (es) reißen aus meiner Hand? Ich wirke, wer wird es wenden?

a) *Zur Einteilung und zur Übersetzung*

Der Redende wendet sich in V. 8 an Dritte, er nennt keine Namen,
sondern spricht vom „Volk". Erst in V. 10 geht er in die Ihr-Anrede
über und bleibt bis V. 12 dabei. Eine gewisse Struktur zeichnet sich
im mittleren Teil ab, insofern sich hier an der Spitze der jeweiligen
Stiche עדי אתם, אנכי יהוה, אנכי הגדתי, ואתם עדי abwechseln (VV. 10aα.
11a.12aα.12b). In V. 10a.12b begegnet die Bekräftigungsformel נאם יהוה.
Sie mag vorliegende Einheit von der vorhergehenden und der folgenden abheben, die je die volle Botenformel aufweisen. Es fehlen in
43, 8-13 außer der Botenformel auch die partizipialen Appositionen
zum Namen Jahwes, die 43, 1a.3a einerseits von 43, 14a.15 andererseits kennzeichnen.

V. 9

Durch „seht" wurde das Waw von ויאספו wiedergegeben. Damit
wird der feststellende Charakter dieses Verbalausdruckes als Begleithandlung des Perfekts נקבצו hervorgehoben. Die Übersetzung des Pronominalsuffixes durch „für sich" in V. 9bα (in V. 12b „für mich") soll
den folgenden Verbalsatz als Objektsatz verdeutlichen: die Zeugen haben zu bestätigen, daß die Völker im Recht sind. Die nächsten zwei
Verbalausdrücke sind daher als syntaktisch selbständig neben יתנו zu
stellen. Da die Wurzel אמן außer in V. 9bβ auch in V. 10bα vorkommt,
wurde für die Wiedergabe von אמת eine deutsche Wurzel gesucht, die
auch für das ותאמינו von V. 10bα brauchbar sein konnte. Von daher
die Übersetzung von אמת mit einem Verbalausdruck statt mit einem
Substantiv, Adjektiv oder Adverb.

V. 10

Das Waw, das ועבדי mit אתם עדי verbindet, ist als explizierende
Konjunktion verstanden worden, wobei „mein Knecht" auf das Per-
sonalpronomen אתם bezogen wurde; das bot Anlaß dazu, an dieser
Stelle das Personalpronomen zu wiederholen. Nicht klar ist der Sinn
von למען in V. 10bα. Ohne Zweifel ist Zweck des abzulegenden
Zeugnisses, Jahwes Gottheit zu beweisen und zu bekunden; ander-
seits setzt das die Erkenntnis voraus, daß Jahwe Gott ist. Um diesen
Gedanken zum Ausdruck zu bringen, wurde למען als Finalkonjunktion

in der Übersetzung weggelassen und durch ein einfaches „ja" ersetzt; die Verben erhielten dabei jussiven Sinn.

V. 11

In V. 11a begegnet eine durch Verdopplung des אנכי erweiterte Form der Selbstvorstellungsformel. Der Bezug auf das geschichtliche Tun Jahwes, der in V. 11aβ bezeugt ist, wurde bei der Wiedergabe mit in die Formel von V. 11a durch das hinweisende „da" aufgenommen.

VV. 12-13

Der Begriff זר von V. 12a dürfte sich wohl auf das Wissen dessen beziehen, was Jahwe getan hat. Das kommt im Wort „Unwissender" zum Ausdruck[81]. Die Konjunktion ו in ואני von V. 12b führt einen Objektsatz ein; der sie kennzeichnende a-Laut dürfte auf den Bezug zum Gottesnamen zurückzuführen sein[82]. Die rhetorische Fragepartikel אין wurde aus stilistischen Gründen nicht mit „wo", sondern mit „wer" übersetzt.

b) *Literarkritik*

V. 8

Nur an dieser Stelle gebraucht Deuterojesaja die Hiphilform von יצא im speziellen Sinn von „vorführen" und auf עם (Israel) bezogen. Zu seinem Stil gehört aber die Verwendung des infinitivus absolutus, der hier, wenn wir die Lesart הוֹצִיא annehmen[83], wie in 42, 20.22 sogar zu Anfang des Satzes vorkommt. Nur hier im ganzen AT ist das Adjektiv עור mit עם verbunden; mit Ausnahme von 42, 7 wird es innerhalb von Jes 40-48 sonst als Substantiv gebraucht (42, 16a.18)

---

[81] Nach Elliger „bedeutet das Adjektiv זר offenbar zunächst ganz allgemein ‚nicht dazugehörig, unbeteiligt' o.ä., was sich nach den verschiedensten Gesichtspunkten spezialisieren kann". Gegenüber der Verkündigung Jahwes wäre ein זר also „ein Nichthörer, einer, der von sich behaupten kann, er habe Derartiges nie gehört" (vgl. Jesaja II, S. 327).

[82] Vgl. Grether, Hebräische Grammatik, S. 183 §65h, S. 187 §67h. Zum Waw als Konjunktion zu Objektsätzen vgl. S. 225 §91d.

[83] So Duhm, Das Buch Jesaja, S. 296, Köhler, Deuterojesaja stilkritisch untersucht, S. 20, Volz, Jesaja II, S. 39, und zuletzt auch Elliger, Jesaja II, S. 306. Bonnard, Le Second Isaïe, S. 134, North, The Second Isaiah, S. 121, von Waldow, Anlass und Hintergrund der Verkündigung des Deuterojesaja, S. 203 Anm. 17, Westermann, Das Buch Jesaja, S. 98, und zuletzt Schoors, I am God Your Saviour, S. 222f, nehmen nach Qᵃ den Plural der zweiten Person an (vgl. Knight, Deutero-Isaiah, S. 95).

oder als Prädikat im Nominalsatz (42, 19). Das gilt auch für חרש (42, 18).

V. 9

Die Niphalform von קבץ begegnet noch dreimal, und zwar 45, 20; 48, 14 (Imp.) und 49, 18 (Perf.), siehe sonst Jes 60, 4.7; Ps 102, 23. Angeredet werden in 45, 20a die Entronnenen unter den Völkern, in 48, 14 die Israeliten. Die Pielform des Verbs ist in 40, 11 (sek.) und 43, 5b belegt. Die Niphalform von אסף findet sich noch einmal in 49, 5 mit dem Objekt Israel. Beide Verben kommen in dieser Form in Ez 29, 5 zusammen vor. Parallel zu גוים findet sich לאמים bei Deuterojesaja nur hier, sonst mit איים zweimal (41, 1; 49, 1) und mit עמ(ים) nur in 51, 4 (sek.). Oft gebraucht ist יחדו[84]. Die Hiphilform von נגד bezieht sich bei Deuterojesaja an den meisten Stellen auf Jahwe oder auf die Götter als Subjekte[85] und hat die Bedeutung von „vorhersagen". Es dürften also auch hier die Götter gemeint sein, als deren Vertreter die Völker auftreten. Oft belegt ist das Objekt זאת[86]. Es kann sich auf das vorher (41, 20; 42, 23; 46, 8) oder nachher (48, 1.20; 51, 21) Gesagte beziehen. In 45, 21 (Gerichtsrede) und 46, 8 (Bestreitungsrede) steht es im Zusammenhang mit dem Thema der Identität Jahwes. Es legt sich nahe, dieses זאת auch in unserem Text in Beziehung zu dem in VV. 10b.11a.12b auftauchenden Thema der Identität Jahwes zu bringen. Es ist die Offenbarung der eigenen Gottheit durch den geschichtlichen Selbsterweis gemeint. הגיד scheint also an der vorliegenden Stelle nicht den speziellen Sinn von „vorhersagen" zu haben als vielmehr den von „verkünden"[87], auch wenn nach dem Verständnis Deuterojesajas der Beweis der eigenen Gottheit im Geschehen des Vorhersagens geschichtlicher Ereignisse einen festen Boden hat[88]. Versteht man V. 9aβ so, dann verhält sich V. 9aγ zu V. 9aβ nicht im Sinne des antithetischen Parallelismus: das Frühere steht nicht dem durch זאת angegebenen gegenwärtigen Geschehen entgegen. Der Satz von 9aγ hat explizierende Funktion: daran zeigt sich, daß die Götter wahre Götter sind, wenn sie das bereits Geschehene vor-

---

[84] Vgl. 41, 1.19f.23; 43, 17; 45, 16.20f; 46, 2; 48, 13; 52, 8f; ohne Suffix kommt יחד in 42, 14; 43, 26; 44, 11; 45, 8; 50, 8 vor.

[85] Vgl. 41, 22f.26; 42, 9; 43, 12; 44, 7f; 45, 19.21b; 46, 10; 48, 3.5.14. In 42, 12; 45, 21a; 48, 20 sind Menschen das Subjekt.

[86] Vgl. 41, 20; 42, 23; 45, 21; 46, 8a; 47, 8 (sek.); 48, 1.16a.20; 50, 11 (sek.).

[87] So auch Elliger, Jesaja II, S. 317.

[88] Das hebt auch Elliger hervor, vgl. ebd., S. 317f.

herverkündet haben[89]. Als Objekt kommt ראשנות noch in 43, 18; 46, 9; 48, 3 (vgl. 41, 22) vor.

Nicht mehr belegt bei Deuterojesaja ist die Wendung נתן עד; zu vergleichen ist 55, 4. Außer in 43, 10.12 ist von עד sonst noch in 44, 8 die Rede, wo es sich wieder auf das Volk Israel bezieht. Die Qalform von צדק im Sinne von „Recht haben" begegnet noch in 43, 26; in 45, 25 dürfte es religiöse Bedeutung haben: bestätigt, angenommen, für gerecht gehalten werden. Es fragt sich, wer in V. 9bß Subjekt ist. Wie aus V. 8 und darüber hinaus aus 42, 19a.20.22aβγ. 22b.24a hervorgeht und von 43, 10bα dem Sinn nach bestätigt wird, gehört das Hören — wie das Sehen — zu den Aufgaben, die man vom Zeugen verlangt. In diese Richtung geht die Frage von 41, 26 „wer hat Worte von euch vernommen?" und die von 48, 6a „du hast es gehört... und ihr, wollt ihr es nicht verkünden?" (vgl. 48, 14). Subjekt von V. 9bß sind also nicht die Götter, die ihre Zeugen präsentieren, sondern die Zeugen selbst[90]. Da die Völker und Nationen im vorliegenden Text eine parallele Rolle zu der des „blinden Volkes" spielen, das als Zeuge Jahwes auftritt, sind sie mit diesen Zeugen gleichzustellen (vgl. 41, 26).

V. 10

V. 10a setzt mit dem betonten אתם an. Diese stilistische Eigenart begegnet noch außer in V. 12 in 41, 8.16; 44, 8. Hier ist das Personalpronomen stets mit Waw versehen. Die Bekräftigungsformel נאם־יהוה ist wieder außer V. 12 noch in 41, 14; 49, 18 belegt, sonst im sekundären 52, 5. Es stellt sich die Frage, ob sie als mit zur Rede Jahwes gehörig zu verstehen ist[91]. Gehört sie mit zur Rede, dann unterstreicht die Formel die Bedeutung der Anrede und des Wortes, das Jahwe ausspricht. Das gleiche gilt für 49, 18 und 44, 2 (Botenformel). Bei der Freiheit, die Deuterojesaja in der Verwendung der literarischen Gattungen an den Tag legt, dürfte das doch nicht ausgeschlossen sein.

---

[89] Das betont Schoors ausdrücklich, vgl. I am God your Saviour, S. 224f, Les choses antérieures et les choses nouvelles dans les oracles deutéroisaïens, EThL 40 1964, S. 34.

[90] So auch Buber, Bücher der Kündung, S. 137, Elliger, Jesaja II, S. 318f, Fohrer, Das Buch Jesaja, Bd. 3, S 62, und Steinmann, Le Livre de la Consolation d'Israël, S. 121. Anders Bonnard, Le Second Isaïe, S. 142, Knight, Deutero-Isaiah, S. 92, North, The Second Isaiah, S. 41, Schoors, I am God your Saviour, S. 225f, und Westermann, Das Buch Jesaja, S. 100.

[91] Elliger verneint es. Nach ihm macht die Formel aus dem Folgenden einen als Gotteswort formulierten Prophetenspruch, der sich direkt an die Hörer des Propheten wendet und nicht mehr an die Zeugen der Gerichtssituation (vgl. Jesaja II, S. 319f).

Der Relativsatz mit dem Verb בחר kommt nur noch in 41, 8 vor. בחר wird in 41, 8f; 44, 1f deutlich auf Jakob-Israel als die Gesamtheit des Volkes bezogen; in 49, 7 ist das weniger klar, dürfte es aber anzunehmen sein. Nie wird es auf eine einzelne Person bezogen. So scheint es angebracht, עבדי nicht individuell, sondern kollektiv aufzufassen als eine Bezeichnung des Volkes, das hier auch Zeuge genannt wird. Für die Lesart im Singular sprechen nicht nur die bereits erwähnten inhaltlichen Erwägungen, sondern über V. 8 hinaus auch 49, 1̂9a, wo עבדי nichts anderes als das Volk Israel meint.

Die Hiphilform von אמן begegnet in 53, 1 wieder, während בין im sekundären 44, 18, und zwar zusammen mit ידע vorkommt. Es fällt aber in V. 10bα auf, daß das Verb ידע als Bestandteil der Erkenntnisformel durch zwei andere Verben von seinem eigentlichen Objekt כי־אני הוא getrennt ist, was dem Stil Deuterojesajas nicht entspricht [92]. Zwar finden wir ידע in 40, 21.28; 41, 20 mit anderen Verben verbunden, diese Stellen weisen aber nicht die Erkenntnisformel und die mit ihr verknüpfte Selbstvorstellungsformel auf, sondern sind freie Nachbildungen im rhetorischen Stil. Bedenkt man ferner, daß der Prophet sich nie erlaubt, die Selbstvorstellungsformel אני (אנכי) יהוה, sei sie auch Teil der Erkenntnisformel, in ihrem Wortlaut zu ändern [93], so ist man überrascht, in 43, 10bα statt יהוה das Personalpronomen הוא zu lesen [94]. Inhaltlich scheint der Vers den Gedankengang von V. 10a zu unterbrechen: sind die Angeredeten Zeugen Jahwes, setzt das voraus, daß sie Jahwes Göttlichkeit erkannt haben, so ist die Zweckangabe von V. 10bα nicht angebracht. Es entstehen Zweifel an der Echtheit dieses Verses. Er würde besser in eine paränetische Rede

---

[92] Vgl. 41, 23a; 45, 3b.6a und 49, 23.26, falls letzteres echt ist.

[93] Vgl. 42, 8; 44, 24 (sek.); 45, 3.5f.18f. Vgl. noch 41, 17; 42, 6; 43, 3,15; 45, 21; 51, 15 (sek.).

[94] In 41, 4b steht אני הוא parallel zu אני יהוה und ist von diesem abhängig; in 43, 13 steht es parallel zu אני־אל von v.12b und hängt von diesem ab; in 46, 4 ersetzt אני הוא nicht die Selbstvorstellungsformel, sondern bezieht sich auf die in v.3b geschilderte Tätigkeit Jahwes. In 48, 12 scheint אני הוא beim ersten Blick die Selbstvorstellungsformel zu ersetzen, es ist aber nicht der Fall. Der Akzent liegt hier auf אני ראשון und אני אחרון, das Personalpronomen הוא dient zur Hervorhebung des anfänglichen אני. Es handelt sich im Text auch nicht um eine Selbstvorstellung Jahwes. Diese wird entweder von der Botenformel eingeführt (42, 5f; 45, 18; 48, 17) oder findet sich innerhalb der Erkenntnisformel (45, 3b; vgl. 49, 23.26) und setzt in lapidarer Weise eine in sich geschlossene Aussage an (41, 4.17; 42, 8; 43, 3.11.15; 45, 5); nur einmal kommt sie innerhalb eines Fragesatzes vor (45, 21).
Über den Sinn der Formel vgl. Walkers Ausführungen in „Concerning hû and 'anî hû", ZAW 74 1962, S. 205f.

hineinpassen; sein Einbau in den Text geht vielleicht auf ein parä-
netisches Anliegen zurück[95]. Fällt V. 10bα aus, so schließt sich
V. 10bβγ glatt an V. 10a an. Hier und im darauffolgenden V. 11 wird
das angegeben, was bezeugt werden soll und worum es bei dieser
Rede eigentlich geht. Einmalig innerhalb der deuterojesajanischen
Schrift sind die Ausdrücke לפני und אחרי; die Niphalform von יצר
findet sich im AT nur hier.

VV. 11-12

„Außer mir" begegnet nochmals in 45, 21; ohne Suffix findet sich
מושיע in 45, 15.21. Die Hiphilform von ישע kommt nochmals in 45,
20b; 46, 7 (beide sek.) vor, wo sie auf die Götzen bezogen wird, dann
findet sie sich im sekundären 47, 13 in bezug auf die Ratgeber Babylons und schließlich in 49, 25 (sek.?), der einzigen Stelle innerhalb
von Jes 40-53, wo sie auf Jahwe als Subjekt bezogen wird.

Nachdem sich Jahwe in V. 11 als מושיע bezeichnet hat, scheint das
והושעתי von V. 12 unnütze Wiederholung zu sein, zumal es die zwei
Verben des Sagens הגדתי und והשמעתי voneinander trennt. Es findet
sich auch nicht in V. 9αβγ, dem V. 12a dem Sinn nach entspricht.
Aus diesen Gründen ist das Verb als nachträgliche Hinzufügung zu
betrachten und stammt vielleicht aus derselben Hand, die V. 10bα
eingefügt hat und die stilistisch gesehen zu Erweiterungen zu neigen
scheint[96]. Einmalig ist ferner auch das Wort זר. Das Zurückgreifen
auf die Formulierung von V. 10a in V. 12b zeigt, daß wir es in den
dazwischenliegenden Versen mit dem Inhalt dessen zu tun haben, was
zu bezeugen ist: אני־אל. Das wird durch נאם־יהוה unterstrichen. V. 12b
gehört wesentlich zur Struktur des Ganzen.

V. 13

In V. 13aβ begegnet eine Wendung, die auch anderswo auf Jahwe
bezogen wird[97]. Sie entstammt wahrscheinlich der Kriegssprache[98].

---

[95] Auch Elliger hat das bemerkt. Er schreibt: „Weist die pädagogische Abzweckung
ihres (der Zeugen) Auftrittes, auf die sie sofort im Anfang in 10bα (למען) aufmerksam
gemacht werden, nicht in eine ganz andere Richtung, die mit Gerichtsrede nichts zu tun
hat?". „Was sie lernen sollen…ist… im Stil der Gerichtsrede formuliert 10bβγ 11,
auch 12a… als Belehrung und Ermunterung der eigenen Zeugen" (Jesaja II, S. 311).
[96] So zuletzt auch Elliger, Jesaja II, S. 308, 326, North, The Second Isaiah, S. 41,
121, und Westermann, Das Buch Jesaja, S. 98. Dagegen äußern sich Bonnard, Le Second
Isaïe, S. 143, und Schoors, I am God your Saviour, S. 227.
[97] Vgl. Dt 32, 39; 1Sam 4, 8; Ho 2, 12; Jos 22, 31. Erstere Stelle, Dt 32, 39, dürfte
wohl von Deuterojesaja abhängig sein (vgl. Elliger, Jesaja II, S. 329).
[98] Vgl. Ex 18, 9f; Jos 24, 10; Ri 6, 9; 8, 34; 9, 17.

In den sekundären Texten Jes 44, 17.20; 47, 14 und in 57, 13 wird
הציל auf die Götzen bzw. auf die Zauberer Babylons bezogen. Auch
in 42, 22 sind wahrscheinlich die Götter und Götzen der Völker
gemeint; in 50, 2 (sek.?) bezieht sich הציל aber auf Jahwe. Der Sinn
der Wendung in V. 13aβ ist nicht eindeutig: bezieht sie sich auf das
Gottsein Jahwes, von dem das unmittelbar Vorhergehende redet und
das Jahwe nicht entrissen werden kann, oder will sie Jahwes absolute
Macht hervorheben? Letzteres wäre anzunehmen, wenn man die angeführten Parallelstellen berücksichtigt und vor allem V. 13aβ in
einem mit V. 13b liest. Zieht man aber V. 13aβ zu V. 13aα, dann kann
man sich fürs Erstere entscheiden.

Das Verb פעל kommt sonst außer im sekundären 44, 12.15 in 41, 4
vor, wo es sich auf Jahwe bezieht. Die Hiphilform von שוב begegnet
sonst in 41, 28; 42, 22; 44, (19) 25; 46, 8; 49, 6, aber jeweils mit verschiedenem Sinn.

Aus dieser Analyse erweisen sich als Nachträge nur V. 10bα und in
V. 12a das Verb והושעתי.

c) *Form- und Gattungskritik*

Der Urtext umfaßt zehn Stiche. Es läßt sich ein einheitlicher
Rhythmus rekonstruieren, wenn man einzelne Wörter mit maqqef
miteinander verbindet: in V. 8 ועינים־יש und ואזנים־למו, in V. 9 מי־בהם,
und וימרו־אמת, in V. 10 אשר־בחרתי und לא־יהוה, in V. 11 ואין־מבלעדי,
in V. 12 ואין־בכם und ואתם־עדי, in V. 13 אני־הוא, ואין־מידי, ומי־ישיבנה.
So ergibt sich ein Rhythmus von 3+2 Akzenten für jeden Stichus mit
Ausnahme des letzten.

Es fragt sich, wie sich der Text unter strukturellem Gesichtspunkt
teilt. In V. 9aβγ und in V. 12a stellt man das Vorhandensein der
gleichen Verben mit gleicher Reihenfolge fest. Das scheint für die
Struktur des Ganzen Bedeutung zu haben. Man kann beide Stiche
als Anfang und Schluß eines bestimmten, gedanklich in sich abgeschlossenen Abschnittes ansehen. Innerhalb von VV. 9aβγ-12a kann
man aber terminologisch und inhaltlich weitere Verbindungslinien
feststellen. Zu beachten ist zunächst die konzentrische Stellung der
Personalpronomina אתם und אנכי (VV. 10aα.11a.12aα.12b); V. 10a
ist ferner durch den Begriff עד einerseits mit V. 9b verbunden — bei
beiden geht es um die Bestellung von Zeugen —, anderseits mit
V. 12b; durch die Gegenüberstellung von אל mit יהוה ist seinerseits
auch V. 11 mit V. 10bβγ verbunden — bei beiden geht es um den
Selbsterweis Jahwes (vgl. V. 12b). Dieser Befund berechtigt, innerhalb

von VV. 9αβγ-12a eine Unterteilung vorzunehmen: auf der einen Seite VV. 9αβγ.9b-10a, auf der anderen VV. 10bβγ.11-12a[99]. In der ersten Textgruppe wird die Frage nach dem Selbsterweis unter Berufung von Zeugen gestellt, in der zweiten Textgruppe bringt Jahwe seinen eigenen Selbsterweis. Gegenüber diesem Abschnitt erfüllen die letzten Stiche 12b.13aα.13aβb die Funktion eines zusammenfassenden Abschlusses: V. 12b übernimmt die Formel V. 10aα und verbindet sie mit der eigentlichen Aussage des Textes אני־אל, eine Formel, die ihrerseits an VV. 10bβ.11a anknüpft. Die ersten zwei Stiche VV. 8-9aα beinhalten die Vorladung und bilden die Einleitung zur eigentlichen Verhandlung der folgenden Verse. Es ergeben sich vier Strophen, von denen die erste und letzte aus je zwei Stichen, die zweite und dritte aus je drei Stichen bestehen. Schematisch dargestellt:

V. 8	3+2
V. 9aα	3+2
V. 9αβγ	3+2
V. 9b	3+2
V. 10a	3+2
V. 10bβγ	3+2
V. 11	3+2
V. 12a	3+2
VV. 12b.13aα	3+2
V. 13aβb	2+2

Es besteht aber eine andere Möglichkeit der inneren Einteilung, wenn man als strukturelles Gerüst die zweimal vorkommende, ausgeprägte Formulierung „ihr seid meine Zeugen — Spruch Jahwes" (VV. 10aα.12b) nimmt. So ergibt sich eine Anzahl von fünf Strophen mit je zwei Stichen[100]. In diesem Fall stehen VV. 10aα.12b jeweils an erster Stelle in der dritten und fünften Strophe. Sie umreißen jenen Teil der Rede, da Jahwe die Seinen als Zeugen anspricht und zum Entscheidspruch „ich bin Gott" kommt. Nach dem Aufruf zur Gerichtsversammlung (erste Strophe), fängt mit der zweiten Strophe die eigentliche Vorladung an. Eingeleitet durch das ואני־אל von V. 12b folgt in V. 13aα die eigentliche Entscheidung. Die Verben הגיד und השמיע kennzeichnen Anfang und Schluß der Vorladung im ersten Stichus der zweiten Strophe und im zweiten Stichus der vierten

---

[99] Aus stilistisch-inhaltlichen Gründen unternimmt Elliger eine Teilung in vv.8-9 und vv.10-13 (vgl. Jesaja II, S. 310-312).
[100] Siehe oben in der Textdarstellung die eckigen Klammern.

Strophe. Diese Einteilung scheint dem formalen Gerüst des Textes besser gerecht zu werden.

Man kann in 43, 8-13 all jene Teile erkennen, die der Struktur der Gattung „Gerichtsrede gegen die Völker bzw. die Götter" zugewiesen werden: Vorladung (VV. 8-9aα), Verhandlung (VV. 9aβγ-12a), Entscheidung (VV. 12b-13aα) und als letztes ein durch Hinweis auf die (vernichtende?) Macht Jahwes (V. 13aβ) und auf sein absolutes Können im geschichtlichen Bereich (V. 13b) ausgesprochener Urteilsspruch. Der bedeutendste Teil scheint wegen der darin enthaltenen Formeln und seiner Ausdehnung die Verhandlung zu sein. Sie umfaßt ein Feststellungsverfahren (V. 9aβγb) und einen Selbsterweis Jahwes durch Heranziehung der Selbstvorstellungsformel (VV. 10bβγ. 11.12a). Der Selbsterweis besteht seinerseits aus zwei Aussagen, und zwar aus der Feststellung, daß Jahwe keinen anderen Gott zur Seite hat (V. 10bβγ), und aus dem Verweis auf sein heilvolles Tun (V. 11)[101]. Ohne Zweifel liegt das Gewicht dieser Gerichtsrede in der Selbstprädikation und im Selbsterweis Jahwes. Sie stehen aber in einem bestimmten Rahmen, was eigentlich zum Wesen dieser Rede gehört: sie werden in Gegenüberstellung zu den Göttern bzw. ihren Vertretern und in Auseinandersetzung mit ihnen vorgetragen. Selbstprädikation und Selbsterweis Jahwes bedeuten also gleichzeitig ein Urteil gegen die Götter und eine Bestätigung für Jahwe[102].

Es ist zu fragen, mit welch anderen Texten teilt 43, 8-13 das Merkmal eines engen Zusammenhanges zwischen Selbstprädikation und Selbsterweis Jahwes einerseits und Konfrontierung mit den Göttern bzw. ihren Sprechern anderseits? Als erstes kommt 41, 1-4.25-26bα.27; 42, 5*-8bα in Frage. Hier finden wir die Vorladung (41, 1b), die

---

[101] Erweist sich v.10bα als sekundär, so erübrigt sich, innerhalb von vv.10-13 von Mischstil zu sprechen. Gerade die Feststellung eines solchen Mischstils führt Elliger zu einigen Erwägungen gattungskritischer Art: „Ginge 8f. nicht voraus, würde man 10-13 als einen Prophetenspruch bezeichnen, der eine von dem Propheten gehörte ,Raunung Jahwes' an das Volk weitergibt, und zwar dem Inhalt nach ein Mahn- und Verheißungswort" (Jesaja II, S. 311f). Er kommt aber zum Schluß: „Gehört aber 10-13 mit 8f. zusammen, so wird man die Gattung, nach der das Ganze jedenfalls ursprünglich konzipiert ist, trotz aller Beimischungen fremden Stils als Gerichtsrede bestimmen dürfen" (ebd., S. 312).

[102] Daß|in 43, 8-13 eine Gerichtsrede vorliegt, wird allgemein anerkannt, vgl. Begrich (Studien, S. 19, 40-42), Bonnard (Le Second Isaïe, S. 144), Schoors, (I am God your Saviour, S. 223), von Waldow (Anlass und Hintergrund der Verkündigung des Deuterojesaja, S. 40-44; nach ihm würde 43, 8-13 zum kultischen Typ der Gattung der Gerichtsrede gehören), Westermann (Sprache und Struktur, S. 135-141, Das Buch Jesaja, S. 99; dieser Gelehrte rechnet zur Gerichtsrede auch 43, 14-15).

Konfrontierung mit den Anfechtern (41, 26abα), die Selbstprädikation
(41, 4b; 42, 8a) und den Selbsterweis (41, 4; 41, 25.27). Im Vergleich
zu 43, 8-13 wie auch zu 41, 21-24a.26bβ.28-29a; 42, 9 und 44, 6-8*
überwiegt hier der Selbsterweis, der Verweis auf das geschichtliche
Tun Jahwes, in diesem Fall auf das Kyros-Geschehen. Die Auseinandersetzung mit den Gegnern nimmt in diesem Text einen so geringen
Platz ein, daß man eher an eine Bestreitung als an eine regelrechte
Gerichtsrede denkt. Ferner ist 41, 21-24a.26bβ.28-29a; 42, 9 (14-16) zu
erwähnen. Hier fehlt die Selbstprädikation durch Verwendung der
Selbstvorstellungsformel, sie wird aber durch die Einführungsformel
יאמר יהוה bzw. יאמר מלך יעקב ersetzt und ist im betonten אני von
42, 9b mitzuhören. Der Selbsterweis ist auf 42, 9.14-16 beschränkt,
während die Auseinandersetzung mit den Göttern und ihre Heraus-
forderung einen breiten Platz (VV. 22-23.26bβ.28) einnimmt; die Vor-
ladung ist in V. 22a vorhanden. Wir stoßen schließlich auf 44, 6-8*.
Der Text fängt mit der Selbstprädikation an (V. 6bα); sie ist mit der
Feststellung verbunden, daß kein anderer Gott neben Jahwe ist
(V. 6bβ). Es folgen die Herausforderung (V. 7) und der Selbsterweis
(V. 8aβ). In V. 8b liegt eine Art Zusammenfassung vor: es wird die
Frage gestellt, ob es außer Jahwe noch einen Gott gibt, und es wird
festgestellt, daß es keinen gibt, was einer Entscheidung bzw. einem
Urteilsspruch gleichkommen könnte. Eine regelrechte Vorladung und
Auseinandersetzung mit den Gegnern, die freilich auch nicht direkt
erwähnt werden, ist nicht vorhanden. Auch bei 44, 6-8* könnte man
eher von einer Antwort Jahwes auf einen Einwand, also von einer
Bestreitung reden.

EXKURS

Zu den Gerichtsreden Deuterojesajas

Aus dieser Übersicht stellt sich heraus, daß die vier angeführten
Einheiten kein gemeinsames, konstantes Aufbauschema aufweisen. Die
einzelnen Elemente können jeweils in verschiedener Reihenfolge auftreten und größere oder geringere Entfaltung erhalten. Das zeugt nicht
von einer vorgegebenen, von vornherein genau festgelegten Gattung
oder mindestens nicht von einer getreuen Anwendung dieser Gattung.
Letzteres ist bei einer Persönlichkeit wie der von Deuterojesaja ohne
weiteres zu erwarten. Trotzdem scheint es so zu sein, daß das Eigentliche der Gattung „Gerichtsrede gegen die Götter" nicht so sehr aus

der Einheitlichkeit der Struktur heraus zu suchen ist, als vielmehr aus
dem Inhalt der Rede selbst mit ihren charakteristischen Elementen. In
ihr stellt Jahwe die Götter vor die Frage nach ihrer Göttlichkeit und
verlangt dafür Beweise. Im Gegensatz zum Disputationswort, in dem
Jahwe auf einen Einwand antwortet, der seine Macht in Frage stellt
in bezug auf ein bestimmtes Geschehen, fordert er in der Gerichtsrede
seine als gegenwärtig gedachten Gegner auf, Beweise vorzuführen, die
ihren Anspruch auf Göttlichkeit bestätigen können. Hier ist es Jahwe,
der Einwand erhebt. Wenn wir in dieser inhaltlichen Angabe das
Charakteristische der Gattung erblicken, dann müssen wir zu den Gerichtsreden nur 41, 21-24a.26bβ.28-29a; 42, 9, ferner 43, 8-13*; 44, 6-8*
und 45, 20a.21 zählen, 41, 1-4.25-26aβ.27; 42, 5-8bα aber ausschalten.
Denn hier vermißt man die Aufforderung, Beweise vorzuführen, und
die direkte Anrede an die Gegner; die Fragesätze VV. 2a.4aα.26abα
wie auch die Aussage 42, 8bα sind zu allgemein und richten sich nicht
an gegenwärtig gedachte Gegner. Für die Gerichtsrede scheint die
formelhafte Verbindung der Verben הגיש bzw. קבץ mit הגיד charakteristisch zu sein, auch wenn sie in 44, 6-8* nicht vorkommt und durch
הגיד allein vertreten wird. Es handelt sich auf jeden Fall um Begriffe, die zur gerichtlichen Terminologie gehören. Das zeigt sich für
נגש in Dt 25, 1, dem auch Dt 21, 5; 25, 9 hinzugefügt werden können
(an allen drei Stellen ist die Niphalform belegt); das geht auch aus
Jes 50, 8 (Qalform) hervor[103]. Die Hiphilform von Jes 41, 22; 45, 21
bereitet dem Sinn nach keine Schwierigkeit, wenn man sie als Intensiv-
form versteht. Das Verb הגיד kommt u.a. im gerichtlichen Verfahren
Jos 7, 16-26 (siehe V. 19) vor im Sinne von „über das eigene Handeln
Zeugnis ablegen" oder auch „erklären, berichten, was getan worden
ist". Für das Herantreten ins Gericht verwendet dieser Text das Verb
קרב (vgl. Jes 41, 1b).

Es fragt sich aber, aus welchem gedanklichen Zusammenhang Deuterojesaja zur Gattung bzw. zum Modell der Gerichtsrede greift. Eine
klare Antwort scheint nicht möglich zu sein. Immerhin haben die
Gerichtsreden ihren festen und klaren Platz im vielfältigen Gebäude
des deuterojesajanischen Denkens. Nichts verbietet anzunehmen, daß
sie dem Bemühen erwachsen sind, die damalige Situation der Exilierten theologisch zu deuten und zu bewältigen. Sätze wie 40, 27;
43, 22; 45, 19; 49, 14 und Fragen wie 40, 25; 42, 24a; 44, 7aα verraten
den Ernst einer Situation, da Israel an die Zuwendung und Heils-

---

[103] Vgl. Elliger, Jesaja II, S. 118.

macht Jahwes nicht mehr glaubte, sich vielmehr an die Götter und Götzen der es unterdrückenden Völker wandte. Dieser Situation tritt der Prophet bzw. Jahwe durch den Propheten in dreifacher Weise entgegen. Auf die Einwände, die gegen ihn erhoben werden, antwortet Jahwe einerseits durch das Disputationswort bzw. Bestreitungsrede, anderseits mit dem Heilsorakel. Es ging aber letztlich doch um etwas Grundsätzlicheres, um das Gottsein Jahwes im Gegenüber zu und unter Ausschließung von den Göttern. Im Disputationswort macht er die Zuhörer auf das aufmerksam, was er in Zeit und Raum unternimmt und durchführt, auf seine Macht, Geschichte zu schaffen. Durch das Heilsorakel offenbart er seine Zuwendung zu Israel und den damit verbundenen Entschluß, zur Errettung Israels und zur Wiederherstellung des Bundesverhältnisses in die Geschichte einzugreifen. So bleibt als Letztes nur die öffentliche Absage an die Götter aufgrund der Feststellung, daß sie es nicht vermögen, zu retten — was ihrem völligen Nichtsein gleichkommt. Bei den Gerichtsreden hat man es mit einer literarischen ad hoc geschaffenen Bildung zu tun, die ihren Sinn aus dem Ganzen der Disputationsworte und der Heilsorakel erhält und von daher einen eigenen entscheidenden Gedanken trägt. Der Beweis, daß alle drei Gattungen einen einheitlichen Gedanken in logischer Entfaltung zum Ausdruck bringen, daß sie also in der Intention des Propheten sinngemäß von vornherein zusammengehörten, liegt in der Tatsache, daß sie uns nicht voneinander getrennt, sondern in gleicher Reihenfolge miteinander verbunden erhalten worden sind: dem Disputationswort 41, 1-4 folgt das Heilsorakel 41, 8-16* (17-20), daran schließt sich die Gerichtsrede 41, 21-24 an; dem Disputations- und Mahnwort 42, 19a.20.22aβγ.22b.24a folgen zuerst das Heilsorakel 43, 1-7*, dann die Gerichtsrede 43, 8-13; das gleiche Schema ist zu beobachten im Komplex 43, 22-44, 8 — als erstes liegt das Disputationswort und Mahnwort 43, 22.26-28* vor, dann folgen das Heilsorakel 44, 1-5* und die Gerichtsrede 44, 6-8*. Einen Rest dieses Aufbauschemas kann man in 45, 18*-19 (Disputationswort) und 45, 20a.21 (Gerichtsrede) erkennen; es fehlt dazwischen das Heilsorakel, statt dessen ist in 45, 22-25 ein allgemeines Heilswort eingefügt worden. Die Konstanz, mit der alle drei Gattungen in gleicher Reihenfolge vorkommen, ist ein deutliches Zeichen dafür, daß die drei Texte als eine in sich geschlossene Größe betrachtet werden wollen und einen Kernpunkt der deuterojesajanischen Botschaft darstellen. Das soll aber bei der überlieferungsgeschichtlichen Erörterung der ganzen Schrift weiter vertieft und ergänzt werden.

Die Frage jedoch, welcher gedankliche Zusammenhang hinter dem Gebrauch der Gattung „Gerichtsrede" steckt, muß auf die anderen zwei Gattungen erstreckt werden und bedarf daher einer Vertiefung. An welchem Modell, könnte man sagen, orientiert sich Deuterojesajas Reflexion über die damalige Situation? Wenn es sich letztlich aufgrund der Absage an die Götter um die Aufrichtung des Rechts Jahwes handelt, von seinem Volk als den einzigen, allumgreifenden und all-bestimmenden Gott anerkannt zu werden, dann ist wohl eines an-zunehmen: bei der Gestaltung seiner Botschaft hat Deuterojesaja an das erste Gebot gedacht, ja, er will dieses Gebot zur Geltung bringen. Nun ist es ohne Zweifel zu beachten, daß der betreffende Text des Dekalogs aus drei Teilen besteht: aus der Selbstvorstellungsformel, der Auszugsformel und dem Gebot, keine anderen Götter anzuer-kennen (Ex 20, 2; Dt 5, 6f). Im Keim enthält also der Text des ersten Gebotes die Themen und zum Teil auch die Formeln, die Deutero-jesaja in vielfältiger Weise in den drei Gattungen entfaltet: die Ein-zigkeit Jahwes, seine Heilsmacht auf geschichtlicher Ebene und sein Angebot an Israel, ihn als den einzigen rettenden Gott unter Aus-schluß anderer Götter anzunehmen und anzuerkennen. Die Selbstvor-stellungsformel ist im Dekalog mit dem Selbsterweiswort eng verbun-den: beide sind Voraussetzung und Einführung zum eigentlichen Ge-bot der Absage an die Götter. Das gleiche ist bei unserem Propheten der Fall. Dient ihm die Gattung des Disputationswortes dazu, den Selbsterweis Jahwes zum Ausdruck zu bringen, bekräftigt er den Selbsterweis durch die Zusage des göttlichen Beistandes zur gegen-wärtigen Stunde, so verurteilt er durch die Gerichtsrede die Götter, auf die Israel sein Vertrauen gesetzt hatte.

Warum aber wählte Deuterojesaja gerade die Gattungen des Dis-putationswortes, des Heilsorakels und der Gerichtsrede? Was bedeu-ten ihm diese Gattungen? Darauf kann man freilich nur mit Ver-mutungen antworten. Die Form des Disputationswortes als Aus-drucksmittel isr wahrscheinlich situationsbedingt: es ist die Antwort auf einen Einwand bzw. auf eine Haltung der Abwendung von Jahwe vermutlich nach dem Muster eines zivilrechtlichen Verfahrens. Der Rückgriff auf die Formulierung des göttlichen Bescheids im Rahmen der Jahwekriegs-Tradition mag darin wurzeln, daß Deuterojesaja einen tiefen Sinn und Blick für Geschichte hatte. Er bediente sich gern der Sprache und der Gedanken, die ihm geschichtliche Überlieferungen boten. So erklärt sich, daß er gerade auf jene Tradition greift, deren Anliegen es war, Jahwes Recht unter Ausschluß der Völker und ihrer

Götter offenkundig zu machen und gleichzeitig Jahwes Heilstat für
Israel zu preisen. Es war die Tradition, die in sich das Thema Jahwes
als des richtenden und rettenden Gottes vereinte. Anderseits war das
im Text des ersten Gebotes erwähnte Auszugsereignis in der Tradition bereits als die erste Heldentat Jahwes als Krieger geschildert
worden (vgl. Ex 14-15). Damit war die Anknüpfung an die Tradition
der Jahwekriege auch von dieser Seite her gegeben. Mag schließlich
die Form der Gerichtsrede aus dem gerichtlichen Rechtsverfahren
stammen, so kann kein Zweifel daran sein, daß ihr eigentlicher Gedanke anderswo, und zwar im theologischen Gehalt der Jahwekriege-
Tradition und des ersten Gebotes gründet.

Wie das Disputationswort und das Heilsorakel so ist auch die Gerichtsrede als eine Ich-Rede Jahwes formuliert. Es ist eine Eigenart
Deuterojesajas, daß bei ihm die Gestalt Jahwes das ganze Feld beherrscht. Darin zeigt sich wiederum, wie der Prophet seine Zeit gedeutet hat. Daß Jahwe durch Wort und Tat prädominiert, hat seinen
Grund. Da Israel nichts vermag, da es völlig in jeder Hinsicht aus-
geplündert und verarmt ist, liegt alle Initiative in der Hand Jahwes.
Der Ansatz zu einer neuen Heilsgeschichte liegt in der schöpferischen
Hand Jahwes. Aber eine solche Sicht war nicht ohne Einfluß auf die
Wahl von Sprache und Form. Die Paränese, durch die die deuterono-
mische Tradition unter anderen Voraussetzungen die Forderung des
ersten Gebotes verkündet hatte[104], war in der Situation und in der
Sicht Deuterojesajas nicht mehr am Platz. Denn die Paränese appelliert
an die Entschlußkraft der Angeredeten. Zur jetzigen Stunde aber
kommt es allein auf die Heilsentscheidung Jahwes an: die Bereitschaft,
dem Bund treu zu sein und den Göttern abzusagen, das schafft nun
in Israel Jahwe durch sein frei erwählendes, vergebendes, rettendes
und richtendes Wort. Jahwe selbst sagt also den Göttern ab, nachdem
er ihre Ohnmacht gerichtlich nachgewiesen hat. Zu diesem souveränen,
öffentlichen, rechtsetzenden Akt eignete aller Wahrscheinlichkeit nach
am besten die Form der Gerichtsrede.

Die angeführten Beobachtungen lassen letztlich erkennen, daß es bei
Deuterojesaja von regelrechten Gattungen nicht die Rede sein kann.
Man hat vielleicht allzu sehr darauf bestanden, seine Texte gattungsmäßig nach Möglichkeit ganz genau umreißen zu wollen. In Wirklichkeit liegen die Dinge etwas anders. Wir haben vor uns einen ge-
schichtsorientierten Denker und Dichter, der es vermocht hat, seinem

---

[104] Vgl. etwa Dt 4 (vv.19.39); 7 (vv. 5-9.16.25); 8 (v.19); 11 (v.16).

Denken in höchster Prägnanz und mit ungewöhnlicher, schöpferischer Kraft eine Sprache und vor allem eine Form zu geben, die in strengem Sinn als geschlossene Größe nicht vorgegeben war. Sie war aber insofern stark traditionsgebunden, als sie die grundlegendsten Glaubensgehalte und Glaubenserfahrungen Israels aufgenommen, neu gestaltet, der jeweiligen Lage angepaßt und damit aktualisiert hat. Ein Verständnis der deuterojesajanischen Botschaft scheint aus dieser ganzheitlichen Glaubensmitte mehr als aus Einzelsetzungen der israelitischen Tradition erwachsen zu können.

4)   43, 14-21

V. 14	So spricht Jahwe, euer Erlöser, der Heilige Israels:
	Um euretwillen sende ich nach Babel, die Jünglinge lasse ich herabziehen, sie alle!
	Und die Chaldäer? In Klagen (geht) ihr Jubel!
V. 15	Ich bin Jahwe, euer Heilige — der Schöpfer Israels, euer König!
V. 16	So spricht Jahwe,
	der einen Weg durchs Meer gibt und durch wütige Wasser einen Pfad;
V. 17	der hinfahren läßt Wagen und Rosse, Streitmacht und Gewaltige — in einem liegen sie da, stehen nicht auf, erlöschen, wie ein Docht verglimmen sie.
V. 18	Gedenkt des Früheren nicht und des Vergangenen achtet nicht!
V. 19	Da, ich tue Neues, jetzt sproßt es, erkennt ihr es nicht? Ja, ich setze in der Wüste einen Weg, in der Einöde Ströme.
VV. 20-21α	Mich ehren die Tiere des Feldes, Schakale und Strausse, denn ich gebe in die Wüste Wasser und Ströme in die Einöde, mein Volk, meinen Erwählten zu erquicken: das ist das Volk, das ich mir gebildet habe.
V. 21b	Meinen Preis werden sie rühmen.

a) *Zur Einteilung und zur Übersetzung*

Unter formalem Gesichtspunkt liegen hier zwei selbständige Einheiten vor. Die erste davon ist durch die gleich gebauten VV. 14a.15 genau umrissen: dem Namen Jahwes folgt jeweils eine Apposition mit dem Personalsuffix der zweiten Person Plural, dann eine weitere Apposition, die den Namen Israels trägt. Den Beginn der zweiten Einheit erkennt man in V. 16 nicht nur an der Botenformel, sondern auch an den Appositionen dazu. Es sind nicht die sonstigen Titel zum Namen Jahwes, wie sie etwa in VV. 14a.15 vorliegen, sondern partizipiale Bildungen, die auf das Wunder am Schilfmeer verweisen. Im Vergleich zur knappen Form von V. 14 wirkt V. 16f als zu lang und überfüllt. Kennzeichnend für die zweite Einheit ist die Ermahnung in Ihr-Anrede (V. 18), die Ankündigung der Heilstat in partizipialer Formulierung (עשׂה in V. 19a) und die Parallelität von VV. 19b.20bαβ im Satzbau und Wortschatz. Zu beachten ist schließlich der Übergang zur dritten Person Plural in VV. 20bγ.21. Hier ist wiederum vom „Volk" die Rede (vgl. 43, 8).

V. 14

Anstatt des dem Sinn nach unsicheren בריחים wurde in V. 14bβ בחורים gelesen[105]. Es ergibt sich eine Ähnlichkeit mit 42, 22aβ. Diese Übersetzung hat inhaltlich den Vorteil, daß mit ihr der gesamte Text 43, 14f eine weitere Antwort auf das Wort 42, 19a.20.22aβγ.22b.24a darstellt. Hat Jahwe Israel der Plünderung preisgegeben, so daß die Jünglinge verstrickt und im Kerker versteckt wurden, so befreit er sie jetzt daraus und läßt sie in ihr Land zurückkehren. Die Lesart בריחי כלאין scheidet deswegen aus[106], weil Deuterojesaja für „Kerker" nicht das einfache Wort כלא, sondern die Wendung בית כלא gebraucht, siehe 42, 22a. Mit einer kleinen Änderung in der Vokalisierung des Wortes אניות ergibt sich das Wort „Klagen", was dem Sinnzusammenhang besser entspricht[107]. Die Bezeichnung וכשׂדים wurde entsprechend dem Plural בחורים personal und nicht lokal verstanden. Es ergibt sich in der Aussage ein Kontrast, der ohne weiteres der Botschaft Deuterojesajas entspricht: Jahwes Eingreifen birgt Heil für Israel, aber vernichtendes Gericht für seine Unterdrücker.

V. 15

Was die Selbstvorstellungsformel angeht, so muß sie unter Berücksichtigung der Tatsache, daß V. 15 den gleichen Satzaufbau wie

---

[105] So zuletzt auch Kissane, The Book of Isaiah, Vol. II, S. 53, 56 und Penna, Isaia, S. 444. Elliger hält sich an die Vulgata (vgl. Jesaja II, S. 331). Wenn man unter den Jünglingen die gefangenen Israeliten versteht (vgl. 42, 22aβ) und nicht eine „Gruppe vor der Gesamtheit der Chaldäer", so paßt v.14bβ gut zu v.14bα. Ersterer würde unter dem Verb „herabziehen" das Zurückkehren von der Gefangenschaft ins Heimatland verstehen, was der Sendung von v.14bα entspricht. Denn diese geschieht „um euretwegen".

[106] Dieser Vorschlag geht auf Köhler zurück (vgl. Deuterojesaja stilkritisch untersucht, S. 20).

[107] So im Anschluß an Ewald (vgl. Die jüngsten Propheten des Alten Bundes mit den Büchern Barukh und Daniel, S. 50-52) zuletzt Elliger (vgl. Jesaja II, S. 331f), Muilenburg (The Book of Isaiah Chapters 40-66, S. 491, 493), Auvray-Steinmann (Isaïe, S. 169) und Ravenna (Isaia 43, 14, RBiblt 12 1964, S. 296).

V. 14a aufweist, als ein in sich geschlossenes Gebilde übersetzt werden : der Formel „so spricht Jahwe" entspricht die Formel „ich bin Jahwe", so daß das Folgende als Apposition zum Prädikat „Jahwe" anzusehen ist.

VV. 16-17

Präsentisch wurden die Partizipien von VV. 16a.17a übersetzt. Obwohl sie sich auf die vergangene Heilstat am Schilfmeer beziehen, erfüllen sie hier offensichtlich eine aktualisierende Funktion : Jahwe stellt sich vor als der, der wie damals so auch heute bereit ist, zu erretten und zu vernichten. כפשתה wurde im Anschluß an 42, 3aβ zum Verb כבו gezogen [108].

b) *Literarkritik*

V. 14

Unmittelbar verbunden mit der Botenformel begegnet גאל sonst noch in 44, 24 (sek.); 48, 17; 49, 7aα. In 44, 6 ist וגאלו von der Botenformel durch die Bezeichnung „König Israels" getrennt. Verbunden mit der Bezeichnung „der Heilige Israels", und zwar immer an erster Stelle, begegnet גאל in 41, 14; 48, 17; 54, 5. In 49, 9 liegt die einmalige Formulierung „der Erlöser Israels und sein Heiliger" vor. Die Pielform von שלח kommt sonst in 45, 13 mit dem speziellen Sinn „wegschicken = befreien" und in 50, 1 mit dem eherechtlichen, technischen Sinn „entlassen" vor. Von Babel und den Chaldäern ist noch in 48, 14a die Rede.

Die Hiphilform von ירד begegnet innerhalb von Jes 40-53 nicht mehr, wohl aber die Qalform, und zwar in 42, 10; 47, 1; 52, 4 (alle sek.). Der Weg von Babylon nach Jerusalem führte über den nördlichen Teil Palästinas nach Süden. Wenn der Autor an die Rückkehr denkt, kann sich והורדתי auf dieses Herabziehen von Norden nach Süden beziehen. Nur hier kommt das Wort אניה vor, sei es im Sinne von „Schiff" sei es im Sinne von „Klage". רנה begegnet sonst in den hymnischen Partien 44, 23; 49, 13 und in 48, 20; 51, 11.

V. 15

Hier findet sich als Apposition zur Selbstvorstellungsformel die Bezeichnung קדוש ohne die nähere Bestimmung ישראל. Allein kommt sie nur in 40, 25; 49, 7aα vor. Einmalig bei Deuterojesaja ist die

---

[108] So zuletzt auch Elliger, ebd., S. 342.

Bezeichnung בורא ישראל und die Bezeichnung מלך ohne nähere Bestimmung; verbunden mit יעקב und ישראל begegnet letztere jeweils in
41, 21 und 44, 6. Die ungewöhnliche Formulierung von V. 15 spricht
nicht unbedingt für die Unechtheit des Verses. Sie erklärt sich aus
dem Parallelismus mit V. 14a: גאלכם entspricht קדושכם und קדוש
ישראל entspricht בורא ישראל. Um eine bloße Wiederholung zu vermeiden, hat der Autor in V. 15 בורא und nicht קדוש als regens von
ישראל gesetzt, קדוש aber allein gelassen. Die Hinzufügung einer weiteren Bezeichnung mag vielleicht auch rhythmische Gründe haben.

VV. 16-17

Die partizipialen Appositionen zur Botenformel sind in V. 16a und
V. 17a mit Artikel versehen. Der Artikel bei Partizipien findet sich
in 40, 22.23a.26a; 41, 13b; 44, 26b (sek.). 27a (sek.), 28a (sek.); 45, 3b.
Die Wendung נתן ב in lokalem Sinn begegnet sonst in 41, 19 und
43, 20, in metaphorischem Sinn in 46, 13. Einmalig ist עז bei Deuterojesaja; zu נתיבה vgl. 42, 16a, wo es mit דרך zusammensteht. In
bezug auf das Geschehen am Schilfmeer wird מי sonst nur in 51, 10a
verwendet, dasselbe gilt auch für ים (vgl. 51, 15).

Die Substantiva von V. 17a sind sonst innerhalb von Jes 40-53
nicht mehr zu finden. Außer im sekundären 50, 11 begegnet das Verb
שכב mit gleicher Bedeutung in 51, 20. Im Sinne von „sich erfüllen"
findet sich קום in 46, 10, im Sinne von „sich erheben" in 49, 7, wo
es auf die Könige, und in 51, 17; 52, 2, wo es auf Jerusalem sich
bezieht. Einmalig ist dagegen das Vorkommen von דעך und von der
Qalform von כבה. Die Pielform davon ist in 42, 3 belegt, wo auch
das Substantiv פשתה belegt ist.

VV. 18-19

Mehrmals belegt ist das Verb זכר: 43, 25; 44, 21; 46, 8f in der
Qalform, 49, 1; 43, 23 (sek.); 48, 1 in der Hiphilform. Zu vergleichen
ist die 43, 18a scheinbar entgegengesetzte Ermahnung „gedenket des
Früheren" (46, 9a). Die Hithpaelform von בין so wie das Substantiv
קדמניה finden sich bei Deuterojesaja nur hier. Einmalig bei ihm ist
die Konstruktion mit הנני und Partizip. Das substantivierte Adjektiv
חדש als Neutrum zur Bezeichnung des Neuen, das Jahwe vollbringt,
begegnet im Plural in 42, 9; 48, 6. In 42, 9 stehen ראשנות und חדשות
nebeneinander. An dieser Stelle findet sich auch das Verb צמח, vgl.
auch 44, 4, wo es in einem anderen Sinnzusammenhang steht. Die
Hiphilform davon ist in 45, 8 (sek.) belegt.

V. 19b setzt an mit der Konjunktion אף, die anscheinend den folgenden Satz einführt. Deuterojesaja verwendet sie freilich nicht als einführende Partikel. Sie steht bei ihm mitten im Satz oder im Fluß eines gedanklichen Zusammenhanges[109]. Die Wendung שׂים ב ist auch in 41, 19 belegt; mit anderer Bedeutung wird sie in 42, 4; 51, 16.23 verwendet. Außerhalb des vorliegenden Kontextes ist von ישׁמון nicht mehr die Rede.

V. 20

Setzt mit der Pielform von כבד an, die in V. 23 wiederkehrt, aber in einem anderen Zusammenhang. Einmalig ist die Wendung „Tiere des Feldes", zu חיה vgl. 40, 16; 46, 1. Einmalig ist ferner die Erwähnung von Schakalen und Straussen.

In V. 20bαβ fällt die Wiederholung von V. 19bβ auf. Sätze zu wiederholen, ist bei Deuterojesaja nicht üblich. Auch der Wechsel des Tempus fällt auf: Imperfekt in VV. 19b.20a, dann Perfekt in V. 20bα, obwohl es um eine zusammenhängende Handlung geht. Berücksichtigt man den Gedankengang, so zeigen sich einige Unstimmigkeiten. V. 19bα greift auf die Aussage von V. 16aβ zurück. Das überrascht, nachdem in V. 19a Jahwe gesagt hat, daß er Neues tut. Ist es angebracht, dies Neue mit Wendungen zu beschreiben, die an das alte Exodusgeschehen erinnern? Es ist übrigens nicht ganz sicher, ob V. 16aβb wirklich an das Geschehen am Schilfmeer denkt. Nichts hindert uns daran, diesen Text in der gleichen Weise wie 43, 2a als sich auf Gegenwart und nahe Zukunft beziehenden zu deuten[110]. Dann hätten wir in V. 17 mit einem nachträglichen Interpretament zu tun mit offenem Bezug zur alten Exodustradition[111]. Damit tritt der Gegenwartsbezug von V. 16aβb stärker in den Vordergrund. Dann fällt V. 19bα als Wiederholung von V. 16aβ umso mehr auf, obwohl hier von einem Weg durchs Meer, dort von einem Weg in der Wüste die Rede ist. Dazu kommt, daß die Aussage von V. 19bα die Spannung vermissen läßt, die V. 16aβ innewohnt. Wenn Deuterojesaja an die Bahnung eines Weges denkt, so hat er die Überwindung einer feind-

---

[109] Vgl. 40, 24; 41, 23.26; 42, 13; 43, 7; 45, 21; 46, 11; 48, 12f.15.

[110] Vgl. die Bemerkung von Stuhlmueller: „The literary genre (of an Oracle of Salvation) draws attention to the present moment, to a new exodus of creative redemption, not only in v.19-21, but even in v. 16-17" (Creative Redemption in Deutero-Isaiah, S. 68).

[111] Elliger stellt die deuterojesajanische Herkunft beider Verse 16 und 17 in Frage. Nach ihm wären vv. 16-17 als ein Zitat zu verstehen (vgl. Jesaja II, S. 346-350, 355).

lichen Macht bzw. einer naturgegebenen Schwierigkeit (49, 11) im Sinn. V. 19bα denkt bloß an den jetzigen Auszug als einer Wohltat Jahwes und sieht von jedlichem Kampf ab. Ein weiterer Beweis dafür liegt in der Aussage von V. 20a vor, wo vom preisenden Jubel der Tiere die Rede ist. Wie V. 19b so ist auch V. 20a im Imperfekt formuliert; beide sind als selbständige, aber gleichzeitige Handlungen gedacht. Aus diesen Erwägungen ergibt sich, daß wir es auch in VV. 19b.20a sehr wahrscheinlich mit einem Nachtrag zu tun haben. An der Konjunktion אף kann man sehen, daß der Interpolator breitere Schilderungen liebt; diese Tendenz ist aber auch in V. 20a ersichtlich. Das läßt vermuten, daß VV. 19b.20a auf diesselbe Hand wie V. 17 zurückgehen. Diese Verse beschreiben das Geschehen am Schilfmeer mit vielen Einzelheiten.

V. 20b würde sich dann über VV. 19b.20a direkt an V. 19a anschließen. Das Neue, das Jahwe vollbringt, ist die Bewässerung der Wüste für sein Volk. כי führt hier einen Objektsatz ein und hat deiktischen Charakter.

Thematisch würde die vorliegende Einheit an 41, 17-20 anknüpfen, aber auch die vorhergehende Einheit 43, 14f ergänzen und erläutern. Diese spricht von Befreiung und Heimführung; dazu bringt 43, 16-21* den Gedanken zum Ausdruck, daß Jahwe sein Volk auf dem Heimweg mit aller fürsorgenden Liebe begleitet (vgl. 48, 21; 49, 9f).

V. 21

V. 21a hebt hervor, daß es sich um das Volk handelt, das sich Jahwe gebildet hat. War es nötig, das zu sagen, nachdem kurz vorher das Volk als „mein Erwähltes" bezeichnet worden war? Einmalig ist die Bildung יצר ל und das Possessivpronomen וּ, das sonst im sekundären 42, 24bα vorkommt. Am besten schreiben wir V. 21a dem oben bereits tätigen Interpolator zu, der auch an dieser Stelle seiner Neigung zur Ausfüllung nachgegeben hat[112]. Dann ergibt sich folgender Urtext:

V. 14	So spricht Jahwe, euer Erlöser, der Heilige Israels: Um euretwillen sende ich nach Babel, die Jünglinge lasse ich herabziehen, sie alle! Und die Chaldäer? In Klagen (geht) ihr Jubel!
V. 15	Ich bin Jahwe, euer Heilige — der Schöpfer Israels, euer König!

---

[112] Nach Fohrer wäre erst v.21b als ein Zusatz anzunehmen (vgl. Das Buch Jesaja, Bd. 3, S. 67).

V. 16   So spricht Jahwe,
der einen Weg durchs Meer gibt und durch tosende Wasser einen
Pfad :

V. 18   Gedenkt des Früheren nicht und des Vergangenen achtet nicht!

V. 19a   Da, ich tue Neues, jetzt sproßt es, erkennt ihr es nicht?

VV. 20b,21b   Siehe, ich gebe in die Wüste Wasser und Ströme in die Einöde,
mein Volk, meinen Erwählten zu erquicken : meinen Preis werden
sie rühmen.

c) *Form- und Gattungskritik*

Für die Selbständigkeit von 43, 14f gegenüber 43, 16-21 spricht nicht
nur das zweimalige Vorkommen der Botenformel mit jeweils verschiedener Erweiterung — durch Titel im ersten Fall, durch einen partizipialen Satz im zweiten Fall —, nicht nur der verschiedene Rhythmus,
sondern zunächst die stilistische Eigenart von 43, 14f. Anfangsvers und
Schlußvers sind hier formal gesehen gleich aufgebaut : der Botenformel
von V. 14a entspricht die Selbstvorstellungsformel von V. 15a, dem
allein stehenden Titel „euer Erlöser" entspricht der allein stehende
Titel „euer Heiliger", die Bezeichnung „der Schöpfer Israels" von
V. 15b ahmt ganz deutlich die geläufigere Bezeichnung „der Heilige
Israels" von V. 14a nach. Beide Verse bilden offensichtlich eine In-
klusion und grenzen den Text als eigenständige Einheit vom übrigen
Text ab.

Es ist eine andere Frage, ob 43, 14f und 43, 14f und 43, 16-21 überlieferungsgeschichtlich zusammengehören oder nicht. Was den Rhythmus von 43, 14f angeht, so verteilen sich die Akzente auf 2+2 (קדוש
wird durch maqqef mit ישראל verbunden); 3+3; 3; 2+2 (בורא wird
durch maqqef mit ישראל verbunden; אני mit יהוה). Das Fehlen eines
Halbstichus in der dritten Zeile ist vielleicht Absicht : die suspence,
die daraus entsteht, könnte das harte Ende der Chaldäer in passender
Weise ausdrücken. Bei 43, 16-21* ist die Akzentuierung nicht ganz
deutlich. Stellt man die Botenformel heraus, so ergibt sich ein sechs-
stichiger Text, dessen Akzente jeweils so verteilt sind : 2; 3+3; 2+2;
3+3 (הלא־תדעוה); 3+2; 3+2, oder auch : 2; 2+2; 2+2; 2+2; 3+2;
3+2. Bei der letzteren Möglichkeit wurden mit maqqef versehen : in
V. 16 כה־אמר, הנותן־בים und במים־עזים, in V. 19a עשה־חדשה, עתה־תצמח
und הלוא־תדעוה. Es wären im ganzen drei Strophen, die je VV. 16aα
+ 16aββ, VV. 18 + 19a, VV. 20bαβ + 20bγ.21b umfassen. Inhaltlich
umfaßt der Hauptteil folgende Aussagen : Ermahnung (V. 18); Ankündigung (V. 19a); Ankündigung (V. 20bαβ); Ziel und Folge

(VV. 20bγ.21b). Es stellt sich nun für jede der beiden Einheiten die Frage nach der Gattung.

Die Einheit 43, 14f weist trotz ihrer Kürze eine vollendete Struktur auf: Einleitung (V. 14a); Heilswort (V. 14b); abschließende Selbstprädikation (V. 15). Die Einleitung besteht aus der mit zwei Appositionen versehenen Botenformel. Das Heilswort ist im Kern aus zwei Sätzen gebildet, einem im Perfekt formulierten Hauptsatz und einem wieder im Perfekt formulierten Begleitsatz, der durch ein Waw consecutivum eingeführt wird[113]. Die Selbstprädikation besteht aus der Selbstvorstellungsformel und drei dazu gehörigen Appositionen. Charakteristisch in diesem Text ist die Reihenfolge: Botenformel, Heilswort und Selbstprädikation, ferner die perfektische Formulierung des Heilswortes. Beides läßt sich auch bei anderen Texten feststellen, etwa bei 42, 5-8*; 43, 1-3; 45, 18*-19; 49, 25f. Als Einleitung weisen diese Texte die Botenformel auf (vgl. 42, 5; 43, 1; 45, 18); diese ist in 43, 1 durch partizipiale Appositionen erweitert. Das Heilswort ist perfektisch formuliert, siehe in 42, 6a קראתיך בצדק, in 43, 2 כי גאלתיך, in 45, 19a לא... דברתי und אמרתי ...לא, schließlich in 49, 26a והאכלתי. Die Selbstprädikation schließt sich entweder unmittelbar wie in 42, 8a; 43, 3a; 45, 19b oder eingebettet in die Erkenntnisformel wie in 49, 26b an. Diese Texte kann man aber gattungsmäßig nicht auf einen Nenner bringen: in 42, 5-8a handelt es sich um ein Erweiswort in Form eines Berufungswortes, in 43, 1-3 um ein Heilsorakel, in 45, 18f und 49, 25f um Disputationsworte. Was sie gemeinsam haben, ist außer der strukturellen Form der allgemeine Charakter eines Heilswortes: Jahwe macht kund, daß er sich für Israel einsetzt.

Die gleiche Struktur kann man in den großen Reden Jahwes bei Ezechiel mehrmals erkennen. Es sei hier etwa auf Ez 21, 3f.8-10; 22, 19-22; 34, 17.20.22f.25f.29f; 37, 5f.12-14.15-28 hingewiesen. Das Erweiswort setzt meistens mit einem Verb in partizipialer Form an, dem Verba finita im Perfekt folgen. Die Selbstprädikation bzw. die Selbstvorstellungsformel ist mit der Erkenntnisformel verbunden[114]. In älteren Texten findet sich im Keim das gleiche Aufbauschema, siehe Ex 9, 13 (J): „So spricht Jahwe: ‚Laß mein Volk ziehen, daß es mir diene; denn diesmal sende ich (Part.) gegen dich meine Plagen, damit

---

[113] Das zweite Perfekt ist nach Elliger nicht als perfectum consecutivum aufzufassen (vgl. Jesaja II, S. 335).

[114] Vgl. Zimmerli, Ezechiel I, S. 55*-61*, ferner S. 466, 515, dann Ezechiel II, S. 834, 889, 906-908. Vgl. auch Erkenntnis Gottes nach dem Buche Ezechiel, nachgedruckt in „Gottes Offenbarung", S. 42-54, 78-112.

du erkennst, daß keiner ist wie ich". Zu beachten ist ferner Ri 6, 8-10 :
„So spricht Jahwe, der Gott Israels : ‚Ich habe euch aus Ägypten
heraufgebracht... ich habe euch errettet aus der Hand der Ägypter...
und ich sprach zu euch : ‚ich bin Jahwe, euer Gott...'". Das Erweiswort
setzt hier mit dem Perfekt an. Zu erwähnen ist noch 1 Kön 20, 13.28 :
„So spricht Jahwe : ‚Hast du diese ganze gewaltige Menge gesehen?
Ja, ich gebe (Part.) sie heute in deine Hand, damit du erkennst, daß
ich Jahwe bin"; so spricht Jahwe : „... ich gebe (Perf.) diese ganze
gewaltige Menge in deine Hand, damit ihr erkennt, daß ich Jahwe
bin". So verschieden alle diese Texte in ihrer je spezifischen Aussage
und in ihrem Zusammenhang auch sein mögen, so dürfte kein Zweifel
sein, daß es sich durchgehend um den Selbsterweis Jahwes handelt[115].
Der prophetische Spruch übermittelt ein Wort, durch das Jahwe sich
als der tatkräftige Retter ausweist und als solcher erkennen läßt. Zwar
gibt 43, 14f den Zweck von Jahwes Eingreifen nicht direkt an. Die
Selbstprädikation nach dem Heilswort kann aber nichts anderes be-
sagen, als kundzumachen, daß der Redende der ist, der das Angekündigte zu verwirklichen vermag. Sie bekräftigt das Angekündigte
dadurch, daß der Redende sich als den tatkräftig heilwirkenden Jahwe
zu erkennen gibt.

Westermann liest 43, 14f in einem mit 43, 8-13, versteht es also als
einen Teil der Gerichtsrede, äußert sich aber nicht über die Rolle von
43, 14f innerhalb dieser Rede[116]. Er verbindet diesen Text wahrscheinlich mit V. 13, versteht ihn also als den Selbsterweis Jahwes in
der Zukunft entsprechend der Aussage von V. 13[117]. Der Text 43, 14f
würde in diesem Fall zu jenem Teil der Gerichtsrede gehören, der den
Urteilsspruch ausmacht. Gegen ein solches Vorgehen erheben sich
jedoch Bedenken. Zwar hat 43, 14f mit 43, 8-13* die Anrede in der
zweiten Person Plural gemeinsam, das reicht aber nicht aus, um die
literarische und gattungsmäßige Zusammengehörigkeit beider Texte
zu beweisen. Abgesehen von der Form von 43, 14f, die, wie bereits
hervorgehoben, in sich geschlossen ist und sich von den umliegenden
Einheiten deutlich abhebt, spricht allein schon der Inhalt von 43, 14f
für die Selbständigkeit des Stückes gegenüber 43, 8-13*. Im Vergleich
zu den allgemeinen Sätzen von 43, 11b.13b, daß nämlich Jahwe Retter

---

[115] Vgl. Zimmerli, Das Wort des göttlichen Selbsterweises (Erweiswort). Eine prophetische Gattung, nachgedruckt in „Gottes Offenbarung". S. 120-132.
[116] Vgl. Westermann, Sprache und Struktur, S. 135ff.
[117] Um das zu tun muß Westermann die Einleitung v.14a opfern (vgl. Das Buch
Jesaja, S. 99 Anm. 6, 102f). Vgl. aber Elligers Bemerkung dazu (Jesaja II, S. 333).

ist und in aller Freiheit und Macht souverän handelt, erwähnt 43, 14b konkrete Handlungen. Während 43, 8-13* in Form einer Gerichtsrede eine Reflexion prinzipieller Art über Jahwe zum Ausdruck bringt, ist 43, 14f auf die Ankündigung bestimmter Heilstaten ausgerichtet, bewahrt also den Charakter des Unmittelbaren. Entscheidend ist aber der literarkritische und gattungskritische Befund, daß die Botenformel bei Deuterojesaja immer den Anfang einer Einheit, nie deren Schlußteil kennzeichnet [118]. Man kann also 43, 14f nicht als Teil von 43, 8-13 betrachten, zumal diese Gerichtsrede über eine eigene Bekräftigungsformel — נאם־יהוה — verfügt.

Wie verhält sich aber 43, 14f zum Kontext? Aufgrund seiner Struktur scheint dieses Wort sich eher auf 43, 1-3 beziehen zu wollen. Mancher formale Unterschied zwischen den beiden Einheiten — der Wechsel der Anrede und das Fehlen des Aufrufes „fürchte dich nicht" — erklärt sich aus der Verschiedenheit der Sprache in gattungsmäßiger Hinsicht. 43, 1-3 verwendet nämlich Formeln und Schemata aus der alten Tradition des göttlichen Bescheids im Rahmen der Jahwekriege, was 43, 14f nicht tut. Dieser Text unterläßt das, weil er Israel nicht in bedrohlicher Situation des Beistandes und Eingreifens Jahwes versichern will, sondern weil er das ankündigt, was Jahwe zur Stunde für die Angehörigen seines Volkes in Zeit und Raum unternimmt. Beide Texte sind je anders ausgerichtet, verwenden je die ihrem jeweiligen Zweck angemessene Sprache, obwohl sie beide als Gottessprüche die gleiche große Struktur des prophetischen Heilsspruchs aufweisen. Der formale Bezug von 43, 14f zu 43, 1-3 läßt aber die Absicht des Autors bei der Gestaltung dieses Spruches erraten : 43, 14f soll ganz offen und nicht in bildhafter Sprache angeben, wie Jahwe nach dem Wort von 43, 1bα sein Volk erlösen wird : durch Entsendung eines Befreiers nach Babel, damit er die Gefangenen herabziehen läßt und die Chaldäer zugrunde richtet. 43, 14f hat also vermutlich die Funktion, 43, 1-3 zu verdeutlichen und zu ergänzen. Durch das Heils- und zugleich Erweiswort 43, 14f[119] bekräftigt Jahwe das vorhergehende Heilswort 43, 1-3.

Wir kommen damit zur Einheit 43, 16.18-19a.20b.21b. Der Struktur nach besteht sie aus drei Teilen : Einleitung (V. 16), Ermahnung mit Begründung (VV. 18-19a), Heilsankündigung (V. 20b), Schlußfolge-

---

[118] Vgl. 42, 5; 43, 1.16; 44, 2.6.24; 45, 1.11.18; 49, 7.22.25; 50, 1.
[119] Bonnard spricht von „annonce du salut" (vgl. Le Second Isaïe, S. 144), Elliger von „Verheißung an Israel" (vgl. Jesaja II, S. 332).

rung bzw. Zielangabe (V. 21b). Die Einleitung umfaßt die Botenformel und deren Erweiterung durch einen zweigliedrigen appositionellen partizipialen Satz. Die Ermahnung besteht aus zwei negativen
Sätzen, die in chiastischer Stellung zueinander disponiert sind; die
Begründung weist die im AT sonst mehrmals und in verschiedenen
Zusammenhängen belegte Konstruktion mit der deiktischen Konjunktion הנה und Partizip auf. Die eigentliche Heilsankündigung[120] wird
durch das deiktische כי eingeführt und ist im Perfekt formuliert; die
Angabe des Zweckes erfolgt durch ל und Infinitivum. Die Schlußfolgerung ist im Imperfekt formuliert. Im Gegensatz zu VV. 18-19a
wechselt die Anrede in VV. 20b.21b von der zweiten zur dritten
Person Plural. Formal gesehen hat die vorliegende Einheit keine Entsprechung in anderen Texten. Das eine oder das andere Element
fehlen bei den anderen als Heilsankündigungen angegebenen Texten:
entweder die direkte Anrede[121] oder die Ermahnung in negativer
Formulierung[122] oder die Zweckangabe[123].

43, 16-21 steht 43, 1-7* am nächsten. Hier sind alle Elemente von
43, 16-21* vorhanden: Botenformel, Ermahnung in negativer Formulierung, Heilszusage mit כי und in perfektischer Formulierung, schließlich Zweckangabe mit ל (לכבודי יצרתיו). Es fehlt das Entsprechende
für 43, 21b, was aber an sich in der Zweckangabe 43, 7 mitenthalten
sein dürfte. Hervorzuheben ist die Tatsache, daß die Heilsankündigung
bzw. -zusage in 43, 16-21 perfektisch und nicht imperfektisch wie in
41, 17-20; 42, 14-16 (siehe V. 15); 45, 14; 49, 22 formuliert ist, und
daß sie durch כי eingeleitet wird, was bei den übrigen Heilsankündigungen nicht vorkommt. Gerade angesichts dieses Perfekts wird die
Unterscheidung zwischen der Verkündigung dessen, was geschehen
ist (Heilsorakel) und der Ankündigung dessen, was geschehen wird
(Heilsankündigung)[124], will man sie auf unsere Einheit beziehen, sehr
zweifelhaft. Fraglich ist auch die Behauptung, die Heilsankündigung
beziehe sich durchweg auf die Klage des Volkes[125], wenn man sie
wiederum auf 43, 16-21* bezieht. Wie kann man wissen, ob hinter

---

[120] Begrich sieht in 43, 16-21 eine Nachahmung des Heilsorakels (vgl. Studien, S. 6, 14). Westermann (Sprache und Struktur, S. 120, Das Buch Jesaja, S. 104) und Schoors (I am God your Saviour, S. 93) bezeichnen 43, 16-21 als Heilsankündigung.
[121] Vgl. 41, 17-20; 42, 14-16.
[122] Vgl. 41, 17-20; 42, 14-16; 45, 14-17; 49, 7-12.14-26.
[123] Vgl. 42, 14-16; 45, 14-17; 49, 7-12; 51, 22-23.
[124] Vgl. Westermann, Sprache und Struktur, S. 123.
[125] Vgl. Westermann, ebd., S. 123.

43, 16b-18 eine Klage des Volkes steht[126]? Es stimmt, daß in der Volksklage Bezug auf vergangene Heilstaten Jahwes genommen wird. Daraus darf man aber nicht ohne weiteres den Schluß ziehen, daß es eine Gattung „Heilsankündigung" gegeben hat, welche darauf ausgerichtet war, Antwort auf die Klage des Volkes zu geben. Westermann selbst bemerkt: „Man kann jedoch nicht sagen, daß entsprechend die Heilsankündigung die Gottesantwort auf die Volksklage darstelle; sie setzt eine solche voraus, ist aber zu locker und vielgestaltig, als daß sie als eine gottesdienstliche Form bezeichnet werden könnte"[127]. Gesetzt aber, daß es eine gottesdienstliche Volksklage wirklich gegeben hat, kann man dann tatsächlich beweisen, daß Deuterojesaja bei der Formulierung seiner Heilsankündigungen an den Vorgang einer solchen Klage gedacht hat? Der Beweis dafür kann nur aus dem gesamten Denken und Formulieren Deuterojesajas geführt werden. Es stellt sich wiederum die Frage: aus welcher Mitte her reflektiert und formt der Prophet seine Sprache, aus bestimmten Einzeltraditionen des Kultes oder vielmehr aus der katechetischen Tradition theologischer Geschichtsreflexion? Nun macht gerade die strukturelle Verwandschaft mit 43, 1-7* uns darauf aufmerksam, daß es sich vielleicht doch um den gleichen gedanklichen Rahmen handelt. Wir haben wie dort so auch hier mit einer Reflexion aus dem Geist jener Geschichtstheologie zu tun, die traditionsbildend gewesen war und in verschiedenen Zeugnissen rechtlicher, kultischer und katechetischer Art Ausdruck und Gestalt gefunden hatte.

Gegenstand dieser Reflexion ist Jahwes Bereitschaft, sein befreites Volk unversehrt heimzuführen. Verweist der partizipiale Satz der Einleitung auf Jahwes Beistand im Kampf gegen die feindliche Macht (vgl. 43, 2a), so kündigt V. 20b Jahwes für- und vorsorgende Führung[128] auf dem Weg ins Heimatland (vgl. 48, 21) an. Wiederum ist diese Reflexion in die Form eines Gottesspruches gekleidet, ähnlich dem Gottesspruch, der uns im Rahmen der Jahwekriegstradition begegnet. Im Unterschied zu diesem Spruch aber hat 43, 16-21 ausgeprägt paränetischen Charakter, wie aus der Ermahnung von V. 18

---

[126] So Westermann, Das Buch Jesaja, S. 104f. Vgl. Elligers Kritik dazu, Jesaja II, S. 343. Schoors sieht aber doch einen Bezug von vv.16-18 zur Volksklage (vgl. I am God your Saviour, S. 96f).

[127] Vgl. Westermann, Sprache und Struktur, S. 123.

[128] Daß es im Text um die für- und vorsorgende Führung des Volkes durch Jahwe auf dem Weg zur Heimat geht und nicht um den Bau des Weges, hebt auch Elliger hervor (vgl. Jesaja II, S. 355-358).

und dem Fragesatz von V. 19aβ hervorgeht. Das kann auch der Grund dafür sein, daß sich dieses Wort an die zweite Person Plural richtet (vgl. 46, 8-11). Das erinnert an den Zuspruch des Mose Ex 14, 13 und an den des Priesters Dt 20, 3f.

Inhaltlich scheint 43, 16-21* das vorhergehende Wort 43, 14f fortsetzen zu wollen. Dieses spricht von der Entsendung nach Babel und der damit verbundenen Befreiung der Gefangenen. 43, 16-21* fügt hinzu, daß Jahwe sein heimkehrendes Volk vorsorgend begleitet. Beide Einheiten scheinen einander zu ergänzen. Wenn aber 43, 14f wirklich Bezug auf 43, 1-3* nimmt, dann ist zu vermuten, daß 43, 16-21* mit 43, 5-7* in Beziehung steht. Man kann tatsächlich einen kontinuierlichen Gedankengang von 43, 5-7* zu 43, 16-21* herauslesen: nach 43, 5-7* veranlaßt Jahwe die Rückkehr und die Wiedervereinigung seines Volkes, in 43, 16-21* verspricht er aber seinen Beistand auf dem Heimweg, er wird im voraus dafür sorgen, daß das Volk nicht wie einst bei der Wüstenwanderung in Not gerät (Ex 17, 1f; Nu 20, 2ff), sondern in Fülle versorgt wird.

Wenn es aber so ist, daß sich beides, 43, 14f und 43, 16-21*, auf 43, 1-7* bezieht, dann ist auch anzunehmen, daß beides als eine Einheit gedacht und vielleicht sogar verfaßt worden ist. Schwierigkeit macht nur das Vorkommen der Botenformel in V. 16 und die abgeschlossene Form von 43, 14f. Dazu kommt, daß 43, 16-21* sich im Rhythmus und vor allem wegen seines paränetischen Stils, ferner wegen einer fehlenden, V. 15 entsprechenden Selbstprädikation von 43, 14f unterscheidet. So ist anzunehmen, daß beide Einheiten nicht von vornherein literarisch zusammengehörten, daß sie sich auch gattungskritisch unterscheiden, und daß sie erst auf überlieferungsgeschichtlichem Wege bei der Bildung des Komplexes 42, 18-43, 21 als Einheit aufgefaßt und zusammengesetzt wurden. Während die Selbstprädikation in 43, 1-7* formal und inhaltlich gesehen wirklich die Mitte des ganzen Orakels ist, so daß es von ihr aus sinnvoll und verständlich wird, vermißt man diese Formel in 43, 16-21* ganz. Auch wenn die Aussage von V. 21b das Geschehen der Selbstoffenbarung Jahwes sinngemäß voraussetzt, bleibt immer noch die formale Tatsache, daß die entsprechende Selbstprädikation im Text nicht vorhanden ist. Und das ist um so erstaunlicher, als Deuterojesaja sie immer wieder verwendet, sei es auch als Fragment (vgl. 41, 17b.20a; 46, 9). Das kann nur bedeuten: wir haben es in 43, 16-21* nicht mit einem Selbsterweis Jahwes zu tun, wie es etwa in den Heilsorakeln und in den Gerichtsreden der Fall ist. Dieser Selbsterweis ist vorausgesetzt: die Heilstat der Befreiung ist vollzogen. Was Jahwe nun ankündigt, ist Vollendung[129]. Ist Israel durch Jahwes Eingreifen wiederhergestellt worden in seinem Recht als Volk Jahwes, so darf es der Fürsorge seines Gottes sicher sein, den Ruhm dieses Gottes erzählen und preisen. Diese Deutung wird durch den Gebrauch von ספר (Pielform) in den Psalmen bestätigt. Besonders sichtbar ist das in Ps 78 (VV. 4.6b) und Ps 107 (V. 22): das Erzählen der Ruhmestaten Jahwes meint hier das Aufzählen all der Heilstaten, die Jahwe im Lauf der Geschichte für sein Volk vollzogen hat und die Israel erfahren hat[130].

Wenn es so ist, dann kann man schwerlich in 43, 16-21* eine Heilsankündigung im Sinne Westermanns erblicken. Denn hier liegt der Akzent nicht wie in 41, 17-20; 42, 14-16; 46, 1-4.5.9-11; 49, 7-12.14-26 auf der Heilstat Jahwes zum Nachweis seiner göttlichen Identität. Der Akzent liegt vielmehr auf dem, was sich aus der Heilstat für das Volk ergibt: aus der Erfahrung von Jahwes vor- und fürsorgender Zuwendung her werden die Israeliten fähig, Jahwes Ruhm zu erzählen. Daß damit nicht bloß ein Unterrichten, ein Weitergeben von Historie, sondern ein kultisches Lobpreisen gemeint ist, dürften die Anspielungen auf den kultischen Vorgang der תהלה in Texten wie Ps 33, 1-3; 22, 26; 51, 17f; 65, 2-5; 66, 2; 100, 1-4; 102, 22f; 147, 1; 149, 1; Jes 60, 6f nahelegen. Der Akzent liegt also auf der israelitischen Gemeinde als Kultgemeinde. Das Neue, was Jahwe vollbringt, gehört zur Heilsgeschichte und wird deswegen Gegenstand des kultischen Lobpreises. Dieser Befund erlaubt uns, 43, 16-21* gattungsmäßig mindestens annähernd zu bestimmen. Es könnte sich um ein Heilswort Jahwes handeln, das die israelitische Gemeinde aufgrund der neuen Heilstat als Kultgemeinde konstituiert. Von einer eigentlichen Gattung kann freilich nicht die Rede sein, da es an Paralleltexten fehlt. Man kann etwa an die kultstiftende Rede des Mose Ex 13, 3 denken: „Gedenket (זכור) dieses Tages, an dem ihr aus Ägypten ausgezogen seid: siehe, mit starker Hand hat euch Jahwe von dort herausgeführt (כי הוציא)". Aber von einem regelrechten Vergleich zwischen beiden Texten kann kaum die Rede sein. Das formale Modell bleibt also das des Gottesbescheids. Es mag genügen, herausgestellt zu haben, daß es im Fall von 43, 16-21* um einen Spruch besonderer Prägung

---

[129] Elliger bezeichnet 43, 16-21 als Verheißung, sieht aber im Text auch Elemente anderer Gattungen (vgl. ebd., S. 344).

[130] Vgl. dazu Ps 66, 16; 79, 13; Jes 63, 7.

handelt: es ist kein Trostwort, keine Antwort auf irgendwelche Bitten oder Klagen, sondern wiederum ein frei und souverän von Jahwe ausgesprochenes Wort, durch das die von der Gefangenschaft befreiten Israeliten aufgrund ihrer neuen Heilserfahrung zur lobpreisenden Kultgemeinde erhoben werden.

Die paränetisch gefärbte Anrede fügt sich dem Text insofern gut ein, als sie die Situation der versammelten Gemeinde vorwegnimmt und begründet. Ob das Verb זכר, das hier verwendet wird, sich speziell auf·das kultische Andenken der vergangenen Heilstaten [131] oder auch auf die kultische Feier der Klage und Buße bezieht, kann nicht mit Sicherheit ausgemacht werden. Im ersten Fall würde der Text bedeuten: das Neue, was sich nun vollzieht, ist so entscheidend groß, daß es im liturgischen Andenken an die Stelle des Alten [132] tritt und es sogar an Gewicht überholt. Im zweiten Fall würde eine Aufforderung vorliegen, aufzuhören zu klagen und Bußgottesdienst zu halten aufgrund der anbrechenden Heilswende. In 46, 9ff spricht freilich nichts dafür, daß זכר in kultischem Sinn gebraucht wird; das gleiche läßt sich noch klarer bei 43, 25; 44, 21 sagen. Mag Deuterojesaja für diesen Spruch bewußt einen in der Kultsprache beheimateten Begriff aufgenommen haben, so hat er aller Wahrscheinlichkeit nach ihn nicht mit der Vorstellung einer gottesdienstlichen Feier verbunden. Auch die Hithpaelform von בין gehört trotz ihrem Vorkommen in Ps 107, 43 nicht zur Kultsprache als terminus technicus zur Bezeichnung eines liturgischen Vorganges.

So verstanden macht der Spruch 43, 16-21* im Vergleich zum Spruch 43, 1-7* eine neue Aussage. Die Charakterisierung beider Texte läßt sich nicht auf die Zeitdimension zwischen Geschehenem, Bestehendem und Zukünftigem, Ausstehendem reduzieren. Vielmehr läßt sich sagen: schafft das Wort 43, 1-6* und im Anschluß dazu das Wort 43, 14-15 die neue rechtliche Grundlage Israels als Volk Jahwes, so macht das Wort 43, 16-21* aus diesem Volk eine Zeugnis ablegende, preisende kultische Gemeinde. Das kontinuierliche Handeln Jahwes bildet dabei das schaffende und tragende Prinzip.

---

[131] Vgl. Ex 13, 3; 20, 8; Dt 16, 3; Ps 105, 5.

[132] Zu ראשׁנות bemerkt Elliger: „Gedacht ist wohl an die gesamte Geschichte Israels bis in die jüngste Vergangenheit hinein, wobei die Katastrophe von 587 ganz selbstverständlich ihre besondere Rolle spielt. Gedacht ist...zugleich an das, was dazu gehört, die Stellungnahme des Volkes zu seinem Erleben, d.h. bei den Angeredeten auch Klage vor Gott und Streit mit dem Propheten...". Das Neue meine aber etwas ganz Bestimmtes: die Heimkehr aus der Verbannung (vgl. Jesaja II, S. 353f). Freilich ist Schoors auch neuerdings (vgl. I am God your Saviour, S. 94f) anderer Meinung, denn nach ihm bezieht sich ראשׁנות auf das Exodusgeschehen.

d) *Zur Exegese*

Zum ersten Mal kündigt Jahwe an, daß er nach Babel entsendet, und zwar „um euretwillen" (vgl. 45, 4a; 48, 14), um die alle, die gefangen waren, in die Freiheit ziehen zu lassen. Er hatte wohl gesagt, daß der Siegeszug des Kyros sein Werk war (41, 4), daß er es im voraus verkündet hatte (41, 27), daß er sein Volk erlösen und heimkehren lassen würde (43, 1b.5b.6a). Kein Wort war aber bis jetzt gefallen darüber, daß der Entsandte das Werkzeug Jahwes war um Israels willen, daß das Kyros-Geschehen auf Israels Wiederherstellung von vornherein ausgerichtet war.

Die Bezeichnung „euer Erlöser" wird in ihrem Umfang und in ihrer Tragweite erst dann sinnvoll und verständlich, wenn man sie nicht dem Propheten als sein deutendes Wort, sondern Jahwe als selbstoffenbarendes Wort zuschreibt. Im Heilsorakel 41, 8-16* begegnet sie tatsächlich im Mund Jahwes (V. 14b). Zusammen mit מלככם schließt sie in 43, 14f den ganzen Text des Spruches ein, erfüllt also auch formal eine Strukturfunktion.

Wegen dieser seiner Stellung kommt aber auch der Bezeichnung מלככם besondere Bedeutung zu. König Israels kann Jahwe erst dann wieder sein, wenn Israel die Herrschaft eines fremden Königs entzogen und in seine frühere Freiheit zurückversetzt wird (vgl. 52, 7-12). Diese Selbstbezeichnung setzt voraus, daß Jahwe sein Volk aus der Gefangenschaft befreit hat — und das ist gerade, was er in V. 14bβ ankündigt. Daß sich Jahwe als „euer König" zu erkennen gibt, bedeutet aber, daß das Bundesverhältnis wiederhergestellt worden ist. Obwohl der Bund bei Deuterojesaja nur einmal erwähnt wird (42, 6b), ist er doch immer mitgemeint, wenn sich Jahwe als „dein Gott" bzw. als der „Gott Israels" bezeichnet[133]. Daß die Bezeichnung „Schöpfer Israels" wahrscheinlich das gleiche meint, wurde im Zusammenhang mit 43, 1a bereits hervorgehoben[134].

Der Spruch 43, 16-21* knüpft an 43, 14f an, insofern er in V. 20b von der Sorge Jahwes für die Heimkehrenden spricht. Beim ersten Lesen von V. 20b denkt man zwar an die Erzählung von der Wassernot auf der Wüstenwanderung[135]; wie 48, 21 zeigt, hat Deuterojesaja jene Geschichte gekannt und verwendet. Es ist aber die Frage, ob

---

[133] Vgl. 41, 10a.13a.17b; 43, 3; 45, 3b; 48, 2a; 51, 15a.22a; vgl. noch 52, 12b.
[134] Vgl. vorliegende Arbeit zur Stelle. Vgl. die Ausführungen von Stuhlmueller über das Verb bārā`, Creative Redemption in Deutero-Isaiah, S. 210-213.
[135] Vgl. Ex 17, 1-7; Ps 78, 15f.

unser Text das allein oder überhaupt das und nicht anderes meint. Zieht man 51, 17.22 heran, so läßt sich sagen : einst hat Jahwe seinem Volk den Taumelbecher zu trinken gegeben[136], jetzt tränkt er es mit reichlichem Wasser. Dad Bild der Tränkung — es würde sich in diesem Fall um ein Bild handeln — markiert eine Wende; Jahwe bestraft und vernichtet sein Volk nicht mehr, sondern begnadigt es, er stellt es wiederher. Es geht also nicht um eine Einzelwohltat oder auch ûm die vor- und fürsorgende Zuwendung Jahwes zur Zeit der Heimkehr, sondern um ein Ganzes, um die endgültige Aufrichtung Israels als Volk Jahwes[137].

Es ist nicht abwegig zu vermuten, daß dem Deuterojesaja bei der Gestaltung dieses Verses das gleiche Bild wie dem Propheten Hosea vorgeschwebt ist (Ho 2, 16-17a.21-23). Es überrascht auf jeden Fall, daß der Interpolator in seiner Bearbeitung Motive herausgegriffen hat, die dem Hoseatext eigen sind : der Auszug (indirekt in V. 17), die Wüstenwanderung (V. 19b) und die Erwähnung der Tiere des Feldes (V. 20a, vgl. Ho 2, 20). Wenn die Vermutung stimmt, daß unser Prophet gedanklich Hosea nahe steht, dann hätten wir einen weiteren Beweis dafür, daß 43, 20b die Wiederherstellung des Volkes aufgrund des erneuten und endgültigen Bundes meint. Denn Hosea schließt seinen Text mit der Anführung der Bundesformel zur Bezeichnung des vollendeten, nicht mehr rückgängigen Bundesverhältnisses ab. Daß Deuterojesaja das Volk als „meinen Erwählten" an dieser Stelle bezeichnet, dürfte dann kein Zufall sein, sondern bewußte Anknüpfung an den Gedanken des Bundes (vgl. Dt 7, 6).

Das Ergebnis der endgültigen, nicht mehr abbrechbaren Begegnung Jahwes mit seinem Volk ist die Tatsache, daß Israel Jahwes Ruhm proklamiert. Das Erzählen der Ruhmestaten Jahwes findet inmitten der versammelten Gemeinde statt und erwächst aus dem Verantwortungsbewußtsein gegenüber den kommenden Geschlechtern[138]. Israel wird also zur lobpreisenden Gemeinde. Es wird im kultischen Lobpreis und Verkünden der Heilstaten Jahwe die Ehre geben (vgl. 43, 7) und ihn bezeugen.

---

[136] Vgl. Jer 8, 14; 9, 14; 23, 15; 25, 15.17.
[137] Damit werden die Ausführungen Elligers ergänzt, der das Problem des Trinkwassers bei der Rückwanderung besonders betont (vgl. Jesaja II, S. 355, 357).
[138] Vgl. Ps 9, 15; 22, 26; 66, 16; vgl. ferner Ps 78, 4.6; 79, 13.

Zusammenfassung der Analyse von 42, 18-43, 21

Als echt deuterojesajanisch erwiesen sich :

1) 42, 19a.20.22aβγ.22b.24a
2) 43, 1a(ohne יעקב?).1bα.2-3a.5-6a.7(ohne בראתיו)
3) 43, 8-10a.10bβγ.11.12(ohne והושעתי).13
4) 43, 14-15
5) 43, 16.18-19a.20b.21b.

Auf Deuterojesaja selbst dürfte die Zusammensetzung dieser Einheiten zu einem einheitlichen Komplex zurückgehen.

Die nachträglichen Ergänzungen erklären sich aus Gründen redaktioneller Angleichung mit dem Komplex 43, 22-44, 23 und dem Komplex 44, 24-48, 21. Zu ihnen gehören der Name יעקב in 43, 1a (aus 42, 24a? oder aus 44, 1a.21?), falls dieser unecht sein sollte, dann 43, 1bβ (aus 44, 21?), 43, 3b-4.6b (aus 45, 14? oder aus 49, 20-22?), 43, 10bα (aus 45, 3b?), das Verb והושעתי in 43, 12a (aus 45, 3b?), das Verb בראתיו in 43, 7 (aus 45, 12aβ?), ferner 43, 17.19b-20a (aus 48, 21?) und 43, 21a (aus 45, 9-11a?).

Einer noch späteren Redaktion entstammen innerhalb von 1) die auf das Gesetz ausgerichteten Verse 18.19b.21.22aα.23.24bβγ.25; als Nachtrag dazu kam noch später 42, 24bα hinzu.

Gattungsmäßig liegt in 1) ein Mahnwort und gleichzeitig ein Disputationswort, in 2) ein Heilsorakel nach dem Muster des göttlichen Zuspruchs im Rahmen der Jahwekriege-Tradition, in 3) eine Gerichtsrede gegen die Völker und ihre Götter, in 4) ein Heils- und Selbsterweiswort Jahwes und in 5) schließlich ein Heilswort mit angedeutetem Hymnus vor.

B. *Jes 43, 22-44, 23*

1)   43, 22-28

V. 22   Nicht hast du mich aber angerufen, Jakob, dich ja um mich gemüht, Israel!

V. 23   Nicht hast du mir dargebracht ein Lamm deiner Brandopfer, mit deinen Schlachtopfern mich nicht geehrt.
Nicht habe ich es dir schwer gemacht mit Speiseopfern, dich nicht abgemüht mit Weihrauch.

V. 24   Nicht hast du mir gekauft um Silber Würzrohr, das Fett deiner Opfer hast du mich nicht genießen lassen.
Nur: du hast es mir schwer gemacht mit deinen Sünden, mich abgemüht mit deinen Verfehlungen.

V. 25   Ich, ich bin es, der deine Auflehnungen tilgt — um meinetwillen —, ja
        deiner Sünden gedenke ich nicht!

V. 26   Lege mir eine Mahnung vor: miteinander wollen wir rechten; zähle du
        auf, damit du Recht behälst.

V. 27   Dein Vater, der erste, hat sich versündigt, deine Wortmittler lehnten
        sich gegen mich auf.

V. 28   So mußte ich geheiligte Fürsten entweihen, Jakob dem Bann preisgeben
        und Israel den Schmähungen.

a) *Zur Einteilung und zur Übersetzung*

Das zweimalige Vorkommen der Namen Jakob und Israel am Anfang und am Schluß grenzt vorliegenden Text nach hinten und nach
vorne ab. Daß mit 44, 1 eine neue Einheit beginnt, zeigt außer dem
adversativen ועתה das Vorkommen beider Namen wieder. Mit V. 22
setzt die Du-Anrede wieder an. Zu beachten ist, daß die ersten vier
Stiche mit dem betonten לא anfangen. Kennzeichnend aber für diesen
Text ist das Vorkommen des Personalsuffixes der ersten Person Singular an der Spitze der meisten Stiche (VV. 22a.23aα.24aα.24bα.26a).
In der Mitte steht an betonter Stelle und zweimal das Pronomen
אנכי. Das Personalsuffix der ersten Person Singular begegnet mehrmals
auch am Schluß bzw. in der Mitte der Stiche (VV. 22b.23aβ.24aβ.25a.
27b). In Abwechslung dazu tritt aber auch das Personalsuffix der
zweiten Person Singular auf (VV. 23a.23b.24aβ.24b.25.27). Diese stilistische Eigenart gibt dem Text als Ganzem sein eigentümliches Gepräge.

V. 22

Der ganze Text 43, 22-28 bietet in der Übersetzung keine besonderen
Schwierigkeiten. Das betonte ולא in V. 22a dürfte sich über das deiktische, verstärkende כי doch wohl auch auf V. 22b beziehen; es ist
daher nicht nötig, anstatt des כי ein ursprüngliches ולא anzunehmen[139].

V. 26

Im הזכירני von V. 26a haben wir sehr wahrscheinlich mit einem
terminus technicus zu tun, dessen Sinn aber nicht klar ist. Es gab ja
auch das Amt des מזכיר; es ist aber nicht zu erschließen, welche Aufgabe damit verbunden war. Der Kontext von V. 26 läßt vermuten,
daß es sich um einen juristisch-gerichtlichen Begriff handelt: einen

---

[139] Mit vielen anderen Auslegern so zuletzt auch Elliger, vgl. Jesaja II, S. 361, 372.

formal und offiziell an seine angefochtene Tat oder Sache erinnern, einem seine Tat vorhalten und ihn zur Rechenschaft im Gericht auffordern, also praktisch läge die Bedeutung „anzeigen" vor. Es wäre also eine Mahnung als erste Maßnahme zur gerichtlichen Verhandlung gemeint. Aber, es ist nicht sicher, wie hier הזכירני gemeint ist, ob aktiv oder passiv: laß mich dich mahnen; oder: mahne mich, ziehe mich zur Rechenschaft. Die Aufforderung „zähle du auf" würde eher für die zweite Lösung sprechen[140] — und das ist in die Übersetzung aufgenommen worden; anderseits spricht Jahwe in V. 27f eine Anklage aus, und das ließe eher auf die erste Lösung schließen. Auf jeden Fall klingt V. 26 herausfordernd und ironisch, wenn man sich für die zweite Lösung entschließt.

VV. 27-28

Ob auch im מליץ von V. 27b ein terminus technicus vorliegt, läßt sich nicht mit Sicherheit sagen. Ob in der Wurzel ליץ der Sinn von „Spott", „Hohn" mitzuhören ist (vgl. Jes 28, 14a.22) und was das eventuell hier zu bedeuten hätte, kann nicht herausgestellt werden. Schließlich ist es nicht klar, was die „geheiligten Fürsten" bedeuten sollen.

b) *Literarkritik*

V. 22

Die Konstruktion von קרא mit der Akkusativpartikel את begegnet bei Deuterojesaja nur hier. In 49, 1 liegt das Personalpronomen als Suffix des Verbs vor: קראני. Anscheinend soll dieses „mich" in besonderer Weise betont werden. Die negative Formulierung des Satzes verleiht diesem „mich" hinzu noch einen stärkeren Nachdruck: der Haltung Jahwes wird hier die Haltung Jakobs entgegengesetzt. Freilich vermißt man im näheren Zusammenhang den Namen „Jahwe", auf den dieses „mich" zurückgreift. Das Waw, das mit der Negation לא verbunden ist, hat adversativen Charakter, es bezieht sich aber schwerlich auf das unmittelbar Vorhergehende: das Anrufen ist an sich im Akt des Erzählens und Proklamierens nicht mit eingeschlossen, es erklärt sich eher als ein Akt gottesdienstlicher Anbetung[141] — wie es die folgenden Verse verstanden haben — oder als ein gottesdienstliches Anrufen aus einer Situation der Not. Man hat den Eindruck,

---

[140] Vgl. Elliger, ebd., S. 380f, und Bonnard, ebd., S. 151.

daß der Text ursprünglich nicht auf 43, 16-21 Bezug nahm, sondern auf einen anderen Text, aus dem heraus sich die Zurechtweisung und Feststellung von V. 22 rechtfertigen lassen. Die weitere Analyse dürfte das bestätigen.

Im Sinne von „sich um etwas mühen" kommt die Qalform von יגע außer im sekundären 47, 12.15 im 49, 4 vor. Mit Jahwe als Objekt begegnet es im AT nicht mehr; im Sinne von „müder werden" ist das Verb in 40, 28.30f belegt.

VV. 23-24

In VV. 23-24a liegt eine ganze Reihe kulttechnischer Begriffe vor, die innerhalb von Jes 40-53 im großen und ganzen nicht mehr belegt sind (שׂה in 53, 7; עלה in 40, 16; קנה in 42, 3; 46, 6, aber jeweils mit verschiedenem Sinn). Diese nachdrückliche Betonung von Kulthandlungen überrascht gerade bei einem Propheten wie Deuterojesaja, der sich sonst für die grundlegende Glaubenshaltung besorgt zeigt und auf die Einzelsetzungen dieses Glaubens nicht achtet. Was hier ferner gesagt wird, kann sich nur auf die Zeit vor dem Exil beziehen, da ein Tempelkult noch bestand. Dann müßte man aber annehmen, daß das Anrufen und Sich-Abmühen von V. 22 auf die Haltung des Volkes vor dem Exil anspielt. Das scheint freilich sehr zweifelhaft. Es ist nämlich Tatsache, daß Deuterojesajas Blick nicht so sehr auf längst vergangene Situationen gerichtet ist — wenn er es tut, wie etwa in 43, 27, dann immer kurz und im allgemeinen —, sondern auf die gegenwärtige Lage. V. 22 dürfte sich also auf die Zeit des Exils beziehen[142]. Disputations-, Scheltworte und Ermahnungen gelten immer nur Leuten, die sich mit ihrem Unglauben und Zweifel gegenwärtig an Jahwe verfehlen. Das dürfte Grund genug dafür sein, VV. 23-24a als ein nachträgliches Interpretament von V. 22 anzusehen. Es stammt offensichtlich aus Kreisen, die am Tempelkult in besonderer Weise interessiert waren. In welcher Beziehung dieser Text zu Jes 66 (vgl. VV. 3.20) steht, kann in diesem Stadium der Analyse nicht herausgestellt werden.

V. 24b darf man auch zum Nachtrag hinzuzählen. Durch seine

---

[141] Elliger versteht es anders: „Es besteht kein zwingender Grund, beim Verständnis dieses Verbums von dem üblichen dtjes Sprachgebrauch abzugehen und den Begriff auf das persönliche Gebet oder den Bittgottesdienst, wie er auch unter exilischen Verhältnissen noch möglich war, einzuschränken" (Jesaja II, S. 371).

[142] Gegen Elliger, der schreibt: „Nach der Fortsetzung 23 ist mindestens auch an den Opferkult der vorexilischen Zeit gedacht" (vgl. ebd., S. 371).

Gegenaussage bildet er einen inhaltlichen Kontrast zum bereits Erwähnten. Terminologisch greift er auf den vorhergehenden Text zurück, indem er das bei Deuterojesaja sonst nicht vorkommende Verb עבד (Hiphilform) übernimmt und die Hiphilform von יגע nochmals verwendet. Formal gesehen steht V. 24b parallel zu V. 23b, insofern beide Verse den gleichen Satzbau aufweisen : Verb mit Personalsuffix, Objektbestimmung, Verb mit Personalsuffix, Objektbestimmung. V. 24a entspricht in dieser Hinsicht V. 23a : Verb mit Negation, gleiche Bestimmung mit כי, Objekt, Objekt, Verb mit Negation und Personalsuffix der ersten Person Singular. Der ganze Zusatz ist formal gesehen in sich geschlossen. Als solcher hebt er sich vom übrigen Text der Einheit ab. Die Sünden, von denen in V. 24b die Rede ist, beziehen sich offensichtlich in erster Linie auf die Übertretung kultischer Pflichten.

V. 25

Enthält einen gut deuterojesajanischen Gedanken (vgl. 44, 22), scheint aber hier außer Platz zu sein. Schaltet man VV. 23-24 aus, so würde V. 25 im Urtext V. 22 folgen und VV. 26-28 vorangehen. Welchen Sinn hätte aber eine gerichtliche Verhandlung zwischen Jahwe und Israel, nachdem Jahwe seinem Volk die Sünden vergeben hat? Würde man anderseits VV. 26-28 als selbständigen Text von V. 22.25 trennen, dann hätte man zwei Torsos, die ganz isoliert in ihrem Zusammenhang stünden. Es bleibt anzunehmen, daß auch V. 25 ein späterer Zusatz ist. Der Interpolator wollte die harte Anklage der Verse 22-24.26-28 gegen Israel mildern und hat es getan durch Hinzufügung eines Heilswortes, das er mit einiger Erweiterung aus 44, 22 selbst gestalten konnte; aus 48, 11 kann er das למעני übernommen haben. Sprachlich weicht aber der Text vom Stil des Deuterojesaja darin ab, daß er die Selbstvorstellungsformel nicht vollständig mit Erwähnung des Namens Jahwe anführt, dafür das Personalpronomen הוא einsetzt, ferner darin, daß das Verb זכר auf Jahwe und nicht auf Israel[143] bezogen wird.

V. 26

Die Hiphilform von זכר ist in 48, 1; 49, 1, ferner in 62, 6; 63, 7 bezeugt, der Zusammenhang und daher auch der Sinn ist jeweils ein anderer. Nicht mehr begegnet dagegen die Niphalform von שפט, die

---

[143] Vgl. 43, 18; 44, 21; 46, 8f.

Qalform ist im sekundären 51, 5 belegt. Das Adverb יחד wird sonst
in 42, 14; (44, 11); 45, 8 und 50, 8 verwendet, an letzterer Stelle mit
gleichem Bezug (vors Gericht zusammen hintreten). Der Ausdruck
„miteinander rechten" bzw. „miteinander vortreten" (50, 8) gehört
wahrscheinlich zur technischen Gerichtssprache. Vielleicht gehörte
dazu auch das Verb ספר in der Pielform; es würde die Darlegung der
Gründe zur gerichtlichen Verhandlung bezeichnen. In einem anderen
Sinnbezug begegnet es in 43, 21b. Der Gebrauch von למען zur Bezeichnung eines Finalsatzes ist sonst in 40, 20; 43, 10; 44, 9; 45, 3.6
bezeugt. In gleichem Sinn und gleicher Form findet sich das Verb
צדק in 43, 9, sonst in 45, 25.

V. 27

Nicht deutlich ist, wer unter dem Urvater von V. 27a gemeint ist.
51, 2 spricht von Abraham als Vater, 58, 14 von Jakob. Gerade angesichts von 51, 2 und überhaupt (vgl. 41, 8b) kann man nicht annehmen, daß Deuterojesaja an Abraham als Sünder gedacht hat. Es
fällt anderseits zunächst schwer an Jakob zu denken, da Jakob-Israel
gerade der Angeredete ist. Es mag sein, daß Deuterojesaja dieser
Schwierigkeit kein großes Gewicht zumißt, oder vielleicht gerade deswegen denkt er bewußt an Jakob und zeigt im Vater bereits das, was
er an den nach dem Vater genannten Nachkommen feststellt[144]. Zu
beachten ist, daß Deuterojesaja die Bezeichnung ראשון durchgehend
auf Jahwe bezieht[145], sonst als Neutrum im Sinne von „Früheres"
gebraucht. 43, 27a ist der einzige Fall, wo diese Bezeichnung auf einen
Menschen angewendet wird. Seinerseits kommt das Verb חטא bei ihm
nicht mehr vor, denn 42, 24bα hat sich als sekundär erwiesen. Einmalig ist auch das Verb ליץ; das Verb פשע begegnet dagegen in 46, 8;
48, 8b, die Echtheit beider Stellen wird aber bezweifelt[146].

V. 28

Das Verb חלל (Pielform) findet sich wieder im sekundären 47, 6, wo
es auf „mein Erbe", das Volk Israel, ferner in 56, 2.6, wo es auf den
Sabbat bezogen wird. Mit Ausnahme von 49, 7 (sek.?) kommt das
Wort שר auch nicht mehr vor. קדש begegnet als Adjektiv in 48, 2; 52, 1

---

[144] Vgl. dazu Bonnard, Le Second Isaïe, S. 152, Elliger, ebd., S. 382f, Fohrer,
Das Buch Jesaja, Bd. 3, S. 71, North, The Second Isaiah, S. 130, und Westermann,
Das Buch Jesaja, S. 108.
[145] Vgl. 41, 4.27; 44, 6; 48, 12.
[146] Vgl. Elliger, Verhältnis, S. 194f, 247.

(heilige Stadt) und 52, 10 (heiliger Arm). Als „geheiligte Fürsten"
dürften die Priester gemeint sein (vgl. Esr 8, 24.29) bzw. die Tore
des Tempels, wenn man nach dem Vorschlag der BHK statt שׂרי das
Wort שׁערי liest. In beiden Fällen nimmt der Text wieder auf den Kult
Bezug. Man kann in V. 28a die Hand des Interpolators von VV. 23-24
erblicken[147]. Bei der Lesart, die die Septuaginta voraussetzt, würde
V. 28a außerhalb des parallelismus membrorum stehen, da V. 27
mit seinen zwei Gliedern in dieser Hinsicht abgeschlossen ist und
so auch V. 28b. Aber auch wenn man vom vorliegenden Text ausgeht, würde sich der Parallelismus beider Versstiche nur auf den Verbalausdruck unter Ausschluß der Objektbestimmung beschränken.

Als Urtext ergibt sich :

V. 22   Mich hast du aber nicht angerufen, Jakob, dich um mich nicht gemüht,
           Israel!

V. 26   Lege mir eine Mahnung vor : miteinander wollen wir rechten; zähle
           du auf, damit du Recht behälst.

V. 27   Dein Vater, der erste, hat sich versündigt, deine Wortmittler lehnten
           sich gegen mich auf.

V. 28b   So mußte ich Jakob dem Bann preisgeben und Israel den Schmähungen.

Es wurde bereits hervorgehoben, daß der Ansatz dieses Textes
durch den betonten אתי Bezug auf einen vorhergehenden Text zu
nehmen scheint, in dem der Name „Jahwe" vorgefallen sein soll.
Das הזכירני macht seinerseits auch darauf aufmerksam, daß im vorhergehenden Text Anlaß zur Anklage gegen Jahwe geboten war. Der
letzte Vers klingt schließlich wie eine Rechtfertigung, bei der der
Redende auf den Gegenstand der Anklage zurückgreift. Diese Hinweise lenken unsere Aufmerksamkeit auf den das Heilsorakel 43, 1-7
einleitenden Text 42, 19a.20.22aβγb.24a. Gerade in 42, 24a finden wir
all diese drei Bedingungen erfüllt. Der Vers ist eine Selbstanzeige
Jahwes : er, Jahwe, habe Jakob-Israel preisgegeben. In 43, 22.26-27.28b
scheint Jahwe jene Rede fortzusetzen und die Zuhörer auf einige
Folgen des aufgezeigten Tatbestandes aufmerksam zu machen. Die
Erkenntnis, daß das erlittene harte Schicksal auf Jahwes Veranlassung
zurückgeht, hätte Israel dazu bewegen müssen, zu Jahwe zurückzukehren. Das ist nicht geschehen. Dann bleibt nichts anderes übrig,
als daß Israel es wagt, sich mit Jahwe gerichtlich zu konfrontieren,
ihn anzuzeigen und sein Recht vor ihm zu behaupten. Das drückt

---

[147] V.28a wird zuletzt von Elliger (Jesaja II, S. 386), Fohrer (Das Buch Jesaja, Bd. 3,
S. 69, 71) und Westermann (Das Buch Jesaja, S. 106) als Zusatz angesehen.

Jahwe in 43, 26 aus. Aber durch diese Herausforderung kehrt sich die Selbstanzeige Jahwes zu einer Anklage an Israel um. In VV. 27.28b führt Jahwe den Grund an, warum er sein Volk der Schmähung hat anheimgeben müssen, die Sünde, die dieses Volk von Anfang an begangen hat. Die Kontinuität des Gedankenganges spricht für den ursprünglichen literarischen Zusammenhang beider Texte, auch wenn nicht unbedingt von literarischer Zusammengehörigkeit die Rede sein kann, als ob beide ursprünglich eine einzige Einheit bildeten. Sie wären vermutlich im Rahmen redaktioneller kompositorischer Arbeit voneinander getrennt und je als Einleitung zu einem Heilsorakel verwendet worden. Der zusammengestellte Text:

42, 14a	Wer ist blind? da, mein Knecht! und taub? da, mein Bote! Soll ich ihn senden?
V. 20	Du hast vieles gesehen doch nicht beachtet; auf waren die Ohren, doch hörten sie nicht!
V. 22aβγ	Verstrickt wurden alle Jünglinge, ja, in den Kerkern wurden sie versteckt.
V. 22b	Sie sind zur Beute geworden — wo war aber ein Retter? — zur Plünderung — wo war aber ein Sprechender „Gib zurück"?
V. 24a	Wer gab Jakob dem Plünderer preis und Israel den Räubern? nicht Jahwe?
43, 22	Mich hast du aber nicht angerufen, Jakob, dich nicht um mich gemüht, Israel!
V. 26	Lege mir eine Mahnung vor: miteinander wollen wir rechten; zähle du auf, damit du Recht behälst.
V. 27	Dein Vater, der erste, hat sich versündigt, deine Wortmittler lehnten sich gegen mich auf.
V. 28b	So mußte ich Jakob dem Bann preisgeben und Israel den Schmähungen.

Das Ganze läßt sich in drei Strophen einteilen mit je drei Stichen. Die erste Strophe richtet sich an den Angeredeten und macht ihn auf seine Situation und auf die Wirklichkeit der Gefangenschaft aufmerksam. Die zweite Strophe geht von dieser Wirklichkeit aus, stellt die Frage nach dem Retter und gibt zu verstehen, daß es auf Jahwe ankommt. Die dritte Strophe enthält die Bestreitung von Israels Anzeige.

c) *Form- und Gattungskritik*

Die Rede Jahwes 43, 22.26-27.28b besteht aus vier Versen mit je 3+2 Akzenten. Dabei wurden in V. 22b בי mit dem vorhergehenden Verb, in V. 23a שׂה mit dem folgenden Wort, in V. 24a בכסף mit קנה,

in V. 24b אך mit dem folgenden Verb, in V. 26b ספר mit אתה und
למען mit תצדק, in V. 27 פשעו mit בי, ferner alle לא mit den jeweiligen
Verben durch maqqef verbunden. Die vier Verse kann man in zwei
Strophen gruppieren. Die Rede setzt mit einer Feststellung an: Jakob-
Israel hat Jahwe nicht angerufen. Diese Worte sind gleichzeitig eine
Anklage. In dieser Hinsicht setzt V. 22 das vorhergehende Mahnwort
fort, das in 42, 19a.20 aus der Feststellung der Situation eine Anklage
macht. In 43, 27 führt Jahwe den Grund an, warum er sein Volk
bestraft hat, seine Worte bergen aber wieder eine Anklage. Der ganze
Text vermittelt ein Bild der geistigen Haltung, die das Volk an den
Tag legte. Jahwe hat mit einem Volk zu tun, das den Sinn des eigenen
Schicksals nicht wahrnimmt und ihm nicht mehr vertraut. Aus einer
solchen Haltung des Unglaubens kann eine Anklage Gottes aus der
Volksklage nicht erwachsen, denn diese setzt voraus, daß das Volk
sich Jahwe hinwendet und von ihm Hilfe erwartet. Als Beispiel dafür
genügt, auf einen Text wie Jes 63, 7-64, 11 hinzuweisen. Aber auch
Ps 44, den Westermann erwähnt[148], zeigt ganz deutlich, daß die Anklage Gottes Ausdruck des Glaubens und der Hoffnung ist. Das
gleiche läßt sich für den vorexilischen Volksklagepsalm 80 sagen[149].
Man hat also keinen Grund anzunehmen, daß der Text auf die Anklage Gottes aus der Volksklage Bezug nimmt. Im Gegenteil: V. 26
zeigt, wie Israel eigentlich gegenüber Jahwe gesinnt war. Es will Jahwe
anzeigen und das eigene Recht ihm gegenüber behaupten. Und das
ist keine Haltung des Glaubens, sondern der Ablehnung. So versteht
man, daß Jahwe in seiner Rede mit einer Gegenanklage antwortet.
    Wie ist aber diese Gegenanklage gemeint, worauf zielt sie hin? In
der Bestreitung macht Jahwe klar, daß das Kyros-Geschehen auf ihn
selbst zurückgeht als Ausdruck seines Heilswillens im Hinblick auf die
Befreiung Israels aus der Gefangenschaft. In den Gerichtsreden gegen
die Götter bestätigt und proklamiert Jahwe seinen Rechtsanspruch,
der einzige Gott und Retter zu sein, appelliert also indirekt darauf,
daß Israel wieder auf ihn seine Hoffnung setzt. Aber all diese Versuche,
sein Volk anzureden und es zum Verstehen zu bringen, konnten ihr
Ziel nicht erreichen, wenn Israel der eigenen Schuld sich nicht bewußt
würde und im eigenen Schicksal nicht die verdiente Strafe für die
eigenen Sünden sah. Der Text 43, 22.26-27.28b ist darauf ausgerichtet,
Israel zu dieser Sicht zu führen. Jahwe wirft seinem Volk vor, daß es

---

[148] Vgl. Westermann, Sprache und Struktur, S. 142f, 273ff.
[149] Vgl. Eißfeldt, Psalm 80, in „Geschichte und Altes Testament", S. 65-78.

sich nicht zu ihm bekehrt hat. Es meint, daß Jahwe es verworfen hat und denkt nicht daran, daß es der eigentliche Schuldige ist. Jahwe fordert es dann zu einer gerichtlichen Verhandlung[150] auf, bei der Israel zur Einsicht des eigenen Unrechtes kommen soll, sich also für das anbrechende Heilswerk Jahwes öffnen kann. Wenn das stimmt, dann hat die gerichtliche Verhandlung nicht den Zweck, den im Unrecht Gefundenen zu verurteilen. Die Anerkennung der eigenen Schuld soll Israel wieder zu seinem Gott zurückführen. Das heißt: man hat letztlich nicht mit einer regelrechten Gerichtsverhandlung zu tun; was Jahwe durch diese seine Rede und Gegenanklage erzielt, ist Israels Umkehr. Hinter der Anklage gegen Israel birgt sich eine Mahnung zur Umkehr.

Der Zusatz VV. 23-24 unterscheidet sich gattungsmäßig vom Urtext. Hier werden einzelne Taten aufgezählt, die als Übertretung bestimmter kultischer Vorschriften galten. Jahwe hält sie dem Angeredeten vor. Es handelt sich also um ein Scheltwort. Die Sätze sind alle, wenn man den zusammenfassenden V. 24b ausnimmt, negativ formuliert und als solche schließen sie sich an V. 22. Sie beabsichtigen offenkundig eine Verschärfung der Aussage von V. 22, so daß das Ganze mehr den Charakter eines Scheltwortes erhält. Es ist nicht ausgeschlossen, daß der Interpolator den Urtext nicht für ein Mahnwort, sondern etwa für ein Drohwort verstanden hat: die Erwähnung der Strafe, die Jahwe Jakob-Israel auferlegt hatte, klang ihm wie eine Warnung, ein Hinweis darauf, daß sich das gleiche bei ausfallender Umkehr wiederholen würde. Durch den Einbau des Scheltwortes VV. 23-24 erhielt die indirekt angedeutete Drohung stärkeres Gewicht[151].

<hr />

[150] Begrich rechnet 43, 22-28 zu den Gerichtsreden, er bezeichnet es als Appellationsrede des Angeschuldigten (vgl. Studien, S. 19f, 24-26). Von Waldow hält 43, 22-28 für eine Gerichtsrede, die zum „profanisierten Typ" gehört; da aber mit v.24b eine Anklage Jahwes gegen das Volk beginnt, bewegt sich die Rede in der kultischen Situation und wird zu einer Gerichtsrede „kultischen Typs" (vgl. Anlass und Hintergrund der Verkündigung des Deuterojesaja, S. 40, 42). Nach Westermann gehört 43, 22-28 zu jenen Gerichtsreden, die an Israel gerichtet sind (vgl. Sprache und Struktur, S. 141-143, Das Buch Jesaja, S. 107). Elliger schließt sich an Begrich an, er betont, daß auch v.27f integrierender Bestandteil der Appellationsrede ist, also „kein Scheltwort, sondern eben die Feststellung, daß nicht der Gegner, sondern der Redner im Rechte ist" (Jesaja II, S. 366). Das ist gegen Fohrer gesagt, der in vv.22-24 ein Scheltwort sieht, dem in v.25 eine Heilszusage folgt; vv.27-28 würden auf das sonst erst angedrohte Gericht zurückblicken (vgl. Das Buch Jesaja, Bd. 3, S. 69). Schoors folgt in der Gattungsbestimmung des Textes der Meinung Begrichs und Westermanns (vgl. I am God your Saviour, S. 190).
[151] Elliger hält vv.23-25 für ursprünglich und versteht den ganzen Text als eine

Mag Jes 50, 1-3 von der gleichen geistigen Haltung wie 42, 19a.20.
22*.24a; 43, 22.26-27.28b bestimmt sein, so scheint es sich von diesem
Wort gattungsmäßig zu unterscheiden. Denn dort liegt der Akzent
auf den Selbsterweis Jahwes, was dem vorliegenden Text abgeht.

d) *Zur Redaktion*

Die Annahme, daß 42, 19a.20.22*.24a und 43, 22.26-27.28b ursprünglich vielleicht doch eine Einheit bildeten und erst nachträglich
voneinander getrennt wurden, bietet wieder einen Ansatz zur Frage
nach der Überlieferung und der Redaktion der deuterojesajanischen
Worte. Die Trennung eines einheitlichen Wortes und seine Verwendung als Klammer eines umfangreicheren Komplexes bzw. als Einleitung zu bestimmten Texten erklärt sich aus Gründen herausge-
berischer Art. Das führt zu der weiteren Annahme, daß die Überlieferung der deuterojesajanischen Worte in zwei Phasen erfolgt ist.
Es hat eine Phase der Verkündigung gegeben, da der Prophet die
einzelnen Worte vorgetragen und schriftlich fixiert hat — in welchem
Zusammenhang diese Worte zueinander standen, ob es schon bei
ihrer Verkündigung und Niederschrift eine Verbindung einzelner
Worte miteinander stattgefunden hat, das wäre dann eigens herauszustellen. In einer zweiten Phase sind die einzelnen Worte gruppiert worden in schriftliche Einzelsammlungen — ob es nachträglich noch eine Gesamtausgabe und Zusammensetzung der Einzelsammlungen zu einem Ganzen erfolgt ist, muß eigens untersucht
werden.

Was den vorliegenden Abschnitt angeht, so scheint die Gruppierung
einzelner Worte zu einem größeren Komplex nach bestimmten Kriterien stattgefunden zu haben. Wir nehmen als Grundlage den Komplex 42, 19a-44, 8. Wir stellen darin folgende Aneinanderreihung einzelner Worte fest: Mahnwort an Israel (42, 19a.20.22*.24a), Heilsorakel (43, 1abα.2-3.5-6a.7), Gerichtsrede gegen die Götter (43, 8-10a.
10bβγ.11-13), Heilswort (43, 14-15.16.18-19a.20b), Hymnus (21b),
Mahnwort an Israel (43, 22.26-27.28b), Heilsorakel (44, 1-5), Gerichtsrede gegen die Götter (44, 6-8). Nach Streichung des langen Zusatzes

---

formal und inhaltlich in sich geschlossene Einheit, eine, Appellationsrede. Nach ihm
schließt sich auch v.25 an v.24b gut an und bildet den Abschluß des ganzen ersten
Teils der Rede. „Das Thema lautet: Nicht ich habe euch, sondern ihr habt mir Mühe
gemacht. Und Jahwe nennt sofort ausdrücklich den Grund seiner Mühe, Israels Sünden"
(vgl. Jesaja II, S. 367).

44, 9-20 könnte man das Heils- und Mahnwort 44, 21f und den abschließenden Hymnus 44, 23 hinzufügen. Wir hätten also in gattungsmäßiger Hinsicht zweimal die gleiche Abfolge von Texten. Es fragt
sich, ob die Reihenfolge von Mahnwort, Heilsorakel und Gerichtsrede, die das Grundgerüst des Ganzen zu bilden scheint, einen Sinn
hat und nach einem bestimmten Modell erfolgt. Die Frage ist berechtigt, insofern dieses Schema auch in der Gruppierung anderer
Worte zu beobachten ist, sich also als eine bewußte thematische Abfolge erweist. Es ist in 41, 1-24 der Fall : 41, 1-4 enthält ein Bestreitungswort, 41, 8-20 ein Heilsorakel und Heilswort, 41, 21-24 eine Gerichtsrede. Auch wenn 41, 1-4 gattungsmäßig kein Mahnwort ist,
könnte man doch aus der Bestreitung eine solche Mahnung herauslesen. Denn die Bestreitung zielt darauf, daß die Angeredeten Jahwes
Eingreifen im Geschehenden erkennen und annehmen, sich also von
ihrem Unglauben abwenden und sich Jahwe zuwenden.

Für die Abfolge Mahnwort-Heilsorakel können wir in der Tradition
des prophetischen Gerichtswortes an Einzelne das Modell finden, das
Deuterojesaja bei seiner Verkündigung und der schriftlichen Fixierung
seiner Worte hat vermutlich anregen können. Wie Westermann herausgestellt hat[152], bestand das Gerichtswort an Einzelne aus der
Anklage gegen den Angeredeten und der Ankündigung der verdienten
Strafe. Die Anklage war nicht nur in Form einer bloßen Feststellung
formuliert[153]. Dieser Aussagesatz hatte keine Einleitung und richtete
sich an den Angeredeten in der zweiten Person Singular. Die Ankündigung der Strafe war überwiegend durch die Botenformel eingeleitet[154]. Dieses Schema von Anklage-Mahnung und Ankündigung ist
für Deuterojesaja charakteristisch, freilich mit dem wesentlichen
Unterschied, daß es sich bei ihm nicht um Ankündigung der
Strafe, sondern des errettenden Eingreifens Gottes handelt. Es fehlt
deswegen bei der die Ankündigung einleitenden Botenformel die
Kausalkonjunktion לכן, welche die Kontinuität des Inhalts zwischen
Anklage und Ankündigung hervorhebt, stattdessen steht das eine
Wende kennzeichnende Adverb ועתה bzw. das adversative Waw (41, 8).
Wir können anhand dieses Befundes festhalten, daß die Abfolge
Mahnwort-Heilsorakel aufgrund des ihm vorgegebenen Modells des

---

[152] Vgl. Westermann, Grundformen prophetischer Rede, S. 94, 102ff.
[153] Vgl. Westermann, ebd., S. 94f, 104.
[154] Vgl. Westermann, ebd., S. 107.

Gerichtswortes auf Deuterojesaja selbst zurückgehen kann. Bei der
Ausführung dieses Modells hat sich der Prophet des Mahnwortes
42, 19a.20.22*.24a; 43, 22.26-27.28b bedient und es zur Bildung von
zwei Komplexen in zwei Teile geteilt. Es fragt sich freilich, warum er
eine solche Trennung eines einheitlichen Textes in zwei Stücke vollzogen hat, ob ihm tatsächlich kein anderes Mahnwort als Einleitung
zum Heilsorakel 44, 1-5 zur Verfügung stand. Die Antwort lautet:
für die Heilsorakel 43, 1-7* und 44, 1-5 brauchte Deuterojesaja ganz
genau das Mahnwort 42, 19a.20.22*.24a; 43, 22.26-27.28b und nur
dieses. Denn der erste Teil davon paßte inhaltlich gut zu 43, 1-7*,
während der zweite Teil gut zu 44, 1-5 paßte. Die Fragen von 42, 22b
„wo war ein Retter?" und „wo sagte einer: Gib zurück?" finden
ihre Antwort in der Selbstprädikation Jahwes von 43, 3 „der Heilige
Israels ist dein Erretter" und in der Ankündigung von 43, 5b „vom
Aufgang führe ich deinen Samen heim und vom Niedergang sammle
ich dich"; zudem kehrt die Bezeichnung „blind" und „taub" für
Israel in 43, 8 wieder. Die Feststellung von 43, 22 wird ihrerseits
von der Ankündigung von 44, 5 dementiert „da wird der eine
sprechen ‚ich bin Jahwes'... und einer schreibt auf seiner Hand
‚Jahwe eigen"; ferner setzt sich der Aussage Jahwes von 43, 27.28b
„dein Urvater hat gesündigt..., so mußte ich Jakob dem Banne preisgeben..." die Aussage von 44, 3b-4a entgegen „ich gieße meinen Geist
über deinen Samen... und sie werden sprossen...". Die Teilung des
Mahnwortes scheint also aus sachlichen Gründen erfolgt zu sein. Sie
kann auf Deuterojesaja selbst zurückgehen.

Es ist aber noch nach dem Verhältnis Heilsorakel-Gerichtsrede zu
fragen. Bei der Gattungsanalyse von 43, 8-13 wurde bereits auf das
erste Gebot des Dekalogs hingewiesen. Dieses besteht aus der Selbstvorstellungsformel, die durch die Auszugsformel erweitert ist, und aus
dem Verbot, neben Jahwe andere Götter zu haben. Im Keim findet
sich hier vom Inhalt her das Schema Heilsorakel-Gerichtswort gegen
die Götter. Der Selbsterweis Jahwes im Auszugsgeschehen begründet
das Verbot, andere Götter zu haben. Aus dem Selbsterweis Jahwes,
der den Kern des Heilsorakels bildet, entfaltet sich die Rede gegen die
Götter. Von daher könnte man dann vermuten, daß auch die Abfolge
von Heilsorakel und Gerichtsrede auf Deuterojesaja zurückgeht. Ein
Beweis davon kann man in jenen Texten finden, die von der Jahwekriegstradition geprägt zu sein scheinen. In ihnen ist das Motiv des
Eingreifens Jahwes für Israel mit dem Motiv der Ausrottung der

Völker und ihrer Götter verbunden[155]. Wenn die Reflexion Deuterojesajas tatsächlich an die Tradition des israelitischen theologischen
Geschichtsdenkens anknüpft, wie der Fall zu sein scheint, dann
kann man in der Verbindung von Heilsorakel und Gerichtswort einen
weiteren ursprünglichen Niederschlag dieser Reflexion erblicken.
Überlieferungsgeschichtlich gesehen ist also festzuhalten, daß Heilsorakel und Gerichtswort gegen die Götter zusammengehören. Das ist
konkret für 41, 8-20/41, 21-24.28f/42, 9 einerseits und für 43, 1-7/ 43,
8-13, ferner für 44, 1-5/44, 6-8 andererseits der Fall. Diese drei Grup-
pierungen können in dieser ihrer schriftlichen Gestalt ursprünglich
sein und sind auf Deuterojesaja zurückzuführen.

Wir vermuten also, daß das Mahnwort 42, 19a.20.22*.24a und das
Mahnwort 43, 22.26-27.28b ursprünglich jeweils dem Heilsorakel 43,
1-7 und dem Heilsorakel 44, 1-5 vorangingen. In dem Fall hätte
Deuterojesaja bei der schriftlichen Tradierung dieser Worte und der
anschließenden Gerichtsworte 43, 8-13 und 44, 6-8* sich des Schemas
des Gerichtswortes an Einzelne — Anklage und Ankündigung — bedient und gleichzeitig des Schemas des Selbsterweises Jahwes verbunden mit dem Motiv der Ablehnung der Götter, welches im ersten
Gebot bezeugt ist, bedient; beide hätte er zur Bildung von zwei einheitlichen Komplexen kombiniert.

Das Schema Heilsorakel-Gerichtswort scheint aber nur ein Teil
eines breiteren Schemas zu sein. Man stellt eben fest, daß der Gerichtsrede ohne Ausnahme wieder ein Heilswort folgt: 41, 21-24.28f;
42, 9 folgt ursprünglich das Heilswort 42, 14-16, der Gerichtsrede
43, 8-13 folgt das Heilswort 43, 14-21, schließlich folgte 44, 6-8 ursprünglich das Heilswort 44, 21f. Ein Rest dieses Schemas ist noch
in der Abfolge von Gerichts- und Heilswort in 45, 21-25 zu sehen.
Welche Bedeutung diese Zusammensetzung hat und wie sich beide
Heilsworte zueinander verhalten, soll in einem anderen Zusammenhang besprochen werden.

Die Abfolge aller deuterojesajanischen Worte, wie sie in dem uns
erhaltenen Buch vorliegt, ist nämlich sicher auf die nachträgliche
Redaktion und Herausgabe aller Worte des Propheten zurückzuführen.
Sie hat eigene Kriterien verwendet, die in einem anderen Zusammenhang zu erörtern sind[156].

---

[155] Vgl. Ex 23, 31-33; Dt 2, 33f; 3, 2.6; 7, 1-5; Jos 8, 1.26; 10, 8.19.28.35.37.39f;
in Ex 14, 4.13.18 ist das Motiv der Verwerfung der Völker indirekt durch die Erkenntnisformel ausgesprochen.

[156] Vgl. die Redaktionsgeschichte von Jes 40-48 im Kapitel VI der vorliegenden
Arbeit.

2) 44, 1-5

V. 1 Jetzt aber höre, Jakob, mein Knecht, und Israel, den ich auserwählt!

V. 2 So spricht Jahwe, der Dich machte und Dich bildete vom Mutterschoß
— er hilft dir!
Fürchte dich nicht, mein Knecht Jakob und Joschurun, den ich auserwählt.

V. 3 Da, ich gieße Wasser auf das Durstige und Fliessendes auf das Trockene.
Ich gieße meinen Geist aus über deinen Samen und meinen Segen über
deine Sprößlinge :

V. 4 sie werden sprossen wie inmitten der Wasser das Schilf, wie Pappeln an
Wassergräben.

V. 5 Dieser sagt : ‚Jahwes bin ich!' und jener redet an mit dem Namen Jakob,
und wieder einer stempelt seine Hand ‚Jahwes (bin ich)' und benennt mit
dem Namen Israel.

a) *Zur Einteilung und zur Übersetzung*

Nicht nur das ועתה mit seinem adversativen Sinn, sondern auch der
Imperativ שמע, die namentliche Anrede mit den näheren Bestimmungen ,,mein Knecht" und ,,den ich auserwählt" markieren in 44, 1
einen neuen Anfang. Das bestätigt die folgende Botenformel V. 2a.
Mit V. 6, der wieder eine Botenformel mit eigenen Appositionen aufweist, ist aber ein neuer Schnitt gegeben. Kennzeichnend für diesen
Text ist einmal die Ermahnung zur Furchtlosigkeit (V. 2bα) mit ange-
schlossener Ankündigung; zu beachten ist hier der gleiche Satzbau
von V. 3a und V. 3b; kennzeichnend ist ferner der letzte Teil, der in
V. 5a und V. 5b, wie bei V. 3 der Fall ist, wieder eine Parallelität des
Satzbaues zeigt. Dabei sind das zweimalige Vorkommen der Bildung
ליהוה und die einander entsprechenden Bildungen ,,mit dem Namen
Jakob" und ,,mit dem Namen Israel", dann aber auch das ansetzende
זה(ו) zu beachten.

VV. 4-5

Für die Übersetzung von V. 4a wurde der Vorschlag Elligers aufgenommen[157].

Nach Ri 18, 29 hat die Wendung קרא בשם den Sinn : rufen nach
dem Namen von…, d.h. nennen nach dem Namen von…, einen
Namen geben, der die Zugehörigkeit zu einer bestimmten Sippe bzw.

---

[157] Vgl. Elliger, Jesaja II, S. 361, 363.

Ortschaft ausdrückt[158]. Man braucht also nicht, יקרא reflexiv und
יכנה passiv zu verstehen. Gemeint ist, der Verheißung von V. 4 entsprechend, daß die Israeliten Nachkommen haben werden und sie
als Nachkommen des auserwählten Knechtes Jakob-Israel ansehen
werden.

Man kann ידו in V. 5bα als Objekt von יכתב betrachten und nicht
als Angabe der Stelle, auf der geschrieben werden soll. In diesem Fall
könnte כתב die Bedeutung von „stempeln" haben und auf einen uns
nicht näher faßbaren Brauch hinweisen[159].

b) *Literarkritik*

V. 1

Im Unterschied zu 43, 1 und 49, 5 folgt dem ansetzenden ועתה keine
Botenformel, sondern der Imperativ שמע. Die Singularform des Imperativs von שמע begegnet innerhalb von Jes 40-53 sonst nur in 48, 12
und 51, 21, sonst überwiegt die Pluralform[160]. Wie in 48, 12 richtet
sich der Imperativ auf Jakob-Israel, ihm folgt aber nicht wie dort die
nähere Bestimmung אלי (vgl. 46, 3.12; 51, 1.7). Nur in 44, 1 folgt
dem Imperativ unmittelbar der Name des Angesprochenen, an den
übrigen Stellen setzt sich dazwischen entweder die Bestimmung אלי[161]
oder das Objekt זאת[162], in 49, 1 folgt dem Imperativ die nicht namentliche Anrede „Inseln", dann die Bestimmung אלי. Nach all diesen
Belegen folgt dem mit oder nicht mit Bestimmung bzw. Objekt versehenen Imperativ die Nennung der Angesprochenen. In 44, 1 liegt
an der Stelle der Name Jakob vor, erst dann folgt die Bezeichnung
עבדי. Umgekehrte Reihenfolge begegnet in 44, 2b; 45, 4a (sek.); 48,
20b. In 45, 4a; 48, 20b handelt es sich aber nicht um eine Anrede.
So ist die Reihenfolge „mein Knecht Jakob" in 44, 2b als eine stilistische Abweichung anzusehen, zumal auch in 41, 8 die Anrede mit
dem Namen ansetzt und erst dann die nähere Bezeichnung folgt. Ob
das Ausfallen des אלי an unserer Stelle in der Metrik oder vielmehr

---

[158] Vgl. noch 2Sam 18, 18; 1Kön 16, 24 (mit der Präposition על). Mit fast allen
Neueren nehmen hier Elliger (Jesaja II, S. 364) und Schoors (I am God your Saviour,
S. 77) ein יִקָּרֵא an.

[159] Es ist nicht ausgeschlossen, daß hier die Präposition ב durch Haplographie
ausgefallen ist, vgl. Elliger, Jesaja II, S. 364, aber auch North, der den bloßen Akkusativ
beibehalten will, vgl. The Second Isaiah, S. 134.

[160] Vgl. 42, 18 (sek.); 46, 3.12; 48, 1.16a; 49, 1; 51, 1.7.

[161] Vgl. 46, 3.12; 48, 12; 51, 1.7.

[162] Vgl. 49, 1.16; 51, 21.

im Fehlen eines entsprechenden göttlichen אני (vgl. 46, 3; 48, 12) seinen Grund hat, kann man nicht klar herausstellen. Die Konstruktion בחר ב ist mit Ausnahme von 44, 2b innerhalb von Jes 40-53 nur im sekundären 41, 24b belegt. Nimmt man die sekundären 41, 8aβ.9; 49, 7bβ aus, so verwendet Deuterojesaja in 43, 10a das Verb בחר mit dem Akkusativ, sonst in 43, 20b (45, 4 ist sek.) den Adjektiv בחיר. In 43, 10a wird בחר nicht parataktisch wie hier, sondern innerhalb eines Relativsatzes gebraucht. Zu beachten ist schließlich die für unseren Autor typische Reihenfolge Jakob-Israel. In 44, 1 liegt bei Deuterojesaja der einzige Fall vor, in dem der Botenformel ein einführender Satz vorangeht, in dem Jahwe bereits in erster Person spricht[163]. Es ist nicht auszuschließen, daß der Prophet selber diesen Satz hinzugefügt hat, als er 44, 2-5; 6-8 mit 43, 22.26-28 verband[164].

V. 2

Das Partizip von עשה findet sich als Apposition zum Subjekt der Botenformel außer 44, 2a in 45, 18aα (sek.), hier wird es aber nicht auf Jakob-Israel bezogen. Das Verb עשה bezieht sich auf Jakob-Israel sonst nur in 43, 7. Die Wendung יער מבטן begegnet in partizipialer Form und als Apposition zum Subjekt der Botenformel in 44, 24a (sek.); 49, 5a; nur an ersterer Stelle bezieht sie sich auf Jakob-Israel. Verbunden mit dem göttlichen אני begegnet das Verb עזר im Heilsorakel 41, 13f, in der dritten Person Singular und auf Jahwe bezogen kommt es sonst in 50, 7.9 vor. Neben den appositionellen Partizipien wirkt das asyndetische Auftreten dieses verbum finitum störend[165]. Angeschlossen an die Botenformel begegnet ein verbum finitum sonst nicht mehr bei Deuterojesaja. Dazu kommt, daß die Botenformel normalerweise durch zwei appositionellen Partizipien erweitert wird, sonst keine weiteren Erweiterungen aufweist[166]. Das יעזרך von 44, 2a erweist sich damit als eine Abweichung vom sonstigen deuterojesajanischen Stil und ist als Zusatz anzusehen. Das kann hierher gekommen sein, als der Komplex 43, 22-44, 23 mit anderen deu-

---

[163] Vgl. die Ausführungen Elligers, Jesaja II, S. 369.

[164] Elliger hält v.1 für eine nachträglich hinzugefügte Überleitung von 43, 22-28 zu 44, 2-5 (vgl. ebd., S. 368f). Nach ihm ist aber die Sprache des Verses deuterojesajanisch und stammt aus v.2b. Auch Fohrer sieht v.1 als sekundär an (vgl. Das Buch Jesaja, Bd. 3, S. 71f).

[165] Elliger (vgl. ebd., S. 363) und Schoors (vgl. I am God your Saviour, S. 77) nehmen an dieser Stelle ein Partizip וְצֹזְרְךָ an.

[166] Vgl. 43, 14; 44, 6.24; 45, 11; 48, 17; 49, 7.

terojesajanischen Komplexen, etwa 41, 1-42, 17; 42, 18-43, 21, redaktionell gekoppelt wurde.

Es überraschen in V. 2b einige stilistische Abweichungen. Im Gegensatz zu 41, 10a; 43, 1b.5a folgt zunächst der Ermahnung zur Furchtlosigkeit kein כי-Satz, sondern die Anrede. An sich müßte dann die
Anrede zu Anfang des Heilsorakels stehen, wie 41, 8; 43, 1 aufweisen.
Dazu kommt: nachdem sich der Anredende in 44, 1 an Jakob-Israel
gewendet hat, versteht man nicht, sollte V. 1 aus Deuterojesaja
stammen, warum er in unmittelbarer Nähe die namentliche Anrede
wiederholt. Schließlich sieht man nicht ein, warum er den Namen
Israel mit dem in der deuterojesajanischen Schrift sonst nicht mehr
vorkommenden Namen Jeschurun [167] ersetzt, bildet doch bei Deuterojesaja die Namenkopplung Jakob-Israel eine festgelegte Wendung.
Aus diesem Befund entstehen Bedenken gegen die Echtheit von V. 2b.
Eine unerfahrene Hand hat vermutlich das Heilswort 44, 1.2.3-5 den
Heilsorakeln angleichen wollen, indem sie deren auffallendste Formel
אל־תירא übernahm. Ihr ist dann auch das יעזרך von V. 2a zuzuschreiben, das sie aus 41, 13f hat übernehmen können. Damit erklärt sich
die bereits festgestellte stilistische Abweichung in der Reihenfolge
„mein Knecht Jakob" von V. 2bα. Das Verb בחר ב hat der Interpolator so übernommen, wie es in V. 1b vorlag.

V. 3

Das כי von V. 3a darf man nicht mit dem begründenden כי der
Heilsorakel verwechseln. Denn charakteristisch für diese ist entweder
der angeschlossene Nominalsatz oder ein Verbalsatz im Perfekt. In
V. 3 haben wir aber ein Imperfekt [168]. Das Verb יצק ist bei Deuterojesaja nur hier belegt. Verbunden mit dem Objekt מים begegnet es in
1 Kön 3, 11 und Ez 24, 3. Einmalig ist in der deuterojesajanischen
Schrift das Wort צמא. In 55, 1 bezieht es sich auf Menschen, in
Ps 107, 5 werden als dürstig die in der Wüste umherirrenden Israeliten
bezeichnet. Einmalig sind auch נזל und יבשה, Einmalig im ganzen AT
ist ferner die Wendung יצק רוח. In 42, 1b ist die Wendung נתן רוח
vorhanden. Von „dein Same" als Bezeichnung der zu Jakob-Israel

---

[167] Über die Bedeutung dieses Namens vgl. Wächters Aufsatz „Israel und Jeschurun"
in „Schalom. Studien zu Glaube und Geschichte Israels", S. 58-64.

[168] Elliger selber bemerkt: „V.3 als Unterteil a des mit כי ansetzenden ‚Hauptteils'
entspricht insofern nicht dem Schema, als er zwar Jahwe noch das Subjekt sein läßt,
aber die ‚Heilszusage' bereits im Impf. anstatt im Perf. formuliert" (Jesaja II, S. 368).
Vgl. auch Schoors, I am God your Saviour, S. 79.

Gehörenden ist innerhalb eines an Jakob-Israel gerichteten Wortes wieder nur in 43, 5b die Rede, wenn man das sekundäre 48, 19 ausschaltet. ברכה kommt bei Deuterojesaja nur hier vor. צאצאים begegnet in 42, 5, wo es sich auf das Gesproß der Erde bezieht, und im sekundären 48, 19, wo es die Nachkommen Israels meint. In Hi 5, 25; 21, 8; 27, 14; 31, 8 meint es immer Menschen. Gesetzt, daß V. 2b tatsächlich erst später hinzugefügt wurde, hätten wir in V. 3 den einzigen Fall bei Deuterojesaja, da nach der Botenformel ein Satz durch das כי eingeführt wird. Vielleicht geht dieses כי auf den gleichen Interpolator von V. 2b zurück, womit er den Text an die Form des Heilsorakels hat angleichen wollen.

V. 4

Das Verb צמח bezieht sich in 42, 9; 43, 19 auf das, was Jahwe in der Geschichte als Heilswerk vollzieht; anthropologischen Bezug weist es in 58, 8 auf. In der Hiphilform begegnet es in 45, 8. Das Bild und die Begriffe von V. 4b sind bei Deuterojesaja nicht mehr zu finden. Mit V. 4 schließt der Gedanke ab, der in V. 3 begann.

V. 5

In dem oben bereits angeführten Sinn begegnet die Wendung קרא בשם innerhalb von Jes 40-53 nicht mehr wieder, einmalig bei ihm ist auch das Verb כתב; die Pielform von כנה findet sich noch in 45, 4b. Das wiederholte זה zur distributiven Schilderung eines Ganzen kommt nicht mehr vor [169].

44, 1-5 gehört zu jenen Texten unserer Schrift, bei denen die bildhafte Sprache überwiegt, etwa 41, 17-20 und 42, 14-16. Trotz der Einmaligkeit vieler Begriffe und des Stils spricht kein gewichtiger Grund gegen die deuterojesajanische Herkunft des Textes. Als Urtext erweist sich:

V. 1   Jetzt aber!
        Höre, Jakob, mein Knecht, und Israel, den ich auserwählt!
V. 2a   So spricht Jahwe, der Dich machte und Dich bildete vom Mutterschoß.
V. 3   Da, ich gieße Wasser auf das Durstige und Fließendes auf das Trockene.
        Ich gieße meinen Geist aus über deinen Samen und meinen Segen über deine Sprößlinge:

---

[169] Zusammen mit Fohrer (Das Buch Jesaja, Bd. 3, S. 72) hält Elliger v.5 aus inhaltlichen Gründen für sekundär; er meint, daß der Vers vom gleichen Redaktor stammt, der v.1 hinzugefügt hat (vgl. Jesaja II, S. 394). Vgl. auch Kaiser, Einleitung in das Alte Testament, S. 203.

V. 4   sie werden sprossen wie inmitten der Wasser das Schilf, wie Pappeln an Wassergräben.

V. 5   Dieser sagt: „Jahwes bin ich!' und jener redet an mit dem Namen Jakob,
und wieder einer stempelt seine Hand „Jahwes (bin ich)' und benennt mit dem Namen Israel.

c) *Form- und Gattungskritik*

Die Akzente sind folgendermaßen verteilt:

V. 1	3+2
V. 2a	3+2
V. 3a	3+2
V. 3b	3+2
V. 4	3+2
V. 5a	3+2
V. 5b	3+2

Dabei wurden mit maqqef verbunden ועתה־שמע, die drei זה (V. 5) mit den jeweiligen Verben und ובשם־ישראל; das maqqef nach אצק in V. 3a wurde aber gestrichen. Der vorliegende Text weist folgenden Aufbau auf: Aufforderung zum Hören des Wortes Jahwes VV. 1-2a; Ankündigung des göttlichen Eingreifens und dessen Folgen VV. 3-4; Ziel V. 5[170]. Es sind drei Strophen, von denen die erste und letzte je zwei Stiche, die mittlere aber drei Stiche umfaßt. Die Aufforderung besteht aus Imperativ, namentlicher Anrede mit entsprechender Bestimmung nach dem Schema Verb, Subjekt, Bestimmung, (Verb), Subjekt, verbale Bestimmung. Es schließt sich die Botenformel an, die ihr eigenes Aufbauschema hat. Der mittlere Teil, der die Ankündigung enthält, ist einheitlich aufgebaut: V. 3a und V. 3b weisen die gleiche Disposition auf, und zwar Verb, Objekt, Bestimmung, Objekt, Bestimmung. Einfach ist der Aufbau von V. 4; Verb, Bestimmung, (Verb), Subjekt, Bestimmung. V. 5 gibt das Ziel an. V. 5a besteht aus zwei Stichen, die gleich aufgebaut sind: Subjekt, Verb, Bestimmung. Die Disposition von V. 5b: Subjékt, Verb, Objekt, Bestimmung, Bestimmung, Verb. Es handelt sich also um eine formal gesehen sinnvoll aufgebaute Einheit, deren Schwerpunkt in der Ankündigung von Jahwes Handeln V. 3 und in der Angabe des Ziels V. 5 liegt.

---

[170] Auch nach Schoors gibt v.5 das Ziel an (vgl. I am God Your Saviour, S. 80 und S. 42).

Es fragt sich, ob die Struktur dieser Einheit aufschlußreich für die
Bestimmung der Gattung ist. Man stellt fest, daß mancher Botenspruch in prophetischen Texten ähnlich wie Jes 44, 1-2a.3-5 aufgebaut ist. Das ist in Jer 28, 15f der Fall: „Höre, Hananja! Jahwe hat
dich nicht gesandt; du aber hast dieses Volk verführt, sich auf Lüge
zu verlassen. Darum so spricht Jahwe: Siehe, ich schicke dich weg
vom Erdboden; noch in diesem Jahr wirst du sterben...". Die Struktur
dieses Wortes entspricht ganz der von Jes 44, 1-2a.3-5: Imperativ mit
namentlicher Anrede, Feststellung des Tatbestandes, Botenformel,
göttlicher durch הנני eingeführter Spruch mit Jahwe als logischem
Subjekt, Folge. Die Verben im Spruch selbst wie auch im Satz, der
die Folge angibt, sind partizipial formuliert. Es handelt sich um ein
Wort, das an einen Einzelnen gerichtet wird; inhaltlich kündigt es
Jahwes Strafgericht gegen den Angeredeten an. Die gleiche Struktur
finden wir im breit angelegten Wort Jer 22, 2-9. Im Kern handelt es
sich um eine Paränese[171]; sie fordert auf, Jahwes Gebot, die Gerechtigkeit zu üben, zu erfüllen; sie kündigt dem deuteronomischen Schema
entsprechend je nach der Erfüllung bzw. Nicht-Erfüllung des Gebotes
Leben oder Tod an. Das Grundgerüst dieses Wortes ist aber der
herausgestellten Struktur von Jes 44, 1-2a.3-5; Jer 28, 15f gleich. Das
sieht man am besten in VV. 2.6-9: „Höre das Wort Jahwes, König
von Juda. So spricht Jahwe: Bist du mir wie Gilead, wie die Spitze
des Libanon, wahrlich, ich mache dich zur Wüste, unbewohnten
Städten gleich und ich entbiete gegen dich Verwüster. Und viele
Völker werden an dieser Stadt vorübergehen und einander fragen:
Warum hat Jahwe... solches getan? Und dann wird man sagen: Weil
sie den Bund Jahwes verlassen haben...". Es liegt hier vor das Imperativ mit Anrede an einen Einzelnen — diesmal wird der Titel,
nicht der Name erwähnt —, Botenformel, Spruch mit Jahwe als Subjekt, Folge. Das Verb des Spruches ist im Imperfekt, die Verben der
Folge (VV. 7-8) im Perfekt formuliert. Das כי als einführende Konjunktion fehlt im Spruch, es ist aber im vorangehenden Spruch V. 5b
vorhanden.

Einen anderen Beleg haben wir in Jer 34, 4f: „Höre das Wort
Jahwes, Zedekia, König von Juda! So spricht Jahwe über dich: Du
wirst nicht durch das Schwert sterben; in Frieden wirst du sterben...
Man wird dir Totenfeuer anzünden und über dich klagen..." Die uns

---

[171] Vgl. Rudolph, Jeremia, S. 127f, Weiser, Das Buch Jeremia, Kap. 1-25, 14, S. 189-193.

interessierende Struktur ist auch in diesem Text deutlich vorhanden.
Die Verben im Spruch wie im Satz, der die Folge angibt, sind im
Imperfekt formuliert. Im Unterschied zu den vorhergehenden Texten
enthält dieses Wort keine Unheilsankündigung, sondern eine Heilszusage. Einen weiteren Beleg finden wir in Ez 21, 3f : „Sprich zu dem
Wald im Südland : Höre das Wort Jahwes. So spricht der Herr Jahwe :
Siehe, ich zünde in dir ein Feuer; das wird alle Bäume in dir verzehren... Dann wird alles Fleisch sehen, daß ich Jahwe sie entfacht
habe...''. Nach dem Imperativ „höre" fehlt hier die namentliche Anrede, sicher deswegen, weil es sich nicht um eine Person, sondern um
einen Wald handelt, sei es auch als Bezeichnung für das Land Israels.
Der göttliche Spruch ist durch הנני eingeleitet und im Partizip formuliert. Die Folge steht im Perfekt. Im Unterschied zu den oben
angeführten Texten enthält der vorliegende Text die Angabe des Zieles,
siehe V. 4a, mit Anführung der Selbstvorstellungsformel[172]. An diese
Texte ist auch Amos 7, 16f anzureihen : „Höre das Wort Jahwes. Du
verbietest mir, wider Israel zu weissagen... Darum so spricht Jahwe :
Dein Weib wird zur Dirne in der Stadt... und Du wirst in unreinem
Land sterben...''. Es fehlt hier die namentliche Anrede, Amos hatte
aber Amazia bereits angesprochen, wobei der name des Priesters ge-
fallen war (V. 14). Das Subjekt des Spruches ist nicht Jahwe. Die
Verben sind dabei lauter Imperfekta. Die Folge wird nicht angeben.
    Ein weiterer Beleg liegt in Sa 3, 8-10 vor : „Höre, Hoherpriester
Josua!... Siehe, ich bringe meinen Knecht, den Sproß. Siehe, auf dem
Steine, den ich vor Josua hingelegt habe, ... grabe ich die Schrift ein,
Spruch Jahwes der Heerscharen, und ich tilge die Schuld jenes Landes
aus. An jenem Tage werdet ihr einander einladen...''. Der göttliche
Spruch wird durch כי הנני eingeleitet und ist partizipial formuliert. Die
Botenformel fehlt, stattdessen tritt die Formel „Spruch Jahwes" auf,
und zwar erst nach dem göttlichen Spruch und vor der Angabe der
Folge, siehe V. 9b. Letztere ist im Perfekt formuliert. Nicht klar ist,
ob V. 10 als Ziel angesehen werden soll. Die Form wurde hier nicht
streng eingehalten, im Kern schließt sich der Text aber an die Reihe
der bereits angeführten Sprüche an. Einen letzten Beleg könnten wir
in Jes 39, 5f erblicken, obwohl die streng geschlossene Form auch hier
nicht mehr zu finden ist : „Da sprach Jesaja zu Hiskia : Höre das
Wort Jahwes der Heerscharen : Siehe, Tage werden kommen, da wird
alles... nach Babel weggetragen... spricht Jahwe". Die auf אמר יהוה

---

[172] Vgl. Zimmerli, Ezechiel I, S. 462f, 466.

reduzierte Botenformel steht ganz am Schluß; der Name des Angeredeten wird in der Einleitung vor dem Imperativ erwähnt; das Subjekt
des Spruches ist nicht Jahwe; die Verben des Spruches sind ein
Partizip, ein Perfekt und ein Imperfekt mit der Negation לא. Mit
Jer 22, 2.6-9; 28, 15; Ez 21, 3f hat Jes 39, 5f die Unheilsankündigung
gemeinsam. Von in gesamten sieben Texten enthalten also nur zwei,
Jer 34, 4f und Sa 3, 8-10 eine Heilszusage. Durchgehend richten sich
diese Sprüche an einen Einzelnen. Die Verben sind einmal partizipial
einmal imperfektisch formuliert, das Perfekt tritt nur in Jes 39, 5 auf,
und zwar nach einem Partizip.

Diese Übersicht dürfte genügen, um die Zugehörigkeit von Jes 44,
1-5 zur Gattung des Heilsorakels[173] streitig zu machen. Es fehlen die
zwei wesentlichen Merkmale dieser Gattung: die Ermahnung zur
Furchtlosigkeit mit anschließendem כי-Satz in nominaler bzw. verbal-
perfektischer Formulierung, dann der Selbsterweis Jahwes unter Verwendung der Selbstvorstellungsformel. Die gemeinsame Struktur mit
den oben angeführten prophetischen Sprüchen lenkt in eine andere
Richtung. Freilich besteht ein Unterschied zwischen Jes 44, 1-5 und
den oben herangezogenen Texten. Denn hier steht der Imperativ
„höre" im Munde des Propheten, dort aber im Munde Jahwes. Bei
Deuterojesaja wird ein solcher Imperativ im Munde Jahwes laut,
siehe 46, 3 (12); 48, 12.16; 51, 1-2.7, aber auch im Munde des Propheten, siehe 48, 1; 49, 1; 51, 21. An der vorliegenden Stelle nach dem
harten göttlichen Wort von 43, 22.26-28 konnte aber kein anderer
das Heilswort aussprechen als Jahwe. Mag 44, 1 redaktionell als
Brücke von 43, 22.26-28 zu 44, 2a.3-5 gedacht worden sein, so ist
anzunehmen, daß Deuterojesaja durch dieses „höre" als Einführung
zur Botenformel von 44, 2a an jene Form des Prophetenspruches
anknüpft, der dem Gotteswort das ermahnende „höre" vorangehen
ließ. In diesem Fall wäre die Botenformel vielleicht doch als mit zur
Gottesrede gehörend zu betrachten.

Es fällt auf, daß die meisten angeführten Texte Unheil ankündigen.
Das führt zur Annahme, daß die oben aufgezeichnete Struktur ur-

[173] Elliger schreibt: „Sieht man von 1 ab, so ist die Gattung des Stückes eindeutig
als Heils- oder Erhörungsorakel zu bestimmen, und zwar fast in der bei 41, 8-13 und
41, 14-16 bereits beschriebenen Normalform" (Jesaja II, S. 368). Bonnard äußert sich
nicht klar: 44, 1-5 „est une promesse non seulement de salut, mais d'accroissement"
(Le Second Isaïe, S. 150). Vgl. noch Begrich, Studien, S. 6, Schoors, I am God your
Saviour, S. 77-80, von Waldow, Anlass und Hintergrund der Verkündigung des Deuterojesaja, S. 27, und Westermann, Das Buch Jesaja, S. 109, Sprache und Struktur,
S. 118.

sprünglich für die Gattung des prophetischen Gerichtswortes an Einzelne[174] vorgesehen war. In ihr hätte die Aufforderung zum Hören an Relevanz gewonnen, während das Element der Anklage zurücktritt; dieses ist nur in Jer 28, 15 und Am 7, 16 vorhanden, indirekt ist es in Jer 22, 9 angedeutet, wo es aber keine strukturelle Funktion erfüllt. Es fragt sich, welche Bedeutung der Aufruf zum Hören hat. Zu beachten ist, daß der Imperativ שמע meistens das Objekt „das Wort Jahwes" regiert[175]. Das mag ein Hinweis darauf sein, daß es sich bei diesen Gerichtsworten um ein Vergehen handelt, das Jahwe selbst trifft. Tatsächlich richtet sich dies Wort an Einzelne, die gegen Jahwes Wort bzw. Anspruch gestoßen haben. Amazia verhindert den zum Prophetendienst gerufenen Amos, seine Sendung zu erfüllen, gegen das Volk Israel im Auftrag Jahwes zu weissagen (Am 7, 10-17), Hiskia hat sich gegen das Eigentumsrecht Jahwes verfehlt (Jes 39, 1f), der König von Juda hat den Bund gebrochen und fremde Götter angebetet (Jer 22, 9), der Prophet Hananja hatte Falsches im Namen Jahwes verkündet (Jer 28, 1-17). Durch das „Höre" wurde der Angeredete also wahrscheinlich auf die Schwere seines Vergehens als Verstoß, der direkt gegen das Gott- und Herrsein Jahwes ging, aufmerksam gemacht. Durch dieses „Höre" wird der Betreffende aufgefordert, den Gerichtsspruch Jahwes entgegenzunehmen, der ihn verurteilt.

Diese vom Imperativ „Höre" gekennzeichnete Form des Gerichtswortes an Einzelne übernahm vielleicht doch Deuterojesaja an der vorliegenden Stelle als Gerüst zu einer Heilsankündigung. Bereits vor ihm hatte Jeremia in 34, 4 das gleiche getan, nach ihm verwendete Sacharia in 3, 8-10 diese Form des Gerichtswortes zur Bildung einer Heilszusage. Innerhalb von Jes 40-53 haben wir nur in 51, 21-23 einen Text, der von kleinen Änderungen abgesehen im ganzen gleich Jes 44, 1-5 aufgebaut ist. Der Imperativ in der zweiten Person Singular und die Botenformel sind vorhanden, der göttliche Spruch wird mit הנה und nicht mit כי eingeleitet; es fehlt die Folge. Der beachtenswerteste Unterschied zu 44, 1-5 ist aber die perfektische Formulierung des Spruches; das dürfte dennoch an der Grundbedeutung des Textes nichts ändern, denn es handelt sich um die Ankündigung einer Heilstat, die als sicher feststehend hingestellt wird. Man erkennt auch hier die drei wesentlichen Glieder der Struktur: Aufforderung zum

---

[174] Vgl. Westermann, Grundformen prophetischer Rede, S. 92ff, 102ff.
[175] Vgl. Jes 39, 5; Jer 22, 2; 34, 4; Ez 21, 3; Am 7, 16.

Hören an einen Einzelnen, Botenformel und göttlicher Spruch. Im Gegensatz zu den Heilsankündigungen 41, 17-20 und 42, 14-16 weisen diese beiden Texte eine klar gegliederte Struktur und formelle Geschlossenheit auf. Von ihnen unterscheiden sie sich auch darin, daß sie den Angeredeten in der zweiten Person Singular direkt ansprechen. Inhaltlich gesehen haben beide Texte 44, 1-5 und 51, 21-23 mit dem Thema der Führung in der Wüste, das in 41, 17-20 und 42, 14-16 vorhanden zu sein scheint, nichts zu tun. Sie künden vielmehr eine Tat an, die Jahwe am Angeredeten selbst vollzieht : in 44, 1-5 gießt er seinen Geist über ihn, in 51, 21-23 befreit er das angeredete Jerusalem von seinem Leiden.

Schaut man sich 51, 21-23 näher an, so gewinnt man den Eindruck, daß es sich um eine Art gerichtlicher Entscheidung handelt. Der Redende fordert auf, die Mitteilung zu hören, durch die Jahwe seinen Entschluß kundmacht, die auferlegte Strafe aufzugeben. Jahwe spricht hier als Richter, der über Strafe und Gnade verfügt. Wenn das stimmt und unter 51, 21-23 und 44, 1-5 gattungsmäßig eine Beziehung besteht, dann haben wir bei beiden Texten ja mit der Gattung Heilsankündigung zu tun, aber in einem speziellen Sinn : da spricht Jahwe als souveräner Richter sein gerichtliches Begnadigungswort aus, das eine Wende im Schicksal des bisher Bestraften herbeiführt. Der unmittelbare Kontext von 44, 1-5 bestätigt diese Annahme. Im vorhergehenden Schelt- und Mahnwort 43, 22.26f.28b wird auf eine gerichtliche Verhandlung angespielt : Jahwe will mit Israel rechten, er hält ihm seine Sünde vor und macht es auf die verdiente Strafe aufmerksam. Dem damaligen Feststellungsverfahren mit anschließendem Urteilsspruch, der Israel dem Bann auslieferte, setzt nun Jahwe seine gegenwärtige Gerichtsentscheidung entgegen (ועתה) : er gießt über Israel seinen Geist aus, womit er es wachsen[176] und sich entfalten läßt[177]. Was aus der Geistesausgießung erwächst, ist nicht irgendein Geschöpf, sondern das Volk Israel als Bundesvolk. Das will V. 5 hervorheben. Jeder in diesem Volk versteht und verhält sich als Jahwe zugehörig[178].

---

[176] Vgl. Elliger : „Was der ganze V.3 sagen will, ist nur eins : es ist die Verheißung, daß das scheinbar dem Untergang verfallene Volk des Exils durch den Segen seines Gottes zu neuem, gedeihlichem Wachstum erblühen wird" (Jesaja II, S. 390). Vgl. Schoors, I am God your Saviour, S. 79f.

[177] Vgl. Ps 1,3; Jer 17, 8; Ez 17, 6.

[178] Auch Schoors ist der Meinung, daß sich v.5 auf das Volk Jahwes bezieht. Er führt aus : "We may find here a new concept of God's people as the community of those who adhere to Yahwe... adhering to Yahwe includes belonging to Israel". Er bemerkt : „An opening to universalism in this context is not proved" (I am God

Der Text erweist sich damit nicht als ein allgemeines Heilswort, es ist
vielmehr eine Heilsankündigung aufgrund von Jahwes gerichtlichem
Entscheid. Das „Höre" fordert dabei auf, den Begnadigungsspruch
des Richters Jahwe anzunehmen und der damit verbundenen Wende
des eigenen Schicksals in Hoffnung entgegenzuschauen.

3)   44, 6-8

V. 6   So spricht Jahwe, der König Israels und sein Erlöser, Jahwe der Scharen :

Ich bin der Erste und ich bin der Letzte : siehe, außer mir wo ist ein
Gott?

V. 7   Wer ist ja wie ich? Er melde sich, er tue es kund und lege es mir dar!
Von da an, als ich das immerwährende Menschengeschlecht gründete...
ja, das Künftige und was kommen wird, mögen sie ihnen kundtun!

V. 8   Erschreckt nicht und fürchtet euch nicht! Habe ich dich (es) nicht von
jeher hören lassen und kundgetan?
Ihr seid ja meine Zeugen : ist ein Gott außer mir? Wo ist ein Fels?
Keinen kenne ich!

a) *Zur Einteilung und zur Übersetzung*

Vorliegende Einheit setzt sich von der vorhergehenden wegen der
neu ansetzenden Botenformel ab. Diese weist im Unterschied zu 44, 2
keine partizipialen Appositionen, sondern zunächst eine substantivische, dann eine partizipial-substantivische Apposition auf; letztere hebt
sich im Vergleich zu 44, 2 durch das Suffixpronomen der dritten
Person Singular ab. Die Rede selbst fängt diesmal mit dem göttlichen
אני an. Zu beachten ist, daß dem göttlichen אני zu Beginn der Rede
das ואתם־עדי des Schlusses entspricht. Daß mit V. 9 etwas Neues
beginnt, zeigt das Fehlen jeglicher Anrede.

V. 7

Das Waw zu Anfang von V. 7b wurde als hinweisende Konjunktion
verstanden. Die Übersetzung verwendet sie rhetorisch : sie verstärkt
den Satz, den sie einleitet. Das gleiche gilt für das ansetzende Waw
von VV. 7a.8a (ואתם).8b (ואין). Über den Sinn des Begriffs עולם in
der Zusammensetzung עם־עולם ist die Ausführung von Jenni zu vergleichen[179]. Der zweite Stichus von V. 7 ist sicher verderbt, aber

---

your Saviour, S. 80). Elliger aber meint, daß es sich in v.5 doch um Proselyten
handelt (vgl. Jesaja II, S. 391-393).
[179] Vgl. Jenni, Das Wort ῾ōlām im Alten Testament, ZAW 65 1953, S. 1-35; siehe
besonders S. 15-18.

trotz Elligers Vorschlag[180] hält sich vorliegende Übersetzung an den masoretischen Text.

b) *Literarkritik*

V. 6

Die Bezeichnung „König Israels" für Jahwe kommt bei Deutero-jesaja nur an dieser Stelle vor, wie übrigens der Titel „König Jakobs" nur in 41, 21 belegt ist; als „euer König" bezeichnet sich Jahwe sonst nur in 43, 15. Häufiger dagegen ist die Bezeichnung „Erlöser"[181]; zusammen mit der Botenformel begegnet sie in 43, 14; 44, 24; 48, 17; 49, 7. Zum ersten Mal kommt hier bei Deuterojesaja der Name יהוה צבאות vor. Es ist freilich zweifelhaft, ob er an dieser Stelle ursprünglich ist, und zwar nicht nur weil die übrigen Texte, wo sich dieser Name findet (vgl. 45, 13b; 47, 4; 48, 2; 51, 15), für unecht gehalten wer-den[182]. Es gehört nicht zum Stil Deuterojesajas, die Botenformel mit mehr als zwei Bezeichnungen für Jahwe zu erweitern[183]. Hier kommt noch hinzu, daß die dritte Bezeichnung praktisch eine Wiederholung des Namens יהוה darstellt, wozu vom Inhalt her ein eigentlicher Grund fehlt. Hält man sie für sekundär, so gleicht sich V. 6a rhyth-misch den folgenden Versen an. V. 6a gehört als Ganzes — Boten-formel mit den zwei Appositionen — zu jenen Einführungssätzen, welche wie 45, 1.11a; 49, 7aα den in der Rede selbst Angesprochenen in der dritten Person Singular erwähnen. Damit erweisen sich diese Sätze nicht als Teil der Rede Jahwes, sondern scheinen zum Wort des Propheten zu gehören.

ראשון als Selbstbezeichnung Jahwes begegnet in 41, 4; 48, 12, an letzterer Stelle zusammen mit אחרון. Zum Wortschatz von Jes 40-48 gehört auch der adverbielle Ausdruck מבלעד[184].

V. 7

Eine Parallelstelle zum Fragesatz מי־כמוני haben wir in 46, 9b mit dem Satz אפס כמוני. Der absolute Gebrauch des Verbs קרא, das hier den besonderen Sinn von „sich zu Wort melden" hat, begegnet bei Deuterojesaja nicht mehr. Reichlich belegt ist dagegen die Hiphilform

---

[180] מי השמיע מעולם אותיות (vgl. Elliger, Jesaja II, S. 396; vgl. auch Schoors, I am God your Saviour, S. 230f).
[181] Vgl. 41, 14; 43, 14; 44, 24 (sek.); 49, 7.26.
[182] Vgl. Elliger, Verhältnis, S. 108, 182f, 191, 207ff.
[183] Vgl. das zu 43, 1 Gesagte in der vorliegenden Arbeit, S. 293f.
[184] Vgl. 43, 11; 44, 8; 45, 21; vgl. 45, 6a.

von נגד[185]. Sie wird verwendet meistens zur Ankündigung eines Heilsgeschehens in Vergangenheit und Zukunft, wenn man 42, 12 und 45, 19
ausnimmt. Es ist aber nicht ausgeschlossen, daß קרא und הגיד zusammen eine festgeprägte Wendung bildeten, obwohl sonst nur noch
ein Beispiel davon in 2 Sam 18, 25 vorliegt. Sollte das der Fall sein,
dann würde dem Verb הגיד hier die sonst übliche Bedeutung in bezug
auf das Verkünden eines Geschehens abgehen. In der Tat bezieht sich
הגיד im vorliegenden Vers nicht auf ein Geschehen, sondern auf die
Frage, wer ist wie Jahwe — freilich ist der Beweis dafür nach dem
Verständnis des Propheten das geschichtliche Eingreifen. Das Vorkommen des Verbs ערך, das „gegenüberstellen", „darlegen" bedeutet,
dürfte doch noch für den Sinn von קרא והגיד als terminus technicus
sprechen[186]. Dieses Verb ist bei Deuterojesaja nicht mehr belegt.

Das Verb שים regiert in V. 7aγ ein Objekt, hat aber nicht den Sinn
von „setzen" (41, 19), „legen" (43, 19) oder „aufrichten" (42, 4), sondern von „gründen". Auffällig ist die Konstruktion mit מן und Infinitiv, die bei Deuterojesaja sonst nicht begegnet. Das Partizip Plural
אתיות ist in 41, 23; 45, 11 belegt und trägt an beiden Stellen im Unterschied zu 44, 7 den Artikel. Auffällig ist ferner noch der Relativsatz
mit dem Verb בוא, wenn man bedenkt, daß Deuterojesaja für das
„Kommende" in 41, 22b das Partizip באות verwendet. Dieses Partizip
wäre an unserer Stelle eine gute Parallele zum vorhergehenden Partizip אתיות gewesen. Aber auch wenn das der Fall gewesen wäre, liegt
doch eine nicht notwendige Wiederholung vor, was den Vers auch
rhythmisch gesehen zu lang macht. Es entstehen Zweifel an der Ursprünglichkeit von V. 7aγb. Man versteht auch nicht, auf wen sich
das Suffixpronomen der dritten Person Plural למו[187] bezieht. Die
einzige Möglichkeit scheint die zu sein, daß es auf die Bilder der
Götzen Bezug nimmt, von denen im folgenden Abschnitt VV. 9-20
die Rede ist. Die Götter werden aufgefordert, ihren Anhängern das
Künftige vorherzusagen und damit ihr Gottsein zu beweisen. Wir
hätten mit einem ironischen Wort zu tun. In V. 7aγb liegt also vermutlich ein Nachtrag vor. Durch ihn hat der Interpolator sehr wahr-

---

[185] Vgl. 41, 22f.26; 42, 9.12; 43, 9.12; 44, 8; 45, 19.21; 46, 10; 48, 3.

[186] Schoors redet nur von קרא und ערך als „forensic terms". Nach ihm „the verb
qr' designates the question of one party to the other" (vgl. I am God your Saviour,
S. 229). Bonnard übersetzt יקרא „qu'il émette un appel!" (vgl. Le Second-Isaïe, S. 155).

[187] Mit fast allen Neueren nimmt hier Elliger das Suffixpronomen der zweiten
Person Plural an (vgl. Jesaja II, S. 397). So zuletzt auch Bonnard, ebd., S. 157, und
Schoors, ebd., S. 231.

scheinlich den folgenden Abschnitt an die Einheit VV. 6-7aα.8 enger
anschließen wollen. Ein weiterer Grund zur Ausschaltung von V. 7aγb
liegt in der Aussage selbst. Zur Beantwortung der Frage, die der
Urtext stellt — wer ist wie ich? —, ist der Hinweis auf das Vorhersagen
des Künftigen nicht notwendig; dieser hat seinen Platz im Zusammenhang mit der Auseinandersetzung mit den Göttern, wie es aus 41, 21-
29; 43, 8-13 hervorgeht.

V. 8

Nur hier begegnet bei Deuterojesaja das Verb פחד, wenn man das
sekundäre 44, 11 ausnimmt. Einmalig im ganzen AT ist das Verb
רהה [188]. Erst in diesem V. 8 kommt die direkte Anrede vor, der
Angeredete wird aber nicht mit Namen genannt — eine Eigenart aller
deuterojesajanischen Gerichtsreden gegen die Götter [189]. Da sie als
„meine Zeugen" bezeichnet werden wie 43, 10, erweisen sich die Angeredeten als das Volk Israel, als das Volk, das 43, 8 zurückgreifend
auf 42, 19a.20.22aβb.24a als blind charakterisiert wird. Der adverbielle
Ausdruck מאז findet sich noch in 45, 21b; 48, 3.5.7. Das Verb והגדתי
von V. 8a greift auf das Verb ויגידה von V. 7aβ zurück; überflüssig
scheint das Verb השמעתיך, zumal das Suffix der zweiten Person Singular in direkter Nähe der Verben, die in der zweiten Person Plural
formuliert sind, sehr auffällig ist [190]. Wenn man bedenkt, daß die
Hiphilform von שמע bei Deuterojesaja sich durchgehend auf die Vorhersage geschichtlicher Heilsgeschehen in Vergangenheit, Gegenwart
und Zukunft bezieht, ist anzunehmen, daß השמעתיך auf die gleiche
Hand zurückgeht, die V. 7aγb hinzugefügt hat. Das gleiche gilt dann
für das Waw des folgenden Verbs. Für die sekundäre Herkunft von
השמעתיך spricht auch die Tatsache, daß alle Gerichtsreden Deuterojesajas, die uns erhalten sind [191], die Anrede in der zweiten Person
Plural formulieren.

Am Schluß von V. 8a begegnet wieder die Aussage von 43, 10a.12a
„ihr seid meine Zeugen". Das Substantiv יש fanden wir bereits in
43, 8a. Als Bezeichnung für Jahwe begegnet צור innerhalb von Jes 40-

---

[188] Elliger nimmt die Wurzel ירה (= vor Schreck gelähmt sein) an und behält im
Text den gleichen Konsonantenbestand (vgl. ebd., S. 397).
[189] Vgl. 41, 1-4; 41, 21-29; 43, 8-13.
[190] Schoors meint: „The suffix -k is a forgotten emphatic ki which goes with the
following verb" (vgl. I am God your Saviour, S. 233).
[191] Vgl. 41, 21-29; 43, 8-13; 45, 20a.21.

53 nur hier[192], sonst als Bezeichnung für Abraham in 51, 1; in 48, 21 wird das Wort in seinem konkreten Sinn gebraucht. Als Urtext würde sich ergeben :

V. 6   So spricht Jahwe, der König Israels und sein Erlöser :
          Ich bin der Erste und ich bin der Letzte : siehe außer mir wo ist ein Gott?
V. 7aαβ   Wer ist ja wie ich? Er melde sich, er tue es kund und lege es mir dar!
V. 8   Erschreckt nicht und fürchtet euch nicht! Habe ich es nicht von jeher kundgetan?
          Ihr seid ja meine Zeugen : ist ein Gott außer mir? Wo ist ein Fels? Keinen kenne ich!

c) Form- und Gattungskritik

Vorliegender Text besteht aus einer Einleitung (V. 6a) und zwei Strophen mit je zwei Stichen (VV. 6b-7aαβ und VV. 8a-8b). In der ersten Strophe steht zu Anfang das göttliche אני; sie enthält die Selbstprädikation Jahwes und seine Herausforderung an den Gegner. Die zweite Strophe ist von der Anrede ואתם עדי gekennzeichnet, die die Eigenschaft und Sendung der Angeredeten umreißt. Sie steht formal und inhaltlich der göttlichen Selbstprädikation von V. 6bα gegenüber. Die zweite Strophe enthält den Selbsterweis Jahwes und die Feststellung seiner Einzigkeit. Beide Strophen sind aneinander gebunden nicht nur wegen der aufeinander bezogenen Personalpronomina אני und אתם, sondern auch durch das wiederholte Verb הגיד in V. 7aα und V. 8aβ. Beide Strophen sind von den zwei Fragesätzen ומבלעדי אין אלהים (V. 6bβ) und היש אלוה מבלעדי (V. 8bα) umschlossen. Man erkennt in der vorliegenden Einheit die Struktur der Gerichtsrede gegen die Götter : Vorladung (V. 7aα), Verhandlung (V. 8aβ) und Entscheidung (V. 8b)[193]. Innerhalb dieser Struktur wirkt die Ermahnung zur Furchtlosigkeit als etwas Fremdes. Sie hat in den übrigen Gerichtsreden keine Entsprechung; sie ist im Text durch nichts motiviert. Es ist ferner nicht einzusehen, daß „mit dieser Anrede eine Verbindung zwischen der Reihe der Gerichtsreden und der der Heils-

---

[192] Im Alten Testament begegnet diese Bezeichnung für Jahwe in 1Sam 2, 2; 2Sam 22, 32.47; Ps 18, 47; 19, 15; 89, 27; 94, 22; 144, 1; Jes 26, 4; 30, 29.

[193] Vgl. Begrich, Studien, S. 19. Er bezeichnet 44, 6-8 als eine Rede des Klägers vor dem Gericht (vgl. ebd., S. 20, 35f). Vgl. ferner von Waldow, der den Text zum kultischen Typ der Gerichtsrede rechnet (vgl. Anlass und Hintergrund der Verkündigung des Deuterojesaja, S. 40-42), Westermann (Sprache und Struktur, S. 135-141, Das Buch Jesaja, S. 113), Elliger (Jesaja II, S. 398-400), Bonnard (Le Second Isaïe, S. 158), und Schoors (I am God your Saviour, S. 228).

orakel hergestellt wird"[194]. Aber das für die Heilsorakel charakteristische Verb ירא fehlt und die zwei in 44, 8aα verwendeten Verben kommen bei den deuterojesajanischen Heilsorakeln nicht vor. Es dürfte nicht abwegig sein, zu vermuten, daß V. 8aα auf die Hand dessen zurückgeht, der den Abschnitt VV. 9-20 hinzugefügt hat und bereits in V. 7aγb wie zum Teil in V. 8aß am Werk war. Das geht aus 44, 11b hervor. Hier liegt eine Art Vorladung aller Götzenbildner vor: aus dem, was sie tun, sollen sie ihr Recht beweisen. Aber sie werden erschrecken und zuschanden werden; denn der Götze, den sie machten, ist Trug (V. 20). Es ist daher verständlich, daß der Interpolator von VV. 9-20 die ihm vorgegebene Gerichtsrede im Sinne seines Textes bearbeitet hat. In der Gerichtsrede werden die Götter und ihre Anhänger zur Beweisführung ihres Anspruches aufgefordert. Ihnen werden die Zeugen Jahwes gegenübergestellt; diese werden aber ermahnt, sich nicht zu fürchten, denn Jahwe hat längst kundgetan, daß er der Einzige ist. Im Hinblick auf die Polemik von VV. 9-20 wird also in 44, 6-8 zur Bekräftigung des göttlichen Anspruches Jahwes im voraus auf die Ohnmacht der Götter, das Kommende vorherzusagen, hingewiesen und werden die Zeugen aufgrund von Jahwes Selbsterweis ermahnt, sich vor der Konfrontierung mit den Göttern nicht zu fürchten. Durch beides wird Jahwes Einzigkeit hervorgehoben; damit wird aber der Boden für die folgenden Ausführungen geschaffen. Der Urtext würde also sein:

V. 6   So spricht Jahwe, der König Israels und sein Erlöser:

            Ich bin der Erste und ich bin der Letzte: siehe, außer mir wo ist ein Gott?

V. 7aαβ   Wer ist ja wie ich? Er melde sich, er tue es kund und lege es mir dar!

V. 8aβγ   Habe ich es nicht von jeher kundgetan? Ihr seid ja meine Zeugen!
V. 8b   Ist ein Gott außer mir? Wo ist ein Fels? Keinen kenne ich!

Nach wie vor umfaßt die Einheit eine einstichige Einleitung und zwei Strophen mit je zwei Stichen. Jeder Stichus weist durchgehend die Akzentverteilung 2+2 auf, wenn man in V. 6b die zwei אני jeweils mit dem folgenden Wort und אין mit אלהים, in V. 7a לי mit dem vorhergehenden Verb, in V. 8a הלא mit מאז und in V. 8b היש und ואין jeweils mit dem folgenden Wort durch maqqef verbindet.

Im Unterschied zu den übrigen Gerichtsreden gegen die Götter

---

[194] So Westermann, Sprache und Struktur, S. 141.

weist 44, 6-8 die vollständige Botenformel auf[195]. Diese steht an der
Spitze und fungiert als Einleitung. Ferner ist zu beachten, daß die
Selbstprädikation zu Beginn der Rede Jahwes steht und nicht etwa
am Schluß wie 41, 4b oder in der Mitte nach der Vorladung wie
43, 10bβ.11a; 45, 21bβ. Sie wird durch die unmittelbar auf sie folgende
rhetorische Frage V. 6bβ erläutert und hervorgehoben, welche dann
am Schluß in V. 8bα wiederkehrt. Die eigentliche Aussage des Textes
liegt ohne Zweifel in diesem Wort Jahwes, daß er der Erste und der
Letzte ist, außer dem kein anderer Gott existiert. Die Tatsache, daß
diese Aussage an betonter Stelle zu Anfang wie ein lapidares Wort
steht, ist schon an sich ein Hinweis darauf, wie der Text verstanden
werden will. Sie ist ein Hinweis auf die verschiedene Situation im
Vergleich zu den anderen Gerichtsreden. Denn hier steht strukturmäßig die Vorladung an erster Stelle und das bedeutet, daß Jahwe sich
vor einer gegnerischen Partei gegenübergestellt weiß, die ihm seine
Eigenschaft, der einzige Gott zu sein, streitig macht, und vor der er
sein Recht verteidigen muß. Wenn nun vorliegender Text mit einer
Aussage wie der von V. 6b ansetzt, dann bedeutet das: Jahwe spricht
souverän von sich selbst, er stellt sich als der Einzige vor, ihm steht
niemand gegenüber, der ihm das streitig macht[196]; die von ihm
gestellte Frage „wer ist wie ich" schließt von vornherein eine Situation
der Auseinandersetzung mit irgend einem Gegner aus. Ein Vergleich
mit 46, 9-11 und 40, 21-25 bestätigt diese Annahme. Die Aussage,
daß niemand wie Jahwe ist (46, 9b), und die Frage, mit wem Jahwe
zu vergleichen ist (40, 25a), richtet sich direkt an die Israeliten, die an
Jahwe zweifelten und zu den Göttern neigten; nichts verweist an
diesen Stellen darauf, daß es sich um eine gerichtliche Auseinandersetzung mit den Göttern selbst handelt.

Wenn das stimmt, dann haben wir in V. 7aαβ mit keiner Vorladung
im Sinne der eigentlichen Gerichtsreden zu tun. Gleichfalls würde in
V. 8bβ keine Entscheidung im gerichtlichen Sinn vorliegen. Es liegt
in V. 7aαβ vielmehr eine rhetorische fingierte Herausforderung allgemeiner Art vor; ihr Ziel ist es, die Selbstaussage Jahwes von V. 6b
stärker herauszustellen und zu bekräftigen.

---

[195] Elliger bemerkt: „Die einleitende Botenspruchformel 6a steht für sich" (Jesaja II,
S. 399). Vgl. Schoors, I am God Your Saviour, S. 229.

[196] Zu sagen wie Westermann: „In dieser Selbstprädikation wird etwas wie ein
Rechtsentscheid gehört" (Sprache und Struktur, S. 140), scheint der Form und der
Stellung von v.6b nicht gerecht zu werden. Es ist auch so, daß der Rechtsentscheid
formal gesehen sich an die Gegner richtet, siehe 41, 24a.28f.

Es ergibt sich aus diesem Befund, daß im vorliegenden Text in keiner Weise zwei Ansprüche gegenüberstehen[197]. Jahwe stellt sich als der Einzige vor und verweist auf die eigene Selbstkundgabe an das Volk Israel. Das heißt: wir haben nicht mit einer regelrechten Gerichtsrede zu tun. Es ist aber nicht leicht festzustellen, ob es sich um eine eigene Gattung handelt, denn es fehlt an Vergleichsmaterial. Der einzige Text, der 44, 6-8 am nächsten steht, ist 45, 18f. Dieser setzt an mit der Botenformel, die keine direkte Anrede aufweist; es folgen die ersten Worte Jahwes, die aus der Selbstvorstellungsformel und der rhetorischen Frage, ob noch ein Jahwe ist, bestehen. Dann schließt sich der Selbsterweis Jahwes an; zum Schluß kehrt die Selbstvorstellungsformel wieder. Von beiden Texten läßt sich nur ganz allgemein sagen: es sind zwei Botensprüche, die je ein selbstoffenbarendes Wort Jahwes enthalten; durch dieses Wort gibt sich Jahwe als der einzige Gott zu erkennen. Was besonders 44, 6-8 angeht, kann man sonst sagen, daß der Botenspruch in diesem Fall manches Element aus der Struktur der Gattung Gerichtsrede übernommen hat, und zwar die scheinbare Vorladung in V. 7aαβ, eventuell auch die Entscheidung, wenn man בל־ידעתי als eine solche versteht.

Es fragt sich aber nun, was der Text erreichen will, was seine Absicht ist. Der Anknüpfungspunkt zu einer Antwort scheint die Stelle zu sein, da Jahwe zur Anrede übergeht und die Zuhörenden mit „ihr seid meine Zeugen" anspricht. Diese Aussage steht ja parallel zu der Selbstaussage Jahwes „ich bin der Erste und ich bin der Letzte". Was sie meint, geht aus dem Zusammenhang hervor. Vollständig dürfte der Text sagen: ihr seid Zeugen dafür, daß ich kundgetan habe, der Erste und der Letzte zu sein. Damit verweist aber der Text deutlich, wenn auch indirekt, auf die Geschichte Israels als der Angeredeten eigene Geschichte. Wir kommen zu dem Schluß: der Text macht die Angeredeten auf ihre Eigenschaft aufmerksam, Zeugen von Jahwes Selbstoffenbarung als des einzigen Gottes zu sein. Daß ich der Einzige bin, so könnte man paraphrasieren, davon seid ihr Zeugen. Dann rückt unser Text der Intention nach in die Nähe von Texten wie 40, 21-25 und 46, 9-11, welche je in ihrer Art und mit eigener Struktur durch Verweis auf die Schöpfung und die Geschichte die Israeliten auf die Einzigkeit und Erhabenheit Jahwes aufmerksam machen, um sie da-

---

[197] Vgl. Westermann, Sprache und Struktur, S. 136, Das Buch Jesaja, S. 114f.

durch zum Glauben und zum Vertrauen zu bewegen[198]. Nach alldem
würde der Botenspruch 44, 6-8 den Zweck haben, die Israeliten ihrer
eigenen Geschichte als der Geschichte Jahwes, des Königs und Erlösers Israels[199], des Einzigen, mit seinem Volk bewußt zu machen
und darin den Erweis von Jahwes Wesen und Macht zu finden. Der
Text hätte letztlich paränetischen Charakter; er hätte seinen Sitz im
Leben in der konkreten Situation der Exilierten, in ihrem mangel-
haften Glauben. Man kann mit Recht vermuten, daß 44, 6-8 zu den
ersten vom Propheten ausgesprochenen Worten gehört, zu jenen Worten, die die Grundlage zu einer echten Begegnung zwischen Jahwe
und seinem unterdrückten Volk schaffen sollten. Denn jedes weitere
Eingreifen Jahwes für sein Volk wäre seines wahren Sinnes beraubt
worden und also erfolglos geblieben, hätte Israel aus der Betrachtung
der Schöpfung und vor allem der eigenen Geschichte den Weg zu
Jahwe nicht gefunden, hätte es Jahwe nicht als den einzigen Gott und
Schöpfer des Heils[200] erkannt. Dazu verhilft ihm dieses Wort Jahwes.
Es ist in doppeltem Sinn ein Offenbarungswort: insofern es etwas
von Jahwe sagt, und insofern es ein neues Heilsgeschehen anbahnt
durch Israels Erweckung zum Glauben und zur Annahme der anbrechenden Heilstat.

Durch Einbau von V. 7aγb und Ergänzung von V. 8aβ hat der
Interpolator aus dem ursprünglichen Botenspruch mit dem Selbstoffenbarungswort Jahwes eine Gerichtsrede gegen die Götter gemacht.
Diese werden aufgefordert, durch Vorhersage des Künftigen sich als
Götter zu erweisen. Die Ermahnung zur Furchtlosigkeit an die als
,,meine Zeugen" bezeichneten Israeliten bildet absichtlich das Pendant
zu dem im folgenden Vers 11b Gesagten: die Bildner der Götzen
werden erschrecken und zuschanden werden, die Zeugen Jahwes brauchen aber nichts zu fürchten, denn sie vertreten die Sache Jahwes, des
einzigen Gottes, der sich ihnen kundgegeben hat.

---

[198] Vgl. 40, 27-31; 46, 4. In gleiche Richtung geht Elliger, wenn er, freilich ausgehend von v.8aα, schreibt: ,,Man wird sich dem Schluß nicht entziehen können, daß
hier... die Hörer des Propheten in ihrer konkreten Situation direkt angesprochen
werden". ,,Es geht im Grunde... um die Ermunterung des Volkes, ... sich nicht vor
der Zukunft zu fürchten" (Jesaja II, S. 399).

[199] Vgl. die Ausführungen von Schoors, I am God your Saviour, S. 228f.

[200] Über den Zusammenhang zwischen der Bezeichnung Jahwes als Fels und dem
Motiv der Errettung vgl. Jes 17, 10; Ps 18, 47-49; 19, 15; Ps 89, 27; 45, 1; 78, 35. Vgl.
Schoors, ebd., S. 232.

4)   44, 9-20

V. 9   Die Bildner von Götzen : es sind alle nichts; ihre Lieblinge nützen gar
        nicht.
        Ihre Zeugen : sie selber sehen gar nicht, erkennen gar nicht — auf daß
        sie sich schämen müssen.

V. 10   Wer immer einen Abgott bildet oder einen Götzen gießt : zum Unnützen
        ist es!

V. 11   Siehe, all seine Anhänger müssen sich schämen; und die Former : sie
        selber sind vom Menschen her.
        Sie sollen sich versammeln, hertreten : sie werden erschrecken und sich
        schämen zumal.

V. 12   Der Former in Eisen : den Meißel her! Siehe, er arbeitet in der Kohlen-
        glut;
        da, mit Hämmern bildet er ihn und bearbeitet ihn mit seinem kräftigen
        Arm.
        Er hungert sogar; und wo (bleibt) die Kraft? Er trinkt kein Wasser, so
        ermattet er.

V. 13   Der Former in Holz spannt die Schnur, umreißt ihn mit dem Stift.
        Er macht ihn zurecht mit den Schnitzmessern, mit dem Zirkel um-
        reißt er ihn.
        So macht er ihn in Gestalt eines Mannes wie das Prachtstück eines
        Menschen zum Wohnen im Hause.

V. 14   Da, man fällt sich Zedern, man nimmt eine Steineiche oder sonst
        eine Eiche, man läßt (sie) stark werden unter den Waldbäumen; man
        pflanzt eine Eiche und der Regen macht sie groß.

V. 15   Das dient dem Menschen zum Brennen : man nimmt davon und wärmt
        sich, dazu noch zündet man es an : da, man bäckt Brot. Dazu noch
        macht man einen Abgott und betet ihn an, man macht ihn zum Götzen
        und kniet vor ihm.

V. 16   Die Hälfte davon verbrennt man im Feuer : auf der Hälfte davon ißt
        man Fleisch, brät man einen Braten und sättigt sich. Dazu noch
        wärmt man sich und spricht : Ha, ich bin warm, ich sehe die Glut.

V. 17   Den Rest davon aber macht man zu einem Abgott, zu seinem Götzen :
        man kniet vor ihm und betet ihn an, man fleht zu ihm und sagt :
        rette mich, denn mein Gott bist du!

V. 18   Sie erkennen nicht und begreifen nicht.
        Siehe, verklebt sind ihre Augen, daß sie nicht sehen, und ihre Herzen,
        daß sie nicht klug werden.

V. 19   Man nimmt es nicht zu Herzen; da, es ist keine Erkenntnis noch
        Verstand, so daß man sagt : die eine Hälfte davon verbrannte ich
        im Feuer, dazu noch habe ich auf den Kohlen Brot gebacken — ich
        brate Fleisch und esse! — und das Übrige davon mache ich zum
        Greuel, vor einem Holzklotz beuge ich mich.

V. 20   Wer Asche weidet : ein betrogenes Herz hat ihn verführt — er wird
        sein Leben nicht retten —, er wird nicht sagen : ist nicht Lüge in
        meiner Rechten?

a) *Zur Einteilung und zur Übersetzung*

Formal gesehen hebt sich der vorliegende Text von den ihn unmittelbar umgehenden Texten zunächst wegen Mangels der direkten Anrede ab. Es wird weder ein „Ihr" (44, 8) noch ein „Du" (44, 21) angesprochen; niemand wird mit Namen angeredet (44, 21). Es werden nur allgemeine Aussagen über Dritte gemacht und ein bestimmter Vorgang beschrieben. Es können persönliche Überlegungen sein; und es ist nicht einmal festzustellen, ob es sich um die Mitteilung solcher Überlegungen an gewisse Zuhörer handelt. Ferner spricht nichts dafür, daß hier Jahwe redet. Abgesehen davon, daß keine Formeln vorhanden sind, die auf eine Rede Gottes hinweisen, und daß auch die Selbstvorstellungsformel, sei sie auch in abgewandelter Form, fehlt, finden wir hier nicht das eigentliche Kennzeichen der Gottesrede, die direkte Anrede dessen, der angesprochen und in den meisten Fällen auch mit Namen erwähnt wird, und die Mitteilung dessen, was Jahwe unternommen hat bzw. unternimmt, also den Selbsterweis. Allein das läßt Zweifel an der deuterojesajanischen Herkunft des Abschnittes aufkommen.

VV. 10-12

Das מי von V. 10a wurde seinem ursprünglichen Sinn nach [201] als Indefinitpronomen [202] verstanden, und zwar auch deswegen, weil diese Bedeutung mehr als die des Fragepronomens dem weisheitlichen, allgemeingültigen Sinn der Aussage von V. 10 entspricht.

In V. 12 wird der Vorgang des Arbeitens beschrieben; das gibt Anlaß, das an sich isolierte מעצד in den Text sinngemäß einzubauen und es als Werkzeug zu verstehen, das der Former zu seiner Arbeit holt und benützt [203]. Ohne Objekt wurde פעל gelassen [204], nicht nur weil es auch absolut gebraucht wird (vgl. 41, 4; 43, 13), sondern auch aus inhaltlichen Erwägungen: man kann den V. 12aαβ so deuten, daß in seiner ersten Hälfte der Arbeitsvorgang im allgemeinen als Ganzes geschildert wird, während in der zweiten Hälfte Einzelheiten erwähnt werden.

---

[201] Vgl. Christian, Untersuchungen, S. 51f.
[202] Vgl. Thomas, Isaiah XLIV.9-20: A Translation and Commentary, S. 322.
[203] Vgl. Thomas, ebd., S. 324: „Basically it means ‚cutting tool'".
[204] Anders Thomas, der nach ופעל ein פֶּעֳלוֹ setzt (vgl. ebd., S. 324).

V. 14

Das ל von לכרת wurde als deiktisches, die weite Ferne bezeichnendes Element verstanden, obwohl es nicht sicher ist, ob ל mit dem Infinitiv ohne weiteres diesen Sinn behält[205]. Die folgenden Imperfekta mit ו bezeichnen syntaktisch gesehen Begleithandlungen zum לכרת.

VV. 17-19

In V. 17a wurde bei לפסלו das Suffix beibehalten: dieses könnte sich auf das Subjekt beziehen[206]. In V. 19aγ wechselt das Tempus plötzlich vom Perfekt zum Imperfekt. In der Übersetzung wurde das berücksichtigt.

b) *Literarkritik*

VV. 9-13a

Das Verb יצר, das Deuterojesaja durchgehend auf Jahwe und seine Schöpfertätigkeit in Welt und Geschichte bezieht[207], wird in VV. 9a. 10a.12a nicht theologisch verwendet: das Subjekt sind Menschen und das Objekt ist der Götze bzw. der Abgott. 46, 6b verwendet dafür das Verb עשה. Der Ausdruck פסל נסך von V. 10a begegnete bereits in 40, 19a. Das Personalpronomen המה kommt sonst nicht mehr vor. Ein המה מאדם ähnlicher Ausdruck findet sich in 41, 24a. Einmalig ist die Hithpaelform von קבץ; die Qalform davon kommt in den Gerichtsreden 43, 9; 45, 20a; 48, 14 vor. Das Verb עמד begegnet an den sekundären Stellen 46, 7 und 47, 12f, sonst in einem anderen Zusammenhang in 48, 13 und im Gottesknechtslied 50, 8. Inhaltlich entspricht das Verb פחד dem פחד von 44, 8aα. Mit V. 12 wechselt das Subjekt vom Plural zum Singular. Das Verb פעל, das Deuterojesaja in 41, 4; 43, 13 auf Jahwe bezieht, wird hier wie auch in V. 15b nicht theologisch verwendet: Subjekt ist der Mensch und Objekt der Abgott. Das Wort חרש kennzeichnet die sekundären Texte 40, 19f; 41, 7; 45, 16. Das Verb תאר ist innerhalb von Jes 40-53 nicht mehr zu finden.

---

[205] Thomas ergänzt den Text dadurch, daß er dem Infinitiv das Verb הלך voranstellt (he goeth to cut him down cedars), das wegen Haplographie ausgefallen wäre (vgl. ebd., S. 326). Morgenstern nimmt ein einfaches יְכָרֹת an (vgl. The Message of Deutero-Isaiah in its Sequential Unfolding, HUCA 30 1959, S. 68).

[206] Wieder anders Thomas, der hier ein לְפָסֵל annimmt (vgl. ebd., S. 328).

[207] Vgl. 43, 1.7. (21); 44, 2.21.24; 45, 7.11.18; 46, 11; 49, 5. Nach Elliger (vgl. Verhältnis, S. 179-182) ist 49, 9 sekundär.

V. 13b

Im Vergleich zu den vorhergehenden Versen erweist sich V. 13b
rhythmisch als zu lang. Es ist an sich der Stil des Autors von VV. 9-13,
nicht mehr als das Notwendige zu sagen. Vielleicht ist der Ausdruck
כתפארת אדם nachträglich hinzugefügt worden, zumal er eine nicht
notwendige Wiederholung von כתבנית איש darstellt. Er will ironisierend
den Gedanken des Textes unterstreichen : der Götze hat ja eine prächtige Menschengestalt, er ist aber Menschenwerk und als solches ein
Nichts. Der Ausdruck geht wahrscheinlich auf die Hand dessen zurück, der die folgenden VV. 14-19 eingebaut hat. In seiner Schilderung
hebt dieser Interpolator durch den Hinweis auf das Sich-Wärmen,
Essen und Sich-Sättigen sehr grundlegende menschliche Züge hervor :
sie bilden einen guten Kontrast zu dem in V. 13 Gesagten — wird
der Götze mit prächtiger menschlicher Gestalt der allgemeinen Ge-
setzlichkeit der menschlichen Geschöpfe sich entziehen können?

VV. 14-19

Als eigenes Gebilde sind VV. 14-17.19 zu betrachten. Sie sind
metrisch nicht einzuordnen, sprachlich unterscheiden sie sich von
VV. 9-13. Für die Reihe negativer Sätze von V. 19aα gebraucht dieser
Interpolator nicht wie bei der Reihe negativer Sätze von V. 9 die
Negationspartikel בל. Das ist auch im von ihm stammenden V. 18a
und ferner noch im ersten negativen Satz von V. 20b der Fall. Er sagt
auch nicht יצר פסל wie V. 9a, sondern עשׂה פסל; statt יצר אל wie in
V. 10a sagt er פעל אל. Er gebraucht nicht die Konjunktion גם wie
V. 12bβ, sondern die Konjunktion אף, und zwar mehrmals, siehe
VV. 15a.15b.16b.19a. Im Satzbau zieht er es vor, an erster Stelle das
Verb zu setzen und nicht das Subjekt, wie in VV. 9-13 meistens der
Fall ist. In der Darstellung ist er viel detaillierter, er beschränkt sich
aber auf die Arbeit in Holz und erwähnt gar nicht die Arbeit in Eisen,
die in VV. 9-13 als Erstes genannt wird. Er macht auch keine grund-
sätzliche Äußerungen im Gegensatz zu V. 10 und V. 20abβ, sondern
bleibt in der Einzelschilderung stecken. Anderseits erweisen sich
VV. 14-17.19 sprachlich als in sich geschlossen. Der Ausdruck אפה
לחם begegnet außer in V. 15a auch in V. 19a, der Ausdruck סגד ל(מ)ו
in Verbindung mit dem Verb שחה findet sich in VV. 15b.17abα (vgl.
V. 19b), der Ausdruck שׂרף במו־אשׁ von V. 16a kommt wieder in
V. 19aβ vor, die Verbindung אכל (בשׂר) und צלה בשׂר begegnet in
VV. 16a und 19a, die Hiphilform von נצל ist in VV. 17bβ und 20bα
belegt, das Verb חמם von V. 15a kehrt in V. 16b wieder, die Wurzeln
ידע und בין von V. 18a erscheinen in V. 19aα wieder.

In V. 18 ist die Formulierung wie in VV. 9-11 wieder im Plural. Die Reihenfolge der Verben ist aber nicht wie in 41, 20 und 44, 9 ראה וידע, sondern ידע ובין wie in Ps 82, 4. Die terminologische Verbindung von V. 18a mit V. 19aα und der Gebrauch der Negationspartikel לא statt בל läßt V. 18a der gleichen Hand zuschreiben, die VV. 14-17.19 eingebaut hat. So würde V. 18b allein sich an VV. 9-13 anschließen.

V. 20

Durch ihren Grundsatzcharakter knüpft die sentenzenhafte Äußerung von V. 20a an VV. 9aα.10 an. Wie dort so wird auch hier eine Überlegung über Wesen und Zweck der Götzen ausgesprochen. Das Wort אפר paßt treffend zu den Äußerungen über das Nichtnützen der Götzen von VV. 9-10. Auf den Interpolator von VV. 14-17.18a.19 dürfte aber der erste negative Satz von V. 20b zurückgehen. Da nimmt er nämlich auf V. 17bβγ Bezug: der, der seinen Götzen um Errettung bittet, wird keine Errettung erhalten. Der zweite negative Satz von V. 20b schließt sich ohne Schwierigkeit wegen seines weisheitlichen Charakters an V. 20a gut an. Das Wort שקר begegnet außerdem oft in weisheitlichen Texten.

Aus dieser Analyse ergibt sich, daß VV. 9-20 in Sprache und Inhalt nichts typisch Deuterojesajanisches erweisen[208]. Der Abschnitt ist aber auch nicht aus einem Guß. Die ursprüngliche, an 44, 6-8 anknüpfende Hinzufügung umfaßt folgenden Text:

V. 9   Die Bildner von Götzen: es sind alle nichts; ihre Lieblinge nützen gar nicht.
        Ihre Zeugen: sie selbst sehen gar nicht, erkennen gar nicht — auf daß sie sich schämen müssen.

V. 10   Wer immer einen Abgott bildet oder einen Götzen gießt: zum Unnützen ist es!

---

[208] Bereits Cheyne (Introduction to the Book of Isaiah, S. 299) und Duhm (Das Buch Jesaja, S. 305) haben die deuterojesajanische Autorschaft von 44, 9-20 in Frage gestellt. Ihnen schließen sich an Marti (Das Buch Jesaja, S. 301), Köhler (Deuterojesaja stilkritisch untersucht, S. 24) und neuerdings Elliger (Verhältnis, S. 239-241), Fohrer (Das Buch Jesaja, Bd. 3, S. 77), North (The Second Isaiah, S. 139f) und Westermann (Das Buch Jesaja, S. 119). Der Versuch, die deuterojesajanische Herkunft des Textes nachzuweisen, wurde vor kurzem von Guillet, La polémique contre les idoles et le Serviteur de Yahweh, Bib 40 1959, S. 428-434, unternommen. Die deuterojesajanische Herkunft des Textes wird neuerdings u.a. auch von Bonnard (Le Second Isaïe, S. 159), Lack (La Symbolique du Livre d'Isaïe, S. 98f), McKenzie (Second Isaiah, S. 67), Rignell (A Study of Isaiah Ch. 40-55, S. 42), Steinmann (Le Livre de la Consolation d'Israël, S. 129f) und Ziegler (Isaias, S. 131) angenommen.

V. 11   Siehe, all seine Anhänger müssen sich schämen; und die Former:
             sie selber sind vom Menschen her.

             Sie sollen sich versammeln, hertreten: sie werden erschrecken und
             sich schämen zumal.

V. 12   Der Former in Eisen: den Meißel her! Siehe, er arbeitet in der
             Kohlenglut;
             da, mit Hämmern bildet er ihn und bearbeitet ihn mit seinem
             kräftigen Arm.
             Er hungert sogar; und wo (bleibt) die Kraft? Er trinkt kein Wasser,
             so ermattet er.

V. 13   Der Former in Holz spannt die Schnur, umreißt ihn mit dem Stift.
             Er macht ihn zurecht mit den Schnitzmessern, mit dem Zirkel um-
             reißt er ihn.
             So macht er ihn in Gestalt eines Mannes zum Wohnen im Hause.

V. 18b   Siehe, verklebt sind ihre Augen, daß sie nicht sehen, und ihre
             Herzen, daß sie nicht klug werden.

V. 20abβ   Wer Asche weidet: ein betrogenes Herz hat ihn verführt! Er wird
             nicht sagen: ist nicht Lüge in meiner Rechten?

Was übrig bleibt, ist einem späteren Bearbeiter dieses Textes zuzuschreiben.

Es fragt sich, auf welchen von den beiden Interpolatoren die Texte
40, 18-20; 41, 6f; 48, 5b zurückgehen. Was 44, 9-13.18b.20a.20bβ von
all diesen Paralleltexten unterscheidet, ist zunächst der einheitliche
rhythmische Aufbau, dann aber auch die inhaltliche Ausrichtung,
denn der Verfasser denkt hauptsächlich an die Bildner der Götzen
und weniger an den Vorgang der Bildung des Götzen selbst; wenn
er davon spricht (VV. 12-13), so tut er es nur um zu betonen, wie die
Bildner sich dabei einsetzen, wie sie also blind sind und nicht merken,
daß es Menschenwerk ist, was sie da schaffen. In den anderen Texten
liegt dagegen der Akzent auf dem Vorgang und auf dem, was sich
daraus ergibt, auf dem Götzen selbst; es wird gesagt, daß er nicht
wackelt (40, 20b; 41, 7b) und daß er sich nicht von der Stelle rührt,
daß er ja keine Antwort gibt (46, 7). In dieser Hinsicht steht der
Abschnitt 44, 14-18a.19.20bα jenen Texten näher. Obwohl hier von
dem eigentlichen Vorgang der Götzenbildung nicht die Rede ist,
sondern vielmehr von der Herkunft des Materials, aus dem man einen
Götzen macht, spitzt sich die Aussage doch auf das zu, was der Götze
ist: ein Holzklotz, ein Greuel, von dem man Rettung erwartet!
Darüber hinaus stellt man auch in 40, 18-20; 46, 6f und 48, 5b das
gleiche Interesse für das Material fest wie in 44, 14-18a.19. Es scheint
ferner nicht, daß die Paralleltexte auf die Grundsatzfrage besonderen

Wert legen. Die Sätze 40, 18 und 46, 5 haben mehr die Funktion des Bindegliedes; sie sind von 40, 25 übernommen worden. Diese Beobachtungen dürften es nahelegen, die Paralleltexte auf den Interpolator von 44, 14-18a.19 zurückzuführen[209]. Die terminologischen Verbindungslinien etwa zwischen 46, 6b und 44, 15b einerseits und zwischen 40, 19aα und 44, 10a anderseits und einige gemeinsame Einzelbegriffe genügen an sich nicht, um ein Abhängigkeitsverhältnis der Texte voneinander festzustellen.

c) *Form- und Gattungskritik*

Der Text 44, 9-13.18b.20abβ umfaßt fünf Strophen, von denen die erste und letzte je zwei Stiche (9a.9b/18b.20abβ), die drei mittleren dagegen je drei Stiche aufweisen. Nach Verbindung einzelner Wörter mit maqqef, und zwar למען־יבשׁו in V. 9b, יצר־אל in V. 10a, ־המה מ־אדם in V. 11a, יבשׁו־יחד in V. 11b, ואין־כח in V. 12bβ, נטה־קו in V. 13a, כי־טח in V. 18b, רעה־אפר und לב־הותל in V. 20a, ולא־יאמר und הלא־שׁקר in V. 20b, ergibt sich eine im großen und ganzen einheitliche Akzentverteilung:

V. 9a	3+2
V. 9b	3+2
V. 10	3+2
V. 11a	3+2
V. 11b	3+2
V. 12aα	3+2
V. 12aβbα	2+3
V. 12bβγ	3+2
V. 13aα	3+2
V. 13aβ	2+2
V. 13b	3+2
V. 18b	3+2
V. 20abβ	3+3

Der Form nach erweist sich der Text als durchdacht. Durch besondere Verbindungslinien ist die zweite Strophe mit der ersten eng verbunden. Der erste Stichus dieser Strophe greift durch פסל, יצר und יעל auf den ersten Stichus der ersten Strophe zurück. Die Reihen-

---

[209] Die traditionsgeschichtliche Zusammengehörigkeit, von der Westermann bezüglich 40, 19-20; 41, 6-7; 44, 9-20; 46, 5-7 spricht (vgl. Das Buch Jesaja, S. 119f), trifft nach unserem Ergebnis nur für 44, 14-18a.19.20bα zu.

folge im Auftreten dieser Worte in V. 10 entspricht der von V. 9 mit
יצר an der Spitze und יעל am Ende. Der zweite Stichus der zweiten
Strophe (V. 11a) ist durch המה und בוש mit dem zweiten Stichus der
ersten Strophe verbunden; hier ist aber die Reihenfolge der Wörter
umgekehrt. Durch das betonte כלם und die Wiederholung von בוש
— mit יבשו in V. 11aα sind es im ganzen drei Wiederholungen — greift
der dritte Stichus der zweiten Strophe jeweils auf den ersten und
zweiten der ersten Strophe zurück und bildet damit mit der ganzen
ersten Strophe eine Inklusion. Die dritte und vierte Strophe weisen
formal gesehen keine Anknüpfungspunkte zu den vorhergehenden
Strophen auf, wenn man die Aufnahme des Verbs יצר in V. 12aγ
und des Wortes חרש in VV. 12a.13a als nicht entscheidend ausnimmt.
Man kann aber eine Verbindung zwischen der dritten und vierten
Strophe darin sehen, daß die ersten zwei Stiche in beiden Strophen
jeweils das gleiche Verb haben, in V. 12aβ und V. 12bα das Verb
פעל, in V. 13aβ und V. 13aδ das Verb תאר. Die Reihenfolge ist aber
verschieden: im ersten Fall haben wir Verb und adverbielle Bestimmung, im zweiten Fall einmal Verb und adverbielle Bestimmung, dann
adverbielle Bestimmung und Verb. Zu beachten ist, daß der dritte
Stichus der vierten Strophe mit dem gleichen Verb ansetzt wie der
vorhergehende zweite Stichus (עשה).

Völlig selbständig gegenüber den anderen Strophen scheint unter
formalem Gesichtspunkt die letzte zu sein; nur durch das Motiv des
Nicht-Sehens und Nicht-Begreifens (ראה und ידע/שכל) greift sie auf
den zweiten Stichus der ersten Strophe zurück, vielleicht wäre auch
auf die partizipialen Ausdrücke יצרי־פסל in V. 9a und רעה אפר in
V. 20a hinzuweisen. Das reicht vielleicht doch aus, um in der ersten
und letzten Strophe eine Inklusion des Ganzen zu erblicken.

Vom Inhalt her zeigt der vorliegende Text einen klaren Gedankengang. Die erste Strophe stellt die Frage nach den Bildern der Götzen
und bezeichnet sie als Nichts, die Zeugen der Götzen seien wegen
ihrer Blindheit nicht zuverlässig. Die zweite Strophe hebt hervor, daß
sie vom Menschen stammen, also keinen Gott „schaffen" können.
Die folgenden zwei Strophen zeigen die Götzenbildner an der Arbeit:
sie brauchen Werkzeuge, sie werden müde, was sie da schaffen, paßt
in die Dimension eines menschlichen Hauses. Die letzte Strophe
kommt auf die Unzuverlässigkeit der Bildner und Zeugen der Götzen
zurück und spricht den Schlußgedanken aus: sie stecken in der Lüge
und haben mit der Lüge zu tun.

Die Struktur dieser Einheit ist nicht derart, daß man an das Vor-

handensein einer bestimmten Gattung in fest umrissener Form zu
denken hätte. Sie weist aber einzelne formale Elemente auf, die uns
zeigen, aus welcher Geisteshaltung und gedanklichen Welt sie geschrieben worden ist. Es ist in der Tat auffällig, daß sie mit einem
partizipialen Ausdruck — יצרי ist der Form nach als ein Partizip
anzusehen — ansetzt und endet. VV. 9aα.20a bieten eine Satzform,
wie sie etwa in vielen Sentenzen im Buch der Sprüche zu finden ist:
das Subjekt steht im Partizip und regiert oft ein Objekt, es folgt dann
ein verbum finitum oder ein Verbal- bzw. Nominalsatz, der syntaktisch
auch selbständig sein kann[210]. Beide Teile verhalten sich zueinander
wie Protasis und Apodosis; das Partizip könnte man in einen Be-
dingungssatz lösen. In manchen Fällen wird in der Apodosis das
Subjekt der Protasis durch das entsprechende Personalpronomen wieder aufgegriffen. Als Beispiele mögen folgende Texte gelten: 11, 25b
(ומרוה גם־הוא יורא : wer erquickt, wird auch selber erquickt); 13, 13a (בז
לו יחבל לדבר : wer das Wort verachtet, geht zugrunde); 13, 13b
(וירא מצוה הוא ישלם : wer aber das Gebot fürchtet, bleibt wohlbehalten);
17, 15 (מצדיק רשע ומרשיע צדיק תועבה יהוה גם־שניהם : wer den Schuldigen freispricht und wer den Unschuldigen verdammt, ein Greuel
sind Jahwe beide); 21, 13 (אטם אזנו...גם־הוא יקרא ולא יענה : wer sein
Ohr verschließt... der wird auch nicht erhört, wenn er selber anruft);
28, 10 (משגה ישרים בדרך רע בשחותו הוא־יפול : wer Rechtschaffene irre-
führt... der fällt in die eigene Grube); 28, 24 (גוזל אביו ואמו חרב הוא
לאיש משחית : wer Vater oder Mutter beraubt... der ist ein Geselle des
Bösewichts); 28, 26a (בוטח בלבו הוא כסיל : wer sich auf seinen Verstand verläßt, ist ein Tor). Neben diese und andere ähnliche Texte
lassen sich ohne weiteres die Sätze 44, 9aα.20a, wenn man will auch
44, 11aβ, einreihen.

Die Formulierung und der allgemeingültige Gehalt verleihen diesen
Sätzen sentenzenhaften Charakter und lassen in ihnen den Einfluß
der weisheitlichen Denkweise und Sprache erkennen. Da diese Sätze
das Ganze einschließen und der übrige Text eine anschauliche Entfaltung ihres Inhalts darstellt, können wir die Einheit als eine weisheitliche Überlegung nach Art eines Spottliedes[211] über die Herstellung von Götzenbildern ansehen, die an die Einheit 44, 6-8 angeschlossen wurde, und zwar nicht nur zur Bekräftigung der Aussage

---

[210] Vgl. Hermisson, Studien zur israelitischen Spruchweisheit, S. 163, 166f, von
Rad, Weisheit in Israel, S. 231ff.

[211] Westermann bezeichnet 44, 9-20 als ein Spottlied (vgl. Das Buch Jesaja, S. 119),
Bonnard redet von einer „satire contre les idoles" (vgl. Le Second Isaïe, S. 158).

Jahwes, der Erste und der Letzte zu sein, außer dem kein Gott ist,
sondern vor allem zur Bekräftigung der Aussage über die Israeliten als
Zeugen Jahwes; sie sind Zeugen dessen, der der Erste und der Letzte ist,
im Gegensatz zu den Zeugen der Götter und Götzen, die von ihren Lieb-
lingen nur sagen können, sie selber haben sie mit Mühe aus Metall
oder Holz geschaffen. Vorliegende Einheit scheint also eine belehrende
Funktion erfüllen zu wollen : sie will die Israeliten ihrer Eigenschaft
bewußt machen, Zeugen des Einzigen zu sein, und sie indirekt davon
abhalten, zum Götzendienst zu neigen. Sie könnte ihren Sitz im
Leben wahrscheinlich in einer Situation haben, da eine solche Gefahr
wieder lebendig geworden war. Die übrigen Verse sind als eine nachträgliche Erweiterung dieser Einheit zu betrachten, die im Rahmen
einer Gesamtlektüre bzw. -Ausgabe von Jes 40-48 durchgeführt worden
zu sein scheint, wenn man bedenkt, daß die Spuren davon sich von
Jes 40 bis Jes 48 erstrecken. Sie weisen keine besondere innere Struktur
auf trotz mancher Wiederholung von Begriffen und Formeln.

5) 44, 21-22

V. 21   Denke daran, Jakob und Israel : mein Knecht bist du!
         Gebildet habe ich dich : Knecht bist du mir! Israel, vergiß meiner nicht.

V. 22   Getilgt habe ich wie eine Wolke deine Auflehnungen und wie einen
         Nebel deine Sünden.
         Kehre zu mir um : ich rette dich!

a) *Zur Einteilung und zur Übersetzung*

   Vorliegende Verse heben sich vom Kontext formal und inhaltlich
ab. Die direkte Anrede setzt wieder ein, und zwar nicht an ein
,,Ihr" wie in 44, 8 und 44, 23, sondern an ein ,,Du". Sie bilden eine in
sich geschlossene Einheit dadurch, daß der erste und letzte Satz
VV. 21a.22b gleich aufgebaut sind : dem Imperativ folgt jeweils ein
כי-Satz. Diese Einheit unterscheidet sich vom folgenden V. 23 noch
darin, daß sie eine Rede Jahwes ist. Gegenüber 44, 6-8 und 44, 23
weist sie ein eigenes Metrum auf. Es fehlt in ihr ferner der Selbsterweis
Jahwes; von der Götzenbildung ist keine Rede mehr. Der hymnische
Stil von V. 23 geht ihr völlig ab[212].

---

[212] Auch Elliger hebt hervor : ,,... 21-22 bzw. 23 haben mit 6-8 von Haus aus nichts
zu tun; schon Metrum und Gattung sind deutlich verschieden" (Jesaja II, S. 398). Das
ist gegen Westermann gesagt, der in 6-8.21-22 (v.21 ohne die Imperative am Anfang
und Schluß) eine vollständige Gerichtsrede und eine vollständige Heilszusage sieht, die

Über den Sinn von אלה ist die Ausführung von Corré zu berücksichtigen[213]. Es besteht ein Unterschied in der Bedeutung der beiden
כי : ersteres führt das an, woran Jakob denken muß, letzteres gibt die
Begründung an. Die Parallelität beider Sätze im Gefüge der Einheit
legt nahe, גאלתיך präsentisch zu übersetzen als eine Handlung, die eine
feststehende und andauernde Haltung wiedergibt, was der Eigenschaft
Israels, Knecht Jahwes zu sein, entspricht.

Der iterativ-durative Charakter, der der Niphalform innewohnt[214],
wurde durch die Umschreibung „laß dich nicht darauf ein" wiedergegeben. Die passive Übersetzung wäre an sich auch möglich. Es fragt
sich aber, ob es nicht besser gewesen wäre, dieses Verb aktiv zu
formulieren (ich vergesse deiner nicht) im Parallelismus zu יצרתיך.
Man hat aber von der Struktur der Einheit her den Eindruck, daß es
dem Verfasser daran lag, eine dreigliedrige Reihe von Imperativen zu
schaffen in der abwechselnden Form der Position, Negation, Position.
Auch von dieser gegenseitigen Entsprechung der drei Verben her ist
anzunehmen, daß תנשׁני aktive Bedeutung hat.

b) *Literarkritik*

Das zweimalige Vorkommen des Namens Israel in unmittelbarer
Nähe fällt auf, zumal das in der gleichen Anrede geschieht und nicht
etwa wie in 44, 2, wo der Name Jakob zwar zum zweiten Mal vorkommt, aber doch strukturmäßig in einem anderen Glied der Rede,
dazu noch getrennt vom ersteren Glied 44, 1 durch die Botenformel
44, 2a. Eine solche Wiederholung des Namens findet sich bei Deuterojesaja sonst nicht mehr. Es ist ferner zu beachten, daß die Namen
Jakob-Israel, wenn sie in der Anrede zusammen vorkommen, doch
nicht dicht nebeneinander stehen, sondern durch Appositionen oder
sonstige Zwischenglieder voneinander getrennt sind[215]. Außerhalb der
Anrede finden sich beide Namen direkt nebeneinander[216]. In 49, 6a
sind sie aber wieder voneinander getrennt. Diesem Befund entspre-

---

miteinander zu einem Wort vereint sind (Das Buch Jesaja, S. 113f). Auch Duhm sah
in vv.21-22 die Fortsetzung von vv.6-8 (vgl. Das Buch Jesaja, S. 304, 309). So auch
Marti (vgl. Das Buch Jesaja, S. 301, 304). Dagegen äußerte sich aber bereits Feldmann
(vgl. Das Buch Isaias, S. 85f).

[213] Vgl. Corré, 'ēlle, hēmma = sic, Bib 54 1973, S. 263f.

[214] Vgl. Christian, Untersuchungen, S. 78f.

[215] Vgl. 40, 27a; 41, 8aαb; 41, 14; 43, 1.12; 44, 1 (v.2bβ ist sekundär); 49, 5aβ. Die
einzige Ausnahme ist 48, 12a.

[216] Vgl. 42, 24; 43, 28; 44, 23; 45, 4a.

chend ist anzunehmen, daß ‏וישראל‎ in V. 21a erst nachträglich hinzu-
kam. Es ergibt sich, daß V. 21 in chiastischer Form aufgebaut ist:
Imperativ, Name, Knecht-Prädikation, Verb, Knecht-Prädikation,
Name, Imperativ (durch ‏לא‎ und Imperfekt). Die Anrede ‏עבדי אתה‎
begegnet außer im sekundären 41, 9 in 49, 3a. Die Niphalform von
‏נשה‎ ist im AT nur hier belegt. Sehr selten ist auch die Konstruktion
des Niphals mit einem Personalsuffix; das kommt sonst nur in
Ps 109, 3 vor. Der Ausdruck ‏מחה פשע‎ begegnet sonst in Ps 51, 3;
109, 14 (mit ‏חטאה‎ als Objekt) und Ne 3, 37 (vgl. Jer 18, 23), schließlich
im sekundären Jes 43, 25. Einmalig bei Deuterojesaja sind die Wörter
‏עב‎ und ‏ענן‎. Auch die Wendung ‏שובה אלי‎ kommt bei ihm nicht mehr
vor. Die Begründung ‏כי גאלתיך‎ fanden wir bereits in 43, 1bα.

    Die Einheit erweist sich als deuterojesajanisch. Der Prophet be-
zeichnet Jakob bzw. Israel als Knecht Jahwes[217]; er verwendet die
Verben ‏יצר‎ und ‏גאל‎, um das Verhältnis Jahwes zu Jakob-Israel zu
beschreiben[218].

c) *Form- und Gattungkritik*

    Die Einheit besteht aus zwei Strophen mit je zwei Stichen. Die erste
Strophe umfaßt V. 21a und V. 21b, die zweite V. 22a und V. 22b. Die
Akzente sind auf 2+2; 3+2; 3+2; 2+2 verteilt, wenn man in
V. 21b ‏לא־תנשני‎ mit maqqef verbindet. Die Einheit weist eine klare,
durchdachte Struktur auf. Wie bereits bemerkt, ist die erste Strophe
chiastisch aufgebaut. Das Hauptgewicht liegt in der Mitte, wie es am
wiederholten ‏עבד אתה‎ neben den Namen ersichtlich ist. Daß das Verb
‏יצרתיך‎ gerade in der Mitte zwischen dem zweifachen ‏עבד אתה‎ steht,
hat sicher seine Bedeutung. Es zeigt, worin die Eigenschaft Jakobs
und Israels, Knecht Jahwes zu sein, gründet. Aufeinander bezogen
sind die zwei Personalpronomina, mit denen die zwei Verben je am
Anfang und Schluß von V. 21b versehen sind: gebildet habe ich dich
— mich vergiß nicht! Die zweite Strophe knüpft an die erste durch
das Zurückgreifen auf die perfektische Form von ‏יצרתיך‎ bei ‏מחיתי‎ an.
Es handelt sich aber nicht um eine Weiterführung der Aussage von
V. 21bα, vielmehr um den neuen Gedanken, der den Gedanken in
V. 21b ergänzt. Das legt sich nahe, wenn man die Stellung des Verbs
‏מחיתי‎ in der Struktur des Ganzen beachtet. Mit diesem Verb beginnt

---

[217] Vgl. 41, 8a; 44, 1a; 45, 4a; 48, 20b.
[218] Vgl. 43, 1b.7 (43, 21a ist vermutlich nicht echt); 44, 2a.23b; 45, 11a; 48, 20b;
52, 9.

der erste Stichus der zweiten Strophe so wie mit dem Verb יצרתיך
der Schlußstichus der ersten Strophe beginnt. Wir haben also, wenn
man den Ansatz eines jeden Stichus betrachtet, die Reihenfolge:
Imperativ, Perfekt, Perfekt, Imperativ, die wiederum chiastisch ist.
Es wird daraus klar, daß das zweite Perfekt zum folgenden Imperativ
gehört, so wie das erste Perfekt zu dem ihm vorangehenden Imperativ
gehört. Zu beachten ist in V. 22a das Vorkommen des gleichen Personalsuffixes an betonter Stelle, am Ende eines jeden Stichus. Es wurde
schließlich schon auf die Parallelität zwischen dem ersten und dem
letzten Stichus in ihrem Aufbau hingewiesen.

Die Frage nach der Gattung der vorliegenden Einheit ist nicht leicht
zu beantworten, da es an Paralleltexten fehlt. Selbst innerhalb von
Jes 40-53 hat diese Einheit nicht ihresgleichen. Sie steht auch isoliert
im Kontext; es fehlt irgendeine Einführungsformel, die auf die Rede
Jahwes aufmerksam macht, und jede Spur eines Redeabschlusses. Es
bleibt als einziger Ausgangspunkt der Inhalt. Die drei Imperative
„gedenke", „vergiß nicht", „kehre um" geben ohne Zweifel dem
Ganzen den Ton. Es sind vor allem der erste und der letzte Imperativ,
die allein ihrer polaren Stellung halber das Ganze charakterisieren.
Jakob-Israel soll gedenken, daß er Jahwes Knecht aufgrund von Jahwes schöpferischem Tun ist. Aber gerade deswegen darf er sich an
Jahwe wenden und zu ihm zurückkehren. Die zweite Strophe ermahnt
dazu, entsprechend der eigenen Würde folgerichtig zu handeln. Wenn
einmal Jahwe Jakob-Israel zu seinem Knecht gemacht hat, so bleibt
es dabei: nichts kann ihn von Jahwe trennen. Zur Bekräftigung dieser
Tatsache fügt Jahwe hinzu, daß er seinem Volk die Sünden getilgt
hat. Jahwe erinnert sein Volk daran, sein Knecht zu sein, um es gleich
aufzufordern, zu ihm zurückzukehren. Es handelt sich also um eine
Ermahnung[219] aufgrund der Erwählung, die ein für allemal Israel
zum Eigentum Jahwes gemacht hat und nicht rückgängig wird, aber
auch aufgrund der Erlösungstat, die Jahwe unternimmt. Es ist sicher
kein Zufall, daß Jahwe dreierlei von sich sagt: er habe Israel gebildet,
er habe seine Sünden getilgt und er rettet es. Den drei Imperativen,

---

[219] Begrich hält 44, 21f für ein Mahnwort. Er meint, daß diese Gattung auf die
Nachahmung der priesterlichen Tora zurückgeht (pluralischer Imperativ, Jussiv in der
dritten Person, Folge), daß aber der formale Bezug von 44, 21f auf diese Tora freier
geworden ist (vgl. Studien, S. 51f). Nach von Waldow hat 44, 21f die Form eines
Disputationswortes mit Glied A, Diskussionsbasis (die Aufforderung „denke daran"
v.21aα), und Glied B, Schlußfolgerung (v.22b), vgl. Anlass und Hintergrund der Verkündigung des Deuterojesaja, S. 28f, 31, 197 Anm. 18.

durch die Jahwe sich an Israel wendet, entsprechen die drei Perfekta, durch die Jahwe auf sein Tun für Israel hinweist. Jahwe begründet sein Ermahnungswort in seinem Heilstun in Vergangenheit und Gegenwart. Wenn er aber durch die ersten zwei Perfekta auf das anzuspielen scheint, was er für sein Volk bereits getan hat, spricht er durch das dritte, mit כי eingeführte Perfekt aller Wahrscheinlichkeit nach die Zusicherung aus, daß er sein Volk rettet. Der Satz V. 22bβ hat seinen Platz wohl im Heilsorakel[220], wie es sich an 43, 1bα zeigt, und bildet dort den eigentlichen Heilszuspruch. Das Wissen dessen, was Jahwe zur Stunde unternimmt, soll nun Jakob-Israel zur Umkehr zum Bund[221] bewegen. Gattungsmäßig gesehen kann man dann sagen, daß unsere Einheit das Ermahnungswort mit einem Element aus dem Heilsorakel verbindet. Die Aufforderung zur Umkehr gründet in der Zusicherung Jahwes, daß er sein Volk rettet.

Vorliegende Einheit fügt sich also gut in die Gesamtbotschaft des Propheten ein. Sie hat ihren Sitz in der damaligen Situation der Exilierten, da es galt, ihnen die Hoffnung zu geben, daß Jahwe da war, sie zu erlösen, daß er den ersten Schritt tat im Hinblick auf die Wiederherstellung des Bundesverhältnisses.

6)   44, 23

V. 23   Jubelt, ihr Himmel: ja, Jahwe handelt! Jauchzt ihr Tiefen der Erde. Brecht aus, ihr Berge, in Jubel, du Wald und jeder Baum in ihm: Ja, Jahwe erlöst Jakob; siehe, er verherrlicht sich an Israel!

a) *Zur Einteilung und zur Übersetzung*

Zur Absonderung von V. 23 als einem eigenständigen Text führen die Anrede an Naturdinge in der zweiten Person Plural und die Tatsache, daß es sich nicht um eine Rede Jahwes handelt. Seine Funktion als Abschlußtext einer ganzen Reihe von Einheiten geht aus dem lapidaren Satz V. 23bα hervor: durch das Verb גאל knüpft der Text nicht nur an V. 22b an, sondern auch an 44, 6a und darüber hinaus an 43, 14a und 43, 1b.

Die Perfekta wurden präsentisch übersetzt zur Bezeichnung von

---

[220] „Auch in Jes. 44, 21f ist es möglich, in dem Gliede B ein Heilsorakel zu erkennen. Doch hier hat die Schlußfolgerung noch einen Anhang in Form eines Mahnwortes" (vgl. von Waldow, ebd., S. 31).

[221] Die Formel שוב אל יהוה meint, wie es von Dt 30, 9f; Jer 3, 7.10; Ho 2, 9 und ihrem Zusammenhang bezeugt wird, das Zurückkehren in das Bundesverhältnis. Vgl. noch 1Kön 8, 33.48; 2Kön 23, 25; Ho 6, 1; 7, 10; 14, 3; Jl 2, 13; Sa 1, 3; Ps 78, 34.

Handlungen, die als feststehend und sicher gedacht sind. Die deiktische Bedeutung des Adverbs כי wurde in diesem Fall durch das rhetorische Ja wiedergegeben.

b) *Literarkritik*

V. 23a

Das Verb רנן begegnet sonst in den Hymnen 42, 11; 49, 13, ferner in 54, 1. Zusammen mit שמים findet es sich in 49, 13, Die Himmel werden in 45, 8 angeredet. Das Verb רוע kommt innerhalb der deuterojesajanischen Schrift sonst nur in 42, 13b vor, wo es auf Jahwe bezogen wird. Beide Verben רנן und רוע kommen in Ze 3, 14a zusammen vor. Nur hier begegnet innerhalb von Jes 40-53 das Wort תחתי und die Verbindung תחתיות ארץ. Letztere ist in Ps 63, 10; 139, 15 belegt, bildet aber kein Pendant zu שמים wie im vorliegenden Text. Die Verbindung (י)פצחו הרים רנה findet sich in 49, 13aβ, das Verb פצח begegnet ferner in dem Hymnus 52, 9 und zusammen mit רנן in 54, 1. Alle drei Verben רנן, רוע und פצח kommen zusammen im nachexilischen Ps 98, 4 vor. Die Berge werden auch in den Hymnen 42, 11; 49, 13 angeredet, vom Wald ist aber bei Deuterojesaja nicht mehr die Rede, auch vom עץ zur Bezeichnung der Gattung „Baum" nicht. Er gebraucht dieses Wort einmal zur Bezeichnung einer bestimmten Art vom Baum, des Ölbaums (41, 19), dann zur Bezeichnung der Götzen in 45, 20b (sek.). Dazu kommt, daß im Hymnus 49, 13 nur Himmel, Erde und Berge zum Jubel aufgefordert werden; dort werden Wald und Baum nicht erwähnt. Selten ist auch bei Deuterojesaja der distributive Sinn von כל. 44, 23aγ könnte daher auf den Interpolator von 44, 14-18a.19. 20bα zurückgehen, der damit Jahwe zujubeln läßt von dem, was der Mensch als Material zur Schaffung der Götzen verwendet. Oder es könnte auf die Hand dessen zurückgehen, der 42, 10 hinzugefügt hat. Denn in Ps 96, 12 finden wir neben dem Ausdruck הים ומלאו den Ausdruck ירננו כל־עצי יער. Freilich, wenn man V. 23aγ wegnimmt, dann bliebe der zweite Stichus ein Torso, es sei denn man sieht im ganzen V. 23 einen dreistichigen Hymnus mit der Akzentverteilung 3+3; 3+3; 3+2. Ohne Objekt findet sich das Verb עשה in 41, 4; 46, 4; 48, 3b.11.

V. 23b

Die Hithpaelform von פאר ist sonst in 49, 3b, ferner in 60, 21; 61, 3 belegt. Schließlich begegnet in V. 23b die für Deuterojesaja charakteristische Namenfolge Jakob-Israel.

Wie in 49, 13; 52, 9 wendet sich 44, 23 an Naturdinge. Die Verwandtschaft in Sprache und Inhalt mit den übrigen deuterojesajanischen Hymnen spricht für die deuterojesajanische Herkunft von
44, 23.

c) *Form- und Gattungskritik*

So wie er vorliegt, besteht der Text aus drei Stichen, deren Akzente,
wenn man כי־עשׂה־יהוה mit maqqef verbindet, auf 3+3; 3+3; 3+2
verteilt sind. Man könnte auch ארץ in V. 23aβ und בו in V. 23aδ
jeweils mit dem vorhergehenden Wort verbinden, die Akzente wären
dann auf 3+2; 3+2; 3+2 verteilt.

Die Grundstruktur ist einfach, sie weist die Abfolge Imperativ,
Subjekt, Begründungssatz auf. Der erste Vers ist so aufgebaut, daß der
Begründungssatz in der Mitte zwischen zwei Imperativen mit entsprechenden Subjekten steht. Dabei sind die zwei Subjekte aufeinander
bezogen, insofern sie nach räumlicher Vorstellung einander ergänzen:
den Himmeln entsprechen die Tiefen der Erde. Der zweite Stichus
weist nur ein Imperativ, aber drei Subjekte auf. Erst im dritten Stichus
begegnet der Begründungssatz, dem ein Abschlußsatz zur Bezeichnung
der Folge von Jahwes Eingreifen zur Seite steht. Hält man V. 23aγ
für sekundär, so ergibt sich innerhalb der gleichen Struktur eine
verschiedene Disposition und rhythmische Einteilung der einzelnen
Glieder. Der zweite Imperativ mit entsprechendem Subjekt würde im
zweiten Stichus die erste Stelle einnehmen. Ohne Hinzufügung des
maqqef würden dann die drei Stiche die Akzentverteilung 2+2; 3+3;
3+2 aufweisen. Die inhaltliche Bezogenheit der Subjekte würde vom
ersten zum zweiten Stichus wechseln: den Tiefen der Erde wären
nicht die Himmel, sondern die Berge gegenübergestellt, was an sich
angebrachter zu sein scheint.

Zur Gattung dieses Textes ist dem von Crüsemann Gesagten nichts
hinzuzufügen: „Einmal können die כי-Sätze hier nicht im Munde der
Aufgeforderten als Durchführung des Aufrufs gedacht werden; sie
sind jetzt... zu einer Begründung geworden. Dem entspricht es, daß
die Topik der Aufrufe sich charakteristisch von der des Mirjamliedes
und der Psalmen unterscheidet... Diese Worte (רנן, גיל, פצח u.a.)
meinen... kein artikuliertes Reden oder Singen... Der jetzige Sitz im
Leben ist nicht mehr ein wie immer gearteter Kultus, sondern die
prophetische Verkündigung; es sind also keine wirklichen Hymnen,
die von Chor und Gemeinde gesungen werden, sondern die hymnische

Form dient dem Heilszuspruch[222]. Trotzdem stellt sich die Frage, wie sich diese Hymnen, in unserem Fall also 44, 23, zur Verkündigung des Propheten verhalten. Man kann sich nicht vorstellen, daß der Prophet sie in der Verkündigung ausgesprochen hat, es sei denn er habe diesen Worten als Abschlusworten seiner Predigt einen nachdrücklichen rhetorischen Ton verliehen. Sonst müßte man ihnen nur eine literarische Funktion zuschreiben : in einer schriftlichen Fassung und Sammlung seiner Worte hätte der Prophet jeweils einen Abschnitt größeren Umfanges durch diese Hymnen abgeschlossen. Die Form des imperativischen Hymnus gab ihm auf jeden Fall Anlaß, nochmals auf den Kern seiner Botschaft — (כי) גאל יהוה יעקב — zurückzugreifen und der göttlichen Tat durch den Aufruf an Himmel und Erde kosmisch-universale Dimension zu verleihen.

Das ist aber nicht der eigentliche Grund, warum Deuterojesaja auf die Form des imperativischen Hymnus greift. Durch die Übernahme dieser Form, die der Überlieferung nach dem Exoduskreis angehörte, hebt der Prophet hervor, daß die jetzige Erlösungstat Jahwes wieder eine machtvolle Siegestat, die die ganze Welt angeht. Wenn die Heilsorakel wirklich auf die Tradition der Jahwekriege zurückgehen, zu der auch die Errettungstat am Schilfmeer nach Ex 14 angerechnet wurde, dann ist es kein Wunder, am Schluß jenes Teils der deuterojesajanischen Schrift, die die Heilsorakel enthält, einen imperativischen Hymnus zu finden. Ein solcher Hymnus, und zwar das Mirjamlied Ex 15, 21, kennzeichnet ja den Schlußteil der Darstellung vom Auszug. Mit Recht sieht man in ihm eine uralte Grundform des israelitischen Hymnus und vermutet, daß, wo immer im ältesten israelitischen Gottesdienst der Herausführung aus Ägypten gedacht wurde, vorzugsweise dieser Hymnus erklang[223]. Aus diesem gedanklichen Zusammenhang her erhalten die imperativischen Hymnen 44, 23; 49, 13; 52, 9 innerhalb der deuterojesajanischen Schrift ihren berechtigten Platz und ihren Sinn. Indem sie aufgrund der Erlösungstat Jahwes zum Jubel auffordern, besingen sie diese Tat der Heraus- und Heim-

---

[222] Vgl. Crüsemann, Studien zur Formgeschichte von Hymnus und Danklied in Israel, S. 48. Begrich hält 44, 23 für einen eschatologischen Hymnus (vgl. Studien, S. 47f). Nach Westermann ist 44, 23 ein Loblied und gehört zur gleichen Gattung wie die beschreibenden Lobpsalmen (vgl. Sprache und Struktur, S. 157-163, Das Buch Jesaja, S. 116f). Westermann hebt hervor : „In den ‚eschatologischen Lobliedern‘ ... hat sich diese imperativische Einleitung mit einem berichtenden Hauptteil verbunden, einem Bericht jedoch, der ... von einem angekündigten Ereignis spricht, als sei es schon geschehen‟ (vgl. Sprache und Struktur, S. 157).
[223] Vgl. Crüsemann, ebd., S. 19-24.

führung als die neue Siegestat, da sich Jahwe erneut als der macht-volle Befreier seines Volkes erweist. Es ist kein Zufall, daß diese Hymnen im Zusammenhang mit dem Exodusthema stehen: 49, 13 folgt den Aussagen von 49, 5f; 49, 8-12 und 52, 9 steht zwischen 52, 8 und 52, 10-12.

Zu bemerken ist, daß in den deuterojesajanischen Hymnen das ursprüngliche ליהוה fehlt, daß die Verben keine Verben des Sprechens oder des Singens sind, kein artikuliertes Reden bezeichnen. Es ist ferner nicht zu vergessen, daß die Aufforderung nicht an das Volk, sondern an Naturdinge ergeht. Die Form des imperativischen Hymnus wird zwar beibehalten, aber der Inhalt und die Funktion des Hymnus scheinen bei Deuterojesaja anders zu sein. Es geht nicht um eine Aufforderung zum Lobpreis Jahwes, sondern um einen Aufruf zum Jubel aufgrund dessen, was Jahwe vollzieht. Das Fehlen von ליהוה hat formal gesehen zur Folge, daß im Unterschied zum Durchführungs-satz der Grundform, wo der Name „Jahwe" nicht erwähnt wird[224], der Begründungssatz in Jes 44, 23; 49, 13; 52, 9 das Subjekt יהוה aufweist.

Vielleicht erklären sich diese Unterschiede von der konkreten Situa-tion her, in der sich der Prophet befand. Daß hier die Natur zum Jubel aufgefordert wird, hinge davon ab, daß „die eigentlichen Empfänger der Heilstat, die Israeliten im Exil, offenbar noch nicht dazu bereit sind"[225]. Sehr befriedigend ist diese Erklärung freilich nicht. Vielleicht hat bei Deuterojesaja ein anderer Gedanke eine Rolle gespielt, nämlich der, daß die Natur beim Auszug aus Ägypten und beim Durchwandern der Wüste der beteiligte Zeuge der Großtat Jahwes gewesen ist. Dieser Gedanke ist im nachexilischen, aber von älterem israelitischem Lied-material geprägten Ps 68 ausgedrückt, wo es heißt: „O Gott, als du auszogst vor deinem Volk, als du einherschrittest in der Wüste, da erbebte die Erde, ja, die Himmel troffen vor Gott, der Sinai zitterte vor dem Gott Israels" (V. 8f). Wenn das stimmt, dann denkt der Prophet in seiner Aufforderung zum Jubel an Himmel, Erde und Berge als Zeugen des neuen Exodus und der neuen Heimführung Israels aus der Gefangenschaft ins Heimatland (vgl. Jes 52, 10). Die jetzige Erlösungstat ist in seinen Augen ein Heilsgeschehen weltbreiter Tragweite und nicht irgendeine kleine Episode im üblichen Lauf der Dinge.

---

[224] Vgl. Ps 9, 12f; 22, 24f; 117, 1f; Jer 20, 13.
[225] Vgl. Crüsemann, ebd., S. 48.

d) *Zur Exegese*

Vor dem, was Jahwe zur Erlösung seines Volkes unternimmt, bleiben die Dinge nicht unbeteiligt. Durch ihr Dasein zeigen sie zunächst, daß Jahwe der Allmächtige ist und deswegen auch die Geschichte in seiner Hand hält. Israel gelang zum Verständnis Jahwes als des Retters erst durch die Betrachtung dessen, was ist, und durch die sich daraus ergebende Wahrnehmung Jahwes als des Einzigen, in dessen Macht Sein, Dasein und Schicksal von Schöpfung und Menschen liegen. Aber, wie die Dinge der offene Beweis für Jahwes Macht sind, so ist nun ihr Jubeln das Zeichen, daß sich Jahwe durch sein Heilstun wirklich als der machtvolle Retter erweist. So gesehen erscheint die Aufforderung an Himmel, Erde und Berge zum Jubel nicht als eine rhetorische Floskel innerhalb der prophetischen Botschaft, sondern als sinnvolle Geste. Der Jubel der Natur soll in der Intention des Verfassers zweierlei zum Ausdruck bringen: daß sich Israel zu Jahwe bekehrt hat und daß Jahwes Erlösungsplan und -werk sich erfüllt. An diesem Jubel wird offenbar, daß das vom Propheten vermittelte Wort Jahwes ein tatkräftiges und heilbringendes war.

Von dem gedanklichen Zusammenhang her ist die Aufforderung an Himmel und Erde zum Jubeln das Letzte, was der Prophet zu sagen hat. Er hat seine Argumentation mit dem Hinweis auf die Macht Jahwes über die Schöpfung, die ihm allein eigen ist (40, 12.22-24), begonnen. Es war ein Wort mit stark weisheitlichem Charakter. Es ist dann bezeichnend, daß er größere Abschnitte seiner Schrift mit dem Hinweis auf den Jubel der Völker (42, 11) oder mit der Aufforderung an die Natur zum Jubel regelmäßig abschließt[226]. Vielleicht hat der Wechsel der Form von der weisheitlichen Überlegung zum imperativischen Hymnus auch seine Bedeutung. Das könnte von einer veränderten Situation zeugen. Was persönliche Überzeugung des Propheten war, erweist sich nun erneut als zwingende Wirklichkeit: in seiner Qualität als Schöpfer der Dinge offenbart sich jetzt Jahwe im Geschehen der Erlösung als der souverän mächtige Herr der Geschichte und sieghafte Retter.

Der Prophet braucht zu der neuen Heilszeit, die Jahwe seinem Volk gewährt, nicht mehr, Himmel und Erde als Zeugen gegen Israel als untreues, widerspenstiges Volk anzurufen, wie einst Mose bei der Bundesschließung im Lande Moabs es tat[227]. Wenn er sich an Himmel

---

[226] Vgl. 44, 23; 49, 13; 52, 9.
[227] Vgl. Dt 4, 26; 30, 19; 31, 28.

und Erde wendet, so tut er es nur, um sie zum Jubeln aufzufordern aufgrund von Jahwes Heilstat. Das bedeutet wiederum, daß Jahwes sein Volk von sich aus rettet, ohne sein Heil von irgendwelchen Bedingungen abhängig zu machen. Das gewährte Heil bleibt; es wird nicht mehr an den Gehorsam und die Treue des Volkes appelliert. Was Jahwe nun tut, ist nicht mehr rückgängig zu machen. Vielleicht hat Deuterojesaja das wirklich im Sinne gehabt, wenn er Himmel und Erde und Berge anruft. Er ruft sie nicht als Zeugen der Untreue Israels, sondern als Zeugen des neuen und endgültigen Heilsgeschehens an, in dem sich Jahwes Macht und Liebe bezeugen.

Zusammenfassung der Analyse von 43, 22-44, 23

Auf Deuterojesaja gehen folgende Einheiten zurück :
1) 43, 22.26-27.28b
2) 44, 1-2a (ohne יעזרך).3-5
3) 44, 6a(ohne יהוה צבאות).6b.7aαβ.8aβ(ohne השמעתיך).8b
4) 44, 21a(ohne וישראל).21b.22
5) 44, 23aαβγ.23b.

Die Ergänzung der Einheit 1) durch VV. 23-25.28a ist einer kultisch orientierten Bearbeitung des Textes zuzuschreiben, welche ihre Spuren sonst in 44, 28b und 48, 1baβ.2.9 hinterlassen hat. Aus Gründen redaktioneller Angleichung an den Komplex 41, 1-43, 21 wurden in die Einheit 2) יעזרך (aus 41, 13f) und V. 2b eingefügt; durch letzteren Vers wurde die Einheit 2) zu einem Heilsorakel verwandelt (aus 41, 10a.13b.14a; 43, 1b). In der Einheit 3) dürften die Zusätze VV. 7aγ. 7b.8aα und das השמעתיך von V. 8aβ auf den Interpolator von 44, 9-13.18b.20a.20bβ zurückzuführen sein (vgl. 44, 11b); das השמעתיך könnte dabei aus 43, 12a inspiriert worden sein. Aus Gründen der Angleichung könnte das וישראל von 44, 21a hinzugefügt worden sein (aus 43, 1). Vom Interpolator von 44, 14.18a.19.20bα (oder aus 42, 10.12) stammt 44, 23aδ.

Gattungsmäßig liegt in der Einheit 1) ein Mahnwort vor; es wurde aber durch die Ergänzung von VV. 23-25.28a zu einem Scheltwort verwandelt. Die Einheit 2) ist als eine Heilsankündigung anzusehen; durch die Ergänzung von V. 2b wurde sie zu einem Heilsorakel eigener Art verwandelt. In der Einheit 3) liegt ein Botenspruch mit einem Selbstoffenbarungswort Jahwes vor. Die Bearbeitung hat daraus eine Gerichtsrede gemacht; Elemente davon waren aber im Urtext bereits vorhanden. Die Einheit 4) ist ein Mahnungswort, welches ein

Element aus dem Heilsorakel (der Heilszuspruch) enthält. In 44, 23 haben wir schließlich einen imperativischen Hymnus.

Überlieferungsgeschichtlich ist anzunehmen, daß die Einheit 1) ursprünglich die Fortsetzung der Einheit 42, 19a.20.22*.24a darstellt. Die Teilung dieses Textes und dessen Voranstellung vor den jeweiligen Heilsorakeln geht auf Deuterojesaja selbst zurück.

Der Komplex 43, 22-44, 23 wurde nachträglich durch 44, 9-13.18b. 20a.20bβ ergänzt. Erst später kam 44, 14-18a.19.20bα hinzu im Rahmen einer Bearbeitung der gesamten Schrift (vgl. 40, 18-20; 41, 6f; 45, 20b; 46, 6f; 48, 5).

KAPITEL V

JES 44, 24-48, 12

A. *Jes 44, 24-47, 15*

1) 44, 24-28; 45, 1-7

V. 24 So spricht Jahwe, dein Erlöser und dein Bildner vom Mutterschoß:
„Ich bin Jahwe, der alles tut,
der die Himmel ausgespannt hat, ich allein! Der die Erde ausgebreitet
hat — wer war bei mir?"

V. 25 Der die Zeichen der Lügner zerbricht — ja, die Wahrsager macht er
irre!
Der umkehren läßt die Weisen rückwärts — ja, ihr Wissen macht er
töricht!

V. 26 Der das Wort seiner Knechte verwirklicht — ja, den Plan seiner Boten
läßt er erfüllen!

Dieser ist es, der sagt: Jerusalem soll bewohnt werden; die Städte Judas
sollen gebaut werden! Seine Trümmer richte ich auf!

V. 27 Dieser ist es, der sagt: Abgrund, versiege — ja, deine Ströme trockne
ich aus!

V. 28 Dieser ist es, der sagt: Kyros ist mein Hirte, all mein Vorhaben wird er
erfüllen, und zwar sagen: ‚Jerusalem soll gebaut werden und der
Tempel soll gegründet werden'.

45, 1 So spricht Jahwe zu seinem Gesalbten, zu Kyros — den habe ich bei
seiner Rechten gefaßt, niederzuwerfen vor ihm Völker; ja, die
Hüften der Könige entgürte ich;
zu öffnen vor ihm Türen; ja, Tore werden nicht geschlossen bleiben.

V. 2 „Ich ziehe vor dir her und Prächtige erniedrige ich,
Türen aus Bronze zerbreche ich und Riegel aus Eisen zerschlage ich:

V. 3 Da, ich gebe dir verborgene Vorräte und versteckte Schätze,
damit du erkennst, daß ich Jahwe bin. Dieser ist es, der dich beim
Namen ruft — Israels Gott —,

V. 4 um meines Knechtes Jakob und Israels, meines Erwählten, willen!

Sieh, ich rufe dich bei deinem Namen, gebe dir einen Ehrennamen
— ohne daß du mich kennst!

V. 5 Ich bin Jahwe; wo sonst, außer mir wo ist ein Gott?
Ich gürte dich — du kennst mich ja nicht —,

V. 6 damit sie erkennen vom Aufgang der Sonne und vom Untergang, daß
nichts ist außer mir. Ich bin Jahwe, wo sonst...?

V. 7   Ich bilde das Licht und schaffe die Finsternis;
        ich vollziehe Ausgleich und schaffe Unheil. Ich bin Jahwe, der all das
        tut!"

a) *Zur Einteilung und zur Übersetzung*

44, 24 hebt sich vom Vorhergehenden durch den neuen Ansatz mit der Botenformel ab; im Unterschied zu 44, 23 folgt jetzt eine Ich-Rede Jahwes, die mindestens 44, 24b umfaßt. Formal gesehen verweist das Vorkommen der Partizipien, die in ihrer geordneten Abfolge strukturelle Funktion haben, auf eine vom Vorhergehenden wie auch vom Folgenden (45, 1-7) verschiedene Form. Das Vorhandensein der Botenformel und der verschiedene Adressat in 45, 1a sprechen ihrerseits für die Selbständigkeit von 45, 1-7 gegenüber 44, 24-28. Was aber beide im vorliegenden überlieferten Text miteinander verbindet, ist nicht nur die Erwähnung des Kyros in 44, 28a und 45, 1a, sondern das formale Element der Inklusion, die 44, 24bα und 45, 7b bilden. Zu beachten ist auch die Tatsache, daß in 45, 7 die Partizipien wiederkehren.

44, 25-28

Das Waw, das in VV. 25a.25b.26a.27b die Funktion einer Konjunktion hat, wurde so verstanden, als ob es eine Folgerung zum vorhergehenden partizipialen Satz einführt[1]; die Übersetzung durch „ja" soll diese seine Funktion hervorheben. Nicht als Präposition, sondern als Demonstrativpartikel wurde das ל in VV. 26b.27a.28a und 28b aufgefaßt; es führt damit einen Objektsatz ein[2]. Diese Übersetzung hat den Vorteil, daß bei ihr die dritte Person der Verben in V. V. 26b verständlich und der Satz von V. 28aβ ohne Wechsel des Subjektes ein Teil der angeführten Rede wird. Nach רעי würde man sonst ein אתה erwarten müssen.

Beim עבדו in V. 26a kann es sich um eine defektive Schreibung für einen Plural handeln[3]; der Plural paßt besser zum parallelen Plural מלאכיו, aber auch zu den allgemeinen Aussagen des Zusammenhangs. Das ansetzende Waw von V. 28b erhielt in der Übersetzung

---

[1] Vgl. Christian, Untersuchungen, S. 192.

[2] Vgl. Christian, ebd., S. 187f.

[3] Vgl. Bonnard, Le Second Isaïe, S. 167, Fohrer, Das Buch Jesaja, Bd. 3, S. 80, Kissane, The Book of Isaiah, Vol. II, S. 75, 78, McKenzie, Second Isaiah, S. 72, North, Second Isaiah, S. 144, Schoors, I am God your Saviour, S. 267, Steinmann, Le Livre de la consolation d'Israël, S. 143, Westermann, Das Buch Jesaja, S. 124.

als hinweisendes Element den Sinn von „also" zur Einleitung eines Nachsatzes, der die Begleithandlung zum Hauptsatz zum Ausdruck bringt.

45, 1-4

Hinweisenden Charakter dürfte das Waw von 45, 1aβ.1bβ haben, es dürfte aber keine Folgerung bzw. Begleithandlung einleiten, sondern die Tat Jahwes hervorheben. Das Perfekt von V. 3 bezeichnet die Handlung als das Resultat der in V. 2 angegebenen Handlungen Jahwes; das Waw verstärkt durch seinen deiktischen Charakter den Sinn des Perfekts. Das ן zu Beginn von V. 4b kennzeichnet die hier angegebene Handlung als Begleithandlung zu den Hauptsätzen von V. 2. ואקרא steht in dieser Hinsicht parallel zu ונתתי von V. 3a.

Zur Übersetzung von שלום als „Ausgleich" „Genugtuung" und zur Übersetzung von כל־אלה in V. 7b sind jeweils der Vorschlag Gerlemans und die Ausführung von Corré zu berücksichtigen[4]. Nach Gerleman hätte die Wurzel שלם die Grundbedeutung von „bezahlen" (vgl. Jes 27, 5)[5].

b) *Literarkritik von 44, 24-28*

V. 24

Die Bezeichnung Jahwes als יצר steht hier in der Reihenfolge der Bezeichnungen wie in 43, 1a; 44, 2a; 45, 11a an zweiter Stelle. Ergänzt durch מבטן begegnet sie in 44, 2a und 49, 5a. Das Personalpronomen אנכי kommt auch sonst vor[6]. V. 24bα weicht vom sonstigen Stil Deuterojesajas ab, denn er läßt auf die Selbstvorstellungsformel (bzw. אנכי יהוה (אל in 43, 11a; 46, 9b die Frage folgen, wo außer ihm sonst ein Retter bzw. ein Gott ist; im (unechten?) 51, 15 folgt der Formel die Bezeichnung אלהיך und dann ein partizipialer Satz, der auf eine bestimmte Tat hinweist. Abgesehen von der Frage nach einem Gott außer Jahwe, die hier fehlt, fällt der partizipiale Satz עשה כל auf. Es gehört nämlich nicht zum Stil des Propheten, partizipiale Sätze mit ganz allgemeinem Inhalt zu bilden. In solchen Sätzen verweist er immer auf konkrete Handlungen Jahwes in Schöpfung und Geschichte[7]. So ist der partizipiale Satz von V. 24bα vermutlich

---

[4] Vgl. Gerleman, Die Wurzel *šlm*, ZAW 85 1973, S. 1-14; Corré, 'ēlle, hēmma = sic, Bibl 54 1973, S. 263f.

[5] Vgl. Gerleman, ebd., S. 4-7.

[6] Vgl. 43, 11a.12a; 45, 12a.13a; 46, 9b; 49, 25b; 50, 5a; 51, 12a.15a.

[7] Vgl. 40, 22-23a.28-29; 41, 13; 43, 1a; 44, 2a; 46, 10f.

sekundär eingefügt worden, vielleicht um mit 45, 7b eine Inklusion zu bilden. Es ist nicht ausgeschlossen, daß dieser Zusatz die ursprüngliche Frage אין עוד אלהים zurückgedrängt hat. Das Verb נטה als regens von שמים ist uns aus 40, 22; 42, 5 (sek.); 45, 12; 51, 13 (sek.?) bekannt; das Verb רקע als regens von הארץ begegnet in 42, 5 an sekundärer Stelle. Im Gegensatz zu den Texten, wo die Botenformel eine Rede Jahwes an Jakob-Israel einleitet[8], vermißt man in 44, 24 die Erwähnung der Namen Jakob bzw. Israel. Diese Namen sind aber unmittelbar vorher in 44, 23b vorhanden. Das zeigt, daß 44, 24 bewußt an 44, 23 angeschlossen wurde; das könnte heißen: 44, 24 wurde für diesen Zusammenhang ad hoc verfaßt. Aus diesem Befund heraus legt sich nahe, den ganzen V. 24 für nicht deuterojesajanisch zu halten. Ob hier der gleiche Bearbeiter von 42, 5 (רקע, נטה) am Werk ist, kann man nicht mit Sicherheit beweisen.

V. 25

Weist Wörter und Formeln auf, die bei Deuterojesaja nicht mehr zu finden sind, wenn man דעת (40, 14; vgl. 53, 11), אחור (41, 23, wo es aber zeitlichen Sinn hat, und 50, 5) und השיב ausnimmt. Die Bildung השיב אחור ist in Jes 40-53 einmalig[9]. Die Hiphilform gebraucht Deuterojesaja im Zusammenhang mit dem Motiv der Heimkehr (42, 22; 49, 6), in 42, 28 verbindet er sie mit דבר im Sinne von „antworten"; den allgemeinen Sinn von „wenden" gibt er ihr in 43, 13. Zu beachten sind in V. 25aβ und im zweiten Stichus von V. 25b die Verben in der dritten Person Singular und in V. 26a die Pronominalsuffixe der dritten Person Singular. Das fällt um so mehr auf, als in V. 24bβγ Personalsuffixe der ersten Person Singular vorhanden sind. In VV. 25-26a redet anscheinend nicht mehr Jahwe; VV. 26b-28 zitieren nur Worte, die Jahwe ausgesprochen hat[10].

V. 26

In V. 26a regiert das Verb הקים das Objekt דבר (vgl. 49, 6.8). Einmalig bei Deuterojesaja ist die Bildung דבר עבדו; sie entspricht der Bildung קול עבדו von 50, 10, aber 50, 10 ist wohl für sekundär zu

---

[8] Vgl. 43, 1a.14a; 44, 1f.6a; 49, 7a.

[9] Sie kommt sonst in Ps 44, 11; Klgl 1, 13; 2, 3 vor; mit dem Verb in der Qalform begegnet sie in Ps 9, 4; 56, 10; 129, 5; Klgl 1, 8.

[10] Die Anführungsstriche in der Übersetzung von Schoors zeigen, daß dieser Gelehrte das Ganze als Rede Jahwes auffaßt (vgl. I am God your Saviour, S. 267). Vgl. auch Bonnard, Le Second Isaïe, S. 163.

halten. Sie gehört nicht zum Stil Deuterojesajas, der עבד immer mit dem Personalsuffix der ersten Person Singular in der Anrede oder außerhalb der Anrede verwendet[11], wobei der Redende Jahwe ist. Auch der Begriff עצה wird immer nur auf Jahwe bezogen, siehe 40, 13; 46, 10 und 46, 11 (nach LXX). Von den „Worten meiner Knechte" ist sonst in Jer 26, 5 die Rede. Die Hiphilform von שלם begegnet außer in 44, 28a sonst innerhalb von Jes 40-53 nicht mehr; in 42, 19 findet sich die Pualform. Die Hophalform von ישב und die Niphalform von בנה kommen in der deuterojesajanischen Schrift jeweils nicht mehr vor. Die ערי יהודה werden nur in 40, 9 erwähnt, einer Stelle, deren Herkunft aus Deuterojesaja nicht sicher ist.

V. 26b erweist sich rhythmisch als zu lang; der mittlere Teil davon scheint ein Zusatz zu sein: er unterbricht die Beziehung zwischen dem letzten Teil und dem ersten Teil des Stichus, die am Personalsuffix „seine Trümmer" sichtbar wird[12]. Dieser letzte Teil unterscheidet sich von den vorhergehenden Halbstichen wegen der ersten Person Singular des Verbs, hat aber seine Entsprechung in V. 27b, wo die erste Person Singular wiederkehrt, und in V. 27aβ, wo das Personalsuffix der ersten Person Singular vorhanden ist.

V. 27

Nur hier in V. 27 findet sich bei Deuterojesaja das Verb חרב; einmalig im ganzen AT ist aber das Wort צולה. Die Hiphilform von ישב regiert in 42, 15 die Objekte עשב und אגם. Ist das Öffnen bzw. Legen von Strömen in der Wüste ein Akt der Zuwendung Jahwes zu seinem Volk (41, 17; 43, 19f), so zeigt sich Jahwes richtende Macht im Verwandeln der Ströme in Wüstenland (vgl. 42, 15; 50, 2).

V. 28

Nicht gebräuchlich ist das Wort רעה bei unserem Propheten, wenn man 40, 11 für sekundär hält; חפץ ist in 46, 10 wieder mit dem Personalsuffix der ersten Person Singular versehen und wird auf Jahwe bezogen, in 48, 14b wird es dem Sinn nach auf Kyros bezogen. Einmalig ist schließlich auch das Wort היכל. Im Unterschied zu 48, 14b formuliert 44, 28a nicht עשה חפץ, sondern השלים חפץ.

V. 28b greift wieder auf Jerusalem zurück und erwähnt den Tempel, der sonst bei Deuterojesaja gar keine Rolle spielt. Formal gesehen

---

[11] Vgl. jeweils 41, 8f; 44, 1f.21; 49, 3 und 42, 19; 45, 4; 49, 6.
[12] So auch Elliger, Verhältnis, S. 177f. Nach ihm ist v.26bβ tritojesajanisch. Vgl. Begrich, Studien, S. 45 Anm. 3, und Schoors, I am God your Saviour, S. 269.

unterbricht dieser Stichus die Reihe der Partizipien dadurch, daß er im Ansatz einen Infinitiv mit ל aufweist. Dieser soll ergänzende Funktion haben und die Anordnung des Kyros anführen, durch die er das göttliche Vorhaben verwirklicht[13]. All das verrät den sekundären Charakter dieses Verses, der sehr wahrscheinlich, wie an der Wiederaufnahme des Verbs בנה sichtbar wird, auf die gleiche Hand des Ergänzers von V. 26b zurückgeht[14]. Aber auch von diesen Hinzufügungen abgesehen bleibt die deuterojesajanische Herkunft von 44, 24-28a aus sprachlichen Gründen unwahrscheinlich. Die Formkritik kann das bestätigen.

Die Niphalform von יסד begegnet bei Deuterojesaja nicht mehr, wohl aber die Qalform in 48, 13; das Verb בנה in der Qalform kommt in 45, 13, in Niphalform außer in 44, 28b auch in 44, 26b vor.

c) *Formkritik*

Mehr denn alle andere Einheiten der deuterojesajanischen Schrift erweist sich die Einheit 44, 24-28a als in sich geschlossen und einheitlich. Im Hauptteil VV. 25-28a liegen zwei voneinander verschiedene Reihen von Partizipien vor mit je drei Partizipien in jedem Stichus. Die erste Reihe umfaßt Partizipien in Hiphilform mit dem charakteristischen Präfix מ, die zweite Reihe besteht ihrerseits auch aus drei Partizipien, und zwar des gleichen Verbs, die alle mit dem Artikel versehen sind. VV. 25-26a unterscheiden sich von VV. 26b-28a ferner darin, daß in ihnen der zweite Halbstichus bei jeder Zeile das Verb mit der dritten Person Singular formuliert — da spricht man also von Jahwe —, während in VV. 26b-28a der zweite Halbstichus von jeder Zeile das Verb in der ersten Person Singular hat — hier spricht also Jahwe selbst. Regieren die Partizipien der ersten Reihe durchgehend ein Akkusativobjekt, so folgt dem dreimaligen Vorkommen von האמר in der zweiten Reihe stets ein mit ל eingeführter Dativ. In allen Zeilen wird der zweite Halbstichus immer durch ein Waw eingeführt. Dieser Befund zeigt, daß es sich um einen bis ins Letzte durchdachten, höchst einheitlichen Text handelt. Aber gerade das entspricht nicht dem Stil Deuterojesajas. So aufmerksam er auf die Form

---

[13] So auch Bonnard, Le Second Isaïe, S. 163, und Schoors, ebd., S. 267, 273.

[14] Elliger hält v.28b für sekundär und tritojesajanisch (vgl. Verhältnis, S. 178f). Auch nach von Waldow ist v.28b sekundär (vgl. Anlass und Hintergrund der Verkündigung des Deuterojesaja, S. 196 Anm. 13). Dagegen äußert sich Schoors (vgl. ebd., S. 269).

achtet, liebt er doch nicht eintönige Uniformität in der Weise, wie sie
hier sichtbar wird. Das sieht man etwa auch in 46, 10-11a.

V. 24 (ohne כל עשׂה) könnte zunächst den Eindruck erwecken, in
formaler Hinsicht dem deuterojesajanischen Stil zu entsprechen. Die
Botenformel mit den zwei, mit dem Personalpronomen der zweiten
Person Singular versehenen partizipialen Appositionen findet sich in
44, 2a; die Verknüpfung der Selbstvorstellungsformel mit der Botenformel begegnet im Urtext von 42, 5-6a; 44, 6 und 45, 18. Partizipien,
die an die Selbstvorstellungsformel direkt angeschlossen sind, finden
sich nur in 45, 19b; 49, 26b; wir haben aber zu vermuten, daß der
hier vorliegenden Selbstvorstellungsformel wie sonst bei Deuterojesaja
die Frage אין עוד אלהים hat folgen können[15]. Die näheren Bestimmungen לבדי und מי אתי bestätigen diese Annahme; sie lassen auf
jeden Fall erkennen, daß die eigentliche Aussage von V. 24 die Einzigkeit Jahwes als Gott und Schöpfer ist. Davon ist in den folgenden
Versen nicht mehr die Rede, denn diese Verse weisen vielmehr auf
die Macht Jahwes hin, wie sie sich an einzelnen konkreten Taten
zeigt. Freilich ist das Fehlen der Namen Jakob-Israel in der Anrede
nicht deuterojesajanisch. Die Annahme, daß 44, 24-28a eine für den
vorliegenden Zusammenhang verfaßte Komposition späterer Herkunft
ist, gewinnt damit an Kraft.

d) *Gattungskritik*

Der Text, wie er jetzt vorliegt, umfaßt eine dreistichige Einleitung
(V. 24) und zwei dreistichige Strophen, jeweils VV. 25-26a und 26b-
28a. Die Akzente sind so verteilt:

V. 24a	3+2
V. 24bα	2+2
V. 24bβγ	3+3
V. 25a	3+2
V. 25b	3+2
V. 26a	3+3
V. 26bαγ	3+2
V. 27	3+2
V. 28a	3+2

Dabei wurde nur מי־אתי in V. 24b mit maqqef versehen.

---

[15] Vgl. 46, 9b; 45, 5a.6b.18b.21b.

Zur Bestimmung der Gattung gehen wir zunächst am besten vom Ergebnis der Literarkritik aus, daß VV. 24-28a sekundärer Herkunft sind. V. 24 ist an sich eine vollendete Aussage, die keiner Ergänzung bedarf. Der einführenden Botenformel V. 24a folgt in V. 24b das Wort Jahwes; dieses besteht aus der Selbstvorstellungsformel mit anschließender Selbstprädikation in partizipialer Form. Durch die zwei näheren adverbiellen Bestimmungen wird auf das Alleinsein Jahwes bei der Schöpfung hingewiesen. Im Zusammenhang mit der Botenformel finden sich solche Sätze mit der Selbstvorstellungsformel und Selbstprädikation bei Deuterojesaja etwa in 43, 3a.15; 44, 6b; 45, 18b. 19b. Sie bilden an sich eine selbständige, vollendete Aussage, obwohl sie im Kontext begründende Funktion erfüllen können (43, 3a.15); in 45, 18b.19b führen diese Sätze die eigentliche Aussage an, denn V. 19a scheint inhaltlich nichts hinzuzufügen. Es sind selbstprädizierende Worte Jahwes, durch die er sich als „dein Gott", „dein Retter", „euer Heiliger", „euer König", als den einzigen, das Wahre redenden und das Richtige verkündenden Gott angibt. Nicht unbedingt sind sie in eine umfangreichere Aussage eingefügt.

Im Fall von 44, 24 legt sich nahe anzunehmen, daß man zur Bildung einer größeren Komposition einen solchen Satz, der eine Selbstprädikation Jahwes beinhaltete, vom deuterojesajanischen Material übernommen oder besser, was angebrachter zu sein scheint, auch selbst nach deuterojesajanischem Vorbild formuliert hat. Diesem Satz fügte man VV. 25-28a hinzu: das Ganze sollte eine Art Einleitung zu 45, 1-6 bilden. Anliegen von 44, 24 war es, Jahwes Einzigkeit und Macht hervorzuheben: der Erlöser und Bildner Israels ist, er allein, der Schöpfer des Alls. Das wird hervorgehoben als die Grundlage für das weitere Eingreifen Jahwes in die Geschichte hinein. Da es im folgenden eben von diesem Eingreifen durch die Berufung des Kyros die Rede sein soll, wird dieses Eingreifen durch den Hinweis auf die absolute, ungeteilte Schöpfermacht Jahwes fundiert. Die verallgemeinernde Formulierung mancher Aussage wie „der alles tut", „der Ausgleich vollzieht und das Unheil schafft" verrät den Geist der weisheitlichen Reflexion.

VV. 25-28a weisen, wenn man den gattungskritischen Erwägungen Grüsemanns folgt[16], nicht die Merkmale auf, die den hymnischen Partizipien eigen sind. Entscheidend dafür ist der Inhalt: „So geht es

---

[16] Vgl. Crüsemann, Studien zur Formgeschichte von Hymnus und Danklied in Israel, S. 91-95, 152-154.

in diesen Sätzen um sein (Jahwes) alles durchdringendes, alles erhal-
tendes Tun, um die Schöpfung des Alls, um die typischen und allgemeingültigen Züge dieses Handelns in der Menschenwelt. Von 43, 16
abgesehen, ist nie vom speziellen Handeln an Israel die Rede"[17]. Der
Inhalt von VV. 25-28a ist spezifisch: Jahwe macht Wahrsager und
Weise zuschande, verwirklicht, was seine Knechte vorherverkündet
haben, veranlaßt, daß Jerusalem aufgebaut und wieder bewohnt wird
und daß Kyros sein Vorhaben erfüllt. Das alles bezieht sich auf die
damalige Situation, die wir aus anderen Texten Deuterojesajas kennen:
die Wahrsager und Weisen gehen zugrunde, da ihre Götter, in deren
Dienst sie stehen, nichts vorherverkündet haben (siehe etwa 41, 21-29);
Jahwe dagegen hat nicht nur durch seine Knechte vorherverkündet,
was kommen wird, sondern es auch verwirklicht, indem er durch
Kyros die feindliche Macht vernichtet und Jerusalem wieder besiedeln
läßt.

Sind VV. 24-28a keine hymnische Partizipien, so kann man ihnen
doch hymnischen Stil zuschreiben. Die Frage ist aber die: was für
eine Art Hymnus liegt hier vor? Einige stilistische Merkmale sprechen,
wie bereits bemerkt, dafür, daß hier nicht Jahwe redet, sondern von
ihm geredet wird. Es legt sich die Vermutung nahe, daß VV. 25-28a als
eine Antwort auf die Selbstprädikation Jahwes V. 24 gedacht sind:
in ihr wird festgestellt und aufgezählt, was Jahwe, der sich als der
alles Tuende vorstellt, tatsächlich hervorbringt[18]. Auf die Selbstprädikation Jahwes antwortet das bestätigende Zeugnis des Angeredeten.
Dieser könnte beim ersten Blick Jakob-Israel sein, denn das גאלך und
יצרך vom einleitenden Satz kann sich nur auf Jakob-Israel beziehen,
obwohl die Namen im Text nicht fallen. Allein, Form und Struktur
dieser Verse sind zu symmetrisch und feierlich, um zu der Antwort
eines tatsächlich Angeredeten im Rahmen eines persönlichen Wort-
wechsels zu passen. Die Vorstellung ist wahrscheinlich eine andere.
VV. 25-28a passen besser in den Mund eines Chores, der am Geschehen der Selbstoffenbarung Jahwes an Israel mit seinen kommentierenden Worten teilnimmt, feststellend und freudig berichtend. Wir
hätten also mit einer Art Responsorium zu tun, bei dem das Wort
des Redenden und Handelnden vom Chor erweitert und begleitet
wird, und zwar im Hinblick auf Aktualisierung.

---

[17] Vgl. Crüsemann, ebd., S. 93.
[18] Dann würde sich „l'hymne à soi-même" nur auf v.24b beschränken (vgl. Dion,
Le genre littéraire de l'„Hymne à soi-même" et quelques passages du Deutéro-Isaïe,
RB 74 1967, S. 215-234).

Dieses Responsorium gestaltet sich in zwei Phasen: zunächst würde ein Sprecher die einleitende Botenformel V. 24a aussprechen, dann Jahwes Worte anführen mit der Selbstprädikation V. 24b, schließlich käme der Chor in VV. 25-28a zu Wort. Wenn diese Vermutung stimmt, dann hätten wir es hier nicht mit einem prophetischen Wort im Vorgang der Verkündigung zu tun, sondern mit einer Art vergegenwärtigender Liturgie; besser gesagt, der Tradent hätte bei der Gestaltung dieses Textes in seiner Vorstellung nach dem Schema einer solchen responsorialen Liturgie gearbeitet. Als die Mitte dieser Liturgie wäre die Mitteilung des Berufungswortes Jahwes an Kyros 45, 1-6a anzusehen, zu der das Responsorium 44, 24-28a einführen würde. Vielleicht stellt 45, 8 dann den (hymnischen) Schluß des Ganzen dar. 45, 6b-7 hätte dabei zusammen mit 44, 24-28a einrahmende Funktion.

Freilich kann man diesen Sitz im Leben und den damit verbundenen Ort der Überlieferung nicht streng nachweisen. Es fehlt aber nicht an Zeichen dafür, daß die Worte Deuterojesajas eine Bearbeitung erfahren haben aus Kreisen, die mit der Sprache des Kultes vertraut waren (vgl. 42, 10; 43, 23-25). Vielleicht läßt sich die Übernahme der responsorialen Form zur Anführung des Kyros-Orakels von daher erklären. Fraglich ist auch, ob wir es hier wirklich mit einer bestimmten Gattung zu tun haben oder vielmehr mit einer Komposition im Stil der hymnischen Partizipien. Auf jeden Fall spricht nichts dafür, daß 44, 24-28a vom Inhalt und von der Intention her den Gerichtsreden nahesteht[19] oder als ein Disputationswort[20] zu gelten hat. Man kann auch nicht sagen, daß diesem Text die Struktur des Gotteslobes zugrundeliegt[21]. Denn es fehlt die Aufforderung zum Lob; ferner dienen die hier aufgezählten Taten Jahwes nicht als Grundlage zum Lob, vielmehr zur Identifizierung Jahwes: in dem, der die Zeichen der Lügner zerbricht, die Weisen zuschandebringt und das Wort seiner Knechte verwirklicht, erblickt nun die Gemeinde den Lenker des Kyros, den Besieger der feindlichen Macht und den Wiederhersteller Jerusalems. Die mit Artikel versehenen Partizipien haben gegenüber den vorhergehenden Partizipien die Funktion der Feststellung und

---

[19] So Westermann, Sprache und Struktur, S. 147.
[20] So Begrich, Studien, S. 42-46. So auch von Waldow. Nach ihm bilden vv.24-26a die Disputationsbasis und vv.26b-28 die Schlußfolgerung, welche die Form eines Hymnus hat (vgl. Anlass und Hintergrund der Verkündigung des Deuterojesaja, S. 31, 193 Anm. 4). Auch Schoors hält 44, 24-28 für ein Disputationswort (vgl. I am God your Saviour, S. 267-273).
[21] Vgl. Westermann, Sprache und Struktur, S. 147.

Identifizierung²². Daß darin auch ein Bekenntnis mitschwingt, dürfte außer Zweifel sein.

e) *Literarkritik von 45, 1-7*

V. 1

In 45, 1aα liegt der einzige Fall vor, wenn man das sekundäre 49, 7aβ²³ ausnimmt, wo im Zusammenhang mit der Botenformel durch das Dativ die Person dessen angegeben wird, an den Jahwes Wort gerichtet ist. Bei Deuterojesaja folgt der Botenformel sonst nie ein Dativ. Einmalig ist bei ihm auch das Wort משיח, das im AT fast durchgehend dem König vorbehalten ist — in Ps 105, 15 bezieht es sich auf die Israeliten. Es dürfte aber zum Urtext gehören im Gegensatz zu לכורש, das auf die Hand dessen zurückgeht, der 44, 24-28a als Einleitung zu 45, 1-6a komponiert hat. Damit hat er 45, 1-6a fest mit 44, 24-28a verknüpft. Zu beachten ist, daß Deuterojesaja den Namen Kyros sonst nie anführt.

Die Hiphilform von חזק begegnet innerhalb von Jes 40-53 mehrmals, und zwar in 41, 9.13; 42, 6 und 51, 18; mit der Präposition ב wird es aber nur in 42, 6a und 51, 18b konstruiert, sonst mit dem Akkusativ, siehe 41, 9a (sek.).13a. Selten ist ferner die Anwendung des Relativ-Demonstrativpronomens אשר zur näheren Bestimmung eines Namens, siehe die sekundäre Stelle 41, 9. Nur hier kommen innerhalb von Jes 40-53 das Verb רדד und das Wort מתנים vor. Die Pielform von פתח findet sich sonst in 48, 8, wo es sich auf das Ohr bezieht, die Qalform begegnet außer in 45, 1b in 45, 8; 50, 5; 53, 7. Außerhalb des vorliegenden Textes begegnet das Wort דלת nicht mehr (45, 2b), das gilt auch für שער und für das Verb סגר. Die Reihenfolge גוים ו...מלכים fanden wir bereits in 41, 2bα; dem Ausdruck נתן גוים von 41, 2bα entspricht aber hier der Ausdruck רדד לפניו גוים לפניו.

V. 2

Mit V. 2 beginnt die direkte Anrede Jahwes an Kyros. Das Verb הלך wird sonst nur in 52, 12b auf Jahwe bezogen; die Konstruktion ist die gleiche: הלך לפניו. Einmalig innerhalb von Jes 40-53 sind in

---

²² Schoors führt aus : „The article expresses that God who says (hā'ōmēr) all these things about Jerusalem and Cyrus is identical with the God presented in the former verses... It thus underlines the progression of the disputation" (I am God your Saviour, S. 271).

²³ Vgl. Elliger, Verhältnis, S. 43-45.

V. 2 das Verb הדר, das hier als Partizip Passiv der Qalform begegnet, die Pielform von שבר (die Qalform ist in 42, 3 belegt), das Verb גדע und das Wort בריח; das Wort נחושה kommt in 48, 4 (sek.?) vor, die Pielform von ישר außer 40, 3 in 45, 13, ברזל außer im sekundären 44, 12 wieder in 48, 4. Das göttliche אני bzw. אנכי als Subjekt eines verbum finitum kommt sonst öfters vor[24], wo es direkt mit dem Verb verbunden ist.

V. 3

Im Sinne von „jemandem etwas geben" kommt נתן ל sonst auch vor[25]. Die übrigen Wörter von V. 3 sind mit Ausnahme von חשך (42, 7; 45, 7.19; 47, 5; 49, 9) innerhalb von Jes 40-53 nicht mehr zu finden. Die Verwendung des Verbs ידע in einem Finalsatz (למען) begegnet in 41, 20 und in 43, 10bα, das sich freilich als sekundär erwiesen hat. Der Ausdruck קרא בשם findet sich sonst in 41, 25a, wo er sich auf Kyros bezieht[26] und Jahwe als Subjekt hat, und im sekundären 43, 1bβ. An keiner Stelle sonst bei Deuterojesaja schließt sich an die Selbstvorstellungsformel ein mit Artikel versehenes Partizip an. Es fragt sich, ob אלהי ישראל von V. 3b echt ist, denn metrisch gesehen ist dieser Vers zu lang. Für die Echtheit von אלהי ישראל spricht die Tatsache, daß diese Bezeichnung in 41, 17b; 48, 1b; 52, 12b zum Namen יהוה parallel steht; ihre Anführung in V. 3b ist auch deswegen am Platz, weil sie der näheren Identifizierung Jahwes dient; sie entspricht der längeren Form der Selbstvorstellungsformel אני יהוה אלהיך[27], die nur Israel galt. Dann ist anzunehmen, daß הקורא בשמך nachträglich hinzugefügt wurde; nachdem es in V. 4b an echter Stelle steht, erübrigt sich sein Vorkommen in V. 3b.

V. 4

In V. 4a überrascht gleich nach V. 3b das nochmalige Vorkommen von למען. Diese Finalpartikel wird hier nicht mit einem Verb zur Bildung eines Finalsatzes verbunden, sondern mit einem Wort, was sonst bei Deuterojesaja nicht begegnet, denn 42, 21 erwies sich als sekundär und 48, 9; 49, 7aβ-8aα werden für sekundär gehalten[28]. Der Begriff בחירי wird in 43, 20bβ auf עמי bezogen. Man kann annehmen,

---

[24] Vgl. 41, 14b; 43, 12a; 45, 12a.13a; 46, 4b; 48, 15a; 49, 15b.25b.

[25] 40, 29; 41, 27; 42, 5.8; 48, 11; 50, 4.

[26] Siehe dort die Textänderung, vgl. Elliger, Jesaja II, S. 173.

[27] Vgl. 41, 13a; 43, 3a; 48, 17a; 51, 15a.

[28] Vgl. Elliger, Verhältnis, S. 43-46, 195.

daß V. 4a nachträglich von einem Bearbeiter eingebaut wurde, der im ganzen Orakel 45, 1-6a den direkten Bezug auf Jakob-Israel vermißt hat. So schloß sich V. 4b ursprünglich direkt an V. 3b an. Es ist nicht ausgeschlossen, daß V. 4a auf die gleiche Hand zurückgeht, die V. 3b ergänzt hat: קרא בשם wurde vorangestellt, um dann hervorzuheben, daß die Berufung um Israels willen geschah[29].

V. 5

Das Verb כנה ist sonst in 44, 5 belegt.

Selten ist innerhalb von Jes 40-53 das Adverb זולה (vgl. noch 45, 21bγ). Das Verb אזר begegnet nur im sekundären 50, 11; zu beachten ist die Verwendung dieses Verbs in Ps 18, 40: Du umgürtest mich mit Kraft zum Streit. In V. 5a fällt die Wiederholung der אין-Frage auf. Abgesehen davon, daß die Aussage von V. 5aα in sich vollendet ist und keiner Ergänzung bedarf, wie es sich in 45, 18b.22b zeigt, wo אני יהוה ואין עוד für sich allein steht, formuliert Deuterojesaja anders, wenn er die Selbstvorstellungsformel mit der אין-Frage verbindet (vgl. 43, 11 und 45, 21bβ). So ist zu vermuten, daß V. 5aβ sekundär ergänzt wurde zur Unterstreichung von V. 5aα, indem er zum Teil V. 6aβ vorwegnimmt. Diese Vermutung hat den Vorteil, daß sie V. 5b an die Stelle von V. 5aβ treten läßt, der dann eine gute Parallele zu V. 4bβ bildet, und daß ferner die rhythmische Unausgeglichenheit des zu kurzen V. 5b beseitigt wird.

V. 6-7

Der „Aufgang der Sonne" wird in 41, 25, ferner in 59, 19 erwähnt (vgl. noch 41, 2; 43, 5; 46, 11). Zusammen kommen מזרח und מערב in 43, 5; 59, 19 vor. Im Zusammenhang mit dem Thema von Jahwes Einzigkeit begegnet אפס in 45, 14; 46, 9. In V. 6b wird V. 5aα wieder aufgenommen. Inhaltlich gesehen ist V. 6b nach V. 6aβ sicher am Platz, doch bestehen Zweifel an seiner Echtheit[30]. Die partizipialen Appositionen von V. 7a knüpfen nämlich an das יהוה von V. 6b an. Es ist aber zweifelhaft, ob V. 7 zum Kyrosorakel gehört, denn sein partizipialer Stil paßt besser zu 44, 24-28a, und zwar genau zu 44, 24. Das wird durch die Tatsache bestätigt, daß die Partizipien von V. 7aα

---

[29] In v.3bα streicht Duhm die Finalpartikel mit dem folgenden Verb (Das Buch Jesaja, S. 313; vgl. Marti, Das Buch Jesaja, S. 308). Volz hält v.4a für eine Glosse (Jesaja II, S. 59). Vgl. Elliger, Verhältnis, S. 244.

[30] Volz hält v.6b für eine zu streichende Dublette (vgl. ebd., S. 59). Vgl. Elliger, ebd., S. 244.

sich inhaltlich auf das Thema der Schöpfung beziehen, die Partizipien von V. 7aβ sind ihrerseits zu allgemein, um 44, 25-28a entsprechen zu können. Auf jeden Fall gehören beide formal und inhaltlich zu 44, 24-28a. Es scheint also angebracht zu vermuten, daß V. 7 ganz auf den Redaktor von 44, 24 zurückgeht. Dieser hat das Kyrosorakel in die deuterojesajanische Schrift einbauen wollen, wozu er aber nach dem Vorbild deuterojesajanischer Sprache 44, 24 verfaßt, es durch das hymnische Stück 44, 25-28a ergänzt und aus dem Ganzen einen Text gebildet, der durch den Hinweis auf die Macht Jahwes als des einzigen Gottes in Schöpfung und Geschichte die notwendige Grundlage für das Kyrosorakel schaffen konnte. Durch die Aufnahme von V. 5aα in V. 6b hat er den Schluß seines eigenen Textes mit dem Kyrosorakel verknüpft.

Als Urtext ergibt sich:

V. 1   So spricht Jahwe zu seinem Gesalbten — den habe ich bei seiner Rechten gefaßt,
niederzuwerfen vor ihm Völker; ja, die Hüften der Könige entgürte ich;
zu öffen vor ihm Türen; ja Tore werden nicht geschlossen bleiben:

V. 2   „Ich ziehe vor dir her und Tüchtige erniedrige ich,
Türen aus Bronze zerbreche ich und Riegel aus Eisen zerschlage ich:
V. 3   Da, ich gebe dir verborgene Vorräte und versteckte Schätze,
damit du erkennst, daß ich Jahwe bin, Israels Gott.

V. 4b   Sieh, ich rufe dich bei deinem Namen, gebe dir einen Ehrennamen — ohne daß du mich kennst!
V. 5aαb Ich bin Jahwe, wo sonst? Ich gürte dich — du kennst mich ja nicht! —
V. 6a   damit sie erkennen vom Aufgang der Sonne und vom Untergang, daß nichts ist außer mir".

f) *Form- und Gattungskritik*

Zum Urtext des Kyrosorakels gehören VV. 1-3a.3b*.4b.5aα.5b.6a. Es sind im ganzen drei Strophen, von denen die erste und dritte drei Stiche, die zweite aber vier Stiche umfassen. Die Akzente sind folgendermaßen verteilt:

V. 1aα	3+2
V. 1aβ	3+3
V. 1b	3+2
V. 2a	3+2
V. 2b	3+3
V. 3a	3+2

V. 3b	3+2
V. 4b	3+2
V. 5aαb	3+2
V. 6a	3+2

Dabei wurden in V. 1b לא־יסגרו, in V. 3a ונתתי־לך, in VV. 4b und 5b ולא־ידעתי, in V. 5a ואין־עוד und in V. 6a למען־ידעו mit maqqef versehen; der maqqef von V. 1aβ nach לרד wurde gestrichen.

Die erste Strophe setzt mit der Botenformel an, die durch die Erwähnung des Adressaten ergänzt ist. Es schließt sich eine kurze Rede an, in der Jahwe in der dritten Person Singular vom Gesalbten spricht und den Zweck angibt, wozu er ihn bestellt hat. Dieser Teil der ersten Strophe ist formal gesehen einheitlich aufgebaut; der erste Halbstichus weist jeweils die Reihenfolge auf: Verb (Inf. mit ל), adverbielle Bestimmung (לפניו) und Objekt; der zweite Halbstichus setzt mit Waw an und hat das Verb am Schluß. Diese erste Strophe dient von der Form und dem Inhalt her als Einleitung zum eigentlichen Orakel. Dieses beginnt mit V. 2, der zur zweiten Strophe gehört. Diese teilt sich in zwei Glieder: dem Hauptsatz V. 2 folgt in V. 3a die Begleithandlung, der Finalsatz V. 3b schließt die Strophe ab. Der Hauptsatz ist vom göttlichen אני gekennzeichnet, das an der Spitze steht; durch die adverbielle Bestimmung לפניך schließt er sich an die einführende erste Strophe an; die vier Verben in der ersten Person Singular stehen je am Schluß eines jeden Halbstichus, was das ansetzende אני noch mehr verstärkt. Das zweite Glied V. 3 setzt dagegen mit dem Verb an, es folgen die Objekte und dann der Finalsatz, der die Erkenntnisformel beinhaltet. Die göttliche Selbstvorstellungsformel liegt in erweiterter Form vor. Begleithandlung und Finalsatz bilden den Kern auch der dritten Strophe; sie erweist sich damit mit dem zweiten Glied der zweiten Strophe sehr eng verbunden. Der Ansatz mit Waw, Verb und Personalpronomen לך ist dem Ansatz von V. 3a ähnlich. Die Formulierung mit Imperfekt knüpft ihrerseits an den Hauptsatz an, der imperfektisch formuliert ist. Der Aufbau der ersten zwei Stiche dieser letzten Strophe weist eine gewisse Einheitlichkeit auf, insofern der zweite Halbstichus davon jeweils gleich formuliert ist: beide Imperfekta haben das Personalsuffix der zweiten Person Singular, es folgt das gleiche Verb im Perfekt mit dem Personalsuffix der ersten Person Singular. Der Finalsatz beinhaltet wiederum die Erkenntnisformel, wenn auch in zersetzter Form. Dieser Befund zeigt, daß wir es hier wieder mit einem einheitlichen, in Aufbau und Form gut durchdachten Text zu tun haben.

Das Ganze ist eine Rede Jahwes, mit Ausnahme der Botenformel. Die Rede Jahwes beginnt mit dem deiktischen Pronomen אשר; damit weist Jahwe auf den Gesalbten hin und stellt ihn vor. Diese erste Aussage in V. 1 richtet sich nicht an den Gesalbten, sondern redet von ihm. Der deiktische Charakter des אשר im Auftakt — diesen da habe ich... — spricht dafür, daß es sich hier um ein Identifizierungsverfahren handelt. Jahwe teilt mit, daß der Gesalbte, an den er sein Orakel richtet, der ist, den er bei seiner Rechten gefaßt hat. Wem er das mitteilt, dürfte nicht schwierig sein zu erraten : dem Propheten, der die Aufgabe hat, Israel die Kunde von der neuen Heilszeit zu bringen. Der Text erinnert an jene Stellen des AT, in denen eine solche Identifizierung und Vorstellung stattfinden, etwa an 1 Sam 9, 17; 10, 24; 16, 12. Wenn das stimmt, dann ist das ganze Orakel als ein Bericht Jahwes an den Propheten zu verstehen. Jahwe teilt ihm mit, was er dem Gesalbten gesagt hat.

Westermann behauptet, Deuterojesaja habe bei der Formulierung von 45, 1ff den Ritus einer Königseinsetzung vor Augen gehabt. Zu ihr gehöre das feierlich an den König gerichtete Wort[31]. Westermann verweist auf Ps 2 und 110. Freilich finden wir in 45, 1-6a keine Worte, die den Einsetzungsworten von Ps 2, 7; 110, 1a.4b entsprechen. Die Aussagen, daß Jahwe den Gesalbten bei seinem Namen ruft und ihm einen Ehrennamen gibt, sind nicht speziell auf die Königseinsetzung bezogen; sie weisen ganz allgemein auf die Berufung und Erwählung zu irgendeiner Aufgabe hin, die nicht unbedingt mit dem Königsamt zu tun hat[32]. Es gibt im AT auch keinen Beleg dafür, daß der Ausdruck „bei der Rechten bzw. Hand fassen" in irgendeinem Zusammenhang mit dem Ritus der Königseinsetzung steht; die Stellen, die dafür in Frage kämen[33], tragen keine Spur davon. Die Konstruktion החזיק ב hat u.a. auch die Bedeutung „zu jemanden halten" (Hi 8, 20), „unterstützen" (Lev 25, 35), „bei der Hand nehmen, leiten" (Jer 31, 32). Das wird wohl auch in 45, 1a gemeint sein. Zu beachten ist auf jeden Fall, daß der Ausdruck „Bei-der-Hand-fassen" nicht in der direkten Anrede an den Betreffenden ausgesprochen wird, wie es in einer Königseinsetzung laut Ps 2, 7; 110, 1a.4b der Fall ist, sondern in einem Bericht über ihm im Rahmen eines Identifizierungsverfahrens.

---

[31] Vgl. Westermann, Sprache und Struktur, S. 148ff, Das Buch Jesaja, S. 128-130.
[32] Vgl. Ex 31, 2; 35, 30; Jes 43, 1b.
[33] Vgl. 1Sam 10, 1; 11, 15; 16, 13; 2Sam 2, 4.9; 5, 3; 1Kön 2, 12; 2Kön 9, 13; 11, 12.17.

Die eigentlichen Zusagen Jahwes an den Gesalbten sind die, daß er vor ihm zieht und ihm Sieg bereitet. Obwohl die angekündigte Verleihung des Sieges über die Feinde zur Königseinsetzung gehört, doch genügt sie allein, wenn sie nämlich nicht mit einem direkten Einsetzungswort verbunden ist, nicht, um den Text vom Ritus der Königseinsetzung abhängig zu machen. Das gleiche gilt für die Bezeichnung „Gesalbter", wenn sie nicht verbunden ist mit einem direkten Einsetzungswort. Man kann also nicht sicher beweisen, daß der Prophet bei der Formulierung von 45, 1ff an die Königseinsetzung gedacht hat, denn der Text bietet keine entscheidenden Gründe dafür. Das ist sogar sehr unwahrscheinlich, wenn man bedenkt, daß Deuterojesaja Jahwe als König Israels und Jakobs bezeichnet[34], also ihn allein als König seines Volkes anerkennt.

Deuterojesaja hat wahrscheinlich an etwas anderes gedacht. Aus den einleitenden Worten geht hervor, daß Jahwe beabsichtigt, durch Kyros Krieg zu führen und Völker zu unterwerfen. Der sprachliche Befund bestätigt das. Das Verb רדד bezieht sich in Ps 144, 1f auf Kampf und Krieg. Aus Jes 20, 2-4 wird ersichtlich, daß das Entgürten der Lenden an den Besiegten und Gefangengenommenen vollzogen wurde. Der Ausdruck הלך לפני bzw. הלך עם verweist in einigen Texten auf den Zusammenhang der Kriegsführung[35], wozu man auch Jes 52, 10-12 zurechnen kann. Es wäre aufgrund dieses sprachlichen und gedanklichen Zusammenhangs zu erwägen, ob Deuterojesaja doch nicht an den Zuspruch gedacht hat, mit dem Jahwe im Rahmen des heiligen Krieges dem Kriegsführer seinen Beistand zugesagt hat. Von einer strengen Übernahme der Form dieses Zspruches kann keine Rede sein, da die Situation des Kyros anders ist. Er befindet sich nicht in Not, und Jahwe muß ihn nicht aus der Not erretten[36]. Kyros ist vielmehr Ausführer des göttlichen Planes: das „fürchte dich nicht" paßt zu ihm nicht. Aber Jahwe erklärt, daß er ihn bei der Hand gefaßt hat, daß er ihn nämlich unterstützt und leitet. Diese Aussage gleicht ohne weiteres der Begründung, die in den Heilsorakeln der Ermahnung „fürchte dich nicht" entspricht. Das beweist die perfektische Formulierung, die der Formulierung jener Begründung, wenn sie verbal und nicht nominal formuliert ist, entspricht. Vorliegender Text ist aber kein Heilsorakel wie 41, 8-16; 43, 1-7; 44, 1-5, da eben

---

[34] Vgl. 41, 21; 43, 15; 44, 6.
[35] Vgl. Dt 1, 30; 20, 4; 31, 6-8.
[36] Das hebt bereits Westermann (vgl. Sprache und Struktur, S. 149) gegen Begrich hervor, der 45, 1ff zu den Heilsorakeln rechnete (vgl. Studien, S. 6, 13).

im Ansatz die direkte Anrede fehlt, ferner die Notsituation nicht vorhanden ist, in die hinein eine Heilszusage zugesprochen wird.

Der Kern des Orakels liegt in VV. 2-3.4b-6a vor: Jahwe kündet an, was er tut, und teilt mit, was er dabei bezweckt. Zur Bestimmung der Gattung ist von diesen zwei Elementen auszugehen: Ankündigung und Angabe des Zweckes durch Anführung der Erkenntnisformel. Die Taten, die Jahwe aufzählt, dienen zu seinem Selbsterweis: an dem, was er tut, soll der Gesalbte Jahwe, den Gott Israels[37], erkennen. Im folgenden erweitert sich Jahwes Selbstvorstellung zu einer Grundsatzaussage, wobei der Sinn der Berufung des Gesalbten näher umrissen wird. Jahwe sagt von sich, daß es keinen anderen Jahwe gibt; er fügt hinzu: er rüstet seinen Gesalbten, damit man erkennt, daß außer ihm nichts, kein Gott, ist. Was nun der Gesalbte vollbringt, sein sieghafter Kriegszug, das ist das Werk Jahwes, an dem man erkennen kann, daß er der einzige Gott ist. Es handelt sich also um ein Orakel, dessen Heilswort mit dem Selbsterweis Jahwes wesentlich verbunden ist. Damit reiht sich dieser Text neben jene anderen Texte Deuterojesajas, deren Kern wie die Heilsorakel, die Disputationsworte, die Gerichtsreden und manche Heilsankündigung der Selbsterweis Jahwes ist. Wie diese so entspricht auch vorliegender Text der Auffassung Deuterojesajas, daß all das, was sich mit Kyros abspielte, in Wirklichkeit auf Jahwe zurückzuführen war.

In den Augen des Propheten war Kyros das Werkzeug Jahwes, der nun sich anschickte, sein Volk wiederherzustellen. Wegen seiner weltweiten umwälzenden Bedeutung auf politischer Ebene, war das Kyros-Geschehen im Verständnis des Propheten noch dazu bestimmt, die Macht Jahwes als des einzigen Gottes vor den Völkern offenkundig zu machen. Es war im Grunde das neue Offenbarungsgeschehen, durch das sich Jahwe als Retter Israels und als der alleinige Gott und Herr den Völkern zu erkennen gab. Das vorliegende Orakel hat also seinen Platz in der Auffassung, die der Prophet von den damaligen Ereignissen hatte und dient dazu, zu diesem theologischen Verständnis jener Ereignisse zu führen.

Es ist nicht anzunehmen, daß der Prophet an ein wirkliches Wort Jahwes an Kyros gedacht hat. Die Tatsache, daß er ihn nie mit

---

[37] Das Orakel an Kyros gilt doch durch Vermittlung des Propheten, dem dies Orakel anvertraut wurde, dem Volk Israel, den Exilierten. Haller betont: „Sicher ist auf jeden Fall, daß alle diese Lieder ebenso sehr für Kyros, wie für Deuterojesajas Glaubensgenossen bestimmt sind" (Die Kyros-Lieder Deuterojesajas, Eucharisterion I. Teil, S. 275).

Namen nennt, sondern von ihm als dem von Jahwe Erweckten und
dem Gesalbten redet, zeigt, wie vorsichtig der Prophet war mit eifrigen
und schnellen Identifizierungen. Was geschieht, ist eben keine offene
Offenbarung, die von sich aus das richtige Verständnis verleiht. Es
will vielmehr gedeutet werden. Deuterojesaja ist aber anscheinend nur
darin sicher, daß ihm jenes glaubensgemäße Verständnis der Geschehnisse von Jahwe geschenkt ist, und daß das für ihn gleichzeitig die
Aufgabe bedeutet, ein solches Verständnis an Israel weiterzugeben. Er
hat zu verkünden, worum es eigentlich geht, was das Kyrosereignis
für Israel und seinen Glauben bedeutet. Wie üblich so hat der Prophet
auch diesmal seine Verkündigung, die in der ihm geschenkten Deutung der Ereignisse gründete, in ein Jahwewort gekleidet; er hat ihr
die Form eines Orakels an Kyros gegeben, in dem das Eigentliche
gesagt war, daß nämlich Jahwe der Haupthandelnde am Kyros-Geschehen war und daß er dadurch zur Erkenntnis seiner selbst als des
Retters und alleinigen Gottes führen will.

     Hat aber der Prophet wirklich so gesprochen wie die uns erhaltenen
Texte? Nach dem bereits Gesagten scheint das unwahrscheinlich zu
sein. Man darf die Vermutung aussprechen, daß die jetzigen Texte
in ihrer schriftlichen Form eine nachträgliche vom Propheten selbst
zum weiteren Nachdenken und vertieften Verstehen in dichterischer,
gehobener Sprache angefertigte Fassung und Zusammenfassung seiner
Predigt darstellen, die er der israelitischen Gemeinde der Exilierten
zur Verfügung gestellt hat. Das mag auch eine Erklärung dafür sein,
warum diese seine Schrift Spuren von Bearbeitungen enthält, die aus
einer Praxis öffentlicher aktualisierender Lektüre in einem kult-
und thoraverbundenen Kreis zu stammen scheinen.

g) *Zur Exegese*

     In der Umrahmung V. 7 kommt der Redaktor des ganzen Stückes
auf Jahwe als Schöpfer und Lenker der Geschichte zu sprechen. Es
scheint nicht am Platz zu sein, daß der Autor hier an den Dualismus
der persischen Religion denkt. Vielleicht greift der Hinweis auf Licht
und Finsternis einfach den Gedanken des Raumes auf, der unmittelbar
vorher ausgesprochen wird: alle Völker des Ostens, wo das Licht
aufgeht, und des Westens, wo die Finsternis auftritt, sollen Jahwe,
den Schöpfer von Licht und Finsternis, erkennen[38]. Am Kyros-

---

[38] So auch Haller, ebd., S. 268. Bereits Duhm hatte sich gegen einen Hinweis
Deuterojesajas auf die persische Religion ausgesprochen (vgl. Das Buch Jesaja, S. 314).

Geschehen sollen sie aber auch erkennen, daß Jahwe für die Seinen
Heil schafft, für die Feinde und Unterdrücker seines Volkes aber —
für den Abgrund von 44, 27a — Unheil wirkt.

2) 45, 8

V. 8 Laßt triefen, ihr Himmel, von oben! Ja, die Wolken mögen strömen von
Heil
— die Erde tue sich auf — und sie mögen Rettung hervorbringen
— das Recht lasse sie sprossen damit —. Ich, Jahwe, schaffe es.

a) *Zur Einteilung und zur Übersetzung*

Dieser Vers hebt sich von den vorhergehenden Versen deswegen ab,
da in ihm die Ich-Rede Jahwes vom „Du" des Gesalbten zum „Ihr"
der Himmel übergeht. Er hebt sich vom Folgenden ab, da hier die
Anrede fehlt und Jahwe nur eine allgemeine Aussage ausspricht (45, 9);
die Angeredeten von 45, 11 sind dann aber nicht mehr die Himmel.
Unser Vers unterscheidet sich vom Kontext ferner wegen der imperativischen Formulierung und wegen des verschiedenen Inhalts.
Zu beachten ist bei der Übersetzung die Parallelität in der Formulierung zwischen יזלו und ויפרו einerseits — es sind zwei Imperfekta
im Plural Maskulin — und zwischen תפתח und תצמיח anderseits —
es sind zwei Imperfekta im Singular Feminin. Es liegt auf der Hand
anzunehmen, daß ושחקים auch das Subjekt von ויפרו ist; anderseits
paßt das Verb צמח gut zu ארץ (vgl. Dt 29, 22), so ist צדקה nicht
Subjekt, sondern Objekt[39]. Es wechseln sich also zwei Aussagen ab,
die eine betrifft die Wolken, die andere die Erde: der Handlung der
Wolken wird jeweils die Handlung der Erde gegenübergestellt; dem
Strömen der Wolken entspricht das Sich-auftun der Erde, dem frucht-
baren Wolkenwasser das Fruchttragen der Erde.

b) *Literarkritik*

Die Hiphilform von רעף begegnet im AT nur hier. Einmalig innerhalb von Jes 40-53 sind das Adverb מעל und das Substantiv שׁחק im

---

Auch Cheyne sieht keine Beziehung zur persischen Religion, vielmehr „the ‚light' and
the ‚welfare' are that happy state to which Israel was to be restored through (but not
by) Cyrus; the ‚darkness' and the ‚calamity', the misery and woe of the Exile" (The
Prophecies of Isaiah, Vol. I, S. 294).

[39] Durch die Streichung von ויפרו und תפתח und ihre Änderung zu תַּפְרִיחַ oder
תִּפְרַח übersetzt Volz: „die Erde bringe hervor Hilfe, auch Gerechtigkeit lasse sie
sprossen!" (Jesaja II, S. 63). Vgl. Elliger, Verhältnis, S. 244.

Sinne von „Wolke" (vgl. 40, 15). Nur hier kommt die Qalform von
נזל vor, die Hiphilform findet sich in 48, 21. Im Sinne von „Heil"
begegnet צדק in 51, 5 innerhalb des sekundären 51, 4-6; hier kommt
es wie an unserer Stelle zusammen mit ישע vor, vgl. aber auch 41, 10;
42, 6; 45, 13. In 45, 19b begegnet es im Ausdruck דבר צדק, wo es
die Bedeutung „das Rechte" hat; in 41, 2 bedeutet es wohl „Heil",
aber mehr im Sinne von „Sieg", hat es also keinen ausgesprochen
theologischen Bezug.

Im Unterschied zu 41, 18; 45, 1; 50, 5 ist das Subjekt vom Verb
פתח nicht Jahwe, sondern die Erde; in 53, 7 ist das Subjekt der
leidende Knecht. Das Verb פרה findet sich bei Deuterojesaja sonst
nicht mehr. So auch das Wort ישע, das nur im sekundären 51, 5 wieder
vorkommt. Im Sinne von „Heil" begegnet צדקה in 46, 12f; 51, 6.8,
vielleicht auch in 48, 18, lauter Stellen, die mit Ausnahme von 51, 8
als sekundär gelten. Wieder anderes scheint es in 45, 23a zu bedeuten,
wo der Ausdruck יצא מפי צדקה mehr an „Wahrheit" denken läßt
(vgl. 48, 1b); in 45, 24a liegt ein Plural vor, was man mit „Erweise des
Heils" übersetzen kann. Mit Ausnahme von 48, 1b bezieht sich צדקה
theologisch auf Jahwe als eine Eigenschaft von ihm, etwas, was er
schafft. Die Hiphilform von צמח findet sich innerhalb von Jes 40-53
nur hier, sonst in 55, 10; 61, 11.

Was an diesem Text befremdet, ist das Überwiegen abstrakter
Begriffe. Das gehört nicht zum Stil Deuterojesajas. Er macht sehr
selten Gebrauch davon, an sich nur in 45, 19b (45, 23a.24a sind sekundär). So ist es auffallend, wenn es auf einmal drei solcher Begriffe zusammen vorkommen. Einzigartig ist es ferner, daß Jahwe und
nicht etwa der Prophet die Himmel anredet, so wie es in 44, 23;
49, 13 (52, 9) der Fall ist. Der Satz V. 8bγ hat anscheinend begründenden Charakter; dieser Satz wird aber in den Texten, wo die
Himmel angeredet werden (44, 23; 49, 13 (52, 9)), mit einem כי eingeführt. Die Selbstvorstellungsformel אני יהוה findet sich bei Deuterojesaja in einem Zusammenhang, in dem Israel bzw. die Völker oder
ein Einzelner angeredet werden und nicht Naturdinge. Wenn all diese
Beobachtungen richtig sind, ergibt sich, daß 45, 8 nicht von Deuterojesaja stammt[40]. Seine Stellung nach 44, 24-45, 7 läßt vermuten, daß
es auf die Hand dessen zurückgeht, der diesen ganzen Abschnitt komponiert hat.

---

[40] Auch Fohrer hält 45, 8 für sekundär (vgl. Das Buch Jesaja, Bd. 3, S. 87).

c) *Form- und Gattungskritik*

Der Text umfaßt drei Stiche. Die Akzente sind auf 3+2; 2; 3+2 verteilt, so daß der rhythmische Aufbau einheitlich ist. Inhaltlich handelt es sich um eine doppelte Anweisung jeweils an die Himmel und Wolken, dann an die Erde: jene sollen von oben Heil zufließen lassen, wobei sich die Erde empfangend öffnen soll; daraus wächst Rettung und Recht. Die Verwendung von Bildern und Begriffen, die an den Gedankenkreis der Fruchtbarkeit erinnern[41], überrascht sehr, da der Zusammenhang keine Gelegenheit dazu bietet. Der Verfasser will vielleicht durch diese Sprache die universale Tragweite des von Jahwe nun durch Kyros geschaffenen Heils hervorheben. Das wäre in Übereinstimmung mit der Aussage des Kyrosorakels, daß man am Kyros-Geschehen vom Aufgang bis zum Niedergang der Sonne Jahwe als den einzigen Gott erkennen wird. Eben diese Erkenntnis wäre das Heil, das Jahwe hervorbringt; und da es alle Menschen erreicht, so wird es als ein Geschehen dargestellt, an dem Himmel und Erde beteiligt sind.

Aber es gibt eine andere Möglichkeit der Deutung. Vielleicht denkt der Verfasser an den Regen des Himmels und an den fruchttragenden Erdboden als den Segen, den Jahwe denen schenkt, die ihm treu sind — ein Gedanke, der etwa auch in Dt 11, 11-17; 28, 11f.23; 30, 19 Ausdruck findet. Dann versteht der Autor die Zeit des Kyros als die Heilszeit, da Jahwe dem Himmel und der Erde gebietet, ihren Segen zu geben, das heißt als die Zeit, da Jahwe von sich aus ohne Zutun des Menschen Heil, Rettung und Recht schenkt. In dieser Hinsicht würde vorliegender Text dem Text Ho 2, 21-23 nahe stehen[42]. Sollte der Gedanke der Wiederherstellung des Bundes wie im Hoseatext vorhanden sein, so würde in Jes 45, 8 die Aussage vorliegen, daß die Zeit gekommen ist, da alle Völker mit in den Bund eingeschlossen werden. Wir hätten also mit einer Deutung und Bestätigung des im Kyrosorakel Gesagten zu tun.

Wenn der Text es tatsächlich so meint, dann kann uns der Inhalt bei der Bestimmung der Gattung helfen. Von einem eschatologischen Loblied, wie Westermann 45, 8 bezeichnet[43], kann keine Rede sein, allein aus dem einfachen Grund, daß eine Aufforderung zum Loben

---

[41] Vgl. Hi 36, 28; Ps 65, 12f; Jes 17, 6; 32, 12; 55, 10; 61, 11; Ez 17, 6; 19, 10.

[42] Auf Ho 2, 21ff verweisen auch Bonnard (Le Second Isaïe, S. 174 Anm. 5), Knight (Deutero-Isaiah, S. 136) und Westermann (Das Buch Jesaja, S. 133).

[43] Vgl. Westermann, Sprache und Struktur, S. 157ff, Das Buch Jesaja, S. 132f.

fehlt. Die dafür charakteristischen Verben sind nicht vorhanden[44]. Es fehlt auch der Begründungssatz, der die Struktur des imperativischen Hymnus kennzeichnet. Denn der Satz V. 8bγ ist dem Sinn nach den vorhergehenden Sätzen nicht untergeordnet, sondern eher vorgeordnet. Der Text könnte ja so umformuliert werden: „Ich, Jahwe, schaffe Heil: die Wolken mögen es strömen lassen und die Erde möge es sprossen lassen." Zwischen dem ersten Satz und den anderen Sätzen besteht an sich kein logischer Zusammenhang: aus der Tatsache, daß Jahwe Heil schafft, folgt nicht unbedingt, daß Himmel und Erde Träger dieses Heils werden. Der logische Zusammenhang ist aber in den imperativischen Hymnen vorhanden: Jahwe hat Jakob losgekauft, brechet also in Jubel aus. Der erste Satz begründet das Jubeln und das Jubeln setzt voraus die Tat Jahwes. In 45, 8 ist es so, daß der Satz „ich Jahwe schaffe es" der eigentliche Kern des Textes ist, der keiner Ergänzung bedarf noch andere Aussagen begründet; die einzige Verbindung mit dem Kontext liegt auf grammatischer Ebene im Personalsuffix der dritten Person Singular vor, das sich anscheinend auf צדק und ישע bezieht, eine syntaktisch-logische Verbindung ist nicht vorhanden. Die umliegenden Sätze haben aber die Funktion hervorzuheben, daß das von Jahwe geschaffene Heil keine Bedingung im Menschen voraussetzt und ohne Unterscheidung nicht nur Israel, sondern alle Menschen angeht, also ein universales Gnadenwerk ist. Der Zusammenhang und die Einheit des Textes besteht in der gedanklichen Ausrichtung, den endgültigen, bedingungslosen und universalen Charakter des durch Kyros vollzogenen Heils klar zu machen.

Jes 45, 8 ist also kein eschatologisches Loblied und auch kein imperativischer Hymnus. Es beginnt mit einem Imperativ und die folgenden Imperfekta haben desiderativ-jussiven Charakter. Jahwe ordnet an, daß die Himmel triefen lassen und die Erde sich öffnet. Daraus soll Heil, Rettung und Recht wachsen. Man kann diesen Text gattungsmäßig als ein Ausführungswort bezeichnen. Jahwe bestimmt, daß das von ihm geplante Heil Wirklichkeit wird, daß der eschatologische Bund, den Himmel und Erde mit ihrem fruchttragenden Segen charakterisieren, endgültig und bedingungslos mit allen Völkern geschlossen wird. Nicht zufällig ist der Text als eine Ich-Rede Jahwes formuliert im Gegensatz zu den übrigen hymnischen Texten, in denen

---

[44] Das gleiche stellt Crüsemann fest (vgl. Studien zur Formgeschichte von Hymnus und Danklied in Israel, S. 45 Anm. 2).

Himmel, Erde und andere Naturdinge im Imperativ angeredet werden. Der in 45, 8 anredende Jahwe ist der bestimmend handelnde, Heil hervorrufende Jahwe.

Es ist nicht sicher, ob wir bei diesem Text mit einer bestimmten Gattung zu tun haben, die eine feste Struktur aufweist und weiter bezeugt ist. Wahrscheinlich handelt es sich um eine Komposition ad hoc. Zusammen mit dem Hymnus 44, 24-28a stellt sie eine vertiefende Deutung des deuterojesajanischen Kyrosorakels in eschatologischem Verständnis dar. Sie dürfte im Rahmen interpretierender Arbeit anläßlich öffentlicher Verlesung der deuterojesajanischen Schriften entstanden sein.

3)   45, 9-13.14-17

V. 9   Weh dem, der mit seinem Bildner streitet, Scherbe unter Scherben aus Lehm!
        Spricht der Ton etwa zu seinem Bildner: was machst du; ja dein Werk, waren beide Hände daran?
V. 10   Weh dem, der zum Vater sagt: was zeugst du, und zum Weib: was gebierst du?
V. 11   So spricht Jahwe, der Heilige Israels und sein Bildner:
        Über das Kommende befragt ihr mich! Über meine Söhne und über das Werk meiner Hände sollt ihr mir Befehl geben!
V. 12   Ich selber habe die Erde gemacht, den Menschen auf ihr geschaffen. Ich: meine Hände spannten die Himmel, all ihre Schar habe ich entboten.
V. 13   Ich selber habe einen erweckt um des Heils willen, all seine Wege ebne ich.
        Er wird meine Stadt erbauen und meine Gefangenen loslassen
        — nicht um Geld und nicht um Geschenk, spricht Jahwe der Heerscharen.
V. 14   So spricht Jahwe:
        Die Arbeit Ägyptens, der Handel Äthiopiens und die Sabäer, Männer von Unmaß,
        zu dir werden sie kommen, dein werden sie sein wollen, nach dir hergehen mögen, in Fesseln herziehen,
        nach dir hin sich niederwerfen, nach dir hin beten:
        ‚Nur in dir ist Gott, wo sonst? nirgends ein Gott!'
V. 15   Gewiß, du bist ein Gott, der sich verbirgt, Israels Gott, Befreier!
        Beschämt, gar sehr enttäuscht sind allesamt, in Enttäuschung gehen hinweg die Former der Gebilde.
V. 17   Israel wird befreit in Jahwe: eine Befreiung für die Zeiten!
        Nicht werdet ihr beschämt, nicht enttäuscht für alle Zeit.

a) *Zur Einteilung und zur Übersetzung*

Durch das einfache הוי setzt sich der mit V. 9 beginnende Abschnitt deutlich vom vorhergehenden Text 45, 8 ab. Himmel und Erde werden nicht mehr angesprochen; an wen sich das Wehe-Wort eigentlich richtet, bleibt unbestimmt. Unklar ist auch, wie sich VV. 9-10 zu VV. 11-13 verhalten. Das einzige, was sie miteinander verbindet, ist der Begriff פעל (VV. 9bβ.11bβ), dann der Begriff יצר; dieser wird aber verschieden gebraucht, und zwar in V. 11a als Titel Jahwes, in V. 9a als Bezeichnung des Handwerkers. Der neue Einsatz der Botenformel in V. 14 und der verschiedene Inhalt von VV. 14-15 sprechen für die Selbständigkeit und Abgeschlossenheit von VV. 11-13. V. 13 endet selbst mit einer eigenen Botenformel.

V. 9

Was die Übersetzung dieses Verses angeht, so ist der Vorschlag Whitleys zu erwägen. Er gibt V. 9a folgendermaßen wieder: „Streitet das Tongefäß mit seinem Bildner, der Erdboden mit dem Pflüger?". Er übersetzt V. 9b: „Spricht der Ton zum Bildner ‚was machst du' und zu seinem Werk ‚es ist nicht von deinen Händen?". Das ändert nichts am Sinn im Vergleich zu der oben angegebenen Übersetzung[45].

b) *Literarkritik von VV. 9-13*

VV. 9-10

Mögen die eine Wendung — etwa ריב את (siehe 49, 25; 50, 8) — oder der eine und der andere Begriff — etwa חמר (41, 25), פעל (41, 24), אב (51, 2), אשה (49, 15) — innerhalb von Jes 40-53 nochmals vorkommen, so gehört die bildhafte Sprache weisheitlichen Charakters[46], wie sie VV. 9-10 aufweisen, nicht zum deuterojesajanischen Stil. Die Personifizierung von Dingen, die nicht die großen Dinge der Natur sind wie Himmel, Erde und Berge, sondern wie hier eine Scherbe und der Ton, geht Deuterojesaja ab. Wenn er seinem Volk etwas vorzu-

---

[45] Vgl. Whitley, Textual Notes to Deutero-Isaiah, VT 11 1961, S. 457-459. Dieser Autor nimmt in v.9aβ die Lesart את־חרש אדמה an, wobei die Wurzel חרש den Sinn von „pflügen" hätte (vgl. LXX), in v.9bβ die Lesart ולפעלו איו מידיך. Vgl. auch Schoors, I am God your Saviour, S. 261.

[46] Auf den weisheitlichen Charakter des Textes weisen Gerstenberger (vgl. The Woe-Oracles of the Prophets, JBL 81 1962, S. 259 Anm. 33), Haller (Die Kyros-Lieder Deuterojesajas, Eucharisterion I. Teil, S. 266), Schoors (I am God your Saviour, S. 261) und Westermann (Das Buch Jesaja, S. 135) hin.

halten hat, so spricht er es unmittelbar aus[47]. Daß mit diesen Worten Israel angesprochen wird, dürfte aus dem hier verwendeten Bild selbst hervorgehen[48] : es ist vom Bildner die Rede, gegen den sich das Gebildete empört. Übertragen auf die Situation des Volkes ist es Israel, das sich gegen seinen Bildner richtet — was in den verschiedenen Einwänden gegen Jahwe und in der Zuwendung zu den Göttern deutlich wird. Zu vergleichen ist in diesem Zusammenhang Jes 64, 7, wo sich die klagenden Israeliten als Ton und Jahwe als Bildner bezeichnen. Den Grund zur Bestreitung von 45, 9f gegen Jahwe dürfte uns der unmittelbare Kontext angeben. Formal gesehen ist zu beachten, daß innerhalb von Jes 40-53 in V. 9f allein ein Wehe-Wort begegnet.

V. 11

Die Zusammensetzung der Bezeichnungen קדוש ישראל und יצר begegnet bei Deuterojesaja nur hier in 45, 11a. Das Partizip יצר als Bezeichnung Jahwes in bezug auf Israel bzw. den Gottesknecht wird sonst immer durch מבטן ergänzt (vgl. 44, 2.24; 49, 5). Das Partizip Plural von אתה in V. 11b findet sich mit Artikel in 41, 23 und ohne Artikel im unechten 44, 7b. Das Verb שאל kommt in 41, 28 vor, wo es Jahwe als Subjekt hat und auf die Götzen bezogen wird. Die Konstruktion mit doppeltem Akkusativ begegnet auch in 58, 2. V. 11bα bildet syntaktisch einen abgeschlossenen Satz. Das Wort בן findet sich seinerseits im für sekundär gehaltenen 51, 12.18[49] wieder. Es ist von „meinen Händen" im Plural die Rede. Mit Ausnahme von 45, 12b, wo „meine Hände" vermutlich sekundär ist, verwendet Deuterojesaja sonst immer den Singular[50]. Das Verb צוה findet sich außer in 45, 12b noch in 48, 5b (sek.).

V. 11b fällt insofern auf, als er zusammen mit V. 13bβγ im ganzen Abschnitt VV. 11-13 nicht mit einem Personalpronomen anfängt; der rhetorische Akzent liegt nicht etwa auf einem Personalpronomen הם, sondern auf dem Substantiv האתיות. Auch inhaltlich fällt V. 11b aus

---

[47] Vgl. 40, 27f; 42, 19a.20; 43, 22. Auch Elliger spricht sich gegen die Echtheit von 49, 9f aus. Er schreibt es Tritojesaja zu (vgl. Verhältnis, S. 179-182). Vgl. Westermann, Das Buch Jesaja, S. 134f.

[48] So neuerdings auch Bonnard, Le Second Isaïe, S. 168, 174f, Fohrer, Das Buch Jesaja, Bd. 3, S. 88, Haller, Die Kyros-Lieder Deuterojesajas, Eucharisterion I. Teil, S. 266, 268, Kissane, The Book of Isaiah, Vol. II, S. 81f, Knight, Deutero-Isaiah, S. 137, McKenzie, Second Isaiah, S. 78f, North, The Second Isaiah, S. 154, Penna, Isaia, S. 464f, Schoors, I am God your Saviour, S. 266, Westermann, Das Buch Jesaja, S. 134f. Vgl. aber Elliger, Verhältnis, S. 186f.

[49] Vgl. Elliger, Verhältnis, S. 207-211, 262 Anm. 2.

[50] Vgl. 41, 20; 43, 13; 49, 2; 51, 17.

dem Rahmen; nichts im Abschnitt rechtfertigt diese spöttlich herausfordernden Worte Jahwes. Auf wen sie sich beziehen, ist nicht klar.
Der Begriff האתיות, der in 41, 23 im Zusammenhang mit der Polemik
gegen die Götzen vorkommt, ließe vermuten, daß hier die Götzen
angeredet werden. Das würde von der Tatsache bestätigt werden, daß
im Kontext, und zwar in V. 16, auf die Götzen angespielt wird. Freilich
ist nicht zu beweisen, daß VV. 16-17 auf die gleiche Hand wie V. 11b
zurückgehen und in Beziehung zu V. 11b stehen. Es ist letztlich doch
unwahrscheinlich, daß hier die Götzen und Götter angeredet werden.
Das „Befragen" ist nämlich der Sache nach eine Tätigkeit des Menschen und nicht eines Gottes. Am besten nimmt man an, daß die
Angeredeten die gleichen sind, an die die Worte von VV. 9-10 gerichtet
sind, die ungläubigen und zweifelnden Israeliten. Damit verbinden wir
V. 11b mit VV. 9-10. Es dürfte keine große Schwierigkeit sein, daß
in V. 11b die „Söhne" erwähnt werden [51], da die in VV. 9-10 Angeredeten auch unter die Söhne zu zählen sind. Aber בני greift vermutlich auf אב und אשה von V. 10, wie פעל auf V. 9bβ greift; vielleicht
bezieht sich שאל absichtlich auf beide אמר von VV. 9b.10a. Was für
VV. 9-10 gilt, gilt auch für V. 11b; er geht auch nicht auf Deuterojesaja
zurück. Von diesem Interpolator dürfte auch das ידי von V. 12b
stammen, das als explizierendes Subjekt neben אני auftritt; statt נטו
wäre dann im Urtext נטיתי zu lesen.

V. 12

Die Wendung עשה ארץ kommt bei Deuterojesaja nur hier vor (vgl.
sonst Jes 37, 16b). Einmalig ist ferner bei ihm die Wendung ברא אדם
(vgl. Gen 1, 27; Dt 4, 32); er verwendet auch nicht das Wort אדם,
wenn man 43, 4; 47, 3; 51, 12 für sekundär hält. V. 12b ist zusammen
mit V. 11b der einzige Fall innerhalb von Jes 40-53, wo von den
„Händen" Jahwes die Rede ist; auch an den sekundären Stellen
40, 2; 50, 2.11; 51, 16 wird von der Hand Jahwes im Singular gesprochen. Der Plural begegnet in Jes 60, 21; 64, 7. Geläufig ist dagegen
die Wendung נטה שמים [52]. Zu צבא in bezug auf die Dinge des Himmels
vgl. 40, 26.

---

[51] Duhm (Das Buch Jesaja, S. 316) und Budde (Das Buch Jesaja, S. 672) streichen
עלֿבני. Dagegen äußert sich aber Elliger (vgl. Verhältnis, S. 181 Anm. 1).
[52] Vgl. 40, 22; 42, 5; 44, 24; 51, 13. Diese Stellen sind mit Ausnahme von 40, 22
alle sekundär.

V. 13

In V. 13a begegnet das Verb עור, das bereits in 41, 2.25 auf das Kyros-Geschehen bezogen wird; das Verb ישר wird in 45, 2 auf Kyros bezogen. Der Ausdruck בצדק ist uns aus 42, 6 bereits bekannt. An vorliegender Stelle bezieht er sich deutlich auf den Erweckten (Kyros) und bezeichnet das Heil als das durch die Erweckung des Kyros erzielte Ergebnis von Jahwes Werk. Einmalig sind die Qalform von בנה und der Gegriff גלות. Von „meiner Stadt" ist bei Deuterojesaja nur hier die Rede. Die Pielform von שלח kommt sonst in 43, 14; 50, 1 vor.

In V. 13bβγ fällt die Botenformel אמר יהוה צבאות auf. Sie dürfte nicht ursprünglich sein; denn die Formel אמר יהוה kennzeichnet an sich die Kapitel Jes 54-66[53]. Anderseits findet sich die Bezeichnung יהוה צבאות bei Deuterojesaja sehr selten und an Stellen, deren Echtheit anzuzweifeln ist[54]; sonst begegnet sie in 54, 5. Der ganze V. 13bβγ macht den Eindruck eines Zusatzes[55]. Abgesehen von den einmaligen Begriffen מחיר und שחד, spricht der Vers einen Gedanken aus, der dem sekundären 52, 3-6[56] eigen ist. Ob beide Texte auf die gleiche Hand zurückgehen, kann noch nicht festgestellt werden. Es liegt zunächst näher anzunehmen, daß V. 13bβγ auf den Interpolator von V. 14 zurückgeht. Die Aussage, daß der Reichtum der Völker der Stadt Jahwes und damit Israel zukommen wird, könnte durch die Aussage vorbereitet werden, daß Kyros die Israeliten und ihre Stadt ohne Entgelt wiederherstellen wird. In V. 14 hätte der Interpolator die Botenformel wiederholt, da Jahwe im Folgenden eine neue Heilszusage ausspricht. Über die nichtdeuterojesajanische Herkunft von V. 14 siehe unten.

Wenn man zum Abschluß den Urtext VV. 11a.12.13abα nach seinen Aussagen prüft, so begegnet man in ihm dem doppelten Gedanken von der Macht Jahwes in der Schöpfung und von seiner Macht in der Geschichte mit besonderem Bezug auf das Kyros-Geschehen und seine Folgen. Er ist für die Botschaft des Propheten ein typischer Gedanke. Dieser Text ist deswegen ihm zuzuschreiben, auch wenn er bei der Formulierung nicht nur gewohnte Wendungen, sondern

---

[53] Vgl. 54, 1.6.8.10; 57, 14.19.21; 65, 7.26; 66, 9.20f.23.

[54] Vgl. 44, 6a; 47, 4; 48, 2b; 51, 15b.

[55] So auch Duhm, Das Buch Jesaja, S. 317, und Marti, Das Buch Jesaja, S. 311. Elliger schreibt diesen Zusatz Tritojesaja zu (vgl. Verhältnis, S. 182f). Schoors hält v.13bβγ für echt (vgl. I am God your Saviour, S. 265f).

[56] Vgl. Elliger, ebd., S. 215-219.

auch neue gebraucht. Seinem Stil entspricht die Botenformel, deren Subjekt von zwei Appositionen begleitet ist.

c) *Form- und Gattungskritik von VV. 9-10 und VV. 11-13*

Formal gesehen sind VV. 9-10 miteinander dadurch verbunden, daß beide in gleicher Weise beginnen : dem הוי folgt das Partizip und dann die adverbielle Bestimmung. Der mittlere Satz V. 9b bildet mit seiner Fragepartikel ה stilistisch eine Abwechslung zu den ihn umrahmenden Sätzen. VV. 9b-10 sind ihrerseits durch die gemeinsamen מה-Fragen miteinander verknüpft. Der Rhythmus scheint nicht einheitlich zu sein : verbindet man beide הוי durch ein maqqef je mit dem folgenden Partizip, so verteilen sich die Akzente für jeden Stichus auf 2+3; 4+3; 3+2.

Viel geschlossener ist der Form nach der Text VV. 11a.12-13bα. Mit Ausnahme der Botenformel, die den ersten Stichus bildet, sind die folgenden vier Stiche nach dem Schema Subjekt-Verb-Objekt/ Objekt-Verb aufgebaut. Sie sind alle dadurch gekennzeichnet, daß sie mit einem Personalpronomen ansetzen. Die vier Personalpronomina sind in symmetrischer Weise angereiht : dem אנכי von V. 12a entspricht das אנכי von V. 13a, dem אני von V. 12b das הוא von 13bα. Wenn man das maqqef nach beiden כל wegnimmt, es aber nach נטיתי hinzufügt, erhält man die Akzentverteilung von 2 + 3; 3 + 3; 3 + 3; 3+3; 2+2. Der ausgeschiedene V. 11b weist dagegen 2+4 Akzente auf. Es stellt sich nun die Frage nach der Gattung der Einheit VV. 11a.12-13bα. —

Im Anschluß an Begrich meint Westermann zunächst, daß VV. 9-13 einem Disputationswort gleichen[57]. Schoors hält an dieser Deutung noch fest[58]. In seinem Kommentar erörtert aber Westermann die Möglichkeit, daß VV. 11-13 eine selbständige Einheit bilden, und rechnet sie zu den Gerichtsreden[59]. Er begründet diese Deutung mit V. 11b, in dem das Argument der Gegenpartei, der Götter, von

---

[57] Vgl. Westermann, Sprache und Struktur, S. 134, 151 Anm. 32, Das Buch Jesaja, S. 134. Vgl. Begrich, Studien, S. 42-45.

[58] Vgl. Schoors, I am God your Saviour, S. 266. Nach ihm haben auch vv.11-13 den Charakter einer Disputation. Gegen Westermann bemerkt er : „It is too simple to assert that the so-called disputation here consists only in a vigorous repetition of the contested thesis".

[59] Vgl. Westermann, Das Buch Jesaja, S. 136, ferner Sprache und Struktur, S. 151. Von Waldow rechnet vv.11-13 zu den Disputationsworten (vgl. Anlass und Hintergrund der Verkündigung des Deuterojesaja, S. 36).

Jahwe zitiert wird. Mit Recht betont Westermann, daß dieses Argument im Zusammenhang mit V. 13, der Aussage vom Wiederaufbau der Stadt Jerusalem, noch nicht laut geworden war in der Botschaft des Propheten. Das ist aber die Frage. Denn aus den Gerichtsreden gegen die Götter geht deutlich hervor, daß diese und ihre Vertreter, die Völker, keine Argumente vorbringen können und deswegen auch nicht reden [60]. Deuterojesaja unterstreicht in besonderer Weise, daß die Götter und Götzen nichts sind; es ist also nicht denkbar, daß er sie Jahwe befragen und ihm gebieten läßt. Das ist ein entscheidender Grund für die Annahme, daß VV. 11b nicht vom Propheten stammt. Damit wird die Deutung von VV. 11-13 als Gerichtsrede hinfällig. Für VV. 11a.12-13bα müssen wir nach einer anderen Gattung suchen.

Der Inhalt spricht für ein Offenbarungswort Jahwes. Jahwe gibt sich hier zu erkennen als Schöpfer des Himmels, der Erde und des Menschen, gleichzeitig auch als Erwecker und Lenker des Kyros; er teilt den Zweck mit, wozu er Kyros berufen hat: er wird die Exilierten freilassen und seine Stadt, die Stadt Jahwes, wiederaufbauen. In dieser Hinsicht reiht sich dieser Text neben das Orakel 45, 1-6a, insofern er Weiteres und sogar Neues über Kyros und sein Werk sagt. Es handelt sich aber nicht um ein Orakel, da sich Jahwe nicht direkt an Kyros wendet und ihm nicht direkt Beistand verspricht. Die Worte VV. 11a.12-13bα dürften sich an Israel richten. Freilich fehlt in der Botenformel die direkte Anrede und wird von Jahwe in der dritten Person als „seinem Bildner" gesprochen. In den Paralleltexten 44, 6a; 49, 7aα wird aber im Folgenden der direkte Bezug nachgeholt (vgl. 44, 8; 49, 8). Wenn das im vorliegenden Text nicht vorkommt, so mag das darin seinen Grund haben, daß der Inhalt des zu Verkündenden diesen Bezug nicht ermöglichte. Jahwe sagt ja, daß der von ihm Erweckte *seine* Stadt aufbauen und *seine* Gefangenen freilassen wird. Der Akzent liegt hier auf dem Suffix der ersten Person Singular entsprechend dem Stil des ganzen Textes mit seinen betonten אנכי und אני. Im persönlichen Orakel 45, 1-6a hat Jahwe dem Kyros seinen Beistand versprochen und ihm den Sinn seiner Berufung eröffnet — sich ihm als Jahwe, den Gott Israels, zu erkennen zu geben und sich durch ihn allen Völkern als den einzigen Gott zu offenbaren. Im Offenbarungswort 45, 11a.12-13bα teilt Jahwe mit, was er durch Kyros für Israel unternimmt — die Befreiung der Exilierten und den Wieder-

---

[60] Vgl. 41, 22-24a.28-29a; 43, 9; 44, 7aα.

aufbau Jerusalems. In diesem Sinn ergänzt dieses Wort inhaltlich das Orakel an Kyros[61].

Formal gesehen sind aber beide Texte voneinander verschieden. Vielleicht ist neben dem speziellen Inhalt als eine Eigenart der Offenbarungsworte anzusehen, daß sie im Gegensatz zu den Orakeln das „Du" bzw. „Ihr" nach Möglichkeit vermeiden und die Formulierung in der dritten Person Singular bevorzugen, dabei aber das göttliche אנכי bzw. אני oder הוא und die entsprechenden Bezugspronomina „mein", „sein" hervorheben. Das ist in 45, 11a.12-13bα eben der Fall. Freilich liegen bei Deuterojesaja keine anderen Texte vor, die man in diesem Sinn als reine Offenbarungsworte bezeichnen könnte. Stücke davon kann man etwa in 44, 6-7a (vgl. dort das doppelte אני und die Suffixe der ersten Person Singular, die auch in V. 8 wiederkehren) und in 48, 12b-16 (vgl. das mehrmals wiederholte אני und die Suffixe der ersten bzw. der dritten Person Singular) finden.

Vorliegendem Text steht 45, 18f am nächsten. Hier fehlen die Pronomina der zweiten Person ganz, neben dem wiederholten הוא an betonter Stelle findet man das zweifache אני יהוה. Vergleicht man ferner 45, 11a.12-13bα mit 42, 5-7, so stellt man die gleiche Struktur fest: Botenformel, die Rede Jahwes beginnt mit dem göttlichen אני, das Verb der Berufung, das dem Verb der Erweckung in 45, 13a entspricht, steht im Perfekt, die übrigen Verben sind imperfektisch formuliert. Der Unterschied liegt darin, daß 42, 5-7 eine direkte Rede Jahwes an den Betreffenden in einer Ich-Du-Wechselbeziehung vorhanden ist. Dieses Berufungswort an den Berufenen macht den Gattungsunterschied aus. 42, 5-7 gehört zur Gattung der Orakel, wenn es auch von besonderer Art ist; 45, 11a.12-13bα bewahrt den Charakter eines Offenbarungswortes, dessen Bezug Jahwe selbst ist.

Man stellt fest, daß ein Teil der Aussagen von 45, 11a.12-13bα in anderen Texten in partizipialer Form vorkommt. So finden sich die Aussagen über Jahwe als Schöpfer in 40, 22; 42, 5; 44, 24b; 45, 18a als partizipiale Ausdrücke. In 48, 13 liegen sie wieder in verbal finiter Form vor wie auch die Aussage über Kyros in 48, 15 in verbal finiter Form wiederkehrt. Das mag helfen zur Bestimmung des Sitzes im

---

[61] Haller beschreibt 45, 9-13 folgendermassen: „Ein Doppelscheltwort (V.9f), das offenbar...an ein unter den Verbannten gebräuchliches Sprichwort anknüpft, ...leitet über zu einem Orakel (V.11ff), das durch die übliche prophetische, stark hymnisch erweiterte Einleitungsformel eingeführt und ebenfalls in prophetischer Form abgeschlossen wird, aber keine bestimmte Adresse trägt" (Die Kyros-Lieder Deuterojesajas, Eucharisterion I. Teil, S. 266, vgl. auch S. 268).

Leben. Es dürfte der Sache entsprechen, zu vermuten, daß die parti-
ziipale Form wegen ihrer Beziehung zum Hymnus aus der theologischen Reflexion stammt, wie sie im Rahmen der versammelten
Gemeinde zum Ausdruck kam. Eine Bestätigung dafür kann man
darin sehen, daß die meisten partizipialen Ausdrücke an die Botenformel gebunden sind (42, 5; 44, 24b; 45, 18a) bzw. zum Wort des
Propheten gehören (40, 21b). Nur einmal finden sie sich in der Rede
Jahwes selbst (44, 24b), in einem Text, dessen Ursprung aus der
hymnischen Tradition, also aus der Reflexion der Gemeinde für wahrscheinlich gehalten wurde. Unter formalem Gesichtspunkt geht der
Charakter der Reflexion der direkten Jahwerede ab. Was Jahwe mitteilt, bewahrt den Sinn des Ursprünglichen, das der Adressat anzuhören und anzunehmen hat. Mit seinem knappen Stil strafft vorliegender Text alles Wesentliche an der Botschaft Deuterojesajas zusammen. Er macht den Eindruck, etwas Programmatisches zu enthalten; man kann ihn aber auch als kurze Zusammenfassung der prophetischen Botschaft verstehen. Er gehört vermutlich zu jenen Worten, die weniger zur direkten Verkündigung bestimmt waren als vielmehr zu deren schriftlichen Fixierung als ein zu bewahrendes und zu
überlieferndes Offenbarungswort zum Zeugnis dessen, was Jahwe ist
und tut.

Man kann also von einem Sitz im Leben in dem Sinn sprechen,
daß der Text im Rahmen der prophetischen Verkündigung die Funktion erfüllt, das zu Verkündende oder das bereits Verkündete als
schriftliches Wort zu tradieren. Vielleicht ist die unpersönliche Formulierung der Botenformel von diesem Umstand her und nicht nur
von der Grammatik her zu erklären, insofern nach der Bezeichnung
קדוש ישראל folgerichtig das Suffix der dritten Person am besten paßt.

d) *Literarkritik von VV. 14-17*

V. 14

Innerhalb von Jes 40-53 begegnet in 45, 14aα zum ersten Mal die
Botenformel ohne Appositionen[62] und ohne nähere Bestimmung (45,
1). In 49, 8 geht die Botenformel auf den Interpolator von 49, 7
zurück, der damit über seinen Zusatz hinaus an die ursprüngliche

---

[62] Vgl. 42, 5; 43, 14.16; 44, 2.6.24; 45, 18; 48, 17; 49, 7. Im Anschluß an Volz
(vgl. Jesaja II, S. 68) hält Elliger die Botenformel für unecht (vgl. Verhältnis, S. 45
Anm. 2) und führt sie auf Tritojesaja (vgl. ebd., S. 251f) zurück; er schreibt aber v.14
Deuterojesaja zu (vgl. ebd., S. 246f).

Botenformel von V. 7aα anknüpft[63]. Das Vorkommen der Botenformel ohne Erweiterung, will man an Deuterojesaja denken, ist an sich
schon auffällig, bedeutet aber nicht unbedingt, daß hier ein anderer
Autor am Werk ist. Das zeigt vielleicht zunächst nur, daß mit V. 14
ein neuer Abschnitt beginnt. Der Wortschatz von V. 14 ist freilich
nicht deuterojesajanisch: Worte wie יגיע, סחר, מדה finden sich nur
hier; das Verb שחה (Hithp.) begegnet sonst an den unechten Stellen
44, 15.17; 46, 6; 49, 7aγ.23, die Wendung התפלל אל wird in 45, 20b
im Unterschied zu hier theologisch gebraucht. Einmalig sind die Wendungen עבר על, היה ל, הלך אחרי und שחה אל. Der letzte Satz von
V. 14a dürfte wohl eine spätere Glosse sein, und zwar weniger wegen
der Wiederholung des Verb עבר als vielmehr, weil hier ein Gedanke
vorliegt, der im Kontext fremd wirkt[64]. Es ist nicht denkbar, daß das
Bekenntnis Gefesselten und Versklavten in den Mund gelegt wird,
d.h. in den Mund Entrechteter. Das Bekenntnis gewinnt an Sinn und
Kraft, wenn es von Freien kommt. Durch die Glosse ist jedoch der
eschatologische Aspekt des Textes in den Vordergrund gestellt worden.
Im Text ist ferner zu beachten, daß die Wendung ואין עוד als fester
Bestandteil der Selbstvorstellungsformel אני יהוה ואין עוד sonst immer
im Munde Jahwes vorkommt[65]. Hier gehört sie aber zu einem Bekenntnis der Völker.

Inhaltlich steht der Gedanke von V. 14 inmitten der deuterojesajanischen Aussagen isoliert, er steht aber den Aussagen von Jes 60
nahe[66]. Diese Beobachtungen lassen nicht auf Deuterojesaja als Autor
schließen. V. 14 erklärt sich besser als eine nachträgliche anschauliche
Entfaltung der Aussage von 45, 6a, daß man vom Aufgang der Sonne
bis zum Niedergang Jahwe erkennen wird. Der jeweilige Interpolator
hat damit einen Gedanken nachholen wollen, der im Kyros-Text
45, 11-13 nicht vorhanden war. Zu bedenken wäre, ob er mit dem
Interpolator von 43, 3b-4 identisch ist. Ging der Interpolator von
45, 6a aus, so schließt er aber seinen Text an 45, 13 an, die Völker
ziehen ja nach der Stadt Jerusalem, die nun zum Mittelpunkt religiösen Lebens geworden ist.

---

[63] Vgl. Elliger, Verhältnis, S. 43f.
[64] So auch Elliger, ebd., S. 246. Vgl. Duhm, Das Buch Jesaja, S. 317f. Von dieser
Zeile läßt Marti nur den ersten Satz übrig (vgl. Das Buch Jesaja, S. 311).
[65] Vgl. 45, 5f.18b.21f; 46, 9.
[66] Auf Jes 60 weist auch Westermann hin (vgl. Das Buch Jesaja, S. 138).

V. 15

Dürfte nicht mehr zum Bekenntnis der Völker gehören[67]. Denn man wüßte zunächst nicht, was die Aussage „Du bist ein Gott, der sich verbirgt" im Munde der Völker zu bedeuten hätte; ferner paßt die Anrede an Jahwe mit אתה nicht in die Rede Jahwes selbst, die V. 14 ausmacht. Verständlich wird aber V. 15 im Munde Israels; er setzt die Erfahrung eines Handelns Jahwes voraus, das, gemessen an bestimmten Erwartungen, unbegreiflich bleibt. In unserem Zusammenhang kann es auf den ersten Blick um nichts anderes gehen als um die Erweckung des Kyros als Ausführer des göttlichen Heilsplanes. Als Bekenntnis Israels ist V. 15 vielleicht die Antwort auf die tadelnden Worte Jahwes von VV. 9-10 und auf die Herausforderung von V. 11b; er will in einem mit diesen Versen gelesen werden und bildet mit ihnen die sekundäre Umrahmung des Kyros-Textes mit seiner Ergänzung V. 14. Was den Wortschatz angeht, so begegnet die Hithpaelform von סתר innerhalb von Jes 40-53 nur hier. Die Zusammensetzung אלהי ישראל מושיע kommt sonst bei Deuterojesaja nicht vor.

VV. 16-17

In V. 16 finden sich zusammen die Verben בוש und כלם (Niphal) genauso wie in 41, 11; 50, 7; 54, 4. Das Substantiv חרש ist dagegen nur an den unechten Stellen 40, 19f; 41, 7; 44, 11f.13 belegt. In der Bedeutung von „Götzenbild" begegnet ציר im AT nicht mehr. Das Wort כלמה ist noch in 50, 6 belegt. In V. 16 richten sich die Gedanken an die Götzenbilder und ihre Former. Der Kontext bietet aber keinen Anlaß dazu. Im vorliegenden Text knüpft der Vers aber an V. 14 an: wenn die Völker Jahwe als den einzigen Gott anerkennen, so bezeugen sie, daß ihre und der übrigen Völker Götter und ihre Abbildungen nichts sind. Es ist aber ausgeschlossen, daß VV. 16-17 auf die Hand dessen zurückgehen, der VV. 11-13 durch V. 14 ergänzt hat. Denn der Inhalt ist verschieden: es besteht keine Beziehung zwischen der Aussage, daß die Völker zu Israel kommen und sich zu Jahwe bekennen, und dem Drohwort gegen die Götzenbildner.

In V. 17 ist aber davon die Rede, daß Israel gerettet wird und die Israeliten nicht beschämt sein werden, ein Gedanke, der in V. 14 aber vorausgesetzt wird. Es ist zu vermuten, daß VV. 16-17 der Absicht

---

[67] Westermann schreibt: „Der staunende Ausruf V.15... paßt nach V.14 überhaupt nicht" (vgl. ebd., S. 137). Über den Sinn von אך vgl. Snaith, The Meaning of the Hebrew אך, VT 14 1964, S. 221-223.

des Interpolators nach den Abschluß von VV. 11-13bα bilden sollen[68].
Wenn man nämlich VV. 16-17 mit 42, 17 vergleicht, wo genauso wie
hier an die Anhänger der Götzen gedacht wird und das Verb בוש
begegnet, so stellt man fest, daß 42, 17 einer Heilsankündigung folgt
(„Ich will Blinden zum Führer sein; ich will die Finsternis vor ihnen
zum Licht machen). Das läßt 45, 16-17 an 45, 13bα anschließen, wo
Jahwe das Heil ankündigt, das er durch Kyros vollbringen will.

Mögen einzelne Wörter auch anderswo vorkommen (Niphalform
von ישע in 45, 22, תשועה in 46, 13, עולמים in 51, 9), so erweist sich der
Stil von V. 16f als nicht deuterojesajanisch. Der Prophet hätte eine
Aussage wie die von V. 17a nicht passiv, sondern als Zusage Jahwes
in einer direkten Ich-Rede formuliert. Zu beachten ist ferner, daß er
das Verb ישע (Hiphil) als Bezeichnung Jahwes nur in partizipialer
Form verwendet (vgl. 43, 3.11; 45.21); denn die finite Verbalform
dieses Verbs in 43, 12a ist sehr wahrscheinlich sekundär, so wie auch
49, 22-26 sekundär zu sein scheint (vgl. 49, 25b); die finite Form in
45, 20b und 46, 7 (sek.) bezieht sich auf einen fremden Gott. Die
Niphalform von ישע begegnet wieder in 45, 22a.

V. 17b greift auf die gleichen Verben von V. 16a zurück und formuliert sie in der zweiten Person Plural mit Negation. Diese direkte
Anrede an die Israeliten hat im ganzen Abschnitt VV. 9-17 nicht
ihresgleichen. Ein ähnlicher Vergleich zwischen dem Schicksal der
Feinde und dem Israels begegnet etwa in 41, 11-13.

e) *Gattungskritik von VV. 9-10.14-17*

Begrich rechnet 45, 14-17 unter die Heilsorakel, bespricht den Text
aber nicht näher. Er begnügt sich nur festzustellen, daß in diesem Text
das Ich Jahwes formal nicht deutlich wird, daß eine an den Hilfesu-
chenden gerichtete Aussage Jahwes über sein Eingreifen fehlt, daß
aber die Sätze über die Folge und über den Zweck des göttlichen
Eingreifens vorhanden sind[69]. Einen Schritt weiter geht Westermann,
wenn er den Text als eine Heilsankündigung versteht: Gottes Zuwendung und Eingreifen sind hier Ankündigung; es fehlen sonst die
direkte Anrede und die Ermahnung zur Furchtlosigkeit; die Heilsankündigung stellt die Antwort Gottes auf die Klage des Volkes

---

[68] Auch Westermann hält vv.16-17 für sekundär. Nach ihm gehören sie aber in
die Gruppe von Texten, die von der Herstellung von Götterbildern reden (vgl. Das
Buch Jesaja, S. 139).
[69] Vgl. Begrich, Studien, S. 6 und auch S. 23.

dar[70]. Auch Westermann geht auf unseren Text nicht näher ein. Schoors behandelt 45, 14-17 nicht; er sagt, daß es unmöglich ist, die literarische Gattung dieses Textes herauszustellen, und meint mit Recht, daß VV. 14.15 und 16-17 aus drei verschiedenen Kontexten stammen[71].

In Wirklichkeit kann man betreffs V. 14 kaum von einer Gattung sprechen. Elemente der Heilsankündigung darin zu sehen, ist kaum möglich: Jahwe redet nicht von Zuwendung und Eingreifen — was er sagt, ist nur sachlich, aber nicht formal Folge seines Handelns, denn es gibt keinen Hauptsatz, von dem er Subjekt ist und der die übrigen Sätze syntaktisch regiert, wie es etwa in 49, 22f der Fall ist. Mit Begrich können wir wohl das Bekenntnis der Völker als eine Abwandlung der ursprünglichen Erkenntnisformel ansehen[72]; es bleibt aber die Tatsache, daß ein Bekenntnis formal gesehen etwas ganz Anderes ist als der Erkenntnissatz. Sollte dann hinter der Heilsankündigung tatsächlich eine Klage des Volkes stehen[73], dann ist nicht einzusehen, welche Klage dieses Wort Jahwes hat hervorrufen können. Wir müssen ganz bescheiden vielleicht nur vermuten, daß der Interpolator in freier Form und ungebunden, vielleicht im losen Anschluß an 45, 6, einen Gedanken hat einbauen wollen, den er in jenem Augenblick als wichtig für die Israeliten fand. Und dieser Gedanke scheint nichts mit dem Anliegen zu tun zu haben, unter Nachweis der Heilsmacht Jahwes Israel zum Glauben und zur Annahme des Heilswerkes aufzumuntern[74], wie es bei der Heilsankündigung der Fall ist. Was der Interpolator wahrscheinlich vor Augen hat und aussprechen will, ist die Hoffnung, daß die eschatologische Zeit doch anbrechen wird, da die Stadt Jahwes — man beachte die femininen Suffixe — zum Mittelpunkt der Geschichte wird und als solcher die Völker an sich zieht.

Zur Formulierung seines Textes hat der Interpolator wahrscheinlich an zwei verschiedene Themen angeknüpft, und zwar an den deuteronomischen Bundesgedanken und an die späteren eschatologischen Vorstellungen. In Dt 28, 33 (vgl. Jer 20, 5; Ez 23, 29) wird tatsächlich

---

[70] Vgl. Westermann, Sprache und Struktur, S. 120, Das Buch Jesaja, S. 137-139.
[71] Vgl. Schoors, I am God your Saviour, S. 112.
[72] Vgl. Begrich, Studien, S. 15f.
[73] Vgl. Westermann, Sprache und Struktur, S. 120.
[74] Schoors führt aus: „The proclamation of salvation appears to be bound up with the same question [is Jahwe able to deliver his people or not?]" (I am God your Saviour, S. 90).

als Strafe für die Untreue Israels bestimmt, daß ein fremdes Volk die
Frucht all seiner Arbeit (יגיע) verzehren wird. Im späteren Text Jes
23, 18 wird von der Stadt Tyrus gesagt, daß ihr Erwerb (סחר) denen
zufallen wird, die im Angesicht Jahwes wohnen (vgl. Ps 72, 10f). Zu
diesem Gedankenkreis dürfte auch Jes 60 gehören. Warum die hoch-
gewachsenen Männer erwähnt werden, ist nicht deutlich. Vielleicht
stellten die Riesen bei dieser Vorstellung den Inbegriff der Feinde
Israels dar[75]. Ihr Kommen zu Israel würde dann die eschatologische
Zeit als eine Zeit des Friedens aufgrund der Anerkennung Jahwes
als des einzigen Gottes bezeichnen. Am passendsten scheint aber die
Vermutung zu sein, daß die Sabäer als ein reiches und mächtiges
Volk galten und deswegen hier den Reichtum und die Macht reprä-
sentieren. Die Ausdrücke „dein werden sie sein wollen" und „hinter
dir hergehen" würden ferner den Gedanken aussprechen, daß die
Völker sich an die Volksgemeinschaft Israels anschließen wollen im
gemeinsamen Bekenntnis zu Jahwe. Dahinter steht aber auch der
Gedanke, daß Israel nun aufgrund des Bundes, durch den es mit
Jahwe für immer gebunden ist, mit allem Reichtum beschenkt wird,
daß es also nichts mehr zu fürchten hat.

Der Text würde also an den Bundesgedanken anknüpfen und in
der Rückkehr der Exilierten wie in der Wiederherstellung der Stadt
Jahwes gleichzeitig den Anbruch der neuen Zeit sehen, da die Stadt
Sion zur Vermittlerin des Glaubens wird und als solche nicht mehr
des Eigenen beraubt, vielmehr der Treue Israels zu Jahwe halber mit
den Gütern der Völker beschenkt sein wird. Wir hätten in V. 14
gattungsmäßig mit einem Interpretament des Kyros-Geschehens anhand von 45, 11-13 aus einer gewissen eschatologischen Sicht heraus
zu tun, deren Ansatz vielleicht bereits in 45, 6a vorlag. Dieses Interpretament erklärt sich am besten im Rahmen einer öffentlichen Verlesung und Kommentierung der deuterojesajanischen Schrift. Es diente
dem Anliegen, Israel seiner geschichtlichen Heilsrolle bewußt zu machen, dadurch aber gleichzeitig seinen Glauben zu stärken. Hinter dem
Satz „nur in dir ist Gott" ist doch auch eine Ermahnung mitzuhören,
im Glauben an Jahwe als den einzigen Gott zu verharren — ja, auch
dann, wenn Jahwe sich nicht zeigt und nichts von dem geschieht, was
man von ihm erwartet hatte.

Nicht zufällig knüpft V. 15 direkt an V. 14 an, auch wenn er aus
einer anderen Hand stammt. Freilich kann man auch im Fall von

---

[75] Vgl. Nu 13, 32; 1 Chr 11, 23; 20, 6.

VV. 9-10.15, die wahrscheinlich zusammengehören[76], von einer bestimmten Gattung schwerlich sprechen. Die Bilder, die in VV. 9-10 gebraucht werden, sind allgemeiner Art und entstammen vermutlich der sprichwörtlichen Sprache (vgl. Jes 29, 16)[77]. Deswegen kann man diese Wehe-Worte nicht als regelrechte Gerichtsankündigung ansehen[78]. Diese tadelnden Worte wollen die Angeredeten zur Besinnung führen[79]. Sie passen gut in den Rahmen einer Paränese, was uns wieder in die Situation einer öffentlichen Verlesung und Erläuterung der deuterojesajanischen Schrift in der versammelten Gemeinde versetzt. Die Verwendung des Bildes des Tons und des Bildners zur Bezeichnung des Verhältnisses Israels zu Jahwe innerhalb der Volksklage Jes 63, 7-64, 11 (vgl. 64, 7) bestätigt die Annahme, daß die Herkunft von Jes 45, 9-10 in der belehrenden, paränetischen Sprache der versammelten Gemeinde zu suchen ist.

Wenn das stimmt, dann hat V. 15 einen klaren Sinn. Er drückt das von den tadelnden Worten hervorgerufene Bekenntnis der Versammlung zu Jahwe als einem Gott aus, dessen Wesen und Handeln nicht zu umreißen und zu umgreifen ist, der sich aber immer als der Gott Israels und als Retter erweist. Es wird allgemein angenommen, daß der Grund zum Ärger der israelitischen Gemeinde darin lag, daß ein Heide zum Werkzeug des Heils erhoben worden war. Das scheint nicht so sicher, wenn man bedenkt, daß wir es mit nachdeuterojesajanischen Texten zu tun haben und daß diese Texte um die Zusage Jahwes kreisen, Kyros wird ,,meine" Stadt aufbauen, eine Zusage, die sogar der anderen von der Freilassung der Gefangenen vorangestellt ist. Das heißt: in diesen Texten spiegelt sich eine andere Situation wider. Die Freilassung der Gefangenen verzögert sich, aus dem Aufbau der Stadt ist noch nichts geworden; es entsteht die Frage, was Jahwe tatsächlich gewollt hat, ob er überhaupt etwas gewollt, ob er dazu die Macht hat. Aus der Erfahrung des Scheiterns des prophetischen

---

[76] Westermann meint, daß v.15 im Hinblick auf 44, 25-45, 7 eingefügt wurde: ,,Um eine Reaktion auf das Kyros-Wort handelt es sich auch in 45, 15, aber um eine grundandere (als 45, 9-13). Es ist eine staunend sich beugende Bejahung dieses unerhörten Gotteswirkens" (Das Buch Jesaja, S. 138).

[77] Vgl. Haller, Die Kyros-Lieder Deuterojesajas, Eucharisterion I. Teil, S. 266, Schoors, I am God your Saviour, S. 261, und Westermann, Das Buch Jesaja, S. 135.

[78] Vgl. Gerstenberger, The Woe-Oracles of the Prophets, JBL 81 1962, S. 249-263, und Westermann, Das Buch Jesaja, S. 135, Grundformen prophetischer Rede, S. 137-142.

[79] Gerstenberger führt aus: ,,... the woe-form in its original shape and content came out of the popular ethos" (ebd., S. 258).

Wortes heraus werden Einwände, Empörung und Ablehnung gegen
Jahwe laut. Auf diese Lage würden sich VV. 9-10.11b beziehen, aus
der neu gewonnenen Sicht wären die bekennenden Worte von V. 15
erwachsen. Wenn bereits das Bekenntnis von V. 14 ganz leise auf eine
solche Glaubenskrise Bezug nimmt, dann hätten wir in VV. 9-10.
11b.15 ein weiteres, diesmal offeneres Wort dazu.

VV. 16-17 stellen fest, daß die Former der Götzen beschämt und
enttäuscht werden. Sie betonen, daß Israel durch Jahwe gerettet sein
wird, daß die Israeliten nicht beschämt und enttäuscht sein werden
— das wäre der Fall, wenn sie sich an die Götzen wenden würden.
Die Anrede in der zweiten Person Plural zeigt, daß auch diese Worte
ihren Sitz im Leben in der versammelten Gemeinde haben. Die hier
ausgesprochene Zusage könnte wohl den Abschluß einer öffentlichen
Verlesung des deuterojesajanischen Wortes 45, 11a.12-13bα sein.

f) *Zur Redaktion von 45, 9-17*

Aus der literarkritischen Analyse ergibt sich, daß der Text nicht
aus einem Guß ist. Es seien hier die einzelnen Schichten der Reihe
nach dargestellt.

1	2	3	4
			VV. 9-10
			Weh dem, der mit se
			nem Bildner streite
			Scherbe unter Scherbe
			aus Lehm! Spricht de
			Ton etwa zu seiner
			Bildner: was mach
			du? ja dein Werk, wa
			ren beide Hände da
			an? Weh dem, der zur
			Vater sagt: was zeug
			du? und zum Weib
			was gebärst du?!
V. 11			
So spricht Jahwe, der			
Heilige Israels und sein			
Bildner:			
			„Über das Kommend
			befraget mich; übe
			meine Söhne und übe
			das Werk meinerr Hän
			de
			gebt ihr mich Befehl!
V. 12			
Ich selber habe die Erde			

emacht, den Men-
chen auf ihr geschaf-
n.
ch
abe die Himmel ge-
pannt, all ihre Schar
abe ich entboten.

. 13
ch selber habe einen
rweckt um des Heils
illen, all seine Wege
bne ich. Er wird meine
tadt erbauen und
eine Gefangenen los-
assen

— meine Hände —

V. 13bβγ
nicht um Geld und
nicht um Geschenk,
spricht Jahwe der Heer-
scharen.

V. 14
So spricht Jahwe : Die
Arbeit Ägyptens, der
Handel Äthiopiens, die
Sabäer, hochwüchsige
Männer, werden zu dir
übertreten, dein werden
wollen, hinter dir her-
gehen (in Fesseln über-
treten), vor dir sich
niederwerfen und zu
dir flehen : ‚Nur in dir
ist Gott, wo sonst?
kein Gott!"

V. 15
Gewiß, Du bist ein
Gott, der sich verbirgt
Israels Gott, Befreier!

V. 16
Beschämt und ent-
täuscht werden alle zu-
sammen, in Schmach
dahingehen die Former
der Götzenbilder.

V. 17
Israel wird befreit
durch Jahwe zur Frei-
heit für die Zeiten!
Ihr werdet nicht be-
schämt, nicht ent-
täuscht, fort in die
Zeiten, weit fort!

Im ganzen Abschnitt ist der Text der ersten Spalte der einzige, den wir aufgrund der Sprache und des Inhalts ohne Schwierigkeit Deuterojesaja zuschreiben können. Als erstes wurden VV. 16-17 hinzugefügt. Sie setzen die Heilsankündigung voraus, daß Jahwe handeln wird und daß das Volk Israel ihn als den einzigen Retter erleben wird. Das ישראל von V. 17a scheint direkt auf das ישראל von V. 11a zurückzugreifen. Die Verse sprechen auch die Hoffnung aus, daß die Rettung endgültig ist. Sie knüpfen direkt an den vorhergehenden ursprünglichen Text an. In ihnen klingt nach ein Wort der Hoffnung an die versammelte Gemeinde aufgrund des Glaubens an den Heilswillen und die Heilsmacht Jahwes.

Als zweites kam V. 14 mit dem losen Bindeglied V. 13bβγ hinzu. Es sind inhaltliche und formale Gründe, die zu dieser Annahme führen. V. 14 setzt die bereits geschehene Errettung Israels und den Aufbau der Stadt voraus. Im Gegensatz zum übrigen Text liegt hier dann genauso wie in VV. 11a.12-13bα eine Rede Jahwes vor, obwohl es sich nicht um eine Ich-Rede handelt. Jahwe spricht eine Zusage aus, die bei aller Verschiedenheit der Sicht die Zusage von V. 13 doch ergänzt. Das Bekenntnis, das V. 14 abschließt, erfüllt aber auch eine wichtige Funktion. Es verleiht der Handlung Jahwes, von der er in V. 13 redet, in deutlicher Weise den Charakter eines Erweiswortes — was aus dem deuterojesajanischen Text und dessen Ergänzung VV. 16-17 direkt nicht hervorgeht. Schließlich knüpfen die femininen Suffixe von V. 14 an die von V. 13 an. Dieser Befund spricht für die Beziehung beider Reden Jahwes auf überlieferungsgeschichtlicher Ebene.

Als drittes kamen VV. 9-10.11b.15 hinzu. Gegenüber dem Text VV. 11a.12-14 stellen sie ein Neues dar. Sie sind mit Ausnahme von V. 11b keine Rede Jahwes, sondern das Wort eines Sprechers und die Antwort darauf in Form eines Bekenntnisses. In dieser Antwort äußern sich die vorhin Angeredeten, die Israeliten oder besser die versammelte israelitische Gemeinde. Der Platz, der diese Verse im Ganzen einnehmen, die Umrahmung, die sie bilden, ist ein Hinweis darauf, daß sie sich inhaltlich auf den umrahmten Text VV. 11-14 beziehen, also in eine Phase der Überlieferung gehören, da der Text VV. 11-14 bereits als Einheit bestand.

4)   45, 18-25

V. 18   Denn so spricht Jahwe — der die Himmel schafft, er ist eben Gott;

	der die Erde bildet und sie macht, er erhält sie eben;
	nicht zur Öde hat er sie erschaffen, zum Wohnen hat er sie gebildet —
	Ich bin Jahwe, wo sonst?
V. 19	Nicht im Verborgenen rede ich, in einem Ort des Finsterlandes; nicht spreche ich zu Jakobs Samen: sucht mich im Unbestimmten!
	Ich bin Jahwe, der Heil redet, der Gerades meldet.
V. 20	Sammelt euch und kommt, tretet zusammen heran, ihr Entronnenen unter den Völkern!
	— Unverständig sind, die das Holz ihrer Götzen' tragen und zu einem Gott beten, der nicht hilft —.
V. 21	Meldet es, bringt vor (eure Beweise) — ja, sie mögen sich miteinander beraten! —.
	Wer hat das von jeher hören lassen, von längst her angemeldet? Nicht ich Jahwe? Wo ist denn sonst ein Gott neben mir?
	Ein rettender und befreiender Gott, wo ist er außer mir?
V. 22a	Wendet euch mir zu und lasset euch befreien, alle Enden der Erde!
VV. 22b.23a	Denn ich bin Gott, wo sonst? Bei mir habe ich geschworen, aus meinem Mund ging Recht aus, ein Wort, das nicht zurückkehrt:
V. 23b	Ja, mir wird sich jedes Knie beugen, wird jede Zunge schwören.
V. 24	Nur in Jahwe, wird man sprechen, habe ich Recht und Festigkeit.
	Zu ihm wird man kommen, ja, es werden sich schämen alle wider ihn Entflammten.
V. 25	In Jahwe wird gerettet und sich rühmen aller Same Israels.

a) *Zur Einteilung und zur Übersetzung*

Durch die Botenformel, die hier in stark erweiterter Form auftritt, wird eine neue Rede Jahwes eingeführt. Damit hebt sich 45, 18f vom vorhergehenden Text 45, 15-17 ab, wo keine Rede Jahwes belegt ist. Freilich weist das ansetzende כי auf irgendeine Beziehung des vorliegenden Textes zum vorhergehenden hin, die noch herauszustellen ist. In 45, 20 haben wir insofern eine Zäsur, als Jahwe hier in den Ihr-Stil übergeht. In 45, 24b-25 redet aber nicht mehr Jahwe, sondern ein anderer. Der Ausdruck זרע ישראל scheint den Ausdruck זרע יעקב von V. 19a aufzugreifen und mit ihm eine Einschließung bilden zu wollen. Das mag ein Grund dafür sein, den Abschnitt VV. 18-25 in seiner jetzigen Gestalt als literarische Einheit zu betrachten.

V. 19

Die Perfekta von V. 19a wurden präsentisch wiedergegeben, da sie etwas Allgemeingültiges, Feststehendes im Verhalten Jahwes ausdrücken wollen, was zu jeder Zeit gilt. Zu תהו ist die Bemerkung Westermanns zu vergleichen[80].

VV. 21.23f

In Analogie zu 41, 21b wurde in V. 21 והגישו als regens eines nicht angeführten עצמותיכם verstanden, das seinerseits als Subjekt von יועצו fungiert. Im Anschluß an die Bedeutung, die wir dem Begriff צדק gegeben haben, ist צדיק mit „Rettender" übersetzt worden. Unter צדקה dürfte man daher in diesem Zusammenhang die Heilstat, das Heilswort Jahwes, durch die er die Aufnahme in seinen Bund gewährt, sehen. Der Plural צדקות von V. 24a dürfte auf die wiederholten Erweise der göttlichen Zuwendung wie auch auf den andauernden Heilszustand hinweisen, der daraus erfolgt[81].

b) *Literarkritik*

VV. 18

Es fragt sich, wie die partizipialen Bildungen von V. 18a zu verstehen sind: als Appositionen zu יהוה, also zur Botenformel gehörig, oder als Subjekt eines neuen Satzes. Ersteres läge an sich schon nahe, wenn man bedenkt, daß solche partizipiale Bildungen immer wieder als Appositionen auftreten[82]. Es wäre dazu noch zu erwarten, daß die Partizipien den Artikel tragen würden, wenn sie die Funktion des Subjektes erfüllen sollten[83]. Die zweite Möglichkeit basiert auf

---

[80] Vgl. Westermann, Das Buch Jesaja, S. 140f: „tohu als das Nichtige, Leere kann auch die Bedeutung ,das Sinnlose' haben, so daß der Sinn des Satzes wäre: ,Umsonst suchet mich' ... Dieser Satz ist gegen die Haltung gerichtet..., daß Gott sein Volk im Stich gelassen habe und seine Worte, also die früheren Verheißungen ins Dunkle und Nichtige geführt haben".

[81] Schoors führt aus: „This plural designates... the mighty deeds of Yahwe, with which he protects Israel. Those who recognise and worship Yahwe do so because they see that he alone is able to perform such salvific deeds, i.e. that he proves his divine exclusivity in historical salvific acts" (I am God your Saviour, S. 236). Vgl. auch Eichrodt: „,... als Betätigung seiner Gerechtigkeit lehrte er (Deuterojesaja) Jahwes erlösendes Wirken zur Wiederherstellung des Bundesvolkes ansehen und stellte sie darum in Parallele zu seiner bundesgemässen Güte, Treue und Hilfe... Ausschlagend ist die Heilsbeschaffung sowohl für Israel wie für die Völkerwelt durch die Aufrichtung des Bundes..." (Theologie des Alten Testamentes, Teil 1, 1957⁵, S. 159f).

[82] Vgl. 40, 28a.29a; 42, 5; 43, 1a.15.16a; 44, 2a.24a; 45, 7; 46, 10f.

[83] Vgl. 40, 22f.26; 41, 13b.

der Annahme, daß die partizipialen Bildungen und was damit zusammenhängt, nicht ursprünglich sind — was freilich nicht bedeutet, daß die Partizipien an sich nicht als Appositionen verwendet werden können.

Bei der Frage nach der Ursprünglichkeit von 45, 18f fällt sofort eine gewisse Diskrepanz zwischen den Aussagen von V. 18a und den Aussagen von V. 19 auf. V. 19 sagt etwas über die Art und Weise, wie sich Jahwe mitteilt und redet, V. 18a weist aber auf sein Schöpfertun hin, aber so, daß kein regelrechter Bezug zwischen beiden Aussagen besteht. Es scheint vielmehr, daß V. 18a manches Element aus V. 19, etwa ארץ חשק und תהו herausreißt und es zu einer Schöpfungsaussage gestaltet, ohne dabei zu berücksichtigen, daß diese Elemente in einem anderen sachlichen Bezug stehen und dazu dienen, Jahwes Verhalten und Wort zu charakterisieren. Man kann also schlecht, die Erweiterung der Botenformel in V. 18a auf die gleiche Hand wie VV. 18b-19 zurückführen.

Aber diese Erweiterung selbst scheint nicht aus einem Guß zu sein. Einmal nimmt das Motiv „Erde" einen breiteren Platz ein als das Motiv „Himmel", dann besteht keine richtige Proportion zwischen dem Satz הוא האלהים und dem Satz הוא כוננה, an dessen Stelle ein die Gottheit Jahwes nochmals betonender Satz zu erwarten wäre. So ist vielleicht doch mit Duhm[84] בורא השמים, aber meines Erachtens auch הוא האלהים, als spätere Hinzufügung zu V. 18a anzusehen. Zum Text ist zu bemerken, daß der Ausdruck יצר הארץ bei Deuterojesaja nur hier, sonst allein in Jer 33, 2 vorkommt. עשה ארץ begegnet innerhalb von Jes 40-53 sonst in 45, 12a. Das Verb כנן in dieser Form findet sich noch in 51, 13 (sek.?), aber in einem anderen Sinn. Einmalig bei Deuterojesaja ist auch der Bezug des Verbs ברא auf ארץ; in 40, 28 ist davon die Rede, daß Jahwe die „Enden der Erde" geschaffen hat. Das Verb ישב bezieht sich nur hier innerhalb von Jes 40-53 auf ארץ[85].

V. 19

Der Ausdruck בסתר דבר begegnet wieder in 48, 16, einmalig ist aber die Bildung ארץ חשך. מקום kommt seinerseits nur im sekundären 46, 7 wieder vor; vielleicht ist es eine nachträgliche Präzisierung, denn an sich wäre die Formulierung בארץ חשך genügend gewesen; man könnte aber auch an die Formulierung במקום חשך denken. Zu זרע יעקב

---

[84] Vgl. Duhm, Das Buch Jesaja, S. 319.
[85] Vgl. 40, 22, wo das Verb den Sinn von „sitzen", „thronen" hat, und 47, 1.

vergleiche man 41, 8, wo unter זרע אברהם Israel als Nachkommen Abrahams bezeichnet wird. Im Sinne von „Nachkommenschaft" begegnet זרע in 43, 5; 44, 3; 48, 19 (sek.); 53, 10. Es fragt sich, ob זרע יעקב die Nachkommen Jakobs meint oder vielmehr das Geschlecht Jakob, wobei יעקב als nähere Bestimmung zu זרע zu verstehen wäre. Der Zusammenhang deutet darauf hin, daß hier die Gesamtheit des Volkes gemeint ist. Dagegen spricht das distributive כל in V. 25 für die Bedeutung „Nachkommen". Die Pielform von בקש hat wie in 51, 1 theologischen Bezug.

In V. 19b begegnen die abstrakten Termini צדק und מישרים, von denen besonders der letzte der Sprache der Weisheit zu entstammen scheint[86]. Deuterojesaja verwendet sonst nur den ersten[87].

Für die deuterojesajanische Herkunft von VV. 18b-19 samt Botenformel spricht hauptsächlich der Inhalt. Denn der Gedanke, daß Jahwe seinen Heilsplan nicht verborgen hält, daß er überhaupt ein anredender Gott ist, der seinem Volk sein Vorhaben immer wieder offenbart, ist echt deuterojesajanisch[88]. Sucht man eine direkte Beziehung dieser kleinen Einheit zum Kontext, so wird man nicht auf das Folgende[89], sondern vielmehr auf das vorhergehende Wort 45, 11a.12-13bα verwiesen. Denn gerade hier offenbart Jahwe, daß er um des Heils willen einen Helden erweckt hat, der die Befreiung der Gefangenen und den Aufbau der Stadt durchführen wird. Darauf nimmt sogar der folgende Text 45, 20f Bezug: das זאת von V. 21b kann sich im Zusammenhang auf nichts anderes beziehen als auf das in 45, 13 und darüber hinaus in 45, 1-3.4b-6a angekündigte Geschehen sein[90]. In der Vorhersage und Durchführung des göttlichen Heilsplanes kann Israel den Selbsterweis Jahwes erblicken als des einzigen Gottes.

V. 20

Die Niphalform von קבץ kommt in der deuterojesajanischen Schrift noch in 43, 9; 48, 14; 49, 18 vor, zusammen mit בוא findet sie sich aber nur in 49, 18, einem Text, der gattungsmäßig von 45, 20f ver-

---

[86] Vgl. Ps 9, 9; 58, 2; 75, 3; 96, 10; 98, 9; Spr 1, 3; 2, 9; 8, 6; 23, 16.31; Jes 26, 7.

[87] Vgl. 41, 2; 42, 6; 45, 13; 51, 1.7.

[88] Vgl. 41, 27; 46, 11; 48, 15.

[89] So Westermann, Das Buch Jesaja, S. 140. Vgl. Schoors, I am God your Saviour, S. 237.

[90] Gleicher Meinung ist Schoors. Er schreibt: „... the demonstrative designates the fall of Babylon and the deliverance from exile, especially the role of Cyrus in these events" (ebd., S. 235).

schieden ist. Einmalig im ganzen AT ist dagegen die Hithpaelform
von נגש, wie auch der Ausdruck פליטי הגוים. Dieser soll angeblich die
fremden Völker meinen, etwa die Babylonier[91]. Daß aber die Israeliten
gemeint sind[92], dürfte der ganze Duktus des Kontextes nahelegen.
Nachdem in 45, 18-19* Jahwe hervorgehoben hat, daß er offen redet
und seinem Volk von seinem Heil Mitteilung macht, scheint es angebracht zu sein, daß sich nun Jahwe in 45, 20f an die Israeliten selbst
wendet und sich vor ihnen durch den Hinweis auf das bereits Unternommene erweist. Die Ähnlichkeit unseres Textes mit 41, 21-24a dürfte
diese Annahme bestätigen. Daß Jahwe in 45, 20f die Götzen und
Götter vor Augen hat, denen die Israeliten sich zuwandten und sie
zurückweist, dürfte auch klar sein. Denn der Selbsterweis Jahwes,
wie er hier durchgeführt wird, kann nur im Rahmen der Polemik
gegen die Götter verständlich sein. פליט begegnet innerhalb von Jes
40-53 nicht mehr.

Das Verb ידע wird in V. 20b intransitiv gebraucht, was innerhalb
von Jes 40-48 nur an sekundären Stellen vorkommt, siehe 42, 25;
44, 18. Im Sinne von „tragen" bzw. „getragen werden" zur Bezeichnung physischer Handlungen begegnet נשא in 40, 11; 46, 1.3f; 49, 22;
52, 11. In bezug auf den Götzendienst kommt עץ in den sekundären
Texten 40, 20; 44, 19 vor. Deuterojesaja verwendet das Wort im Sinne
von „Baum" (vgl. 41, 19; 44, 23). Zu seinem Wortschatz gehört auch
nicht das Nomen פסל, das an lauter sekundären Stellen belegt ist[93],
und auch nicht die Hithpaelform von פלל (vgl. 45, 14b). Die Hiphilform von ישע gebraucht Deuterojesaja durchgehend zur Bezeichnung
Jahwes im Partizip, während die finite Verbalform an sekundären
Stellen[94] begegnet. V. 20b dürfte auf die gleiche Hand zurückgehen,
die 44, 9-13.18b.20a.20bβ eingefügt hat. Wie dort so richtet sich auch
hier das Interesse des Textes auf die Götzenverehrer und nicht auf die
Götzen selber.

---

[91] Vgl. Westermann, Das Buch Jesaja, S. 142, und Schoors, I am God your Saviour,
S. 234. Vgl. ferner Bonnard, Le Second Isaïe, S. 178, Fohrer, Das Buch Jesaja, Bd. 3,
S. 95, Kissane, The Book of Isaiah, Vol. II, S. 87, McKenzie, Second Isaiah, S. 84,
und North, The Second Isaiah, S. 160.

[92] So neuerdings auch Hollenberg, Nationalism and „the Nations" in Isaiah XL-LV,
VT 19 1969, S. 31. Die Kritik von Schoors dazu ist nicht stichhaltig (vgl. I am God
your Saviour, S. 235). Auch Knight denkt an die Exilierten (vgl. Deutero-Isaiah, S. 144).

[93] Vgl. 40, 19f; 42, 17; 44, 9f.15.17; 48, 5b.

[94] Vgl. das והושעתי in 43, 12a, dann 46, 7; 47, 13; 49, 25.

V. 21

Die Hiphilform von נגד hat bei Deuterojesaja nicht nur theologischen Bezug zur Bezeichnung einer göttlichen Handlung; in 48, 6.20
wird es auf die Angeredeten bezogen, also auf die Israeliten. Sie werden
hier als die Entronnenen unter den Völkern angeredet. Auf sie bezieht
sich auch הגישו, das im Anschluß an 41, 21 transitiven Sinn haben
dürfte. Die Niphalform von יעץ ist sonst nur in 40, 14 belegt. Die
Hiphilform von שמע begegnet im Rahmen der Gerichtsrede[95]. Zum
Demonstrativpronomen זאת vergleiche man 43, 9; 48, 20. Der Zusammenhang läßt dabei an das Geschehen der Befreiung und Heimkehr
denken, die Kyros Erweckung mit sich bringen wird, ja vielleicht
schon hervorgebracht hat. Zu מקדם siehe 46, 10, zu מאז 44, 8; 48, 5a.

Die rhetorische Wendung הלוא יהוה begegnete bereits in 42, 24a,
der rhetorische Fragesatz אין־עוד אלהים מבלעדי in 44, 6b (vgl. 43, 11b).
Nur hier wird צדיק auf Jahwe bezogen bei Deuterojesaja[96]. Das
Adverb זולה begegnete bereits im vermutlich sekundären Text 45, 5aβ,
auch hier innerhalb eines rhetorischen Fragesatzes.

V. 22

In V. 22a fährt die Anrede in der zweiten Person Plural fort, die
Angeredeten sind aber nicht mehr die Entronnenen unter den Völkern,
sondern alle Enden der Erde[97]. In 40, 28 (41, 5; 41, 9 sind sekundär)
gebraucht Deuterojesaja dafür den Ausdruck קצות הארץ. Das Wort
אפס verwendet er an sich in der Auseinandersetzung mit den Völkern,
den Feinden und den Göttern[98]. In 52, 10 sind כל־אפסי־ארץ Zeugen
des von Jahwe vollzogenen Heils; es scheint nicht, daß sie zusammen
mit Israel auch Empfänger dieses Heils sind. Die Wendung פנה אל
kehrt innerhalb von Jes 40-48 nicht mehr wieder (vgl. 53, 6a). Wir
finden hier die bei Deuterojesaja sonst ganz ungewöhnliche Niphalform von ישע wieder(vgl. 45, 17a). Aber auch die Ermahnung, sich
retten zu lassen, entspricht nicht dem theologischen Denken des Propheten. Durch die prägnante partizipiale Formulierung מושיע zur Bezeichnung Jahwes betont dieser ja, daß das Heil auf die bedingungslose Initiative Jahwes zurückgeht. Es entspricht auch nicht dem Stil
des Propheten, daß der Satz V. 22b begründende Funktion erfüllt;

---

[95] Vgl. 41, 22.26; 42, 9; 43, 9.13; 44, 8. Vgl. sonst 48, 3.5.20; 52, 7.
[96] Vgl. sonst Dt 32, 4; Ps 7, 10; 11, 7; 119, 137; 129, 4; 145, 17; Jer 12, 1; Ze 3, 5.
[97] Vgl. Ps 22, 28; 67, 8; 93, 3.
[98] Vgl. 40, 17; 41, 12.29; 45, 6; 46, 9. Die Stellen 45, 14; 47, 8.10; 52, 4 sind anderer
Herkunft.

in 43, 11; 45, 6b.18b (vgl. 44, 6b) gehört dieser Satz zur direkten, in sich stehenden, lapidaren Aussage Jahwes. In 46, 9b hat das כי keinen begründenden Charakter, sondern führt einen Objektsatz ein, wobei die Aussage כי אנכי אל ואין עוד ihren in sich geschlossenen lapidaren Charakter bewahrt.

V. 23

Die Konstruktion שבע ב (Niphal) kommt in 48, 1b, dann in Jes 62, 8 vor. Vom Mund Jahwes ist innerhalb von Jes 40-48 nur in 40, 5 und 48, 3 (hier mit dem Verb יצא) die Rede, sonst in Jes 58, 14 (wie in 40, 5) und 62, 2. Nur hier innerhalb von Jes 40-53 kommt צדקה mit דבר zusammen vor. In 46, 13a; 51, 6.8; 56, 1b kommt er zusammen mit תשועה vor. Vom Wort, das aus dem Munde Jahwes hervorgeht (יצא) und nicht zurückkehrt (שוב), ist in 55, 11a die Rede, vom Wort Gottes bzw. Jahwes sonst in 40, 8 und 51, 16 (Plural). Durch das כי wird offensichtlich das Wort Jahwes angeführt, das wie 45, 14, und zwar fast in gleicher Form (אך ב), das Bekenntnis der Betreffenden zitiert.

Im Unterschied zu 46, 1a.2a, wo כרע einen Zustand bezeichnet, hat dieses Verb in 45, 23b den Sinn einer Handlung. Einmalig im ganzen AT sind die Ausdrücke „jedes Knie" und „jede Zunge" zur Bezeichnung eines jeden Menschen[99]; distributiven Sinn hat 54, 17: jede sich zum Rechtsstreit mit dir erhebende Zunge.

V. 24

Einmalig im AT ist auch die Verbindung צדקה ועז von V. 24a. Im Plural צדקות darf man ein sich wiederholendes Geschehen erblicken in der Bedeutung: in Jahwe erhalte ich immer wieder Erweise der heilvollen Zuwendung und Festigkeit. Der Begriff עז begegnet nochmals in 49, 5b.

Die Frage, ob 45, 22-24a aus der gleichen Hand wie 45, 14 stammt, muß verneint werden; trotz manchem gemeinsamen Element spricht das Überwiegen abstrakter Begriffe in 45, 22-24a für einen anderen Redaktor. Daß der Autor nicht Deuterojesaja sein kann, zeigte bereits der literarische Befund.

---

[99] Vgl. Westermann, Das Buch Jesaja, S. 143. Von v.25 ausgehend beschränkt Schoors v.22f auf Israel allein: „... the idea of totality in ‚all the ends of the earth' seems to refer to the totality of Israel with an allusion to the diaspora... In the same sense the totality expressed in ‚every knee' and ‚every tongue' may refer to the totality of Israel" (I am God your Saviour, S. 236).

Die Konstruktion בוא עד in V. 24b kommt innerhalb von Jes 40-66 nicht mehr vor. Die Singularform des Verbs macht keine Schwierigkeit: im Anschluß an die unpersönliche Form des Verbs אמר von V. 24a bezieht sie sich auf die Allgemeinheit, was wir mit „man" wiedergeben. Der übrige Text von V. 24b nimmt den Satz von 41, 11a wieder auf.

V. 25

Die Qalform von צדק findet sich bereits in 43, 9 und 43, 26, beide Male im Rahmen einer Gerichtsrede. Im vorliegenden Text setzt sich יצדקו dem vorigen יבשו entgegen; das gleiche ist von והתהללו zu sagen.

VV. 24b-25 stehen nicht nur 45, 16f nahe, sondern sachlich auch 41, 14f. Im Unterschied zu 41, 14f gehören sie aber nicht zu einer Rede Jahwes. Der Ausdruck כל־זרע ישראל in distributivem Sinn ist einmalig innerhalb von Jes 40-53. Sprachlich gesehen stünde nichts dagegen, 45, 24b-25 Deuterojesaja zuzuschreiben; es gehört aber nicht zu seinem Stil, bereits gebrauchte Wendungen und Ausdrücke zu wiederholen, siehe V. 24bβ und 41, 11a, dann V. 25a und 41, 16b. Vermutlich haben wir auch hier mit einem Redaktor zu tun. Er dürfte aber ein anderer sein als der von 45, 22-24a. Man vermißt in VV. 24b-25 den universalen Zug, der VV. 22-24a kennzeichnet; כל־זרע ישראל scheint bewußt dem כל־אפסי ארץ entgegengesetzt zu sein. Anderseits läßt die Erwähnung derer, die gegen Jahwe entflammten, im vorliegenden Kontext an die denken, welche in 45, 9f.11b gemeint sind. So nehmen wir an, daß die Redaktion von 45, 24b-25 mit der von 45, 9f.11b zusammenhängt. VV. 24b-25 stehen am richtigen Platz; denn solche Worte gegen Widersacher und Ungläubige kommen anscheinend in direktem Anschluß an die Aussage über die Göttlichkeit bzw. Einzigkeit Jahwes vor. So steht 41, 11f unmittelbar nach 41, 10a (כי אני אלהיך) und vor 41, 13a (אני יהוה); so folgten die Worte 45, 16f ursprünglich der Rede Jahwes 45, 11a.12-13* mit ihrem dreimaligen אנכי bzw. אני.

Aus dieser Analyse ergibt sich, daß wir in 45, 18-25 mit einem stark bearbeiteten Text zu tun haben. Als echt deuterojesajanisch sind 45, 18a (nur die Botenformel). 18b.19; 45, 20a.21 anzusehen.

c) *Form- und Gattungskritik*

Zieht man V. 18b zur Botenformel von V. 18aα und macht man daraus einen einzigen Stichus, so besteht 45, 18b-19 aus vier Stichen. Die Rede Jahwes weist eine geschlossene Form auf: dem אני יהוה

von V. 18b entspricht das אני יהוה von V. 19b, dem negativen Ansatz von V. 19aα entspricht der negative Ansatz von V. 19aβ. Versieht man beide אני יהוה, dann ואין־עוד und ארץ־חשׁד, schließlich לא־אמרתי mit maqqef[100], dann hätten wir die Akzentverteilung von 3+2; 3+2; 3+2; 3+2.

Nicht leicht ist die Bestimmung der Gattung. Auf den ersten Blick könnte man mit Westermann 45, 18b-19 als Bestreitung bzw. Disputationswort verstehen[101]. Aber abgesehen davon, daß im unmittelbaren Kontext nichts auf einen Einwand oder eine Klage des Volkes hindeutet, die hier bestritten wurde (vgl. 40, 27; 49, 14), vermag die Gattung der Bestreitung Form und Aussage des Textes nicht ganz zu erklären. Zunächst findet sich die Botenformel in Verbindung mit Heilsorakeln, Heilsankündigungen und Gerichtsreden[102], sie fehlt aber in der großen Bestreitungsrede 40, 12-31. Dann kennzeichnet die Formel אני יהוה in den meisten Fällen wiederum die Heilsorakel und die Gerichtsreden[103], aber nur einmal eine Bestreitungsrede (vgl. 41, 4); sie kommt gelegentlich auch in der Heilsankündigung vor[104]. Es liegt in 45, 18-19 also mehr denn eine Bestreitung vor. Zu beachten ist, daß die Selbstvorstellungsformel im Zusammenhang mit dem Hinweis auf die Heilstat Jahwes steht, also mit dem Selbsterweis verbunden ist[105]. Nun ist der Hinweis V. 19b an sich zu allgemein und dem Stil Deuterojesajas nicht ganz entsprechend, würde er keinen direkten Bezug zu einer bestimmten, bereits erwähnten Heilstat Jahwes haben. So wird man auf 45, 11a.12-13bα aufmerksam gemacht als den Text, auf den sich die Aussage V. 19b möglicherweise bezieht. Anderseits ist es doch auffällig, daß ein Text wie 45, 11a.12-13bα durch keine Selbstvorstellungs- bzw. Erkenntnisformel, sondern nur durch das wiederholte אנכי bekräftigt wird. In 42, 5-8*, einem Text, der bei der Verschiedenheit der Gattung doch inhaltlich mit 45, 11a.12-13bα manches gemeinsam hat, dient die Formel u.a. auch zur Unter-

---

[100] Das erste לא hat vielleicht einen eigenen Akzent; damit wird das betonte בסתר noch stärker hervorgehoben.

[101] Vgl. Westermann, Das Buch Jesaja, S. 140. Begrich hält das ganze 45, 18-25 für ein Disputationswort (vgl. Studien, S. 42, 44). Ihm folgt von Waldow (vgl. Anlass und Hintergrund der Verkündigung des Deuterojesaja, S. 28-31, 36).

[102] Vgl. 42, 5; 43, 14.16; 44, 2.6.24; 45, 1.11.14; 48, 17; 49, 7f; 50, 1; 52, 3f. Zu den Heilsankündigungen gehört auch 49, 22-26, das in die umfangreichere Bestreitungsrede 49, 14ff sekundär eingebaut ist. Vgl. dazu Elliger, Verhältnis, S. 123ff, 260ff.

[103] Vgl. 42, 8; 43, 11f; 44, 6; 45, 21; 48, 12 und 41, 13; 43, 3.15; 45, 3.5-7.

[104] Vgl. 41. 17; 49, 23.26; 51, 15f.

[105] Vgl. 41, 4; 43, 11f.14f; 45, 2-6.21.

streichung der göttlichen Aussage. Im Offenbarungswort 48, 12b-15 ist sie Bestandteil der göttlichen Selbstprädikation. Man kann sich des Eindrucks nicht erwehren, daß 45, 11a.12-13bα plötzlich und ohne richtigen Abschluß abbricht. Wenn aber mit Recht anzunehmen ist, daß 45, 18-19* für sich allein nicht stehen kann[106], dann scheint es angebracht zu sein, diesen Text als die Fortsetzung von 45, 11a.12-13bα zu betrachten. Das כי von V. 18aα wäre in dem Fall ursprünglich.

Beide Stücke haben formal einiges gemeinsam: das göttliche אני an betonter Stelle und den Stil in der dritten Person Singular ohne direkte Anrede; vielleicht knüpft das צדק von V. 19b bewußt an das צדק von V. 13a an; vielleicht sind V. 12a und V. 19aα mit Absicht aufeinander bezogen: Jahwe offenbart sich und handelt auf der Erde und unter den Menschen, die er geschaffen hat, verbirgt sich nicht in der Scheol, im finsteren Totenland[107]. In diesem Sinn würde V. 19a weniger der Bestreitung eines Einwands dienen als vielmehr der Hervorhebung der Aussage, daß Jahwe im Rahmen der Schöpfung und der Geschichte spricht und wirkt. Zur Bestimmung der Gattung dieses Textes kann man von der Annahme ausgehen, daß 45, 18-19* als Abschlußtext zu 45, 11-13* konzipiert worden ist, daß beide Texte also literarisch zusammengehören. Durch VV. 18b-19 erhält das Offenbarungswort 45, 11-13* noch den Charakter eines Selbsterweises hinzu: Jahwe erweist sich als einziger Gott dadurch, daß er im Rahmen seiner Schöpfung und der Menschengeschichte handelt, und zwar den Kyros erweckt und durch ihn sein Volk befreit und seine Stadt wiederherstellt. Durch die Vorhersage, Ankündigung und Durchführung dieses Heilsgeschehens offenbart sich Jahwe als der einzige Gott. Ihrerseits gewinnen VV. 18b-19 in Verbindung mit VV. 11a.12-13aα an Aussagekraft, insofern sie ihren abstrakten Ton verlieren und einen neuen Bezug zur geschichtlichen Heilstat Jahwes erkennen lassen.

In 45, 20a.21 kann man ohne Schwierigkeit eine kleine Gerichtsrede gegen die Götter erblicken[108]. Man erkennt die drei Glieder; Vorladung (VV. 20a.21a), Verhandlung (V. 21bαβ) und Urteilsspruch in

---

[106] Vgl. Westermann, Sprache und Struktur, S. 134, Das Buch Jesaja, S. 140, und Schoors, I am God your Saviour, S. 234.

[107] Vgl. Schoors, ebd., S. 238, der auf Dahoods (Hebrew-Ugaritic Lexicography V, Bib 48 1967, S. 430f) und Tromps (Primitive Conceptions of Death and Nether World in the Old Testament, Biblica et Orientalia 21 1969, S. 96f) philologische Vorschläge verweist.

[108] Westermann bezeichnet das ganze 45, 20-25 als eine Gerichtsrede (vgl. Das Buch Jesaja, S. 142). Schoors hält seinerseits das ganze 45, 18-25 für eine solche (vgl. I am God your Saviour, S. 234-238).

Form von Selbstprädikation (V. 21bγ). V. 21baß bildet die Mitte, insofern Jahwe hier seinen Anspruch, der einzige Gott zu sein, durch den
Hinweis auf die Vorankündigung des Kyros-Geschehens bestätigt. Die
Akzente sind in den fünf Stichen auf 2 + 2; 2 + 2; 3 + 2; 2 + 3; 2 + 2
verteilt, wobei in V. 20a die ersten zwei Verben miteinander, das dritte
Verb mit dem folgenden יחדו, in V. 21a אף mit dem folgenden Verb,
in V. 21b das Fragepronomen mit dem folgenden Verb, dann אני־יהוה
durch maqqef miteinander verbunden wurden.

Diese Gerichtsrede folgt unmittelbar dem Selbsterweiswort 45,
18-19*. Wir stellten bereits fest, daß die Gerichtsreden überlieferungsgeschichtlich in engem Zusammenhang mit Texten stehen, deren Kern
der Selbsterweis Jahwes ist. Wie 43, 8-13* dem Heilsorakel 43, 1-7*
und 44, 6-8* dem Heilsorakel 44, 1-5* folgen, so folgt 41, 21-24a dem
Heilsorakel 41, 8-16* und der Heilsankündigung 41, 17-20. Der Selbsterweis bildet aber auch den Kern der Gerichtsreden selbst. Zu beachten ist, daß dieser Selbsterweis hauptsächlich Israel gilt. In den
Gerichtsreden 41, 21-24a.28f; 42, 9 und 43, 8-13*, dann auch in 44,
6-8* fehlt nicht der persönliche Bezug des Redenden zu den Angeredeten, die nur die Israeliten sein können[109], siehe den Wir-Stil von
41, 22f.26a und den Ihr-Stil von 42, 9; 43, 9a.12a; 44, 8.

Dieser Umstand bestätigt die Annahme, daß in 45, 20a.21 die Is-
raeliten angeredet werden, die ihr Vertrauen auf die Götter und
Götzen gesetzt hatten. Diese Feststellungen sind nicht ohne Belang
in der genauen Bestimmung der Gattung. In der Gerichtsrede besteht
der Selbsterweis darin, daß Jahwe zeigen kann, das sich vollziehende
Heilsgeschehen im voraus angekündigt zu haben — was kein anderer
Gott zu tun vermocht hat. Den Nachweis bringt er im vorliegenden
Text im Offenbarungswort 45, 11-13*.18-19*: hier führt Jahwe das
Kyros-Geschehen und was damit zusammenhängt auf sich selbst zurück als sein eigenes Werk, er beruft sich dabei auf die eigene Identität als Jahwe, der einzige, der vom geplanten und zu vollbringenden
Heil Mitteilung macht. Es besteht also eine Kontinuität zwischen dem
Offenbarungswort und der Gerichtsrede: diese stellt eine Art Verwendung des Offenbarungswortes dar. Jahwe ist der einzige Gott, der
über das sich nun Ereignende gesprochen hat, und zwar längst bevor
es geschah; es zeigt sich daran, daß er allein Gott ist — daß es also

---

[109] Vgl. Schoors, ebd., S. 244: „In xliii 8-13 and xliv 6-8, the trial speech,
though directed against the pagan gods, is nevertheless clearly meant for Israel... The
prophet had to fight idolatry in his own community".

keinen Sinn hat, sich an die Götter und Götzen zu wenden. Die Gerichtsrede erfüllt ihren Zweck und erhält Sinn vom Offenbarungswort her, das das Kyros-Geschehen als Heilsgeschehen Jahwes deutet und als Zeichen seiner Einzigkeit hinstellt.

Es ergibt sich, daß 45, 20a.21 seinen Sitz im Leben in der Situation der prophetischen Verkündigung an die Israeliten hat, die in ihrem Glauben schwankten bzw. den Glauben bereits verloren hatten. Die Herausforderung an die Götter und die Feststellung ihres Nichtskönnens und ihres Nichtseins sind dem Anliegen untergeordnet, Israel von der Einzigkeit und Macht Jahwes zu überzeugen. In dieser Hinsicht handelt es sich letztlich um eine fiktive Gerichtsrede; denn ihr Ziel ist es nicht, die Götter zu verurteilen, die es ja nicht gibt, sondern Israel für Jahwe zu gewinnen. Es ist sicher kein Zufall, daß der Urteilsspruch bei allen Gerichtsreden nicht besonders betont wird. Wenn Deuterojesaja bei der Formulierung seines Gedankens die Gerichtsrede als eine Form der profanen Rechtssprechungstradition aufgreift[110], so geschieht das aus der bestimmten Sicht, die er der Heilstat Jahwes durch Kyros gibt. Seiner Meinung nach bildet sie die Grundlage des neuen Rechtsverhältnisses zwischen Jahwe und Israel. Als solche kann sie aber erst dann Kraft haben, wenn ihr Träger durch einen öffentlichen Rechtsakt bzw. Urteilsspruch seinen Rechtsanspruch erhebt und die andere Partei diesen Anspruch anerkennt und annimmt. Die Selbstprädikation erfüllt in der Gerichtsrede diese Funktion. Durch die Gerichtsrede wird also die Grundlage des neuen göttlichen Rechts gesetzt. Damit werden die Voraussetzungen zur Wiederherstellung des Bundesverhältnisses zwischen Jahwe und Israel geschaffen. Sollte diese Deutung des Sachverhaltes stimmen, so merkt man wiederum, wie sehr bei Deuterojesaja die Form im Dienst des theologischen Denkens steht. Mag die jeweilige Gattung für sich genommen zur lebendigen Sprache oder vielmehr zur vergangenen Tradition gehören, so spielt das für den Propheten keine Rolle. Er vermag aus dem, was ihm Sprache und Tradition bieten, ein lebendiges Mittel zur Verkündigung seiner Botschaft zu machen.

Es ist fraglich, ob man hinsichtlich von 45, 22-24a von einer Gattung sprechen kann. Der Text weist keine formalen Besonderheiten auf. Der Rhythmus könnte auf die Akzentverteilung 2+2; 3+2; 3+2; 3+2; 3+2 reduziert werden. Die Struktur ist inhaltlicher Art: man

---

[110] Vgl. die Arbeit Boeckers „Redeformen des Rechtslebens im Alten Testament", WMANT 14 1964.

kann zwei Teile 'erkennen, und zwar die Ermahnung V. 22 und die Zusage Jahwes, daß alle ihn anerkennen werden, unter Anführung des entsprechenden Bekenntnisses VV. 23-24a. Die Zusage dient anscheinend zur Bekräftigung der Ermahnung. Jahwe spricht sie nicht direkt aus, sondern führt sie als ein Wort an, das aus seinem Mund ausgegangen ist. Und dieses Wort kehrt nicht zurück. Die Zusage ist damit in einer Aussage über die tatkräftige Macht des göttlichen Wortes eingebettet. Die Ermahnung V. 22 erhält Sinn und Kraft aus dieser Aussage-Zusage her. Das Wort Jahwes, daß alle ihn anerkennen werden, wird sich sicher erfüllen; alle mögen sich ihrerseits durch Hinwendung zu Jahwe seinem Heilswillen und Heilswerk öffnen. Wir haben es also mit einer Mahnung aufgrund des göttlichen Wortes zu tun. Die Verbindung von Mahnung und göttlichem selbstoffenbarendem Heilswort begegnet etwa auch in 55, 6-11, aber mit dem Unterschied, daß hier die Mahnung zum Wort des Propheten gehört und das folgende göttliche Wort ein unterstreichendes Zitat ist.

In 45, 22-24a ist die Wendung פנה אל zu beachten. Wir finden sie sonst in Lev 19, 4.31 und Dt 31, 18.20, und zwar beidemal in theologischem Sinn: sich den Götzen bzw. den Göttern und dementsprechend den Toten- und Wahrsagegeistern zuwenden. Die Verbote von Lev 19, 4.31 enden mit der Formel אני יהוה אלהיכם. Die Wendung פנה אל scheint überlieferungsgeschichtlich ihren Platz im Rahmen des ersten Gebotes zu haben und laut Dt 31, 16b.20b gehört sie in den Gedankenkreis des Bundes (sich anderen Göttern zuwenden und meinen Bund brechen). Inwieweit sich der Redaktor von 45, 22-24a dieses Bezuges bewußt ist, läßt sich nicht genau feststellen. Daß er daran denkt, kann jedoch vermutet werden. Seine Verse drücken den Gedanken aus, daß Jahwe alle Menschen zum Glauben an ihn als den einzigen Gott und zum Bund mit ihm auffordert. Sie knüpfen vermutlich direkt an die letzte Aussage des vorgegebenen Textes an, wo sich Jahwe als den einzigen אל צדיק ומושיע bezeichnet. Es ist aber auch möglich anzunehmen, daß er sich über 45, 14 an 45, 6a anschließt, wo von den universalen Folgen des Kyros-Geschehens schon die Rede war. Er hebt damit hervor, was im deuterojesajanischen Urtext mindestens andeutungsweise enthalten war, daß nämlich mit dem Kyros-Geschehen die Voraussetzungen geschaffen worden waren zur Hinwendung aller Menschen zu Jahwe.

Es fragt sich jedoch, aus welcher geschichtlichen Erfahrung eine solche Reflexion stammt. Es ist vielleicht nicht ganz abwegig zu vermuten, daß hinter dieser Reflexion, alle Menschen seien zum Glauben und zum Bund gerufen, eine nüchterne Erfahrung steht, die Erfahrung nämlich, daß Israel als Volk Jahwes keine überragende Rolle mehr in der Weltgeschichte spielt und zu spielen hat, daß es sich als das erwählte Bundesvolk Jahwes gar nicht mehr durchsetzen kann, vielmehr hart kämpfen muß, um überhaupt überleben zu können. Aus dem Zusammenbruch aller national-religiösen Hoffnungen erwächst in Israel der Sinn für die universale Tragweite des Heilswerkes Jahwes. Die Ohnmacht Israels beeinträchtigt nicht das Heilswerk Jahwes, das doch für alle Menschen gedacht ist. Die Reflexion, die in der Mahnung und Aussage-Zusage Jahwes von 45, 22-24a Gestalt angenommen hat, entstammt vermutlich der Erfahrung einer wachsenden Anonimität in der Weltgeschichte, entzündet sich aber an der Hoffnung auf die universale Vollendung des göttlichen Heilsplanes. Dazu hat die deuterojesajanische Deutung des Kyros-Geschehens den wirksamsten Anstoß gegeben.

d) *Zur Redaktion*

Es fragt sich, wie die verschiedenen, herausgestellten Schichten überlieferungsgeschichtlich einzuordnen sind. Zur deuterojesajanischen Vorlage gehören die Einheiten 45, 11a.12-13bα, 45, 18aα (nur Botenformel). 18b-19 und 45, 20a.21, die eine einheitliche, wenn auch lose Komposition bilden. Diese erfuhr etappenweise verschiedene Bearbeitungen.

Die Zusammengehörigkeit der drei Einheiten 45, 11a.12-13bα; 45, 18aα*.18b-19; 45, 20a.21 geht nicht nur aus manchem formalen Element hervor wie etwa aus der betonten Stellung des göttlichen אני, welche die zwei ersten Einheiten gemeinsam haben, aus dem Bezug des göttlichen כי כה אמר יהוה von V. 18aα und des לא אמרתי... von V. 19a auf das כה אמר יהוה von V. 11a und des göttlichen הגידה von V. 21b auf das מגיד von V. 19b und schließlich auch des זאת von V. 21b auf die Heilstat von V. 13, ferner auch aus der Anrede „Entronnenen unter den Völkern", die sich, auf die Israeliten bezogen, an die „Gefangenen" von V. 13 anschließen könnte, welche nun befreit werden. Sie geht vielmehr aus dem inneren gedanklichen Zusammenhang hervor, der die drei Einheiten aneinander bindet. Denn das göttliche Selbsterweiswort 45, 18-19* hat nur Sinn, wenn es als Bindeglied zwischen der ersten und der letzten Einheit verstanden wird, und zwar als abschließendes Wort der ersten und als einleitendes Wort zur letzten. Darüber wurde bei der form- und gattungskritischen Überlegung das Notwendige ausgeführt.

Wollen wir die weiteren Etappen der Überlieferung rekonstruieren, so führen uns gattungsmäßige Erwägungen dazu, zu vermuten, daß im Rahmen der öffentlichen Verlesung der deuterojesajanischen Vorlage das Wort 45, 16f ausgesprochen und dann in den Urtext eingebaut wurde. Angesichts der Mitteilung, daß durch die Erweckung des Kyros die Gefangenen befreit werden und die Stadt wiederhergestellt wird, ergreift der Sprecher das Wort zu einer doppelten Aussage mit anschließender Zusicherung an die Zuhörer. Er erklärt, daß die Former der Götzenbilder, diese Repräsentanten der Götter und ihrer Anhänger, erledigt sind; denn Israel ist durch Jahwe gerettet worden. In diesem Wort erklingt die gläubige Anerkennung Jahwes als des Retters, die Überzeugung, daß das von Jahwe Vollbrachte als Zeichen der göttlichen ununterbrochenen Zuwendung zu Israel andauern wird. Die Tradenten haben ihren Text unmittelbar nach dem Offenbarungswort 45, 11a.12-13bα und unmittelbar vor dem Selbsterweiswort 45, 18-19* eingeschoben. Das war sicher beabsichtigt. Damit erreichten die Tradenten zunächst eine stilistische Abwechslung: die adresslose Ich-Rede Jahwes, die aus der ersten und zweiten Einheit des Urtextes entstand, wird durch ein Wort durchbrochen, das sich an ein „Ihr" richtet und kein Wort Jahwes ist. Da aber die Gerichtsrede 45, 20a.21 an ein „Ihr" adressiert ist, ergibt sich, daß das Ganze eine symmetrische Struktur erhält nach dem Schema Ich/Ihr/Ich/Ihr. Auch inhaltlich steht 45, 16f am richtigen Platz. Es paßt gut zum Offenbarungswort als die einsichtige, anerkennende Antwort auf die göttliche Mitteilung und paßt gut zum Selbsterweiswort, insofern die Zusicherung von V. 17b eine weitere Begründung darin findet. Durch die Erwähnung der Götzenbilder bereitet V. 16f anderseits auch die Argumentation der Gerichtsrede vor, vor allem die Aufforderung an die Gegenpartei, ihre „Beweise" vorzubringen. So bindet V. 16f letztlich die drei Einheiten der Vorlage wegen seines spezifischen Inhalts und seiner Stellung enger aneinander.

In einer weiteren Phase der Überlieferung wurde die Vorlage durch die Einfügung von VV. 13bβγ.14 und der zweiten Hälfte von V. 18aα bereichert. Wie bereits hervorgehoben wurde, handelt es sich um eine Eschatologisierung des vorgegebenen Offenbarungswortes. Sie dürfte wiederum im Rahmen einer gemeindlichen Verlesung und Deutung der prophetischen Vorlage stattgefunden haben. Der Einbau erfolgte auch in diesem Fall an der richtigen Stelle. In seiner Eigenart als Heilsankündigung schließt sich dieser Text einerseits unmittelbar an V. 13bα an, der den Zweck bzw. die Folge der Erweckung des Helden angibt und als solcher selber eine Heilsankündigung ist[111]; er steht anderseits mit Recht vor V. 16f, da dieser wie 42, 17, gattungsmäßig als Anhang zu einer Heilsankündigung, zu V. 13bα, konzipiert worden ist. Selbstverständlich gewinnen auch die Aussagen VV. 16.17a nach V. 14 an Kraft und Sinn. Das Vorkommen der Aussage „nur in dir ist Gott, wo sonst?" an dieser Stelle verleiht ferner der mitgeteilten Heilstat Jahwes von V. 13abα deutlich den Charakter eines Selbsterweises, wodurch das Offenbarungswort sofort an theologischer Bedeutung gewinnt. Die Absetzung durch die doppelte Botenformel dient vermutlich zur Hervorhebung der eingebauten Heilsbotschaft. Auf diese Tradenten dürfte schließlich die Ergänzung in V. 18aα zurückgehen: das betonte הוא האלהים bildet das passende Pendant zum אפס אלהים von V. 14bβ; die partizipiale Wendung בורא השמים greift ihrerseits absichtlich auf das Motiv der Schöpfung der Himmel, womit sie zu einem literarischen Bindeglied zwischen dem ersten Teil des zugewachsenen Textes (VV. 11a.12-14.16f) und dem zweiten Teil (VV. 18aα.18b-20a.21) wird.

Dem Anliegen, Jahwes Heil auf alle Völker auszuweiten, entstanden VV. 22-24a. Sie stehen innerhalb der Vorlage am richtigen Platz. Die Aufforderung an alle Enden der Erde, sich zu Jahwe zu wenden und sich von ihm retten zu lassen, ergibt sich wie von selbst aus der Gerichtsrede, bei der sich Jahwe als der einzige Gott und Retter behaupten konnte. Das Bekenntnis V. 24a entspricht gut der Selbstprädikation Jahwes V. 21bγ. Im Anschluß an das צדיק von V. 21bγ könnte die Verwendung der Wurzel צדק in VV. 23a.24a auch bewußte Absicht sein. Auf das Konto dieses Tradenten dürfte auch V. 18aβγ zurückgehen. Hier ist von der Erde die Rede. Die Aussage, daß Jahwe sie geschaffen, und zwar zum Wohnen geschaffen hat — ein Gedanke, der bereits im deuterojesajanischen Text V. 12a vorlag —, hat wahrscheinlich die Funktion, den Text VV. 22-24a vorzubereiten. Alle Menschen, denen Jahwe als Wohnung die Erde gab, sind zum Heil gerufen. Die Geschlossenheit dieses Zusatzes, der mit seiner partizipialen Formulierung sich passend an die Botenformel anschließt, sieht man an der vom Verb יצר gebildeten Inklusion. Der Tradent war bemüht, seinen Zusatz dem Kontext anzupassen: er verwendet das Personalpronomen הוא parallel zu V. 18aα und zieht aus V. 19aβ das Substantiv תהו vor. Der Satz לא־תהו בראה gleicht dem Aufbau nach dem Satz לא בסתר דברתי. In dieser Schicht kommt die Reflexion

---

[111] Vgl. Westermann, Sprache und Struktur, S. 120.

eines Denkenden zum Ausdruck, sei er eine Person oder ein Kreis, der in der universalen Öffnung der göttlichen Heilszusage die einzige neue Möglichkeit der Heilsgeschichte sieht. Mag das Kyros-Geschehen, so wie es Deuterojesaja gedeutet hatte, den Anstoß der weltlichen Hoffnungen Israels zu einer solchen Sicht geführt.

Der weiteren Reflexion der Gemeinde über den ausgestalteten Text entstammt der vierte große Eingriff, der Einbau von VV. 9f.11b.15. 24b-25. Es ist nicht sicher, ob all diese Verse zur gleichen Überlieferungsphase gehören, inhaltliche Erwägungen lassen das jedoch mindestens vermuten. Die herausfordernden Worte von V. 11b verraten — falls sie sich an die Israeliten richten [112] — die gleiche Situation der Zurückhaltung und des Unglaubens, die VV. 9-10 voraussetzen. Zudem scheinen sich beide Texte zu ergänzen: den anklagenden Fragen „was machst du", „was zeugst du", die sinngemäß an Jahwe gerichtet werden, antwortet er provozierend, als ob er nie etwas unternommen oder schlecht gemacht hätte und sogar nicht wüßte, wie er es tun müßte. Ausgehend von der Erfahrung eines scheinbaren Scheiterns der göttlichen Verheißungen und von der Wahrnehmung, daß alle Völker zur Umkehr aufgerufen werden, wird hier über Jahwe und sein Verhältnis zum Heilswerk reflektiert, wobei sich ein neues Gottesverständnis anbahnt. Israel hat mit einem Gott zu tun, der sich verbirgt, dessen Heilswerk sich über Israel hinaus an alle Völker erstreckt, sich aber immer als der Gott Israels und sein Retter erweist. Die Annahme, daß V. 15 zu dieser Schicht gehört, stützt sich auf die Feststellung des Sinnzusammenhangs: die theologische Prägung der Verse 9-10.11b kommt zu ihrem vollen Ausdruck in V. 15, die sie kennzeichnende Spannung löst sich im Bekenntnis der eigenen Ohnmacht gegenüber dem Geheimnis Gottes. Das אתה, mit dem die Gemeinde Jahwe anredet, entspricht seinerseits gut der Ihr-Adresse von V. 11b. Wir dürfen annehmen, daß vv. 24b-25 vom gleichen Tradenten stammen. Denn es ist hier von denen die Rede, die sich gegen Jahwe und seinen universalen Heilswillen gestellt haben. In diesem Zornausbruch finden wir allen Zweifel und allen Unglauben ausgedrückt, der hinter den Worten von VV. 9-10.11b bereits zu spüren war. Diese Ungläubigen werden ent-

[112] Das meinen Bonnard, Le Second Isaïe, S. 124f, Duhm, Das Buch Jesaja, S. 316, Feldmann, Das Buch Isaias, S. 95, Fischer, Das Buch Isaias, S. 80, Kissane, The Book of Isaiah, Vol. II, S. 81, Knight, Deutero-Isaiah, S. 138, König, Das Buch Jesaja, S. 387f, Penna, Isaia, S. 466, und Westermann, Das Buch Jesaja, S. 135f.

täuscht, weil sich herausstellt, daß das Heil der Völker keine Verminderung für Israel bedeutet, daß Israel weiterhin durch Jahwe gerettet wird.

Auch diesmal hat der jeweilige Tradent seinen Text in die richtige Stelle eingebaut und durch manches formale Element eng mit dem ihm vorgegebenen Text verbunden. VV. 24b-25 knüpfen mit ihrem Stil in der dritten Person über VV. 16-17a an VV. 9-10 an; im ביהוה von V. 25 wird nicht nur das ביהוה von V. 24a, sondern auch das von V. 17a aufgenommen, das יבשו von V. 24b greift seinerseits auf das בושו von V. 16a zurück. Aber auch יבוא kann das באו von V. 20a bewußt aufnehmen. Vielleicht treten VV. 24b-25 absichtlich an die Stelle des Urteilsspruchs, zumal das Verb יצדקו bewußt an das צדיק von V. 21b anzuknüpfen scheint. Durch die Wendung כל־זרע ישראל scheint der Tradent eine Brücke auch zum Text VV. 18aα. 18b-19 schlagen zu wollen, wo der זרע יעקב erwähnt wird. Ferner benutzt er in V. 15a die Wurzel סתר, die in V. 19aα vorhanden ist und das Hauptthema dieses Verses bildet. Im Ganzen hat er seinen Text so gestaltet, daß dieser die Vorlage einklammert. Ungefähr in der Mitte steht V. 15. Gerade an dieser Stellung, die strukturbildend ist, zeigt sich, wie dieser Redaktor den ihm vorgegebenen Text verstanden und gedeutet hat. Lief dieser Text daraufhin auszusagen, daß Jahwe der einzige Gott und Retter ist, der sein Volk weder in Dunkelheit noch in Verlorenheit läßt, sondern ihm sein Wort und immerwährendes Heil gewährt, so bedient sich der Tradent dieses Materials, um gegen die Zweifelnden und Anklagenden zu argumentieren und ihnen vorzuhalten, daß trotz allem Anschein und trotz dem göttlichen Entschluß, allen Menschen das Heil zu gewähren, zu ihrer Beschämung Israel doch von Jahwe Heil und Ruhm erhält.

Aus dem ursprünglichen Offenbarungswort, Selbsterweiswort, aus der Heilsankündigung und Gerichtsrede ist damit eine große Bestreitung geworden. Begrich hat Richtiges gesehen, wenn er in 45, 9-13. 18-25 ein Disputationswort erblickt[113]. Was sich aus der Bestreitung ergibt, wird angeführt im Bekenntnis V. 15: die Anerkennung Jahwes als des sich verbergenden Gottes, der aber doch Israels Gott und Retter ist. Es ist nicht unwahrscheinlich, daß bei dem öffentlichen Vortrag des vorgegebenen prophetischen Textes im Rahmen einer ent-

---

[113] Vgl. Begrich, Studien, S. 42. Westermann führt aus: „Es können Anklänge an die Disputationsrede oder Bestreitung in 45, 11-13; 45, 18-19 gesehen werden" (Sprache und Struktur, S. 134).

sprechenden bestreitenden, ermunternden paränetischen Rede, deren
Spuren uns in VV. 9-10.24b-25 erhalten geblieben sein könnten, das
Bekenntnis V. 15 tatsächlich im Munde der Versammelten laut geworden ist. Die zentrale Stellung des Verses im Ganzen und seine
formale wie inhaltliche Selbständigkeit im Zusammenhang sprechen
für diese Annahme.

Es ist nicht klar, wie V. 20b einzuordnen ist. Formal gesehen finden
sich hier Partizipien im Plural, wie es auch in V. 24b der Fall ist. Das
Anliegen von V. 20b ist aber verschieden von dem der Schicht, zu der
VV. 24b-25 nach der vorliegenden Analyse gehören. Dieser Vers dürfte
auf die gleiche Hand von 44, 9-13a.18b.20a.20bβ zurückgehen und
wurde dann hinzugefügt, als die deuterojesajanische Schrift Jes 40-48
eine angleichende Bearbeitung erfuhr. Es ist aber auch nicht auszuschließen, daß 45, 20b auf die Hand derer zurückgeht, die 40, 18-20;
41, 6f; 44, 14-18a.19.20bα; 46, 6-7.8b; 48, 5.6aα.7b eingefügt haben.
Dafür spräche die Stellung von 45, 20b zu Beginn des Komplexes
45, 18-48, 21 (22) im Gegenüber zu 46, 6-7.8b und 48, 5.6aα.7b, die
jeweils in der Mitte und am Schluß des gleichen Komplexes stehen.

Wir können noch nicht die Frage beantworten, wie sich 45, 9-20a.
21-25 überlieferungsgeschichtlich zu den übrigen Teilen von Jes 40-48
verhält. Zu klären wäre in besonderer Weise die Frage, wie sich die
Kyros-Worte 45, 1-6a*; 45, 11a.12-13bα zu den Orakeln an Jakob-
Israel verhalten. Es scheint nämlich, daß die Kyros-Worte den Ausgangspunkt der deuterojesajanischen Botschaft bilden. Das würde bedeuten, daß sie vielleicht auch den Ausgangspunkt der Überlieferung
darstellen.

5) 46, 1-4

V. 1   Bel hat sich gebeugt, Nebo krümmt sich nieder: ihre Bilder sind dem
       Tier verfallen,
       und das von euch Getragene ist ein Aufgeladenes für das Lastvieh —
       eine Bürde für das müde (Lastvieh)!
V. 2   Sie haben sich gekrümmt, haben sich gebeugt zumal: nicht können sie die
       Last in Sicherheit bringen.
       Sie selber gehen in die Gefangenschaft.
V. 3   Hört auf mich, Haus Jakobs, und aller Rest vom Haus Israels,
       ihr, die vom Mutterschoß an Aufgeladenen, die vom Mutterleib an
       Getragenen!
V. 4   Ja, bis ins Alter — ich bin derselbe; bis ins graue Haar ich selber belade
       mich.

Ich habe es getan und ich werde tragen, ja ich werde mich beladen und
bringe in Sicherheit!

a) *Zur Einteilung und zur Übersetzung*

Für die formale Selbständigkeit von 46, 1-4 spricht eine Reihe von
Wortinklusionen, die den Text kennzeichnen und strukturieren. So
kehren die zwei Verben von V. 1aα in V. 2aα, die zwei Verben in
partizipialer Form von V. 1bα in V. 3b und das Verb מלט von V. 2aβ
in V. 4bβ wieder. Innerhalb dieser Struktur finden sich andere Wort-
verbindungen, so etwa die des Substantivs משא, das in V. 1bβ und
in V. 2aβ begegnet, und die des Verbs סבל, das in V. 4aβ und in V. 4bβ
vorkommt. Zu beachten ist das fünffache Vorkommen der Wurzel
נשא (VV. 1bα.1bβ.2aβ.3bβ.4bα), die wie ein Leitmotiv das Ganze
zusammenhält. Inhaltlich hebt sich der Text vom Vorhergehenden
deswegen ab, da in ihm zunächst von den Göttern Babylons und
ihren Bildern die Rede ist und nicht vom Samen Israels. Von den
folgenden VV. 5-8 unterscheiden sich VV. 1-4 wieder wegen ihres
Inhalts; denn dort haben wir nicht mehr mit einem Heilswort Jahwes
an Jakob-Israel zu tun, sondern mit einem Spottwort aufgrund der
Aussage, daß die Götzen nichts anderes sind als vom Menschen ge-
formtes Material. Die Verben נשא und סבל, die in 46, 5-8 vorkommen
(V. 7aα), haben in diesem Stück keine strukturelle Funktion, wie es
in 46, 1-4 der Fall ist.

V. 1

לחיה wurde auf היו bezogen und damit auf den ersten Stichus vor-
gerückt, was auch rhythmisch eine bessere Verteilung der Akzente
mit sich bringt. Dementsprechend gehört ולבהמה zu עמוסות. Letzteres
wurde als substantiviertes Partizip, syntaktisch als Prädikat des Nominalsatzes verstanden; es könnte als Abstraktum auch mit „Auf-
ladung" wiedergegeben werden, was von der folgenden Apposition
משא bestätigt wird.

V. 4

Hier wird die Rede Jahwes angeführt, die die Israeliten zu hören
haben. Das ansetzende Waw erfüllt nicht die Funktion einer Konjunktion, sondern hat deiktischen Charakter etwa im Sinne von „siehe
da", was vereinfachend mit dem rhetorischen „ja„ wiedergegeben
wurde.

b) *Literarkritik*

V. 1

Das Wort עצב, Götzenbild, das bereits Hosea (4, 17; 8, 4; 13, 2; 14, 9), Micha (1, 7), Jesaja (10, 1), Jeremia (50, 2?), ferner 1 Sam 31, 9; 2 Sam 5, 21 kannten, begegnet innerhalb von Jes 40-53 nur hier. Einmalig sind auch das Wort בהמה und im ganzen AT das Verb קרס. Außer im V. 2aα findet sich das Verb כרע im unmittelbaren Zusammenhang, und zwar in 45, 23b. Einmalig ist auch das Adjektiv עיפֿה. Der Plural der femininen Form wird von Deuterojesaja oft zur Bezeichnung von Abstrakta verwendet, siehe etwa ראשׁנות [114] und אתיות [115]. Aber fast nie gebraucht er das passive Partizip; das einzige Beispiel dafür liegt im הדורים von 45, 2a, abgesehen von 46, 3b, das zu unserer Textgruppe gehört. Das Passiv ist aber hier sachlich vom Gedankengang bedingt: die Israeliten werden als die von Jahwe Getragenen angeredet; im Gegensatz dazu erscheinen die Götzenbilder als von den Israeliten Getragene, sie waren und sind nicht imstande zu tragen, wie Jahwe es tut.

V. 2

Das Verb יכל ist sonst bei Deuterojesaja nicht mehr zu finden; die Pielform von מלט begegnet wieder nur in 46, 4, aber ohne Objekt [116]. Das Wort נפשׁ anstatt des Personalpronomens gebraucht Deuterojesaja sonst nur in 51, 23; im sekundären 43, 4 hat נפשׁ den Sinn von „Leben", obwohl es auch hier mit einem Personalpronomen wiedergegeben werden könnte; im sekundären 49, 7aβ bildet es mit dem passiven Partizip בזה einen eigenen Ausdruck. Von שׁבי ist sonst nur im sekundären 49, 24f die Rede.

V. 3

Die Bildung שׁמע אל im Imperativ begegnet innerhalb von Jes 40-53 mehrmals, und zwar im Plural (46, 12; 49, 1; 51, 1.7) und im Singular (48, 12); nur hier bezieht sie sich auf das Haus Jakobs (vgl. 48, 1), in 48, 12 bezieht sie sich auf Jakob allein. Der Ausdruck „Haus

---

[114] Vgl. 41, 22; 43, 9; 43, 18; 46, 9; 48, 3.

[115] Vgl. 41, 23; 44, 7; 45, 11b.

[116] Elliger streicht משׂא (vgl. Verhältnis, S. 247). Das scheint aber nicht notwendig zu sein: die Last, von der hier die Rede ist, bezieht sich wohl auf die auf den Tieren aufgeladenen Bilder von Bel und Nebo. Diese Götter sind nicht imstande, ihre eigene Bilder in Sicherheit bringen zu lassen. So meint auch Westermann: „Die Götter bringen es nicht fertig, ihre Statuen zu retten" (Das Buch Jesaja, S. 145).

Jakobs" war Jesaja und Jeremia bereits bekannt[117], findet sich aber auch bei Amos und Micha[118]. Vom שארית ist wiederum bei Jesaja die Rede (14, 30; 15, 9); in Jes 37, 4.32 wird es auf das Volk Israel bezogen.

Nur hier bei Deuterojesaja wird das „Haus Israels" erwähnt[119]. Der Ausdruck überwiegt in Jeremia und Ezechiel. Einmalig in Jes 40-53 sind die Präposition מני, die sehr oft in Hiob und in einigen Psalmen vorkommt, dann die Wörter רחם und זקנה, ferner das Wort שיבה. Die Wendung אני הוא begegnet sonst in 41, 4b; 43, 10bα (sek.). 13a; 48, 12b.

Aus formalen und inhaltlichen Gründen gehören VV. 1-2 und VV. 3-4 zusammen[120]. Nichts scheint gegen die Autorschaft Deuterojesajas zu sprechen. Zu seinem Stil gehört die Wiederholung von Wörtern und Wendungen im gleichen Zusammenhang; was man in dieser Hinsicht etwa in VV. 1aα.2aα feststellt, fand man bereits in 40, 28aγ.30a.31b (יעף und יגע) wie etwa auch in 41, 11b.12b. Das wiederholte und betonte göttliche אני bzw. אנכי, wie es in V. 4 der Fall ist, kennzeichnet auch die Sprache unseres Propheten[121].

c) Form- und Gattungskritik

Versetzt man לחיה an das Ende von V. 1aβ, verbindet man in V. 1 קרס־נבו, in V. 2 לא־יכלו, in V. 3 בית־יעקב und בית־ישראל, in V. 4 אני־הוא, אני־אסבל (zweimal), אני־עשתי und ואני־אשא mit maqqef, dann ergibt sich folgender rhythmischer Aufbau:

V. 1	3+3
	3+2
V. 2	3+3
	3
V. 3	3+2
	2+2
V. 4	2+2
	2+2

---

[117] Vgl. Jes 2, 5; 8, 17; 10, 20(?); 14, 1(?); 29, 22; Jer 2, 4; 5, 20(?).

[118] Vgl. Am 3, 13; 9, 8; Mi 2, 7; 3, 9.

[119] Vgl. sonst Jes 5, 7; 14, 2; Ho 1, 4.6; 5, 1; 6, 10; 12, 1; Am 5, 1.3f.25; 6, 1.14; 7, 10; 9, 9; Mi 1, 5; 3, 1.9.

[120] Auch Elliger meint, daß v.1f und v.3f „mit Bezug aufeinander gedichtet worden sind. Diese Beziehung geht bis in die Sprache hinein" (vgl. Verhältnis, S. 249). Vgl. Westermann, Das Buch Jesaja, S. 144.

[121] Vgl. 41, 4b.10a.13; 43, 11.13aα; 44, 6b; 45, 2a.3b.5a.6b; 45, 12f.18b.19b; 48, 12b. 13b.15a.16a.

Es sind im Ganzen zwei Strophen mit je vier Stichen. Das letzte
Glied der ersten Strophe besteht nur aus einem Halbstichus. Die
Strophen sind so aufgebaut, daß ein Element des ersten Stichus in den
zweiten Stichus aufgenommen ist. Die einzelnen Stiche gleichen daher
gewissermaßen einander. Man vergleiche בית יעקב von V. 3aα mit
בית ישראל von V. 3aβ, מני־בטן von V. 3bα mit מני־רחם von V. 3bβ,
ועד־שיבה von V. 4aβ mit ועד־זקנה von V. 4aα, schließlich ואני אשא
von V. 4bα mit ואני אסבל von V. 4bβ. Dieser Aufbau ist in der ersten
Strophe nicht so sichtbar wie in der zweiten. Die einzige Verbindung
sieht man hier nur in V. 1b zwischen לבהמה und לעיפה. Die Verbindungslinie geht vielmehr von Stichus zu Stichus, so zum Beispiel
von V. 1aα zu V. 2aα und von V. 1bβ zu V. 2aβ.

Nicht nur rhythmisch, sondern auch inhaltlich besteht 46, 1-4 aus
zwei Teilen, und zwar aus VV. 1-2 und VV. 3-4. Beim ersten Ansehen
macht der erste Teil den Eindruck eines Berichtes; der zweite Teil
setzt dagegen mit einer Ermahnung an, der ein selbstoffenbarendes
Wort folgt. Hier redet ganz deutlich Jahwe, während es unsicher ist,
wer im ersten Teil zu Wort kommt. Begrich hält beide Stücke für
zwei verschiedene, selbständige Einheiten; er zählt VV. 3-4 unter die
Heilsorakel, läßt aber die genauere Bestimmung von VV. 1-2 in der
Schwebe (Seherspruch, triumphierender Ausruf?)[122]. Zur Begründung
dafür, daß beide Texte nicht Teil eines Ganzen sind, sagt er: ,,Der
Gedanke, daß Bel und Nebo, statt ihre Verehrer zu tragen, selbst
getragen werden müssen, während Jahwe sein Volk trägt, steht eben
nicht im Text"[123]. Ja, es steht nicht geschrieben, daß sie getragen
werden müssen; daß sie bzw. ihre Statuen aber de facto getragen
wurden und nun zur Last des Lastviehs geworden sind, das sagen
doch einerseits das נשאתיכם und anderseits das משא לעיפה! Daß diese
Feststellung in Beziehung zur Aussage steht, daß Jahwe sein Volk
getragen hat und noch weiter trägt, ist schwer zu leugnen, auch wenn
das nicht unbedingt literarische Zusammengehörigkeit bedeutet. Es ist
aber Tatsache, daß die formalen Beziehungen derart sind, daß man
mindestens annehmen muß, das eine Stück sei für das andere verfaßt
worden (siehe den durchgehenden Gebrauch der Wurzel נשא, die Kopplung עמס/נשא, die Wiederaufnahme von מלט in V. 4b oder V. 2a).
Wenn man aber auf die eigentliche Aussage von VV. 1-2 Acht gibt
und sie aus dem großen Denkzusammenhang des Propheten her ver-

---

[122] Vgl. Begrich, Studien, S. 6, 55f.
[123] Vgl. Begrich, ebd., S. 55f Anm. 3.

steht, ist man gezwungen, diese Verse in einem mit VV. 3-4 als ein
Ganzes zu lesen und zu deuten. Denn, was sollten VV. 1-2 als allein-
stehende Aussage bedeuten? Wir wissen aus den Gerichtsreden, daß
Deuterojesaja Götter und Götzen nur erwähnt, insofern er damit
Jahwes Einzigkeit und Überlegenheit bestätigen kann. Er zeigt sonst
kein Interesse dafür, was mit ihnen geschieht und was für ein Schicksal
sie überfällt. Es ist deswegen zweifelhaft, ob er in VV. 1-2 hauptsächlich den Fall der Götter und Götzen Babylons vor Augen hat.
Seiner Art entsprechend ist es viel wahrscheinlicher, daß es ihm auf
anderes ankommt. Er will hervorheben, daß die Götter nichts können,
ihre eigenen Bilder können sie nicht einmal retten. Das zeigt er, um
sagen zu können, daß im Gegensatz zu ihnen Jahwe sein Volk zu
tragen und zu retten vermag. Wir haben Grund zu vermuten gerade
von der Sicht des Propheten her, daß VV. 1-2 und 3-4 aufgrund
ihrer eigentlichen Aussage literarisch zusammengehören[124].

Was ist aber die Gattung von 46, 1-4? Westermann sagt mit Recht:
„Um ein reines Disputationswort handelt es sich nicht"[125]. In der
Tat läßt nichts an Einwände denken, die laut geworden wären und
auf die der Text Antwort gibt. Es fehlen auch die Fragen, die die
Disputationsworte oft kennzeichnen[126]. Anderseits weist der Text
keine besonderen Merkmale in Form und Struktur auf, wie es etwa
bei den Heilsorakeln und den Gerichtsreden der Fall ist. Zur Bestimmung der Gattung bleibt nur die Möglichkeit, sich nach dem
Inhalt zu richten. Den Kern unseres Stückes bilden die Aussagen:
„sie (die Götter) können die Last (ihrer eigenen auf dem Lastvieh
aufgeladenen Bilder) nicht in Sicherheit bringen" (V. 2aβ) und „ich
habe es getan, ich werde tragen und in Sicherheit bringen" (V. 4b).
Der Tatsache des Unvermögens der Götter, zu tragen und zu retten,
wird die Tatsache der Heilsmacht Jahwes entgegengestellt. Der Text
spricht also von Jahwe und von dem, was er tat und noch tut: er hat
theologischen Charakter. Der Hinweis auf das Getane einerseits und
die Zusage, daß Jahwe es weiter tut, anderseits machen aus dem
Text ein Selbsterweiswort und gleichzeitig ein Heilswort. Das Ganze
wird durch die Selbstprädikation אני הוא geprägt.

---

[124] Mowinckel hält 46, 1-2 für einen selbständigen Seherspruch, verbindet aber
46, 3-4 mit 46, 9-13 unter Streichung von 46, 6-8 zu einer Einheit (vgl. Die Komposition
des deuterojesajanischen Buches, ZAW 49 1931, S. 101f). Vgl. dazu Elligers Kritik,
Verhältnis, S. 249.

[125] Vgl. Westermann, Sprache und Struktur, S. 134.

[126] Begrich bemerkt: „Ein Disputationswort beginnt gern mit einer Frage an den
Gesprächspartner" (Studien, S. 43).

Sieht man sich diese Formel genau an, so merkt man, daß sie hier wie auch sonst durch irgendeine Wendung bzw. einen angehängten Nominalsatz näher bestimmt wird : mit den Letzten (41, 4b), auch von heute an (43, 13a), bis ins Alter (46, 4a) bin ich derselbe; oder : ich bin derselbe, ich der erste und ich der letzte (48, 12b). Nur im sekundären 43, 10b steht die Formel allein ohne nähere Bestimmung. Durch diese Aussagen will Jahwe darauf aufmerksam machen, daß Kontinuität und Kohärenz sein Handeln kennzeichnen : in der Gegenwart erweist er sich nicht anders denn in der Vergangenheit als der einzige, mächtige und rettende Gott. Die Selbstprädikation dient in diesem Rahmen dazu, den Adressaten zu versichern, daß Jahwe es vermag, für sie einzutreten und sie zu retten. Die theologische Aussage mündet also in eine an Israel gerichtete Heilszusage.

Von daher erklärt sich vielleicht die Ermahnung שמעו) אלי. Sie kennzeichnet zusammen mit der Selbstprädikation אני הוא und der namentlichen Anrede an Jakob-Israel auch den Text 48, 12. Man braucht nicht anzunehmen, daß die Wendung שמעו אלי die Botenformel „so spricht Jahwe" ersetzt und ein Zeichen dafür ist, daß Kap. 46 und 48 zu einer späteren Phase der prophetischen Tätigkeit Deuterojesajas gehören[127]. Das שמע begegnet auch in 44, 1; anderseits gibt es Texte, welche gar keine Botenformel aufweisen[128]. Es legt sich nahe anzunehmen, daß die Ermahnung, auf Jahwe zu hören, wesentlich zum göttlichen Zuspruch gehört. Die unmittelbare Adresse „höre" bzw. „höret" soll an den vom Priester bzw. vom Propheten vermittelten göttlichen Zuspruch erinnern, durch den Jahwe in einer Notsituation seinen Beistand verspricht[129]. In vorliegendem Text hat diese Ermahnung auch die Funktion, den Bericht VV. 1-2 an die eigentliche Adresse VV. 3-4 zu binden; sie leitet vom berichtenden zum anredenden Teil über. Durch sie werden die Worte VV. 1-2 mit in die Rede an Jakob-Israel einbezogen; es wird klar, daß sie für die Angeredeten ausgesprochen worden sind, damit sie dadurch auf das Verhalten Jahwes ihnen gegenüber aufmerksam werden.

VV. 1-2 bilden also das Material, aus dem eine Belehrung gezogen wird; zu dieser Belehrung, deren Kern die göttliche Selbstprädikation ist, leitet die Ermahnung „höret auf mich" über. Ein ähnliches Schema finden wir etwa in Spr 5, 3-14; 7, 6-25. Nachdem der Redende in

---

[127] So Duhm, Das Buch Jesaja, S. 322f.
[128] Vgl. 41, 1-4; 41, 8-16; 42, 14-16; 43, 8-13.
[129] Vgl. Dt 20, 2-4, ferner Dt 18, 15.

5, 3-6; 7, 6-23 den Tatbestand dargestellt hat, geht er über in die Ermahnung „höre" und gibt seine Ratschläge. Im Unterschied zu diesen weisheitlichen Texten führt die Formel (אלי) שמע keine Ermahnung in engerem Sinn ein. Sie weist auf einen anderen Tatbestand hin. Was die Israeliten hören sollen, ist nicht die Aufforderung zu einem bestimmten Verhalten, sondern die Selbstprädikation Jahwes, daß er derselbe ist, der Tragende, und daß er es weiterhin sein wird. Im vorliegenden Text handelt es sich also um eine Heilszusage aufgrund einer aus dem Vergleich und in Auseinandersetzung mit den Göttern ausgesprochenen Selbstprädikation Jahwes [130].

Es fragt sich nun, welchen Platz dieser Text innerhalb der deuterojesajanischen Botschaft einnimmt und welchen Sitz im Leben er hat. Wir stellen zunächst fest, daß in der Reihenfolge aller Worte von Kap. 45, von denen wir vermutet haben, sie seien das Urwort des Propheten, die Heilszusage 46, 1-4 der Gerichtsrede folgt, also an letzter Stelle nach dem Offenbarungs- und Selbsterweiswort 45, 11a. 12-13bα.18aα*.18b-19 und der Gerichtsrede 45, 20a.21 steht. Aus dieser Stellung heraus ist zu vermuten, daß die Heilszusage 46, 1-4 in der Botschaft des Propheten ihren Platz nach der Ankündigung des Kyros-Geschehens und dem Aufruf zum Gericht zur Feststellung des göttlichen Rechtes in Auseinandersetzung mit den stummen Göttern hat. Dem Inhalt nach entspricht diese Stellung einem logischen Gedankengang. Bis jetzt hat Jahwe das Kyros-Geschehen vorhergesagt, hat sich zu erkennen gegeben als den, der seinem Volk den Heilsplan offenbart, hat sich dadurch gegenüber den Göttern als der einzige Gott und Retter erwiesen. Aber ein Wort an Jakob-Israel darüber, wie es zwischen ihm und seinem Volk steht, hat Jahwe eigentlich noch nicht ausgesprochen.

Das erste persönliche Wort an sein Volk im Rahmen der in Kap. 45 erhaltenen Botschaft wird erst in 46, 1-4 laut. Hier kommt er wieder auf die Götter, die für die Israeliten als „Beweise" hätten dienen sollen, zu sprechen. In der Gerichtsrede hatte er auf die Tatsache hingewiesen, daß die Götter das Kyros-Geschehen im voraus nicht gemeldet haben; nun sagt er, daß sie überhaupt nichts können; sie können weder ihre eigene, auf dem Lastvieh aufgeladenen Bilder noch sich selbst vor der Verbannung retten. Das gibt Jahwe Anlaß, etwas

---

[130] Westermann bezeichnet es als Heilswort (vgl. Das Buch Jesaja, S. 147). Nach von Waldow ist 46, 3-4 ein priesterliches Heilsorakel (vgl. Anlass und Hintergrund der Verkündigung des Deuterojesaja, S. 27).

über sich selbst im Verhältnis zu seinem Volk zu sagen. Er habe sein
Volk von Anfang an getragen, kann und will es noch weiter tragen
und retten. Es zeigt sich, daß Jahwe erst dann zur Heilszusage an
sein Volk aufgrund der Selbstprädikation kommt, nachdem er die
Nichtigkeit der Götter seinem Volk klar und bewußt gemacht hat.

Was die Bestimmung des Sitzes im Leben angeht, so kann man
nicht viel sagen. Man könnte wegen der Verbindung des Aufrufs
„höre" mit der Heilszusage etwa an die Tradition des göttlichen
Zuspruchs in einer Notsituation durch den Priester denken, siehe
Dt 20, 2-4; wegen des Schemas Bericht-Ermahnung könnte man auch
an den Einfluß weisheitlicher Belehrungspraxis denken. Man muß sich
mit der Annahme begnügen, der Text habe seinen unmittelbaren Hintergrund in der prophetischen Tätigkeit und in der Situation, in der
der Prophet stand. Der Hinweis auf die Götter, die die Israeliten
getragen haben, erklärt sich aus einer Situation des Abfalls im Volk.·
Die einzige Antwort darauf konnte nur der Hinweis auf Jahwe als
den ununterbrochenen Tragenden und Rettenden sein. Mit Recht
betont Westermann, VV. 1-2 seien Ankündigung und nehmen das
Ereignis des Sturzes Babylons voraus; denn es sei nicht so gekommen, wie der Prophet es angekündigt hat[131]. Es kam Deuterojesaja darauf an, den Israeliten klar zu machen, daß die Götter, unter
deren Herrschaft sie in der babylonischen Gefangenschaft standen
und deren Bilder sie vielleicht in der Neujahrsprozession mitgetragen
hatten, sie nicht retten konnten, daß dagegen nur Jahwe es vermochte,
sie weiter zu tragen und zu retten, wie er immer getan hatte. Der Prophet hat diesem Anliegen in seiner Predigt Ausdruck gegeben und
dann in der uns erhaltenen Form schriftliche Gestalt verliehen.

Die Frage, welche bestimmte Form dieser Botschaft zu geben war,
scheint den Propheten in diesem Stadium seiner Tätigkeit nicht so
besonders beschäftigt zu haben, viel aber dann, wenn es um die Heilsorakel ging. Wie in den meisten Fällen läßt er Jahwe reden, und zwar
unmittelbar ohne Einbeziehung eines vermittelnden Boten. Er läßt
ihn den Fall der Götter verkünden, dann sein Volk ermahnen und
darüber belehren, daß er trägt und rettet. Diese schlichte Form, die
Deuterojesaja seiner Verkündigung von der Nichtigkeit der Götter
und der Heilsmacht Jahwes bei ihrer schriftlichen Fixierung gab, entspricht dem Anliegen, das ihm aus der Situation des Abfalls heraus
am Herzen lag.

---

[131] Vgl. Westermann, Das Buch Jesaja, S. 145f.

d) *Zur Redaktion*

Zu beachten ist, daß das Motiv des Unvermögens der Götter und der Heilsmacht Jahwes mit der Zusage des göttlichen Beistandes verbunden ist. Das gibt Anlaß zu erwägen, ob eine Struktur wie die von 46, 1-4 im großen Rahmen der deuterojesajanischen Botschaft doch nicht eine Art Hinweis auf das Verhältnis zwischen Gerichtsrede einerseits und Heilsorakel andersets darstellt. Wir können argumentieren : erst nachdem sich Israel von der Nichtigkeit der Götter und der ununterbrochenen Zuwendung Jahwes überzeugt hat, kann es im Heilsorakel das bedingungslose Wort der Liebe und des Beistandes Jahwes hören.

Das scheint aber der Überlieferung der Texte in der Reihenfolge, wie sie uns erhalten sind, zu widersprechen. Denn an erster Stelle stehen immer die Heilsorakel. Das mag aber seinen Grund darin haben, daß mindestens in der schriftlichen Überlieferung Jahwes Heilsinitiative unterstrichen werden soll. In diesem Zusammenhang dürfte freilich nicht zufällig sein, daß den Heilsorakeln eine Bestreitung oder ein Mahnwort vorangeht. Damit war irgendwie doch die Gerichtsrede vorweggenommen und die Glaubensfrage gestellt. Bei näherem Zusehen scheint also, daß die Reihenfolge Heilsorakel-Gerichtsrede dem vermuteten sachlichen Vorgang einer Priorität der Auseinandersetzung mit den Göttern gegenüber dem Heilswort und Heilsorakel nicht widerspricht.

6)   46, 5-7.8-11.12-13

V. 5   Wem wollt ihr mich vergleichen und gleich machen, ja mich gleichsetzen, daß wir uns glichen?

V. 6   Die da Gold schütten aus dem Beutel und Silber mit der Waage abwiegen,
        sie dingen einen Schmelzer — da, er macht es zu einem Gott : sie bücken sich, auch beten sie ihn an.

V. 7   Sie heben ihn auf die Schulter, tragen ihn einher und setzen ihn auf seinen Platz. Sieh, er steht da, von seinem Ort weicht er nicht.
        Mag einer auch zu ihm schreien, da antwortet er nicht — von seiner Not befreit er ihn nicht.

V. 8   Bedenkt das und besinnt euch; nehmt es, ihr Abtrünnigen, zu Herzen!

V. 9   Bedenkt das Frühere von der Vorzeit her :
        Ich bin Gottheit — wo sonst? (Ich bin) ein Gott — nichts ist mir gleich!

V. 10   Der verkündet von Anfang her den Ausgang und von längsther, was noch nicht getan ward;
        Der sagt : „Mein Ratschluß erfüllt sich und all mein Begehren tue ich";

V. 11   Der ruft vom Aufgang den Stoßvogel, vom Land der Ferne den Mann
seines Rats.

Jawohl, da habe ich geredet, da lasse ich es kommen; ich habe es
entworfen, da tue ich es!

V. 12   Höret auf mich, ihr Starrsinnige, die ihr fern seid von der Gerechtigkeit;

V. 13   Ich lasse nahen mein Heil — nicht fern ist es — und meine Rettung —
sie zögert nicht.

Ich richte in Sion Rettung auf, für Israel meine Herrlichkeit.

a) *Zur Einteilung und zur Übersetzung*

Allgemein wird V. 8 zu VV. 5-7 gerechnet[132]. Die Anrede „ihr
Abtrünnige" rechtfertigt diese Einteilung, da im ganzen Kontext diese
Anrede nur an die gerichtet sein kann, die in V. 5 angeredet werden.
Literarkritisch ist es aber nicht sicher, ob V. 8 zu VV. 5-7 gehört.
Die hier gegebene Einteilung sei also für vorläufig gehalten. VV. 5-7
heben sich von ihrem Kontext wegen ihres besonderen Inhalts ab.

V. 8

Unbekannt ist der eigentliche Sinn der Würzel אשש[133]. Die hier
gegebene Übersetzung berücksichtigt die Tatsache, daß והתאששו neben
זכרו einerseits und השיבו על־לב anderseits steht, sinngemäß also beiden
Verben nahe sein muß.

V. 13

תפארתי als Apposition zu לישראל zu verstehen[134], verbietet nicht
nur die Tatsache, daß die Angeredeten in V. 12 als „Starrsinnige"
und „Ferne" bezeichnet werden, sondern vor allem der Satzbau von
V. 13b. In V. 13bβ folgen einander genauso wie in V. 13bα anverbielle
Bestimmung und Objekt; das ונתתי regiert also auch תפארתי.

---

[132] So z.B. Duhm, Das Buch Jesaja, S. 324, Elliger, Verhältnis, S. 247, Fohrer, Das
Buch Jesaja, Bd. 3, S. 100, Kissane, The Book of Isaiah, Vol. II, S. 93, Köhler,
Deuterojesaja stilkritisch untersucht, S. 30, Westermann, Das Buch Jesaja, S. 148f.
Nach Schoors ist 46, 5-8 echt und bildet eine kleine Einheit innerhalb von 46, 5-11
(vgl. I am God your Saviour, S. 274, 277). Anders Steinmann, der v.8 mit den
folgenden Versen verbindet (vgl. Le Livre de la Consolation d'Israël, S. 142).

[133] Elliger (vgl. Verhältnis, S. 247) und Westermann (vgl. Das Buch Jesaja, S. 148)
schlagen וְהִתְבֹּשָׁשׁוּ vor. Bonnard geht von der Wurzel אש (Feuer) aus (vgl. Le Second
Isaïe, S. 187 Anm. 6). Schoors nimmt die Wurzel 'šš = to establish, to found, to be
strong, an (vgl. I am God your Saviour, S. 274f).

[134] So neuerdings Penna, der übersetzt: „...per Israele, oggetto della mia salvezza"
(vgl. Isaia, S. 474).

b) *Literarkritik*

V. 5

Mit einigen kleinen Änderungen findet sich der Satz V. 5a in 40, 25a : hier beginnt der Satz mit Waw, die Präposition ist אל und das Verb דמה ist in der Qalform. Die Hiphilform von משל (I) kehrt im AT sonst nicht mehr wieder. Einmalig bei Deuterojesaja ist ferner die Qalform von דמה, die Pielform begegnet sonst außer im sekundären 40, 18 in 40, 25. Dieser Vers kann gut aus der Hand Deuterojesajas stammen. Der Stil des Fragesatzes paßt ihm auch gut, wie es sich vor allem in den Bestreitungen zeigt. Ihm entspricht ferner das Anliegen, das hier zum Ausdruck kommt : Jahwes Unvergleichbarkeit, die ihn als den einzigen Gott erweist.

VV. 6-7

Diese Verse gehen aber nicht auf Deuterojesaja zurück [135]. Das geht nicht nur aus der Reihe einmaliger Wörter hervor (זול ,כיס ,שכר ,נוח (Hi), מוש (Hi), צרה). Diese Verse heben sich von ihrem Kontext ab wegen ihres unpersönlichen Stils. Sie beschreiben einen Vorgang in der dritten Person und vermissen jedes Personalpronomen, das auf den Anredenden und gleichzeitig auf die Angeredeten des Kontextes hinweisen würde. Der Inhalt selber spricht ferner für die Unechtheit dieser Verse, denn unser Prophet zeigt sonst kein Interesse für die Herstellung von Götzenbildern. Ferner gehört nicht zu seinem Stil eine so anschauliche Beschreibung von Vorgängen, wie sie hier vorliegt, Da sich in 46, 6f die Aufmerksamkeit auf die Götzen und ihre Formung gerichtet ist, so kann man diesen Text auf die Hand dessen zurückführen, der 40, 18-20; 41, 6f; 44, 14-18a.19.20bα verfaßt hat. Zu beachten ist dabei, daß die Wörter זהב und כסף sonst nur in 40, 19, das Verb צרף in 40, 19; 41, 7 und das Verb סגד in 44, 15.17.19 sich finden.

V. 8

Im Unterschied zu 44, 21a (אלה) formuliert 46, 8a mit dem Singular des Demonstrativpronomens זאת [136]. Die Wendung השיב על־לב be-

---

[135] So auch Budde, Das Buch Jesaja, S. 673, Duhm, Das Buch Jesaja, S. 324, und Marti, Das Buch Jesaja, S. 316f, die alle auch v.8 dazu rechnen. Ihnen schließt sich Feldmann, Das Buch Isaias, S. 104, an. Vgl. noch Elliger, Verhältnis, S. 183 Anm. 2, 247, Fohrer, Das Buch Jesaja, Bd. 3, S. 100, Köhler, Deuterojesaja stilkritisch untersucht, S. 30, Volz, Jesaja II, S. 78f, und Westermann, Das Buch Jesaja, S. 148.

[136] Zur Frage, worauf sich dieses Pronomen bezieht, vgl. Schoors, I am God your Saviour, S. 277: „The demonstrative *zōʾt* refers to what has just been said".

gegnete uns bereits in 44, 19, aber mit der Präposition אל. Die Wurzel
פשע kommt sonst nur an den sekundären Stellen 43, 27; 48, 8b vor.
Im übrigen verwendet Deuterojesaja für Israel Bezeichnungen, die
Jahwes Zuwendung zu ihm ausdrücken; mit scharfen Vorwurfsworten
ist er äußerst sparsam[137]. So ist nur V. 8b dem Propheten abzusprechen. Dieser Vers geht vermutlich wegen der tadelnden Anrede
פושעים auf den Interpolator von VV. 6-7 zurück. Damit hat dieser
seinen Text enger mit der Vorlage verknüpfen wollen. Den ganzen
V. 8 dem Interpolator zuzuschreiben, wie es bei vielen Forschern
geschieht, geht deswegen nicht, weil bei den Paralleltexten 40, 18-20;
41, 6f; 44, 14-18a.19.20bα eine entsprechende abschließende Ermahnung fehlt. 46, 8b erklärt sich als Bindeglied zur Vorlage. V. 8a kann
daher mit V. 9a einen einzigen Stichus bilden. Die Tatsache, daß das
gleiche Verb im gleichen Text zweimal vorkommt, dürfte keine
Schwierigkeit darstellen, da solche Wiederholungen bei Deuterojesaja
oft vorkommen, siehe im unmittelbaren Kontext VV. 1a.2a (כרע, קרס),
V. 4 (סבל) und V. 5 (דמה).

V. 9

In V. 9a kehrt die Wendung wieder, die in 43, 18a belegt ist
(זכר ראשנות). Die adverbielle Bestimmung מעולם, die wir aus 42, 14a
kennen, ist auf ראשנות[138] zu beziehen. Schließt sich das כי direkt an
V. 9α[139], so erhält es den Sinn von „daß": es führt den Satz ein,
der von V. 9b bis V. 11a geht und angibt, was die Angeredeten
bedenken sollen. In leicht veränderter Form liegt in V. 9bα die für
Deuterojesaja charakteristische Selbstvorstellungsformel mit anschließendem Fragesatz vor, siehe 45, 5aα.6b.18b; anstatt יהוה lesen wir אל,
das Personalpronomen ist statt אני das vom Propheten auch verwendete
אנכי. Das אל erklärt sich am besten aus V. 5: welchem Gott wollt ihr
mich vergleichen? Es gibt ja keinen mehr. Es geht um die Einzigkeit
Jahwes als Gott. אלהים steht parallel zu אל und ist wie dieses Prädikat
von אנכי. אפס wird als Subjekt gebraucht in 45, 6a (vgl. 47, 8a.10b).

---

[137] Nur in 42, 19; 43, 8 ist von „blind" und „taub" die Rede. Mit Recht bemerkt
Elliger: „Der Terminus ‚Abtrünnige' ist im Munde Dtjes.s unerhört" (vgl. Verhältnis,
S. 248).

[138] Schoors führt aus: „In vs 9, the concrete content of ri'šōnōt is the whole
past of Israel" (vgl. ebd., S. 275; vgl. auch Les choses antérieures et les choses
nouvelles dans les oracles deutéroïsaïens, EThL 40 1964, S. 32-34).

[139] Wenn v.9a als zweiter Halbstichus mit v.8a als erstem Halbstichus einen
einzigen Stichus bildet, dann braucht man keinen Verdacht zu haben, daß nach v.9a
etwas verloren gegangen ist. Vgl. Duhm, Das Buch Jesaja, S. 325.

Inhaltlich knüpft der Ausdruck כמוני an die Frage von V. 5 an. Im gleichen thematischen Zusammenhang begegnet כמוני in 44, 7a.

VV. 10-11

VV. 10a.10b.11a beginnen jeweils mit einem Partizip. Diese Partizipien sind Appositionen zu אלהים. An sich könnten sie auch Appositionen zu אפס sein; das ist aber unwahrscheinlich, da ואפס כמוני wie seine Parallele ואין עוד im Satzgefüge dem Sinn nach nicht so betont ist wie אנכי אל...אלהים. Was den Wortschatz angeht, so haben wir in VV. 10-11 nur drei einmal belegte Wörter, ראשית, עיט und מרחק, alles andere gehört bereits zur Sprache Deuterojesajas. Der Satz V. 11b bezieht sich auf den Inhalt von VV. 10-11a und hat zusammenfassenden Charakter. Er wäre in dieser Hinsicht vielleicht mit 42, 16bβ zu vergleichen. Die Verben יצר und עשה kommen sonst in 43, 7b, wo sie auf den mit dem Namen Jahwes Gerufenen bezogen werden, und im sekundären 45, 18aβ zusammen vor.

VV. 12-13

Hier überwiegen abstrakte Begriffe. Das läßt Zweifel an der Echtheit des Textes aufkommen, da Deuterojesaja mit der Verwendung abstrakter Begriffe sehr sparsam ist und es vorzieht, die entsprechenden Inhalte anschaulich auszudrücken[140]. Dazu kommt, daß in keiner der Heilsankündigungen, die Westermann angibt und zu denen auch VV. 12-13 gehören sollen[141], die abstrakte Sprache zu finden ist. Das fällt um so mehr auf, wenn man den Kontext berücksichtigt, in dem VV. 12-13 stehen. Denn sowohl VV. 9-11 als auch VV. 1-4 erwähnen konkrete Fakten und Handlungen Jahwes. Schon allein diese Eigenart des Textes spricht für eine andere Herkunft. Ferner paßt nicht zum Stil des Propheten die tadelnde Anrede „Starrsinnige", denn, wie bei V. 8 bereits betont wurde, Deuterojesaja bezeichnet nur einmal das Volk Israel als „blind" und „taub", üblicherweise kündet er die Liebe Jahwes. Zu beachten ist auch, daß der Parallelismus von V. 12b — die ihr fern seid von der צדקה — zur Anrede von V. 12a — Starrsinnige — das Wort צדקה im Sinne einer moralisch gerechten Haltung und nicht als „Heil" verstehen lassen könnte[142]. Die Wendung שמע

---

[140] Nach Elliger sind vv.12-13 tritojesajanisch (vgl. Verhältnis, S. 183-185). Gegen die Unechtheit der Verse spricht sich aber Schoors aus (vgl. I am God your Saviour, S. 151-154).

[141] Vgl. Westermann, Sprache und Struktur, S. 122, 153.

[142] So auch Elliger, Verhältnis, S. 184.

אלי ist schließlich wohl deuterojesajanisch, sie wird aber nicht wie in
V. 3, mit dem V. 12 eine Inklusion bildet, in Verbindung mit der
Selbstprädikation Jahwes gebraucht (vgl. 48, 12), was im ganzen Zusammenhang sicher gut gepaßt hätte. In V. 12 erfüllt sie die Funktion
einer Ermahnung zur Umkehr und als solche ist sie ein Element des
Mahnwortes. Die Begriffe צדקה, תשועה und תפארה kommen sonst an
unechten Stellen vor[143]. Das Wort רחוק verwendet Deuterojesaja in
43, 6; 49, 1.12 als Substantiv im Sinne von „Ferne", und nicht als
substantiviertes Adjektiv wie hier. Dieser Befund läßt also für VV. 12-
13 an eine nachträgliche Hinzufügung denken. Der Autor dieser Verse
könnte der sein, der 46, 1-4 mit 46, 5.8a.9-11 verbunden hat. Von
daher würden sich erklären die Übernahme der Wendung שמע אלי
und in Anlehnung an die Partizipien von V. 3b die partizipiale Form
הרחוקים. Aber es ist nicht ausgeschlossen, daß VV. 12-13 auf die
Hand dessen zurückgehen, der Kap. 47 in den vorliegenden Zusammenhang eingefügt hat.

c) *Form- und Gattungskritik*

Als Urtext erwies sich die Einheit VV. 5.8a.9a.9b.10-11. Sie umfaßt
sieben Stiche. Verbindet man in V. 5a למי־תדמיוני, in V. 9b כי־אנכי
und ואין־עוד, in V. 11a איש־עצתו mit maqqef, so ergibt sich folgende
Akzentverteilung:

V. 5	2+2
VV. 8a.9a	2+3
V. 9b	3+3
V. 10a	3+3
V. 10b	3+2
V. 11a	3+3
V. 11b	2+2

Im ganzen hätten wir zwei Strophen (VV. 5.8a.9a.9b und VV. 10a.
10b.11a) mit einem abschließenden Einzelstichus (V. 11b). Die erste
Strophe enthält die Adresse in der zweiten Person Plural mit anschließender Selbstprädikation des Redenden; die zweite Strophe umfaßt drei partizipiale Sätze, die als Apposition zu אנכי...אלהים gedacht
sind. Der letzte Stichus faßt die eigentliche Aussage des Textes zusammen und hat selbsterweisenden Charakter. Kennzeichnend für die
erste Strophe ist die Wiederaufnahme in jedem zweiten Halbstichus

---

[143] Vgl. 44, 13; 45, 17.23f; 48, 1.18; 52, 1. Unsicher sind 45, 8; 51, 6.8.

einer Wurzel, die im ersten Halbstichus bereits verwendet wird, so
דמה in V. 5a.5b, זכר in VV. 8a.9a und אל in V. 9bα.9bβ.

Der Aufbau der zweiten Strophe ist gleichmäßig. In VV. 10a.11a
folgen die einzelnen Satzteile dem Schema: Verb (Part.), adverbielle
Bestimmung, Objekt, adverbielle Bestimmung, Objekt. Im mittleren
Stichus 10b fehlt die adverbielle Bestimmung, die zwei untergeordneten
Sätze haben das Prädikat an letzter Stelle jeweils nach dem Subjekt/
Objekt. Zu beachten ist die einschließende Funktion des Wortes עצה
in VV. 10b.11a und das dreimalige Vorkommen des Verbs עשה jeweils
am Ende des Stichus in VV. 10a.10b.11b. Dadurch wird der letzte
Stichus eng mit der zweiten Strophe verbunden, zumal in VV. 10b.11b
das Verb die gleiche Form aufweist.

Innere Verbindungslinien gehen aber VV. 6-7 völlig ab. Es überwiegen die Verbalausdrücke; in V. 6a kommt das Objekt vor der
adverbiellen Bestimmung und nicht wie in VV. 10a.11a nach ihr. Der
Rhythmus ist nicht einheitlich, wie vor allem in V. 7a zu sehen ist.
Der Wechsel von der dritten Person Plural zu der dritten Person
Singular in V. 7b läßt sich nicht erklären. Diese Nachlässigkeit in der
Form zeugt nicht für Deuterojesaja als Autor. Dagegen weist 46, 12-
13 eine geschlossene Form auf. V. 12 enthält die Ermahnung mit
doppelter Anrede. In VV. 13a.13b steht das Verb jeweils zu Beginn
des Stichus und regiert zwei Objekte. Die abstrakten Begriffe sind
paarweise disponiert, so daß der Reihe nach zweimal צדקה, dann
zweimal תשועה und am Schluß vereinzelt תפארה vorkommen; in
V. 13b steht die adverbielle Bestimmung wie in VV. 10a.11a vor
dem Objekt. Nach der Verknüpfung von אבירי־לב und der Negationspartikel לא mit dem jeweiligen Verb durch maqqef ergibt sich
für die drei Stiche der Rhythmus 3 + 2.

Es stellt sich die Frage nach der Gattung von 46, 5.8a.9a.9b.10-11.
Schoors hält diese Einheit, zu der er auch VV. 6-7 rechnet, für ein
Disputationswort[144]. Nach Westermann steht 46, 9-11 (ohne 5-8) dem
Disputationswort nahe[145]. Es ist aber fraglich, ob hier etwas wie
sonst in einem Disputationswort bestritten wird. Denn dort werden
nur Einwände bestritten, die Jahwes Verhältnis und Einsatz zum Volk
und für das Volk Israel in Frage stellen, siehe 40, 27-31 und 49, 14-15.

---

[144] Vgl. Schoors, I am God your Saviour, S. 277. So bereits Begrich, Studien,
S. 42, 45, und von Waldow, Anlass und Hintergrund der Verkündigung des Deuterojesaja, S. 36.
[145] Vgl. Westermann, Sprache und Struktur, S. 153.

Jahwes Gottheit, Unvergleichbarkeit und Einzigkeit, um die es in diesem Text geht, sind nicht Gegenstand des Disputationswortes, gehören vielmehr zur Gerichtsrede. Mit Recht hebt Westermann hervor, daß in 40, 12-31 nur VV. 27-31 eine wirkliche Bestreitung enthalten, die Fragen aber, mit denen die ersten drei Abschnitte beginnen (VV. 12.18.25) rhetorische Fragen sind[146].

Zur Bestimmung der Gattung der vorliegenden Einheit ist aus der formalen Tatsache auszugehen, daß die Selbstprädikation des Redenden (der Name יהוה kommt in Jes 46 nicht vor) inhaltlich und syntaktisch in der Mitte des Textes steht. Zu dieser Selbstaussage leiten einmal die rhetorische Frage V. 5 und die Ermahnung VV. 8a.9a hin: die auf sie folgenden partizipialen Sätze begründen sie. Die Angeredeten sollen bedenken, daß Jahwe und sonst keiner Gott ist, daß Jahwe also mit keinem anderen Gott zu vergleichen ist — daß er allein retten kann, daß nur bei ihm Rettung zu finden ist. Durch sein Wort will der Redende die Angeredeten dazu führen, daß sie ihn als den einzigen Gott anerkennen; er beweist das durch den Hinweis auf seine Macht, im voraus zu verkündigen, was geschehen wird, und das Vorherverkündete zu verwirklichen. Jahwe will also die eigene Identität als des einzigen Gottes ins Bewußtsein bringen. Er weist sich aus im Hinblick darauf, daß sich die Angeredeten für ihn entscheiden. Wir können unsere Einheit als ein auf die Glaubensentscheidung der Angeredeten gerichtetes Selbsterweiswort Jahwes ansehen.

Dieses Selbsterweiswort hat eine eigene Form. Es setzt an mit einem Fragesatz, es folgt eine Ermahnung, dann die Selbstprädikation mit appositioneller Begründung, schließlich eine zusammenfassende Aussage, bei der der Selbsterweis in prägnanter Weise wieder zum Zuge kommt. Der Fragesatz ist so geartet, daß aus ihm bereits die Grundaussage des Textes hervorgeht: ich bin mit nichts vergleichbar, nichts ist mir gleich. Durch die Ermahnung, „das" bzw. das „Frühere" zu bedenken, wird die Aufmerksamkeit auf die grundlegende Tatsache gelenkt, daß Jahwe Gott ist, was mit dem Hinweis auf sein Vorherverkünden, Vorherbestimmen und Ausführen bewiesen wird. Die Ermahnung mündet in die Selbstprädikation und den Selbsterweis, der am Schluß nochmals in verbaler Form aufgenommen und hervorgehoben wird.

Eine ähnliche Struktur bietet uns Deuterojesaja in 40, (22-23)25-26. Zu Beginn steht der rhetorische Fragesatz, es folgen zwei ermahnende

---

[146] Vgl. Westermann, ebd., S. 128.

Imperative, dann wieder ein Fragesatz mit Antwort in partizipialer Form. Dieses Partizip, das syntaktisch als Subjekt fungiert, enthält zusammen mit dem anschließenden Verbalsatz im Imperfekt den eigentlichen Selbsterweis. Damit bildet er strukturmäßig auch den Abschluß des ganzen Textes. Die Selbstprädikation wird durch die bruchstückhaft belegte Botenformel[147] ersetzt, bei der Jahwe als „der Heilige" bezeichnet wird. Wie in 46, 5.8a.9a.10-11 so fehlt auch hier die Erwähnung der Angeredeten. Die Unvergleichbarkeit Jahwes (im Abschnitt 40, 21-26 kommt der Name יהוה nicht vor) wird durch den Hinweis auf seine Schöpfermacht und Verfügungsgewalt über alles Seiende bewiesen (vgl. VV. 22-23). Anliegen dieser Einheit ist es, die Angeredeten auf die Unvergleichbarkeit und Einzigkeit Jahwes aufmerksam zu machen. Das göttliche Selbsterweiswort dient auch hier der Glaubensentscheidung. Hervorzuheben ist in diesem Zusammenhang die Bedeutung der partizipialen Formulierung: sie gehört zur Gattung des auf die Umkehr gerichteten Selbsterweiswortes und hat begründende Funktion; sie ist wesentlicher Bestandteil der Aussage des Textes. Die Zeitlosigkeit und die Prägnanz der partizipialen Form macht sie zu einer bevorzugten Form göttlicher Selbstaussage.

Wo mag der Sitz im Leben dieser Texte zu suchen sein? Wiederum werden wir auf die Situation der Verkündigung verwiesen. Die rhetorische Frage V. 5 (vgl. 40, 25a) erklärt sich aus einer Situation, in der die Israeliten den Göttern und Götzen jene göttliche Macht zuschrieben, die sie aufgrund ihrer früheren Erfahrung Jahwe hätten zuerkennen müssen. Der Selbsterweis, der in der Kontinuität von Ankündigung und Erfüllung wurzelt, setzt anderseits das Erscheinen des Kyros auf der politischen Weltebene voraus[148]. Das ist die geschichtliche Mitte, in der sich der Prophet bewegt. Der Text dürfte die schriftliche Zusammenfassung dessen sein, was Deuterojesaja als Wort Jahwes an sein Volk in jener entscheidenden Stunde vortrug.

Wie 40, 18-20, 41, 6-7; 44, 14-18a.19.20b ist 46, 6-7 für ein Spottwort zu halten[149], durch das die Götzen und ihre Verehrer beschimpft werden sollen. Es besteht in diesem Fall allein aus der Beschreibung, wie Götzenbilder gemacht und behandelt werden. Während der Interpolator in 40, 18-20 die rhetorische Frage mit leichter Umformulierung

---

[147] Diese Formel scheint nicht zur Struktur zu gehören; sie ist vom Wechsel von der dritten zur ersten Person Singular bedingt.

[148] In 40, 22-26 gründet der Selbsterweis Jahwes in seiner Schöpfermacht. Es fehlt aber nicht ein Hinweis auf seine Macht im geschichtlichen Raum, siehe 40, 23f.

[149] Vgl. Fohrer, Das Buch Jesaja, Bd. 3, S. 100.

aus 40, 25a übernommen hat, hat er hier seinen Text der rhetorischen Frage des Urtextes angehängt, so daß sie auch für seinen Text als Einleitung dient. Wie im Kap. 40 so hat auch hier das Spottwort Sinn nur im Verhältnis zum Kontext. Es dient dazu hervorzuheben, daß nur Jahwe auf die Hilferufe antworten und aus der Not retten kann. Es dürfte kein Zufall sein, daß es wie 40, 18-20 mit dem auf die Umkehr gerichteten Selbsterweiswort verknüpft worden ist. Vielleicht stellen diese Interpolationen den Versuch einer ironisierenden Rationalisierung der Götzenverehrung dar, also den Versuch, eine solche Neigung zu bewältigen, und zwar in einer Zeit, da sie wieder zur Gefahr wurde. Man kann aber diesen Texten eine gewisse belehrende Funktion nicht absprechen. Die Lektüre der deuterojesajanischen Vorlage hätte den Lehrern Anlaß gegeben zu zeigen, wie Götzen gemacht werden, wie sie also als Menschenwerk gar nichts bedeuten können.

Wir kommen nun zu VV. 12-13. Sie werden als Heilsankündigung bzw. Heilswort bezeichnet[150]. Die Bezeichnung Heilswort dürfte dem Text eher gerecht werden. Denn die von Westermann als Heilsankündigungen bezeichneten Einheiten befassen sich mit einem konkreten Eingreifen, mit einer bestimmten Handlung Jahwes, und zwar mit der Bewässerung und Bepflanzung der Wüste in 41, 17-20, mit der Vernichtung der Feinde und der Führung der Blinden in 42, 14-16, mit der Führung und Versorgung des Volkes durch die Wüste in 43, 16-21, mit der Befreiung der Gefangenen in 49, 7-12, mit dem Wiederaufbau von Sion in 49, 14-20, mit der Rückgabe der weggenommenen Kinder in 49, 21-23, mit der Vernichtung der Feinde und Errettung der Kinder in 49, 24-26. Im Unterschied zu diesen Texten sagt 46, 12f nicht, in welcher Heilstat sich das nahende Heil konkretisiert. Zu beachten ist ferner, daß hinter diesem Heilswort keine Volksklage herauszuhören ist. Neu wäre auch im bezug auf die Gattung der Heilsankündigung die tadelnde Anrede. Ihretwegen kann man in V. 12 eine Spur vom Mahnwort sehen. Die Aufforderung „höret auf mich" will zur Umkehr führen als Voraussetzung dafür, daß sich das Heil nähert.

Dieser Befund berechtigt uns bezüglich 46, 12f ganz allgemein von einem Mahn- und Heilswort zu reden. Es stammt vielleicht von dem Redaktor, der 46, 1-4 mit 46, 5.8a.9a.9b-11 verknüpft hat. Die Anrede in der zweiten Person Plural läßt an die öffentliche Verlesung der

---

[150] Vgl. Westermann, Sprache und Struktur, S. 122, Das Buch Jesaja, S. 153f, und Schoors, I am God your Saviour, S. 150f. Von Waldow rechnet diese Verse zum priesterlichen Heilsorakel (vgl. Anlass und Hintergrund der Verkündigung des Deuterojesaja, S. 27f).

deuterojesajanischen Vorlage im Rahmen der Gemeindeversammlung als Entstehungsort des Textes denken. Dieses Heilswort bildete einen guten Abschluß zu den beiden Einheiten der Vorlage. Die tadelnde Anrede könnte sich auf die Tatsache beziehen, daß die Israeliten sich am Tragen der Götzenbilder beteiligt hatten, sich also zu den entsprechenden Göttern bekannt hatten und auf sie vertrauten. Ihr Starrsinn äußerte sich darin, daß sie nicht mehr daran glaubten, von Jahwe getragen zu werden, womit sie dem göttlichen Heil den Weg zu ihnen absperrten (in diesem Fall würde sich צדקה von V. 12 doch auf das göttliche Heil beziehen). Die Anrede würde sich ferner auf V. 5 beziehen. Damit würde V. 13 den Charakter eines Selbsterweises erhalten: im Nahen meines Heils zeigt sich, daß ich mit keinem anderen Gott vergleichbar bin. Die Aussage vom Nahen des Heils und der Rettung würde ihrerseits speziell auf V. 11 Bezug nehmen und damit das Kyros-Geschehen als die anbrechende Heils- und Errettungstat Jahwes deuten. Eine andere Möglichkeit ist die, daß 46, 12f auf den Redaktor zurückgeht, der Jes 47 eingefügt hat[151].

d) *Zur Redaktion*

46, 1-4 und 46, 5.8a.9-11 waren vermutlich bereits verknüpft und mit dem Abschluß 46, 12f versehen, als 46, 6f(8b) eingefügt wurde. Als Beweis dafür könnte man ansehen, daß VV. 12-13 keinen Bezug auf V.6f(8b) aufweisen. Die Bezeichnungen der Anrede von V. 12 scheinen nicht so stark zu sein wie die Bezeichnung פושעים von V. 8b; sie setzen den Inhalt von VV. 6-7 nicht voraus. Es ist auch zu beachten, daß der Kontrast zwischen V. 7 und V. 13 sich besser durch die Abhängigkeit der Verse 6-7 auch von VV. 12-13 und nicht umgekehrt erklärt. Denn V. 13 sagt in schlichter Weise, daß Jahwe die Initiative hat und sein Heil, seine Rettung nahen läßt. Im Gegensatz dazu betont V. 7b, daß man zum Götzenbild schreit, da es von sich aus die Not nicht sehen und nicht eingreifen kann, daß es also weder antworten noch retten kann. Im Vergleich mit Jahwe halten die Götzenbilder nicht stand.

Es stellt sich die Frage, ob VV. 6-7.8b im Zusammenhang mit VV. 5.8a.9-11.12f nicht bewußt auf 40, 18-20.21-26 zurückgreifen und

---

[151] Elliger hebt hervor, daß „v11b ein ebenso guter Schluß, wie v 12 ein Anfang ist" (vgl. Verhältnis, S. 183). Vgl. Schoors, ebd., S. 151. Westermann betont die Einheit von 46, 1-13 (ohne vv.5-8) mit der Begründung, daß die einzelnen Teile dieses Gedichtes durch aufeinander bezogene Imperative charakterisiert sind (vgl. Sprache und Struktur, S. 153). Aber das schließt freilich redaktionelle Eingriffe nicht aus.

mit diesem eine Inklusion bilden. Die formalen Eigenschaften beider Textgruppen sprechen für diese Vermutung. Dann hätten wir nicht mit einem Interpolator als vielmehr mit einem Redaktor zu tun. Wir dürfen annehmen, daß dieser Redaktor sich an der Zusammensetzung und Einordnung der deuterojesajanischen Texte beteiligt hat.

e) *Zur Exegese von 46, 1-13*

Jes 46 ist gekennzeichnet von dem doppelten, den ganzen Text einschließenden שמעו אלי (VV. 3a.12a) und von dem doppelten זכרו in der Mitte (VV. 8a.9a). Das göttliche אני bzw. אנכי ist auch vorhanden, und zwar im ersten (V. 4) und im zweiten Teil (V. 9b) des gesamten Textes, in unmittelbarer Nähe zu den Ermahnungen „höret" und „bedenkt". Beide Teile entsprechen einander, insofern beide in eine Aussage Jahwes über sich selbst einmünden, und zwar in Anknüpfung an eine direkte bzw. indirekte (vgl. V. 5) Aussage über die Götter und Götzen. Der zweite Teil aber, der die Einheit VV. 5.8a.9-11 + 12-13 umfaßt, ergänzt den ersten, denn dort betrifft die Selbstprädikation Jahwes nicht allein sein Verhalten und Tun (V. 4), sondern sein Dasein und Wesen als des einzigen Gottes. V. 9b sagt offen und feierlich aus, was in VV. 1-4 zwar mitenthalten, aber nicht expliziert ist. Der Text kreist um die Selbstprädikation Jahwes als des Einzigen. Von hier aus weitet sich diese Aussage zu einem Heilswort für den Rest des Hauses Israels.

Jahwe spricht vom Ende der Götter und Götzen Babylons, gleichzeitig redet er sein Volk „Haus Jakobs" und „Rest des Hauses Israels" an. Damit sagt er aus, daß im Gegensatz zu den Göttern und Götzen der Unterdrücker das einst unterdrückte und zu einem winzigen Rest zusammengeschrumpfte Volk doch weiter bestehen wird. Der Begriff „Haus" bezeichnet nämlich unter anderem auch das Fortbestehen der Königsdynastie. Bereits bei dieser Anrede klingt das Heilswort durch, daß Jahwe sein Volk weiterhin tragen wird.

Die Israeliten sollen das bedenken[152]. Sie sollen das Frühere von der Vorzeit her bedenken, d.h. sie sollen bedenken, daß ihre ganze Geschichte von diesem Tragen und Bestehenlassen Jahwes, von dieser Macht Jahwes zu retten zeugt, was eben in der ganzen Weltgeschichte ein Unicum ist, etwas, was kein anderer Gott zu tun vermocht hat. Als eine solche Geschichte — das sollen die Israeliten bedenken — ist

---

[152] Damit bezieht sich das זאת von v.8a auf v.5 und darüber hinaus in der Letztgestalt des Textes auf das in v.4 Gesagte. Vgl. Schoors, I am God your Saviour, S. 277.

die israelitische Geschichte die Offenbarung Jahwes als des einzigen Gottes. Das ראשׁנות von V. 9 ist als Gegenstand dessen, was die Israeliten bedenken sollen, keine von der Geschichte und der Erfahrung Israels abgetrennte Wahrheit.

Die Anrede „Starrsinnige", die der Redaktor in V. 12 gebraucht, dürfte im Zusammenhang mit der Haltung der Israeliten gegenüber der Geschichte Jahwes an ihnen stehen. Es dürfte nicht abwegig sein zu vermuten, daß das Wort צדקה das im Bunde begründete Heil meint, das nun durch die Befreiung wiederhergestellt wird[153]. Zu beachten ist die Beziehung zwischen V. 12b und V. 13a aufgrund der Wurzel רחק. Das entrechtete, bundlose Volk wird nun im Bund mit dem Heil beschenkt. Die Erwähnung Sions als des Ortes, wo Jahwe seine Rettung aufrichtet, dürfte den Zusammenhang mit dem Gedanken des Bundes bestätigen[154].

7) Exkurs: 47, 1-15

V. 1 — Steig herab, setz dich in den Staub, Jungfrau, Tochter Babel!
       Setz dich hin zur Erde—wo ist der Thron?—, Tochter der Chaldäer!
       Siehe, nicht weiterhin bist du, die sie rufen: „Zarte", „Verwöhnte"!
V. 2 Nimm die Handmühle und mahle Mehl, deck auf deinen Schleier!
       Heb hoch den Rocksaum, deck auf die Schenkel, durchschreite Ströme!
V. 3 Aufgedeckt wird deine Blöße, ja, gesehen wird deine Scham.
       Rache nehme ich, auf Menschen stoße ich (dabei) nicht!
V. 4 — Unser Erlöser: Jahwe der Scharen ist sein Name, der Heilige
       Israels —.
V. 5 Setz dich hin zur Erde — wo ist der Thron? —, Tochter der Chaldäer!
       Siehe, nicht weiterhin bist du, die sie rufen: „Herrin der Königreiche"!
V. 6 — Ergrimmt war ich gegen mein Volk, entweihte mein Eigentum.
       Da gab ich sie in deine Hand: kein Erbarmen erwiesest du ihnen,
       dem Greis ließest du dein Joch schwer werden gar sehr.
V. 7 Da sagtest du: „Zur Weltzeit werde ich sein Herrin auf Dauer!"
       Du nahmst diese Dinge nicht zu Herzen, gedachtest nicht des Endes.
V. 8 Aber nun, höre dies, Wollüstige, die in Sicherheit dasitzt,
       die in ihrem Herzen spricht: „Ich und niemand sonst.
       Nicht werde ich als Witwe dasitzen, werde Kinderlosigkeit nicht kennen".
V. 9 Da überkommt dir dies beides — ein Augenblick, an einem Tag:
       Kinderlosigkeit und Witwenschaft kommen als volles Maß über dich
       trotz der Menge deiner Zaubereien, trotz der Macht deiner Bannkünste
       gar sehr.

---

[153] Vgl. Eichrodt, Theologie des Alten Testamentes I. Teil, S. 159f.
[154] Vgl. von den vielen Texten besonders Jer 3, 11-18; 31, 1-6.7-14; 50, 2-5; Sa 2, 11-13; 8, 1-8; siehe noch Jes 4, 5; 59, 20f; 62, 1-12.

V. 10   Da warst du sicher in deiner Bosheit, du sagtest : „Wer sieht mich?"
Deine Klugheit, ja deine Kenntnis, die hat dich verkehrt,
so sagtest du in deinem Herzen : „Ich und niemand sonst".
V. 11   — Ja, es kommt über dich Boses, da weißt du nicht, es zu bannen.
Es fällt über dich ein Schicksal, da vermagst du nicht, es zuzudecken.
Es kommt über dich plötzlich Unheil, du kennst es nicht.
V. 12   Stell dich hin mit deinen Bannkünsten, mit der Menge deiner Zaube-
reien,
mit denen du dich abgemüht hast von deiner Jugend an.
Vielleicht vermagst du (dir) zu nützen, vielleicht scheuchst du (es) weg.
V. 13   — Abgeplagt hast du dich mit der Menge deiner Ratschläge; sie mögen
auftreten,
nun, sie mögen dich befreien, die Einteiler der Himmel, die Beschauer
der Sterne,
die Verkünder an den Neumondstagen, woher es über dich kommt!
V. 14   Siehe, sie werden wie Stroh, das Feuer verbrennt sie.
Nicht retten sie ihr Leben vom Griff der Flamme.
Wo ist Kohlenglut zum Warmwerden, Feuer, um davor zu sitzen? —
V. 15   So werden dir die Handelspartner von deiner Jugend an, mit denen du
dich abmühtest!
Sie taumeln, jeder nach seiner Seite : wo ist für dich ein Befreier?

Der Aufbau des vorliegenden Textes ist nicht eindeutig. Bereits
beim ersten Lesen fällt eine gewisse Unordnung in der Abfolge der
Gedanken auf. So etwa folgt der Selbstaussage Babylons in V. 7f die
Ankündigung des Unheils in V. 9; in V. 10 tauchen wieder Selbstaussagen Babylons auf, denen in V. 11 eine neue Ankündigung des
Unheils folgt. Man hat nicht den Eindruck, daß diese Abwechslung
von der Struktur des Textes bedingt ist. Man kann nicht ausschließen,
daß der Text nachträglich bearbeitet worden ist. Es soll der Versuch
gemacht werden, seine ursprüngliche Gestalt zu eruieren.

Der vorliegende Text setzt ein mit zwei Sätzen im Imperativ, denen
sich ein כי-Satz anschließt. Dem Inhalt und der Form nach bilden
diese drei Sätze eine erste, in sich geschlossene Einzeleinheit. Im
Folgenden vermißt man diese Struktur. Nur ein Fragment liegt in
V. 5 vor. Hier hat man einen Satz im Imperativ, dem ein כי-Satz folgt.
Man sucht nach dem fehlenden Satz im Imperativ, der inhaltlich und
formal zu V. 5 gehören könnte. Man findet ihn in V. 2bβ. Dieser
deutet auf den Vorgang der Herabsetzung und der Flucht Babylons
hin, der notwendigerweise in den Untergang und in die Verlassenheit
führt. Davon ist eben in V. 5 die Rede. In diesen Zusammenhang
scheint V. 2abα nicht hineinzupassen : er erwähnt die Sklavenarbeit
der Erniedrigten noch vor ihrer Herabsetzung und ihrer Flucht. V. 2abα

erklärt sich als eine nachträgliche, ergänzende Ausmahlung; zu ihr dürfte auch der spottende V. 3a gehören. Mit VV. 2abα.3 fällt die monotone Anhäufung des Verbs גלה (Piel) weg. V. 3b dürfte aber auch ein aus der gleichen Hand stammender Zusatz sein: er hebt hervor, daß das soeben in VV. 2abα.3a erwähnte Unheil Werk der Rache Jahwes ist; damit nimmt er vielleicht auch die Aussagen von VV. 9-11 vorweg und kennzeichnet das hier geschilderte, über Babylon kommende Unheil als Werk der Rache Jahwes. Schließlich scheint auch V. 4 sekundär zu sein, aber anderer Herkunft. Die plötzliche Änderung in die erste Person Plural ist vom Text her nicht zu erklären. Es könnte sich um einen responsorialen Vers handeln, der beim Vortrag des Textes von den Anhörenden zwischendurch ausgerufen wurde als Ausdruck ihrer Dankbarkeit für das Gerichts- und Heilswerk Jahwes. Als ein solcher Ausruf wäre V. 4 freilich am besten nach V. 1 bzw. nach V. 5 am Platz gewesen; warum er im jetzigen Text vor V. 5 steht, ist nicht klar. Wenn diese Beobachtungen stimmen, umfaßt dieser Teil des ursprünglichen Textes sechs Stiche (1aα.1aβ.1b. 2bβ.5a.5b), bei denen der imperativische Stil überwiegt.

Die Neigung zur anschaulichen Darstellung zeigt sich auch im folgenden Abschnitt VV. 6-9. Daß Babylon kein Erbarmen gegen die ihm Ausgelieferten gehabt hat, wird am Beispiel des Greises in V. 6bβ verdeutlicht. So folgt dem knappen, lapidaren Satz „ich und niemand sonst" von V. 8aγ der präzisierende Satz V. 8b: „nicht werde ich als Witwe dasitzen, werde Kinderlosigkeit nicht kennen". Die sekundäre Herkunft dieses Satzes geht auch daraus hervor, daß er im parallelen Satz V. 10b keine Entsprechung hat. Zu beachten ist ferner, daß die sonstigen Selbstaussagen Babylons in VV. 7a.10bβ kurz und knapp formuliert sind; inhaltlich gesehen klingen sie so ausschließlich und absolut, daß jede nähere Bestimmung ihre Tragweite eher schwächt als verstärkt. Fällt aber V. 8b aus, so ist anzunehmen, daß auch V. 9 sekundär und gleicher Herkunft ist. Dieser Vers ist einerseits terminologisch und thematisch mit V. 8b eng verbunden, siehe die Wurzeln אלם und שכול, andererseits nimmt er dadurch die Erwähnung der Zaubereien und Bannkünste V. 12a vorweg, wo diese sinngemäß ihren richtigen Platz haben. Als ursprünglicher Text dieses Abschnittes würden sich nach dieser Analyse sechs Stiche (6aα.6aβbα.7a.7b.8aα. 8aβγ) erweisen.

Spuren sekundärer Bearbeitung finden sich im letzten Teil des Textes VV. 12-15. Der Relativsatz V. 12aβ läßt sich metrisch nicht einordnen, vor allem scheint er aber präzisieren zu wollen, daß die Zaubereien und die Bannkünste, von denen hier die Rede ist, nicht situationsbedingt sind, vielmehr Babylons eigenste Geschichte und Kulturwesen ausmachen. V. 12aβ will also den Inhalt von VV. 12aα.12b in besonderer Weise unterstreichen, indem er einen Kontrast zu V. 12b bildet: die Künste, die Babylon als das Eigenste besitzt, vermögen ihm in seiner jetzigen Not nicht zu nützen. Sekundär dürfte auch V. 13a sein. Stilistisch gesehen unterbricht er den Fluß der Rede: das berichtende Perfekt zwischen dem Imperativ עמדי־נא und dem Hortativ יעמדו־נא jeweils in V. 12aα und V. 13b, wirkt erschwerend und retardierend; inhaltlich will V. 13a wiederum einen Kontrast bilden; der Mühe Babylons entspricht jetzt das Versagen seiner Helfer, auf die es vertraut hatte. Ohne diese Zusätze hätte aber der Text an Aussagekraft nichts verloren. Die relativische nähere Bestimmung V. 13bδ ist wiederum wohl eine unnütze, nichtssagende Ergänzung, denn der Ausdruck מודיעם לחדשים ist wie der Ausdruck מודיעם להלל (Dirigenten) von 2 Chr 23, 13 terminus technicus und als solcher bedarf er keiner Verdeutlichung.

Auf die gleiche ergänzende Hand geht vielleicht das rhetorische הנה zurück, das sonst im ganzen Text nicht weiter zu finden ist. In V. 14aα überrascht aber auch der Satz אש שרפתם, da das Verb שרף sonst nie von אש als Subjekt regiert wird, sondern immer in der Formulierung שרף בשם vorkommt; mit אש als Subjekt wird das Verb אכל mit Vorliebe verwendet. Überhaupt scheint der Interpolator des ganzen Textes keine gepflegte Sprache zu besitzen, wie sich etwa an der häufigen Verwendung von Relativsätzen (VV. 12aβ.13bδ.15a) zeigt. So ist auch dieser Satz als eine Hinzufügung von ihm anzusehen. An V. 13bβγ ist also der ursprüngliche Text von V. 14aα zur Bildung eines einzigen Stichus anzuschließen. Die Feststellung von V. 14b scheint zunächst inhaltlich zusammenhanglos zu sein, in Wirklichkeit aber will sie ein Kontrastbild schaffen: das Feuer, das den Mächtigen zum Backen und Sichwärmen diente, greift sie jetzt an und verbrennt sie. So verrät sich auch V. 14b als Werk des gleichen Bearbeiters.

V. 15abα greift teils auf V. 14aα teils auf V. 12aβ zurück. Der Reihe der Mächtigen von V. 13b fügt er eine neue Gruppe hinzu, die Handelspartner. Es ist ein weiterer Hinweis auf die Macht Babylons; um so stärker aber wirkt dann das Bild, daß jeder dieser Großen nun nicht imstande ist, die untergehende Stadt zu retten. Sprache (vgl. V. 12aβ) und Ziel dieses Stichus lassen ihn auf den gleichen Interpolator und Bearbeiter zurückzuführen. Wenn all diese Erwägungen stimmen, erweist sich als Urtext die folgende Dichtung:

V. 1	Steig herab, setz dich in den Staub, Jungfrau, Tochter Babel! Setz dich hin zur Erde — wo ist der Thron? — Tochter der Chal- däer! Siehe, nicht weiterhin bist du, die sie rufen: „Zarte", „Verwöhnte"!
V. 2b	Heb hoch den Rocksaum, deck auf die Schenkel, durchschreite Ströme!
V. 5	Setz dich still, geh in die Finsternis, Tochter der Chaldäer! Siehe, nicht weiterhin bist du, die sie rufen, „Herrin der König- reiche"!
V. 6a	Ergrimmt war ich gegen mein Volk; entweihte mein Eigentum.
V. 6bα	Da gab ich sie in deine Hand: kein Erbarmen erwiesest du ihnen!
V. 7	Da sagtest du: „zur Weltzeit werde ich sein Herrin auf Dauer!" Du nahmst diese Dinge nicht zu Herzen, nicht gedachtest du des Endes.
V. 8a	Aber nun, höre dies, Wollustige, die in Sicherheit dasitzt, die in ihrem Herzen spricht: „Ich und niemand sonst!"
V. 10	Da warst du sicher in deiner Bosheit, da sagtest du: „Wer sieht mich?" Deine Klugheit, deine Kenntnis, die hat dich verkehrt. So sagtest du in deinem Herzen: „Ich und niemand sonst!"
V. 11	Ja, es kommt über dich Böses, da weißt du nicht, es zu bannen. Es fällt über dich ein Schicksal, da vermagst du nicht, es zu decken. Es kommt über dich plötzlich Unheil, du kennst es nicht.
V. 12aα	Stell dich hin mit deinen Bannkünsten, mit der Menge deiner Zaubereien.
V. 12b	Vielleicht vermagst du (dir) zu nützen, vielleicht scheuchst du es weg.
V. 13b	Sie mögen auftreten und dich befreien die Einteiler der Himmel, die Beschauer der Sterne.
V. 14a	Die Verkünder an den Neumondstagen werden wie Stroh, nicht werden sie retten ihr Leben vom Griff der Flamme.
V. 15bβγ	Jeder nach seiner Seite taumeln sie: wo ist für dich ein Befreier?

Es fragt sich, ob Deuterojesaja der Verfasser dieses Textes sein
kann[155]. Freilich führt uns die Analyse des Wortschatzes nicht viel
weiter. Mit Recht weist Elliger darauf hin, daß die Sprache von Jes 47
der Sprache der Kap. 54-66 nahe steht[156]. Zudem fehlen die für
Deuterojesaja typischen Formeln und Wendungen hier ganz; die
Formel „ich und niemand sonst", die der Selbstvorstellungsformel

---

[155] Zweifel an der deuterojesajanischen Herkunft von Jes 47 haben bereits Haller
(Das Judentum, S. 42f), Greßmann (Die literarische Analyse Deuterojesajas, ZAW 34
1914, S. 283) und Mowinckel (Die Komposition des deuterojesajanischen Buches,
ZAW 49 1931, S. 102) ausgesprochen. Elliger schreibt es Tritojesaja zu (vgl. Verhältnis,
S. 105-116).

[156] Vgl. Elliger, ebd., S. 114-116.

nachgebildet sein könnte, war ja leicht nachzuschaffen[157]. Was uns
inhaltlich gesehen die Herkunft von Deuterojesaja verdächtig macht,
ist die Tatsache, daß die ganze Aufmerksamkeit des Propheten darauf
gerichtet ist, was Jahwe für sein Volk tut. Wenn er die Feinde Israels
erwähnt, so immer im Zusammenhang mit einem Wort an Israel bzw.
Jerusalem[158] oder über Israel (42, 15f; 45, 2-6). Es handelt sich aber
um knappe Hinweise, wenn er diese Feinde erwähnt; diese Texte
nehmen im Ganzen seiner Botschaft einen geringen Platz ein. Von
daher scheint es unwahrscheinlich, daß Deuterojesaja eine so um-
fassende Dichtung nur zur Ankündigung des göttlichen Gerichtes
gegen Babylon hat schreiben wollen. Es wäre sehr auffällig, wenn er
mit dem Gerichtswort gegen Babylon kein Heilswort für Israel verbunden hätte. Sollte ferner unsere Vermutung stimmen, daß der
Prophet seine Predigt in einzelnen Texten schriftlich zusammengefaßt
hat im Hinblick auf ihren Vortrag in der israelitischen Versammlung
dann wäre zu fragen, welchen Platz eine solche Dichtung wie Jes 47
im Wortgottesdienst hätte einnehmen können, da Israel darin nicht
im geringsten angeredet wird.

Noch etwas ist zu beachten. Die Grundaussage der Dichtung, daß
Babylon seine heilsgeschichtliche Rolle als Ausführungsorgan des
Gerichtes Jahwes gegen sein Volk zur Selbstbestätigung mißbraucht
hat, daß es sich nicht als Werkzeug Jahwes verstanden, sich vielmehr
zur alleinigen allbestimmenden Macht erhoben, sich sogar an Gottes
Stelle gesetzt hat, entspricht an sich dem deuterojesajanischen Denken,
das heilsgeschichtlich und theologisch im Sinne des Grundsatzes von
Jahwes Einzigkeit und Macht ausgerichtet ist. Nur, diese Aussage liegt
uns in Jes 47 nicht in knapper, prägnanter Form vor, wie es zum Stil
des Propheten gehört, sondern in einer literarisch sehr elaborierten
Gestalt. Hier spricht einer, der nicht mitten in den Ereignissen, sondern
bereits in einem gewissen Abstand von ihnen steht und sich nun über
den tieferen Sinn dieser Ereignisse Gedanken macht. Er hat seine
Dichtung jedoch dem Stil Deuterojesajas entsprechend als Rede
Jahwes zur Ankündigung des Bevorstehenden gestaltet. Doch es fällt
dabei auf, daß er die Vernichtung Babylons nicht als Gerichtstat
hinstellt, die Jahwe selber durch seinen Beauftragten, bzw. Israel
durchführt. Er redet unpersönlich davon, daß Böses kommt und
Unheil plötzlich über Babylon hereinbricht. Das ist nicht die Art

---

[157] Vgl. Elliger, ebd., S. 106, 110.
[158] Vgl. 41, 11f.15f; 46, 1-4; 48, 12-15; 49, 25f; 51, 22f.

Deuterojesajas. Dieser läßt immer Jahwe handeln[159]. Dieser Unterschied zu Deuterojesajas Stil ist um so auffälliger, als der Verfasser der vorliegenden Dichtung Jahwe als Handelnden hinstellt, wenn er auf das Gericht gegen Israel zu reden kommt. Zu den angeführten Argumenten gegen die Verfasserschaft Deuterojesajas könnte man schließlich hinzufügen, daß er das Strafgericht gegen die Feinde Israels nie direkt begründet; er gibt aber zu verstehen, daß es im Heilsplan Jahwes für Israel mitenthalten war; doch wie gesagt, spielt dieser Gedanke keine große Rolle in seiner Botschaft. Vorliegende Dichtung begründet das Ende Babylons in seiner stolzen, selbstherrlichen Haltung. Der Autor unterstreicht das aber so, daß der heilsgeschichtliche Bezug dieses Endes fast in den Hintergrund gerät.

All diese Erwägungen über Form und Inhalt der Dichtung dürften ihre Unechtheit nahelegen. Es soll nun einiges über die Struktur des Textes gesagt werden. Der Urtext der Dichtung umfaßt im ganzen vier Strophen mit je sechs Stichen. Die sechs Stiche jeder Strophe gruppieren sich in zwei Gruppen mit je drei Stichen. Jede Strophe hat formal und inhaltlich eigenes Gepräge. Die erste ist durch Imperativ-Sätze gekennzeichnet. Diese sind so geordnet, daß jedem zweiten Imperativ-Satz jeweils ein כי-Satz folgt. Der zweite Imperativ-Satz beginnt in jeder Gruppe (VV. 1aβ.5a) mit dem gleichen Imperativ שבי und schließt mit der gleichen Anrede „Tochter der Chaldäer" ab. Beide כי-Sätze sind bis auf die verschiedenen Bezeichnungen Babylons gleich. Der zweite und dritte Stichus entsprechen also formal dem fünften und sechsten. Inhaltlich gesehen handelt es sich bei der ersten Strophe um eine Anrede an die Stadt Babylon, durch die sie als Herrin der Königreiche abgesetzt, in den Stand der Sklaverei versetzt, in die Verbannung und Einkerkerung geschickt wird.

Die zweite Strophe setzt an in der ersten Gruppe von Stichen mit einem doppelten perfectum historicum, dessen Subjekt der Redende ist. Dem entspricht im ersten Stichus der zweiten Gruppe von Stichen, dem vierten der gesamten Strophe, ein doppeltes perfectum historicum, dessen Subjekt die angeredete Stadt Babylon ist. Der dritte Stichus der ersten Gruppe enthält eine durch das Verb אמר eingeführte Selbstaussage Babylons; dem entspricht im dritten Stichus der zweiten Gruppe eine weitere, durch אמר eingeleitete Selbstaussage Babylons. Inhaltlich legt die zweite Strophe die Vorgeschichte Babylons in bezug auf Jahwes Gerichtstat gegen Israel dar.

---

[159] Vgl. 41, 2-4.15f; 42, 15; 43, 14; 46, 11; 48, 14f; 49, 25f; 51, 22f.

Die dritte Strophe beginnt mit einer Reihe perfecta historica, denen
ein imperfectum consecutivum folgt. Der erste Stichus (V. 10aαβ) der
ersten Gruppe bringt wieder ein Wort Babylons, das den Wert einer
Selbstaussage hat; im dritten Stichus (V. 10b) der gleichen Gruppe
taucht nochmals eine Selbstaussage auf, die mit ihrer Einführung formal
der Selbstaussage vom letzten Stichus (V. 8aβγ) der vorhergehenden
Strophe mit ihrer Einführung gleicht. Der erste Stichus (V. 11aαβ)
der zweiten Gruppe setzt mit einem perfectum confidentiae an, dem
sich in den folgenden zwei Stichen je ein begleitendes imperfectum
anschließt. Jeder Stichus dieser Gruppe weist den gleichen Aufbau:
Verb (mit einleitendem Waw), adverbielle Bestimmung, Subjekt, Negativpartikel, Infinitivobjekt (mit Ausnahme des letzten Stichus). Inhaltlich kündet die dritte Strophe das Gericht an, das über Babylon
wegen seines stolzen Anspruchs kommen wird.

In der letzten Strophe kehrt der Imperativ-Stil wieder. Dem Imperativ des ersten Stichus (V. 12aα) in der ersten Gruppe von Stichen
entsprechen die Hortative des dritten Stichus (V. 13b). Die zweite
Gruppe von Stichen beginnt mit einem perfectum confidentiae. Beide
Gruppen sind durch das Vorkommen der Wurzel ישע in jedem dritten
Stichus miteinander verbunden (vgl. VV. 13bα.15bγ). Inhaltlich hebt
die Strophe hervor, daß Babylons magische Macht sich als unfähig
erweist, die Stadt vom Untergang zu befreien. Keiner von ihren
Großen vermag sie zu befreien, ja sie selber sind der Vernichtung
ausgeliefert. Babylon, das meinte, niemanden neben sich zu haben,
der ihm an Macht und Größe gleich wäre, hat nun wirklich niemanden
bei sich, der es von seiner Not befreien könnte.

Vorliegende Dichtung ist eine direkte Rede Jahwes an die dem
Gericht verfallene Stadt. Bei den meisten Gerichtsworten gegen
fremde Völker und Städte begegnet die Form der direkten Anrede
nichts; es sind meistens Worte über diese Völker und Städte[160]. Aber
auch in den Worten mit direkter Anrede handelt es sich um Ankündigung des Gerichtes; man vermißt den Imperativ-Stil, durch den
die Absetzung erfolgt. Als einziges Beispiel dafür finden sich die
unechten späteren Worte Jes 23, 12; Jer 46, 19; 48, 18[161] und das
echte Wort Jes 14, 29f. Diese Texte sind nach dem Schema Imperativ-
Satz/כי-Satz aufgebaut, das die erste Strophe der vorliegenden Dich-

---

[160] Vgl. Jes 13, 17-22; 14, 24-26; 15, 1-9; 16, 14; 17, 1-3; 19, 2-4; Jer 46, 3-10;
47, 1-7; 48, 1-5; 49, 1f.17-22.23-27.34-39; 50, 1-5a; Ez 25, 8-10.12-14.15-17; Am 1, 3-2, 6.
[161] Vgl. Sellin-Fohrer, Einleitung, S. 403, 435, 438. Nach Eißfeldt sind Jes 23, 1-4.
12-14 und Jer 46, 14-24 echt, unecht ist aber Jer 48, 18 (vgl. Einleitung, S. 433f, 489).

tung kennzeichnet. Der Imperativ schafft hier eine neue Situation und eine schicksalhafte Wende, der כי-Satz gibt die begründende Erklärung dafür (sie fehlt aber in Jes 23, 12). Man kann nicht klarstellen, ob es sich um eine in sich stehende Form oder vielmehr um das Fragment einer größeren Form handelt. Dieses Schema bildet nur in Jes 14, 29 eine in sich geschlossene Einheit. Das ist zu wenig, um von einer Gattung sprechen zu können. Anderseits ist es auch in Jes 47 nur ein Element im Ganzen des Textes. Dieser umfaßt mehrere Elemente, und zwar außer der direkten Anrede im Imperativ die Vorgeschichte mit der Angabe der Schuld, die Ankündigung des Gerichtes und schließlich den Hinweis auf das restlose, ohnmächtige Ausgeliefertsein des Betreffenden. Es sind lauter Elemente, die einzeln oder zusammen, aber ohne feste Ordnung die alttestamentlichen Gerichtsworte gegen fremde Völker und Städte kennzeichnen. All diese Elemente lassen sich letztlich auf die Elemente der Begründung und Ankündigung reduzieren. Wir können den Urtext von Jes 47 also unter die Gerichtsworte zählen[162] und es tatsächlich als Drohwort kennzeichnen. Damit ist jedoch sein Charakter nicht ganz umrissen.

Bei der Bezeichnung unserer Dichtung als Gerichtswort kommt die feine Ironie, die sie durchzieht, nicht zum Ausdruck. Das jedoch ist ein wesentlicher Zug dieses Textes[163]. Mit Recht spricht man von Spottlied[164], obwohl diese Bezeichnung einerseits den Charakter des Textes als Gerichtswort zu kurz kommen läßt, anderseits mehr den Spott als die Ironie betont. In der Dichtung nämlich beschränkt sich der Redende darauf, festzustellen, wie sich Babylon benommen hat, und daß nun über es Unheil kommen wird (2. und 3. Strophe, 2. Teil der 4. Strophe). Es ist eine sachliche Rede. Die Ironie entsteht aus dem Kontrast zwischen der selbstgenügenden Aussage Babylons „ich und niemand sonst" und der Aussage des Redenden, daß es das über es kommende Unheil nicht zu bannen vermag. Die so sehr gepriesene Macht Babylons wird als Schein hingestellt. Das wird im Folgenden betont, wo der Redende unter Hinweis auf seine Bannkunst dem

---

[162] Bonnard führt aus : „Le genre littéraire de ce chapitre 47 l'apparente aux oracles contre les nations, notamment contre les Chaldéens". Er verweist auf Jes 13f, Jer 50f (vgl. Le Second Isaïe, S. 191). Vgl. Westermann, Das Buch Jesaja, S. 152f.

[163] Nach Volz „Der Ton ist nicht leidenschaftlich und rachsüchtig, sondern eher ironisch und immer würdig" (vgl. Jesaja II, S. 82).

[164] Begrich meint : „47, 1-15 ist wohl zutreffend als ein Spottlied zu bezeichnen, dem Töne des Schelt- und Drohwortes eigen sind" (Studien, S. 50). Vgl. Elliger, Verhältnis, S. 106, und Fohrer, Das Buch Jesaja, Bd. 3, S. 106. Westermann redet von „Völkerspruch" (vgl. Das Buch Jesaja, S. 152f, Sprache und Struktur, S. 154).

Angeredeten sagt: „vielleicht vermagst du (dir) zu nützen, scheuchst du es weg!" Das Ironische schimmert durch in der ersten Strophe mit ihren vielen Imperativen und im ersten Teil der vierten Strophe mit ihrer Aufforderung an die Großen Babylons. Es ist schließlich in den, die ganze Dichtung einschließenden rhetorischen Fragesätzen „wo ist der Thron", „wo ist für dich ein Befreier" zu hören.

Es ist außerdem zu beachten, daß die als Spottlieder bezeichneten Texte keine Worte Jahwes sind, wie es bei vorliegender Dichtung der Fall ist. Die spöttische Verachtung und Verwünschung der Feinde, die jene Texte kennzeichnet, fehlt hier ganz — und sie würde in den Mund Jahwes auch nicht passen. Von feiner Ironie zu reden, scheint in unserem Fall angebrachter zu sein.

Es entsteht nun die Frage nach dem überlieferungsgeschichtlichen Ort der Dichtung. Es stellt sich zunächst heraus, daß sie in einen zu ihr inhaltlich passenden Zusammenhang eingebaut worden ist. Denn in 46, 1f ist vom Zusammenbrechen und vom Unvermögen der Götter Babylons, von ihrem Wandern in die Gefangenschaft die Rede; in 46, 11 spricht Jahwe vom Mann seines Planes und in 48, 14b redet er davon, daß der Geliebte sein Vorhaben an Babel und am Geschlecht der Chaldäer vollstrecken wird; schließlich fordert der Redende von 48, 20 die Israeliten auf, von Babel auszuziehen und aus Chaldäa zu fliehen. Diese Worte erwähnen Babel sozusagen im Vorbeigehen, denn sie sind an die Israeliten gerichtet und künden ihnen Jahwes Heilswillen und Macht. Sie gewinnen aber durch die Hinzufügung von Jes 47 an Aussagekraft; durch die direkte Anrede an Babylon, ihre Absetzung und Verurteilung wird der Wirklichkeitscharakter jener Worte, ihre Aktualität, hervorgehoben. Das Vorhandensein dieser Dichtung mitten unter diesen Worten setzt dann das Vorhandensein von 46, 1-4.5.8a.9-11; 48, 12-15.20f als Sammlung voraus. Genauer: entweder lagen diese Texte als Sammlung bereits vor und die Dichtung wurde später dem Werk Deuterojesajas hinzugefügt oder ihr Autor hat sie im Hinblick auf die Bildung einer Sammlung von deuterojesajanischen „Babel"-Texten verfaßt. Aber eine sicherere Entscheidung darüber können wir erst im Zusammenhang mit der überlieferungsgeschichtlichen Erörterung der gesamten deuterojesajanischen Schrift fällen.

Was wir jetzt noch feststellen können, ist die Tatsache, daß die Dichtung der Botschaft Deuterojesajas nahe steht. Die Anklage gegen Babylons Anspruch, die einzige, unüberwindliche Macht zu sein, erklärt sich als bewußter Kontrapunkt zu der Aussage des Propheten über Jahwes Einzigkeit und souveräne Macht. So kann dieser Befund eher dafür sprechen, daß nicht nur 46, 1-4.5.8a.9-11; 48, 12-15.20f als Einzelsammlung vorlagen, sondern daß auch die übrigen Texte Deuterojesajas — etwa die Texte, die Kap. 41-45 ausmachen — als geschlossenes Korpus, mindestens zum guten Teil, vorhanden waren. Der Verfasser von Kap. 47 kennt auf jeden Fall all diese Texte. Der Gedanke von Jahwes Einzigkeit und Macht zieht sich ja direkt und indirekt durch alle Texte des Propheten.

Es ist zudem nicht ausgeschlossen, daß der Verfasser der Dichtung seinen Text als Pendant zu den Heilsorakeln an Israel gedacht hat. Den personalen Heilsworten an Israel würde dann ein ausführliches Gerichtswort an Babel entsprechen. Das ועתה von 47, 8 wäre in dem Fall keine zufällige Zeitbestimmung, sondern würde mit dem ועתה von 43, 1a; 44, 1 in Beziehung stehen. Und die rhetorische Frage von 47, 15bγ „wo ist für dich ein Befreier" würde an die Aussage Jahwes von 43, 3.11 „ich Jahwe bin dein Befreier"; „außer mir ist kein Befreier" und an die rhetorische Frage von 45, 21bγ „ein gerechter und befreiender Gott, wo ist er neben mir?" anknüpfen. Man kann aber auch einzelne Motive, die in der Dichtung vorkommen, hier und da in den Heilsorakeln finden. Soll Babylon in die Finsternis gehen (47, 5a), so befreit der von Jahwe Berufene die in der Finsternis Sitzenden (42, 7b); wird Israel von der Flamme gerettet (43, 2b), so vermögen die Großen Babylons der Flamme nicht zu entgehen (47, 14aβ); macht der Bogen des Helden Jahwes die Feinde wie Stroh, (41, 2b) so identifiziert 47, 13b-14aα diese Feinde mit den Großen Babylons. Aber vor allem klingt das „ich und niemand sonst" Babylons, das in Sicherheit saß und sicher war und doch sich in der Not nicht zu helfen vermag und niemanden hat, der ihm zur Seite steht, gegenüber dem göttlichen Wort an Israel „ich Jahwe bin mit dir, ich Jahwe erlöse dich" (41, 10a; 43, 1b) in aller Schärfe als leeres Gerede. Dieser Befund dürfte zeigen, daß die Dichtung kein Fremdkörper ist[165], sondern sich gedanklich gut in das Ganze der deuterojesajanischen Schrift einfügt.

Mit ihrem Einbau in das deuterojesajanische Korpus wurde die Dichtung, wie es mit den anderen Texten des Propheten der Fall war,

---

[165] Es ist daher doch zu wenig, wenn sich Mowinckel darauf beschränkt zu sagen, daß 47, 1-15 nach den Beauftragungsorakeln an Kyros und den Unheilsankündigungen an Babel nur sachlich am Platz sei (vgl. Die Komposition des deuterojesajanischen Buches, ZAW 49 1931, S. 102). Bonnard betont: „Ce poème ne constitue donc pas un corps étranger dans le Livre de la Consolation d'Israël" (Le Second Isaïe, S. 191).

vermutlich auch zur Vorlesung in der israelitischen Gemeindeversammlung bestimmt. Man vermißte aber in ihr jeden Hinweis auf
Jahwes Heilstat für Israel. Diesem Anliegen trug die Hinzufügung
von V. 4, und zwar vom Satz „unser Erlöser der Heilige Israels"
Rechnung. Dieser Satz kennzeichnete die Texte 41, 14b; 43, 14a, zum
Teil auch 44, 6a. Zusammen mit V. 4 fügte man aber sehr wahrscheinlich auch V. 3b hinzu. Die Aussage Jahwes, daß er Rache
nimmt, verlieh dem Bekenntnis von V. 4 besonderes Gewicht: die
Erlösungstat Jahwes für Israel ist untrennbar eins mit seiner Gerichtstat gegen die Unterdrücker Israels. Zwar überrascht im Zusammenhang das plötzliche Auftauchen des Suffixes der ersten Person Plural.
Das wird aber verständlich, wenn man in V. 4 ein Bekenntnis der
hörenden Gemeinde sieht. Anderseits besteht bewußt eine stilistische
und inhaltliche Entsprechung zwischen dem Wort Jahwes in der
ersten Person Singular und dem Wort der Israeliten mit dem Suffix
der ersten Person Plural: „Rache nehme ich, auf Menschen stoße ich
(dabei) nicht! — unser Erlöser ist der Heilige Israels!". Die Bearbeiter
der Dichtung haben ihren Text am richtigen Platz zwischen V. 3a
und V. 5a eingesetzt. Denn hier fordert der Redende Babylon auf, in
die Verbannung und in die Gefangenschaft zu gehen. Das bedeutete
zweierlei: Jahwe nimmt an Babylon Rache und befreit dadurch Israel.

In einer weiteren Phase der Bearbeitung kamen vermutlich VV. 8b-
9.12αβ.13a.15abα hinzu. Das Motiv der erfüllten Weiblichkeit und
das Motiv der Mühe von Jugend an um uneingeschränkte magische
Macht kennzeichnen diese Verse. Zu ihnen kann man auch V. 3a
rechnen, da es bei ihm um die Schändung der Weiblichkeit geht.
Auf die gleiche Hand könnte vielleicht auch V. 6bβ wegen des מאד
(vgl. V. 9bγ) zurückgehen. Seinerseits knüpft V. 13bδ wegen seiner
Formulierung als Relativsatz an V. 12αβ an, so daß man ihn derselben
Hand zuschreiben kann. Zu erwägen wäre, ob diese Bearbeitung nicht
im Rahmen einer umfangreichen redaktionellen Arbeit stattgefunden
hat, als etwa 52, 1-2 und 54, 1-17 mit anderen, ihnen eventuell zu-
gehörenden Texten ins Ganze der deuterojesajanischen Schrift eingefügt wurden. Freilich können wir an dieser Stelle das Verhältnis
zwischen Kap. 47 und Kap. 54 nicht klären. Beide Texte haben ge
meinsam die direkte Anrede an eine Stadt, die als weibliche Gestalt
dargestellt wird. Formal gesehen weist der Anfangsteil das gleiche
Aufbauschema auf: Sätze im Imperativ, namentliche Anrede (vgl. 52,
1-2: Jerusalem, du heilige Stadt; du gefangene Tochter Sion) und
der begründende כי-Satz (52, 1bγ; 54, 1bβ). Wir können hier auch

nicht erörtern, wie sich 52, 1-2 zu 54, 1-17 verhält. Wir können nur die Vermutung aussprechen, daß die Dichtung von Jes 47 und die von Jes (52, 1f) 54 aus dem gleichen Kreis stammen, daß sie aber zu verschiedenen Redaktionsphasen in die deuterojesajanische Schrift gelangten. Hatte Jes 47 seinen Platz mitten unter den Babel-Texten gefunden so müßten wir untersuchen, wie sich Kap (52, 1f) 54 überlieferungsgeschichtlich zu den umliegenden Texten verhält. Das würde heißen, daß wir den Komplex Jes 49-55 untersuchen müßten (vgl. 49, 14-23).

Wir müssen uns jetzt damit begnügen, die Vermutung auszusprechen, daß beim Einbau von (52, 1f) 54 auch sonst manches dem deuterojesajanischen Korpus hinzugefügt wurde. In Jes 47 könnten die Hinweise auf die Kinderlosigkeit und Witwenschaft der Stadt Babylon, auf ihre Jugend und ihre magische Kunst bewußt ein Gegensatz zum Kinderreichtum und zum Stand Jerusalems als Gemahlin Jahwes (54, 1-6) bilden wollen. Wenn diese Annahme stimmt, würden die Verse 47, 3a.6bβ.8b-9.12aβ.13a.13bδ.15abα in einem mit Jes (52, 1f)54 hinzugekommen sein. Gleiche Herkunft dürfte die Ergänzung von V. 4 durch den Nominalsatz „Jahwe der Scharen ist sein Name" haben, den wir in 54, 5a neben der Aussage „dein Erlöser: der Heilige Israels" finden.

Einige Unsicherheit bleibt in bezug auf die Frage, wie VV. 2abα.14a und 14b einzuordnen sind. Sie betonen die restlose Erniedrigung Babylons zur Sklavenarbeit einerseits und andererseits die totale Auslieferung ihrer Großen in Verderben und Not, da es ihnen ja sogar das Elementarste fehlt, die Möglichkeit, sich vor dem Feuer zu wärmen. Das könnte gut von dem stammen, der durch V. 3b die Wende in Babylons Schicksal auf die Rache Jahwes zurückführt. Das Anliegen des Interpolators von VV. 3b-4 war aber nur, auf die Heils- und Gerichtstat Jahwes hinzuweisen, wozu ihm diese Verse völlig genügten. So liegt es näher anzunehmen, daß auch VV. 2abα.14a.14b auf den Redaktor von VV. 3a.4aα*.6bβ.8b-9; 12aβ.13a.13bδ.15 zurückgehen. Dieser scheint ohnehin zur anschaulichen und ausführlichen Darstellung zu neigen. In dem Hinweis auf die Not und totale Hilflosigkeit Babylons könnte man ein Kontrastbild zur Tochter Sion sehen, die nun von den Banden ihres Halses befreit wird (52, 2), nicht mehr zuschanden wird und von Jahwe ewige Güte erfährt (54, 4.8). Für VV. 14aα*.14b ist aber nicht auszuschließen, daß es sich um isolierte, anonyme Zusätze handelt.

Vorliegende Dichtung hat im deuterojesajanischen Korpus ihren berechtigten Platz. Ihre Bedeutung besteht darin, daß in ihr indirekt, aber nicht weniger stark noch ein Lobgesang auf Jahwes Einzigkeit erklingt. Sie belehrt, daß menschliche Macht nicht mit göttlicher Macht identifiziert werden kann. Babylon war ja die mächtigste Macht der Welt in jeder Hinsicht; es meinte und man meinte von ihm, es sei das Einzige, es sei göttlich. Aber Gott war nicht bei ihm; er war bei einem unterdrückten Volk und diesem zuliebe machte er die mächtigste Stadt zunichte. Menschliche Sicherheit und Macht erweisen sich als Trug, wenn sie sich als Zeichen göttlicher Gegenwart und Macht verstehen.

Das bedeutet auch, daß sich menschliche Macht nicht losgelöst vom dialogischen Verhältnis zu Gott verstehen darf. Vorliegende Dichtung ist ohne Zweifel aus einem tiefen Nachdenken über Israels und Babylons Schicksal erwachsen. Man sah die Schuld Israels, die in der Dichtung freilich nicht näher umrissen wird, darin, daß sich Israel von Jahwe in geistiger und politischer Hinsicht hat verselbständigen wollen; deswegen mußte es Jahwes Zorn über sich ergehen lassen. Babylons Schuld ist die gleiche gewesen: es hat sich zu Gott gemacht, statt ihm zu dienen. Aber Gott ist nur einer: Mensch und Staat haben Sinn und können nur bestehen, wenn sie Jahwe als den Einzigen erkennen und anerkennen und sich im Gegenüber zu ihm verstehen.

Zusammenfassung der Analyse von 44, 24-47, 15

Echt deuterojesajanisch sind folgende Einheiten:

1) 45, 1aα(ohne לכורש).1aβ.1b-3a.3b(ohne הקורא בשמך).4b.5aα.5b.6a
2) 45, 11a.12a.12b(ohne ידי und mit dem Verb in der ersten Person Singular). 13abα
3) 45, 18aα (nur die Botenformel).18b-19
4) 45, 20a.21
5) 46, 1-4
6) 46, 5.8a.9-11.

Das vorgegebene Material ist zur Jetzt-Gestalt des Komplexes 44, 24-46, 13 durch verschiedene redaktionelle Eingriffe gelangt. Folgende Punkte stellen die einzelnen Etappen dieses Wachsens dar:

1) Auf Deuterojesaja geht die Zusammensetzung von 45, 18aα.18b-19.20a.21; 46, 1-4.5.8a.9-11 (48, 1-21*) zurück.
2) Die lose Einheit 45, 11a.12-13bα* wird nachträglich durch 45, 16f ergänzt.
3) Die Einheit 45, 11a.12-13bα*.16-17 wird aufgenommen und dem Komplex 1) vorangestellt.

4) Die Einheit 45, 1-3b*.4b-6a* wird durch das redaktionelle 44, 24-26a.26bαγ. 27-28a; 45, 6b-7.8 umrahmt und durch לכורש in 45, 1aα, ferner durch 45, 5aß ergänzt. Der daraus resultierende Text sollte als Einleitung zum Komplex 45, 11a.12-13bα.16f; 45, 18aα*.18b-19.20a-21; 46, 1-4.5.8a.9-11; (48, 1-21*) dienen. Zu dieser Etappe der Überlieferung gehört auch der Einbau von Kap. 47 (siehe unten), das an 46, 1-4.5.8a.9-11 angehängt wurde; dabei diente 46, 12f als Brücke.

5) Dieser Kyros-Komplex, und zwar der Text 45, 11a.12-13bα.16-17 einerseits und der Text 45, 1-3b.4b-6a (6b-8) anderseits, wird stufenweise ergänzt durch 45, 13bß.14 (ohne בזקים יעברו).18aα*; 45, 18aßγ.22-24a und durch 45, 9-10. 11b.15.24b-25. Diese Zusätze heben je in ihrer Weise die universale Tragweite des Heilswerkes hervor. Die Änderung in 45, 12b hängt mit dem Einbau von 45, 9-10 zusammen.

6) Aus der Verkopplung von 44, 24-47, 15 (48, 1-21*) mit 42, 18-44, 23 stammen הקורא בשמך in 45, 3b und 45, 4a (jeweils aus 43, 1bß und 43, 20bγ; 44, 1. 2b.21a), ferner בזקים יעברו in 45, 14a (vgl. 43, 3b-4).

7) Kultisch orientierten Charakters sind die späteren Zusätze 44, 26bß und 44, 28b.

Im Rahmen einer Bearbeitung der gesamten Schrift Deuterojesajas, die ihre Spuren in 40, 18-20; 41, 6f; 44, 14-18a.19.20bα; 48, 5.6aα.7b hinterlassen hat, wurden noch später 45, 20b; 46, 6f hinzugefügt.

Gattungsmäßig liegt in 44, 24-28 eine responsoriale Liturgie mit einer Selbstprädikation Jahwes und einer darauf folgenden Antwort der Gemeinde vor. Als ein Orakel an Kyros mit dem Selbsterweis Jahwes ist 45, 1-6a anzusehen. In 45, 8 liegt weder ein eschatologisches Loblied noch ein imperativischer Hymnus, sondern ein Ausführungswort Jahwes vor. In 45, 11a.12-13bα* haben wir es mit einem Offenbarungswort Jahwes zu tun. Aus einer Reflexion eschatologischer Art dürfte 45, 14 stammen; 45, 9f.11b passen ihrerseits gut in den Rahmen einer Paränese. Je in ihrer Weise haben ihren Sitz im Leben in der versammelten Gemeinde das Bekenntnis 45, 15 und 45, 16f. Im Anschluß an 45, 11a.12-13bα* ist 45, 18b-19 als ein Wort des Selbsterweises zu einem Offenbarungswort Jahwes zu betrachten. In 45, 20a.21 finden wir eine kleine Gerichtsrede, in 45, 22-24a eine Ermahnung aufgrund eines göttlichen Heilswortes, in 45, 24b-25 schließlich eine Art Fluchwort, das mit einem Heilswort allgemeinen Charakters verbunden steht. In 46, 1-4 liegt verbunden mit einem Selbsterweiswort ein Heilswort vor, dessen Mitte Jahwes Selbstprädikation ist. Das Selbsterweiswort bildet den Kern auch von 45, 5.8a.9-11. Um ein allgemeines Mahn- und Heilswort handelt es sich in 46, 12f.

Die Analyse des unechten Kap. 47 ergab eine Urschicht, die VV. 1.2bß.5-6abα.7-8a.10-11.12aα.12b.13b(ohne מאשר יבאו עליך).14a (ohne הנה und אש שרפתם).15bßγ umfaßt. Beim Einbau dieses Textes in die deuterojesajanische Schrift kamen hinzu VV. 3b-4 (ohne den Satz „Jahwe der Heerscharen ist sein Name"). Einer weiteren Bearbeitung des Textes sind zu verdanken VV. 3a.8b-9.12aβ.13a.13bδ.15abα und vielleicht auch V. 2abα und 6bβ, ferner die Ergänzung von V. 4 durch den Satz „Jahwe der Heerscharen ist sein Name". Ob diese Bearbeitung mit dem Einbau von Jes 52, 1f und Jes 54 in die deuterojesajanische Schrift zusammenhängt, bleibt unsicher. Als spätere Nachträge sind V. 14aα, und zwar הנה und אש שרפתם, ferner V. 14b, zu betrachten.

Gattungsmäßig ist der Urtext von Kap. 47 als ein Drohwort zu bestimmen.

B. *Jes 48, 1-22*

1) 48, 1-11

V. 1   Höret dies, Haus Jakobs,
       Ihr, die mit Israels Namen Gerufenen — sie kamen ja aus den Wassern Judas —,
       Ihr, die beim Namen Jahwes Schwörenden — sie gedenken ja des Gottes Israels,
       nicht in Treuen und nicht in Wahrhaftigkeit.

V. 2   Siehe, nach der Stadt des Heiligtums werden sie gerufen
       und auf Israels Gott stützen sie sich, Jahwe der Scharen ist sein Name.

V. 3   Das Frühere : von jeher habe ich es angemeldet; aus meinem Mund fuhr es und ich ließ es hören.
       Plötzlich tat ich es, und es kam.

V. 4   Aus meinem Wissen her, daß du hart bist,
       eine Eisensehne dein Nacken, deine Stirn Erz,

V. 5   habe ich es dir von jeher angemeldet; bevor es kam, ließ ich dich es hören,
       ob du etwa sprechen würdest : „Mein Schnitzbild hat es getan, mein Gemeißeltes, mein Gegossenes es befohlen?"

V. 6   Du hast gehört : schaue es alles. Ihr aber, wollt ihr es nicht weiter melden?
       Ich lasse dich Neues hören von jetzt an und Verwahrtes — du kennst es ja nicht.

V. 7   Jetzt ist es geschaffen und nicht von jeher; und vor heute, da hörtest du es nicht.
       Ob du etwa sprechen würdest : „Siehe, ich habe es gewußt!"?

V. 8   Nichts doch hast du gehört, nichts hast du gewußt, von jeher war dein Ohr gar nicht geöffnet!
       So, ich weiß : treulos, treulos bist du, Abtrünniger vom Schoß auf bist du gerufen!

V. 9   Um meines Namens willen halte ich hin meinen Zorn, um meines
        Ruhmes willen zäume ich ihn gegen dich, daß ich dich nicht aus-
        rotte.
V. 10   Siehe, ich habe dich geschmolzen, aber nicht zu Silbergewinn, dich
        geprüft im Ofen des Elends.
V. 11   Um meinet —, meinetwillen werde ich es tun, ja, was wäre es für ein
        Warten?
        Meine Ehre gebe ich nicht einem anderen!

a) *Zur Einteilung und zur Übersetzung*

Der Abschnitt 48, 1-11 hebt sich vom folgenden Abschnitt 48, 12-16a
wegen des verschiedenen Ansatzes ab: die Anrede ist in der zweiten
Person Plural, das Verb regiert das Objekt זאת und die Angeredeten
heißen ,,Haus Jakobs''; 48, 12 formuliert im Singular, dem Verb folgt
die nähere Bestimmung אלי, der Angeredete ist Jakob und Israel.
Inhaltlich kreist 48, 1-11 um die Ankündigung des Früheren und des
Neuen durch Jahwe; in 48, 12-16 klingt durch das göttliche אני eine
doppelte Selbstaussage Jahwes (VV. 12b.15), was den Text auch
formal prägt. Zu beachten ist aber, daß 48, 16aα das שמעו זאת aufnimmt und mit ihm eine Inklusion bildet.

V. 1

Der Artikel wird in 48, 1 wie bereits in 46, 3b im Anruf verwendet,
was seinen ursprünglichen Sinn als deiktisches Element ,,da!'' bestätigt[166]. Man könnte übersetzen: ,,Höret dies … ihr Gerufene mit
Israels Namen da!'' oder auch: ,,Höret dies … o Gerufene …''.

V. 8

Zu beachten ist das Waw (ā) zu Beginn von V. 5: es bezeichnet eine
Begleithandlung zum vorhergehenden Infinitiv מדעתי[167]. Als rhetorische Fragepartikel wurde פן verstanden und dementsprechend mit
,,dann etwa'' bzw. ,,ob etwa'' übersetzt[168].

VV. 6-9

In V. 6 wurde das ansetzende Perfekt als perfectum confidentiae
aufgefaßt und im Präsens wiedergegeben. In V. 8a begegnet die Konjunktion גם. Das lautliche Demonstrativelement g, das den Ort des

---

[166] Vgl. Christian, Untersuchungen, S. 48f.
[167] Vgl. Christian, ebd., S. 62f.
[168] Vgl. Christian, ebd., S. 194f.

Beobachtenden, das Hier bezeichnet[169], könnte im vorliegenden Text als verstärkendes Element verstanden werden: „so ists!" Den Text hätte man übersetzen können: „Das hast du: nicht gehört! ...". Die Übersetzung von V. 9aβ richtet sich nach dem Modell von V. 9aα, so regiert למען auch תהלתי, so regiert das Verb אחטם ein nicht geschriebenes אפי.

VV. 10-11

Nicht klar ist der Ausdruck von V. 10a לא בכסף. Der gleiche Satzbau von V. 10a und V. 10b spricht für die inhaltliche Parallelität dieses Ausdrucks mit dem entsprechenden Ausdruck בכור עני. Ist hier vom Ofen des Elends die Rede, also von etwas Läuterndem, dann vermuten wir, daß das Silber von V. 10a das Resultat dieser läuternden Handlung bezeichnet: aus der Läuterung des Betreffenden ist kein „Silber" gewonnen worden, wie Buber übersetzt[170]. Jahwes Strafe ist erfolglos geblieben. In gleicher Weise versteht es Fohrer[171]. Zum Adverb איך vergleiche man die Beobachtung Christians, der es rhetorisch versteht[172]. Das ansetzende Waw in V. 11b dürfte dem Sinn nach eine Folgerung aus dem Satz V. 11aα einführen: Jahwe handelt seinetwegen, so daß er seine Ehre niemandem gibt.

b) *Literarkritik*

V. 1

Als regens von זאת begegnet das Verb שמע bei Deuterojesaja sonst nur in 48, 16a; 51, 21, denn 47, 8 ist ja sekundär. Viermal verwendet er aber שמע mit der pronominalen Bestimmung אלי, siehe 46, 3 (46, 12 ist sekundär); 48, 12; 51, 1.7. Auch die Anrede בית יעקב ist bei ihm nicht geläufig, denn sie kommt wieder nur in 46, 3 vor. Die Niphalform von קרא verbunden mit der Bildung בשם fand man schon in 43, 7. In 48, 2a begegnet die gleiche Niphalform mit der Präposition מן. Zu beachten ist, daß 48, 1 und 46, 3 gleich konstruiert sind; der Imperativ שמעו, die Anrede בית יעקב und dann die mit Artikel ver-

---

[169] Vgl. Christian, ebd., S. 33, 194.

[170] Vgl. Buber, Bücher der Kündung, S. 154.

[171] Vgl. Fohrer, Das Buch Jesaja, Bd. 3, S. 114, Knight, Deutero-Isaiah, S. 169, North, The Second Isaiah, S. 179, Volz, Jesaja II, S. 86.

[172] Vgl. Christian, Untersuchungen, S. 184. Buber übersetzt: „ja, wie würde das preisgegeben!" (vgl. Bücher der Kündung, S. 154), wobei das Subjekt nicht der „Name" von v.9a wäre (vgl. Schoors, I am God your Saviour, S. 290), sondern das Handeln Jahwes, von dem in v.11aα die Rede ist.

sehenen partizipialen Appositionen. Einmalig ist im ganzen AT der Ausdruck ממי יהודה יצא ; in 65, 9 begegnet das Verb יצא in Hiphilform direkt mit מיהודה verbunden, sonst ist der Ausdruck יצא ממעים geläufiger[173]. Außer an der sekundären Stelle 45, 23 kommt die Niphalform von שבע in der deuterojesajanischen Schrift nicht vor. Der Ausdruck „beim Namen Jahwes schwören" bzw. „bei meinem Namen schwören" war aber geläufig[174]. Nach Jos 23, 7; Am 6, 10; Ps 20, 8 scheint der Ausdruck הזכיר בשם אלהים (bzw. יהוה) eine festgeprägte Formel zu sein, so ist V. 1bβ durch das בשם von V. 1bα zu ergänzen: des Namens des Gottes Israels gedenken.

V. 1bαβ dürfte nicht echt sein. Denn es ist nicht üblich bei Deuterojesaja, auf den Kult anzuspielen. Religiöse und kultische Praxis sind nicht Gegenstand seiner Predigt. In V. 1bαβ hat man vermutlich mit einer nachträglichen Ergänzung zu tun. Das wird von der formalen Tatsache bestätigt, daß Deuterojesaja die Einleitungen zu den Worten Jahwes nie überfüllt und ausdehnt, sich höchstens auf zwei Appositionen beschränkt. Dazu genügen die zwei Halbstiche von V. 1aβγ vollkommen. Zu V. 1bγ ist zu bemerken, daß Deuterojesaja den Begriff צדקה nicht auf das Verhalten der Israeliten bezieht, ihn also nicht in moralischem Sinn versteht; er verwendet ihn vielmehr in theologischem Sinn und bezieht ihn auf das von Jahwe geschaffene Heil, siehe 45, 8; 51, 8. In V. 1bγ liegt ferner ein moralisches Urteil vor; nun wissen wir aus den übrigen Worten des Propheten, daß es nicht zu seiner Sendung gehörte, Israel zu verurteilen und zurechtzuweisen. Es ist also zweifelhaft, ob V. 1bγ echt ist. Durch V. 1bγ wird das kultische Gedenken Jahwes, wie es die Israeliten praktizierten, in Frage gestellt. Der Hinweis, daß es nicht in Treue und Wahrhaftigkeit geschieht, spielt vermutlich auf Israels Verunreinigung durch den Götterkult an, von dem im Folgenden noch die Rede ist. V. 1bγ geht also wahrscheinlich auf einen Interpolator zurück, der diesen Zustand unterstreichen und abstempeln wollte[175].

---

[173] Vgl. Gen 15, 4; 2Sam 7, 12; 16, 11.

[174] Vgl. Lev 19, 12; Dt 6, 13; Jer 12, 16; 44, 26; Sa 5, 4.

[175] Elliger hält nur v.1bγ für sekundär und schreibt ihn Tritojesaja zu; er bemerkt aber, daß das Schwören bei Jahwe gut auf Tritojesaja hinweisen könnte (vgl. Verhältnis, S. 189). Westermann hält nur v.1bγ für sekundär (vgl. Jesaja 48, S. 359, Das Buch Jesaja, S. 160). Köhler (Deuterojesaja stilkritisch untersucht, S. 34) und Schoors (I am God your Saviour, S. 285f) streichen außer v.1bγ auch v.1aγ. Marti hält den ganzen v.1b zusammen mit v.1aβγ für sekundär (Das Buch jesaja, S. 321). Begrich ist der Meinung, daß der ursprüngliche Text von v.1f nicht zu eruieren ist (vgl. Studien, S. 172).

V. 2

Die Konstruktion der Niphalform von קרא mit der Präposition מן begegnet im AT nicht mehr. Die Bildung עיר הקדש kommt innerhalb von Jes 40-53 wieder in 52, 1 vor, sie begegnet sonst in Ne 11, 1.18. Auch der Ausdruck „sich auf Israels Gott stützen" kommt in dieser Schrift nicht mehr vor; im Ps 71, 6 bekennt der Beter: „Auf dich habe ich mich vom Mutterleib an gestützt", wobei immer die Niphalform von סמך mit der Präposition על gebraucht wird. Die Formel „Jahwe der Scharen ist sein Name" wird von Deuterojesaja nicht gebraucht, sie findet sich an den sekundären Stellen 47, 4; 51, 15, vgl. noch 54, 5. Diese Formel wie auch die Erwähnung der „Stadt des Heiligtums" könnten ein Hinweis darauf sein, daß auch in V. 2 an den Kult gedacht wird. Eine Bestätigung dafür könnte man in der Stellung von V. 2 sehen: zusammen mit V. 1bαβ umrahmt er die mittlere Bemerkung V. 1bγ; es sind lauter positive Sätze, in deren Mitte eine negative Aussage steht. V. 2 wäre dann dem Interpolator von V. 1bαβ zuzuschreiben. Für die Zusammengehörigkeit von VV. 1b.2 würde der chiastische Aufbau sprechen: בשם יהוה entspricht die Formel יהוה צבאות שמו (שמו/בשם), dem בהלהי ישראל entspricht das על־הלהי ישראל. Durch den wiederholten Hinweis auf die religiöse und kultische Praxis der Israeliten wollte der Bearbeiter auf die Kraft von Jahwes Namen aufmerksam machen[176]. Ein anderes Anliegen verrät V. 1bγ. Hier war vermutlich doch eine andere Hand am Werk. Durch Einbau von V. 1bγ in diesem Kontext wollte der jeweilige Interpolator die Tatsache der Untreue und Unwahrhaftigkeit Israels stärker hervorheben.

V. 3

Verbunden mit dem Verb הגיד und mit Artikel versehen begegnet ראשנות in 41, 22b; regiert vom Verb השמיע ist es in 43, 9a belegt. Im Zusammenhang mit beiden Verben findet sich der adverbielle Ausdruck מאז in 44, 8; 45, 21b. Die Bildung מפי יצא begegnet sonst nur an der sekundären Stelle 45, 23. In bezug auf das Subjekt (Plural Feminin-Neutrum) hätte man hier תצאנה statt יצאו erwartet, siehe in V. 3b תבאנה. Diese Form ist in Am 4, 3 belegt. Das Verb עשה wird in

---

[176] Duhm (Das Buch Jesaja, S. 333) und Marti (Das Buch Jesaja, S. 321) halten v.2 für unecht; das gleiche meint Schoors (I am God your Saviour, S. 286). Elliger führt v.2 auf Tritojesaja zurück (Verhältnis, S. 189-191). Für Volz ist nur v.2 unecht, v.1bγ aber echt (vgl. Jesaja II, S. 86). Westermann bezeichnet v.2 als echt (vgl. Jesaja 48, S. 358f).

V. 3b ohne direktes Objekt konstruiert, es kann sich aber auf הראשנות beziehen, was vom folgenden Verb ותבאנה (dritte Person Plural Femi- nin) bestätigt wird. עשה wird absolut gebraucht in 44, 23a; 48, 11a und vielleicht auch 46, 4b. Der Vers als Ganzes erweist sich als gut deuterojesajanisch[177]. Mit ihm beginnt das Wort, das das Haus Jakobs anzuhören hat[178].

V. 4

V. 4a überrascht uns zunächst wegen seiner Formulierung mit verbum finitum — der Satz V. 4 ist im vorliegenden Text auf den Satz V. 5 hingeordnet. Dieses syntaktische Verfahren gehört nicht zum Stil Deuterojesajas. Dann überrascht uns sein anklagender Ton[179]. Abgesehen davon, daß die Anklage gegen Israel in der Predigt des Propheten keinen Platz hat — wenn sie einmal anzuklingen scheint wie etwa in 42, 19a.20 (vgl. 43, 8), so handelt es sich in Wirklichkeit um ein Mahnwort zur Umkehr —, fragt es sich, was eine solche Anklage im vorliegenden Zusammenhang eigentlich soll. Der Text spricht ja davon, daß Jahwe das Frühere vorhergesagt und bewirkt hat und nun Neues ankündigt und schafft. Die Texte, wo vom Vor- hersagen Jahwes bzw. von seinem neuen Eingreifen die Rede ist, weisen keinen Bezug auf Israels Hartnäckigkeit auf[180], sie stellen es betont als Adressat der göttlichen Ankündigung hin, siehe 41, 27; 42, 9; der Ton liegt gegebenenfalls auf der Polemik gegen die Götter und Götzen[181] und auf Israel als Zeugen für Jahwes Wahrhaftigkeit, siehe 43, 10; 44, 8; dieses Volk wird sogar Jahwes Ruhm verkünden siehe 43, 21. Im Zusammenhang mit dem Thema vom Früheren und Neuen spricht also der Prophet kein polemisches Wort gegen sein Volk. Warum hätte er es an dieser Stelle getan? Im Kontext, etwa 48, 12-16a und, wenn man will, 46, 1-4.9-11, läßt sich keine solche Polemik erkennen oder begründen. Wir haben es hier also vermutlich mit einer Ergänzung zum deuterojesajanischen Urtext zu tun[182].

---

[177] So auch Elliger (ebd., S. 191) und Westermann (Jesaja 48, S. 358).

[178] Westermann bemerkt: „Das in 1a angekündigte Wort beginnt in 3; es ist in zwei Teile gegliedert: 3-6a...6b-11...'' (Jesaja 48, S. 358).

[179] Zu vv.4.5b hebt Westermann hervor: „Es ist die Sprache der Anklage gegen Israel, wie wir sie aus Ex 32, 9; Dt 9, 6.27; Jer 3, 3; Hes 3, 7 kennen'' (Das Buch Jesaja, S. 161).

[180] Vgl. 42, 9; 43, 18-21; 44, 8; 46, 9-11.

[181] Vgl. 41, 26-29; 43, 9.12; 44, 7.

[182] So auch Duhm, Das Buch Jesaja, S. 333, Elliger, Verhältnis, S. 191f, Fohrer, Das Buch Jesaja, Bd. 3, S. 112, Marti, Das Buch Jesaja, S. 321f, Köhler, Deuterojesaja

V. 5

Aber mit V. 4 fällt auch V. 5 aus, der im vorliegenden Text syntaktisch und inhaltlich mit ihm eng verbunden ist. Aber V. 5a könnte sich über V. 4 hinaus direkt an V. 3 anschließen, es wäre freilich inhaltlich eine Wiederholung von V. 3a. Zu beachten ist der Doppelsatz V. 5aβ, der 42, 9bβ fast wörtlich wiedergibt. Im Unterschied zu V. 3aβ regiert hier das Verb השמיע das Suffix der zweiten Person Singular als logisches Subjekt, in V. 3aβ regiert es das Suffix der dritten Person Plural als Objekt. Es bleibt aber unerklärlich, warum das Verb des Präpositionalsatzes in der dritten Person Singular Feminin und nicht im Plural wie in V. 3b formuliert ist, zumal in V. 5b wieder die Suffixe der dritten Person Plural wie oben in V. 3aβ auftauchen[183]. Ungebräuchlich ist bei Deuterojesaja die rhetorische Partikel פן. Das Wort עצב kommt im AT nicht mehr vor; das Verb צוה findet sich sonst innerhalb von Jes 40-53 an der sekundären Stelle 45, 11b. Erweist sich V. 5 als sekundär[184], so bleibt offen, ob er auf den Interpolator von V. 4 zurückgeht. V. 5 schließt sich terminologisch viel stärker als V. 4 an die Vorlage an. Seine Aussage setzt ferner die Aussage von V. 4 nicht notwendig voraus.

V. 6

In V. 6a stehen nebeneinander Du- und Ihr-Stil. Das Du von שמעת schließt sich gut an das Du von V. 4f an, weniger gut aber an das Ihr des Urtextes V. 1a. Zwar fährt V. 6b im Du-Stil fort, aber V. 6b bildet einen neuen inhaltlichen Anfang, insofern hier Jahwe das Neue ankündigt. Der Stilwechsel kann damit zusammenhängen. Vor diesem neuen Ansatz hat ein Stilwechsel keinen richtigen Grund. V. 6aα geht vermutlich entweder auf den Interpolator von V. 4 oder auf den von V. 5 zurück. Eine Bestätigung seiner Unechtheit finden wir im Stil des Imperativ-Satzes חזה כלה : solche verallgemeinernde Formulierungen mit כל sind Deuterojesaja nicht eigen. Inhaltlich würde die

---

stilkritisch untersucht, S. 34, Schoors, I am God your Saviour, S. 287f, und Westermann, Jesaja 48, S. 359f.

[183] Das Personalpronomen der dritten Person war ursprünglich ein Dual und bezog sich auf Maskulin und Feminin, vgl. Christian, Untersuchungen, S. 39f.

[184] Bezüglich der Herkunft von v.5b schwankt Elliger ein wenig; er schreibt ihn dann aber Tritojesaja zu (vgl. Verhältnis, S. 192). Westermann hält ihn für einen Zusatz (vgl. Jesaja 48, S. 359, 360 Anm. 1, Das Buch Jesaja, S. 159-161). Duhm (Das Buch Jesaja, S. 333) und Marti (Das Buch Jesaja, S. 321f) halten ihn für eine Glosse. Für die Echtheit spricht sich neuerdings Schoors aus (vgl. I am God your Saviour, S. 287).

Ermahnung „schaue es alles" gut zur Hand des Interpolators von
V. 4 passen; er läßt den ermahnen, der hartnäckig ist. Der rhetorische
Stil von V. 6aα spricht aber auch für den Interpolator von V. 5 (7b).
Er hat damit ein Bindeglied zum Urtext schaffen wollen, u.a. auch
zum rhythmischen Ausgleich. Am besten schreibt man V. 6aα ihm
zu. Für den Urtext bleibt V. 6aβ übrig: er schließt sich direkt an
V. 3b an. Die Hiphilform von נגד im Ihr-Stil mit den Israeliten als
logisches Subjekt begegnet nochmal in 48, 20a. Durch die Frage „wollt
ihr nicht verkünden?" dürfte Jahwe die Angeredeten dazu auffordern,
Zeugnis für ihn als den einzigen Gott aufgrund seines Vorhersagens
und Tuns abzulegen (vgl. 43, 10a.11f; 44, 8). Eine ähnliche Frage ist
in 43, 19 zu lesen.

Die Verbindung zwischen השמיע und חדשות in V. 6b kennen wir
bereits aus 42, 9. Inhaltlich ist 43, 19 zu vergleichen. Einmalig ist die
Form נצרות, auch wenn Deuterojesaja das Verb נצר in einem anderen
Zusammenhang gebraucht, siehe 42, 6b; 49, 6a.8b.

V. 7

An betonter Stelle steht in V. 7 das Adverb עתה; es steht betont
vor dem Verb auch in 43, 19a. Die Niphalform von ברא kommt bei
unserem Propheten nicht mehr vor, aber er bezieht ברא zweimal auf
das Eingreifen Jahwes in die Schöpfung im Hinblick auf das Heil,
siehe 41, 20; 45, 8. Einmalig ist bei ihm schließlich der Ausdruck
לפני־יום. Das Verb שמע bildet in VV. 6b-7a eine Inklusion. In V. 7b
begegnet wieder der rhetorische Fragesatz mit פן. Wie der rhetorische
Satz V. 5b sich auf die Ankündigung und Verwirklichung der הראשנות
bezieht, so bezieht sich der Fragesatz V. 7 auf die Ankündigung und
Erschaffung der חדשות. Das Anliegen des Interpolators, Israel vor
Eigensinn zu schützen, kommt auch hier zum Ausdruck[185]. Was die
Formulierung angeht, so regiert das Verb hier das Suffix der dritten
Person Plural Feminin und nicht wie VV. 6b.7a und darüber hinaus
VV. 3a.5b das entsprechende maskuline Suffix. Vielleicht waren beide
Formen untereinander austauschbar.

---

[185] V.7b wird allgemein als sekundär angesehen, vgl. Duhm, ebd., S. 334, Elliger,
ebd., S. 193, Marti, ebd., S. 323, Schoors, ebd., S. 288, und Westermann, Jesaja 48,
S. 359f.

V. 8

Auf einen Interpolator dürfte auch V. 8 zurückgehen. Er faßt hier das bereits in VV. 6b-7 Gesagte zusammen, und durch das dreimal wiederholte גם hebt er es hervor. Die Unechtheit von V. 8, und zwar auch von V. 8a[186], geht ferner daraus hervor, daß in ihm das Nicht-gehört- und das Nicht-gewußt-Haben als eine Schuld angesehen wird, was der Ausdruck „dein Ohr war nicht geöffnet" nahelegt. Im Gegensatz dazu wird das Nicht-gewußt- und das Nicht-gehört-Haben von VV. 6b-7a als nüchterne Tatsache und nicht als Folge schuldhaften Verhaltens hingestellt. Dieser Befund spricht für die Herkunft dieses Verses vom Interpolator von V. 4. Zum Wortschatz ist zu bemerken, daß das Verb בגד innerhalb von Jes 40-53 nicht weiter belegt ist und die Bezeichnung פשע nur an den sekundären Stellen 43, 27; 46, 8b vorkommt (vgl. sonst 53, 12). Die Pualform von קרא könnte aus 48, 12a übernommen worden sein, wo sie freilich zu einer partizipialen Bezeichnung erstarrt ist. Bei Deuterojesaja findet sich dann keine Wiederholung des גם[187].

V. 9

Der Ausdruck למען שמי ist im Buch Jesaja sonst nur in 66, 5 belegt[188]. Zu beachten ist, daß Deuterojesaja sehr selten Jahwes Handeln begründet, wenn er es tut, dann konstruiert er למען mit dem verbum finitum, siehe 41, 20a; 45, 3b.6a[189]. Die einzige Stelle, da der Prophet למען ohne Verb, aber mit dem Suffix der ersten Person Singular konstruiert, ist 48, 11. Das zweimalige Vorkommen von למעני gibt diesem Vers eine besondere Prägung. Einmalig innerhalb von Jes 40-53 sind die Verben חטם und כרת, ארך begegnet nur in 53, 10, aber in einem anderen Sinnzusammenhang. Der Ausdruck האריך אף ist sonst nur in Spr 19, 11 belegt. Deuterojesaja gebraucht sonst לבלתי nie. Inhaltlich liegt in V. 9 ein Heilswort vor. Dieses ist aber nicht leicht in den Kontext einzuordnen. Vom Urtext aus gesehen kann man schwer in ihm das Neue, was Jahwe tut, sehen. V. 9 sagt letztlich nur, was nicht geschehen wird — daß Jahwe Israel schlägt —,

---

[186] Für die Echtheit von v.8a sprechen sich aus Duhm, ebd., S. 335, Elliger, ebd., S. 193-195, Marti, ebd., S. 322f, Schoors, ebd., S. 287-289, und Westermann, Jesaja 48, S. 359-361, Das Buch Jesaja, S. 159-161.

[187] Vgl. 40, 24; 43, 13; 49, 15.25.

[188] Vgl. sonst 1Kön 8, 41; Jer 14, 7.21; Ez 20, 9.14.22.44; Ps 23, 3; 25, 11; 31, 4; 79, 9; 106, 8; 109, 21; 143, 11; 2Chr 6, 32.

[189] 42, 21; 43, 10b.25f; 44, 9; 45, 4a; 49, 7b erwiesen sich als sekundär.

aber Deuterojesaja führt immer ganz genau an, worin das Neue bzw. die Heilstat Jahwes besteht[190]. Vermutlich ist auch V. 9 sekundärer Herkunft[191].

V. 10

Er schließt sich inhaltlich gut an VV. 8-9 an. V. 9 spricht in die Gegenwart und nähere Zukunft hinein, V. 10 denkt an die bereits angerichtete Bestrafung und will vielleicht damit die Aussage von V. 9, daß Jahwe seinen Zorn zurückhält, relativieren. Die Wörter von V. 10 gehören nicht zum Wortschatz Deuterojesajas: צרף kommt an der sekundären Stelle 40, 19 vor: כסף findet sich auch an sekundären Stellen, siehe 40, 19; 43, 24; 53, 3; כור und עני sind nicht weiter belegt; die Bildung כור עני sowie das Verb בחר im Sinne von „prüfen" begegnen im AT nicht mehr wieder.

V. 11

Fallen VV. 7b-10 als unecht aus, so schließt sich V. 11 direkt an V. 7a an[192]. Das Verb אעשׂה bezieht sich also auf das Neue, das Jahwe jetzt schafft. V. 11a würde dann V. 3b entsprechen, wo das Verb עשׂיתי vorkommt und sich auf das Frühere bezieht. Dem „plötzlich" von V. 3b würde dann der Fragesatz „was wäre es für ein Warten?" entsprechen.

Jahwe würde sagen: „Um meinetwillen tue ich es und warte nicht!", „ich gebe nicht preis, es um meinetwillen zu tun". In diesem Sinn können wir V. 11aβ für ursprünglich halten[193], zumal Deuterojesaja Fragesätze und rhetorische Fragepartikel gern gebraucht. V. 11b übernimmt wörtlich den Satz 42, 8bα. Nach alldem ergibt sich als Urtext:

V. 1aα　　Höret dies, Haus Jakobs,
V. 1aβγ　 Ihr, die mit Israels Namen Gerufenen — sie kamen ja aus den Wassern Judas!

---

[190] Vgl. 43, 19a.20b; 45, 13; 46, 11; 48, 14b. Vgl. auch 42, 6f; 43, 5; 49, 8f.

[191] Vv.8b-10 gelten allgemein als Zusatz, vgl. Duhm, Das Buch Jesaja, S. 335, Köhler, Deuterojesaja stilkritisch untersucht, S. 34, Marti, Das Buch Jesaja, S. 321, 323, Schoors, I am God your Saviour, S. 288f, Westermann, Jesaja 48, S. 359-361, Das Buch Jesaja, S. 159-161. Elliger führt diese Verse zusammen mit vv.1bγ.2.4.5b auf Tritojesaja zurück (Vgl. Verhältnis, S. 194f).

[192] So auch Westermann, Das Buch Jesaja, S. 161.

[193] Gegen die meisten Ausleger, vgl. Duhm, ebd., S. 336, Elliger, ebd., S. 185, 194, Köhler, ebd., S. 34, Marti, ebd., S. 323, Schoors, ebd., S. 290, und Westermann, Jesaja 48, S. 360, Das Buch Jesaja, S. 161.

V. 3a	Das Frühere: von jeher habe ich es angemeldet; aus meinem Mund kam es und ich ließ es hören.
VV. 3b.6aβ	Plötzlich tat ich es und es kam. Ihr aber, wollt ihr es nicht weitermelden?
V. 6b	Ich lasse dich Neues hören von jetzt an und Verwahrtes — du kennst es ja nicht.
V. 7a	Jetzt ist es geschaffen und nicht von jeher; und vor heute, da hörtest du es nicht.
V. 11a	Um meinet-, meinetwillen werde ich es tun, ja, was wäre es für ein Warten?
V. 11b	Meine Ehre gebe ich nicht einem anderen!

Kein Text Deuterojesaja ist so stark bearbeitet worden wie dieser[194]. Es ist aber fraglich, ob der sekundäre Text auf einen einzigen Bearbeiter zurückgeht. Inhalt und Art der Bearbeitung scheinen von Abschnitt zu Abschnitt verschieden zu sein; das führt zur Annahme, daß es mehrere, nacheinander erfolgten Bearbeitungen gegeben hat. In VV. 1bαβ wird etwa das religiöse und kultische Verhalten der Israeliten hervorgehoben, man sieht aber nicht, welcher Zusammenhang zwischen diesen Versen und VV. 4-5.8 besteht, wo auf die Hartnäckigkeit der Israeliten und auf ihre Götzen hingewiesen wird. Es legt sich nahe, den sekundären Text genauer zu untersuchen und auf seine innere Differenziertheit einzugehen. Einige formale Beobachtungen lassen manche Beziehungen zwischen den Versen erkennen.

Die Erwähnung des Namens Jahwes in VV. 1bα.2b.9a könnte ein Hinweis auf die literarkritische Zusammengehörigkeit von VV. 1bαβ. 2.9 sein. Dem mag auch der Inhalt entsprechen: um seines Namens willen verschont Jahwe jene, die bei seinem Namen schwören und sich auf ihn stützen. Wir könnten hinzufügen: Jahwe verschont um seines Ruhmes (תהלה) willen jene, die aufgrund der empfangenen Heilstat seinen Ruhm (תהלה) verkünden werden (vgl. 43, 21b). Ein anderes Anliegen zeigt der Interpolator von VV. 5.7b. Er will betonen, daß Jahwe das frühere Heilsgeschehen im voraus verkündet hatte, so daß die Israeliten es keinem Götzen zuschreiben können. Er unterstreicht also Jahwes Priorität vor den Götzen, das heißt letztlich: Jahwes Einzigkeit als Gott. Bei seiner Bearbeitung griff er die gleichen Verben der Vorlage auf, so daß sein Text sich glatt an den Text der Vorlage anschließt; er disponierte sie aber so, daß das Eigentliche, worauf es ankam, in knapper Formulierung an betonter Stelle steht:

---

[194] Fohrer spricht das ganze 48, 1-11 Deuterojesaja ab (vgl. Das Buch Jesaja, Bd. 3, S. 112).

bevor es kam (in den dritten Person Singular!) ließ ich es dich hören.
Zu beachten ist die Reihenfolge : plötzlich *tat ich* es und *es kam/*
bevor *es kam* ... mein Götze *tat es*; zu beachten ist ferner die Verwendung des Personalpronomens als Suffix. In V. 7b beobachten wir
wieder, daß der Bearbeiter das gleiche Verb der Vorlage (ידע) übernommen hat; er verwendet aber dabei ein anderes Suffix.

Es bleiben die Verse übrig, die sich mit Israels Schuld befassen.
VV. 4 und 8b sind miteinander nicht nur inhaltlich verbunden, denn
in beiden wird Israels Verhalten festgestellt, sondern auch formal;
sie beginnen beide mit dem Verb ידע, mit dem Hinweis auf das
Wissen Jahwes. Aber auch V. 8a dürfte auf den Interpolator von
VV. 4.8b zurückgehen. Denn in ihm wird eine Anklage ausgesprochen;
die Gründe dafür sind in V. 8b zu finden : du hast nicht gehört, weil
du treulos und abtrünnig bist. Dieser Bearbeiter weist einen stark
rhetorischen Stil auf, denn er liebt die Wiederholung, siehe das dreimalige Vorkommen von גם לא in V. 8a und das zweimalige Vorkommen der Wurzel בגד in V. 8b. Das gleiche könnte man auch in
V. 1bγ sehen, wo die Negation לא mit folgender Präposition ב zweimal
vorkommt. Es handelt sich auch in V. 1bγ um eine anklagende Feststellung. Dem gleichen Bearbeiter können wir schließlich V. 10 zuschreiben : er deutet hier auf die erfolglose Bestrafung Israels durch
Jahwe hin. Im Ausdruck ולא בכסף klingt die Verbindung לא ב nach,
die V. 1bγ kennzeichnet. Zu beachten ist, daß dieser Interpolator
gern Körperteile erwähnt : Nacken, Stirn, Ohr, Schoß.

Wir hätten also mit drei verschiedenen Bearbeitungen des Urtextes
zu rechnen, und zwar jeweils mit VV. 1bαβ.2.9, dann mit VV. 5.6aα.7b
und schließlich mit VV. 1bγ.4.8.10[195]. Warum es so ist und wie sich
diese drei Bearbeitungen zueinander verhalten, soll unten die überlieferungsgeschichtliche Erwägung klären.

---

[195] Westermann nimmt zwei Gruppen von Zusätzen an. Die eine (vv. 1bγ.5b.7b.11aβ)
gibt dem Urtext die Richtung einer Bußpredigt; die andere (vv.4.8b-10) ist ein selbständiges Wort mit einem selbständigen Sinn als Buß- oder Mahnrede, welche davon
ausgeht, wie tief und schwer Israels Sünde ist. Das Ziel des Ganzen sieht Westermann
im Zusatz vv.18-19. Er schließt mit der Bemerkung, daß die Zusätze in Kap. 48 in
einem, wenn auch lockeren, Zusammenhang stehen, daß sie ein Ganzes bilden'' (vgl.
Jesaja 48, S. 360f). Bereits Volz hatte die Vermutung ausgesprochen, daß 48, 1-11 an
einem Bußtag im Rahmen einer gottesdienstlichen Feier von Deuterojesaja gesprochen
worden war (vgl. Jesaja II, S. 88).

c) *Form- und Gattungkritik*

Der herausgestellte Urtext umfaßt vier Strophen mit je zwei Stichen. Die Akzente sind folgendermaßen verteilt:

V. 1aα	2
V. 1aβγ	3+3
V. 3a	3+3
VV. 3b.6aβ	3+3
V. 6b	3+2
V. 7a	3+2
V. 11a	3+2
V. 11b	3

Dabei wurden in VV. 6b.7a die drei לא je mit ihrem Verb durch maqqef verbunden: das gleiche geschah in V. 11a mit איך.

Die erste Strophe enthält die Anrede und dient als Einleitung zum eigentlichen Wort Jahwes. Dieses beginnt in der zweiten Strophe; in ihr ist vom Früheren die Rede. In der dritten Strophe ist vom Neuen die Rede, das Jahwe ankündigt und schafft. Die vierte Strophe gibt die Begründung an; sie dient als Abschluß. Formal gesehen ist die erste Strophe durch die drei Namen Jakob, Israel und Juda gekennzeichnet, die je von einem Substantiv regiert sind (בית, שם, מי). Die zweite Strophe ist durch das zweimalige Vorkommen des Verbs הגיד am Anfang und Schluß umschlossen; הראשנות steht an betonter Stelle an der Spitze. In der dritten Strophe finden wir wieder eine Umschliessung, und zwar durch das Verb שמע, das am Anfang und Schluß steht. Zu beachten ist das zweimalige Vorkommen des Adverbs עתה. Die vierte Strophe ist durch die Wiederholung von למעני gekennzeichnet, ferner auch durch das Vorkommen des Suffixes der ersten Person Singular (dreimal), und zwar an betonter Stelle im Ansatz. Ihr zweiter Stichus besteht in Wirklichkeit aus einem Halbstichus; damit entspricht sie der ersten Strophe, deren erster Stichus auch aus einem Halbstichus besteht.

Bei der Bestimmung der Gattung spricht man von einem Disputationswort[196]. Westermann präzisiert aber: „Um ein reines Disputationswort handelt es sich ... in Kap. 48 (1-11) nicht ... Es können

---

[196] So Begrich, Studien, S. 42, Schoors, I am God your Saviour, S. 289-292, von Waldow, Anlaß und Hintergrund der Verkündigung des Deuterojesaja, S. 32-35, Westermann, Sprache und Struktur, S. 134 (vgl. auch S. 155). Von Waldow sieht in vv. 1-2 die Einleitung, in vv.3-6a die Disputationsbasis und in vv.6b-11 die Schlußfolgerung (mit gewißen Abwandlungen).

Anklänge an die Disputationsrede oder Bestreitung ... in Kap. 48
... gesehen werden". Er spricht in diesem Zusammenhang von „Abweisung des Einwandes Israels"[197]. Mit Recht verweist er auf die
Beziehung von 48, 1-11 zu 46, 3-11 und 48, 12-15 und bemerkt: „In
Kap. 48 wie in Kap. 46 sind die übergreifenden Gesichtspunkte stärker
als die Formgesetze der Gattung"[198]. Es fragt sich aber, ob der Text
wirklich einen Einwand Israels bestreitet. Es läßt sich nicht klar herausstellen, welcher Einwand das sein sollte. Es müßte sich um den
Einwand handeln, daß Jahwe nicht die Macht hat, in die Geschichte
einzugreifen und Heil zu wirken. Denn Gegenstand der Bestreitungen
sind sonst diese grundsätzlichen Themen: Jahwes Macht in Schöpfung
und Geschichte (40, 21-26) und Jahwes Zuwendung zu Israel (40, 27-
31; 49, 14), dann konkret das Kyros-Geschehen als Werk Jahwes
(41, 1-4.25-27; 42, 8). Aber die Sätze 48, 3.6b-7a, die den Kern des
vorliegenden Textes ausmachen, erklären sich nicht unbedingt als
bestreitende Antwort — abgesehen davon, daß im Text die eigentlichen
Merkmale der Bestreitung fehlen: die Formulierung durch Fragesätze[199] und der Bezug auf das göttliche Ich[200]. Zu beachten ist, daß
V. 3, und zwar die Aussage über das Frühere, formal und inhaltlich
auf VV. 6b-7, auf die Aussage über das Neue, bezogen ist. Das
השמעתיך greift auf das אשמעם zurück, dem מאז von V. 3 entspricht
das מעתה von V. 6b. Darüber hinaus aber spricht Jahwe in V. 3 ein
Selbsterweiswort, und zwar im Hinblick auf die Ankündigung des
Neuen in VV. 6b-7. Das Hauptgewicht liegt in der Ankündigung des
Neuen, wie der personale Bezug auf das Du des Angeredeten, die
beiden לא-Sätze und das betonte עתה נבראו zeigen. Damit Israel das
Neue als sein Werk — und nicht als Werk der Götter — versteht und
annimmt, verweist Jahwe als erstes auf die geschichtliche Tatsache,
daß er frühere-Heilsgeschehen bereits vorhergesagt und bewirkt hat[201].
Selbsterweiswort und Offenbarungswort sind aber in einen größeren,
in V. 11 gipfelnden Zusammenhang eigebettet.

Erst in V. 11 finden wir den Bezug auf das göttliche Ich (למעני) und
den Satz, der in 42, 8 den Abschluß einer Bestreitungsrede bildet.

---

[197] Vgl. Westermann, Sprache und Struktur, S. 134, 155.
[198] Vgl. Westermann, ebd., S. 156.
[199] Vgl. 40, 21.25.27.28a; 41, 2.4a.26.
[200] תדמיוני in 40, 25a; אני יהוה ראשׁון in 41, 4b; ראשׁון in 41, 27.
[201] Vgl. Schoors, Les choses antérieures et les choses nouvelles dans les oracles
deutéroisaïens, EThL 40 1964, S. 41f, von Waldow, Anlass und Hintergrund der Verkündigung des Deuterojesaja, S. 32f.

Aber selbst das führt uns nicht zur Annahme der Gattung Bestreitung. Denn der Ich-Bezug ist anderer Art als bei der Bestreitung. Hier
gehört er zur eigentlichen Bestreitung: er weist direkt auf die Tatsache
hin, die bestritten war und nun als endgültige Antwort entgegenge-
halten wird. In 48, 11a steht nicht die göttliche Handlung im Vordergrund, sondern wird ihr Zweck angegeben. So ist zu vermuten, daß
auch der Satz V. 11b eine andere Funktion erfüllt als in 42, 8. Das
leuchtet ein, wenn wir andere Elemente dieser Einheit berücksichtigen.
Sie fängt mit dem Imperativ „höret dies!" an, sie stellt dann die
Frage: „und ihr, wollt ihr nicht weitermelden?" Die Stellung dieser
Frage in der Mitte des gesamten Textes spricht für ihre zentrale Bedeutung als strukturierendes und inhaltlich allumfassendes Element.
Wegen dieser Stellung bezieht sie sich sehr wahrscheinlich nicht nur
auf das Vorhergehende (V. 3abα), sondern auch auf das Folgende
(V. 6b-7a).

Wir haben noch ein Beispiel eines prophetischen Wortes, das mit
„höret dies" ansetzt und eine ähnliche Frage aufweist wie die von
48, 6aβ. Es ist das (unechte?) Wort Jer 5, 18-25, und zwar vor allem
5, 20-25 [202]. Es beginnt mit dem Imperativ שמעו־נא זאת und fährt fort
mit der Frage האתי לא־תיראו, wobei das Suffix der ersten Person
Singular im Akkusativ betont an der Spitze steht. Die Rede ist an
das Haus Jakobs gerichtet. Es fehlt an weiteren Belegen und es ist
sogar nicht auszuschließen, daß Jer 5, 21ff unserem Text nachgebildet
ist. So können wir nicht sagen, inwieweit wir es bei dem Gerüst Aufforderung zum Hören/Fragesatz mit einer festgelegten Struktur, also
mit einer festen Gattung zu tun haben. Diese Elemente dürften aber
genügen, um bei dem vorliegenden Text als Ganzem von einem Mahnwort sprechen zu können. Jahwe fordert Israel auf, Zeugnis dafür
abzulegen, daß er das frühere Heilsgeschehen im voraus verkündet
und es von sich aus bewirkt hat. Es soll damit aber auch bezeugen, daß
das Neue Werk Jahwe ist. Aber dieses Zeugnis setzt voraus, daß
Israel Jahwes machtvolles Eingreifen in der Geschichte erkennt und
es als Beweis für Jahwes Einzigkeit als Gott und Retter annimmt. Es
setzt also voraus, daß Israel den Göttern und Götzen absagt. So
rückt der Text in die Nähe der Gerichtsreden [203]. Wenn Jahwe in

---

[202] Vgl. Rudolph, Jeremia, S. 35-37, Weiser, Das Buch Jeremia Kap. 1-25, 14,
S. 54. Vgl. ferner Sellin-Fohrer, Einleitung, S. 438.
[203] Begrich zählt 48, 1-11 auch unter die Gerichtsreden. Er sieht in vv.3.6.11 eine
Appellationsrede des Beschuldigers (vgl. Studien, S. 19f).

diesen Reden die Israeliten als seine Zeugen hinstellt und anspricht (43, 10a.12b; 44, 8a), so setzt das voraus, daß er sie vorher zur Zeugenschaft aufgefordert hat.

Das Mahnwort 48, 1a.3.6aβ.6b-7a.11 geht im gedanklichen Werdeprozeß der Prophetie Deuterojesajas den Gerichtsreden voran und folgt unmittelbar den Bestreitungen. Es ist also nicht zufällig, daß in diesem Mahnwort das Frühere und das Neue erwähnt werden. Im Rahmen der Auseinandersetzung mit den Göttern steht doch bei den Gerichtsreden die Vorhersage des Früheren und die Ankündigung des Kommenden in der Mitte der Debatte als entscheidender Beweis[204]. Wir verstehen so die Funktion von V. 11b besser. Der Vers begründet nicht die Bestreitung, vielmehr gibt er einerseits den Zweck des jetzigen Heilshandelns Jahwes, anderseits den seiner Aufforderung zum Hören und Weitermelden an.

Aus der engen Beziehung dieses Mahnwortes zu Bestreitung und Gerichtsrede erklären sich die sekundären Zusätze. Der Interpolator von VV. 5.7b hat durch Einbau rhetorischer Fragen dem Text den Charakter einer Bestreitung verliehen und damit seine Beziehung zur Bestreitung hervorheben wollen. Durch diese Fragen (VV. 5b.7b) lenkt er die Aufmerksamkeit auf die Meinung und auf die Jahwes Recht bestreitende Stellungnahme der Israeliten. Die Antwort darauf gibt er aber gleich zu Beginn in V. 5a : *bevor es kam ließ ich es dich hören!* Der Interpolator von VV. 1bγ.4.8.10 hat das durch VV. 5.7b bereicherte Mahnwort in ein Scheltwort gegen Israel verwandelt. Er hat das bestreitende und zugleich bestrittene Argument „mein Schnitzbild hat es getan" zum Anlaß genommen, um die Sünde der Israeliten anzuzeigen und sie ihnen vorzuhalten. Andere Scheltworte liegen innerhalb unserer Schrift in 42, 18.19b.21.22aα.23.24bβγ.25 und in 43, 23f vor.

d) *Zur Redaktion*

Ausgehend vom inhaltlichen Befund versuchen wir herauszustellen, in welcher Reihenfolge die verschiedenen Zusätze in den Urtext eingebaut wurden. Wie bereits gesagt, vermuten wir, daß der Interpolator von VV. 1bγ.4.8.10 im Urtext, und zwar in der Behauptung „mein Schnitzbild hat es getan", den Anlaß zur Umformung in ein Scheltwort gefunden hat. Daraus ergibt sich, daß die Zusätze VV. 1bγ.4.8.10 den Einbau von VV. 5.6aα.7b voraussetzen. Wie steht es aber mit

---

[204] Vgl. 41, 21-24; 42, 9; 43, 9-13; 44, 6-8; 45, 21; vgl. 46, 9-11.

VV. 1bαβ.2.9? Inhaltlich stellen wir fest, daß VV. 1bαβ.2 auf die religiöse, kultische Praxis der Israeliten hinweisen, und daß V. 9 die Erwähnung irgendeiner Schuld voraussetzt. Ersteres erklärt sich aus der Absicht, zu den Aussagen von V. 5b ein gutes Pendant zu schaffen, dem Bild von Mißständen im religiösen, kultischen Leben durch den Götzendienst das Bild religiöser, kultischer Verbundenheit durch die Israeliten entgegenzusetzen, ihm sogar die Verheißung von V. 9 entgegenzuhalten, daß wegen dieser Mißstände doch keine Strafe folgt. Aus diesem Grund nehmen wir an, daß VV. 1bαβ.2.9 erst nach VV. 5.6aα.7b und vor VV. 1bγ.4.8.10 eingebaut wurden.

Ferner ist zu fragen, wie sich 48, 1-11 redaktionsgeschichtlich in den Zusammenhang von 46, 1-11(-13) und 48, 12-21 einfügt. Hinsichtlich des überlieferungsgeschichtlichen Ortes von Jes 47 haben wir vermutet, daß diese Dichtung in die vielleicht schon vorgegebene Sammlung von „Babel"-Texten 46, 1-4.5.8a.9-11; 48, 12-16a.20f eingebaut wurde. Wie verhält sich 48, 1-11 zu diesem Kontext? Sein Charakter als Scheltwort führt zur Annahme, es sei dem Drohwort Jes 47 zur Seite gestellt worden: wie Babel so hat auch Israel Jahwes Gerichtswort über sich ergehen lassen müssen, freilich mit dem Unterschied, daß Jahwe sein Volk letztlich doch verschont hat. Es entsteht jedoch die Frage, ob der ursprüngliche Text von 48, 1-11 nicht schon vor seiner Umwandlung in ein Scheltwort zum Komplex 46, 1-48, 20f gehörte. Auf jeden Fall hätten wir, wenn wir bei der ersten Annahme bleiben, eine Reihenfolge von Texten, die durch gegenseitige formale Entsprechung aufeinander bezogen wären. Die Abgrenzung des Komplexes ändert sich dabei durch die Einbeziehung von 45, 18aα*b.19; 45, 20a.21. Es würden sich zwei aufeinander bezogene Textgruppen ergeben, und zwar auf der einen Seite: A: 45, 18aα*b.19 (בסתר דברתי); B: 45, 20a.21 (הקבצו); 46, 1-4.5.8a.9-11 (שמעו אלי, אביאנה ... דברתי); C: 47 (שמעי זאת); auf der anderen Seite: C′ 48, 1-11 (שמעו זאת); B′: 48, 12-15 (... שמע אלי, הקבצו, הביאתיו ... דברתי); A′: 48, 16a (בסתר דברתי). Der Text 48, 20f würde den Abschluß des Komplexes bilden. Schematisch hätten wir folgende inhaltliche Entsprechungen: Selbstoffenbarungswort Jahwes (45, 18*.19), Gerichtsrede (45, 20a.21), Selbstprädikation mit einem Kyroswort (46, 1-4.5.8a.9-11), Drohwort gegen Babel (47, 1-15)/Scheltwort gegen Israel (48, 1-11), Selbstprädikation, angedeutete Gerichtsrede mit einem Kyroswort (48, 12-15), Selbstoffenbarungswort Jahwes (48, 16a). Formal und inhaltlich läge hier eine chiastische Konstruktion vor. Nach dieser Annahme wäre das Scheltwort 48, 1-11 gleichzeitig mit 47, 1-15 in die „Babel"-Vorlage

45, 18*.19; 45, 20a.21; 46, 1-4.5.8a.9-11; 48, 12-15; 48, 16a; 48, 20f eingefügt worden. Der Redaktor, der bei dem Einbau von Jes 47 als
Bindeglied 46, 12f einfügte, begann diesen Text mit der gleichen Konstruktion wie 48, 12a, und zwar mit שמע אל. Es ist nicht ausgeschlossen, daß 48, 16aα von ihm stammt: bei dem Einbau von 48, 1-11
vor 48, 12-15 verband er beide Texte miteinander durch die Übernahme der Formel שמעו זאת in V. 16aα. Oder, sollte V. 16aα ursprünglicher Bestandteil von 48, 16a sein, können wir diese Entsprechung
von Konstruktionen und Formeln mit der Vermutung erklären, daß
dieser Redaktor zugleich der Ordner des gesamten Komplexes 45, 18-
48, 21 ist, so daß die jetzige Reihenfolge der Texte auf ihn zurückgeht.

Die erste Annahme hat den Nachteil, daß sie von 48, 1-11 als
Scheltwort ausgeht und die Frage unberücksichtigt läßt, ob der Urtext von 48, 1-11 doch bereits zu dem erwähnten Komplex gehörte.
Es ist in der Tat undenkbar, daß dieser Urtext als eine für sich
stehende Einheit außerhalb jedes Zusammenhangs mehrfach ergänzt
wurde. Denn man kann immer mit Hilfe des Textbefundes den Werdeprozeß von 48, 1-11 als Teil der Genesis des Komplexes 45, 18-48, 21
rekonstruieren. Wir stellen als Ausgangspunkt fest, daß eine Textgruppe formal und inhaltlich einer anderen Textgruppe nach dem
Schema der chiastischen Struktur entspricht: A: Selbstprädikation
Jahwes 45, 18aα*b.19 (בסתר ...); B: Gerichtsrede 45, 20a.21 (הקבצו);
C: geschichtsbezogene Selbstprädikation Jahwes 46, 1-4.5.8a.9-11 (שמעו
אלי, אנכי אל); C′: schöpfungsbezogene Selbstprädikation Jahwes 48,
12f (אני הוא, שמע אלי); B′: Gerichtsrede 48, 14f (הקבצו); A′: Selbstprädikation Jahwes 48, 16a (בסתר ...). Wir können die Sammlung
dieser Texte als die ursprüngliche Vorlage ansehen, in die hinein die
übrigen Texte stufenweise eingebaut worden sind. Es handelt sich
nicht um eine Sammlung von „Babel"-Texten, wenn wir sie charakterisieren wollen, als vielmehr eher von „Kyros"-Texten. Hinweise
auf Kyros liegen in 46, 11 und 48, 14 vor. Auch 48, 16aβγ (מעת היותה
שם אני) bezieht sich auf das kurz vorher erwähnte Kyros-Geschehen;
das Wort, daß Jahwe nicht im Verborgenen geredet hat (לא ... בסתר
דברתי), dürfte sich deswegen auch auf das Kyros-Geschehen beziehen,
und zwar einleitend auch in 45, 19. Wenn wir ferner die Frage von
48, 14aβ auf die Vorhersage des Kyros-Geschehens beziehen, wie 48,
14b nahelegt, so schließen wir, daß auch die entsprechende Gerichtsrede 45, 20a.21, und zwar die Frage von 45, 21b auf das Kyros-Geschehen Bezug nimmt. Nun bildete 48, 1a.3.6aβb.7a.11 gerade die

Mitte der ganzen Vorlage. Formal und inhaltlich paßt es gut an diesen
Platz und man braucht nicht anzunehmen, daß es erst nachträglich
dort eingebaut wurde. Das formale verbindende Element ist der Imperativ von שמע, der den mittleren Teil der Vorlage kennzeichnet
(46, 3a; 48, 1a; 48, 12a; 48, 16a), und zwar in abwechselnder Form
(46, 3a שמעו אלי, 48, 1a שמעו זאת, 48, 12a שמע אלי, 48, 16a שמעו זאת).
Letztere Stelle 48, 16aα kann redaktionell bei der Zusammensetzung
dieser Texte zu einem Komplex eingefügt worden sein, vielleicht sogar
von Deuterojesaja selbst. Inhaltlich paßt שמע in die Mitte deswegen
gut, weil es das Neue als etwas im Jetzt Geschehendes ankündigt
— zu beachten ist in dieser Hinsicht die futurische Formulierung
von 46, 11b אף אביאנה, אף אעשנה und die perfektische von 48, 7a
עתה נבראו und 48, 15b הביאתי — und es als Werk Jahwes zu seiner
Ehre darstellt.

Zu dieser Vorlage dürfte schließlich auch 48, 20f gehört haben. Diese
kleine hymnische Partie stellt die Heilstat als bereits vollendet dar.
Im Zusammenhang mit der Behandlung von 48, 1a.3.6aβb.7a.11 ist
der Bezug von 48, 20f zu dieser Einheit hervorzuheben. Denn die
Frage 48, 6aβ „wollt ihr nicht weitermelden?" erhält in der Aufforderung von 48, 20 „meldet es, laßt das hören ... saget: erlöst hat
Jahwe seinen Knecht Jakob" die Antwort und wird Wirklichkeit.
48, 20f bildete offensichtlich den hymnischen Abschluß der gesamten
Vorlage.

Wenn diese Annahme stimmt, dann kann man festhalten, daß 48,
1a.3.6aβb.7a.11 zur Sammlung der oben erwähnten „Kyros"-Texte[205]
gehörte und als solche weitere Ergänzungen erfuhr, bis es, wie oben
dargelegt wurde, zu einem Scheltwort umgestaltet wurde. Wir vermuten, daß erst jetzt Jes 47 hineinkam. Kein terminologisches und
stilistisches Element spricht dafür, daß der Einbau von Jes 47 dem zu
verdanken ist, der 48, 1bγ.4.8.10 hinzufügte. Das hätte bedeutet, daß
es diesem Bearbeiter besonders auf Jahwes Gerichtswort gegen Babel
und Israel ankam. Das wäre aber eine Verkennung und vielleicht
sogar eine Mißachtung der Sammlung gewesen, die als Ganzes ein
Heilswort, und zwar ein entscheidendes ist. Daher ist es unwahrscheinlich, daß Einbau von Jes 47 und Umwandlung von 48, 1abαβ.
2f.5-7.9.11 in ein Scheltwort zur gleichen Bearbeitungsphase gehören.
Der Einbau von Jes 47 folgt vielmehr einem anderen Anliegen: am
Untergang Babylons soll Jahwes Heilstat an Israel in all ihrer Größe

---

[205] Es sind 45, 18aα*b.19.20a.21; 46, 1-4.5.8a.9-11; 48, 12-13.14-15.16a.20-21.

sichtbar werden. Jes 47 wurde an die richtige Stelle gesetzt, denn es macht am Schicksal Babylons anschaulich, was im Zusammenhang angedeutet wird: den Zusammenbruch des Gottes Bel (46, 1a), die Vollstreckung des Gerichtes an Babel durch den von Jahwe gerufenen (46, 11) geliebten(48, 14) Kyros als das neue Heilswerk (48, 6b-7a) und schließlich den Auszug von Babel (48, 20f). Was 48, 16aα angeht, so erklärt es sich besser als Hinzufügung des Redaktors, der die Texte 45, 18f.20a.21; 46, 1-4.5.8a.9-11; 48, 1a.3.6aβb.7a.11; 48, 12-16a zusammengesetzt hat. Dadurch erreichte er eine vollendete formale Geschlossenheit dieser Texte zueinander (46, 3; höret auf mich; 48, 1; höret dies; 48, 12; höre auf mich; 48, 16a; höret dies).

Eine Frage wäre nun die, wie sich all diese Bearbeitungen innerhalb von 48, 1-11 und darüber hinaus innerhalb der Sammlung 45, 18-48, 22 zum Ganzen der Redaktionsgeschichte von Deuterojesajas Schrift verhalten. Dieser Frage soll eine eingehende Untersuchung an passender Stelle gewidmet werden. Aber auf eines darf hier hingewiesen werden, und zwar auf die Möglichkeit, ob der Einbau von 48, 1bγ.4.8.10 doch nicht im Zusammenhang mit dem Einbau der Scheltworte 42, 18.19b. 21.22aα.23.24bβγ.25 und 43, 23f und vielleicht auch des Wortes 48, 17-19 erfolgte. Alle drei Texte halten ja dem Volk Israel seine Schuld vor. Die Antwort auf diese Frage erwarten wir von der redaktionsgeschichtlichen Analyse des Ganzen.

2) 48, 12-16a

V. 12   Höre auf mich, Jakob, Israel, mein Berufener!
        Ich bin derselbe: ich der Erste, ich ja gewiß der Letzte.

V. 13   Hat meine Hand ja gewiß die Erde gegründet und meine Rechte den
        Himmel gespannt:
        ich rufe ihnen zu, da stehen sie zumal!

V. 14   Versammelt euch alle und höret! Wer hat bei jenen dies angemeldet?
        Jahwe! Sein Geliebter vollendet sein Begehren an Babel — ja, sein
        Arm (vollendet sein Begehren) an den Chaldäern!

V. 15   Ich, ich habe geredet, habe ihn gewiß ja gerufen, ihn kommen lassen,
        daß gelinge sein Weg!

V. 16a Nahet mir, höret dies!
        Nie, von Anfang an, habe ich im Verborgenen geredet. Von der Stunde,
        da es geschieht, da bin ich!

a) *Zur Einteilung und zur Übersetzung*

Daß hier eine neue Einheit beginnt, zeigen nicht nur der Imperativ שמע אלי, der sich vom Imperativ שמע זאת (48, 1a) in der Formulierung unterscheidet, und die neue Anrede יעקב וישראל, sondern auch die feierliche Selbstprädikation Jahwes V. 12b. Das Überwiegen des göttlichen אני kennzeichnet den Text bis V. 16a einschließlich (7mal). Dieses אני hat strukturierende Funktion, denn es kennzeichnet Beginn und Schluß der göttlichen Rede[206]. Wir können also VV. 12-16a als eine in sich geschlossene Einheit betrachten[207]. Daß mit V. 16b ein neuer Abschnitt beginnt, zeigt außer dem typischen Ansatzadverb ועתה die hier angeführte neue Rede, in der ein Dritter über die eigene Sendung spricht. Für einen neuen Ansatz spricht ferner das Vorkommen der Botenformel in V. 17a. Sie fehlt im unmittelbaren Kontext, denn vor 48, 17a begegnet sie zum letzten Mal in 45, 18a.

V. 12

In der Übersetzung wurde אף als eine zur Hervorhebung des Sachverhaltes fungierende rhetorische Partikel verstanden[208]; als Fragepartikel hätte sie mit „ob etwa dann..." übersetzt werden können: ich bin der Erste: ob ich etwa dann der Letzte bin?

V. 14

Die Übersetzung von V. 14b bietet einige Schwierigkeiten. Einmal ist das einsetzende יהוה nicht leicht einzuordnen[209]. Diese Schwierigkeit weicht, wenn man יהוה nicht auf die V. 14 folgenden Sätze bezieht, sondern zunächst auf die Frage von V. 14aβ als eine darauf antwortende Aussage, siehe dafür außer 41, 26f; 43, 9a.10a.11; 44, 7a.8a vor allem 45, 21b. Die größere Schwierigkeit bietet aber dann die Form וזרעו.

Die LXX liest hier וְזֶרַע ohne Suffix und verbindet es dem Sinn und der grammatischen Konstruktion nach mit בבבל: an Babel und am Geschlecht der Chaldäer. Aber וזרעו bleibt doch die lectio difficilior! Wir haben uns also mit ihr abzufinden. In Wirklichkeit bietet sie keine

---

[206] Elliger läßt die göttliche Rede mit v.15 zu Ende gehen; er verbindet v.16a mit vv.20-21 und hält vv.16b-19 für tritojesajanisch (vgl. Verhältnis, S. 213f.254).

[207] So auch Duhm, Das Buch Jesaja, S. 336f, Köhler, Deuterojesaja stilkritisch untersucht, S. 35, und Marti, Das Buch Jesaja, S. 323f, die alle aber v.16b streichen. Schoors meint: „... since the verse (16a) does not seem to go with the following pericope, we have to understand it with vss. 12-15 (I am God your Saviour, S. 281). Zu v.16aγ bemerkt er: „Verse 16b (= 16aγ) is close to vs.12b in content and to the tenor of the whole pericope: Yahwe is the actively present to all that happens" (ebd., S. 281).

[208] Vgl. Christian, Untersuchungen, S. 193.

[209] Elliger (vgl. Verhältnis, S. 213) und neuerdings auch Schoors (ebd., S. 278-280) streichen es.

Schwierigkeit, wenn wir זרעו als Parallele zu אהבו als Subjekt betrachten, dessen Suffix sich auf יהוה bezieht, wenn wir ferner יעשה
חפצו als Prädikat und Objekt dieses Subjektes gelten lassen und dann
כשדים in Analogie zu בבבל als nähere Bestimmung ansehen. Unsere
Übersetzung berücksichtigt den Parallelismus im Aufbau des Verses.
Sie hat auch den Vorteil, daß damit das zweite Glied des Verses dem
Sinn nach gegenüber dem ersten Glied eine Steigerung darstellt: hinter
dem Geliebten steht der Arm Jahwes!

b) *Literarkritik*

V. 12

Die Konstruktion שמע אל(י) begegnet hier im Unterschied zu 46,
3.12; 51, 1.7 im Singular und nicht im Plural, aber immer im Imperativ. Es folgt die namentliche Anrede in der für Deuterojesaja
typischen Reihenfolge Jakob-Israel[210]. Die Namen sind mit einer
partizipialen Apposition versehen. Partizipiale Bildungen als Anrede
begegnen in 51, 1a.7a, verbunden mit dem Namen in 46, 3b; 48, 1a,
außerhalb der Anrede finden wir sie in 46, 3b; 48, 1a, außerhalb der
Anrede finden wir sie in 42, 22a. Sonst verwendet Deuterojesaja dafür
einen asyndetischen Satz wie in 44, 1a.2b oder einen Relativsatz wie
in 43, 10a.

In V. 12b begegnet jene Selbstprädikation Jahwes, die nach der
Einleitung 40, 12-31 den Anfang der deuterojesajanischen Schrift kennzeichnet (41, 4b) aber auch deren Mitte (44, 6b). Wie in 41, 4 so steht
sie in 48, 12 im Rahmen eines Kyros-Wortes; eine Andeutung auf das
Kyros-Geschehen fehlt aber auch in 44, 6-8 nicht. Die Aussagen „ich
der Erste, ich der Letzte" explizieren im vorliegenden Vers den Satz
אני־הוא. Vom schöpferischen Tun der Hand bzw. der Hände Jahwes
ist bei Deuterojesaja sonst in 41, 20; 45, 12 die Rede, siehe auch
49, 2.22; 51, 16.

V. 13

Die Bildung יסד ארץ kommt in den wahrscheinlich unechten[211]
Texten 51, 13.16 vor[212]. Von der Rechten Jahwes ist aber nur im
sekundären 41, 10b die Rede. Einmalig im AT ist das Verb טפח. Die

---

[210] Vgl. 41, 14a; 43, 22; 44, 1.21a.23b; 46, 3a; 46, 3a; 48, 1a; 49, 5a.6a.
[211] Vgl. Elliger, Verhältnis, S. 208-213.
[212] Vgl. ferner Ps 78, 69; 102, 26; 104, 5; Hi 38, 4; Spr 3, 19; Sa 12, 1.

Konstruktion קרא אל begegnet bei Deuterojesaja nur hier (vgl. 40, 2). Stilistisch gesehen kommt bei ihm auch nicht mehr vor, daß ein Partizip durch ein nachgesetztes אני hervorgehoben wird. Fast nur an sekundären Stellen findet sich sonst das Verb עמד[213]; in 50, 8 ist es als terminus technicus der Gerichtssprache gebraucht.

V. 14

Das Verb קבץ (Ni) kennen wir bereits aus den Gerichtsreden 43, 9; 45, 20. In 43, 9 folgt ihm der Satz מי בהם יגיד זאת, der fast wörtlich in 48, 14aβ wieder auftaucht; eine ähnliche Frage enthält auch 45, 21b: מי השמיע זאת. Mit dem Imperativ ושמעו begegnet הקבצו innerhalb von Jes 40-53 nur hier. Das Demonstrativpronomen אלה als Akkusativ findet sich ohne את in 40, 26; 44, 21; 45, 7; 49, 15, mit את nur in 49, 21. In V. 14b finden wir wieder das Substantiv אהב (vgl. 41, 8a), das als Subjekt des Satzes[214] und nicht als Apposition in der Anrede[215] gebraucht wird. Wie in 46, 10b wird חפץ auch hier vom Verb עשה regiert, in 44, 28a dagegen vom Verb שלם (Hi). Den Arm Jahwes erwähnt Deuterojesaja noch in 51, 9 und 52, 10.

VV. 15-16a

In V. 15 klingt die Aussage 46, 11b nach. Einmalig ist innerhalb von Jes 40-53 die Hiphilform von עלח, aber auch die Qalform begegnet nur in 53, 10. Im Unterschied zu 41, 1a wird in 48, 16aα das Verb קרב nicht als terminus technicus der Gerichtssprache gebraucht. Die Konstruktion קרב אל ist auch in 54, 14b belegt. Durch שמעו זאת scheint der Vers an 48, 1a anknüpfen zu wollen, um mit ihm eine Inklusion zu bilden. Er will aber auch die Aussage V. 16aβ einleiten und betonen. Das דברתי von V. 16aβ greift seinerseits auf das דברתי von V. 15 zurück. In dieser Hinsicht unterbricht V. 16aα die Aussage V. 16aβ von V. 15. Es fragt sich, warum nochmals der Imperativ שמעו vorkommt, wenn es kurz vorher in V. 14a erklingt. Es ist nicht

---

[213] Vgl. 44, 11; 46, 7; 47, 12f.

[214] So je mit verschiedenen Textänderungen Bonnard, Le Second Isaïe, S. 199, Duhm, Das Buch Jesaja, S. 336, Cheyne, The Prophecies of Isaiah, Vol. II S. 5f, Feldmann, Das Buch Isaias, S. 115, Fohrer, Das Buch Jesaja, Bd. 3, S. 115, Haller, Die Kyros-Lieder Deuterojesajas, Eucharisterion Teil I, S. 270, König, Das Buch Jesaja, S. 400, Köhler, Deuterojesaja stilkritisch untersucht, S. 35, North, The Second Isaiah, S. 54, 179f, Penna, Isaia, S. 486, Schoors, I am God your Saviour, S. 278, Volz, Jesaja II, S. 92, Ziegler, Isaias, S. 143.

[215] So etwa Fischer, Das Buch Isaias, Teil II, S. 98, McKenzie, Second Isaiah, S. 94, und Muilenburg, The Book of Isaiah Chapters 40-66, S. 559.

unwahrscheinlich, daß V. 16aα nachträglich von einem Redaktor oder auch von Deuterojesaja selbst hinzugefügt wurde, der die Texte enger miteinander verbinden wollte²¹⁶. In V. 16aβγ begegnet die infinitive Form von היה. Dazu ist 49, 6 zu vergleichen, siehe ferner 55, 6; 56, 6a; 60, 15a. Dem Inhalt und der Formulierung nach knüpft V. 16aβγ an 45, 19a an.

Im ganzen haben wir es mit einem echten deuterojesajanischen Wort zu tun. Dafür sprechen nicht nur die mehrfachen Anschlüsse an andere Texte des Propheten, die die eigentliche Aussage des Wortes ausmachen (VV. 12b.14a.15.16aβγ), sondern auch der ausgeprägte theologische Bezug in seiner zweifachen Richtung: wie es sich am Kyros-Geschehen zeigt, ist Jahwe ein Gott, der redet und handelt; er erweist sich damit als der einzige Gott.

c) *Form- und Gattungskritik*

Unter Auslassung von V. 16aα bleiben als Urtext acht Stiche, die, zu zwei gruppiert, vier Strophen bilden. Die Akzente wären folgendermaßen verteilt:

V. 12a	3+2
V. 12b	3+2
V. 13a	3+3
V. 13b	3+2
V. 14a	3+3
V. 14b	3+3
V. 15a	3+3
V. 16aβγ	3+3

Dabei wurden אף־אני in V. 12b, מי־בהם in V. 14a, יהוה־אהבו in V. 14b, אני־אני in V. 15a, לא־מראש und שם־אני in V. 16aγ mit maqqef versehen. Die erste Strophe ist durch einen Imperativ, die namentliche Anrede und die anschließende Selbstprädikation Jahwes gekennzeichnet. Wir betrachten ihren ersten Teil V. 12a als Einleitung zum eigentlichen Wort, das mit V. 12b beginnt. Die zweite Strophe stellt eine Erweiterung der Selbstprädikation dar, was sich außer am Hinweis auf die Schöpfertätigkeit Jahwes formal am einsetzenden אף zeigt, welches an das unmittelbar vorhergehende אף anknüpft. Die dritte Strophe fängt wie die erste mit einem Imperativ an, und zwar mit

---

²¹⁶ Vgl. oben die Bemerkungen zur Redaktion von 48, 1-11, S. 512ff.

einem doppelten. Mit V. 14aβ setzt ein Gerichtswort an. V. 14b
beginnt mit dem Namen יהוה, der vielleicht doch im Parallelismus mit
dem אני־הוא von V. 12b steht. Die vierte Strophe umfaßt V. 15 und
V. 16aβγ; sie ist durch das sie einschließende אני am Anfang und
Schluß und durch das doppelte דברתי gekennzeichnet; wir könnten
darin einen chiastischen Aufbau erblicken. Es ist nicht ausgeschlossen,
daß die Wurzel ראש im letzten Stichus absichtlich auf das ראשון von
V. 12b Bezug nimmt, das gilt vielleicht auch von שם־אני gegenüber
dem אני־הוא des Anfangs. Im ganzen handelt es sich um eine Ich-
Rede Jahwes, die mit dem göttlichen אני beginnt und endet; in der
Mitte steht die entscheidende Frage ,,wer unter ihnen hat dies angemeldet?'' mit der entscheidenden Antwort ,,Jahwe!''. Dem formalen,
in sich geschlossenen Aufbau (מראש...דברתי, יהוה, אני ראשון, אני־הוא,
שם־אני) entspricht der inhaltliche Aufbau: Einleitung V. 12a, Selbstprädikation V. 12b, Hinweis auf die Schöpfermacht Jahwes V. 13,
Identitätsfrage V. 14a, Hinweis auf Jahwes gegenwärtiges Eingreifen
in der Geschichte VV. 14b.15, Selbstprädikation V. 16aβ. Wir sehen,
daß unter strukturellem Gesichtspunkt V. 16aα hier nicht angebracht
ist. Aber nun stellt sich die Frage nach der Gattung des Textes.

Allgemein wird dieser Text unter die Disputations- bzw. Bestreitungsworte gezählt[217]. Er würde die Behauptung bestreiten, Jahwe
könne einen heidnischen König wie Kyros zur Errettung Israels nicht
berufen haben. Es ist aber zweifelhaft, daß die Person des Kyros
Gegenstand der Bestreitung ist. Die Selbstprädikation Jahwes V. 12b,
auf der die Bestreitung gründet, und die überhaupt Jahwes Wort berechtigt, sagt an sich weitaus mehr. Es war wirklich nicht nötig, um
das Argument gegen Kyros zu entkräften, auf sich selbst als den
Ersten und Letzten hinzuweisen. Wenn Jahwe es aber tut, dann deshalb, weil sein Anliegen ein grundsätzlicheres ist. Er will von sich
selber sagen, daß er am Anfang und am Ende der Schöpfung und der
Geschichte steht, daß er also ohne Ausnahme alles schafft und lenkt
— daß also das Kyros-Geschehen sein Werk ist, daß es keinem
anderen Gott, den es nicht gibt, zuzuschreiben ist. Daß der Text das
meint, zeigt sich an den formalen Elementen von V. 14a, die der
Gerichtsrede eigen sind[218]. Es wird zur Gerichtsversammlung aufge-

---

[217] Vgl. Begrich, Studien, S. 42, Fohrer, ebd., S. 115, Schoors, ebd., S. 278f,
von Waldow, Anlass und Hintergrund der Verkündigung des Deuterojesaja, S. 36,
Westermann, Sprache und Struktur, S. 126.

[218] Zu 48, 12-17 bemerkt Westermann: ,,Die Nähe zu den Gerichtsreden ist hier
noch auffälliger als in V.1-11; zu ihr gehören die Aufrufe, zur Verhandlung zusammen-
zukommen in V.14 und 16a'' (Das Buch Jesaja, S. 162). Vgl. Schoors, ebd., S. 279.

rufen und die Götter werden dabei aufgefordert, Beweise vorzubringen,
daß sie das Kyros-Geschehen im voraus angesagt haben. Aber die
Beweisführung fällt aus : nur Jahwe hat das angekündigt, und er führt
es jetzt durch. Die Selbstprädikation von V. 12b wird im Hinblick
auf die Auseinandersetzung mit den Göttern ausgesprochen. Es scheint
nicht, daß die Frage nach der heidnischen Herkunft des Kyros im
Vordergrund steht.

Neben den Elementen aus der Gerichtsrede finden sich aber auch
Elemente aus der Bestreitung. Der Hinweis auf die Schöpfung und
der auf die Geschichte nehmen im ganzen Text einen hervorragenden
Platz ein[219]. Wir können daraus schließen, daß Gegenstand der Bestreitung die Macht Jahwes war, in die Geschichte einzugreifen und
Heil zu schaffen. Die Israeliten konnten und wollten wahrscheinlich
nicht glauben, daß hinter Kyros Jahwe stand. In seiner Entgegnung
verweist Jahwe auf sein Wort, daß er nämlich alles vorhergesagt hat,
und auf das Geschehen selbst, das er durchführt. Daß er es tun kann,
begründet er durch den Hinweis auf die Schöpfung als sein Werk.
Wie die Schöpfung von ihm stammt, so auch die Geschichte : am
Anfang und am Ende all dessen, was ist und geschieht, steht einzig und
allein Jahwe. In seiner Antwort verteidigt Jahwe die eigene Identität
als der souveräne Herr der Schöpfung und der Geschichte.

Zu beachten ist schließlich, daß die Elemente der Gerichtsrede und
der Bestreitung in einer Rede Jahwes enthalten sind, die mit dem
Aufruf שמע אלי beginnt. Dieser Aufruf wiederholt sich in der Mitte
der Rede, sicher nicht aus Zufall. Das zeigt, daß die Rede unmittelbar
an die Israeliten gerichtet ist, daß sie ihnen Wichtiges mitteilen will.
Sie will sie für Jahwe gewinnen, damit sie seinen Heilsplan sehen und
seine Heilstat annehmen. So erhält die Rede, die wir als Bestreitung
betrachten können, letztlich doch einen paränetischen Ton und erzielt
die Umkehr der Angeredeten. Aber es darf nicht übersehen werden,
daß die mit dem Imperativ שמע אלי ansetzenden Reden wie 46, 3f;
51, 1-3.7f und nicht zuletzt das sekundäre 46, 12f ein Heilswort an
Israel enthalten. Ein solches Wort liegt in der Aussage vor, daß der
Geliebte Jahwes Begehren an Babel vollenden wird, was für Deuterojesaja die Befreiung vom Exil und die Heimkehr ins eigene Land
bedeutet.

---

[219] Vgl. 40, 22-26; 41, 2-4a; 46, 5.9-11.

3) 48, 16b-22

V. 16b   Jetzt hat mich ja mein Herr, Jahwe, gesandt : da, sein Geist!

V. 17   So spricht Jahwe, dein Erlöser, der Heilige Israels :
         Ich Jahwe, dein Gott, belehre dich dir zunutz,
         lasse dich treten auf dem Weg, den du gehen sollst!

V. 18   Ach, hättest du auf meine Gebote geachtet,
         da wäre dein Friede wie der Strom, dein Gedeihen wie die Meeres-
              wellen,

V. 19   da wäre dein Same wie der Sand, die Sprößlinge deines Leibes wie
              dessen Körner.
         Nie würde ausgerottet, nie ausgetilgt vor meinem Antlitz sein Name!

V. 20   Ziehet aus von Babel, fliehet weg von den Chaldäern!
         Mit Jubelschall verkündet es, lasset dies hören,
         tragt es hinaus bis an den Rand der Erde,
         sprechet : Erlöst hat Jahwe seinen Knecht Jakob!

V. 21   Siehe! Nicht dürsten sie in den Öden, durch die er sie gehen läßt!
         Wasser vom Felsen läßt er ihnen fließen,
         da spaltet er den Felsen und die Wasser strömen.

V. 22   Wo ist Friede, spricht Jahwe, für die Frevler?

a) Zur Einteilung und zur Übersetzung

Vorliegende Einteilung entstammt inhaltlichen Erwägungen. Der Redende macht offenkundig, daß Jahwe ihn gesandt hat. Wir dürfen vermuten, daß in V. 17 ein Wort Jahwes angeführt wird, das der Gesandte verkünden soll[220]. Es ist davon die Rede, daß Jahwe den Angesprochenen auf dem Wege gehen läßt, den jener gehen soll. Aber VV. 20f sprechen gerade von diesem Gehen : die Aufforderung, auszuziehen von Babel, wird laut; die Führung durch die Öden wird erwähnt. Das Thema des Gehens scheint zur Aufgabe des Gesandten zu gehören. Aber auch VV. 18f haben mit dem Thema des Gehens zu tun. Sie deuten dieses Gehen, diese Leitung Jahwes auf dem Weg, den man gehen soll, gemäß alter Tradition im Sinne der Beobachtung der göttlichen Gebote. V. 22 stellt einen allgemeinen Abschlußsatz dar. Durch den Begriff שלום knüpft er terminologisch und inhaltlich an VV. 18f an.

V. 21

Zur Übersetzung sei nur bemerkt, daß die Perfekta von V. 21a

---

[220] Auch Buber teilt den Text so ein, daß v.16b an die folgenden vv.17-19 angeschlossen wird (vgl. Bücher der Kündung, S. 154f).

präsentisch verstanden wurden[221]. Es mag sich um die Vergegenwärtigung des Auszugsgeschehens handeln, aber sicher im Hinblick
auf das gegenwärtige Geschehen, das an Wundern nicht ärmer als
das alte Geschehen sein soll.

b) *Literarkritik*

V. 16b

Das ועתה hat an dieser Stelle keine adversative Bedeutung zum
Vorhergehenden wie etwa in 43, 1; 44, 1, eher eine bestätigende. Daß
Jahwe geredet, und zwar vom Anfang an geredet hat, zeigt sich daran,
daß der Gesandte auch jetzt ein Wort Jahwes anzukündigen hat. Die
Bezeichnung אדני יהוה ist bei Deuterojesaja nicht üblich; 40, 10 hat
sich als sekundär erwiesen, sekundär ist auch 52, 4, unsicher ist 49, 22;
50, 4-9 gehört zu einer eigenen Gattung. Aber da hier der Prophet
selber redet, ist nicht ausgeschlossen, daß אדני von ihm stammt. Die
Bezeichnung אדני יהוה kennzeichnet die Aussendungstexte 50, 1-9; 61,
1-11, sie hat vielleicht doch solche Texte, in denen der Ausgesandte
selber spricht, geprägt.

Das Verb שלח wird von Deuterojesaja nur in 42, 19a gebraucht
und bezieht sich auf den Boten Jahwes, der in diesem Fall das Volk
Israel meint. Die Bildung שלח רוח begegnet noch in Ri 9, 23 und in
Ps 104, 30 (Pi), wo רוח den Lebensbodem meint. ורוחו als Akkusativ
auf gleicher Ebene mit dem Suffix ־ני zu verstehen[222], macht einige
Schwierigkeit, denn das entspricht nicht dem Stil Deuterojesajas. Man
könnte es parallel zu אדני יהוה als Subjekt ansehen, wie es in der
vorliegenden Übersetzung geschieht; es fehlen freilich im AT Belege
dafür, daß der Geist Jahwes jemanden sendet. Am besten nimmt man
an, ורוחו sei eine spätere Hinzufügung aus 61, 1. Ob der gleiche Interpolator aus 61, 1 auch אדני hinzugefügt hat, bleibt unsicher, ist aber
nicht unwahrscheinlich.

---

[221] So auch Buber, ebd., S. 155, Köhler, Deuterojesaja stilkritisch untersucht, S. 36,
Penna, Isaia, S. 488, und Westermann, Das Buch Jesaja, S. 166.

[222] So Bonnard, Le Second Isaïe, S. 200f, Budde, Das Buch Jesaja, S. 677,
Feldmann, Das Buch Isaias, S. 115, Fischer; Das Buch Isaias, Teil II S. 99, Fohrer,
Das Buch Jesaja, Bd. 3, S. 115, North, The Second Isaiah, S. 181f, Schoors, I am
God your Saviour, S. 279, Westermann, Das Buch Jesaja, S. 162, Ziegler, Isaias,
S. 144. Dahood versteht das Suffix von שלחני als Dativ und das Waw von ורוחו als
ein emphatisches; er übersetzt: „And now the Lord Yahweh sends me his own
Spirit" (vgl. EThL 44 1968, S. 38f).

V. 17

Die doppelte Bezeichnung „dein Erlöser, der Heilige Israels" begegnet als Ergänzung zur Botenformel in 43, 14a, etwas umgestellt in 49, 7a, außerhalb der Botenformel in 41, 14b; 54, 5b. Die Formel אני יהוה אלהיך mit folgendem Partizip kommt in 41, 13 und 51, 15a vor, vgl. noch 43, 3a und 45, 3b. V. 17b weist in seiner Formulierung den deuterojesajanischen Stil auf, wie übrigens auch V. 17a. Mit Ausnahme des Verbs העיל, das nur an den sekundären Stellen 44, 9f; 47, 12; 57, 12 belegt ist, ist uns das Verb למד (Pi) aus 40, 14 und das Verb דרך (Hi) aus 42, 16a bekannt[223].

V. 18

Beginnt mit dem für Deuterojesaja ungewöhnlichen לוא. Einmalig ist innerhalb von Jes 40-53 die Bildung הקשיב למצות, die sonst in Ne 9, 34 begegnet, freilich mit der Präposition אל. Das Verb הקשיב findet sich sonst an der sekundären Stelle 42, 23, wo es ein nicht geschriebenes זאת zusammen mit שמע regieren dürfte; im sekundären 51, 4 ist es mit der Präposition אל konstruiert, in 49, 1aβ wird es absolut gebraucht, aber es könnte ein אלי in Analogie zu 49, 1aα nach sich ziehen.

נהר begegnet im Vergleich sonst nur in 59, 19 und 66, 12; an dieser letzten Stelle ist es wieder mit שלום verbunden. Von „dein Friede" im subjektiven Sinn ist bei Deuterojesaja sonst nicht die Rede (vgl. dazu 54, 13). Von שלום als Werk Jahwes spricht 45, 7, in diesem Sinn ist es vielleicht auch in 48, 22, in 41, 2 und 52, 7 zu verstehen. Bei Deuterojesaja ist ferner von „deine Gerechtigkeit" bzw. „dein Gedeihen" nie die Rede[224]. Zu גל ist 51, 15 (sek.) zu vergleichen.

V. 19

Einmalig ist innerhalb von Jes 40-53 das Wort חול. זרעך begegnet in 43, 5b und 44, 3b, hier zusammen mit צאצאים im Parallelismus.

---

[223] Elliger schreibt v.17 Tritojesaja zu, vor allem wegen des Inhalts, da in diesem Vers der Weg im Unterschied zu Deuterojesaja nicht wirklich, sondern in übertragenem Sinne gemeint ist (vgl. Verhältnis, S. 117f). Sieht man aber v.17 im Zusammenhang mit der Sendung von v.16b und der Aufforderung von v.20, also in Beziehung zum heranbrechenden Heilsgeschehen der Befreiung durch Kyros, die der Prophet verkünden soll, so ist der Weg, von dem hier die Rede ist, doch auch im wirklichen Sinne gemeint, wie bereits bei der Einteilung des Textes hervorgehoben wurde. Vgl. Westermann, der v.17 für echt hält, und ihn auf die Heimkehr des Volkes hindeutet (Das Buch Jesaja, S. 164).

[224] Vgl. dazu 54, 17; 57, 12; 64, 5.

Nur hier im AT findet sich das Wort מעה. Einmalig bei Deuterojesaja
sind ferner die Niphalform von כרת (vgl. 55, 13 und 56, 5) und שׁמד,
dann der Ausdruck מלפני.

Mehr als die Form und der Stil spricht gegen die Autorschaft von
VV. 18-19 der Inhalt. Dieses Zurückschauen auf die Sünde Israels,
das Bedauern, daß es nicht so gegangen ist, wie es hätte geschehen
sollen, passen nicht in die Botschaft des Propheten. Denn sein Blick
ist ganz auf das gerichtet, was Jahwe nun für sein Volk tut. Der
Hinweis auf die Beobachtung der Gebote legt den Akzent mehr auf die
Leistung Israels. Diese Verse erklären sich vielmehr als Deutung des
Ausdrucks von V. 17bβ „auf dem Weg gehen" im Geist der deutero-
nomistischen Theologie[225]. Aber dieser Ausdruck kann sich im vorliegenden Zusammenhang auf den konkreten Weg zur Heimkehr, auf
den VV. 20-21 hinweisen, beziehen.

V. 20

Der Imperativ צאו begegnet im gleichen Sinnzusammenhang nochmal in 52, 11; nicht weiter belegt ist dagegen das Verb ברח, nur in
43, 14 kommt das Substantiv ברח vor. Einmalig ist in Jes 40-53 auch
der Ausdruch קול רנה, den wir sonst in Ps 42, 5; 47, 2; 118, 15 finden,
siehe aber auch 44, 23a; 49, 13a; 51, 11a. Die Bildung השׁמיע זאת
kennen wir bereits aus 45, 21b. Im Sinn von „kund machen" begegnet
das Verb הוציא bei Deuterojesaja nicht mehr; unserer Stelle am
nächsten steht 42, 1.3, wo הוציא das Objekt משׁפט regiert. Der Ausdruck קצה ארץ kommt sonst in 42, 10; 43, 6 und 49, 6 vor. Was
zu verkünden ist, wird in V. 20b angeführt: Erlöst hat Jahwe
seinen Knecht Jakob. Der gleiche Satz, aber ohne das Objekt
„seinen Knecht" ist in 44, 23b belegt; ähnliche Sätze sind in 49, 13b;
52, 9b zu lesen. Im Unterschied zu diesen Texten ist der Satz in
48, 20b kein begründender und wird deswegen auch nicht durch
כי eingeführt; er gehört zur Botschaft selbst. גאל als verbum finitum kommt in 43, 1; 44, 22f; 52, 9 und im sekundären 51, 10b vor.
Jakob wird als „Knecht" bezeichnet in 44, 1a.2b.21a; 45, 4a (sek.).

---

[225] Elliger hält vv.18-19 für tritojesajanisch, und zwar aufgrund des Inhalts (vgl.
Verhältnis, S. 118-123). Ausgehend von einem Vergleich mit Ps 81 bemerkt Westermann
zu diesen Versen: „Wir hätten dann in der Zufügung in Kap. 48 ein Zeugnis dafür,
daß die Worte Deuterojesajas schon bald nach ihrer Entstehung im Gottesdienst der
nachexilischen Gemeinde verlesen wurden" (Das Buch Jesaja, S. 165; vgl. noch Jesaja
48, S. 356, 361). Duhm (Das Buch Jesaja, S. 337f) und Marti (Das Buch Jesaja, S. 325)
sehen v.17 als unecht an. Für die Echtheit äußert sich Volz (Jesaja II, S. 95).

Die Aussage V. 20b ist in sich geschlossen und braucht keine Ergänzung, wie es sich auch in 44, 23b; 49, 13b; 52, 9b zeigt. So beginnt
mit V. 21 eine neue Aussage, die nicht zur Botschaft gehört. Sie
beschreibt in knapper Weise den Vorgang der Heimkehr, was auch
am ansetzenden deiktischen Waw ersichtlich wird.

V. 21

Terminologisch ist nicht viel zu bemerken. Nur hier finden sich bei
Deuterojesaja die Verben בקע und זוב sowie auch die Hiphilform von
נזל (Qal in 45, 8). צמא begegnet wieder in 49, 10, חרבה außer im
sekundären 44, 26 noch in 49, 19; 51, 3; 52, 9, wo es aber die Bedeutung von „Trümmer" hat. In theologischem Bezug wird צור in
44, 8 gebraucht, während es sich in 51, 1 auf Abraham bezieht. Das
poetische למו ist belegt in 43, 8 und in den sekundären Stellen 44, 7b;
44, 15.

Die von Crüsemann angeführten Gründe gegen die Herkunft von
V. 21 aus Deuterojesaja sind nicht überzeugend[226]. Daß die Verben
נזל und זוב nicht mehr vorkommen, bedeutet wegen ihres spezifischen
Sinnes gar nichts. צור wird nicht nur als Bild Gottes, sondern auch
als Bild Abrahams gebraucht, was Crüsemann in 51, 1 übersehen hat.
Daß ferner חרבות stets die Trümmer Jerusalems bezeichnet, ist wahr.
Aber in 49, 19; 51, 3, 52, 9 wird der Begriff durch die nähere Bestimmung ירושלים bzw. (ציון) ־יה präzisiert, er steht also nicht absolut da
wie in 48, 21a. Vor allem aber : wenn Deuterojesaja den neuen Auszug
mit Motiven beschreibt, die dem alten Auszug eigen waren, so heißt
das nicht, daß er den neuen Auszug als Wiederholung des alten versteht. Das ist bei ihm keine Frage, ist ihm nie in den Sinn gekommen.
Denn bei ihm ist entscheidend, daß der jetzige Auszug die *neue*
Heilstat Jahwes für Israel ist, was 43, 19a eben hervorhebt. Dazu
kommt, daß das Motiv des Wassers, durch das Jahwe sein erlöstes
Volk tränkt, ein Lieblingsmotiv, ja vielleicht ein strukturbildendes
Motiv der deuterojesajanischen Schrift ist. Wir finden es in 41, 17-20
am Anfang, in 43, 16-21 und 44, 1-5 in der Mitte, weiterhin in 49, 10
am Schluß. Warum sollte es an einer so wichtigen Stelle wie 48, 20f
fehlen, die thematisch und formal einen gewissen Abschluß der deuterojesajanischen Schrift darstellt? Das ist wirklich nicht anzunehmen,
wenn man ferner bedenkt, daß das Motiv des Wassers direkt oder

---

[226] Vgl. Crüsemann, Studien zur Formgeschichte von Hymnus und Danklied in
Israel, S. 50 Anm. 2.

indirekt mit dem Thema der Befreiung aus der Gefangenschaft und des Wüstenzuges als dessen Ausmalung eng verbunden ist[227].

V. 22

In V. 22 findet sich mitten im Satz ein Bruchstück der Botenformel. Der einzige Fall, in dem Deuterojesaja diese Formel in dieser Weise gebraucht, ist 41, 21 (vgl. 40, 25). Hier folgt sie einem Imperativ und das Verb ist im Imperfekt; das gleiche ist im sekundären 40, 1 festzustellen; im sekundären 45, 13bβ ist das Verb im Perfekt. All diese drei Texte unterscheiden sich von 48, 22 aber dadurch, daß in ihnen eigentlich die gebrochene Botenformel an sich am Ende und nicht genau in der Mitte steht. Beide Formen gehören zum Stil des hebräischen Satzbaus[228]. Das Wort רשע wird von Deuterojesaja sonst nie verwendet (vgl. 53, 9). Es gehört nicht in seine Botschaft. Er teilt das Volk Israel nicht in zwei Gruppen; im Gegenteil, er wendet sich in der Stunde des neuen Heilsgeschehens an das ganze Israel, denn für Israel in seiner Ganzheit handelt nun Jahwe. V. 22 stammt aus der Hand eines späteren Ordners der prophetischen Schrift Jes 40-66. Das Vorkommen des Begriffes שלום in V. 18 und V. 22 ist kein zureichender Grund um anzunehmen, daß V. 22 auf den Interpolator von VV. 18-19 zurückgeht. Mit Duhm[229] können wir annehmen, daß durch diesen Satz, der noch einmal in 57, 21 vorkommt, die prophetische Schrift in drei gleiche Teile gegliedert wurde.

Erweisen sich VV. 20-21 hauptsächlich wegen ihrer Thematik und wegen ihrer Funktion als Abschlußbotschaft als echt deuterojesajanisch, dann bleibt als Urtext:

V. 16b   Siehe! Jetzt hat mich Jahwe gesandt!

V. 17   So spricht Jahwe, dein Erlöser, der Heilige Israels:
         Ich Jahwe, dein Gott, belehre dich dir zunutz,
         lasse dich treten auf dem Weg, den du gehen sollst!

V. 20   Ziehet aus von Babel, fliehet weg von den Chaldäern!
         Mit Jubelschall verkündet es, lasset dies hören,
         tragt es hinaus bis an den Rand der Erde,
         sprechet: Erlöst hat Jahwe seinen Knecht Jakob!

V. 21   Siehe! Nicht dürsten sie in den Öden, durch die er sie gehen läßt!
         Wasser vom Felsen läßt er ihnen fließen,
         da spaltet er den Felsen und die Wasser strömen!

---

[227] Vgl. 41, 18f; 43, 19b.20b; 49, 9-11.
[228] Vgl. Brockelmann, Hebräische Syntax, S. 164 §175.
[229] Vgl. Duhm, Das Buch Jesaja, S. 339, Marti, Das Buch Jesaja, S. 326.

c) *Form- und Gattungskritik zu 48, 16b-17.20-21*

Die Annahme der literarkritischen Einheit des vorliegenden Textes geht aus inhaltlichen Erwägungen hervor. Der Prophet teilt aufgrund der ihm zugewiesenen Sendung das Wort Jahwes mit, daß er sein Volk auf dem für es bestimmten Weg treten läßt. Daraufhin fordert der Prophet das Volk auf, auszuziehen aus Babel und Jahwes Heils-werk in der ganzen Welt zu verkünden: Jahwe hat seinen Knecht Jakob erlöst! Er beschreibt schließlich die Erlösungstat durch das Bild der wunderbaren Tränkung in der Wüste, die ihm als besonderes Zeichen der Macht und Güte Jahwes gilt. Diesem Inhalt entsprechend ist der Text in zwei Teile zu gliedern. Der erste umfaßt die Verse 16b-17, der zweite die Verse 20-21. Im ersten Teil ist zusammen mit dem einleitenden Wort des Propheten Jahwes Wort enthalten, im zweiten spricht wieder der Prophet. Unter metrischem Gesichtspunkt ist der Text in drei Strophen einzuteilen. Die Akzente sind nach Ver-bindung von צאו־מבבל und בקול־רנה in V. 20, von ולא־צמאו in V. 21 mit maqqef folgendermaßen verteilt:

V. 16b	3
V. 17a	3+2
V. 17bα	3+2
V. 17bβ	3
V. 20aα	3
V. 20aβ	2+2
V. 20aγ	3
V. 20b	3+2
V. 21aα	3
V. 21aβ	2+2
V. 21b	3

Zu beachten ist die rhythmische Bezugnahme der Stiche, die kon-zentrische Struktur aufweist. Die entscheidende Botschaft, daß Jahwe Jakob erlöst hat, steht im Rahmen der zweiten und dritten Strophe genau in der Mitte und hebt sich unter den umliegenden Stichen rhythmisch durch einen Akzent mehr hervor. Wenn wir V. 20b als Teil der zweiten Strophe herausnehmen und in die Mitte stellen, so zeigt sich, daß Anfang und Schluß jeder Strophe durch die Akzent-zahl 3 gekennzeichnet ist. All das läßt an eine bis ins Einzelne durch-dachte Komposition denken.

Die einzelnen Teile des Textes weisen eine eigene Form auf. In der ersten Strophe ist das dreifache Vorkommen des Namens Jahwes zu

beachten: יהוה ist das grammatische Subjekt, um das herum alle
anderen Satzglieder, verba finita und Appositionen, kreisen. Botenformel und Selbstvorstellungsformel bilden den Kern dieser Strophe.
Die Struktur von V. 20 ist mit den drei Paaren von Imperativen
gegeben; das erste Paar (ziehet aus, fliehet weg) kommt im ersten
Stichus, das zweite im zweiten Stichus vor, das dritte Paar ist auf
den dritten und vierten Stichus verteilt. Mit Ausnahme des zweiten
Stichus setzen die anderen Stiche mit dem Imperativ ein. Es ist zu
beachten, daß die Imperative in der zweiten Person Plural formuliert
sind, während der entscheidende, zu verkündende Satz von V. 20b
das Ihr des Volkes in den Singular „seinen Knecht Jakob" subsumiert.
So hat die Bemerkung Crüsemanns: „in V. 20b ist Jahwe Subjekt,
vom Volk ist im sg. die Rede; in V. 21aα ist das Volk im Plural
Subjekt..."[230] literarkritisch nichts zu bedeuten. Denn dieser Stilwechsel ist bereits innerhalb von V. 20 festzustellen.

Eine eigene Struktur zeigt auch V. 21. Seine stilistische Ausgegli-
chenheit ist in der Abwechslung Plural, Singular, Singular, Plural in
der Formulierung der Verben zu sehen, ferner im chiastischen Aufbau
von V. 21aγb durch die Worte מים und צור. Eine Verbindungslinie
zwischen der ersten und der zweiten Strophe könnte man in den
Namen ישראל einerseits und יעקב anderseits erblicken bzw. in גאל, das
beide Namen begleitet; eine Verbindungslinie zwischen der ersten und
der dritten Strophe könnte das Verb הלך bilden.

Die Tatsache, daß jede Strophe eine eigene formale Struktur und
eigenen Inhalt aufweist, läßt an drei verschiedene Gattungen denken,
die zu einer Einheit verschmolzen worden sind. Wir dürfen zunächst
auf das Einzelne eingehen. V. 16b, dessen Kern wir für echt halten,
hat offensichtlich die Funktion, V. 17 einzuführen[231]. Der Redende
spricht über sich selbst und sagt, Jahwe habe ihn gesandt. Wir dürfen
erwarten, daß das in V. 17 mitgeteilte Wort Jahwes in sachlichem
Bezug zum Selbstvorstellungswort des Propheten steht und etwas über
seine Sendung offenbart. Die Botenformel von V. 17a, die dem Selbstvorstellungswort des Propheten unmittelbar folgt, ist noch Wort des
Propheten. Im Aussprechen dieser Formel fungiert der Prophet als
der Gesandte Jahwes; in ihr konkretisiert sich das יהוה שלחני von
V. 16b. Das Wort Jahwes besteht ganz aus der durch zwei partizipiale

[230] Vgl. Crüsemann, Studien zur Formgeschichte von Hymnus und Danklied in
Israel, S. 50 Anm. 2.
[231] Vgl. Elliger, Verhältnis, S. 215, 254.

Satzbildungen erweiterten Selbstvorstellungsformel und richtet sich, wie der Sinnzusammenhang nahelegt, an das Volk Israel, das im Einklang mit dem Du der Botenformel (גאלך) weiterhin mit Du angeredet wird. Jahwe sagt von sich, er belehre Israel ihm zunutz und er lasse es auf dem Weg treten, den es gehen soll. In diesen zwei Aussagen wird die ganze Botschaft und Sendung des Propheten zusammengefaßt. Durch den Propheten hat Jahwe Israel darüber belehrt, daß er der Schöpfer der Welt und der Lenker der Geschichte, der einzige wahre Gott ist, daß er als solcher in der Geschichte wirken kann und wirkt, daß er also sein Volk retten will und zu retten vermag. Durch den Propheten fordert Jahwe ferner sein Volk auf, aus Babel auszuziehen (48, 20f; 52, 11f), nachdem er es seines tatkräftigen Eingreifens im Hinblick auf die Befreiung und Heimkehr versichert hat[232]. Wir haben also Grund zu vermuten, daß das Wort Jahwes sachlich mit dem Wort des Propheten über sich selbst eng verbunden ist, daß das eine das andere verdeutlichen und ausweisen will.

Wenn diese Beobachtungen stimmen, können wir besser verstehen, warum der Prophet plötzlich von sich spricht und warum er es gerade an dieser Stelle tut. Das Wort VV. 16b-17 als Ganzes ist eine Art Selbstausweis des Propheten aufgrund eines göttlichen Wortes, das selber ein das Tun Jahwes an Israel umreißender Selbstausweis ist. Als schriftlicher Text stellt dieses Wort eine Art Unterschrift dar, die den Zweck hat, die Sammlung der schriftlich fixierten Worte, die der Prophet selber angefertigt hat, abzuschließen und in gewisser Hinsicht zu legitimieren. Den Sitz im Leben des Textes können wir im Anliegen Deuterojesajas sehen, sich selber als echten, von Jahwe ausgesandten Propheten auszuweisen und gleichzeitig seiner Schrift als Sammlung echter Jahweworte Autorität zu verleihen.

Es darf nicht übersehen werden, daß das Wort Jahwes V. 17b sich nicht an den Propheten richtet. Zur Begründung der eigenen Sendung führt der Prophet ein Wort Jahwes an, das keinen direkten Bezug auf seine Person nimmt. Das gehört zum Stil Deuterojesajas, der nicht dazu neigt, über sich selbst zu berichten, und in diesem sozusagen ersten Teil seiner Schrift sonst kein Wort über sich selbst verliert, der ja seine Worte fast durchgehend als Worte Jahwes formuliert. Wenn wir bedenken, welches Gewicht die Geschichte als Offenbarungswort Jahwes für Deuterojesaja hat, dann verstehen wir vielleicht besser

---

[232] Vgl. 41, 8-16.17-20; 42, 14-16; 43, 1-7.16-21; 45, 11-13; 46, 1-4; 48, 6b-7a.14-16a; 49, 7-12; 51, 22f; 52, 8.

den Grund seiner Zurückhaltung. Wir dürfen als Möglichkeit die Annahme aussprechen : er redet nicht viel über sich, weil er sich nicht für einen solchen Propheten hält, wie seine Vorgänger es waren, welche Jahwe persönlich und direkt berufen hatte. Deuterojesaja hat sich als Berufenen entdeckt in dem Augenblick, als er im Kyros-Geschehen Jahwe am Werk sah. Als er begann, die Ereignisse als Ausdruck des göttlichen Eingreifens zur Errettung Israels zu betrachten und zu deuten, begann er sich auch zur Auffassung durchzuringen, es sei sein Auftrag von Jahwe her, sein Verständnis der Ereignisse als Heilswort Jahwes an Israel mitzuteilen, von Kyros als dem Mann Jahwes zu reden und seinem Sieg die neue Erlösungstat Jahwes für Israel aufzuzeigen. Vielleicht erst durch die Betrachtung und die Deutung der Geschichte gelang er zur Einsicht der eigenen Berufung. War anderseits die damalige Geschichte Offenbarung des Heilswillens und der Heilsmacht Jahwes, so blieb in der Erfahrung des Propheten kein Platz für die eigene Person. Er verstand sich selbst als bloßen Vermittler des göttlichen Wortes; durch seinen Dienst sollte Israel wieder zu seinem Gott umkehren können.

Es soll nun einiges speziell zu V. 20 gesagt werden. Mag V. 20aα gattungskritisch auch nicht zu V. 20aβγb gehören, wie Crüsemann betont [233], so heißt das nicht, daß V. 20aα literarkritisch gesehen unecht ist. Dieser Vers ist vom Thema her im Zusammenhang gut verankert, wenn wir annehmen, daß der Weg, der zu gehen ist (V. 17b), weg von Babel in die Heimat führt (V. 20aα). Anderseits hätte die Kunde, daß Jahwe seinen Knecht erlöst hat, keinen Sinn, wäre der Weg zur Heimkehr nicht frei geworden. Es ist daher ratsam, V. 20aα aufgrund seiner literarischen Zugehörigkeit zu V. 20aβγb mit in die gattungskritischen Überlegungen einzubeziehen. Es darf deswegen nach der Gattung des ganzen V. 20 gefragt werden. Mit Recht lehnt Crüsemann die Bezeichnung Westermanns ab, 48, 20-21 sei ein eschatologisches Loblied [234]. Das geht allein daraus hervor, daß in V. 20 der Aufruf zum Lob und die Begründung dazu fehlen. Es spricht ferner nichts dafür, daß durch die Imperative die Angeredeten zu einem Responsorium, einer Antwort im Loblied aufgerufen werden. Stattdessen liegt der Aufruf vor, der ganzen Welt zu verkünden, daß Jahwe seinen Knecht erlöst hat. Crüsemann hebt den Unterschied von V. 20 zu den imperativischen Hymnen Jes 49, 13; 52, 9; 44, 23

---

[233] Vgl. Crüsemann, ebd., S. 51.
[234] Vgl. Crüsemann, ebd., S. 51 Anm. 3.

hervor und schließt : „Aus dem Gotteslob ist eine lobende Verkündigung geworden, ein Ausrufen der Tat vor anderen Völkern, vor der Welt"[235]. Er bezeichnet die Gattung von V. 20 als eine Heroldsinstruktion, denn „hier ist speziell und betontermaßen an öffentliche Kundgabe gedacht"[236]. Man kann mit ihm einverstanden sein, auch wenn Zweifel bestehen, ob alle von ihm angeführten Texte als Heroldsinstruktionen anzusehen sind, ja ob es wirklich eine solche Gattung als feste Größe gegeben hat. Auf jeden Fall stimmt es, daß die Israeliten in 48, 20 aufgefordert werden, die Botschaft von der Erlösungstat Jahwes in die Welt zu bringen. Das Volk Israel wird zum Boten Jahwes, was 42, 19a ausdrücklich sagt.

Crüsemann geht aber nicht weiter auf 48, 20 ein. Es ist zu fragen, was der Aufruf zur Ankündigung der Heilstat Jahwes an die Welt bedeutet. Die Welt ist sozusagen an der Heilstat beteiligt, insofern sich die Rückkehr und die Wiedervereinigung des verstreuten Volkes „vom Erdenrand" vollziehen (43, 6). Es dürfte aber nicht abwegig sein zu vermuten, daß die Welt auch aus einem anderen Grund an der Heilstat beteiligt ist. Mit dem Fall Babylons sind die Mächtigsten unter den Göttern der Welt gefallen (vgl. 46, 1f). Es hat sich dabei erwiesen, daß es außer Jahwe keinen Gott und Erretter gibt. Im Kyros-Geschehen hat sich Jahwe nicht nur Israel, sondern auch der ganzen Welt als den einzigen Gott und Retter geoffenbart. Die Heilstat bekannt zu machen, heißt also, Jahwe selbst als diesen einzigen Gott und Retter bekannt zu machen. Die Heilstat der Welt zu verkünden, bedeutet, Zeugnis von dieser Wahrheit abzulegen. Man könnte vielleicht sagen : diese Kundgabe hat etwas Missionarisches an sich, sie bahnt Jahwe den Weg zu den Völkern, sie öffnet den Völkern den Weg zu Jahwe. Angesichts dieser Tatsache, die die folgenden Texte 49, 1-6.7-13.14-26 bestätigen — die Völker werden hier in das Heilswerk Jahwes einbezogen —[237], darf man an sich nicht bloß von „Heroldsinstruktion" sprechen[238]. Das zu verkündende Wort, die Botschaft von der Heilstat, ist nicht ein Element unter anderen, sondern das Entscheidende, aus dem der Aufruf zum Verkünden seinen Sinn erhält. Warum sollen die Israeliten verkünden,

---

[235] Vgl. Crüsemann, ebd., S. 52.

[236] Vgl. Crüsemann, ebd., S. 53 Anm. 1.

[237] Der Umstand, daß 49, 1-26 thematisch auf die Völker schaut und damit das in 48, 20 keimhaft Gesagte entfaltet, kann zum Verständnis des redaktionsgeschichtlichen Zusammenhangs dieses Kapitels zum Vorhergehenden beitragen.

[238] So Crüsemann, ebd., S. 53 Anm. 1.

wenn nicht deswegen, weil Jahwe sie erlöst und diese Erlösung für die
ganze Welt Bedeutung hat? Die Instruktion zu verkünden entsteht
aus dem Bewußtsein von der Bedeutung des Heilsgeschehens und hat
im Heilsgeschehen selbst ihren einzigen Grund. Der Prophet fordert
die Israeliten auf, die Heilstat der Welt zu verkünden, weil er von
ihrer allumfassenden Tragweite weiß. Der Aufruf, von Babel auszuziehen, zeigt uns, daß es ihm wirklich auf das Geschehen ankommt,
und bestätigt uns in der Annahme, daß dieses Geschehen die eigentliche Grundlage des Verkündigungswortes von der Erlösung ist. Wir
können also wohl von Heroldsinstruktion sprechen, wenn wir dabei
aber nicht vergessen, daß zu dieser Instruktion der Aufruf zum Ausziehen gehört und daß das zu verkündende Heilsgeschehen die eigentliche Mitte dieser Gattung ist.

Sie weist folgende Struktur auf: Aufruf auszuziehen und Aufruf
zu verkünden mit Angabe des zu verkündenden Wortes. Dieses steht
am Schluß und bildet die eigentliche Pointe des Ganzen. Es besteht
ein Zusammenhang zwischen dem Aufruf auszuziehen, und dem Aufruf, dieses Wort zu sprechen. Die Wahrheit dieses Wortes erweist
sich im Geschehen des Auszuges. Vielleicht ist es sogar so gedacht,
daß jenes Wort bereits beim Ausziehen gesprochen werden soll. Die
Instruktion würde also ein Tun und ein Sprechen betreffen. Die Aufforderung, den Satz von der Erlösungstat Jahwes zu verkünden, steht
zur Aufforderung, von Babel auszuziehen, wie ein Deutewort zu einer
Handlung. Angesichts der engen Verbundenheit zwischen V. 20aα und
V. 20b und der eigenen Topik, die V. 20 als Ganzes aufweist, ist es in
bezug auf die Form von V. 20b vielleicht doch angebracht, nicht an
einen formgeschichtlichen Zusammenhang mit den imperativischen
Hymnen zu denken, wie es Crüsemann tut[239]. In ihnen ist der Aufruf
zum Lobpreis doch das wesentliche Element[240]. Mag dieser Satz der
Form nach (Formulierung im Perfekt, Verb oft an der Spitze des
Satzes, Jahwe als Subjekt, vgl. Ex 15, 21b) dem Durchführungs- bzw.
Begründungssatz der imperativischen Hymnen nachgebildet sein, so
erfüllt er in 48, 20 eine andere Funktion. Er besagt, daß Jahwe sein
Wort, durch das er Israel seines Eingreifens und Beistandes versichert
hat (vgl. 43, 1; 44, 22), Wirklichkeit werden ließ — was sich am
Geschehen des jetzigen Auszuges und dessen Verkündigung zeigt.

---

[239] Vgl. Crüsemann, ebd., S. 51f, 54.
[240] Vgl. Ps 9, 12f; 22, 24f; 33, 3-5; 47, 3-8; 66, 2f; 96, 2-4.10; 98, 1-3; 100, 4f; 117, 1f;
135, 3f; Jer 20, 13; Dt 32, 43. Vgl. Crüsemann, ebd., S. 80-82.

Dann wird auch der imperativische Stil, und zwar das wiederholte Vorkommen gleichbedeutender Imperative einleuchtend. Dieser Stil erklärt sich nicht unbedingt aus der Übernahme der Form der imperativischen Hymnen. Ihrer bedient sich der Prophet, weil das für ihn das beste Mittel ist, auf die Erfüllung des göttlichen Wortes im Jetzt aufmerksam zu machen. Jahwe hat Jakob erlöst: das sollen die Israeliten gleich im Ausziehen und im Verkündigen offenkundig machen. Daß es der Prophet ist, der zum Ausziehen und zum Verkündigen auffordert, wird nun auch verständlich. Denn er ist der erste Zeuge der Heilstat Jahwes (vgl. 43, 10a), der erste, der im Kyros-Geschehen Jahwes Heilswerk für Israel erblickt hatte. Als solcher ist auch er der Sprecher und Vermittler Jahwes bei seinem Volk.

Nach alldem hat man Grund zu vermuten, daß es bei 48, 20 eigentlich nicht um eine besondere Gattung geht, zumal sich keine entsprechende Vergleichstexte finden lassen. Jes 62, 10f scheint mehr eine Nachbildung von deuterojesajanischen Texten zu sein als ein anderes Zeugnis dieser Gattung[241]; die Heroldsbotschaft von V. 11aβ schließt nicht so eng an die Imperative von V. 10, wie es in 48, 20 der Fall ist. Man kann daher doch von einer eigenen Bildung Deuterojesajas sprechen, bei der die hergebrachte Form des imperativischen Hymnus vorkommt, aber doch keine entscheidende Rolle spielt.

Der Einfachheit halber ist V. 21 bis jetzt außer acht geblieben. Er bildet eine Einheit mit V. 20, auch wenn er sich von V. 20 formal unterscheidet. Zur Botschaft von V. 20b gehört V. 21 nicht, nicht nur weil der Satz V. 20b in sich vollendet ist[242], sondern weil er etwas über die Ausziehenden und Verkündenden sagt und deswegen in ihre Botschaft selbst nicht passen kann. Die Einheit mit V. 20 geht daraus hervor, daß V. 21 inhaltlich durch das Motiv des Gehens durch die Wüste Bezug auf V. 20aα nimmt. In diesen beschreibenden Worten gibt der Prophet seinem festen Vertrauen Ausdruck, daß Jahwe die Durchziehenden in wunderbarer Weise führen wird, ohne daß sie etwas zu leiden haben. Die Perfekta wären also perfekta confidentiae. Dem Aufruf zum Ausziehen und zum Verkünden läßt der Prophet

---

[241] Vgl. Muilenburg, The Book of Isaiah Chapters 40-66, S. 722, Westermann, Das Buch Jesaja, S. 301. Kissane erwähnt u.a. auch 48, 20 (vgl. The Book of Isaiah, Vol. II, S. 283). So auch Penna, Isaia, S. 599. Vgl. Duhm, Das Buch Jesaja, S. 432.
[242] Vgl. 44, 23b; 49, 13b; 52, 9b.

ein Versicherungswort folgen, wodurch die Größe der göttlichen Heilstat hervorgehoben werden soll.

V. 21 kann aber anders gedeutet werden. Man könnte in ihm das Wort der stauenden Völker sehen, die Hörer der Botschaft und Zeugen des Heilsgeschehens sind; der bis an den Erdenrand hinausgetragenen Kunde von der Heilstat würden sie kommentierend und ergänzend antworten, indem sie berichten, was sie sehen: wie Jahwe die Befreiten und Heimkehrenden schützt und versorgt. So wären diese Worte letztlich ein Lobpreis Jahwes, ein Zeichen dafür, daß das durch die Kunde abgelegte Zeugnis angenommen worden ist. In diesem Sinn würde V. 21 den „missionarischen" Charakter von V. 20 bestätigen. Diese Deutung dürfte nicht abwegig sein, wenn man bedenkt, daß nach Deuterojesaja die Völker Zeugen des Heilsgeschehens sind, siehe 52, 10. Wenn das stimmt, dann hätte man in 48, 20-21 im ganzen wohl mit einer responsorialen Struktur zu tun. Der eine Sprecher erfüllt seine Rolle durch Aufrufen und Instruieren, darauf antwortet der Chor von Dritten und berichtet, wie sich das Heilsgeschehen vollendet. Die gleiche Struktur liegt vermutlich etwa in Jer 31, 10-12 vor; der Instruktion durch den Sprecher V. 10 dürfte in VV. 11-12 die bejahende und beschreibende Antwort der Völker folgen. Sie wird durch כי eingeleitet, das Verb im Perfekt steht an der Spitze des Satzes. Zu vergleichen ist auch Jer 50, 2-3, wo V. 3 ebenfalls zur Antwort der Gemeinde gehören dürfte. So verstanden würde 48, 20-21 den Charakter einer responsorialen Darstellung erhalten. Der Prophet hätte sie u.a. auch im Hinblick auf die gottesdienstliche Verkündigung oder sogar Vergegenwärtigung des Heilsgeschehens im Rahmen der versammelten Gemeinde vorschauend und vorausnehmend verfassen können. Seine Stellung als Abschluß einer Sammlung oder sogar mehrerer Sammlungen prophetischer Worte, die vermutlich für die versammelte Gemeinde bestimmt waren, kann diese seine Eigenart und Ortung nahelegen. Ist aber V. 21 tatsächlich als Antwort der Völker gedacht, so erhält 48, 20-21 als Ganzes in Analogie zu den imperativischen Hymnen den Charakter eines regelrechten Hymnus und als solcher schließt es seiner Funktion entsprechend die Sammlung 45, 18-48, 16a ab. Ist doch ein wesentliches Element dieser Hymnen, daß der perfektische Satz zur Durchführung und nicht zur Begründung gehört. Freilich ist nicht V. 20b strukturgemäß als eine solche Durchführung angesehen, sondern V. 21, und dieser wird nicht gerade durch כי als durch Waw eingeleitet — was aber wegen des deiktischen Charakters dieses Waw keine wesentliche Änderung darstellen dürfte.

Zum Schluß soll ein Wort über die Gattung von 48, 16b-17.20-21 als Ganzem gesagt werden. Wenn man annimmt, daß VV. 20-21 ihren Sitz in der Verkündigung des Propheten im Rahmen der gottesdienstlichen Versammlung haben, dann sind auch VV. 16b-17 in diesen Rahmen einzufügen. Sie gewähren uns Einblick in den Vorgang der prophetischen Verkündigung. Der Prophet stellt sich der Gemeinde vor als der Gesandte Jahwes in der Stunde, da sich der göttliche Heilsplan realisiert. Er teilt ihr das göttliche Wort mit, durch das sich Jahwe als der Gott dieser Gemeinde vorstellt, der da ist, sie zu belehren und sie auf dem ihr zugewiesenen Weg zu leiten. Daraufhin bekundet er in hymnischer Darstellung die Vollendung des göttlichen Heilsplanes; er fordert die Versammelten auf, von Babel weg aufzubrechen und die Kunde vom Heilsgeschehen in der ganzen Welt zu verbreiten, und er läßt die Völker als Zeugen der wunderbaren Heimkehr auftreten und antworten. Spiegelt sich im vorliegenden Text dieser Vorgang prophetischer Verkündigung wider, so können wir von einer eigentlichen literarischen Gattung nicht sprechen. Der Text verweist aber auf die Mitte, in der Deuterojesaja aufgetreten ist. Diese Mitte wäre die gottesdienstliche Versammlung der israelitischen Gemeinde. Der zum Hören des göttlichen Wortes versammelten Gemeinde hat der Prophet Jahwes Heilswort zu jener Stunde mündlich, dann aber schriftlich zum weiteren Nachdenken mitgeteilt. Es waren offensichtlich kurz und knapp formulierte Heilsworte. Abschließend hat er in hymnischer Weise das Heilsgeschehen als vollendet vergegenwärtigt und gefeiert, es sogar in seiner universalen Tragweite hervorgehoben. Mag er sich bei der Formung seiner Worte an manche kultische Traditionen angelehnt haben, wie in unserem Fall etwa an die Form des imperativischen Hymnus, so war sein Blick doch aufs stärkste auf das Heilsgeschehen in seinem geschichtlichen Vollzug als erneutem Erweis von Jahwes Heilswille und -macht gerichtet. Und es ist gerade dieses Moment, das den von ihm verwendeten Formen und Gattungen ihre einmalige, unwiederholbare Prägung gibt, das ja die Formen und Gattungen in ihrer Enge sprengt und überspringt zu einem aktuellen und ganz persönlichen Wort.

d) *Form- und Gattungskritik zu 48, 18-19*

VV. 18-19 fügen sich rhythmisch gut in den Zusammenhang. V. 18a bildet mit V. 17bβ einen einzigen Stichus mit 3 + 3 bzw. 3 + 2 Akzenten, wenn man לוא־הקשבת mit maqqef verbindet; VV. 18b.19a weisen

3+3, V. 19b 2+2 Akzente auf. Deutlich ist auch die Struktur dieser Stiche: V. 18a Protasis, VV. 18b.19a Apodosis, V. 19b Abschluß. Zu beachten ist der einheitliche Aufbau des mittleren Teils, ferner die durchdachte Verteilung der Begriffe. In V. 18b liegen die abstrakten Begriffe „Friede" und „Gedeihen" vor, in V. 19a die konkret metaphorischen Begriffe „Same" und „Sprößlinge des Leibes". Der Verfasser der Verse scheint eine gepflegte Sprache zu haben. Sein Stil ist rhetorisch, wie das לוא zu Beginn, der einheitliche Aufbau der mittleren Sätze und die doppelte Negation zum Schluß beweisen.

Stil und Inhalt sprechen für den paränetischen Zweck dieser Verse. Ausgehend vom göttlichen Wort von der Führung auf dem zu gehenden Weg V. 17b deuten sie auf die Beobachtung der Gebote als Bedingung für den Frieden und für die zahlreiche Nachkommenschaft hin und zeigen in der Übertretung der Gebote den Grund jeden Unheils. Man merkt, was die Verse erreichen wollen: sie erklären, warum das Unheil kam, und ermahnen gleichzeitig zur Haltung der Gebote. Sie haben ihren Sitz im Leben in der Paränese. Das zeigt uns, daß die deuterojesajanische Schrift auch zu paränetischen Zwecken verwendet wurde, daß sie also im Rahmen der versammelten Gemeinde vorgelesen und gedeutet wurde[243]. Spuren dieser Verwendung finden sich auch sonst innerhalb von Jes 40-48, so etwa im sekundären Text von 42, 18-25 und in 43, 23-24.25[244].

---

[243] Vgl. Westermann, Das Buch Jesaja, S. 165. In seinem Aufsatz „Jesaja 48 und die ‚Bezeugung gegen Israel' "(Festschrift T. C. Vriezen 1966) bringt Westermann vv.18-19 im Zusammenhang mit den Zufügungen in 48, 1-11 (vv.1bγ.4.5b.7b.8b-10). Er sieht darin das Ziel der Bußpredigt, nämlich den Ruf zur Wandlung. Aus dem Vergleich mit Ps 81, in dem sich an ein Heilsorakel (vv. 6b-8) eine Mahnrede (v.9) anschließt und eine Proklamation des ersten Gottesgebotes, kommt er zu einem erwägenswerten Schluß. Er hält Ps 81 für einen gottesdienstlichen Text. Er bemerkt zunächst: „Entscheidend ist, daß in beiden Texten (Ps 81 und Jes 48, 1-11*.18-19) der ganz auffällig übereinstimmende Schlußteil, der Mahnung und Segensverheißung einschließende Wunsch (der als Schlußteil den gottesdienstlichen Segen voraussetzt), eine Buß- und Mahnrede abschließt, in der Israel seine Sünden gegen Gottes Gebote vorgehalten werden und auf Gottes Gericht gewiesen wird, das aber doch noch für die Buße Raum läßt" (vgl. ebd., S. 362). Er kommt dann zum Schluß: „Die Zufügung in Kap. 48 kann dann von dem gottesdienstlichen Gebrauch einer an ein an die Gemeinde ergehendes Heilsorakel anschließenden Mahn- und Bußrede, wie sie in Ps 81 in stilisierter Form bezeugt ist, gesehen werden" (ebd., S. 362). Nach Westermann spiegelt diese Zufügung wahrscheinlich einen wirklichen gottesdienstlichen Vorgang und ist ein Zeugnis dafür, daß die Worte Deuterojesajas im Gottesdienst der nachexilischen Gemeinde verlesen wurden (vgl. Das Buch Jesaja, S. 165).

[244] Zu 48, 1-22 vgl. Schmitt, Prophetie und Schultheologie im Deuterojesaja. Beobachtungen zur Redaktionsgeschichte von Jes 40-55, ZAW 91 1972, S. 43-61. Dieser Beitrag konnte hier nicht mehr verarbeitet werden.

Zusammenfassung der Analyse von 48, 1-22

Auf Deuterojesaja gehen folgende Einheiten zurück :

1) 48, 1a.3.6aβ.6b-7a.11
2) 48, 12-16aβγ
3) 48, 16b (ohne אדני und ורוחו).17.20-21.

Die Einheit 1) gelangte zur Jetzt-Gestalt durch eine dreifache Bearbeitung. Der weisheitlichen Überlegung über die Götzenherstellung (vgl. 40, 18-20; 41, 6f; 44, 14-18a.19.20bα; 45, 20b; 46, 6f) sind VV. 5. 6aα.7b zuzuschreiben. Aus einer kultisch orientierten Bearbeitung (vgl. 43, 23-25.28a; 44, 26bβ.28b) stammen nachträglich VV. 1baβ.2.9; schließlich kamen die auf das Gesetz ausgerichteten VV. 1bγ.4.8.10 hinzu (vgl. 42, 19b.21.22aα.23.24bβγ.25). All diese Bearbeitungen setzen das Bestehen der deuterojesajanischen Schrift Jes 40, 12-48, 21 voraus.

Die Ergänzung in der Einheit 2) durch V. 16aα geht auf den Redaktor zurück, der 45, 18*.19.20a.21; 46, 1-4.5.8a.9-11; 46, 12f; 47; 48, 1-11.12-15.16aβ.16b-17.20f zusammengestellt hat oder auch auf Deuterojesaja selbst.

Die bedeutendste Ergänzung in der Einheit 3) liegt in VV. 18-19 vor. Sie dürften zu der auf das Gesetz ausgerichteten Bearbeitung gehören und gleichzeitig mit VV. 1bγ.4.8.10 eingebaut worden sein. Als spätere Hinzufügungen sind in V. 16b אדני und ורוחו (aus Jes 61, 1?) anzusehen, ferner der weisheitliche Vers 22.

Gattungsmäßig ist die Einheit 1) als ein Mahnwort zu bezeichnen; die erste Bearbeitung (VV. 5.6aα.7b) hat es zu einer Bestreitung, die dritte (VV. 1bγ.4.8.10) zu einem Scheltwort verwandelt.

Die Einheit 2) weist verschiedene Elemente auf. Sie beginnt mit einer Ermahnung zum Hören, der eine Selbstprädikation Jahwes folgt (V. 12). Selbstoffenbarende Worte sind im folgenden mit Elementen der Gerichtsrede und der Bestreitung verbunden. Für einen Selbstausweis des Propheten aufgrund des göttlichen Wortes ist 48, 16b*.17 zu halten.

In 48, 20f können wir eine responsoriale Liturgie sehen, deren Elemente die Heroldsinstruktion und der Hymnus sind. Paränetischen Charakter weisen schließlich die sekundären VV. 18-19 auf.

KAPITEL VI

JES 40-48

A. *Die Redaktionsgeschichte von Jes 40-48*

Wie sich aus der Analyse ergeben hat, gehen auf Deuterojesaja folgende Texte zurück:

40, 12-16.17; 40, 21-26; 40, 27-31.

41, 1-4; 41, 8aα.8b.10a.11a.11b.12a.12b.13.14.15 (ohne חרוץ).16; 41, 17-20; 41, 21-24a; 25-29a.

42, 5aα (nur die Botenformel).6a.6b (ohne לאור גוים).7-8aβ; 42, 9.11.13-16aα (ohne das erste לא ידעו).16aβ.16b; 42, 19a.20.22aβγ.22b.24a.

43, 1a (ohne יעקב).1bα.2-3a.5-6a.7 (ohne בראתיו); 43, 8-10a.10bβγ.11.12 (ohne והושעתי).13; 43, 14-15; 43, 16.18-19a.20b.21b; 43, 22.26-27.28b.

44, 1.2a (ohne יעזרך).3-5; 44, 6a (ohne יהוה צבאות).6b.7aαβ.8aβ (ohne השמעתיך). 8b; 44, 21a (ohne וישראל).21b-23aαβγ.23b.

45, 1a (ohne לכורש).1b-3a.3b (ohne הקורא בשמך).4b.5aα.5b-6a; 45, 11a.12a.12b (ohne ידי und mit dem Verb in der ersten Person Singular: נטיתי).13abα; 45, 18aα (nur die Botenformel).18b-19; 45, 20a.21.

46, 1-4; 46, 5.8a.9-11.

48, 1a.3.6aβ.6b-7a.11; 48, 12-15.16aβγ; 48, 16b (ohne אדני und ורוחו).17; 48, 20-21.

Es fragt sich, ob Deuterojesaja die vorliegenden Texte im einzelnen und als Ganzes in dieser ihrer Reihenfolge als eine in sich geschlossene einheitliche Schrift überliefert hat. Für einzelne Teile hat die Analyse bereits eine Antwort gegeben, und zwar als eine zu erwägende Möglichkeit. Wir haben nämlich vermutet, daß 42, 19a.20.22aβγ.22b.24a und 43, 22.26-27.28b im Sinne des Propheten eine Einheit bildete. Wir haben gleichfalls Grund gehabt anzunehmen, daß Deuterojesaja den Text 41, 1-4.25.26abα.27; 42, 5aα (Botenformel).6 (ohne לאור גוים).7-8bα als eine Einheit verstanden und den darauffolgenden Text 42, 11.13 als hymnischen Abschluß dazu aufgefaßt hat. Wir haben ferner festgestellt, daß die Reihenfolge Heilsorakel-Gerichtsrede zweimal vorkommt (43, 1-7.8-13; 44, 1-5.6-8). Wenn wir genau beobachten, können wir noch hinzufügen, daß diese Reihenfolge um zwei weitere Elemente zu ergänzen ist, und zwar um ein Heilswort (43, 14-15; 43, 16.18-19a.20b einerseits und 44, 21-22 anderseits) und um einen Hymnus bzw. um einen Hinweis auf einen Hymnus (jeweils 43, 21b und 44, 23). Wir wissen, daß sich Heilsorakel und Gerichtsrede in Form und Struktur unterscheiden, daß sie aber auch ein Gemeinsames haben, die Selbstvorstellungsformel und den Selbsterweis Jahwes, theologisch also sehr nahe stehen. Mögen sie als einzelne Einheiten voneinander selbständig sein, so gehören sie als Selbstaussagen Jahwes zusammen. Ihre Zusammensetzung kann auf Deuterojesaja selbst zurückgehen. Er hat aber die Texte so geordnet, daß er jeder Gruppierung ein Mahnwort vorausgeschickt hat. Dabei hat er die ursprüngliche Einheit 42, 19a. 20.22aβγ.22b.24; 43, 22.26-27.28b so eingeteilt, daß er 42, 19a.20. 22aβγ.22b.24 vor der Gruppe 43, 1-21* und 43, 22.26-27.28b vor der Gruppe 44, 1-8*.21-23 gesetzt hat. Es ist nicht ausgeschlossen, daß ועתה in 43, 1; 44, 1 erst bei dieser Gruppierungsarbeit von Deuterojesaja hinzugefügt wurde. Zur Reihenfolge Heilsorakel-Gerichtsrede kommen freilich, wie gesagt, Heilswort und Hymnus hinzu. Wir können also vermuten, daß der Prophet noch andere Worte nach diesem Schema geordnet und gesammelt hat.

Das gilt vermutlich auch für 41, 8aα.8b.10a.11a.11b*.12a*.12b-14. 15*.16 und 41, 21-24a.26bβ.28-29a; 42, 9. Nachdem es sich als wahrscheinlich erwiesen hat, daß 41, 1-4.25-26abα.27; 42, 5aα*.6*.7-8bα. 11.13 eine Einheit bildet, erkennt man klarer im Heilsorakel 41, 8-16* und in der Gerichtsrede 41, 21-24a.26bβ.28-29a; 42, 9 die ersten zwei Elemente der herausgestellten Reihenfolge. Sucht man nach den anderen zwei, so stößt man auf das Heilswort 42, 14-16aα*.16b. Bei einer näheren Betrachtung der Texte ergibt sich, daß die Gerichtsrede eigentlich mit 41, 29a, dem Urteilsspruch, zu Ende ist und daß 42, 9 den Beginn des Heilswortes darstellen könnte: das Neue, das Jahwe verkündet und hören läßt, wird in 42, 14ff angeführt. Wir finden aber nicht das vierte Element, den Hymnus. Sein Ausfall erklärt sich dadurch, daß bei der nachträglichen redaktionellen Verkopplung der Texte 41, 1-42, 16 das Heilswort 42, 14-16 unter Voranstellung von 42, 9 an den Hymnus 42, 11.13 angeschlossen wurde. Ob dem Heilswort 42, 14-16 ursprünglich ein eigener Hymnus folgte, der bei der redaktionellen Arbeit weggelassen wurde, bleibt unsicher und ist unwahrscheinlich.

Es sei aber auf eines aufmerksam gemacht: zwischen dem Heilsorakel 41, 8-16* und der Gerichtsrede 41, 21-24a.26bβ.28-29a liegt die Heilsankündigung 41, 17-20. Es ist nicht auszuschließen, daß sie ihren Platz an dieser Stelle der Redaktion verdankt. Das soll uns aber nicht abhalten zu fragen, ob die Verbindung von 41, 17-20 mit der folgenden Gerichtsrede doch nicht auf Deuterojesaja selber zurückgeht. In diesem Fall wäre die ursprüngliche Reihenfolge nicht nur die von Heilsorakel und Gerichtsrede (vgl. 43, 1-7*; 43, 8-13*), sondern auch die von Heilsankündigung und Gerichtsrede — zumal wir im ursprünglichen Text von 44, 1-5 kein Heilsorakel, sondern eine Heilsankündigung haben. Wir hätten also zweimal die Verbindung von Heilsankündigung und Gerichtsrede (41, 17-20; 41, 21-24a.26bβ.18-29a einerseits und 44, 1.2a*.3-5; 44, 6a*.6b.7aαβ.8aβ*.8b andererseits) und nur einmal die Verbindung Heilsorakel und Gerichtsrede (43, 1-7*; 43, 8-13*). Erst bei dem Einbau von 41, 8-16* ins Ganze ist 44, 1-5* formal den Heilsorakeln angeglichen worden.

Die Analyse hat auch wahrscheinlich gemacht, daß die Texte 45, 18aα*.18b.19; 45, 20a.21; 46, 1-4.5.8a.9-11; 48, 1a.3.6aβ-7a.11; 48, 12-15.16aβγ; 48, 16b*.17; 48, 20-21 eine in sich geschlossene Gruppe bildeten. Nichts spricht dagegen, daß die Bildung dieser Gruppe auf Deuterojesaja selbst zurückgeht, und daß er selber nachträglich aus Gründen der Angleichung 48, 16aα eingefügt hat. Wir hätten also im ganzen fünf kleine Sammlungen von Texten, die aus der Hand des Propheten stammen :

1) 41, 1-4.25-26bα.27; 42, 5aα*.6a.6b*.7-8bα; 42, 11.13.
2) 41, 8aα.8b.10a.11a.11b.12a.12b.13-14.15*.16; 41, 21-24a.26bβ.28-29a; 42, 9. 14-16a*.16b.
3) 42, 19a.20.22aβγb.24a; 43, 1a*.1bα.2-3a.5-6a.7*; 43, 8-10a.10bβγ.11.12*.13; 43, 14-15; 43, 16.18-19a.20b.21b.
4) 43, 22.26-27.28b; 44, 1-2a*.2b.3-5; 44, 6a*.6b.7aαβ.8aβ.8b; 44, 21a*.21b-22; 44, 23aαβγ.23b.
5) 45, 18aα*.18b-19; 45, 20a.21; 46, 1-4.5.8a.9-11; 48, 1a.3.6aβ-7a.11; 48, 12-15. 16aα.16aβγ; 48, 16b*.17; 48, 20-21.

Es bleiben einige Einheiten übrig, die in keinem größeren Komplex stehen. Mit Ausnahme von 40, 12-17.21-26; 40, 27-31, die wahrscheinlich in bezug zueinander stehen, sind eventuell 41, 17-20 einerseits und 45, 1a*.1b-3a.3b*.4b.5aα.5b-6a, dann 45, 11a.12a.12b*.13abα andererseits nur sehr lose mit dem Zusammenhang verbunden. Letztere verdanken ihren jetzigen Platz nachträglicher redaktioneller Arbeit. Das gleiche ließe sich vielleicht auch für 41, 17-20 vermuten, sollte das oben Gesagte nicht stimmen. Die Sammlung 2) könnte also auch umfassen : 41, 17-20; 41, 21-24a.26bβ.28-29a; 42, 9.14-16a*.16. Damit wäre das Heilsorakel 41, 8-16 als Einzelwort außer jeder Sammlung überliefert worden.

Es stellt sich die Frage, ob die vorliegenden fünf Sammlungen und die übrigen losen Worte eine in sich geschlossene Schrift gebildet haben. Diese Frage muß freilich verneint werden, wenn man berücksichtigt, wie der gesamte Stoff durch redaktionelle Arbeit zu seiner jetzigen Letztgestalt gelangt ist. Wie es sich im folgenden zeigen wird, erklären sich die mehrfachen, komplexen redaktionellen Eingriffe, bei denen die jeweiligen Bearbeiter sich große Freiheit erlaubt haben, am besten durch die Annahme, daß die Sammlungen und die Worte den Tradenten nicht als eine abgeschlossene Schrift vorgelegt haben. Es handelte sich anscheinend um Sammlungen und Worte, die in losem Bezug zueinander standen, und die man je nach dem Anlaß und dem Anliegen in verschiedener Weise disponieren bzw. umdisponieren konnte. Das hat es möglich gemacht, daß z.B. die Sammlung 2) in die Sammlung 1) eingebaut, ja sogar zum Teil mit ihr verflochten wurde. So ist es möglich gewesen, daß das Einzelwort 45, 1-6a* durch 44, 24-28a; 45, 6b-8 in gehobener Sprache erweitert und als Einleitung zur Sammlung 5) verwendet wurde.

Deuterojesaja hat also keine geschlossene Schrift hinterlassen, sondern eine Anzahl von Einzeltexten, die aber zum größten Teil[1] in verschiedenen Sammlungen gruppiert sind. Wie schon in der Analyse hervorgehoben wurde, stellen diese Einzeltexte vermutlich die schriftliche Zusammenfassung der prophetischen Verkündigung dar[2]. Deuterojesaja hat diese Texte für die Gemeinde der Exilierten verfaßt, damit sie im Rahmen der gottesdienstlichen Versammlung als das Wort Jahwes an sein Volk zur damaligen Stunde vorgetragen und gehört würden. Es kam dem Propheten dabei auf die Umkehr des Volkes zu Jahwe an; es kam ihm darauf an, daß das Volk durch Lesen und Verstehen zum Glauben zurückfand. Zu dieser Annahme führt uns nicht nur die Eigenart der deuterojesajanischen Sprache, ihr gehobener Stil in Satzbau, Metrik und Wortschatz, sondern auch die Anwendung hymnischer Formen und vor allem der Rückgriff auf

---

[1] Es ist also viel mehr, als Elliger gemeint hatte: „Den Grundstock (der deuterojesajanischen Schrift) bildet also eine Summe von Reden, Sprüchen und Liedern, die der Prophet Dtjes. bei seinem Tode hinterließ. Sie waren meist ungeordnet und scheinbar einzeln auf Flugblättern verbreitet. Nur einen kleinen Teil hatte der Prophet selbst zu größeren Einheiten zusammengestellt" (Verhältnis, S. 268f).

[2] Westermann meint: „Für die kurzen Worte in Kap. 40-45 scheint mir die mündliche Entstehung sicher; bei den größeren Gedichten wie 49, 14-26 oder 51, 9-52, 3 ist auch schriftliche Entstehung möglich. Es ist anzunehmen, daß diese beiden Arten von Worten auf zwei verschiedene Arten des Wirkens Deuterojesajas schließen lassen" (Das Buch Jesaja, S. 26).

althergebrachte Traditionen formaler Art wie Boten-, Selbstvorstel-
lungs- und Erkenntnisformel, die „Fürchte-dich-nicht"-Formel und
das Selbsterweiswort, ferner der für die Tradition der Kriege Jahwes
typische göttliche Zuspruch, wie auch der Rückgriff auf Traditionen
thematischer Art, etwa die Tradition des Auszugs- und Wüstenwan-
derungsmotivs. Die Mitte, in der diese Sprache ihren Ort und ihren
vollen Sinn hat, kann nichts anderes sein als die zum Hören, Beten
und Lobpreisen versammelte Gemeinde. Diese ist also als der Haupt-
träger der Überlieferung zu betrachten : der Prozeß der Überlieferung
erstreckt sich von der Gemeinde der Exilierten, für die die Texte ursprünglich bestimmt waren, bis zur Gemeinde der Heimgekehrten und
Etablierten. Aus dem Umgang dieser Gemeinde mit den ihr anvertrauten Texten erwuchs nach und nach die deuterojesajanische Schrift,
wie sie uns heute vorliegt.

Aus dem vorgegebenen Material wurde einmal dieser einmal jener
Text vorgelesen und gehört. Je nach dem jeweiligen Anlaß wurde
dabei der eine oder andere Text ein wenig erweitert und abgerundet.
So erklären wir die Ergänzung der hymnischen Partie (42, 11.13) in
der Sammlung 1) durch VV. 10.12. Der Bearbeiter bedient sich hier
weitgehend kultisch-hymnischer Sprache, er versteht es aber, seinen
Text dem Zusammenhang anzupassen. Er redet u.a. auch die Inseln
an (42, 10bβ), er erwähnt sie als den Ort, wo Jahwes Lob laut werden
soll (42, 12b). Damit knüpft er an den Anfang der Sammlung 41, 1a
an; er formuliert seinen Satz im Imperativ dem Satz von 41, 1a entsprechend; der Aufforderung zum Hören läßt er nun die Aufforderung
zum Singen und Loben folgen. Ferner übernimmt er aus 42, 8bα das
Wort כבוד (42, 12a). Er hat seine Ergänzungen so gesetzt, daß sie
nach einer stilistisch üblichen Art den Urtext umrahmen. Die Aufforderung des Urtextes zum Loben 42, 11 wird durch 42, 10.12 jeweils eingeleitet und abgeschlossen. Der Struktur der übrigen Hymnen
entsprechend (vgl. 44, 23b; 48, 21b; 49, 13b) folgt dann als Letztes
in 42, 13 die Angabe der Tat Jahwes.

Eine ähnliche Ergänzung im Vollzug der Verlesung in der versammelten Gemeinde liegt vermutlich in 45, 16-17 vor. Diesmal handelt es sich um ein Einzelwort, und zwar um 45, 11a.12*.13abα. In
seinem Text entfaltet der Bearbeiter aus der ihm vorgegebenen Vorlage zwei Gedanken. Wenn Jahwe die Erde, die Menschen, den
Himmel und die Sterne geschaffen hat, ist jeder Versuch, aus den
Dingen Götzen zu machen, zum Scheitern verurteilt. Anderseits zeigt
sich an der Erweckung des Kyros, am Wiederaufbau der Stadt und

an der Entlassung der Gefangenen, daß Israel seine Rettung immer in Jahwe findet und nimmer beschämt wird. Die formale Anknüpfung an die Vorlage geschieht hier durch die Übernahme des Namens ישראל, die in 45, 11a vorhanden ist. Daß der Bearbeiter paränetisch ausgerichtet ist, wird in 45, 17b im Übergang zum Ihr-Stil sichtbar.

Zu diesem Überlieferungsstadium, da einzelne Sammlungen und einzelne Worte bearbeitet und ergänzt wurden im Hinblick auf die versammelte, zuhörende Gemeinde, gehört die Verbindung und Ausgestaltung der Sammlungen 3) und 4). Der tragende Gedanke ist dabei sehr wahrscheinlich theologischer Art gewesen. Den Tradenten lag es daran, daß die Gemeinde aus der Betrachtung der eigenen Geschichte der Identität Jahwes als des einzigen Gottes und Erlösers und der eigenen Aufgabe, Zeugnis dafür abzulegen, bewußt würde. Es lag ihnen daran, sie zu überzeugen, wie sinnlos und lächerlich die Herstellung von Götzenbildern und der Götzenkult seien. In dieser Hinsicht waren die Sammlungen 3) und 4) in besonderer Weise geeignet, eine solche Besinnung hervorzurufen, da sie in sich Mahnwort, Heilsorakel und Gerichtsrede vereinten. Die Gemeinde wurde an ihre Schuld, aber auch an den göttlichen Beistand und Selbsterweis erinnert, sie wurde zur Zeugenschaft für Jahwes Einzigkeit und Heilsmacht aufgerufen.

Der bedeutendste Eingriff bei dieser redaktionellen Arbeit war der Einbau von 44, 9-13.18b.20a.20bβ. Dieses Spottlied wurde angemessenerweise an die Gerichtsrede 44, 6-8* angeschlossen, fand also seinen Platz am Schluß des gesamten Komplexes vor dem Hymnus 44, 23aαβγ.23b, und zwar zwischen der Gerichtsrede und dem Heilswort 44, 21-22*, das gleichzeitig auch ein Mahnwort ist und mit seinem זכר־אלה den vorhergehenden Ausführungen ein stärkeres Gewicht verleiht. Das Spottlied wurde mit dem unmittelbaren Kontext dadurch enger verbunden, daß die Gerichtsrede um V. 8aα (aus 44, 11b : פחד) und der Hymnus 44, 23* um V. 23aδ (aus 44, 13a : עצים) ergänzt wurden. Aber bereits bei der Verbindung beider Sammlungen war das eine und das andere hinzugefügt worden. So erhielt 43, 1 wahrscheinlich aus 44, 21 den fehlenden Namen יעקב und die nähere Bestimmung „ich rufe dich mit Namen : mein bist du! (לי־אתה)". In 44, 22b klingt genauso wie in 43, 1b die Versicherung כי גאלתיך. Aus 43, 1 erhielt vielleicht 44, 21aβ aus Gründen der Angleichung den Namen וישראל. Das השמעתיך von 44, 8aβ könnte seinerseits aus 43, 12a stammen, wo dieses Verb mit dem Verb הגיד zusammen vorkommt. Es ist nicht ausgeschlossen, daß והושעתי in 43, 12aα aus 43, 3aβ im Rahmen dieser redaktionellen Arbeit übernommen wurde.

In einer weiteren Phase dieses Überlieferungsstadiums wurde die Sammlung 5) umgestaltet und ergänzt. Das geschah vermutlich in verschiedenen Etappen. Zu dieser mehrfachen Bearbeitung haben verschiedene Gründe veranlaßt, vielleicht zunächst nur solche der inhaltlichen Abrundung, dann aber solche, die der theologischen Reflexion entstammen und den Urtext in eine bestimmte Richtung deuten. So wurde zuerst der Sammlung das deuterojesajanische Einzelwort 45, 11a.12*.13abα mit seiner Ergänzung 45, 16-17 vorangestellt. Da es sich um einen Kyros-Text handelte, paßte er zu dieser Sammlung, die inhaltlich um das Kyros-Geschehen kreist und den Helden zweimal erwähnt (46, 11; 48, 14). Das Wort paßte zu der Sammlung auch deswegen gut, weil es das verkündet, was sich dann in 48, 20-21 als Wirklichkeit erweist. Daß Kyros im Auftrag Jahwes die Gefangenen freilassen wird (45, 13bα), zeigt sich als erfüllt in der Aufforderung, aus Babel auszuziehen (48, 20), und in der Anspielung auf den Wüstenzug der Heimkehrenden (48, 21). Dieser Verbindungslinie zu 48, 20-21 verdankt 45, 11a.12*13abα.16-17 seine Stellung an der Spitze der Sammlung. Die Texte, die diese umfaßt, sind ja, wie wir gesehen haben, in konzentrischer, chiastischer Weise aufeinander bezogen. So sind 45, 11a.12*.13abα.16-17 und 48, 20-21 die äußersten Glieder dieser konzentrischen Struktur.

Zur weiteren Ausgestaltung der Sammlung trug die erst jetzt in bedeutendem Maße ansetzende theologische Reflexion der Tradenten bei. Sie fand ihren ersten Niederschlag in der Übernahme des Einzelwortes 45, 1a*1b-3a.3b*.4b.5aα.5b-6a, in dessen Umrahmung durch 44, 24-26abαγ.27-28a; 45, 6b-8 und dessen Verwendung als einleitendes Wort zur gesamten Sammlung. Die sekundäre Herkunft von 44, 24-28a* geht in struktureller Hinsicht daraus hervor, daß es im Gegensatz zu den deuterojesajanischen Hymnen, die immer einen Abschnitt abschließen, als Hymnus an der Spitze eines Abschnittes, ja einer ganzen Sammlung steht. Von diesen Tradenten stammt die Anführung des Namens כורש(ל) in 45, 1aα, womit die hymnische Partie 44, 24-28a* enger mit dem Urtext 45, 1-6a* verbunden wurde. Gleiche verbindende Funktion hat V. 6b: durch Übernahme von V. 5aα schafft der Bearbeiter die Brücke zu V. 7, zu der Reihe von Partizipien, mit denen er die Einleitung 44, 24-28a* verknüpft. Von ihm dürfte auch V. 5aβ stammen, der eine gewisse Brücke zum Folgenden bilden könnte, siehe 45, 21bγ.

Es fragt sich aber, was die Tradenten veranlaßt haben könnte, eine solche Einleitung zu schaffen. Es fällt in ihr der feierliche Ton, die

lange, zweimalige (44, 24-28a* und 44, 7) Reihe der Selbstaussagen
Jahwes in Partizipialem Stil auf. Schaut man sich diese Aussagen
näher an, so stellt man fest, daß der Akzent auf zwei Punkten liegt:
Jahwe vereitelt die Zeichen der Zauberer, drängt die Weisen zurück,
er verwirklicht jedoch den Plan seiner Boten (44, 25-26a), er wirkt
Heil und schafft Unheil (45, 7aβ). Das sind die Themen, die in der
Sammlung enthalten sind: es ist vom Untergang Babels und seiner
Götter die Rede (46, 1f; 48, 14) wie auch von der Befreiung und
Errettung Israels (45, 13bα.17; 46, 3f; 48, 20). Diese Themen rechtfertigen aber an sich nicht eine solche feierliche, in ihren Aussagen
pointierte Einleitung. Sie gehören zur Botschaft des Propheten und
sind selbstverständlich da. Es sieht aber anders aus, wenn wir annehmen, daß die Tradenten ihre Einleitung im Hinblick auf den Einbau von Kap. 47 (Urtext) verfaßt haben. Denn durch diesen Text
gewann die Botschaft der ganzen Sammlung ein viel größeres Gewicht:
in der Absetzung und Verurteilung Babels, der mächtigsten unter den
Reichsstädten der Welt, zeigte sich der göttliche Heilsplan als verwirklicht. Die Einleitung 44, 24-28a*; 45, 1-8* deutet an, was dann
im Folgenden, und zwar hauptsächlich in Kap. 47 veranschaulicht
wird. Daß die Tradenten als Vorlage dazu das Einzelwort 45, 1-6a*
übernommen haben, ist nicht zufällig: was Jahwe von und zu Kyros
sagt, daß er ihm verborgene Schätze und Kostbarkeiten gibt, daß vor
ihm kein Tor verschlossen bleibt, bezieht sich an sich und in der
Meinung der Tradenten auf Babel. Wir nehmen also an, daß der
Einbau von 44, 24-45, 8* gleichen Schrittes mit dem Einbau von
Kap. 47 vor sich ging. Auf diese Tradenten dürften VV. 12-13 von
Kap. 46 zurückgehen, die ein Bindeglied zwischen Kap. 47 und dem
Kontext bilden. Sprachlich knüpfen sie an 46, 3, wie die Aufforderung
שמעו אלי und die partizipiale Formulierung nahelegt, an. Auf die
gleichen Tradenten dürfte ferner das Bekenntnis 47, 4 „unser Erlöser
ist Jahwe, der Heilige Israels" mit dem vorhergehenden V. 3b zu-
rückgehen, wodurch der Text der Dichtung wortgottesdienstlichen
Zwecken adaptiert wurde.

Kann man annehmen, sie hätten selbst die Dichtung komponiert?
Das ist unwahrscheinlich, denn der Text bietet in Stil und Sprache
keinen Anlaß zu solcher Annahme, vor allem begegnet in Kap. 47
nicht die hymnische Form, so wie sie 44, 24-28a*; 45, 6b-8 eigen ist.
Letzterer Text spielt ferner nicht offen auf Babel an, erwähnt dagegen
ausdrücklich Kyros. Von diesem ist in der Dichtung aber keine Rede.
Die Erwähnung des Kyros in 44, 24ff ist nicht nur dadurch bedingt,

daß das übernommene Einzelwort 45, 1-6a* ein Wort an Kyros war,
und daß die Sammlung mit einem Kyros-Wort anfing (45, 11a.12*.
13abα). Sie zeigt vielmehr, daß die Tradenten die Sammlung mit
Recht als eine Sammlung von „Kyros"-Texten verstanden haben,
wobei sie sozusagen das Positive vor Augen gehabt haben — die
durch Kyros bewirkte Befreiung der Gefangenen und der Wiederaufbau ihrer Stadt. Das Negative, Jahwes Gericht gegen die „Weisen"
und sein Unheil schaffendes Wirken, ist zwar vorhanden, wird aber
nicht in besonderer Weise betont. Die Tradenten hätten das sicher
in der Einleitung unterstrichen, wenn ihre Absicht gewesen wäre, den
Sturz Babels in den Vordergrund zu schieben. Dies ist eben nicht
der Fall: die Tatsache, daß die Einleitung das nicht betont, spricht
nicht für die Herkunft der Dichtung von den Tradenten, die 44, 24-
45, 8* komponiert haben; sie haben die Dichtung übernommen, um
damit Jahwes Heilswerk an Israel in ein noch helleres Licht zu heben.

Bei all dem ist aber nicht zu übersehen, daß je nach ihrer Art 44,
24-28a*; 45, 6b-8 und Kap. 47 in Formulierung und Inhalt manche
Beziehungspunkte zum deuterojesajanischen Gut aufweisen. Beide sind
aus einer tiefgehenden Beschäftigung mit den Texten des Propheten
entstanden und gehören je in ihrer Weise zu dem Prozeß der Überlieferung.

Mit dem Einbau von 44, 24-45, 8* und der Dichtung 47, 1-15* ist
der Zuwachs unserer Sammlung noch nicht zu seinem Ende gelangt.
Die theologische Reflexion hat dem Text noch weitere Ergänzungen
gebracht. Ausgangspunkt dafür dürfte vermutlich die deuterojesajanische Aussage von 45, 6a gewesen sein: „... damit sie erkennen vom
Aufgang der Sonne und vom Untergang, daß nichts ist außer mir!".
Sie wurde in universalistischem Sinn gedeutet: das Kyros-Geschehen
führt die Völker zur Anerkennung Jahwes als des einzigen Gottes.

Ein erster Niederschlag dieser Deutung dürfte in 45, 14* vorliegen.
Die wiederaufgebaute Stadt wird zum Mittelpunkt, wohin die Völker
pilgern, um sich zu Jahwe zu bekennen. Der Bearbeiter hat diesen
Text an 45, 11a.12*.13abα angehängt und ihn vielleicht durch V. 13bβ
mit jener Vorlage enger verbunden. Das war der richtige Platz, denn
einmal spricht 45, 11a.12-13bα* vom Wiederaufbau der Stadt, zum
anderen davon, daß Jahwe die Menschen schuf. Daß die Völker, und
zwar die mächtigsten, die nach dem Sturz Babylons übrig geblieben
sind, sich zu Jerusalem hinwenden und Jahwe bekennen, scheint also
selbstverständlich zu sein: durch das Geschehen der Befreiung Israels
und des Wiederaufbaus der Stadt sind die Völker dazu geführt worden,

in Jahwe ihren Schöpfer und Gott zu erkennen. Der folgende Satz
V. 16 erhält dann durch den Einbau von V. 14 einen neuen Bezug:
die Götzenbildner werden überall, wo sie sind, beschämt und Israel
hat vor den Völkern sich nicht zu fürchten, denn der einzige Gott
ist sein Gott. Durch die Erweiterung von 45, 18aα wurde nicht nur
V. 14 enger mit dem Zusammenhang verbunden, sondern der Inhalt
des Bekenntnisses nochmals angeführt und damit hervorgehoben.

Die universalistische Sicht hat natürlich einen weiteren Beitrag ge-
liefert, der uns in 45, 22-24a erhalten ist. Es handelt sich diesmal um
eine direkte Aufforderung Jahwes an die Enden der Erde, die mit
seinem universalen Heilswillen begründet wird. Der Text ist an die
Gerichtsrede 45, 20a.21 angeschlossen worden, nachdem vom Beginn
der Sammlung bis zu dieser Stelle der Gedanke der Einzigkeit Jahwes
mehrmals vorgekommen ist (44, 24βγ; 45, 5aα.6b.14bβ.18b.21b). So
bildet der universalistische Ausblick von 45, 22-24a nach Meinung des
Bearbeiters einen guten Abschluß zum ersten Teil der Sammlung. Auf
diesen Bearbeiter geht vermutlich auch die Erweiterung von 45, 18aα
zu 45, 18aβγ zurück: Jahwe ruft alle Menschen, die auf der von ihm
geschaffenen Erde wohnen, zu sich.

Anscheinend ist aber eine solche Entwicklung der Gedanken in
universalistischer Richtung nicht ohne Widerstand gewesen. Davon
zeugen die letzten Nachträge 45, 9-10.11b, die in scharfer Weise gegen
die Bestreiter des universalen Heilswillens Jahwes reagieren. Diese
Tradenten haben ihre Sätze an die Spitze der Sammlung gesetzt, die
gleichzeitig auch die Spitze des Abschnittes ist, wo die universalistische
Deutung ihre Spuren hinterlassen hatte. Sie haben aber auch am
Schluß des Abschnittes VV. 24b-25 hinzugefügt. Hier machen sie die
Umkehr und Besinnung der Opponenten kund, heben aber zugleich
hervor, V. 24a ergänzend, daß ,,in Jahwe" jeder Nachkommen Israels
Rettung und Ruhm erlangt. In V. 15, gerade in der Mitte des Abschnittes, suggerieren sie der Gemeinde das Bekenntnis zu Jahwe ,,Du
bist ein sich verbergender Gott", womit der Anmaßung derer, die
Jahwes Handeln und Willen fest umrissen und nur auf Israel beschränkt wissen wollen, ein Ende gesetzt wird. Damit war die Ausgestaltung der Sammlung 5) im großen und ganzen zum Abschluß
gelangt.

Eine so einschneidende, breit angelegte Bearbeitung des überlieferten
prophetischen Gutes ist aber kaum vorstellbar, ohne anzunehmen,
daß die Gemeinde und ihre Tradenten gleichzeitig an die Zusammensetzung aller deuterojesajanischen Worte zu einem geschlossenen Kor-

pus gedacht haben. Wir haben gesehen, daß bereits Texte wie 44, 24-28a*; 45, 6b-8; 47, 1-15* die Kenntnis der deuterojesajanischen Worte vonseiten der jeweiligen Redaktoren voraussetzen. Es ist also zu vermuten, daß die vielfältige Ausgestaltung der besprochenen Sammlung 5) nicht losgelöst war vom Bestreben, ein alle deuterojesajanischen Texte umfassendes Korpus zu schaffen. Sie ist als die erste Etappe im Bemühen um eine vollständige Ausgabe der vom Propheten hinterlassenen Worte zu betrachten. Wir können vermuten, daß mit der Ausgestaltung der Sammlung 5) vielleicht doch die Arbeit zur Fertigstellung einer deuterojesajanischen „Schrift" oder eines „Buches" begonnen hat. Von nun an handelt es sich nicht mehr um die Bearbeitung einzelner Worte oder Sammlungen, sondern um die Zusammenstellung eines Ganzen. Den Werdeprozeß des Buches Deuterojesajas können wir durch folgende Redaktionsarbeiten weiter beschreiben.

Die so gewachsene Sammlung 5) stand unter dem Namen des Kyros und galt mit Recht als Sammlung von Kyros-Texten, sie umfaßte aber nicht alle Kyros-Texte des Deuterojesaja. Es fehlte der Text, der uns heute in der Sammlung 1) erhalten geblieben ist, und zwar 41, 1-4.25-26bα.27; 42, 5aα.6a.6b*.7-8bα; 42, 11.13, ein Text, der in seinem Schlußteil bereits durch den Einbau von 42, 10.12 bereichert worden war. Ferner fehlte der Text 43, 14-15. Dieser weist auf die Sendung nach Babel und auf die Befreiung aus dem Kerker hin, spielt also direkt auf das Werk des Kyros an, auch wenn der Held nicht explizit erwähnt wird. Und es fehlte schließlich der Text 43, 16.18-19a.20b.21b, der vom Neuen, vom Wüstenzug zur Heimat zurück spricht.

Es handelte sich aber um Texte, die bereits in einer Sammlung standen. Es stellte sich die Frage, wie diese Sammlung zu ordnen und in Beziehung zu 44, 24-48, 21 zu setzen waren. Die Tradenten haben das ganze Material so geordnet, daß gewisse formale und inhaltliche Entsprechungen entstehen konnten. Sie haben die Sammlung 1) mit ihrem Kyros-Text an die Spitze und die Sammlung 5) an den letzten Platz gesetzt. Der Kyros-Text 41, 1-4 mit der Selbstprädikation „Ich, Jahwe, der Erste und mit den Letzten: ich, derselbe!" entspricht damit dem Kyros-Text 48, 12-16a, wo die Selbstprädikation „Ich der Erste und ich der Letzte" wieder vorkommt. Die Sammlungen 3) und 4), die bereits verbunden waren, kamen mit ihren Texten 43, 14-15; 43, 16.18-19a.20b.21b zwischen den Sammlungen 1) und 5) in die mittlere Stellung hinzu, und zwar so, daß der Kyros-Text 43, 14-15 zusammen mit dem in der Nähe liegenden Text 44, 6a*.6b.7aαβ.8 und seiner Selbstprädikation „Ich der Erste und ich der Letzte" sich in der Mitte des Ganzen fanden. Es ist sicher nicht zufällig, daß der zentrale Text 43, 14-15 die wichtigsten Jahwe-Bezeichnungen, die in den deuterojesajanischen Texten vorkommen, enthält: Erlöser, der Heilige Israels, der Schöpfer Israels, König.

Die Aneinanderreihung der Sammlungen 1), 3), 4) und 5) zu einem Gesamtkorpus ging nicht ohne kleine Eingriffe in den Text vor sich. Diese sollten die Sammlungen in etwa aneinander angleichen und einige Verbindungslinien schaffen. Der Einfachheit halber seien zunächst die Verbindungslinien der Sammlungen 3), 4), 5) zueinander aufgezeigt. Die Hinzufügung von הקורא בשמך in 45, 3b kann von 43, 1bβ veranlaßt worden sein: wie Jakob-Israel mit Namen gerufen worden ist, so auch Kyros. Der Bearbeiter gibt den Grund dafür in 45, 4a: um Jakob-Israel willen hat Jahwe Kyros gerufen. Diesen Vers hat er leicht aus dem ihm vorgegebenen Material etwa aus 44, 1.2b.21a (עמי בחירי) (ישראל בחרתי בו, עבדי יעקב), vielleicht auch aus 43, 20bγ bilden können. Mit dieser Begründung legitimiert er sozusagen die Gestalt des Kyros und nimmt sie in die Geschichte Jahwes mit Israel auf.

Aus 45, 14 könnten anderseits die Verse 43, 3b-4 stammen. Sie deuten 45, 14 in eine gewisse Richtung; von einem Bekenntnis der Völker zu Jahwe ist keine Rede mehr, sie werden jetzt von Jahwe dem Untergang ausgeliefert zugunsten Israels. Aus dieser Sicht heraus hat der jeweilige Bearbeiter 45, 14a durch Hinzufügung von בזקים יעברו ergänzt und damit den Sinn des Verses zu ändern versucht. Ob 43, 6b auf ihn zurückgeht (aus 45, 11b?), bleibt unsicher; es wäre zu erwägen, ob dieser Vers irgendeinen Bezug zu 49, 20-22 hat.

Aus 45, 3b könnte noch 43, 10b stammen, wobei aber der Bearbeiter das עבדי אשר בחרתי von 43, 10a auf Kyros bezogen hat. Wie Kyros gerufen wurde, um Jahwe als den Gott Israels zu erkennen (45, 3b), so hat ihn Jahwe auch dazu erwählt, damit durch ihn Israel wieder zu Jahwe zurückfindet — das wäre der Gedankengang gewesen. Schließlich könnte man auf den gleichen Bearbeiter das והושעתי in 43, 12a zurückführen. Damit hat er den Gedanken der Errettung hervorheben wollen, der ja bereits in 43, 3a und im nächsten Kontext, in 43, 11, vorhanden war, aber auch in 45, 21b anklingt (vgl. auch 45, 15). In gleicher Weise könnte die Zutat בראתיו in 43, 7 von 45, 12aβ inspiriert worden sein. Eine zwingende Erklärung über die Herkunft dieser kleinen Zusätze kann man freilich nicht geben, die Wahrscheinlichkeit der Lösungen ergibt sich aus einem die literarischen und redaktionsgeschichtlichen Zusammenhänge erwägenden Vergleich des vielseitigen Materials.

Bedingt durch die Zusammensetzung der Sammlungen dürften zuletzt die Zusätze 43, 17.19b-20a.21a sein. Das Motiv des wunderbaren Wüstenzugs von 48, 21 hat diese Zusätze anregen können; sie sind in einem Text vorgenommen worden, der durch die Erwähnung des Wunders am Schilfmeer (43, 16) den Anlaß zu einem solchen ergänzenden Eingriff gab. Anderseits steht 43, 16ff in enger Beziehung zum „Kyros"-Text 43, 14-15, behält also die gleiche Stellung von 48, 20-21 zu 48, 12-16a. Unsicher ist es aber, woher der Satz 43, 21a stammt. Er betont, daß Jahwe sich dieses Volk gebildet hat — ein Wort, daß sich sonst klar auf Jakob-Israel bezieht (44, 1-2.21.24; 45, 11a). Es ist nicht unwahrscheinlich, daß der jeweilige Bearbeiter bei diesem Zusatz an 45, 9-11a gedacht hat, wo der Begriff „Bildner" dreimal vorkommt und auf ein vernünftiges Verhalten der Angeredeten zu ihrem Bildner hingewiesen wird. So wäre 43, 21a im Hinblick auf 45, 9-11a verfaßt worden.

Komplexer scheint das redaktionelle Verhältnis der Sammlung 1) zu den übrigen Sammlungen zu sein. Wir sagten, daß die Tradenten sie bewußt an die Spitze des Ganzen in entgegengesetzter Stellung zur Sammlung 5) gesetzt haben. Im Vergleich zu dieser Sammlung war sie aber zu kurz und inhaltlich einlinig. Vor allem sah man die Notwendigkeit, sie durch einen Text zu ergänzen, der ein Gegenstück oder eine Entsprechung zur Dichtung von Kap. 47 darstellen konnte. Ein dazu passender Text lag zum Glück vor. Wir können folgendes vermuten: aus dem deuterojesajanischen Material setzte man dem langen Spott- und Gerichtsspruch an Babel das ausgedehnte Heilsorakel an Israel 41, 8-16* entgegen. Dieser Text gehörte aber zu einer Sammlung, die außer dem Heilsorakel noch eine Gerichtsrede und ein Heilswort umfaßte. Man erwog daher wahrscheinlich die Möglichkeit, auch diese Texte mit einzubauen. Dabei kam es freilich darauf an, den Einbau so zu vollziehen, daß daraus ein einheitlicher Text entstehen konnte. Man erreichte diesen Zweck durch Verflechtung beider Sammlungen.

Die Tradenten haben dabei ganz bedacht gearbeitet und versucht, dem neuen Text eine innere Struktur zu verleihen. Man kann sich das Vorgehen so vorstellen: der Kyros-Text der Sammlung 1) bildet das strukturelle Gerüst des Ganzen, indem er in drei Teile zerlegt und am Anfang (41, 1-4), in der Mitte (41, 25-26bα.27) und am Schluß vor den Hymnus (42, 5aα*.6-8bα*) gesetzt wurde. Dazwischen wurden

Heilsorakel und Gerichtsrede eingefügt (41, 8-16*; 41, 21-24a.26bβ.28-29a). Der Hymnus 42, 10-13 wurde in das Heilswort eingeschlossen: das Wort Jahwes, daß er Neues verkündet, bildet den Ansatz zum Hymnus; die Kunde selbst schließt sich an den berichtenden Teil des Hymnus (V. 13) an. Als Anknüpfungspunkte zum Kontext wurden 41, 5a, das האל von 42, 5aα und 42, 8bβ.17 eingefügt; letzterer Vers greift auf die Gerichtsrede zurück und schließt das Ganze ab.

Auf die gleichen Tradenten ist vermutlich auch der Einbau von 41, 17-20 zurückzuführen, falls dieser Text als Einzelwort vorlag, und nicht seinen festen Platz vor der Gerichtsrede 41, 21-24a.26bβ.28-29a als eine Art Einführung dazu hatte. Es läßt sich freilich nicht klar herausstellen, ob die Tradenten damit einem Einzelwort einfach einen endgültigen Platz im Ganzen der deuterojesajanischen Schrift haben zuweisen wollen, oder ob sie vielmehr in dieser Heilsankündigung eine Entsprechung zu irgendeinem Text der Sammlung 5) gesehen haben. Letzteres ist nicht unwahrscheinlich; nach der Stellung von 41, 17-20 im Anschluß an das Heilsorakel 41, 8-16 zu urteilen, würde diesem Text das Heilswort 48, 1a.3.6aβ-7a.11 entsprechen. Formale Verbindungslinien liegen aber nicht vor.

Soweit es ging, haben die Tradenten den Text des Heilsorakels im Hinblick auf Kap. 47 verschärft. Von daher erklären sich die eventuellen kleinen Zusätze in 41, (11b.12a.)15a (חרוץ, ולא תמצאם, ויאבדו), an der Stelle, wo von den Feinden die Rede ist. Durch sie wird das Untergehen und Verschwinden der Feinde noch stärker betont. In einem mit diesen Eingriffen wurden vielleicht die kleinen Zusätze in 47, 14aα.14b hinzugefügt, die sonst den großen Bearbeitungen der Dichtung nicht einzuordnen waren.

Weitere Zusätze, die hier und da in den Sammlungen vorgenommen wurden, erklären sich aus dem Bemühen, die Texte einander anzugleichen und ein möglichst einheitliches Korpus zu schaffen. Der Zusatz 41, 8aβ könnte in Anlehnung an 43, 1; 44, 1.2b aus dem Anliegen heraus entstanden sein, den Namen „Jakob" zu ergänzen, die Formulierung aber richtet sich anscheinend nach 43, 10aβ (עבדי אשר בחרתי) oder auch nach 44, 1b.2bβ (ישראל בחרתי בו) oder sogar nach 45, 1aα (אשר החזקתי). Gleichfalls könnte 41, 9a aus 41, 25aβ (יקרא בשמו) stammen. Für 41, 9b kämen 43, 1bβ; 44, 21b in Frage. Die Annahme dieser Verbindungslinien wird dadurch bestätigt und gerechtfertigt, daß es hauptsächlich die Orakeltexte an Israel und Kyros sind, die als Muster zur Bereicherung des Orakels 41, 8-16* gedient haben. Die Tradenten haben sich also das Material dort geholt, wo sie es gattungsmäßig finden konnten.

Ihnen können wir vermutlich auch 41, 10b zuschreiben : sie haben das Verb עזר aus 41, 13b.14b übernommen und mit ihm 44, 2aβ — wieder ein Heilsorakel — ergänzt, von daher aber dann 41, 10b gebildet und so das Motiv des Helfens hervorgehoben. Zu beachten ist, daß der Begriff ימין im Kyros-Orakel 45, 1a begegnet. Als Letztes haben sie 42, 5aα durch die partizipialen Sätze erweitert; nach dem Muster von 44, 24ff, das das Orakel an Kyros 45, 1ff einleitet, wurde die das Kyros-Orakel 42, 6-8 einleitende Botenformel ergänzt, und zwar durch Formulierungen, die in 44, 24bβγ (רקע הארץ, נטה שמים) und in 45, 12a andeutungsweise begegnen.

Alles in allem haben die Tradenten eine aufmerksame, ausgewogene, auf wenige aber bedeutende Schlüsselpunkte beschränkte, sehr durchdachte Arbeit geleistet. Damit haben sie der Gemeinde für ihren Wortgottesdienst eine gut geordnete, in ihrer Struktur durchsichtige und inhaltlich sich in klarer Gedankenfolge entfaltende Schrift geschenkt. Die Art und Weise, wie sie die redaktionelle Arbeit durchgeführt haben, zeigt gleichzeitig, daß sie Literaten von Rang waren, die für die inneren formalen und inhaltlichen Zusammenhänge des Textes Sinn und Verstand hatten.

Es bleibt noch die Frage zu beantworten, wie 40, 12-17.21-26 und 40, 27-31 der Redaktionsgeschichte nach einzuordnen sind. Es dürfte kein Zweifel sein über die Funktion dieser Texte als Einleitung. Die Frage ist aber die, ob sie als Einleitung zur gesamten Schrift oder nur zum soeben besprochenen Teil 41, 1-44, 23 gedacht worden sind. Für letztere Lösung spricht die Tatsache, daß die Sammlung 5) mit einer ausgedehnten Einleitung versehen wurde. Haben die Tradenten dann diese Sammlung als Muster zur Einordnung des Materials der Sammlungen 1) und 2) übernommen, so muß man annehmen, daß sie auch diesen, die Sammlungen 1) bis 4) umfassenden Teil der Schrift mit einer entsprechenden Einleitung versehen haben.

Der Abschnitt 40, 12-17.21-31 paßt als Ganzes sehr gut zu diesem ersten Teil. Inhaltlich sagt er zweierlei : erstens, daß Jahwe der einzige Herr der Welt und der Geschichte ist und als solcher alles bestimmt und lenkt, was ist und geschieht; zweitens, daß das Schicksal Israels Jahwe nicht verborgen ist, daß er es vermag, seinem Volk in unveränderter Gesinnung zu ihm Kraft und Stärke zu geben, daß er also alles Vertrauen verdient. Das sind aber eben die im ersten Teil überwiegenden Themen. Jahwes Einzigkeit und grenzenlose Macht kommt immer wieder in den Disputationsworten und in den Gerichtsreden zum Ausdruck; von seiner Zuwendung zu Israel reden unermüdlich

die Heilsorakel, die Heilsankündigungen und nicht zuletzt die Mahnworte. Beide Themen sind im zweiten Teil zwar vorhanden, der Blick
ist aber hier auf das Heilsgeschehen als sich erfüllende Wirklichkeit
gerichtet: es ist vom Sturz Babels, vom Auszug der Gefangenen zur
Heimat hin, vom bevorstehenden Aufbau Jerusalems und von der
universalen Tragweite der göttlichen Erlösungstat die Rede. Bezeichnend für diesen Teil sind die Sätze 46, 11b und 48, 15 : ich habe geredet
und es kommen lassen. Heilsorakel und ausgeprägte Gerichtsreden
findet man dort nicht mehr, demgegenüber überwiegen die Kyros-
Worte und die Selbstprädikationen Jahwes. Letztere sind weniger
allgemein und in viel stärkerem Maße auf das sich vollziehende
Heilsgeschehen ausgerichtet. Das Denkschema „Verheißung-Erfüllung"
hat zur Charakterisierung der zwei Teile etwas für sich.

Wir haben also Gründe anzunehmen, daß die Zusammensetzung
von 40, 12-17.21-26; 40, 27-31 und ihre Stellung an der Spitze der
ganzen Schrift auf unsere Tradenten zurückgeht. Diese ihre Stellung
verdanken diese Texte der ihnen zugewiesenen Funktion, die Sammlungen 1) bis 4) einzuleiten. Ihre Aussagen waren bei aller Klarheit
der Thematik doch so allgemein formuliert, daß sie genug Raum zur
Entfaltung der Gedanken ließen und den vielfältigen Worten und
Gattungen des Folgenden ein angemessenes Vorwort sein konnten.
Zur Bildung dieser Einleitung bedienten sich die Tradenten wie bei
der Ausgestaltung der Sammlung 5) so auch hier deuterojesajanischen
Materials. Wahrscheinlich kann man annehmen, daß wie dort so auch
hier die einführenden Worte — also 40, 12-17 — nicht aus Deuterojesaja stammen, sondern von den Tradenten von anderswo übernommen, bzw. verfaßt worden sind. Die Eigenart der Sprache, die innerhalb der ganzen Schrift keine Entsprechung hat, dürfte für erstere
Möglichkeit sprechen.

Bei all dem bleibt freilich über die redaktionsgeschichtliche Einordnung dieser Texte ein Zweifel. Das Vorhandensein des Zusatzes
40, 18-20 wirft die Frage auf, ob der Aufbau der Einleitung doch
nicht auf jene spätere Bearbeiter zurückgeht, von denen der Zusatz
stammt. Man kann nämlich den gegenseitigen Bezug von 40, 12-17
und 40, 18-20 nicht verkennen : aus ihrer Kombination ergibt sich
ein Kontrastbild von bedeutender theologischer Prägnanz. Das ist an
dieser Stelle zu Anfang der deuterojesajanischen Schrift sicher Absicht
und ein deutlicher Hinweis darauf, aus welcher theologischen Sicht
diese Schrift gelesen und gehört werden soll. Da Zusätze wie 40, 18-20

darin mehrmals vorkommen, wird die Frage nach der Redaktionsgeschichte von 40, 12-31 wichtig. Sind die Bearbeiter dieses Textes
dieselben, die in der ganzen Schrift ähnliche Zusätze wie 40, 18-20
zerstreut haben? Mit dieser Frage gehen wir notwendigerweise zur
Frage nach der weiteren Redaktionsarbeit an unserer Schrift über.

Wir stellen fest, daß diese Zusätze innerhalb der Schrift einen
bestimmten Platz haben. Sie kommen vor in der Einleitung (40, 18-20),
am Anfang des ersten Teils (41, 6-7) und an dessen Schluß (44, 14-18a.
19.20bα), zu Beginn des zweiten Teils (45, 20b), in dessen Mitte (46,
6-7.8b) und fast am Schluß (48, 5.6aα.7b). Wie ein Leitmotiv zieht
sich die Rede von der Götzenherstellung durch die ganze Schrift. Zu
beachten ist dabei, daß die Zusätze in einem bestimmten Zusammenhang begegnen, und zwar dort, wo das Thema von Jahwes Einzigkeit
und Erhabenheit auftaucht[3]. Das Kontrastbild zwischen Jahwe und
den Götzen, die doch Menschenwerk sind, wiederholt sich immer
wieder. Ohne Zweifel haben wir es hier mit einem theologischen Interpretament der deuterojesajanischen Aussage über Jahwe als den einzigen Gott zu tun. Am ständigen Vergleich mit den Götzen, die aus
irdischem Material und vom Menschen gemacht werden, soll das
unermeßliche, unumgreifbare, unumreißbare Wesen Jahwes, des einzigen Gottes, in anschaulicher Weise hervorgehoben werden. Die Bearbeiter zeigen sich am Gottesbegriff des Deuterojesaja in besonderer
Weise interessiert. Seine Worte boten ihnen beweiskräftige Zeugnisse
von Jahwes Einzigkeit und Erhabenheit; durch ihre redaktionellen
Eingriffe beabsichtigen sie vermutlich, den theologischen Gehalt der
Schrift herauszustellen, sie vielleicht sogar zu einem lehrhaften Trak-
tat über Gott zu machen.

Zu dieser Annahme führt die Eigenart ihrer Sprache, die über die
Form des Spottliedes hinaus auf Stil und Gedankengang der Weisheit zurückgeht[4]. Die Vermutung, daß diese Bearbeiter sich an der
Gestaltung von 40, 12-31 beteiligt haben, gewinnt angesichts des vorliegenden Befundes an Kraft. Ihnen würden wir nicht nur 40, 18-20,
sondern auch die Voranstellung von 40, 12-17 zuschreiben. Der weisheitliche Charakter dieser Dichtung, der ihre Herkunft aus Deuterojesaja unsicher machte, legt eine solche Lösung nahe. In diesem
Sinn bildet 40, 12-20 die Einleitung zur gesamten deuterojesajanischen
Schrift.

---

[3] Vgl. 40, 25; 41, 4b; 44, 6b-7aα.8b; 45, 14bβ.18aαb.21bβ.22b; 46, 5.9b; 48, 11b.12b.
[4] Vgl. Ps 115, 4-8; 135, 15-18; Weis 13, 10-19; 14, 8-10; 15, 7-10; Jer 10, 1-16; Ba 6.

Den Tradenten der Sammlungen 1) bis 4) würde dann nur die Zusammensetzung und Voranstellung von 40, 21-26; 40, 27-31 zufallen. Nur dieser Text wäre die eigentliche Einleitung zum ersten Teil der gesamten Schrift. Daß es so ist, zeigt sich an der Form von 40, 22-26 : wie in 44, 24-28a* überwiegt auch hier der partizipiale Stil, wie dort so auch hier wechseln sich in jedem Vers partizipialer Satz und Satz mit verbum finitum ab — nur die mittleren Sätze 40, 24a. 24b.25.26aα weichen davon ab. Wir haben keinen schwerwiegenden Grund, an der Echtheit von 40, 21-26 zu zweifeln, wir können aber sagen, daß bei der Auswahl der Texte die Tradenten für ihre Einleitung gerade den Text sich ausgesucht haben, der formal und letztlich auch inhaltlich der Einleitung zum ersten Teil am besten entsprach. Bei einer so aufmerksamen Redaktionsarbeit dürfte es kein Zufall sein, daß die Texte 40, 21-26 und 40, 27-31 durch die gleiche Ansatzfrage in formaler Hinsicht eng miteinander verbunden sind (vgl. 40, 21aα. 28aα).

Der weisheitlich-theologischen Bearbeitung unserer Schrift — so wollen wir sie bezeichnen — sind noch andere kleine Zusätze zuzuschreiben, und zwar 41, 24b (vgl. den Begriff תועבה in 44, 19b), dann 41, 29b (vgl. 48, 5bβ : נסך), beide in der ersten Gerichtsrede gegen die Götter, schließlich 48, 22, das mit seinem weisheitlichen Ton den passenden Abschluß zum Ganzen bildet (vgl. Pred 8, 13). Durch das Wort שלום knüpfen die Bearbeiter diesen Vers an den nächsten Kontext, und zwar an 48, 18b an.

In der Darstellung des Werdeprozesses der deuterojesajanischen Schrift haben wir aus sachlichen Gründen die Besprechung der Zusätze über die Götzenherstellung unmittelbar an die Besprechung der Redaktion des ersten Teils angeschlossen. Die weisheitlich-theologische Bearbeitung gehört aber an sich zur letzten Phase der Redaktionsgeschichte. Ihr war eigentlich mindestens zum Teil eine andere Bearbeitung vorangegangen. Ihr Anliegen war nicht, das Schrifttum des Propheten redaktionell abzurunden, sondern der zuhörenden Gemeinde durch Setzung gewisser Akzente Stoff zum Nachdenken zu geben. Man vermißte in der überlieferten Schrift Deuterojesajas jeden Hinweis auf Gesetz und Kult. Die Zusätze entstammen dem Bedürfnis, diesen Mangel aufzuheben und damit die Gemeinde auf die Grundlagen ihres religiösen Lebens aufmerksam zu machen. Aller Wahrscheinlichkeit nach verdanken sie ihren Einbau in die Vorlage nicht ein und demselben Bearbeiter, sondern kamen erst allmählich in den Text hinein.

Wir können sie in zwei Gruppen teilen. Der Gruppe, die gesetzlich ausgerichtet ist, weisen wir 42, 18.19b.21.22aα.23.24bβγ.25 und 48, 1bγ.4.8.10; 48, 18-19 zu, unter die Gruppe der kultisch orientierten Zusätze zählen wir 43, 23-25.28a; 44, 28b und 48, 1baβ.2.9. Bei den Letzteren werden das Opfer, die Opfergaben, das Heiligtum, der Tempel, die Stadt Jerusalem, das Schwören beim Namen Jahwes und das Sich-Bekennen zu ihm erwähnt. Diese Einteilung hat aber nicht unbedingt redaktionsgeschichtliche Bedeutung, als ob sich die zwei Gruppen jeweils zu zwei verschiedenen Redaktionsvorgängen gehören. In dieser Hinsicht gehen die Beziehungen quer durch die zwei Gruppen hindurch.

Wenn wir die Texte miteinander vergleichen und ihren Inhalt abwägen, kommen wir zum Schluß, daß sie in folgender Ordnung in die Vorlage eingebaut wurden. Zunächst wurde 43, 23-25.28a eingefügt. Israel wird hier sein schlechtes Verhalten im kultischen Bereich vorgeworfen, ihm wird aber auch die Vergebung zugesagt; der Akzent liegt auf Jahwes erbarmungsvoller Zuwendung. In einer weiteren Phase fügte man, vielleicht stufenweise, die Texte 44, 28b; 48, 1baβ.2.9.18-19 hinzu. Was 44, 28b mit 48, 1baβ.2 verbindet, ist die Erwähnung der Heiligen Stadt; anderseits sind 48, 1baβ.2.9 durch den Hinweis auf den Namen Jahwes miteinander verbunden (die Hinzufügung von יהוה צבאות in 44, 6a, vielleicht auch von צבאות in 45, 16bγ und von יהוה צבאות שמו in 47, 4a entstammt vermutlich dieser Bearbeitung); 48, 18-19 knüpft seinerseits durch das Verb כרת und die Erwähnung des שם Israels an 48, 9 an, wodurch eine Verbindungslinie zwischen dem Namen Jahwes und dem Namen Israels entsteht. Diese Verse sind dem Zusammenhang entsprechend als Rede Jahwes formuliert. Jahwe kündet seinen Entschluß, Israel nicht zu vertilgen, er deutet aber an, daß Israels Untreue zur Vertilgung geführt hat und noch führen kann (48, 19b).

Ein Stück weiter gehen die Texte 42, 18.19b.21.22aα.23.24bβγ.25 einerseits und 48, 1bγ.4.8.10 anderseits. Sie betonen ganz massiv Israels Hartnäckigkeit und Treulosigkeit und das Scheitern jedes göttlichen Versuchs, dieses Volk zur Besinnung zu bewegen. Der Abstand dieser letzteren Worte von den anderen Zusätzen ist sehr groß, obwohl alle ohne Ausnahme Tadelworte sind. Die Situation, aus der sie entstanden sind, ist sicher eine andere. Hier spricht einer, der Israel seine Schuld vor Augen halten will im verzweifelten Versuch, es vom Abfall zu retten. Die weisheitlich-theologische Bearbeitung, die nachträglich erfolgte, scheint der Versuch zu sein, diese brennende Frage durch

Abstrahierung und Theoretisierung zu bewältigen. Als ein späterer Nachtrag zu 42, 18.19b.21.22aα.23.24bβγ.25 ist 42, 24bα anzusehen.

Damit ist der Werdegang von 40, 12-48, 22 zum Abschluß gelangt. Aus der Rekonstruktion ihrer Redaktionsgeschichte ergibt sich für die deuterojesajanische Schrift folgende Gestalt :

Einleitung zur ganzen Schrift	40, 12-20
Einleitung zum ersten Teil	40, 21-31
Erster Teil	a) 41, 1-42, 17
	b) 42, 18-43, 21
	c) 43, 22-44, 23
Einleitung zum zweiten Teil	44, 24-45, 8
Zweiter Teil	a) 45, 9-25
	b) 46, 1-47, 15
	c) 48, 1-21
Abschluß der ganzen Schrift	48, 22

Diesen Umfang und diese Gestalt verdankt die vorliegende Schrift der israelitischen, exilischen, aber hauptsächlich nachexilischen zum Wortgottesdienst versammelten Gemeinde durch die Person ihrer Tradenten. Geht das Grundgerüst in Form von lose aneinandergereihten, verschiedene Einzelworte umfassenden Sammlungen auf Deuterojesaja selbst zurück, so erwuchs dieses Material aus der Verlesung, Deutung und Aktualisierung der Texte inmitten der versammelten Gemeinde zu einer umfangreichen Schrift. Die einzelnen Bearbeitungen antworten jeweils den Anliegen und Bedürfnissen der Gemeinde, drücken ihr Verständnis des prophetischen Wortes aus und stellen immer wieder den Versuch dar, ihren Glauben zu schützen und zu festigen; durch Eigenart des Inhalts und der Sprache heben sie sich deutlich voneinander ab und bewahren je ihr eigenes Profil; ihnen allen ist aber eines gemeinsam, daß sie nämlich letztlich kein Fremdkörper sind, sondern die in der Vorlage keimhaft enthaltenen Gedanken des Propheten mit Folgerichtigkeit entfalten, manchmal ja sogar bis ins Äußerste durchführen. Es ergibt sich, daß die Schrift trotz vielfältiger Ergänzungsarbeit literarisch gesehen einheitlich bleibt, und zwar nicht zuletzt deswegen, weil die verschiedenen Bearbeiter sich ihrer Vorlage im weiten Maße formal und sprachlich angepaßt haben; sie waren immer wieder bemüht, Verbindungslinien zu ziehen und Zusammenhänge breiten Umfangs zu schaffen im Hinblick auf die Bildung eines genau strukturierten, geschlossenen Ganzen.

Noch wären 44, 26bβ; 47, 2abα.3a.6bβ.8b-9.12aβ.13a.13bδ.15abα und vor allem 40, 1-11 einzuordnen. Wie zur Stelle hervorgehoben wurde, dürfte mit der Ergänzung von Kap. 47 u.a. auch der Einbau von Jes 52, 1f und Jes 54 zusammenhängen. Es bestehen auch formale und inhaltliche Beziehungen zwischen 40, 1-11 und Jes 56-66. Anderseits erhebt sich hinsichtlich von 42, 1-4 die Frage nach dem redaktionsgeschichtlichen Ort der Gottesknechtslieder, die wiederum mit der Frage der Redaktion von Jes 49-53 zusammenhängt. Zur Lösung dieser Frage ist eine eigene Untersuchung vonnöten. Diese können wir im Rahmen der vorliegenden Arbeit nicht durchführen.

Immerhin erlaubt uns die durchgeführte Analyse einige Vermutungen aufzustellen. Die sprachliche und inhaltliche Differenziertheit der in 40, 1-11 enthaltenen Einzelheiten legt jeweils einen verschiedenen redaktionsgeschichtlichen Bezug nahe. Die Etappen der Redaktionsgeschichte von 40, 1-11 kann man folgendermaßen nachzeichnen. Zu 40, 12-48, 22 kam an erster Stelle 40, 9-11 hinzu, und zwar als der Grundstock von 49, 1-52, 12 daran angehängt wurde. Der Beweis dafür liegt in der terminologischen, inhaltlichen und strukturbildenden Parallelität zwischen 40, 9-11 und 52, 7-9.10-12. In beiden Texten werden Sion und Jerusalem erwähnt (40, 9; 52, 7-9); beide Namen treten innerhalb von 49, 1-52, 12 stärker in den Vordergrund als in den vorhergehenden Kapiteln[5]. Zu beachten sind ferner die Bezeichnung אדני יהוה[6], die Erwähnung des Armes Jahwes[7] und das Vorkommen der Verben רעה und נהל[8] mit ihrer thematischen Prägnanz. Entscheidend ist aber die Tatsache, daß beide Texte in entgegengesetzter Stellung das Ganze einklammern, wobei hervorzuheben ist, daß beide Texte die gleichen gattungsmäßigen Elemente aufweisen: Angabe der zu überbringenden Botschaft, hymnische Partie berichtender Art.

In der zweiten Etappe der Überlieferung, und zwar als Jes 56-66 an Jes 40, 9-52, 12; 54-55 angehängt wurde, kam 40, 1-5 hinzu. Auch in diesem Fall sind es hauptsächlich stilistische und inhaltliche Berührungspunkte, die zu dieser Annahme führen. Die Literarkritik von 40, 1-2.3-5 hat sie aufgezeigt. Es sei hier nur auf die Eigenart des doppelten Imperativs der zweiten Person Plural (vgl. 57, 14; 62, 10), auf die Verwendung der Gattung der Gerichtsbeschreibung (vgl. 66, 6) und auf das Motiv der Offenbarung von Jahwes Herrlichkeit[9] hingewiesen.

---

[5] Vgl. 49, 14; 51, 3.11.16f; 52, 1f einerseits und 41, 27; 46, 13 anderseits.
[6] Vgl. 40, 10a; 49, 14.22; 50, 4-7; 52, 4.
[7] Vgl. 40, 10f; 51, 5.9; 52, 10.
[8] Vgl. 40, 11; 49, 9f; 51, 18.
[9] Vgl. 56, 1b; 58, 8; 60, 1f.19f; 66, 18f.

Die Frage ist die, ob der Autor von 40, 1-5 mit dem Redaktor von Jes 56-66 identisch oder ein noch späterer ist. Der Stil der ihm zugeschriebenen Stellen 56, 1b; 58, 8b; 58, 13f; 59, 21; 60, 4.6.16; 62, 11f; 66, 13bβ.21.23; 65, 1.24[10] ist anders als der von 40, 1-5. Abgesehen vom Thema des Sabbats, das 40, 1-5 fremd ist (vgl. 56, 5; 58, 13f), sind die meisten Stellen freie Zitate aus Jes 40, 9-52, 12[11]. Es bleiben 59, 21; 66, 13bβ.21.23. Diese Texte weisen Berührungspunkte mit 40, 1-5 auf: das ובירושלים תנחמו von 66, 13bβ steht in Beziehung zu 40, 1a.2aα; das יבוא כל־בשׂר להשתחות לפני von 66, 23b erinnert an das ונגלה כבוד יהוה וראו כל־בשׂר יחדו von 40, 5abα; das Vorkommen des Satzes ודברי אשׁר שׂמתי בפיך in 59, 21 läßt an den Ausdruck כיפי יהוה דבר von 40, 5bβ denken, der übrigens auch in 58, 14 (vgl. 62, 2) vorkommt. Es fehlt aber diesen Texten der in Form, Rhythmus und Satzbau genau umrissene, ausgeprägte Stil von 40, 1-5. Von ברית und רוח יהוה (vgl. 59, 21a) ist hier keine Rede, die Formel אמר יהוה (vgl. 59, 21; 66, 21.23) ist auch nicht vorhanden. Dieser Befund legt nahe, 40, 1-5 einem anderen Redaktor als dem von Jes 56-66 zuzuschreiben, einem Redaktor aber, der Jes 56-66 kannte und wahrscheinlich in 40, 1-5 hat zusammenfassen wollen. Er hat Jes 56-66 an Jes 40-55 angehängt. Bei der Formulierung seines als Einleitung zum ganzen Jes 40, 9-66, 24 gedachten Textes hat er aus Jes 66 einige Motive aufgegriffen, das des Tröstens (66, 13b) und das der Erscheinung von Jahwes Herrlichkeit vor allen Völkern (66, 18), die er mit eigenem Stil und Sprache anführt.

Der Einbau von 40, 6-8 dürfte im Hinblick auf 63, 7-64, 11 gemacht worden sein. Das heißt: der Redaktor nimmt hier Bezug auf 63, 7-64, 11. Trotz manchem Unterschied in der Sicht und im Stil können wir vielleicht doch annehmen, daß es der gleiche Redaktor von 40, 1-5 ist, der hier arbeitet. Daß 40, 6-8 sich auf 63, 7-64, 11 bezieht, geht nicht aus dem gemeinsamen klagenden Ton allein und aus manchem gemeinsamen Bild und Wort (vgl. 64, 5b) hervor, sondern vielmehr aus der gleichen Disposition der Themen, aus der Parallelität der Struktur. Zu beachten ist in dieser Hinsicht, daß 63, 7-64, 11 in der ursprünglichen Textvorlage zwischen 62, 1-11 und 65, 1-24 steht. Liest man nun diese Texte durch, so stellt sich folgende Abfolge im Inhalt: in 62, 1-5 wird die Stadt Jerusalem angeredet und zu ihr gesagt, daß sich Gott ihrer freut (V. 5); in 62, 6-9.10 werden

---

[10] Vgl. Pauritsch, Die neue Gemeinde, S. 244f.
[11] Vgl. zu 56, 1b.10; 58, 8b; 60, 6; 60, 16; 62, 11 jeweils 46, 13; 42, 19.25b; 52, 12; 43, 21b; 49, 23.26; 40, 10. Zu 60, 4; 66, 12 vgl. 40, 11.

die Wächter angeredet, sie sollen Jahwe drängen, Jerusalem aufzurichten (V. 7), sie sollen dem zurückziehenden Volk den Weg bahnen,
denn mit ihm kommt Jahwe selbst heim (V. 10f); in 63, 7-64, 11 folgt
die Volksklage, in der von dem über die Maßen gebeugten Volk die
Rede ist; in 65, 1-24 sind Verheißungen enthalten, bei denen auf
Jahwes totale Bereitschaft zu seinem Volk hingewiesen wird (VV. 1.8-
10.17-24). Es dürfte nicht abwegig sein zu vermuten, daß unser Redaktor seine Einleitung in der Abfolge der Themen nach dem Muster
dieser letzten Kapitel verfaßt hat.

Er setzt in 40, 1f mit der Anrede an die Wächter an, sie sollen
Jahwes Volk trösten und Jerusalem ansprechen, denn ihr Elend ist
zu Ende; er fährt in 40, 3-5 fort mit der Anrede an die Wächter, sie
sollen der sich offenbarenden Herrlichkeit Jahwes den Weg bahnen,
wobei er Motive aus Jes 66 übernimmt; in 40, 6-8 führt er dann ein
Wort an, das der Volksklage und Kap. 65 entsprechen soll: er weist
auf die Ohnmacht des Volkes hin und betont, Jahwes Wort bestehe
auf immer. Damit wird die Meinung mancher Gelehrten in Frage gestellt, nach denen sich 40, 6-8 und 55, 10 mit ihrem pointierten Hinweis auf Gottes Wort aufeinander beziehen[12]. Wir haben Grund anzunehmen, daß Jes 54-55 bereits vor der Verbindung von Jes 56-66
mit Jes 40, 9-52, 12 (52, 13-53, 12) an Jes 40, 9-52, 12 angehängt worden war. Es ist freilich nicht unsere Aufgabe, das hier gründlich zu erörtern sowie darzulegen, daß aller Wahrscheinlichkeit nach die Gottesknechtslieder 42, 1-4a (4b); 49, 1-6; 50, 4-9; 52, 13-53, 12 erst dann
eingebaut wurden, als 40, 9-55, 13 als geschlossenes Korpus bereits
bestand. Aus dem Gesagten ergibt sich, daß für Jes 40-66 folgende
Phasen des redaktionsgeschichtlichen Werdeganges aufzuzeichnen sind:

1)		40, 12- 41, 29	42, 5- 48, 22		
2)	40, 9-11			49, 7- 52, 12	
3)					54-55
4)		42, 1-4	49, 1-6 50, 4-9 52, 13-15 53, 1-12		
5) 40, 1-5.6-8					56-66

---

[12] So Duhm, Das Buch Jesaja, S. 266, Lack, La Symbolique du Livre d'Isaïe, S. 84f,
Muilenburg, The Book of Isaiah Chapters 40-66, S. 431, Westermann, Das Buch Jesaja,
S. 38. Zurückhaltend zeigt sich aber Elliger, vgl. Jesaja II, S. 26-29.

B. *Die literarische Einheit von Jes 40-48*

Bei der Frage nach der literarischen Einheit wollen wir davon ausgehen, festzustellen, ob und inwieweit das Kriterium der Aneinanderreihung des Materials aufgrund gleicher Stichwörter für unsere Schrift
gilt. Die Analyse soll sich auf die ursprünglichen Sammlungen richten,
um dann zu den Verbindungen der Sammlungen und zu den jeweiligen
redaktionellen Zusätzen überzugehen.

Die Sammlung 1) besteht aus der Bestreitung 41, 1-4.25-26ba.27,
die das Orakel an Kyros 42, 5-8a* umfängt, und aus der hymnischen
Partie 42, 11.13. Keine Stichwörter verbinden diese drei Texte miteinander. Zwar begegnet in der Bestreitung und in der hymnischen
Partie das gleiche Verb העיר (vgl. 41, 2aα.25aα; 42, 13aβ), der Bezug
ist aber in der hymnischen Partie anders, denn das Objekt ist hier das
Kriegsgeschrei und nicht Kyros. Was Bestreitung mit Orakel verbindet, ist die Selbstprädikation Jahwes, obwohl die Formulierung
jeweils verschieden ist (vgl. 41, 4b; 42, 8a); in der hymnischen Partie
fehlt jedoch das Entsprechende. Die Einheit dieser Texte hängt nicht
an irgendeinem durchgehend auftauchenden Begriff oder an einer
Formel, sondern, wie zur Stelle aufgezeigt wurde, an der gedanklichen Geschlossenheit und an der entsprechenden Aufstellung der
Einzeltexte.

Die Sammlung 2) enthält ihrerseits das Heilsorakel 41, 8-16*, die
Gerichtsrede 41, 21-24a.26bβ.28-29a und das Heilswort 42, 9.14-16*.
Unsicher ist, ob dazu auch die Heilsankündigung 41, 17-20 gehörte.
Wenn ja, so verbindet sie mit dem Heilsorakel die Bezeichnung קדוש
ישראל (vgl. 41, 14bβ.16bβ.20b); anderseits klingt in V. 17b die Selbstvorstellungsformel אני יהוה אלהיך von V. 13a nach. Sonst verbindet
das Heilsorakel nichts mit der Gerichtsrede, es sei denn, man will
Verbindungslinien zwischen den Selbstaussagen Jahwes in den כי-
Sätzen 41, 10a.13a und der Herausforderung an die Götzen 41, 23aβ.
24a.29a sehen, wobei aber wiederum nicht der Begriff oder die Formel
ausschlaggebend wären, sondern die gemeinte Sache. Es ist eher anzunehmen, daß durch die Verben ידע und ראה eine Brücke zwischen
der Heilsankündigung und der Gerichtsrede besteht (vgl. 41, 20a.23aβ.
23bβ); aber auch in diesem Fall kommt es nicht auf die gleiche
Terminologie an als vielmehr auf den gleichen Sachverhalt, denn es
handelt sich in beiden Texten um einen Erkenntnisvorgang, an dessen
Ende der Erweis Jahwes als Gott steht.

Eine Verbindungslinie zwischen Gerichtsrede und Heilswort könnte man in 42, 9 sehen, wenn wir es als Ansatz zum folgenden 42, 14-16 betrachten, und zwar durch הגיד ,הראשנות und השמיע (vgl. 41, 22f). Freilich kann man 42, 9 auch als Abschluß der Gerichtsrede ansehen; in dem Fall wären Berührungspunkte zwischen 42, 16bγ (אלה הדברים עשׂיתם) und 41, 23bα.29aβ festzustellen, die sind aber nicht terminologischer Art. Schließlich könnte man bei den הרים וגבעות von 42, 15 an die הרים und גבעות von 41, 15b denken (vgl. auch das Vorkommen des Verbs בוש in 41, 11a und 42, 15), das Subjekt und vielleicht auch der Bezug sind an beiden Stellen verschieden.

Vermutlich bevor die Sammlung 1) mit der Sammlung 2) verflochten wurde, erhielt ihre hymnische Partie 42, 11.13 den Zuwachs von VV. 10.12. Der betreffende Redaktor knüpfte seine Ergänzung an die Vorlage durch das Aufgreifen in V. 12a des Begriffs כבוד aus 42, 8bα und des Begriffs איים aus der Spitze der Vorlage (vgl. 41, 1aα; 42, 10bβ. 12b). Bei der Verbindung beider Sammlungen entstand, wie bereits gesagt, 41, 5. Der jeweilige Redaktor bediente sich dabei mancher Wörter aus der Vorlage. So finden wir wieder איים aus 41, 1aα, das Verb ירא aus dem Heilsorakel 41, 10a.13b.14a, den Ausdruck קצה הארץ aus 42, 10a, falls 40, 27-31 als Einleitung zur Sammlung 1) bzw. zu allen Sammlungen noch nicht bestand (vgl. 40, 28aβ), das Verb קרב, das aus 41, 1b.21a zu stammen scheint. Bei der Verbindung entstand auch 42, 8bβ und 42, 17. Auch hier benutzt der Redaktor Material aus der Vorlage. So übernimmt er den Begriff תהלה aus 42, 10aβ.12b, die Anrede אתם אלהינו in 42, 17b aus der Gerichtsrede (vgl. 41, 23a). Falls 41, 9 in diesem Stadium der Überlieferung entstanden ist, so könnten wir annehmen, daß der jeweilige Redaktor hier manches aus der Vorlage übernommen hat, etwa die Verben חזק und קרא aus 42, 6a und den Ausdruck קצה הארץ aus 42, 10aβ bzw. aus 40, 28aβ. Schließlich geht das האל von 42, 5a nicht so sehr terminologisch als thematisch auf die Gerichtsrede 41, 21-24.28f zurück.

Es zeigt sich an diesem Befund, daß die Stichworte die ursprüngliche Zusammensetzung der Texte innerhalb der besprochenen zwei ersten Sammlungen nicht bestimmt haben und daß sie erst aus der vielfältigen Redaktionsarbeit stammen. Bei ihrer kompilatorischen Arbeit haben sich die Redaktoren darum bemüht, die Texte aneinander anzugleichen. Das ist aber keine strukturbildende Arbeit an sich, denn sie geht über die Grenzen des einzelnen Textes bzw. des einzelnen größeren Abschnittes nicht hinaus. So gründet die Einheit von 41, 1-42, 17 letztlich nur in der vom Verfasser einheitlich konzipierten Aufeinanderfolge der Einzeleinheiten je mit ihrer Gattung. Die Idee Deuterojesajas kann man folgendermaßen zusammenfassen : der Siegeszug des Kyros ist Werk Jahwes; er hat es seinem Volk durch einen Boten im voraus verkündet; er hat selber an den Helden Kyros sein Wort gerichtet und ihn zur Befreiung der Unterdrückten bestimmt; damit hat er sich als der Gott Israels erwiesen, der zu seinem Volk steht und es befreit; Israel habe also nichts zu fürchten, vielmehr werde es an der eigenen Wiederherstellung Jahwes Macht und Zuwendung erleben; damit hat er sich aber auch als der einzige Gott erwiesen, der im Gegensatz zu den Götzen und Göttern redet und wirkt.

Wir gehen zur Sammlung 3) über. Sie besteht aus einem Mahnwort, einem Heilsorakel, einer Gerichtsrede und einem Heilswort. Verbindungslinien terminologischer und formaler Art zwischen dem Heilsorakel und der Gerichtsrede liegen nicht vor; das einzige, was sie verbindet, ist die Selbstvorstellungsformel (vgl. 43, 3a.11). Diese erfüllt jeweils eine verschiedene Funktion, sie ist aber auch verschieden formuliert; denn in V. 11 fehlen die zwei wichtigen Bezeichnungen von V. 3, und zwar אלהיך und קדוש ישראל, ferner der Bezug durch die Personalpronomina. Auf jeden Fall gleichen beide Verse einander darin, daß zu Anfang אני bzw. אנכי יהוה und am Ende מושיע stehen. Es liegt hier mehr als ein Stichwort oder eine „Assoziation der Ähnlichkeit" vor[13]. Was Jahwe vor den Völkern und ihren Göttern von sich sagt, bekräftigt das an Israel im Heilsorakel gerichtete Wort, er sei sein Erlöser und Befreier : er ist es, weil er der einzige Gott ist und als solcher wirkt und befreit. Die allgemeine Formulierung von V. 11 begründet und verstärkt den Zuspruch des Heilsorakels. Berührungspunkte zwischen diesem Orakel und dem Heilswort kann man im Vorkommen des Verbs ברא in 43, 1 (7) einerseits und in 43, 15 anderseits sehen, beidemal auf Israel bezogen, ferner in der Verwendung der Bezeichnung קדוש ישראל in 43, 3a und 43, 14a (vgl. 43, 15a), eventuell auch im Gebrauch der Wurzel גאל in 43, 1bα und 43, 14a.

Genügt das aber als Grund für die Zusammensetzung beider Texte in der gleichen Sammlung? Sicher nicht! Zu beachten ist im Heilswort wieder das Auftauchen des אני יהוה. Das berechtigt uns zur

---

[13] Vgl. Mowinckel, Die Komposition des deuterojesajanischen Buches, ZAW 49 1931, S. 242.

Annahme, daß das Verbindende in all diesen Texten die Aussage von Jahwes Selbsterweis ist; dieser nimmt jeweils Gestalt im Wort des Beistands, in der Bewährung gegenüber den Göttern und im Werk der Befreiung. Das Heilswort 43, 14f hat hier nach dem Heilsorakel und der Gerichtsrede seinen berechtigten Platz: hat Jahwe seinen Beistand ausgesprochen und ihn durch die Gerichtsrede fest begründet, so zeigt das Heilswort, in welcher Weise sich das Heilswerk verwirklicht, und zwar durch das konkrete Geschehen der Entsendung des Helden und der Befreiung der Gefangenen — was dann in 43, 18-21* durch das Motiv der göttlichen Fürsorge beim Durchzug in der Wüste anschaulich gemacht wird. Vielleicht knüpft der Hinweis darauf, daß Jahwe einen Weg durch die Wasser schafft (vgl. 43, 16a.20b), an die Aussage von 43, 2aα an, aber das ist gegenüber dem gedanklichen, kontinuierlichen Zusammenhang unbedeutend. Daß schließlich an die Spitze der Sammlung das Mahnwort gesetzt wurde, ist nicht zufällig; denn durch die Begriffe „blind" und „taub" und den Hinweis auf die „Ohren" entsteht ohne Zweifel eine Brücke zur Gerichtsrede (vgl. 43, 8). Das hat Deuterojesaja sicher bewußt gemacht. Entscheidend war es aber nicht. Bei der Voranstellung des Mahnwortes lag es ihm vielleicht mehr daran, ein scharfes Gegenüber zum Heilsorakel zu schaffen und damit Jahwes Initiative und unverdiente Zuwendung zu Israel hervorzuheben.

Die Sammlung 4) umfaßt ein Heilsorakel (eigener Art), eine Gerichtsrede, ein Heilswort und einen Hymnus; all dem geht wie bei der Sammlung 3) ein Mahnwort voran. Verbindungslinien von einer Einheit zur anderen zu ziehen gelingt kaum. Zwar begegnet das Verb יצר im Heilsorakel und im Heilswort (44, 2a.21b), die Wendung ist aber jeweils verschieden, da in 44, 2a das Verb durch מבטן näher bestimmt wird; der Begriff עבד wird hier und dort verwendet, das ist jedoch die übliche, immer wieder vorkommende Bezeichnung für Jakob-Israel und als solche nicht kennzeichnend als Stichwort. Eher könnte man eine Berührung zwischen dem ליהוה אני von 44, 5a und dem עבד־לי אתה von 44, 21b sehen, ferner zwischen dem גאלו der Gerichtsrede (44, 6a) und dem כי גאלתיך des Heilswortes (44, 22b), sowie dem כי־גאל יהוה יעקב des Hymnus (44, 23b), die syntaktische Funktion des Verbs ist aber an den drei Stellen differenziert.

Wiederum stellt sich heraus, daß das Verbindende nicht bestimmte Stichwörter noch gemeinsame Einzelthemen sind, sondern die kontinuierliche gedankliche, sachliche Entfaltung: Israel hat sich von

Anfang an als Sünder erwiesen und Jahwes Bestrafung verdient
(Mahnwort), jetzt aber stellt Jahwe es wiederher und es wird sich als
Jahwe gehörig bekennen (Heilsorakel); das tut Jahwe in seiner Eigenschaft, der einzige Gott zu sein, und kraft seines Anspruchs, König
Israels zu sein; im Hinblick auf die Wiederherstellung des Bundesverhältnisses hat Jahwe seinem Volk die Sünden weggefegt und es
erlöst; er ermahnt es zur Umkehr (Heilswort).

Bei der Zusammensetzung der Sammlung 4) mit der Sammlung 3)
ergaben sich von selbst wegen des grundsätzlich gemeinsamen Inhalts
manche terminologische und thematische Berührungen. So finden wir
die im Heilswort 43, 14f auftauchende Selbstbezeichnung Jahwes als
מלך in der Gerichtsrede 44, 6-8* (vgl. 43, 15b; 44, 6a) wieder. Die
Begründung כי גאלתיך im Rahmen einer Ermahnung kehrt in 44, 22b
wieder und klingt nach in 44, 23b (vgl. 43, 1bα). Das Verb עשה in
bezug auf Israel begegnet in 44, 2a wieder (vgl. 43, 7b). Das Adverb
מבלעד innerhalb einer rhetorischen Frage findet sich außer in 43, 11b
wieder in 44, 6b (vgl. 44, 8b). Von זרעך ist außer in 43, 5b noch in
43, 5b noch in 44, 3b die Rede. Zu beachten ist der Kontrast in der
verschiedenen Verwendung des Verbs ספר in 43, 21b und 43, 26, einmal zum Loben und einmal zum Anzeigen. Das gleiche ist vom Verb
צדק zu sagen, das einmal auf die Götter und einmal auf Israel bezogen wird (vgl. 43, 9b.26b). Eine interessante Verbindungslinie ist
zwischen dem צמח von 43, 19a und dem von 44, 4 festzustellen : das
Neue, was Jahwe tut, sproßt; die Nachkommen Israels sprossen unter
der Wirkung des Geistes Jahwes. Die übrigen Verbindungslinien sind
redaktioneller Herkunft, so z.B. die Begriffe חטאה und פשע (vgl.
43, 24f mit 44, 22), ferner das Verb מחה (vgl. 43, 25 mit 44, 22) und
der Satz לי־אתה (vgl. 43, 1bβ mit 44, 21b), dann etwa das Verb כבד
in 43, 20a und 43, 23a, eventuell auch das Verb הביא mit seiner
doppelsinnigen Verwendung in 43, 6b und 43, 23a, das Verb חטא in
42, 24b (vgl. 43, 27a).

Zu dem über die Sammlung 5) Gesagten müssen wir nichts hinzufügen. Das Verbindende ist bei ihr literarisch gesehen zunächst die
konzentrische Struktur selbst mit ihren vielfältigen Verbindungslinien.
Die Disposition des Materials erfolgte hier wiederum nicht auf dem
Wege der ,,Assoziation der Ähnlichkeit'', sondern nach einem bestimmten Plan, d.h. nach einem bestimmten Gedanken, dessen Kern
im Wort ,,Ich Jahwe! Wer sonst?'' zu erblicken ist. Es gibt nur Jahwe.
Das zeigt sich darin, daß Jahwe nicht im Leeren geredet hat (vgl.
45, 18b.19), daß er im Gegensatz zu den Göttern das Kommende im

voraus hören ließ (vgl. 45, 20a.21). Das zeigt sich ferner darin, daß er im Gegensatz zu den Götzenbildern seine Anhänger trägt und nicht weggetragen werden muß (vgl. 46, 1-4), daß er seinen Plan erfüllt (vgl. 46, 9-11), daß er durch Vorhersage des Früheren und Verwirklichung des Neuen seine Ehre bewahrt (vgl. 48, 1-11*). Das zeigt sich darin, daß sein Geliebter seinen Plan durchführt und Babel vernichtet (vgl. 48, 12-16a). Die Redaktoren haben bemerkt, worum es sich bei der Sammlung 5) handelte; denn sie haben ihren Grundgedanken aufgenommen und weiter entfaltet, wie es sich in der Einleitung 44, 24-45, 7 (vgl. 45, 5aα.6b), in 45, 14 (vgl. 45, 14bβ), in 45, 22 und in der Dichtung des Kapitels 47 (vgl. 47, 8aγ.10bβ) zeigt. Es erübrigt sich zu beweisen, daß die Aussage אני יהוה ואין עוד und ähnliche Wendungen nicht als bloßes Stichwort zu einer geordneten Aufstellung des Materials gedient hat, sondern den tragenden theologischen Gedanken des Ganzes darstellt, der in der Selbstprädikation 48, 12b seine Vollendung erhält.

Wie in der vorhergehenden Behandlung der Redaktionsgeschichte dargelegt wurde, ist anzunehmen, daß die Sammlung 5) den Ausgangspunkt zur Bildung der deuterojesajanischen Schrift darstellt. Das gesamte Material wurde so disponiert, daß am Anfang, in der Mitte und am Schluß die Selbstaussage Jahwes steht, er sei der Erste und der Letzte. Wenn es aber stimmt, daß der ganze Komplex 44, 24-48, 22 auf diese Aussage hin zugespitzt ist, so können wir sie wegen ihrer Stellung in der gesamten Schrift nicht bloß als ein Struktursignal ansehen. Wir haben in ihr den allumfassenden und einheitsschaffenden Gedanken von Jes 40-48 zu erblikken. Alle anderen Aussagen und Worte sind ihr zugeordnet, indem sie sie vorbereiten oder erläutern. Auf die Frage nach der Einheit von Jes 40-48 bezogen bedeutet das ganz klar, daß in der deuterojesajanischen Schrift die gedankliche Einheit von der literarischen Einheit nicht zu trennen ist, daß diese in jener gründet. Will man Zugang zur eigentlichen Botschaft dieser Schrift haben und ihre innere Geschlossenheit über die Vielfalt der Formen hinaus erfassen, so bietet die Selbstaussage Jahwes als des Ersten und des Letzten den einzig passenden Schlüssel dazu.

In Wirklichkeit ist es bezeichnend, daß diese Selbstprädikation die lange Reihe der Selbstaussagen ,,Ich Jahwe! Wer sonst?" abschließt, die innerhalb von 44, 24-48, 22 mehrmals vorkommt (hinzuzufügen sind 45, 14bβ; 47, 8aγ.10bβ). Es ist ein durchlaufender Faden. Ihre Bedeutung kann man auch daran sehen, daß in diesem umfangreichen zweiten Teil der deuterojesajanischen Schrift im Unterschied zum ersten Teil 41, 1-44, 23 die anschauliche Sprache stark zurücktritt, stattdessen der Stil der göttlichen Selbstprädikation überwiegt. Bilder wie die von 41, 15f.17-19; 42, 13.14-16; 43, 20b; 44, 3a.4a.22a.23a begegnen nicht mehr. Man merkt eine Verdichtung des Themas von Jahwes Einzigkeit und souveräner Macht in Schöpfung und Geschichte. So ist die Selbstprädikation von 41, 4b als der thematische Auftakt eines einheitlichen Ganzen zu betrachten. In diesem ersten Teil dienen vor allem die Bestreitungsreden und die Gerichtsreden dazu, das Thema zu unterstreichen und an das ihm gebührende Licht zu bringen. Nicht zufällig finden wir in ihrem Rahmen die entscheidenden Sätze „Ich bin Jahwe, das ist mein Name; meine Ehre gebe ich keinem anderen" (42, 8ab), „Ich, ich bin Jahwe: wo ist neben mir ein Retter?" (43, 11), „Außer mir ist kein Gott" (44, 6bβ.8b). Daß sie auf die Selbstaussagen des Komplexes 44, 24-48, 22 bis hin zur Selbstprädikation von 48, 12b hinsteuern, zeigt sich am Wiederauftauchen des Satzes 42, 8abα in 48, 11 unmittelbar vor 48, 12. In diesen gedanklichen Zusammenhang hinein paßt die Aussage von 43, 7: „Alles, was mit meinem Namen gerufen ward: zu meiner Ehre habe ich es geschaffen" (vgl. 44, 23b). Jahwe greift in die Geschichte ein um seinet- und seiner Ehre willen, zum Erweis seiner Eigenschaft, der einzige Gott zu sein. Dem entsprechen die Sätze 41, 16b; 42, 10.12; 43, 21. Den göttlichen Ruhm zu erzählen, sich in Jahwe zu rühmen, ihm die Ehre zu geben: all das bedeutet, Jahwe aufgrund der eigenen Heilsgeschichte als den einzigen Gott und Retter, als den Ersten und den Letzten, den in Zeit und Raum immer Anwesenden und Entscheidenden anzuerkennen.

Was meint aber letztlich die Selbstprädikation „Ich bin der Erste und ich bin der Letzte"? [14] In 41, 4 ist sie an die partizipiale Wendung קרא הדרות מראש angehängt und zusammen mit dieser bildet sie die Antwort auf die Frage מי־פעל ועשה, die sich auf das Kyros-Geschehen bezieht. Der Text denkt an das geschichtliche Eingreifen Jahwes, auch wenn in der partizipialen Wendung ein Hinweis auf die Schöpfermacht Jahwes mitenthalten ist. Aus diesem Zusammenhang ist die Selbstprädikation zu verstehen. Man kann sie paraphrasieren: Ich habe als erster alle ersten Geschlechter hervorgerufen und bin bei den letzten Geschlechtern noch da. Damit proklamiert Jahwe seine andauernde, unverminderte, alles bestimmende und lenkende Gegenwart in Zeit und Raum. Auf dem langen Weg der Geschichte gibt es

---

[14] Über den Sinn dieser Selbstprädikation Jahwes vgl. Elliger, Jesaja II, S. 124-127, und Westermann, Das Buch Jesaja, S. 55f.

keine leere Stelle, da man sagen könnte : hier war Jahwe nicht am Werk. Also auch jetzt ist der Siegeszug des Kyros Werk Jahwes.

Aber durch die Selbstprädikation will Jahwe nicht bloß etwas über sich selbst mitteilen, sondern sein Volk zum Nachdenken und zum Glauben zurückführen. Er will ihm nahelegen, daß seine Geschichte nicht zu ihrem Ende gekommen ist, sondern weiter geht, und zwar deswegen, weil der, der sie in die Wege leitete, nun eingreift und sie zu ihrer Vollendung führt. Damit bereitet diese Selbstprädikation den Weg zu den folgenden Äußerungen Jahwes an sein Volk und an die Völker und Götter, zu den Heilsorakeln, Heilsworten und Gerichts-reden.

In 44, 6b haben wir es mit dem gleichen Bezug auf die Geschichte zu tun, wie das גאלו in V. 6a und die Worte von V. 7f zeigen. Das die Selbstprädikation ergänzende Wort ,,wo ist neben mir ein Gott?" weist darauf hin, daß Jahwe den geschichtlichen Raum ganz füllt, so daß für keinen anderen Gott eine Stätte bleibt, wo er wirken könnte. Damit wird unterstrichen, daß die Befreiung nur von Jahwe kommt und daher auch nur von ihm zu erhoffen ist.

In 48, 12-16a haben wir die Summe der deuterojesajanischen Botschaft, insofern wir hier auf das Wesentliche zusammengeschrumpft all ihre Themen — Jahwes Zuwendung an Jakob-Israel (V. 12a), seine Schöpfer-macht (V. 13) und seine Heilsmacht (V. 14) — und all ihre Gattungen finden — Heilsorakel (V. 12a), Selbstprädikation (V. 12b), Gerichtsrede (V. 14a) und Bestreitungsrede mit Selbsterweis (VV. 15-16a). Es sei aber nur auf eines aufmerksam gemacht. Das אני־הוא im Ansatz zur Selbstprädikation entspricht formal dem שם אני des Selbsterweises und bildet mit diesem eine Inklusion. Beides prägt die ganze Einheit und das eine erläutert das andere. Derselbe zu sein, der Erste und der Letzte zu sein — zu beachten ist die Entsprechung in der Formulierung zwischen 41, 4b und 48, 12b (beidemal אני אוה), —, das bedeutet שם אני, dort zu sein, wo etwas geschieht, oder besser, um es mit 45, 7aβ zu formulieren, wo Heil und Unheil geschieht, womit sicher auch das Kyros-Geschehen gemeint ist, an das 48, 15-16a an sich speziell denkt.

Das ist die große theologisch-heilsgeschichtliche Linie, die in Form und Aussage Jes 40-48 umfaßt und durchzieht. In dieser Hinsicht kann man nicht nur von einer Sammlung eigenständiger Einzeleinheiten sprechen. Der Aneinanderreihung der Einzeleinheiten und der damit verbundenen redaktionellen Auffüllung haben der Gedanke und das Deutewort von Jahwe als dem Ersten und dem Letzten in Schöpfung und Geschichte Pate gestanden.

ZUSAMMENFASSUNG

A. *Literarkritisch*

1) Jes 40-48 umfaßt echt deuterojesajanische Worte sowie nachträgliche redaktionelle Auffüllungen und Ausgleichungen.

2) Die deuterojesajanischen Worte stellen im einzelnen und als Ganzes die zusammenfassende Niederschrift der Predigt des Propheten dar. Er hat seiner Verkündigung schriftliche Gestalt in gehobener Sprache gegeben, damit seine Botschaft in der zum Gottesdienst versammelten Gemeinde der Exilierten und Heimgekehrten weiter gehört und durchdacht würde. Dadurch sollte die Gemeinde immer wieder zur Umkehr und zum Gotteslob kommen.

3) Deuterojesaja selbst hat die in Form und Gattung selbständigen Worte zu kleinen Sammlungen gruppiert. Bei ihrer Zusammensetzung lag es dem Propheten daran, der theologischen, heilsgeschichtlichen Aussage der Worte durch eine bestimmte Disposition besondere Prägnanz und Kraft zu geben. Das wird etwa in der Reihenfolge Mahnwort, Heilsorakel, Gerichtsrede, Heilswort und Hymnus (Sammlungen 3 und 4) ersichtlich.

B. *Gattungskritisch*

1) Jes 40-48 weist eine Vielfalt von Formen und Gattungen auf. Die bedeutendsten davon sind die Bestreitungsreden, die Heilsorakel, die Heilsankündigungen, die Gerichtsreden, die allgemeinen Heilsworte, die Mahnworte und die Hymnen.

2) Bei aller Verschiedenheit der Form und der Gattung haben die meisten dieser Worte das eine gemeinsam, daß sie durch die Selbstprädikation bzw. den Selbsterweis Jahwes gekennzeichnet sind. Verschiedenheit der Form und der Gattung bedeutet deswegen keinen Mangel an literarischer Einheit des Ganzen. Diese Einheit gründet darin, daß alle Worte Jahwes Heilsmacht als des einzigen in Schöpfung und Geschichte waltenden Gottes zum grundlegenden Gedanken haben.

3) Zur Gestaltung seiner Worte in gattungsmäßiger Hinsicht bedient sich Deuterojesaja älterer Formen und Formeln. Unter diesen sind hauptsächlich zu erwähnen der göttliche Zuspruch aus der Tradition des Heiligen Krieges, die Selbstvorstellungsformel, die Er-

kenntnisformel, das Wort des Selbsterweises, der imperativische Hymnus.

C. *Redaktionsgeschichtlich*

1) Aus der Verwendung der deuterojesajanischen Worte in der gottesdienstlichen Versammlung stammen die kleinen Hinzufügungen an Einzeltexte.

2) Ausgangspunkt zur Bildung einer deuterojesajanischen Schrift ist die Ausgestaltung der Sammlung 44, 24-48, 22 gewesen. Dieser Redaktion ist die Komposition von 40, 21-48, 22 mit seiner großen formalen und inhaltlichen Struktur zu verdanken.

3) Die Schwerpunkte dieser Struktur finden sich formal gesehen in der dreimal vorkommenden Selbstprädikation ,,Ich Jahwe bin der Erste und der Letzte" (41, 4b; 44, 6b; 48, 12b), ferner in der Verdichtung der Selbstaussage ,,Ich bin Jahwe! Wer sonst?" in der Mitte der Komposition (Kap. 45), inhaltlich gesehen in der geordneten, konzentrischen Disposition der Kyros-Texte am Anfang, in der Mitte und am Schluß.

4) Von Bedeutung sind jene redaktionellen Eingriffe, die Deuterojesajas Aussage über die Wirkungskraft des göttlichen Heilswerkes in universalistischem Sinn gedeutet und ausgeweitet haben (45, 14; 45, 22-24a; 45, 9f.15.24b-25).

5) Eine gewisse strukturelle Funktion erfüllen die nachträglichen Zusätze, die sich mit der Herstellung der Götzenbilder befassen (40, 18-20; 41, 6f; 44, 9-20; 45, 20b; 46, 6f; 48, 5.6aα.7b). Ihr ist wahrscheinlich die Voranstellung von 40, 12-17 zuzuschreiben.

6) Die stufenweise aufgebaute Einleitung 40, 1-11 hängt mit dem Zuwachs der deuterojesajanischen Schrift durch 49, 7-52, 12 und 56-66 zusammen.

D. *Theologisch*

1) Es ist das Anliegen Deuterojesajas, den Exilierten dazu zu verhelfen, im Kyros-Geschehen das Werk Jahwes zu ihrer Errettung zu sehen. Zeichen dafür sei die Vorhersage dieses Geschehens und seine Durchführung.

2) In seiner Argumentation macht er auf Jahwe als den einzigen unüberholbaren und allmächtigen Ursprung der Schöpfung und der Geschichte aufmerksam.

3) Er versteht die Geschichte seiner Zeit als Fortsetzung und Weiterführung der Heilsgeschichte, als Zeichen der über die Bestrafung hinaus ununterbrochene Zuwendung Jahwes zu Israel.

LITERATURVERZEICHNIS

Aalen, S., Die Begriffe „Licht" und „Finsternis" im Alten Testament, im Spätjuden-
tum und im Rabbinismus, Oslo 1951.

Albertz, R., Weltschöpfung und Menschenschöpfung bei Deuterojesaja, Hiob und in
den Psalmen: Calwer Theologische Monographien, Reihe A. Bibelwissenschaft,
Bd. 3, Stuttgart 1974.

Albright, W. F., The Early Alphabetic Inscriptions from Sinai and their decipherment:
BASOR 110 1948, S. 6-22.

Alonso-Schökel, L., Estudios de Poética hebrea, Barcelona 1963.

Alt, A., Die phönizischen Inschriften von Karatepe: WO 4 1949, S. 272-287.

Anderson, B. W., Exodus Typology in Second Isaiah: Israel's Prophetic Heritage,
Festschrift J. Muilenburg, New York, London 1962, S. 177-195.

Ap-Thomas, D. R., Two Notes in Isaiah (41, 3; 2, 22): Essays in Honor of G. W.
Thatcher, Sydney 1967, S. 45-61.

Auvray, P., Steinmann, J., Isaïe: La Sainte Bible traduite en français sous la direction
de l'École Biblique de Jérusalem, Paris 1951.

Bach, R., Die Aufforderungen zur Flucht und zum Kampf im alttestamentlichen Prophetenspruch: WMANT 9 1962.

Baltzer, D., Ezechiel und Deuterojesaja. Berührungen in der Heilserwartung der beiden großen Exilspropheten: BZAW 121, Berlin 1971.

Baltzer, K., Zur Formbestimmung der Texte vom Gottesknecht im Deuterojesaja-Buch:
Probleme biblischer Theologie, Festschrift G. von Rad, München 1971, S. 27-43.

Banwell, B. O., A suggested Analysis of Isaiah xl-lvi: ExpTim 76 1964/5, S. 166.

Beauchamp, P., Le Deutéro-Isaïe dans le cadre de l'alliance, Manuscrit Lyon 1970.

Beaudet, R., La typologie de l'Exode dans le Second-Isaïe: EtTh (Laval Théologique
et Philosophique) 19 1963, S. 11-21.

Becker, J., Gottesfurcht im Alten Testament: AB 25, Roma 1965.

——, Isaias — der Prophet und sein Buch: SBS 30, Stuttgart 1968.

Beer, G., Meyer, R., Hebräische Grammatik I, II: Sammlung Göschen, Bd 763/763a,
Bd 764/764a, Berlin 1952 (I), 1955 (II).

Begrich, J., Das priesterliche Heilsorakel: ZAW 52 1934, S. 81-92 (nachgedruckt in
Gesammelte Studien zum Alten Testament, TB 21, München 1964, S. 217-231).

——, Studien zu Deuterojesaja: BWANT 77, Stuttgart 1938 (nachgedruckt in Studien
zu Deuterojesaja, TB 20, München 1969²), zitiert Studien.

Behler, G. M., Le premier chant du Serviteur, Is. 42, 1-7: VieSpir 120 1969, S. 253-281.

Bentzen, A., On the Ideas of „the Old" and „the New" in Deutero-Isaiah: ST I 1947,
S. 183-187.

Beuken, W. A. M., Mišpāt. The first Servant Song and its context: VT 22 1972, S. 1-30.

——, The Confession of God's Exclusivity by all Mankind. A Reappraisal of Is. 45,
18-25: Bijdr 35 1974, S. 335-356.

Boadt, L., Isaiah 41:8-13. Notes on Poetic Structure and Style: CBQ 35 1973, S. 20-34.

Boecker, H. J., Redeformen des Rechtslebens im Alten Testament: WMANT 14,
Neukirchen 1964.

De Boer, P. A. H., Second Isaiah's Message: OTS 11, Leiden 1956.

Bonnard, P. E., Le Second Isaïe. Son disciple et leurs éditeurs. Isaïe 40-66: EtBib,
Paris 1972.

Bright, J., Faith and Destiny. The Meaning of History in Deutero-Isaiah: Interpr 5
1951, S. 3-26.

Brockelmann, C., Hebräische Syntax, Neukirchen 1956.

——, Grundriss der vergleichenden Grammatik der semitischen Sprachen, Band II: Syntax, Hildesheim 1961.

Brueggemann, W., Weariness, Exile and Chaos: CBQ 34 1972, S. 19-38.

Buber, M., Bücher der Kündung, Köln 1958.

Budde, K., Das Buch Jesaja Kap. 40-66: Die Heilige Schrift des Alten Testaments übersetzt von E. Kautsch und herausgegeben von A. Bertholet, Bd I, Tübingen 1922⁴, S. 653-720.

Buis, P., La nouvelle alliance: VT 18 1968, S. 1-15.

Burke O. Long., Prophetic Call Traditions and Reports of Vision: ZAW 84 1972, S. 496-500.

Caquot, A., Les „graces de David". A propos d'Isaie 55, 3b: Sem 15 1965, S. 45-59.

Carmignac, J., Six passages d'Isaïe éclairés par Qumran: Bibel und Qumran, hrsg von S. Wagner, Ost-Berlin 1968, S. 37-46.

Carroll, R.P., Second Isaiah and the Failure of Prophecy: ST 32 1978, S. 119-131.

Caspari, W., Lieder und Gottessprüche der Rückwanderer (Jes 40-55): BZAW 65, Giessen 1934.

Cazelles, H., Les poèmes du Serviteur. Leur place, leur structure, leur théologie: RSR 43 1955, S. 5-55.

Cheyne, T.K., The Prophecies of Isaiah, A new Translation with commentary and appendices. Vol. I, II, London 1886⁴.

——, Introduction to the Book of Isaiah, London 1895.

Chiesa, B., Ritorno dall'Esilio e Conversione a Dio: BibOr 14 1972, S. 167-180.

——, „Consolate, consolate il mio popolo..." (Is 40, 1-5.9-11): BibOr 14 1972, S. 265-273.

Christian, V., Untersuchungen zur Laut- und Formenlehre des Hebräischen: ÖAW 228, Wien 1953, zitiert Untersuchungen.

Clark, K.C., An Analysis of Isaiah 40-44, 23, Diss. Claremont 1977.

Cohen, C., The idiom qr' bšm in Second Isaiah: ANES 1, 1 1968, S. 32-34.

Conrad, E.W., Patriarchal Traditions in Second Isaiah (41, 8-13.14-16; 43, 1-4.5-7; 44, 1-5), Diss. Princeton Theological Seminary 1974.

Corré, A.D., 'ēlle, hēmma = sic: Bib 54 1973, S. 263f.

Couroyer, B., Is XL,12: RB 73 1966, S. 186-196.

Crenshaw, J.L., YHWH ṣᵉbaʾôt šᵉmô. A Form-Critical Analysis: ZAW 81 1969, S. 156-175.

Cross, F.M., The Council of Yahweh in Second Isaiah: JNES 12 1953, S. 274-277.

Crüsemann, F., Studien zur Formgeschichte von Hymnus und Danklied in Israel: WMANT 32, Neukirchen 1969.

Dahood, M., Some Ambiguous Texts in Isaiah: CBQ 20 1958, S. 41-49.

——, Hebrew and Ugaritic. Equivalents of Accadian pitū purīdā: Bib 39 1958, S. 67-69.

——, Hebrew-Ugaritic Lexicography IV: Bib 47 1966, S. 403-419.

——, Hebrew-Ugaritic Lexicography V: Bib 48 1967, S. 421-438.

——, Ugaritic and the Old Testament: EThL 44 1968, S. 35-54.

——, Psalms I (1-50), II (51-100), III (101-150): The Anchor Bible 16-17-17a, Garden City, New York 1966, 1968, 1970.

——, Hebrew-Ugaritic Lexicography XI: Bib 54 1973, S. 351-366.

——, The Breakup of two Composite Phrases in Isaiah 40, 13: Bib 54 1973, S. 537f.

Davidson, R., Universalism in Second Isaiah: ScotJT 16 1963, S. 166-185.

De Knecht, Studies rondom Deutero-Jesaja, aangeboden aan Prof. Dr. J.L. Koole, Kampen 1978.

Delitzsch, F., Commentar über das Buch Jesaja: Biblischer Commentar über das Alte Testament hrsg von C.F. Keil und F. Delitzsch, 3. Teil Bd 1, Leipzig 1889⁴.

Deming, L., Hymnic Language in Deutero-Isaiah: The Calls to Praise and their Function in the Book, Diss. Emory 1978.

van Dijk, H. J., Consolamini, consolamini popule meus?... (Is 40, 1-2): VD 45 1967, S. 342-346.

Dijkstra, Meindert, Zur Deutung von Jesaja 45, 15ff: ZAW 89 1977, S. 215-222.

Dion, H. M., The Patriarchal Traditions and the Literary Form of the „Oracle of Salvation": CBQ 29 1967, S. 198-206.

——, Le genre littéraire sumérien de l'"Hymne à soi-même" et quelques passages du Deutéro-Isaïe: RB 74 1967, S. 215-234.

Dion, P. E., The „Fear not" Formula and Holy War: CBQ 32 1970, S. 565-570.

——, L'universalisme religieux dans les différentes couches rédactionelles d'Isaïe 40-55: Bib 51 1970, S. 161-182.

——, Les chants du Serviteur de Jahweh et quelques passages apparentés d'Is 40-55. Un essai sur leurs limites précises et sur leurs origines respectives: Bib 52 1970, S. 17-38.

Driver, G. R., Linguistic and Textual Problems: Isaiah XL-LXVI: JTS 36 1935, S. 396-406.

——, Hebrew Notes: VT 1 1951, S. 241-250.

Duhm, B., Das Buch Jesaja übersetzt und erklärt, Göttingen 1968[5], zitiert nach 1914[3] Das Buch Jesaja.

Eaton, J. H., The origin of the Book of Isaiah: VT 9 1959, S. 138-157.

Eichrodt, W., Theologie des Alten Testaments, Teil I Stuttgart, Göttingen 1957[5], Teil II und III 1961[4].

Eisenbeis, W., Die Wurzel שׁלם im Alten Testament: BZAW 113, Berlin 1969.

Eißfeldt, O., Einleitung in das Alte Testament, Tübingen 1964[3].

——, Die Gnadenverheißungen an David in Jes 55, 1-5: Kleine Schriften IV, Tübingen 1968, S. 44-52.

——, Psalm 80: Geschichte und Altes Testament, Festschrift A. Alt, Tübingen 1953, S. 65-78.

Eitz, A., Studien zum Verhältnis von Priesterschrift und Deuterojesaja, Diss. Heidelberg 1969.

Eldridge, V., The Influence of Jeremiah on Isaiah 40-55, Diss. Southern Baptist Theological Seminary 1978.

Elliger, K., Die Propheten: Nahum, Habakuk, Zephania, Haggai, Sacharia, Maleachi: ATD 25, Göttingen 1975[7].

——, Deuterojesaja in seinem Verhältnis zu Tritojesaja: BWANT 63, Stuttgart 1933, zitiert Verhältnis.

——, Der Begriff „Geschichte" bei Deuterojesaja: Verbum Dei manet in aeternum, Festschrift O. Schmitz, Witten 1953, S. 26-36 (neu gedruckt in Kleine Schriften zum Alten Testament, TB 32, München 1966, S. 199-211).

——, Ich bin der Herr — euer Gott: Theologie als Glaubenswagnis, Festschrift K. Heim, Hamburg 1954, S. 9-34 (neu gedruckt in Kleine Schriften zum Alten Testament, TB 32, München 1966, S. 211-231).

——, Leviticus: HAT 4, Tübingen 1966.

——, Rudolph, W., Biblia Hebraica Stuttgartensia (Bd 1-4.7-11), Stuttgart 1969ff.

——, Deuterojesaja, 1. Teilband Jesaja 40, 1-45, 7: BKAT XI/1, Neukirchen 1978, zitiert Jesaja II.

——, Der Sinn des hebräischen Wortes שׁפי: ZAW 83 1971, S. 317-329.

——, Textkritisches zu Deuterojesaja: Near Eastern Studies in honor of W. F. Albright, Baltimore 1971, S. 113-119.

——, Ein neuer Zugang?: Das ferne und nahe Wort, Festschrift L. Rost, BZAW 105, Berlin 1967, S. 59-64.

——, Dubletten im Bibeltext: A Light unto My Path, Festschrift J. M. Myers, Gettysburg Theological Studies 4 1974, S. 131-139.

Ewald, H., Die jüngsten Bücher des Alten Bundes mit den Büchern Barukh und Daniel, Göttingen 1868².

Feldmann, F., Das Buch Isaias übersetzt und erklärt: EHAT 14 Bd 2, Münster i.W. 1925-1926.

Fischer, J., Das Buch Isaias. Teil II Kapitel 40-66: HSAT 7 Bd 2, Bonn 1939.

Fohrer, G., Zum Text von Jes XLI 8-13: VT 5 1955, S. 239-249.

——, Jesaja 1 als Zusammenfassung der Verkündigung Jesajas: ZAW 74 1962, S. 251-268.

——, Zehn Jahre Literatur zur alttestamentlichen Prophetie, VI: Deutero- und Tritojesaja: TRu NF 28 1962, S. 234-239.

——, Das Buch Jesaja, 3, Band, Stuttgart 1964.

Freedman, D. N., On Method in Biblical Studies. The Old Testament: Interpr 17 1963, S. 308-318.

——, Is 42, 13 („…he stirs himself; with passion he shouts; with rage he bellows…"): CBQ 30 1968, S. 225f.

——, „Mistress Forever". A Note on Is 47, 7: Bib 51 1970, S. 538.

Gamper, A., Deutero-Isaias und die heutige katholische Exegese: TGegw 8 1965, S. 196-200.

——, Der Verkündigungsauftrag Israels nach Deutero-Jesaja: ZKT 91 1969, S. 417-429.

Garofalo, S., Preparare la strada al Signore: RBiblt 6 1958, S. 131-134.

Gelston, A., The missionary Message of Second Isaiah: ScotJT 18 1965, S. 308-318.

——, A Note on יהוה מלך: VT 16 1966, S. 507-512.

——, Some notes on Second Isaiah: VT 21 1971, S. 517-527.

Gemser, B., The Rîb or Controversy Pattern in Hebrew Mentality: Wisdom in Israel and in the Ancient Near East, VTSuppl 3 1955, S. 120-137.

Gerleman, G., Die Wurzel šlm: ZAW 85 1973, S. 1-14.

Gerstenberger, E., The Woe Oracles of the Prophets: JBL 81 1962, S. 249-263.

——, Der klagende Mensch: Probleme biblischer Theologie, Festschrift G. von Rad, München 1971, S. 27-43.

Geyer, J., קצות הארץ-Hellenistic?: VT 20 1970, S. 87-90.

Gitay, Y., Rhetorical Analysis of Isaiah 40-48: A Study of the Art of Prophetic Persuasion, Diss. Emory 1978.

Goldingay, J., The arrangement of Isaiah XLI-XLV: VT 29 1979, S. 289-299.

Golebiewski, M., Analyse littéraire et théologique d'Is 54-55. Une alliance éternelle avec la nouvelle Jérusalem. Diss. Pontificio Istituto Biblico, Roma 1975.

Gordon, C. H., Ugaritic Textbook: AO 38, Roma 1965.

Gouders, K., Die prophetischen Berufungsberichte Moses, Isaias, Jeremias und Ezechiels. Auslegung, Form- und Gattungsgeschichte, zu einer Theologie der Berufung, Bonn 1971.

Gray, J., The Legacy of Canaan. The Ras Shamra Texts and their relevance to the Old Testament: VTSuppl 5 1957.

Greenfield, J. E., Lexicographical Notes: HUCA 29 1958, S. 202-228.

Gressmann, H., Die literarische Analyse Deuterojesajas: ZAW 34, 1914, S. 254-297.

Grether, O., Hebräische Grammatik für den akademischen Unterricht, München 1951.

Guillaume, A., A Note on the Meaning of בין: JTS N.S. 13 1962, S. 109-111.

Guillet, J., La polémique contre les idoles et le Servituer de Yahweh: Bib 40 1959, S. 428-434.

Haag, E., Bund für das Volk und Licht für die Heiden (Jes 42, 6): Didaskalia 7-1977, S. 3-14.

Haag, H., „Ich mache Heil und erschaffe Unheil" (Jes 45, 7): Forschung zur Bibel, Festschrift J. Ziegler, Würzburg 1972, S. 179-185.

Habel, N. C., Yahweh, Maker of Heaven and Earth. A Study in Tradition Criticism: JBL 91 1972, S. 321-337.

——, „He who stretches out the Heavens" : CBQ 34 1972, S. 417-430.

Haller, M., Das Judentum. Geschichtsschreibung, Prophetie und Gesetzgebung nach dem Exil : Die Schriften des Alten Testaments. 2. Abt. Bd 3, Göttingen 1914, zitiert Das Judentum.

——, Die Kyros-Lieder Deuterojesajas : Eucharisterion. Studien zur Religion und Literatur des Alten und Neuen Testaments, Festschrift H. Gunkel I, FRLANT 19, Göttingen 1923, S. 261-277.

Hamlin, E. J., The Meaning of „Mountains and Hills" in Is 41:14-16 : JNES 13 3 1954, S. 185-190.

Haran, M., The Literary Structure and Chronological Framework of the Prophecies in Is. XL-XLVIII : VTSuppl 9 1963, S. 127-155 (Congress Volume, Bonn 1962).

——, Between Rishonot and Hadashot (Is 40-66), Jerusalem 1963 (hebräisch).

Harner, P. B., Creation Faith in Deutero-Isaiah : VT 17 1967, S. 298-306.

——, The Salvation Oracle in Second Isaiah : JBL 88 1969, S. 418-434.

Harvey, J., Le Rib-pattern, réquisitoire prophétique sur la rupture de l'alliance : Bib 43 1962, S. 172-196.

Hecht, F., Eschatologie und Ritus bei den „Reform-propheten" : PTS 1, Leiden 1971.

Heintz, J. G., Oracles prophétiques de Mari et ,guerre sainte" selon les archives royales de Mari et de l'Ancient Testament : VTSuppl 17 1969, S. 112-138 (Congress Volume, Rome 1968).

Hermisson, H. J., Diskussionsworte bei Deuterojesaja. Zur theologischen Argumentation des Propheten : EvT 31 1971, S. 665-680.

——, Studien zur israelitischen Spruchweisheit : WMANT 28, Neukirchen 1968.

Herrmann, S., Die prophetischen Heilserwartungen im Alten Testament : BWANT 85, Stuttgart 1965.

——, Prophetie und Wirklichkeit in der Epoche des babylonischen Exils : ArTh 1 32, Stuttgart 1967.

Hessler, E., Gott der Schöpfer. Ein Beitrag zur Komposition und Theologie Deuterojesajas, Diss. Greifswald 1961.

——, Die Struktur der Bilder bei Deuterojesaja : EvT 25 1965, S. 349-369.

Hertzberg, H. W., Die Bücher Josua, Richter, Ruth : ATD 9, Göttingen 1953.

Hillers, D. R., Běrît 'ām : „Emancipation of the People" : JBL 97 1978, S. 175-182.

Hillyer, N., The Servant of God : EvQ 41 1969, S. 143-160.

Hoffmann, A., Jahwe schleift Ringmauern — Jes 45, 2aβ : Forschung zur Bibel, Festschrift J. Ziegler, Würzburg 1972, S. 187-195.

Hollenberg, D. E., Nationalism and „the Nations" in Isaiah XL-LV : VT 19 1969, S. 23-36.

Holmes, I. V., Study on the Translation of Is 40, 6-8 : ExpTim 75 1963, S. 317f.

Huey, F. B. Jr., Great Themes in Is 40-66 : SWJT 11 1968, S. 45-58.

Humbert, P., La formule hébraïque en hineni suivi d'un participe : Opuscules d'un Hébraïsant, Neuchâtel 1958, S. 54-59.

——, Laetari et exultare dans le vocabulaire religieux de l'Ancient Testament : Opuscules d'un Hebraïsant, Neuchâtel 1958, S. 119-145.

Hurst, J. C., Guidlines for Interpreting OT Prophecy Applied to Isaiah 40-66 : SWJT 11 1968, S. 29-44.

Irons, L., A Form-Critical Study of the trial Speeches in Deutero-Isaiah, Diss. Vanderbilt 1976.

Jackson, R. S., The Prophetic Vision. The Nature of the Utterance in Isaiah 40-55 : Interpr 16 1962, S. 65-75.

Jenni, E., Das Wort 'ôlam im Alten Testament : ZAW 64 1952, S. 197-248; ZAW 65 1953, S. 1-35.

——, Die Rolle des Kyros bei Deuterojesaja : TZBa 10 1954, S. 241-256.

Jepsen, A., צדק und צדקה im Alten Testament : Gottes Wort und Gottes Land, Festschrift H. W. Hertzberg, Göttingen 1965, S. 78-89.

Jeremias, J., מִשְׁפָּט im ersten Gottesknechtslied : VT 22 1972, S. 31-42.

Johns, A. F., A Note on Isaiah 45, 9 : AUSS 1 1963, S. 62-64.

Johnson, A. R., The Primary Meaning of גאל : VTSuppl 1 1953, S. 67-77.

Jones, G. H., Abraham and Cyrus : type and anti-type? : VT 22 1972, S. 304-319.

Junker, H., Der Sinn der sogenannten Ebed-Jahwe-Stücke : TrierTZ 79 1970, S. 1-12.

Kaddari, M. Z., The root TKN in the Qumran texts : RQ 5 1965, 219-224.

Kahmann, J., Die Heilszukunft in ihrer Beziehung zur Heilsgeschichte nach Isaias 40-55 : Bib 32 1951, S. 65-89, 141-172.

Kaiser, O., Der königliche Knecht. Eine traditionsgeschichtlich-exegetische Studie über die Ebed-Jahwe-Lieder bei Deuterojesaja : FRLANT 70, Göttingen 1962².

——, Einleitung in das Alte Testament, Gütersloh 1969.

Kantoro, M., Isaiah 43, 1-7, Manuskript, Roma 1972.

Kapelrud, A. S., Second Isaiah and the Suffering Servant : Mélanges A. Dupont-Sommer, Paris 1971, S. 297-303.

Keane, P. E., Creation Faith in Second Isaiah : DunwR 11 1971, S. 46-76.

Kilian, R., Ps 22 und das priesterliche Heilsorakel : BZ NF 12 1968, S. 172-185.

Kim, J. C., Das Verhältnis Jahwes zu den anderen Göttern in Deuterojesaja, Diss. Heidelberg 1963.

Kissane, E. J., The Book of Isaiah : Translated from a critically revised Hebrew Text with Commentary, Vol. II (XL-LXVI), Dublin 1962².

Klopfenstein, M. A., Scham und Schande nach dem Alten Testament. Eine begriffsgeschichtliche Untersuchung zu den hebräischen Wurzeln bôs, klm und ḥpr : ATANT 62, Zürich 1972.

Knight, G. A. F., Deutero-Isaiah. A Theological Commentary on Is 40-55. New York-Nashville 1965.

Koch, K., Was ist Formgeschichte? Neue Wege der Bibelexegese, Neukirchen Vluyn 1967².

——, Die Stellung des Kyros im Geschichtsbild Deuterojesajas und ihre überlieferungsgeschichtliche Verankerung : ZAW 84 1972, S. 352-356.

Koch, R., Die Theologie des Deutero-Isaias : TGegW 9 1966, S. 20-30.

Köhler, L., Die Offenbarungsformel ‚Fürchte dich nicht' im Alten Testament : SchwTZ 36 1919, S. 33-39.

——, Deuterojesaja (Jes 40-55) stilkritisch untersucht : BZAW 37, Giessen 1923.

——, Die hebräische Rechtsgemeinde : Der hebräische Mensch, Tübingen 1953, S. 143-171.

Koenig, J., L'allusion inexpliquée au roseau et à la mèche (Isaïe XLII 3) : VT 18 1968, S. 159-172.

König, E., Das Buch Jesaja eingeleitet, übersetzt und erklärt, Gütersloh 1926, zitiert Das Buch Jesaja.

Koole, J. L., Zu Jesaja 45, 9ff : Travels in the World of the Old Testament. Studies presented to M. A. Beek, Assen 1974, S. 170-175.

Kosmala, H., Form and Structure in Ancient Hebrew Poetry : VT 14 1964, S. 423-445; VT 16 1966, S. 152-180.

Kraus, H. J., Die Psalmen I, II : BKAT 15/1,2, Neukirchen 1962².

——, Klagelieder (Threni) : BKAT 20, Neukirchen 1956.

Krinetzki, L., Zur Stilistik von Jes 40, 1-8 : BZ NF 16 1972, S. 54-69.

Küchler, F., Das priesterliche Orakel in Israel und Juda : BZAW 33 1918, S. 285-301.

Kutsch, E., Der Begriff ברית in vordeuteronomischer Zeit : Das ferne und nahe Wort, Festschrift L. Rost, BZAW 105, Berlin 1967, S. 133-143.

——, Gesetz und Gnade. Probleme des alttestamentlichen Bundesbegriffs : ZAW 79 1967, S. 18-35.

——, „Bund" und Fest : ThQuart 150 1970, S. 299-320.

——, Sehen und Bestimmen. Die Etymologie von ברית : Archeologie und Altes Testament, Festschrift K. Galling, Tübingen 1970, S. 165-178.

——, ברית bᵉrît Verpflichtung: Theologisches Handwörterbuch zum Alten Testament, hrsg von E. Jenni und C. Westermann, Bd I, München Zürich 1971, S. 339-352.
——, Verheißung und Gesetz. Untersuchungen zum sogenannten „Bund" im Alten Testament: BZAW 131, Berlin 1973.
Kuyper, L. J., The Meaning of hsdw ISA XL 6: VT 13 1963, S. 489-492.
Lack, R., La symbolique du Livre d'Isaïe: AB 59, Roma 1973.
Lauha, A., „Der Bund des Volkes". Ein Aspekt der deuterojesajanischen Missionstheologie: Beiträge zur Alttestamentlichen Theologie, Festschrift W. Zimmerli, Göttingen 1977, S. 257-261.
Leene, H., Universalism or Nationalism? Isaiah XLV 9-13 and its Context: Bijdr 35 1974, S. 309-334.
——, Juda und die heilige Stadt in Jes 48, 1-2: Verkenningen in een stroomgebied, Festschrift M. A. Beek, Amsterdam 1974, S. 80-92.
Limburg, J., The Root ריב and the prophetic Lawsuit speeches: JBL 88 1969, S. 291-304.
——, An Exposition of Isaiah 40:1-11: Interpr 29 1975, S. 406-408.
Lind, M. C., Paradigm of Holy War in the Old Testament: BiRes 16 1971, S. 16-31.
Lindblom, J., The Servant Songs in Deutero-Isaiah: LVÅ 47, Lund 1951.
——, Prophecy in Ancient Israel, Oxford 1967.
Lisowsky, G., Konkordanz zum hebräischen Alten Testament, Stuttgart 1958².
Loewinger, S., The Variants of DSI II: VT 4 1954, S. 155-163.
Loretz, O., Die Sprecher der Götterversammlung in Is 40, 1-8: UF 6 1974, S. 489-491.
Ludwig, T. M., The Traditions of the Establishing of the Earth in Deutero-Isaiah: JBL 92 1973, S. 345-357.
Luther, M., Die Bibel oder die ganze Heilige Schrift des Alten und Neuen Testaments nach der deutschen Übersetzung Martin Luthers, Württembergische Bibelanstalt, Stuttgart 1966.
Maalstad, K., Einige Erwägungen zu Jes XLIII 4: VT 16 1966, S. 512-514.
McEleney, N. J., The Translation of Isaiah 41, 27: CBQ 19 1957, S. 441-443.
Macholz, G. C., Zur Geschichte der Justizorganisation in Juda: ZAW 84 1972, S. 314-340.
——, Die Stellung des Königs in der israelitischen Gerichtsverfassung: ZAW 84 1972, S. 157-182.
McKenzie, D. A., Judicial Procedure at the Town Gate: VT 14 1964, S. 100-104.
McKenzie, J. L., Second Isaiah. Introduction, Translation and Notes: Anchor Bible 20, Garden City, New York 1968, zitiert Second Isaiah.
Marcus, R., The ,Plain Meaning' of Isaiah 42, 1-4: HarvThR 30 1937, S. 249-259.
Marti, K., Das Buch Jesaja erklärt: KHCAT 10, Tübingen 1900, zitiert Das Buch Jesaja.
Melugin, R. F., Deutero-Isaiah and form criticism: VT 21 1971, S. 326-337.
——, The Structure of Deutero-Isaiah. Diss. Yale 1968.
——, The Formation of Isaiah 40-55: BZAW 141, Berlin/New York 1976.
Merendino, R. P., Corso esegetico-teologico su Isaia 40. I Parte: 40, 1-11, Pontificio Istituto Biblico, Roma 1970; II Parte: 40, 12-31, Roma 1971.
——, Literarkritisches, Gattungskritisches und Exegetisches zu Jes 41, 8-16: Bib 53 1972, S. 1-42.
van der Merwe, B. J., „Actualizing Eschatology", in Is 40-55: Theologia Evangelica 1 1968, S. 16-19.
——, Echoes from Teaching of Hosea in Isaiah 40-55: OTWSA 1964/65, S. 90-99.
Mettinger, T. N. D., The Elimination of a Crux? A Syntactic and Semantic Study of Isaiah XL 18-20: Studies on Prophecy. A Collection of twelve papers, VTSuppl 26 1974, S. 77-83.
——, Die Ebed-Jahwe-Lieder. Ein fragewürdiges Axiom. Festschrift G. Gerleman: ASTI 11 1977/78, S. 68-76.

Michel, D., Tempora und Satzstellung in den Psalmen, Bonn 1960.

Miegge, G., Autour d'une exégèse orthodoxe d'Isaïe 40, 6 : Maqqel shâqédh, La Branche d'Amandier, Hommage à W. Vischer, Montpellier 1960, S. 165-170.

Mihelic, J. L., The Concept of God in Deutero-Isaiah : BiRes 11 1966, S. 29-41.

Millard, A. R., Snook, I. R., Isaiah 40:20. Toward a Solution : TyndB 14 1964, S. 12f.

Miller, J. W., Prophetic Conflict in Second Isaiah. The Servant Songs in the Light of their Context : Wort-Gebot-Glaube, Festschrift W. Eichrodt, ATANT 59, Zürich 1970, S. 77-85.

Miller, J. M., The concept of covenant in Deutero-Isaiah : its forms and sources, Diss. Boston University Graduate School, Massachusetts 1972.

Morgenstern, J., Isaiah 42, 10-13 : To do and to teach. Essays in honor of C. L. Pyatt, Lexington 1953, S. 27-38.

——, The Message of Deutero-Isaiah in its Sequential Unfolding : HUCA 29 1958, S. 1-67; HUCA 30 1959, S. 1-102.

——, Isaiah 49-55 : HUCA 36 1965, S. 18-35.

Mowinckel, S., Die Komposition des deuterojesajanischen Buches : ZAW 49 1931, S. 87-112, 242-260.

——, Neuere Forschungen zu Deuterojesaja, Tritojesaja und dem ʿÄbäd-Jahwe-Problem AcOr 16 1938, S. 1-40.

Müller, A., Hebräische Schulgrammatik, Halle a.S. 1878.

Müller, H. P., Ursprünge und Strukturen alttestamentlicher Eschatologie : BZAW 109, Berlin 1969.

Múgica, J. A., Sentido de pasado de la forma „yqtl" an algunos textos de Isaias II : EstBib 30 1971, S. 195-204.

Muilenburg, J., The Book of Isaiah. Chapters 40-66. The Interpreter's Bible 5 1956, S. 381-773.

——, The Linguistic and Rhetorical Usages of the Particle כי in the Old Testament : HUCA 32 1961, S. 135-160.

Nielsen, E., Deuterojesaja. Erwägungen zur Formkritik, Traditions- und Redaktions-geschichte : VT 20 1970, S. 190-205.

North, C. R., The „Former Things" and the „New Things" in Deutero-Isaiah : Studies in Old Testament Prophecy, Festschrift Th. H. Robinson, Edinburgh 1950, S. 111-126.

——, The Suffering Servant in Deutero-Isaiah. An historical and critical Study, Oxford 1956[2].

——, Isaiah 40-55. The Suffering Servant of God, London 1966[5].

——, The Second Isaiah. Introduction, Translation and Commentary to chapters XL-LV, Oxford 1967[2], zitiert The Second Isaiah.

Noth, M., „Die mit des Gesetztes Werken umgehen, die sind unter dem Fluch". In piam memoriam Alexander von Bulmerincq. Abhandlungen der Herder-Gesell-schaft und des Herder-Instituts zu Riga, Bd 6 Nr 3 1938, S. 127-145 (nachge-druckt in Gesammelte Studien zum Alten Testament, TB 6 1966[3], S. 155-171).

——, Das Buch Josua : HAT 7, Tübingen 1938.

——, Das dritte Buch Mose, Leviticus : ATD 6, Göttingen 1962.

Odendaal, D. H., The Eschatological Expectation of Is 40-66 with special reference to Israel and the Nations, Diss. Westminster Theological Seminary 1966.

——, The „Former" and the „New Things" in Isaiah 40-48 : OTWSA 1967 (1971), S. 64-75.

Ogden, G. S., Moses and Cyrus. Literary affinities between the Priestly presentation of Moses in Exodus VI-VIII and the Cyrus Song in Isaiah XLIV 24-XLV 13 : VT 28 1978, S. 195-203.

Orlinsky, H. M., The so-called „Servant of the Lord" and „Suffering Servant" in Second-Isaiah : Studies on the Second Part of the Book of Isaiah, VTSuppl 14 1967, S. 1-133.

——, עבד יהוה : EnsMikra'ith 6 1971, S. 15-22.

Pauritsch, K., Die neue Gemeinde : Gott sammelt Ausgestossene und Arme (Jesaja 56-66) : AB 47, Roma 1971, zitiert Die neue Gemeinde.

Payne, D. F., Characteristic Word-play in „Second Isaiah" A Reappraisal : JSS 12 1967, S. 207-229.

Payne, J. B., Eight Century Israelitish Background of Isaiah 40-66 : WThJ 29 1967, S. 179-190; WThJ 30 1967, S. 50-58, 185-203.

Penna, A., Isaia : La Sacra Bibbia, Torino 1964².

——, Il libro della Consolazione (Is 40-66) : ParVi 17 1972, S. 405-417.

Perlitt, L., Die Verborgenheit Gottes : Probleme biblischer Theologie, Festschrift G. von Rad, München 1971, S. 367-382.

Phillips, M. L., The Significance of the Divine Self-Predication Formula for the Structure and Content of the Thought of Dt-Is, Diss. Drew University 1969.

——, Divine Self-Predication in Deutero-Isaiah : BiRes 16 1971, S. 32-51.

van der Ploeg, J. S., Les chants du Serviteur de Yahvé dans la seconde partie du livre d'Isaïe, Paris 1936.

Porůbčan, S., Il patto nuovo in Is 40-66 : AB 8, Roma 1964.

Preuß, H. D., Jahweglaube und Zukunftserwartung : BWANT 87, Stuttgart 1968.

——, ... ich will mit dir sein : ZAW 80 1968, S. 139-173.

——, Verspottung fremder Religionen im Alten Testament : BWANT 92, Stuttgart 1971.

Prijs, L., Ein „Waw der Bekräftigung"? : BZ NF 8 1964, S. 105-109.

Pritchard, J. B., Ancient Near Eastern Texts, Princeton, New Jersey 1969³.

Procksch, O., Jesaja I : KAT 9, Gütersloh 1930.

Rabban, N., The „Former and the Latter Things" in the Prophecies of Deutero-Isaiah : Tarb 14 1942, S. 19-25 (hebräisch).

von Rad, G., Der heilige Krieg im alten Israel, Zürich 1951.

——, כְּפֻלַיִם in Jes 40, 2 = Äquivalent? : ZAW 79 1967, S. 80-82.

——, Weisheit in Israel, Neukirchen-Vluyn 1970.

Ravenna, A., Isaia 43, 14 : RBibIt 12 1964, S. 293-296.

Reider, J., Etymological Studies in Biblical Hebrew : VT 2 1952, S. 113-130.

Reisel, M., The Relation between the Creative Function of the verbs br' — yṣr — 'śh in Isaiah 43, 7 and 45, 7 : Verkenningen in een stroomgebied, Festschrift M. A. Beek, Amsterdam 1974, S. 65-79.

Reiterer, F. V., Gerechtigkeit als Heil. צדק bei Deuterojesaja. Aussage und Vergleich mit der alttestamentlichen Tradition, Graz 1976.

Rendtorff, R., Die theologische Stellung des Schöpfungsglaubens bei Deuterojesaja : ZTK 51 1954, S. 3-13.

——, Botenformel und Botenspruch : ZAW 74 1962, S. 165-177.

——, Literarkritik und Traditionsgeschichte : EvT 27 1967, S. 138-153.

Richter, W., Beobachtungen zur theologischen Systembildung in der alttestamentlichen Literatur anhand des ‚kleinen geschichtlichen Credo' : Wort und Verkündigung, Festschrift M. Schmaus, Paderborn 1967, Bd I, S. 175-212.

——, Exegese als Literaturwissenschaft. Entwurf einer alttestamentlichen Literaturtheorie und Methodologie, Göttingen 1971.

Rignell, L. G., A Study of Isaiah Ch. 40-55, Lund 1956.

Ringgren, H., Literarkritik, Formgeschichte und Überlieferungsgeschichte : ThLZ 91 1966, S. 641-650.

——, Deuterojesaja och Kultspråket : TAiK 72 1967, S. 166-176.

Rowley, H. H., The Servant of the Lord and other Essays on the Old Testament, Oxford 1965².

Rudolph, W., Jeremia : HAT 12, Tübingen 1958².

Ruprecht, E., Die Auslegungsgeschichte zu den sogenannten Gottesknechtsliedern im

Buche Deuterojesaja unter methodischen Gesichtspunkten bis zu Bernhard Duhm, Diss. Heidelberg 1972.

Saggs, H. W. F., A Lexical Consideration for the date of Deutero-Isaiah : JTS N.S. 10 1959, S. 84-87.

Sauer, G., Deuterojesaja und die Lieder vom Gottesknecht : Geschichtsmächtigkeit und Geduld, Festschrift Ev. Fakultät Wien, hrsg von G. Fitzer, München 1972, S. 58-66.

Sawyer, J., What was a *mošia'*? : VT 15 1965, S. 475-486.

Saydon, P. P., The Use of Tenses in Deutero-Isaiah : Bib 40 1959, S. 290-301.

Scheiber, A., Der Zeitpunkt des Auftretens von Deuterojesaja : ZAW 84 1972, S. 242f.

Scherer, E., Unpersönlich formulierte prophetische Orakel, drei Formen prophetischer Rede. Diss. Berlin 1964.

Schmitt, H. C., Prophetie und Schultheologie im Deuterojesajabuch. Beobachtungen zur Redaktionsgeschichte von Jes 40-55 : ZAW 91 1979, S. 43-61.

Schoors, A., Les choses antérieures et les choses nouvelles dans les oracles deutéro-isaïens : EThL 40 1964, S. 19-47.

——, L'eschatologie dans les prophéties du Deutero-Isaïe : RechBib 8 1967, S. 107-128.

——, שבי and גלות in Isa. 40-55. Historical Background : Proceedings of the 5th World Congress of Jewish Studies, Jerusalem 1969, S. 90-101.

——, The Rib-pattern in Is 40-55 : Bijdr 30 1969, S. 25-38.

——, Arrière-fonds historique et critique d'authenticité des textes deutéro-isaïens : OrLovP 2 1971, S. 105-135.

——, Two notes on Isaiah XL 20 and LIV 4 : VT 21 1971, S. 501-505.

——, I am God your Saviour. A Form-critical Study on the main Genres in Is. XL-LV : VTSuppl 24 1973, zitiert I am God your Saviour.

Schreiner, J., Einführung in die Methoden der biblischen Exegese, Würzburg 1972.

Schüpphaus, J., Stellung und Funktion der sogenannten Heilsankündigung bei Deuterojesaja : TZBas 27 1971, S. 161-181.

Schwarz, G., „... zum Bund des Volkes"? Eine Emendation : ZAW 82 1970, S. 279-281.

Scullion, J. J., Sedeq-Sedaqah in Is cc. 40-66 with special reference to the Continuity in Meaning between Second and Third Isaiah : UF 3 1971, S. 335-348.

Seeligmann, I. L., Zur Terminologie für das Gerichtsverfahren : Hebräische Wortforschung, Festschrift W. Baumgartner, VTSuppl 16 1967, S. 251-278.

Segert, S., Vorarbeiten zur hebräischen Metrik : ArOr 21 1953, S. 481-542; ArOr 25 1957, S. 190-200.

——, Problems of Hebrew Prosody : VTSuppl 7 1960, S. 283-291 (Congress Vol., Oxford 1959).

Sellin, E., Tritojesaja, Deuterojesaja und das Gottesknechtsproblem : NKZ 41 1930, S. 73-93, 145-173.

——, Die Lösung des deuterojesajanischen Gottesknechtsrätsels : ZAW 55 1937, S. 177-217.

Sellin, E., Fohrer, G., Einleitung in das Alte Testament, Heidelberg 1969[11].

Sen, F., El texto de Is 41:27a, mejor comprendido : CuBib 31/254 1974, S. 47f.

Seybold, K., Thesen zur Entstehung der Lieder vom Gottesknecht : Biblische Notizen 3 1977, S. 33f.

Sicre, J. L., La mediación de Ciro y la del Siervo de Dios en Deuteroisaias : EstEcl 50 1975, S. 193f.

Sievi, J., Der unbekannte Prophet. Buch und Botschaft des Deuterojesaja : BiKi 24 1969, S. 122-126.

Simon, U., König Cyrus und die Typologie : Jud 11 1955, S. 83-89.

Sklba, R. J., The Redeemer of Israel : CBQ 34 1972, S. 1-18.

Smart, J. D., History and Theology in Second Isaiah. A Commentary on Is 35.40-66, Philadelphia 1965, zitiert History and Theology in Second Isaiah.

Smend, R., Jahwekrieg und Stämmebund. Erwägungen zur älteren Geschichte Israels: FRLANT 84, Göttingen 1966², zitiert Jahwekrieg und Stämmebund.

Smith, S., Isaiah. Chapters 40-55. Literary Criticism and History, London 1944.

Snaith, N. H., The Exegesis of Isaiah xl 5,6: Exp Tim 52 1940/41, S. 394-396.

——, The Servant of the Lord in Deutero-Isaiah: Studies in Old Testament Prophecy, hrsg von H. H. Rowley, Edinburgh und New York 1957, S. 187-200.

——, The Meaning of the Hebrew אך: VT 14 1964, S. 221-223.

——, Isaiah 40-66. A Study of the teaching of the Second Isaiah and its consequences: Studies on the Second Part of the Book of Isaiah, VTSuppl 14 1967, S. 137-264, zitiert Isaiah 40-66.

——, Psalm I 1 and Isaiah XL 31: VT 29 1979, S. 363f.

Soggin, J. A., Introduzione all'Antico Testamento, Brescia 1979³.

Soisalon-Soininen, J., Der Infinitivus constructus mit ל: VT 22 1972, S. 82-90.

Southwood, C. H., The problematic hadūrîm of Isaiah XLV 2: VT 25 1975, S. 801f.

Spykerboer, H. C., The Structure and Composition of Deutero-Isaiah. With special Reference to the Polemics against Idolatry, Diss. Groningen 1976.

Staerk, W., Die Ebed-Jahwe-Lieder in Jesaja 40ff. Ein Beitrag zu Deuterojesaja Kritik: BWAT 14, Leipzig 1913.

Stamm, J. J., Běrît ʿām bei Deuterojesaja: Probleme biblischer Theologie, Festschrift G. von Rad, München 1971, S. 510-524.

Steck, O. H., Deuterojesaja als theologischer Denker: KerDo 15 1969, S. 280-293.

Steinmann, J., Le livre de la consolation d'Israël et les prophètes du retour de l'exil: LD 28, Paris 1960, zitiert Le livre de la consolation d'Israël.

Stoebe, H. J., Zu Is 40, 6: WoDie 2 1950, S. 122-128.

Stolz, F., Jahwes und Israels Kriege. Kriegstheorien und Kriegserfahrungen im Glauben des Alten Israel: ATANT 60, Zürich 1972, zitiert Jahwes und Israels Kriege.

Stramare, P. T., Creazione e Redenzione: BiOr 10 1968, S. 101-111.

Stuhlmueller, C., The Theology of Creation in Second Isaiah: CBQ 21 1959, S. 429-467.

——, „First" and „Last" and „Yahweh-Creator" in Deutero-Isaiah: CBQ 29 1967, S. 495-511.

——, Yahweh-King and Deutero-Isaiah: BiRes 15 1970, S. 32-45.

——, Creative Redemption in Deutero-Isaiah: AB 43, Roma 1970.

Stummer, F., Einige keilschriftliche Parallelen zu Jes. 40-66: JBL 45 1926, S. 171-189.

Swartzentruber, A. O., The Servant Songs in relation to their Context in Dt-Is. A Critique of contemporary Methodologies. Diss. Princeton University 1970.

Tannert, W., Jeremia und Deuterojesaja. Eine Untersuchung zur Frage ihres literarischen und theologischen Zusammenhangs. Diss. Leipzig 1956.

Terrien, S., Quelques remarques sur les affinités de Job avec le Deutéro-Isaïe: VTSuppl 15 1966, S. 295-310 (Volume du Congrès, Genève 1965).

Thomas, D. W., Isaiah. XLIV 9-20: A Translation and Commentary: Hommages à A. Dupont-Sommer, Paris 1971, S. 319-330.

——, „A Drop of a Bucket"? Some Observations on the Hebrew Text of Isaiah 40,15: In Memoriam Paul Kahle, BZAW 103 1968, S. 214-221.

Tidwell, N., The cultic Background of Isaiah 40, 1-11: JThSouth-Afr 3 1973, S. 41-54; vgl. ZAW 86 1974, S. 107.

——, My Servant Jacob, Is XLII 1. A Suggestion: Studies on Prophecy. A Collection of twelve papers: VTSuppl 26 1974, S. 84-91.

——, M.T. Isa. 40, 10 (בְּחָזָק): An Approach to a Textual Problem via Rhetorical Criticism: Semitics 6 1978, S. 15-27.

Tom, W., Welches ist der Sinn des „doppelt empfangen" in Isaias 40, 2: GerfTTs 59 1959, S. 122-123.

Torrey, Ch. C., The Second Isaiah : A New Interpretation, Edinburgh 1928.
——, Isaiah 41 : HarvThR 44 1951, S. 121-136.
Tromp, N. J., Primitive Conceptions of Death and the Nether World in the Old Testament : BibOrPont 21, Roma 1969.
Trudinger, P., „To whom then will you liken God?"... (Is 40, 18-20) : VT 17 1967, S. 220-225.
Tsevat, M., Alalakhiana : HUCA 29 1958, S. 109-133.
Vogt, E., Vox bᵉrît concrete adhibita illustratur : Bib 36 1955, S. 565f.
——, Die Ebed-Jahwe-Lieder und ihre Erganzungen : EstEcl 34 1960, S. 775-788.
——, Einige hebräische Wortbedeutungen, I. ,Voraussagen' : Bib 48 1967, S. 57-74.
Volz, P., Jesaja II übersetzt und erklärt : KAT 9, Leipzig 1932, zitiert Jesaja II.
——, Der Prophet Jeremia : KAT 10, Leipzig 1922.
De Vries, S. J., Temporal terms as structural elements in the holy-war tradition : VT 25 1975, S. 80-105.
Wächter, L., Israel und Jeschurun : Schalom, Studien zu Glaube und Geschichte Israels, Festschrift A. Jepsen, ArTh 1 46, Stuttgart 1971, S. 58-64.
von Waldow, H. E., Anlaß und Hintergrund der Verkündigung des Deuterojesaja, Diss. Bonn 1953.
——, „... denn ich erlöse dich". Eine Auslegung von Jes 43 : Bibelstudien 29, Neukirchen 1960.
——, Der traditionsgeschichtliche Hintergrund der prophetischen Gerichtsreden : BZAW 85, Berlin 1963.
——, The Message of Deutero-Isaiah : Interpr 22 1968, S. 259-287.
Walker, N., Concerning hū' and 'ani hū' : ZAW 74 1962, S. 205-206.
Wambacq, B. N., L'épithète divine Jahwé Sᵉba'ôt. Étude philologique, historique et exégétique, Brugge 1947.
Ward, J. M., The Servant Songs in Isaiah : RExp 65 1968, S. 433-446.
——, The Servant's Knowledge in Isaiah 40-50 : Israelite Wisdom. Theological and Literary Essays in Honor of Samuel Terrien, III Part, Missoula, Montana 1978.
Watson, W. G. E., Fixed pairs in Ugaritic and Isaiah : VT 22 1972, S. 460-467.
Weinfeld, M., Gott der Schöpfer in Gen 1 und in den Prophetien des Deuterojesaja : Tarb 37 1967/68, S. 105-132 (hebräisch).
——, ברית : ThWAT I, S. 781-808.
Weippert, M., „Heiliger Krieg" in Israel und Assyrien. Kritische Anmerkungen zu G. von Rads Konzept des „Heiligen Krieges im alten Israel" : ZAW 84 1972, S. 460-493.
Weiser, A.; Das Buch Jeremia Kap. 1-25, 14 : ATD 20, Göttingen 1969⁶.
——, Das Buch Jeremia Kap. 25, 15-52, 34 : ATD 21, Göttingen 1969⁵.
——, Klagelieder : ATD 16, Göttingen 1967², S. 297-369.
Westermann, C., Struktur und Geschichte der Klage : ZAW 66 1954, S. 44-80 (nachgedruckt in Forschung am Alten Testament, TB 24 1964, S. 266-305).
——, Das Heilswort bei Deuterojesaja : EvT 24 1964, S. 355-373.
——, Sprache und Struktur der Prophetie Deuterojesajas : Forschung am Alten Testament, TB 24 1964, S. 92-170, zitiert Sprache und Struktur.
——, Das Buch Jesaja, Kap. 40-66 : ATD 19, Göttingen 1976³, zitiert Das Buch Jesaja.
——, Jesaja 48 und die „Bezeugung gegen Israel" : Studia Biblica et Semitica, Festschrift T. C. Vriezen, Vageningen 1966, S. 356-366.
——, Das Reden von Schöpfer und Schöpfung im Alten Testament : Das ferne und nahe Wort, Festschrift L. Rost, BZAW 105, Berlin 1967, S. 238-244.
——, Das Loben Gottes in den Psalmen, Göttingen 1968⁴.
——, Grundformen prophetischer Rede, München 1971⁴.
Whitley, C. F., A Note on Isa. XLI.27 : JSS 2 1957, S. 327f.

——, Textual Notes on Deutero-Isaiah : VT 11 1961, S. 459-461.
——, Deutero-Isaiah's interpretation of *ṣedeq* : VT 22 1972, S. 469-475.
——, Further notes on the text of Deutero-Isaiah : VT 25 1975, S. 683-687.
Whybray, R. N., The Heavenly Counsellor in Isaiah xl 13-14. A Study of the Sources of the Theology of Deutero-Isaiah : SOTSMS 1 1971.
Wildberger, H., Jahwes Eigentumsvolk : Eine Studie zur Traditionsgeschichte und Theologie des Erwählungsgedankens : ATANT 37, Zürich 1960.
——, Jesaja : BKAT X/1, Neukirchen-Vluyn 1972, X/2 1978.
——, „Der Monotheismus Deuterojesajas" : Beiträge zur Alttestamentlichen Theologie, Festschrift W. Zimmerli, Göttingen 1977, S. 506-530.
Williams, D. L., The Message of the Exilic Isaiah : RExp 65 1968, S. 423-432.
Williams, P., The Poems about Incomparable Jahweh's Servant : SWJT 12 1968, S. 73-88.
Wilshire, L. E., The Servant-City : A New Interpretation of the „Servant of the Lord" in the Servant Songs of Deutero-Isaiah : JBL 94 1975, S. 356-367.
Wolff, H. W., Der Aufruf zur Volksklage : ZAW 76 1964, S. 48-56.
Würthwein, E., Der Ursprung der prophetischen Gerichtsrede : ZTK 49 1952, S. 1-16.
Ziegler, J., Das Buch Isaias : EB 3, Würzburg 1948.
Zimmerli, W., Erkenntnis Gottes nach dem Buche Ezechiel. Eine theologische Studie : ATANT 27 1954, S. 5-75 (nachgedruckt in Gottes Offenbarung, TB 19, München 1969², S. 41-119).
——, Der עבד יהוה im AT (παῖς θεοῦ) : ThWNT V, S. 653-676.
——, Der Wahrheitserweis Jahwes nach der Botschaft der beiden Exilspropheten : Tradition und Situation, Studien zur alttestamentlichen Prophetie, Festschrift A. Weiser, Göttingen 1963, S. 133-151 (nachgedruckt in Studien zur alttestamentlichen Theologie und Prophetie, TB 51, München 1974, S. 192-212).
——, Ich bin Jahwe : Geschichte und Altes Testament, Festschrift A. Alt, Tübingen 1953, S. 179-209 (nachgedruckt in Gottes Offenbarung, TB 19, München 1969², S. 11-40).
——, Der neue Exodus in der Verkündigung der beiden großen Exilspropheten : Maqqél shâqédh, La Branche d'Amandier, Festschrift W. Vischer, Montpellier 1960, S. 216-227 (nachgedruckt in Gottes Offenbarung, TB 19, München 1969², S. 192-204).
——, Das Wort des göttlichen Selbsterweises (Erweiswort, eine prophetische Gattung) : Mélanges Bibliques rédigés en l'honneur de André Robert, Paris 1957, S. 154-164 (nachgedruckt in Gottes Offenbarung, TB 19, München 1969², S. 120-132).
——, Ezechiel : BKAT 13, Bd 1-2, Neukirchen-Vluyn 1969.
Zurro Rodriguez, E., Filologia y critica textual en Is 40-55 : Burgense 11 1970, S. 81-116.

NAMENREGISTER

(in Auswahl)

AUTORENREGISTER

STELLENREGISTER

(Die eingeklammerten Zahlen geben die Seiten an)

Genesis

1, 27 (428); *6, 13.19* (51); *7, 15f* (51); *8, 17* (51); *9, 16f* (51); *13, 16* (77); *14, 13* (239); *15, 4* (500); *26, 24* (175, 230); *28, 14* (77); *29, 21* (28); *30, 28.32f* (68); *31, 1* (293) *.8* (68); *32, 5* (66); *34, 3* (27) *.30* (177); *35, 7* (38); *37, 14* (200) *.35* (26); *48, 17* (215); *50, 21* (27)

Exodus

2, 13 (145); *4, 21ff* (23) *.22* (66); *5, 11* (293); *6, 6* (304, 307, 312, 314) *.6-8* (312) *.7* (27, 304f, 307); *9, 13* (337); *11, 4* (261); *12, 45* (28); *13, 3* (343f); *14* (162ff, 167f, 169f, 171, 397); *14, 4* (162, 307, 312, 360) *.13* (171, 342, 360) *.14f* (329); *14* (305) *.17* (307) *.18* (162, 307, 312, 360) *.25* (305) *.30* (305) *.31* (230, 312); *15, 1-18* (170) *.3* (261) *.13* (69) *.20* (63.65) *.21* (164, 170, 258, 397, 534) *.22-25* (189) *.25* (222); *16, 18* (77); *17, 1f* (342) *.1-7* (345) *.1-8* (189) *.12* (215, 231); *18, 9f* (321); *19, 3* (209) *.4-6* (307) *.5* (27, 305) *.6* (305); *20, 2* (160, 209, 312, 328) *.5f.7* (161) *.8* (344) *.12* (161); *21, 1* (222) *.22* (145); *23, 31-33* (360); *24, 4* (208); *25, 10* (190) *.23* (190); *29, 46* (312); *30, 12* (295); *31, 2* (295, 417); *32, 9* (502); *34, 31* (27); *35, 30* (295, 417)

Leviticus

8, 33 (28); *10, 1-3* (305); *11, 44f* (101); *12, 4* (28); *18* (160); *18, 26-29* (161); *19* (160); *19, 2* (101) *.4* (455) *.12* (500) *.13* (28) *.31* (455) *.36* (312); *20, 26* (101); *21, 8* (101); *22* (160); *22, 10* (28) *.32f* (312); *24, 10* (145); *25, 6.40* (28) *.35* (417) *.38* (312); *26, 13.19* (220) *.25* (304) *.26* (220) *.34* (28) *.34-45* (28) *.41* (28) *.41-43* (29) *.42* (239) *.43* (28)

Numeri

6, 11 (293); *10, 9* (305); *11, 12* (69) *.25* (215) *.29* (215); *12, 7* (230); *13, 26* (200) *.32* (438); *14, 1* (217); *15, 41* (312); *16, 22* (51); *20, 1-13* (189) *.2ff* (342); *21, 18* (219); *24, 1* (216) *.4* (199) *.6* (190) *.7* (79) *.10* (298) *.16* (199); *27, 16* (51); *31, 9.32.53* (289); *35, 5* (77)

Deuteronomium

1, 22. 25 (200) *.30* (163, 305, 418) *.41* (280); *2, 33f* (360) *.35* (289); *3, 2* (310, 360) *.6* (360) *.7* (289) *.22* (162-165, 305); *4, 19* (329) *.26* (399) *.27* (177) *.29* (145) *.31* (239) *.32* (428) *.37* (175, 314) *.39* (329) *.44* (222); *5, 5* (160) *.6* (312, 328) *.6f* (209) *.7* (328) *.9f* (161) *.11.16* (161) *.23* (208); *6, 13* (500) *.21.23* (312); *7, 1-5* (360) *.5-9.16-25* (329) *.6* (346) *.8* (175) *.13* (314); *8, 6* (280) *.9* (329); *9, 6* (502) *.27* (175, 502); *10, 12* (280); *11, 11-17* (423) *.16* (329) *.22* (280); *12, 10* (280); *15, 18* (16); *16, 3* (344); *18, 15* (467); *19, 15* (53); *20, 1* (313) *.2-4* (467, 469) *.3* (342) *.4* (305, 342, 418) *.14* (289); *21, 2* (77) *.5* (326); *23, 6* (314); *24, 14* (28); *25, 1.9* (326) *.11* (145) *.19* (280); *26, 5-9* (312) *.17* (280) *.18* (305); *27, 11-26* (161); *28-30* (161); *28, 9* (280) *.11f* (423) *.23* (423) *.33* (437) *.62* (177); *29, 22* (421); *30, 9f* (394) *.16* (280) *.19* (399, 423); *31, 6-8* (418) *.16.18.20* (455) *.28* (399); *32, 1* (199) *.4* (448) *.39* (321) *.41* (304) *.43* (304, 534) *.46* (183); *33, 2* (39) *.10* (112); *34, 5* (113, 230)

Josua

1, 1f.7 (230) .13.15 (113); 2, 10 (267); 4, 23 (267); 6, 10.16 (217); 7, 16-26 (326); 8, 1 (162, 164, 310, 360) .1-2 (165) .2 (289) .8 (303) .26 (360) .27 (289); 10 (165); 10, 6 (305) .8 (162, 165, 171, 310, 360) .11 (293) .14 (163f) .19.28.35-40 (360) .42 (163f, 305); 11, 6 (162, 165) .11 (303) .14 (289); 14, 7 (200); 21, 44 (280); 22, 31 (321) .32 (200); 23, 1 (280) .7 (500) .10 (163, 305); 24, 10 (321) .25 (222, 244) .27 (199) .29 (230)

Richter

1, 8 (303); 2, 4 (217) .8 (230) .14 (280, 304) .16.18 (304, 305); 3, 8f (304) .10 (216, 223) .30 (216) .31 (305); 4-5 (65); 4, 2 (304) .14 (261); 5, 3 (258) .4 (261); 6, 1 (304) .8-10 (338) .9 (321) .14.15.36f (305); 7, 7 (305) .23f (217); 8, 22 (304) .23 (67) .34 (280, 304, 321); 9, 17 (304, 321) .23 (524); 10, 7 (304) .10 (280) .12 (304) .17 (217); 11, 34 (65); 12, 1 (217, 299) .2 (304f) .3 (305); 13, 1.5 (304); 15, 8 (260); 16, 24 (267) .30 (293); 18, 25 (217) .27 (303); 19, 3 (27); 20, 28 (164) .47 (260); 21, 2 (217)

Ruth

1, 9 (217); 2, 9 (293) .13 (27); 3, 15 (77)

1 Samuel

1, 20 (63) .23 (53); 2, 2 (101f, 191, 376) .3 (77) .27 (38) .35 (215); 3, 7.21 (38); 4, 3 (305) .8 (321); 6, 20 (101f, 191, 305); 7, 6 (280) .8 (305); 9, 16 (305) .17 (225, 417); 10, 1 (417) 5f (216) .10 (216) .17 (217) .24 (225); 11, 4 (217) .15 (417); 12, 11 (280) .24 (289); 13, 4 (217); 14, 23 (163, 305) .36 (289); 15, 11.13 (53); 16, 12f (417); 17, 4 (77) .30 (200) .47 (305); 18, 6f (63, 65); 19, 20-24 (216); 21, 6 (113); 23, 4 (164f) .17 (152); 24, 5 (164f); 26, 21 (296); 30, 4 (217); 31, 9 (63, 65, 463)

2 Samuel

2, 4.9 (417); 3, 18 (230, 305) .32 (217) .35 (26); 4, 10 (63); 5, 3 (417) .21 (463); 6, 20 (47); 7, 5.8 (230) .12 (500) .25 (53); 10, 2 (26); 12, 17.24 (26); 13, 36 (217); 14, 6 (145); 16, 11 (500); 18, 8 (293) .19 (63, 65) .25 (374) .26 (63); 19, 1 (296) .8 (27); 22, 32.47 (376) .51 (289); 24, 13 (200)

1 Könige

2, 4 (53) .12 (417) .30 (200); 3, 11 (364); 5, 15 (140) .22.24 (190); 6, 12 (53) .23.31-33 (190); 7, 16 (289) .26.38 (77); 8, 33 (394) .41 (505) .48 (394) .64 (77); 9, 11 (190); 11, 13 (230); 12, 9.16 (200); 13, 4 (181); 14, 8 (230); 17, 17 (265); 20, 9 (200) .10 (77) .13 (156, 162, 165, 309, 312, 338) .28 (156, 162, 164f, 309, 312, 338) .39 (217); 21, 1 (265) .6 (296); 22, 23 (216) .27 (239)

2 Könige

1, 11 (239) .14 (296); 2, 15 (216); 3, 21 (217); 6, 16 (293); 8, 19 (220); 9, 13 (417) .18f (239); 11, 12.17 (417); 12, 12 (77); 18, 12 (113) .21 (219); 19, 20-34 (101, 230) .34 (305); 20, 6 (230); 21, 8 (230); 22, 9.20 (200) .22 (34); 23, 25 (394)

1 Chronik

7, 22 (26); 11, 23 (438); 16, 13 (113) .23 (258); 17, 13 (293); 20, 6 (438); 29, 12 (67)

2 Chronik

1, 9 (77); 6, 32 (505); 18, 22 (216); 20, 14 (216); 23, 13 (485); 36, 6 (27)

Esra

  8, 24.29 (353)

Nehemia

  2, 20 (200); *3, 29* (239) *.37* (392); *8, 15* (217); *9, 34* (525); *11, 1.18* (501); *13, 3* (280)

Psalmen

1, 4 (148); *2, 7* (417); *3, 5* (14); *4, 2* (184); *7, 8* (126) *.10* (448); *9, 4* (405) *.9* (446)
.12f (398, 534) *.14* (173) *.15* (346); *10, 15* (220); *11, 5* (215) *.7* (448) *.13, 4-6* (173)
.6 (258); *14, 7* (173); *16, 5* (215); *17, 6* (184); *18, 22* (34) *.32-49* (173) *.40* (414)
.47 (376) *.47-49* (380) *.50f* (174); *19, 15* (376, 380); *20, 8* (500); *21, 2* (173); *22* (23,
150, 154); *22, 3* (184) *.4-6* (101) *.7* (177) *.22* (177, 184) *.24f* (398, 534) *.26* (343, 346)
.28 (448) *.32* (260); *23, 1.2* (69) *.3* (505) *.4* (26, 219); *24, 8* (261); *25, 3* (115) *.11*
(505) *.16* (184); *26, 1* (117) *.12* (265); *27, 6* (258) *.11* (265); *28, 1* (14, 185) *.9* (69);
29, 5 (220); *30, 10* (260); *31, 4* (69, 505) *.8f* (174) *.23* (52); *32, 1* (16); *33, 1-3* (343)
.3 (258) *.3-5* (534) *.10.16* (106); *34, 40* (239); *35, 3* (154) *.4* (265) *.5* (148) *.7-9* (174)
.10 (179, 184) *.22* (185) *.23* (117); *37, 2* (51f) *.6* (216) *.9* (115) *.14* (179); *38* (154);
38, 10 (116); *39, 13* (185); *40, 4* (132) *.15* (265) *.18* (179f, 184); *41, 12* (232) *.13*
(231f); *42, 5* (526); *44* (355); *44, 3* (126) *.11* (405) *.19* (265); *45, 1* (380); *46, 9-12*
(173); *47, 2* (526) *.3-8* (534) *.4* (126) *.5* (140, 314); *49, 7* (79) *.8* (295); *50, 4* (14)
.5f (173) *.6* (260) *.7* (161) *.14f* (173f) *.21* (262); *51, 3* (392) *.17* (260, 343) *.18* (343);
52, 8 (132); *53, 7* (174); *56, 10* (405); *58, 2* (446); *59, 11-14* (173) *.14* (67) *.17f* (174);
60 (145); *60, 8-10* (154) *.12* (261); *63, 9* (231f) *.10* (395) *.10f* (232) *.10-12* (174);
64, 2-11 (174) *.10* (260); *65, 2-5* (343) *.3* (51) *.6* (243) *.12f* (423); *66, 2* (260, 343)
.2f (534) *.7* (67) *.16* (343, 346) *.19* (52); *67, 8* (448) *.8f* (398) *.12* (63, 65); *69, 3*
(302) *.7* (115) *.16* (302) *.19* (153, 308) *.21* (26) *.30* (184, 308) *.33* (308); *70, 3* (265)
.6 (179); *71, 6* (501) *.9-14.17-19* (173) *.17f* (260) *.21* (26) *.22* (101) *.22-24* (174); *72,
10f* (438) *.14* (296); *74, 15* (267) *.19* (184) *.20* (264) *.21* (179f, 184); *75, 3* (446) *.4* (77);
77, 9 (304) *.14f* (312) *.16* (304, 312, 314); *78, 4* (280, 343, 346) *.5* (112) *.6* (343, 346)
.15f (345) *.21* (112f) *.22* (79) *.34* (394) *.35* (380) *.41* (101) *.51* (98) *.69* (518) *.70* (113)
.71 (112); *79, 9* (505) *.13* (343, 346); *80* (355); *80, 2* (69) *.6* (77); *81* (526, 538);
81, 2-4 (174) *.3* (259) *.11* (161, 173) *.14-16* (173); *82, 7* (52); *83, 2* (185); *86, 1* (179,
184) *.7* (184) *.8-10* (173) *.9f* (174) *.14-17* (173) *.17* (26); *88, 7* (264) *.19* (264); *89, 2*
(174, 178) *.4* (230, 236) *.6-19* (119) *.7-11* (173) *.10* (67) *.17* (174) *.21* (230) *.22* (232)
.23f (173) *.27* (376, 380) *.34-38* (236) *.51* (69) *.53* (174); *90, 5* (51) *.6f* (52); *92, 3*
(260); *93, 3* (448); *94, 22* (376); *96, 1f* (258) *.2-4* (534) *.3* (260) *.7* (258, 260) *.8* (260)
.10 (446, 534) *.11* (258) *.12* (395); *97, 1* (80) *.6* (260); *98, 1* (258) *.1-3* (534) *.4* (258,
395) *.7* (258) *.9* (446); *99, 9* (101); *100* (173); *100, 1-4* (343) *.4f* (534); *102, 3* (184)
.5 (52) *.12* (51f, 263) *.22f* (343) *.23* (314) *.26* (518); *103, 15* (51f); *104, 1* (269) *.2*
(106) *.5* (518) *.6* (299) *.30* (524) *.33* (258); *105, 2* (258) *.5* (344) *.6* (113, 175, 236)
.7 (269) *.15* (412) *.16* (220); *106, 8* (505) *.9* (267) *.10* (303, 305, 314) *.12* (258) *.23*
(113, 236) *.47* (69); *107, 3* (69) *.5* (364) *.7* (264) *.22* (343) *.23* (258) *.35* (182, 263)
43 (344); *109, 1* (185) *.3* (392) *.14* (392) *.16* (179) *.21* (505) *.22* (179, 184); *110, 1.4*
(417); *114, 8* (263); *115, 4-8* (556) *.8* (266); *117, 1* (534); *118, 15* (526); *119, 73*
(309) *.76* (26) *.82* (26) *.94* (308) *.137* (448) *.154* (308f); *120, 1* (184); *124, 4* (302);
126, 2f (289); *129, 4* (448) *.5* (265, 405) *.6* (51); *135, 3f* (534) *.4* (113) *.15-18* (556)
.18 (266); *136, 5* (115) *.25* (51); *137, 1.6* (185); *138, 2* (278) *.4* (199); *139, 15* (395);
140, 13 (117, 184); *141, 6* (199); *143, 3* (264) *.10* (265) *.11* (505); *144, 1f* (418) *.9*
(258); *145, 3* (115) *.6* (280) *.17* (448) *.21* (51); *147, 1* (343); *149, 1* (258, 343) *.4*
(215) *.6* (148) *.7* (126)

Hiob

2, 11 (26); *3, 23* (116); *5, 9-16* (115) *.25* (365); *6, 2* (78) *.21* (132); *7, 1.2* (28); *8, 20* (417); *9, 5-10.10* (115); *11, 6* (15); *14, 1-3* (51) *.2* (52) *.14* (28); *15, 25* (262); *18, 5f* (220); *21, 8* (365) *.17* (220) *.18* (148); *22, 13-14* (106); *24, 14* (179); *25, 6* (177); *26, 7* (106); *27, 14* (365); *28, 23* (98) *.25* (77); *29, 25* (26); *31, 6* (78) *.8* (365); *32, 8* (52) *.11* (79); *34, 13.19f* (106) *.14f* (51); *36, 9* (262) *.28* (423); *38, 4* (518); *41, 4* (262) *.5* (15)

Sprüche

1, 3 (446); *2, 8* (79) *.9* (446); *3, 6* (34) *.19* (115, 518); *4, 4* (215) *.10* (199); *5, 3-14* (467f); *7, 6-25* (467f); *8, 6* (446); *11, 7* (98) *.12* (79) *.16* (215) *.25* (389); *13, 13* (389); *14, 8* (98); *16, 2* (77) *.11* (78); *17, 15* (389) *.23* (79); *18, 13* (200); *19, 11* (505); *21, 2* (77) *.13* (389); *23, 16.31* (446); *24, 12* (77) *.26* (200); *27, 11* (200); *28, 9* (280) *.10* (389) *.16* (79) *.17* (215) *.24.26* (389); *29, 23* (215); *30, 1-4* (85); *31, 6f* (180) *.9* (179)

Prediger

3, 22 (293); *4, 1* (26); *7, 1-15.16f* (85); *8, 13* (557)

Weisheit

13, 10-19 (556); *14, 8-10* (556); *15, 7-10* (556)

Sirach

26, 1 (15)

Klagelieder

1 (26, 57); *1, 8.13* (405); *2, 3* (405) *.13* (26); *3, 17* (153) *.25* (115, 153) *.52-54* (302) *.52-62* (154) *.56-66* (154) *.57-66* (151f, 153); *5, 16-20* (57)

Baruch

5, 5 (63); *6* (556)

Jesaja 1-39

1 (40f); *1, 1-20* (40) *.4* (101) *.10* (53) *.30* (52); *2, 3* (53, 79) *.5* (464) *.9.11f* (37) *.12ff* (36) *.17* (37) *.22* (80); *3, 12* (79) *.12-15* (180); *4, 1* (306, 313) *.5* (38, 482); *5, 7* (464) *.15* (37) *.19* (101, 191) *.20* (264) *.24* (101, 191) *.28* (80); *6, 1-3* (103) *.3* (39, 101-103, 191) *.4* (31) *.7* (22, 29); *8, 17* (464); *10, 1* (463) *.1-3* (180) *.17* (303, 305) *.20* (101, 464) *.24-27* (305) *.29* (132, 135); *11, 2* (52, 216, 223) *.11* (80f) *.12* (69) *.16* (35f); *12, 1* (26) *.6* (101); *13, 3* (298) *.4-6* (32, 42) *.11* (22) *.14* (69) *.17* (80) *.17-22* (489f); *14, 1.2* (464) *.4ff* (101) *.5* (220) *.11* (147) *.12-16* (177) *.23* (182) *.24-26* (489f) *.25* (220) *.26* (78) *.28-32* (180) *.29f* (489) *.30* (464) *.30-32* (179); *15, 1-9* (489f) *.6* (52) *.9* (464); *16, 14* (28, 489f); *17, 1-3* (489f) *.6* (423) *.7* (101) *.10* (380) *.13* (148); *19, 2-4* (489f) *.5* (181, 267) *.16* (132, 135) *.17* (78) *.23* (35f); *20, 2-4* (418) *.6* (80); *21, 1* (26) *.13-17* (260) *.16* (28); *22, 4* (26) *.14* (22, 29, 38, 47); *23, 1-4* (489f) *.2.6* (80) *.12.12-14* (489f) *.18* (438); *24, 4* (52) *.14* (217) *.15* (80) *.23* (39); *26, 4* (376) *.6* (180) *.7* (446) *.18* (135) *.21* (22, 261); *27, 1* (67) *.9* (22, 29); *28, 1* (52) *.2* (67) *.4* (52) *.13f* (53) *.14* (21, 349) *.22* (349) *.29* (278); *29, 4* (37) *.5* (80) *.15* (264) *.15-24* (180) *.16* (439) *.16f* (80) *.18* (276) *.19* (179) *.19-23* (101) *.22* (464) *.23* (295); *30, 8* (220) *.9* (280) *.9-12* (101). *11f* (101) *.12-16* (177) *.14* (220) *.15* (65, 101) *.19* (21) *.27* (303) *.28* (302) *.29* (376) *.30-32* (217); *31, 1* (101, 143) *.1f* (177, 191); *32, 1-8* (180) *.6.7* (180)

(69, 133, 141, 146, 262, 278, 412, 427, 560) *.19* (17, 30, 57, 100) *.20* (218, 260, 280, 333) *.21* (98, 180, 280, 318, 362, 369, 499) *.21-23* (370f) *.22* (14, 17, 22, 30, 66f, 186, 194, 200, 239, 241, 246) *.23* (100, 114, 125, 141, 147, 182, 218, 221, 244, 297, 334, 340, 463, 487, 531); *52, 1* (126, 200, 352, 475, 501, 560) *.1-2* (21, 56, 57, 65f, 70, 493f, 497, 560) *.1-3* (207) *.2* (77, 200, 333, 560) *.3* (20, 29, 186, 194, 294, 451) *.3-6* (252, 429) *.4* (18, 67, 194, 239, 248, 258, 332, 448, 451, 524, 560) *.4-6* (14, 17, 241) *.5* (147, 291, 294, 319) *.6* (27, 66, 197) *.7* (23, 54, 56, 62f, 65, 67, 70, 127, 133, 197, 200, 218, 270, 280, 448, 525) *.7-12* (36, 39f, 68, 70, 345, 560) *.8* (19f, 33, 56, 65, 200, 217, 259, 260, 270, 318, 398, 531) *.8-11* (17) *.9* (13f, 17, 21, 25f, 57, 65, 200, 241, 260f, 269f, 271, 294, 318, 392, 395f, 398f, 422, 526f, 532, 535) *.9-10* (24, 72) *.10* (25, 35, 39, 65, 67, 81, 132, 142, 171, 233, 245, 261, 270f, 353, 448, 519, 536, 560) *.10-12* (398, 418) *.11* (17, 20, 24, 47, 170, 182, 282, 447, 526, 531) *.12* (17f, 24, 33, 139, 170, 181, 270f, 345, 412f, 531, 561) *.13-53, 12* (40, 213, 224, 562) *.13* (66, 183, 213f, 215, 280) *.13-15* (226, 228f) *.14* (296) *.15* (218); *53, 1* (38, 47, 320) *.2* (115, 182) *.3* (506) *.3f* (80f) *.4* (52) *.5* (21) *.6* (114, 448) *.7* (182, 224, 350, 412, 422) *.7-9* (226, 228f) *.8* (114, 123) *.9* (528) *.10* (147, 278, 446, 504, 519) *.11* (21, 79, 213f, 215, 405) *.11-12* (226, 228f) *.12* (296, 504)

Jesaja 54-55

54 (15, 30, 56f, 493f, 560); *54-55* (1, 10, 18, 21, 54, 69, 98, 114, 151, 259, 429, 486, 560, 562); *54, 1* (57, 395, 429) *.1-2* (24) *.1-14* (70) *.2* (133) *.3* (66, 259) *.4* (143, 435, 494) *.4-14* (66) *.5* (18, 100f, 139, 147, 332, 501, 525) *.6* (18, 20, 54, 142, 182, 242, 429) *.7* (182, 297) *.7f* (30, 69) *.8* (51, 114, 147, 151, 429, 494) *.10* (37, 51, 54, 134, 429) *.11* (57, 66, 180) *.12.13* (525) *.14* (519) *.15f* (80, 212) *.16* (217) *.17* (114, 124, 147, 213, 449, 525); *55, 1* (364) *.1-5* (35) *.1-6* (20) *.2* (78, 98, 133) *.3* (35, 51, 98) *4* (80, 126, 212) *.5* (18, 54, 101, 139, 147, 212) *.6* (520) *.6-11* (455) *.7* (35, 115, 180, 182) *.8* (280) *.8f* (114, 147) *.10* (296, 422f, 562) *.10f* (50, 258) *.11* (265, 449) *.12* (20, 37) *.13* (182, 296, 526)

Jesaja 56-66

56-66 (6, 10, 17f, 21f, 29f, 33, 38f, 55, 65, 69, 92, 98, 114, 126;. 141, 429, 486, 560, 561f, 572); *56, 1* (38, 114, 449, 560f) *.1-2* (20) *.2* (133, 146, 352) *.3* (212) *.4* (90, 133, 146, 296) *.5* (133, 526, 561) *.6* (133, 213, 352, 520) *.8* (67, 69, 147, 297) *.9* (80, 132) *.9-57, 13* (20) *.10* (20, 561) *.11* (68, 79, 114) *.12* (132); *56-59* (29); *57, 1* (51, 79, 183) *.3* (126) *.5* (260) *.7* (65) *.7-13* (70) *.8* (38) *.9* (115) *.10* (103, 145) *.11* (66, 183, 262) *.12* (525) *.12f* (92, 98) *.13* (279, 322) *.14* (17, 33f, 65, 560) *.14ff* (20) *.14-19* (36, 429) *.15* (101) *.16* (241) *.17* (21, 29f, 114) *.18* (29, 114) *.20* (18) *.21* (18, 429, 528);ˑ *58* (41); *58, 1* (18, 55, 65, 98, 141) *.1-14* (40) *.2* (79, 114, 126, 182, 280, 427) *.3* (145, 212) *.4* (145, 212, 217) *.5* (55) *.6* (220f) *.8* (39, 126, 365, 560f) *.9* (55, 181f) *.11* (182) *.12* (98, 263) *.13* (55, 145, 561) *.14* (352, 449, 561); *59, 1* (212) *.2* (18, 21, 29, 114) *.4* (55, 127, 242, 266) *.8* (114, 263) *.9* (66, 114) *.10-14* (115) *.11* (114) *.12* (21) *.13* (35) *.15* (103, 114) *.16* (65, 67) *.18* (30, 80, 225) *.19* (52, 55, 126, 182, 216, 297, 414, 525) *.20* (18, 65, 141, 147, 223, 482) *.21* (35, 216, 223, 482, 561); *60* (56f, 70, 434, 438) *.1f* (39, 47, 560) *.1-4* (39) *.2* (66, 126) *.3* (39) *.4* (36, 55, 69, 298, 318, 343, 561) *.6* (55, 343, 561) *.7* (69, 318) *.9* (80, 101, 139, 147, 225, 298) *.12* (267) *.13* (80, 182) *.14* (18, 65, 101, 139, 147, 260) *.15* (182, 263, 296, 520) *.16* (98, 147, 561) *.17* (296) *.18* (55) *.19f* (560) *.21* (395, 428); *61, 1* (52, 55, 67, 524) *.1ff* (223) *.2* (17, 35) *.3* (395) *.4* (66, 260) *.5* (68) *.6* (35, 65) *.7* (16, 22, 65, 260, 296) *.7-11* (524) *.8* (68, 114) *.9* (182, 241) *.10* (148) *.11* (67, 81, 217, 422f) *.18f* (65); *62, 1* (21, 65, 126, 262) *.1-5* (70, 561) *.1-11* (561) *.1-12* (18f, 482) *.2* (39, 126, 449) *.2-6* (56f) *.4* (57, 182) *.5* (115) *.6* (20f, 351) *.6-9* (561) *.6-12* (17) *.7* (221) *.8* (144, 449) *.9* (69, 260) *.10* (17, 33f, 35f, 52, 55, 65, 535, 560f) *.10-12* (36, 68)

Jeremia

Ezechiel

Daniel

Hosea

1, 4.6 (464) *.5* (220); *2, 9* (394) *.12* (321) *.16* (27) *.16f* (346) *.18* (220) *.20* (346) *.21-23* (346, 423); *4, 16* (69) *.17* (463); *5, 1* (464) *.6* (145); *6, 1* (394) *.8* (37) *.10* (464); *7, 10* (394); *8, 4* (463); *11, 1* (307, 314) *.9* (101f, 191); *12, 1* (464) *.10* (161) *.13* (112); *13, 2* (463) *.3* (148) *.4* (161) *.15* (52, 267); *14, 3* (394) *.5* (314) *.9* (190, 463)

Joel

1, 12 (267); *2, 1-11* (303) *.11* (77) *.13* (394); *3, 1* (40, 51)

Amos

1, 5 (215, 220) *.6-8* (23) *.8f* (239); *1, 3-2, 6* (489); *3, 13* (464); *4, 3* (501); *5, 1.3f.25* (464); *6, 1* (464) *.10* (500) *.14* (464); *7, 9* (267) *.10* (77, 464) *.10-17* (370) *.16f* (368, 370); *8, 12* (145); *9, 8f* (464)

Obadja

18 (303)

Jona

3, 2 (14)

Micha

1, 3 (261) *.5* (464) *.7* (463) *.9* (14); *2, 7* (464) *.12* (69, 113); *3, 1.9* (464) *.8* (52, 113); *4, 2* (79) *.6* (69) *.10* (303, 314) *.12* (98); *5, 3* (69) *.10-15* (304); *6, 7* (215); *7, 14* (69)

Nahum

1, 2-11 (119) *.4* (262, 267)

Habakuk

1, 13 (262); *3, 13* (261)

Zephanja

1-2 (42); *1, 14* (32, 42, 262); *2, 1-3* (32, 42) *.1-4* (42) *.11* (80); *3, 5* (448) *.6* (267) *.7* (52) *.14* (395) *.17* (261)

Haggai

1, 8 (215)

Sacharja

1, 3 (394) *.14* (49) *.17* (26, 49); *2, 6* (77) *.11-13* (482) *.17* (40); *3, 8* (226) *.8-10* (368f, 370); *4, 7* (37); *5, 4* (500); *6, 12* (226); *7, 12* (280); *8, 1-8* (482) *.16* (265); *9, 5* (132); *10, 3* (69) *.11* (267); *11, 12* (78); *12, 1* (518); *14, 3* (261)

Maleachi

1, 2 (314); *3, 1* (33) *.5* (28, 126) *.22* (230)